麗水年鑑

LISHUI YEARBOOK

2017

中共丽水市委、丽水市人民政府 主办
丽水市地方志编纂委员会 编

方志出版社
Publishing House of Local Records

图书在版编目（CIP）数据

丽水年鉴. 2017 / 丽水市地方志编纂委员会编. -- 北京：方志出版社，2017.9
ISBN 978-7-5144-2560-4

Ⅰ.①丽… Ⅱ.①丽… Ⅲ.①丽水—2017—年鉴
Ⅳ.①Z525.53

中国版本图书馆 CIP 数据核字(2017)第 242618 号

丽水年鉴(2017)

编　者：丽水市地方志编纂委员会
责任编辑：刘方圆

出 版 人：冀祥德
出 版 者：方志出版社
地址　北京市朝阳区潘家园东里 9 号(国家方志馆 4 层)
邮编　100021
网址　http://www.fzph.org
发　行：方志出版社图书经销中心
电话(010)67110500
经　销：各地新华书店
印　刷：浙江遂昌印业有限责任公司

开　本：889 × 1194　1/16
印　张：30
字　数：885 千字
版　次：2017 年 9 月第 1 版　2017 年 9 月第 1 次印刷
印　数：0001~1500 册

ISBN 978-7-5144-2560-4　**定价：**200.00 元

编辑说明

一、《丽水年鉴》是由中共丽水市委、丽水市人民政府主办，丽水市地方志编纂委员会及其办公室负责编纂的综合性地方年鉴。从1996年起，每年编纂出版1部，2017年卷是第22部。

二、本年鉴以马克思列宁主义、毛泽东思想、邓小平理论、"三个代表"重要思想、科学发展观、习近平新时代中国特色社会主义思想为指导，坚持辩证唯物主义和历史唯物主义的立场、观点和方法，全面、系统地记载2016年丽水市政治、经济、文化、社会建设以及生态文明建设等发展与变化，充分发挥年鉴为现实社会服务、存史资政、宣传丽水的作用。

三、本年鉴分类编辑，框架结构由卷首、百科、卷尾三个部分组成。除特载、专辑、文件选编采用综合性文体外，其他类目均采用条目体。百科部分设类目、分目、条目三个层次。

四、本年鉴共设41个类目。依次是：特载、专辑、大事记、总述、中国共产党丽水市委员会、丽水市人民代表大会、丽水市人民政府、政协丽水市委员会、中共丽水市纪委（市监察局）、民主党派与工商联、工会 共青团 妇联、人力资源和社会保障、外事 侨务 台务、法治、军事、农村建设、林业、工业化信息化建设、经济合作交流、丽水生态产业集聚区（经济技术开发区）、交通、网络 电信 邮政、城建 城管 环保、旅游、财政 税务、金融、国内贸易、对外及港澳台经济贸易、经济管理、教育、科学技术、文化、体育、报刊 广播 电视、卫生 红十字会、社会生活、县（市、区）、人物 名录、文选、附录、索引。

五、本年鉴记述时限从2016年1月1日至12月31日，跨年的事物延长至截止期。文中的"景宁县"指"景宁畲族自治县"。

六、本年鉴收入市和县（市、区）机构及负责人名录均系担任实职的副县（处）级（不含高配和内设机构）以上领导干部；收入逝世人物均系担任实职的副市（地）级以上领导干部和原行政十四级以上享受副地（厅）级待遇的离休干部。

七、本年鉴由市直单位、各县（市、区）和驻丽水国家、省企事业单位提供初稿，经年鉴编辑部编辑后返回原单位复审确认，经方志出版社核稿，主编、副主编定稿，报丽水市人民政府批准后出版。图片由各撰稿单位提供。主要数据以市统计局公布的数据为准。

八、本年鉴编纂工作，得到市委、市政府、市直各部门和各县（市、区）领导的大力支持，广大撰稿人员为《丽水年鉴》的编纂出版付出了辛勤劳动，在此谨致谢意。由于编辑时间短和我们水平所限，书中难免存在疏漏和差错，恳请广大读者批评指正。

丽水市城区图

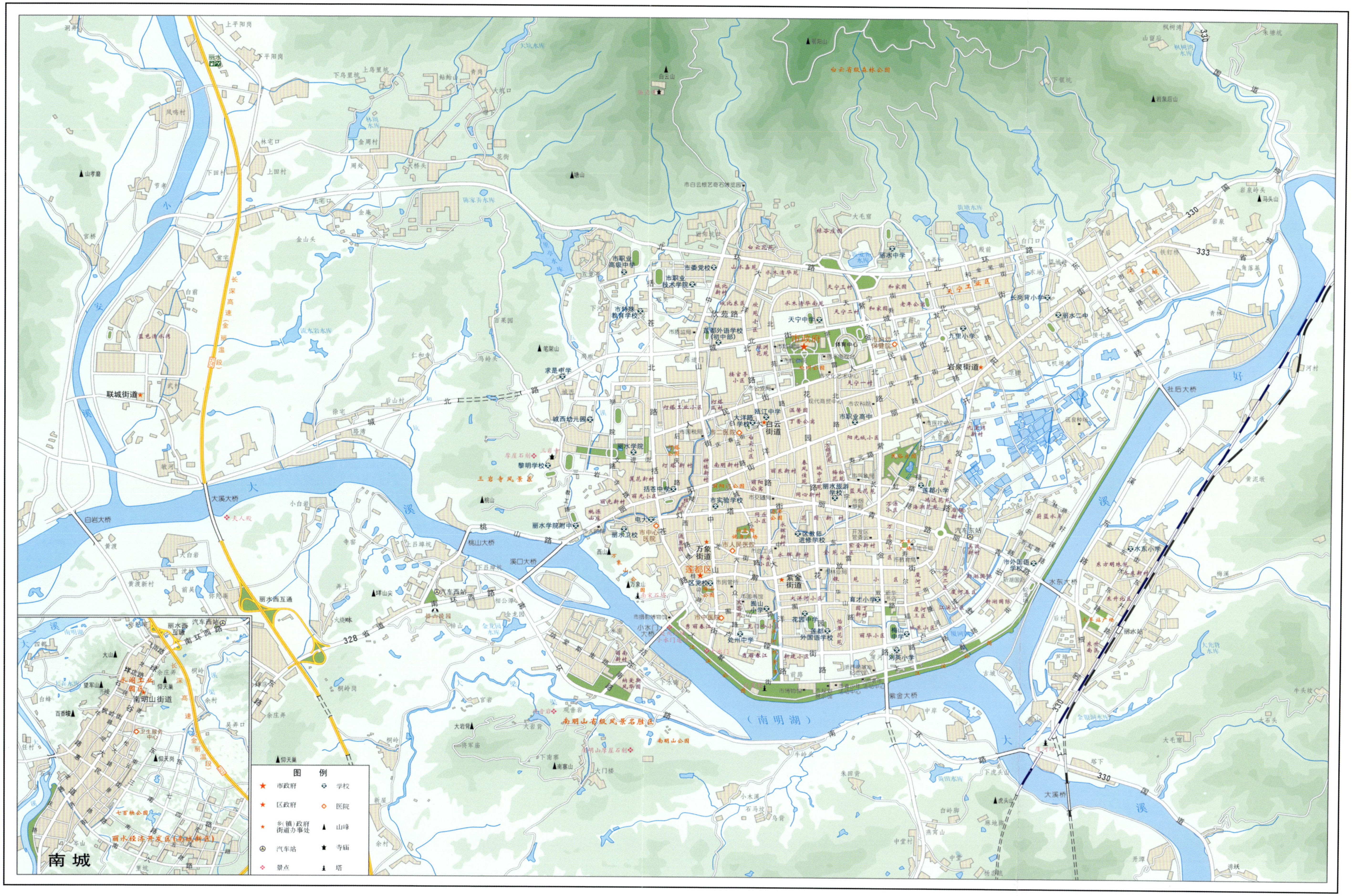

丽水市住房和城乡建设局　丽水市城乡规划局　丽水市测绘与地理信息局　丽水市测绘中心　浙江省第一测绘院　2016年

丽水市行政区划图

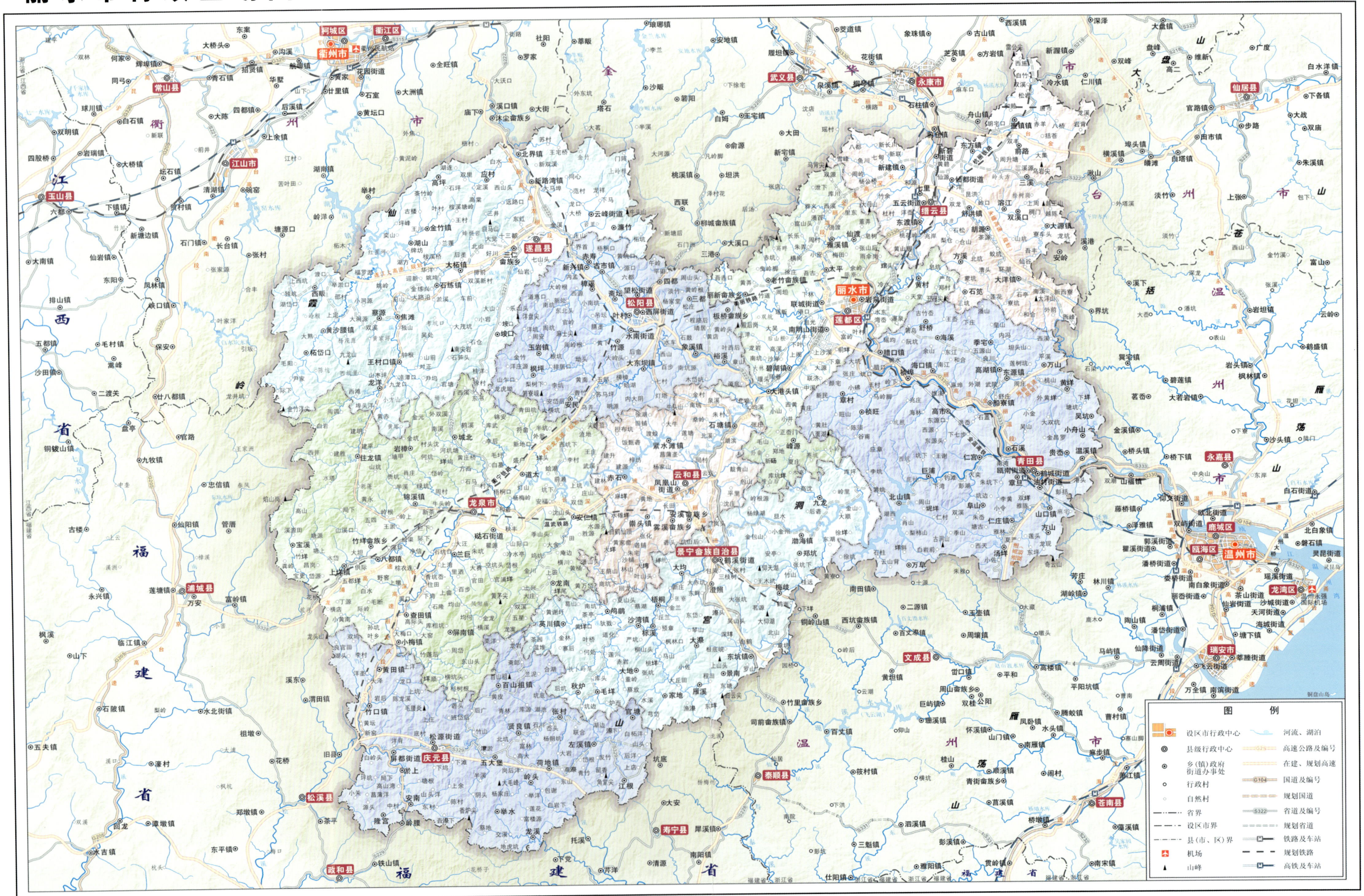

丽水市住房和城乡建设局　丽水市城乡规划局　丽水市测绘与地理信息局　丽水市测绘中心　浙江省第一测绘院　2016年

2016年2月25—26日，浙江省委书记、省人大常委会主任夏宝龙在丽水考察调研

（胡雪峰　提供）

2016年10月4日，浙江省委副书记、代省长车俊在遂昌县苏村山体滑坡核心区指导救援工作

（许立红　提供）

2016年12月2日，市委书记史济锡观看民宿创业宣传栏　（钟陈亮 提供）

2016年2月15日，丽水市市长朱晨与柬埔寨暹粒市市长苏帕拉东签约建立友好交流关系
（何瑞禄 提供）

2016年4月25日，全市“两学一做”学习教育专题党课暨学习教育部署会在丽水大剧院举行
（胡雪峰　提供）

2016年9月22日，全市平安护航G20大会战总结会暨平安夺金鼎百日大会战动员会在市行政中心召开
（洪大伟 提供）

2016年6月24日，丽水市召开推进全国文明城市创建动员大会　　（余　媛　提供）

2016年7月30日，中国生态文明建设大讲堂全国巡讲首讲暨丽水首个生态文明日在市行政中心举行　　（胡雪峰　提供）

2016年4月12日，中国长寿之乡联盟成立大会开幕式在丽水大剧院举行　（黄碧霞 提供）

2016年12月4日，中国青年电商群英会暨电商扶贫活动周在丽水启动　（钟陈亮 提供）

2016年3月29日，丽水市被国家林业局授予“全国集体林业综合改革试验示范区”

（吕兴仁 提供）

2016年10月19日，全市综合交通暨美丽经济走廊建设动员会在市行政中心举行

（吴锡平 提供）

2016年5月25日，丽水市扩大有效投资政策处理大会战和集中开工现场会在开发区举行

（练　赞　提供）

2016年2月1日，丽水市2016年“乡村春晚”暨乡村文化旅游精品线路开通仪式在景宁县大均乡泉坑村举行

（丁　力　提供）

2016年3月27日，举行首届丽水半程马拉松赛　　（李冠霖　提供）

2016年8月12日，丽水市举行第五届青少年中华经典诗文诵读大赛　　（梅益蔚　提供）

目　　录

中国共产党丽水市委员会

丽水市人民代表大会

丽水市人民政府

政协丽水市委员会

中共丽水市纪委(市监察局)

民主党派与工商联

工会　共青团　妇联

人力资源和社会保障

外事　侨务　台务

法　　治

军　　事

农村建设

林业

工业化信息化建设

经济合作交流

丽水生态产业集聚区（经济技术开发区）

交　　通

网络 电信 邮政

城建 城管 环保

旅　　游

财政　税务

金　　融

国内贸易

对外及港澳台经济贸易

经济管理

教　育

科学技术

文　化

体　育

报刊　广播　电视

卫生　红十字会

社会生活

县(市、区)

人物 名录

文 选

附 录

索 引

Catalog

Lishui Municipal People´s Congress

Lishui Municipal People´s Government

Lishui Municipal Committee of the CPPCC

Lishui Municipal Committee for Discipline (Lishui Bureau of Supervision)

Democratic Parties & Association of Industry and Commerce

特　　载

在中共丽水市委三届十三次全体(扩大)会议上的报告

（2016年12月16日）

中共丽水市委书记　史济锡

经市委常委会研究，今天召开市委三届十三次全会。会议的主要任务是：全面贯彻党的十八大以来的各项决策部署和习近平总书记系列重要讲话精神，认真落实省委十三届十次全会精神，把握历史方位，全面从严治党，审议通过《中共丽水市委关于从严加强干部队伍建设打造勇立绿色发展潮头丽水铁军的决定》和《中国共产党丽水市委员会工作规则》。

下面，我代表市委常委会向全会报告工作。

一、2016年市委常委会的主要工作

今年以来，市委常委会全面贯彻党的十八大和十八届三中、四中、五中、六中全会精神，认真学习贯彻习近平总书记系列重要讲话精神，以省委“八八战略”为总纲，坚持“绿水青山就是金山银山”战略指导思想，牢牢把握“绿色发展、科学赶超、生态惠民”发展主线，归零翻篇开新局，精准发力补短板，推动丽水经济社会持续稳步发展，实现了“十三五”良好开局。前三季度，实现地区生产总值780.4亿元，同比增长7%；城乡居民人均可支配收入分别达到27783元和12562元，同比分别增长9.4%和9.5%，增幅均保持全省第一。1—11月，全市实现财政总收入151.2亿元，同比增长10.1%，其中一般公共预算收入93.5亿元，同比增长11.5%，增幅全省第三；完成规上工业增加值337.8亿元，同比增长7%，增幅全省第五；完成进出口总额201.3亿元，同比增长9.2%，其中出口总额186.6亿元，增长8.9%，增幅全省第二；完成限额以上消费品零售总额154.4亿元，同比增长7.4%。

一年来，市委常委会力求科学统筹、系统谋划，重点抓了以下几件大事。

第一，精心组织“归零翻篇开新局”主题大讨论活动。站在“十三五”发展的新起点上，我们结合“两学一做”学习教育，精心组织开展了为期3个月的“归零翻篇开新局”主题大讨论活动。全市党员干部紧紧围绕“丽水应该有什么样的新定位”“丽水在补短板上要有哪些新突破”“丽水应该追求什么样的新起色、新作为”“丽水的干部应该有什么样的新担当”四个核

心问题，以“八个一”活动为载体，开展广泛深入的大讨论，形成了高度的思想共识，凝聚了强大的行动合力，达到了归零翻篇有新定位、解决问题有新举措、服务大局有新作为、争先进位有新起色的预期效果。

第二，周密部署“找短板、补短板”工作。我们及时召开市委三届十一次全会，认真总结“归零翻篇开新局”主题大讨论活动，根据省里部署和丽水实际，研究部署补短板工作，作出《中共丽水市委关于补短板增后劲推动“绿色发展、科学赶超、生态惠民”的决定》。会议强调，抓住一次机遇，实现一次跨越；失去一次机遇，落伍一个时代。丽水要与全省同步高水平全面建成小康社会，重点要打赢美丽城乡建设、农民增收致富、交通基础设施、产业创新发展、公共服务供给、体制机制改革六大攻坚战，补齐制约发展最关键、群众需求最迫切、今后五年必须突破的重大短板。全市上下转变理念补短板、创新方法补短板、落实责任补短板、改进作风补短板、凝心聚力补短板，精准施策、持续发力，市委、市政府重点交办的176个重大短板问题都在有条不紊推进，有些已取得明显成效。

第三，集中力量开展项目攻坚大会战。我们把扩大有效投资作为经济工作的重中之重，紧紧围绕“4个100%”的要求抓好落实，通过全面发动、全员上阵、全勤参与集中攻坚，全市上下形成了齐心协力促投资、聚精会神抓项目的良好氛围。1—11月，全市完成固定资产投资743亿元，同比增长11.8%，增幅全省第六。我们聚焦项目开工促投资，先后组织3次扩大有效投资重大项目集中开工活动，集中开工项目143个，总投资375.4亿元，年度计划投资89.9亿元。目前，143个项目已全部实现开工。我们聚焦项目落地促开工，全力打好市区重点项目政策处理大会战、攻坚战，累计完成项目政策处理任务100个，累计清场交地339.4公顷，完成房屋拆除680户、20.4万平方米，市行政中心北侧枫树岗地块等一批遗留时间长、处理难度大的征迁项目顺利突破，展示了担当，拼出了“丽水速度”，保障了市区重点项目建设，让人民群众看到了实实在在的变化。

第四，强力推进全国文明城市创建工作。我们自我加压，将创建目标设定时间从2020年提前到2017年，以“首战当决战”的气魄和决心，向城市综合类评比的最高荣誉发起全面冲刺。我们坚持机制先行、全民创建，建立“周检查、月点评、季测评、年考核”工作机制，市四大班子领导带头联系帮扶社区开展创建，市直部门全面实施“路段包干”，莲都区、丽水开发区做了大量富有成效的工作；广泛开展群众性创建活动，群众对创建工作的支持率、满意度和参与率不断提升。我们坚持创建为民、创建惠民、创建利民，着力提升人民群众的获得感和幸福感。全面实施中山街改造、背街小巷改造等20个创建重点项目，切实提升城市品位。对群众反映强烈的社区(城中村)“六乱”、继光街夜市脏乱差、占道经营等16类重点问题开展专项整治，对群众反映较强烈的府前菜场、芦埠二手车市场等重难点位开展集中整治，有效改善城市面貌。我们坚持载体拉动，全面打造“最整洁”“最有序”“最礼让”“最有爱心”城市特色品牌。在9月份的浙江省城市文明程度指数测评中，我市位列全省争创城市之首，目前正向“全省第一、全国前十”的目标奋勇冲刺，力争2017年一举创成全国文明城市。

第五，全力以赴做好苏村抢险救援工作。“9•28”遂昌苏村山体滑坡灾害发生后，我们深刻领会、坚决贯彻习近平总书记、总理李克强等领导的重要指示精神，在党中央、国务院和省委、省政府的坚强领导下，在人民子弟兵的强大支援下，始终坚持“人民利益高于一切”，统筹全市资源、举全市之力，迅速展开了气壮山河的抢险救援。我们第一时间把抢险救援确定为全市最重要最紧迫的任务，市委常委会放在抢险的第一线召开，力求周密组织、科学调度，建立上下贯通、军地协调、全民动员、市县协作的工作机制；我们坚持“以人为本、科学施救”，把抢救人的生命摆在第一位，只要有一线希望就尽百倍努力，成功转移避险群众56人，解救被困群众16名，搜寻出失联人员26人，及时处理和化解堰塞湖等次生灾害，创造了抢险救援的奇迹；我们千方百计安置灾民生活，紧锣密鼓开展灾后重建，目前安置房主体工程已全部竣工；我们紧急动员党员干部以铁的精神、铁的意志、铁的战斗力投入抢险救援，市、县党政领导始终坚守一线，相关部门、单位通力协作，发动党员干部上万人次日夜奋战，出动民兵5000余人次轮流参战，全力抢修交通、电力、通信、水利、供水等基础设施，切实做好地质灾害防治、气象服务、卫生防疫、油品运输、通讯保障等各项工作，充分体现了各级党委政府、广大党员干部的责任担当。在同重大地质灾害的艰苦搏斗中，我们经受了考验，战胜了磨难，谱写了万众一心、众志成城、勇往直前、勇于胜利的英雄凯歌。

第六，全力打好“护航G20、平安夺金鼎”攻坚战。我们把护航G20作为全市的重大政治任务，落实最高标准、最严要求、最实举措，用忠诚为峰会筑起铜墙铁壁，做到“守土负责、守土尽责”，确保“绝对安全、万无一失”，圆满完成了省委交付的任务。我们坚持“一把手”负总责，顶格构建作战领导体系，层层压实工作责任；突出矛盾化解，全市矛盾纠纷调处率和调处成功率均在98%以上，开展“百名市县领导督百案”活动，省级交办的积案化解率达83%，市级积案化解率达91%；加强社会风险管控，实战期间，全市刑事发案同比下降45%，两抢案件下降75%，接警总量下降23%。强化安全生产监管，完成省级挂牌单位整改2家，工矿商贸企业、交通运输领域事故死亡人数分别占全年控制指标的31%和27%。我们全力冲刺“平安夺金鼎”总目标，注重巩固G20峰会维稳安保工作经验，圆满完成世界互联网大会维稳安保任务。坚持和完善“平安报表”管理法，实行平安建设“月体检、月排名、月通报”制度。切实加强信访维稳工作，充分运用全省统一的政务咨询投诉举报平台，努力化解各类社会矛盾。着力完善立体化社会治安防控体系，加强安全生产、道路交通、食品药品安全、火灾事故、防恐防暴等综合治理。目前，我市平安创建形势良好，有望在全省率先夺取平安金鼎。

第七，认真抓好市县乡领导班子换届。全面落实中央“四好”要求，稳步推进市县乡换届工作，各县（市、区）领导班子换届人事调整已到位，143个乡镇均已完成新一届乡镇党委换届。顺利完成各民主党派市委会、市工商联和市总工会、团市委、市妇联换届工作。同时，我们狠抓换届纪律，严明“九个严禁”纪律要求，建立换届风气巡回督查、换届风气形势分析研判等制度，从快从严查处违反换届纪律行为3起，处理3人，确保换届工作风清气正。

一年来，市委常委会坚决落实上级要求，紧密联系丽水实际，积极回应群众关切，努力研究新情况、解决新问题，主要做了以下工作。

（一）认真学习贯彻习近平总书记系列重要讲话精神，深入开展“两学一做”学习教育。

市委常委会认为，学习贯彻习近平总书记系列重要讲话精神是我们的首要政治任务，确保中央政令畅通是我们的首要政治责任。市委常委会坚持第一时间组织学习习近平总书记发表的重要讲话和中央、省委召开的重要会议精神，切实提升各级党组织的政治意识、大局意识、核心意识、看齐意识，努力做到理论上融会贯通、思想上坚定不移、行动上紧抓不放。

我们认真贯彻落实党的十八届五中、六中全会精神。党的十八届五中、六中全会召开后，我们第一时间召开专题会议进行传达学习，及时召开市委三届十次全会，审议通过“十三五”规划建议，明确提出“与全省同步高水平全面建成小康社会，加快建设美丽幸福新丽水”的奋斗目标。我们着力推进全面从严治党，认真学习贯彻《关于新形势下党内政治生活的若干准则》《中国共产党党内监督条例》，推动全市党员干部深刻把握十八届六中全会明确习近平总书记核心地位的重大意义，坚决拥护和维护习近平总书记这个核心，在任何时候、任何情况下始终同以习近平同志为核心的党中央保持高度一致。

我们切实抓好“两学一做”学习教育。我们按照基础在学、关键在做的要求，组织党员干部原原本本学党章和习总书记系列重要讲话，开展党章党规党纪教育，确保习总书记重要讲话一个声音传到底，确保中央精神一以贯之抓到底。市委理论中心组带头开展专题研讨，各级党组织做到学习基本教材、参加专题学习研讨、听取专题党课“三个全覆盖”。全市普遍建立党员固定活动日制度，严格落实“三会一课”制度，推行党员干部日志式管理，84%的乡镇推行手绘“民情地图”，农村严格执行“四个不”规矩。组织县、乡、村三级书记上微党课，全面完成基层党组织书记集中分批培训，实现领导干部讲党课和党员听党课“两个全覆盖”，推动党内教育从“关键少数”向广大党员拓展、从集中性教育向经常性教育延伸。树立梅振盈、周根富同志作为“两学一做”学习标杆和实践榜样，分别追授“扎根基层一心为民的好公仆”和“忠诚履职情系群众乡镇好干部”荣誉。深入推进党员志愿服务，完善在职党员“两报到”制度，确保“两学一做”学习教育真抓、实抓、抓到位。

（二）坚持把保护生态环境作为第一责任，着力凸显“生态底色”。

市委常委会认为，优越的生态环境是丽水的最大优势、最大本钱、最大潜力，必须像爱护眼睛一样爱护生态环境，像对待生命一样对待生态环境，切实把环境保护好，努力让丽水的水更清、地更绿、天更蓝、空气更清新，确保生态底色永不变色、永不褪色。

我们抓源头管控，守住生态红线。修编《丽水市环境功能区划》，将95.8%的市域面积划入自然生态红线区、生态功能保障区、农产品环境保障区，严格落实生态红线管控。严格执行产业准入负面清单，严格执行产业选择“五不要”政策，否决一批非生态工业项目进入。同时，抓好淘汰落后产能企业、整治“低小散”企业、处置“僵尸企业”等工作，切实提高产业发展门槛。

我们抓生态治理，优化生态环境。强势推进“三改一拆”，继续打好拆违攻坚战，超额完成省下达的任务，云和创成“基本无违建县”，遂昌、松阳、景宁创成“无违建先进县”。深入推进“五水共治”，严格落实河长制，抓好“清三河”、挖污泥、截污水和重点治水项目建设，全市跨行政区域交界断面水质达标率、饮用水水源地水质达标率均为100%，全市I—III类水比例为99%，水环境质量全省第一，“五水共治”群众满意度连续2年全省第一。全面开展“五气共治”，抓好汽车尾气、工业废气、城市浊气、燃煤烟气、农村废气的专项治理，统筹抓好黄标车淘汰、燃煤锅炉淘汰改造等工作，各县（市、区）空气质量均达到二级标准，市区空气质量优良率全省第一，空气质量排名稳居全国前十。

我们抓制度创新，推动责任落实。把7月29日设为“丽水生态文明日”，开展了首个生态文明日系列活动。深入推进国家生态文明先行示范区建设，编制自然资源资产负债表，制定党政领导干部生态环境损害责任追究等制度。大力推进生态创建工作，庆元、缙云成功创建国家生态县，全市国家生态县达到4个。生态环境状况指数已连续13年全省第一，生态文明总指数全省第一。

（三）坚持把发展生态经济作为最大任务，着力凸显“发展特色”。

市委常委会认为，经济发展是一切发展的基础。发展生态经济，是推动绿色发展、建设生态文明的核心要义。我们始终把发展生态经济作为最大任务，努力推进生态经济化、经济生态化，变生态资源优势为经济优势、竞争优势，着力打开“绿水青山就是金山银山”的转换通道。

我们壮大生态旅游第一战略支柱产业。扎实推进国家全域旅游示范区创建工作，制定工作实施方案，建立全域旅游工作领导机制。加快旅游景区提升，缙云仙都景区创AAAAA工作取得重大进展，古堰画乡、遂昌金矿等景区创AAAAA工作稳步推进。旅游投融资改革取得进展，遂昌旅发公司成功挂牌新三板，成为全国首家股改上市的县级国有旅游类企业。创新旅游宣传营销工作，全方位开展16大类特色主题旅游产品宣传推介活动，“秀山丽水、养生福地、长寿之乡”旅游形象品牌不断提升。前三季度，全市实现旅游总收入418.3亿元，同比增长27.8%，完成旅游投资86亿元，同比增长123%。

我们推动生态工业转型升级。制定《丽水生态制造2025实施方案》，深入实施“四换三名”、企业技改“双百工程”，加快传统产业改造升级和新兴产业培育。持续开展“精准帮扶企业促发展”行动，制定出台进一步降低企业成本、减轻企业负担、优化发展环境的实施意见，着力构建“亲”“清”新型政商关系。切实抓好丽水开发区项目推进、科技创新、精准招商、产业提升等工作，开发区发展动能和后劲逐渐释放，基本扭转工业经济持续下滑的被动局面。深入推进浙商回归，全面实施精准招商，1—11月全市实际利用内资289.4亿元，引进中国钛都等重大项目90个。加快个转企、小升规、规改股、股上市，新增“新三板”挂牌公司9家。深入实施“人才强市”战略，推进人才体制机制创新，加快杭州未来科技城丽水海创园项目建设。深入实施创新驱动战略，召开全市科技创新大会，加快创新主体培育和创新平台建设，着力提升企业创新活力。丽缙五金科技产业园成功创建省级智能装备高新技术产业园，实现我市省级高新园区零的突破。浙江畅尔智能装备股份公司“大型高精度数控削装备关键技术与产业化”项目成为我市首个入围省科技进步一等奖的项目。稳步推进国家知识产权试点城市创建工作，加快推广应用科技创新券，创业创新的氛围进一步浓厚。

我们推动农旅融合发展。坚持生态化、标准化、品牌化、电商化“四化同步”发展，深入实施生态精品农业“912”工程，实施打造整洁田园、建设美丽农业三年行动计划，启动9个农业产业集聚区和19个农业特色强镇规划建设。深度推进农旅融合，实施农产品转化为旅游地商品三年行动计划。切实打响“丽水山耕”生态精品农业品牌、“丽水山居”农家乐民宿品牌，成功创建全国休闲农业与乡村旅游示范市。

我们促进生态服务业稳步发展。推进休闲养生旅游和文化创意等重大服务业项目建设，丽水绿谷信息产业园、古堰画乡文化创意产业园、青田县石雕产业园等项目进展顺利。丽水现代商贸中心等4家省级现代服务业集聚示范区的产业集聚功能和辐射带动作用明显，丽水无水港、丽水国际车城等项目顺利实施。前三季度，实现服务业增加值386.4亿元，占GDP的比重达49.5%，三次产业占比“三二一”的结构初步确立。

（四）坚持把美丽城乡建设作为重要抓手，着力促进“三美融合”。

市委常委会认为，建设美丽丽水是践行“两山”重要思想的具体行动，必须始终遵循“全域统筹、生态引领、城乡一体”发展路径，着力“打造美丽环境、发展美丽经济、创造美好生活”，加快建设宜居、宜业、宜游新丽水，全面推进“三美融合、主客共享”。

我们加快建设交通基础设施。围绕“5316”交通发展目标（即在“十三五”期间，加快构建融合铁路、公路、水路、航空、管道五种交通运输方式为一体的现代立体交通网；全面构建开放发展、美丽城乡、黄金水域3大交通通道；力争形成“城乡1小时”交通圈；完成交通总投资超过600亿元），加快推进丽水交通从“高铁时代”迈向“现代立体综合交通时代”，全面对接全省“高铁一小时”和“空中一小时”立体交通圈。积极打造美丽经济交通走廊，规划建设风情风景、科创产业、黄金水域、生态惠民交通廊道。加快推进交通重点项目建设，龙浦高速公路建成通车，衢宁铁路、金台铁路（缙云段）、瓯江航道整治工程、丽水市交通旅游枢纽、市域天然气干线网络等一批项目加快建设。丽水机场、温武铁路、衢丽铁路等项目前期工作稳步推进。

我们深入推进美丽城镇建设。突出规划引领作用，编制完成新一轮丽水市城市总体规划。大力提升城市品质，统筹推进地上地下网络建设，加快推进腊口污水处理厂项目和莲都、龙泉、青田、松阳、缙云等污水处理厂提标改造工程。大力推进美丽县城建设，继续推进“六个一”示范项目建设。加快推进39个特色小镇规划建设。莲都古堰画乡小镇、龙泉青瓷小镇入选首批中国特色小镇名单。全面部署小城镇环境综合整治工作，在落实省“一加强三整治”的基础上，大力推进具有丽水特色的“一二三九”行动，迅速掀起整治热潮。

我们不断提升美丽乡村建设水平。“六边三化三美”行动持续推进，基本完成10条美丽乡村风景线主干项目和20个美丽乡村精品村建设，初步建成覆盖全市、环境优美、有效管护的乡村洁化网、“三沿”绿化带、产业景观带、增收致富线。全面推进农村生活污水治理工作，切实加强传统村落保护发展。前三批中国传统村落数量居全国第四、华东第一，今年又有82个村进入第四批公示名单。

（五）坚持把保障和改善民生作为根本目的，着力增强群众的获得感、幸福感。

市委常委会认为，人民群众对美好生活的向往，就是我们的奋斗目标。必须坚持以人民为中心的发展思想，牢固树立人民至上的观念，坚持财政支出增量的三分之二以上用于民生，不断提高公共服务供给能力，全力维护社会和谐稳定，让群众有更多的获得感、幸福感。

我们持续促进农民增收。抓好种植业、养殖业、外出务工“老三宝”，培育农家乐民宿、电子商务、来料加工“新三宝”，努力拓宽群众增收致富渠道。建立完善低收入农户精准帮扶机制，深入实施低收入农户收入倍增计划，引导支持地质灾害隐患区、重点水库库区、生态敏感区、高山远山群众实施异地搬迁，确保绝对贫困现象不出现反复。深入实施农民素质提升工程，着力培育“丽水农师”品牌和县域子品牌，提升农民增收致富能力。

我们大力加强和改进公共服务。加强就业和社会保障工作，认真贯彻各项就业创业政策，持续扩大社会保险覆盖面。深入推进机关事业单位养老保险制度改革，推进社会保障卡综合运用等国家和省级试点工作。着力办好人民满意教育，加快推进教育现代化建设，松阳成功创建省基本教育现代化县。制定《丽水市区基础教育资源建设三年行动计划》，计划新建幼儿园7所、建设中小学13所，加快补齐基础教育短板。扎实推进义务教育标准化学校建设，稳步推进义务教育薄弱学校改造工程，持续改善办学条件。探索城乡教育管理体制创新，促进城乡教育均衡发展，全市中小学集团化覆盖率达72%。扎实推进“健康丽水”建设，认真落实全国、全省卫生与健康大会精神，深化医药卫生体制改革，抓好国家城市公立医院综合改革试点、分级诊疗国家试点工作。大力推进“双下沉、两提升”工作，深入实施分级诊疗制度，完善药品供应保障机制。平稳实施全面两孩政策。完善公共文化服务体系，推动公共文化服务标准化、均衡化发展。加快推进全省公共文化服务重点县建设，积极创建“丽水乡村春晚”国家公共文化服务体系示范项目。大力推进市图书馆新馆、农村文化礼堂等项目建设。文化精品创作扎实推进，涌现出《畲娘》《张玉娘》等一批精品力作。成功举办2016浙江遂昌汤显祖文化节暨汤显祖—莎士比亚逝世400周年纪念活动。

我们深入推进民主法治建设。积极推动社会主义民主政治建设，加强和改进对人大工作的领导，制定《关于进一步加强乡镇（街道）人大工作和建设的若干意见》。支持政协发挥协商民主重要渠道和专门协商机构作用，切实提高协商民主制度化水平。加强统战和群团工作，扎实推进党管武装工作。大力加强党对立法工作的领导，深入推进法治政府建设，切实加强对政法工作的领导，广泛开展法治宣传教育。

（六）坚持把全面深化改革作为核心动力，着力激发经济社会活力。

市委常委会认为，全面深化改革是“四个全面”战略布局突破性和先导性的关键环节。必须把改革作为第一动力，突出战略导向、问题导向、需求导向，抓好统筹谋划、抓好试点突破、抓好改革督查，使改革精准对接发展所需、基层所盼、民生所向。

我们重点抓好国家和省级改革试点。农村金融改革在农村产权融资体系、农村信用体系、农村基础服务平台等方面取得突破性成效；扶贫改革已建立搬迁扶贫、产业扶贫、社会扶贫三大体制机制，41项改革任务已有20多项取得突破；低丘缓坡试点为丽水拓展37平方千米的发展空间，节约耕地0.22万公顷。国家全域旅游示范区、国家生态文明先行示范区、省级农村电子商务创新发展示范区、省级旅游综合改革试验区建设创出了丽水新模式，做出了丽水新特色。

我们统筹抓好重点领域改革。经济体制改革方面，抓好供给侧结构性改革，深化“四张清单一张网”改革，扎实推进审批层级一体化改革，全面实施“营改增”工作，全面完成公车改革；推进城乡一体化改革，村经济合作社股份制改革全面完成；推进全市户籍制度改革，全面取消农业户口和非农业户口性质划分。民主法制领域改革方面，着力推进立法工作，出台我市第一部地方性法规《丽水市制定地方性法规条例》。制定首部实体法规《丽水市城市市容和环境卫生管理条例》；稳步推进司法体制改革，出台法检两院的改革实施方案，加快推进法院、检察院人员分类定岗工作，进一步完善落实司法责任制。文化体制改革方面，调整和完善国有文化资产管理体制，组建丽水日报报业传媒集团。社会体制改革方面，制定教育现代化创建工作指导意见，继续深入推进义务教育、普通高中、中等职业学校课程改革；推进医药卫生体制改革，实现市、县级公立医院综合改革全覆盖。党建和纪检体制改革方面，强化和推进县乡换届工作制度建设，探索建立鼓励创新、宽容失败的容错免责机制，制定《丽水市关于完善改革创新容错免责机制的实施办法》。统筹抓好体制机制改革，开发区管理、招商引资、国资营运公司市场化改革等体制机制改革取得新的突破。

（七）坚持把抓好党的建设作为最大政绩，着力夯实管党治党责任。

市委常委会认为，全面从严治党是锻造坚强领导力量的必然要求，必须贯彻落实党的十八届六中全会关于全面从严治党的精神，把严的要求贯穿管党治党全过程，做到管党有方、治党有力、建党有效。

我们从严抓好思想建党。全面落实党委意识形态工作责任制，牢牢掌握意识形态工作领导权、管理权和话语权，唱响主旋律、传播好声音、凝聚正能量。积极培育和践行社会主义核心价值观，开展纪念建党95周年、长征胜利80周年等活动，不断深化“最美丽水好人”品牌建设，支持办好《电视问政》《每周聚焦》等监督栏目。抓好农村精神文明建设、未成年人思想道德建设，开展好家风建设等活动。

我们从严带好干部队伍。坚持严把干部教育培训、选拔任用和监督管理各个关口，打好“上、下、管、育、爱”组合拳，着力打造一支符合“绿色发展、科学赶超、生态惠民”事业要求的干部队伍。深入实施《关于领导干部认真践行敢于担当的意见》《关于进一步强化正确用人导向的意见》，大力选拔自觉担当、主动担当、坚决担当的干部。落实“关爱乡镇基层干部”等一系列政策措施，激励干部奋发有为、干事创业。

我们从严夯实基层基础。深化“整乡推进、整县提升”工作，全面加强基层组织建设。严格落实基层党建责任制，深化党委书记抓基层党建述职评议考核，建立健全市、县、乡、村党组织书记抓基层党建责任清单、问题清单、任务清单和领办党建项目制度。坚持“书记抓、抓书记”，搭建县乡村“三级书记擂台赛”，常态化交流工作。探索建立“123”常态化的党建工作机制，落实乡镇干部全员责任和住村责任制，大力加强“两新”组织党建工作，不断巩固扩大党的组织和工作覆盖。

我们从严筑牢反腐防线。认真履行党风廉政建设主体责任，定期听取党风廉政建设和反腐败工作情况汇报、研究重大问题，认真履行“一岗双责”，全力支持纪委履行监督责任。严明党的纪律特别是政治纪律，狠抓党章和党内重要法规的学习贯彻，切实维护政令畅通。压紧压实“两个责任”，加大问责追究力度，层层传导压力，推动管党治党责任落地生根。持续保持高压态势，坚决防止“四风”问题反弹回潮。今年以来，全市查处违反中央“八项规定”精神问题67起，党政纪处理72人。把握运用“四种形态”，努力遏制腐败现象蔓延势头。加强和改进纪律审查工作，坚持纪严于法、纪在法前、纪法分开，坚持纪法衔接、抓早抓小、动辄则咎，坚持无禁区、全覆盖、零容忍惩治腐败。今年以来，全市纪检监察机关共立案1035件，处分906人，涉及县处级干部16人，乡科级干部81人，移送司法机关18人。深化县乡党委政治巡察，紧盯党的领导弱化、党的建设缺失、全面从严治党不力“三大问题”，以政治的眼光发现问题、分析问题。积极整合派驻纪检组的力量，探索开展“交叉巡察”和“对口巡察”，市本级安排3轮巡察，对12家单位开展“上门体检”。在前2轮的巡察中，发现各类问题185个，发现党员干部违纪问题线索49条，其中涉及市管干部6人，并对6个重点问题形成了专题报告。深入开展农村基层作风巡查，严查发生在群众身边的腐败问题和不正之风，切实维护群众切身利益。深化纪检监察机关转职能、转方式、转作风，用铁的纪律打造纪检监察队伍。加强派驻机构监督管理和履职机制建设，打造常驻不走的巡视组。

一年来，市委常委会在统揽全局、协调各方的同时，始终高度重视和加强自身建设。

市委常委会坚持不忘初心、继续前进，带领市几套班子心往一处想、劲往一处使，合力攻坚克难，狠抓工作落实。市委常委会全体同志牢固树立“四个意识”特别是核心意识、看齐意识，坚定地向以习近平总书记为核心的党中央看齐，思想上拥护、政治上维护、行动上紧跟习近平总书记这个核心，坚决维护党中央权威和党中央集中统一领导，坚决贯彻落实中央各项重大决策部署。市委常委会全体同志带头坚持民主集中制，规范党内政治生活，严格按规则议事、决策、办事。带头廉洁自律，树立良好家风，管好配偶、子女、亲友和身边工作人员，自觉接受监督。

同志们，以上报告的是市委常委会一年来的主要工作。这些成绩的取得，离不开省委、省政府的正确领导，离不开全市人民的共同奋斗，也离不开所有离退休老同志和各民主党派、工商联、无党派人士、社会各界、驻丽部队和武警官兵的大力支持。在此，我代表市委常委会，向在座的各位同志，向全市广大党员和干部群众，表示衷心的感谢，并致以崇高的敬意！

在总结工作的同时，市委常委会也清醒地分析了存在的困难和问题：经济总量小、人均水平低的现状没有根本改变，经济结构需要优化，转型升级任务较重，绿水青山转化为金山银山的通道还未完全打开；城乡发展不平衡、不协调的问题仍然突出，民生改善的任务较为艰巨，农民持续增收难度加大；公共安全方面还有薄弱环节，社会治理信息化、智慧化水平亟待提升，精准有效抵御自然灾害的能力还需提高；党风廉政建设和反腐败斗争任务艰巨，"四风"问题反弹压力不小，一些干部不担当、不作为的情况仍然存在。

我们一定高度重视这些问题，始终保持忧患意识和清醒头脑，采取更加有力的措施加以解决。希望同志们对市委常委会的工作提出意见和建议，帮助我们把工作做得更好。

二、认清丽水的历史方位，切实增强从严加强干部队伍建设的紧迫感和责任感

找准和把握丽水的历史方位，是关系今后发展的重大问题。只有把这个问题搞清楚、弄明白、把握准，推进发展的方向才会更加正确，路径才会更加清晰，行动才会更加果敢，士气才会更加昂扬。

（一）中央和省委提出的新使命新要求，需要我们从严加强干部队伍建设。

去年，总书记到浙江考察时，赋予浙江"干在实处永无止境，走在前列要谋新篇"的新使命。今年，总书记在G20杭州峰会期间，又提出了"秉持浙江精神，干在实处、走在前列、勇立潮头"的新要求。总书记对浙江提出的新使命、新要求，充分体现了对浙江的深厚情感和充分信任，也赋予了浙江向全世界展示中国方案、中国道路、中国智慧之鲜活样本的崇高使命。

省委明确要求，全省上下要在如期高水平全面建成小康社会的基础上，进一步拉高标杆、自加压力，把"浙江的今天"建设得更好，努力为"中国的明天"提供更多的浙江素材、浙江实践。

对照新使命、新要求，我们要把学习贯彻党的十八届六中全会精神，与认真落实总书记重要指示紧密结合起来，与落实省委工作要求紧密结合起来，努力打造一支勇立绿色发展潮头的丽水铁军，在干部队伍建设上继续走在前列。

（二）丽水的历史方位，需要我们从严加强干部队伍建设。

经过撤地设市16年来的发展，经过历届党委政府薪火相传，经过全市人民的共同奋斗，当前的丽水已经站在一个新的历史起点上。

我们打造了生态金名片。我们始终牢记总书记"绿水青山就是金山银山，对丽水来说尤为如此"的重要嘱托，已经初步探索出一条绿色生态发展之路。"中国生态第一市"的品牌不断打响，华东地区生态屏障的地位更加凸显。

我们积蓄了发展新动能。围绕"绿色发展、科学赶超、生态惠民"的工作主线，我们大力推进生态经济化、经济生态化，为今后发展奠定了坚实的物质基础；我们大力推进交通基础设施建设，实现了"县县通高速"，迈入了高铁时代，为今后发展创造了有力的硬件条件；我们大力推进改革创新、积极扩大对外开放，经济社会活力充分释放，为今后发展积蓄了强大的内生动力。

我们肩负着历史新使命。丽水是总书记"两山"理论的重要发源地，又是发展水平在浙江相对落后、但在全国中位线以上的地区。丽水必须责无旁贷地担当起确保与全省同步高水平全面建成小康社会的重大使命，担当起践行"两山"理论、打开"两山"通道、打造绿色发展中国方案"丽水样本"的重大使命。要积极探索、大胆实践，勇当绿色发展的探路者和模范生，努力为"浙江样本"提供更多的"丽水元素"。

从丽水的历史方位出发，更好地肩负起新的历史使命，关键在党，核心在人，重点是要打造一支"听党指挥、能打胜仗"的丽水铁军，为各项事业发展提供坚强的组织保障。

（三）丽水干部队伍的现状，需要我们从严加强干部队伍建设。

近年来，丽水市坚持和落实总书记提出的"信念坚定、为民服务、勤政务实、敢于担当、清正廉洁"好干部20字标准和"三严三实"、忠诚干净担当等要求，切实加强好班长、好班子、好梯队建设，在干部队伍建设上形成了一些好做法，积累了一些好经验。

与此同时，我们也要清醒看到，对照新方位、新使命、新要求，对照新出台的《准则》和《条例》的规定，对照事业发展的需要和群众的期盼，丽水

市干部队伍建设还存在许多不相适应的地方。主要表现在：有的干部理想信念淡化；有的干部工作劲头不足；有的干部廉洁自律意识不强；有的干部执行“八项规定”不够严格；有的党委（党组）落实《干部任用条例》不够规范到位，等等。这些问题必须引起高度重视，力求精准施策、对症下药，努力把丽水市干部队伍打造成为一支勇立绿色发展潮头的丽水铁军。

三、努力打造政治绝对忠诚、干事尤为担当、做人尤为干净、作风尤为过硬、精神尤为昂扬的丽水铁军，为奋力夺取与全省同步高水平全面建成小康社会决战胜利，勇当绿色发展的探路者和模范生提供坚强的干部队伍保障

“为政之要，莫先于用人”。始终践行习总书记“绿水青山就是金山银山，对丽水来说尤为如此”的重要嘱托，全面贯彻党的十八届六中全会精神，认真落实总书记和省委对浙江工作的新使命、新要求，奋力开创丽水绿色发展的新局面，关键要靠高素质的干部队伍，重点要抓好五个方面。

（一）突出坚定的理想信念，打造“政治绝对忠诚”的丽水铁军。

党的十八届六中全会明确提出习近平同志为党中央的核心、全党的核心，是众望所归、实至名归，是党心所向、民心所向。明确习近平总书记的核心地位，反映了全党的共同意志，反映了全党全军全国各族人民的共同心愿。拥护核心、维护核心、紧跟核心、看齐核心，是最大的讲政治。

打造丽水铁军，要把政治标准摆在首位。政治标准是最重要的标准，是压倒一切的标准。我们要注重从政治上衡量干部、考验干部、要求干部，打造在政治上坚定举旗、坚决护旗的队伍，能够经受得起政治风浪考验的队伍，决不能是走岔、走偏的队伍，更不能是改旗易帜、砍旗丢旗的队伍。

打造丽水铁军，要抓好思想上“补钙”、精神上“加油”。我们要注重思想从严，教育引导党员干部深入学习习总书记系列重要讲话精神，坚定理想、坚定信念，进一步增强道路自信、理论自信、制度自信、文化自信，进一步提高思想觉悟、理论水平和党性修养，使广大党员干部心中有信仰、脚下有力量。要完善各级党委（党组）理论中心组学习、务虚研讨、专题学习和干部夜学制度，积极创建学习型党组织，打造学习型干部队伍。要坚持领导干部讲党课、作报告制度，每年至少到基层上两次党课。要用好丽水革命老区“红色资源”，汲取“红色营养”，打造“红色学府”。

打造丽水铁军，要强化“四个意识”特别是核心意识、看齐意识。增强核心意识，就是要更加紧密地团结在以习近平同志为核心的党中央周围，更加坚定地维护以习近平同志为核心的党中央权威，自觉在思想上、政治上、行动上同以习近平同志为核心的党中央保持高度一致，教育引导干部坚决听党话、跟党走。增强看齐意识，就是要经常、主动向党中央看齐，向党的理论和路线方针政策看齐，向党中央决策部署看齐，做到党中央提倡的坚决响应、党中央决定的坚决执行、党中央禁止的坚决不做，永葆绝对忠诚的政治本色。

（二）突出正确的用人导向，打造“干事尤为担当”的丽水铁军。

习总书记指出，“用一贤人则群贤毕至，见贤思齐就蔚然成风。选什么人就是风向标，就有什么样的干部作风，乃至就有什么样的党风”。我们要落实好干部标准，坚持正确的用人导向，让那些忠诚、干净、担当的干部得到褒奖和重用，让那些唱对台戏、身在曹营心在汉、阳奉阴违、弄虚作假、不干实事、会跑会要的干部没市场、受惩罚，以用人环境的风清气正促进政治生态的“山清水秀”，使选出来的干部组织放心、群众满意、干部服气。

要坚持实干导向。注重以实干论英雄、凭实绩用干部，加强差异化考核，鼓励改革创新，引导干部干字当头，埋头苦干、拼命实干、科学巧干。要把“拆治归”、重点项目推进、文明城市创建、急难险重任务作为比选干部的大赛场，大胆使用那些勇于冲锋、能打硬仗、干得成事的“狮子型”干部，旗帜鲜明地鼓励创新、宽容失败，认真落实改革创新容错免责机制，让敢于负责的干部消除后顾之忧。

要坚持基层导向。进一步强化领导来自基层、干部出自一线的观念，坚持优先提拔一线干部，鼓励干部安心基层、用心干事。突出“一把手”这个关键，大力培养选拔具有基层一线经历的“狮子型”干部。要进一步完善“四个一线”培养锻炼机制，坚持开展市县干部双向互派挂职，有计划地选派干部到基层单位、艰苦环境、重点工程中去磨炼，使干部在一线锤炼党性、砥砺品格、提升能力。

要坚持担当导向。牢固树立人民至上的观念，教育引导干部勇于担当、敢于负责，时刻把群众的安危顶在头上，把群众的冷暖挂在心上，在群众需要的时候冲得上去、豁得出去、扛得下来，在关键时刻发挥关键作用。要加强对干部担当精神的监督检查，坚持“电视问政”直击干事状态、“政务微信”督导工作进展、《每周聚焦》强化舆论监督，推动干部直面矛盾、解决问题。鼓励干部积极作为、靠前服务，构建“亲”“清”新型政商关系。

（三）突出严明的纪律规矩，打造“做人尤为干净”的丽水铁军。

全面从严治党从来不是一句口号，而是体现在严格的纪律和规矩上。从这个意义上说，好干部是教育培养出来的，也是从严管理出来的。干部队伍建设只有坚持严字当头，把纪律和规矩挺在前面，才能使广大干部既勤又廉，既干净又干事。

要从严管理监督干部。认真学习贯彻《党章》《条例》《准则》等党纪法规，从严执行中央“八项规定”和选人用人各项制度，做到既治标又治本，既抓早又抓小，既拔“烂树”又治“森林”，既抓关键少数又抓全体党员，既严管干部又教育引导干部管好“身边人”，使各项纪律规矩真正成为“带电的高压线”，推动管党治党从“宽松软”走向“严实硬”。

要深入推进反腐倡廉工作。坚持有腐必反、有贪必肃，无禁区、全覆盖、零容忍反对腐败，在减少腐败存量、遏制腐败增量上形成压倒性态势。认真执行《丽水市落实党风廉政建设党委主体责任和纪委监督责任十项制度》，不断健全党委主抓直管工作机制。要完善权力运行制约和监督机制，健全党内监督体系，用好监督执纪“四种形态”。要深化纪检监察体制改革，发挥巡察“利剑”和派驻“探头”作用，构筑起干部不敢腐、不能腐、不想腐的“防火墙”。

要开展严肃认真的党内政治生活。严肃认真的党内政治生活，是解决党内矛盾和问题的“金钥匙”，是广大党员、干部锤炼党性的“大熔炉”，是纯洁党风的“净化器”。要严格按照《关于新形势下党内政治生活的若干准则》的要求，严格执行民主集中制和各项基本制度，大力发展党内民主，规范完善党务公开制度，拓宽党员意见表达渠道。要更好地发挥党内政治生活功能作用，形成一个又有集中又有民主，又有纪律又有自由，又有统一意志又有个人心情舒畅、生动活泼的政治局面，实现干部清正、政府清廉、政治清明。

（四）突出优良的干部作风，打造“作风尤为过硬”的丽水铁军。

优良的作风是我们各项事业取得成功的保证。我们常讲，抓住一次机遇，实现一次跨越；失去一次机遇，落伍一个时代。站在新的历史方位上，我们能不能抓住机遇，肩负起使命、完成好任务，关键取决于各级干部的工作作风。

要始终坚持党的群众路线。牢固树立以人民为中心的发展思想，强化群众观念，坚持群众路线，站稳群众立场，增进群众感情。要把密切联系群众作为干部的基本功，严格落实“三个走遍”要求，继续深化“住村联心”等工作制度，把工作做到群众的心坎上，把问题解决在群众的急需处，把服务送到群众的家门口，以干部的“辛苦指数”换来群众的“幸福指数”。

要持之以恒转变作风。作风建设永远在路上。近年来，丽水市认真学习贯彻中央“八项规定”精神和我省“28条办法”“六项禁令”及市委实施意见，常态化保持正风反腐的高压态势，推动了党风政风持续好转。但从各级纪检监察机关查处的典型问题来看，党员干部违规参与“酒局”“饭局”问题仍时有发生，防止“四风”问题反弹回潮的任务十分艰巨。各级、各部门要以抓铁有痕的决心、治本断根的韧劲，反复抓、抓反复，坚决打赢作风建设攻坚战、持久战。请市纪委牵头，对换届后全市作风建设开展一次专项行动，确保新班子有新形象、新作为。

这里，我再重申和强调一下四项规定：

一是严禁公务活动饮酒。全市各级党和国家机关及其工作人员，在公务出差期间、值班期间、工作日中餐、工作日和非工作日参加公务活动的，一律不准饮酒。

二是严禁参加“二十类饭局”。严格执行《公职人员不准参加的“二十类饭局”》等规定，一律不准借干部调整、岗位变动等名义安排宴请和聚餐；一律不准使用私人和企业会所、高消费餐饮场所，或者在单位食堂、内部招待所、农家乐等场所搞变相的公款大吃大喝；一律不得组织或参与任何可能影响公正执行公务的宴请和聚餐。

三是严格规范聚会聚餐活动。要自觉规范“八小时外”行为，不得借联谊会、老乡会、同学会、战友会等活动搞“小圈子”性质的聚会；不得组织有同事、下属以及管理和服务对象参加的聚众酗酒；参加其他私人聚会和自费餐叙也应注意场合、控制规模，不得参加有损党员干部形象的休闲娱乐活动；不得出入私人会所、不得接受和持有私人会所会员卡；不得到酒吧、歌舞厅、KTV等娱乐消费场所酗酒或接受有偿陪侍服务；不得参加可能造成不良社会影响的高消费活动。

四是严肃干部任职履新有关纪律。要严格执行省纪委、省委组织部《关于进一步严肃干部任职履新有关纪律的通知》要求，在干部任职履新过程中，严禁搞迎来送往，严禁搞宴请、聚餐，严禁收送礼品、纪念品，严格执行廉洁纪律。市纪委、市委组织部已经转发了这个通知，各地、各单位党委（党组）务必要传达到每一位党员干部，特别是工作岗位有调整的党员干部，坚决防止出现违反规定的问题。

（五）突出严格的责任落实，打造“精神尤为昂扬”的丽水铁军。

决胜高水平全面建成小康社会，勇当绿色发展的探路者和模范生，关键在党，关键在党要管党、从严治党。

要坚决贯彻中央和省委关于全面从严治党的决策部署，全面落实《中国共产党地方委员会工作条例》，不断夯实管党治党责任，提高管党治党科学化水平。

各级党委（党组）履行主体责任要“不松手”。各级党委（党组）是干部队伍建设的责任主体，要始终坚持党管干部原则，强化党组织的领导和把关责任，充分发挥党委全委会、常委会的集体把关作用。党委（党组）书记是第一责任人，要以上率下、身体力行，严格履行抓班子带队伍职责，切实做到守土有责、守土负责、守土尽责。要完善干部考核评价机制、分析研判机制，打好“上、下、管、育、爱”组合拳，着力构建科学的选人用人机制。

各相关部门履行具体责任要“敢出手”。纪检、组织、宣传、统战、政法等党的工作机构和工作部门，要根据各自职能主动担责，形成各司其职、齐抓共管的良好局面。领导班子其他成员对分工范围和分管领域的干部队伍建设负直接责任，要严格落实“双岗双责”，做到管业务与抓队伍相统一。要层层压实“两个责任”，全力支持纪委开展监督执纪问责，继续深化纪检体制改革，不断取得党风廉政建设和反腐败斗争新成效。要认真落实“推进能上能下的意见”，建立健全干部退出机制，深入整治“为官不为”。要探索建立干部人才流动机制，加强干部跨条块领域交流，增强干部队伍活力。要加大正向激励力度，坚持和完善三级书记交流会制度，进一步形成比学赶超的良好氛围。要全面建立谈话谈心制度，全面落实干部关爱措施，为基层干部特别是乡镇干部创造良好的工作生活条件。

各级领导干部要“不甩手”。前段时间，电视专题片《永远在路上》披露的细节表明，一些领导干部发生的问题，往往成为所在地方和单位各种问题滋生蔓延的主要导因。各级领导干部特别是市委常委、市委委员，要清醒认识自己岗位的特殊重要性，增强自律意识、标杆意识、表率意识，带头学习、带头遵守、带头执行党章党纪党规。凡是要求党员、干部做到的自己首先做到，凡是要求党员、干部不做的自己首先不做，喊响“向我看齐、对我监督”，为全市党员干部做好表率、当好示范。

四、关于市委《决定》和《工作规则》起草情况的说明

（一）市委《决定》的起草说明。

市委确定三届十三次全会就从严加强干部队伍建设作出决定，既是全面贯彻落实党的十八届六中全会、省委十三届十次全会精神的重要举措，也是丽水立足新方位、实现新要求、担负新使命，奋力夺取与全省同步高水平全面建成小康社会决战胜利的必然要求。

市委高度重视《决定》的起草工作，由市委组织部具体牵头起草工作。《决定》稿广泛征求了市委委员、候补委员，市级党员领导干部，各县（市、区）党委，市直属各单位党委（党组）的意见，由我主持召开党外人士座谈会，认真听取各民主党派、工商联负责人和无党派人士的意见和建议，并2次提交市委常委会审议。在充分吸收各方面意见的基础上，形成提交本次全会的审议稿。

《决定》的主题是“打造勇立绿色发展潮头丽水铁军”，主线是“全面从严”，框架上与省委《决定》大致相同。内容上分7个方面、18条内容。《决定》体现了三个注重：

一是注重贯彻好中央、省委全会精神。在《决定》稿的起草修改过程中，市委注重全面贯彻党的十八届六中全会和省委十三届十次全会精神，提出“丽水铁军”建设要突出思想政治建设、突出好干部标准、突出正确用人导向、突出事业发展大局、突出从严管理要求、突出加强作风建设、突出主体责任落实等，力求使《决定》成为打造“丽水铁军”的科学指南和行动纲领。

二是注重体现好丽水特色。把中央和省委全会精神创造性地进行落实，始终围绕“绿色发展、科学赶超、生态惠民”发展主线，在政治品格、干事担当、做人准则、作风要求、精神状态等方面，彰显丽水特色，突出丽水要求，努力打造一支勇立绿色发展潮头的丽水铁军。

三是注重解决突出问题。紧扣全市工作大局，坚持目标导向、问题导向、绩效导向，针对干部队伍存在的问题，提出了一系列切实可行的措施办法，努力使《决定》符合全市发展要求和群众期待。

（二）市委《工作规则》的起草说明。

省委十三届十次全会审议通过《中国共产党浙江省委员会工作规则》，明确要求各市、县（市、区）党委应参照《中国共产党地方委员会工作条例》，制定和完善工作规则。根据这一要求，我们起草了市委《工作规则》。

市委《工作规则》征求了市委常委和市人大常委会、市政协主要领导意见，并提交市委常委会审议后，形成了提交本次全会的审议稿。

同志们，“勇立潮头谋发展，千帆竞发数风流”。站在新的历史方位上，我们要正确把握新使命、新要求，紧密团结在以习近平同志为核心的党中央周围，加快推进“绿色发展、科学赶超、生态惠民”，从严加强干部队伍建设，奋力打造勇立绿色发展潮头的丽水铁军，为确保与全省同步高水平全面建成小康社会，加快建设美丽幸福新丽水而努力奋斗！

政府工作报告

——2017年4月19日在丽水市第四届人民代表大会第一次会议上

丽水市市长　朱　晨

各位代表：

现在，我代表丽水市人民政府，向大会报告政府工作，请予审议，并请市政协委员和其他列席人员提出意见。

一、过去五年回顾和2016年主要工作

市三届人大一次会议以来的五年，是丽水发展抢抓机遇、砥砺奋进的五年。在省委、省政府和市委坚强领导下，全市上下深入学习贯彻习近平总书记治国理政新理念新思想新战略，以省委“八八战略”为总纲，扎实推进“绿水青山就是金山银山”战略指导思想落地生根，迈出了建设美丽幸福新丽水的坚实步伐。

区域综合实力和生态环境质量实现“双提升”。全市生产总值从2011年的798.83亿元增加到1200.22亿元，年均增长8.0%，分别高于全国和全省0.7个、0.1个百分点；人均生产总值达到55772元。财政总收入、一般公共预算收入分别达164.87亿元、103.57亿元，年均分别增长10.5%、12.5%。发展水平指数全省第三，发展进程指数全省第一，各县（市、区）均摘掉欠发达帽子。与此同时，生态环境状况指数连续13年全省第一，生态文明总指数跃居全省第一；被列为全国生态文明先行示范区、生态保护和建设示范区、水生态文明试点城市，成为首个地级市“中国长寿之乡”、唯一的“中国气候养生之乡”；实现省级生态县、省级森林城市全覆盖，云和、遂昌、庆元、缙云创成国家生态县。

发展方式转变和发展动能转换实现“双推进”。三次产业结构由9.1:49.8:41.1调整为8.0:44.7:47.3。生态工业转型向好，工业技改投资年均增长37.9%，规上工业新产品产值率达到35.6%，高新技术产业增加值占规上工业增加值比重达到27.7%，丽水开发区升格为国家级经济技术开发区。创建了覆盖全区域、全产业、全品类的生态农业区域公用品牌——“丽水山耕”，获得休闲农业与乡村旅游“国字号”头衔23个，农业标准化覆盖面达64.4%。成为国家全域旅游示范区首批创建单位，旅游总收入连年保持25%以上高速增长，文化产业增加值占GDP比重从全省末位跃居全省第三。改革、创新、开放形成的新动能加速集聚，尤其是以林权改革为先导的农村产权及农村金融、扶贫、电商等方面改革试点赢得广泛关注，打造了“丽水样本”，农村金改“丽水模式”成为“全国十大自下而上的金融改革之一”；首次荣获全国县（市）科技进步考核先进市，被列为创建国家知识产权试点城市；累计实际利用内资、外资分别达1338.7亿元、8.5亿美元，引进已落地大项目583个，净增市场主体9.8万户，民间投资年均增长22.8%，出口年均增长11.7%。

城乡基础设施和城乡社会面貌实现“双优化”。累计完成固定资产投资3300.65亿元、年均增长21.1%，其中基础设施投资1346.22亿元、年均增长22.3%。建成云景、龙庆、龙浦高

速，实现“县县通高速”。完成金丽温铁路扩能改造工程，迈入“高铁时代”。常住人口城市化率达58.0%，中心城市建成区面积达35平方千米，建成区绿化覆盖率、绿地率分别达44.8%和40.4%，开发利用地下空间163.5万平方米。成功创建国家森林城市、园林城市、卫生城市和省级历史文化名城。全市实现公交车和公共自行车IC卡互联互通，市区成为“长三角十大公共自行车推广典型城市”，新能源汽车分时租赁系统快速铺开。通过“五水共治”，全面消除垃圾河、黑臭河，新增污水管网772.35千米，完成农村生活污水治理2329个村、受益农户40万户。通过“三改一拆”，累计拆除违法建筑2782.8万平方米，完成“三改”4475.81万平方米，完成市区26个老小区（城中村）的改造提升。通过美丽城乡建设，基本形成“一县一主题、一县一特色”县域城市风貌，158个村入选中国传统村落保护名录、8个村入选中国少数民族特色村寨，丽水市成为“中国美丽乡村建设示范地区”。

人民生活水平和基本公共服务实现“双改善”。全市财政用于民生支出五年累计达908.33亿元，财政民生支出比重从70.1%提高到77.6%。城乡居民人均可支配收入年均分别增长9.8%、11.7%，农民人均可支配收入达到16459元，超出全国平均水平4096元，增幅连续8年居全省首位，完成“4600元以下”消除贫困任务。就业持续扩大，基本建成统筹城乡、惠及全民的社保体系，居家养老服务照料中心覆盖100%的城市社区和92.4%的农村社区，各类保障性安居工程住房受益群众25.67万人，农民异地搬迁9.55万人。11个民族村成为省民族团结进步小康村，所有民族村均通康庄公路。实现国家义务教育基本均衡县全覆盖，省义务教育标准化学校比例从11.6%提高到89.3%，丽水学院通过本科教学工作审核评估。“乡村春晚”获国家公共文化服务体系示范项目创建资格，文化发展指数稳居全省前列。入选全国十佳运动休闲城市，实现省级体育强县全覆盖。建成市博物馆、美术馆、体育馆。医疗服务达到全省中等水平，人均期望寿命提高到79.79岁。残疾人“两项补贴”制度惠及73.6%的持证残疾人。老龄、妇女、儿童、慈善、宗教和对台、侨务等工作得到加强。

社会治理创新和社会和谐稳定实现“双加强”。连续8年被评为全省法治政府建设优秀市，3个典型案例先后入选年度“中国全面小康十大社会治理创新奖”。深入推进“四张清单一张网”改革，非行政许可审批事项全面清零，居民个人审批服务事项即办率达86.3%。创新实施“平安报表”管理法，连续12年被命名为平安市，治安案件、“两抢”案件连续5年下降，各类事故起数、死亡人数连续5年“零增长”。实现创建全国双拥模范城“两连冠”。全市上下众志成城，先后战胜“8•20”全流域特大洪灾、“11•13”里东山体滑坡、“9•28”苏村山体滑坡等突如其来的重大灾害，所展现的新时期丽水精神，已成为激励全市上下奋发进取的强大正能量！

五年来，我们还积极支持各县（市、区）立足全市“一盘棋”、走好“特色路”：莲都被确定为国家农业综合开发现代农业园区试点；龙泉青瓷、宝剑产业被列入省十大历史经典产业；青田跻身全国县域经济竞争力和发展潜力“双百强”；云和成为国家中小城市综合改革试点县、“浙江美丽县城”首批试点县；庆元获评中国绿色竞争力最强县；缙云培育了“一个烧饼、三个家家”农民增收品牌、成为省级综合性“腾笼换鸟”试点单位；遂昌入选全国首批旅游标准化示范县、孕育了电商“赶街”模式；松阳被列为中国传统村落保护利用试验区；景宁成为全国农村产权流转交易标准化试点县、中国最佳民族风情旅游名县。所有这些，都是打开“两山”转化通道的生动实践！

刚刚过去的2016年，是“十三五”开局之年。我们牢牢把握“绿色发展、科学赶超、生态惠民”发展主线，归零翻篇开新局，精准发力补短板，实现了开局之年全年红。年初提出的主要预期发展指标，除农民人均可支配收入增长9.7%，增幅虽保持全省第一，与预期的10%略有差距外，其余均达到或超额完成目标，十方面民生实事也件件落地。重点抓了以下工作：

（一）打好强生态促保护组合拳。积极探索生态法治，完成《丽水市城市市容和环境卫生管理条例》立法，完成自然资源资产负债表编制省级试点，制定了党政领导干部生态环境损害责任追究实施细则。组织开展“7•29”首个丽水生态文明日系列活动。全面划定永久基本农田。5县（市）入选新增国家重点生态功能区。勇夺“五水共治”大禹鼎，腊口污水处理厂开工建设，新增污水管网180.04千米，新建供水管网115.2千米、改造供水管网117.3千米，完成河道综合整治253.84千米，饮用水源地、跨行政区域河流交接断面水质达标率均为100%，水环境质量全省第一。全面开展“五气共治”，淘汰改造燃煤锅（窑）炉427台，淘汰黄标车和老旧车5789辆，各县（市、区）PM2.5浓度平均值均低于35微克/立方米，市区空气质量优良天数从上年的327天增加到349天，优良天数全省最高。

（二）打好强产业促转型组合拳。结合丽水实际抓好“三去一降一补”，坚决淘汰落后产能，商品房去化周期保持合理水平，金融机构不良贷款余额、不良贷款率实现双降，多措并举减轻企业负担30.97亿元。着眼于补好生态产业发展短板，出台各类产业政策14个，签订各类战略合作协议15个，设立了大健康产业、绿谷信息产业基金，引进中国钛都等大项目103个，新增“新三板”挂牌公司10家。大力推进农旅深度融合发展，创成全国休闲农业与乡村旅游示范市，“丽水山耕”产品平均溢价率达33%。基本扭转丽水开发区工业经济持续下滑局面，丽缙五金科技产业园获批创建省级智能装备高新技术产业园区，智慧小镇科创园投入使用。建成“一机游丽水”综合服务平台，开展G20两千万旅游消费券大派送活动，缙云仙都景区获全市首张创AAAAA“入场券”，旅游总收入、旅游投资分别增长25.8%、65.5%。服务业增加值增长8.7%、社会消费品零售总额增长11%，实现网络零售顺差63.18亿元。

（三）打好强统筹促融合组合拳。把大干快上交通项目作为统筹融合发展“先行官”，组织编制了项目总投资超千亿的美丽经济交通走廊建设总体规划。推动丽水机场项目获批，温武铁路线位争取工作进展顺利，高铁新站房投入使用，衢宁铁路顺利推进，金台铁路、瓯江航道整治工程开工建设，330国道莲缙段改建工程建成通车。着力打造最整洁、最礼让、最有序、最有爱心城市，创建全国文明城市年度测评成绩列全国第三。编制完成新一轮城市总体规划。继续推进美丽县城“六个一”示范项目建设，完成特色小镇投资202.9亿元，莲都区大港头镇、龙泉市上垟镇入选首批中国特色小镇。全面启动乡村建设转型综合试点，启动实施美丽林相建设20年规划，持续推进“六边三化三美”，打造美丽乡村风景线18条，8条道路获评“浙江最美绿化通道”。

（四）打好强民生促和谐组合拳。城乡居民人均可支配收入分别增长9.4%、9.7%，增幅均列全省首位，其中低收入农户人均可支配收入增长19.5%。深入推进城乡居民同类保障制度并轨整合及社会保障卡综合运用国家试点，医保个人账户“家庭共济”政策在全省率先落地，实现机关事业单位养老保险统一征缴与退休人员待遇统一发放。实现异地搬迁14276人，其中整村搬迁5554人、地质灾害隐患点避让搬迁7009人。交付保障性安居房4825套，完成农村危房改造3000户、城镇危险住宅房屋解危1031幢。建立市政府领导兼任教育特邀督学制度，高考上线率首次超过全省平均水平，启动了市区基础教育“三年攻坚”行动，松阳率先创成省基本教育现代化县。顺利实施全面两孩政策，区域人口健康信息平台上线运行，65岁以上老年人健康管理率达86.4%，新增97位百岁老人。牵头组建全国乡村春晚百县联盟，龙泉窑大窑——金村遗址入选“海上丝绸之路”申遗名单，成功举办丽水半程马拉松等重大赛事。实现了“平安夺金鼎”目标，圆满完成护航G20及世界互联网大会维稳安保任务。

（五）打好强改革促活力组合拳。坚持改革工作项目化推进，全年新争取9项国家级、31项省级改革试点。切实抓好国资营运公司市场化改革，将17家市本级国资营运公司整合为五大国有公司。立足于“功能区、集聚区和特区”的定位，完善了丽水开发区管理体制和运行机制。优化招商体制，狠抓招商项目落地。深入推进投融资改革，对政府和社会资本合作的项目融资实行银行综合金融服务政府采购，民间投资增速居全省首位。创建全国集体林业综合改革试验示范区，积极探索公益林补偿收益权质押融资。营改增改革试点全面推开。完成机关公务用车改革。实现市县乡三级农合联组建全覆盖。坚持改革开放互促共进，龙泉成为省外贸和实体商业转型升级试点示范县（市），云和成为产业集群跨境电子商务试点城市，全市外贸出口额增长6%。

（六）打好强效能促政风组合拳。强化主体责任，深入推进党风廉政建

括苍路街头绿地　　余 媛 提供

设和反腐败斗争，认真开展“两学一做”学习教育。出台“政风建设16条”，研究制定了部门职责管理办法、部门职责分工协商协调实施细则。开展“决战三季度”“冲刺四季度”专项行动，攻坚任务完成率达94.2%。在全省率先开展限额以下政府投资项目中介服务事项网上竞价，投资项目在线审批监管平台全网运行。紧盯项目抓效能，开展市区重点项目政策处理大会战、攻坚战，对PPP项目和道路交通、社会民生等领域重点项目推进情况实行“月报”，推动项目顺利落地、按时推进，全年完成固定资产投资841.65亿元，同比增长12%。严控“三公”经费，全市一般公共预算“三公”经费下降14.9%。

金杯银杯，不如百姓口碑。截至目前，丽水市有多项工作群众满意度列全省第一：生态环境质量公众满意度连续9年第一，食品安全公众满意率连续8年第一，新农村建设农民满意度连续5年第一，社会道德环境公众满意度连续4年第一，“五水共治”满意度、群众安全感满意率连续3年第一，民生改善满意度连续2年第一。这既是最好的褒奖，更是我们用心用力用情为民办实事的动力。

各位代表，这些年取得的成绩，都是在省委、省政府和市委坚强领导下，全市人民团结拼搏的结果。在此，我代表市人民政府，向全市人民和广大建设者，向人大代表、政协委员，各民主党派、工商联、人民团体和社会各界人士，向驻丽人民解放军、武警官兵和中央、省驻丽单位，向所有关心支持丽水发展的香港和澳门特别行政区同胞、台湾同胞、广大侨胞、海内外朋友们，致以崇高敬意和衷心感谢！

与此同时，我们也清醒看到发展中还存在不少问题：生态经济提速提质提效发展任务很重，亟须培育新的经济增长点，新旧发展动力转换不畅问题亟待破解；对照丽水特殊的生态屏障功能定位，生态保护和生态治理仍任重道远；城乡之间、县域之间发展不平衡问题依然存在，城乡居民尤其是困难群众持续增收基础还不稳固；基本公共服务供给与群众需求存在差距，防灾减灾等公共安全领域需要解决的问题还有不少。政府工作及政风建设中，一些部门打开“两山”转化通道的思想不够解放，一些干部在岗不在状态，甚至乱作为、不作为，有些改革举措和政策落实到不了位，“四风”问题也面临反弹压力。对此，我们一定高度重视，采取更加有力措施，认真加以解决。

二、今后五年发展的主要目标任务

科学把握历史方位，才有行稳致远的从容和自信。无论从时代特征、生态优势，还是现实基础、发展潜力看，丽水都已经具备从“两山”理论先行区向绿色发展示范区迈进的良好条件，正处于“变道超车”“穿越赶超”的机遇“窗口期”。

“窗口期”的机遇极为宝贵，抓住一次机遇，实现一次跨越；失去一次机遇，落伍一个时代。我们时刻要警醒：快人一步，领先一路；一步落后，步步落后。任何时候、任何环节、任何工作，都必须坚决贯彻习近平总书记“绿水青山就是金山银山，对丽水来说尤为如此”的重要嘱托，坚决扛起“与全省同步高水平全面建成小康社会，勇当绿色发展探路者和模范生”的历史使命，立足于下好先手棋、打好主动战，努力实现全面小康变“跟跑”为“齐跑”、绿色发展变“齐跑”为“领跑”。始终坚持“绿色发展、科学赶超、生态惠民”的发展主线，坚持“全域统筹、生态引领、城乡一体”的发展路径，坚持“改革推动、开放带动、创新驱动”的工作引领，坚持“生态底线、增收底线、平安底线”的工作要求，坚持“美丽环境、美丽经济、美好生活”的工作布局，充分体现“尤为如此”的示范和担当，努力让今后五年真正成为丽水发展的“黄金五年”。

根据市第四次党代会的战略部署，今后五年丽水发展的指导思想是：深入学习贯彻习近平总书记系列重要讲话精神，统筹推进“五位一体”总体布局，协调推进“四个全面”战略布局，以五大发展理念为指引，以“八八战略”为总纲，坚定不移走“绿水青山就是金山银山”绿色生态发展之路，加快推进“绿色发展、科学赶超、生态惠民”，着力打造美丽环境、发展美丽经济、创造美好生活，确保与全省同步高水平全面建成小康社会，加快建设“生态更美、产业更优、机制更活、百姓更富、社会文明程度更高”的美丽幸福新丽水，勇当绿色发展的探路者和模范生，为“浙江的今天”和“中国的明天”奉献更多丽水实践、丽水元素、丽水印记。

围绕实现市第四次党代会提出的奋斗目标，政府工作必须一以贯之深化细化具体化。尤其要通过实施“科学赶超五大行动”，确保生态环境状况指数稳居全省第一、空气质量和水环境质量全国全省领先，确保与全省同步高水平全面建成小康社会；实现全面小康人口、区域、领域全覆盖，基本公共服务常住人口全覆盖，社会保障法定参保人员基本全覆盖，实现国家生态县、国家卫生县城全覆盖，城镇截污纳管和农村生活污水处理、农村垃圾集中处理全覆盖，“六边三化三美”基本全覆盖；决不把脏乱差、污泥浊水、违法建筑、地质灾害重大隐患威胁带入全面小康，决不让一个困难群众在全面小康路上掉队，决不拖全省打造全面小康标杆省份的后腿。

今后五年发展的主要目标任务是：

围绕生态保护第一责任，大力实施生态保护行动，建设全国生态文明先行示范区，构建天蓝地绿、山清水秀的生态丽水。基本建成全国生态文明先行示范区，生态环境公众满意度、生态文明总指数持续保持全省领先。严格执行新的环境功能区规划，严守生态红线，确保实现“两无”目标。统筹推进生态保护、生态修复、生态治理，森林覆盖率稳定在80%以上，林木蓄积量突破1亿立方米，永久基本农田不少于13.33万公顷，工业危废全面实现无害化处理；2017年率先全域消除劣V类水，2018年全域创成“清三河”达标县，县级以上集中式饮用水源水质达标率100%；全域空气质量达到国家二级标准，市区空气优良率达到98%以上，全面消除中度以上污染天气。相关县(市)国家重点生态功能区、主体功能区建设试点取得明显成效，基本实现环境质量、重点污染源、生态状况监测全覆盖。

围绕绿色发展第一要务，大力实施绿色发展行动，打造绿色发展“中国方案”丽水样板，构建产业绿化、结构优化的实力丽水。在全面完成“151”绿色发展行动计划基础上，形成较为完善的绿色产业、绿色产品供给体系，地区生产总值达到1700亿元，人均生产总值达到11000美元。以农旅融合为重点推进农业生态化、标准化、品牌化、电商化，创成省级生态循环农业示范市和农产品质量安全放心示范市，“丽水山耕”系列农产品年销售额突破100亿元，“丽水山居”农家乐民宿营业总收入突破100亿元。着力打造国家全域旅游示范区和国际生态旅游名城，大力培育生态旅游第一战略支柱产业，旅游总投资五年累计超1000亿元，期末实现旅游总收入1000亿元，旅游产业对GDP综合贡献率达到15%。着力打造全省生态工业示范市，把生态工业作为第一经济来培育，全面落实《丽水生态制造2025实施方案》，力争工业重点技改投资年均增长10%以上，战略性新兴产业、装备制造业、高新技术产业增加值占规上工业比重年均提高0.5个百分点，新一代信息技术融合应用达到全国先进水平，争创全国质量强市示范城市。着力打造浙西南生态服务业发展高地，累计完成服务业固定资产投资3000亿元，期末服务业增加值占GDP比重达到50%以上，确立高水平的“三二一”产业结构。

围绕城乡统筹第一抓手，大力实施美丽丽水行动，打造“四美城乡”升级版，构建均衡协调、独具魅力的品质丽水。中心城市“一江双城三功能区”总体发展框架和“北居中闲南工”空间功能布局基本确立，完成城东和水南、城西、江滨“一片三区”开发，首位度进一步提高。市域“一心两轴四区四级”城镇空间结构基本形成，常住人口城市化率达到70%左右。深入实施“小县大城、小县名城、组团发展”战略，支持条件成熟的县适时启动撤县建市。全面推进大交通、大水利、大能源、大市政、大智慧“五大网络”建设，基本实现融入上海2小时交通圈、省域1小时交通圈，基本建成城乡1小时交通圈，县级以上城市防洪能力达到20—50年一遇标准，天然气管网实现“县县通”，城镇供水、燃气普及率均达到100%。全力推动美丽城乡建设，2017年，市本级确保创成全国文明城市；2019年，全面完成小城镇环境综合整治任务，实现县县基本无违建、建成“基本无违建市”；“十三五”期间，三分之二以上县(市)创成省级示范文明县城，成为“三美融合、主客共享”的江南山村旅居目的地。注重城乡建设内外兼修、古今融合，统筹抓好历史文化名城、名镇、名村和传统村落保护利用，进一步打响“丽水三宝”、巴比松油画、摄影等特色文化“金名片”。

丽水南明门城楼　　张　越　提供

围绕改善民生第一追求，大力实施民生改善行动，不断增强群众获得感、幸福感，构建共建共享、安居乐业的幸福丽水。确保城乡居民收入可持续增长、收入增幅高于经济增幅、收入差距不断缩小，到2021年，城乡居民人均可支配收入分别达到51600元和26500元。坚决兜牢基本民生底线，确保省基本公共服务清单所列八大领域114个项目均达到全省均等化水平。不断完善覆盖城乡的就业创业和大社保体系，实现城镇“零就业”家庭动态归零，大力推进全民参保计划，每千名老年人拥有社会养老床位达到50张。做强农村集体经济，2019年底前全域消除集体经济薄弱村。打造全省民族工作高地，支持景宁建设畲族经济总部和文化总部，努力使民族乡镇总体发展不低于所在县(市、区)平均水平。努力与全省同步实现教育现代化，省义务教育标准化学校、等级幼儿园比例均达到90%以上，义务教育阶段学校基本实现小班化教学，支持丽水学院建设地方应用型大学，支持丽水职业技术学院打造现代高职教育品牌。建设“健康丽水”，人群主要健康指标达到或接近中高收入国家同等水平，人均期望寿命达到80岁。建设“文化强市”，确保文化体育事业主要指标居全省中上游、文化产业增加值占GDP比重达8%以上，全面实现“市有五馆、县有四馆”，全面完成二轮修志。强化基本公共安全，建成省级食品安全市，亿元生产总值生产安全事故死亡率下降30%以上、各类事故死亡人数下降15%以上，形成覆盖县乡村三级的避灾安置服务保障网。切实巩固“全国双拥模范城”创建成果，积极创建省级“军民融合创新示范区”。深入践行社会主义核心价值观，提高全社会法治化水平，基本实现社会治理体系和治理能力现代化。

围绕改革创新第一动力，大力实施改革创新行动，不断激发经济社会发展新动能，构建动力澎湃、要素涌流的活力丽水。持续推进以全国生态文明先行示范区为龙头的国家级改革试点、以全域统筹绿色发展综合改革试验区为龙头的省级改革试点，基本完成丽水生态文明制度“四梁八柱”建设。探索建立绿色发展评价指标体系，以环境功能区规划为引领完善“多规合一”体系，积极推进资源环境市场化配置机制和投融资机制创新。打造对接多层次资本市场“丽水板块”，新增挂牌上市公司50家，新增直接融资超百亿。以大开放促进大发展，主动接轨“一带一路”、长江经济带和海西经济区，加快建设跨境电子商务产业园和建立华侨经济文化合作试验区，力争期末外贸进出口总额突破40亿美元、累计实际利用外资总额突破10亿美元。积极探索浙皖闽赣区域旅游发展合作机制，深化“山海协作”。加快步入创新驱动轨道，人才资源占人力资源总量比重达到26.2%以上，建成市级以上企业技术中心200家，R&D经费占GDP比重达到2.1%以上。

三、2017年政府工作主要安排

今年是实施“十三五”规划的重要一年、推进供给侧结构性改革的深化之年，也是新一届政府工作的起步之年。综合考虑发展大势与丽水实际，建议2017年全市经济社会发展主要预期目标为：地区生产总值增长7%以上；规模以上工业增加值增长7%以上；服务业增加值增长8%以上；旅游产业增加值增长10%以上；固定资产投资增长11%；社会消费品零售总额增长10%；出口总额保持适度增长；一般公共预算收入增长7.5%以上；城镇常住居民人均可支配收入增长8%；农村常住居民人均可支配收入增长9.5%；城镇新增就业岗位1.4万人，城镇登记失业率控制在3.5%以内；节能减排降碳指标完成或超额完成国家和省下达的目标任务，继续保持水环境质量全省最优、空气质量全国全省领先。

实现上述目标，需要奋发努力，在实际工作中争取更好结果。为此，今年政府工作必须坚持稳中求进工作总基调，主动把握经济发展新常态，大力推进供给侧结构性改革，持续深入打好“拆治归”转型升级系列组合拳，努力实现生态保护、生态发展、生态惠民的“多赢”。

(一)聚力生态文明抓示范

深化生态文明制度创新。深入研究重点生态功能区的“顶层设计”。严格落实领导干部自然资源资产离任审计和生态环境损害责任追究制度。做好饮用水水源保护管理条例、南明湖管理条例等生态立法基础工作。逐步建立和完善瓯江干支流梯级流量管理机制。出台生态破坏与环境污染突发事件应急预案，完善水气环境质量预测预警预报机制。积极推进环境监测监察执法垂直管理改革。

严格生态红线空间管控。强化生态保护红线、环境质量底线、资源利用上线和环境准入负面清单管理，建设环境监管网格化示范县。实现重点产业园区规划环评全覆盖，大力推进园区外企业整治入园，不能入园企业落实最严格监管措施，确保所有涉污企业达标排放，实现可管可治可控。完成工业固废综合处置场及危废焚烧处置扩建工程，实现危废处置能力“零缺口”。

推进生态环境综合治理。深入推进“五水共治”，进一步压实包括“小微水体”在内的河长制网格化管理责任，在全省率先全境剿灭劣V类水。完成所有城镇污水处理设施一级A排放达标改造，河道综合整治195千米。完成大规模畜禽养殖场粪污处理设施建设及散养生猪污染治理任务。大力推进“五气共治”，全面淘汰改造燃煤小锅(窑)炉。开展“净土”行动，构筑"舌尖上的安全"。处置25家僵尸企业，淘汰50家企业落后产能，促进500家以上"低小散"企业（作坊）完成整治任务。

（二）聚力产业培育抓突破

突出产业培育重点，以拓市场为导向推进"生态+"供给侧结构性改革。把握农业供给侧结构性改革机遇，在全面落实粮食安全市县长责任制的同时，以深化农旅融合为切入点，深入实施生态精品农业"912"工程，进一步打响"丽水山耕""丽水山居"区域公用品牌。举办全市农产品包装设计大赛，不断提升特色农产品包装设计水平。新增"丽水山耕"农产品年销售额20亿元，新建"丽水山耕"合作基地1000家，新增农产品商标400件，新培育农产品旅游地商品生产经营主体和转化农产品旅游地商品各200个，谋划建设一批旅游地商品购物中心。开展全域旅游示范区创建年活动，推进70%以上县（市、区）达到创建标准。加快建设20个农旅大融合产业集聚区、10条"风情风景"旅游交通廊道，切实抓好AAAAA景区创建，按照A级景区标准推进200个村景区化建设，力争创建AAA以上景区20个，确保旅游投资增长20%以上。围绕打造高端装备制造、新材料、新能源等生态工业"千亿级产业"，力争市级工业投资项目库入库项目500项以上，组织实施100个以上战略性新兴产业项目。持续抓好"四换三名"和"个转企、小升规、规改股、股上市"，滚动实施小微企业三年成长计划，扶持一批品牌型、总部型、上市型龙头企业，培育一批超10亿元、超50亿元大企业，打造一批细分领域的"单打冠军""隐形冠军"。办好中国"互联网+公共服务"创新大会，以"互联网+""大数据+""服务+"催生生态服务业新业态，实施100个以上服务业重点行业项目，完成电商经济"两中心一园区一基地"建设。

夯实产业发展平台。按照城市新区标准、"特色小镇"理念推进开发区（园区）改造提升，力争丽水开发区主要经济指标达到或超过全市平均水平，按照"百亿园区"目标抓好全市10个园区新增长点培育，新建标准厂房16万平方米以上。深入推进农业"两区一镇"建设，积极创建国家农业高新技术产业开发区。坚持以产业为核心、生态为基础、文化为灵魂、民间投资为动力，高起点推进特色小镇建设，争取实现县（市、区）省级特色小镇全覆盖。加快培育钛谷小镇、微纳小镇等先进制造业小镇，力争绿谷信息产业园入园企业达到150家。加快丽水海创园、华东药用植物园建设。实现无水港开港运营，完善外贸服务平台。

强化产业综合创新。推进产业政策创新，开展"精准服务企业、振兴实体经济"专项行动，持续抓好企业减负，出台做大做强外贸出口、总部经济、健康产业和现代建筑业、物流业、股权投资业等产业扶持政策。推进产业技术创新，深入实施高新技术企业和科技型中小微企业双倍增计划，新增高新技术企业38家、科技型中小微企业150家，规模以上工业新产品产值率达到32%以上。推进产业竞争力体系创新，坚持标准、质量、品牌强市，新增"浙江制造"标准5项以上，打造更有权威的地方生态产业标准，实施丽水老字号"振兴工程"，支持地理标志证明商标和集体商标做成做大做强。

（三）聚力项目推进抓投资

着眼发展后劲，狠抓有效投资。坚持把扩大有效投资、优化投资结构作为经济工作主抓手，确保重大基础设施项目、重大产业项目、重点工业技术改造、生态环保等4个领域投资均增长15%以上，力推全市重大前期项目、重点建设项目各100个以上，抓好30个左右PPP项目。加快"补短板"重大投资，兴起交通建设新高潮，确保丽水机场、衢丽铁路、水东综合客运枢纽等开工建设，加快衢宁铁路、金台铁路、瓯江航道整治工程建设，力推温武铁路、景文高速、庆寿高等级公路、庆景青公路等级提升和通用机场建设等项目前期，积极谋划城际轨道交通和市域铁路网；按照打造践行新时期中央治水工作新方针先行区目标，实施好水利"双百亿"工程，力争滩坑引水工程、缙云抽水蓄能电站开工建设，全面提速缙云潜明水库、松阳黄南水库、青田水利枢纽和瓯江独流入海治理等重大水利工程；确保金丽温输气管道工程建成通气，力争天然气"县县通"工程开工；加快新能源及送出通道建设。

坚持项目谋划、项目攻坚"两手硬"。全面打响项目谋划主动战。今年起，各县（市、区）五年内至少要谋划落实50亿元以上项目1个，每两年谋划落实20亿元以上项目1个，每年谋划落实10亿元以上项目1个、5亿元以上项目5个。切实打好项目攻坚整体战。完善项目审批"绿色通道"、政策处理攻坚常态化机制，探索设立基础设施投资基金，强化要素保障，确保项目推进"零障碍"。

（四）聚力招强引优抓招商

更加注重精准招商。坚持引资、引技、引智相结合，以产业招商为核心，强化浙商、外资、央企、民资、侨资"五资齐抓"。突出丽商、侨商回归，办好首届世界丽水人大会。强化招商统筹，科学编制"产业地图"和"招商地图"，实施挂图作战。深化产业链招商、"园中园"招商、专业招商等招商机制，大力开展资本招商，积极引进股权投资类企业。确保全年实际利用内资300亿元、外资2亿美元、浙商回归到位资金160亿元，引进大项目90个。

打造最优招商环境。坚持招商政策最优、服务最优、要素保障最优，研究完善差异化招商政策，强化“店小二”精准服务。健全与“一号工程”相适应的“全员、全程、全责”招商推进机制，建立党政“一把手”浙商回归工作季度专报制度，招商问题回应要“第一时间”、办理要“事不过夜”。

（五）聚力动能转换抓改革

以“最多跑一次”改革为推动，不断激发市场活力。按照走在全省前列、跑出丽水“加速度”的要求，从与群众和企业生产生活关联最紧密、受众最广泛的领域和事项做起，年内基本实现“最多跑一次是原则、跑多次是例外”改革目标。全面倒逼减权、放权、治权，加快形成覆盖行政许可、行政处罚、行政征收、行政裁决、行政服务等领域的“一次办结”机制，形成“双随机、一公开”“部门联合、随机抽查、按标监管”的“一次到位”监管机制，积极探索以“互联网+、标准化+”为助推器、“在线咨询、网上办理、证照快递送达”的便民服务事项“零上门”“一次也不用跑”运行机制。推进政府核准投资项目目录进一步“瘦身”，年内实现所有投资项目网上审批、核准、备案。探索政府购买审批中介服务。积极推动“区域能评、环评+区块能耗、环境标准”，逐步取代项目能评、环评。推进公共资源交易平台整合到位、高效联网。着力破解投融资瓶颈，探索产业基金市县联动机制，加快国资营运公司转型步伐，各县（市、区）旅游“三化”改革均要有实质性突破，持续抓好企业股改上市。

以打造全域统筹绿色发展综合改革试验区为推动，进一步打开“两山”转化新通道。总结近年来国家、省各项改革试点经验，强化改革系统集成效应，以“全域”为改革范围，以“统筹”为基本要求，以“综合”为主要方法，全市域谋划、全领域协同、全方位推进绿色发展综合改革。围绕生态资产资本化，深入推进林权、河道经营权改革，力争林权贷款余额超55亿元，探索建立小水电股权交易平台；深化与省股权交易中心合作，探索设立“丽水生态经济板”。加快县域经济体制综合改革，努力实现县县都有一项以上具有重大促进意义的国家级改革试点。联动推进农村产权、金融、扶贫改革，力求全国“两权”抵押贷款试点取得明显成效。启动国家气候适应型城市试点工作。完善市区共建共融共享机制。

（六）聚力城乡融合抓“三美”

统筹抓好城乡基础设施和治城、治乡基础性工作，打造美丽环境。围绕“修一条路、造一片景、活一方经济、富一方百姓”，在加快绿道建设的同时，每个县（市、区）至少各建设1条美丽经济交通走廊。围绕使城市既有“面子”、更有“里子”，三年内建设市区道路管线和地下管廊30千米，年内重点抓好桐岭路及中山街、丽阳街东段改造、绕城西线提升改造等项目，新实施36个老旧社区雨污分流改造，加快推进联城区块公共基础设施建设。以“砸锅卖铁”的决心推进地质灾害综合治理“大搬快治”，下决心用三年时间基本消除重大地质灾害隐患，年内完成避让搬迁项目162个、搬迁人口12552人，完成工程治理项目72个、解危人口5343人，新建、扩改建避灾安置点210个。深化“三改一拆”，打好城中村改造和治危拆违攻坚战，全市新开工城中村整体拆迁项目36个、5856户，综合整治城中村15个、5279户，完成全部D级危房和涉及公共安全的C级危房治理，完成拆违和“三改”面积各600万平方米。全面开展小城镇环境综合整治，确保完成50个乡镇（街道）的整治任务，重点打造20个示范小城镇。推进“坡地村镇”建设试点，实施城镇低效用地再开发80公顷，盘活存量建设用地231.33公顷。巩固提升农村污水治理设施运维率。基本实现农村生活垃圾集中收集处理全覆盖，分类处理建制村覆盖率达30%。

统筹抓好宜居、宜业、宜游丽水建设，发展美丽经济。以启动实施新一轮城市总规为契机，同步抓好城市有机更新和新兴产业发展，突出抓好“中闲”区块旅游休闲养生商务功能的培育。坚持美丽乡村和乡愁经济、美丽田园和养生经济“两结合”，谋划和建设一批“乡村创客”集聚区，大力发展民宿和“候鸟式”养生养老基地，支持有条件的乡村建设集循环农业、创意农业、农事体验于一体的田园综合体。坚持以美丽林相建设带动现代林业发展，实施美丽林相建设4.01万公顷，栽植珍贵树种370万株，积极推广“一亩山万元钱”发展模式。

统筹抓好城乡文明创建，共创美好生活。突出城乡一体共建，抓实抓好市区新增停车泊位等20项重点创建工程，社区（城中村）和城郊接合部“六乱”专项整治等14项重点创建整治，深化社会主义核心价值观落细落小等30项重点创建载体，确保一举创成全国文明城市。结合信用丽水建设，启动“放心消费在丽水”行动，广泛创建放心市场、放心商店、放心网店、放心餐饮、放心景区、放心民宿。

（七）聚力民生福祉抓保障

全力抓好增收就业社保。把持续鼓起农民“钱袋子”作为头等民生大事，结合农业绿化、农村美化、农民转化，用好“老三宝”“新三宝”，确保农民收入增幅继续保持全省前列、力争全省第一。抓好改革活权促增收，深化“三权到人（户）、权跟人（户）走”改革，积极推进“三位一体”农合联建设。研究破解返乡下乡人员创业壁垒，加快“对外输出一人、致富一家”向“返乡创业一人、致富一方”转变。进一步巩固“消除4600”成果，加强因病、因学等“支出型贫困”家庭救助工作，推进保险助推扶贫试点全覆盖，加快光伏小康工程试点，实施集体经济薄弱村消除行动计划，完成农民异地搬迁10000人，其中整村搬迁不少于3000人。加强就业创业工作，健全就业困难人员兜底安置机制和政府购买公共就业服务机制，新增城镇就业1.4万人，城镇失业人员再就业6000人，其中就业困难人员2000人。落实好人才新政，大力引进紧缺实用人才，支持各类人才在丽创业。完善覆盖城乡更加公平更可持续的大社保体系，建立统一的城乡特困人员供养标准动态调整机制，建成全国社保卡综合运用示范基地。

加快推进基本公共服务均等化。持续抓好公共服务领域社会化改革，抓紧推进市科技馆、图书馆新馆、非遗馆、游泳馆等基础设施“补缺工程”。坚持教育优先发展，市县两级全面建立政府领导兼任教育特邀督学制度，逐步解决城区学校“大班额”和乡村学校“空心化”并存问题，力争龙泉、景宁、云和创成省基本教育现代化县，开工建设丽水学院松阳校区。研究制定《健康丽水2030行动纲要》。深化医疗、医药、医保联动改革，健全“双下沉、两提升”长效机制，培育30个基层区域医疗卫生服务中心，力争90%以上县(市)创成国家卫生县城。实现农村文化礼堂“乡村春晚”全覆盖，办好摄影文化节、第四届市运会。高度重视“老有所养”，基本实现城乡社区居家养老服务照料中心全覆盖，着力构建多渠道、多形式的老年综合服务体系。切实保障“住有所居”，基本建成保障性安居工程3653套、竣工3903套、交付入住1848套。加强困境儿童保障，加强残疾人权益保障。大力发展慈善和红十字事业。

努力打造“全国最平安城市”。推动平安丽水建设基础更扎实、机制更健全、人民群众安全感更高，争创“雪亮工程”国家级重点支持城市，实现乡镇(街道)基层治理体系“四个平台”建设全覆盖。确保食品药品安全，建立食用农产品产地准出与市场准入制度，争取全市95%的城区农贸市场建立溯源体系。深化安全生产体制机制创新，建立重点行业安全生产风险防控和隐患治理双重预防体系，加强防灾减灾和应急能力建设。扎实做好各类社会风险排查管控，切实防范金融风险。创新军民深度融合发展机制，扎实抓好国防动员、国防教育、双拥工作，大力支持国防和军队建设。

（八）聚力有为政府抓政风

把有为政府体现在勇于担当。强化政治意识、大局意识、核心意识、看齐意识，按照打造勇立绿色发展潮头丽水铁军的要求，扎实推进“干净干事创新业”作风建设专项活动，驰而不息抓政风。以干部“提神”促进发展提速提质提效，坚决摒弃袖手旁观的“看客”现象、按部就班的“蜗牛”速度，人人都要撸起袖子加油干、扑下身子抓落实！

把有为政府体现在善作善成。建立健全重点工作清单制度，加强政务督查和问责问效，并对部分重点工作、重点项目推进情况实行“周报”，紧要的节点性工作实行“日报”，力求天天有推进、周周有成效、事事有结果。坚持把对标一流、攻坚克难作为政风“试金石”，强化部门执行力建设，务求“三个在前”：工作时序要高效科学赶在前，只能提前，不能延后；急难险重要事不避难冲在前，只能抢着上，不能“躲猫猫”；“烫手山芋”要责无旁贷接在前，只能接好球、解好题，决不能只当“二传手”、凡事“往外推”。

把有为政府体现在干净干事。坚持把推进依法行政、划清权力边界作为干净干事之基，强化政府法治建设、信用建设，不打“擦边球”，不搞乱作为，构建“亲”“清”新型政商关系。坚持把自觉接受监督作为干净干事之要，自觉接受人大依法监督、政协民主监督和监察监督、司法监督，加强政府内部层级监督和审计监督，主动接受社会监督、舆论监督，依托“电视问政”等平台，进一步问出政府工作的问题思维、百姓思维、责任思维。坚持把严明纪律规矩作为干净干事之本，严格落实各级政府党组全面从严治党主体责任，推动中央“八项规定”精神风化俗成，坚决防止“四风”反弹回潮，坚决惩处各类腐败行为；严格落实财经纪律，以政府过“紧日子”换来群众和企业过“好日子”。

各位代表，人民政府为人民。政府的一切工作，都必须践行以人民为中心的发展思想。按照民生实事群众提、大家定的原则，今年的十方面民生实事经本次人代会票决确定后，我们将踏踏实实、全力办好。同时，将确保新增财力三分之二以上用于民生，从更多民生“关键小事”切入，加快让高水平全面小康走进丽水千家万户。

大时代呼唤大担当，新起点应有新作为。唯有干字当头，才能干出实实在在的美丽幸福新丽水。让我们更加紧密地团结在以习近平同志为核心的党中央周围，在省委、省政府和市委坚强领导下，不忘初心、继续前进，万众一心、苦干实干，以优异成绩迎接党的十九大和省第十四次党代会胜利召开，为丽水与全省同步高水平全面建成小康社会、勇当绿色发展的探路者和模范生而努力奋斗！

丽水市人民代表大会常务委员会工作报告

——2017年4月20日在丽水市第四届人民代表大会第一次会议上

丽水市人民代表大会常务委员会主任　虞红鸣

各位代表：

我受丽水市第三届人民代表大会常务委员会委托，向大会报告工作，请予审议。

过去五年工作回顾

过去的五年，是丽水改革发展最快的五年，也是丽水市人大工作创新发展的五年。五年来，在中共丽水市委的正确领导下，市人大常委会围绕全市工作大局，紧紧依靠全体代表，依法行使各项职权，共召开常委会会议45次、主任会议83次，听取和审议“一府两院”工作报告114个，制定地方性法规2部，作出重大事项决议决定55项，作出审议视察意见78个，依法任免国家机关工作人员378人次，为建设美丽幸福新丽水作出了积极贡献。

一、围绕第一要务，致力于推进绿色生态发展

五年来，常委会始终遵循“绿水青山就是金山银山”的发展理念，自觉把推进绿色发展作为第一要务，认真履职尽责，积极主动作为，有力推动了绿色生态发展。

落实市委决策部署。围绕战略决策作出决议决定。紧扣市委推进绿色生态发展的战略决策，作出《关于深入推进丽水山区科学发展综合改革的决定》，提请市三届人大五次会议审议通过《关于坚定不移走“绿水青山就是金山银山”绿色生态发展之路的决定》，保障和促进绿色生态发展。围绕发展目标督促计划实施。加强对“十二五”规划纲要和年度计划执行情况的监督，先后审议了重大建设项目实施及旅游、水利、科技等6个专项规划，推动目标任务完成。深入推进全口径预决算编制，开展对丽水开发区及政府部门的预算审查，加强对审计发现问题整改情况的跟踪监督。围绕重大部署开展专项监督。开展优化生态产业集聚区管理体制专项监督，通过听取专项工作报告、开展专题调研视察等方式，促进了丽水开发区管理体制的完善。

强化生态环境保护。重视污染治理。听取和审议市政府关于“五水共治”专项工作报告，组织开展主城区污水收集处理、污水处理厂运行、大气污染防治、“河长制”落实等专题调研视察，就水阁污水处理厂未达标排放问题开展质询，质询案入选“2015年全国人大监督十大事例”。关注流域保护。跟踪监督瓯江流域综合治理决议和审议意见落实情况，组织各级人大代表开展“保护母亲河溪”“监督已治理的河”等主题活动，开展饮用水水源保护执法检查和调研视察，督促政府强化流域保护。推进生态建设。作出设立丽水生态文明日的决定，依法命名“市树”“市花”，认真审议市区环境功能区划和土地利用总体规划，积极开展林相改造专题调研，督促政府严守生态红线、加大保护力度。

促进生态产业升级。助推生态旅游发展。着眼生态旅游名城的打造，听取和审议市政府关于旅游发展情

况的专项报告，组织开展农家乐综合体创建、民宿经济发展调研视察，针对薄弱环节，提出意见建议。助推生态工业发展。听取和审议促进小微企业发展、招商引资、开发区合成革企业转型升级等情况的专项报告，组织开展全市科技发展、低丘缓坡开发利用试点、《台湾同胞投资保障条例》执行、丽水籍华侨华人投资等情况专题调研视察，督促政府优化发展环境。助推生态农业发展。听取和审议农村电子商务发展、粮食功能区和现代农业园区建设、民族乡（镇）经济社会发展情况专项报告，组织开展农村扶贫工作、林下经济和高山蔬菜产业发展等专题调研，促进生态农业发展。

二、完善人大职能，致力于推进法治丽水建设

五年来，常委会始终致力于推进“法治丽水”建设，积极行使地方立法职权，维护公平正义、促进社会和谐。

积极探索地方立法。有效承接立法职能。修改后的立法法赋予设区市地方立法权，在市委的领导下，常委会主动谋划，精心筹备，统筹推进立法机构设置、人员编制报批、专业人员配备等前期工作。增开市三届人大六次会议，依法设立市人大法制委员会和内务司法委员会。2015 年 9 月 25 日，省人大常委会批准丽水市开始行使立法职能，常委会立即着手编制立法工作规则、年度立法计划，开启了丽水市地方立法工作。建立健全工作机制。制定《丽水市制定地方性法规条例》，出台年度立法计划编制、法规草案起草指引等工作规则，建立了法规技术规范、立项办法等制度，组建了立法咨询专家组，确定了首批立法基层联系点，为科学立法、民主立法夯实了基础。制定首部实体法规。着眼城市管理和文明城市创建的需要，制定并实施了丽水市首部实体法《丽水市市容和环境卫生管理条例》，对小区停车、建筑物外立面整修、噪音污染等社会关切的问题作出规定。首部实体法既务实管用，又体现了丽水特色。

切实保障法律实施。推进法治教育。作出推进“法治丽水”建设和“七五”法治宣传教育决议，制定宪法宣誓若干规定，开展人大制度建立 60 周年纪念活动，成立人大工作研究会，开设《人大关注》电视专题节目和人大微信公众号，促进全民普法、全民守法。督促依法履职。对政府组成部门负责人开展履职评议和满意度测评，实现了届内评议全覆盖。省、市、县联动开展公检法司依法履职、公正司（执）法情况专项监督，对法官、检察官开展履职评议，有效促进了“两官”队伍建设。强化依法行政。听取和审议市政府关于“四张清单一张网”建设、贯彻实施《律师法》工作情况专项报告，就涉侨法律法规、出入境条例等执行情况开展专题调研，推进法治政府建设。开展规范性文件备案审查，五年来，共审查报备规范性文件 222 件。

着力维护公平正义。推进法院公正审判执行。听取和审议市法院关于刑事审判、执行工作等情况专项报告，组织市人大代表集体约见市公检法司机关负责人，督促公检法司强化协调配合、优化司法环境。推进检察机关法律监督。听取审议了市检察院关于加强检察机关法律监督工作和反渎职侵权工作的报告，开展了以“强化检察机关法律监督工作”为主题的代表约见活动。推进社会和谐平安建设。就加强和创新社会管理工作开展专项监督，对丽水市宗教事务管理及队伍建设情况开展专题调研，有效推动了“平安丽水”建设。认真做好信访工作，五年来，共受理群众来信 633 件、接待来访 1091 人次，办结省人大交办信访件 36 件。

三、顺应群众期盼，致力于推进民生福祉改善

五年来，常委会始终把为民履职作为工作的出发点和落脚点，积极回应群众关切，推进民生福祉改善。

聚焦美丽城乡建设。推动基础设施建设。听取和审议政府年度重大投资项目计划报告，对市本级亿元以上投资项目进行审查。先后组织代表视察云景和龙庆高速公路、金丽温高铁、城建重点项目建设。推动美丽乡村建设。组织代表视察“三改一拆”、美丽县城和美丽乡村建设，听取和审议全市美丽乡村建设情况专项报告，就传统村落保护情况开展专题调研。推动城市品位提升。听取和审议城市总体规划修编情况报告，专题调研小区物业管理、城区地下管网建设情况，组织代表就市区停车难治理、农贸市场改造提升开展视察，促进城市功能完善。

聚焦公共服务完善。促进教育事业发展。听取和审议市政府关于城区教育资源配置、民办教育发展等情况的报告，组织“千名人大代表走进校园宿舍，关爱大学生健康成长”主题活动，要求市政府加强规划引领、优化资源配置，努力提升丽水市教育发展水平。促进卫生体制改革。听取和审议市政府深化医药卫生体制改革情况的报告，开展基层医疗卫生服务体系建设专题调研，组织代表视察全民健身情况，督促加大财政投入、完善服务设施。促进公共文化建设。组织代表视察公共文化服务体系建设，配合省人大开展公共文化服务保障条例立法调研，组织开展全市历史文化保护和少数民族文化事业发展专题调研。

聚焦群众关注热点。关注自然灾害防治。积极参与里东、苏村抢险救灾工作，组织各级人大开展地质灾害防治情况调研视察。省、市、县人大联动，听取和审议防洪排涝专项工作报告。配合省人大开展中小型水库管理体制调研，有效推进丽水市地质灾害的防治。关注食品安全监管。听取和审议市政府关于“三小一市场”食品安全监管情况专项报告，组织代表对市区食品安全检验检测资源整合情况进行视察，开展《食品安全法》执法检查，督促政府加强食品监管。关注安居工程建设。听取和审议市政府关于保障房建设情况的报告，就市区安置房建设分配情况开展视察，对农村敬老院转型、住房公积金管理情况开展专题调研，就相关问题向市政府提出建议。

四、创新服务平台，致力于推进主体作用发挥

五年来，常委会始终坚持代表主体地位，搭建履职平台，创新工作机制，切实提升代表履职实效。

健全代表联络机构。完善联系群众机制。建立常委会组成人员联系代表、代表联系群众的“两联系”制度，开展常委会主任接待代表活动，邀请基层市人大代表列席常委会会议。建立代表联络机构。出台推进人大代表联络站建设指导意见。全市173个乡镇(街道)均完成代表联络站建设，并建成网上代表联络站62个，初步实现了代表联系群众的网络化、便捷化、经常化。丰富代表活动内容。开展闭会期间代表中心组调研视察活动，推动领导干部代表带头参加联络站活动，积极开展代表集体约见政府部门负责人活动，认真转办代表意见建议，督促相关部门办理落实。

保障代表依法履职。提升履职能力。开展初任培训和履职培训，届内基层代表轮训了一遍；重视专题培训，就立法工作、议案建议撰写等开展培训，不断提高代表履职能力；举办代表联络站站长培训班和现场观摩交流会，推进联络站工作规范化、制度化。增强履职成效。加强对市人大代表中心组的指导，组织各级人大代表开展监督“已治理的河”“转型升级十大组合拳”、查找“不适应改革要求的法律条文”“基层群众办事审批难事项”等主题活动，推进相关问题的解决。规范履职管理。运用省人大代表履职服务平台，建立代表履职档案。批准许可司法机关对3名代表采取强制措施，督促代表遵纪守法。

提高建议办理实效。完善建议领办机制。坚持常委会领导和专职委员督办、市政府领导领办重点建议制度。推动市政府出台市直机关建议办理考核细则，落实承办单位责任。规范建议办理工作。实行代表建议分类办理，提高了代表建议交办的准确性和有效性。开展代表建议合议面商和办理评议，办理质量明显提高。加大建议督办力度。完善建议办理通报和结果反馈机制，增强了承办单位的责任感，提高了建议的办理时效；实行建议办理回头看，代表建议的解决率逐年提高。五年来，共办理代表建议、批评和意见1002件，解决率从届初的33.3%提高到去年的59.2%。

五、注重自身建设，致力于推进履职能力提升

五年来，常委会始终把加强自身建设放在重要位置，切实提升履职水平，不断推动人大工作的创新发展。

重视思想作风建设。加强理论学习。坚持并完善常委会党组和人大机关的理论学习制度，深化对党的十八大精神和习近平总书记系列重要讲话的学习，加强人大理论、法律法规和业务知识学习，不断提高常委会组成人员和人大机关干部的政治素养、业务水平。严守政治纪律。深入开展党的群众路线教育实践和“三严三实”“两学一做”学习教育活动，切实履行全面从严治党主体责任，严明政治纪律，坚守政治规矩；认真贯彻《廉洁自律准则》《纪律处分条例》，严格执行“八项规定”，积极开展专项整治，树立人大机关勤政廉洁的良好形象。转变工作作风。积极组织“归零翻篇开新局”大讨论等活动，寻找短板、转变作风、提振精神；组织开展“进村入企、助推发展”大走访、“走亲连心解忧”等主题活动，为基层群众和企业解难题、办实事。

深化组织制度建设。健全议事规则。修订出台常委会党组议事规则，规范议事程序，提高议事效率。完善市人民代表大会议事规则、常委会议事规则，保障人大代表和常委会组成人员的履职权利。完善工作制度。制定《政府重大投资项目监督暂行办法》《监督司法机关工作办法(试行)》；完善建议、批评和意见办理机制，修订出台审议意见办理办法。探索协调机制。完善与“一府两院”的沟通协调机制，建立常委会各办事机构、工作机构联席会议制度。探索人大民主协商机制，推进科学决策、民主决策。

注重基层基础建设。推进县乡人大建设。协助市委出台《关于进一步加强人大工作和建设，充分发挥人大作用的意见》《关于进一步加强乡镇(街道)人大工作和建设的若干意见》两个文件，推动县乡人大建设上水平上台阶。加强县乡人大联系。邀请县(市、区)人大主任列席市人大常委会会议，举办人大常委会主任读书会和工作例会，上下联动开展各项主题活动，人大工作合力不断增强。指导县乡人大换届。成立县乡人大换届选举工作联席会议，召开县乡两级人大换届选举工作部署会、推进会和专题培训会，加强业务指导，严明换届纪律，确保县乡人大换届选举风清气正、圆满完成。

各位代表，市三届人大常委会工

作成绩的取得，是中共丽水市委正确领导的结果，是全市各级人大代表和人大工作者共同努力的结果，是“一府两院”协同配合的结果，也是全市人民大力支持的结果。在此，我谨代表市三届人大常委会，向所有关心、支持人大工作的同志们、朋友们表示衷心的感谢！

总结五年的履职实践，我们深深体会到，做好人大工作，要始终遵循“五个必须”：

必须坚持党的领导。人民代表大会制度是我国的根本政治制度，是我们党治国理政的制度平台。实践证明，人大工作只有始终坚持党的领导，才能确保政治方向不偏离、精准履职有成效。五年来，我们始终自觉维护市委总揽全局、协调各方的领导核心，把各项工作置于同级党委的领导之下，努力使人大工作与党委工作同心、同向、同步。

必须密切联系群众。群众路线是人大工作的生命线，群众工作是人大代表的基本功。实践证明，人大工作只有根植于人民群众，才能保持蓬勃生机和活力。五年来，我们始终把实现好、维护好、发展好最广大人民群众的根本利益作为一切工作的出发点和落脚点，倾听群众呼声、反映群众愿望、关心群众疾苦，努力使人大工作与人民群众的期待相适应。

必须服务发展大局。促进经济发展、推动社会进步，人大肩负重要使命。实践证明，人大工作只有围绕中心、服务大局，才能有的放矢、有所作为。五年来，我们始终坚持在市委的领导下，把人大工作放在全局中谋划，找准服务中心工作的结合点和切入点，努力在履职中体现作为、在尽责中服务全局。

必须发挥代表作用。人大代表是国家权力机关的组成人员，是人大工作的主体。实践证明，人大工作只有充分发挥代表的主体作用，才能更好地体现人民的意志，反映人民的愿望。五年来，我们始终坚持代表的主体地位，密切与代表的沟通联系，丰富代表的活动内容，努力激发代表的履职热情、提升代表的履职成效。

必须强化责任担当。权力就是责任，有责就需担当。实践证明，人大工作只有“敢担当”“善担当”，才能肩负起宪法和人民赋予的使命。五年来，我们始终以对丽水人民高度负责的态度，勇于担当，积极履职，主动作为，努力使人大工作充满生机和活力。

丽水市第四届人民代表大会第一次会议主席团会议　　任正东　提供

各位代表，在总结成绩和经验的同时，我们也清醒地看到：人大主导立法、科学民主立法的机制，还需进一步完善；监督方式创新、监督实效提升的力度，还需进一步加大；决定重大事项、选举任免干部的程序，还需进一步规范；回应群众关切、推动民生改善的担当，还需进一步强化；密切联系群众、发挥代表作用的渠道，还需进一步拓宽；队伍思想作风、机关工作效能的建设，还需进一步深化等。对于这些问题和不足，我们将在今后的工作中切实加以改进。

今后五年工作建议

各位代表，市第四次党代会描绘了丽水市未来五年发展的宏伟蓝图，发出了“始终遵循‘尤为如此’重要嘱托，勇当绿色发展探路者和模范生”的动员令。新的形势、新的任务，对人大工作提出了新的更高要求。建议新一届人大常委会深入学习贯彻习近平总书记系列重要讲话精神，始终坚持党的领导、人民当家做主和依法治国的有机统一，紧紧围绕生态环境保护、绿色生态发展、民生福祉改善、法治丽水建设，依法履职行权，敢于担当尽责，积极主动作为，为推进“绿色发展、科学赶超、生态惠民”，确保与全省同步高水平全面建成小康社会，勇当绿色发展的探路者和模范生作出新的贡献。

一、强化政治意识，在贯彻市委决策上发挥新优势

切实增强政治意识，强化使命担当，依法履职尽责，在助推市委决策部署的落实上发挥人大优势、体现人大作为。

深入贯彻市党代会精神。切实把

思想和行动统一到党代会精神上来，把智慧和力量凝聚到党代会确定的目标任务上来。要勇于担当。始终遵循“尤为如此”的重要嘱托，积极践行“勇当绿色发展探路者和模范生”的历史使命，增强“一线”意识，保持“一线”状态，追求“一线”作为，以高度的政治责任感和历史使命感，切实担当起助推丽水发展的重要职责。要勤于履职。紧紧围绕“生态更美、产业更优、机制更活、百姓更富、社会文明程度更高”的目标任务，把握大局、突出重点、抓住关键，找准履职行权的切入点和着力点，推动目标任务的完成。要善于作为。认真贯彻落实市党代会对人大工作提出的新要求，以更高的标准、更实的举措，推进人大立法、监督、决定、任免各项工作，创新有为、砥砺前行，不断开创丽水市人大工作的新局面。

依法作出重大事项决定。认真贯彻中央关于健全人大讨论决定重大事项的文件精神，积极探索，主动行权。保障市委决策部署落实。认真贯彻市委决策部署，围绕“全域统筹绿色发展综合改革试验区”等重大事项，适时作出决议决定，把市委的决策意图通过人大法定程序，转化为全市人民的共同意志和自觉行动。推动发展战略规划实施。着眼“十三五”发展计划的实施，认真审查年度政府工作和经济社会发展规划计划、财政预算等报告，及时作出年度财政决算、预算调整、政府债务安排、政府重大投资项目等决定。回应人民群众普遍关切。围绕涉及群众切身利益的重大决策、改革措施以及群众普遍关注的民生问题作出决议决定，建立“政府民生实事项目代表票决制”，对代表大会票决的民生实事项目，常委会将对实施过程进行全程监督，并要求政府向人民代表大会汇报实施情况。

认真做好人事任免工作。坚持党管干部原则与依法行使人事选举任免权的有机统一，严格按照法定程序实现市委的人事安排意图。推进监察体制改革。坚决落实监察体制改革试点方案，保障试点工作依法有序推进，确保按时成立监察委员会、产生监察委员会组成人员，并为其深化改革、开展工作营造良好氛围。规范人事任免程序。认真做好日常人事任免工作，规范任前法律考试、任职表态发言、宪法宣誓等工作程序，促进任免工作制度化、规范化。深化干部履职评议。按照市委“打造丽水铁军”的要求，认真开展对常委会任命的国家机关负责人和法检“两官”的履职评议，强化评议意见与满意度测评结果的运用，督促被任命人员依法履职、知责思为。

二、强化问题导向，在提升监督实效上体现新作为

坚持问题导向，紧扣市委工作重点、紧盯政府推进难点、紧贴群众关注热点，加大监督力度，增强监督实效，切实在保护生态、助推发展、保障民生中发挥积极作用。

更加关注生态保护。把促进生态保护作为第一责任。立足全国生态文明先行示范区建设，突出监督重点，督促生态保护责任落实。着眼环境整治。紧盯“三改一拆”、“六边三化三美”、城镇环境整治、治危拆违等工作中的重点难点开展监督，促进城乡环境改善和品位提升。今年将开展全国文明城市创建工作视察，组织小城镇环境综合整治情况专题调研。着眼五水共治。围绕截污纳管、河道清淤、工业整治、农村面源污染治理、排污口整治等六大工程的推进，加大监督力度，促进水生态治理修复取得成效。今年，重点关注劣V类水治理、“清三河”巩固提升、“河长制”深化落实、水阁污水处理厂达标排放等情况，开展剿灭劣V类水专项审议和代表主题活动，组织农村饮用水安全情况专题调研。着眼灾害防治。加强对防灾减灾救灾工作和危旧房改造的监督检查，及时发现问题，督促责任落实。今年拟组织开展地质灾害“大搬快治”三年行动计划推进情况调研视察，跟踪监督省人大《关于自然灾害应急避险人员强制转移决定》的贯彻实施情况。

更加关注绿色发展。把推动绿色发展作为第一要务。围绕打开“两山”通道，着眼“拆治归”等重点工作，切实加强监督。推进生态旅游发展。围绕把生态旅游业培育成第一战略支柱产业的定位，着力推进国际生态旅游名城、国家全域旅游示范区建设。今年拟听取和审议农旅融合发展情况、民族文化与生态旅游良性互动情况专项报告，开展通景联景公路建设、华侨文化与旅游业融合发展专题调研。推进经济转型升级。围绕供给侧结构性改革、传统产业转型升级、绿色产业培育发展，加大监督力度。今年常委会听取和审议政府重大投资项目计划报告、PPP项目推进情况专项报告，组织代表视察科技创新服务平台建设。推进财政资金监管。认真落实《浙江省预算审查监督条例》，深化全口径预决算和国有资产监督，积极探索部门预算、政府重大投资项目等提交人代会审查。认真听取和审议财政、审计专项报告，督促依法管财、科学理财。

更加关注民生改善。把助推民生改善作为第一追求。紧扣农民增收致富、社会事业发展、民生政策落地等群众关注的问题，有针对性地开展监督。关注农民增收致富。持续关注综合扶贫改革试点和低收入农户收入倍增计划实施，督促政府和有关部门认真落实农民减负政策，促进农民增收目标实现。今年拟听取和审议民族村经济发展情况专项报告,配合省人大开展《省少数民族权益保障条例》实施情况执法调研。关注公共服务建设。着眼基本公共服务均等化,促进公共服务体系不断完善。今年拟听取和审议教育现代化县创建工作情况专项报告,就丽水市医疗资源“双下沉两提升”、食品安全溯源体系建设、留守儿童关爱保护、宗教活动场所管理等开展专题调研视察。关注民生实事落地。紧扣重点群体就业、社保扩面、优抚安置、便民服务平台建设等群众关注热点,持续强化监督,推动民生政策和民生实事落地。继续关注市区征迁安置三年行动计划的推进,适时开展专题询问。

三、强化依法治市,在推进地方立法上取得新进展

着眼依法治市,切实加强地方立法和法律监督,深入推进科学立法、严格执法、公正司法、全民守法。

发挥立法引领作用。坚持问题导向,顺应改革发展需要,有针对性地选择立法项目,充分发挥立法的引领、推动和保障作用。立足丽水发展需要。科学编制五年立法规划和年度立法计划,加快建设地方立法项目库,着眼水生态保护管理、非物质文化保护、传统村落保护、城区电动车安全文明行驶管理等领域立法的迫切需要,开展立法调研,适时提请审议,努力实现城乡建设管理、环境保护、历史文化保护三大领域全覆盖。坚持立法问题导向。着眼全国生态文明先行示范区建设,把加强环境保护作为丽水市立法工作的重要方向,编制立法计划。今年拟将《饮用水水源保护条例》《南明湖管理条例》作为审议立法项目。确保法规务实管用。抓住立法质量这个关键,因地制宜确定立法项目、设定法规内容,推进精准精细立法,努力体现丽水特色,确保法规务实、管用、可操作。

推进科学民主立法。严格依照《立法法》的规定行使立法职权,不断增强立法服务保障中心工作的意识。完善党委领导立法机制。坚持和健全立法工作向党委请示报告制度,落实党委审定立法规划计划、研究重大立法问题、提出立法建议、领导法规制定等机制,加快构建党委领导、人大主导、政府依托、各方参与的科学立法工作格局。发挥人大主导立法作用。健全和完善人大对法规立项、起草、审议等关键环节的主导机制,发挥政府在立法工作中的重要作用,加强对立法工作的统筹。拓宽公众参与立法渠道。建立公民旁听常委会和法委会会议制度,完善立法辩论、立法协商、立法评估、基层立法联系点等机制,健全法规草案公开征求意见制度,拓展各方有序参与立法的途径。

维护社会公平正义。围绕依法行政、公正司法两大主题开展履职监督。督促依法行政。跟踪监督审计发现问题的整改,关注“四张清单一张网”“最多跑一次”、综合执法体制等改革的推进,有计划地开展监督。综合运用工作评议、满意度测评、执法检查等方式,督促政府依法行政。今年听取和审议审计查出问题整改情况的专项报告。深化司法监督。采用执法检查、专项工作监督、履职工作评议等方式,加强对审判权、检察权行使的监督,推进公正司法。今年拟听取和审议市法院关于行政诉讼法执行情况、市检察院关于侦查监督工作情况的专项报告,主任会议拟听取市法院、检察院司法体制改革工作情况汇报。促进法律实施。认真开展法律法规实施情况的执法检查,推进地方性法规的组织实施。今年省市人大联动开展动物防疫等法律法规贯彻执行情况检查。加大规范性文件备案审查,督促“七五”法治宣传教育决议的落实,认真做好人民群众来信来访工作。

丽水市四届人民代表大会第一次会议　　任正东　提供

四、强化服务保障,在发挥主体作用上迈出新步伐

尊重代表主体地位,完善联系服务机制,提高代表素质能力,支持和保证代表依法履职,切实发挥代表主体作用。

强化代表履职服务。加强代表与群众的联系,不断完善机制,积极创造条件，更好地服务和保障代表依法履职。深化联络机构建设。推进代表联络站规范化、制度化建设，开展示范代表联络站创建活动，推进领导干部代表进联络站活动常态化；完善代表联络群众的机制，加快网上代表联络站建设，畅通社情民意表达渠道。丰富代表活动形式。以主题活动为载体，深化代表闭会期间履职活动，完善代表集体约见“一府两院”负责人制度，创新代表小组定向视察、主题监督等活动方式，增强活动实效。加强代表教育培训。把提升代表素质摆在更加突出的位置，探索建立代表远程学习培训平台，制定新一届市人大代表的教育培训规划，落实初任培训，有序安排代表集中轮训，拟用两年时间完成代表培训。

规范代表履职行为。加强代表履职管理，促进代表依法履职。开展代表述职。探索建立人大代表向选民和选举单位述职制度，届内每位代表应向选民或选举单位述职1次，增强代表自觉接受监督的意识。规范代表履职。加强代表思想作风建设，引导代表忠实履行人民利益和意志，正确处理个人职业活动与履行职责的关系，依法参加行使国家权力。完善代表考核。建立代表履职登记管理制度，履职情况向选举单位通报，督促代表履职尽责。

加大建议督办力度。把提高办理质量作为推进代表建议办理的关键环节。提高代表议案建议质量。通过工作情况通报、组织会前视察、提供议案建议素材，畅通代表知情明政的渠道；加强业务指导，增强代表分析问题和撰写建议的能力，不断提升议案建议质量。完善代表建议办理机制。健全议案建议交办和分类办理机制，完善重点建议领办和建议办理协商机制，通过代表合议、办理工作评议、满意度测评等方式，解决重答复、轻落实的问题。加强代表建议办理督查。完善主任会议成员领衔督办、专职委员跟踪督办重点建议的机制；探索建立建议办理质量评估和建议办理结果向社会公开的制度。

五、强化责任担当，在加强自身建设上展现新风貌

按照市委打造“丽水铁军”的部署要求，切实加强常委会和人大机关的自身建设，不断提高依法履职、服务大局的能力水平。

加强常委会的建设。坚持把常委会建设摆在自身建设的突出位置。强化理论武装。完善常委会集体学习制度，加强对习近平总书记系列重要讲话的学习，树立“四个意识”，增强“四个自信”，切实以科学的理论武装头脑、指导实践、推动工作。提升履职能力。加强对宪法法律和业务知识的学习，把握人大工作的特点和规律，修订完善常委会议事规程和工作制度，改进和创新联系群众的方法，不断提高把握大势、服务大局、议决大事的能力。改进工作作风。巩固“两学一做”学习教育成果，全面推进从严治党和主体责任落实，严肃政治纪律，严守政治规矩，不断改进文风会风，高度重视家庭、家教、家风建设。

加强人大机关建设。坚持把人大机关建设作为自身建设的重要内容。增强服务意识。推进服务型机关建设，加强调查研究工作，创新人大宣传方式，重视立法专家库、财经专家咨询组、人大工作研究会等“人大智库”建设，建立信息资源共享机制，为人大及其常委会依法履职、开展工作提供服务保障。完善工作机制。规范专门委员会工作程序，细化机关各项工作制度，健全办文、办会、办事的责任落实和监督考核机制，完善人大机关内部协同配合机制，健全与“一府两院”沟通协调机制，切实提高机关工作的规范化水平。强化队伍建设。坚持重实干实绩的用人导向，进一步完善机构设置，拓宽干部培养渠道，推进干部轮岗交流，提升干部素质能力，着力打造忠诚、干净、担当的人大干部队伍。

加强基层基础建设。坚持把基层基础建设作为自身建设的重要环节。加强对县乡人大的指导。健全人大常委会领导定期调研指导县乡人大工作的机制，完善常委会办事机构对口联系下级人大制度，邀请下级人大负责人列席会议、参加活动，举办全市人大常委会主任读书会，交流经验、研究问题、推动工作。加强与县乡人大的联动。健全上下级人大沟通协调机制，通过联合开展监督检查、调研视察等活动，加强上下级人大之间的互联互动，形成工作合力。加强与基层代表的联系。继续实行常委会领导接待代表、常委会组成人员联系基层代表等制度。坚持面向基层代表征求履职议题，扩大代表参与常委会工作的广度和深度。

各位代表，面对新形势新任务，人大肩负的责任重大、使命光荣。让我们更加紧密地团结在以习近平同志为核心的党中央周围，在中共丽水市委的坚强领导下，忠实履行宪法和法律赋予的职责，开拓进取，奋发有为，为确保丽水市与全省同步高水平全面建成小康社会、勇当绿色发展探路者和模范生而努力奋斗！

中国人民政治协商会议
第四届丽水市委员会常务委员会工作报告

——2017年4月18日在政协第四届丽水市委员会第一次会议上

政协丽水市委员会主席　陈瑞商

各位委员、同志们：

中国人民政治协商会议第四届丽水市委员会第一次会议，是在丽水以奔跑的状态建设高水平全面小康社会，以领跑的姿态推进绿色生态发展的重要历史阶段，召开的一次重要会议。大会的主题是：始终遵循习近平总书记“绿水青山就是金山银山，对丽水来说尤为如此”重要嘱托，深入贯彻中国共产党丽水市第四次代表大会精神，动员全体政协委员、政协各参加单位和各族各界人士，更加紧密团结起来，携手共进、和衷共济，全力推进“绿色发展、科学赶超、生态惠民”，为夺取与全省同步高水平全面建成小康社会决战胜利，勇当绿色发展的探路者和模范生而努力奋斗。

现在，我代表政协第三届丽水市委员会常务委员会，向大会报告工作，对四届市政协的履职重点提出建议，请各位委员审议，并请会议列席人员提出意见。

一、关于三届市政协主要工作回顾

过去五年，市政协在中共丽水市委的坚强领导下，认真贯彻中共十八大和十八届三中、四中、五中、六中全会精神，深入学习贯彻习近平总书记系列重要讲话精神和治国理政新理念新思想新战略，强化忠诚担当的作风助推发展，满怀至真至诚的深情服务群众，团结联谊工作广泛拓展、政治协商活动深入推进、民主监督力度不断增强、参政议政水平明显提升，政协作为大团结大联合的组织机构、社会主义协商民主重要渠道和专门协商机构的作用得到有效发挥，在丽水市坚定不移走“绿水青山就是金山银山”绿色生态发展之路上，书写了政协篇章、留下了委员故事。

过去的五年，我们始终高举团结民主旗帜，凝聚各界合力富有成效。坚持把理论武装摆在首要位置，做到真学真信、真懂真用。夯实中国特色社会主义道路的思想主轴。切实抓好党的群众路线教育实践活动、“三严三实”专题教育、“两学一做”学习教育。举行常委会议、主席会议等各类专题学习会140多次，委员轮训全覆盖。引导全体委员和各族各界人士，进一步强化“四个自信”“四个意识”，自觉坚持中国共产党的领导，紧密团结在以习近平同志为核心的中共中央周围，坚定贯彻落实市委的决策部署。筑牢绿水青山就是金山银山的思想根基。精心组织“三思三问”“三破三立”“归零翻篇开新局”大讨论活动，组织委员围绕“如何进一步凸显生态底色、发展特色、民生本色和担当气色”等问题进行深入调研、广泛研讨，增进绿色生态发展的思想共识。出版《亲历撤地设市建区》文史资料，回顾昨日实践“两山”理论的辉煌，增强今朝打开"两山"通道，推进"绿色发展、科学赶超、生态惠民"，勇当绿色发展的探路者和模范生的战略自信。营造有事好商量遇事多商量的思想氛围。着力加强政协理论研究，召开学习习近平总书记在庆祝人民政协成立65周年大会上的讲话专题理论研讨会，97篇论文在省政协理论征文中获奖。配合市委出台《关于加强人民政协协商民主建设的实施意见》《关于加强人民政协民主监督的实施意见》，着力推进政治协商、民主监督、参政议政的制度化进程，丰富专题协商、对口协商、界别协商、提案办理协商的内容和形式。广大委员拧成一股绳，形成了同心同德干事业、群策群力谋发展的强大合力。

过去的五年，我们紧紧围绕经济建设中心，服务绿色发展富有成效。坚持把推动绿色生态发展作为政协履职的第一要务，做到党政工作推进到哪里，政协履职就跟进到哪里。共商"两山战略布局"。贯彻落实五大发展理念，针对推进绿色生态发展的规划路径、产业载体、要素支撑等问题，举行"十三五规划编制""秀山丽水·养生福地建设""推进生态农业精品化""增强后劲补短板"等协商议政活动，为丽水市主动适应经济发展新常态，转变发展方式，发挥了积极作用。出招"改革战术打法"。关注丽水市"3+1"改革进程，就"低丘缓坡开发利用""合力筑好防火墙，化解互保链风险""国资运营公司市场化改革""迎接高铁时代，加快旅游名城建设"等问题，建言献策。组织在丽的全国和省政协委员开展"国家级生态文明先行示范区建设"视察活动，积极向上级提出支持丽水发展的意见建议。给力"重点战役攻坚"。配合市委市政府做好"消除4600扶贫攻坚"，开展"产业扶贫""低收入农户精准帮扶"等视察监督活动，采取政协委员与机关干部"1+1"形式，多渠道为联系村筹集资金800多万元；根据市委要求，尽心尽责做好丽水机场、衢宁铁路等重点工程项目的联系工作；通过连续开展"促进侨商、丽商回归""华侨资金有效利用"等调研，为招才引智、招商引资牵线搭桥，帮助协调关系，推动相关项目落地。委员们以"一线"意识、"一线"担当、"一线"作为，与党委政府一道共谋丽水进步、共推丽水发展。

过去的五年，我们自觉践行履职为民宗旨，助推民生改善富有成效。以"让群众感觉政协离自己很近，委员与自己很亲"为要求，做好政协群众工作。争做改善民生的"好帮手"。着眼于"六大民生幸福工程"和"市政府为民十个方面实事"，先后开展了"学前教育普惠优质发展""基础教育现代化""分级诊疗制度建设""养老机构建设""住宅小区物业管理"等民生问题的专题民主监督，配合党委政府推进民生改善。认真做好"百名领导督百案"活动，化解了一批民生矛盾难题。打造反映民意的"直通车"。在农村和社区建立民情联系点，加强政协社情民意信息员队伍建设，完善工作机制，共报送《社情民意信息》923期，举办《委员视点》92期，一些建议引起中央和省、市领导重视；建立与群众的"线上""线下"互动机制，向社会公开征集重点协商课题和提案线索，邀请基层群众代表列席政协全会、专题协商会，扩大公民的有序政治参与。搭建服务民需的"大舞台"。以"关注民生·服务群众"系列履职活动为载体，组织专家委员，深入9个县(市、区)28个乡镇开展"五下乡"活动，丰富乡村文化，为农村患者诊疗治病，举行专题讲座，深入田间地头进行农技指导；在"8·20"洪灾、里东和苏村山体滑坡灾害中，委员们情系灾区，慷慨解囊，捐款捐物；积极参与"点亮微心愿""关爱小候鸟"等行动。广大委员带着一片真情，用行动践行党的群众路线，赢得了社会各界广泛赞誉。

过去的五年，我们主动投身美丽家园建设，促进环境优化富有成效。以主人翁精神，率先垂范、积极有为参与宜居宜业宜游的美丽家园建设。保护山水之美。树立"干着监督"理念，根据省政协的部署，积极开展"三级政协联动，万名委员同行，助推五水共治"和"六边三化三美"民主监督活动，坚持委员视察、明察暗访和蹲点调研相结合，采取问题交办会、随手拍等多种形式提出监督意见，对难点热点问题以钉钉子精神持续跟踪问效。市、县两级委员共联系治水点289个，为"五水共治"捐款1500多万元。维护和谐之美。针对"四张清单一张网"建设、"健全政府依法决策机制"等问题组织专题协商，所提出的"开展电视问政"等意见建议被党政采纳落实，促进了政风效能和法治丽水建设；协助省政协开展宗教工作调研，积极探索宗教工作与时代相适应的新路子；关心民族事业发展，开展"促进畲族集聚区跨区合作发展"等调研活动；通过建立政协微信公众号，鼓励委员开设网上工作室等途径，回应网民关切，引导社会舆论。呵护人文之美。开展"生态旅游名城建设中的历史文化元素运用""汤显祖文化开发利用""古民居保护与利用"等调研，举办民祭轩辕黄帝活动，出版《华人华侨》《畲族文史》《非遗印记》等文史资料；开展创建国家卫生城市、全国文明城市工作的民主评议和视察监督，发挥政协委员在践行社会主义核心价值观中的引领作用，共同塑造社会主义文明新风尚。广大委员在打造美丽家园中，以身作则当表率、勇立潮头做标兵，树立了良好的社会形象。

过去的五年，我们全力推动政协事业发展，加强自身建设富有成效。适应新形势新任务要求，努力开创政协工作新局面。合作共事聚合力。保障政协委员的民主权利，积极为委员知情明政创造条件、履行职责搭建平台；发挥各党派团体在政协工作中的骨干作用，各党派、工商联和党外委员在各类履职评优中，优秀委员占79%、优秀提案占82%、优秀大会发言占72%、优秀信息员占57%；加强与县(市、区)政协的工作联动，支持政协之友社、企业家之友社、诗书画社、摄影之友社等开展形式多样的活动。服务管理添动力。在市委的关心下，全市政协系统都成立了委员工作委员会，健全了委员服务管理机构；完善市政协领导联系委员和委员活动小组制度、委员来信来访接待制度，认真听取委员意见建议，帮助解决实际困难，努力打造委员之家；制定《委员履职若干规定》《委员履职综合评价办法》，实行履职量化考评、数字化管理，并把结果作为委员评优和进退去留的重要依据。扬长补短激活力。在实践中积极推进工作创新，“老小区、农贸市场、城区污水治理改造提升三年行动计划”主题式民主监督等做法，被省政协评为创新案例；提案办理、大会发言、履职能力建设等经验获得有关领导的高度肯定，在全省乃至全国政协系统都有一定影响，为“浙江政协工作样板”提供了“丽水元素”。扎实做好查短板、补短板工作，完善和修订相关工作文件，推进政协工作的制度化、程序化和规范化建设。在各参加单位和全体委员的共同努力下，丽水市政协事业呈现出创新发展的生动局面。

各位委员、同志们，五年来三届市政协所取得的成绩，是市委正确领导，市人大常委会、市政府大力支持，各有关部门和县(市、区)党委、政府以及社会各界热情帮助，各位老领导、老同志关心关爱的结果，也是市政协各参加单位、县(市、区)政协、广大委员和政协机关干部团结协作、共同奋斗的结果。

五年来，市委高度重视政协工作，经常听取政协党组工作汇报，先后召开全市政协工作会议和提案工作会议进行部署，并组织专门督查；市委市政府领导发扬民主、以上率下，出席政协各类协商会460多人次，领办重点提案83件，对委员履职成果作出批示600多条次，为政协工作创造了优良的政治生态，极大激发了委员参政议政热情。

市政协第四届丽水市委员会第一次会议现场　　吴伟松　提供

五年来，市政协组织常委会议协商、主席会议协商、专题会议协商、界别对口协商和重点提案办理协商等各类协商活动206次；开展调研视察、民主监督活动117次；报送调研视察和民主监督报告103个，提出提案2151件、大会发言218篇；广大委员参与履职活动26000余人次，为推动丽水市“绿色发展、科学赶超、生态惠民”作出了重要贡献。

在这里，我代表三届市政协常委会，向所有关心支持市政协工作的同志们、朋友们，表示衷心的感谢，并致以最崇高的敬意！

五年来，三届市政协认真贯彻习近平总书记关于加强人民政协工作的新论述新要求，在实践中创造了一些新经验、形成了一些新认识，值得今后加以继承和发扬。

第一，必须维护核心不动摇，把牢政治方向。中国共产党的领导，是做好政协工作的根本保证。要始终同以习近平同志为核心的中共中央保持高度一致，做到思想上维护核心、政治上忠诚核心、行动上听从核心；要坚持在市委领导下开展工作，做到同心同向同行；要坚决落实政协党组在政协工作中把方向、管大局、抓落实的政治责任，确保政协事业健康发展。

第二，必须不忘初心定准位，突出两大主题。团结和民主是人民政协的两大主题，是人民政协产生和发展的历史依据，也是人民政协继往开来的方向和使命。要切实巩固共同思想政治基础，画好最美同心圆；要切实发挥社会主义协商民主重要渠道和专门协商机构的作用，寻求最大公约数；要切实做好团结联谊工作，不断扩大政协“朋友圈”，为改革发展汇聚最强正能量。

第三，必须围绕中心发好力，彰显价值体现。围绕中心、服务中心，是政协工作的应有之责。政协的价值体现，要从嵌入大局的实践中去看待，坚持以经济建设为中心，把推动发展作为第一要务，找准坐标主动作为；政协的价值体现，要从服务群众的实效中去评价，坚持以人民为中心，把履职为民作为第一要义，努力实现好、维护好、发展好最广大人民群众的根本利益。

第四，必须独具匠心重实效，提升履职水平。提高政协工作实效，关键是要按照懂政协、会协商、善议政的要求，用好话语权。话语权要有更好的影响力，需要善创新，积极探索符合时代特征、丽水特色的新方法新载体；话语权要有更大的吸引力，需要说对话，确保建言源于客观事实，具有针对性和可操作性；话语权要有更强的生命力，需要努力推动履职成果的转化。

在肯定成绩的同时，我们也清醒地认识到，当前市政协工作还存在一些不足。比如，委员的履职载体还需不断丰富，协商议政的质量还需继续提升，履职成果的转化还需主动抓实，联系群众的方式方法还需用心改进，服务委员工作还需更加精细，政协理论研究还需着力加强。对这些短板要高度重视，在今后工作中切实加以补齐。

二、把握今后五年工作的总体要求

今后五年，是丽水发展至关重要的五年。市第四次党代会确立了“始终遵循习近平总书记‘绿水青山就是金山银山，对丽水来说尤为如此’重要嘱托，深入践行‘两山’理论，奋力打开‘两山’通道，与全省同步高水平全面建成小康社会，勇当绿色发展探路者和模范生”的奋斗目标，这是时代赋予的神圣使命。我们全体政协委员，要切实把思想和行动统一到市第四次党代会确定的奋斗目标上来，心往一处想，劲往一处使，以“尤为如此”的高要求、高境界，为建设美丽幸福新丽水作出自己的努力。

要牢记使命，做到思想上尤为坚定。筑牢“两山”理论思想基础，不仅要在生态保护上保持定力，确保“绿水青山”永不变色、永不褪色，还要在服务绿色生态发展上精准发力，确保“金山银山”成色更足、分量更重。

要扛起使命，做到行动上尤为担当。紧紧围绕“探索三条新路子、当好三个模范”和“科学赶超五大行动”，坚持党政所需、群众所盼、政协所能的原则，找准履职切入点和着力点，为打好决胜战，勇当探路者和模范生，广建真言、善谋良策。

要不辱使命，做到作风上尤为实干。把“求实”作为政协履职的基本准则，调查研究要有深度、扑下身子察实情，协商议政要有精度、慎思明辨出实招，民主监督要有力度、敢于较真抓实效，努力把各项工作都做得更严更实，经得起实践的检验。

建议市政协今后五年工作的指导思想是：深入贯彻落实习近平总书记系列重要讲话精神和治国理政新理念新思想新战略，按照市第四次党代会作出的决策部署，坚持团结民主两大主题，充分发挥社会主义协商民主重要渠道和专门协商机构的作用，认真履行政治协商、民主监督、参政议政职能，为丽水市坚定不移走“绿水青山就是金山银山”绿色生态发展之路，加快推进“绿色发展、科学赶超、生态惠民”，确保与全省同步高水平全面建成小康社会，勇当绿色发展的探路者和模范生，贡献政协智慧和力量。

具体工作，要聚焦五个方面重点：

（一）聚焦生态保护下深功，促进生态示范。要主动服务顶层设计，立足构筑生态文明制度建设的“四梁八柱”，配合相关部门开展政策研究，着力完善丽水市源头严控、过程严管、损害严惩、责任严追的生态环保体系。要扎实做好民主监督，持续跟进丽水市山水林田湖的生态保护、生态修复和生态治理进程，突出消除劣Ⅴ类水、农村污水处理设施运行等重点问题，深入推进省政协开展的“五水共治”专项集体民主监督“干、查、督”大行动，全体委员要踊跃参与，委员企业更要当好表率，大家一起行动，保护美丽家园。要大力弘扬生态文化，带头倡导绿色生活方式和消费模式，深入挖掘、积极宣传“秀山丽水·养生福地·长寿之乡”的优秀文化，协同开展“丽水生态文明日”系列活动，共同营造生态文明共建共享的浓厚氛围。

（二）聚焦绿色发展谋良策，探路“两山”通道。要为打开“两山”通道集民众之智，切实发挥政协的职能作用，广开言路、广纳良言、广进高见，让来自各界的“金点子”在政协平台上汇集，为党政科学决策、民主决策提供民智参考和民意支撑。要为打开“两山”通道献务实之策，紧紧盯住“农旅融合，大力发展生态精品农业”“推进全域旅游，培育千亿级第一战略支柱产业”“构建绿色、循环、低碳的生态工业新体系，做强做大存量经济和实体经济”等绿色生态发展的重大问题，积极开展调查研究。要为打开“两山”通道尽精诚之力，根据市委部署，认真做好重点工程项目的联系工作；按照“清”和“亲”要求，加强与经济界、工商界和港澳台侨界人士的联系交往，协助相关部门破解企业发展难题，助力打好转型升级“组合拳”。

(三)聚焦改革创新建真言，激发社会动能。锚定深化改革的重要领域，坚持问题导向、需求导向、绩效导向，就制定全区域统筹绿色发展综合改革试验区建设方案、推进投融资体制改革、建立绿色金融服务体系、行政审批“最多跑一次”等工作，进行前瞻建言、同步服务、跟踪监督。抓住创新驱动的重大载体，就农村电子商务创新发展示范区建设、众创空间建设、质量强市示范城市建设、特色小镇建设等问题，积极开展视察监督，推动大众创业、万众创新。关注扩大开放的重点举措，就招商引资、扩大有效投资问题，切实发挥联系广泛的优势，协助相关部门多出力，积极牵线搭桥，服务浙商、外资、央企、民资、侨资“五资齐抓”；就大交通促进大开放问题，立足政协职能，采取多措施、多形式、多路径助推“立体交通网”的打造。

(四)聚焦百姓福祉使满力，推动民生改善。要做群众的知心人，持续关注农民的增收问题，特别是低收入农户收入倍增计划和精准扶困工作，深入基层察民情、加大力度强监督，促进党委政府惠民政策的落实，确保全面小康真正做到“一个都不能少”。要做群众的贴心人，持续跟进“六大民生幸福工程”“基本公共服务均等化”等民生项目，通过协商议政、提案、大会发言、社情民意信息等途径，积极反映民需民盼，让发展成果更多、更好地惠及人民群众，不断增进人民群众的获得感和幸福感。要做群众的暖心人，以“关注民生·服务群众”系列履职活动为载体，不断深化送教育、卫生、文化、科技、法律“五下乡”活动，建立常态化机制，努力提高服务实效；引导企业家委员投身丽水国家级扶贫开发实验区建设，鼓励政协委员采取“1+1”形式结对低收入农户集中村和困难户，把关爱送到群众心中。

(五)聚焦和谐文明干实事，助力社会治理。要谱好“和谐曲”，认真做好团结联谊工作，促进政党关系、民族关系、宗教关系、阶层关系和海内外同胞关系和谐。要发出“好声音”，围绕“三改一拆”“重点项目攻坚”等利益交织点、矛盾易发点，深入界别群众和基层群众之中，多做春风化雨、解疑释惑、活血化瘀的工作，自觉做党的政策宣传者、群众利益维护者、社会和谐促进者；关注夺金鼎后的平安丽水建设、食品安全市建设等问题，积极开展民主法治建设的协商监督，促进依法治市和社会治理能力建设。要形成“大合唱”，积极参与文明城市创建工作，组织委员开展视察监督，落细、落小、落实，帮助做好查漏补缺；广大委员要把社会主义核心价值观根植灵魂、融入生活，在打造“最礼让城市”“最有爱心城市”等方方面面工作中，一言一行要站在道德的高地、立在品行的高峰，以先进思想文化和自觉行动引领丽水文明之风。

三、以更高标准全面加强自身建设

要坚持以习近平总书记在庆祝人民政协成立65周年大会上的讲话精神为根本遵循，努力开创政协工作新局面、新境界。

要把规矩贯穿始终，打造铁军队伍。要坚定政治意识、大局意识、核心意识、看齐意识，始终向以习近平同志为核心的中共中央看齐；要自觉把规矩和纪律挺在前，按照“一个忠诚，四个尤为”标准，把政协委员队伍和机关干部队伍打造成建设美丽幸福新丽水的铁军；政协党组要发挥在政协工作中的领导核心作用，政协组织中的共产党员要发挥先锋模范作用。

要把协商贯穿始终，改进工作方法。认真贯彻落实市委《关于加强人民政协协商民主建设的实施意见》，丰富协商内容和形式，规范协商程序，坚持协商于决策之前和决策实施之中，提升协商能力和水平，推动协商民主广泛多层制度化发展；着力推进协商民主理论进党校、行政学院和社会主义学院，提高各级党政干部的民主意识、协商意识。

要把创新贯穿始终，提升政协活力。继续推进提案办理、大会发言等工作创新，将其打造成浙江政协工作的“丽水样板”“丽水经验”；完善委员学习培训制度，研究出台委员退出机制；推进文史资料征编机制创新；加强与县(市、区)政协的联合联动，切实发挥政协委员的主体作用、专委会的基础作用、党派团体的骨干作用和界别的特色作用。

要把质量贯穿始终，增强履职实效。认真总结市政协履职能力建设活动经验，研究出台《市政协加强和改进调查研究工作的实施意见》；建立与市委市政府督查室的联合督查机制，对委员反映的热点、难点问题，通过“回头看”和民主评议等形式进行跟踪督办，努力把委员的真知灼见，转化为推动“绿色发展、科学赶超、生态惠民”的具体行动。

各位委员、同志们，上下同欲者胜、风雨同舟者赢。让我们更加紧密团结在以习近平同志为核心的中共中央周围，在中共丽水市委的坚强领导下，解放思想、锐意进取，抢抓机遇、奋发有为，为丽水市与全省同步高水平全面建成小康社会，勇当绿色发展的探路者和模范生而努力奋斗，以优异的成绩迎接中共十九大胜利召开！

专　　辑

"归零翻篇开新局"主题大讨论活动

2016年，中共丽水市委部署开展为期3个月的"归零翻篇开新局"主题大讨论活动，紧紧围绕"丽水应该有什么样的新定位""丽水在补短板上要有哪些新突破""丽水应该追求什么样的新起色、新作为""丽水的干部应该有什么样的新担当"四个核心问题，以"召开一次动员部署会、开展一次专题学习讨论、进行一次集中蹲点调研、组织一次领导干部专访、查找一批发展短板、提出一批针对性措施、解决一批突出问题、形成一批工作成果"等"八个一"活动为载体，精心组织、扎实推进。自3月份活动开展以来，全市上下高度重视、迅速行动，主题大讨论活动取得明显成效。

一、开展情况

（一）动员部署迅速。全市上下以强烈的看齐意识抓好动员部署，迅速掀起大讨论活动的热潮。一是全面动员部署。3月4日，市委召开"归零翻篇开新局"主题大讨论活动动员大会，市委书记史济锡作动员讲话。会议以视频形式召开，除在市行政中心设主会场外，在9个县（市、区）及丽水经济技术开发区设分会场，全市1563名乡科级以上干部参加动员大会。市委书记史济锡的动员讲话视频作为丽水网络干部学院和党员先锋网课件，供全体党员干部点播学习，力求动员部署横向到边、纵向到底。二是迅速贯彻落实。全市动员会后，9个县（市、区）及丽水经济技术开发区、市直各部门第一时间召开动员会，自觉把思想和行动统一到市委决策部署上来，按照市委提出的时间节点，完成了机构组建、方案制定和动员部署等工作，步调一致地开展好活动。三是联动条管单位。中央、省属驻丽单位积极响应、主动参与、周密部署，结合各自职能，提出了一系列服务丽水经济社会发展的举措。市国税局出台"丽水国税70条"便民惠民措施，全年直接减免税金40亿元左右；丽水检验检疫局免费为进出口企业提供产品检测、信息咨询，全年减免企业检测费800多万元；中国农业发展银行丽水市分行以银团贷款为切入点，推进政策性金融与商业金融的优势互补，拓展了支农领域。

（二）学习讨论深入。各级领导班子和领导干部切实加强理论学习，围绕"四个核心问题"深入进行讨论，进一步理清发展思路。一是个人自主学。市主题大讨论活动办印发了《习近平谈治国理政》《习近平总书记关于生态建设重要论述》《习近平同志对丽水工作的重要指示》《夏宝龙同志对丽水工作的重要指示》《浙江省和丽水市国民经济和社会发展第十三个五年规划纲要》等资料，供全市副处级以上领导干部自主学习。各县（市、区）、市直各部门在规定书目的基础上，结合单位实际，为党员干部列出书单，要求认真开展自学，认真做好学习笔记。二是集中深入学。3月18日，市委理论中心组邀请省委宣传部常务副部长胡坚作"以新的理念把'绿水青山'变成'金山银山'"的专题报告；3月30日，邀请纳爱斯集团董事长兼总裁庄启传在丽水论坛作"变不可能为可能、再造一个纳爱斯"的专题报告。各县（市、区）和市直部门围绕市委提出的"四个核心问题"，突出学习教育先行，分批分次以不同形式开展集中学习，真正使干部学深，悟透、有触动。三是研讨细致学。市、各县（市、区）四套班子围绕四个核心问题，分别召开专题学习讨论会、理论社科界专题研讨会。3月29日，市委常委会召开“归零翻篇开新局”专题学习讨论会，要求全市上下以奔跑状态奋力开创“十三五”发展新局面；3月28日，全市理论社科界召开“归零翻篇开新局”专题研讨会，形成了相关理论成果文集。市直各单位均召开了两次以上的专题学习讨论会，班子成员作中心发言，中层干部作重点发言，一般干部职工积极参与。

（三）蹲点调研务实。各级领导干部把蹲点调研作为掌握实情、理清思路、解决问题的有效手段，深入基层一线，求真务实地开展蹲点调研。一是深入基层一线。4月1日至4月15日，全市1000多名副处级以上领导干部集中开展了蹲点调研活动。市级领导干部、县（市、区）四套班子成员深入到联系县（市、区）、分管领域相关单位，以及重点项目建设现场、招商引资一线等经济主战场进行蹲点调研。市直单位班子成员重点围绕“十三五”专项规划的谋划完善，以及2016年各项工作任务的推进，深入重点项目、联系企业、分管科室、下属单位、基层站所等进行蹲点调研。调研期间，领导干部每人安排至少3个整天，带着课题、带着问题下去调研，采取座谈交流、实地查看、征求意见等方式，广泛征求意见建议，真正接地气、摸实情，做到问需于民、问政于民、问计于民。二是破解难点问题。在全面掌握蹲点单位有关情况的基础上，领导干部帮助蹲点单位在加快发展上出谋划策，提出对策建议3560条。此外，结合蹲点调研，领导干部选择1—2件事关民生、群众反映强烈、近期能够解决的热点难点问题，协调有关部门集中力量加以解决，共帮助基层单位和群众解决问题1890个。遂昌县12名县委常委深入到12个村、30家企业（景区）、43个重点项目一线调研，为26家企业破解难题40余个。三是务求取得实效。调研期间，领导干部严守纪律，不搞层层陪同，不给基层增加负担，不参与有损党员干部形象的各种活动，做到轻车简从，务实重干，真正沉下心，深入基层，取得了实效。调研结束后，各地、各单位以党委（党组）名义向市委上报“找短板、补短板”专题报告101份，查找各类短板600多个。市教育局逐步推开“大家访”活动，缙云县3800名教师参与“访万家”活动，访及学生家庭7万多户。

（四）查找短板精准。全市上下通过“各地各单位自己找、领导干部带头找、人大政协帮助找、发动群众一起找”等形式，深入查找各类发展短板。一是上下联动找短板。市、县两级领导干部坚持问题导向，深入开展蹲点调研活动，努力查找发展短板、解决困难问题并征集一批意见建议。市交通运输局开展全系统“百名科级以上干部带领千名干部职工找短板”活动；庆元县围绕“四条途径、五个层面”全方面多维度查找短板，梳理庆元存在的9大短板。二是紧密结合找短板。各地各单位紧紧围绕“三思三问三想三查三看”，结合产业发展、有效投资、招商引资、“五水共治”“三改一拆”、生态保护等重点工作，深入查找美丽城乡建设、农民增收致富、交通基础设施、产业创新发展、公共服务供给和体制机制改革等方面的突出短板，为全市各项工作顺利推进指明了方向、提供了遵循。市农办立足“建设美丽乡村，发展美丽经济，确保全面小康”的目标定位，突出“深”“实”“细”“准”“效”五字要诀，走进群众摸实情，查找出丽水市“三农”工作的36条短板。三是群策群力找短板。各地各单位坚持走群众路线，集思广益，借智借力，发动社会各界共同查短板、找差距、促整改。一方面，通过“两会”期间发函向人大代表、政协委员征集短板、邀请代表委员座谈等方式，累计征集问题短板2238个，梳理归并为1141个，其中：市级层面424个、归并后93个；县级层面1814个、归并后1048个。另一方面，各地各单位在政府门户网站、论坛、微信公众号设立专栏、策划“金点子”征集等活动，全方位、多角度向社会各界征集短板。市、县（市、区）活动办通过媒体、网络、问卷等渠道共征集到短板2290个。

（五）补齐短板有力。全市上下把补齐短板作为主题大讨论活动出成果、见实效的关键，精心组织、精准施策补短板。一是强化主体、分级办理。落实各地各部门的主体责任，实行属地管理负责制、部门责任清单制，尽可能把问题解决在基层、短板补齐在基层，对确实事关全局，需要统筹协调的，再逐级上报汇总。经过“三上三下”梳理汇总、征求意见，全市征集到的1039个重大发展短板，最终归并为176个，并形成《丽水市重大发展短板责任清单》，针对每一项短板，都制定详细的整改措施，明确牵头领导、责任领导、牵头单位和完成时限。二是长短结合、分类施策。对短期内可以解决的短板，不等不拖、立说立行，马上就办；对一时不能解决的发展短板，持续跟进，积极创造条件适时解决。对不同领域、不同层面、不同类别的短板分类制定有针对性的措施，列出时间表、任务书和责任清单。截至5月底，全市共查找短板12016个，已解决7476个，解决率达62.2%。市审管办推进“互联网+政务服务”优化升级，狠补服务的短板；市环保局制定出台“精准帮扶企业”17条措施，推动生态保护与生态经济良性协调发展。三是集中攻坚、重点交办。市县两级对重大发展短板，集中时间、集中资源，重点交办、限期办结，切实解决一批影响经济社会发展的实际问题。5月16日，市委召开全市重大发展短板任务交办会，书记史济锡向各县(市、区)、丽水开发区及市直重点责任单位交办了176项重大短板任务书。同时，加强补短板工作的指导，制定《丽水市重大发展短板工作手册》，对补短板总体要求、工作步骤等进行明确，确保短板不仅找得准、还能补得齐。

二、主要做法

(一)领导带头，以上率下。牢牢抓住领导干部这个“关键少数”，发挥领导班子和“一把手”的带头示范作用，带头组织学习讨论、带头调查研究、带头查找短板、带头制定针对性措施、带头推动问题解决，一级带着一级干，一级做给一级看，以上率下，推动大讨论活动扎实有效开展。市委成立以市委书记史济锡为组长，市长朱晨为第一副组长、市委市政府相关领导为副组长的活动领导小组，各县(市、区)委成立相应的领导机构，统筹协调活动的开展。3月29日，市委常委会组织召开“归零翻篇开新局”专题学习讨论会，市委书记史济锡带头作中心发言，各市委常委和人大政协主要领导作主题发言；4月5日至7日，围绕把旅游业培育成千亿级第一战略性支柱产业；市委书记史济锡专程到莲都、云和、缙云、松阳等区县蹲点调研旅游工作，带头查找旅游发展的短板和问题；市委副书记、市长朱晨也先后到遂昌、青田等地集中蹲点调研重点项目推进和企业帮扶工作；全市176个重大发展短板，其中35个重大短板由市领导领办。各县(市、区)、市直部门主要负责人自觉率先垂范，不折不扣落实活动各项规定动作。缙云县626名领导干部跑项目、进企业，走农村、访群众，共征集各类短板1290余条；莲都区查找出全区存在的7个大类、41项工作短板，每位区级领导领衔2个以上短板，努力化被动为主动，化短板为机遇。

(二)营造氛围，合力推进。坚持“声、屏、报、网、微”共同发力，高密度、多角度，全过程做好宣传报道，营造大讨论浓厚氛围，不断扩大活动的影响力和覆盖面。截至6月15日，丽水网及各县(市、区)新闻网站共专题推送相关报道1800余篇，阅读量超过650万人次；通过“两微一端”推送560余篇文章及微信H5作品，仅“瓯江行”微信公众号就推送40余篇优质微信文章，相关微信文章阅读量超过70万人次。编发活动简报80期，获市委书记史济锡批示10次，营造了“你追我赶”的生动局面；9个县(市、区)委书记及丽水生态产业集聚区管委会、市直属有关21个部门主要负责人接受电视专访，并在《丽水日报》刊发署名文章，谈思路、亮举措，坚定发展信心。5月29日，丽水电视台《问政进行时》栏目播出“归零翻篇开新局——补短板 谋新篇”主题问政节目，4个县(市、区)政府主要领导、丽水生态产业集聚区管委会主任和6个市直单位一把手接受“电视问政”，市政府常务副市长毛子荣和副市长任淑女、戚永远、陈景飞面对面点评，市委书记史济锡对全场电视问政进行总点评，市人大常委会主任虞红鸣、市政协主席陈瑞商、市委副书记尹学群等市领导参加问政会。这场问政成为丽水电视问政开播以来被问政领导、点评嘉宾层级最高的一场，市委书记到场并作全场点评更是开全国电视问政节目先河。《浙江日报》头版对此次问政进行了大篇幅报道，新华网、光明网、新浪、网易等40多家网站进行了转载。此外，各地各部门积极创新思路、创新载体，多维度开展活动宣传。龙泉市结合活动内容策划推出方言版“三句半”，在农村文化礼堂等百姓舞台演出，获得群众好评点赞；丽水日报社《处州晚报》推出“他山之石看开局”特别报道，为丽水找准定位、明确“十三五”努力方向提供了有益借鉴。

(三)紧盯项目，有力攻坚。活动开展以来，全市上下紧抓扩大有效投资这个“牛鼻子”，紧盯重大项目开工建设，按照深化“一大规划”，明确“一批任务”，破解“一批难题”，制定“一套制度”，开展“一场会战”，编制“一批项目书、作战图、责任清单”等“六个一”总体要求，精准聚焦找短板、精准发力补短板，全面打响了扩大有效投资和重大项目建设攻坚战，取得了实实在在的成效。活动期间，制定全市性作战图35幅，谋划新增重大项目87个，投资额达613亿元；梳理交办全市性政策处理尾留问题49个，市区两级集中开展99个投资项目政策处理大会战，一批久拆未下的征迁项目顺利推进，行政中心北区块(枫树岗地块)5户拆迁户中已有2户完成房屋拆除。5月25日，组织召开了全市扩大有效投资政策处理大会战暨集中开工现场会，集中开工103个项目，总投资185亿元。截至5月底，全市重点建设项目完成投资97.53亿元，完成年度计划投资的40.3%，同比高出4.34个百分点；计划开工80个重点建设项目，已开工37个，开工率46.3%，实现了良好开局。

(四)督查跟踪，狠抓落实。市、县两级活动办分别抽调纪委、党委政府督查室及重点部门等业务骨干组成督查组，采取全面自查和重点督查相结合的方式，分阶段、有重点、跟进式地对全市主题大讨论活动开展情况进行专项督查，严把方向关、进度关、质量关，确保大讨论活动不走样、不变样。活动期间，市活动办督查组牵头开展实地督查4次，累计下发督查通报4期、督查书面告知单8件；各县（市、区）及开发区累计开展督查74次，下发督查通报37期。同时，市、县两级活动办将重大发展短板整改情况作为督查督办的重要内容，建立了重大发展短板领导领办、解决情况督查考核等常态化工作机制。大讨论活动结束后，由市委、市政府督查室对补短板工作进行跟踪督办，对各牵头单位补短板工作实行销号制管理，清单式督查。

（五）建章立制，务求长效。活动开展以来，各地各部门深入查找制度供给方面存在的短板，以问题为导向，以管用为要求，以长效为目标，立足实际、着眼长远，坚持在建立健全长效机制上做文章，积极推进制度机制创新，确保大讨论活动真正能解决一批突出问题，形成一批工作成果。市发改委结合“十大行动计划”，制定出台“一联八”联系服务制度，在全委兴起下基层、强服务、促投资的良好氛围，力推发展改革各项任务落实。青田县把开展“绿色发展大跨越、项目建设大攻坚、美化家园大行动、服务环境大优化、矛盾纠纷大化解、干部作风大提升”六大行动作为大讨论活动的有效抓手并贯穿全年工作，确保工作延续性、长效性。松阳县制定《“庸官懒政六必治”活动实施方案》，以“查找作风短板，重塑担当精神”作风治理行动、局长擂台赛、“电视问政2016”等活动为载体，通过教育问心、评议问政、督查问效、考核问责等方式，切实抓好干部队伍作风建设，提振干部的干事创业热情；云和县在全市率先召开“项目难题清零销号大会战”动员大会，对计划开工的20个重点项目、80个项目推进破解难题责任进行集中交办，实行项目清单清零销号制；景宁县完善出台了《村干部规矩指数考评制度》，倒逼村干部讲规矩、有作为。

三、主要成效

（一）进一步统一了思想、理清了思路。全市上下通过认真学习习近平总书记系列重要讲话精神尤其是在丽水8次调研时的指示精神，学习省委十三届九次全会和夏宝龙书记对丽水工作的指示要求，学习省市“十三五”规划纲要等资料，并紧紧围绕“四个核心问题深入开展专题学习讨论、集中蹲点调研、“找短板、补短板”等活动，各地各部门进一步明晰了发展定位、发展目标、发展路径和发展举措，达到了统一思想聚合力，集思广益谋发展的目的，为召开市委三届十一次全会奠定了重要的思想基础和工作基础。通过大讨论活动，全市上下进一步明确了“十三五”开新局的总体要求和工作重点，始终坚持“绿水青山就是金山银山”战略思想不动摇，立足生态最大优势，牢牢把握“绿色发展、科学赶超、生态惠民”发展主线，始终遵循“全域统筹、生态引领、城乡一体”发展路径，着力“打造美丽环境、发展美丽经济、创造美好生活”，坚决守住“生态底线、平安底线、增收底线”，重点打好补短板的大会战，坚决打赢美丽城乡建设、农民增收致富、交通基础设施、产业创新发展、公共服务供给、体制机制改革六大攻坚战，进一步坚定了打造全国“两山”样板、争当“双区”示范，确保与全省同步高水平全面建成小康社会，建设“生态美、产业优、机制活、百姓富、社会文明程度高”的美丽幸福新丽水的信心和决心。

（二）进一步提升了标准、拉高了标杆。大讨论活动开展以来，全市上下始终坚持问题导向，把找补短板作为贯穿活动的一条主线加以落实。特别是在找短板过程中，全市上下立足丽水市作为省内经济后发地区的市情实际，紧紧围绕与全省同步高水平全面建成小康社会这一目标，对照标准找不足，对照先进找差距，真正把找补短板的过程变成提升标准、拉高标杆、自我加压的过程。大家把杭州、宁波、金华等发达地区或较发达地区作为标杆，查找产业发展、交通设施、城乡建设等方面的差距，吸取他们的成功经验和做法；大家把纳爱斯等优秀企业作为标杆，查找在工作状态，工作热情方面的差距，提出以“十三五”再造一个新丽水的气魄，投入到丽水新一轮的建设与发展中；大家把衢州等兄弟市作为参照，既比速度、又比质量，既比总量、又比人均，比出了居安思危的觉悟，比出了进位赶超的意识，比出了秀山丽水自图强的状态。

（三）进一步鼓足了干劲、加快了发展。全市上下以大讨论活动的成效推动经济社会发展，以经济社会发展的成果检验大讨论活动的实际成效，提振了“跟跑、齐跑、领跑、奔跑”的精气神，“十三五”开局之年各项工作取得良好开端。一季度，全市GDP增长7%，位次由去年的全省末位提升至第5位；农村居民人均可支配收入增长9.8%，继续位居全省第一；城镇居民人均可支配收入增长9.2%，排名全省第二，扭转了连续两年下滑的势头。1—5月，全市固定资产投资增长11.6%，增幅比1—4月提高1.4个百分点；财政总收入增长11.2%，比1—4月提高2.4个百分点，其中一般公共预算收入增长13.1%，比1—4月提高4.2个百分点。

（徐林周）

遂昌苏村山体滑坡大救援

一、山体滑坡受灾情况

2016年9月28日17时28分，浙江省丽水市遂昌县北界镇苏村发生山体滑坡自然灾害。此次山体滑坡总方量达83万立方米，落差达400米，最大位移超过100米，抬高30余米，填塞270余米河道，形成25米高的堰塞体。由于暴雨不断，短时间内形成水深20余米、库容120余万立方米的堰塞湖，导致溪水冲入村中，淹没民房和道路，水深超过1米。滑坡体以坚硬石块为主，最重超过100吨，灾害现场巨石林立、溪水漫灌，极大地增加了救援难度。同时，山体滑坡后缘还悬浮着12万立方米以上的土石，落石不断，有再次滑坡风险，对救援人员的安全造成极大威胁。此次灾害共造成76户226人受灾，49幢房屋、37幢附房被埋或倒塌，17幢房屋进水，28人失联，其中1人为正在转移群众的北界镇干部周根富。

二、山体滑坡抢险救援情况

灾害发生后，总书记习近平作出重要指示，要求“全力开展抢险救援，最大限度减少人员伤亡”。李克强、张高丽、汪洋、杨晶、王勇等中央领导分别作出重要批示，并责成国土资源部、国家防总等国家部委，派出最精干的专家，携带最先进的设备，赶到苏村指导和帮助抢险救援。省委、省政府科学决策、靠前指挥。省委书记夏宝龙第一时间在省应急指挥中心坐镇指挥，并在9月30日亲赴救援现场，亲切慰问部队官兵和受灾群众，对救援工作全过程提出明确要求。9月29日、10月4日代省长车俊赴灾区实地察看灾情，并与省军地联合指挥部保持热线联系，了解救援进展，提出救援要求。省委副书记王辉忠也赶赴现场指导抢险救援。葛慧君、袁家军、王新海、陈金彪、王永康、徐加爱、熊建平、朱从玖、梁黎明等省领导分别以现场指挥或视频连线等方式指导和帮助抢险救援。

市委、市政府集中一切力量、穷尽一切办法，坚定、坚强、坚决，全力以赴开展抢险救援，争分夺秒搜救失联人员。接到灾情报告后，立即从不同的地点迅速向灾区集结，指令有关部门启动重大地质灾害一级应急响应，调集各路救援力量迅速集结驰援。在整个救援过程中，有国土资源部、国家防总、中国安全生产科学研究院、中国水利水电科学研究院等国家部委、科研院所，以及省委宣传部、省国土资源厅、省水利厅、省公安厅、省卫计委、省民政厅、省交通运输厅、省农办、省防汛办等20余家省直机关部门，派出领导、专家在一线指导和帮助抢险救援。4000余名武警消防官兵、党员干部和民间救援力量汇聚在这个偏僻的小山村，人员轮流上，机械不停歇，以战之必胜的坚定信念、无所畏惧的英雄气概、团结一致的强大力量，打了一场军警民联合救援的大会战。经过全体救援人员的连续奋战，灾害发生当夜成功救出被困群众15人。到10月25日现场抢险救援工作结束时，28名失联人员搜救出26人，均无生命迹象，遗体全部火化；10名伤员有8人伤愈出院，2人得到有效救治。

市委、市政府始终以绝对忠诚和责任担当，坚决扛起抢险救援的主体责任。第一时间把抢险救援确定为全市当前最重要、最紧迫的任务，明确提出“统筹全市资源、举遂昌全县之力”开展抢险救援，要求党员干部哪里灾情危急就向哪里冲去，哪里有生死考验就向哪里挺进，哪里有受灾群众就向哪里集结。市委、市政府班子成员战斗在救援现场。成立市委书记史济锡任总指挥长，市长朱晨任常务副总指挥长，尹学群、陈建波、毛子荣、卫中强、范金华、陈重、林亮、任淑女、戚永远、陈景飞、毛建国任副指挥长的市抢险救援指挥部，下设综合协调、抢险救灾、医疗救护等10个专项工作组，组长由分管市领导担任，统筹全市资源支援前线。抢险救援恰逢国庆长假，市委号召党员领导干部过一个“战斗的国庆节”，市级领导干部带头放弃休假，按照指挥部统一安排承担相应任务。市委组织部、宣传部、统战部以及市公安、国土、建设、交通、水利、电力、民政、通信、卫计、商务、气象、农业、安监、文广、财政等部门共700余名干部坚守救援一线。

受省委、省政府指派，副省长孙景森、省军区司令员冯文平、武警浙江总队司令员白海滨等紧急指挥部队星夜驰援现场。根据省委决策，9月29日凌晨，在救援现场成立省军地联合指挥部，孙景淼、冯文平任总指挥，白海滨、史济锡等任副总指挥，形成坚强有力的抢险救援指挥中枢。省委常委、省军区政委王新海兼顾省军区、救援现场工作，不分昼夜地参与抢险救援指挥工作。救援现场先后聚集12位将军指挥作战，分别是：省委常委、省军区政委王新海，省军区司令员冯文平、副司令员周少锋，武警浙江总队司令员白海滨、政委张喜文，武警交通部队司令员傅凌、政委许世宏、参谋长高强、政治部主任李文红，武警水电部队政委唐晓、副政委赵献津，陆军第一集团军副军长林壮荣。有武警交通部队，武警水电部队，省军区及金华、丽水军分区，第一集团军步兵3旅，火箭军820旅，武警浙江总队（包括武警浙江总队直属支队及衢州、丽水支队，武警杭州医院），浙江消防总队（包括杭州、温州、台州、金华、衢州、丽水支队）2791名官兵参加抢险救援。省军区紧急调度全省民兵预备役力量快速驰援灾区，全市9个县（市、区）民兵轮流参战，共出动5000余人次，圆满完成各项救援和保障任务。

三、山体滑坡灾后重建情况

自苏村发生山体滑坡自然灾害以来，遂昌县坚决扛起主体责任，迅速成立由县委书记任组长，县长任常务副组长，相关县领导任副组长的灾后重建领导小组，下设办公室和搬迁安置、地质灾害点治理、基础设施和新农村建设、产业援建等四个工作组，多次召集召开灾后重建小组会议、每周安排县领导亲临现场指挥，全方位推进灾后重建工作。

始终把受灾群众的安置工作摆在灾后重建首位，坚持以人为本理念，按照“五个一”的要求，尺度相同、步调一致、合力推进受灾群众安置工作。给予全体受灾群众一次性临时生活救助和临时住房救助，确保受灾群众临时安置吃得饱、穿得暖、有得住。25个安置小组113名干部耐心解读安置政策，倾听灾民诉求，坚持每晚“一会商、一决策”，及时研究解决安置推进过程中出现的新情况新问题。抽调维稳办、信访局、镇村两级干部共400余人，组成40个受灾群众帮扶小组，分片包干、分户到人，挨家挨户安抚受灾群众，帮助解决困难。累计走访群众7000余人次，解决实际困难215个，13户失联群众家属均落实“一对一”帮扶责任，实现灾区群众情绪平稳，灾区社会和谐稳定的良好局面。

按照确保受灾群众“元旦建成新房，春节搬迁入住”的工作要求，全力推进安置小区建设。苏村安置小区、金钩安置小区于10月10日开始建设，共建设37户房屋；北界临时安置点修缮工程于10月5日开始施工，共3层12套；在县城腾龙小区装修39套房屋，提供受灾群众自主选择安置。

按照“科学治理”原则，加快推进苏村点位治理工作。完成对滑坡运移区加固工作，并委托有资质公司设置滑坡体隔离栅铁丝网，危险区域拉设隔离栅1124米，铁丝网拉设660米，设置“严禁进入”标识牌63块。委托省第三地质大队编制勘察方案，投入6台钻机，完成勘察野外调查工作及预定钻探任务，累计施工钻探409.04米。持续做好滑坡体监测工作，设置42个监测点。同时，联合省地矿研究所对全县地质灾害隐患点和不稳定斜坡进行重新审核。

全面推进基础设施恢复重建。灾后重建道路按照三级公路标准建设，里程约2千米、路基宽8.5米、路面宽7米，包括两座桥梁。加快部门间沟通对接，积极落实好道路恢复工程与水利涵管放置、农村生活污水管道埋设、农业生产恢复、电力100千伏变压器设置等工作，确保各项灾后重建工作同步协调推进。在武警交通部队河道修复的基础上，加快推进河道恢复工作，同步推进灾后饮用水重建工程。

全面加快新农村建设。苏村地质灾害警示教育基地建设项目占地228.51平方米，总建筑面积752.79平方米，共建设三层，2016年11月12日开工建设。建设苏村避灾中心建设项目由原苏村卫生院改建，占地185.22平方米，总建筑面积379.59平方米，共建设两层。对苏村灾区红线外群众搬迁意愿，进行摸底调查，确认近40户农户有建房需求。开展规划编制，并确定苏家大屋下侧地块为农民异地转移小区建设位置。

加快生态产业发展。以生态精品农业为主导，采取“集中建设高效示范基地，带动全村农户发展”的思路，积极编制灾后农业重建规划，确定基本农田垦造、农田基础设施修建、猕猴桃核心示范基地、生态蔬菜示范基地、千群土蜂专业村、果蔬分级包装冷链配送中心等六个建设项目，共争取到上级项目资金1080万元。同时抓紧冬种生产，通过发放救灾种子和有机肥料，组织种植油菜14.67公顷、绿肥10公顷、三叶草11.33公顷、冬季蔬菜5.33公顷，基本消灭苏村灾区冬闲田。积极推进千群土蜂专业村建设，与福建省农科院对接落实中蜂500群，并组建村级中蜂养殖专业合作社，面向受灾户和低收入农户发展中蜂养殖1000群，力争用一年时间将苏村建成千群土蜂专业村和中华蜜蜂成熟蜜基地。另外，在苏村原有基础上，加大来料加工产业建设，县妇联等部门加强对受灾群众进行来料加工技能培训。

四、苏村大救援精神

第一，我们的党最伟大，党中央和总书记习近平的亲切关怀，省委、省政府的坚强领导，是苏村抢险救援取得胜利的强大动力。党中央、国务院和省委、省政府领导始终与灾区人民心连心、同呼吸、共命运。总书记习近平等中央领导做出重要指示；省委书记夏宝龙、代省长车俊等省领导亲赴灾区指挥慰问，在调集人员、支援物资、安置灾民、灾后重建等方面给予最大支持。充分体现了我们党以人为本、人民利益高于一切的执政理念，极大地鼓舞和坚定了灾区人民战胜灾害、重建家园的信心和勇气。事实证明，党是坚强的领导核心和人民群众的主心骨。

10 月 5 日，丽水市委书记史济锡，市委常委、公安局局长卫中强等在遂昌县苏村山体滑坡现场研究救援方案　　许立红　提供

第二，人民子弟兵最可敬，冲锋在前、勇挑重担，是苏村抢险救援取得胜利的主要力量。人民军队是我们最坚强的依靠力量。他们心系灾区人民安危，肩负党和人民期望，讲政治、讲忠诚、不计得失、不怕牺牲，发扬英勇顽强、连续作战的战斗作风，勇于突进危险地带，克服千难万险。哪里有险情，哪里就有迎风飘扬的军旗；哪里有呼救，哪里就有奋不顾身的勇士。他们克服了一个又一个困难，打赢了一场又一场硬仗，展现泰山压顶不弯腰的英雄气概，不愧是保护人民生命财产安全坚不可摧的钢铁长城。

第三，人民群众最可爱，他们守望相助、拥军支前，是苏村抢险救援取得胜利的力量之源。苏村抢险救援的胜利，归根到底是人民的胜利。面对突如其来的巨大灾难，灾区人民没有被困难吓倒，他们戮力同心，守望相助，奋起自救，拥军支前，展现出生生不息的顽强力量。七旬老太太林菊香在灾难发生后，临危不惧，奋勇营救落水受伤的孕妇。很多“遂昌大妈”，白天在各部队餐饮点装菜送饭，夜晚守在现场为官兵烧热点心。只要我们始终坚持以人为本，切实做到发展为了人民、发展依靠人民、发展成果由人民共享，充分发挥广大人民群众的积极性、主动性、创造性，我们就一定能够依靠人民团结起来的巨大力量和集中起来的无穷智慧，实现高水平全面建成小康社会的伟大任务。

第四，党员干部最担当，他们紧急动员、迅速行动，是苏村抢险救援取得胜利的中坚力量。全市各级党组织和广大党员、干部始终同灾区群众风雨同舟、心手相连，吃苦在前，冲锋在前。市、县党政主要领导始终坚守一线，全市 1000 余名党员干部日夜奋战，在组织转移群众、安抚受灾群众、做好后勤保障、开展灾后重建等方面，充分发挥先锋模范作用。特别是全县基层党员干部冲锋在前，日夜奋战，真正做到在危险面前挺身而出、在困难面前无所畏惧、在关键时刻豁得出去，充分展现合格党员的形象和担当。充分体现了“万众一心、众志成城”的团结精神，“忠诚履职、勇于担当”的优良作风，“敢打必胜、英勇顽强”的战斗意志，“令行禁止、闻令而动”的铁军纪律，充分体现全县基层党组织战斗堡垒和党员先锋模范作用。只要我们始终保持对人民的担当、对使命的担当、对党性的担当，牢固树立政治意识、大局意识、核心意识、看齐意识，牢记全心全意为人民服务的根本宗旨，继续推进全面从严治党，就一定能够战胜前进道路上的一切困难和挑战，创造更加幸福美好的生活。

第五，社会主义大家庭最温暖，军民团结、部门协作、各方支援，是苏村抢险救援取得胜利的重要保障。军民团结是凝聚团结奋斗力量的政治基础。在这次抢险救援中，涌现出许多“军爱民、民拥军”的感人事迹，人民军队为人民舍生忘死，人民群众为人民军队无私奉献，形象而生动地诠释“军民团结一家亲”的深刻内涵。同时，“一方有难八方支援”的优良传统在抢险救援中得到生动展现，上至国家部委和省直机关，下至基层单位、社会大众，爱心捐助纷至沓来，捐助总额达 2899 万元。其中，省委统战部发动全省统战系统捐助款物超过 1350 万元，台州市委、市政府捐助 300 万元，浙江元立集团捐助 200 万元，浙江大成建设集团捐助一座造价 246 万元的桥梁，省红十字会捐助 50 万元，丽水籍围棋世界冠军柯洁在京举行“情系丽水灾区公益指导棋募捐活动”。只要凝聚军心民意、团结军民力量，只要充分发挥社会主义制度的巨大优越性，就没有战胜不了的困难和挫折，就没有克服不了的险阻和挑战。　　（范誉宏）

大　事　记

2016 年丽水市大事记

1 月

5 日　副省长梁黎明率省直有关部门人员到丽水召开座谈会，征求省十二届人大四次会议审议的《政府工作报告》和浙江省“十三五”规划《纲要》草案的意见建议。

7 日　缙云仙都建成全国首个缙云烧饼文化展厅。

8 日　市委三届十次全体(扩大)会议暨全市经济工作会议召开，审议通过《中共丽水市委关于制定丽水市国民经济和社会发展第十三个五年规划的建议》。

同日　清华大学党委书记陈旭与丽水市清华大学选调生进行座谈，并寄语选调生珍惜学习锻炼机会，扎根基层服务丽水。

同日　遂昌县首家农村家庭养老院挂牌营业，这是丽水市首家家庭养老院。

11 日　丽水市见义勇为基金会成立。

13 日　一辆载有 7 人的面包车坠入遂昌大公坑水库，事故造成 5 人遇难。

同日　丽水市青年摄影家协会成立，108 名优秀青年摄影家成为首批会员。

13—14 日　副省长熊建平到莲都区检查里东“11·13”山体滑坡灾后重建工作。

17 日　中国(长三角)高铁旅游联盟在丽水成立，丽水古堰画乡成为联盟首个景区成员。

28 日　省委书记、省人大常委会主任夏宝龙点赞丽水职业技术学院的大学生投身护林事业志向。丽水职业技术学院是全省唯一拥有林业类专业的高职院校。

29 日　龙泉宝剑小镇、庆元香菇小镇、缙云机床小镇、松阳茶香小镇入选全省第二批特色小镇创建名单。

1 月 17 日，中国(长三角)高铁旅游联盟在丽水成立　　项　浩　提供

18 日　省旅游局局长王文娟到遂昌调研乡村旅游工作。

19 日　全国首个香菇砍花技艺生产性保护基地在龙泉建成。

21 日　丽水市中心医院入选“国家卫计委脑卒中筛查与防治基地”和“国家卫计委脑防委高级卒中中心”。

同日　丽水里东山体滑坡民间专业救援队群体入选“中国好人榜”。3 月 2 日，云和“信义少年”叶石云、青田“孝贤媳妇”王圣真登上“中国好人榜”。

30 日　市委召开全市领导干部会议，宣布省委关于丽水市委主要领导变动的决定。省委常委、省委组织部长廖国勋出席并讲话。经中央批准，省委决定市委书记王永康任省委常委、省委统战部长；史济锡任丽水市委书记。

1月　丽水市评定第一批“丽水老字号”21个，其中青瓷品牌6个，宝剑品牌8个，其他包括石雕、茶业、超市等品牌。

1月　莲都区括苍古道、遂昌高坪乡桃源十里杜鹃古道、濂竹乡小岱古松古道、松阳县“武松古道”入选“浙江省最美森林古道”，“括苍古道”和“武松古道”获“浙江十大经典古道”称号。

1月　丽水市获“浙江省政府和社会资本合作示范市县”称号。

2月

1日　2016丽水市“乡村春晚”暨乡村文化旅游精品线路开通启动仪式在景宁县大均畲乡之窗景区举行。

2日　省政府副省长、省政协副主席黄旭明到丽水慰问困难群众。

3日　庆元县获“国家生态县”称号。

4日　市委、市政府举行新春团拜会。

5日　丽水14个乡镇创建成“2015省级体育强镇(乡)”。至此，全市共有省级体育强镇（乡)139个，占所有乡镇数比例达79%。

14日　省委常委、统战部长王永康到丽水调研重点工程项目和慰问困难群众。

14—15日　副省长孙景淼，省政协副主席陈加元、吴晶分到丽水开展新春下基层调研活动。

15日　丽水市获评全国旅游厕所革命先进城市。

17日　市委政法工作会议暨平安建设“夺金鼎”誓师大会在丽水召开。

19日　省档案局局长刘芸到丽水调研档案工作。

19—20日　中央主要媒体组成采访团到丽水，采访古堰画乡特色小镇和龙泉市中国青瓷小镇建设情况。

22日　市人大常委会立法专家聘任仪式在市行政中心举行，25人受聘为丽水市首批地方立法专家。

同日　丽水市启用卫生许可证“二维码”。

24日　丽水市反虚假信息欺诈中心在市公安局启动，标志丽水市构建起多部门联动的打防通讯网络新型违法犯罪专项行动的新平台。

同日　中共丽水市委办公室、丽水市人民政府办公室关于建立第五批爱国主义教育基地的通知，表彰命名丽水市档案馆、丽水市博物馆、遂昌竹炭博物馆为第五批爱国主义教育基地。

25日　缙云县浙江鼎立事业有限公司的邢伟勇和景宁县畲山凤民族工艺品开发有限公司的周英梅获“全国优秀农民工”称号。

25—26日　省委书记、省人大常委会主任夏宝龙到丽水调研工作。

2月　“山鹤”“天和泉”“百兴”“五莲星”4个浙江名牌农产品通过复评。至此，全市共有浙江名牌农产品26个，区域名牌农产品28个。

3月

1日　全市宣传思想工作专题会议召开，部署2016年宣传思想工作。

同日　庆元县、云和县、龙泉市、松阳县入选全国首批结合新型城镇化开展支持农民工等人员返乡创业试点。

1—2日　全省各类事业单位统一登记管理试点培训会在丽水召开。

2—4日　省体育局局长孙光明到丽水调研体育产业发展工作。

3日　丽水市2015年度食品安全满意度位居全省第一位，食品安全满意度连续七年(2009—2015年)居全省之首。

4日　丽水市召开“归零翻篇开新局”主题大讨论活动动员大会。市委决定，从3月开始到5月底，开展以“归零翻篇开新局”为主题的大讨论活动。29日，市委常委会举行“归零翻篇开新局”专题学习讨论会，会议围绕“丽水应该有什么样的新定位”“丽水在补短板上要有哪些新突破”“丽水应该追求什么样的新作为”“丽水干部需要什么样的新担当”等问题进行深入讨论。

7日　省水利厅厅长陈龙一行到松阳检查指导水利工作。

同日　丽水市举行庆祝“三八”国际妇女节106周年暨“最美家庭向幸福出发”主题晚会。

同日　遂昌县北界镇获2015年“全国社区教育示范街道（乡镇）”称号。

7—8日　副省长朱从玖到丽水调研构建食品安全社会共治体系工作。

同日　省人大常委会党组副书记、副主任程渭山率队到丽水调研扶贫发展工作情况。

7—9日　省委常委、常务副省长袁家军一行到丽水调研企业转型升级、特色小镇培育等工作情况。

7—9日　省平安综治考核抽查组到丽水检查平安综治工作。

8日　省政协副主席王建满到丽水调研“五水共治”工作。

同日　市老年活动中心休闲书吧暨市图书馆老年分馆举行揭牌仪式。

8—9日　省委副书记王辉忠率领省检查组到丽水，检查丽水市委履行党风廉政建设主体责任、意识形态工作主体责任和落实省委“十大整改行动”情况。

9—10 日 省委常委、组织部长廖国勋一行到丽水调研基层党建、人才等工作。

10 日 阿里研究院发布《2015年中国大众电商创业排行榜》，云和县位居中国大众电商创业最活跃县区 50 强榜单的第 15 名。

同日 丽水市与陕西科技大学签订“人才金桥”合作框架。

11—14 日 市政协三届五次会议召开。

12 日 中国·莲都水仙花博览园开园。

12—15 日 市三届人大七次会议召开。

13 日 遂昌县编制的《县域农村电子商务服务规范》《县域农村电商工作指引》标准规范在全国发布运行，为中国农村电子商务发展提供可借鉴的“制度试验地”和适合推广的新模式。

14 日 松阳县创建全国绿色食品原料（茶叶）标准化生产基地。

同日 省商务厅发文公布全省 49 家第五批“浙江老字号”名单，龙泉市“蓝义丰”“禾字号”“三和本经堂”3 个老字号商标入选。

15 日 丽水市命名第十批市级农家乐特色村（点）30 个，莲都区联城街道港口村等 15 个村被认定为市级农家乐特色村，莲都区家家乐农家乐餐馆等 15 个点为市级农家乐特色点。至此，全市市级农家乐特色村 59 个，市级农家乐特色点 109 个。

16 日 丽水市长热线、市长信箱开通服务企业专栏。

同日 国家林业局批复同意，确定丽水市为全国集体林业综合改革试验示范区。

18 日 云和县法院发出全国首张限制被执行人汽车驾驶令。

同日 邀请延安干部学院教授王健到丽水作《延安精神及其时代价值》讲座。

18—20 日 市首期跨境电商高级研修班暨丽水跨境电商企业寻梦共创会在杭州举行。

22 日 全市“书香丽水·全民阅读”活动在市区纳爱斯广场启动。

22—24 日 由省政协副主席陈加元率领的省政协民主监督督查组到丽水监督调研“五水共治”工作。

24 日 浙江金龙物业管理有限公司晋升为国家一级资质物业服务企业。

27 日 第九届中国茶商大会·松阳银猴茶叶节在松阳县会议中心举行。“松阳银猴”被认定为中国驰名商标，“松阳香茶”被认定为国家地理标志证明商标，茶香小镇被列入省特色小镇。

同日 2016 丽水半程马拉松赛在市区花园路北端鸣枪起跑，14 个国家的 8000 余名跑友参赛。

29 日 丽水市获全国深化集体林业综合改革试验示范区。

同日 浙江省低丘红壤治理开发现场交流会在龙泉市召开。

同日 丽水市纳爱斯集团有限公司获第二届中国质量奖，也是全国唯一入选的日化类企业。

同日 省政府复函同意设立《浙江（丽水）农村电子商务创新发展示范区》。

30 日 庆元县左溪镇发现 17 棵野生杏为“政和杏”，该树种为世界稀有树种，为浙江省内首次发现。

31 日 副省长梁黎明到丽水调研重点建设项目和特色小镇工作。

3 月 青田县山口镇和章旦乡获“国际美丽乡村”称号。

3 月 丽水市 23 个村入围 2016 年度全省“美丽宜居示范村”试点村。

3 月 27 日，第九届中国茶商大会·松阳银猴茶叶节在松阳举行 宋昭君 提供

4 月

4 日 丙申（2016）年清明浙江缙云海峡两岸共祭轩辕黄帝典礼在缙云仙都黄帝祠宇举行。

5日 省委检查组就丽水市落实党风廉政建设主体责任、意识形态工作主体责任和落实省委“十大整改行动”的检查情况向丽水作出反馈。

同日 龙泉经济开发区揭牌成立。

7日 2016浙江遂昌汤显祖文化节暨汤显祖——莎士比亚逝世400周年纪念活动在遂昌举行。

9日 景宁2016中国畲乡三月三第八届中国畲族民歌节暨“凤鸣古镇·情满千峡”大型畲族风情秀在景宁凤凰古镇举行。

9—10日 国家农业综合开发办公室主任卢贵敏等一行10人，到丽水调研农业综合开发工作。

9—10日 2016浙江遂昌汤显祖——莎士比亚文化的当代生命国际高峰学术论坛在遂昌县举行。

11日 副省长、省政协副主席黄旭明到丽水检查指导地质灾害防治工作。

同日 新疆阿克苏地委书记窦万贵率领党政代表团到丽水交流和对接援疆工作。

同日 2016“丽水·清韵杯”全国业余围棋公开赛暨“全国围棋之乡”授牌仪式在丽水举行，国家体育总局棋牌运动管理中心党委书记杨俊安给丽水市颁发“全国围棋之乡”牌匾。

12日 中国长寿之乡绿色产业发展联盟成立大会暨“长寿之乡与金山银山”(丽水)高峰论坛在丽水举行。

同日 省档案局《与时代同行——前进中的浙江档案事业》摄制组一行到丽水，拍摄丽水档案信息化建设。

同日 由市纪委、市委宣传部、市文联主办的第二届中国(丽水)廉政文化摄影大展开赛。

13日 丽水论坛举行“创新第一驱动力”专题报告会，邀请省科技厅厅长周国辉作《牢牢把握“创新第一驱动力”，加快推进创新型省份建设》专题报告。

同日 市经济开发区“丽水两岸文创 台湾特色美食”青年创业中心成立。总面积7000平方米。

13—15日 省政协副主席陈加元、陈艳华到丽水调研省级特色小镇建设联系服务活动等工作。

14—15日 省财政厅厅长、省地税局局长钱巨炎等一行到丽水调研古村落保护和开发利用、生态旅游、特色小镇建设等工作。

15日 缙云看守所获评“全国一级看守所”。

16日 丽水市家庭教育学会成立。

18日 由阿曼、伊拉克、约旦、巴林、叙利亚、沙特等阿拉伯国家组成的驻华使节团到丽水参观访问。

19日 省建设厅厅长钱建民一行到丽水调研城乡规划建设管理等工作。

同日 景宁县毛荣耀和青田县郑汉荣家庭入选第二届全国“书香之家”。

19—21日 省人大常委会党组书记、副主任茅临生到丽水开展“五水共治”调研督查和大气污染防治执法检查工作。

20日 国务院医改办公立医院综合改革复核评价组到丽水开展公立医院综合改革效果评价工作。

同日 《农民日报》采访组一行到丽水采访生态精品农业和农村改革。

同日 “流淌的故事—来自‘五水共治’的报告”主题采风创作活动(丽水站)启动，采风团深入丽水各地就“五水共治”进行采风。

21日 2016年首期丽水青年大讲堂在丽水学院音乐厅开讲，邀请浙江大学军事理论教研室军事学副教授陈昆福作“国学智慧与现代管理”讲座。

21—22日 全省农村固定观察点工作会议在莲都区召开。

22日 丽水市红十字会召开第三届理事会第四次(扩大)会议。举行丽水市红十字应急救援队、心理救援队授旗仪式。

同日 高端度假连锁集团Club Med落户丽水千峡湖度假村。

25日 全市“两学一做”学习教育专题党课暨学习教育部署会在丽水举行。市委书记史济锡作专题党课报告。市委常委、组织部长胡侠主持会议并作具体部署。

同日 市三届人大常委会举行第三十八次会议。会议经过审议和表决，决定任命吴筱琳为丽水市住房和城乡建设局局长，免去吴小平丽水市住房和城乡建设局局长职务。

28日 省长李强到丽水调研生态功能区建设。

同日 丽水市举行庆“五一”劳模先进座谈会暨表彰欢送会。

同日 莲都丽阳小学获颁莲都区第一张民办事业单位法人证书，也是全省首家县级民办事业单位。

同日 丽水在第11届中国(义乌)文化产品交易会上达成成交额160余万元。

30日 陕西省安康市委书记、市人大常委会主任郭青一行到丽水考察“美丽城乡”等工作。

4月 景宁环敕木山茶旅慢游路线获“2016年度全国茶乡之旅特色路线”称号。

4月 丽水市29位“档案专业人才”获浙江省“115”档案人才证书，其中4人为省内具有较高水平的档案专家。

5月

1日 浙江方正新能源汽车驱动系统与节能电机研究院被认定2016

年省级企业研究院。全市累计有省级企业研究院 15 家，其中省级重点企业研究院 4 家。

3 日 市地税局办税服务厅获“全国工人先锋号”称号。

同日 丽水市发布《丽水市民本地乡村休闲养生服务手册》，向市民推荐全市乡村休闲养生体验点 178 个。

6 日 青田县获评全省社会主义新农村建设优秀县。

8—9 日 第四届“松阳箬寮猴头杜鹃节”在松阳举行。

9 日 丽水市委组织部、市人力资源和社会保障局、市档案局联合出台《丽水市市管领导干部档案工作离任审计制度(试行)》。制度于 2016 年 9 月 1 日起实行。

同日 省国土资源厅厅长陈铁雄一行到丽水调研用地服务等工作并召开座谈会。

同日 省供销社主任邵峰到丽水调研“三位一体”改革工作。

同日 丽水乡村春晚品牌研讨会在丽水举行。文化部全国公共文化发展中心主任李宏、文化部国家公共文化服务体系建设专家委员会主任李国新、专家巫志楠等人到丽水指导乡村春晚品牌建设。

同日 缙云县成立首个专门为老服务志愿组织。

9—11 日 省政协主席乔传秀到丽水调研，并就如何积极参与服务助推省委补齐短板重大决策部署的贯彻落实召开省市县三级政协委员座谈会。

10 日 省政协 2016 “送科技下乡”活动启动仪式在景宁县举行。

同日 景宁畲药产业科技创新服务平台揭牌仪式在景宁县举行。省政协主席乔传秀为畲药平台揭牌。

同日 市委召开 2016 年巡察工作动员部署会，落实中央、省委和市委有关巡视巡察工作要求，研究部署 2016 年丽水市巡察工作任务。

同日 全省第一次特色小镇“镇长”论坛在丽水举行。

同日 丽水市第五届未成年人道德文化节启动仪式在松阳召开。

同日 市运管局发布《关于在丽水市货运行业严格实行实名制托运的通告》。

11 日 中国国际电商中心常务副总裁陆建栋一行到丽水调研电子商务工作。

同日 省司法厅厅长马柏伟到丽水调研司法工作。

同日 丽水市青年企业家协会青年互联网创业分会成立。

5 月 11 日，丽水市青年企业家协会青年互联网创业分会成立大会　　叶吴玮　提供

11—12 日 浙江省地质灾害防治工作现场会在庆元县举行。

同日 省“扫黄打非”办检查组到丽水督导检查 2016 年“扫黄打非”专项行动开展情况。

12 日 由丽水、嘉兴两市文联和宣传、文化部门共同主办，美协、书协、摄协承办的“山•海•人”丽水•嘉兴“山海文艺协作”五周年视觉艺术成果展在丽水美术馆举行，展出作品 240 余幅。

同日 丽水市与中国国际电子商务中心签署战略合作框架协议，共同打造全国农村电子商务中心。

同日 丽水市首家中小学生保险教育示范基地在龙泉市开馆揭牌。

13 日 丽水市 2016 年科技(科普)活动周暨送科技下乡活动在缙云县开幕。

同日 丽水市被列为第四批公立医院改革国家联系试点城市。

15 日 丽水论坛——周边安全环境与软实力建设专题报告会在市行政中心举行，军事科学院世界军事研究部原副部长、第十届全国政协委员、著名军事专家罗援作专题报告。

同日 第四届浙闽边际休闲茶叶节在庆元县龙溪乡举行。

同日 丽水直达福州动车开启，车程为 178 分钟。

同日 庆元县余绿梅、松阳县陈勇鹏家庭获评 2016 全国“最美家庭”，龙泉市陈志升、松阳县楼国强家庭获评“全国五好文明家庭”。

16 日 市委、市政府召开浙江(丽水)农村电子商务创新发展示范区推进会暨全市电子商务工作会议。

举行丽水市农村电子商务学院授牌仪式。

16—18日 全市“两学一做”专题培训会暨“整乡推进、整县提升”工作现场推进会召开。20日，省委书记夏宝龙就景宁县鸬鹚乡党委委员、副乡长梅振盈事迹作出批示，要求全省党员干部以梅振盈为“两学一做”典型，向他学习。6月12日，丽水市委发出《关于追授梅振盈“扎根基层一心为民好公仆”荣誉称号并开展向梅振盈学习的决定》，号召全市党员干部学习梅振盈的先进事迹和优秀品质。

17日 莲都区连续10年获省委、省政府表彰“2015年度社会主义新农村建设优秀单位”。

18日 全省关爱民警健康巡讲首站走进丽水。

20日 2016年丽水市区重点项目政策处理大会战动员会在莲都区会议中心召开。2016年市、区两级党委、政府将按照“市区合力、阳光和谐、依法推进”和“四个转变”的工作思路，利用4个月时间，集中人员力量开展重点项目政策处理大会战活动。8月30日，丽水市区重点项目政策处理大会战总结表彰大会在莲都会议中心召开。大会战活动共完成项目政策处理任务90个，完成率87.4%，累计清场交地297.67公顷，完成土地报批80公顷，完成房屋签约拆除356户约15.6万平方米。

20—21日 第二届中国血压监测学术会议在景宁县召开。

20—23日 2016浙江绿茶(西宁)博览会在青海国际会展中心举办，丽水的“龙泉凤羽”牌绿茶获茶博会金奖。

22日 2016中国畲乡三月三“千峡情·渤海垂钓节”暨第二届“千峡垂钓”旅游文化活动在景宁县举行。

22—23日 中国人大制度理论研究会理事长、十一届全国人大法律委员会主任委员胡康生一行到丽水调研如何改进人大监督实效等工作。

23日 “龙泉红”“昴山缘”“炉岙”3个红茶品牌获“浙茶杯”金奖。

24日 遂昌县妙高街道金岸村孟山头自然村发生一起3人被杀案。专案组根据现场勘查、尸体解剖、周围调查走访以及技术侦查结果，锁定周××为作案凶手。

24—25日 中国青年企业家协会党组书记皮钧一行到丽水调研特色产业和招商项目。

25日 全国文联副主席李屹一行到龙泉调研新时期文联组织建设创新研究开展情况。

同日 省住房和城乡建设厅与丽水市政府签订《合作协议》，共同推进乡村建设转型综合试点工作。

同日 丽水市扩大有效投资政策处理大会战和“集中开工”现场会在丽水经济技术开发区举行。9个县(市、区)同步举行“集中开工”仪式，宣布103个重点项目开工，总投资达185亿元。

同日 2016丽水·台湾养老服务业发展研讨会在丽水召开。

同日 松阳县连续3年入选中国电子商务百佳县。

26日 文化部公示第四次全国文化馆评估定级结果，丽水市获评一级馆文化馆7家，二级馆文化馆1家，三级文化馆2家。

27—30日 第三届丽水香茶济南推介会在济南召开，推介丽水香茶及9个县(市、区)精品名茶。

28日 国家旅游局规划财务司副司长张西龙一行到丽水调研生态旅游业发展工作。

29日 江苏省旅游局局长秦景安一行到丽水调研旅游发展工作。

30日 莲都区被列入全省畜牧业绿色发展示范县建设。

30日—6月1日 全省城市民族工作专题培训班在丽水学院举办。

30日—6月1日 全省农家书屋管理人员培训会在云和县召开。

31日 省审计厅厅长徐宇宁到丽水调研指导审计工作。

同日 浙江省人民政府新闻办在杭州举行丽水市推进生态旅游创新发展情况新闻发布会，全国数十家新闻媒体记者参加发布会，聚焦丽水生态旅游发展。

31日—6月1日 省军区司令员冯文平到丽水调研防汛备灾工作并召开座谈会 。

5月 龙泉市披云山景区旅游开发(一期)项目入选“2016全国优选旅游项目名录”。

5月 浙江百兴食品有限公司成功入驻国家认监委建立的出口食品企业内外销“同线同标同质”公共信息服务平台，成为浙江省首家入驻该平台的食用菌类企业。

6月

1日 全省劳动人事争议仲裁机构法律援助工作暨示范仲裁庭建设推进会在丽水召开。

同日 上海松江旅游浙江推介活动走进丽水，双方介绍旅游资源及产品，并就推进两地旅游发展进行深入交流。

1—2日 省政协副主席孙文友带领省政协督查组到丽水督查指导户籍制度改革情况。

2日 市委老干部局举行“迎接G20·丽水市老干部文明先锋行动”启动仪式。省委组织部副部长、老干部局局长王文序出席会议并讲话。

3日 全国人大民族委副主任委

员艾斯海提•克里木拜一行到景宁县调研民族工作。

5日 国家发改委规划司司长徐林一行到莲都考察古堰画乡特色小镇建设。

同日 联合国粮农总干事何塞•格拉齐亚诺•达席尔瓦一行到丽水考察全球农业文化遗产“青田稻鱼共生系统”。

6日 中央电视台国际中文频道《走遍中国》摄制组到遂昌县，拍摄农村电子商务的“遂昌模式”。

6—8日 中国食用菌协会会长顾国新等一行3人到庆元县调研食用菌产业发展情况。

7日 共青团丽水市第四次代表大会开幕。

同日 中国青瓷小镇被确定为省级示范特色小镇。

省级特色小镇——龙泉青瓷小镇披云青瓷文化园 叶 芳 提供

同日 丽水市15人获推2016年度省151人才工程培养人选。

8日 浙江郑氏刀剑有限公司入选省级文化产业示范基地。

8—12日 丽水代表团参加在宁波举行的2016浙洽会消博会，各县(市、区)共260多人参加本届投资洽谈、展览交易、主题论坛、人文交流等系列活动。

12日 龙泉市被列入浙江省10个外贸转型升级试点示范县之一。

13日 市委三届十一次全体(扩大)会议在丽水举行。总结全市“归零翻篇开新局”主题大讨论活动，研究部署补短板工作，审议通过《中共丽水市委关于补短板增后劲推动“绿色发展、科学赶超、生态惠民”的决定》。

同日 丽水市区2016年出租车更新车型评选会举行，出租车主通过投票的方式最终确定上海大众(新桑塔纳)、北京现代(悦动)、一汽丰田(花冠、卡罗拉双擎)三个品牌汽车为更新车型。

同日 庆元、景宁、龙泉3县(市)和云和县崇头镇、庆元县竹口镇、松阳县新兴镇3镇被列入首批省级低碳试点名单。

13—14日 省人大常委会副主任毛光烈一行到景宁调研民族宗教工作。

13—16日 省委常委、组织部部长廖国勋带领省委督查组，到丽水就贯彻落实中央和省委关于统一战线系列重大决策部署情况进行专项督查。

14日 省驻沪办主任朱绍平一行到丽水考察浙商回归工作。

同日 莲都区古堰画乡小镇获评省级优秀小镇。24日，古堰画乡小镇入选全国深化城镇基础设施投融资模式创新试点镇，也是浙江省唯一入选的小镇。

15日 全市2016年大学生征兵工作会议暨丽水职业技术学院征兵工作站揭牌仪式在丽水职业技术学院召开。

15—16日 全国政协委员、贵州省政协主席王富玉率住黔全国政协委员考察团考察丽水“全面深化改革、推动产业转型升级”情况。省政协主席乔传秀、副主席王建满陪同考察。

16日 中国生态文明研究与促进会副秘书长杨小玲一行到丽水调研中国生态文明建设大讲堂走进丽水暨丽水首个生态文明日启动仪式等工作。

16—17日 智利驻上海总领事馆总领事龚谷泰一行到丽水访问，并出席中智企业商贸合作座谈会。

18日 丽水市成立全国首个农村电商认证(实训)基地。

21日 省政协副主席，瓯江省级“总河长”陈艳华到丽水调研瓯江流域水环境治理情况及“河长制”工作。

同日 松阳县的工商业联合会旧址、汀屋保护利用项目入选浙江省不可移动文物保护利用优秀案例。

21—22日 省委副书记、政法委书记王辉忠到丽水调研G20杭州峰会维稳安保等工作。

22日 龙泉市“茶乡养生度假游”入选全国茶乡之旅特色路线。

23日 丽水市体育特殊贡献奖颁奖仪式在市行政中心举行，丽水籍围棋世界冠军柯洁获“丽水市体育特殊贡献奖”。

24日 丽水市推进全国文明城市创建动员大会召开。要求全市各级各部门贯彻落实丽水市推进全国文明城市创建动员大会精神，决战决胜，让全国文明城市创建实现丽水中心城市转型跨越。

同日 丽水市禁毒教育基地揭牌暨G20平安志愿者授旗仪式在市青少年宫广场举行。

27日 丽水市职业高级中学、遂昌县妙高小学、庆元县实验小学等9所学校入选2016年全国青少年校园足球特色学校。全市累计有16所学校成为全国青少年校园足球特色学校。

28日 市政府召开全市公共资源交易改革工作推进会，授牌成立丽水市公共资源交易中心（丽水市政府采购中心）。

29日 丽水组团参加2016浙洽会、消博会，共推出招商项目43个，总投资2.53亿美元。

30日 丽水市举行庆祝中国共产党成立95周年大会。

7月

1日 丽水住房公积金贷款新政开始实施。

2日 丽水市航空拍摄研究会成立大会在大修厂文化创意产业园举行，并展出航拍丽水摄影作品100幅。

4日 省纪委副书记罗悦明率省纪委调研组到丽水检查党风廉政建设主体责任和监督责任落实情况，并召开汇报会。市委书记史济锡，市委副书记、市长朱晨等市领导出席汇报会。

5日 丽水论坛专题报告会暨丽水市科普宣讲团启动仪式在市政府130报告厅举行，全国政协常委、外事委员会主任，中国工程院原常务副院长、浙江大学原校长潘云鹤院士作“智能机器人的发展”辅导报告。

同日 2016—2017中西两国青少年交流互访项目之暑期交流营活动开幕式在丽水中学举行。来自西班牙巴塞罗那市、丽水中学、丽水市实验学校共93名学生参加本次活动。

6日 省经信委主任张金如到丽水调研丽水智慧小镇建设情况。

6—7日 副省长梁黎明到庆元、龙泉调研农村电商、特色小镇创建工作。

6—7日 省委常委、宣传部部长葛慧君到丽水调研区域文化与文创产业等工作。

7日 遂昌县通过国家级美丽乡村建设标准化试点验收。

7—8日 “情系浙江——外国专家美丽浙江行”在丽水举行，专家考察美丽乡村建设，并为丽水市更好地发展建言献策。

11日 丽水市举行“‘绿水青山就是金山银山’在丽水的实践”系列主题新闻发布会，介绍“十三五”期间，丽水市生态工业确立的“1236”目标任务。

12日 丽水市召开全市严肃换届纪律工作会议，贯彻落实中央和省委关于换届工作有关精神，对严肃换届纪律工作作全面部署。

13日 丽水市政府与国兵新材（深圳）投资有限公司在丽水举行签约仪式，双方签订共建中国钛都框架协议。

14日 国家开发银行浙江省分行与丽水市签订“十三五”时期开发性金融合作协议。双方将重点在城乡功能统筹、基础设施完善、产业转型升级、生态环境保护、公共服务提升等五大领域展开全面的融资合作。

15日 丽水市启动国家“重大疾病防治科技行动计划”专项课题。

19日 丽水市文广出版局对全市现存非物质文化遗产资源进行调查，丽水市有2个人类非遗项目，18个国家级非遗项目，95个省级非遗项目，283个市级非遗项目，752个县（市、区）级非遗项目。

同日 青田县被列为国家农业综合开发县。

19—20日 省委常委、统战部部长王永康到丽水调研统战工作和检查特色小镇建设情况。

19—21日 副省长、省政协副主席黄旭明到丽水调研省级特色小镇建设、农民增收和农业农村工作。

20—21日 省委副书记、代省长车俊到丽水调研纳爱斯集团转型升级等工作。

21—22日 省旅游局局长王文娟到丽水调研旅游工作。

22日 全市旅游大会暨创建国家全域旅游示范区动员会召开。省旅游局局长王文娟出席并讲话。

25日 市委召开全市县（市、区）领导班子换届工作部署会。

27日 市政府与北京飞利信科技股份有限公司签订战略合作协议，双方确定在丽水的智慧城市、大数据等领域开展广泛合作。

27—28日 全省旅游局长培训班在丽水市举办。

28日 省委常委、省纪委书记任泽民到丽水调研党风廉政建设和严肃换届纪律工作。

同日 丽水市举行首届优质桃、葡萄评比，全市24家葡萄种植户和16家桃子种植户参加评比。经专家评选，丽水仙渡梅田水果专业合作社的“新川中岛”桃和遂昌县绿山沟水果专业合作社的“夏黑”葡萄获第一名。

29日 中国生态文明建设大讲

堂全国巡讲首讲暨丽水首个生态文明日在丽水启动。中国生态文明研究与促进会向丽水市授予“生态文明理论(丽水)全国专家研究基地”牌匾。

7月 丽水市民国青田华侨档案、松阳石仓契约档案文献入选第四批“浙江省档案文献遗产名录”。

8月

1日 市委召开2016年第二轮巡察工作动员部署会。

同日 全国双拥模范城(县)命名暨双拥模范单位和个人表彰大会在北京举行,丽水市再次名列其中。至此,丽水市成功实现创建全国双拥模范城“两连冠”目标。

5日 市委举行议军会议,开展军事日体验活动。

8日 省工商局局长冯水华一行到丽水调研小微企业三年成长计划等工作。

同日 龙泉市的董炳华、胡兆雄、毛丹阳、叶小春获“中国陶瓷艺术大师”称号,至此,龙泉市拥有国家级青瓷大师13人。

9日 贵州省六盘水市委书记李再勇一行到丽水学习考察经济社会发展工作。

15—17日 省人大常委会副主任、党组副书记程渭山带队到丽水督查深化“四张清单一张网”改革工作。

16日 丽水论坛——“标准化推动生态经济化”专题报告会在市行政中心举行,省质量技术监督局局长高鹰忠应邀作《标准化推动化生态经济化》报告。

18日 副省长黄旭明一行到松阳调研林业工作。

20—21日 景宁·大漈小佐首届传统民俗庙会节在大漈乡小佐村举行。

22日 丽水江泰国际星城被授予海峡两岸青年就业创业示范点,成为丽水首个、浙江省唯一获此殊荣的示范点。

23日 共青团丽水市代表会议召开,选举产生31名出席共青团浙江省第十四次代表大会的代表。

24—25日 省教育厅厅长刘希平到青田、缙云调研省教育现代化县创建等工作。

25日 2016年丽水市跨境电商峰会暨丽水市电商公共服务资源巡回对接活动在丽水学院举行。30家国内知名电商服务企业、200余家丽水电商企业参加活动。

29日 遂昌县旅游发展股份有限公司成功挂牌“新三板”,成为全国首家股改上市的县级国有旅游类企业。

同日 丽水5个镇16个村4个街区入选第五批省历史文化名镇名村街区。至此,全市有国家级、省级历史文化名城名镇名村街区49个。

30日 丽水市政府与建设银行浙江省分行签订“十三五”时期经济发展战略合作协议。

8月 丽水市代表团到柬埔寨暹粒省进行友好访问,共同签署建立友好交流关系意向书。

8月 浙江省品牌建设促进会发布《木制玩具》“浙江制造”团体标准。

8月 丽水职业技术学院、丽水第二高级中学、青田县实验小学入选首批浙江省数字校园示范学校。

9月

2日 “龙泉窑大窑——金村遗址”入选中国2018年世界文化遗产申报推荐项目“海上丝绸之路:中国史迹”首批遗产点名单。

4日 市委副书记、市长朱晨参加2016中国杭州G20峰会“最忆是杭州”文艺演出。丽水70名学生亮相G20杭州峰会文艺演出。G20异域观察者纪录片收录畲话音乐《山哈大歌》。缙云黄茶成为G20杭州峰会指定用茶。8件青田石雕精品亮相G20杭州峰会。

同日 中国红十字会副会长王海京一行到丽水调研“幸福天使红十字救护站”援建工作。

6日 庆祝第32个教师节暨优秀教师表彰大会在丽水职业高中召开。

7日 省委考察组对丽水市开展换届考察工作。

10日 丽水公务车实现市、县同步封车,全市共封车约2000辆。

同日 第二届中国灵芝大会、国际经济菌物大会暨中国工程院第229场中国工程科技论坛在丽水龙泉开幕。

13日 省委常委、组织部部长廖国勋代表省委省政府专程到丽水看望慰问护航G20峰会工作人员。

同日 丽水市举行中秋港澳台“三胞”及海外归侨代表人士座谈会。

同日 省蜜蜂产业推进会嘉宾到丽水考察养蜂基地。

同日 浙江省2016国庆油画展暨古堰画乡小镇首届小幅油画作品展开幕式在古堰画乡景区巴比松油画馆举行。

14日 市防汛指挥部召开防御14号台风“莫兰蒂”视频会议。市委副书记、市长朱晨对台风“莫兰蒂”做工作部署。

19日 中国民主促进会丽水市第四次代表大会在丽水召开。

20日 省人大常委会副主任冯明一行到丽水调研市政府债务管理情况等工作。

同日 九三学社丽水市第四次

代表大会在丽水召开。

21日 中铁(上海)投资有限公司副总经理叶樵率团到丽水洽谈桐岭路、城市管网等PPP项目投资事宜。

22日 全市“平安护航G20大会战”总结会暨“平安夺金鼎百日大会战”动员会召开。

24日 丽水首届香鱼养生烹饪大赛在莲都区联城街道港口村举行。

25日 市委书记史济锡在丽水会见复旦PE/VC(股权投资、风险投资)同学会丽水考察团一行。双方就推进丽水绿色发展特别是借助金融资本力量,挖掘绿水青山潜力,打开金山银山通道进行深入探讨交流。

27日 丽水市召开“六五”法治宣传教育总结暨“七五”法治宣传教育部署视频会。会议对“六五”普法优秀集体和个人进行通报表扬,宣布成立“七五”普法讲师团,并向15位成员代表发了聘书。

28日 17时28分左右,遂昌县北界镇苏村发生山体滑坡。塌方量77万余立方米,导致房屋被埋20户,房屋进水17户,28人遇难。

29日 丽水市开展以全国文明城市创建为主题的电视问政活动。

30日 丽水火车站新出站口投入使用。

9月 中央电视台《走遍中国》栏目组到云和县拍摄“云和师傅”专题片。

10月

9日 国务院批复,同意新增部分县(市、区、旗)纳入国家重点生态功能区,丽水市龙泉、遂昌、云和、庆元、景宁县名列其中。

9—22日 浙江省第十六届摄影艺术展在丽水市美术馆举行。

10日 丽水市莲都区沙溪村,龙泉市署网村,松阳县内陈村,景宁县马坑村、周湖村等5个民族村被选入第二批中国少数民族特色村寨。至此,丽水市获中国少数民族特色村寨共有8个。

11日 省政府评定在苏村抢险救灾中牺牲的北界镇干部周根富为烈士。

13日 中国特色小(城)镇建设经验交流会在杭州召开,住建部公布第一批中国特色小镇名单,浙江八个镇入选。丽水市莲都区大港头镇、龙泉市上垟镇入选。

14日 景宁县获“2016中国年度最佳休闲小城”称号。

15日 2016全国大学生皮划艇锦标赛在丽水市开赛,来自北京大学、浙江大学、澳门大学等32支高校代表队共299名运动员参加。

同日 莲都区被评为“2016长三角十大公共自行车推广典范城市”。

16日 “中国绿茶产业电子商务基地”落户松阳县。

17日 丽水市质监局发布地方标准《养老机构绩效评估规范》(简称《规范》),成为浙江省首部针对养老机构绩效评估的地方标准。《规范》对养老机构不同的评估结果明确了相应奖惩措施。

18日 市高级人才联合会社科专家委员会成立。

19日 省农业厅、省林业厅、省海洋与渔业局和省食品药品监督管理局等4部门联合对首批创建省级农产品质量安全放心县的单位进行考核。经省政府同意,最终确定丽水市莲都、云和、遂昌、景宁等4个县为省级农产品质量安全放心县。

20日 国家质监总局副局长陈钢一行到丽水调研丽水质量和特种设备工作。

同日 “红色印记——纪念中国工农红军长征胜利80周年丽水红军遗址影像(文物档案)展览”开幕式在丽水摄影博物馆举行。该展览由丽水市委宣传部、市档案局、市文化广电新闻出版局和丽水军分区政治部主办,丽水摄影博物馆承办,为期1个月。22日,丽水市举办红军长征胜利80周年纪念邮票首发式暨老干部集邮展览。

21日 2016丽水生态精品农博会暨中国长寿之乡养生名优产品博览会在杭州开幕。此次农博会以“三美融合、主客共享、印象丽水”为主题,会期3天,零售额超1000万元。省委常委、省军区政委王新海,省委常委、统战部部长王永康,副省长孙景淼,

丽水火车站(高铁站) 胡雪峰 提供

省政协副主席陈艳华等领导出席开幕式。

24 日 丽水市政府与中国移动浙江公司签订加快“十三五”时期信息化建设战略合作的协议，双方依托丽水市政府鼓励创业创新、发展信息经济的政策举措，发挥中国移动在 4G+网络、物联网、云计算、大数据、智慧城市以及政府、教育、医疗、旅游、交通、农业等行业信息化方面的优势，共同提升丽水信息化水平。

同日 景宁县、松阳县通过国家级生态县考核验收。至此，丽水市国家级生态县共有 6 个。

同日 丽水市预约转诊平台在市中心医院启动。

24—25 日 省“清三河”督查组到丽水开展专项督查，并在遂昌县召开督查情况反馈会。市委副书记、市长朱晨在会上作表态发言。

24—26 日 省委常委、常务副省长袁家军到丽水调研特色小镇培育等工作。

24—26 日 省政协副主席、党组副书记陈加元在丽水调研重点项目建设、古村落保护、民宿经济等工作。

25 日 “中国（浙江）首届农村电子商务讲师大赛总决赛”在丽水举行。

25—26 日 全国政协副主席、民建中央常务副主席马培华到丽水调研民建地方组织建设情况。

25—26 日 省文明办调研组到丽水调研全国文明城市创建工作。

25—26 日 全市第一期派驻纪检机构干部轮训班在市委党校举办，各县（市、区）派驻机构及部分市直派驻机构的 244 名干部参加培训。

25—27 日 副省长孙景淼一行到丽水调研农旅融合发展、美丽乡村建设等工作。

26 日 省国土厅厅长陈铁雄到丽水调研遂昌苏村灾后重建工作。

同日 首届中国农村电子商务主题会议在丽水市召开。

26—27 日 人力资源和社会保障部副部长游钧一行到丽水市调研社保、就业创业及技能人才队伍建设等情况。

27 日 市委、市政府发布《关于命名第五届丽水市道德模范的决定》，命名梅振盈等 10 人为“丽水市道德模范”。

28 日 丽水市政府与浙江大学在杭州签约《关于进一步支持丽水绿色生态发展的协议书》。

同日 民革北京市委会常务副主委于雪鹰和国家体育总局群体司司长刘国永一行到丽水调研特色小镇建设工作，并出席第十七届亚轮锦标赛欢迎晚宴和开幕式。

28 日—11 月 1 日 第十七届亚洲轮滑锦标赛在丽水举行。30 日，第十七届亚洲轮滑锦标赛自由式轮滑在丽水纳爱斯广场开幕。

29 日 电视问政直播节目《问政进行时》聚焦“五水共治”项目建设。

同日 中国淘宝村高峰论坛发布《中国淘宝村研究报告（2016）》名单，丽水市缙云县东渡村、笕川村，庆元县北门村，景宁县城北村、王金洋村入选。至此，丽水市共有淘宝村 20 个。

31 日 丽水学院附属第一医院在市人民医院揭牌成立。

10 月 丽水市扶贫办获“全国扶贫系统先进集体”称号。

10 月 27 日，第五届丽水市道德模范颁奖　　梅益蔚　提供

11 月

1 日 由市委宣传部主办，市老年书画研究会承办的“绿水青山就是金山银山”书画作品展在市美术馆开展，展出书画作品 90 幅。

3 日 省政协副主席陈小平一行到丽水调研飞云江“河长制”工作。

4 日 市委党校邀请上海市委党校教授赵钢印作题为《学习中共党史的基本方法》专题讲座。

4—5 日 2016 中华龙舟大赛(浙江·丽水站)在市区南明湖举行。

5 日 浙江省美丽乡村示范乡镇首批公布 100 个乡镇（街道），丽水市 9 个乡镇（街道）入选。

同日 云和县包山花鼓戏《福妈嫁囡》获全国小戏小品大展金奖。

5—8 日 2016 印象中国风·龙泉青瓷艺术展在法国巴黎开展。

7—9 日 丽水市工会第四次代表大会在丽水举行。

7—9 日 丽水论坛举行台海形势专题报告会，邀请全国政协常委、港澳台侨委员会副主任，海峡两岸关系协会常务副会长郑立中作专题报告。

9 日 省文化厅厅长金兴盛一行到丽水调研传统村落保护利用等工作。

同日 住房城乡建设部、文化部、国家文物局、财政部、国土资源部、农业部、国家旅游局等七部门发文公布第四批列入中国传统村落名录的村落名单，全国共有 1598 个村落入选，其中丽水市有 81 个古村入选，为浙江省最多。

10 日 丽水市召开新闻发布会，宣布从 12 月 1 日起全面取消“农业”户口与“非农业”户口性质划分，统一登记为居民户口。标志丽水结束二元制户口时代，正式迈入城乡户口一元制的新时代。

同日 全市 2016 年“健康中国行——丽水站”主题宣传周活动启动。

11 日 莲都区选送的“小烟头大文明——浙江丽水打造一个捡不到烟头的城市”入选全国十大最佳案例。

同日 首届国际食用菌文化大会在庆元县举行。

14 日 2016 浙江丽水（上海）生态旅游推介会在上海市黄浦区上海大酒店举行。市委书记史济锡向上海市民推介“秀山丽水”，真诚地发出“乘上高铁，秀山丽水全域游”邀请。上海市旅游局副局长杭春芳致辞。

同日 举办 2016 秀山丽水（上海）生态旅游招商推介会。

15 日 由丽水市互联网信息办公室、丽水网、丽水市网络文化协会联合主办的“丽水辟谣网”上线。

16 日 丽水市召开创建全国文明城市工作培训会，省文明办王先中作《以新的发展理念推进创建新发展》授课培训。

17 日 丽水市举办浙江省委宣讲团中共十八届六中全会精神报告会。

17—19 日 第二届“互联网+美丽乡村”发展论坛在松阳县举行。

18 日 市委召开 2016 年第三轮巡察工作动员部署会，深入贯彻十八届六中全会精神，研究部署丽水市第三轮巡察工作任务。

同日 “缙云烧饼”获首届中国金牌旅游小吃。

同日 丽水市召开省测反馈问题整改暨国测新要求学习部署会。

22 日 2016 丽水“人才·科技”峰会——首届钛产业军民两用技术会议在丽水举行。

同日 市委、市政府与省社会科学院在杭州联合召开“绿色发展的丽水样本”研讨会，研讨丽水绿色发展，推进研究成果的转化与运用。

同日 丽水市举办首届“十佳”健康旱粮和特色杂粮评选活动。丽水洪福粮食生产专业合作社等单位（主体）选送的 12 个样品获“十佳”健康旱粮奖，庆元县千钟粟农业专业合作社等单位（主体）选送的 19 个样品获“十佳”特色杂粮奖。

23 日 中国陶瓷频道落地开播仪式在龙泉市青瓷博物馆举行。

24 日 遂昌县 5 座公厕获全国“最美公厕”称号。

同日 丽水论坛——《浙江省信访条例》专题报告会在丽水举行。

24—29 日 2016 浙江农业博览会在杭州举行。丽水市设“丽水山耕馆”和“丽水农耕文化馆”两个展区，共组织 120 家农业企业 1000 余种农产品参展。

25 日 浙江省质监局在义乌召开 2016“浙江制造”标准发布会暨“浙江制造”品牌发布展示平台启动仪式，丽水市企业主导制定的《龙泉传统艺术青瓷（弟窑）》《低压直流成套开关设备》《数控立式外拉床》《热泵热水器》《耐高温汽车用离合器面片》《木制玩具》6 个“浙江制造”标准正式发布，其中《龙泉传统艺术青瓷（弟窑）》是全省首个传统艺术类团体标准。

同日 丽水市聘任 15 名科技人员担任首批工业科技特派员，为企业提供发展建议和开展科技服务。

26 日 杭州丽水高层次人才家乡行活动人才合作对接会在丽水市举行。

28 日 丽水市妇女第四次代表大会在丽水举行。

同日 全市残疾人事业发展大会在丽水召开。

29 日 浙江省环境监测中心发布《浙江省生态环境状况评价报告》，丽水市 2015 年度生态环境状况指数（EI）为 90.9，生态环境质量为优，连续 13 年位居全省第一位。

同日 缙云县农机修理技术人员田晓村获“全国技术能手”称号。

30 日 遂昌县的“班春劝农”入选联合国教科文组织人类非物质文化遗产代表作名录。

11 月 丽水市获全国休闲农业和乡村旅游示范市。

11 月 《抗日战争档案汇编·丽水市卷》被列入国家档案局抗战档案编辑计划。

12 月

1 日 省人大常委会批准丽水市首部实体法规《丽水市城市市容和环

境卫生管理条例》，并于 2017 年 3 月 1 日起正式施行。

同日 大窑龙泉窑遗址列入国家大遗址保护“十三五”专项规划。大窑龙泉窑遗址，是中国宋代至明代龙泉窑的代表性窑址，主要分布在丽水市龙泉、庆元一带。

同日 丽水市公共图书馆“一卡通”通借通还服务启动。

1—3 日 第八届中国社会生态农业（CSA）大会在莲都区举行。

2 日 由省工商局、省农办、省股权交易中心和丽水市政府联合主办的 2016 民宿创业对接大会在丽水举行。

3 日 共青团中央书记处第一书记秦宜智到丽水调研农村电商工作。

同日 中国青年电商联盟成立仪式暨青年电商工作交流会在丽水市举行。4 日，“中国青年电商群英会暨电商扶贫活动周”在丽水开幕。

4 日 遂昌原创标准化事务所有限公司“标准化服务 O2O 平台建设运行试点”被确定为国家第一批标准化服务业试点项目，成为全国 33 个试点单位之一，浙江省有 2 家企业入选。

5 日 丽水市获 2016 年全国休闲农业和乡村旅游示范县（市、区）。至此，全市获“国字号头衔”41 个。

同日 莲都古堰画乡小镇、景宁畲乡小镇、龙泉青瓷小镇入选浙江省首批 20 个特色小镇文化建设示范点。

6 日 市工商业联合会（总商会）第五次会员代表大会在丽水举行。大会选举产生丽水市工商业联合会（总商会）第五届执委会委员 220 人，选举产生市工商联常委 68 人。

7 日 同程网公布 2016 同程旅游风云榜名单，莲都区获“2016 同程旅游十大休闲旅游目的地”，古堰画乡获“2016 同程旅游十大口碑好评旅游目的地”。

8 日 丽水市组织召开银行业联合惩戒逃废债暨不良贷款抓降工作推进会。会上，全市 35 家金融机构共同签订《丽水银行业联合惩戒逃废债 共同维护社会信用合作公约》。

9 日 2016“寻梦菇乡杯”欧江行丽水摄影大展在大修厂文化创意产业园举行开展仪式，展出摄影作品 300 件。

15 日 市委副书记、市长朱晨会见柬埔寨暹粒省副省长波碧涩一行，双方签署《建立友好交流关系协议书》。

16 日 市委三届十三次全体（扩大）会议审议通过《中共丽水市委关于从严加强干部队伍建设打造勇立绿色发展潮头丽水铁军的决定》和《中国共产党丽水市委员会工作规则》。

12 月 16 日，市委三届十三次全体（扩大）会议　　胡雪峰　提供

9—11 日 2016 年全国大学生国际跳棋锦标赛在丽水举行。

12 日 “百名法学家百场报告会”丽水专场报告会举行。浙江大学光华法学院光华特聘教授、博士生导师葛洪义作题为《总书记习近平关于法治建设的重要思想》专题报告。

同日 松阳县古市镇二村李菊妹家庭入选第一届全国文明家庭。

12—14 日 省人大常委会副主任王辉忠率队到丽水调研人大工作。

14 日 省人大常委会副主任程渭山一行到庆元验收创建省级森林城市工作。

同日 丽水通过创建省级节水型城市考核。共创建省级节水型企业（单位）31 家、节水型小区 7 个，覆盖率达 34%。

17 日 丽水市生态休闲养生（养老）经济促进会体养分会第一届理事会第五次会议召开，通过市体养分会理事会的增补名单。

18 日 丽水市获“中国美丽乡村建设示范地区”称号。

20 日 国家文物局副局长宋新潮一行到丽水调研文物工作。

同日 市政府与省质监局签订《关于深化“三强一制造”建设促进丽水绿色生态发展合作备忘录》。

22 日 丽水市与绿地地铁投资发展有限公司及绿地建设（集团）有限公司举行华东药用植物园（丽水植物园）PPP 项目的签约仪式。该项目于 2017 年 1 月 3 日开工，2019 年建成投入使用。

23 日 省农业厅厅长林健东一行到丽水调研指导村级集体经济建

设和农业等工作。

同日 丽水市召开"干净干事创新业"作风建设专项活动动员部署会。

27 日 丽水市举行第二届丽水市"敬老文明号"授牌仪式，并发出"敬老爱老、全民行动"倡议。

28 日 丽水市城市建设投资有限责任公司、丽水市旅游投资发展有限公司、丽水市交通投资发展有限公司、丽水市农业投资发展有限公司、丽水经济技术开发区发展集团有限公司等 5 家国有公司挂牌成立。

28—29 日 由中国安全生产协会、中国小康建设研究会、睿渊学堂工作委员会共同主办的中国特色小镇建设（丽水）峰会暨中国民（私）营企业丽水行活动在丽水举行。

30 日 国务院、中央军委正式批准建设丽水机场项目。

12 月 缙云麻鸭、云和雪梨、龙泉金观音、缙云米仁、庆元灰树花获国家农产品地理标志。

12 月 27 日，丽水市举行第二届"敬老文明号"授牌仪式　　黄碧霞　提供

12 月 丽水编印"丽水山居"农家乐民宿招商引资手册。手册分丽水概况、"丽水山居"发展概况、2016 至 2017 年农家乐民宿招商引资项目和"丽水山居"掠影四部分。

12 月 2016 年丽水市增加百岁老人 97 人，同比增长率 19.8%，其中女性 53 位，男性 44 位。

2016 年全市十方面民生实事

2016 年全市十方面民生实事任务指标完成情况

表1　　　　单位：个

实事项目	工作目标		市实际下达指标	市本级	开发区	莲都区	龙泉市	青田县	云和县	庆元县	缙云县	遂昌县	松阳县	景宁县	责任单位（列第一位者为工作牵头单位）
一、丰富城乡文体生活	打造100台特色"乡村春晚"	任务数	100	—	1	14	12	10	10	12	10	11	9	11	市文广出版局、市委宣传部
		完成数	100	—	1	14	12	10	10	12	11	11	9	11	
	新增农村文化礼堂（文化公园）77个	任务数	77	—	—	10	11	10	2	9	10	10	9	6	
		完成数	120	—	—	18	12	17	2	13	14	17	15	12	
	实现全年送戏下乡1000场	任务数	1000	100	—	100	100	100	100	100	100	100	100	100	
		完成数	1532	136	—	200	152	192	108	114	141	122	228	139	
	送书下乡10万册	任务数	100000	10000	—	10000	10000	10000	10000	10000	10000	10000	10000	10000	
		完成数	156509	5436	—	17378	10067	20172	18000	12950	32667	15833	13200	10806	
	送电影下乡25000场	任务数	25000	1500	—	2200	2800	3700	1500	3200	4900	1700	1900	1600	
		完成数	26586	1508.4	—	2705.4	2937.4	3693.6	1623.4	3558.4	5147.6	1800.6	1947.6	1663.6	
	开展全市性体育赛事活动30次	任务数	30	30	—	—	—	—	—	—	—	—	—	—	市体育局
		完成数	37	37	—	—	—	—	—	—	—	—	—	—	

续表1

单位:个

实事项目	工作目标	市实际下达指标		市本级	开发区	莲都区	龙泉市	青田县	云和县	庆元县	缙云县	遂昌县	松阳县	景宁县	责任单位(列第一位者为工作牵头单位)
	创建省级小康体育村提升工程100个	任务数	100	—	—	—	10	10	10	10	10	10	15	15	
		完成数	100	—	—	—	10	10	10	10	10	10	15	15	
二 强化食品安全治理	全市城区新增1000家安装食品安全电子化溯源系统市场经营户	任务数	1000	—	10	400	80	90	60	60	60	80	80	80	市市场监管局、市教育局、市民政局
		完成数	1626	—	—	719	108	197	142	90	90	100	99	81	
	创建11家放心农贸市场(12月验收)	任务数	11	—	—	2	1	2	1	—	1	1	2	1	
		完成数	16	—	—	3	1	6	1	—	1	1	2	1	
	城区农贸市场新建5家快速检测室并免费对公众开放	任务数	5	—	1	1	1	1	—	—	—	—	1	—	
		完成数	7	—	1	3	1	1	—	—	—	—	1	—	
	城区农贸市场质量追溯体系建成率达到70%以上	任务数	70%	—	70%	70%	70%	70%	70%	70%	70%	70%	70%	70%	
		完成数	88%	—	100%	75%	80%	83%	100%	100%	100%	100%	100%	100%	
	快速检测体系建成率达到70%以上	任务数	70%	—	70%	70%	70%	70%	70%	70%	70%	70%	70%	70%	
		完成数	88%	—	100%	75%	80%	83%	100%	100%	100%	100%	100%	100%	
	新增76家大型特大型餐饮企业和学校、养老机构食堂阳光厨房	任务数	76	—	1	18	8	10	3	5	12	7	7	5	
		完成数	127	—	3	22	12	18	7	5	14	8	26	12	
	4个县创成省级农产品质量安全放心示范县	任务数	4	—	—	1	—	—	1	—	—	1	—	1	市农业局
		完成数	4	—	—	1	—	—	1	—	—	1	—	1	
三 努力促进就业创业	全市实现城镇新增就业1.4万人	任务数	14000	1700	—	1300	1700	1850	900	900	1800	1750	1200	900	市人力社保局
		完成数	18467	2103	—	2000	2480	2238	1095	1205	2530	2177	1530	1109	
	登记失业率控制在4%以内	任务数	4%	4%											
		完成数	2.87	2.84	—	2.84	2.92	2.89	3.08	2.97	2.71	2.91	2.91	2.86	
	实施就业创业培训2.5万人	任务数	25000	4000	—	2000	2200	2200	1500	1900	6000	1900	1800	1500	
		完成数	35464	7328	—	2860	3238	2664	1808	2395	8660	2451	2170	1890	
	开展大学生创业培训1300人	任务数	1300	1000	—	57	30	28	15	21	80	25	24	20	
		完成数	1720	1237	—	98	106	34	18	28	112	33	29	25	
四 持续改善交通出行	全市新增城市道路30千米	任务数	30	—	2	1	3	2	3	2	8	3	3	3	市建设(规划)局
		完成数	46.87	—	2	1	5.52	3	4.57	7.4	10.06	6.1	3.02	4.2	
	新增公共自行车500辆	任务数	500	—	500		—	—	—	—	—	—	—	—	市交通运输局
		完成数	600	—	600		—	—	—	—	—	—	—	—	
	新增新能源公交车80辆	任务数	86	—	70		2	2	2	2	2	2	2	2	
		完成数	102	—	75		0	8	3	0	4	6	3	3	
	新(改)建公交站点80个	任务数	82	—	50		4	4	4	4	4	4	4	4	
		完成数	100	—	63		5	4	4	4	4	8	4	4	
	新增公交运营里程100千米	任务数	100	—	60		5	5	5	5	5	5	5	5	
		完成数	196.6	—	112.7		27	5	18	3.1	7.1	7.2	4	12.5	
	新增农村港湾式停靠站275个	任务数	275	—	—	15	25	30	20	30	50	25	20	60	
		完成数	303	—	—	20	36	0	26	30	60	29	22	80	

续表1

单位：个

实事项目	工作目标		市实际下达指标	市本级	开发区	莲都区	龙泉市	青田县	云和县	庆元县	缙云县	遂昌县	松阳县	景宁县	责任单位(列第一位者为工作牵头单位)
	提升改造农村公路455千米	任务数	455	—	12	30	43	90.7	14.5	45.7	37.7	65.4	74	42	
		完成数	459.3	—	12.6	30	43	92.5	14.5	45.9	38.1	65.4	74.6	42.7	
五 加强大气治理力度	提升美丽乡村公路800千米	任务数	800	—	—	60	100	90	63	105	88	119	80	95	
		完成数	925	—	—	66.3	110.5	114.4	64.3	139.6	88.5	148.1	85.9	107.4	
	实施安保工程420千米	任务数	420	—	8	9.7	27	20	55.6	30	16	143.3	36.5	73.9	
		完成数	582	—	8	9.7	27.3	21.5	85.4	89.2	16.2	144	36.6	144.1	
	完成路面维修500千米	任务数	500	—	—	29.5	78	70	27.5	48	44.5	89	48	65.5	
		完成数	576	7.6	—	29.5	89.4	80.2	31.5	54.5	50.9	102.1	55.3	75	
	全市淘汰改造燃煤锅炉300台以上	任务数	450	—	80	40	65	40	8	40	65	40	60	12	市发改委
		完成数	427	—	57	40	68	41	9	27	68	44	68	5	
	淘汰黄标车596辆	任务数	596	—	13	337	30	49	12	12	71	19	31	22	市公安局、市环保局、市财政局
		完成数	648	—	18	306	49	82	15	17	85	20	33	23	
	新建新能源汽车充电站9座	任务数	17	—	4	5	1	1	1	1	1	1	1	1	市发改委、市建设(规划)局、丽水电业局(注：高速公路服务区充电站省对市进行考核，但市里未列入各县任务)
		完成数	23	8	4	5	1	1	1	0	1	0	1	1	
	新建各类充电设施400个以上	任务数	500	—	25	300	25	25	20	10	25	25	25	20	
		完成数	909	—	0	571	131	25	65	11	26	35	25	20	
	绿色矿山建成率达70%以上	任务数	70%	—	—	70	70	70	70	70	70	70	70	70	市国土局
		完成数	84.8%	—	—	75%	81%	76%	83%	100%	100%	100%	75%	100%	
	矿山粉尘治理率达75%以上	任务数	75%	—	—	7500%	7500%	7500%	7500%	7500%	7500%	7500%	7500%	7500%	
		完成数	100%	—	—	100%	100%	100%	100%	100%	100%	100%	100%	100%	
六 推进教育惠民工程	新建成义务教育标准化学校10所	任务数	10	—	—	—	3	—	—	2	3	—	1	1	市教育局
		完成数	21	1	—	—	3	2	2	2	5	—	2	4	
	标准化学校覆盖率达到86.3%	任务数	86.3%	—	—	89.29%	100%	78.26%	66.67%	96.43%	88.89%	85.71%	92.59%	77.27%	
		完成数	89.31%	57.14%	—	89.29%	94.59%	82.61%	80.00%	96.43%	92.45%	85.71%	100%	90.48%	
	新建成中小学塑胶跑道运动场地15个	任务数	19	—	—	1	1	1	—	5	5	2	2	2	
		完成数	43	2	—	12	1	1	—	7	6	4	5	5	
	校园塑胶跑道覆盖率达到89%	任务数	89%	—	—	96.43%	97.50%	94.23%	82.35%	87.10%	81.97%	83.87%	90%	91.67%	
		完成数	92.35%	86.67%	—	96.43%	97.50%	94.23%	82.35%	93.55%	85.00%	87.10%	100%	100%	
	继续推进骨干教师、校长交流工作，交流人数达应交流15%以上	任务数	15%	—	—	15%	15%	15%	15%	15%	15%	15%	15%	15%	
		完成数	35.67%	—	—	34.50%	20.00%	16.70%	27.80%	16.70%	20.00%	26.70%	19.40%	50%	
七 全力建设美丽城乡	全市创建10条美丽乡村风景线	任务数	10	—	1	1	1	1	1	1	1	1	1	1	市农办、市林业局
		完成数	18	—	1	2	2	2	2	2	2	2	1	2	
	打造20个体现“处州民居”特色的美丽乡村精品村	任务数	20	—	1	3	2	2	2	2	2	2	2	2	
		完成数	29	—	2	3	3	3	3	3	3	3	3	3	
	完成“六边”绿化重点村庄65个	任务数	65	—	—	4	3	15	1	15	10	11	2	4	
		完成数	94	—	—	4	5	13	7	15	14	11	12	13	

续表1

单位：个

实事项目	工作目标	市实际下达指标		市本级	开发区	莲都区	龙泉市	青田县	云和县	庆元县	缙云县	遂昌县	松阳县	景宁县	责任单位（列第一位者为工作牵头单位）
	新增绿道130千米	任务数	130	—	10	12	13	15	13	13	12	15	15	12	市国土局
		完成数	163.02	—	10.5	28.48	13	15	13.2	13.07	15.6	15.77	23	15.4	
	新增城市公园绿地30公顷	任务数	30	—	10	1	5	2	3	1	3	1.5	1.5	2	
		完成数	53.82	—	16.83	3.74	6.4	3.6	5.3	3.27	5.04	3.6	3.44	2.6	
	完成农村困难家庭危房改造3000户	任务数	3000	—	—	330	360	330	330	330	330	330	330	330	
		完成数	3000	—	—	330	360	330	330	330	330	330	330	330	
	完成排险治理地质灾害隐患点25处	任务数	34	—	1	3	3	4	3	4	3	6	3	4	
		完成数	37	—	1	5	3	4	3	2	4	6	3	6	
	避让搬迁6740人	任务数	6740	—	—	242	196	145	230	3068	437	972	738	712	
		完成数	7009	—	—	383	260	149	233	3068	437	999	768	712	
八 积极发展农民增收『新三宝』	新建490个农村电商服务站	任务数	490	—	—	50	60	60	60	60	60	50	50	40	市商务局、团市委、市建设（规划）局、市邮政管理局、市邮政公司
		完成数	2081	—	—	60	276	231	108	74	572	307	397	56	
	新建135个城市社区智能投递终端	任务数	135	—	5	40	10	20	10	10	10	10	10	10	
		完成数	146	—	5	51	10	20	10	10	10	10	10	10	
	新增电子商务村15个	任务数	15	—	—	2	2	2	1	1	2	2	2	1	市农办、市旅委
		完成数	18	—	—	3	3	2	1	1	2	2	2	2	
	新增电商集聚区3个	任务数	3	—	—	—	—	—	1	1	—	—	—	1	
		完成数	4	—	—	—	1	—	1	1	—	—	—	1	
	新增10个乡村旅游示范村	任务数	10	—	—	1	1	1	1	1	1	1	2	1	
		完成数	13	—	—	1	1	1	1	1	1	2	4	1	
	新创建30个乡村特色民宿示范乡镇、村、点	任务数	30	—	—	4	3	2	3	3	3	4	5	3	
		完成数	52	—	—	9	7	2	4	4	8	5	8	5	
	全市新增来料加工专业示范村5个（该项工作12月底在县市区省报基础上由市妇联组织考核评选）	任务数	5	—	—	—	—	—	—	—	—	—	—	—	市妇联（注：专业示范村由各县市区申报后选优确定）
		完成数	7	—	—	—	1	—	1	1	1	1	1	1	
	实现来料加工费收入18亿元	任务数	18	—	0.06	2.17	2.5	2.18	1.61	1.93	2.57	2.1	1.9	0.98	
		完成数	18.26	—	0.063	2.18	2.52	2.22	1.68	1.95	2.59	2.12	1.93	1.01	
九 进一步提升社会服务水平	全市新建乡镇（街道）公共法律服务站75个	任务数	75	—	1	9	10	12	2	9	9	9	8	6	市司法局
		完成数	94	—	1	12	16	18	4	9	9	10	9	6	
	办理法律援助案件4000件以上	任务数	4000	—	700	500	380	410	500	140	400	650	150	170	
		完成数	5112	878	—	778	458	635	500	184	601	658	221	199	
	新建286个城乡社区居家养老服务照料中心	任务数	288	—	3	36	30	32	20	40	30	35	32	30	市民政局
		完成数	357	—	3	73	39	50	19	40	36	35	32	30	
	新建及改扩建旅游厕所100座	任务数	100	—	—	11	12	12	7	6	11	14	7	20	市旅委
		完成数	124	—	—	15	17	16	6	6	19	15	14	16	
	服务大厅新增入驻便民服务事项100项	任务数	100	—	10	10	10	10	10	10	10	10	10	10	市审管办
		完成数	222	-	16	36	17	14	16	48	18	22	17	18	

续表1

单位：个

实事项目	工作目标	市实际下达指标		市本级	开发区	莲都区	龙泉市	青田县	云和县	庆元县	缙云县	遂昌县	松阳县	景宁县	责任单位（列第一位者为工作牵头单位）
	居民个人审批服务事项平均办理工作时限缩短为1个工作日	任务数	1	—	1	1	1	1	1	1	1	1	1	1	
		完成数	0.55	—	0.71	0.09	0.78	0.73	0.27	0.45	0.79	0.82	0.045	0.78	
	即办率达50%以上	任务数	50%	—	50%	50%	50%	50%	50%	50%	50%	50%	50%	50%	
		完成数	86.32%	—	72.31%	93.20%	91.00%	93.00%	92.00%	74.00%	88.00%	78.00%	88.00%	93.72%	
	市残疾人托养中心投入使用	任务数	市残疾人托养中心投入使用												市残联
		完成数	12月20日通过预验收，并交付使用												
	实行省市医保、市县医保定点医院、定点药店同城互认	任务数	实行省市医保、市县医保定点医院、定点药店同城互认												市人力社保局
		完成数	已经实现省市医保、市县医保定点医院、定点药店同城互认												
	房屋权属证明、纳税证明、港澳通行证再次签注、行驶证补换、驾驶证补换、会计从业资格证书申办、结婚登记预约、交通违法罚没款收缴、个人社保信息查询、公积金账户信息查询等10项便民服务，实现相关证照网上申请、在线服务、快递送达	任务数	房屋权属证明、纳税证明、港澳通行证再次签注、行驶证补换、驾驶证补换、会计从业资格证书申办、结婚登记预约、交通违法罚没款收缴、个人社保信息查询、公积金账户信息查询等10项便民服务，实现相关证照网上申请、在线服务、快递送达												市府办（市法制办）、市建设（规划）局、市国土局、市财政（地税）局、市公安局、市民政局、市人力社保局、市公积金管理中心
		完成数	10项便民服务，均已实现相关证照网上申请、在线服务、快递送达												
十 加大水环境治理力度	全市开展413个村的农村生活污水治理工作	任务数	413	—	2	40	13	58	32	66	28	46	86	42	市农办
		完成数	413	—	2	40	13	58	32	66	28	46	86	42	
	新增受益农户5.5万户	任务数	55380	—	160	6832	577	5920	2487	8190	9361	6493	11514	3846	
		完成数	76022	—	280	8014	815	11245	2626	9300	11603	10828	16506	4805	
	新增城镇污水管网90千米	任务数	93.07	4.7	—	2	13.06	10	10	8.69	10.53	10	16.09	8	市建设（规划）局
		完成数	180.04	8.98	—	23.2	17.92	22	14.3	26.52	14.53	21.4	21.59	9.6	
	新增供水管网30千米	任务数	40	—	—	0	6	6	4	4	6	5	5	4	
		完成数	115.2	—	—	—	18.5	15	6.07	13.755	8.35	25.64	16.912	10.935	
	改造供水管网30千米	任务数	45	—	—	5	6	6	4	4	6	6	5	3	
		完成数	117.3	—	—	17.8	13.6	12	6.57	16.14	9.95	19.75	17	4.486	
	全市完成山塘整治（新建）15座	任务数	17	—	—	2	2	—	3	—	1	5	4	—	市水利局
		完成数	62	—	—	8	2	8	4	—	30	6	4	—	
	水库除险加固7座	任务数	7	—	—	2	—	1	1	1	1	—	1	—	
		完成数	9	—	—	3	—	1	1	1	1	—	2	—	
	河道清淤等综合整治195千米	任务数	195	—	—	35	20	15	15	10	15	35	35	15	
		完成数	253.84	—	—	65	38.1	15	22	10	15	35.5	37.04	16.2	
	改善11.54万农村人口饮水条件	任务数	11.54	—	—	—	0.74	1.86	1.3	0.88	1.85	2.26	1.9	0.75	
		完成数	12.35	—	—	—	0.98	1.95	1.37	0.93	1.95	2.38	2	0.79	
	建成缙云县第二污水处理厂，开工建设腊口污水处理厂	任务数	建成缙云县第二污水处理厂，开工建设腊口污水处理厂												市建设（规划）局
		完成数	已建成缙云县第二污水处理厂，开工建设腊口污水处理厂												

（叶建城）

总　述

自然气候

【地理位置】 丽水市位于浙江省西南浙闽两省结合部。市境介于北纬27°25′至28°57′和东经118°41′至120°26′之间。东南与温州市接壤，西南与福建省宁德市、南平市毗邻，西北与衢州市相接，北部与金华市交界，东北与台州市相连。中共丽水市委、市人民政府驻地莲都区。距省会杭州292千米，距上海512千米、温州126千米、金华122千米。

【地形地貌】 丽水市位于浙闽隆起区组成部分，山脉属武夷山系，主要有仙霞岭、洞宫山、括苍山，呈西南向东北走向，分别延伸西北部、西南部和东北部。海拔1000米以上山峰3573座，1500米以上山峰244座，其中，龙泉市凤阳山黄茅尖海拔1929米，庆元县百山祖海拔1856.7米，分别为江浙第一、第二高峰。地势由西南向东北倾斜，西南部以中山为主，间有低山、丘陵和山间谷地；东北部以低山为主，间有中山及河谷盆地。最低处为青田县温溪镇，海拔7米。

【江溪湖泊】 区域内有瓯江、钱塘江、飞云江、椒江、闽江、赛江，被称为“六江之源”。溪流与山脉走向平行。仙霞岭山脉是瓯江水系与钱塘江水系的分水岭，洞宫山山脉是瓯江水系与闽江、飞云江和赛江的分水岭，括苍山山脉是瓯江水系与椒江水系的分水岭。两岸地形陡峻，江、溪源短流急，河床割切较深，水位受雨水影响暴涨暴落，属山溪性河流。瓯江发源于庆元县、龙泉市交界的洞宫山锅帽尖西北麓，自西向东蜿蜒过境，干流长388千米，境内长316千米，流域面积12985.47平方千米，占全市总面积78%，是全市第一大江。位于瓯江上游的紧水滩电站水库，也称仙宫湖。位于瓯江中游的开潭电站水库——南明湖，面积5.6平方千米，相当于杭州西湖水域面积。2008年4月29日，位于瓯江支流小溪中游河段的浙江省第二大水库——滩坑水库下闸蓄水，这是一项继新安江电站之后全省最大水电建设项目，拥有库区水面70多平方千米，水库总库容41.5亿立方米。2009年7月10日，滩坑水电站3台发电机组全部投产发电，总装机容量60万千瓦，年发电量10.35亿千瓦时，成为浙江省第二大常规水电站。2010年8月，滩坑水库更名为千峡湖，是全市第一、全省第二大湖泊。　（市方志办）

【气候特征】 丽水市在气候区划中隶属于中亚热带季风气候带，在区位上临近东海，受海洋影响较大，具有较明显的中亚热带海洋性季风气候。地势上多中山丘陵地貌，具有较显著的山地立体气候特征。中亚热带海洋性季风气候与丘陵山地立体气候的叠加造就丽水优越的气候环境，是中国气候养生之乡。丽水气候的总体特征为“四季分明、冬暖春早，降水丰沛，雨热同步，垂直气候、类型多样”。全市常年（1981—2010年，下同）年平均气温为17.9℃，最低1月平均气温为6.7℃，最高7月平均气温28.4℃。各地呈南高北低分布，最高青田18.6℃，最低遂昌17.1℃。历年极端最高气温43.2℃（2003年7月31日出现在丽水市区），历年极端最低气温-10.7℃（1977年1月6日出现在缙云）；全市常年年平均降雨量1598.9毫米，一年中有80%的降水出现在3—9月，其中6月最多289.1毫米，12月最少仅44.3毫米。各地大致自南向北减少，最多庆元1746.8毫米，最少莲都为1405.8毫米；全市常年的年平均降水日数166.6天，3月最多18.3天，12月最少8.3天。各地来看，南部略多于北部，最多云和177.1天，最少莲都157.8天；全市常年的年平均日照时数1635.1小时，7月最多215.6小时，2月最少仅84.0小时。各地差异不大，最多庆元为1729.0小时，最少遂昌1575.1小时。丽水市的风速总体较小且盛行东北偏东风，全市常年年平均风速在0.8—2.2米/秒之间，在地区分布上，自东南向西北地区减小。丽水市是气象灾害的多发和频发区，气象灾害种类多，每年暴雨、台风、寒潮、大雪、低温、大风、冰雹、雷击、高温、干旱等各类气象灾害都会发生，容易引发流域洪涝、小流域山洪、山体滑坡、泥石流、森林火灾等次生或衍生灾害。（周国华 李叶萍）

【自然资源】 丽水市自然资源比较丰富，生态环境优越，被誉为“浙江绿谷”。生态环境质量全省第一、全国前列，生态环境质量公众满意度继续位居全省首位。2004年，全国生态环境质量评价研究报告显示，丽水市9个县（市、区）均为优秀，列全国前50位，被称为华东地区最大的“天然氧吧”“全国生态环境第一市”，其中4个县列前10位，庆元县列第一位，成为“中国生态环境第一县”。2014年7月22日，丽水市成为第一批国家生态文明先行示范区建设地区。2015年，景宁、缙云县分别通过国家级生态县创建技术评估和现场验收。2016年，丽水市生态环境状况指数连续13年全省第一，生态环境质量公众满意度连续9年全省第一，生态文明总指数跃居全省第一。缙云县被命名为国家级生态县，景宁、松阳县分别通过第四批国家级生态县考核验收。至2016年年底，全市6个县创成国家级生态县，国家级、省级生态乡镇覆盖率分别为53%、95%以上。龙泉、遂昌、云和、庆元及景宁县（市）纳入国家重点生态功能区。

土地资源 根据2016年度土地变更调查，全市土地面积1727520.23公顷，其中耕地173112.63公顷，园地53412.20公顷，林地1351747.85公顷，草地15545.46公顷，城镇及工矿用地41515.01公顷，交通运输用地15006.56公顷，水域及水利设施用地41872.10公顷，其他土地35308.42公顷。

森林资源 丽水市素有“浙南林海”之称。2002年开始，实施生态公益林、千里绿色长廊、退耕还林建设。全市林业用地面积146.24万公顷，其中有林地134.19万公顷，活立木总蓄积量5899.78万立方米，毛竹立竹量31915.02万株。森林覆盖率80.79%，林木绿化率81.62%。森林资源的特点，以针叶树最多。经过长期的植树造林，已于1994年消灭宜林荒山，1999年实现绿化达标。至2016年，全市建有各级自然保护区（含自然保护小区）56个，其中，国家级自然保护区2个，省级保护区2个，自然保护小区52个；自然保护区面积44.05千公顷，占土地总面积2.53%。2010年12月23日，省关注森林组委会正式授予丽水“浙江省森林城市”称号。2012年7月9日，丽水市被全国绿化委员会、国家林业局正式命名为“国家森林城市”。2015年12月31日，国家林业局《关于2015年试点国家湿地公园验收情况的通知》（林湿发〔2015〕188号）批准同意：浙江丽水九龙国家湿地公园试点建设正式通过验收，成为丽水市首个国家湿地公园。

矿产资源 丽水市黑色金属、有色金属、贵金属、稀有金属及冶金辅助原料、化工原料、建材原料、非金属矿产、矿泉水、地热等矿产资源较为丰富。探明金（银）、铅锌、钼、稀土、叶蜡石、萤石、沸石、高岭土、珍珠岩、陶瓷黏土、花岗岩、建筑用凝灰岩等矿种57种，其中金属矿25种，非金属矿30种，汽水矿产2种。矿产地494处，其中：大型矿床13个，中型矿床39个，小型矿床125个，矿点317个。探明资源储量和开采的矿产26种，潜在经济价值近千亿元，其中金（银）、钼、叶蜡石、高岭土、沸石等储量居全省首位，缙云县沸石矿为全国三大沸石矿之一。

水力资源 丽水水电资源十分丰富，全市可供开发常规水电资源327.8万千瓦，约占浙江省可开发量40%。2004年，景宁县被水利部授予“中国农村水电之乡”称号。2006年11月，丽水市被水利部命名“中国水电第一市”。至2007年底，小水电（5万千瓦以下）装机总容量122.59万千瓦，成为全省乃至全国首个实现超百万小水电装机的地级市。全市各县（市、区）均实现农村水电电气化。到2012年底，全市建成水电站797座，总装机251万千瓦，发电量71亿千瓦时（其中农村水电794座，总装机153万千瓦，发电量50亿千瓦时）。“丽水水电”成为丽水一张金名片。到2016年底，全市建成水电站811座，总装机266.71万千瓦，发电量79亿千瓦时（其中农村水电807座，总装机158.91万千瓦，发电量51亿千瓦时）。

生物资源 已知种子植物、苔藓植物、蕨类植物和大型真菌等4262种，其中种子植物175科，902属，2926种；大型真菌14目，51科，176属，716种；苔藓植物58科，132属，295种；蕨类植物41科，88属，325种。已知野生动物有2618种，其中脊椎动物有5纲，38目，110科，304属，505种；昆虫类20目，200科，2113种。国家重点保护珍稀动植物有：植物43种，其中，一级保护植物有百山祖冷杉、伯乐树、长喙毛茛泽泻、中华水韭、莼菜、宽距兰、红豆杉、南方红豆杉8种，二级保护植物有长柄双花木、福建柏、香果树、七子花、鹅掌楸、华东黄杉、白豆杉等35种，百山祖冷杉、九龙山榧、百山祖玉竹、景宁木兰为丽水市独有；动物61种，其中，一类保护动物有华南虎、云豹、豹、梅花鹿、黑麂、金雕、白鹳、黄腹角雉、白颈长尾雉、鼋、金斑喙凤蝶等11种，二类保护动物有50种。

2005年6月，联合国粮农组织(FOA)批准，有1200多年历史的青田县稻田养鱼系统成为首批五个世界农业非物质文化遗产保护项目之一。

旅游资源 2014年，以“生态•休闲•养生”为主题，以瓯江流域和自然山水为主线，创建“秀山丽水、养生福地、长寿之乡”生态、绿色、养生、休闲旅游品牌。丽水市山清水秀，风光秀丽，是长三角地区的一块“净土”，全国农业旅游示范点松阳卯山、全国工业旅游示范点龙泉宝剑厂、省红色旅游经典示范区王村口镇、省首家国家矿山公园遂昌金矿、省五星级农家乐经营点松阳四都寨头摄影休闲园。丽水市相继被命名为“中国优秀旅游城市”“中国优秀生态旅游城市”“国家卫生城市”。全市国家AAAA级旅游景区19家，分别是莲都东西岩风景区、丽水市古堰画乡景区、龙泉山景区、龙泉青瓷小镇•披云青瓷文化园景区、中国青田石雕文化旅游区、青田石门洞、缙云仙都景区、缙云黄龙景区、遂昌南尖岩景区、遂昌金矿国家矿山公园、遂昌县神龙飞瀑景区、遂昌千佛山、中国畲乡之窗景区、景宁云中大漈、云和梯田景区和仙宫景区、庆元百山祖景区、松阳箬寮原始林景区、松阳大木山茶园；AAA级景区22家，AA级景区10家。其中，森林类旅游景区25个，森林类AAAA级旅游景区16个，占AAAA级旅游景区的88.9%；森林公园13个，其中，国家级森林公园4个，省级森林公园7个，市级森林公园2个；全市获省级森林特色小镇创建镇10个，森林人家16个；新建市级森林小镇3个，森林人家特色村18个，林业体验园11个；省级林业观光园区30个、市级林业观光园区63个，省五星级森林旅游区1个，四星级森林旅游区2个、三星级森林旅游区3个，市星级特色森林旅游基地14个，丽水市“林家铺子”旅游点36处；龙泉凤阳山、龙泉披云山、松阳箬寮、庆元百山祖、庆元千岗峡大杉木林、庆元马蹄岙天然阔叶林、遂昌神龙谷、景宁望东垟、景宁大漈古树群被评为浙江最美森林。风景区内不仅广布奇峰、异洞、幽谷、流泉，还有众多的摩崖题刻、古建筑群、宗教寺观等人文景观。瓯江流域人工湖泊众多，景观如同天成。仙宫湖，周围有“夏洞天”“八仙洞”“九潭十八湾”等景观；滩坑水库(千峡湖)拥有千峡环湖壮丽景象，给人无限遐想，是丽水又一个风景如画、休闲旅游场所。2006年5月，松阳高腔、青田石雕、龙泉青瓷烧制技艺、龙泉宝剑锻制技艺被国务院公布为第一批国家级非物质文化遗产名录；2008年6月，刘伯温传说、青田鱼灯舞、木拱桥传统营造技艺、畲族医药(痧症疗法)、畲族三月三、畲族民歌、遂昌昆曲十番被列为第二批国家级非物质文化遗产名录；2009年9月，联合国教科文组织保护非物质文化遗产政府间委员会第四次会议上，龙泉青瓷传统烧制技艺被列入“人类非物质文化遗产代表作名录”，龙泉青瓷成为全球第一个且是唯一一个入选人类“非遗”陶瓷类项目，包括庆元在内的浙闽两省联合申报“中国木拱桥传统营造技艺”被列入“急需保护的非物质文化遗产名录”。2011年5月，遂昌班春劝农、缙云张山寨七七会、缙云轩辕氏祭典、缙云迎罗汉被列为第三批国家级非物质文化遗产名录；2014年11月，丽水鼓词、畲族婚俗、青田白鸟灯舞被列为第四批国家级非物质文化遗产名录。2016年11月，联合国教科文组织将中国申报的包含遂昌班春劝农等在内的“二十四节气——中国人通过观察太阳周年运动而形成的时间知识体系及其实践”列入人类非物质文化遗产代表作名录。至2016年底，全市累计人类非遗项目名录3项，国家级非遗项目名录18项，省级非遗项目名录104项，市级非遗项目名录254项，全市非遗旅游点、“美丽乡村”农家乐(非遗类)项目40余个。全国重点文物保护单位13处(近50个点)，省级文保单位81处，市县级文保单位413处，其他文物保护点8000余处，占全省的1/6。国家级文物保护单位有龙泉大窑青瓷古窑址、莲都通济堰、景宁时思寺、缙云仙都摩崖题记、庆元如龙桥、松阳延庆寺塔等。省级历史文化名城有龙泉市、松阳县，历史文化街区、村镇9处。省级历史文化保护区有丽水西溪、龙泉上田、青田阜山、缙云河阳、遂昌独山、遂昌王村口、松阳石仓、松阳界首、庆元大济9处；国家级、省级历史文化名城名镇名村50处。中国传统村落158处。人文景观，古有明御史中丞兼太史令刘基读书处、松阳兄弟进士牌坊、龙泉剑池遗址、缙云独峰书院等，近有革命遗址遂昌县王村口红军挺进师旧址群、龙泉市水塔村中共浙西南特委驻地、莲都区厦河村中共浙江省委机关旧址、青田县东源镇周恩来题词纪念碑及畲族风情、龙泉登山、仙都攀岩、青田石雕等。丽水市逐渐形成以山水观光和畲乡文化、侨乡文化、剑瓷文化、黄帝文化、摄影文化为主要载体的特色文化旅游产品。通过第三次全国文物普查(2007年4月至2012年)，丽水市有全国重点文保单位6处，省级72处，市县级343处，各级文物保护点914处，申报第七批国保16处。 (市方志办)

历史沿革

【概况】 据龙泉市牛门岗、松阳县阴岗山、莲都区后甫及遂昌县好川遗址出土文物鉴定，新石器时代就有人类繁衍生息。

在现丽水市境内，东汉建安四年（199年）始建松阳县、东汉建安二十三年（218年）建置遂昌县两个最早县份。

隋开皇九年（589年）建处州，十二年（592年）改为括州，大业三年（607年）改为永嘉郡。唐武德四年（621年）复改为括州，天宝元年（742年）改为缙云郡，乾元元年（758年）复改为括州，大历十四年（779年）改为处州。元至元十三年（1276年）改为处州路，至正十九年（1359年）改为安南府，不久改为处州府。明景泰三年（1452年）起，处州府辖丽水、松阳、缙云、青田、遂昌、龙泉、庆元、宣平、云和、景宁10县。清宣统三年（1911年）11月，辛亥革命后成立处州军政分府。民国元年（1912年）撤销处州军政分府，由浙江省都督府直辖县，民国3年（1914年）属瓯海道管辖，民国16年（1927年）撤销瓯海道改省直辖县，民国21年（1932年）6月设第十一、十二县政督察区管辖，民国24年（1935年）6月改为丽水行政督察区，民国25年（1936年）4月改称第九行政督察区，民国37年（1948年）4月改为第六行政督察区，同年7月改为第七行政督察区，辖丽水、松阳、缙云、龙泉、庆元、宣平、景宁、云和8个县。

1949年4—5月，丽水全境解放。8月，设浙江省人民政府第七专区。10月，改为浙江省丽水专区。1952年1月，撤销丽水专区，各县分别划归温州、金华、衢州专区。1963年5月，恢复丽水专区，辖丽水、青田、缙云、遂昌、云和、龙泉6个县。1968年11月，改称丽水地区。1973年7月，恢复庆元县；1982年1月，恢复松阳县；1984年6月，设立景宁畲族自治县；1986年3月，撤销丽水县，建立丽水市；1990年12月，撤销龙泉县，建立龙泉市。2000年5月，撤销丽水地区，设立地级丽水市，同时撤销县级丽水市，设莲都区；同年7月18—19日，莲都区与丽水市先后挂牌。（市方志办）

行政区划

【区划地名】 2016年，丽水市下设莲都区，辖青田、缙云、遂昌、松阳、云和、庆元、景宁7个县，代管龙泉市。景宁县是全国唯一的畲族自治县。9

2016年丽水市行政区划

表2

单位：个

县(市、区)名称	街道	镇	乡	社区	行政村	乡镇街道名称
全市	30	53	90	102	2725	—
莲都区	6	4	5	25	243	紫金街道、岩泉街道、万象街道、白云街道、南明山街道、联城街道、碧湖镇、大港头镇、老竹畲族镇、雅溪镇、太平乡、仙渡乡、黄村乡、丽新畲族乡、峰源乡
龙泉市	4	8	7	13	444	龙渊街道、西街街道、剑池街道、硋石街道、八都镇、上垟镇、小梅镇、查田镇、屏南镇、安仁镇、锦溪镇、住龙镇、兰巨乡、宝溪乡、龙南乡、道太乡、岩樟乡、城北乡、竹垟畲族乡
青田县	3	9	20	14	414	鹤城街道、瓯南街道、油竹街道、山口镇、温溪镇、东源镇、船寮镇、北山镇、海口镇、腊口镇、高湖镇、仁庄镇、章村乡、舒桥乡、贵岙乡、石溪乡、小舟山乡、祯埠乡、祯旺乡、万山乡、黄垟乡、季宅乡、海溪乡、高市乡、巨浦乡、万阜乡、汤垟乡、方山乡、吴坑乡、仁宫乡、章旦乡、阜山乡
云和县	4	3	3	9	168	浮云街道、元和街道、白龙山街道、凤凰山街道、崇头镇、石塘镇、紧水滩镇、赤石乡、安溪畲族乡、雾溪畲族乡
庆元县	3	6	10	8	345	濛洲街道、松源街道、屏都街道、竹口镇、荷地镇、黄田镇、左溪镇、贤良镇、百山祖镇、安南乡、隆宫乡、五大堡乡、岭头乡、淤上乡、张村乡、江根乡、官塘乡、龙溪乡、举水乡
缙云县	3	7	8	6	253	五云街道、新碧街道、仙都街道、壶镇镇、新建镇、东渡镇、舒洪镇、东方镇、大洋镇、大源镇、前路乡、三溪乡、双溪口乡、溶江乡、胡源乡、石笕乡、方溪乡、七里乡
遂昌县	2	7	11	8	203	妙高街道、云峰街道、北界镇、王村口镇、大柘镇、石练镇、金竹镇、黄沙腰镇、新路湾镇、焦滩乡、应村乡、湖山乡、濂竹乡、高坪乡、蔡源乡、龙洋乡、柘岱口乡、西畈乡、垵口乡、三仁畲族乡
松阳县	3	5	11	13	401	西屏街道、水南街道、望松街道、古市镇、玉岩镇、大东坝镇、象溪镇、新兴镇、赤寿乡、四都乡、樟溪乡、三都乡、斋坛乡、板桥畲族乡、叶村乡、竹源乡、枫坪乡、裕溪乡、安民乡
景宁县	2	4	15	6	254	红星街道、鹤溪街道、英川镇、渤海镇、东坑镇、沙湾镇、九龙乡、景南乡、澄照乡、毛垟乡、秋炉乡、大地乡、梅岐乡、郑坑乡、大均乡、梧桐乡、大漈乡、标溪乡、家地乡、鸬鹚乡、雁溪乡

个县（市、区）均为“革命老根据地县”。全市有90个乡（畲族乡6个）、53个镇（畲族镇1个）、30个街道办事处。（杜　巍）

人口与民族

【人口】 2016年，全市总户数102.98万户，同比增加14027户，总人口数268.03万人，同比增加16570人，人口自然增长率6.22‰，平均每户2.60人。总人口中男性137.97万人，女性130.06万人，分别占人口51.48%和48.52%，性别比106.08（女=100）；0—17岁51.20万人，占总人口19.10%，同比增加4080人；18—34岁56.70万人，占总人口21.15%，同比减少9886人；35—59岁1105467人，占总人口41.24%，同比减少884人；60岁及以上49.59万人，占总人口18.49%，同比增加18993人。全市出生30617人，其中男15948人，女14669人，性别比108.71（女=100），出生率12.28‰，同比减少0.86个千分点；死亡人口14528人，其中男8738人，女5790人，死亡率5.42‰，同比减少1.12个千分点。全市迁入11463人，迁入率4.27‰，同比减少1.58个千分点；迁出10829人，迁出率4.04‰，同比减少1.06个千分点。全市城镇人口85.20万人，乡村人口182.83万人，分别占总人口的31.78%、68.21%。（许立红）

【民族】 丽水市有48个少数民族。据公安户籍部门统计数据显示，全市有汉族、畲族、苗族、土家族、布依族、侗族、蒙古族、回族、彝族、拉祜族、哈尼族、壮族、满族、水族、佤族、傣族、白族、朝鲜族、瑶族、黎族、藏族、布朗族、仡佬族、傈僳族、维吾尔族、仫佬族、阿昌族、纳西族、达斡尔族、锡伯族、鄂温克族、高山族、塔塔尔族、哈萨克族、景颇族、柯尔克孜族、东乡族、毛南族、塔吉克族、俄罗斯族、德昂族、京族、怒族、土族、普米族、羌族、基诺族、门巴族。据2016年民族部门统计，全市少数民族人口10.40万人，占丽水市总人口3.88%。设有景宁畲族自治县和丽新、竹垟、雾溪、安溪、三仁、板桥6个畲族乡及老竹畲族镇，少数民族行政村212个。少数民族人口在10000人以上的县（市、区）有莲都、龙泉、云和、遂昌、景宁。（钟卫锋）

4月9日，第三届中国（浙江）畲族服饰设计大赛在景宁举行　　吴云龙　提供

国民经济和社会发展

【综合经济实力】 2016年，全市地区生产总值（GDP）1210.24亿元，按可比价计算，比2015年增长7.1%。其中，第一产业增加值95.63亿元，第二产业增加值543.42亿元，第三产业增加值571.19亿元，分别比2015年增长2.9%、6.1%和8.9%。人均生产总值56238元（8467美元），比2015年增长6.3%。三次产业增加值结构由2015年的8.2:46.0:45.8调整为7.9:44.9:47.2，第三产业比重提高1.4个百分点。

2016年，全市实现农林牧渔业总产值147.85亿元，比2015年增长5.4%。实现农林牧渔业增加值96.27亿元，增长3.0%，其中，种植业增加值69.27亿元，增长2.2%；林业增加值16.16亿元，增长4.9%；畜牧业增加值8.40亿元，增长4.1%；渔业增加值1.79亿元，增长7.2%；农林牧渔服务业增加值0.65亿元，增长12.8%。菌、茶、果、蔬、药、畜牧、笋竹、油茶、水产品等九大主导产业产值117.97亿元，增长6.4%。全市新建粮食生产功能区面积0.38万公顷、现代农业综合区13个、生态精品林业基地97个。新增农产品加工园区实际供地105.68公顷。新创建生态精品农业示范县3个、示范乡镇20个，示范企业26家、示范合作社21家、示范家庭农场245家、大学生创业典型30个，生态精品农产品256个。新培育农产品旅游地商品生产经营主体218家、农产品旅游地商品486个，实现营销额达19.20亿元。新增绿色、有机和无公害认证农产品104个，新增中国生态原产地保护产品1个。“丽水山耕”区域公用品牌背书农产品累计540个。创建市级美丽乡村风景线10条、特色精品村20个、美丽经济示范村10个、花样村庄20个。农家乐休闲旅游业发展较快，累计发展农家乐休闲旅游特色村(点)451个，从业人员3.99万人。全年农家乐(民宿)接待游客2219.73万人次，增长30.5%；实现营业总收入23.31亿元，增长40.6%。全年异地搬迁农民1.43万人。全市完成农村困难家庭危房改造3000户，启动23个省级美丽宜居示范村试点建设。年底，金融系统涉农贷款余额818.56亿元，比2015年底增长0.1%。林权抵押贷款余额54.73亿元，增长12.9%。

2016年，全市工业企业21856家，比2015年增加244家。实现工业增加值460.12亿元，按可比价计算，比2015年增长5.8%。全市规模以上工业企业1115家，与2015年持平。实现规模以上工业总产值1790.01亿元，增长5.0%；销售产值1701.45亿元，增长6.3%，其中出口交货值152.92亿元，增长21.6%，出口交货值占销售产值的比重9.0%，比2015年回升1.1个百分点。产销率95.1%，比2015年提高1.2个百分点。规模以上工业中，高新技术产业增加值101.10亿元，占规模以上工业28.4%。装备制造业增加值102.30亿元，占规模以上工业28.7%。战略性新兴产业增加值31.80亿元，占规模以上工业8.9%。新产品产值663.71亿元，增长11.4%，新产品产值率37.1%，比2015年提高2.1个百分点。工业经济效益运行平稳，实现主营业务收入1774.53亿元，增长7.2%，利税总额190.39亿元，增长1.7%，其中利润总额137.19亿元，增长4.8%。亏损企业亏损额1.62亿元，下降64.2%。

2016年，全市实现服务业增加值571.19亿元，按可比价计算，比2015年增长8.9%，增幅分别高于第一产业和第二产业6.0个和2.8个百分点。第三产业占GDP比重47.2%，比2015年提高1.4个百分点。全年实现旅游总收入535.83亿元，增长25.8%，其中国内旅游收入474.65亿元，增长26.4%；旅游外汇收入9.21亿美元，增长12.4%；至年底，累计创建19家AAAA级景区。全年交通运输、仓储和邮政业增加值39.17亿元，比2015年增长3.2%。全市公路货物周转量73.13亿吨千米，增长2.5%；公路旅客周转量14.93亿人千米，下降28.9%。铁路客运量477.41万人，增长377.3%；货运量148.46万吨，增长24.0%。全年邮政行业业务收入完成8.81亿元，比2015年增长18.4%，其中规模以上快递服务企业快递业务收入6.08亿元，增长21.2%。邮政行业业务总量18.31亿件，增长35.2%，其中规模以上快递服务企业快递业务量7487.03万件，增长30.6%。电信业务收入18.43亿元，增长6.5%。年底，固定电话用户达36.49万户，移动电话用户305.31万户；固定电话、移动电话普及率分别为16.9部/百人和141.0部/百人。全年新增互联网用户(含宽带用户)9.40万户，年末总量66.26万户，比2015年增长16.5%。

【社会消费品市场】 2016年，全年社会消费品零售总额571.64亿元，比2015年增长11.0%。其中，城镇消费品零售额449.23亿元，乡村消费品零售额122.40亿元，分别增长12.1%和7.3%。分行业看，批发零售业零售额499.41亿元，增长10.4%；住宿餐饮业零售额72.23亿元，增长15.9%。全市实现网络零售186.33亿元，增长53.5%；居民网络消费123.16亿元，增长22.0%；网络零售顺差达到63.18亿元。全市限额以上社会消费品零售总额176.58亿元，增长9.2%。在限额以上批发零售业零售额中，服装、鞋帽、针纺织品类增长10.7%，中西药品类增长22.6%，家用电器和音像器材类增长0.5%，石油及制品类下降3.8%，汽车类下降4.3%，金银珠宝类下降28.8%。年底，全市共有商品交易市场109个，比2015年增加4个，全年商品交易市场成交额365.47亿元，增长0.2%。成交额超亿元的市场28个，全年成交额242.89亿元，其中，超十亿元的市场7个，全年成交额170.95亿元。

【固定资产投资841.65亿元】 2016年，全市固定资产投资841.65亿元，比2015年增长12.0%。国有投资395.94亿元，增长15.6%，占固定资产投资47.0%，非国有投资445.70亿元，增长9.0%，占固定资产投资53.0%，其中民间投资441.31亿元，增长9.2%，占固定资产投资52.4%。固定资产投资中，第一产业投资28.99亿元，比2015年增长55.3%；第二产业投资210.35亿元，增长1.9%，其中工业投资208.02亿元，增长4.4%；第三产业投资602.31亿元，增长14.4%。全年投资项目2535个，比2015年增加148个，其中，新开工项目1672个。全年房地产开发投资167.61亿元，比2015年增长5.9%。商品房销售面积240.64万平方米，增长31.9%。商品房销售额207.71亿元，增长27.3%。

【进出口总额225.46亿元】 2016年，全市进出口总额225.46亿元，比2015年增长7.1%，其中，出口208.73亿元，增长6.0%；进口16.73亿元，增长22.9%。欧洲和亚洲仍是丽水市产品出口的主要市场，出口额比重达到63.3%，对欧洲和北美洲市场出口较快增长。全市新批准设立外商直接投资企业36家，比2015年增加18家；外商直接总投资5.75亿美元，增长48.3%；合同利用外资金额3.29亿美元，增长 14.5%；实际利用外资金额 2.21 亿美元，增长 2.3%。

【财政金融保险】 2016 年，全市财政总收入 164.87 亿元，比 2015 年增长 8.3%；财政一般公共预算收入 103.57 亿元，同口径增长 9.7%。一般公共预算支出 341.67 亿元，增长 22.2%。年底，金融机构本外币各项存款余额 2151.05 亿元，比 2015 年底增长 9.6%，其中人民币存款余额 2037.87 亿元，增长 10.9%。金融机构本外币各项贷款余额 1555.26 亿元，比 2015 年底增长 3.4%，其中人民币贷款余额 1543.45 亿元，增长 3.5%。年底，本外币住户存款余额 1268.22 亿元，比 2015 年底增长 14.4%。全年保险业实现保费收入 49.68 亿元，比 2015 年增长 29.1%。其中，财产险业务保费收入 17.25 亿元，增长 6.9%；人身险业务保费收入 32.43 亿元，增长 45.1%。支付各类赔款及给付 16.04 亿元，增长 30.0%，其中，财产险业务赔款 9.67 亿元，增长 18.5%；人身险业务赔款 6.38 亿元，增长 52.4%。

【文教卫科技体育事业】 2016 年，全市有普通高校 3 所，普通高等教育本专科招生 11459 人，在校生 36724人，毕业生 12065 人。各类中等职业教育学校 17 所，招生 10279 人，在校生 29964 人，毕业生 9499 人。普通高中学校 22 所，普通高中招生 11478 人，在校生 33181 人，毕业生 11029 人。初中学校 75 所，招生 26624 人，在校生 74876 人，毕业生 24878 人，初中毕业升高中段的比例为 97.58%，比 2015 年提高 0.48 个百分点。普通小学 215 所，招生 25549 人，在校生 166534人，毕业生 26928 人；小学毕业生升学比例达 100%，初中入学率、巩固率分别为 100%和 100%。特殊教育在校生 635 人。义务教育专任教师 15566 人，比 2015 年增长 1.3%。中等职业教育专任教师 1995 人，生师比 15:1；专任教师学历合格率为 97.1%，比 2015年提高 0.5 个百分点。双师型教师占专任教师和专业课教师的比例分别为 44.2%、77.1%。普通高等学校专任教师具有硕士以上学位教师比例为32.6%，比 2015 年提高 3.7 个百分点。全市有幼儿园 519 所，在园幼儿 77850 人。幼儿园专任教师 4969 人，比 2015 年增加 126 人；幼儿教师学历合格率为 99.7%，比 2015 年提高 0.3 个百分点。

年底，有艺术表演团体 120 个，文化馆 10 个、文化站 173 个，公共图书馆 10 个，博物馆 15 个。广播、电视综合覆盖率均达 100%。有线广播电视用户数 50.55 万户，其中数字电视用户数 50.55 万户。全市公开发行的报纸 6 种，年发行量 4500 万份，平均每千人每天拥有 56.79 份报纸。全市共有综合档案馆 10 个。馆藏各类档案 1705 个全宗，共 136.89 万卷 91.50 万件。全市运动健儿取得国际比赛冠军 6 个、全国冠军 36 个、全省冠军 65 个。全市创建省级体育强县(区)4 个，创建省级体育强镇(乡)11 个，创建省级全民健身中心 2 个，完成省级小康体育村提升工程指标 100 个。全年销售体育彩票 4 亿元，比 2015 年增长 54.7%。

年底，共有医疗卫生机构 333 个(不含诊所、村卫生室)，其中医院、卫生院 243 个，妇幼保健院(所、站)9 个，疾病预防控制中心(防疫站)9 个，卫生监督所(中心)10 个。卫生技术人员 18401 人，其中执业医师和执业助理医师 7271 人，注册护士 7379 人，床位数 12754 张。全市免费健康体检 80.12 万人，其中 60 岁以上老年人 235980 人，体检率 69.0%。

2016 年，新增国家重点支持高新技术企业 35 家，高新技术企业认定新政策出台后，累计获批高新技术企业 245 家。全年省级新产品 385 个。全年规模以上工业科技活动经费支出 18.44 亿元。购置技术成果费用 2092 万元。全年通过市级以上验收、结题科技项目 71 项，科技成果登记 221 项，获省级科学技术进步奖 11 项。知识产权保护工作得到加强，获专利授权 4945 项，其中发明专利 326 项。

【生态环境建设】 2016 年，全市县级以上集中式饮用水源地水质达标率 100%。跨行政区域河流交接断面水质达标率均 100%。全市地表水 96 个断面的水质监测，有 95 个断面年均值满足相应水功能要求。地表水断面 I—III 类水比例 98.96%。市区 PM2.5 浓度平均为 33 微克/立方米，空气优良率(AQI)为 95.4%，空气质量优良的天数 349 天。城市声环境质量符合国家标准，各标准适用区平均值均低于相应标准。全市累计创建国家级生态县 6 个，省级生态县(市、区)9 个，国家级生态乡镇 92 个，省级绿色学校 118 所，建成省级生态文明教育基地 12 个。全市建有各级自然保护区(含自然保护小区)56 个，其中国家级自然保护区 2 个；自然保护区面积 44.05 千公顷，占土地总面积 2.53%。建有市级以上森林公园 13 个，湿地公园 2 个。全市园林绿地面积 4712 公顷，其中公园绿地面积 1199.72 公顷，建成区绿化覆盖率 39.5%，人均公园绿地面积 12.42 平方米。全年完成造林更新 6378 公顷，比 2015 年减少 36.2%，其中荒山荒(沙)地造林 2305.8 公顷，有林地造林 935.1 公顷，迹地更新造林 3458.2 公顷。森林抚育改造 4.5 万公顷，减少 29.7%。义务植树 420 万株。育苗面积 174.8 公顷，增长85.5%。森林覆盖率为80.79%。

【居民生活和社保】 2016年，全体居民人均可支配收入26757元，比2015年名义增长9.7%，扣除价格因素实际增长7.9%。其中，全市城镇常住居民和农村常住居民人均可支配收入分别为35968元和16459元，分别名义增长9.4%和9.7%，扣除价格因素分别实际增长7.6%和7.9%。全体居民人均消费支出19933元，比2015年名义增长8.3%，扣除价格因素实际增长6.5%。其中，城镇常住居民和农村常住居民人均生活消费支出分别为25296元和13936元，分别名义增长7.4%和9.9%，扣除价格因素分别实际增长5.6%和8.1%。年底，城镇常住居民人均住房建筑面积44.2平方米，比2015年底增加1.7平方米；农村居民人均住房建筑面积58.2平方米，增加3.2平方米。年底，每百户城镇居民家用汽车拥有量34.0辆，比2015年增加1.4辆。

年底，全市参加城镇基本养老保险人数为73.73万人，比2015年底增加6.68万人；参加失业保险的人数为22.83万人，增加0.79万人；参加城镇职工基本医疗保险的人数为40.09万人，增加1.82万人。工伤保险参保人数66.66万人，增加9.87万人，生育保险参保职工25.41万人，增加1.51万人。城乡居民社会养老保险88.24万人，减少2.94万人。城乡居民医疗保险参保人数195.57万人。被征地农民基本生活保障累计参保人数3.91万人，基金累计结余27.88亿元。年底，在册低保对象86750人，其中城镇7508人，农村79242人。平均保障标准城镇低保对象月人均补助367.66元/人、农村低保对象月人均补助264.85元/人，全年支出低保金2.55亿元，比2015年增长36.4%。农村五保对象集中供养率86.9%，城镇"三无"人员集中供养率94.9%。全年支出医疗救助资金1.23亿元，比2015年增长29.5%，中央和省财政投入补助资金4060万元。新增各类机构养老床位数2416张，新建成社区居家养老服务照料中心357个。全年新开工保障性安居工程住房4133套，竣工保障性安居工程住房5402套。全年新增城镇就业1.85万人，帮助7755名下岗失业人员实现再就业。年底，城镇登记失业率为2.87%，比2015年降低0.06个百分点。 （周梅珍 宋李英）

体制改革

【概况】 2016年，全市获批经济体制改革试点中国家级9项，省级31项。年内，召开全市经济体制改革工作推进会；市委办印发《市委全面深化改革领导小组2016年工作要点》，市委深改组印发《专项小组2016年工作计划》，梳理提出经济体制改革项目三大类23个小项，其中4项改革内容纳入2016年浙江省经济体制改革要点；市发改委印发《丽水市经济体制改革"十三五"规划》，作为指导全市"十三五"时期深化经济体制改革的行动指南。全年市委、市政府及相关部门制定出台推进面上改革及专项改革的政策意见及改革方案23条。

【全国农村金融改革试点】 2016年，全国"两权"抵押贷款试点取得进展，有效激活农村市场活力。龙泉市获批国家集体林业综合改革试验示范区。"丽水深化集体林权制度改革"获国家林业局张建龙局长肯定。至年底，全市"三权"抵押贷款较年初新增12.99亿元。茶园、石雕、股权、水利工程产权、农副产品仓单质押等各类贷款余额达10.25亿元。建立村级互助担保组织177家，累计为农户担保8.54亿元。创建农村金融服务示范站204家。全市新发放林权抵押贷款4.41亿元、实现贷款余额54.73亿元，占年度目标的88.286%。

【全国扶贫改革试验区】 2016年，丽水市推进搬迁扶贫、产业扶贫、社会扶贫三大体制创新，构建扶贫开发与新型工业化、新型城市化、农业现代化良性互动的体制机制。作为省重大改革项目纳入评估计划，委托浙江财经大学作为第三方评估机构，于2016年5月3日—29日，完成关键调研和数据采集任务，形成评估报告。完善金融帮扶方式，探索建立运用商业保险助推扶贫工作机制。推进农民异地转移，至年底，全市农民异地搬迁资金7.24亿元，实现农民异地搬迁14276人，完成年度计划142.7%，其中整村搬迁5554人，占总搬迁人数的38.9%。加快农业转移人口市民化步伐，逐步取消农业户口和非农业户口性质划分，建立城乡统一的户籍管理制度。试点推进工作获中央政治局委员、中央政策研究室主任、中央改革办主任王沪宁批示肯定。开展光伏小康工程试点，6月，龙泉、景宁被列入省首批光伏小康工程试点。

【国家生态文明先行示范区】 2016年，丽水市实行差异化的领导干部评价考核体系，生态文明建设占党政绩效考核的比重大幅增加。探索自然资源产权、资产管理和监管体制，梳理的生态环境、生态设施、生态集聚、生态产业、生态民生、"五水共治"等60个重点支持项目，全年计划投资86.39亿元，至年底，完成投资119亿元，完成年度投资计划的138%。绿色循环改造试点示范工作有序推进，丽水经济技术开发区国家级园区循环化改造示范试点、遂昌省级循环经济示范县试点以及松阳、云和省级循环化改造示范试点进展顺利。“三县、三镇”被列入首批省级低碳县市试点和低碳城镇试点，在全省地市中属数量最多。在庆元、景宁之后，10月，云和、龙泉、遂昌被纳入国家级生态重点功能区。

【全域旅游示范区】 2016年，丽水市相继出台相关文件，形成全域旅游政策体系。2月，丽水市被列入国家全域旅游示范区首批创建单位。全年全市实现旅游总收入535.83亿元，同比增长25.78%，实际完成旅游投资118.15亿元，同比增长65.48%。围绕“旅游+”，编制完成《丽水山居建设与营运导则》，启动“丽水山居”民宿评定工作。谋划推进10个乡村旅游集聚区建设，缙云仙都景区通过国家级景区资源价值和景观质量评审。拟定《丽水特色旅游商品购物点营销方案》，明确旅游商品购物点布局和营销三年行动计划。

【全国农民工等人员返乡创业试点】 3月1日，庆元县、云和县、龙泉市、松阳县获批全国首批结合新型城镇化开展支持农民工等人员返乡创业试点，12月13日，莲都区、遂昌县获批第二批全国结合新型城镇化开展支持农民工等人员返乡创业试点，全市试点单位占全国获批试点的2.9%。试点地结合地域产业特色，运用“旅游+”“互联网+”等新思维，以生态资源为条件、产业基础为依托、政策激励为导向、平台项目为支撑、机制创新为保障，提升产业空间，有效盘活农村沉睡资产。

【省级农村电子商务示范区】 3月，丽水市入选浙江（丽水）农村电子商务创新发展示范区，成为全省首个农村电子商务创新发展示范区。6月，中国电子商务协会讲师团等授权丽水市设立首个农村电子商务认证（实训）基地。10月，首届中国农村电子商务主题会议在丽水市举办，大会以“互联网+绿水青山”为主题，发布《中国农村电子商务发展报告（2015—2016）》，经济学家、电子商务行业专家、政府官员等各界嘉宾1000人参加大会，共同研讨农村电子商务发展现状与趋势。全年全市建成各类农村电子商务服务站点4305个，为村民提供服务280万余次，涉及金额1.4亿元。2016年，建成“赶街”农村电子商务服务站点1461个，网络零售额186.33亿元，同比增长53.45%，增幅列全省第三位；居民网络消费123.16亿元，同比增长22.01%；网络零售顺差63.18亿元；跨境网络零售出口2.29亿元；完成喵街应用平台APP下载量15500余个，入驻喵街平台丽水商户访问量20万余次。

【政府自身改革】 2016年，全市梳理下放行政许可事项55项，实现市县同权。建立覆盖全市的网络中介服务平台，累计进驻中介机构27类、457家，开展中介服务网上竞价项目1646个。建立“两园区”代办服务联络机制，全年实现无偿审批代办服务。全年全市受理代办项目892个（受理民宿代办546个），办结项目708个，完成代办环节3279个，涉及项目投资金额268.18亿元。

【转型升级机制】 2016年，全市加速实施“四换三名”工程，出台传统产业振兴方案，实施百个以上战略性新兴产业投资项目、77个“机器换人”示范项目，开展城镇低效用地再开发试点，复制推广农村电商“遂昌赶街模式”“名企名品名家”培育颇有成效。全年全市完成战略性新兴产业增加值28.55亿元，同比增长8.2%，淘汰落后产能涉及企业90家，完成省任务的150%；累计盘活存量建设用地384.4公顷，完成年度目标174.8%。环保制造业、电子信息制造业、高端装备制造业、健康制造业增加值，分别增长24.5%、16.9%、11.4%、12.6%，轻重工业增加值比为41.8:58.2，呈现进一步优化态势。

【资源要素市场化配置】 2016年，丽水市建立企业用地机制和供地负面清单制度，推进排污许可证“一证式”管理试点工作。贯彻落实电价调整有关事项，降低一般工商业及其他用电价格每千瓦时4.47分，跨省、市、县（市、区）道路班车运价实行最高限价，公布《丽水市市级政府定价的涉企经营服务收费目录清单》。7月20日，全市实施不动产统一登记，土地出让交易在市公共资源交易平台运作。

【特色小镇培育】 2016年，全市规划建设39个特色小镇，其中龙泉宝剑小镇、庆元香菇小镇、缙云机床小镇、松阳茶香小镇等4个小镇被列入全省第二批特色小镇创建名单，至此，全市被列入省级特色小镇创建名单小镇个数增到8个。个数位居全省第三。青田欧洲小镇、庆元百山祖避暑乐氧小镇、遂昌农村电商创业小镇、丽水绿谷智慧小镇被列入省级特色小镇培育名单。10月，龙泉市上垟镇、莲都区大港头镇被列入首批中国特色小镇名单。2016年，全市特色小镇完成固定资产投资202.91亿元，完成特色产业投资128.11亿元，占固定资产投资比例的63.14%，投资进度不断加快。

【"双创"体制机制】 2016年，丽水市新增一批省级以上创新服务平台，丽水市众创空间试运行，完成"个转企"三年推进计划。全面开展国家知识产权试点城市创建，新增省级专利示范企业9家，新增省级科技型中小企业157家。开展"聚合物基导符合材料的研发及产业化"等30个重点专题研究，设立创新研发支持、创新政策引导、创新条件建设和创新服务提升4类市级科技计划，下设11个二级计划。推行登记制度改革，至年末，全市发放"五证合一、一照一码"23473本，实现"先照后证"登记31864家。至年底，全市城镇新增就业18467人，完成目标任务的131.9%。

【创新投融资体制机制】 2016年，丽水市PPP示范市建设有序推进，编制完成《丽水市政府与社会资本合作(PPP)项目库(2016—2017)》，涉及项目92个，总投资298.7亿元，争取专项建设基金6.12亿元。丽水市丽阳溪水系综合整治PPP项目入选全国典型案例，全市好溪堰水系整治三阶段等8个项目入选省发改委重点洽谈、推介项目。创新金融改革，全年新增"新三板"挂牌企业10家，总数25家，其中2家进入创新层，实现做市交易5家，与中介机构签约8家；新增股份公司15家；完成新增省股交中心挂牌企业62家；累计实现直接融资16.23亿元。3月，首单银行间市场债券20亿元获准发行，市城投公司发行8亿元。

【破除城乡二元体制】 2016年，丽水市中心城区成功创建国家优秀旅游城市、国家园林城市、国家森林城市、国家卫生城市、省级历史文化名城等。完善小城市和中心镇发展机制，深化强镇扩权改革，云和县被列入国家中小城市综合改革试点，推进4个省级小城市和21个省市级中心镇培育。开展"五水共治""三改一拆""六边三化三美"等行动，初步形成城乡环境统筹治理机制。农民合作经济组织改革取得新进展，县级农合联组建全部完成，完成乡镇级农合联组建135个，吸收成员8231个。组建农民资金互助会9家，设立农民合作基金，总规模2亿元，基本确定农合联资产经营公司的组建模式。

【国资运营公司市场化改革】 2016年，丽水市印发《丽水市本级国资营运公司市场化改革方案》，17家市本级国资营运公司按照"五大板块"整合归并为5家。按照权利、义务、责任相统一的要求，建立考核结果同薪酬核定紧密结合的企业负责人经营业绩考核与薪酬核定制度，落实国有资产保值增值责任，建立健全有效的激励和约束机制，引导国资营运公司提质增效升级，实现做强做优做大。

【财税制度改革】 2016年，丽水市出台《浙江丽水生态经济产业基金管理实施细则》，支持特色小镇建设，直接投资莲都古堰画乡和龙泉青瓷小镇项目，其中古堰画乡小镇项目投资金额2亿元，实际到位1.2亿元，完成投资落地。设立"大健康产业"和"绿谷信息产业"子基金，至年底，"丽水绿谷信息产业基金"完成签约，规模1.2亿元，并落地开展实际投资。全面推开"营改增"改革试点，全年全市"营改增"纳税人入库营改增13.64亿元，直接减税约2亿余元，其中，新扩围四大行业纳税人入库11.64亿元，直接减税1.5亿元。

【公务用车制度改革】 4月29日，丽水市委全面深化改革领导小组第10次会议审议通过《丽水市公务用车制度改革总体方案》及配套文件，5月20日，相关材料上报省车改办。7月20日，省车改领导小组召开会议，确定9月10日前各市、县同步封车。7月29日，省车改办正式行文批复丽水市车改方案。8月10日，丽水市召开公务用车制度改革动员部署会议，贯彻落实上级公务用车制度改革精神，动员部署全市全面推进公务用车制度改革工作。8月18—19日，全省公务用车平台建设和服务保障工作会议在丽水召开，推广丽水市公务用车管理平台信息化建设经验，会上就

公务用车集中封存　　叶　芳　提供

全省公务出行“一张网”的总体思路进行讨论。9月10日，顺利实现市、县同步封车，全市封存涉改取消车辆1491辆，其中市级机关330辆。9月11日，平台保障和社会化租赁有序对接。11月，完成人员车贴审核，全市涉改人员20958人，其中市级机关3307人，以9月为基准发放到位。全市涉改司勤人员3620人，其中市级机关518人，共发放经济补偿金368.85万元。组织公车拍卖场次15场，其中市级机关3场，拍卖1112辆。市委办、市府办下发《关于进一步严明公务用车使用管理纪律的通知》，市车改办出台《关于进一步明确市级机关机要应急调研用车使用和公务用车租车范围口径的通知(试行)》，市财政局出台《执法执勤用车和行政执法用车管理暂行办法》《关于做好公务出行车辆社会化租赁服务的通知》，市机关事务局出台《市级机关公务用车保障平台》《市本级重大活动用车保障办法》。市公务用车保障平台(服务中心)整体机制设计走在全省前列。12月，丽水市被列为全省“公务出行一张网”试点。垂直管理单位车改参照地方方案，对接省级主管部门进行。　(叶　芳)

个体私营(民营)经济

【概况】　2016年，全市围绕实现工商注册制度便利化的目标，继续大力推进工商登记制度改革，进一步营造良好的营商环境。全年丽水市新设企业总数6173户，同比增加14.2%；新设个体户总数226127户，同比下降6.78%。全市各类市场主体总量189951户，同比增加8%。其中，在册企业33320户，同比增加12.3%；在册个体工商户149177户，同比增加7.4%；在册农民专业合作社7382户，同比增加1.65%；在册企业集团68个，同比增加4.62%；在册常驻代表机构4个，与上年同期持平。全市行业协会52个。全市新增注册商标4328件，累计30190件；新增驰名商标1件(梦天)，累计14件；新认定省著名商标21件，累计185件，新认定市著名商标45件，累计287件，累计地理标志证明商标24件，集体商标8件。

【个体劳动者协会、私营(民营)企业协会】　2016年，全市个协会员122190户，比2015年增长13%，从业人员194070人，比2015年增长15%。其中女性有52068人，占42.6%；少数民族为2918人，占2.4%。文化程度研究生140人，本科1718人，大专15908人，高中专53047人，初中以下51377人，高中以上人数占会员数58%。私营企业会员22059户，比2015年增长16.5%，其中女性有3447人，占15.6%；少数民族为656人，占3%；文化程度研究生241人，本科以上2434人，大专以上5526人，高中专7397人，初中以下6461人，高中专以上人数占会员数70.7%。私营企业会员中有工会组织3741个、党组织729个、团组织261个；全市个私会员中有当选为省、地、县人大代表202人，当选为省、地、县政协委员301人，当选为省、地、县劳动模范50人。全年个私会员向社会各项公益事业捐款125.7万元。

【品牌培育及服务指导】　2016年，全市办理商标权质押14笔，质押商标59件，商标权质押与其他方式组合担保贷款16355万元，比目标任务增加63.55%；庆元铅笔被认定“浙江省专业商标品牌基地”，遂昌县石练镇被认定2016年浙江省商标品牌示范乡镇(街道)，景宁县惠明茶业有限公司、浙江九川竹木股份有限公司被认定2016年浙江省商标品牌示范企业。全市查处各类商标违法案件82件，移送司法机关案件6件。扶持“丽水山耕”商标品牌创建，通过“丽水山耕”商标注册、培育、保护等工作，提升拓展“丽水山耕”农业区域公用品牌。255家农业企业单位加入“丽水山耕”品牌旗下，品牌销售额超20亿元，平均溢价率33%，品牌富农成效显著。组织开展丽水民宿经济发展状况调研，《丽水市民宿经济发展的现状优势及问题建议》，得到市委书记史济锡、市长朱晨批示肯定。查找民宿经济品牌培育发展“短板”，确立重点民宿帮扶对象118家，申报商标41件，注册公告12件。对纳爱斯公司等知名企业的商标品牌保护进行有益的探索和实践，取得较好的效果。

【开展商品交易市场党建工作标准化建设】　2016年，根据浙工商党委《关于推进全省商品交易市场党建工作标准化建设的指导意见(试行)》文件要求，市市场监管局布置全市开展商品交易市场党建工作标准化建设。青田召开商品交易市场党建工作标准化建设推进会，起草《关于开展全县商品交易市场党建工作标准化建设的指导意见》。云和以商贸物流城为试点开展市场党建工作标准化建设。缙云围绕商品交易市场党建工作标准化建设的目标，在五云镇蔬菜交易中心开展商品交易市场党建工作标准化建设。全市9家市场开展党建工作标准化建设，并建立18个全市非公党建工作联系点单位，有力推进全市商品市场党建工作规范化、常态化、制度化，提升市场非公有制党组织建设的整体水平。　(卢柳允)

群众性精神文明创建活动

【“最美丽水好人”品牌建设】 2016年，丽水市开展第五届丽水市道德模范推荐工作，评选产生丽水市道德模范10人和道德模范提名奖10人，市委书记史济锡、市长朱晨等领导会见慰问道德模范，并在缙云县举办第五届丽水市道德模范颁奖典礼。坚持按月评选“丽水好人榜”，共评出丽水好人86人，入选“浙江好人榜”38人，入选“中国好人榜”5人。广泛发现和树立各类先进典型，涌现出“全国最美教师”王伟平、“信义少年”叶石云等重大典型，王伟平、苏村“9•28”救援团体入围“浙江骄傲人物”评选。落实《丽水市道德模范待遇保障若干规定(暂行)》和《丽水市“关爱好人”基金管理办法(试行)》，推动各地建立道德模范和最美人物关爱帮扶机制，全社会形成“好人有好报”的鲜明导向。

【开展好家风建设】 2016年，市文明办联合市妇联印发《关于进一步深化文明家庭创建活动的通知》，结合“最美家庭”系列评选，在城市社区开展以孝老文明家庭、生态文明家庭、爱心文明家庭、家教文明家庭、文体文明家庭、廉洁文明家庭为主要类型的“六型文明户(家庭)”创建活动，命名100户“最美六型文明户(家庭)”。联合市纪委、市档案局公开征集“丽水好家风好家训”，收集、整理散落在民间、宗族、村落里的家规家训，建成松阳县大东坝镇六村家风家训馆，龙泉市编撰《龙泉好家风》，弘扬良好的家规家训对家人、族人乃至整个村庄、整个区域的人文影响。开展好家训“挂厅堂、进礼堂、入学堂”活动，常态化做好“最美家庭”和“好家风好家训”宣传展示活动，形成“家家写家训，处处好家风”的文明风尚。

【文明行业、文明单位(窗口)创建】 2016年，丽水市结合“美丽乡村”建设，75家市级以上文明单位与行政村“一对一”的结对共建活动，每年为每个结对村落实不少于2万元的帮扶资金。充分发挥文明单位、窗口行业的示范引领作用，在各级文明单位和重要窗口行业中开展“做文明丽水人 创全国文明城”擂台赛活动。开展窗口单位岗位练兵活动，组织开展“微笑服务大讲堂”活动，评比表彰“最美微笑服务”窗口，切实提高群众满意率。

【开展“我们的节日”主题活动】 2016年，丽水市在春节、清明、端午、中秋、重阳等传统节日，组织开展“我们的节日”主题活动，弘扬中华优秀传统文化和传统美德。把“我们的节日”主题活动与各项群众性精神文明创建活动有机结合起来，打造一批传承中华文化、建设精神文明的响亮品牌，丽水乡村春晚连续举办36年，全市创成乡村春晚示范县6个，示范县自办村晚行政村覆盖率达40%。2016年春节期间，浙江卫视新闻联播连续三天开设“丽水村晚为什么这么火”专题报道。2月17—22日，中国文化部全国公共文化发展中心以丽水乡村春晚为试点，向世界21国和全国直播莲都、缙云、松阳、遂昌四台民俗春晚。

【“道德讲堂”建设】 2016年，丽水市深化市道德讲堂常态化运行机制建设，完善省、市级文明单位轮流承办道德讲堂工作机制。围绕社会主义核心价值观培育和践行主题，把学模范、我们的节日、诚信建设、爱国教育等主题教育融入道德讲堂总堂活动，至年底，全市举办“道德讲堂”总堂活动30场，受教育6000余人次，受到广大干部职工和市民的好评，有效促进文明单位干部职工及市民社会主义核心价值观的自觉养成。

【开展“节俭养德全民节约”行动】 2016年，丽水市深入开展节约型机关、节约型企业、节约型农村、节约型校园、节约型家庭创建活动，全市3万余党政机关干部参与“俭以养德向我看齐”活动；发挥农村红白理事会的作用，引领农村节俭风尚；30万名中小学生参与节粮、节水、节电等体验活动及志愿服务；全市社区近3万个家庭参与文明餐桌、节俭持家、绿色出行、合理消费等活动。新闻媒体开设《不文明行为曝光台》，并专题报道节俭养德典型以及经验做法，宣传节俭节约、社会责任意识，倡导合理消费。

【开展全民阅读活动】 2016年，市文明办联合市文广出版局、市教育局开展“书香丽水•全民阅读”系列活动，在全市开展包括公益讲座、展览、优秀图书推介、文艺演出、知识竞赛、演讲赛等各类阅读推广活动，表彰14名“优秀阅读推广人”。开展“全民阅读进机关”等系列读书活动，全市300余所学校形成校园阅读“一校一品”。举办“4•23”图书馆之夜——丽水市“十大书香家庭”经典诵读颁奖晚会，参与读者5000余人，194个家庭参加比赛。举办“书香丽水•全民阅读”主题征文活动，累计收到参赛征文2750篇，评选优秀作品23篇。举办全市“我喜爱的一本书”读书演讲比赛，评选出读书演讲家10人、读书形象大使1人。在市直媒体开设《丽水人文大讲堂》《绿谷文化》《漫谈书话》等读书专栏，开展品位读书活动，全年丽水电视台《丽水新闻》《瓯江报道》等专栏播出相关报道30余条。

【全面开展全国文明城市创建工作】 2月3日，市委、市政府召开推进全国文明城市创建动员大会，制定《丽水市全国文明城市创建集中攻坚行动方案》，下发创建全国文明城市和未成年人思想道德建设测评体系，层层落实责任。市委、市政府出台《全国文明城市创建工作奖惩办法》《2016年度全国文明城市创建工作督查考核办法》等，形成"周检查、月点评、季通报、年考核"的推进机制。市级媒体开设20余个专栏、专题，刊播有关报道3600余篇。落实"抬眼可见、举足即观"公益广告宣传工作要求，在20类重要节点运用文化墙、户外广告牌、灯箱等载体设置公益广告3.2万平方米，刊播优秀作品1700篇次。以打造"文明交通最礼让城市"为目标，持续开展六大载体活动。深入实施老街小巷改造、市场环境整治等，建立"路段包干"、网格化管理、挂牌整治销号等机制，推进"三重点一难点"创建项目建设。集中力量打赢省测、国测攻坚战，省测丽水市以总得分840分的好成绩，在省内四个提名城市中位列第一，国测丽水市以总得分96.01分的好成绩，在全国100个地级市中位列第三。

【营造全域文明风尚】 2016年，丽水市开展"迎G20做文明丽水人，创全国文明城"活动，进一步提高公民文明素质，以良好的文明风尚迎接G20杭州峰会。打造"微笑丽水"志愿服务品牌，市文明委制定《丽水市2016年志愿服务制度化工作安排》，市志工委先后出台《丽水市社区志愿服务站规范化标准体系》《丽水市社区志愿服务工作流程》《关于党、团员开展社区志愿服务工作的实施办法(实行)》等规范性文件，助推社区"四关爱"志愿服务常态化开展。推进志愿服务实体化阵地建设，先后建成"志愿者之家"1个、"学雷锋志愿服务广场"9个和微笑志愿服务亭3个。推出"志愿汇"手机APP，通过线上发起，广泛开展各类志愿服务活动，至年底，全市累计注册志愿者26.65万余人，累计开展活动900余场。深入开展"美丽楼道、文明小巷"特色创建，创建并完成"美丽楼道"1018条、"文明小巷"13条。围绕"微笑邻里、欢乐社区"主题，以社区为举办主体，以楼幢为基本单元，创新活动载体，举办第九届全市社区邻居节。

【提升市民文明素质】 2016年，以"烟头垃圾不落地、家园环境更美丽"为主题，常态化开展全民捡烟头活动，开展百人以上捡烟头活动541次，万人以上活动45次，全城50余万人次上街捡拾烟头，其中活跃在城区大街小巷的"小荷"志愿者联盟，有115支志愿服务队加盟，总人数12426人，每周开展捡拾烟头等文明劝导志愿服务，丽水"一个捡不到烟头的城市"品牌已深入人心。打造"文明交通最礼让城市"为目标，持续开展"礼让斑马线"集中整治、"礼让斑马线我最美""我是党员我带头我是干部我率先"等活动，通过公交先行、严管重罚、党员示范、媒体曝光等途径，确保全市公交车礼让率稳定在100%，出租车礼让率达90%以上，社会车辆礼让率达80%以上。开展"万朵鲜花送文明"活动。2016年，组织百名志愿者常态化开展"万朵鲜花送文明"活动，在市区公交车、窗口单位、主要交通路口，送出鲜花8000余支，形成"你文明，我点赞""我文明，我光荣"的良好氛围。

【最美文明乡镇、生态文明村创建】 2016年，市文明办贯彻落实全国农村精神文明建设经验交流会和省委办公厅、省政府办公厅《关于进一步深化农村精神文明建设的意见》精神，推进以美丽乡村为主题的农村精神文明建设。以环境优美、特色明显、设施完善、功能齐全、风尚文明为基本要求，进一步优化评选程序，完善测评标准，开展"最美文明乡镇"创建活动，命名丽水市"最美文明乡镇"2个。结合美丽乡村建设，以"绿水青山就是金山银山"为引领，以打造农村生态田园风光、加强乡土文化保护、深化农村环境综合治理、培育优良家风为着力点，开展生态文明村创建活动，并增设"最美文明村"创评项目，推动生态文明村创建转型升级，共命名"最美文明村"4个、生态文明村32个。

【"六星文明户"创建工作】 2016年，市文明办深入贯彻市委办、市府办《关于在全市农村广泛开展"六星文明户"创建工作的实施方案》和市文明委《丽水市农村"六星文明户"创建工作动态管理办法》文件精神，巩固创评成果，组织年度复评，扩大评选覆盖，完善创评流程，突出群众主体，提升认同感和支持率，形成人人参与、户户争"星"、家家创文明的生动局面。2016年，命名丽水市"最美六星文明户"100户。深入实施"信贷惠德"行动，探索多形式的农村"六星文明户"和"最美六星文明户"关爱和褒扬机制。

【完善未成年人思想道德建设工作机制】 2016年，市文明委印发《2016年度丽水市未成年人思想道德建设工作实施方案》，市委书记史济锡就未成年人思想道德建设工作做出批示，市委、市政府召开全市未成年人思想道德建设工作会议。每季度组织开展未成年人思想道德建设工作检查考评，促进全市未成年人思想道德建设工作得到全面落实。教育、民政、文化、团委、妇联、残联、关工委等7个部门常态化工作品牌得到提升推广。健全完善学校、家庭、社会"三结合"教育网络，全市30个社区（街道）综合文化活动中心（站）开辟未成年人活动场所，14个市级以上文明社区设有绿色网吧、心理健康辅导室，面向未成年人免费开放。

【广泛开展未成年人思想道德教育实践活动】 2016年，丽水市开展深化"我的中国梦"主题教育实践活动，开展清明祭英烈，寻找、学习和争做美德少年，童心向党歌咏，向国旗敬礼，"学长征精神、做红色传人"等活动，全市5万余人次（师生）到烈士陵园、烈士墓地祭扫、献花和宣誓，礼敬先烈先辈，32万余名学生传唱歌颂党、歌颂祖国、歌颂中国梦的优秀歌曲，面向国旗敬礼并签名、寄语30万余人次。以"传承中华文明、争做美德少年"为主题，举办第五届全市未成年人道德文化节。开展学习和争做美德少年活动，全市评出校级"美德少年"3000余人，县级"美德少年"1233人，市级"美德少年"100人。开展"好人进校园"活动，营造向善向美的校园文明风尚。注重传统文化教育，组织开展以孝敬、友善、节俭和诚信为主要内容的中华经典诵读活动，组织开展"戏曲进校园"活动，全市组织20余场校园戏曲展演，观看学生1万余人次。

【开展文明校园创建活动】 2016年，市文明办联合市教育局印发《关于在全市中小学校深入开展文明校园创建活动的通知》，召开全市文明校园创建工作推进会，对全市文明校园创建工作层层部署，300余所中小学校制定文明校园创建活动工作方案和推进计划。加大资金投入，把创建文明校园活动经费列入年度财政预算，2016年，投入资金46万元，完成23所中小学校文明校园创建试点学校建设工作。全市各中小学校充分利用网站、黑板报、宣传窗、显示屏等宣传阵地，营造文明校园创建良好舆论氛围。

【实现乡村学校少年宫建设全覆盖】 2016年，丽水市在龙泉召开推进乡村学校少年宫全覆盖现场会，把乡村学校少年宫全覆盖工作纳入市委、市政府年度综合考核和全国文明城市考核，累计投入建设资金2005.5万元，落实运转经费395万元，自建乡村学校少年宫127所，建设中央彩票公益金支持的乡村学校少年宫7所，实现乡镇中心学校乡村学校少年宫全覆盖。深化乡村学校少年宫与"春泥计划"相结合的工作机制，新建"春泥书库"103个，推动乡村学校少年宫节假日向周边农村孩子开放，惠及农村未成年人20万余人。

【营造良好社会文化环境】 2016年，广泛开展优秀童谣推广、传唱活动，在中国文明网联盟丽水站开设专栏，展示征集评选产生的100首优秀童谣原创作品，全市2.2万余名教师、27.1万余名中小学生诵读、传唱优秀童谣。投入300万元改造提升市区2家未成年人心理健康辅导中心（站），招募心理健康服务志愿者30余人，通过网络、电话、现场授课等形式开展心理健康教育辅导工作，2016年，接受未成年人咨询100余人次。开展关爱保护未成年人健康成长宣传，通过报纸、电视及公共场所屏媒共刊播未成年人公益广告近4万余条次，全社会形成关爱未成年人的浓厚氛围。 （吴　丽）

建设"平安丽水"

【概况】 2016年，丽水市认真贯彻落实省委、省政府关于平安建设和综治工作一系列决策部署，坚持以"确保高标准完成G20峰会各项任务、确保夺取平安金鼎"为总目标，以"平安护航G20大会战""平安夺金鼎百日大会战"为载体，细化工作方案，明确任务清单，加强工作措施，落实工作责任，推进平安创建各项工作。全市平安乡镇（街道）创建达标率95%以上，平安村（社区）达标率98%以上。G20杭州峰会期间，丽水市统一调度义务巡防力量2.8万人和平安志愿者12.3万人，构建市级万人、县级千人、乡级百人、村级十人的"万千百十"大巡防体系，打出全民参战的好氛围。据省统计部门抽样调查，全市平安建设"三率"（平安建设群众安全感、知晓率、参与度）分别为98.08%、87.1%、54.9%，其中，群众安全感连续3年位居全省第一，参与度首次跃居全省第一，12年平安建设测评新纪录。2016年，实现平安市"十二连冠"、综治优秀市"七连冠"和9个县（市、区）平安建设"满堂红"目标，并取得"平安市"考核总分连续两年全省第一，夺取"平安金鼎"。

【平安夺金鼎百日大会战】 2016年，市委政法委按照"归零翻篇再出发，一鼓作气夺金鼎"要求，开展"平安夺金鼎百日大会战"。9月22日，市委召开全市"平安夺金鼎百日大会战"动员会，市委书记史济锡作动员讲话，市长朱晨主持，市委副书记、政法委书记尹学群作工作部署。市委办下发

《关于开展全市“平安夺金鼎百日大会战”的通知》，明确大会战时间，从9月22日—2017年3月31日，以“固成果、防反弹、强基础、利长远”为主线，分“全面体检、查找短板”“对症下药、补齐短板”“总结申报、巩固提升”三个阶段进行，重点开展对标找短“明底账”、精准发力“补短板”、巩固提升“回头看”三项活动。市、县两级平安护航G20指挥中心，成建制转化为平安夺金鼎百日大会战指挥中心。健全完善大会战期间平安建设形势“一周一研判”“一月一体检”等机制，加强“平安夺金鼎”形势分析研判。建立市四套班子领导平安建设联块分线督战机制。以做好迎接省平安“三率”(平安建设群众安全感、知晓率、参与度)抽样调查工作为重点，通过户外宣传、行业发动、媒体宣传、单位宣传、进村入户等形式，掀起“平安夺金鼎”集中宣传热潮，并把下载应用平安浙江APP、平安志愿活动、治安巡防等作为扩大群众参与的重要途径，提升平安“三率”水平。全年全市投入宣传经费600万余元，基本实现市、县两级城区和丽水开发区各类可利用的LED显示屏、公交车、出租车等投放平安宣传标语覆盖100%和市直属各单位落实平安宣传任务覆盖率100%目标。

【深化“平安报表”管理法】 2016年，丽水市深入实施“三年平安计划”，继续坚持“平安报表”管理法，聚焦一票否决“风险点”、平安体检“扣分点”、平安暗访“失分点”、人民群众“关注点”，围绕治安安全、生产安全、生态安全、食药安全、维稳工作、社会治理等重点项目，继续以列表分析、三色预警、问题点评的形式，对全市平安建设状况进行“月体检、月通报”，推进平安建设常态化。每月15日，市、县、乡三级主要负责人都会收到一张“三色预警”的平安报表：做得好的方面标绿色，不到位的标黄色，应高度重视的标红色。对照报表，努力方向一目了然。

【实行平安建设清单式管理】 2016年，丽水市根据2016年度省平安考核评审条件及其解释，制定下发《丽水市实施三年平安计划2016年度工作方案》和《丽水市2016年度平安创建责任清单》，将年度指标任务逐一分解落实到各地各责任单位；完善问题清单，对省市明察暗访、考核抽查和平安月检发现的问题，逐一交办、限期整改；完善倒查清单，对责任落实不到位、问题整改不彻底的，纳入倒查清单，加强通报约谈等措施，实行责任倒查。根据市委重大发展短板任务交办会精神，全面查找影响“护航G20、平安夺金鼎”的短板，建立《丽水市补齐“护航G20、平安夺金鼎”工作短板责任清单》，全面补齐反恐制暴、公共安全、重点群体、基层基础、队伍建设等方面短板。

【G20开展联块分线督战】 G20期间，全市先后组织开展三次全市性明察暗访活动，市委书记史济锡，市委副书记、市长朱晨，市委副书记、政法委书记尹学群等领导亲自带队到各地就“护航G20、平安夺金鼎”工作进行检查督导。建立领导下沉“大督战”机制，市、县、乡三级领导下沉一级坐镇督战，市直机关部门领导下沉到系统基层一线单位。30名副厅以上领导按照“一个县三名领导轮值、每天至少一人在县”要求下沉到县(市、区)和丽水开发区，289名县处级领导下沉到乡镇(街道)，173个乡镇(街道)党政班子成员下沉到村(社区)，靠前指挥，协同作战，实现所有行政村有乡镇干部值守、所有重点部门有领导值班、所有重点企业有专家现场指导，层层压实G20维稳安保工作责任。

【探索互联网+平安模式】 2016年，丽水市通过“互联网+”推进平安丽水建设，加大科技信息化投入，建立常态工作机制，实现平安建设从足下“奔波劳顿”向指尖“方寸掌控”转变。以县乡两级社会治理综合指挥平台建设为抓手，推进基层社会治理“两网融合”。全市初步建成以平安建设信息系统为骨干，基层采集上报信息，各乡镇(街道)及各有关部门网上网下逐级办理的一整套工作机制，将矛盾纠纷联调、社会治安联防、重点工作联动、治安突出问题联治、服务管理联抓、基层平安联创“六联”落到实处。莲都区有专兼职网格员1451人，2016年，通过平安建设信息系统累计上报信息12808条，区社会治理指挥中心接入平安建设信息系统、综治视联网、公安天网、校园安保全球鹰系统、山洪灾害和地质灾害监测预警系统等多个平台，在G20维稳安保和抗台抢险等工作中发挥重要作用。

【加强重点行业监管】 2016年，丽水市针对寄递物流、瓶装燃气、散装汽柴油、农家乐(民宿)等重点行业的基础性防控工作，开发运用多个信息管理系统，实现100%落实。通过运用“电子手腕”“电子脚腕”等技术实现对社区服刑人员实时定位、行动轨迹再现、越界报警等，提高社区矫正监管水平。“龙泉宝剑”闻名天下，是收藏品也是危险品，龙泉市建立“生产销售备案、刀剑唯一编码、销售购买实名登记”三位一体的刀剑追踪溯源平台，通过大数据分析产销情况、掌握刀剑去向，取得经济效益和社会效益双丰收。

【公共安全科技创新】 2016年，丽水市加强公共安全视频监控建设联网应用工作，推进社会视频监控点从“零散分布”向“连线成片”发展，实现对治安复杂公共区域、单位场所及周边重点部位的视频全覆盖，全市70%以上的刑事破案直接或间接得益于视频监控应用。公安部门自主研发的“丽水治安卡口平台”，实现60亿条数据下全库、全时段、模糊检索秒级查询。打击电信网络犯罪，政法、银行、电信等部门通力合作，2月，成立市反虚假信息诈骗中心，公安机关开展专案攻坚，共抓获诈骗嫌疑人148人，打掉团伙16个，发案高发趋势得到有效遏制。

【构建共建共享格局】 2016年，丽水市有“两微一端”新媒体118个，粉丝关注者总数78万余人次。通过各类新媒体建设，拓宽信息公开渠道，搭建“指尖”服务平台，不断扩大平安建设覆盖面。通过“平安浙江”APP以及“志愿汇”APP的推广，全市构建市、县、乡、村四级“大巡防”体系，不断增加义务巡防力量和平安志愿者队伍参与，涌现出莲都区“小荷志愿者”、云和县“老李帮忙团”等一批热心参与社会治安防控的社会组织，市民通过平安浙江APP上报事件线索5700余条。

【加强重性精神病人管理】 2016年，丽水市构建重性精神病人“监管防控、救助救治、托养照料”三大体系，从政策制度层面探索解决重性精神病人服务管理问题，推进社会管理创新。成立民政、公安、卫生、人力社保、财政、司法行政、残联等部门组成的重性精神病人救治管理协调小组。将行政区域内常住人口和流动人口中属于肇事肇祸、轻微滋事和其他潜在暴力倾向的三类重性精神病人列入救治管理范围。对有肇事肇祸行为的重性精神病人、可能危害公共安全和自身安全行为的其他精神病人，实行强制救治管理，救治费用全额列入年度财政预算。建立以乡镇干部、村干部、责任区民警和病人亲属为主体的“四位一体”监管责任机制。依托市疾控中心和市第二人民医院的技术力量，加强辖区内重性精神病人的信息建档和日常随访。建立救助救治保障机制、重性精神病人现场处置机制等，构建县、乡（镇）、街道、社区卫生服务机构对重性精神病人的治疗管理网络。将重性精神病人列入医疗救助专项资金补助范围。开展“阳光家园”等庇护机构建设，开展重性精神病人集中托养，加强流浪乞讨精神病人救治托养。全市重性精神病人624人，全部录入全国信息库，落实管控措施。 （洪大伟）

2016年市和县（市、区）机构及负责人名录

【中国共产党丽水市委员会】
书　记：王永康（至2016年1月）
　　　　史济锡（2016年1月始）
副书记：朱　晨
　　　　尹学群（2016年4月始）
常　委：陈建波　毛子荣　胡　侠
　　　　廖思红（女）　朱继坤
　　　　卫中强
　　　　姜　华（至2016年9月）
　　　　方　向　葛学斌
　　　　范金华（2016年9月始）
秘书长：徐岳明（至2016年6月）
　　　　杜兴林（2016年6月始）
副秘书长：郑利剑　李炀德
　　　　王顺发（至2016年11月）
　　　　李汉勤（至2016年4月）
　　　　张少荣　李忠伟
　　　　翁志鸿（至2016年11月）
　　　　蔡　昉（2016年4月始）
　　　　程巧琴（女）（2016年4月始）
　　　　周光洪（2016年4月始）
　　　　罗孝林（2016年7月始）
　　　　张建明（2016年11月始）
　　　　王小荣（2016年11月始）
　　　　徐光文（2016年11月始）
　　　　陈志斌（2016年11月始）

【丽水市人民代表大会常务委员会】
主　任：虞红鸣
副主任：金建新　刘国安　武　昌
　　　　徐岳明　杜光旻　陈志雄
　　　　林　康（2016年3月始）
秘书长：朱山华（至2016年3月）
　　　　吴小平（2016年3月始）
副秘书长：姚朝阳（2016年3月始）
　　　　张金禄　吴一平　汤家友
　　　　方世伦（至2016年3月）
人大常委会办公室
主　任：张金禄
副主任：姚朝阳（至2016年3月）
　　　　汤碧荣（2016年3月至11月）
党组书记：朱山华（至2016年2月）
　　　　吴小平（2016年2月始）
党组副书记：张金禄
人大常委会研究室
主　任：吴一平
副主任：郑永清
人大常委会代表与选举任免工委
主　任：郑　栋（至2016年11月）
副主任：蔡培新
人大常委会法制工委
主　任：郭卫平（至2016年3月）
　　　　张云高（2016年3月始）
副主任：陈仰勇
人大常委会内务司法工作委员会
主　任：胡振文

人大常委会财经工委
主　任:谢志伟
副主任:陈吉英(女)
人大常委会农业与农村工委
主　任:许　浩
副主任:陈逸龄
人大常委会城乡建设与环境资源工委
主　任:沈明温
副主任:刘良文
人大常委会教科文卫工委
主　任:王绍森
副主任:张　明(女)
人大常委会民族华侨工委(外事办)
主　任:赵碧华(至2016年3月)
蓝跃慧(2016年3月始)

【丽水市人民政府】
市　长:朱　晨(2016年3月始)
副市长:毛子荣　陈　重　林　亮
任淑女(女)
徐子福(至2016年3月)
戚永远　陈景飞
秘书长:邹培书
副秘书长:周劲松
吴益由(至2016年7月)
钟建安　蔡建熙　廖永平
郑春明(2016年5月始)
谭利章(2016年7月始)
叶　青(2016年11月始)
季柏林(2016年11月始)
王　炜
吴松平(至2016年5月)
李伟立

【中国人民政治协商会议丽水市委员会】
主　席:陈瑞商
副主席:齐育华
吴炳全(至2016年3月)
韦铁民
庄志清(至2016年3月)
何赤峰　沈根花(女)
金爱武
朱山华(2016年3月始)
邝平正(2016年3月始)
卢彩柳(女)(2016年3月始)
秘书长:虞大才
副秘书长:王亚民
蓝献华(至2016年2月)
马乾满　蒋正鸿
丁岳清(2016年2月始)
胡　兵(女)　吴积雷
蓝叶培　何　灵(女)
卢汝兰(女)　张向东
肖　荣
政协办公室
主　任:王亚民
副主任:杨　薇(女)
杨伟业(至2016年12月)
党组书记:虞大才
党组副书记:王亚民
政协研究室
主　任:叶加荣
政协提案委员会
主　任:周伟东
副主任:胡　兵(女)　吴积雷
蓝叶培　何　灵(女)
卢汝兰(女)　张向东　陈祖军
政协经济委员会
主　任:李　林(至2016年8月)
副主任:陈肇平　张建伟　麻卫平
楼培忠
政协农业农村和人口资源环境委员会
主　任:陈建忠(至2016年8月)
副主任:徐国跃(2016年2月始)
陈银龙　胡丽红(女)
厉裕勤(至2016年2月)
徐荣华
政协科教文卫体委员会
主　任:潘瑞卿(女)
副主任:蓝宁虹(女)　梁　军(女)
詹百松　刘崇民
政协社会法制和民族宗教委员会
主　任:张泽永
副主任:计勇强　张亮明　张　健
政协港澳台侨委员会
主　任:阙忠东
副主任:沈丽珺(女)　潘志强
项芳云(女)
政协文史资料委员会
主　任:丁岳清(至2016年3月)
朱玉康(2016年3月始)
副主任:丁子洋
阙忠东(至2016年2月)
杨贤高
周　晓(女)(2016年10月始)
政协委员工作委员会
主　任:金崇华
副主任:陈立新　周正春
留丽萍(女)(至2016年2月)
赵丽群(女)(2016年2月始)

【中国共产党丽水市纪律检查委员会】
书　记:方　向
副书记:王　炎　柳向阳
常　委:雷春梅(女)(至2016年11月)
李官金　赵　平　刘云华
朱小刚(至2016年3月)
郑绍周(2016年8月始)
吕晓东(2016年8月始)
柳启东(2016年11月始)
派驻纪检组
派驻市委办纪检组
组　长:吴郁郁
副组长:程鹰飞
派驻市人大机关纪检组
组　长:叶晓勇
副组长:陈丽伟
派驻市府办纪检组
组　长:雷春梅(女)
副组长:华志和
派驻市政协机关纪检组
组　长:叶　勤
副组长:孙文喜
派驻市委组织部纪检组
组　长:马正德(2016年7月始)
副组长:叶龙标(至2016年7月)

派驻市委宣传部纪检组
组　长：徐青清（2016 年 2 月始）
副组长：何成贵
派驻市委统战部纪检组
组　长：雷金松
副组长：管君友（2016 年 11 月始）
派驻市政法委纪检组
组　长：陈洪敏
副组长：厉裕勤（2016 年 2 月始）
派驻市中级人民法院纪检组
组　长：吴敬诗
派驻市人民检察院纪检组
组　长：舒维云（2016 年 7 月始）
派驻市公安局纪检组
组　长：徐为民（2016 年 3 月至 5 月）
朱丽军（2016 年 7 月始）
派驻市直机关党工委书记：
楼新英（女）（2016 年 2 月始）
派驻市发改委纪检组
组　长：梁丽勇
派驻市经信委纪检组
组　长：林建勇
派驻市教育局纪检组
组　长：严金华（女）
派驻市科技局纪检组
组　长：刘先林
派驻市民政局纪检组
组　长：叶挺辉
派驻市财政地税局纪检组
组　长：李　萌（女）
派驻市人力社保局纪检组
组　长：李　锋
派驻市住建局（规划局）纪检组
组　长：胡　坚
派驻市交通运输局纪检组
组　长：罗高阅
派驻市水利局纪检组
组　长：梁建成（至 2016 年 2 月）
派驻市农业局纪检组
组　长：胡丽红（女）
派驻市文广出版局纪检组
组　长：周　杰
派驻市卫生计生委纪检组
组　长：陆咸玲（女）
派驻市审计局纪检组
组　长：傅绍林
派驻市环保局纪检组
组　长：周建生
派驻市林业局纪检组
组　长：林建春（女）（至 2016 年 12 月）
派驻市旅委纪检组
组　长：刘君龙
派驻市安监局纪检组
组　长：张树芳
派驻市市场监管局纪检组
组　长：杜军民
派驻市质监局纪检组
组　长：徐东平
派驻市国资委纪检组
组　长：陈银龙
派驻丽水生态产业集聚区（丽水开发区）管委会纪检组
组　长：楼新英（女）（至 2016 年 2 月）
蓝金水（2016 年 4 月始）
派驻丽缙园管委会纪检组
组　长：陈新贤

【丽水市中级人民法院】
院　长：徐亚农
副院长：周　庆
吴敬诗（至 2016 年 1 月）
李栽标　罗　明
吴林雄（2016 年 5 月始）
党组书记：徐亚农
党组副书记：周　庆
政治部主任：吴林雄（至 2016 年 4 月）
叶晓生（2016 年 4 月始）

【丽水市人民检察院】
检察长：陈海鹰（至 2016 年 3 月）
代检察长：过孟超（2016 年 3 月始）
副检察长：过孟超（2016 年 3 月始）
徐荷生　赵　平　周科庆
陈华平
党组书记：陈海鹰（至 2016 年 3 月）
过孟超（2016 年 3 月始）
党组副书记：徐荷生
政治部主任：叶绍飞

【中国人民解放军浙江省丽水军分区】
党委第一书记：王永康（至 2016 年 1 月）
史济锡（2016 年 1 月始）
党委书记：范金华
党委副书记：姜　华（至 2016 年 5 月）
司令员：姜　华（至 2016 年 5 月）
政治委员：范金华
参谋长：宣国民
政治部主任：张宝藏
后勤部部长：蔡立峰

【市委工作部门】
办公室、政策研究室
办公室主任：郑利剑
办公室副主任：郑家彪　吴新伟
政研室主任：李汉勤（至 2016 年 4 月）
蔡　昉（2016 年 4 月始）
政研室副主任：朱玉康（至 2016 年 2 月）
蔡　昉（至 2016 年 4 月）
王振军（2016 年 4 月始）
机要局（密码管理局）
局　长：朱峻峰
组织部
部　长：胡　侠
常务副部长：郑力平
副部长：李官金　吴善印
陈立新　南林玲（女）
徐丽勇
陈科强（2016 年 11 月始）
两新工委
书　记：陈立新
副书记：孙乐明　周仓俊
蓝益平（至 2016 年 2 月）
张继南（2016 年 2 月至 11 月）
陈科强（2016 年 11 月始）
宣传部
部　长：陈建波

常务副部长:任韩高
副部长:叶晓华
　　胡伟华(至 2016 年 11 月)
　　张卫英(女)(2016 年 11 月始)
　　李建荣
社会主义精神文明办公室
主　任:叶晓华
统一战线工作部
部　长:廖思红(女)
常务副部长:周正春
副部长:张亮明　孙乐明
　　王松龙(2016 年 11 月始)
政法委员会
书　记:朱　晨(至 2016 年 5 月)
　　尹学群(2016 年 5 月始)
副书记:毛子荣　卫中强
　　王顺发(至 2016 年 11 月)
　　陈志斌(2016 年 11 月始)
　　叶金荣
　　朱小刚(2016 年 3 月始)
政治部主任:翁卫芬(女)
社会管理综合治理委员会办公室专职副主任:叶建平
维护稳定工作领导小组办公室专职
主　任:朱小刚(2016 年 3 月始)
副主任:蒋金明
台　办
主　任:沈丽珺(女)
副主任:单　炜
编委办公室
主　任:李官金
副主任:饶　胜　李建龙
农办(扶贫办)
主　任:李炀德
副主任:江少伟
　　郑建强(2016 年 4 月始)
　　郑锡伟(至 2016 年 3 月)
　　张晓红(女)(2016 年 5 月始)
党组书记:李炀德
直属机关工作委员会
书　记:胡振文(2016 年 4 月始)
　　程巧琴(女)(2016 年 4 月始)

副书记:陈官雷　施东胜
市委防范和处理邪教问题领导小组办公室(市政府防范和处理邪教问题办公室)
主　任:陈正巧
副主任:罗根海　叶沛华
　　关勇刚(2016 年 11 月始)
市委、市政府信访局
局　长:张少荣
副局长:褚志坚
　　张晓红(女)(至 2016 年 5 月)
　　李新林　王　峰
　　徐　雄(2016 年 5 月始)
党组书记:张少荣
老干部局
局　长:南林玲(女)
副局长:黄永伟　雷月伟
党史研究室(地方志办公室)
主　任:雷华英(女)
副主任:胡和平 (至 2016 年 3 月)
　　汪羽中
档案局(档案馆)
局(馆)长:陈鸿斌(至 2016 年 5 月)
副局(馆)长:郑丽华(女)　吴利明
党组书记:陈鸿斌(至 2016 年 5 月)
党　校
校　长:胡　侠
常务副校长:陆亚东
副校长:胡　飞　叶国勇　陈建伟
党委书记:陆亚东
行政学院
院　长:毛子荣
常务副院长:陆亚东
副院长:胡　飞　章　旭
丽水日报社
社　长:李志伟
副社长:聂陈杰　潘晓泉
总编辑:聂陈杰
副总编辑:潘晓泉　施龙有　胡建金
党委书记:李志伟
党委副书记:聂陈杰　潘晓泉

【市人民政府工作部门】
办公室(法制办、研究室)
办公室主任:周劲松
办公室副主任:
　　王国锋
　　叶群力(2016 年 12 月始)
　　张颖洁(2016 年 12 月始)
法制办主任:吴益由(至 2016 年 7 月)
法制办副主任:陈江风
政策研究室副主任:
　　陈帅锋(2016 年 12 月始)
党组书记:邹培书
党组副书记:周劲松
发展和改革委员会
主　任:邝平正(至 2016 年 5 月)
　　饶鸿来(2016 年 5 月始)
副主任:李营琦(至 2016 年 5 月)
　　毛时薛
　　黄力量(至 2016 年 5 月)
　　邱学明
　　罗运乾 (2016 年 12 月始)
　　王　军(至 2016 年 12 月)
　　曹永跃(2016 年 7 月始)
　　付秀辉
　　(2016年11月至2016年12月)
党组书记:邝平正(至 2016 年 5 月)
　　饶鸿来(2016 年 5 月始)
党组副书记:王　军(至 2016 年 12 月)
经济和信息化委员会
主　任:翁伟荣(2016 年 1 月始)
副主任:楼培忠　周再荣　龚启贤
　　吴雄飞
　　周晓林(2016 年 5 月始)
党组书记:翁伟荣
市政府经济合作交流办公室(市招商局)
主任(局长):蔡建熙
副主任(副局长):
　　麻卫平
　　吴小华(至 2016 年 6 月)
　　杨金跃
　　赵丽群(女)(2016 年 10 月始)

党组书记：蔡建熙

教育局

局　长：何卫宁

副局长：詹百松　吴　燕（女）
　　叶信昌

党委书记：何卫宁

党委副书记：詹百松

科学技术局

局　长：刘崇民

副局长：林建星　程浙军
　　蓝跃慧（至 2016 年 3 月）
　　吕璞琪（女）（2016 年 5 月始）
　　陈建广（2016 年 12 月始）

党组书记：刘崇民

民族宗教事务局

局　长：张亮明

副局长：陈和平（至 2016 年 4 月）
　　金伟庆
　　朱超模（2016 年 4 月始）

公安局

局　长：卫中强

常务副局长：封宗祥

副局长：金　珍（女）　诸葛俭
　　陈正巧　梅中仁
　　陈志斌（至 2016 年 12 月）
　　丁文伟（2016 年 8 月始）
　　朱荣华（2016 年 12 月始）
　　马正德（2016 年 5 月至 7 月）

党委书记：卫中强

党委副书记：封宗祥

纪委书记：徐为民（2016 年 3 月始）

政治部主任：
　　马正德（至 2016 年 5 月）
　　朱荣华（2016 年 5 月至 12 月）
　　李继仁（2016 年 12 月始）

监察局

局　长：郑力平（至 2016 年 3 月）
　　柳向阳（2016 年 5 月始）

副局长：朱小刚（至 2016 年 4 月）
　　张建伟

民政局

局　长：熊佩飞

副局长：王提操　徐明福　陈冬生
　　朱雪飞　蓝小明
　　留　洁（女）（2016 年 12 月始）

党组书记：熊佩飞

党组副书记：王提操

司法局

局　长：张云高（至 2016 年 3 月）
　　蒋世懿（2016 年 5 月始）

副局长：章作飞（至 2016 年 12 月）
　　邓伦透
　　蓝益平（2016 年 3 月始）
　　夏逸敏（2016 年 12 月始）
　　梁洪明（2016 年 12 月始）

党组书记：张云高（至 2016 年 2 月）
　　蒋世懿（2016 年 5 月始）

政治部主任：蓝　雄

财政局

局　长：刘志伟

副局长：魏叶华（女）　陈肇平
　　张　栋（2016 年 12 月始）
　　刘小平（至 2016 年 12 月）

地方税务局

局　长：刘志伟

副局长：刘小平
　　叶如华（至 2016 年 7 月）
　　江　杰（2016 年 9 月始）

财政局、地方税务局党组

党组书记：刘志伟

人力资源和社会保障局

局　长：吴善印

副局长：张　健　章　旭　陈晓恒
　　吴守成

党组书记：吴善印

党组副书记：张　健

纪检组长：李　锋

住房和城乡建设局

局　长：吴小平（至 2016 年 3 月）
　　吴筱琳（女）（2016 年 3 月始）

副局长：蒋金松　叶荣林　樊甫敏
　　林开武　周兆金　舒杨胤

城乡规划局

局　长：吴小平（至 2016 年 4 月）
　　吴筱琳（女）（2016 年 4 月始）

副局长：蔡俊华　丁勇方

住房和城乡建设局（城乡规划局）党组

党组书记：吴小平（至 2016 年 3 月）
　　吴筱琳（女）（2016 年 3 月始）

党组副书记：蒋金松

交通运输局

局　长：叶旭勇

副局长：叶锦伟　高向东
　　刘旭东（至 2016 年 7 月）
　　季宋平　何连忠　叶郑献
　　蒋仲胜　刘　军
　　叶利东（2016 年 12 月始）

党组书记：叶旭勇

党组副书记：叶锦伟

水利局

局　长：饶鸿来（至 2016 年 5 月）
　　徐为民（2016 年 5 月始）

副局长：卓观园　张映辉　王礼军
　　何跃军

党组书记：饶鸿来（至 2016 年 5 月）
　　徐为民（2016 年 5 月始）

农业局

局　长：姜　波

副局长：何　敏　张国平　沈利文
　　王永伟

党组书记：姜　波

党组副书记：何　敏

商务局

局　长：陈积康（至 2016 年 1 月）
　　孙俐珑（2016 年 1 月始）

副局长：周冠军
　　徐　瑛（女）（至 2016 年 12 月）
　　王井泉
　　张志军（2016 年 12 月始）

党组书记：孙俐珑

文化广电新闻出版局

局　长：周一红（女）

副局长：李根林　张福和　许卫东
　　吴立华

党组书记：周一红（女）

党组副书记：李根林

卫生和计划生育委员会

主　任：邱务土

副主任：汤利远　梁　军（女）
赖信强（至 2016 年 12 月）
王　巍（至 2016 年 12 月）
王　峰
林　莉（女）（2016 年 12 月始）

党委书记：邱务土（2016 年 11 月始）

审计局

局　长：潘建青

副局长：陈锡星　傅代兴　阎家骥
颜登亮

党组书记：潘建青

党组副书记：陈锡星

环境保护局

局　长：刘海明

副局长：胡晓红（女）　叶旭明
虞伟鋐　何小仁

党组书记：刘海明

统计局

局　长：周智飞

副局长：练永嘉
管伟春（女）（至 2016 年 10 月）
陈建斌（2016 年 12 月始）

党组书记：周智飞

林业局

局　长：项旭平

副局长：麻飞鹤
叶菽茂（至 2016 年 7 月）
朱国桥　赵仁友
黄文松（2016 年 7 月始）

党组书记：项旭平

党组副书记：麻飞鹤

旅　委

主　任：孙俐珑（至 2016 年 1 月）
王　平（2016 年 1 月始）

副主任：徐青清（至 2016 年 3 月）
周大勇（至 2016 年 8 月）
周益敏　何丽萍　胡慧红

党组书记：王　平

党组副书记：徐青清（至 2016 年 2 月）

外事与侨务办公室

主　任：邢长勇

副主任：金晓伟　潘建亮　刘光利

党组书记：邢长勇

城市管理局（城市管理行政执法局）

局　长：吴洵麒

副局长：蔡通友　郑丽君（女）
吴建锋　何鲜飞

党组书记：吴洵麒
叶金荣（至 2015 年 2 月）

安全生产监督管理局

局　长：罗江军

副局长：徐荣祖　陈伟达
李雄平（2016 年 12 月始）

党组书记：罗江军

党组副书记：徐荣祖

市场监督管理局

局　长：夏海国

副局长：邱文锋　周仓俊　李泉清
吕璞琪（女）（至 2016 年 5 月）
周纪荣　宋小军
李和达（2016 年 5 月始）

党组书记：夏海国

人民防空办公室

主　任：汪　帆（至 2016 年 5 月）

副主任：郭海光　魏安龙　张　奇
张　秦（女）

党组书记：汪　帆（至 2016 年 5 月）

民防局

局　长：汪　帆（至 2016 年 5 月）

副局长：郭海光　魏安龙
张　秦（女）

质量技术监督局

局　长：卢彩柳

副局长：胡芳泉　潜晓辉　何乐君
胡雪强（2016 年 8 月始）

党委书记：王志鹏

党委副书记：王　军（2016 年 12 月始）

国有资产监督管理委员会

主　任：刘炳亮（至 2016 年 12 月）
杨　雷（2016 年 12 月始）

副主任：魏以永　陈红龙　高天河

党组书记：刘炳亮（至 2016 年 12 月）

党组副书记：杨　雷（2016 年 11 月始）

行政审批管理服务办公室

主　任：计勇强

副主任：沈元东　蓝先芬（女）
陈茂荣

生态产业集聚区（经济技术开发区）管理委员会

主　任：丁绍雄

常务副主任：洪勇华

副主任：吴小华（至 2016 年 2 月）
蓝金水（至 2016 年 4 月）
何成贵（至 2016 年 3 月）
胡其岳　陈伟达　叶瑞平
杨金跃
章　斐（2016 年 3 月始）
刘高深（2016 年 5 月始）

党工委书记：丁绍雄

党工委副书记：李邦生　罗孝林
洪勇华（2016 年 5 月始）

浙江丽缙五金科技产业园区管理委员会

主　任：李邦生

副主任：郑兰富
陶军友（至 2016 年 5 月）
李维强　朱剑成
胡正新（2016 年 7 月始）
毕　磊（2016 年 1 月始）
蓝金水（至 2016 年 5 月）

党工委书记：朱继坤

党工委副书记：李邦生

市机关事务管理局

局　长：叶水源

副局长：胡建仁
叶菽茂（2016 年 7 月始）
杨起恳（2016 年 12 月始）

党组书记：叶水源

市委市政府接待办公室

主　任：王　栋

市政府驻北京办事处

主　任：谭利章

副主任：黄彩琴　李新林

房监办
主　任：周光洪（2016年5月始）
副主任：颜登亮　杨必松　舒杨胤
　　　　周晓林（2016年5月始）
　　　　周再荣（至2016年5月）
党组书记：周光洪（2016年4月始）
市政府驻上海办事处
主　任：瞿懋平
市政府驻杭州办事处
主　任：褚志坚
市政府驻福州办事处
主　任：赵友敏
体育局
局　长：徐兼明
副局长：胡雪强（至2016年8月）
　　　　周中华　陈洪波
　　　　潘智慧
党组书记：洪锦木
移民办公室
主　任：颜小云
副主任：包焕盛　吴盛华
党组书记：孙福仁
供销社
主　任：应勇军
副主任：吴荣明
党委书记：应勇军

【市级民主党派】
中国国民党革命委员会丽水市委员会
主　委：戚永远
副主委：胡　兵（女）　刘新青
　　　　虞海雄（2016年10月始）
中国民主同盟会丽水市委员会
主　委：刘国安（至2016年10月）
　　　　汤家友（2016年10月始）
副主委：谢林森
　　　　汤家友（至2016年10月）
　　　　吴积雷
　　　　张建伟（2016年10月始）
　　　　周贤华（2016年10月始）
中国民主建国会丽水市委员会
主　委：齐育华（至2016年10月）
　　　　计勇强（2016年10月始）
副主委：计勇强（至2016年10月）
　　　　蓝叶培
　　　　封兵林（至2016年7月）
　　　　任文红（女）（2016年10月始）
　　　　李　浩（2016年10月始）
中国民主促进会丽水市委员会
主　委：庄志清（至2016年10月）
　　　　卢彩柳（女）（2016年10月始）
副主委：卢彩柳（女）（至2016年10月）
　　　　何　灵（女）　邱旭平
　　　　陈荣富（2016年10月始）
中国农工民主党丽水市委员会
主　委：丁岳清（2016年10月始）
副主委：丁岳清（至2016年10月）
　　　　卢汝兰（女）
　　　　徐兼明（女）（2016年10月始）
　　　　郭巧燕（女）
　　　　毛伟华（2016年10月始）
九三学社丽水市委员会
主　委：韦铁民
副主委：雷后兴（至2016年10月）
　　　　张向东　张颖洁（女）
　　　　何登伟（2016年10月始）
　　　　张德勇（2016年10月始）

【部分群众团体】
总工会
主　席：吕文明（至2016年2月）
　　　　武　昌（2016年2月始）
副主席：陈子民　叶云妹（女）
　　　　王金焱　邝时忠
党组书记：陈子民
中国共产主义青年团丽水市委员会
书　记：王正飞（至2016年11月）
　　　　张　妍（女）（2016年12月始）
副书记：徐菊珍（女）
　　　　孔金锋（2016年11月始）
　　　　郭云强（至2016年11月）
党组书记：王正飞（至2016年11月）
　　　　　张　妍（女）
　　　　　（2016年12月始）
妇女联合会
主　席：蓝　华（女）
副主席：赵丽群（女）（至2016年9月）
　　　　刘婷婷（女）
　　　　管伟春（女）（2016年9月始）
党组书记：蓝　华（女）
科学技术协会
主　席：潘志强
副主席：叶荣华　洪中勇
　　　　丁丽惠
　　　　范寿仁（至2016年6月）
　　　　梁　军（女）
　　　　龚启贤
　　　　蓝跃慧（至2016年6月）
　　　　程浙军（2016年6月始）
　　　　叶信昌（2016年6月始）
党组书记：潘志强
文学艺术界联合会
主　席：程定飞
副主席：麻益兵　庄育平
　　　　林　莉（女）　陈乐燕（女）
　　　　潘力峰
党组书记：程定飞
社会科学界联合会
主　席：叶晓华
副主席：杨贤高（至2016年3月）
　　　　余群勇（2016年3月始）
　　　　陈志雄（至2016年3月）
　　　　刘志伟（2016年4月始）
　　　　吕立汉　刘克勤
　　　　李汉勤
　　　　阙忠东（至2016年3月）
　　　　陆亚东（2016年4月始）
残疾人联合会
理事长：齐育华
副理事长：廖宝云（女）　谢丽福
　　　　　陈建光
党组书记：廖宝云（女）
工商业联合会（总商会）
主　席（会长）：张　敏
副主席（副会长）：孙乐明　肖　荣
党组书记：孙乐明

关心下一代工作委员会
名誉主任:胡　侠
主　任:陈士达
副主任:徐松林　刘国安　叶朝丐
　　陈翠仙(女)　徐岳明　任韩高
　　叶晓华　徐永杰　刘炳亮
　　张为社　陈　豪　倪延丽(女)
　　王志鹏　陈志雄　周一红(女)
　　黄尚厚
归国华侨联合会
主　席:项芳云(女)
副主席:傅旭蓉(女)　王益勇
　　陈海华　方湛鑫
　　叶毅青(女)　孙雄标
　　何晓娟(女)　夏剑锋
　　邹素莲(女)　邵　烨
　　项建福　留志然
计划生育协会
会　长:刘国安
副会长:卢彩柳(女)(至2016年4月)
　　邱务土
　　黄　刚(至2016年4月)
　　王　峰
红十字会
会　长:戚永远
副会长:蔡承俊　胡美芳(女)
　　邱务土
　　何卫宁(2016年4月始)
　　叶伯军(至2016年4月)
　　熊佩飞　王　炜
党组书记:蔡承俊
体育总会
主　席:戚永远
常务副主席:徐兼明(女)
专职副主席:周中华

【中央、省和丽水市双重管理部门】
中国人民银行丽水市中心支行
行　长:孔祖根
副行长:陈明亮　汤春玉　应国虎
党委书记:孔祖根
纪委书记:刘宣祥
中国银行业监督管理委员会
丽水监管分局
局　长:周明强
副局长:刘寒暄　周青冥
党委书记:周明强
中国工商银行股份有限公司丽水分行
行　长:徐晓伟(至2016年11月)
　　应海卿(2016年11月始)
副行长:赵志德　许　寅
　　孙　杰(2016年5月始)
　　汤华勇(2016年5月始)
党委书记:徐晓伟(至2016年11月)
　　应海卿(2016年11月始)
纪委书记:戴春景
中国农业银行股份有限公司丽水分行
行　长:鲍敏冲
副行长:饶新光　金仁樟　周兆祥
　　黄有富(至2016年11月)
党委书记:鲍敏冲
党委副书记:金仁樟　饶新光
纪委书记:黄有富(至2016年11月)
中国银行股份有限公司丽水市分行
行　长:张　旭
副行长:江丰伟　王　晔　黄良勤
　　谢　骏
党委书记:张　旭
纪委书记:黄良勤
中国建设银行股份有限公司
丽水分行
行　长:姜莉菁(2016年3月始)
副行长:陈　江(至2016年3月)
　　罗叔秋　赵建革
　　徐伟勇(2016年3月始)
　　刘文亮(2016年6月始)
党委书记:姜莉菁
纪委书记:罗叔秋
中国农业发展银行丽水市分行
行　长:郑忠义(至2016年3月)
　　严松春(2016年3月始)
副行长:胡华星　刘文无
党委书记:郑忠义(至2016年3月)
　　严松春(2016年3月始)
中国人民财产保险股份有限公司
丽水市分公司
总经理:詹志伟
副总经理:程海峰　王小平
　　林丽莉(2016年7月始)
党委书记:詹志伟
纪委书记:程海峰
中国人寿保险股份有限公司丽水分公司
总经理:李俊勇
副总经理:刘宪伟(至2016年7月)
　　陈智渊　梁淑巧
党委书记:李俊勇
省经济和信息化委员会派驻
丽水市无线电管理局
局　长:郭杭明
邮政局
局　长:毛建森(至2016年7月)
副局长:李红卫(2016年7月始)
　　许碎平　吕月锋
党委书记:毛建森(至2016年7月)
党委副书记:李红卫(2016年7月始)
纪委书记:许碎平
邮政管理局
局　长:何连忠
副局长:朱伟强
党组书记:何连忠
纪检组长:朱伟强
中国电信股份有限公司丽水分公司
总经理:顾　健
副总经理:徐　冠　黄金阳　刘　欣
党委书记:顾　健
纪委书记:徐　冠
中国移动通信集团浙江有限公司
丽水分公司
总经理:邵朝良
副总经理:陆晔楠
王建生(2016年4月始)
党委书记:邵朝良
纪委书记:陆晔楠
中国联合网络通信有限公司
丽水市分公司
总经理:上官鹰

副总经理：王　俊　包晓玲　刘延安
党委书记：上官鹰
纪委书记：刘延安
丽水电业局
局　长：戴　彦
副局长：吴善磊（至2016年6月）
　　徐奕强
　　岳　平（至2016年3月）
　　毛丽荣
　　赵汉鹰（2016年3月始）
　　邱　华（2016年6月始）
党委书记：吴善磊（至2016年6月）
　　徐亦强（2016年6月始）
党委副书记：戴　彦
纪委书记：张　帆
气象局
局　长：郑建飞
副局长：柳岳清　杨羡敏
党组书记：郑建飞
纪检组长：吴建锡
烟草专卖局（省烟草公司丽水市公司）
局　长：沈伏恒
副局长：阙俊华
经　理：沈伏恒
副经理：杨军峰
党组书记：沈伏恒
纪检组长：吴叶森
丽水出入境检验检疫局
局　长：朱风华
副局长：许关海　周　洪　陈　临
党组书记：朱风华
国家税务局
局　长：李纪灵
副局长：叶绍忠　柳一林　郑文峰
党组书记：李纪灵
纪检组长：江建强
国土资源局
局　长：邢志行
副局长：李　锋　周乐均　潘惠健
　　徐　晖
　　洪勇志（2016年11月始）
党委书记：邢志行
纪委书记：杨维雄
丽水海关
关　长：刘　勇（至2016年5月）
副关长：管　敏（至2016年5月）
　　林　栩
党组书记：刘　勇（至2016年5月）
浙江省之江监狱
政治委员：施春龙
监狱长：吴旭峰
副监狱长：江军伟
　　谢盛义（至2016年4月）
　　田志林（至2016年4月）
党委书记：施春龙
党委副书记：吴旭峰

【部分事业企业单位】
市政府土地和房屋征收研究指导中心，
市政府土地和房屋证明工作办公室
主　任：洪起平
副主任：李　锋　杨晓春　叶建光
市政府土地和房屋征收研究指导
中心党组
党组书记：洪起平
市政府金融工作办公室
主　任：潘碧武（女）
副主任：李建军　杨必松　金雄鸥
党组书记：姚志强
丽水市瓯江生态旅游景区管委会（筹）
主　任：周海忠
副主任：赵仁友　樊甫敏
　　何跃军
　　徐建林（至2016年7月）
　　汪强华（2016年7月始）
党组书记：周海忠
广播电视总台
台　长：赵正发
副台长：徐国跃（至2016年2月）
　　应一飞　雷　蕾（女）
党委书记：赵正发
党委副书记：徐国跃（至2016年2月）
农业科学研究院
院　长：金爱武
副院长：程文亮　徐象华　王立新
党委书记：林　远
千峡湖开发建设管理委员会
主　任：周海忠
副主任：舒志勇
　　雷李木（至2016年2月）
　　翁建敏（2016年8月始）
党组书记：周海忠
浙江凤阳山—百山祖国家级自然
保护区管理局
局　长：项旭平
住房公积金管理中心
主　任：黄金明
党组书记：黄金明
城市管理监督指挥中心
主　任：郑丽君（女）
党支部书记：郑丽君（女）
丽水市信息中心
主　任：吴志林
重大项目前期工作办公室
主　任：胡少军
老龄工作委员会
主　任：任淑女（女）
副主任：应勇军　刘炳亮　熊佩飞
　　吴善印　季建平
办公室主任：朱雪飞
社会保险事业管理局
局　长：周建雄
党支部书记：周建雄
公路管理局
局　长：叶郑献
党委书记：黄建新
港航管理局
局　长：刘　军
党总支书记：刘　军
道路运输管理局
局　长：蒋仲胜
党总支书记：江诗仁
畜牧兽医局
局　长：林宇清
疾病预防控制中心
主　任：梅少林

党总支书记：梅少林

林业科学研究院

院　长：何小勇

党支部书记：何小勇

公共资源交易中心

主　任：沈元东（2016年7月始）

中心医院

院　长：韦铁民

副院长：邵初晓

施建英（女）（至2016年5月）

郑荣宗　涂韶松　曾春来

黄亦良

纪建松（2016年5月始）

陈美芬（女）（2016年5月始）

党委书记：邵初晓

党委副书记：施建英（女）

（至2016年4月）

纪委书记：吕耀军

人民医院

院　长：黄　刚

副院长：吕伟超（至2016年5月）

雷后兴（至2016年5月）

韩　蔚（女）（至2016年5月）

方炳木　江银华

邱伟文（2016年5月始）

楼天正（2016年5月始）

方国美（女）（2016年5月始）

党委书记：黄　刚

纪委书记：陈一军

中医院

院　长：刘忠达（至2016年5月）

雷后兴（2016年5月始）

副院长：邹新花（女）　王巧明

倪京丽（女）　陈礼平

党委书记：刘忠达

党委副书记：邹新花（女）

第二人民医院

院　长：吴绍长

党总支书记：吴绍长

市妇幼保健院

院　长：陈国微

党总支书记：陈国微

丽水学院

党委书记：周湘浙

党委副书记：肖　刚　邵国平　郭献进

纪委书记：徐国强

院　长：肖　刚

副院长：徐德钦　李俊杰　蒋黎红

叶沙平

丽水职业技术学院

党委书记：梁忆南

党委副书记：梁伟样　杨云峰

纪委书记：潘洪锋

院　长：梁伟样

副院长：杨云峰　李升阳　刘克勤

佘德松

丽水广播电视大学

校　长：刘建荣

副校长：陈寺海（至2016年4月）

李易飞（至2016年4月）

洪耀辉　陈继理

邱伟平（至2016年5月）

党委书记：刘建荣

丽水中等专业学校（丽水艺术学校）

校　长：王万良

副校长：舒福才　杨　英（女）

池积善

党委书记：王万良

党委副书记：舒福才

丽水中学

校　长：戴一仁（至2016年8月）

范寿仁（2016年8月始）

党总支书记：戴一仁（至2016年8月）

范寿仁（2016年8月始）

丽水第二高级中学

校　长：陈仕恩

党总支书记：陈仕恩

丽水职业高级中学

校　长：叶光炳

丽水学院附属高级中学

校　长：丁闽方

党总支书记：丁闽方

城市建设投资有限责任公司

董事长：郑春明（至2016年5月）

吴小华（2016年6月始）

总经理：郑春明（至2016年5月）

吴小华（2016年6月始）

副总经理：叶旭彪　彭　华

水利发展有限公司

董事长：郑永烈

总经理：郑永烈

党支部书记：郑永烈

南城建设有限公司

董事长：张尚军

总经理：张尚军

交通建设开发公司

董事长：吴伟东

总经理：吴伟东

机场开发建设有限责任公司

总经理：饶连祥

农业投资发展有限公司

总经理：徐炳东

副总经理：黄　伟　刘志龙

黄立飞（至2016年12月）

范庆伟（2016年12月始）

党支部副书记：黄伟君

丽水市教育教学研究院

院　长：柳小平（至2016年8月）

戴一仁（2016年8月始）

党支部书记：柳小平（至2016年8月）

戴一仁（2016年8月始）

旅游投资发展有限公司

董事长：钟小松

总经理：钟小松

【莲都区】

中国共产党莲都区委员会

书　记：葛学斌（至2016年10月）

杜兴林（2016年10月始）

副书记：杨秀清（至2016年11月）

陈　豪（2016年11月始）

陈元龙（至2016年11月）

周海忠（至2016年11月）

胡伟华（2016年11月始）

常　委：赵加慧（女）

王世强（2016年12月始）

宋珍花(女)
周显荣(2016年11月始)
叶建利
翁伟标(2016年12月始)
叶祖平　楼章能
朱超模(至2016年3月)
胡献如(至2016年11月)
雷勇军(至2016年11月)
张继芳(至2016年11月)
潘新雄(至2016年12月)

莲都区人民代表大会常务委员会
主　任:雷　萍(女)
副主任:吴新民(至2016年11月)
陈　萍(女)　江爱军
兰仁生　蓝丽华　陈鲁军

莲都区人民政府
区　长:杨秀清(至2016年11月)
代区长:陈　豪(2016年11月始)
副区长:陈　豪(2016年11月始)
王世强　俞丽威
郭巧燕(女)　张　妍(女)
叶建光　蔡通友
黄　程(女)(2016年7月始)
赵加慧(女)(至2016年5月)
李　玮(至2016年6月)
徐旭卿(女)(至2016年7月)
胡献如(至2016年11月)

中国人民政治协商会议莲都区委员会
主　席:谷江南
副主席:虞为粮(女)　谢林森
叶晓东　卢　进
任文红(女)

中国共产党莲都区纪律检查委员会
书　记:宋珍花(女)

莲都区人民法院
院　长:李美顺

莲都区人民检察院
检察长:王小刚

【龙泉市】

中国共产党龙泉市委员会
书　记:王小荣(至2016年10月)
王顺发(2016年10月始)
副书记:季柏林(至2016年11月)
蒋世懿(至2016年5月)
吴松平(2016年5月始)
翁志鸿(2016年11月始)
常　委:熊勇军
诸葛春杰(2016年11月始)
雷　超(2016年11月始)
徐达伟
林　峰(2016年4月始)
金　伟
王　凡(女)(2016年11月始)
王晓宇(女)
郑建青(2016年2月始)
周光洪(至2016年4月)
张卫英(女)(至2016年11月)
廖卫民(至2016年12月)
叶学明(至2016年12月)
刘赤波(至2016年12月)

龙泉市人民代表大会常务委员会
主　任:钟　鸣
副主任:陶中亮(至2016年9月)
叶新亚(2016年3月始)
苏一中　陈吉明
罗永文

龙泉市人民政府
市　长:季柏林(至2016年11月)
代市长:吴松平(2016年11月始)
副市长:吴松平(2016年11月始)
叶学明　刘赤波
王晓宇(女)　张长山
何登新　黄国勇
刘婷婷(女)　朱　野
杨洪斌
徐怀坤(2016年12月始)
廖旭青(女)(2016年12月始)

中国人民政治协商会议龙泉市委员会
主　席:邵戍汛
副主席:包新华　叶先长　曹新民
罗诗兰(女)　雷丽亚(女)

中国共产党龙泉市纪律检查委员会
书　记:郑建青(2016年2月始)

龙泉市人民法院
院　长:罗　沛

龙泉市人民检察院
检察长:葛朝华(女)

【青田县】

中国共产党青田县委员会
书　记:徐光文(至2016年10月)
戴邦和(2016年10月始)
副书记:戴邦和(至2016年10月)
李一波(女)(至2016年4月)
尚勇庆(2016年5月始)
周和平(2016年11月始)
常　委:陈　铭(2016年5月始)
吴飞飞(女)
潘娅红(女)(2016年11月始)
陶军友(2016年5月始)
邹浙清　颜华荣　方向明
周　雄(2016年12月始)
尚勇庆(至2016年5月)
钟海燕(女)(至2016年11月)
盛奎华(至2016年12月)
邹春平(至2016年12月)

青田县人民代表大会常务委员会
主　任:季力华(2016年3月始)
副主任:李飞林(至2016年3月)
姚建峰　叶选君(女)
徐新平　高金华

青田县人民政府
县　长:戴邦和(至2016年11月)
代县长:周和平(2016年11月始)
副县长:周和平(2016年11月始)
方向明　陈　铭　陈海民
朱秀雄　张如一(女)
吴胜军(2016年3月始)
陆剑飞(2016年7月始)
王　巍(2016年12月始)
周地亮(至2016年7月)
叶群力(至2016年11月)
张向东(至2016年12月)

中国人民政治协商会议青田县委员会
主　席:李飞林(2016年3月始)

副主席：钟秋毫　徐永丽（女）
　　　　吕大德　倪福标　张晓军
中国共产党青田县纪律检查委员会
书　记：钟海燕（至2016年11月）
　　　　潘娅红（2016年11月始）
青田县人民法院
院　长：柳启东（2016年3月至12月）
代院长：徐蓓姿（女）（2016年12月始）
青田县人民检察院
检察长：阙建平

【云和县】
中国共产党云和县委员会
书　记：张建明（至2016年10月）
　　　　叶伯军（2016年10月始）
副书记：叶伯军（至2016年10月）
　　　　王新荣（至2016年2月）
　　　　上官国明（2016年11月始）
　　　　黄力量（2016年5月始）
常　委：施锦华
　　　　付勇斐（2016年11月始）
　　　　杨伟业（2016年11月始）
　　　　周　龙　饶钦英（女）
　　　　李钧敏（女）
　　　　雷　俊（2016年7月始）
　　　　徐志雄（2016年12月始）
　　　　林建文（2016年12月始）
　　　　范寿仁（2016年5月至8月）
　　　　陈　骏（至2016年5月）
　　　　周仕雅（至2016年7月）
　　　　李继仁（至2016年11月）
　　　　叶砇仙（至2016年11月）
　　　　吴新立（至2016年12月）
　　　　彭招平（至2016年12月）
云和县人民代表大会常务委员会
主　任：马国华
副主任：蓝斌雄　黄文伟　柳春华
　　　　王雨杰（至2016年11月）
　　　　罗培元
　　　　李石平（至2016年7月）
云和县人民政府
县　长：叶伯军（2016年2月至11月）
代县长：上官国明（2016年11月始）
副县长：上官国明（2016年11月始）
　　　　李钧敏（女）　施锦华
　　　　雷　俊（2016年7月始）
　　　　叶晓伟　周　坚　叶时扬
　　　　蓝叶培
　　　　陈伟忠（2016年5月始）
　　　　吴新志（2016年12月始）
　　　　雷绍丽（女）（2016年12月始）
　　　　陈　骏（至2016年5月）
　　　　周仕雅（至2016年7月）
　　　　范寿仁（至2016年9月）
　　　　林　莉（女）（至2016年12月）
中国人民政治协商会议云和县委员会
主　席：雷一坤
副主席：张　峰（至2016年12月）
　　　　童少锋　彭平生　林李平
中国共产党云和县纪律检查委员会
书　记：周　龙
云和县人民法院
院　长：钱海亮（至2016年12月）
代院长：叶爱英（女）（2016年12月始）
云和县人民检察院
检察长：蔡建彧（至2016年12月）
代检察长：吴剑锋（2016年12月始）

【庆元县】
中国共产党庆元县委员会
书　记：杜光旻（至2016年10月）
　　　　蓝伶俐（女）（2016年10月始）
副书记：叶　青（至2016年11月）
　　　　杨　雷（至2016年11月）
　　　　胡献如（2016年11月始）
　　　　李见阳（2016年11月始）
常　委：阎昌远（2016年12月始）
　　　　章作飞（2016年11月始）
　　　　吴积云　吴灌红（女）
　　　　邹海亮（2016年4月始）
　　　　赵　玻（女）（2016年7月始）
　　　　黄绍刚（2016年11月始）
　　　　刘新民（2016年11月始）
　　　　徐　平
　　　　季　力（至2016年4月）
　　　　诸葛春杰（至2016年11月）
　　　　吕晓东（至2016年11月）
　　　　李见阳（至2016年11月）
　　　　李　舜（至2016年11月）
庆元县人民代表大会常务委员会
主　任：吴青松（2016年3月始）
副主任：吴泽民　刘义平　王林生
　　　　吴建华
　　　　柳昌发（2016年3月始）
　　　　韦晓云（女）（至2016年3月）
庆元县人民政府
县　长：叶　青（至2016年11月）
代县长：胡献如（2016年11月始）
副县长：胡献如（2016年11月始）
　　　　阎昌远　祝美群
　　　　章作飞（2016年12月始）
　　　　赵　玻（2016年8月始）
　　　　黄立飞（2016年12月始）
　　　　彭　敏（2016年12月始）
　　　　王绍金（2016年12月始）
　　　　李　舜（2016年1月至12月）
　　　　吴青松（至2016年1月）
　　　　俞明理（至2016年8月）
　　　　李见阳（至2016年12月）
　　　　范庆伟（至2016年12月）
　　　　潘娅红（女）（至2016年12月）
　　　　杨伟业（至2016年12月）
　　　　叶伟玲（至2016年12月）
中国人民政治协商会议庆元县委员会
主　席：叶丽娅（女）
副主席：任献民（至2016年10月）
　　　　林昌富　吴先武　夏家天
　　　　吴碧兰（女）
中国共产党庆元县纪律检查委员会
书　记：吕晓东（至2016年11月）
　　　　黄绍刚（2016年11月始）
庆元县人民法院
院　长：林春阳（至2016年12月）
代院长：卢岳平（2016年12月始）
庆元县人民检察院
检察长：张晓峰

【缙云县】

中国共产党缙云县委员会

书　记：朱继坤（至 2016 年 10 月）
　　　　杨秀清（2016 年 10 月始）
副书记：吴筱琳（女）（至 2016 年 3 月）
　　　　李邦生
　　　　周和平（至 2016 年 11 月）
　　　　李一波（女）（2016 年 4 月始）
　　　　王正飞（2016 年 11 月始）
常　委：赵建铭（2016 年 12 月始）
　　　　赵应华（2016 年 4 月始）
　　　　潜春红
　　　　朱芝贵（2016 年 11 月始）
　　　　李　舜（2016 年 11 月始）
　　　　郭　京
　　　　张继南（2016 年 11 月始）
　　　　何晓明（2016 年 7 月始）
　　　　李汝东（2016 年 12 月始）
　　　　曹永泽（2016 年 7 月始）
　　　　朱荣华（至 2016 年 4 月）
　　　　杨起悬（至 2016 年 7 月）
　　　　罗　杰（至 2016 年 7 月）
　　　　郑绍周（至 2016 年 11 月）
　　　　陈科强（至 2016 年 11 月）
　　　　邹向阳（至 2016 年 11 月）
　　　　吕唐镇（至 2016 年 12 月）
　　　　陈湘钟（至 2016 年 12 月）

缙云县人民代表大会常务委员会

主　任：周保龙
副主任：应建民　李潘良　胡伟忠
　　　　陈庆源
　　　　楼锦游（2016 年 4 月始）
　　　　卢兆田
　　　　潘巧玲（女）（2016 年 12 月始）
　　　　楼锦游（至 2016 年 3 月）
　　　　张　栋（至 2016 年 11 月）
　　　　张颖洁（女）（至 2016 年 12 月）
　　　　王　巍（至 2016 年 12 月）

缙云县人民政府

县　长：吴筱琳（女）（至 2016 年 4 月）
　　　　李一波（2016 年 4 月始）
副县长：邹向阳　郭　京　赵建铭
　　　　朱金元
　　　　罗　杰（至 2016 年 8 月）
　　　　何晓明（2016 年 8 月始）
　　　　陈银根（2016 年 3 月始）
　　　　汤碧荣（2016 年 12 月始）

中国人民政治协商会议缙云县委员会

主　席：刘旭标
副主席：王大明　叶理强　胡锦伟
　　　　钭旭彬（女）　刘洁阳

中国共产党缙云县纪律检查委员会

书　记：郑绍周（至 2016 年 11 月）
　　　　朱芝贵（2016 年 11 月始）

缙云县人民法院

院　长：徐蓓姿（女）
　　　　（至 2016 年 12 月）
代院长：林春阳（2016 年 12 月始）

缙云县人民检察院

检察长：谢云生

【遂昌县】

中国共产党遂昌县委员会

书　记：杜兴林（至 2016 年 6 月）
　　　　毛建国（2016 年 6 月始）
副书记：沈世山
　　　　上官国明（至 2016 年 11 月）
　　　　胡　刚（2016 年 11 月始）
常　委：周立民　朱红伟
　　　　周瑞琛（2016 年 12 月始）
　　　　许积标（2016 年 4 月始）
　　　　顾奕滨（2016 年 4 月始）
　　　　邱战洪（2016 年 7 月始）
　　　　陈永军（2016 年 11 月始）
　　　　郭劲松（2016 年 12 月始）
　　　　孙培莲（女）（2016 年 12 月始）
　　　　华治武（至 2016 年 2 月）
　　　　李和达（至 2016 年 4 月）
　　　　魏丽伟（至 2016 年 4 月）
　　　　马招法（至 2016 年 7 月）
　　　　胡　刚（至 2016 年 11 月）
　　　　付勇斐（至 2016 年 12 月）
　　　　朱芝贵（2016 年 2 月至 11 月）
　　　　陈志远（至 2016 年 12 月）

遂昌县人民代表大会常务委员会

主　任：尹建中（2016 年 3 月始）
副主任：包建崇
　　　　向争鸣（至 2016 年 11 月）
　　　　鲁子钗（女）（2016 年 3 月始）
　　　　廖为义（至 2016 年 9 月）
　　　　蓝献民
　　　　丛鲁浙（至 2016 年 3 月）
　　　　梅伟建（至 2016 年 3 月）

遂昌县人民政府

县　长：沈世山（2016 年 3 月始）
副县长：邱战洪（2016 年 7 月始）
　　　　赵文明　周瑞琛　郑永利
　　　　张春根
　　　　李建霞（女）（2016 年 3 月始）
　　　　陈积林（2016 年 12 月始）
　　　　郭云强（2016 年 12 月始）
　　　　鲁子钗（女）（至 2016 年 3 月）
　　　　马招法（至 2016 年 7 月）
　　　　胡　刚（至 2016 年 12 月）
　　　　朱芝贵（至 2016 年 12 月）

中国人民政治协商会议遂昌县委员会

主　席：尹建中（至 2016 年 3 月）
　　　　华治武（2016 年 3 月始）
副主席：包志华　马翔华　林成高
　　　　谢旭峰
　　　　王凤琴（女）（至 2016 年 7 月）

中国共产党遂昌县纪律检查委员会

书　记：付勇斐（至 2016 年 11 月）
　　　　陈永军（2016 年 11 月始）

遂昌县人民法院

院　长：陈有南

遂昌县人民检察院

检察长：叶珍华

【松阳县】

中国共产党松阳县委员会

书　记：王　峻（2016 年 3 月始）
副书记：王　峻（至 2016 年 3 月）
　　　　陈　豪（至 2016 年 11 月）
　　　　李汉勤（2016 年 4 月始）
　　　　王立武（2016 年 11 月始）

常　委:蒋璟璟(女)
(2016年11月始)
胡卫亮(2016年12月始)
潘仲珏　饶庆勤　潘力平
汪全立(2016年7月始)
雷剑锋(2016年11月始)
汪　健(2016年11月始)
张　奇(2016年7月始)
陈建斌(至2016年7月)
项　洁(女)(至2016年7月)
郑传统(至2016年9月)
吕军云(2016年9月始)
周显荣(至2016年11月)
王立武(至2016年11月)
留　洁(女)(至2016年11月)
毛建南(至2016年12月)

松阳县人民代表大会常务委员会
主　任:周星龙
副主任:张宏雁　吴　毅　孔建民
杨水文　汤根木

松阳县人民政府
县　长:王　峻(至2016年4月)
李汉勤(2016年4月始)
副县长:毛胜法　胡卫亮　黄德慧
谢雅贞(女)　朱国强
庞亚君(女)
蒋璟璟(女)(2016年12月始)
汪全立(2016年8月始)
刘　坤(2016年12月始)
项　洁(女)(至2016年8月)
王立武(至2016年12月)
雷　超(至2016年12月)

中国人民政治协商会议松阳县委员会
主　席:翁樟明
副主席:詹志文　周永龙　单国亮
叶向东
叶祖武(至2016年8月)

中国共产党松阳县纪律检查委员会
书　记:潘仲珏

松阳县人民法院
院　长:章志林

松阳县人民检察院
检察长:吴剑锋(至2016年12月)
代检察长:蔡建彧(2016年12月始)

【景宁畲族自治县】

中国共产党景宁畲族自治县委员会
书　记:林　康(至2016年10月)
陈　重(2016年10月始)
副书记:钟海燕(女)(2016年11月始)
潘　伟(2016年5月始)
程巧琴(女)(至2016年4月)
蓝伶俐(女)(至2016年11月)
常　委:潘　伟(至2016年5月)
陈晓敏
王　益(2016年5月始)
季建标
雷应江(2016年11月始)
蓝跃军　金　伟(女)
叶龙标(2016年7月始)
王　乐(2016年11月始)
赵贤平
朱丽军(至2016年7月)
叶利东(至2016年11月)
蒋璟璟(女)(至2016年11月)

景宁畲族自治县人民代表大会常务委员会
主　任:严轶华(2016年3月始)
副主任:罗德伟　夏培玲(女)
吴昌亮
雷李木(2016年3月始)
杨唐珠(女)

景宁畲族自治县人民政府
县　长:蓝伶俐(女)
(至2016年11月)
代县长:钟海燕(女)
(2016年11月始)
副县长:钟海燕(女)(2016年11月始)
王　益　金　伟(女)
雷应江　余晓军　黄米东
严伟华(2016年8月始)
徐　瑛(女)(2016年12月始)
饶伟贞(2016年12月始)
潘　伟(至2016年5月)
郑建强(至2016年7月)
童巧隽(女)(至2016年11月)
吴积雷(至2016年12月)

中国人民政治协商会议景宁畲族自治县委员会
主　席:王新荣(2016年3月始)
副主席:叶金堂　尤建平　尚建基
沈秀慧(女)

中国共产党景宁畲族自治县纪律检查委员会
书　记:朱丽军(至2016年7月)
叶龙标(2016年7月始)

景宁畲族自治县人民法院
院　长:陈雪平(女)

景宁畲族自治县人民检察院
检察长:夏逸敏(至2016年12月)
代检察长:瞿承健(2016年12月始)

(梅培操)

中国共产党丽水市委员会

市委重要会议

【市委全体会议】 1月8日，市委三届十次全体（扩大）会议暨全市经济工作会议举行。市委常委会主持会议。市委书记王永康代表市委常委会作工作报告及市委关于制定“十三五”规划建议说明，并作总结讲话。全会深入学习贯彻中共十八大和十八届三中、四中、五中全会、中央经济工作会议精神和省委十三届八次全会、全省经济工作会议精神，以省委“八八战略”为总纲，坚持“绿水青山就是金山银山”战略指导思想，全面落实创新、协调、绿色、开放、共享五大发展理念，总结2015年市委常委会主要工作，谋划市“十三五”规划，研究部署2016年经济工作，审议通过《中共丽水市委关于制定丽水市国民经济和社会发展第十三个五年规划的建议》。

6月13日，市委三届十一次全体（扩大）会议举行。市委常委会主持会议。市委书记史济锡代表市委常委会作工作报告，并作总结讲话。全会深入学习贯彻中共十八大和十八届三中、四中、五中全会以及总书记习近平系列重要讲话精神，总结全市“归零翻篇开新局”主题大讨论活动，研究部署补短板工作，审议通过《中共丽水市委关于补短板增后劲推动“绿色发展、科学赶超、生态惠民”的决定》。

11月7日，市委三届十二次全体会议举行。市委常委会主持会议。市委书记史济锡作关于召开中国共产党丽水市第四次代表大会决议草案的说明。会议表决通过《关于召开中国共产党丽水市第四次代表大会的决议》。

12月16日，市委三届十三次全体（扩大）会议举行。市委常委会主持会议。市委书记史济锡作工作报告。全会学习贯彻中共十八届六中全会精神、省委十三届十次全会精神，听取和讨论市委常委会工作报告，审议通过《中共丽水市委关于从严加强干部队伍建设打造勇立绿色发展潮头丽水铁军的决定》和《中国共产党丽水市委员会工作规则》。

【市委常委（扩大）会议】 1月14日，会议举行市委常委第11次学法活动，听取《中华人民共和国河道管理条例》《浙江省河道管理条例》讲座，传达贯彻总书记习近平在全国党校工作会议上的重要讲话精神，听取全省农村、林业工作会议精神及贯彻意见汇报。

2月18日，会议传达全省组织部长会议、全省乡镇换届工作业务培训会以及全省宣传思想工作会议精神，听取贯彻意见汇报，审议《丽水市美丽林相建设总体规划（2016—2035）》等。2月26日，会议传达学习省委书记夏宝龙在丽水调研时的讲话精神，传达学习全省统战部长和民族宗教相关会议精神，听取贯彻意见汇报，讨

1月8日，市委三届十次全体（扩大）会议暨全市经济工作会议举行　胡雪峰　提供

论《丽水市国民经济和社会发展十三个五年规划纲要草案》等。

3月25日，会议学习《浙江省审计条例》，审议《关于加快推进全市旅游业投融资改革的若干意见》《关于加快推进丽水城市“中闲”区域旅游项目开发建设的实施意见》等。3月30日，会议传达学习总书记习近平在全国政协民建、工商联界别委员联组会及在党的新闻舆论工作座谈会上的重要讲话精神。

4月19日，会议传达学习总书记习近平在中央政治局常委会会议审议“两学一做”学习教育方案时的讲话和刘云山、赵乐际在“两学一做”学习教育工作座谈会上的讲话及全省“两学一做”学习教育工作座谈会精神，审议《关于落实发展新理念加快建设美丽乡村培育美丽经济的若干意见》等。

5月4日，会议传达贯彻总书记习近平在网络安全和信息化工作座谈会上的讲话精神，传达学习省长李强在丽水调研时的讲话精神，学习《中华人民共和国行政强制法》及《中国共产党浙江省委员会巡视工作实施办法》，听取市委、市政府2016年重点工作责任分工情况汇报。5月16日，会议传达学习总书记习近平在全国宗教工作会议上的重要讲话精神、省政协主席乔传秀在丽水调研时的讲话精神，听取全省重大项目情况汇报会精神及贯彻意见汇报和关于浙江（丽水）农村电子商务创新发展示范区实施方案的汇报等。

6月8日，会议传达学习总书记习近平在省部级主要领导干部学习贯彻中共十八届五中全会精神专题研讨班、安徽小岗村召开的农村改革座谈会、哲学社会科学座谈会上以及在全国科技创新大会、两院院士大会、中国科协第九次全国大会上的重要讲话精神。

7月4日，会议传达学习总书记习近平在庆祝中国共产党成立95周年大会上的重要讲话精神。强调要自觉按照中央的部署，原原本本学习，深刻领悟精神实质，切实结合丽水实际抓好学习贯彻，真正实现发展一方经济、维护一方稳定、加强一方党的建设目标，最终让广大群众有更多获得感、幸福感。7月8日，会议组织观看中组部警示教育片《镜鉴——衡阳、南充违反换届纪律案件警示录》，学习《中国共产党党组工作条例（试行）》，传达贯彻省委副书记王辉忠在丽水调研讲话精神。7月25日，会议专题分析丽水市上半年经济运行形势和平安建设工作情况。

8月1日，会议传达学习省委常委、纪委书记任泽民在丽水调研时的讲话精神。8月11日，会议学习《中华人民共和国教育法》，传达学习《中共中央办公厅国务院办公厅印发〈关于2016年上半年贯彻执行中央“八项规定”情况的报告〉的通知》精神等，会议还对做好G20峰会各项保障工作和夺“平安金鼎”再次作部署。

9月2日，会议传达学习《中共中央国务院转发〈国家发展和改革委员会关于上半年经济形势和做好下半年经济工作的建议〉的通知》《中共浙江省委办公厅省政府办公厅转发〈省发展和改革委员会关于省上半年经济形势和做好下半年经济工作的建议〉的通知》精神等。

9月14日，会议组织观看《郑义门》廉洁动漫片及学习河北农业大学教授李保国、宁波市委组织部原副部长颜志定先进事迹，传达学习全国卫生与健康大会精神、省委常委会听取关于G20峰会有关情况汇报精神等。9月30日，会议传达学习总书记习近平、总理李克强等中央领导和省委、省政府主要领导的重要指示精神，通报“9·28”苏村山体滑坡灾害及抢险救援进展情况，部署下阶段抢险救援工作。

11月1日，会议组织观看《做合格党员》电教片，传达学习总书记习近平在纪念红军长征胜利80周年大会上的讲话精神。11月7日，会议传达学习《关于新形势下党内政治生活的若干准则》《中国共产党党内监督条例》和总书记习近平的说明。会议还传达学习总书记习近平和中央政治局常委、中央书记处书记刘云山在全国国有企业党的建设工作会议上的讲话精神，听取全省美丽乡村和农村精神文明建设现场会精神及贯彻意见汇报等。

12月5日，会议传达学习总书记习近平在会见中国记协第九届理事会代表及在中国文联十大、中国作协九大开幕式上的讲话精神，听取全国全省安全生产工作视频会议、全省水利工作会议暨百项千亿防洪排涝工程动员大会、全省畜牧业转型升级现场会精神及贯彻意见汇报。12月26日，会议传达学习总书记习近平在全国高校思想政治工作会议上的重要讲话精神，学习贯彻《党政主要负责人履行推进法治建设第一责任人职责规定》《党委（党组）网络意识形态工作责任制实施细则》等。

【全市领导干部会议】 1月30日，会议传达中央关于贯彻执行“八项规定”落实加强作风建设措施情况报告精神及总书记习近平关于“三严三实”重要讲话的通知和传达省人代会精神和省政协会议精神。同日，会议宣布省委关于丽水市委主要领导变动的决定。省委常委、省委组织部部长廖国勋出席并讲话。经中央批准，省委决定王永康任省委常委、省委统战部长；史济锡任丽水市委书记。王永康主持会议并讲话，省委组织部副部长姚志文宣读省委有关任免决定，史济锡、朱晨作表态发言。

3月18日，会议传达贯彻全国“两会”精神。强调各地各部门要迅速传达贯彻全国“两会”精神，为“归零翻篇开新局”提振精气神、汇聚正能量、明确新任务。

10月31日，会议传达学习中共十八届六中全会精神，部署学习贯彻工作。强调各地各部门和广大党员要把传达学习贯彻中共十八届六中全会精神作为当前首要政治任务和头等大事，掀起学习宣传贯彻热潮，争当全省“秉持浙江精神，干在实处、走在前列、勇立潮头”排头兵。

12月19日，会议传达学习中央经济工作会议精神，强调要以昂扬奋发的精神状态，切实担负起与全省同步高水平建成全面小康社会、绿色发展勇立潮头的重大使命。

【市直领导干部会议】 4月28日，会议传达贯彻省委十三届九次全体会议精神，强调要认真学习贯彻省委全会精神，切实按照省委拉高标杆、补齐短板的要求，进一步增强政治定力、责任担当和行动自觉，聚焦工作重点，努力打通“绿水青山就是金山银山”通道，坚决打赢补短板攻坚战持久战，确保与全省同步高水平全面建成小康社会。

11月29日，会议传达贯彻省委十三届十次全体(扩大)会议精神，强调要积极响应省委号召，把握新方向、践行新使命、落实新要求，以丽水改革发展的创造性实践，为打造“浙江样本”提供更多鲜活的“丽水元素”。

【县(市、区)工作汇报会】 4月22日，一季度县(市、区)工作汇报会在丽水召开。各县(市、区)、丽水生态产业集聚区(开发区)党委主要负责人结合“归零翻篇开新局”大讨论活动推进情况，总结分析一季度“开门红”成绩。市统计局、国家统计局丽水调查队、市发改委等分别汇报一季度全市经济主要指标及投资完成情况。会议强调要以“归零翻篇”的气势和状态，在打牢生态底色比拼中领跑，在凸显发展特色比拼中奔跑，在加强民生本色比拼中同行，确保与全省同步高水平全面建成小康社会。

7月27日，二季度县(市、区)工作汇报会在丽水召开。各县(市、区)、丽水生态产业集聚区(开发区)党委主要负责人总结分析对金融工作的认识体会和下步工作计划。市金融办、市人行、丽水银监分局等分别汇报全市金融工作、农村金融改革试点、银行业运行等情况。会议强调全市上下要充分认识金融工作的极端重要性，切实提高现代金融意识，补齐补强金融短板，思路对、敢作为、善作为，以金融的健康发展，促进经济社会的持续、稳定、快速发展，确保全面完成2016年各项目标任务。

10月27日，三季度县(市、区)工作汇报会在丽水召开。各县(市、区)、丽水经济技术开发区及市环保局、市创建办围绕提升人民群众的获得感和幸福感主题作汇报交流。市发改委、市统计局、国家统计局丽水调查队通报前三季度经济运行情况。强调各地各部门要以“朝受命、夕饮冰”使命感，以“昼无为、夜难寐”紧迫感，以实实在在的工作业绩和点点滴滴的发展变化，不断提升群众的获得感和幸福感。

【市委务虚会】 12月15日，市委召开务虚会，总结2016年工作，谋划2017年工作思路。强调要清醒认识和准确把握当前所处的历史方位和肩负的重大历史使命，始终牢记总书记习近平“绿水青山就是金山银山，对丽水来说尤为如此”的重要嘱托，加快推进“绿色发展、科学赶超、生态惠民”，勇立绿色发展潮头，为与全省同步高水平全面建成小康社会提供持续动力，为打造绿色发展“浙江样本”提供更多鲜活的“丽水元素”。 (胡雪峰)

市委重要活动

【推进全国文明城市创建】 6月24日上午，丽水市召开推进全国文明城市创建动员大会。市委书记史济锡在会上强调，要以最坚定的决心、最科学的方法、最有力的措施、最严格的管理、最坚强的保障，举全市之力打好全国文明城市创建攻坚战，把首战当决战全力冲刺；要以创建工作为载体，推动“绿水青山就是金山银山”理论和“绿色发展、科学赶超、生态惠民”发展主线的全面落地，努力通过城市发展让人民群众拥有更多的获得感和幸福感。

创建全国文明城市，是丽水市委、市政府确保与全省同步高水平全面建成小康社会，加快建设“生态美、产业优、机制活、百姓富、社会文明程度高”美丽幸福新丽水，而做出的一项重大决策部署，也是丽水市深入推进“六城联创”，继成功创建中国优秀旅游城市、国家森林城市、国家园林城市、国家卫生城市之后，向着城市文明建设的最高荣誉发起的一次全面冲刺。市委、市政府对创建全国文明城市高度重视，市委常委会、市政府常务会议多次专题听取汇报，研究工作部署，明确要求，力争一举夺魁。

【庆祝中国共产党成立95周年】 6月30日，丽水市庆祝中国共产党成立95周年大会在市行政中心130报告厅举行。市领导史济锡、朱晨等参加会议。大会表彰市优秀共产党员、优秀党务工作者和先进基层党组织。会议强调，要努力推进“绿色发展、科学赶超、生态惠民”，确保与全省同步高水平全面建成小康社会，要坚持党的领导，认真开展好“两学一做”专题教育，彰显党员新形象，干出党员新担当。会议还举行市直单位新党员代表入党宣誓和党员重温入党誓词仪式。

【“干净干事创新业”作风建设专项活动】 12月23日，丽水市召开“干净干事创新业”作风建设专项活动动员部署会，市委书记史济锡出席会议并讲话。市委决定用半年时间在全市开展“干净干事创新业”作风建设专项活动，这是贯彻落实中共十八届六中全会“全面从严治党”战略布局和省委、市委从严加强干部队伍建设决定的内在要求，是全面确保新班子展示新气象、树立新形象、展现新作为的必然要求，是市委始终坚持问题导向，一以贯之抓作风的重要举措。会议强调，作风建设永远在路上，要锲而不舍、驰而不息，踏石留印、抓铁有痕，以铁的要求打造铁的作风、锻造铁的队伍，从根本上解决干部作风建设的突出问题，真正打造出政治生态上的“绿水青山”，为丽水在努力夺取高水平全面建成小康社会的征程中，在奋力打开“两山”通道的实践中勇立潮头提供坚强保障。（胡雪峰）

“两学一做”学习教育

【概况】 2016年，根据中央和省委统一部署，市委组织部在全市8757个党组织和17.3万名党员中开展“学党章党规、学系列讲话，做合格党员”学习教育，通过规范组织生活、领导干部带头引领示范、对照先进典型、补短板找差距，实现党内教育从“关键少数”向广大党员拓展、从集中性教育向经常性教育延伸。分领域开展农村“致富创业”、乡镇“住村联心”、社区“党员志愿”、企业“红领助企”、机关“服务发展”、事业单位和社会组织“岗位奉献”等六大行动，推动广大党员干部以学促做，立足岗位干事创业。

【全面实行党员干部上党课制度】 2016年，丽水市全面实行书记上党课制度，各级党委（党组）班子成员每年要到基层上党课不少于2次，农村第一书记、住村党员干部及基层党组织书记每年上党课不少于1次。市委书记史济锡带头上党课4次，推动县乡党委书记带头为基层上党课542次，带动全市8000余个党组织书记及3000余名党员干部人人上党课，实现支部党课全覆盖。精选192位县乡村三级书记“微党课”在网上展播，网上阅读量突破1000万人次，点赞量302万人次。创新推出“方言土话讲党课、党员点单我送学”等“党课十法”，增强党课实效。组建以“老三宝”等为主体的“红色宣讲团”，开展革命传统和家风家规宣讲教育。

【推选宣传一批身边的典型】 2016年，全市推选宣传“百姓喜爱好支书”100人、“双先双创”好党员298人，其中60名好支书入选省“千名好支书”、250名好党员入选省“万名好党员”。表彰200个（名）市“两优一先”对象，其中推报获省委表彰优秀共产党员10人、优秀党务工作者5人、先进基层党组织5个。以2725个行政村党组织为基本单位，推出3188个“千村党建好故事”。好故事突出弘扬正能量，展现身边党员的突出亮点，以身边事迹教育身边人，形成一村一故事、一乡一汇编，并通过上网、上墙、上展板、上集市、上广场，成为党员学习教育身边的教材，网上点击量突破1亿。期间，丽水市涌现出乡镇好干部梅振盈的先进典型，得到省委夏宝龙书记的批示，省委组织部和省委宣传部联合发文，号召全省党员干部向梅振盈学习。在苏村大救援行动中，全市2000余人党员干部开展抢险救援，涌现出周根富、周瑞禄、华素萍等为代表的先进群体，受到中组部和省委主要领导的肯定，在转移群众中牺牲的周根富被浙江省人民政府评定为烈士。（林梅远）

“五水共治”工作

【概况】 2016年，丽水市全力推进“五水共治”各项工作，完成实现“基本解决问题，全面改观，市区和全市水环境质量继续保持全省领先水平”的三年治水阶段性目标。获全省最高荣誉奖——“大禹鼎”，龙泉市、庆元县、缙云县被省委、省政府评为优先县，并获“大禹鼎”。全年全市计划安排“五水共治”重点建设项目200个，计划总投资55.27亿元，完成投资61亿元。

【工程治水】 2016年，全市完成河湖库塘清淤353万立方米。新增污水管网建设183.1千米。改造雨污分流管网113千米。新建景宁外舍污水处理厂，新增污水处理能力1.5万吨/日。完成新建腊口污水处理厂投资6850万元。完成建设行政村的生活污水治理设施413个，新增受益农户75661户，完成农村生活污水运维行政村1890个，运维设施数4267个，受益农户31.6万户，移交率100%，运维率100%；完成缙云第二污水处理厂的提标改造，并开工莲都区、龙泉市、青田县、松阳县等6家污水处理厂的提标改造。防洪排涝方面，丽水城区出险段应急闭合工程全面完工并投入使用，提升防洪排涝能力，并于9月27日，成功应对“鲇鱼”台风造成的平均雨量180.3毫米的强降雨天气。全市新开城市河道1条，改造易涝积水点40处。建设雨水管网129.2千米，清淤排水管网1364千米，完成海塘干堤加固8.3千米，完成河道综合整治245.6千米。好溪堰整治工程完成投资12840万元，完成率183.4%。丽阳坑整治工程，完成投资17797万元。创成省级节水型城市，新建和改造供水管网180千米，完成农村饮水安全提升12.18万人。完成缙云潜明水库工程投资3.5亿元，松阳黄南水库工程完成投资3.1亿元，增加应急设备排水量0.235万立方米/小时。建设屋顶集雨等雨水收集系统476套处，改造节水器具4679套。龙泉市、庆元县完成节水型社会创建。

【管理治水】 2016年，市委、市政府就推进和部署“五水共治”工作，先后召开33次相关会议进行研究部署。市委常委会议4次，市政府专题会议9次，丽水市“五水共治”工作领导小组会议2次，市治水办工作例会12次，召开市“五水共治”暨全国水生态文明城市建设试点工作推进会、生态文明建设专题报告会、水生态文明建设专题报告会、全市乡镇党委书记工作交流会等。严厉打击环境违法行为，全市出动各类执法人员17312人次，排摸检查企业5632家，立案查处案件289件，处罚金额743.26万元，刑事拘留6人，行政拘留12人。依托《电视问政》、问政直通车、处州晚报读者监督团、老白监督团、“不文明大家拍”等载体，加大对“五水共治”工作舆论监督力度，《电视问政》12期节目中共有播出涉水问题短片20余个，分别聚焦工业治污、开发区治污、农村治污、保供水等方面存在的问题。实现市、县、乡、村四级河长全覆盖，全市各级河长4349人，其中市级河长12人、县级河长153人、乡级河长857人、村级河长3327人、“河道警长”414人，建立各级“河长制”微信联络群257个，四级河长累计带队巡查河道15万余次，发现和协调解决问题1120余件。以排污(水)口标识整治专项行动和推进信息化建设为载体进一步深化“河长制”落实，全市设置入河排污(水)口标识牌4222块。实行“红黄牌”警告制度，建立“五水共治”问题库，并实行“挂号、销号”制度。执行“一事双责”责任追究法，即：县(市、区)完不成任务，市直相关职能部门连带承担相应的责任。采取考核结果公示制度，提高考核的公平性和权威性，对市各考核责任单位对县(市、区)的考核评分结果进行公示，接受监督。

【社会治水】 2016年，全市开展“五水共治”摄影大赛、“五美”系列评选及“我知晓、我参与”等系列活动，共发放“五水共治”知识宣传单30万余份，收到摄影作品200幅，评出“最美治水人”“最美河长”各10人，“治水美村”“治水美镇”共10个，“最美河道”10条；《丽水日报》开设丽阳坑和好溪堰“昨日今天、治水故事、治水人人说”系列报道，报道文章35篇；市电视台开展“百名记者巡百河”新闻采访活动，刊播报纸报道37篇、电视新闻49篇。各县(市、区)确定全民清洁日，全年全市80万余人次在清洁日中参与“清三河”行动；在新闻综合频道开设《每周聚焦》和《电视问政》栏目，全年曝光问题13期；建立微信“治水联盟”，共享治水各类信息，“治水联盟”关注人数13万余人；组建市民巡访团、巡河小分队等。

【“五水共治”工作成效】 2016年，丽水市水环境质量全省第一，无劣Ⅴ类水质断面，96个监测断面中Ⅰ—Ⅲ类水质95个，占比98.96%，其中Ⅰ—Ⅱ类水质89个，占比92.7%；28个省控监测断面均达到Ⅲ类及以上水质，达标率100%，县以上集中式饮用水源地水质达标率100%，全市地表水交接断面考核获优秀；多项生态建设指数全省第一，生态环境状况指数连续13年全省第一，生态省考核连续9年全省第一，生态环境质量公众满意度连续8年全省第一，生态文明总指数全省第一。“五水共治”满意度全省第一，自2013年底全省开展“五水共治”，丽水市“五水共治”满意度调查居全省第一，并逐年增长(2014年为76.49%，2015年为77.53%，2016年84.04%)，

好溪堰治理前后对比图　　梅丽森　提供

圆满实现“三连冠”。“五水共治”以来，完成重点项目投资200亿余元，投资完成率每年位居全省前列。完成整治低小散企业3006家，淘汰落后产能涉及企业320家，关停整治阀门、钢铁、印染、制革、造纸等重点污染行业企业371家，每年平均挤出黑色GDP（国内生产总值）200亿余元。创建全国首个覆盖全区域、全产业、全品类的农产品区域公用品牌——“丽水山耕”，并入选全国“2016中国十大社会治理创新奖”，成为全国休闲农业和乡村旅游示范市，全市三次产业结构实现二、三、一到三、二、一的历史性转变。形成一系列具有丽水特色的先进典型和经验做法。2016年，中央主流媒体（新华社、央视、《人民日报》）对丽水市各类特色做法报道28次。

【跨省治水】 2016年，丽水市庆元县与福建省松溪县共同建立上下游、左右岸“河长”，治出一河清水送下游，并将浙江省治水经验推向省外。青田县依托华侨资源优势，探索建立“引侨治水”模式，聘任159名华侨担任“河库长”，邀请侨界知名人士担任宣传员，在意大利《新华联合时报》、西班牙《联合时报》、葡萄牙《葡华报》等媒体开辟专栏，将浙江省“美丽浙江建设”“五水共治”等生态发展实践推向世界。丽水市开展“山区性河道资源经营及管理”课题研究，并在青田县章村乡开展试点，将河道经营流转，创新出“河权到户”做法，吸引群众积极参与，形成全民共治共享的生动局面，成功入选中国水利“基层治水十大经验”。（梅丽森）

“六边三化三美”工作

【概况】 2016年，丽水市按照《浙江省深化“四边三化”行动方案（2015—2020年）》和《2016年全省“四边三化”行动工作安排》等文件要求，先后出台《丽水市深化“六边三化三美”行动方案（2015—2020年）》《丽水市深化“六边三化三美”行动美丽林相建设专项方案》《丽水市“六边”区域洁净专项行动方案》《丽水市“六边”区域违法广告治理专项行动方案》《丽水市“六边”区域环境卫生专项行动方案》《丽水市深化“六边三化三美”行动美丽景区建设专项方案（2015—2020年）》《丽水市“六边三化三美”“处州民居”风格房屋外立面考评专项细则》《丽水市“六边三化三美”工作涉农财政资金项目整合导向目录指导意见》《关于建立丽水市“六边”区域控制发展目录的指导意见》等政策制度，规范“六边”区域建筑规划、景观设计、物品堆放等问题。推进省级精品示范道路创建和市级风景线、精品村、花样村庄、美丽经济示范村等创建，全市累计建设投入资金59.8亿元，启动线路整治142条、线长2850千米、沿线村庄993个，创建省级精品示范线路3条，建设成型风景线35条、精品村区块10块、精品村73个、花样村庄221个、美丽经济示范村10个、花海32片、景区化村庄9个、水利风景区3个。全年全市完成风景线建设10条、完成风景线巩固提升20条，其中20条风景线被评为市级美丽乡村风景示范线。2016年，全市“六边三化三美”工作群众满意度达91.6%。

【精品示范道路创建】 2016年，全市各县（市、区）、市开发区申报创建精品示范道路17条，实施“六边三化三美”主干项目746个，完成建设投入18.2亿元。龙泉、云和、缙云、松阳各有1条线路被列入省级精品示范线路创建，云和县“十里云河”风景线、龙泉市龙泉山通景公路、松阳县高速公路分别获全省第一名、第四名和第七名，获评2016年度省级精品示范道路20强，缙云县金丽温高速路段列全省第23名。在全省设区市中，丽水市获参评线路平均分第一名，入选线路数第一名。

【问题点位交办整改】 2016年，丽水市对全市高速公路、国省道、铁路沿线可视范围内存在的乱搭乱建、废品垃圾、青山白化、绿化缺失、蓝色屋面、乱堆乱放、涉及宗教违建等方面环境问题进行排查，梳理问题点位2363个，其中列入省级重点点位541个、市级1822个，其中省级点位数占全省五分之一。至8月底，全市省级

美丽乡村（缙云县仁岸村）　　王艳杰　提供

重点问题点位完成整改541个，完成整改率100%。发挥市、县、乡三级交办整改机制，拉网式推进“十乱”问题整治。至年底，全市累计交办问题点位整改7.3万个，其中市级交办整改问题点位1.9万个、县级3.4万个、乡级2万个，完成整改率为100%。累计拆除整治宗教违法建筑1336处、整改宗教标志物255处，有效推动沿线环境改善。

【建立“六边”长效管控机制】 2016年，丽水市建立县、乡、村三级路段长制、村级网格员责任制，县（市、区）、市开发区党政主要领导分别担任整治线路的路段长，推进网格化监督管理。组织建立县、乡、村三级路段长、弄长制和村级网格员机制。全市落实县、乡、村三级路段长5421人，其中村级路段长、弄段长3579人，竖立路段长牌1926块，落实村级网格员7058人。将“六边三化三美”工作作为重要内容纳入“村规民约”，引导村民自我管理，发动群众共同维护乡村的洁化、序化、绿化、美化。全市2758个行政村制定“村规民约”并得到落实。开展好家训好家风活动，引导乡风文明新风尚的形成，逐步转变农村生产生活陋习。全市“两路两侧”沿线158个乡镇（街道）均建立有效绿化养护制度，9个县（市、区）出台沿线建房审批、外立面管控规范性文件，推进沿线乱搭建、乱堆放等的联合管理措施，推动“六边”问题的长效管控。

【“蓝色屋面”专项整治】 4月5日，全市工业建筑和附属设施色彩整治与管理工作会议在丽水召开，传达全省工作会议精神，部署相关工作，制订《丽水市“蓝色屋面”专项整治行动方案》。编制出台《浙江省丽水市主城区城市色彩总体规划》，各县（市、区）按照地方特色文化，编制色彩规划。出台《丽水市彩钢房（棚）色彩改造指导意见》，对已经搭建、正在使用的彩钢房（棚）建（构）筑物，存在视觉污染、有碍观瞻的，要求进行油漆色彩改造，使其与周边环境协调一致。油漆改造的质量控制严格按照《丽水市建设局关于彩钢房（棚）建（构）筑物改造（采用油漆）质量控制的指导意见》要求实施。建立健全长效管理机制，把在建建筑工地彩钢房（棚）建（构）筑物色彩纳入建筑工地安全文明施工管理范围。各县（市、区）分别制定行动方案，对铁路、高速公路、国道、省道、航道、城市主干道等重要干线两侧视线可及范围与大地景观不协调的工业建筑和附属设施屋面色彩问题点位进行排摸，上报并录入省级管理督办的问题点位195个。出台《“蓝色屋面”考核办法》，明确考核内容、人员经费、职责分工等，每两月组织对各县（市、区）“蓝色屋面”专项整治工作开展督查。至年底，省级督办蓝色屋面点位196个、面积21.44万平方米，全面完成整治。市级督办蓝色屋面点位616个，面积61.71万平方米，完成整治点位435个，完成率82.2%。县级调查摸底蓝色屋面点位12694个，面积7529147.02平方米，完成整治点位4718个，完成率达28.4%。 （王艳杰）

市委办公室工作

【信息工作】 2016年，市委办信息处编发《工作交流》11期，《信息专报》17期，《业务通讯》13期，《每日要情》230期，上报省委办公厅信息6240余条，被省委办公厅信息处录用正面经验信息163条，《工作情况交流》14篇，经过省委办公厅转报被中央办公厅录用28条。围绕市委与全省同步高水平全面建成小康社会、勇当绿色发展探路者和模范生“两大发展使命”定位开展信息报送，及时报送基层贯彻落实市委重大决策和重要会议精神的信息，为市委领导掌握全市面上工作服务。向上级信息部门报送反映丽水市重要工作和特色经验的信息，进一步宣传丽水。加强与县（市、区）、市直部门信息工作人员联系，开展信息工作研讨会、座谈会等活动，建立信息工作团队。按照“抓培训，促提高”要求，对市直部门、县（市、区）信息工作人员采取以会代训、顶岗轮训、专题培训等形式，提高信息工作人员的能力和水平。 （林中立）

【督查工作】 2016年，市委办督查工作按照“一中心、三聚焦、五结合”的思路，围绕“党委决策部署的贯彻落实”这一中心，制定《2016年度督查工作计划表》，并根据市委中心工作进程，调整完善督查计划安排。按照“归零翻篇开新局”活动精神，对市委三届十一次全会和全市重大发展短板任务交办会确定的“补短板”任务，梳理责任清单176项，实行“常态督查、每季通报、及时销号、年终考核”。12月，市委三届十三次全会召开后，对各地各单位学习贯彻情况进行跟踪督查，并对部分单位传达学习的会议记录、部分党员干部的学习笔记进行抽查。组织生态文明建设、重点项目推进、改革工作等11次专项督查，对发现问题集中交办，督促整改落实。

聚焦主要领导关注事项、省对市考核指标任务和阶段性薄弱环节。对省委主要领导到丽水调研时的指示要求及时进行交办，并跟踪问效、实地核查，每季度将落实情况上报省委办公厅；对市委领导强调的工作，牵头有关部门，研究制定督查指标体系，每月对各县（市、区）和市直责任部门的推进情况进行督查通报。对省下达丽水市的五大考核指标和6个方面41项补短板任务,分解落实到相关市直部门,实行"一月一督查一通报",力求争先进位。跟踪关注省市重大任务目标进展落实情况,发现短板即跟进督促推动。

突出"五个结合"。"明"与"暗"结合,加大对"清三河"督查、G20安保值班工作督查等"暗访"力度。"点"与"面"结合,对领导批示办理工作,市委督查室牵头制定《加强和规范市委领导批示件办理工作的通知》,并会同市委办相关处室完善相关流程。为推进项目落地,会同市发改委制定《丽水市"十三五"项目建设推进工作机制》。"内"与"外"结合,在市委办内部形成"全办抓落实"格局,协调外力,共同推进抓落实。对浙江卫视《今日聚焦》、丽水电视台《每周聚焦》曝光问题,定期对整改情况进行实地核实,对未完成事项进行跟踪督查。"集中"与"定期"结合,对牵涉面广的重点工作,请市领导带队,整合部门力量,集中时间、集中人员分组督查。对时间节点要求比较高的工作,采取按月、按季定期督查的方式,发现问题,及时向责任单位通报,确保进度和质量。"过程"与"结果"结合,注重"过程管控",督查事项交办时发出《交办单》;交办事项推进过程中定期跟踪督促;对到期不能完成的事项发出《督办单》,限期整改;加强对督查事项的"回头看""再复核"。注重"结果运用",与考核办法衔接,对落实情况进行绩效问责。（胡　炼）

【调研工作】 2016年,市委办调研处围绕市委中心工作,起草重要文稿、政策。主要完成第四次党代会报告和市委三届十一次全会、十三次全会相关报告起草工作,起草《中共丽水市委关于加强自身建设的决定》《关于补短板增后劲推动"绿色发展、科学赶超、生态惠民"的决定》《关于从严加强干部队伍建设打造勇立绿色发展潮头丽水铁军的决定》等文件。起草县(市、区)工作汇报会、市委市政府务虚会等重要讲话文稿80余篇。开展政策研究,制定《中共丽水市委常委会2016年工作要点》。组织开展党代会重点课题调研,组织开展市领导重点调研课题工作。完成省委政研室部署的各项工作任务,做好每季度省委政研室经济形势分析会的汇报工作,做好《政策瞭望》的发行工作。组织开展2014—2015年度全市党政系统优秀调研成果评比,组织开展浙江省第四届公共管理创新案例评选推荐工作。完成《丽水市打开"两山"通道的研究》《丽水市扶贫开发工作调研报告》《绿色发展"中国方案"的丽水样本》等调研课题。（马莹华）

【保密工作】 2016年,丽水市国家保密局深入推进定密管理、网络保密管理和涉密人员管理。进一步规范丽水市涉密信息系统测评和审批。加强丽水市涉密人员管理工作,对涉密人员进行分类确定和上岗审查,严格涉密人员出国(境)保密管理,落实涉密人员在岗保密管理和离岗离职保密管理。对涉密计算机违规外联监管平台进行升级改造。在市行政中心大楼部署入网保密审查辅助系统。组织全市相关单位和人员20余人参加在青岛市举办的全国保密技术交流大会暨保密产品博览会。定期对重要涉密场所进行涉密环境安全保密检查。在市委机关刊物《今日丽水》刊发保密宣传文章12篇。全年回收销毁保密废纸100余吨,销毁硬盘210个,优盘12个,光盘150余张。多次开展专项保密检查:3月,开展机关、单位保密自查自评督查。4月,在全市组织开展以互联网门户网站、政务微博、微信公众号、互联网办公自动化系统(OA)、互联网政务邮箱等为重点的网络管理保密检查。9月,开展G20杭州峰会期间互联网门户网站保密检查。联合相关单位开展重要军事设施周边环境安全保密检查。10月,开展12个"金"字重点骨干网络保密管理检查。11月,开展涉密资质单位保密管理检查。（吴　东）

【编辑室工作】 2016年,资料编辑室牢牢把握市委中心工作主基调,主动服务大局,按时编发《今日丽水》12期,先后推出2016年工作思路、创建全国文明城市、归零翻篇开新局、定标对标补短板、全域旅游、农旅融合、重点项目攻坚战、"两学一做"学习教育等专题,开设"绿水青山就是金山银山""市县亮点""调研与思考"等专栏,做到上接"天线",下接"地气",党刊主题宣传与市委中心工作同频共振、合力合拍,及时传递市委重大决策、市委主要领导活动和权威声音,确保舆论引导正确有力;全面征集整理苏村山体滑坡抢险救援照片,完成8本画册,编辑近千篇各级媒体报道制作《人民利益高于一切——苏村救援报道选辑》文集,配合做好市委主要领导、重要会议和活动的文字、图片资料收集存档,完成办公室领导交办的多项图片和文字资料汇编,以及历任领导有关资料汇编工作。（胡雪峰）

组织工作

【出台《乡镇选任制公务员登记管理办法》】 2016年,丽水市出台《乡镇选任制公务员登记管理办法》,办法明确事业编制人员、优秀村干部、大学生村官及其他非公务员身份的人员当选为乡镇领导班子成员的,按要求在国家行政编制和领导职数限额内按照公务员登记有关规定进行登记，一般在年底集中进行，各县（市、区）对乡镇选任制公务员登记对象进行审核，报市委组织部、市人力社保局审批。市委组织部、市人力社保局定期组织开展检查，不符合任期规定调离乡镇的，取消公务员身份。

【完成干部人事档案专项审核工作】 2016年，根据中组部、省委组织部统一部署和要求，全面开展干部档案专项审核工作。全市完成干部档案审核和专用干部任免审批表填写20104卷，其中，市管干部1012人，县（市、区）管干部5488人，市直科级及以下干部2374人；全市完成干部档案“三龄两历一身份”信息认定8927卷，其中，市管干部432人，县（市、区）管干部2687人，市直科级及以下干部556人；全市收集归档材料10万余份。该项工作为县乡换届工作提供真实可靠的档案信息服务。（梅培操）

【开展市直单位届末考察】 2016年，市委组织部对市直单位领导班子和干部开展全面考察，通过实地考察、个别谈话、查阅材料和综合分析研判等方式，综合运用相关测评数据结果，结合不同单位的职能、特点、工作重点和领导干部的一贯表现，提出对领导班子和领导干部的综合评价意见，为有效推动干部队伍建设提供重要参考。考察情况由各考核组长向单位主要领导反馈，由单位主要领导逐一反馈给其他班子成员。对存在问题比较突出的领导班子和领导干部进行提醒谈话，并通过回访等措施予以跟踪督促。

【落实领导干部回访制度】 2016年，市委组织部结合市直单位届末考察和年度考核结果运用，从群众公认度、岗位匹配性、综合领导能力等方面，重点了解掌握领导干部思想动态、工作表现以及生活情况，特别针对干部出现的苗头性问题从源头上做好教育引导工作。通过定期回访谈话，及时将干部群众反映的情况做到及时反馈，促使干部更好地适应工作，形成有效的激励和约束机制。

【加强领导班子和干部队伍情况分析】 2016年，市委组织部开展多种层次、多种形式、多种内容的干部队伍运行情况分析。实施《关于领导干部认真践行敢于担当的意见》《关于进一步强化正确用人导向的意见》等政策文件，注重干部在“六边三化三美”“三改一拆”“三重工作”和信访维稳中的实际表现，通过实地走访、群众评价、主要领导点评、业绩考核考评等方式，综合分析干部，为选拔实干担当的好干部当好参谋助手。

【配合省委考察组做好年轻干部调研工作】 6月，根据省委组织部关于年轻干部调研工作部署，市委组织部配合省委组织部开展年轻干部调研工作，对年轻干部名册、基础资料和相关数据进行整理，分析汇总梳理出一批优秀干部，为省委组织部进一步考深识准年轻优秀干部提供参考。对接省委组织部调研组、市领导、部领导和市直部门的沟通和联系，配合做好考察谈话、表现材料撰写、实地考察等基础服务和工作协调，确保整个调研工作稳中有序。

【市级领导班子换届考察】 2016年，市委组织部将丽水市市级领导班子换届考察工作作为重点工作来抓。6月，对有关基础材料进行整理，做好前期基础服务。7月，倒排考察工作时间，拟定计划、任务分工，考察组进点前书面告知市级领导班子成员撰写总结报告和述职述廉报告。印制参考名册、述职述廉报告、民主测评评议和推荐表提前2天发给参会对象。9月，省委组织部一行20余人，历时1个多月对丽水市市级领导班子进行换届考察。按照考察组安排，做好有关资料的提供、考察谈话安排联络、材料的撰写和考察组在市里召开的有关会议会务的衔接和落实等工作。考察中坚持“务实、高效、认真、周到”原则，确保考察工作配合有序，完成省委换届考察组布置各项工作任务，得到省委考察组的好评。（潘　剑）

【开展县（市、区）领导班子集中回访】 为提前做好换届准备，3—4月，开展对县（市、区）领导班子的集中回访。回访由市委常委、组织部部长胡侠带队，各副部长和干部处室密切配合，主要采取到县（市、区）谈心谈话的形式开展。通过回访，有效掌握各县（市、区）领导班子的运行情况和领导干部的思想状况。集中回访实现副处级以上干部“全覆盖”，回访谈话领导干部271人，听取意见建议160余条次，梳理谈话情况材料9份。

【指导开展县（市、区）领导班子换届考察】 8月，市委组织部抽调103名干部组成9个考察组对县（市、区）领导班子进行换届考察。共考察现任县级领导班子及成员286人，法检“两长”及其他市管领导干部，纪委领导班子成员；民主推荐新一届县级领导班子成员，法检“两长”，纪委领导班子成员；考察县（市、区）拟新提拔（新转任）人选97人；谈话831人，每个县谈话人数均在90人以上；参加会议推荐1523人，每个县实际参加人员平均在220人以上。整个考察历时1个月，8月31日结束。

【县(市、区)领导班子换届人事调整工作】 11月17日,市委常委会研究通过换届人事调整方案,9个县(市、区)涉及干部301人,其中,有岗位调整的现职领导干部117人,方案中拟转任重要岗位干部11人,拟新提任干部61人。12月2日,市委常委会研究通过县(市、区)纪委副书记换届人事调整方案,涉及干部21人,其中拟新转任人选6人。

【探索实施一线考察干部】 "9·28"苏村山体滑坡灾害发生后,坚持关口前移,到抢险救援现场考察识别干部。10月4—7日,市委组织部和遂昌县委组织部组成5个信息收集小组,到苏村受灾现场、北界村安置点、劝导安抚组、县城殡仪馆、北界镇政府等多个点位,通过个别交流、随机访谈、群众聊天等方式共交流访谈干部群众126人,对现任遂昌县县级领导干部31人(其中编入指挥部19人)、县级领导班子换届考察对象9人,进一步深入考察识别,多方了解他们在抢险救灾和关键时刻的表现,并专题形成《遂昌苏村"9·28"抢险救援干部队伍表现情况分析报告》和《遂昌县苏村"9·28"抢险救援干部主要表现》报市委主要领导参阅。加强结果运用,多名在一线参与救援干部在换届中提拔使用。

【指导县(市、区)党代会工作】 12月28—30日,全市9个县(市、区)分别召开党代会,期间市委派出以市纪委、市委组织部领导带队的换届选举工作指导组,全程参与重要会议和关键环节的现场指导,并开展换届风气督查。选举中,9个县(市、区)新当选的党的委员会委员、候补委员、纪委委员和出席市第四次党代会代表均实现组织意图,其中145名县(市、区)党委委员、纪委委员满票当选(其中党委委员78人),满票率27.3%,选举工作圆满成功。

【落实县级领导干部职务与职级并行制度】 2016年,市委组织部落实中办发〔2015〕4号和浙委办发〔2015〕44号文件精神,在排查摸底、资格初核、民主测评、县(市、区)提出意见建议、人选公示、资格复审和市委主要领导圈阅等程序的基础上,8月10日,丽水市首批符合职务与职级并行晋升正处级条件的13名县(市、区)领导干部提交市委组织部部务会议研究通过。加强对县(市、区)办理科级晋升处级的指导,全年办理662名干部晋升职级手续。 (潘伟东)

【开展中共十八届六中全会精神"全员轮训"工作】 为进一步增强领导干部全面从严治党意识,根据省、市委的统一部署,12月,丽水市在市委党校举办三期市管领导干部集中轮训班。市委副书记尹学群、市委常委、组织部部长胡侠和市委常委、纪委书记方向分别在三期轮训班作专题辅导报告。轮训班严格执行相关纪律和规定,严格执行中央"八项规定"精神和学员管理的各项要求,严肃请销假制度,其间,市委组织部和市委党校对学员晚间自学情况进行明察暗访。共参训领导干部800余人。丽水学院、丽水职业技术学院正处级领导干部也参加本次集中轮训。

【干部教育培训】 2016年,市委组织部立足丽水实际,进一步拓宽培训渠道、整合利用各类培训资源,提高干部教育培训工作的针对性、实效性和统筹性。全年市本级举办各类主体班次32期,培训干部2307人次。主体班坚持市委党校、国内名校、现场实践教学的"三段式"办学模式。依托浙江大学、厦门大学等知名高校专业优势,举办美丽城乡建设、农村金融深化改革等专题研讨班,联合金华、衢州等地市委组织部举办"三地新提任副处级领导干部进修班"。主体班授课教师1/3以上外聘,邀请国内高校教授、部分中央和省直部门专家、市县领导、优秀乡镇书记、本地乡土人才、优秀模范代表等到党校授课。培训班坚持以边学、边干、边研讨的办班模式,办班前,向市党政领导、市直各单位征求办班意向,在征求意见基础上拟定办班计划。办班实行课堂教学"课前三分钟演讲""学员讲坛""书

12月,市管领导干部学习贯彻中共十八届六中全会精神轮训班 吴益平 提供

记论坛”“班委公推直选”“无领导小组讨论”等体验式教学模式，学员参与各个教学环节，形成良好的学习氛围。激发学员学习的积极性和主动性。根据省委组织部《关于浙江领导干部网络学院2016年全省网络学习资源共建共享工作方案》，每月更新课件30部，并将本地一些优质课程、领导讲话等专题课程制作成课件，丰富网络学院课件资源。积极开展领导干部网络学院硬件扩容升级工作，提升网络学院服务质量，更好地满足学员需求。定期不定期对学员课件点击、学习情况的进行分析，每季度对学分较少学员进行短信提醒，要求合理安排学习时间，以确保考核达标。10月，市委党校新校区投入使用，为进一步提升丽水市干部教育培训水平奠定良好基础。

【干部挂职锻炼】 2016年，全市选派257名干部开展挂职锻炼。其中，选派19名领导干部到国家部委(中央国企)、省直单位和山海协作产业园互派地区挂职学习；外派8名干部人才到江苏、贵州等地挂职锻炼；选派209名市管后备干部、优秀年轻干部到市创建办、市小城镇环境综合整治办(治危拆违办)、市审批代办中心、市治水办、市“三改一拆”办和市六边办等“三重工作”挂职锻炼；继续开展双向互派挂职工作，选派12名市直单位干部到县(市、区)乡镇(街道)挂职锻炼，9名县(市、区)干部到市直部门挂职锻炼。

【对口支援工作】 2016年，市委组织部围绕上级部署和智力援疆相关工作要求，重点做好三项工作：做好援藏援疆援青干部人才到期轮换工作。按照省委组织部的统一部署，开展援藏援疆援青干部人才的期满考察工作和做好新一轮援藏援疆援青干部人才的选派工作，通过筛选、综合比选，最终确定丽水市援藏援疆援青干部人才29人；做好新和县干部到丽水培训挂职工作，协调相关部门，采取集中授课、现场教学、座谈交流等形式，举办新和县中青年干部培训班和乡镇村干部轮训班3期，培训干部102人次；做好新和县干部10人到丽水挂职锻炼等相关工作。做好对口支援干部人才子女入学入托工作，征求对口支援干部人才在子女就学方面的需求，协调市教育局等相关部门，帮助解决入学入托问题，解除他们的后顾之忧。 (吴益平)

【加强换届风气监督工作】 2016年，市委组织部重视换届风气监督工作，将严肃换届纪律工作与整体换届工作一同谋划、一并落实，切实以铁的纪律保证换届风清气正。抓责任落实。市委书记史济锡先后3次主持市委常委会进行专题研究，5次主持理论中心组学习扩大会传达学习中央、省委有关精神，提出贯彻落实具体措施，督促相关责任单位加强换届风气监督工作的领导和统筹，落实好“四必看”“四必谈”“凡提四必”等要求。下发《从严从实加强换届风气监督的通知》和《关于进一步严肃换届纪律的通知》，制订加强换届风气监督工作的详细计划，列出42项具体细化的工作任务，分阶段、多层次协调推进换届风气监督各项措施落到实处。由部领导带队，对9个县(市、区)和部分市直单位开展集中回访工作，全面听取各地各单位对领导班子“四个方面评价”和对领导干部“八个方面评价”情况，梳理干部个人想法和意见建议160余条，掌握各地各单位领导班子运行情况和领导干部的思想状况。定期组织召开换届风气监督工作联席会议，沟通交流和研究部署换届风气监督工作。抓纪律宣传。把宣传纪律规定要求贯穿于换届工作的全过程，加强换届纪律的学习教育和宣传引导。将“九严禁”换届纪律规定制作成小卡片，寄送给每一名市管领导干部，在浙江领导干部网络学院丽水分院、丽水党建网开通严肃换届纪律专栏，利用电视、报纸、手机、微信、室外显示屏等宣传平台及时刊发、滚动播放有关换届工作的会议精神、纪律要求、政策解读等信息，对“九严禁”等纪律要求进行全方位宣传。全市组织学习“一片一书”15.9万余人次，组织各地“两代表一委员”、村干部、企业家以及机关企事业单位干部群众参加换届纪律知识测试5.8万人，印发严肃换届纪律应知应会手册360份、换届纪律提醒手册2000份。推行换届承诺制，与各级领导干部约法三章，把规矩讲明讲透，防止超越纪律红线、影响换届风气情况的发生。抓督查通报。建立换届风气巡回督查机制，对县(市、区)开展四轮换届风气巡回督查，9个督查组召开座谈会42个，实地走访37个乡镇(街道)和10个县直单位，个别谈话124人，电话抽查188人。8月，由市委常委带队，深入了解各地换届工作和风气监督情况，并进行现场点评。建立严肃换届纪律形势分析研判制度，定期形成《县乡换届工作督查情况报告》，提交市委常委会分析研究。建立举报案件快速查核机制，对换届工作中发生的不正之风和违反换届纪律问题，及时督促各地进行严肃查处和通报问责。全市查处违反换届纪律问题12件，处理14人，其中8件全市范围通报，有效地提高换届纪律执行力和震慑力。

【干部选任监督工作】 2016年，市委组织部围绕干部选拔任用工作存在的薄弱环节，抓好督促整改、审核审批等环节，推进干部选拔任用工作制度化、科学化。巡视问题整改。对省委组织部立项督办的4个县（市）选人用人巡视的10个问题进行指导督促、认真复核，抓好问题整改落实。超职数消化整改。持续督促各地推进超职数配备干部消化工作，完成消化超配的市管领导干部57人，科级领导干部县（市、区）超配519人，消化509人，市直单位67人，消化61人，非领导职务干部超配4171人，消化2292人。抓"带病提拔"干部倒查。会同有关单位对5名"带病提拔"领导干部（其中县处级1名、乡科级4名）选任过程进行集中倒查。严格审核下级干部选拔任用工作事项。全年审批县（市、区）干部调整报告70批次，市直单位中层干部77批350人次，对超职数、领导干部亲属提任、破格提拔等事项严格审核把关，对不符合条件的干部23人任免进行纠正。从严把握领导干部身边工作人员、近亲属的提拔调任，共审核领导干部亲属就业、调动或提拔55人次。个人有关事项报告"凡提必核"。全年对拟提任市管干部的考察对象176人和县（市、区）领导班子换届继续提名人选237人，其中3人因少报漏报房产、股票等信息被暂缓任用。随机抽查领导干部99人，重点抽查31人因巡查工作需要的领导干部个人有关事项报告。信访举报"凡提必查"。畅通"12380"举报网站和举报电话、短信举报、来信来访等渠道，全年受理信访举报219件次，均及时进行查核或转办。

【干部日常监督管理】 2016年，市委组织部落实从严监督管理干部要求，不断完善加强干部日常监督管理举措。加大提醒函询诫勉力度。落实领导干部预警管理办法，针对选人用人检查、个人有关事项报告核查、经济责任审计、出国（境）证件管理和信访等苗头性倾向性问题，坚持做到早提醒、早纠正，全年提醒192人次、函询184人次、诫勉21人次。加强出国（境）管理监督。严格抓好领导干部出国（境）人员审查审批，控制因私出国（境）时间、次数，全年办理因公出国（境）审查审批154人次，因私出国（境）81人。组织开展领导干部出入境和护照持有情况专项检查，对23名市管干部因私出国（境）证件及时进行催缴，确保护照应交尽交。规范开展离任检查和离任交接。结合县（市、区）换届考察和市直单位届末考察，对有选人用人权的市管领导干部进行选人用人全面检查，重点对64名领导干部进行选人用人离任检查。完善领导干部离任交接工作程序，及时组织市审计局、编委办对99名领导干部开展经济事项和编制使用情况离任交接。制定出台相关制度。开展调查研究，配合完成《丽水市党政领导干部生态环境损害责任追究实施细则》和《丽水市关于完善改革创新容错免责机制的实施办法》等文件制定出台。（徐剑雄）

【人才工作】 2016年，全市人才工作深入推进人才体制机制改革创新，编制《丽水市人才发展"十三五"规划》，制定出台《关于加强高层次创业创新人才队伍建设的意见》等政策文件。加强人才工作机制运行，完善人才工作例会制度，制定人才工作要点，调整优化人才工作考核重点。深化实施"绿谷精英550引才"计划，做好国家、省千人计划等推荐申报，组团赴欧美开展引才活动，入选省"千人计划"专家1人，享受国务院政府特殊津贴人员3人，省有突出贡献中青年专家2人，省151人才工程重点资助1人、第一层次1人、第二层次3人，遴选产生"绿谷精英"19人。参加杭州国际人才与项目合作大会等各类人才交流活动，深入实施"人才金桥"工程，组织企事业单位赴北京、上海等地开展招聘活动，引进各类急需紧缺人才和高层次人才2031人。完成首批选调生挂职期满考核，引进第二批定向选调生9人。推进丽水海创园、绿谷信息产业园、科技企业孵化器、院士专家工作站和博士工作站等平台建设，举办第五届人才科技峰会，新增省级院士专家工作站1家，新建市级院士专家工作站4家，入选省级博士后工作站设站单位13家。推进"百名博士进百家企业"活动，主动对接人才，服务企业转型升级。申报引进国外智力项目，获批国家级重点引智项目2项、省级引智项目19项，列入省"百村引智示范项目"计划5个，获浙江省"西湖友谊奖"1人。加快本土人才培养，开展市突出贡献专家、"138"人才培养工程、绿谷系列等重点人才评选工作，举办企业人才等各类人才培训班20余个。实施技能人才培养工程，全年培养高技能人才5969人，完成职业技能培训4.3万余人，新建省级石雕、青瓷技能大师工作室各1家。继续完善"丽水农师1+X"的品牌体系，新培育龙泉安仁鱼头师傅、松阳工匠等5个子品牌。优化人才发展综合环境，加大人才专项投入力度，市本级人才发展专项资金投入5200万余元。实施市党政领导干部联系优秀人才制度，开展人才健康体检、疗休养等活动，落实高层次人才子女入学、安家补助等绿色通道服务项目，新增人才公寓128套。推进人才服务专员队伍建设，优化服务流程，做好高层次人才系列卡的各项服务工作。发挥丽水市高级人才联合会和博士联谊会的连心联谊作用，举办"智慧绿谷"论坛9期、各类博士论坛50余期。加强人才宣传，在市级主流媒

体开设“人才强市”专栏，完善《丽水人才》期刊、联合会网站和丽水人才微信公众号等。（叶献梯）

【基层党建“整乡推进、整县提升”】 2016年，市委组织部对照“浙江二十条”，提出基本型、提升型、示范型三类创建标准和具体要求。以“美丽党建好故事、绿色发展好路子、精准服务好项目、党员干部好形象、战斗堡垒好旗帜、从严管理好措施、基础台账好档案、有力推进好机制”等八个好为主要内容，完善考核评价机制，建立“3+15”基层党建工作任务清单，制定全市《操作范本》，实行逐个考核验收、逐个销号管理。全市125个乡镇（街道）2207个村完成基本型及以上提升任务，结合各地资源禀赋、产业优势等，打造特色产业型、重点项目型、生态旅游型、美丽乡村建设型等类型“党建示范带”32条。针对软弱落后党组织，建立市委常委联系制度，全市165个软弱落后村党组织全部整转到位。建立党员参加组织生活“四不准”，党员重大事项“五报告”，流动党员“四要”等硬规矩，进一步规范党内政治生活。在乡镇干部和村党组织书记中推行“日志式”管理，作为先锋指数考评的重要参考依据，全年考评警示党员1019人，不合格党员242人，全面建立乡镇教育帮扶支部，定期开展教育整转。全市推广手绘“民情地图”做法，所有乡镇驻村干部绘制完成6张基础图和X张辅助图共1.6万张。11月，丽水市《以“民情地图”为载体服务群众推动基层干部转变作风》的做法，被中组部《党建研究参考资料》专题刊发和推广。开展百名示范村党组织书记、173个乡镇（街道）组织委员全员培训班，提升业务能力。推行“爱心系列”服务，在158个乡镇建成爱心系列项目422个，形成“爱心农场”“爱心养殖场”“爱心果园”“爱心超市”“爱心基金”等一系列爱心帮扶举措。

【乡镇换届工作】 2016年，市委组织部按照省委、市委部署要求，围绕“五个好”（“五个好”：绘出思路清措施实的好蓝图，选出忠诚干净担当的好干部，配出结构优功能强的好班子，换出心齐气顺劲足的好面貌，树立风清气正的换届好风气）的目标，加强换届政策业务指导，把好人选资格条件关，全市配备35岁左右乡镇党政干部正职72人（占20.8%），其中党委书记30人（占41.7%），达到省里提出的15%和1/3的要求。班子配备女干部274人，其中党政正职女干部39人，达到每个乡镇至少1人和10%的乡镇配备正职女干部的要求。新选拔三类人员进乡镇班子177人，其中乡镇事业编制人员122人，优秀村干部20人（省千名好支书2人），大学生村官35人，达到每个县至少新选拔“三类人员”各1人以上的要求。试点探索以“四比四选”方式选拔优秀村（社区）干部进入乡镇领导班子做法，得到省委组织部充分肯定。严格代表资格审查，对照省委提出“六种情形”和“十种情形”及41条有关要求，建立联审工作机制。全市经资格审查，取消乡镇党代表初步人选资格209人。严明换届纪律要求，县、乡层层签订换届工作责任书，制作提醒卡片、发放“一片一书”（《镜鉴》和《严肃换届纪律选编》）等资料，开展“四必看”“四必谈”“四必训”，全面推行换届纪律承诺，组建市县严肃换届纪律巡回督查组，不定期开展巡回督查，全市查处违反换届纪律案件2起。（林梅远）

【党代表联络工作】 2016年，做好市第四次党代会代表选举工作。根据市委三届十二次全会《关于召开中国共产党丽水市第四次代表大会的决议》和《关于中国共产党丽水市第四次代表大会代表选举工作的通知》，全市按县（市、区）委、市直机关党工委、金融系统、电力系统、驻丽部队等划分为17个选举单位，市委确定代表名额350人，实际选举产生出席大会代表345人。加强县（市、区）和乡镇党代会指导。在青田县仁宫乡开展乡镇党代会试点工作。指导各地做好党代表推选和资格审查工作，全市选举产生乡镇党代会代表7116人。10月，143个乡镇召开党代会，立案代表提案1339件。选举产生县（市、区）党代会代表2127人；12月，9个县（市、区）召开党代会，立案代表提案411件。深化党代会常任制工作。加强缙云县县级党代会常任制试点工作指导，1月31日—2月1日，中共缙云县第十三届代表大会第五次会议召开；深化乡镇党代会年会制，全市所有乡镇全部召开年会，完善代表票决党内重要事项、代表现场询问、代表大会发言等年会内容；全市各街道继续试行街道党员代表会议制度，规范落实通报党工委（纪工委）工作、票决党内重大事项和通报测评结果等探索。抓实党代表任期制工作。用好党代表提议、调研视察、列席党内重要会议和学习培训等制度，市县乡三级组织代表开展集中学习培训636次10253人。全年市本级先后9次邀请67名市党代表列席市委全委会、市纪委全会、全市党建工作会议、县委书记抓基层党建设述职会议等重要会议；共推荐11批32名党代表担任丽水“电视问政”节目嘉宾。（吴茂才）

【两新党建工作】 2016年，以推广两新党建“六小”工作法（小课堂、小建议、小关爱、小活动、小竞赛、小典型)为抓手,结合贯彻落实“两学一做”学习教育有关要求,推进两新党组织活动常态化开展,持续夯实两新党建工作基础。下发实施方案,对两新党组织“两学一做”学习教育进行部署,并组织对各县(市、区)和开发区开展2次情况督查,确保两新党组织较好执行任务要求。深入开展“双覆盖百日攻坚”和“覆盖检修”行动,完善两新党组织设置,推进新领域新业态党建覆盖工作;先后开展党员基本信息核实、失联党员复联、“口袋党员”排查等工作,摸清两新组织党员“家底”,做到底数清、情况明,确保党员信息准确、规范,本年度全市调整充实两新党组织106个。4月,在莲都区大港头镇召开全市特色小镇党建工作座谈会,对特色小镇党建有关要求进行明确。推进社会组织党建工作。6月,召开全市社会组织党建工作推进会,对社会组织党建工作进行部署。把社会组织党建工作纳入党建工作总体规划,理顺社会组织党建工作体制机制。市本级依托民政部门成立社会组织综合党委托底管理,新增1个编制和领导职数专职从事社会组织党建工作。同时,举办全市首期社会组织党务工作者专题培训班,开展“社会组织集中组建月”活动,社会组织党组织基本实现应建尽建。举办“‘六小’工作奔跑行,全市两新党建新媒体演讲比赛”,对获奖的20名两新党务工作者进行表彰。丽水市两新党建“六小”工作法还被全国《非公有制企业党建》杂志专题报道。　(周律如)

【党员干部现代远程教育工作】 2016年,市委组织部巩固提升站点建管学用。出台《丽水市党员干部现代远程教育终端站点建管学用工作操作细则》。以抓示范抓提升促转型为重点,新建(更新)站点1626个,其中模式升级站点285个,基本实现以宽带模式为主、数字电视模式为补充的站点组成形式。探索“远教入户”扩大试点工作,远教入户5391户,涉及40个乡镇(街道)65个行政村。继续推行根据学用达标情况发放站点建设经费补助做法,下发补助资金28.55万元。发挥远教终端站点优势,组织学习《做合格党员》《榜样》《郑义门》等各类课件,有力助推“两学一做”学习教育。开展远教站点“两查两提高”活动。培训站点管理员3380人次。优化升级平台功能。以推进“一网两平台”建设为重点,市县两级完成省地对接,实施“丽水先锋网”三期改版,完成丽水先锋网首页改版,完善网上支部功能,新增“固定活动日”“必学课件”板块和查看“学习记录”“活动记录”功能,提升手机端学用功能,个人学用、活动记录可以通过手机平台直接进入。继续推行“组织活动网上记录”和“网上组织生活五步法”,先后推出“两学一做”学习教育和“做合格党员”“丽水千村党建好故事”“丽水基层党组织和党员抗台防汛救灾”等10个专题学习网页。开展以“抢答知识学政策、抢领心愿送温暖”为主要内容的“春节六送”活动,手机微信版访问量15万人次。发送“丽水党建快讯”327万余条次。做优做强党建电视栏目。继续实行节目线索登记报告制度,市县两级共被上级党建电视录用节目103条次,位居全省第二。做优主题策划,先后推出“两学一做”学习教育和“乡镇换届”“整乡推进、整县提升”等系列专题节目,制播梅振盈、周根富及省“千名好支书、万名好党员”等典型事迹片,制播《丽水先锋行》节目22期,市场份额在10%左右。各地制播党建电视节目96期,在“丽水先锋网”更新上传党建电视节目27部326分钟。出台《丽水市党建电视微信推送工作试行办法》,市县两级累计党建电视微信推送570余条。大力开发教学资源课件。推出丽水“千村党建好故事”百集微视频、“百村党史好故事”微视频,市县两级全年开发教学课件46部59集567分钟,其中,省级教学资源课件8部18集236分钟,市级课件38部41集331分钟。选送《云和师傅走天下》获全国党员现代远程教育优秀课件二等奖,《爱在深山》《压不垮的堡

11月,全市远教骨干培训学员上机操作　　吴维维　提供

垒》《党旗耀苏村》《野果家种—树梅的种植》分别获全省党员干部现代远程教育课件观摩交流活动一、二、三等奖。 （吴维维）

【调研信息宣传工作】 2016年，全市组织系统围绕热点难点问题形成调研报告45篇，其中，《基层党建“整乡推进、整县提升”工作机制研究》获评全省组织系统年度最佳调研报告，《面向北大清华选调优秀毕业生工作对干部培养锻炼工作机制比较研究》获评年度优秀调研报告，《加强从严管理干部制度建设的思考》《农村电商发展中的基层党建问题研究》获评年度入围调究报告。制定出台《组工信息宣传工作积分管理办法(试行)》，加强信息上报，先后被上级组织部门采用68条，其中，《建设“党建示范群”夯实基层治理基础》等被中组部采用，《党代表候选人初步人选个人有关事项报告制》《以“家庭档案”传承党员干部好家风》等被省委组织部录用。编发市级《组工信息》简报25期。加大宣传力度，全市组织工作被中央媒体宣传报道46篇(次)，省级以上媒体宣传报道500余篇(次)，其中《十二法让“空心村”不再空心》在《中国组织人事报整版》刊发。组织开展“千村党建好故事”活动，深度挖掘3188个基层先进典型，《千村党建好故事托起农村精气神》《抗台防汛第一线践行“两学一做”》《好干部梅振盈》《苏村救援一线锻炼考察好干部》等稿件在人民网刊发。坚持服务基层，编发《丽水党建交流》杂志6期。加强新媒体宣传，“绿谷先锋”政务微信推送信息780余条。注重工作探索和创新，全市组织系统评出市级特色工作18项，其中，《讲好“千村党建好故事”》《实行干部档案“统存统管”》等获评全省组织系统特色工作。起草《从严加强干部队伍建设打造勇立绿色发展潮头丽水铁军的决定》，牵头开展党的建设制度改革工作，先后出台《党政领导干部生态环境损害责任追究实施细则(试行)》《关于完善改革创新容错免责机制的实施办法》《关于加强高层次创业创新人才队伍建设的意见》、农村基层党建“八个好”评价机制等23项制度成果。 （赖祝鑫）

宣传工作

【概况】 2016年，全市宣传思想文化工作围绕中心、服务大局，宣传文化事业砥砺前行、出新出彩，为丽水全面建成小康社会、建设美丽幸福新丽水提供强大的思想保证、精神力量、道德滋养和文化条件。开展“归零翻篇开新局”主题大讨论活动，共收集意见建议及金点子300余条。开展基层蹲点调研活动，梳理宣传思想文化工作亟待解决的6个方面短板，开展“破难创新”行动，解决短板206件，解决率68%。实施基层宣传工作“十百千”典型培育计划，推出一批基层工作典型。完善宣传工作目标责任制考核，发挥考核对推动意识形态工作的导向作用。3月，组织理论社科界召开“归零翻篇开新局”专题研讨会，为丽水“十三五”时期的新作为、新定位出谋划策。

组织开展年度宣传思想文化工作创新奖评选，评出2016年度市级创新奖12个。推动各级宣传部门领导深入基层开展调查研究，完成《以文明城市创建带动地方整体文明水平提升的实践与思考》等一批重点课题调研。做好对人大建议和政协提案的办理工作，完成15件建议提案的办理答复，各人大代表、政协委员对办理结果均表示满意。评出丽水第二批重点文化创新团队7个，“四个一批”人才27个。

【学习宣传习近平系列重要讲话精神】 2016年，市委宣传部把学习宣传贯彻习近平系列重要讲话精神作为思想理论建设首要任务抓紧抓好、抓出实效。结合全市“归零翻篇开新局”大讨论活动，把党中央治国理政新理念新思想新战略纳入各级党委(党组)理论中心组的必学内容，进一步推动各级领导干部深入学习贯彻习近平系列重要讲话精神。以“丽水论坛”为龙头，各级党组织运用干部夜学、专题报告、网络教育等形式推动党员学习。学习情况作为中心组先进单位、学习型党组织等评选依据，推动各地各单位理论学习常态化、制度化。市本级发挥带头作用，全年举办丽水论坛12次，理论中心组专题学习23次。宣传部门充分发挥指导协调、服务引导、督促检查职能，通过制订学习计划、组织学习交流、编发《干部夜学参阅》、通报学习情况等举措，推动全市学习型党组织建设深入开展。市、县两级宣传部门组织领导干部、理论专家和优秀基层宣讲员，深入基层开展“归零翻篇开新局”“两学一做”等巡回宣讲，充分运用“微型党课”“小讲堂”“小讲座”等载体，深入到机关、社区、企业、农村基层开展各类宣讲6000余次。组织开展以“十三五话担当”为主题的丽水市第五届微型党课大赛，选取身边平常、真实、微小的事例，阐述“丽水十三五”发展战略。参加全省第七届微型党课大赛，市委宣传部获优秀组织奖，选手赵赟获第一名。举办人文大讲堂11期、人文小讲堂100余场，组织丽水市社科普及周、大型广场咨询服务等活动。贯彻落实总书记习近平哲学社会科学重要讲话精神，研究部署市社科界学习贯彻工作。围绕市委重大战略部署，召开“丽水市理论社科界归零翻篇开新局”“学习贯彻党的十八届六中全会精神”等专题研讨会，深入研究阐释中央、省委、市委最新理论精神。推进社会科学研究围绕中心、服务大局，突出丽水本土研究，编辑以“处州农耕”为主题的第六辑瓯江文化丛书6册，出版以“处州十大文化名人”为主要内容的第七辑瓯江文化丛书10册。继续推进市院合作，与省社科院在杭州召开“绿色发展的丽水样本”研讨会，完成市院合作课题《绿色发展的理论探索与实践——“丽水样本”解读》。

【学习贯彻习近平在新闻舆论工作座谈会上的讲话精神】 2月19日，总书记习近平主持召开党的新闻舆论工作座谈会并发表重要讲话后，市委宣传部高度重视，迅速掀起学习宣传贯彻讲话精神热潮。通过召开部务会、全体干部学习会、全市新闻舆论工作会议等形式，及时传达总书记习近平在新闻舆论工作座谈会上的重要讲话精神。制定下发《关于认真学习宣传贯彻习近平总书记党的新闻舆论工作座谈会重要讲话精神的通知》，要求宣传部门和新闻单位把学习贯彻习近平总书记重要讲话精神作为首要政治任务，抓好学习贯彻工作。全市宣传、新闻等单位组织干部学习1800余人次。围绕“新闻宣传应该有什么样的新定位？”“新闻宣传应该追求什么样的新作为？”“新闻宣传在补短板上要有哪些新突破？”“新闻宣传干部需要什么样的新担当？”，全面查找在舆论导向、融合发展、队伍建设、宏观管理、体制机制等方面工作存在的“短板”，对照“全方位、全流程”导向管理要求，加强对新闻单位、传播载体管理，进一步完善审稿制度、审稿流程和操作规范，完善党委（党组）领导下总编（主编）负责制。调动报纸、电视、广播、新媒体等各种宣传资源，统筹运用传统媒体和新兴媒体，营造学习贯彻的浓厚氛围。《丽水日报》转发新华社、《人民日报》等媒体评论员文章。市级各媒体刊播《切实肩负职责使命 坚持正确舆论导向》等报道，阐述讲话的重大意义和深刻内涵，展现各地各单位学习贯彻讲话精神的进展和成效。

【意识形态工作责任制落实工作】 2016年，丽水市委重视意识形态工作责任制落实情况，进一步压实党委（党组）落实意识形态工作主体责任。市委常委会第一时间学习传达总书记习近平在新闻舆论工作座谈会、网络安全和信息化工作座谈会、哲学社会科学工作座谈会、中国文联十大、中国作协九大开幕式、全国高校思想政治工作会议等重要讲话精神，用讲话精神武装头脑、指导实践、推动工作。全年市委常委会先后11次听取意识形态工作汇报，提出工作要求。进一步明确责任分工，加强协作配合，基本形成党委负总责、党委书记负第一责任、分管领导负直接责任、其他班子成员各负其责的良好工作局面。市委书记切实履行“第一责任”职责，做到“五个带头”，市委书记史济锡分别到宣传、网信、文化、报社、电视台、创建办等部门调研，指导G20杭州峰会、苏村山体滑坡等舆论引导工作，主持召开全市党建工作会议、加强党的新闻舆论工作座谈会、推进全国文明城市创建动员大会等，进行具体部署。常委、宣传部长认真履行“直接责任”职责，做到“五个到位”。其他班子成员认真履行“一岗双责”职责，持续抓好分管部门、单位的意识形态工作。夯实基层基础，市委、市政府把意识形态工作纳入对县（市、区）和市直单位的年度综合考核。加强对各地各部门落实意识形态工作责任制的检查考核，市委多次下发检查考核等通知，督促各级党委（党组）贯彻落实意识形态工作责任制。年底，由市委领导带队，抽调部机关全体干部，对9个县（市、区）和12个市直属单位落实意识形态工作责任制情况进行重点检查。2016年，全市9个县（市、区）和市直70余个重点部门均按要求落实意识形态工作主体责任，都向市委汇报了2016意识形态工作主体责任落实情况。5月，公布的“2015年全省文化发展指数绩效考核”中，丽水市全省排名第二。

【建党95周年系列宣传文化活动】 2016年，市委宣传部组织开展系列纪念建党95周年群众性主题宣传教育活动，在全社会唱响中国共产党好、社会主义好、改革开放好、伟大祖国好的时代主旋律。通过组织开展各类座谈会、征文、知识竞赛等活动，在全市广大党员干部中开展“学党史、感党恩、跟党走”学习教育活动。组织党员领导干部和党校教师、讲师团成员到农村、社区、机关、企业、学校等基层单位党支部宣讲1000余次，受众10万余人次。通过文艺演出展演创作等形式，围绕建党95周年重要时间节点，以文艺精品工程建设为载体，开展系列文艺展赛活动和创作采风，推出一批反映重大革命历史题材的作品。围绕提高文艺策展办赛水平，举办“2016丽水油画展”等系列庆祝建党95周年展赛。举办“永远跟党走 共筑中国梦”——丽水市庆祝中国共产党成立95周年视觉艺术展，6月29日—7月12日，以美术、摄影、书法形式展示丽水红色斗争历史和新时期“美丽丽水”建设成就。组织开展“伟大的党光辉的历程”新闻宣传活动，在市内传统媒体、网络媒体、移动新媒体开设专题专栏，全面展示新中国成立以来特别是改革开放30多年以来，丽水市坚持党的领导，不断取得经济建设、政治建设、文化建设、社会建设以及生态文明建设和党的建设的重大成就。市、县(市、区)主要新闻媒体开设“好支书”“好党员”等专栏，开展“千村党建好故事”宣传评选活动，深入宣传基层党支部和党员的好故事，发动广大党员关注浙江新闻客户端、微信公众号学习浙江好故事。开展“红船载起中国梦”网络主题宣传活动，在全市新闻网站首页显著位置开设“红船载起中国梦—庆祝建党95周年”专题专栏，反映全市各地各单位纪念建党95周年活动动态，全面展示丽水市加强党建工作、深化“两学一做”学习教育、抓党风廉政建设的新实践、新成果。策划组织“网友重走红军路”网络互动活动，通过线上线下互动，新闻网站、论坛、微博、微信、移动客户端联动，展示丽水红军故事，追寻先烈足迹。

【G20杭州峰会宣传工作】 2016年，市委宣传部围绕营造良好舆论氛围，以扎实的工作举措开展G20峰会正面宣传工作。通过召开部务会议、干部大会、系统会议、视频会议等，及时部署丽水市G20峰会宣传工作。制定《G20峰会新闻宣传方案》，市级媒体统一开设《全民总动员护航G20》专栏，及时转载摘播中央、省级主要媒体重点稿件，报道各地各部门、社会各界和各行各业为保障G20峰会采取的工作措施、经验做法。G20峰会期间，全市报纸、电视、广播共刊发稿件431篇，网站、移动客户端、微博、微信等转载1495篇，其中《丽水日报》《处州晚报》推出G20专版35个。组织属地网站、两微一端开展G20峰会主题宣传，策划组织“天天正能量、点赞好网民”迎G20大型网络主题活动，推送丽水正能量网络好故事78个，参与活动72万余人。组织丽水“绿谷蓝”PK19国主题外宣活动，共推出18场网络文化活动。

【全国文明城市创建】 2016年，市委、市政府召开推进全国文明城市创建动员大会，制定《丽水市全国文明城市创建集中攻坚行动方案》，下发创建全国文明城市和青少年思想道德建设测评体系，层层落实责任。市委、市政府出台《全国文明城市创建工作奖惩办法》《2016年度全国文明城市创建工作督查考核办法》，形成“周检查、月点评、季通报、年考核”的推进机制。市级媒体开设专栏、专题20余个，刊播有关报道3600余篇。举办第二届“最美丽水”公益广告创意大赛，征集参赛作品158件。在20个重要节点运用文化墙、户外广告牌、灯箱等载体设置公益广告3.2万平方米，刊播优秀作品1700篇次。以打造“文明交通最礼让城市”为目标，持续开展六大载体活动。推出“志愿汇”手机APP，注册人数28万人，组织各类志愿服务活动900余场。举办全市社区邻居节，建成“美丽楼道”2800余条、“文明小巷”36条和一批示范文明社区。深入实施老街小巷改造、市场环境整治等，推进“三重点一难点”创建项目建设。加强基层创建力量，增加交警、城管人员配备，建立“路段包干”、网格化管理、挂牌整治销号等机制，加强市容常态管理。2015年年底，中央文明办对丽水市创建全国文明城市工作进行暗访。2016年2月17日，中央文明办通报全国考核结果，丽水市总分84.55分，在全国100个候选城市(地级市)中，名列21位，其中，理想信念教育、核心价值观建设、培育文明道德风尚等大项得分31.47分，全国排名27；“八大环境”建设得分43.06分，全国排名42；长效常态的创建工作机制得分10.02分，全国排名12；未成年人思想道德建设工作测评作为创建全国文明城市的前置条件，单独计分，总分90.31分，全国排名30。在全省4个提名城市中，丽水比湖州少1.31分，排在第二，湖州85.86分，全国排名16，省内排第一；台州80.80分，全国排名44，省内排第三；舟山77.09分，全国排名64，省内排第四。

【遂昌苏村山体滑坡宣传工作】 9月28日17时28分，遂昌县北界镇苏村发生山体滑坡，省委常委、宣传部长葛慧君多次连线指挥部进行指导，要求尽最大努力为抢险救援工作提供

3月21日，丽水市迎G20做文明丽水人创全国文明城活动启动仪式举行　叶笑菲　提供

有力舆论支持。组织市级媒体记者24小时进驻现场采访救援进展，立体式宣传报道党中央国务院、省委省政府、市委市政府、部队领导高度重视、一线指挥，各方救援力量连续奋战、科学施救的情况，全方位挖掘报道救援工作中的闪光点和点点滴滴，开展寻找苏村大营救最美故事、最美人物活动。市级媒体投入全部力量深入一线采访报道，共推出相关报道657篇，《丽水日报》《处州晚报》刊发图文报道292篇，推出专版63个，刊发评论员文章4篇；丽水市广播电视总台电视三个频道、广播三个频率共刊播400篇。丽水网、指尖丽水APP、各媒体官方微博微信等新媒体推出报道1550篇。市广播电视总台电视三个频道不间断滚动播出雨情、汛情、防灾减灾相关知识、救援进展等信息51条。在微信、微博、新闻网站等平台上发布1061条原创微博，撰写《全力以赴，绝不放弃，遂昌山体滑坡紧急救援》等18篇原创微信文章通过全市微信公众号对外发布，创作《为你，我不言放弃》等6个H5微信页面作品，阅读量超过280万人次，有力地传递救援正能量。在丽水网首页置顶设置“苏村大救援”专题专栏，持续发布权威信息、救援动态等相关报道499篇，阅读量103.6万人次。在救援现场设置媒体服务点，主动做好采访服务工作，27家媒体171名记者到遂昌采访。中央电视台《新闻直播间》《新闻30分》《朝闻天下》等栏目播出《浙江遂昌：堰塞湖已见底展开无盲区搜救》等报道53篇，浙江卫视《浙江新闻联播》《新闻深一度》等栏目播出《关注苏村山体滑坡救援》《苏村救援》等报道19篇，北京卫视、东方卫视、山东卫视、江西卫视、辽宁卫视、凤凰视频共播出相关报道12条。中国新闻网、央广网、中国青年网、法制网等网站以及“浙江之声”“浙江经视”等微信公众号、媒体官方微博转发新闻通稿。

【全市宣传思想文化工作专题会议、全市文明委全会】 2月1日，丽水市召开精神文明建设委员会全体会议，会议听取和审议《丽水市精神文明建设委员会2016年工作要点》以及2015年度全市文明单位、文明示范窗口、最美乡镇、生态文明村、爱国主义教育基地、最美六星文明户评选考核情况，并对2016年全市精神文明建设工作进行部署。会议强调，各级各部门要发挥部门优势，把精神文明建设特别是全国文明城市创建的各项任务融入各自工作中，密切配合、凝心聚力、齐抓共管，形成共建共享精神文明建设的工作合力。

3月1日，全市党建工作会议在丽水召开，市委书记史济锡出席会议并讲话，市委副书记、代市长朱晨主持会议。史济锡在会上强调，各地各部门党委（党组）书记要担负起党建工作第一责任人的职责，切实将党建工作记在心上、抓在手上、扛在肩上，认真履行好党要管党、从严治党的政治责任，抓好组织、宣传和统战工作，推动我市党建工作再上新台阶，全力为推进“绿色发展、生态富民、科学赶超”提供坚强保障。市委常委、宣传部长陈建波，市委常委、组织部长胡侠，市委常委、统战部长廖思红分别对具体工作作了部署。

同日下午，召开全市宣传思想工作专题会议，会议要求深入学习宣传贯彻总书记习近平系列重要讲话精神，掌握意识形态工作的领导权主动权，巩固壮大积极健康向上的主流舆论，把握好舆论引导的“时、度、效”，大力发展文化事业、文化产业，推动社会主义核心价值观落细落小落实，努力补齐宣传思想文化工作“短板”。会议表彰了2015年度宣传思想文化工作创新奖、生态文明村、爱国主义教育基地、文明单位、文明示范窗口、“六星文明户”、特色文化村和“四优两品牌”。

【“绿水青山就是金山银山”主题宣传】 2016年，市委宣传部把握正确舆论导向，唱响主旋律，传播好声音，凝聚正能量，为改革发展稳定提供良好舆论氛围。组织《丽水日报》、电视新闻综合频道等市级媒体统一开设《绿水青山就是金山银山》栏目，推出相关报道700余篇，丽水市生态文明建设成果得到进一步展示。统一开设“归零翻篇开新局”“六边三化三美”“五水共治”“全民共创全国文明城市”“最美丽水好人”等专题专栏，激发全市人民团结奋斗的强大力量。围绕文明城市创建、重点工程建设等主题，《电视问政》和《每周聚焦》曝光问题130余个，发挥新闻媒体的舆论监督作用。加强理论评论工作，《丽水日报》配发社论、评论文章20余篇，理论版推出《坚定绿色发展理念，打造“两山”样板》等理论文章40余篇。深化新闻发布制度建设，重新确认新闻发言人及助理名录，在复旦大学举办丽水市第五期新闻发言人培训班。

【“绿谷蓝”对外宣传品牌打造】 2016年，市委宣传部紧扣“绿水青山就是金山银山”在丽水实践这一主题，创新开展全媒体主题外宣活动，策划“绿谷蓝”系列主题宣传活动，推出2016“绿谷蓝”主题摄影大赛、“绿谷蓝”PK19国蓝、网络大V“绿谷蓝”采风等一系列宣传推广活动，浏览、关注人数近1000万人次，其中“绿谷蓝”主题摄影大赛话题热度曾登上新浪旅游榜首。加强与《人民日报》、新华社等国家、省级主流媒体的战略合作，邀请主流媒体、网络媒体深入挖掘丽水市绿色生态发展的生动实践，刊发（播）原创报道300余篇。2016年，中央、省级主流媒体和境外媒体刊（播）发涉丽正面报道2216篇（条），其中《人民日报》（包括海外版）75篇，央视新闻报道179条，《经济与法》《致富经》《生财有道》《地理中国》等栏目专题片22个；新华社（含新华网）318篇；中新社（含中国新闻网）425篇；《浙江日报》667篇，浙江卫视新闻报道297条。

【“市委三届十次全会”“市两会”“半程马拉松”主题宣传】 2016年，市委宣传部做好市委三届十次全会宣传工作，制定下发《市委三届十次全体会议宣传报道安排》，组织市级新闻媒体深入宣传市委三届十次全会精神。《丽水日报》、电视新闻综合频道、广播新闻综合频率等媒体充分发挥自身优势，精心策划，创新报道形式，及时报道市委三届十次全体会议召开情况和会议精神，精确解读《中共丽水市委关于制定丽水国民经济和社会发展第十三个五年规划的建议》，积极报道各地各部门认真学习贯彻落实全会精神，全会前后共刊播相关报道90余篇，《丽水日报》刊发评论员文章7篇。

做好市“两会”相关宣传工作，制定市“两会”宣传报道方案，抽调市级媒体骨干记者40余人组成市“两会”宣传报道组，重点把握会前、会中、会后三个环节，宣传人大代表、政协委员为促进丽水市经济社会发展发挥的重要作用，全方位地报道“两会”盛况，为市“两会”的召开营造良好的舆论氛围。《丽水日报》开设《代表委员手记》专栏，刊发代表、委员与会手记，共推出图文报道150余篇，专题报道版面45个，图片121幅；《处州晚报》推出市“两会”特别报道专刊，刊发专版32个，图文报道80余篇；市广电总台播发“两会”稿件230余篇。

做好“半程马拉松”相关宣传工作，制定《2016丽水半程马拉松赛宣传报道方案》，召开新闻通气会，专题部署半程马拉松赛事宣传报道工作。组织市级新闻单位围绕丽水市举办马拉松赛的目的意义、传播主题、赛事特色和亮点等内容，根据比赛时间节点和安排，突出抓好预热、服务、赛事等报道，开展全方位、多角度的宣传。特别是结合全国文明城市创建工作，推出《办文明半马赛 做文明丽水人》等系列报道，倡导市民文明观赛、微笑服务、讲究卫生等，做文明丽水人。

【“五水共治”主题宣传】 2016年，市委宣传部组织市级媒体统一开设《坚决打好“五水共治”攻坚战》栏目，开展“五水共治”主题宣传报道。市级媒体开展全方位、多层次、多角度地宣传报道，《丽水日报》《处州晚报》继续开设《坚决打好“五水共治”攻坚战》《聚焦丽阳溪水系整治》《聚焦好溪堰水系整治》《五水共治建设美丽幸福新丽水》等专栏，市广电总台各频道、频率开设《坚决打好“五水共治”攻坚战》《五水共治在行动》《五水共治看内河》《治水这些事》等专栏，集中报道丽水市“五水共治”工作开展以来各水域存在问题、治理举措、进展成效，至9月底，市级媒体共刊发报道730余篇。深入开展“丽阳坑”“好溪堰”主题宣传，推出“昨日今天”“治水故事”“治水人人说”三大系列报道，直面治理成效不明显的区域和点位，深度分析存在的问题及困难；讲述各地各部门、企业、社区（街道）、社会各界以及市民群众参与水环境治理的动人故事，推出一批参与、支持治水的先进典型；通过对市民群众、治水工作人员、责任单位、专家、媒体人等人物采访，充分反映治水给生态环境和生产生活带来的看得见、摸得着、感受得到的显著变化。深入开展“百名记者巡百河”大型新闻采访活动，用新闻力量助推“五水共治”，市县两级媒体派出主力记者100人，采取记者巡河的方式，在全市河流，以记者亲身经历，以记者的“参与”和“体验”，感受联系河流的变化，推出《坚决打好“五水共治”攻坚战：丽水市开展“百名记者巡百河”大型新闻采访活动》等报道100余条。

【“最美丽水好人”品牌建设】 2016年，开展第五届丽水市道德模范推荐工作，评选产生丽水市道德模范10人和道德模范提名奖10人，市委书记史济锡、市长朱晨等市领导会见并慰问。举办第五届丽水市道德模范颁奖典礼，道德引领示范作用进一步提升。深化“我推荐、我评议身边好人”活动，坚持按月评选“丽水好人”，评出丽水好人86人，38人入选“浙江好人榜”，5人入选“中国好人榜”。以“身边好人讲好人故事”的形式，组织开展百名最美丽水好人进机关、进学校、进农村、进企业、进社区、进军营“六进”宣传活动。落实《丽水市道德模范待遇保障若干规定（暂行）》和《丽水市“关爱好人”基金管理办法（试行）》，推动各地建立道德模范和最美人物关爱帮扶机制，在社会形成“好人有好报”的鲜明导向。组织全市开展“最美乡镇”“生态文明村”“六星文明户”创建活动，推动乡村人居环境的改善、良好社会风尚的形成、社会文明程度提高，逐步形成人人参与、户户争“星”、家家创文明的生动局面。深化“文明家庭”创建活动，松阳县李菊妹家庭获首届“全国文明家庭”称号。

【农村精神文明建设】 2016年，组织开展“城乡结对、共建美丽乡村”文明创建活动，75家市级以上文明单位与行政村进行“一对一”结对。开展“寻找丽水新乡贤”活动，推动乡贤文化进礼堂、进家庭、进校园。开展形式多样的“好家风好家训”主题活动，推动家训“挂厅堂、进礼堂、驻心堂”。联合市纪委、市档案局公开征集“丽水好家风好家训”活动，收集、整理散落在民间、宗族、村落里的家规家训，弘扬优秀的家规家训文化。

【未成年人思想道德建设】 2016年，市委、市政府下发《关于全面加强中小学德育工作的实施意见》，先后召开推进乡村学校少年宫全覆盖现场会和未成年人思想道德建设工作会议。深化“我的中国梦”主题教育实践活动，举办第五届全市未成年人道德文化节，开展“好人进校园”“戏曲进校园”活动。健全完善学校、家庭、社会“三结合”教育网络，完成中小学文明校园创建试点工作23所，实现市区社区家长学校建设全覆盖，建成未成年人心理健康辅导中心2个，持续开展净化优化社会文化环境专项整治活动。投入建设资金2000万余元，建成学校少年宫127个，实现全市乡镇中心学校乡村少年宫全覆盖。深化学校少年宫与“春泥计划”相结合工作机制，新建“春泥书库”103个，推动乡村学校少年宫节假日向周边农村孩子开放，惠及农村未成年人20万余人。

【“‘3•5’学雷锋 关爱进社区”活动】 3月5日，由市委宣传部、市文明办、团市委等14个单位组织开展的“‘3•5’学雷锋 关爱进社区”活动全面启动，30余个部门、19个志愿服务组织的志愿者参加活动，并举行丽水市首个“微笑丽水雷锋广场”揭牌仪式。“‘3•5’学雷锋日”当天，300余名志愿者就地开展文艺演出、医疗义诊、体能测试、便民利民等30余个项目的现场及分散志愿服务活动。全面展开社区志愿服务“一助一”、进敬老院关爱、流动少年宫关爱外来务工子女等公益活动。各县(市、区)和市直各单位纷纷组织开展形式多样的学雷锋志愿服务活动，针对空巢老人、残疾人、农民工子女、贫困学子推出送温暖志愿服务、阳光助残行动、关爱农民工子女志愿服务和希望工程爱心助学等活动。至年底，全市开展各类志愿服务活动3万余人次，其中，关爱行动结对学校107个，结对农民工子女17967人，结对的青年志愿者组织135个，结对志愿者4540人；阳光行动结对残疾人青少年2687人，助残青年志愿者组织141个，结对志愿者2552人。

【农村文化礼堂建设】 2016年，市委宣传部围绕“文化礼堂、精神家园”定位，立足特色，坚持“建、管、用、育”并举，推进农村文化礼堂建设工作，全年新建农村文化礼堂120家，全市累计建成农村文化礼堂437家。完善和健全星级评定的运行机制，继续坚持干部联系调研制度，组织市、县(市、区)委宣传部领导定期到联系村文化礼堂进行调研、指导。市委宣传部部机关干部不定期到县(市、区)开展暗访、调研文化礼堂活动，将调研情况作为星级评定的重要考核依据之一，共评出全市星级文化礼堂33个。以农民群众精神文化需求为导向，在全市农村文化礼堂广泛开展“送文化、种文化、赛文化”活动。深入开展“文化订制”服务，健全“文化服务大菜单”，促进文化惠民项目与群众文化需求有效对接。依托“乡村文化艺术节”“我们的节日”等平台，发挥农民“创文化”主角作用，引导群众在农村文化活动中自我表现、自我教育、自我服务。全市317个农村文化礼堂举办“乡村春晚”，农民导演500余人、农村“民星”30万余人、村民90万余人、外地游客20万余人参与。通过组织文化结对、文化走亲活动，引导文化礼堂之间经常开展文化项目交流，形成互学互比的氛围，激发礼堂活力和创造力。开展文化礼堂摄影大赛，收到参赛作品4256幅。编辑出版《媒体眼中的农村文化礼堂》《丽水市文化礼堂研究论文》等“丽水文化礼堂”系列丛书。

【公共文化服务】 2016年，市委宣传部推动“乡村春晚”创建国家公共文化服务体系示范项目，全市举办“乡村春晚”772台，其中4台向“一带一路”上的21个国家和地区进行网络直播，开启“乡村春晚”国际融合发展模式。加快市图书馆新馆项目建设。广泛开展基层群众文化活动，依托乡村艺术节、绿谷大舞台、文化走亲等平台，全年送戏800余场、送书9万余册、送电影1600余场、送讲座和展览100余场。节假日期间，市本级举办文艺活动58场，组织举办文化赛事19场，营造祥和的节庆氛围。

【文化产业发展】 2016年，市委宣传部充分发挥政策的导向作用，安排省市文化产业发展专项资金2200万元，推动文化企业提升层次、扩大投资、拓展市场。继续推进文化产业园区建设，大修厂文化创意产业园企业入园基本完成，古堰画乡等园区建设进一步推进，“瓯微 & 跨星创业孵化园”等小微创意企业孵化项目初具规模。文化名品推广工程继续推进，组织7家文化企业参加深圳文化产业博览会、78家企业参加义乌文交会。将地方特色文化与新农村建设有机结合，创成特色文化村28个。文化体制改革不断深化，丽水日报报业传媒集团组建方案经市委常委会批复同意，集团公司经市政府常务会议同意成立，日报文化旅游发展有限公司经国资委批准设立；事业单位法人治理结构试点改革取得重大突破，市文化馆、市摄影博物馆先后建立理事会。

【文化精品创作】 2016年，市委宣传部组织全市宣传文化战线深入学习贯彻总书记习近平在中国文联十大、中国作协九大开幕式上的讲话精神，引导全市文艺工作者和文学工作者自觉用讲话精神指导工作、推动文艺文学创作。建立全市文艺精品创作项目库，首批入库项目53个，全年安排重点文艺精品创作项目22个，扶持文艺精品创作项目24个。坚持正确的创作导向、发展导向、传播导向，组织开展“艺术家送欢乐下基层”“深入生活、扎根人民”等活动。培育各类优秀人才，21人入选新荷、新松、新峰等省级青年文艺人才培养计划。举办2016浙江遂昌汤显祖文化节暨汤显祖—莎士比亚逝世400周年纪念活动，莎士比亚故里英国斯特拉夫德市代表团参加。景宁县创作的大型音乐剧《畲娘》在杭州成功首演，并作为浙江省唯一剧目赴北京参加2016年第五届全国少数民族文艺会演。松阳县文化精品项目越剧《张玉娘》入选省第十一批文化精品扶持工程。

【网上正能量传播】 2016年，丽水网开设专题42个，专题网页点击量1000万余人次。创新H5、图文、微动画等多种形式开展网上宣传，制作推出H5作品20余个。在“瓯江行”上组织开展绿谷蓝等系列微信主题宣传，全年推送文章1100余篇，阅读量910万余人次。举办丽水市首届网络文化活动季，设置首届网络文学大赛等18个活动，总点击量超过1300万人次。举办第二届“最美瞬间”微拍大赛，共收到投稿作品311幅，推送作品123幅，阅读量超过80万人次。组织开展第二季“奔跑吧，丽水！”微信PK赛，共推送作品60篇，阅读量111.3万人次。完善“问政直通车网络舆情抄告单”制度，2016年全市“问政直通车”平台总点击量7400万余次，收到网民提问4203件，回复率99.5%。打造健康文明网络空间，在丽水网开设“丽水辟谣网”，有效遏制网络谣言及网络违法有害信息的扩散和传播。规范网上信息传播秩序，联合有关部门集中开展“清朗”专项行动、打击网络侵权盗版“剑网2016”专项行动、“网上涉电信诈骗有害信息集中整治”等网上专项治理行动。

【元旦春节期间文化活动】 2016年，为进一步丰富群众元旦、春节期间的文化生活，全市上下举办形式多样、内容丰富、节目精彩的文化活动，营造欢乐祥和的节日氛围。节日期间，全市举办“乡村春晚”772台，成功打造特色乡村春晚100余台。市本级在城区举办“春节欢乐夜”文艺晚会4场，举办少儿迎春晚会、戏曲闹新春、元宵晚会、元宵灯谜、丽水市第二届原创舞蹈大赛、丽水市第十届原创歌曲大赛、丽水市优秀青年美术家作品展等系列文化活动，为广大市民提供丰富多彩的文化节目。组织开展艺术家送欢乐下基层活动，在全市范围内集中组织艺术家创作主题文艺节目20个，深入部队、基层农村文化礼堂开展文艺演出18场；组织市区放映队到农村、社区开展免费优秀电影放映100场；组织书法家到农村文化礼堂开展写春联和送春联等。各县（市、区）根据县域文化特色举办形式多样的文化文艺活动。 （梅益蔚）

统战工作

【概况】 2016年，全市统战部门认真学习贯彻党的十八届六中全会和总书记习近平系列重要讲话精神，全面落实统一战线系列重大决策部署，统战工作取得重大进展。落实统一战线系列重大决策部署，成立由10位市委常委担任组长的10个市委统战工作专项督查组，对9个县（市、区）和1个开发区开展全面督查，推动统一战线系列重大决策部署在丽水落地落细落实。市、县两级建立由党委主要负责人担任组长的统一战线工作领导小组，9个县（市、区）委统战部长换届到位，并由常委担任；县级统战民宗部门都成立县级民族宗教事务中心；所有乡镇（街道）配备统战委员，统战力量得到加强。“四个纳入”（各级党委将统一战线工作纳入重要议事日程、纳入对党委领导班子和领导干部考核的内容、纳入宣传工作计划，纳入各级党校、行政学院、干部学院、社会主义学院教学内容和国民教育内容）落实到位，完善有关联席会议制度，大统战工作格局更加完善。在遂昌苏村“9•28”山体滑坡灾害救援中，组织统一战线各领域专业人才参与抢险救援，并捐款1500万余元。

【社会主义协商民主建设】 2016年，出台《关于加强社会主义协商民主建设的实施细则》，制定实施政党协商年度计划，通过召开党外人士征求意见会、情况通报会、协商座谈会等，开展民主监督、政党协商。坚持组统两部联席会议制度，通报党外干部的成长和思想动态，举荐党外干部。组织召开市中级人民法院、人民检察院廉政建设和相关重大问题情况通报会、

《丽水市城市市容和环境卫生管理条例(草案)》立法协商座谈、组织党派成员参加电视问政等,拓展知情明政渠道。指导各民主党派完成换届工作,成立致公党丽水总支部,下设市直支部、丽水学院支部、青田县支部。民盟、民建、民进、农工党在各县(市)成立基层组织。整理汇编《丽水市民主党派代表人士名册》,包括党外干部162人和代表人士党外干部62人。

【推进民族地区经济社会发展】 2016年,市委统战部贯彻《关于进一步加强新形势下民族工作的实施意见》,编制实施全市少数民族事业发展“十三五”规划。全年争取到中央发展资金978万元、省发展资金1330万元,协调落实“五水共治、五教同行”结对项目资金240万元,市本级民族扶持资金从305万元增加到565万元。全市少数民族农村居民人均可支配收入15697元,比2015年增长11.6%,集体经济收入10万元以上的民族村达160个,占比达75.5%。

【依法管理民族宗教事务】 2016年,开展民族团结进步宣传教育,做好民族团结进步创建“六进”工作,指导景宁县等11家单位开展创建示范单位工作。健全微组织、微窗口、微热线、微平台“四微”服务体系,加强外来少数民族群众服务管理,针对个别群体开展涉及民族因素矛盾纠纷和重大不稳定问题排查,确保民族领域保持团结稳定。全面排查、及时处置涉及宗教领域的问题隐患,依法依规处理信访案件。指导市宗教团体修订完善相关制度,开展宗教团体负责人民主评议工作,推进民主评议工作正常化、规范化。举行全市佛教教职人员证书颁发仪式,引导树立法治观念。指导帮助市佛协完成换届工作,指导青田县完成基督教“两会”换届工作,指导龙泉市成立道教协会。

【非公经济“两个健康”发展】 2016年,市委统战部召开专题报告会、座谈交流会等20余场次,学习宣传贯彻总书记习近平参加全国政协十二届四次会议民建、工商联界委员联组会时的重要讲话,教育培训活动实现全市183个异地商会、基层商会、直属商会和行业商会组织全覆盖。协助出台《关于进一步降低企业成本减轻企业负担优化发展环境的实施意见》等政策文件,推出服务企业新政33条。市检察院出台《保障和促进非公有制企业健康发展7项要求和举措》,国税部门提出47条税收优惠具体措施。深入走访非公经济人士和企业,加快构建“亲”“清”新型政商关系。6月,组织新生代企业家代表29人到延安接受为期5天的红色教育。持续开展异地商会家乡行系列活动,邀请北京、成都、新疆等地异地商会和香港丽水同乡会、香港甬港联谊会、香港九龙中扶轮社、世界华商宁波总商会、柬埔寨侨商会等到丽水参观考察。

【党外知识分子工作】 2016年,市委统战部加强党外知识分子工作和新的社会阶层人士统战工作,实现基层知联会组织全覆盖。出台《新的社会阶层人士统战工作联席会议制度》,制定并下发《丽水市高等院校、科研院所和国有企业统战工作联席会议制度》。举办以“链接互联网”为主题的全市党外知识分子研修班。成立丽水市同心创客导师团和同心社情网意团。以“分众统战”理念开展律师行业统战工作,成立丽水市同心律师服务团。举办首期新的社会阶层人士理论研修班。

【港澳台及海外统战工作】 2016年,市委统战部健全落实为侨服务长效机制,参与协调处置滩坑电站涉侨移民信访、意大利警察与华侨华人冲突等有关信访事件和矛盾纠纷。举办香港丽水乡亲国情研修班、全市新生代侨商经济研习班,开展香港青年(大学生)丽水行、第三届“侨智聚绿谷、创新引未来”等活动,邀请台湾创意游学协会到丽水参观访问,协助召开中秋“三胞”座谈会,指导莲都、龙泉、青田、缙云香港同乡会联合举办家乡行等活动。组织到深圳参加香港丽水同乡会中秋联欢会,组团到香港参加浙江旅游文化节、香港丽水同乡会新一届领导班子就职典礼等,组团到柬埔寨、越南、巴西、厄瓜多尔、西班牙、斯洛

莲都区举办香港乡亲“中国莲都·回乡行”活动　　吴云龙　提供

伐克等国开展侨务、民族文化考察及友好交流。指导香港丽水同乡会、市台联会完成换届工作，支持台湾丽水同乡联谊会建设，加强海外侨务工作联络站建设和海外侨团功能化建设。

【召开全市宗教工作会议】 8月15日，丽水市召开全市宗教工作会议，深入贯彻落实全国、全省宗教工作会议，全面分析丽水宗教工作形势，安排和部署当前和今后一个时期的宗教工作。市委书记史济锡出席会议并讲话。市四套班子领导、市直属有关单位主要负责人等出席主会场会议。各县(市、区)和丽水开发区设分会场，各县(市、区)和丽水开发区副县级以上领导，有关单位主要负责人，各乡镇(街道)党(工)委书记、统战委员在分会场参加会议。

【高校统战工作】 2016年，市委统战部制定并下发《丽水市高等院校、科研院所和国有企业统战工作联席会议制度》，进一步探索和完善丽水高等院校、科研院所和国有企业统战工作协调机制，增强工作合力，提高丽水高等院校、科研院所和国有企业统战工作的整体水平和效果。召开高校宗教工作专题会议、高校统战工作专题会议，地方与高校统战工作衔接配合更加紧密。指导丽水学院、丽水职技院成立归国留学人员组织。

【“魅力畲寨”建设】 2016年，市委统战部推进少数民族特色村寨建设提升工程，45个村开展创建工作，35个村基本建成，12个村被列入全省少数民族十佳特色村寨培育名录。莲都区沙溪村，龙泉市署网村，松阳县内陈村，景宁县马坑村、周湖村等民族村被列入“第二批中国少数民族特色村寨命名挂牌名录”，全市8个畲族村被评为国字号少数民族特色村寨。

【少数民族文化事业】 2016年，市委统战部指导举办2016“中国畲乡三月三”、中国(浙江)第三届畲族服饰设计大赛、第23届“新桥竹柳”三月三畲族歌会和有关民族乡镇畲族风情活动。原创畲族题材音乐剧《畲娘》作为全省唯一参演剧目，在第五届全国少数民族文艺会演中获“最佳音乐创作奖”。电影《山哈女友》获第十三届世界多元文化电影节“优秀电影奖”。指导成立少数民族文化产业促进会，完成市畲族文化研究会换届。丽水市博物馆被命名为第四批全国民族团结进步教育基地。

【民间信仰事务管理】 2016年，市委统战部在龙泉市开展民间信仰管理试点工作，打造民间信仰管理的“龙南模式”，在农村社会治理中发挥积极的示范效应，并获省民宗委肯定。在龙泉市召开现场会，推广经验。全年全市完成民间信仰场所登记编号858处。 (吴云龙)

机关党建工作

【党员学习教育】 2016年，市直机关党工委深入开展“两学一做”学习教育、“归零翻篇开新局”主题大讨论活动，重点抓好党章党规党纪、党的十八届六中全会精神、总书记习近平系列重要讲话精神、中国特色社会主义理论体系宣传教育，市直基层党组织开展集中学习研讨7000余次，提交书面交流材料2万余份。实施主体班次培训计划，全年组织市直处长(主任)、党务干部、新党员和入党积极分子各类专题培训班9个批次，培训1300人。市直1529名科级党员干部和党组织负责人列入“丽水市领导干部网络学院”学习体系，全年登录学习率为91.4%。5月，举办市直单位微型党课比赛活动，选送优秀选手10人参加全市微党课比赛，获一、二等奖各1人，三等奖3人，工委获组织奖。9月，组织“归零翻篇干在实处、机关党员走在前列”主题征文演讲比赛，23名选手参加演讲并获奖。

【党员思想政治工作】 2016年，市直机关党工委围绕纪念建党95周年，开展“七个一”系列活动，树立11家省、市级“两学一做”学习教育联系示范点；建立10家市直机关党员干部教育基地；开展“两优一先”评选活动，表彰市直单位先进基层党组织48个、优秀共产党员144人、优秀党务工作者50人；12篇先进典型事迹连续刊登在《丽水日报》等媒体，组织征集“两学一做在创建一线”党建好故事100余篇，通过机关党建网、微信公众号予以推送，充分发挥先进典型的示范引领作用。落实党员“政治生日”祝贺制度，全年发送“政治生日”祝贺短信5万余条，向48位入党满50周年党员颁发荣誉牌。6月、11月，组织开展市直单位“1+1”健身登山、健步走活动，市直机关、企事业单位和丽水生态产业集聚区党员干部职工2600余人参加。深入实施“1解1”心理健康行动。11月，举办《机关干部压力管理理论与技术》专题讲座，增强党务干部心理调适能力，提高工作效率。开展困难群众、党员结对帮扶工作。“七一”前后，组织走访慰问市直老党员、生活困难党员家庭、困难群众家庭161户。

【基层组织建设】 2016年，市直机关党工委落实“两个责任”，实行“清单”管理，为各党组织及党组织书记列出“全面从严治党责任清单”29条。组织开展基层党组织书记述职评议工作，机关党委书面述职率100%。围绕党建重点任务，组织开展党员组织关系排查、换届工作专项检查、党费收缴专项检查，重点推进“三会一课”等各项组织生活制度落实，机关普遍建立党员固定活动日制度，推行党员干部日志式管理，严肃党内政治生活。按照党员数量年均净增控制在1.5%左右的要求，严把党员发展质量关，全年发展党员836人。深化党员先锋指数考评、党组织星级评定工作，获得星级有884个支部，占市直基层党组织总数的99.9%，其中：五星级62个、四星级64个、三星级660个、二星级92个、一星级6个。抓好市直机关各级党代表推选工作。

【组织党员志愿者服务中心工作】 2016年，出台《关于在创建全国文明城市攻坚行动中充分发挥市直基层党组织战斗堡垒作用和党员先锋模范作用的实施意见》，组建市直机关党员志愿服务队144支，组织市直机关党员志愿者6533人，开展“创建全国文明城市”“五水共治”“平安建设”等工作服务。8月，组织召开全市机关党工作会议暨打造“文明交通最礼让”部署会，发出倡议书，组织开展文明交通承诺，通报斑马线不礼让党员，督促整改。深化“党员服务一条街”“点亮微心愿”等党员志愿服务品牌建设，全年开展党员服务一条街活动6批次，党员志愿者1200余人深入社区服务群众。“七一”前夕，10位市委常委带头进社区认领“微心愿”，市直党员全年认领困难群众微心愿6070个，12月11日，《浙江日报》头版位置报道丽水市直机关党员点亮困难群众微心愿工作。

【机关作风建设】 2016年，市直机关党工委组织开展“为官不为”专项治理，市直各单位党组织形成治理“为官不为”专题报告74份，查找各类问题1000余个。配合做好市直机关正风肃纪工作，全年市直机关纪工委审理案件15件，给予党纪处分11人，其中，开除党籍处分7人，留党察看1人，撤销党内职务1人，警告2人，恢复党员权利3人。开展机关廉政文化建设，围绕党章党规学习，组织理论测试；开展党规党纪知识竞赛活动，44家单位19名党组织负责人获奖；会同文明办组织开展市直“道德讲堂”廉政文化进机关活动12期，机关党员干部的纪律意识、规矩意识和廉洁从政意识不断增强。 （茅　扬）

机构编制

【概况】 2016年，丽水市机构编制委员会办公室(以下简称“市编办”)扎实推进“四张清单一张网”改革、综合行政执法体制改革、乡镇(街道)“四个平台”建设、重点领域体制机制改革、各类事业单位统一登记试点以及控编减编等工作，取得明显成效。其中各类事业单位统一登记试点工作的改革路径和政策体系在全省推广，该项工作得到中编办的肯定，省编办在全国会议上作典型发言。市事业单位登记管理局获“全省编办系统先进集体”称号。

【“四张清单一张网”工作】 2016年，全市173个乡镇(街道)和12个功能区的权责清单全部编制公布，实现权责清单市县乡三级“全覆盖”。将市委、市政府2016年度98项主要工作任务和民生实事列入部门责任清单并对外公开，促进全市重点工作的落实。持续推进简政放权，全年清理权力事项85项，补充法律依据27项，下放县级行政审批事项55项。建立健全事中事后监管制度499个。制定出台政府部门职责管理、权责清单管理、权责清单动态调整、部门职责争议协商协调等4个文件，总结形成部门职责争议裁决“三问三查三比对三侧重”工作法，累计厘清部门职责边界事项153项，使部门职责履行有章可循。

【综合行政执法体制改革工作】 2016年，全面完成市、县(市、区)综合行政执法工作实施方案的审核上报工作，建立行政执法统筹协调指挥领导小组和综合行政执行工作部门联席会议制度。除市本级和莲都区外，8个县(市)综合行政执法局均挂牌运行，设置综合行政执法中队110个。梳理确定全市首批纳入综合行政执法处罚事项169项，县(市、区)首批划转市容环境卫生、城乡规划、城市绿化、市政公用、工商行政管理等方面领域执法事项140余项。全面完成统一政务咨询投诉举报平台建设，市本级27家部门35条政务热线统一整合为“12345”政务热线，县(市、区)“12345”热线全部开通，实现“一个电话回应群众诉求”的目的。

【乡镇(街道)“四个平台”建设工作】 2016年，丽水市制定出台《关于加强乡镇(街道)“四个平台”建设完善基层治理体系的实施意见》，提出建立“一个统筹机制、一组权责清单、一支网格队伍、一套闭环系统、一个考核办法”的乡镇(街道)“四个平台”运行管理模式。确定9个重点示范乡镇(街道)先行先试，按照“可看、可学、可推广”目标，探索形成以“四个平台”为框架的县乡基层治理体系，为2017年全面完成各县(市、区)乡镇(街道)“四个平台”建设工作提供经验。

【开发区体制机制改革工作】 2016年，市编办落实市委、市政府重大发展短板交办任务，组织2014年开发区深化改革13个专项工作组开展评估工作，制定印发《关于完善丽水经济技术开发区管理体制和运行机制的意见》，以开发区职能调整为着力点，优化完善丽水开发区管理体制机制。梳理确定开发区经济社会管理权限授权事项172项，实现分类授权、清单式管理。调整完善丽缙园管理体制，将丽缙园划归缙云县管理，丽缙园管委会机关及所属企事业单位编制及相应人员整建制划转缙云县管理。

【重点领域体制改革工作】 2016年，市编办围绕把生态旅游业培育成为丽水市第一战略性支柱产业的定位，制定印发《关于加强旅游统筹发展职能和旅游市场综合监管的意见》，推进"1+3"旅游体制改革(综合性旅游管理机构加旅游警察、旅游巡回法庭、旅游市场监管所)，打造旅游市场"大监管"体系。研究设立议事协调机构——市生态文明建设委员会，建立生态文明创建"四统一分"工作机制。加强不动产登记改革的跟踪评估，按照"有利于方便群众"原则，将建设部门承担的存量房交易职责划入国土部门，在全省率先实现不动产交易、登记全业务、全过程"最多跑一次"。

【事业单位统一登记试点工作】 2016年，丽水市作为全省首个各类事业单位统一登记管理试点市，试点工作有序推进，制定的"1+3+X+Y"统一登记政策体系在全省推广，全市15家民办学校(医院)登记为民办事业单位法人，占全省登记数的30%，并建立以公益指数为评价的事中事后监管制度。

【公共资源交易平台整合工作】 2016年，市编办以资能整合为中心，对丽水市工程建设项目招标投标、土地使用权和矿业权出让、国有产权交易、政府采购等交易平台进行整合，建立"一个交易平台、一张目录清单、一套运行规划、一张电子交易网络、一个专家库、一套信用体用"的"六个一"模式，为"平台之外无交易"提供体制机制保障。

【控编减编和机构编制监督检查】 2016年，市编办实行机构编制"一把手函告制"，制定出台机构编制监督检查实施办法，连续对县(市、区)开展机构编制三年督查，建立的"五查"工作机制得到省编办的充分肯定。严格执行编制使用核准制度，全年针对重点部门总盘内调剂行政事业编制，开展公编民用清理规范工作，并坚守行政编制和事业编制"两个总量"不突破。

【双随机抽查工作】 2016年，全面推行"双随机"(随机抽取检查对象、随机选派执法检查人员)抽查监管工作，市本级28家部门建立"一单、两库、一细则"(建立随机抽查事项清单、检查对象名录库和执法检查人员名录库，制定随机抽查工作细则)，实施随机抽查事项要达到本部门市场监管执法事项的70%以上、其他行政执法事项的50%以上。 (周国海)

信访工作

【概况】 2016年，市信访局在编人员12人，内设办公室、接访处、办信处、复查复核(督查)处、"12345"统一政务咨询投诉举报服务中心等5个处室。全年全市信访工作实现"两升四降一好转"(信访总量上升11.5%，实现应登尽登，解决群众"诉求无门"问题；来信总量下降20.9%，网上信访上升61.9%，初步实现"群众少跑腿、网上多跑路"；来市重复访下降14%，压实"问题是谁、责任就是谁"；进京非访明显下降，控制在全年指标的1.7%；来市异常访下降18.7%，进一步规范信访秩序。信访工作局面持续向好)。

【统一政务咨询投诉举报平台启动运营】 9月28日，丽水市"12345"统一政务咨询投诉举报平台正式上线运行。按照"一个号码受理、一个平台运行、一套流程办理、一个标准评价"要求，将市市场监管局、市环保局、市公积金中心、市发改委等29个市直单位的35条服务热线统一整合成"12345"一条热线，实行24小时全天候接听受理群众政务咨询、投诉举报等。设座席15个，话务员30人。平台运行日均受话量500余个。

【推行律师参与信访工作】 2016年年初，市信访局通过政府购买服务，推动律师参与来访接待工作。丽水市晟耀律师事务所5名律师每周定期轮流到市信访局参与信访接待，为信访群众和相关部门提供法律咨询和服务。全年接访326批719人次，既方便来访群众，又避免将应当通过诉讼、行政复议等法定途径的事项导入信访程序，引导群众遇事找法、解决问题用法。实现法律效果和社会效果的有机统一，得到信访群众充分认可。

【信访事项办理提质提速】 2016年，根据《浙江省信访条例》和国家信访局《信访事项简易办理办法(试行)》《浙江省统一政务咨询投诉举报平台信访事项处理工作规则》等有关规定，印发《丽水市初次信访事项提速规范办理工作规则》，建立"提速为常态、法定时限为例外"工作机制，把群众初次信访的"第一站"变成"终点站"。初信初访办理平均提速8天，办理差错率下降83%，以信访事项程序性办理的提质增效来推动信访工作责任落实。

【信访积案化解】 2016年，为推进积案化解，市信访局继续深入开展“百名市县领导督百案”活动。市委书记、市长带头督办疑难复杂信访案件。通过市领导身先士卒，率先垂范，以上率下，各级各部门真情实意、真抓实干、穷尽办法化积案。至年底，省级挂牌128件化解率达83.5%。市领导督办53件信访件化解48件。

【信访督查督办】 2016年，市信访局坚持问题导向，目标导向、责任导向，不定期组织开展多形式督查，通过督查倒逼责任单位主动作为，努力变“问题清单”为“满意清单”。服务大局开展综合督查，围绕全国“两会”期间信访维稳工作情况，采取召开会议、听取专题汇报、查看台账资料、明察暗访等形式进行全面督查，确保大局稳定。围绕主题开展专项督查，5月底、6月初，抽调市直有关单位人员组成3个督查组，对各地贯彻全市信访工作会议情况、积案化解进展情况等进行专项督查，查找各地工作中存在的短板，及时督促整改，确保责任到位。围绕护航G20加强督查，通过各级领导下沉督、市联席办带队督、省督查组全程督，对存在问题及时督查通报督促整改，实现“杭州不去人、丽水不出事”，没有一人赴省进京上访。

【培育信访文化】 2016年，市信访局在传承优秀传统文化的基础上，不断推进信访文化创新，有机结合信访文化与机关文化。注重做好信访文化建设成果展现，将全市各级信访干部对信访工作调研的24篇调研文章汇编成《求知》一书，将28位市级领导深入群众、为民解忧、化解信访积案的真实写照汇编成《百姓事》，将各地精心培育的10个典型的信访和谐村的经验汇编成《践行》一书，宣传和展示信访工作，让信访文化传递正能量。 （麻李钟）

党校工作

【党校培训】 2016年，市委党校举办各类主体班32期次，累计参训人员3025人次；举办培训班69期，其中会务培训班38期，培训近4200余人次；省委党校、浙师大等在市委党校设立在职研究生班教学点，有在读学员147人。邀请市委书记史济锡，市委副书记、市长朱晨，组织部部长胡侠，统战部部长廖思红，市纪委书记方向等市领导到市委党校为学员授课。学校教师服务于“两学一做”学习教育、“归零翻篇开新局”主题大讨论活动、宣传十八届六中全会精神等，全年到部门、乡镇街道、企事业单位、学校等宣讲300余场次，较好地完成宣讲任务，加强党校宣讲职能。

【党校科研】 2016年，市委党校省级课题立项2个、结题4个，市级课题立项12个、结题26个，教师参与并完成市、县“十三五”规划等各类规划编制15项，完成编写专著1部，完成市相关部门交办的研究课题19项。在《浙江日报》理论版刊发科研成果3篇。全年刊发《送阅件》6期，其中4期获市领导批示肯定；校教师在市政协经济委员界别协商会上发言，提出“绿色发展、科学赶超、生态惠民”的建议获市委采纳，得到市委书记史济锡表扬。刊发《党建交流》6期。

【党校校园迁建】 10月，市委党校搬入新校区，学校教学环境、工作环境得到全面改善。新校园项目一期总占地面积5.93公顷，总建筑面积4万平方米，项目主要建设为：教学楼、行政楼、报告厅、学员宿舍楼、食堂、文体楼、地下室等，容纳344人的报告厅1个，多媒体教室17个，会议室（含研讨室）18个，房间228间，床位339个，车位317个，食堂容纳700余人用餐。具备公共危机应对、访谈等最新式教学硬件设施。新校园提升干部培训基础条件，较好地满足干部培训需要。新校园项目另有预留用地1.33公顷。 （潘　虹）

新建丽水市委党校　　潘　虹　提供

老干部工作

【概况】 2016年，丽水市有离休干部768人(不含省部属单位和易地安置的离休干部)，比2015年减少68人，全部在80岁以上，最大100岁，平均年龄88.5岁，其中生活完全不能自理460人。市本级有离休干部151人(不含省部属单位22人以及易地安置在丽水市的3人)，其中安置在外24人，主要分布在上海、河北和杭州、温州、绍兴、金华、衢州等地，2016年，市直离休干部去世12人。至年底，丽水市担任地(市)级实职以上的离退休干部46人，其中，离休6人，退休40人。

2016年，实施以"红色典藏、走基层、看变化、促发展、争做最美老干部和银色人才志愿者"为主题的"四大行动"。围绕"建党95周年和红军长征胜利80周年"，开展各类红色专题活动20余次。围绕中心工作，开展"走基层、看变化、促发展"行动，先后组织参观考察丽水市新农村建设、"五水共治"、"三改一拆"、特色小镇等建设情况，让老干部体验美好生活，引导建言献策。创新载体，进一步营造"争做最美老干部"的氛围，建立市直老干部"爱心使团"，"爱心使团"围绕文明城市创建、关爱弱势群体等开展许多工作。

做好老干部服务工作，落实各项生活待遇。5月、6月，分别组织市(地)级离退休干部到金华和县(处)级及以下离休干部到松阳健康休养。10月，组织住院式体检和常规式体检，举办健康咨询会。8—12月，局领导带队分组对易地居住在外地的离休干部进行逐一走访慰问。完善《市委老干部局党员干部联系服务老干部制度》，全局每位干部职工联系离休干部，掌握了解状况。1月、7月，组织全局干部职工走访离休干部家庭。实行离休干部住院探望制度，离休干部住院，第一时间派人到医院探望。每年向市直每位离休干部发放800元"老干部温馨服务券"，并争取社区服务经费，丰富离休老干部居家生活。全年全局走访离休干部619人次，入院探望离休干部153人次，因离休干部家庭变故走访12次。市直安置在外地的老干部24人，全部走访到位。依托老干部活动中心和老年大学，组织开展各类教学实践和文体活动。市老干部活动中心按照"月月有比赛"的活动要求，全年组织市直老干部开展投沙包、飞镖、乒乓球等各类老干部趣味性比赛活动、展览10余次。全年举办全市性的老干部书画比赛获奖作品展、气排球比赛、集邮展等比赛活动，参加比赛人数600余人次。市老年大学进行课程改革，新开设瑜伽、幸福心理学课程，全年开设课程39门，满足老干部多元学习需求，现有班级108个，共招收学员5231人。丽水老年大学寓教于乐，先后举办"教学成果展演""孝道文明、幸福丽水"书画摄影展、"做文明人，办文明事"演讲比赛等活动5次。

开展"归零翻篇开新局"大讨论活动、"两学一做"学习教育等，举办处室长论坛，开展联系村帮扶结对工作。局服务管理处处长陈丽英被授予全国先进老干部工作者称号，市委老干部局等3个集体被授予全省老干部工作先进集体，全市11名老干部工作者被授予全省老干部先进工作者称号。

【"爱心使团"发挥正能量】 2016年，由老干部骨干成员组建的"老干部爱心使团"围绕G20峰会、全国文明城市创建等中心工作，每周上街进行文明劝导、巡捡烟头等。在万象山脚、梅山脚、绿城和府前菜场进行为期3天的迎国测宣传演出，向广大市民宣传创全国文明城市知识。中秋节之际，组织市民中秋猜灯谜、慰问社区34位孤寡老人、残疾人等"四关爱"对象。走进丽水市颐养院开展慰问活动，为老人们送去关怀和温暖。全年"老干部爱心使团"开展各类活动46次，参与人数600余人次。

【开展老干部文明先锋行动】 2016年，市委老干部局组织开展以"迎接G20，争做文明人、办文明事，为创建文明城市增添光彩"为主题的"老干部文明先锋"行动。6月2日上午，举行"迎接G20•丽水市老干部文明先锋行动"启动仪式。省委组织部副部长、老干部局局长王文序，市委常委、组织部长胡侠出席会议并讲话。联合丽阳门社区举办以"迎中秋，送温情"为主题的座谈会，组织志愿者走访慰问社区困难户，并送慰问品。在丽水老年大学先后举办"做文明人、办文明事"演讲比赛，"家风家训""征文比赛"等，充分展示老干部文明尚礼、崇德向上的精神风貌。10月17日晚，在市区纳爱斯广场举行全国文明城市创建宣传文艺演出。

【开展"走基层、看变化、促发展"活动】 2016年，市委老干部局围绕市委、市政府的中心工作，组织老干部参观考察、交流座谈，引导老干部了解、理解、支持、服务中心工作，积极建言献策。全年先后组织老干部参观莲都、缙云的新农村建设情况，考察丽水市"五水共治"、"三改一拆"、特色小镇和浙商回归等情况，体验乘坐高铁、参观考察杭州G20峰会会场和杭州梦想小镇，全年开展"走看促"活动8次，老干部参与近200余人次。 (蓝巧玲)

党史工作

【概况】 2016年，全市党史部门围绕全国党史研究室主任会议、全省第九次党史工作会议、全省党史研究室主任会议和2015年底召开的全市党史工作会议精神，着力抓好贯彻落实工作。3月20日，市委书记史济锡专程调研指导党史工作，听取全市党史工作的专题汇报。做好全市党史“十三五”规划的起草、修改工作，并在11月7日由市委办公室印发各县（市、区）。突出党史编研、宣教和资政三大功能，做好党史一卷“补课”、二卷“赶趟”和其他各项工作。在新的《丽水史志》中保持原来的《丽水党史》栏目、特色，先后刊登《2016年市委、市政府执政纪事》和党史学术研究、宣传文章，保持党史刊物宣传力度不减。参与完成市政协委员两件提案办理工作，参与市区文明城市创建和G20安保、巡逻等工作。

【《丽水市2016—2020年党史工作规划》出台】 11月7日，市委办公室印发《丽水市2016—2020年党史工作规划》，要求各县（市、区）党委、市直属各单位党委（党组）结合实际，认真贯彻落实。该规划明确今后五年全市党史工作的指导思想、总体目标、基本要求，部署“持续深化党史研究和资政工作、加强党史宣传教育工作、加强党的文献编研工作”等主要工作任务，并就加强组织领导、协调推进全市党史工作、强化保障措施等提出具体要求。

【党史基本著作编研】 3月8日，省委党史研究室组织召开丽水党史一卷评审会，与会专家提出修改意见。会后，史稿修改班子在整理专家修改意见的基础上，对史稿纲目进行重新整理设置，经省委党史研究室专家审核后，分编落实到人，对史稿再次进行修改，就大量史实进行进一步查证核实，对全书的框架结构及编、章、节、目进行较大幅度的调整完善，并于8月完成一次修改。年内，完成并提交省委党史研究室再次审读。

2016年，继续做好地方党史二卷编写工作。市本级对2015年完成党史二卷的60余万字初稿进行幅度比较大的修改。对青田县送审的二卷初稿进行审读，于4月底反馈修改意见；对云和县再次送审的二卷史稿进行审读，形成修改意见。9月30日，召开云和党史二卷史稿评审会，进一步提出修改意见。10月23日，丽水市本级第七次召开党史二卷编写组会议，会议重温丽水党史二卷的编写要求、编写原则、评判标准和行文规范，要求加快修改进度，确保年内形成征求意见稿。

【丽水市公布第二批市级党史教育基地】 7月初，在全市范围内组织开展第二批“丽水市党史教育基地”评选工作，经过各县（市、区）党史部门推荐，市委党史研究室审核、实地考察、集体评议和研究，8月8日，确定莲都区南乡革命纪念馆、龙泉市季步高烈士故居、龙泉市李逸民将军故居、青田县烈士陵园、遂宣汤游击根据地门阵革命旧址群、浙西南革命根据地松阳县竹溪区苏维埃政府旧址（纪念馆）、云和县小顺抗战文化建筑群、庆元县白柘洋村革命纪念馆和景宁畲族自治县中共第一党支部党史陈列馆等九处基地为第二批丽水市党史教育基地。

【丽水市部署开展“百村党史好故事”编写工作】 7月22日，市委组织部、市委党史研究室联合召开“丽水百村党史好故事”编写工作会议，市委组织部副部长徐丽勇、市委党史研究室主任雷华英出席并讲话。全市各县（市、区）党史研究室（史志办公室）主任、党委组织部电教中心负责人参加会议。继“千村党建好故事”后，丽水市委组织部、市委党史研究室和《浙江日报》丽水分社联合推出“百村党史好故事”，通过浙江新闻手机客户端向外陆续推出。会议要求各地先选择红色资源比较丰富的170余个革命老区村，抓紧抓实抓好“一村一故事”的编写，从小处着手、高处着眼，按照党史事件的本来面貌编写，做到短小精炼，图文并茂。至年底，完成170余个“党史好故事”编写工作。

【举办“弘扬长征精神，做优秀史志人”主题演讲比赛】 5月31日晚上，“弘扬长征精神，做优秀史志人”演讲比赛在浙西南革命根据地纪念馆报告厅举行。来自全市史志系统的10名参赛选手，以声情并茂、感人肺腑的演讲感染全场观众。经激烈角逐、现场打分，共评出一等奖一名，二等奖两名，三等奖三名，优胜奖四名。丽水市委办、市政府办，市委组织部、市直机关党工委、市委办纪检组等七位嘉宾应邀担任比赛评委，各县（市、区）史志部门领导、市党史方志办全体干部、莲都区消防大队部分战士、浙西南革命根据地纪念馆工作人员共80余人观看比赛。

【浙西南革命根据地纪念馆建设】 2016年，通过加强教育基地建设，纪念馆全年参观客流量15.5万人次，参观团队304支。加强队伍建设，继续开展讲解员内部培训工作，并组织观看学习廉政片《郑义门》等。做好人员外出参观瞻仰红色旧（遗）址工作，使工作人员增加感性认识、提升革命历史内涵。先后派员到遵义会议会址、南京大屠杀纪念馆、瑞金革命旧址群考察学习，到庆元、龙泉、景宁、云和、泰顺等县革命旧（遗）址考察调研。开展教育活动，与刘英小学联合开展清明节悼念革命英烈活动。开展“走进浙西南革命根据地纪念馆”知识问答有奖答题活动，继续增设纪念馆7—8月夜间开放时间。在丽水市博物馆序厅共同庆祝“5·18”国际博物馆日系列宣传展示活动。拍摄完成纪念馆宣传片《永恒的纪念》的制作工作。纪念馆被省、市两级直机关党工委列为“省直机关党员干部教育基地”。（市委党研室）

档案工作

【概况】 2016年，市档案局（馆）围绕市委、市政府中心工作和年度目标任务，不断提高档案工作水平，积极推进档案事业的健康发展。全年全市接收档案25万卷，其中涉民档案22万卷，占比87%。市本级接收出生医学证明档案98268人、社保档案148528卷件进馆等，馆藏档案量从原来的60万卷（件）增加75.16万卷件，馆藏量增加25.3%。开展特色档案材料的接收，收集地方文献300册、实物档案接收礼品档案57件等。全年全市各档案馆为社会各界提供档案利用4.3万人次，8.5万卷次。其中市档案联合查阅中心1.3万余人次，2.7万余卷（件）次。其中市本级馆查阅窗口接待查阅923人次，10335卷次。2016年，先后制定出台《丽水市市管领导干部档案工作离任审计制度（试行）》《关于进一步加强全市乡镇（街道）和行政村（社区）档案规范管理的通知》。2016年，局党组、机关，局机关党支部开展“两学一做”学习教育和“归零翻篇开新局”主题大讨论活动，机关党的建设，党风廉政建设等得到加强。

【编制丽水市档案事业发展“十三五”规划】 2016年，市档案局围绕中心理思路抓发展，开展调研走访，谋划好“十三五”规划。开展年度重点工作调研，走访了解基层档案工作情况，起草《2016年全市档案工作要点》。梳理回顾“十二五”时期档案工作成效和经验，在广泛征求意见的基础上，对做好新形势下档案工作提出新目标，由市发改委和市档案局联合发布《关于印发丽水市档案事业发展“十三五”规划的通知》。除庆元县档案事业发展整合在全县“十三五”规划以外，其余8个县（市、区）完成档案事业发展“十三五”规划的制定发布。围绕中心大局，做好创建文明城市、全域旅游、换届、党风廉政、机关党建、拥军优属、信访、意识形态建设、信息公开、全面从严治党、统计、电子政务、行政审批、保密、信息、公共机构节能等各项工作。

【出台《关于进一步加强全市乡镇（街道）和行政村（社区）档案规范管理的通知》】 4月22日，联合市委组织部出台《关于进一步加强全市乡镇（街道）和行政村（社区）档案规范管理的通知》，明确乡镇和村级档案工作的第一责任人和具体责任人，并将全市9个县（市、区）所辖乡镇（街道），南明街道和各村民委员会的档案工作纳入基层党建工作考核内容之一。12月，市委组织部，市档案局组织工作组，对9个县（市、区），丽水经济技术开发区19个乡镇（街道），38个村民委员会进行抽查。经考核组考核，评出优秀单位6个、良好单位4个。

【出台《丽水市市管领导干部档案工作离任审计制度（试行）》】 5月3日，市委组织部、市人力资源社会保障局、市档案局联合出台《丽水市市管领导干部档案工作离任审计制度（试行）》。该制度共六章20条，根据《中华人民共和国档案法》《浙江省实施中华人民共和国档案法办法》《档案管理违法违纪行为处分规定》，从2016年9月1日起对丽水市管领导干部进行档案工作离任审计，贯彻落实领导干部在档案工作中的管理责任。

【加强档案监管构建安全体系】 2016年，市档案局贯彻《档案管理违法违纪行为处分规定》、大力开展护航“G20”档案安全巡查、乡镇档案工作督查等工作。局班子成员下沉基层督查，先后走访41个乡镇村，其中巡查14个中心镇，发出《档案执法监督限期整改通知书》4份。承担省档案局法制档案建设试点工作。2016年，温州、丽水为全省档案系统法制档案建设试点单位。加强档案执法监督检查力度，探索档案执法监督程序、体制机制。

【智慧档案建设稳步推进】 2016年，市档案局融入全市电子政务建设，做好电子文件归档工作，推进“1+9+N”档案协同管理系统的推广运用工作。加快馆藏档案数字化加工工作，通过公开招标的形式，确定加工单位。全年全市完成数字化扫描594万页，新增条目117万条，其中市档案局数字化扫描150万页，OCR识别100万页，条目著录与挂接20万条，RFID标签粘贴12万张。市档案局在全省首个自主开展数字档案转胶片工作，试行和推进数字档案与传统档案的互备技术，探索数字转胶片技术和缩微胶片的法律地位。2016年，完成重要档案数字化成果转胶片（母片一份）20万页。完成国家档案局赋予科研课题“基于区域协同电子文件管理平台的大数据档案信息分析与挖掘研究”。

【推进本土档案文化建设】 由市档案局承担编纂的《丽水大辞典》，历时5年征集、编纂，8月，交付浙江人民出版社审校出版。《丽水大辞典》共280万字，收录全市9个县（市、区）政治、经济、人文、历史、地理资源、风土人情等，是综合性地方城市辞典。青田县档案局出版发行《青田华侨档案汇编（民国）》第三辑和第四辑、出版发行三期《青田方志》乡土教材小件套丛书。莲都区档案局开展丽水老字号“宝号寻踪”口述档案建档工作，鱼跃、飞花阁等42个老字号通过文字、录音、录像等多种形式进行建档保存；出版发行莲都区口述档案第二辑编研成果——《宝号寻踪》，填补丽水市没有“老字号”专著的历史空白。市档案局（馆）对馆藏民国档案进行全面摸底调查，重点对抗战、红色档案进行挖掘。经摸底调查，全市有民国档案129个全宗，70016卷。

【红色记忆——丽水红军遗址档案图片展】 10月20日，由市委宣传部、市档案局、市文化广电新闻出版局、丽水军分区主办的“红色印记”——丽水红军遗址影像（文物档案）展览在丽水摄影博物馆开展。市委书记史济锡宣布开展并参观展览。市委副书记尹学群，市委常委、组织部部长胡侠，副市长陈景飞等出席开展仪式。图片展有红军北上抗日先遣队、红军挺进师、红十三军和其他红军在丽水活动相关的革命遗址图片约90余幅。展期为1个月。丽水是浙江省唯一的所有县（市、区）都是革命老根据地的地级市。在全国红军初创时期，丽水是中国工农红军第十三军的重要活动地区。红军北上抗日先遣队途经丽水。红军挺进师创建的浙西南革命游击根据地，是中央红军在浙江开辟的第一块革命游击根据地，是中国革命在南方战略支撑点的重要组成部分。为办好展览，市档案局、市文广出版局组织干部职工、市青年摄影家协会会员用近一年的时间寻找红军在丽水战斗过的遗迹，其中不少遗迹遗址是国家级和省级的文保单位。

【档案宣传氛围浓厚】 2016年，丽水市档案宣传工作保持良好的发展势头。2015年12月—2016年11月，全市各级档案部门在县级及县级以上报刊、网络等媒体用稿818篇，其中，《中国档案》杂志8篇，《中国档案报》11篇，省政府网1篇，《钱江晚报》2篇，中国档案网等186篇，中国档案学术网论文1篇，《浙江档案》杂志13篇，浙江档案网162篇，省级以上调研文章3篇，《丽水日报》、市县政府门户网站等媒体431篇。《丽水档案》微信在全国档案微信挂名系统中排名进入前50位，其中乡愁系列档案具有一定的社会影响力。增强社会档案意识，将宣传形式从以往平面的、静态的向动态的、多媒体等方式拓展，举办“6•9”国际档案日，向社会广泛开展档案资料的征集系列活动；制作《档案是什么》动漫片在城际公交车车载视频中播放。利用丽水电视台《委员视点》栏目，通过政协委员讲述《档案与民生》，以点餐式的形式开设《半小时档案课程》等。

【抓好“两基”工作规范基层档案建设】 2016年5月，市档案局深入开展乡镇、行政村档案管理现状调研。将青田船寮镇作为乡镇、行政村档案规范管理试点，并抽调全市业务指导人员30人进驻该镇进行为期一周“乡镇、行政村档案规范管理实训”。市委组织部将全市乡镇（街道）和行政村（社区）档案规范管理纳入基层党建考核。年底，组织人员对各县（市、区）开展工作落实情况督查，全市完成乡镇39个，行政村297个，整理完成9.1万卷，12.2万件。继续督促各单位修订完善《文件材料归档范围和保管期限》。贯彻《浙江省农业厅、浙江省档案局关于做好村经济合作社股份合作制改革档案管理工作的通知》精神，为规范农村土地承包经营权确权登记颁证、农村经济合作社股份合作制改革档案管理、城市社区档案管理工作起到很好作用。景宁县档案局介入村社股改的档案指导工作，严把村社股改档案的监管验收。组织开展机关、事业单位档案工作规范化管理和省、市级目标管理创建活动和数字档案室评定工作。全年新创建规范化数字档案室52家。完成17家重点建设项目档案专项验收工作，并做好档案登记备份工作。

【档案多元化进馆和征集】 2016年，市档案局注重发挥档案资料义务征集员的作用，通过接受捐赠、复制、购买等形式，挖掘和征集散存在社会上和个人手中涉及本区珍贵档案资料，重点开展家谱、书刊、照片、文稿、作品征集工作。文献馆征集丽水本土作家、诗人、摄影家、文史作者书籍300余册。开展口述档案、“美丽丽水”档案纪实摄影等活动，组织干部职工参加全省“两美”浙江档案纪实摄影比赛，龙泉市档案局潘世国摄影作品《梯田晨光》获特等奖。

【档案馆建设】 2016年，推进全市档案馆新馆建设。松阳县完成新馆搬迁；年底，云和县档案馆新馆项目进行公开招投标；青田县、庆元县新馆开工建设；遂昌县档案馆新馆建设完工。市档案馆大楼建设被列入2016年市领导联系重大前期项目。7月，配合市政协牵头“推进全市档案馆新馆建设调研课题”调研活动，走访市档案局（馆）、市直有关部门、有关县（市）档案局（馆）、省局（馆）及兄弟档案局（馆）等8家单位，了解档案工作、新型公共档案馆的功能需求。 （李岘闻）

丽水市人民代表大会

综　　述

【概况】　2016年，市人大常委会围绕全市大局开展工作，聚焦改革发展大事要事，强化担当、依法行权、尽心履职，完成市三届人大七次会议确定的各项任务。全年，共召开常委会会议8次、主任会议18次，听取和审议“一府两院”工作报告25个，制定地方性法规1部，做出重大事项决议决定9项，作出审议视察意见31个，依法任免国家机关工作人员42人次，为建设美丽幸福新丽水做出积极贡献。

坚持依法治市，推进法治丽水建设。以立法职能的获批行使为新起点，完成本市首部实体法《丽水市城市市容和环境卫生管理条例》，已于2016年3月1日起正式实施。健全立法程序，制定出台《丽水市制定地方性法规条例》《年度立法计划编制及实施工作规则》《丽水市地方立法技术规范》等条例和规则。听取和审议市政府关于丽水市2016年市本级重大投资项目计划、2015年市本级财政性基本建设预算执行及2016年预算编制情况的报告，跟踪监督司（执）法工作人员依法履职、公正司（执）法情况，开展被任命市法院法官履职工作评议。听取和审议“六五”普法实施和“七五”普法规划报告，做出“七五”普法工作决议，组织被任命干部向宪法宣誓活动，做好群众来信来访工作。

坚持服务大局，推进绿色生态发展。立足全市改革发展大局，推动市委绿色发展决策部署的贯彻落实。听取和审议上半年经济社会发展执行情况和下半年政府工作的报告以及上半年预算执行、审计工作、部门预算编制情况等报告，细化审查市卫计委、财税局、司法局及开发区预算草案，对市卫计委部门预算进行听证和表决。推动生态产业发展，听取市政府关于旅游发展、农村电子商务发展和丽水经济开发区合成革企业转型升级情况专项报告，开展民宿经济发展情况专题视察和全市历史文化保护情况专题调研。推动生态环境保护，对水阁污水处理厂问题整改、开发区废气问题治理开展视察，对全市地质灾害防治情况进行专题调研，配合省人大开展《气象灾害防御条例》立法调研。

坚持人民至上，推进民生福祉改善。坚持民生导向，加大监督力度，增强监督实效，推动人民群众普遍关切问题的解决。促进公共服务体系完善，组织公共文化服务情况专题视察，开展全市农村敬老院改造转型等情况专题调研，配合做好省人大《浙江省社会养老服务促进条例》执行情况检查。促进城市管理工作优化提升，听取和审议市政府关于全市“三小一市场”食品安全监管情况工作报告。促进民生实事项目的落实，跟踪监督民族乡镇经济社会发展情况，开展全市涉侨服务政策落实情况和全市农村扶贫工作情况专题调研，组织人大代表开展对市区安置房建设分配、安置进度、拆迁补偿等情况的视察，督促政府制定相关整改计划。

坚持主体地位，推进代表作用发挥。始终把发挥代表主体作用摆在突出位置，深化“两站一平台”建设，完善“两联系一发挥”制度，充分发挥代表主体作用。加强对换届选举指导，成立丽水市县乡人大换届选举工作联席会议，召开市人大换届工作会议和县乡人大换届选举工作推进会，起草《关于市人大换届选举工作的意见》。拓展联系群众的渠道，推动有条件的乡镇（街道）设立网上代表联络站，加快代表联络站网上网下一体化进程，建成网上代表联络站84个。部署代表联络站主题监督活动，完善领导干部代表编组进站接待群众制度，部署开展市级领导干部人大代表进代表联络站联系群众主题活动。提升建议办理的质量，继续实行主任会议成员领衔督办、政府负责人带头领办、专职委员跟踪督办重点建议，办理代表建议213件，代表建议办理面商率从2015年的79.6%提高到85.9%，解决率从42.4%提高到59.2%。

坚持面向基层，推进人大工作创新。坚持抓基层、强基础，及时总结实践经验，创新人大工作机制，激发基层人大活力，推动人大工作与时俱进。重视乡镇人大工作，配合市委开展乡镇（街道）人大工作和建设情况督查，撰写专题调研报告；协助市委起草出台《关于加强乡镇（街道）人大工作和建设的若干意见》，明确乡镇人大专职主席、设立乡镇人大办公室等规定。举行全市人大常委会主任读书会，开展对乡镇人大工作调研。组织开展“学党章党规、学系列讲话，做合格党员”等学习教育活动和“归零翻篇开新局”专题讨论活动。开展党风廉政建设专题党课2堂、理论中心组专题学习4次、专题学习讨论6次。重视宣传和理论研究，在丽水电视台开设《人大关注》电视专题和丽水日报《人大聚焦》专栏，完成电视专题11个。改版人大门户网站，开设人大微信公众号和人大微网站。加强人大理论研究，关于丽水市首例质询案理论文章获全省二等奖，并被《人民代表报》整版刊发。成立县乡人大换届选举工作联席会议，召开县乡两级人大换届选举工作部署会、推进会和专题培训会，加强业务指导，严明换届纪律。

市人民代表大会、常务委员会及各类工作会议

【丽水市第三届人民代表大会第七次会议】 3月10—15日在丽水召开，322名代表参加会议，121人列席会议。会议听取和审查市政府代市长朱晨关于丽水市人民政府工作报告；审查、批准丽水市国民经济和社会发展第十三个五年规划纲要；审查市发展和改革委员会关于丽水市2015年国民经济和社会发展计划执行情况及2016年国民经济和社会发展计划草案的报告；审查、批准丽水市2015年国民经济和社会发展计划执行情况的报告及2016年国民经济和社会发展计划；审查市财政局关于丽水市2015年全市和市本级预算执行情况及2016年全市和市本级预算草案的报告；审查、批准丽水市2015年市本级预算执行情况的报告及2016年市本级预算；听取和审查市人大常委会主任虞红鸣关于丽水市人民代表大会常务委员会工作报告、市中级人民法院院长徐亚农关于丽水市中级人民法院工作报告、市人民检察院代检察长过孟超关于丽水市人民检察院工作报告；审议《丽水市制定地方性法规条例（草案）》；补选朱晨为丽水市人民政府市长，补选林康为丽水市第三届人民代表大会常务委员会副主任，补选吴小平为丽水市第三届人民代表大会常务委员会秘书长；补选吴一平等7人为丽水市第三届人民代表大会常务委员会委员；补选过孟超为丽水市人民检察院检察长报省人大常委会批准。会议收到代表10人以上联名提出的议案10件，内容涉及经济建设、民主法治、文化教育、社会管理以及生态文明建设等领域，按照地方组织法、代表法和《丽水市人民代表大会议案处理办法》规定，10件议案转为建议、批评和意见，连同代表提出的建议、批评和意见134件，一并交有关机关、组织研究办理，负责答复代表。

市三届人大七次会议　　任正东　提供

【丽水市第三届人大常委会会议】 2016年，丽水市第三届人民代表大会常委会会议举行8次。

1月20日，举行市三届人民代表大会常务委员会第三十五次会议。会议审议《丽水市人民代表大会常务委员会关于召开丽水市第三届人民代表大会第七次会议的决定（草案）》《丽水市第三届人民代表大会第七次会议列席人员名单（草案）》；讨论市人大常委会工作报告稿；征求对市政府、市中级人民法院、市人民检察院工作报告稿的意见；审议通过市人大常委会2016年工作要点草案、《丽水市人民代表大会常务委员会关于政府重大投资项目监督暂行办法（草案）》；听取和审议市政府关于提请审议批准丽水市本级2015年地方政府债务限

额的议案、市政府关于2016年市政府工作部门及丽水开发区预算编制情况的报告，细化审查市司法局、财政（地税）局、卫生计生委预算草案，表决市卫生计生委预算草案；书面审议市政府关于丽水市“十二五”规划纲要实施情况及“十三五”规划编制情况的报告，征求对丽水市国民经济和社会发展第十三个五年规划纲要（草案）的意见；人事任免及其他事项。

3月7日，举行市三届人民代表大会常务委员会第三十六次会议。会议审议市政府《关于提请审议设立丽水生态文明日的议案》；审议《丽水市制定地方性法规条例（草案）》修改稿，提出关于提请市三届人大七次会议审议的议案；听取和审议市人大常委会代表资格审查委员会关于丽水市第三届人民代表大会补选代表的代表资格审查及代表变动情况的报告；提出市三届人大七次会议议程草案，提请市三届人大七次会议预备会议通过、市三届人大七次会议主席团和秘书长名单草案，提请市三届人大七次会议预备会议选举；提出市三届人大七次会议财政预算审查委员会名单草案，提请市三届人大七次会议预备会议通过；审议通过市人大常委会工作报告稿，提请市三届人大七次会议审查；接受朱山华辞去市人大常委会秘书长的职务及其他人事任免事项。

3月28日，举行市三届人民代表大会常务委员会第三十七次会议。会议听取和审议市政府关于丽水市2016年度市本级政府重大投资项目计划草案的报告、市政府关于丽水市直财政性基本建设预算2015年预算执行及2016年预算编制情况的报告；接受何卫宁因工作岗位调整辞去省十二届人大代表职务；补选史济锡为浙江省第十二届人民代表大会代表及其他人事任免事项。

4月25日，举行市三届人民代表大会常务委员会第三十八次会议。会议审议决定接受卢子跃辞去省十二届人大代表职务的请求。审议市政府关于提请审议任免吴筱琳等职务的议案。

5月27日，举行市三届人民代表大会常务委员会第三十九次会议。会议审议《丽水市城市市容与环境卫生管理条例（草案）》；听取和审议市政府关于丽水开发区合成革企业转型升级情况的报告、关于全市“三小一市场”食品安全监管工作情况的报告；人事任免及其他事项。

7月28日，举行市三届人民代表大会常务委员会第四十次会议。听取和审议市政府关于2016年上半年全市经济社会发展情况和下半年政府工作的报告、关于丽水市2016年上半年国民经济和社会发展计划执行情况的报告、关于丽水市2016年上半年预算执行情况的报告；审议市政府关于提请审议《丽水市土地利用总体规划（2006—2020年）》（调整完善版）的议案、关于提请审议批准丽水市级2016年地方政府债务限额的议案；听取和审议莲都区法院关于提请审议许可对丽水市第三届人大代表高伙根采取司法拘留措施的报告。

9月29—30日，举行市三届人民代表大会常务委员会第四十一次会议。会议审议《丽水市城市市容与环境卫生管理条例（草案）》；听取和审议市政府关于全市旅游发展情况的报告、关于丽水市2015年度全市和市本级财政决算草案的报告，审查市经信委、市农业局、市旅委及丽水开发区2015年决算草案、关于丽水市本级2015年度预算执行和其他财政收支情况的审计工作报告、市人大常委会财经工委关于丽水市2015年度市本级财政决算草案的审查报告，批准丽水市2015年度市本级财政决算草案；听取市司法局关于在全市公民中开展法治宣传教育的第七个五年规划（2016—2020年）制定情况报告，做出关于开展第七个五年法治宣传教育的决议。

11月25日，举行市三届人民代表大会常务委员会第四十二次会议。会议听取和审议市政府关于全市农村电子商务发展情况的报告；会议听取和审议市法院、检察院、公安局、司法局关于司（执）法工作人员依法履职、公正司（执）法整改报告审议意见及主任会议意见落实情况的报告；听取和审议市政府关于市三届人大七次会议以来代表建议、批评和意见办理情况的报告；审议市法院关于市三届人大七次会议以来代表建议、批评和意见办理情况的报告；听取和审议市人大常委会代表与选任工委关于市三届人大七次会议以来代表建议、批评和意见督办工作情况的报告；人事任免及其他事项。

【各类工作会议】 2016年，市人大常委会召开各类工作会议13次。

1月11—12日，全市人大代表与选举任免工作座谈会在缙云召开。市人大常委会副主任武昌，代表与选举任免工委主任、副主任及相关处室，县（市、区）人大常委会分管代表与选举任免工作副主任及代表与选举任免工委相关人员参加会议。会议传达全省人大代表与选举任免工作会议精神，通报2015年市人大常委会代表与选举任免工作情况和2016年工作思路；各县（市、区）人大常委会交流2015年人大代表工作和2016年工作安排，提出意见与建议。

5月12日，全市人大常委会主任读书会在云和召开。市人大常委会主任虞红鸣主持，副主任金建新、刘国安、武昌、陈志雄，秘书长吴小平，副秘书长、办公室、研究室副主任及各工委主任参加。会议就如何加强乡镇人大工作和建设进行了研讨，各县(市、区)人大就全市乡镇人大工作进行交流。

5月16日，全市人大教科文卫工作座谈会在景宁召开。市人大常委会副主任刘国安，副秘书长汤家友、教科文卫工委主任、副主任及各县(市、区)人大常委会分管领导及教科文卫工委负责人等参加会议。会议交流各地人大教科文卫工作的成效和做法以及2016年工作开展和下步工作安排情况，并就传统村落保护工作作了交流。

6月3日，全市人大预算审查监督座谈会在丽水召开。市人大常委会财经工委负责人、各县(市、区)人大常委会财经工委负责人、市财政、审计局以及丽水开发区管委会相关负责人参加座谈会。会议交流全市各地人大加强全口径预算审查监督工作的做法和取得的成效，并按照省人大财经委的要求，就《浙江省预算审查监督条例(修订草案)》开展专题讨论，提出修改意见及建议。

6月6日，全市人大规范性文件备案审查工作培训会在松阳召开。市人大常委会副主任陈志雄、市人大法工委全体人员及办公室相关处工作人员，县(市、区)人大常委会分管领导、法工委负责人及工作人员参加会议。会议就备案审查工作中的主要难点问题作了专题辅导，各县(市、区)人大作了交流。

8月12日，全市县乡人大换届选举工作座谈会在庆元召开。市人大常委会副主任武昌、市人大常委会代表选举工作机构负责人，庆元县人大常委会主任，各县(市、区)人大常委会分管领导、代表选举工作机构负责人参加会议。会议观看警示教育片《镜鉴》，学习总书记习近平关于换届选举重要指示和中央、省、市委有关换届选举工作的文件和会议精神，部署换届选举有关具体工作。各县(市、区)交流换届选举前期准备工作情况和存在的问题，并提出意见和建议。

10月21日，全市人大常委会办公室主任座谈会在龙泉召开。市人大常委会秘书长吴小平、办公室主任张金禄、市人大常委会秘办会议成员，各县(市、区)人大常委会办公室领导等参加座谈会。会议就换届选举服务以及办文、办会、后勤保障等工作中存在的问题进行研讨。

11月3日，全市农业农村工作座谈会在景宁召开。市人大常委会及各县(市、区)人大常委会分管领导及农业农村工委负责人等参加会议，会议上交流各地人大农业农村工委工作成效和做法及2016年工作开展和下步工作安排情况。

11月10日，全市人大财经工作座谈会在景宁召开。市人大常委会联系财经工委负责人及相关工作人员、各县(市、区)人大常委会分管财经工作副主任和财经工委有关负责人、市三届人大常委会财经专家咨询组成员参加座谈会。会上，各县(市、区)人大常委会财经工委总结工作，并提出今后的工作思路；分管副主任及市人大财经专家咨询组成员结合自身工作实际，交流谈经验和体会。

11月16日，全市人大宣传信息工作例会在景宁召开。各县(市、区)人大常委会办公室分管领导、工作人员，及市人大机关有关人员参加会议。会议通报前三季度全市人大宣传信息工作情况及下阶段宣传信息要点，对丽水人大期刊和丽水人大微信公众号组稿工作进行部署。全年被省人大采用信息45条，编发《丽水人大信息》18期。

11月21日，全市人大信访工作会议在缙云县召开。副秘书长汤家友，信访处负责人及各县市信访负责人参加。会议总结2016年人大信访工作，并对2017年工作做出安排部署。会议交流市人大及各县(市、区)人大信访工作的做法与经验，就当前换届选举期间人大信访工作面临的新形势、新任务进行分析。

12月19日，全市人大城建环资工作座谈会在青田召开。市人大常委会副主任金建新、城建环资工委主任沈明温、副主任刘良文、各县(市、区)人大常委会分管副主任、城建环资工委主任及有关人员参加会议。会议传达全省人大城建环资工作座谈会会议精神，通报市人大城建环资工委2016年工作情况和2017年工作安排，交流工作经验。

12月22日，全市人大民侨工作座谈会在遂昌县召开。市人大常委会民族华侨工委主任蓝跃慧、各县(市、区)人大民侨工委主任及相关人员参加会议。会议传达全省人大民侨工作座谈会会议精神，通报市人大民侨工委2016年工作情况和2017年工作安排，交流了工作经验。

推进地方立法

【完成首部程序法规和实体法规制定】 2016年，完成丽水市首部程序法规，市人民代表大会制定《丽水市制定地方性法规条例》；规范丽水市地方立法工作，市人大常委会制定完成丽水市首部实体法《丽水市城市市容和环境卫生管理条例》，省人大常委会于2016年12月1日批准，于2017年3月1日实施。在立法中，坚持问题导向，注重解决实际问题，体现丽水特色。先后召开各类座谈会30

市人大常委会立法调研座谈会　　任正东　提供

余场，480余人次参加，征集意见、建议2500余条，对小区停车、建筑物外立面整修、噪音污染等社会关切的问题做出规定。

【健全立法工作机制】 2016年，市人大常委会探索创新各类载体，扩大公众参与立法途径，增强立法的民主性、科学性。主要做法：广泛征求意见，由市人大常委会主任、副主任带队，到9个县（市、区）开展立法调研，全市建立5个动态基层立法联系点，先后2次通过报纸、网站、代表联络平台等渠道，公开向社会各界征求意见；探索立法协商，在全省率先开展立法协商工作；首创立法辩论，多次分专题组织相关部门对征集意见和建议进行论证，并对意见分歧较大的建筑物外立面整修、噪音污染管理等问题，组织相关行政执法机关、人大代表、街道社区和律师等群体代表，开展开放式辩论。选聘25名立法专家库组成人员，组织3次专家论证会，对条例内容进行评估论证。

【加强规范性文件备案审查】 2016年，市人大常委会接收规范性文件36件，其中，市政府报送备案的规范性文件33件，县（市、区）人大常委会报送备案3件。在全市两级人大常委会实现网上备案全覆盖，通过网上备案审查系统向省人大常委会报送规范性文件1件。开展重点审查，适时对涉及民生领域或与群众利益密切相关的规范性文件开展重点审查，选择《丽水市人民政府办公室关于进一步推进市区危旧住宅房屋综合治理工作的通知》《丽水市市区征收集体土地房屋补偿管理办法》等5件市政府报送的规范性文件作重点审查，对规范性文件存在的瑕疵问题及时与政府相关部门进行沟通并妥善解决。首次举办全市人大规范性文件备案审查工作培训会，邀请省人大法工委备案审查处负责人作专题辅导。

【加强地方立法能力建设】 2016年，市人大常委会开展2017—2021年立法调研项目库和2017年立法计划建议项目的征集工作。起草并出台《丽水市人大常委会立法专家库管理办法（试行）》《丽水市制定地方性法规技术规范》《丽水市地方性法规立项办法（试行）》和《丽水市地方性法规草案起草工作规则（试行）》等制度，为丽水市立法工作规范开展奠定良好的制度基础。协助全国人大法律委员会到丽水召开刑事被害人救助工作立法座谈会，配合省人大法工委开展《浙江省少数民族权益保障条例》《浙江省农产品质量安全规定》等法规立法调研。

讨论决定重大事项

【做出生态文明日决定】 3月7日，市三届人大常委会第三十六次会议表决通过关于设立丽水生态文明日的议案，决定将每年7月29日设立为“丽水生态文明日”。第一个丽水生态文明日期间，政府组织开展系列重要有效的活动。设立“生态文明日”，有利于促进全市贯彻总书记习近平“两山”论断，推动实施生态经济和生态保护“双示范区”建设发展战略。

【做出第七个五年法治宣传教育的决议】 2016年，组织全市开展第七个五年法治宣传教育有关调研活动，听取全市关于“七五”普法规划编制情况的介绍，市人大常委会第四十一次会议做出《关于开展第七个五年法治宣传教育的决议》。

【出台《政府重大投资项目监督暂行办法》】 2016年，市人大常委会审议通过《关于政府重大投资项目监督暂行办法》，规定市本级（含市开发区）利用财政性资金进行建设、投资总额1亿元以上的固定资产投资项目被列入人大监督范围。听取和审议市政府关于2016年度政府重大投资项目计划草案的报告，13亿元以上项目建设的必要性、可行性和资金来源、投资规模等内容进行审查，组织部分市人大代表、财经咨询专家对13个重大项目推进情况开展跟踪监督。

国民经济和社会发展计划、预算执行情况监督

【听取和审议计划、财政相关报告】 2016年，市人大常委会听取全年度国民经济和社会发展计划编制与执行情况汇报，召开市直有关部门负责人座谈会，深入调研半年度国民经济和社会发展计划执行情况，提出针对性意见、建议；听取和审议市政府关于丽水市2016年上半年全市经济社会发展情况和下半年政府工作的报告；审议市政府关于丽水市2016年上半年国民经济和社会发展计划执行情况的报告；听取和审议市政府关于丽水市2016年上半年预算执行情况的报告。

【听取和审议决算、审计工作报告】 2016年，市人大常委会听取和审议市政府关于丽水市2015年度全市和市本级决算草案的报告，审查市经信委、旅委、农业局及开发区决算草案；听取和审议市政府关于丽水市本级2015年度财政预算执行和其他财政收支情况的审计工作报告；听取和审议市人大常委会财经工委关于丽水市2015年度市本级财政决算草案的审查报告，批准丽水市2015年度市本级财政决算草案。

对"一府两院"专项工作监督

【探索全口径预算审查监督】 2016年，市人大常委会将政府债务归入相关预算，并按全口径报告预算执行情况和决算情况，将政府全部收支逐步纳入人大监督。开展上半年预算执行及全年预算执行情况调研，对审查决算情况开展审查，重点督促加强专项资金管理、盘活存量资金、提高预算执行率和财政资金使用绩效。对细化审查部门和开发区预算执行及决算的审查监督，要求将决算情况与市财政决算草案一同提交市人大常委会审查。

【加强对审计查出问题整改的跟踪监督】 2016年，市人大常委会对审计查出问题开展跟踪监督，会同财政、审计组成督查组，就开发区拆迁安置工作进展慢而增加安置成本等问题进行专项督查，增强人大对部门及开发区预决算的审查监督力度，督促政府及财政部门深化财政改革、规范财政管理。

【土地利用总规的专项审议】 2016年，市人大常委会围绕审议《丽水市土地利用总体规划(2006—2020年)》(调整完善版)总规，开展调研初审工作，提出初审报告。市第三届人大常委会第四十次会议审议调整完善总规，提出准确表述区域发展定位和路径，加强与相关规划的有机融合，研究城乡建设用地对策，注重土地管理工作改革创新，同意进一步修改完善后，按照程序上报审批。市政府对调整完善总规作修改，并上报审批。

【加强开发区合成革转型升级监督】 2016年，市人大常委会听取和审议市政府关于丽水开发区合成革企业转型升级情况的专项工作报告。推进工业转型升级，查找短板、提出建议，推动相关问题解决，发挥丽水开发区作为全市生态工业发展的主战场及标杆作用。督促市政府及丽水开发区管委会高度重视合成革企业发展存在问题，明确阶段性转型升级目标，强化污染治理，倒逼合成革企业兼并重组与转型升级，推进丽水开发区生态经济发展。

【加强对食品安全监管监督】 2016年，市人大常委会听取和审议市政府关于"三小一市场"食品安全监管工作情况专项工作报告。以食品生产加工小作坊、小餐饮、食品小摊贩、农贸市场的食品安全监管工作为重点，通过调研和会议审议，针对存在问题提出意见，向市政府提出加快硬件设施建设、做细做实日常监管、提高创建活动实效、加大监管机制建设力度4方面15条具体意见。根据审议意见，市政府进行研究和整改，并按要求报送整改情况报告，进一步提高丽水市"三小一市场"食品安全监管工作水平和监管效果。

【推进全域旅游的打造】 2016年，市人大常委会听取和审议市政府关于全市旅游发展情况专项工作报告。从全市转型升级发展、抓住高铁开通机遇和督促贯彻执行市人大常委会《关于促进我市旅游产业发展的决议》出发，找准问题、提出意见，促进旅游经济发展。提出17条审议意见：要求深入研究谋划旅游大发展，营造旅游发展大氛围；强化龙头带动，形成旅游发展大平台；突出生态旅游，着力发展新业态；完善配套设施，再创经营服务新水平；深化旅游发展体制机制改革，增强旅游发展新动力。经主任会议审定，审议意见交由市政府研究处理。

【司法监督整改落实情况跟踪监督】 2016年，市人大常委会听取和审议关于市公检法司四机关关于司(执)法工作人员依法履职、公正司(执)法整改情况报告审议意见落实情况专项工作报告。跟踪监督司(执)法工作人员依法履职、公正司(执)法情况，促进司法公信力提升。组织调研组，由市人大常委会副主任带领，对2015

年市人大常委会深化司法监督审议意见及主任会议意见整改落实情况，着重对市公检法司机关存在8个重点问题整改落实情况进行跟踪监督。调研组与省人大内司委同步调研市本级、莲都区、缙云县公检法司机关相关问题整改落实情况，并赴景宁、松阳等县召开有关座谈会，听取意见。

【促进农村电子商务发展】 2016年，市人大常委会听取和审议市政府关于全市农村电子商务发展情况的专项工作报告。开展政府政策保障、服务体系建设以及品牌营销等方面调研，并提出建议。开展村级信息网络、农村快递物流网络、农特产品质量控制和电商品牌建设、公共服务平台建设及电商人才培养等方面调研，并提出五条审议意见交政府办理：进一步理清思路，深化对农村电子商务工作的认识；强化基础设施建设，补齐"短板"；加强农村电子商务平台建设和人才培养；重点扶持电商销售农产品。

专题视察和调研活动

【视察全市公共文化服务情况】 8月11日，市人大常委会组织部分市人大代表视察丽水市公共文化服务情况。视察组一行察看云和县石塘镇石塘村、小顺村文化礼堂及农家书屋、莲都区碧湖镇文化广电中心站等公共文化服务设施的建设和运行情况，听取市政府、莲都区、云和县公共文化服务情况汇报，并提出注重发展特色、加强设施建设、强化人才培养等意见建议。通过视察，找准问题、提出意见，促进公共文化服务健全网络、丰富内容、提升质量、完善机制。

【视察民宿经济发展情况】 10月14日，市人大常委会部分代表视察民宿经济发展情况。视察以民宿发展布局规划、民宿发展区域基础设施建设、"丽水山居"民宿品牌建设、民宿审批绿色通道建设等内容。视察组先后到莲都区港口村、大港头村和云和县规溪村察看民宿建设与发展情况。汇报会上，视察组听取"丽水山居"民宿区域公用品牌建设情况汇报，并就民宿经济发展提出意见建议。以民宿发展布局规划、民宿发展区域基础设施建设、"丽水山居"民宿品牌建设、民宿审批绿色通道建设等为视察重点，推动打造"浙江民宿第一市"。

【视察市区安置房建设管理情况】 2016年，市人大常委会针对审计及调研等反映的拆迁安置进度慢、安置房闲置等问题，组织开展视察市区征迁安置房建设管理情况，综合运用多种方式开展跟踪监督，督促政府加强顶层设计，突出重点、明确抓手，用三年时间解决好历史遗留问题。

【视察市区"河长制"落实情况】 2016年，市人大常委会组织部分市人大代表视察市区"河长制"落实情况，实地察看、观看暗访短片、听取情况汇报，整理后形成视察意见，提出要高度重视"河长制"深化落实，以问题和效果为导向，加强源头治水、科学治水、依法治水和阳光治水；完善体系明确职责，突出解决重点难点问题，健全治水长效机制，加强"河长制"运行管理。督促政府及有关部门加强城镇污水处理厂改造提升，对"河长制"视察发现问题进行督办整改。

【视察城建重点项目】 2016年，市人大常委会组织部分市人大代表分组视察文明城市创建和重点项目建设情况。市区城建重点项目组，实地视察绕城西线提升改造、桐岭路建设和中山街整体提升改造三个重点项目进展情况。集中听取市政府及相关部门情况汇报，提出意见建议，并整理视察意见，送交市政府研究处理；就市区城建重点项目建设，提出意见：深入凝聚共识、营造更好氛围，坚持问题导向、着力攻坚克难，加强督查和监管、确保进度和质量，注重统筹兼顾、提高建设管理水平。

【专题调研生态产业集聚区管理体制优化完善】 2016年，市人大常委会加强对丽水开发区监督，把开发区发展指标列入年度国民经济和社会发展计划报告提交市人代会审查，7—8月，市人大常委会主任和分管副主任组成调研组，再次开展丽水生态产业集聚区管理体制情况专题调研，形成关于丽水经济技术开发区管理体制、调研报告、关于丽景民族工业园管理体制的调研报告、关于丽缙五金科技产业园管理体制的调研报告，所提建议基本被市委、市政府采纳。

【专题调研地质灾害防治情况】 2016年，市人大常委会开展针对山区存在地质灾害隐患问题，通过专题调研促进防治工作到位，保障生命财产安全。指出监测预防、治理搬迁、资金投入、专业力量、责任意识等方面问题，提出抓紧制订实施防治规划和政策，切实加强监测预防工作，着力加大治理搬迁力度，全面提升保障能力，严格落实防治责任等16条建议意见，经主任会议研究，送交市政府研究处理。

【专题调研全市城镇污水处理厂运行情况】 2016年，市人大常委会开展根据省人大关于"五水共治"工作专项监督的部署和市人大常委会安排，专题调研全市城镇污水处理厂运行情况，建议市政府高度重视并加强城镇污水处理厂运行管理和改造提升工作，提高出水达标率，按时执行一级A排放标准，确保水阁处理厂整改到位，提高污水处理厂负荷率，依法落实责任、完善机制。

【专题调研农村扶贫工作情况】 3—8月，根据省人大《关于听取和审议省政府扶贫发展工作专项报告的实施方案》部署和市人大常委会监督工作计划安排，市人大常委会农业与农村工委组织调研组，开展全市农村扶贫发展情况专题调研，形成调研报告。经第72次主任会议同意，将调研报告送交市政府研究办理。报告建议：要统一思想认识，增强做好农村扶贫发展工作的自觉性；整合帮扶资源，提高扶贫工作的效率；拓宽扶贫渠道，增强扶贫对象自我发展的能力；完善救助制度，强化社会保障兜底功能。

【专题调研2015年大气污染防治工作报告审议意见办理落实情况】 2016年，市人大常委会配合省人大开展大气污染防治执法检查，开展《全市大气污染防治工作情况报告的审议意见》办理落实情况专题调研。调研组指出办理落实不够到位和实效有待持续提高等问题，提出建议意见：推进空气质量二级达标，加大工业废气治理力度，加强烟尘和尾气治理，强化监管执法工作，健全完善责任落实机制，营造更浓治气氛围。报告经主任会议研究，交由政府研究处理。

【专题调研涉侨服务政策落实情况】 2016年，市人大常委会先后赴莲都、青田、庆元等地调研，实地考察侨资企业、华文教育基地、华侨服务中心等，并组织召开涉侨部门负责人、侨届人士代表座谈会。针对存在问题，提出“加强宣传教育，转变工作作风；加强组织领导，完善工作机制，确保侨服工作有序开展；优化服务环境，提高涉侨服务水平；加大工作力度，利用侨务资源”等建议和意见。

人事任免及履职评议

【人事任免工作】 2016年，市三届人大常委会依法任免国家机关工作人员42人次，其中任命15人、免职27人，接收辞职5人，采取强制措施1人；补选市人大代表18人，接收辞去省人大代表6人，补选省人大代表5人。

【对任命的法官开展履职评议】 2016年，市人大常委会经过调研和听取意见，制定《开展市人大常委会任命的市法院法官履职评议工作的实施方案》，成立由常委会分管副主任担任组长，秘办以及有关工委人员、部分市人大代表、政法单位有关专家、律师代表等人员组成的评议工作组，首次单独对市法院法官进行履职评议工作。6月3日，评议工作组召开法官履职评议会，听取6名被评议法官履职报告，从政治业务素质、公正司法依法履职、自觉接受监督、廉政建设情况等方面对被评议法官进行评议和测评，并分别对被评议法官形成评议意见和评议等次。报经主任会议研究决定，及时向被评议法官和所在单位进行反馈。对法官队伍中存在司法质效有待进一步提高、做群众工作的耐心和能力有待进一步加强、庭务管理的意识和能力有待进一步增强等共性问题，要求市法院抓好整改和督促落实。评议工作结束后，建立法官履职评议档案，作为下步法官任免和评优评先的重要依据。

服务代表履职及代表中心组活动

【市人大代表的辞职、资格终止】 2016年，丽水市三届人大代表名额343名，六次会议实有代表337名。会后4名代表调离本行政区域，其代表资格终止；12名代表因工作岗位调整或到法定退休年龄，请辞代表职务；3名代表因涉嫌犯罪，请辞代表职务。根据选举法和组织法的有关规定，莲都、龙泉、青田、云和、庆元、遂昌、松阳和景宁代表团补选18名市人大代表，经市人大常委会代表资格审查委员会审查，所选举18名代表资格有效。至此，市三届人大七次会议代表为336名。

【代表建议办理】 在市三届人大七次会议上，代表提出建议、批评、意见206件（含由议案转为建议的10件），大会闭会期间收到代表建议7件。经过各承办单位努力，所有建议均已在规定时间内办结并答复代表。代表建议办理面商率从上年79.6%提高到85.9%，在答复中表示已经解决或基本解决126件，占59.2%，比上年提高19.9%；正在解决或已列入计划准备解决68件，占31.9%，比上年降低19.4%；因条件限制或其他原因需以后研究解决18件，占8.5%，比上年降低0.9%；留作研究参考1件，占0.5%。

【代表联络站活动】 12月8日，市人大常委会主任虞红鸣以人大代表身份，到景宁畲族自治县梧桐人大代表联络站开展联系人民群众主题活动。9月27—28日，市人大常委会副主任金建新到青田县北山镇参加代表联络站活动。11月17日，市人大常委会秘书长吴小平赴遂昌妙高街道代表联络站参加活动。11月22日，市人大常委会副主任徐岳明赴缙云县仙都街道代表联络站开展联系人民群众专题活动。11月24日，市人大常委会副主任陈志雄以人大代表身份，到莲都区雅溪镇人大代表联络站开展联系人民群众主题活动。11月30日，市人大常委会副主任武昌以人大代表的身份，到松阳县新兴镇参加人大代表联络站活动。12月14日，市人大常委会副主任林康以人大代表身份，到景宁畲族自治县东坑镇人大代表联络站开展联系人民群众主题活动。12月19日，市人大常委会副主任杜光旻以人大代表的身份，到庆元黄田人大代表联络站开展人大代表联系人民群众主题活动。12月19日，市人大常委会副主任金建新以人大代表的身份，到青田县油竹街道人大代表联络站开展联系人民群众主题活动。

【市人大常委会主任接待代表日活动】 5月23日，市三届人大常委会主任会议召开第69次会议讨论研究2016年市人大常委会主任接待日活动安排方案。6月23日，市人大常委会副主任杜光旻到庆元开展主任接待代表日活动。代表们针对《关于谋划建设丽水市一小时交通圈的建议》《关于要求争取将庆寿高速公路列入省"十三五"综合交通规划研究类项目的建议》等建议发表意见。7月27日，市人大常委会副主任陈志雄率队到莲都区紫金街道开展市人大代表接待日活动。听取代表们《关于将文明行为纳入"丽水城市市容和环境卫生管理条例"立法内容的建议》提出的背景、形势和目的进行说明，其他代表围绕《建议》提出意见和建议。9月27日，市人大常委会副主任林康在景宁县开展接待市人大代表接待日活动。听取市人大代表们根据丽水发展实际和需要，提出《关于致力将丽水打造成"全电动公交城市"的建议》《关于要求解决景宁县农村客运班线经营生产用地的建议》等建议意见。

【省人大代表丽水中心组会前视察】 12月5—6日，省十二届人大代表丽水中心组开展会前视察，深入了解丽水市经济社会发展和交通基础设施建设等情况，为参加召开省十二届人大四次会议作准备。代表们视察金丽温高速公路丽水北互通工程、330国道莲都改建工程秋塘段、丽水高铁站、官庄源金丽温输气管道工程，听取"一府两院"2015年度工作情况和2016年工作思路、全市交通基础设施建设等情况汇报。代表们结合丽水发展实际和视察内容，对议案建议素材搜集和撰写等进行交流。省人大代表丽水中心组组长、市人大常委会主任虞红鸣，市人大常委会副主任金建新、武昌，市委常委、常务副市长毛子荣、副市长陈景飞参加视察等相关活动。

【省人大代表丽水中心组开展农民增收工作专题调研】 9月21—22日，省人大代表丽水中心组在庆元县专题调研发展生态经济促进农民增收情况。市委书记、省人大代表史济锡参加并讲话，市人大常委会主任、省人大代表丽水中心组组长虞红鸣参加调研活动并主持座谈会。省人大代表丽水中心组一行考察百山祖国家级自然保护区、车坑精品村建设、下山脱贫农民安置小区、香菇市场以及屏都综合新区发展情况。座谈会上，庆元县汇报发展生态经济促进农民增收工作情况，马国华、戴邦和、施颂勤、姚春红等4位省人大代表从提高思想认识、强化精准扶贫、搭建富民平台等方面进行交流发言。

【人大常委会受理人民群众来信来访】 2016年，市人大信访处受理来信来访件211件次，其中，受理群众来信113件、接待来访群众98批154人次，办理省人大转交办信6件。来信来访总量呈下降趋势、来信来访减少。主要反映城乡建设及环保问题、农村土地资源管理问题、村两委干部和村财务问题、劳动和社会保障问题、涉法申诉类问题、机关工作人员作风问题及其他建议意见等方面的问题。

省人大常委会到丽水调研美丽城乡建设　　任正东　提供

县乡人大换届工作

【组织领导】 2016年，是县乡人大换届选举之年，市人大常委会高度重视，周密部署、精心组织，成立丽水市县乡人大换届选举工作联席会议，明确职责分工，强化责任落实。向市委常委会专题汇报换届选举情况，明确选举委员会主任均由熟悉选举工作县的（市、区）人大常委会主要负责人担任。市人大常委会党组起草《关于市人大换届选举工作的意见》，提出代表分配方案等意见，市委转发执行。

【动员部署】 8月27日，市人大常委会专门就人大换届选举工作作出部署，要求各级人大领会文件精神，把握换届原则，理清工作重点，严肃换届纪律，强化责任担当。各县（市、区）人大均制定换届选举工作意见、做出换届选举有关事项决定，成立领导小组、选举委员会和联席会议，开展动员培训、选民登记、选区划分等各项工作。多数县（市、区）已进入选民公布、初步候选人提出协商和公布阶段，各项工作依法有序开展。

【培训指导】 加强对基层选举工作人员的业务培训和操作指导，及时了解选举动态，认真答复有关询问，切实加强业务指导。督促指导县乡人大规范人代会议程安排、大会选举办法、领导班子候选人介绍方式、宪法宣誓等工作程序，确保县乡人代会有序衔接、步调一致；规范完善机构设置。要求各县（市、区）人大常委会党组及时向县（市、区）委汇报，加强人大常委会建设，统一规范机构设置。

【严明换届纪律】 落实“九个严禁”换届纪律要求，加强换届风气监督；强化主体责任落实，分别于7月15日、8月12日召开机关干部会议和全市县乡两级人大换届选举工作部署会，学习传达全省县乡两级人大换届选举工作学习会精神；加强学习教育，在动员部署会、机关学习会、工作人员培训会上组织观看“一片一书”，组织全市人大代表和机关全体干部开展严肃换届纪律知识测试，做到教育、警示、预防在先；开展监督检查，召开市人大常委会党组专题学习会暨严守换届纪律集体谈心谈话活动；定期由常委会领导带队，赴各县（市、区）开展换届选举调研检查，及时查找、解决苗头性、倾向性问题。

市人大常委会主任虞红鸣调研县乡人大换届选举工作　　任正东　提供

【开展选举试点】 在庆元、遂昌、松阳、景宁等4个县5个乡镇开展换届选举试点，并通过召开市人大换届工作会议和县乡人大换届选举工作推进会，规范县乡人大代表的选举，指导换届选举试点工作开展。

县（市、区）人民代表大会会议

【云和县第十五届人民代表大会第五次会议】 2月17—20日召开。会议听取和审议政府工作报告，会议听取和审查县人大常委会工作报告，会议听取和审查人民法院工作报告，会议听取和审查县人民检察院工作报告。经表决，大会通过《关于政府工作报告的决议》《关于云和县2015年国民经济和社会发展计划执行情况与2016年国民经济和社会发展计划的决议》《关于云和县2015年财政预算执行情况和2016年预算的决议》《关于云和县人大常委会工作报告的决议》《关于云和县人民法院工作报告的决议》《关于云和县人民检察院工作报告的决议》。大会依法选举叶伯军为云和县人民政府县长。

【龙泉市第十五届人民代表大会第五次会议】 3月1—4日召开，会议审议通过政府工作报告等6个工作报告。预备会议上表彰2015年龙泉市“人大代表好建议”代表。收到代表10人以上联名提出的议案13件，经大会主席团研究，全部转为建议办理，连同代表提出的118件建议、批评和意见(其中5件建议转为来信处理外)共126件,交由有关机关、组织办理。

【遂昌县第十五届人民代表大会第五次会议】 3月3—5日召开。审议通过政府工作报告等6个工作报告。会议选举尹建中为遂昌县人大常委会主任,选举沈世山为遂昌县人民政府县长,选举鲁子钗为遂昌县人大常委会副主任、蓝善和廖陈尉为遂昌县人大常委会委员,选举沈世山为市三届人大代表。大会收到代表10人以上联名提出议案2件,经议案审查委员会讨论,决定转为建议,连同代表提出140件建议、批评和意见,共142件,交由承办单位负责答复代表,并将办理结果书面向县十五届人大常委会报告。

【松阳县第十一届人民代表大会第五次会议】 3月6—9日召开。审议通过政府工作报告等7个工作报告。预备会议上表彰各项先进并开展代表履职经验交流。收到代表10人以上联名提出的代表议案87件,经大会主席团研究,全部转为建议办理,连同代表提出的72件建议,一并交有关机关、组织办理。

【庆元县第十五届人民代表大会第五次会议】 3月8—11日召开。审议通过政府工作报告等7个工作报告。补选吴青松为庆元县第十五届人民代表大会常务委员会主任,柳昌发为庆元县第十五届人民代表大会常务委员会副主任,申建军、刘章武、吴邦武为庆元县第十五届人民代表大会常务委员会委员。收到代表10人以上联名提出议案23件,全部转为建议,连同代表提出66件建议、批评和意见,共89件,交由承办单位负责答复代表,并由县政府将办理结果书面向县十五届人大常委会报告。

【莲都区第十五届人民代表大会第五次会议】 3月22—25日在莲都区会议中心举行。出席会议的代表200名,列席人员171名。会议听取和审议政府、区人大常委会、区人民法院以及区人民检察院工作报告。会议听取和审议《莲都区国民经济和社会发展第十三个五年规划纲要》,作出《关于加快养生农业发展的决定》。会议审查莲都区2015年国民经济和社会发展计划执行情况、2016年国民经济和社会发展计划草案的报告;审查、批准莲都区2015年国民经济和社会发展计划执行情况的报告及2016年国民经济和社会发展计划;审查莲都区2015年财政预算执行情况和2016年财政预算草案的报告。审查、批准莲都区2015年财政预算执行情况的报告和2016年财政预算。会议批准莲都区国民经济和社会发展计划、财政预算,并通过相应的决议。

【青田县第十五届人民代表大会第五次会议】 3月22—26日召开。会议听取和审查青田县人民政府工作报告,审查、批准青田县国民经济和社会发展第十三个五年规划纲要,审查、批准青田县2015年国民经济和社会发展计划执行情况的报告与2016年国民经济和社会发展计划,审查、批准青田县2015年财政预算执行情况的报告与2016年青田县财政预算,听取和审查青田县人大常委会工作报告、青田县人民法院工作报告和青田县人民检察院工作报告。会议选举季力华为县十五届人大常委会主任,叶玲丽(女)、李长胜、李瑞平、张胜利、徐巍峰为县十五届人大常委会委员,柳启东为县人民法院院长。会议决定将49件代表议案均改作建议处理。

【景宁畲族自治县第八届人民代表大会第五次会议】 3月26—30日召开。会议听取和审查县人民政府工作报告,县人大常委会、县人民法院、县人民检察院工作报告;审查和批准国民经济和社会发展计划、财政预决算报告;并作出相关的决议;审查通过《景宁畲族自治县城市管理条例》;补选产生八届人大常委会主任、副主任。

【缙云县第十六届人民代表大会第五次会议】 4月19—22日,缙云县第十六届人民代表大会第五次会议在县会议中心召开。会议审议政府工作报告和人大、法院、检察院工作报告。会议期间,共收到代表提出建议、意见185件,内容涉及经济建设、文化教育、社会管理等方面。大会审议批准政府、计划、财政工作报告和"十三五"规划纲要,表决通过各项决议。会议补选李一波为缙云县人民政府县长,补选楼锦游为缙云县人大常委会副主任,补选朱素贞、罗伯军、徐佳佳、褚大学为缙云县人大常委会委员。 (任正东)

丽水市人民政府

综　　述

【概况】 2016年，全市生产总值1200.22亿元，年均增长8.0%，分别高于全国和全省0.7个、0.1个百分点。人均生产总值55772元。财政总收入、一般公共预算收入分别达164.87亿元、103.57亿元，年均分别增长10.5%、12.5%。发展水平指数全省第三位，发展进程指数全省第一位，各县（市、区）均摘掉欠发达帽子。生态环境状况指数连续13年全省第一，生态文明总指数全省第一；被列为全国生态文明先行示范区、生态保护和建设示范区、水生态文明试点城市，成为首个地级市"中国长寿之乡"、唯一的"中国气候养生之乡"；实现省级生态县、省级森林城市全覆盖，云和、遂昌、庆元、缙云创成国家生态县。

【推进发展方式转变和发展动能转换】 三次产业结构由9.1:49.8:41.1调整为8.0:44.7:47.3。工业技改投资年均增长37.9%，规上工业新产品产值率35.6%，高新技术产业增加值占规上工业增加值比重27.7%，丽水开发区升格为国家级经济技术开发区。创建覆盖全区域、全产业、全品类生态农业区域公用品牌——"丽水山耕"，获休闲农业与乡村旅游"国字号"头衔23个，农业标准化覆盖面达64.4%。成为国家全域旅游示范区首批创建单位，旅游总收入连年保持25%以上高速增长，文化产业增加值占GDP比重从全省末位跃居全省第三。改革、创新、开放形成的新动能加速集聚，尤其是以林权改革为先导的农村产权及农村金融、扶贫、电商等方面改革试点赢得广泛关注，打造"丽水样本"，农村金改"丽水模式"成为"全国十大自下而上的金融改革之一"；首次获全国县（市）科技进步考核先进市，被列为创建国家知识产权试点城市；累计实际利用内资、外资分别达1338.7亿元、8.5亿美元，引进已落地大项目583个，净增市场主体9.8万户，民间投资年均增长22.8%，出口年均增长11.7%。

【优化城乡基础设施和城乡社会面貌】 2016年，累计完成固定资产投资3300.65亿元、年均增长21.1%，其中基础设施投资1346.22亿元、年均增长22.3%。建成云景、龙庆、龙浦高速，实现"县县通高速"。完成金丽温铁路扩能改造工程，迈入"高铁时代"。常住人口城市化率达58.0%，中心城市建成区面积达35平方千米，建成区绿化覆盖率、绿地率分别达44.8%和40.4%，开发利用地下空间163.5万平方米。成功创建国家森林城市、园林城市、卫生城市和省级历史文化名城。全市实现公交车和公共自行车IC卡互联互通，市区成为"长三角十大公共自行车推广典型城市"，新能源汽车分时租赁系统快速铺开。通过"五水共治"，全面消除垃圾河、黑臭河，新增污水管网772.35千米，完成农村生活污水治理2329个村、受益农户40万户。通过"三改一拆"，累计拆除违法建筑2782.8万平方米，完成"三改"4475.81万平方米，完成市区26个老小区（城中村）的改造提升。通过美丽城乡建设，基本形成"一县一主题、一县一特色"县域城市风貌，158个村入选中国传统村落保护名录、8个村入选中国少数民族特色村寨，丽水市成为"中国美丽乡村建设示范地区"。

【改善人民生活水平和基本公共服务】 2016年，全市财政用于民生支出五年累计达908.33亿元，财政民生支出比重从70.1%提高到77.6%。城乡居民人均可支配收入年均分别增长9.8%、11.7%，农民人均可支配收入16459元，超出全国平均水平4096元，增幅连续8年居全省首位，完成"4600元以下"消除贫困任务。就业持续扩大，基本建成统筹城乡、惠及全民社保体系，居家养老服务照料中心覆盖100%的城市社区和92.4%的农村社区，各类保障性安居工程住房受益群众25.67万人，农民异地搬迁9.55万人。11个民族村成为省民族团结进步小康村，所有民族村均通康庄公路。实现国家义务教育基本均衡县全覆盖，省义务教育标准化学校比例从11.6%提高到89.3%，丽水学院通过本科教学工作审核评估。“乡村春晚”获国家公共文化服务体系示范项目创建资格。入选全国十佳运动休闲城市，实现省级体育强县全覆盖。建成市博物馆、美术馆、体育馆。医疗服务达到全省中等水平，人均期望寿命提高到79.79岁。残疾人“两项补贴”制度惠及73.6%的持证残疾人。

【加强社会治理创新和社会和谐稳定】 2016年，丽水市连续8年被评为全省法治政府建设优秀市，3个典型案例入选年度“中国全面小康十大社会治理创新奖”。推进“四张清单一张网”改革，非行政许可审批事项全面清零，居民个人审批服务事项即办率达86.3%。创新实施“平安报表”管理法，连续12年被命名为平安市，治安案件、“两抢”案件连续5年下降，各类事故数起、死亡人数连续5年“零增长”。实现创建全国双拥模范城“两连冠”。先后战胜“8•20”全流域特大洪灾、“11•13”里东山体滑坡、“9•28”苏村山体滑坡等。

【支持全市“一盘棋”、走好“特色路”】 2016年，莲都被确定为国家农业综合开发现代农业园区试点；龙泉青瓷、宝剑产业被列入省十大历史经典产业；青田跻身全国县域经济竞争力和发展潜力“双百强”；云和成为国家中小城市综合改革试点县、“浙江美丽县城”首批试点县；庆元获评中国绿色竞争力最强县；缙云培育“一个烧饼、三个家家”农民增收品牌、成为省级综合性“腾笼换鸟”试点单位；遂昌入选全国首批旅游标准化示范县、孕育电商“赶街”模式；松阳被列为中国传统村落保护利用试验区；景宁成为全国农村产权流转交易标准化试点县、中国最佳民族风情旅游名县。

【表彰奖励】 1月，市政府联合丽水军分区表彰先进基层武装部和优秀专武干部；市政府表彰2015年度丽水市政府质量奖获奖者。

2月，市政府表彰2015年度扩大有效投资工作先进单位；市政府办公室表彰2015年度企业股改上市工作先进单位和先进个人、市级金融机构支持地方经济发展先进单位。

3月，市政府办公室表彰2015年度政府信息公开、电子政务工作先进单位和政务信息、政府法制信息工作先进单位、先进个人；表彰2015年度消防工作优胜单位、先进单位和先进个人。

4月，市政府办公室表彰2015年生态服务业发展工作综合考核优胜单位，表彰2015年度全市禁毒工作先进集体和先进个人。

5月，市政府给予创建国家卫生城市工作行政奖励；授予洪健萍等四人丽水市劳动模范称号；授予柯洁体育特殊贡献奖。

6月，市政府联合丽水军分区表彰2015年度征兵工作先进单位和个人。

8月，市政府表彰2016年丽水市教育年度人物。

9月，市政府给予毛胜法等23人行政奖励，给予丽水市公安消防支队经济开发区大队和陈景海等行政奖励。

10月，市政府表彰丽水市民族团结进步模范集体和模范个人。

12月，市政府办公室命名表彰第三批“丽水市文化强镇(乡、街道)”。

【接待各类重要来宾】 全年完成接待任务404批次，10791人次。接待中央警卫任务4批，分别是中央政治局原常委、全国政协原主席贾庆林，中央政治局原委员、北京市委原书记刘淇，全国人大原副委员长顾秀莲，全国政协副主席、民建中央常务副主席马培华。接待省部级领导57批，接待厅局级领导152批，接待各类调研组、考察组、代表团190批。保障服务全国、省、市重要活动8项，主要有中国长寿之乡论坛、首届中国农村电商主题会议、全省来料加工产业与妇女减贫发展研讨洽谈会、丽水首个生态文明日活动、全省蜜蜂产业推进会、上海生态旅游推介会、2016丽水农博会(杭州)等。 (夏文敏)

市政府重要会议

【市政府常务会议】 2016年，市政府召开常务会议18次。

1月14日，市政府召开第46次常务会议，审议《关于进一步加强政风建设的意见》《丽水市人民政府部门职责管理办法》，听取关于《丽水市国民经济和社会发展第十三个五年规划纲要(送审稿)》《政府工作报告(送审稿)》等汇报。

1月21日，市政府召开第47次常务会议，审议《丽水高铁站站前区域综合管理暂行办法》《丽水市农村应急广播体系使用管理办法》《关于加快推进现代社会组织建设的意见》《关于开展食品安全溯源体系建设的实施意见》《关于加强税收征管保障工作的实施意见》《丽水市美丽林相建设总体规划(2016—2035)》，听取关于贯彻落实全国全省安全生产工作电视电话会议精神有关情况等汇报。

3月4日，市政府召开第48次常务会议，贯彻落实省委书记夏宝龙在丽水调研讲话精神、省政府第七次全体会议暨全省推进供给侧结构性改革工作会议精神，审议《关于加快推进全市旅游业投融资改革的指导意见》《关于加快推进丽水城市“中闲”区域旅游项目开发建设的实施意见》《关于加快发展现代职业教育的实施意见》《关于丽水市2015年国民经济和社会发展计划执行情况及2016年国民经济和社会发展计划草案的报告》《关于丽水市2015年全市和市本级预算执行情况及2016年全市和市本级预算草案的报告》，听取关于全市企业帮扶工作、进一步推进市区危旧房住宅房屋综合治理工作、加快丽水市建筑业转型升级健康发展补充意见、进一步加强消防安全工作等有关情况、2016年全市十方面民生实事确定情况和市本级2016年预算编制情况等汇报。

3月23日，市政府召开第49次常务会议，听取关于丽水市2016年市本级政府性基本建设项目投资计划和丽水市直财政性基本建设预算编制有关情况等汇报。

3月30日，市政府召开第50次常务会议，传达贯彻总书记习近平关于生态环境综合整治工作的重要批示精神，审议《关于落实发展新理念加快建设美丽乡村培育美丽经济的若干意见》《关于进一步做好为农民工服务工作的实施意见》《关于推进责任医生签约服务的实施意见》《丽水市市直财政专项资金信用负面清单管理办法》，听取关于丽水市农业丰收奖奖励办法、丽水市创建国家卫生城市行政奖励工作有关情况、实施深入推进收费清理改革、丽水经济技术开发区2015年预算执行情况及2016年预算编制情况等汇报。

4月20日，市政府召开第51次常务会议，听取关于习近平新时期治水工作方针丽水先行区实施方案、调整工商登记前置审批事项目录和建立丽水市食品生产加工小作坊负面清单、丽水市执行人防新结建政策有关情况和一季度经济形势分析等汇报。

5月6日，市政府召开第52次常务会议，审议《丽水市城市市容和环境卫生管理条例》《关于进一步深化林业改革发展全面推进美丽林相建设的意见》《丽水市市区征收集体所有土地房屋补偿管理办法》《关于进一步降低企业成本减轻企业负担优化发展环境的实施意见》，听取关于丽水市人民政府战略合作框架协议有关情况、丽水智慧旅游建设三年行动计划和2016“G20峰会”期间丽水旅游宣传营销活动方案有关情况、浙江（丽水）农村电子商务创新发展示范区实施方案和丽水市人民政府与中国国际电子商务中心战略合作协议有关情况、丽水市政府投资项目限额以下中介服务事项实行网上竞价有关情况等汇报。

6月16日，市政府召开第53次常务会议，学习贯彻落实市委三届十一次全体（扩大）会议精神，审议《丽水市土地利用总体规划（2006—2020年）〈2015调整完善版〉》《关于进一步深化殡葬改革的实施意见》，听取关于完善市对莲都区和开发区财政体制、丽水市区推进出租汽车行业改革实施意见、丽水市创建国家全域旅游示范区工作实施方案、加快推进农产品转化为旅游商品三年行动计划、G20杭州峰会丽水市环境质量保障工作有关情况和关于授予柯洁体育特殊贡献奖决定有关情况等汇报。

7月8日，市政府召开第54次常务会议，学习贯彻落实总书记习近平在庆祝中国共产党成立95周年大会上的讲话精神，审议《关于加快供给侧结构性改革的实施意见》《关于加快发展信息经济的实施意见》《关于加快养医融合发展的实施意见》《关于加快推进全市残疾人小康进程的实施意见》《关于全面建立困难残疾人生活补贴和重度残疾人护理补贴制度的实施意见》，听取关于2015年度法治政府建设（依法行政）有关情况、鼓励股权投资发展的政策意见、丽水市人民政府化解政府债务工作实施方案和丽水市级2016年地方政府债务限额有关情况、丽水市创建浙江省食品安全市、县（市、区）工作方案有关情况等汇报。

7月19日，市政府召开第55次常务会议，学习贯彻《中国共产党党组工作条例（试行）》《中国共产党问责条例》，听取关于半年度经济形势分析等汇报。

7月25日，市政府召开第56次常务会议，传达学习省委副书记、代省长车俊在丽水调研时的讲话精神，听取关于市政府党组党风廉政建设责任落实情况、关于给予毛胜法等人员记功有关情况等汇报。

8月17日，市政府召开第57次常务会议，观看《镜鉴》警示教育片，学习贯彻《换届风气监督工作主体责任清单》、省政府第八次全体会议精神，审议《丽水市水污染防治行动计划》《丽水市危险废物处置监管三年行动计划》《关于深化供销合作社和农业生产经营管理体制改革构建“三位一体”农民合作经济组织体系的指导意见》，听取关于鼓励股权投资发展的政策意见、表彰2016年丽水市教育年度人物有关情况等汇报。

9月2日，市政府召开第58次常务会议，传达贯彻《中共中央国务院转发〈国家发展和改革委员会关于上半年经济形势和做好下半年经济工作的建议〉的通知》《中共浙江省委办公厅省政府办公厅转发〈省发展和改革委员会关于我省上半年经济形势和做好下半年经济工作的建议〉的通知》精神，审议《丽水市政府本届领导班子工作总结》。

9月21日，市政府召开第59次常务会议，审议《关于补齐科技创新短板的若干意见》《丽水市标准化+行动计划》《丽水市见义勇为人员奖励和保障办法》，听取关于丽水市“四队”兼备应急力量建设方案、给予丽水市消防支队开发区大队集体和个人记功有关情况、2016丽水生态精品农博会暨中国长寿之乡养生名优产品博览会工作方案、2016年度规章项目制定计划和首届中国农村电子商务发展大会方案等汇报。

10月24日，市政府召开第60次常务会议，学习总书记习近平在学习《胡锦涛文选》报告会上的讲话精神，听取关于丽水市城区限制燃放和销售烟花爆竹有关情况和三季度经济形势分析等汇报。

11月3日，市政府召开第61次常务会议，传达学习中共十八届六中全会精神，审议《丽水市安全生产“党政同责、一岗双责”暂行规定》《丽水市户口迁移暂行规定》《丽水市乡村教师支持计划（2016—2020年）实施办法》《关于加强高层次创业创新人才队伍建设的意见》《关于深化实施丽水市“绿谷精英550引才计划”的意见》《关于加快市区生态工业发展的若干意见》，听取关于丽水学院附属第一医院建设方案等汇报。

11月23日，市政府召开第62次常务会议，学习贯彻《关于新形势下党内政治生活的若干准则》《中国共产党党内监督条例》和总书记习近平所作的说明，审议《丽水市政府行政规范性文件管理办法》《丽水市网络预约出租汽车经营服务管理实施细则（试行）》《大窑龙泉遗址保护管理办法》，听取关于组建丽水日报报业传媒集团有限公司（总公司）等汇报。

12月20日，市政府召开第63次常务会议，学习贯彻中央经济工作会议和市委全体（扩大）会议精神，审议《关于加快推进“三社联动”创新基层社会治理工作的意见》《关于推进公益林收益权质押融资工作的指导意见》《关于进一步加强严重精神障碍患者服务管理工作的意见》，听取关于丽水市级深化供销合作社和农业生产经营管理体制改革构建“三位一体”农民合作经济组织体系实施方案和全省基层治理体系“四个平台”建设推进会精神及丽水市下步工作计划等汇报。 （叶　飞）

市政府重大活动

【2016年丽水市—西安高层次、高技能人才招聘会】 3月12—13日，由丽水市委组织部主办，中国西安人才市场、陕西省人才交流服务中心承办的“2016年浙江省丽水市—西安高层次、高技能人才招聘会”在陕西省西安市举行。全市组织100家企事业单位参与，提供岗位1198个。洽谈人数17000余人，双方洽谈应聘人数1576人，达成意向583人，其中硕士研究生155人。 （蓝　炜）

【中国青年电商群英会暨电商扶贫活动周活动在丽水举行】 12月3—6日，由团中央、农业部、国务院扶贫办、中华全国供销合作总社、中央网信办联合举办的中国青年电商群英会暨电商扶贫活动周在丽水举行。团中央书记处第一书记秦宜智，农业部副部长屈冬玉，国务院扶贫办副主任洪天云，中华全国供销合作总社理事会常务理事兼经济发展与改革部部长侯顺利，团中央书记处书记汪鸿雁，市委书记史济锡，中央网信办信息化发展局副巡视员章晓杭，市委副书记尹学群等出席开幕式。本次活动以“互联网+青春力量”为主题，线上、线下同步进行。开幕式上，史济锡作了讲话，团中央为丽水青年电商创业示范园区、阿里巴巴青年就业创业见习基地授牌。团中央与京东集团、苏宁云商集团签订推进农村电商发展的协议。阿里巴巴集团副总裁孙利军，京东集团副总裁龙宝正，苏宁云商集团副总裁王哲做主旨演讲。中央电视台《新闻联播》、新华网、中新网、《中国青年报》、《浙江日报》、浙江卫视《浙江新闻联播》、浙江在线、“浙江新闻”移动客户端等媒体相继刊播《中国电商扶贫活

3月12日，丽水—西安人才招聘会　　周　广　提供

动周启动》《青年电商精英聚首浙江丽水 激活“互联网+青春力量”》《丽水3万青年网上闯市场》等10余篇报道，人民网、凤凰网、新浪、搜狐等50余家网站转载上述报道，“央视网”“中国新闻网”“新浪新闻”“百度新闻”等10余个移动客户端以及“丽水青年”《丽水日报》等30余个微信公众号进行推送。

【丽水市获批设立浙江（丽水）农村电子商务创新发展示范区】 3月，省政府办公厅发文复函《浙江省人民政府办公厅关于设立浙江（丽水）农村电子商务创新发展示范区的复函》，原则同意示范区实施方案（纲要）。示范区创建坚持先行先试、循序渐进的原则，围绕示范区建设“农村电子商务体制机制创新区、应用推广先行区、研究创新高地、农特产品（乡村旅游）电商实验区、农村青年电子商务创业示范区”的战略定位和“构建智慧农业、农村电子商务应用普及、农特产品电子商务生态圈、农村电子商务公共服务四大模块，实现丽水农村流通信息化”的总体目标，发挥好生态、金融、华侨等方面的优势，重点实施销售、消费、物流、人才、品质、创业、服务、集聚、研究、标准等10方面体系建设，全面推动丽水农村电子商务跨越式发展，形成可复制、可推广的经验。力争到2020年，实现网络交易额1000亿元，其中农村电子商务交易额500亿元。

【丽水市政府与浙江股权交易中心联合举办“走进深交所”活动】 12月20日，丽水市政府与浙江股权交易中心在深圳联合举办“走进深交所”活动。丽水市20余家拟上市企业及股交中心挂牌企业走进深交所交流学习，企业家们听取深交所上市推广部总监周国友介绍中小板和创业板的基本情况，并参观上市公司瀚宇药业。

【丽水市启动百名行长进千企活动】 11月4日，丽水市百名行长进千企活动启动仪式在缙云县举行。活动采取县市联动，16家市级银行业金融机构及各县（市、区）、丽水经济开发区分支机构的银行领导班子深入1000余家企业或省市重点项目，一对一为企业开展对接帮扶工作，活动从2016年11月开始至2017年10月底结束，为期一年，分为启动阶段、集中走访阶段、集中解决阶段、抽查评估阶段、服务提升阶段。（钟陈亮）

11月4日，百名行长进千企活动启动仪式　　钟陈亮　提供

【丽水市首个生态文明日系列活动】 7月29日，丽水首个“生态文明日”活动启动仪式在丽水市举行。活动由中国生态文明建设研究与促进会、省环保厅与丽水市委、市政府联合举办，系列活动包括举办中国生态文明建设大讲堂全国巡讲首讲、“生态文明大讲堂”专家授课、中国生态文明大讲堂走进浙江丽水生态环境建设与保护项目合作交流会、中小学生生态文明建设环保法律及科普知识竞赛、各县（市、区）生态环保公益巡回演出等。《人民日报》等主流媒体集中报道260余条。

【2016“浙商之春”走访慰问活动】 1月25日起，丽水市通过市、县级有关官方网站、微信和各商会微信群、QQ群、朋友圈等传播平台，发送省委书记夏宝龙、省长李强签名电子慰问信，向浙商（丽商）代表送去省领导的新春问候和祝愿，营造良好的亲商氛围。春节期间，丽水结合浙商回归盯引项目，组织开展“浙商之春”走访慰问活动。由市四套班子领导走访慰问45位重点浙商及家属，缙云等县也组织开展县领导实地慰问重点浙商活动。市、县有关部门也多形式举办回乡浙商（丽商）联谊活动。

【中国特色小镇建设（丽水）峰会暨中国民（私）营企业丽水行】 12月28日，中国特色小镇建设（丽水）峰会暨中国民（私）营企业丽水行活动在丽水举行。全国政协原副主席李蒙，国家统计局原总经济师姚景源，国务院发展研究中心原副主任侯云春，国家发改委原党组成员、宏观经济研究院院长宋晓梧，著名经济学家张曙光等及中国民营企业协会企业家共180余人参会。姚景源等9名专家围绕中国特色小镇建设主题在大会上作专题发言。会上举行丽水微纳小镇启动仪式，并现场签约光伏纳米压印薄膜技术项目、光触媒室内空气净化治理项目、植物纤维电池项目、中医三维红外检测仪项目、全周光led灯泡项目、半导体芯片封装项目等12个招商项目。 （王利君）

【陈志标到丽水调研教育工会工作】 6月1—2日，中国科教文卫体工会副主席陈志标在浙江省教育工会主席赵祖地、组织建设部部长郑喆的陪同下到丽水调研指导工作，陈志标在调研中指出，丽水市教育工会工作保障有力，党委重视，行政支持；工作系统全面，涵盖工会工作各个方面，体现出工作扎实、开拓进取、创新工作等特点。近五年创下41个“第一次”，8项全省唯一，在全省乃至全国都走在前列。副市长戚永远等陪同调研。

【樊代明院士丽水市人民医院工作站成立揭牌仪式暨大型科学讲座“精品战略”】 4月10日，樊代明院士丽水市人民医院工作站成立揭牌仪式暨大型科学讲座“精品战略”在丽水市职业技术学院举行。中国工程院副院长、院士樊代明，温州大学校长李校堃，丽水市副市长戚永远，全市各医疗机构卫计人员500余人参加会议。樊代明院士工作站成立，将推进丽水市人民医院学科战略性发展，提高医院消化内科的科研理论和实践水平。丽水百姓在家门口就能享受到国内顶级水平的医疗卫生服务。

【浙江省人民医院与丽水市人民医院合作签约仪式】 6月17日，省人民医院与市人民医院合作签约仪式在丽水市人民医院举行。省人民医院院长黄东胜、党委书记于恩彦，丽水市人民政府副市长戚永远等领导出席仪式。会上双方签约合作协议。市人民医院将全方位地学习和借鉴上级医院的先进诊疗技术，不断提升医疗服务水平。

【“医院精细化管理的创新和实践论坛”在丽水举行】 10月14—15日，由市中心医院主办的国家级继教项目“医院精细化管理的创新和实践论坛”在丽水举行。副市长戚永远到会并致辞，省卫计委医政医管处处长俞新乐、省人民医院院长黄东胜、台湾奇美医学中心院长邱仲庆先后发言，市人大、市政协、市卫计委等领导出席会议。会上，医疗界专家就现代医院精细管理开展深入研讨。同时，举行《医院精细化管理实践》书籍发行仪式。

4月10日，樊代明丽水市人民医院工作站成立揭牌仪式 应丽芬 提供

【丽水学院附属医院签约揭牌仪式举行】 10月31日，丽水学院与丽水市人民医院共建丽水学院附属医院签约揭牌仪式在市人民医院举行。市人民医院成为丽水学院附属第一医院，丽水市人民医院下属的口腔医院成为丽水学院附属口腔医院。校院双方探索医教协同新型合作模式，构建标准化、规范化临床医学人才培养体系。

【丽水“乡村春晚”暨乡村文化旅游精品线路开通仪式举行】 2月1日，2016丽水市“乡村春晚”暨乡村文化旅游精品线路开通启动仪式在景宁县举行，标志着丽水市2016年“乡村春晚”正式开幕。副市长戚永远宣布仪式启动。2016年，全市9个县（市、区）举办乡村春晚600余台，乡村春晚的举办丰富了全市乡村村民文化生活，满足群众节日文化的多样化需求，是促进中华传统文化继承和发扬的重要途径。丽水市利用山水、文化资源，激活乡村生态活力，拉动乡村产业发展，开通乡村文化旅游精品线路10条。

【丽水乡村春晚品牌研讨会】 5月9日，丽水乡村春晚品牌研讨会在莲都区文化馆召开。市、县文化部门相关负责人及乡村春晚代表参加会议。文化部全国公共文化发展中心主任李宏带领5名全国顶级文化专家莅临现场。研讨会上，全市各地文化工作者以及部分乡村春晚示范村的村民代表向与会专家介绍丽水乡村春晚的运作情况。专家们认为丽水村晚品牌是文化强国的重要抓手，值得好好谋划，在国家层面予以推广。专家们表示，在全国乡村文化建设方面，丽水的经验都是突破性的，并从品牌的宽度、艺术的高度、传播的广度、理论的深度、基础的厚度、时间的长度、内容的鲜活度、运作的开放度、权益的锁定度9个方面，对丽水乡村春晚品牌建设提出专业性意见。

【丽水市体育特殊贡献奖颁奖仪式举行】 6月23日，丽水市体育特殊贡献奖颁奖仪式在市行政中心举行，市委书记史济锡、市长朱晨分别为围棋世界冠军柯洁及他的教练组代表李守胜颁发“丽水市体育特殊贡献奖”。市委副书记尹学群主持颁奖仪式。颁奖仪式上，市体育局负责人简要介绍柯洁成长及获奖情况，柯洁的教练和父母分别作了发言。

【第八届“薪火相传——传统村落守护者”颁奖仪式】 11月22日，由国家文物局指导、中国文物保护基金会主办、松阳县委、县政府承办的第八届“薪火相传——传统村落守护者”颁奖仪式在松阳举行。大会表彰王峻等十位传统村落守护者杰出人物和浙江省古建筑设计研究院等五家传统村落守护者杰出团队。中国文物保护基金会理事长励小捷、省文物局副局长郑建华、市政府副市长戚永远等为获奖者颁奖。“薪火相传”活动由中国文物保护基金会于2008年推出，已举办八届，先后有100余位个人和团体获文化遗产保护杰出人物和杰出团队的称号。

11月22日，第八届“薪火相传——传统村落守护者”颁奖　　丁　力　提供

【举办大型体育赛事6次】 3月27日，举办首届丽水半程马拉松赛，赛事由省体育局和丽水市人民政府主办、市体育局承办。以“跑进秀山丽水 畅享养生福地”为主题，设置半程马拉松和迷你马拉松两个项目，组织8000余名选手参加比赛。整个赛道充满山水特色，融城、山、水、景为一体，被跑友称赞为最具“吸氧洗肺”的赛道。

4月11—15日，举办2016“丽水·清韵杯”全国业余围棋公开赛，赛事由中国围棋协会、丽水市人民政府主办，丽水市体育局、丽水市围棋协会承办。来自全国108名选手参赛。开幕式上，国家体育总局棋牌运动管理中心为丽水市颁发“全国围棋之乡”牌匾。

10月15—16日，举办2016全国大学生皮划艇锦标赛，赛事由中国皮划艇协会、中国大学生体育协会、浙江省体育局和丽水市人民政府主办，浙江省船艇协会、丽水市体育局承办。来自北京大学、浙江大学、澳门大学等各大高校32支代表队349名大学生运动员、领队及教练参赛。

10月23—11月1日，承办第十七届亚洲轮滑锦标赛，赛事由亚洲轮滑联合会主办，国家体育总局社会体育指导中心、浙江省体育局、丽水市人民政府、中国轮滑协会承办，丽水市体育局、圣巴（上海）文化传播有限公司协办。来自13个亚洲国家和地区的600余名运动员进行速度轮滑、花样轮滑、自由式轮滑、轮滑球、轮滑马拉松等项目的所有比赛。中国队在自由式轮滑、花样轮滑和速度轮滑项目上成绩突出，取得16金、22银、22铜，共计60枚奖牌。

11月4—5日，中华龙舟大赛（浙江·丽水站）比赛在市区南明湖应星楼附近水域举行。赛事由国家体育总局社会体育指导中心、中央电视台体育频道、中国龙舟协会、浙江省体育局和丽水市人民政府主办，丽水市体育局、丽水市旅委承办，中视体育娱乐有限公司协办。近40支来自全国各地顶尖龙舟队伍进行青少年组男子（女子）和职业组男子（女子）共4个组别12个项目比赛。央视5套对中华龙舟大赛（浙江·丽水站）比赛进行全程直播。

11月19—24日，举办第四届“星球杯”中国国际跳棋公开赛暨第七届“星球杯”全国国际跳棋公开赛，赛事由中国国际跳棋协会、浙江省体育局、丽水市人民政府主办，浙江省非奥项目运动管理中心、丽水市体育局、丽水市教育局、景宁畲族自治县和丽水市星球棋院承办。来自俄罗斯、蒙古、中国的近90余名国际跳棋高水平选手参加角逐。本次比赛旨在进一步加强国际交流，提高中国国际跳棋棋手的竞技水平，推动国际跳棋项目的普及和发展。

【王海京到丽水调研】 9月4—6日，中国红十字会总会王海京副会长一行到丽水调研“幸福天使红十字救护站”建设工作。王海京一行先后调研莲都古堰画乡、遂昌金矿和千佛山等景区红十字救护站建设准备情况，并实地查看站点选址和设计方案。2016年，中国红十字基金会批复同意在浙江省援建15所“幸福天使红十字救护站”，其中丽水市7所，占全省的46.7%；争取援建、救助资金和物资累计711万元，占全省1276万元的55.7%。（丁　力）

【2016丽水生态精品农产品暨中国长寿之乡养生(老)产品博览会】 10月21—23日，2016丽水生态精品农博会暨中国长寿之乡养生名优产品博览会在杭州和平国际会展中心举行，农博会主题为：秀山丽水、三美融全、主客共享。展会由市委、市政府、省农业厅、省林业厅、省供销社、省农科院和中国长寿之乡绿色产业发展联盟主办。主要活动有：“舌尖上的丽水”——丽水生态食材推介展示活动；中国长寿之乡特色服务业示范城市、养生(老)名优产品授牌、颁发证书仪式；遂昌金竹山茶油推介会，首届中国长寿之乡“农旅结合”培训班；展示展销、农耕文化宣传、生态旅游推介、贸易洽谈等活动。农博会期间，接待杭州市民6.6万人次，实现现场销售额728万元，通过场内外互动、农产品进社区、电商促销等活动销售302万元，总计1030万元，签订订货及意向合同2.36亿元，总销售额和签约额与2015年同比分别增长6.1%、11.3%。

【2016秀山丽水(上海)生态旅游招商推介会】 11月14日，由上海市旅游局、浙江省旅游局指导，丽水市委、丽水市政府主办，丽水市旅游委员会、丽水市人民政府驻上海办事处承办的2016秀山丽水(上海)生态旅游招商推介会在上海黄浦区举行。市委书记史济锡向上海市民推介“秀山丽水”，真诚地发出“乘上高铁，秀山丽水全域游”的邀请。市委副书记尹学群主持推介会，副市长任淑女围绕秀山丽水全域旅游介绍8条丽水旅游线。上海上铁国旅总经理杨汉裕畅谈高铁背景下与丽水旅游合作愿景，上海鹿鸣谷集团董事长张幼才推介千峡湖北山旅游度假小镇项目。其间，举办“乘上高铁秀山丽水全域游”广场推介活动和进社区专题宣传推介活动。（汤燕飞）

市政府合作签约

【丽水市产业基金首个投资项目签订】 6月21日，在市财政局签约。浙江丽水生态经济产业基金有限公司、丽水市莲都区国有资产投资经营有限公司、浙江古堰画乡旅游投资有限公司就莲都古堰画乡项目签署投资协议，标志着丽水市产业基金首个投资项目落地。市产业基金投资古堰画乡旅游公司2亿元，占其40%的股权。政府产业基金本次股权投资能有效实现财政资金“四两拨千斤”作用。依托政府产业基金的品牌效应，进一步增强古堰画乡对金融资本、社会资本的吸引力，为打造“AAAAA”级景区提供资金保障。莲都区政府、市金控公司、莲都区国资公司、古堰画乡旅游公司等各方负责人出席签约现场。

【国开行浙江省分行与丽水市签订“十三五”开发性金融合作协议】 7月14日，在丽水举行。根据协议，双方在“十三五”期间将重点在城乡功能统筹、基础设施完善、产业转型升级、生态环境保护、公共服务提升等五大领域展开全面融资合作。国家开发银行浙江省分行根据国家宏观经济政策、产业政策和区域发展政策，为丽水各类金融服务需求提供长期稳定金融支持和全方位金融服务。市委书记史济锡、市长朱晨和国开行浙江省分行行长袁建良出席签约仪式。

【丽水绿谷信息产业基金签约仪式举行】 12月16日，在丽水绿谷信息产业园签约。浙江丽水生态经济产业基金有限公司、浙江金控资本管理有限公司、浙江瓯微软件有限公司、丽水市云境实业有限公司等四家机构合伙人共同签订协议，标志着丽水市生态产业基金首支子基金成功落地，为推动丽水生态经济和信息产业发展打下良好基础。市财政局、市经信委等单位领导出席签约仪式。（蓝　炜）

【丽水市成立首个两岸青年创业中心】 4月13日，“丽水两岸文创·台湾特色美食”青年创业中心成立暨合作单位签约仪式在丽水华侨开元名都大酒店举行。省市领导、市直相关部门代表、全国台企联代表、台湾合作团队代表、华侨代表、丽水龙泉文创品牌及青年工艺家代表出席活动。江泰集团与丽水学院、台湾美和科技大学、两岸青年协会、两岸文创品牌、艺术家纷纷签订合作协议。江泰集团董事长李宜学表示将发挥台资企业优势，打造好“丽水两岸文创·台湾特色美食”青年创业中心，孵化一批两岸青年创业企业，培育一批青年创新人才，使之成为文创美食领域青年创业孵化的典范，向全国推广。

【省质监局与丽水市政府签订《深化“三强一制造”建设促进丽水绿色生态发展合作备忘录》】 12月20日，在丽水签订。省质监局局长高鹰忠，丽水市委副书记、市长朱晨出席签约仪式。根据备忘录，省质监局将在国家级省级质检中心建设、国家级省级标准化示范试点项目建设、“丽水山耕”公用品牌建设、绿色生态发展标准化示范区建设、“浙江制造”品牌认证等方面给予丽水大力支持，推动丽水市深化“三强一制造”建设，促进丽水市提升发展质量和效益。

【丽水市与中国国际电子商务中心签署战略合作框架协议】 5月10日，在丽水举行。决定在设立中国农村电子商务培训中心（基地）；举办中国农村电子商务峰会；建设丽水特色电子商务园区，创建丽水市电子商务示范城市（园区）；建设丽水市地标性农产品平台和建设公共服务平台等五个方面开展全方位、高层次、紧密型的合作，推动丽水市在农村电子商务发展领域形成理论研究高地、模式创新和人才培育基地，共同打造全国农村电子商务中心。中国国际电子商务中心是商务部信息化建设、促进电子商务发展的执行机构和技术支撑单位，是泛亚电子商务联盟创始会员、中国大陆唯一代表，在战略规划、大数据利用、产业研究、人才培育、第三方电子商务服务等方面拥有一流的技术基础和研究团队。（钟陈亮）

【丽水市政府与省交通投资集团签订战略合作协议】 9月28日，丽水市政府与省交通投资集团在杭州召开“浙江省综合交通投融资建设签约大会”，双方签订战略合作框架协议。根据协议，双方将加强在高速公路、铁路项目、资源合作开发等方面的合作；以省交投集团为主共同投资建设龙丽温高速公路景宁至文成段（丽水境内），力争2018年开工建设；省交投集团协助丽水市政府就衢丽铁路、金温货线电气化改造工作，加强与省级有关部门的协调，力争2017年开工建设；结合有关铁路、高速公路等交通基础设施建设项目，双方继续在资源合作开发方面加强合作。

【省交通运输厅与丽水市政府签订《瓯江航道整治工程丽水段建设协议》】 9月28日，在丽水举行。协议明确瓯江航道开发双方职责分工，建设模式和建设工期等内容。省交通运输厅副厅长陈利幸、丽水市政府副市长陈景飞及发改委、财政局、交通运输局等相关负责人出席签约仪式。瓯江航道整治工程是省政府《浙江省内河水运复兴行动计划》中的“南畅通”项目，为丽水市重要战略性项目之一，并列入市政府工作报告和十方面大事实事。项目性质为公益性政府投资项目，总投资约12.6亿元，由丽水市政府落实建设主体，负责项目建设管理、安全质量管理等工作，省交通运输厅负责指导、协调、督查和建设资金的定额补助，同时协助解决工程建设中出现的行业管理和技术问题。

【龙泉至浦城（浙闽界）高速公路通车】 9月28日下午，全省综合交通投融资建设签约大会在杭州召开，丽水作为分会场，通过浙江卫视的视频连线同步举行龙泉至浦城（浙闽界）高速公路通车仪式。市委书记史济锡通过视频连线向杭州主会场的省委书记夏宝龙，省委副书记、代省长车俊报告，随后车俊宣布：龙浦高速公路正式通车，并代表省委、省政府向所有参建者表示亲切慰问。龙浦高速2013年5月28日动工建设，2016年9月14日，通过交工验收，作为连接长三角和海西区的交通枢纽，为丽水创建国家全域旅游示范区，融入国家东部生态旅游示范区打下坚实的基础。

【《共同推进乡村建设转型综合试点工作合作协议》签署】 5月25日，浙江省住房和城乡建设厅与丽水市政府在丽水签署《共同推进乡村建设转型综合试点工作合作协议》，丽水成为浙江省首个省级乡村建设转型综合试点市。根据合作协议，双方联合开展乡村建设转型综合试点，充分发挥丽水乡村山水生态禀赋和人文优势，推进丽水乡村建设在规划转型、建设转型、管理转型等方面先行先试。力争通过1—2年，有效解决美丽宜居示范村建设、历史文化名村创建、传统村落保护等在规划、建设、管理方面存在的突出问题，探索一条符合乡村发展实际，有利于营造乡村特色新模式、新路径，实现城乡特色化、差异化协调发展。（王夏译）

【国兵投资与浙江省项目合作暨钛材料民用化研讨会】 4月7—8日，由市招商局牵头，市政府驻宁波山海协作联络处、省政府驻京办联络处，丽水市丽缙园及市不锈钢企业代表共16人到北京参加国兵投资与浙江省项目合作暨钛材料民用化研讨会。会上，丽缙五金科技产业园、国兵材料、西北材料三方签订拟投资50亿元建设钛材料民用化基地战略合作协议。会上，各企业家代表就钛材料民用化前景、如何推广宣传钛金属、产业合作模式等问题进行进一步探讨和交流。

【丽水市与浙江大学签署新一轮全面合作协议】 10月28日，在杭州举行。双方在“十三五”期间将继续全面拓展合作领域，全面深化交流携手前行，绿色发展合作共赢。浙江大学党委书记金德水、校长吴朝晖，丽水市委书记史济锡，市委副书记、市长朱晨等出席签约仪式。2016年，全市围绕不锈钢、高端装备、生物医药等行业举办产学研对接会13场，并组织召开军民融合钛产业“人才科技”峰会。通过对接活动，全年新增上网企业267家，为企业解决技术难题373

个，促成科技合作项目254项，成交金额21084万元。（王利君）

【关于体育产业发展的全方位战略合作框架协议】 9月8日，丽水市与莱茵体育发展有限公司在丽水签订关于体育产业发展的全方位战略合作框架协议。双方坚持资源整合、优势互补、市场运作阶段实施、形式多样原则下，共同推进体育产业及体育消费在丽水市域新集群布局，实现体育与旅游新融合，推进群众体育、休闲体育与地方体育旅游全方位发展。（丁 力）

政府办公室工作

【应急管理】 全年组织或参与全市公共安全隐患检查，重点检查组织体系、预案体系、基层体系、物资储备以及各成员部门所辖行业的安全隐患，并多次下发重点隐患整改督办单。督促全市各地做好各类抢险物资储备，并试行物资储备社会化，与大型超市、五金店等签订供货协议，采集大型设备信息录入市级防汛系统数据库，便于紧急征调。建立防汛抢险支队，加强红十字会、户外、蓝天、公羊等民间公益救援队在抢险救援中的作用，市属单位应急救援队均充实配备专职人员。全年全市共启动防汛防台IV级响应68次，III级响应33次，Ⅱ级响应9次，Ⅰ级响应11次。利用微信公众号发布预警信息11856条，利用广播电视、报纸媒体宣传跟踪报道防汛防台、安全生产，山林火灾、环境污染、公共卫生等工作，并将新闻发布会作为常态化动员手段，全年召开新闻发布会5次。发挥全市救援力量，出动抢险人员63202人次，运输设备2421班次，机械设备1487台班，转移人员5.29万人，解救洪水围困群众1200人，避免人员伤亡76起729人，投入抢险资金2885.2万元，减少受灾人口3.97万人。（尹耀新）

【政务督查】 全年组织或参与政务督查23次，重点完成国务院第三次大督查自查、省政府推进去产能去库存去杠杆降成本工作实地督查、全市贯彻执行中央“八项规定”精神情况进行“回头看”专项督查、省委巡视组反馈问题整改落实情况“回头看”专项督查、全市党风廉政建设主体责任专项督查、全市重大发展短板责任清单落实情况专项督查、全市促进农民增收工作情况进行专项督查、全市扩大有效投资和重点项目联合督查；印发《市政府各口“决战三季度”责任清单》《市政府各口“冲刺四季度”责任清单》并完成相关督查通报5期；定期印发腊口污水处理厂、水腊公路、污水输送干管项目攻坚行动“每周一报”，与国开行、中关村和国兵新材料公司对接工作落实情况“每周一报”，丽水市“十三五”综合交通发展工作“每月一报”，丽水市政府服务网建设情况 “每月一报”，丽水市PPP项目攻坚行动“每月一报”等督查通报；编发各类督查和反馈材料78个，其中，编发《政务督查》9期、《督查督办反馈》48期，《重要事项交办单》21期。参与完成2016年度市委、市政府对县（市、区）和市直部门目标责任制考核工作。督促完成政府系统主办的建议、提案504件，其中，代表建议190件，占比89.20%，政协提案314件，占比88.20%；市长领办的16件重点建议、重点提案满意率均为100%；完成市府办承办的建议提案6件。（柳俊光）

【政务信息】 2016年，信息处围绕市委、市政府中心工作，把握为各级领导科学决策服务的宗旨，加强信息报送。全年编发信息491期，其中，《政务信息》95期，《专报信息》265期，《政务工作交流》17期，《上报信息》114期。市领导批示81条。省政府采用267条，省政府领导批示37条；被国办录用信息44条，国务院领导批示8条。（杨俊龙）

【信息公开】 2016年，全市主动公开政府信息240074条，其中，各县（市、区）政府主动公开政府信息157768条，市级机关主动公开政府信息82306条。市政府及办公室主动公开政府信息17454条。全市受理政府信息公开申请765件。从申请主体看，均为公民申请件；从申请渠道看，信函申请141件，网上申请104件，当场申请520件；从申请分布看，县（市、区）673件，市级机关92件。至年底，全市累计受理政府信息公开申请1459件。从申请内容看，主要涉及房屋产权、房屋拆迁、土地补偿等方面。未发生在政府信息公开工作中的泄密事件。（谢轶斌）

政府法制工作

【依法行政基础工作】 2016年，完善组织机构，印发《丽水市人民政府办公室关于调整丽水市全面推进依法行政工作领导小组名称及成员的通知》，将市全面推进依法行政工作领导小组调整为市建设法治政府（依法行政）工作领导小组。组织起草《丽水市法治政府建设实施纲要（2016—2020年）》，印发《2016年丽水市法治政府建设工作要点》《市法制办2016年工作要点》，组织召开全市政府廉政工作暨全市依法行政、审计工作会议以及全市法制办主任等工作会议。继续发挥考核指挥棒作用，印发《2016年度法治政府建设（依法行政）考核迎评工作手册》，完成《丽水市人民政府办公室关于开展2016年度法治政府建设(依法行政)考核评价工作的通知》,组织召开考核工作部署会。落实领导干部集体学法制度,邀请省高院危辉星庭长为市委常委扩大会议作《中华人民共和国行政强制法》专题辅导讲座,举办2016年度领导干部法治专题培训班,增强领导干部运用法律思维开展工作的意识和能力。开展依法行政示范单位创建工作,经申报筛选、工作创建、验收审核、公示发文等程序,完成市财政地税局等16家单位依法行政示范单位创建工作,促进相关单位执法效能和依法行政工作水平提升。抓好政府法制信息宣传和推介工作,组织落实全市政府法制信息及微博报送工作,被省法制办采用信息243条,微博27条,被国务院法制办采用信息7条,各类主流媒体上转载刊载法制信息25条次。2016年,丽水市连续7年被省政府评为法治政府建设优秀单位。

【行政规范性文件管理和立法工作】 2016年,市政府制定实施《丽水市政府行政规范性文件管理办法》,明确规范性文件界定范围、审核审查程序等。对日常制发的文件坚持高标准、严要求审查和备案登记,努力确保政府文件合法合规。全年审查市政府市府办行政规范性文件89件,出具合法性审查意见书48件,对41件部门草拟文件予以退回或建议暂缓出台。报送省政府、市人大常委会备案文件46件,接收各县(市、区)报备文件307件,市直部门登记备案文件83件。印发并公布县(市、区)和部门行政规范性文件备案审查情况通报4份。围绕政府工作中心,选定重点领域开展专项检查。9月,联合市招管办下发《丽水市全面深入开展招标投标文件清理工作方案》,对全市涉及招标投标工作的规范性文件进行集中清理,市本级共清理文件31件,保留2件,各县(市、区)不再保留相关文件。开展备案审查文件"回头看",及时纠正问题文件。共检查出问题文件20个,全部予以纠错并重新公布。每2年组织一次定期清理,对不符合法律、法规和不适应经济社会发展要求的文件,予以修改或者废止。整理市政府(办公室)规范性文件目录486件。

制定实施《丽水市人民政府立法工作年度计划编制和实施规定》《专家参与政府立法工作规定》等5个工作规定,立法制度更加健全。针对城市市容和环境卫生管理面临的新形势、新问题,完成丽水市第一部实体法《丽水市城市市容和环境卫生管理条例(草案)》起草工作;根据国家文物局关于"海上丝绸之路·中国史迹"联合申遗工作要求,完成首部实体地方性政府规章《大窑龙泉窑遗址保护管理办法》起草工作。至年底,两个条例(办法)已颁布实施。

【行政复议应诉】 2016年,制定出台《市政府办公室办理行政复议案件工作流程》《市政府办公室办理应诉案件工作流程》,采取书面审查、实地调查、听证质证等方式提高案件事实的客观准确度。市政府本级共收到行政复议申请62件,立案受理43件,审结33件,其中,决定维持14件,占42%,终止审理(通过协调等方式使争议双方达成和解,申请人自愿撤回申请)4件,撤销8件,驳回4件,确认违法3件,告知处理13件,移送2件,其他4件。督促行政机关负责人出庭应诉232件次,全市行政机关负责人出庭应诉率86.6%。全市发生行政诉讼案件391件,审结355件,败诉71件,行政诉讼败诉率20%。全年行政机关提起行政非诉案件795件,行政非诉案件裁定不予执行率4.65%。

【政府法制监督】 2016年,继续推进行政执法监督试点工作,办理行政执法监督案件43件,纠正各类问题45个,全年未发生行政执法不作为乱作为被曝光查实或投诉处理情况。推进政务服务网行政处罚平台建设,在全省率先完成市县两级执法单位310余个、19000余项行政处罚事项的确认及发布,行政处罚事项公布完成率和测试办件率排名全省第一。推行行政处罚结果公开,市本级16家执法单位网上公开处罚结果信息2006条。落实行政执法举报投诉制度,开通法制监督热线,开展现场执法检查,评查行政执法案卷152卷,纠正程序性及实体性问题830个。开展执法证件管理工作,完成市政府所属工作部门及其执法机构正式在编人员380人次的执法证件申领、换证审核工作,市本级执法单位执法人员持证率80.5%;组织全市1050名新增行政执法人员参加全省综合法律知识培训考试,考试通过率达85%;审核到期换证等行政执法证件2850本,年审执法证件9300本,注销执法证件980本。

【法律事务】 2016年,参与"三改一拆""六边三化三美"等全市中心工作。推进政府法律顾问建设,引入法律服务外包服务,市本级累计完成26家单位法律顾问聘任工作,基本实现市县乡三级政府法律顾问全覆盖。积极为市委、市政府重大决策部署、重点项目、重要合同提出法律意见或应对方案,审查会议纪要、请示件等文件200件,出具法律意见书180份,审查PPP项目30次,办理涉法事务40余件。开展2014—2015年行政机关合同清理工作,全市共清理合同3088份。服务全市"重点项目百日攻坚"活动,助推重点项目加快推进,参与起草制定《丽水市市区房屋征收临时安置补助费、搬迁费、停产停业损失补助费以及房屋改变用途补贴标准》等政策文件，受理“重点项目百日攻坚”行动专项事务裁决申请26件，做出裁决24件。探索建立仲裁联络员制度，筹建仲裁委青田分会、缙云分会，组织开展仲裁“进机关、进企业、进基层”等活动，推进仲裁法律服务工作向基层延伸，提高仲裁工作覆盖面。全年受理各类仲裁案件141件，已结案件98件，涉案标总额12.44亿元。

【行政调解】 2016年，加强行政调解工作，落实市县乡三级政府及部门行政调解权力义务清单，推动行政机关依法化解各类争议纠纷。制定实施《丽水市乡镇调解工作指导意见》，加快推进莲都区多元化矛盾纠纷解决体系建设项目试点以及松阳县古市镇等5个乡镇行政调解试点工作。市县两级政府及其部门、乡镇受理调解案件49786件，比2015年增加9559件，调解47778起，调解成功率96%。组织召开第十次府院联席会议，合力预防化解行政争议。 （郭 晨）

驻外联络处（办事处）工作

【丽水市人民政府驻北京联络处】 2016年，加强与部委、在北京著名院校的交流互动，争取项目、资金和政策。做好市政府到中关村管委会对接项目合作的服务工作；召开中国长寿之乡绿色产业发展联盟建设筹备会；做好龙泉青瓷走进人民大会堂、中央党校、钓鱼台国宾馆等活动。做好市、县（市、区）40余个单位2000余人次的接待工作。推进人才联谊工作，与国家发改委、农业部等部委联系，联系18名丽水干部到相关部委挂职工作。引导支持在北京群团开展活动，共组织市商会30余名丽商回丽水考察，组织市商会、女企业家协会等群团组织为遂昌苏村捐助善款70万余元，组织高级人才联谊会、商会、同乡会、女企业家协会参加丽水市在北京开展招商推介、文化宣传活动。 （谭利章）

【丽水市人民政府驻上海联络处】 2016年，完成上海浙江商会、上海奉贤区党政代表团分别到丽水考察任务。与市旅游委员会共同承办2016上海丽水生态旅游推介会。完成丽水商会松江行，到上海考察生态产业发展、对接招商项目，考察上海鹿鸣谷集团、上海艾莱依管理中心、中国金融经济信息中心和会见上海丽水商会代表。完成20个批次市委市政府领导到上海异地商会考察调研、指导商会换届、会见在上海丽水籍优秀企业和企业家任务。加强与上海党政机关及社会各界、驻沪各机构联系，巩固推进与长宁区等友好合作关系。召开上海丽水籍高级人才（专家）座谈会。召开丽水商会会长会议，换届选举庆元、松阳等商会新一届会长。协助上海闵行区政府做好九星市场拆迁过程中丽水籍商人的思想工作。G20峰会期间，配合莲都区政府对1000余户受到恶意打假莲都籍超市经营者劝导和引导，制止集体上访行为。组织丽水旅游专列，协调车班次，便捷上海—丽水全天候往来。帮助丽水旅游集散中心解决动车票代售问题。帮助丽水籍人员在上海的学习、医疗、就业和生活困难。 （瞿懋平）

【丽水市人民政府驻杭州办事处】 2016年，开展招商引资，到颐高集团了解集创客空间、电商平台为一体商业综合体项目情况；到杭州宋城集团对接龙泉凤阳山缆车、云和县旅游开发项目情况；动员杭州丽水商会副会长章丽英到缙云葛竹村投资3000万元建立民宿“德菲利庄园”；联系台湾巨石集团到缙云县实地考察。带领杭州天地人和有限公司、中国东玛集团有限公司、浙江浙鼎堂中药饮片有限公司负责人到庆元考察，达成建立中草药基地和集旅游、摄影、休闲为一体的养生基地项目投资意向，前期投资约2.5亿余元；中广核浙江分公司与遂昌县政府签署协议，开发风电容量30万千瓦，总投资约25.5亿余元。会同杭州丽水商会协助浙商研究会，与滨江区政府、杭州市海创基地等联合举办2016浙商（秋季）论坛。配合做好音乐剧“畲娘”演出活动，2016丽水生态精品农博会有关会务工作和宣传工作。做好市委市政府领导走访宋城集团，走访瓯微公司、西溪科技园，走访丽水海创大厦、功量智能公司等企业，和市委书记史济锡、市长朱晨率团到浙江大学学习考察前期工作的联系对接。组织杭州市丽水商会召开二届四次理事会。指导成立萧山分会和超市分会。协助杭州丽水商会到丽水慰问中华人民共和国成立前入党的老党员活动，捐助24万元。向缙云杜村火灾灾民捐资款15万余元。遂昌苏村发生山体滑坡后，动员杭州丽水商会募集资金8万元。成立、指导杭州丽水高层次人才联谊会开展工作，分别组织“丽水人才、科技峰会”、丽水高层次人才联谊会医疗养生旅游专家“家乡行”活动。G20峰会期间，针对中小超市恶意打假行为，指导商会开展维稳工作，同时发出致商会会员“规范文明经营，支持服务G20倡议书”，该项工作得到各界好评。 （褚志坚）

【丽水市人民政府驻福州办事处】 2016年，配合市工商联，做好商会换届工作，并使福州丽水商会升级成为福建丽水商会。组织丽水商会参加海峡两岸经贸交易会。到武夷山召开招商引资高级人才联谊会，开展招商引资工作。与福建师范大学旅游学院联合开展“丽水旅游文化进校园”旅游推介活动。推介会上，派发宣传册1000余册，吸引大学城中2000余师生参加到活动当中。支援灾区重建，遂昌县北界镇苏村发生山体滑坡灾害后，第一时间开展爱心募捐活动，组织本单位干部职工和福州市丽水商会出力，共募集善款5.5万元。（赵友敏）

【丽水市人民政府驻新疆办事处】2016年，以“丽水三宝展示厅”及2015年在乌鲁木齐举办的“摄影之乡、魅力丽水”的200幅丽水市援疆景象摄影作品为载体，开展多形式的宣传丽水活动。全年开展“青瓷、宝剑”主题活动展3次；与有关部门合作开展“摄影之乡、魅力丽水”摄影作品展2次。参观人数共5000余人次。全年做好到新疆考察的市级领导及有关组织20余批200余人次的接待服务工作。抓好“新疆丽水商会交流活动”，先后与北京丽水商会、上海丽水商会、成都丽水商会进行交流活动。开展“家乡行”活动，并与新疆有关企事业单位进行交流。（陈特康）

地方志工作

【概况】 2016年，丽水市地方志工作围绕市委、市政府中心工作，在总结“十二五”时期工作的基础上，寻找工作短板，理清工作思路，地方志编纂工作顺利进展。完成《丽水市志》全部分纂稿（索引除外）的编纂任务；按时完成《丽水年鉴（2016）》编纂出版任务，《丽水年鉴（2014）》获全国地方志优秀成果年鉴类二等奖，拟定并下发《丽水市人民政府办公室关于推进地方志事业发展的实施意见》；《丽水党史》《丽水方志》两刊合并更名为《丽水史志》刊物，并编辑发行《丽水史志》4期，共30多万字；完成省地方志办公室交办的地方年鉴统计及地方史书籍普查统计工作；及时办理市政协三届五次会议上委员《补齐“长寿之乡”历史名人文化旅游的短板》的提案；充分利用史志资源优势，为农村文化礼堂建设和红色旅游提供地情资料服务。

【召开市地方志编纂委员会和市志编纂工作培训会】 3月10日上午，全市地方志编纂委员会成员扩大会议在市行政中心108会议室召开，市委副书记、代市长朱晨，市委秘书长徐岳明，副市长陈重、戚永远出席。会上，朱晨对全市二轮修志工作提出“进度要加快，质量要保障，特色要鲜明，保障要有力”的要求。地方志编纂委员会成员单位负责人，各县（市、区）政府主要负责人、方志部门负责人，市直相关单位负责人100余人参加会议。会后，市府办下发《丽水市人民政府办公室关于各县（市、区）第二轮修志工作推进情况的通报》。

3月24日上午，在市行政中心108会议室举办《丽水市志》编纂工作培训会。会上，市方志办主任雷华英回顾总结《丽水市志》八年以来的编纂工作情况，指出存在的问题，并部署下阶段目标任务；《杭州市西湖区志》执行副主编田金友作《志书编纂的基本原则与要求》的专题讲座。市直相关承编责任单位编写人员及市党史方志办全体干部100余人参加会议。会后，下发各单位下阶段需补充、修改意见及相关材料。

【《丽水市志》编纂工作】 2016年，市方志办加强《丽水市志》内容的充实和规范工作，根据市志篇目大纲，重新落实各承编责任单位归口编纂，完善领导机构，确定分管领导，落实修志人员，根据“类为一志”的原则和个人专业情况进行编纂篇目分工，确定专门人员负责相关承编单位的业务指导，各承编单位在编辑部的指导下开展志稿的修改、补充、完善工作；制定《修志编鉴手册》《关于专志（分志）编纂的若干意见》，进一步规范志稿。9月，市政府办公室下发《关于征集〈丽水市志〉图片资料的通知》，开展《丽水市志》图片史料的征集工作。至年底，完成分纂稿（索引除外）61编、430万字的编纂任务，并提交省里专家审读。

【完成《丽水年鉴（2016）》编纂出版】 2016年，市方志办根据市委、市政府的中心工作和社会热点问题，及时调整年鉴框架及内容，并更换新版地图。12月，《丽水年鉴（2016）》由方志出版社出版，全书设栏目42个，分目247个，条目1559个，随文照片120多幅，计90.4万字，随书附赠电子光盘一张。该卷全面反映2015年度丽水市政治、经济、文化、社会等方面的基本情况和取得的新进展、新成就，汇集丽水市经济和社会发展的基本资料和重要信息。

【制定《丽水市人民政府办公室关于推进地方志事业发展的实施意见》】 年初，市方志办召开全市方志部门主任会议，会议全面总结回顾“十二五”期间全市地方志工作，部署全市地方志事业发展“十三五”规划的制定工作。同时，结合“归零翻篇开新局”大讨论和“两学一做”主题学习教育活动，组成3个小组，深入各县（市、区）调研。10月，经过意见征集、反复讨论修改，形成征求意见稿，并下发各县

(市、区)方志部门征求意见。11月,在《浙江省人民政府办公厅关于推进地方志事业发展的实施意见(征求意见稿)》下发后,根据有关文件精神和各县(市、区)的意见,进一步修改,形成送审稿。12月14日,市府办下发《丽水市人民政府办公室关于推进地方志事业发展的实施意见》。

【加强督查与业务指导】 2016年,市方志办进一步加强督查与业务指导,有力地推动全市二轮修志和县(市、区)年鉴编纂工作。《莲都区志》(重修)和《遂昌县志(1991—2010)》(续修)完成总纂并召开评审会。《景宁县志(1990—2010)》完成初稿编纂;青田县完成2015卷年鉴编纂出版,景宁县完成(2011—2012)年鉴编纂出版。至年底,9个县(市、区)实现综合年鉴全覆盖,基本达到公开出版,全市累计编纂综合年鉴近100部。 (市方志办)

【《青田县林业志》出版】 2016年10月,由中国文史出版社出版。该志书2007年开始编纂,2012年完成初稿,2014年重启,主编柳松树。该志上限为青田建县,下限至2014年。志书主体部分设10编53章201节,150万字,全面记叙青田建县以来至2014年林业自然环境、森林资源、森林培育、森林管理、森林保护、森林利用、森林公安、林业场圃、科教文化、组织机构等各方面情况。该书定价380元,印数1000册,16开本,127个印张,青田东英数字印刷有限公司印制,全国新华书店经销。 (王仲平)

【《松阳县人民防空志(1936—2014)》出版】 2016年5月,由中国文史出版社出版。该志书上溯1936年11月,下限至2015年12月,运用述、记、图、表、录等体裁,以事件发生的时间顺序作为节点,记叙事件的背景、内容、特点和始末。2014年7月着手编纂,采用编章节的结构,共3编11章38节,主要内容为民国时期的防空、解放后至县人民防空办公室成立前的人民防空和县人民防空办公室成立以后的人民防空3个部分。前有序、概述,后附大事记、附录及编后记等内容,用大量翔实的资料、数据、图文并茂,真实地记录松阳人防组织机构、指挥通信、工程建设、宣传教育和队伍建设等工作的变迁进程,从中窥视整个历史发展的进程和深刻的变化。

【《松阳县计划生育志》出版】 2016年5月,由中国文史出版社出版。该书2014年1月着手编纂,上限始于1949年,下限止于2015年初,以志为主,辅以图、表、录、照片等,记录松阳县解放至2015年初人口计划生育工作发展历程,具有古邑松阳的地方特色和时代特征。采用篇章节目的结构,共2篇15章46节,前置概述,后有大事记、附录、后记,内容包括工作历程、机构队伍、宣教教育培训、政策法规、人口规划、新家庭计划与婚育新风进万家、技术服务、群(社)团组织、领导调研、取得荣誉、松阳片计划生育、古市片计划生育、象溪片计划生育、大东坝片计划生育、玉岩片计划生育。 (王香花)

机关事务工作

【概况】 2016年,市机关事务局通过"阳光"厨房建设,实现就餐人员对厨房食材加工实时监督,并设立投诉中心、整改项目公示栏以及每季召开餐饮服务质量讲评会,主动接受服务对象监督。市行政中心餐饮服务单位(中意大酒店)成为丽水餐饮酒店行业首家4D安全管理示范样板店。围绕护航G20杭州峰会,投入140万元,将"人员门禁管理系统"更新改造为"人脸识别门禁管理系统"。协调市交警部门在市行政中心区域道路安装10个抓拍监控设备。针对群体访事件常态化的实际,会同市公安、信访等部门妥善处置异常访事件,共处置上访事件232起3137人次,没有出现因处理不当引发的群体性事件。重视党委政府重大政务活动的会务保障工作,定期检查测试会议系统设备,定期举办音控系统操作人员应急处理培训,适时更新综合会议室音响视频设备,在重要会议召开、重大活动启动前,采取实地踩点、现场检查、制定预案等措施,完成"两会"等重大活动的保障任务。根据全国文明城市创建要求,通过规范标识标牌、垃圾分类处理、洁净路面、室内外绿化养护和物业服务日巡查、月讲评、季考核等措施,为机关干部职工创造洁净、优美办公环境。投入250万元完成市行政中心北区块停车场建设,新增417个停车位。按照《市机关事务管理系统物资采购工作实务》规定,由局纪工委书记任组长的采购小组研究讨论物资采购事宜,采购审批表经局采购小组审核同意后按程序报批,大宗物品采购由局长办公会研究决定,200万元以上的工程项目报市法制办进行合法性审查,并请法律顾问对合同条款进行把关。修改完善《市直部门公共机构节能考核细则》,在高温季节,会同市经信、水利等部门组成联合执法组,采取明察暗访方式,分别到县(市、区)和有关乡镇进行节能执法检查,及时通报检查中存在问题,并将通报结果作为公共机构节能年度考核的举证材料,推动全市公共机构节能工作落实。组织开展"两学一做"专题教育活动和"归零翻篇开新局"主题大讨论活动。严格执行中央“八项规定”和省委“28条办法”“六个严禁”以及省市纪委关于违反“四风”问题通报的精神。每季组织一次党风廉政教育，每逢春节、中秋节、国庆节等重大节日，组织开展节前廉政和安全教育，时刻提醒，警钟长鸣。组织开展廉政风险大排查，列出《廉政责任清单》《廉政风险清单》，有针对性提出防控措施。

【公务用车改革与信息化平台建设】 2016年，市机关事务局根据省车改办的统一部署，成立市级机关公务用车服务中心，建立“公务用车管理平台”。针对山区实际，推行“集中管理、统一调配、分类使用”保障办法，确保公车服务保障新旧机制顺利转换和平稳过渡。8月，全省公务用车平台建设和服务保障工作会议在丽水召开，推广市局车管平台建设的做法。根据省局统一部署，推进“全省公务出行保障一张网”试点工作，为全省铺开探索经验。

【办公用房管理制度改革】 2016年，市机关事务局实现对政府机关大院办公用房的“五统一”管理。重点推行办公用房信息化管理，开发网络化管理模块，建立办公用房智能化管理平台，268家市直机关事业单位设立办公用房管理账号，并动态更新使用情况，实现办公用房数据信息统一管理。

【公共机构节能管理】 2016年，市机关事务局开展以“节能领跑、绿色发展”为主题节能宣传月活动。组织市行政中心2000余名干部职工参与能源资源紧缺体验活动，举办市区中小学校节能创意大赛，举行节能科普巡回展览5次，发放《节能宣传手册》2000余册、LED节能灯12000余盏，印制宣传图片3000余张。按照创建节水型城市建设要求，推进公共机构节水型单位创建活动。全年市级机关单位完成创建节水型单位70%以上的目标任务。先后投入330万元完成市行政中心节水改造项目一期（绿化喷灌）、二期（中水雨水回收利用）工程，该工程为省内首个政府大楼综合节水改造项目，年节水5万余立方米，节水率达40%以上。协调经信、财政等部门，争取改造经费180万余元，组织实施市行政大楼LED灯源改造工程，倡导健康照明、科学照明的理念，邀请国家权威检测机构对样板间光环境质量进行检测，并根据检测参数量身定制产品，1.13万盏照明灯具更换为LED灯，超额完成省局下达目标任务。

（周　斌）

行政审批工作

【概况】 2016年，丽水市行政审批服务管理办公室（以下简称“市审管办”）围绕“更大的放”“更好的管”“更优的服”，大力推进行政审批、便民办事服务水平提升，推进规则统一、公开透明、服务高效、监督规范公共资源交易市场加快形成，取得较好工作成效。为进一步理顺公共资源交易管理体制，丽水市政府召开全市公共资源交易体制改革推进会。9月，成立丽水市公共资源交易管理委员会，下设丽水市公共资源交易管理委员会办公室，办公室设在市审管办，承担市公管委日常工作，依法对全市公共资源交易活动履行综合监管职责。全年各服务大厅办事窗口收件276653件，办结274395件，办结率99.18%，其中即办件237247件，占总办结数86.46%；全市组织公共资源交易活动7208次，交易总额213.20亿元，为政府增收节支29.88亿元。

【审批层级一体化改革】 2016年，市审管办围绕简政放权、放管结合、优化服务的总体要求，按照“能放则放，权责一致，重心下移、减少层级”原则，以依法依规下放一批县（市、区）审批权限为重点，梳理下放行政许可事项55项。印发《关于做好落实下放行政审批事项工作的通知》，要求各部门在权力运行系统中及时调整更新行政审批事项目录和办事流程，并做好对下放事项业务指导和培训，确保下放事项落实到位、培训到位。推动各县（市、区）做好下放管理层级行政审批事项的承接工作，主动与上级有关部门沟通，确保下放事项顺利承接。审批层级一体化实施后，下放事项各县（市、区）共办结数13176件。

【网上审批】 至年底，完成政务服务网权力运行系统共享式基础资源库、空间式网上服务平台、智慧型政务服务大厅、集约式业务办公平台、统一电子监察平台等模块内容的开发建设，除行政处罚事项和涉密事项外，包括行政许可、行政征收、行政给付、行政裁决、行政确认、行政奖励、行政其他权力事项、公共服务事项等2023个事项统一纳入审批系统。推进投资项目在线审批监管平台建设，投资项目审批涉及16个部门、136项行政权力事项，实现线上审批、线上监管、线上公开。

【审批中介“网竞平台”】 2016年，以“互联网+中介”加快形成自由竞争的中介服务市场，推动出台《丽水市政府投资项目限额以下中介服务事项实行网上竞价通知》，推进限额以下政府投资项目在中介网上竞价系统先行先试。至年底，累计入住中介机构27大类、509家，开展中介服务网上竞价项目2292个，1945个项目在网上成交，资金节约率达23%。

【审批服务优化工作】 2016年，市审管办加强无偿审批代办服务。以市本级为龙头，以服务丽水开发区企业为重点，加强市县、部门联动代办，深化“招商互动”代办，突出信息产业园、民宿等重点项目代办，推进“大代办”标准化建设。全年全市受理代办项目892个（受理民宿代办546个），办结项目708个，完成代办环节3279个，涉及项目投资金额268.18亿元；其中，受理市县联办项目73个，办结市县联办项目67个。推行“马上办”审批“大服务”。市、县两级服务大厅共入驻便民服务事项222项，居民个人审批服务事项平均办理事时限缩短为0.55个工作日，即办率86.32%。

【公共资源交易体制改革】 2016年，市审管办以改革为重心，完善公共资源交易市场管理各项制度，推进公共资源交易平台的整合、监管机制的创新改革和招投标市场诚信体系建设，推进招投标文件清理，全面推广“评定分离”工作，加快招投标电子化交易进程，促进公共资源交易市场规范健康有序发展。推进平台整合，丽水市公共资源交易管理委员会及丽水市公共资源交易管理委员会办公室、丽水市公共资源交易中心先后完成更名并挂牌。9个县（市、区）交易分中心分别挂牌；向市编委办提交市公共资源交易中心“三定”（定主要职责、内设机构和人员编制）“三转”（市本级公共资源交易平台整合职能、编制、人员“三转”）方案，推进统一归并分散在各部门的公共资源交易平台职能相关工作。全面推广“评定分离”试点经验，全省率先开展设计和设备采购两类项目招标“评定分离”试点并在全市全面推广，进一步提升标后管理效率、评标专家专业程度和责任态度。全年全市开展“评定分离”项目20个。完善施工企业诚信信用建设，会同各行业主管部门、市公共资源交易中心完成200余家施工企业资料信息审核校对工作，将企业参与招投标活动和标后履约诚信行为作为考评重点，让“守信受益，失信受损”。推进电子招标工作，公共资源交易服务平台（门户网站）对外试运行，完成市政房建施工类、政府采购交易子系统模拟试标，推进其他交易类子系统内部测试，完成监督平台基础开发，启动县级分系统建设工作。

6月28日，丽水市公共资源交易中心授牌仪式　　周圣普　提供

【优化服务平台建设】 2016年，市审管办优化整合窗口功能区块，在市行政服务中心形成一楼以莲都区审批窗口和便民服务窗口为主，二楼以不动产登记及财政契税相关配套服务窗口为主，三楼以市直部门证照、交通等行政审批服务窗口为主的三大功能服务区块。推进智能大厅建设，新增安装全套监控系统和叫号系统，对办件量大、业务种类多的5个部门、49个窗口实施叫号排队，设置智能一体机，查询服务事项流程、信用信息等内容，促使大厅服务更加便捷、规范。规范管理，开展市级窗口述职述廉，打造标准统一的规范化服务窗口，突出统一管理和分工协作，形成“十统一”规范化服务标准。突出统一服务平台建设，抓好窗口分中心日常管理。开展走访与检查相结合的管理方式，对所管辖的8大分中心进行定期检查，发现问题及时要求落实整改。（周圣普）

住房公积金管理

【概况】 2016年，丽水市住房公积金管理中心围绕市委“绿色发展、科学赶超、生态惠民”发展主线和省建设厅目标任务，顺应供给侧改革新要求，补短板，抓落实，建立贷款发放协调机制，开展住房公积金资金竞争性存放和授信贷款利率竞价管理，涉及存贷款资金13.965亿元，丽水经济开发区的银行设立公积金业务受理点，开放在全市范围异地办理按月提取业务，简化职工办理市内公积金转移手续，推动全市住房公积金管理事业平稳健康发展，住房公积金各项主要指标运行良好。

【住房公积金归集与扩面】 2016年，全年实缴单位5452家，新开户单位430家，净增单位414家；实缴职工

丽水公积金窗口增设叫号机、扩大等候区　　谢丽莎　提供

15.95万人，新开户职工2.32万人，净增职工0.81万人。全年住房公积金实缴单位数、实缴职工数和缴存额增长率分别为8.2%、5.3%、17.7%。缴存单位中，国家机关和事业单位占55.2%，国有企业占16.1%，城镇集体企业、外商投资企业、城镇私营企业及其他城镇企业占23.6%，民办非企业单位和社会团体占2.2%，其他占2.9%。缴存职工中，国家机关和事业单位占58.5%，国有企业占16.4%，城镇集体企业、外商投资企业、城镇私营企业及其他城镇企业占22.3%，民办非企业单位和社会团体占1.2%，其他占1.6%。缴存职工中，低收入群体占27.5%，中等收入群体占71.9%，高收入群体0.6%（注：低收入指收入低于上年当地社会平均工资，中等收入指收入介于上年当地社会平均工资1倍（含）—3倍之间，高收入指收入等于或高于上年当地社会平均工资3倍）。全年缴存金额31.87亿元，同比增长17.7%。至年底，缴存总额208.50亿元，缴存余额91.01亿元，同比分别增长18.0%、12.2%。受委托办理住房公积金缴存业务的银行为建行、工行、农行、中行、信用合作银行和邮政储蓄银行6家。

【住房公积金贷款】 2016年，全市个人住房贷款最高额度为70万元，其中，双职工家庭最高额度70万元，单职工家庭最高额度40万元。全年全市发放个人住房贷款6630笔、金额34.89亿元，同比增加28.6%、35.6%。2016年，支持职工购建房79.30万平方米，新增个人住房贷款余额市场占有率33.1%，比上年上升3.5个百分点。通过申请住房公积金个人住房贷款，全年节约职工购房利息支出8465万元。职工贷款所购住房套数中，住房面积90（含）平方米以下的，占比20.2%，90—140（含）平方米的占比为68.1%，144平方米以上占11.7%。新房占65.9%，二手房占34.1%；职工贷款笔数中，单职工申请贷款占68.9%，双职工申请贷款占31.1%。贷款职工中，低收入群体占27.4%，中等收入群体占69.2%，高收入群体3.4%。2016年，发放异地贷款114笔、金额5096万元。至年底，发放异地贷款总额5286万元，异地贷款余额4913万元。至年底，累计发放个人住房贷款6.02万笔，总额169.43亿元，贷款余额105.26亿元，同比分别增长12.4%、25.9%、35.6%。个人住房贷款率115.7%，比上年同期增加16.1个百分点。受委托办理住房公积金个人住房贷款业务的银行为建行、工行、农行、中行、交行、浦发银行、中信银行7家。

【住房公积金提取】 2016年，提取金额21.95亿元，同比增长8.7%；占当年缴存额的比率68.9%，比上年同期减少5.7个百分点。提取金额中，住房消费提取占50.8%（购买、建造、翻建、大修自住住房占28.2%，偿还购房贷款本息占22.1%，租赁住房占0.4%，其他占0.1%）；非住房消费提取占49.2%（离休和退休提取占15.8%，完全丧失劳动能力或与单位终止劳动关系提取占13.9%，户口迁出本市或出境定居占11.1%，其他占8.4%）。至年底，提取总额117.48亿元，同比增长23.0%。

【资金存储及外部融资情况】 至年底，住房公积金存款额为6.03亿元。其中，活期0.43亿元，1年以内定期（含）0.37亿元，1年以上定期1.58亿元，其他（协议、协定、通知存款等）3.65亿元。当年银行授信融资额27亿元，归还14.75亿元。至年底，银行授信融资总额32亿元，融资余额17.25亿元。至年底，资金运用率115.7%，比上年同期增加16.7个百分点。

【业务收入及支出】 2016年，住房公积金业务收入34988万元，同比降低2.1%。其中，存款利息收入3418万元，委托贷款利息收入30931万元，其他收入639万元。全年住房公积金业务支出共计18415万元，同比增长61.6%。其中，住房公积金利息支出12477万元，归集手续费用支出3万元，委托贷款手续费支出645万元，其他支出5290万元（其中银行授信贷款利息支出4382万元）。

【住房公积金增值收益及分配】 2016年，住房公积金增值收益16573万元，同比降低31.9%。增值收益率1.93%，比上年同期减少1.1个百分点。全年提取贷款风险准备金9944万元；提取管理费用3570万元，提取城市廉租房（公共租赁住房）建设补充资金3059万元。全年上缴财政管理费用3847万元；上缴财政城市廉租房（公共租赁住房）建设补充资金5484万元。至年底，贷款风险准备金余额70474万元，累计提取城市廉租房（公共租赁住房）建设补充资金17497万元。

【资产风险及状况】 至年底，逾期个人住房贷款111.37万元，个人住房贷款逾期率0.0106%。个人住房贷款风险准备金按增值收益的60%提取，年末使用个人住房贷款风险准备金，个人住房贷款风险准备金余额70474万元，个人住房贷款风险准备金余额与个人住房贷款余额的比率为6.7%，个人住房贷款逾期额与个人住房贷款风险准备金余额的比率为0.16%。

【利率调整及执行情况】 2016年，根据中国人民银行、住房城乡建设部、财政部印发《关于完善职工住房公积金账户存款利率形成机制的通知》要求，自2016年2月21日起，职工住房公积金账户存款利率，由现行按照归集时间执行活期和3个月存款基准利率，调整为统一按一年期定期存款基准利率执行，年度结息日为每年的6月30日。个人住房公积金贷款5年（含）之内的基准年利率为2.75%，5年以上的基准年利率为3.25%；第二套住房个人住房公积金贷款利率按基准利率的1.1倍执行。当年发放贷款，实行合同利率，遇法定利率调整时调整；存量贷款，遇法定利率调整时，于次年1月1日起，按相应利率档次执行新的利率标准。

【住房公积金政策调整】 2016年，住房公积金缴存基数按职工本人2015年度的月平均工资，职工工资按照国家统计局规定的工资总额口径计算，实行“控高保低”。缴存额下限按2015年当地最低月工资标准确定为300元，缴存额上限按2015年当地城镇单位在岗职工月平均工资的3倍确定5224元。全市住房公积金缴存比例为单位和个人各12%，如单位困难，经职工代表大会或者工会讨论通过，可申请缓缴或降低缴存比例，降低后的比例根据单位实际在各5%（含）至12%的范围内执行。4月，出台《关于调整丽水市住房公积金贷款、提取政策的通知》，职工可贷额与月平均缴存余额挂钩，即可贷额度不超过贷款申请人夫妻双方近12月（含申请贷款当月）住房公积金账户月均余额的15倍；缴存住房公积金不足12个月的，按12个月计算月均余额。职工账户月均余额低于5000元的，按5000元计算；申请人住房公积金贷款月还款额不超过申请人夫妻双方住房公积金月缴存额的3倍。职工异地使用公积金贷款购房的，按本市购房、偿还住房按揭贷款的相关提取政策执行。9月，出台《丽水市个体工商户和自由职业人员住房公积金缴存管理暂行办法》，将丽水市行政区域内年满18周岁，男性未满60周岁，女性未满50周岁，在丽水市连续正常缴纳城镇职工基本养老保险满6个月的个体工商户、自由职业人员纳入住房公积金缴存范围。

【“互联网+政务服务”建设】 2016年，住房公积金开通“12329”短信服务平台，并与省“12329”短信服务平台对接，月短信发送量12万条；在浙江政务服务网开通丽水市住房公积金缴存职工账户信息查询。“12329”服务热线、浙江省政务服务网、问政直通车、门户网站等综合服务平台，共提供客服4.27万人次。5月，新业务系统成功上线，运行状态良好，数据涵盖丽水全市，实现新老系统各项业务的过渡。贯彻落实住建部“双贯标”要求，对缴存单位基础信息核查，并对部分信息进行补录与修改；规范职工住房公积金账户管理，个人多账户合户办理，无身份证信息账户补录及清理工作。建立全市公积金资金结算平台，系统内转移及资金结算与银行直接交易，结算数据平台对接全国各地。 （谢丽莎）

招标投标工作

【概况】 2016年，市招标投标中心（以下简称“中心”）有效推进公共资源交易平台整合工作，6月28日，市招标投标中心（政府采购中心挂牌）更名为市公共资源交易中心（政府采购中心挂牌）；牵头制定公共资源交易各项规程；提出新办公场所的置换建议并申报新办公场所的投资计划和项目立项；参与开发建设丽水市公共资源交易电子系统，至年底，公共资源交易服务平台（门户网站）对外试运行，市场主体注册及CA锁办理、计价软件测试和对接、监督平台的基础开发、县级分系统的方案设计和项目采购、“丽水交易APP”项目立项等工作完成。全年中心发布各类交易信息2232条；抽取专家769批次，落实评标专家“一标一评”855人次，对评审专家进行评审考核550人次；初审分散采购文件256件，做好省供应商入库信息审核74家，采购合同鉴证1437批次；共发出建设工程项目招标采购全过程见证单198份，接受集中采购项目质疑7次，其中改变采购结果3次，维持采购结果4次；归档建设工程项目198个，集中采购项目177个，协议采购项目49个，土地项目33个，产权项目13期，车牌项目11期；投标保证金收取金额8545万元，退回金额5566万元。在交易数据方面，中心共组织实施进场交易2412个(批、次、宗)，成交额64.96亿元，节约资金3.01亿元，增收资金10.59亿元，节支增收13.60亿元，其中，建设工程198个，审定价38.17亿元，成交额35.60亿元，节约资金2.57亿元；政府集中采购1353批次，预算价1.99亿元，成交额1.78亿元，节约资金0.21亿元；政府分散采购190个项目，预算价2.16亿元，成交额1.93亿元，节约资金0.23亿元；土地出让33宗，起价总和14.59亿元，成交额25.11亿元，增收资金10.52亿元；国有产权资源交易315宗，起价总和0.226亿元，成交额0.274亿元，增收资金0.048亿元；小车号牌拍挂323个，起价总和0.026亿元，成交额0.044亿元，增收资金0.018亿元。

【平台整合工作】 6月28日，市政府召开全市公共资源交易改革工作推进会，授牌成立丽水市公共资源交易中心(丽水市政府采购中心)，市招标投标中心(政府采购中心挂牌)更名为市公共资源交易中心(政府采购中心挂牌)，负责公共资源交易平台的运行、服务和管理，并依法独立开展交易活动。8月1—12日，9个县(市、区)陆续进行揭牌仪式暨县级公共资源交易平台整合工作座谈会，对外增挂“丽水市公共资源交易中心××分中心”牌子。丽水市“六个一”(一个平台、一张清单、一张网、一个专家库、一套制度规则、一套市场主体库)的改革思路，得到省发改委充分肯定。

【统一交易规则】 2016年，中心牵头制定公共资源交易各项规程，草拟《丽水市公共资源交易中心内部工作规程(平台服务部分)(征求意见稿)》、《丽水市政府采购处集中采购工作规程(讨论稿)》，召集各县(市、区)分中心，对工作规程进行讨论，明确交易登记、信息发布、专家选取、开标评标等服务环节的具体操作流程和服务标准；制定丽水市政府采购中心《开标现场管理办法》和《评审现场管理办法》，统一开标、评审过程的各类文件内容，规范政府集中采购项目开评标现场管理工作；公开发布政府采购招标、评审文件范本，鼓励代理机构组织的分散采购项目采用统一标准和规范。 (马文蕾)

丽水市招标投标中心2016年成交统计

表3

单位：万元

类别		项目个数	审定价	成交价	浮动率(%)	2015年成交价	成交价与上年同期相比(%)	备注
建设工程	土建	25	205512	193744	-5.73	354227	-45.31	
	公路	10	22351	20462	-8.45	14667	39.51	
	绿化	11	7507	6768	-9.84	1426	374.61	
	市政	34	47891	44167	-7.78	36605	20.66	
	装饰	13	19971	18426	-7.74	8176	125.37	
	水利水电	2	665	612	-7.97	—	100.00	
	智能化	5	5191	4869	-6.20	3070	58.60	
	监理	22	5540	4715	-14.89	5058	-6.78	2015年8个费率招标，未计入总价；2016年7个费率招标，未计入总价
	中介服务	9	133	108	-18.80	528	-79.55	
	其他	67	66965	62100	-7.26	33851	83.45	9个费率招标，未计入总价
	小计	198	381726	355971	-6.75	457608	-22.21	
土地出让	挂牌	33	145942	251117	72.07	108474	131.50	审定价为起挂价
	拍卖	—	—	—	—	2648	-100.00	审定价为起拍价
车牌	挂牌	226	95	135	42.11	128	5.47	审定价为起挂价
	拍卖	97	163	307	88.34	321	-4.36	审定价为起拍价
国有产权	挂牌	—	—	—	—	—	—	审定价为起拍价
	拍卖	315	2263	2745	21.30	13734	-80.01	
政府采购	总计	1353	19896	17770	-10.69	13270	33.91	

政协丽水市委员会

综 述

【概况】 2016年，丽水市政协积极履行政治协商、民主监督、参政议政职能。全年组织召开各类协商会83次，完成调研视察课题25个，组织重大民主监督活动5项，委员参与履职活动5800余人次，市委、市政府领导参加政协各类协商会83人次，对委员履职成果批示173件次。

在市政协三届五次会议期间，举行“抢抓国家东部生态文明旅游区发展机遇，丽水怎么干”界别对口协商会，提出立足于基础发挥“四大优势”、立足于融入致力“四个共同”、立足于特色做好“四篇文章”、立足于自身做到“四个赶早”等4个方面16条意见建议；举行“推进学前教育普惠优质发展”界别对口协商会，提出重视学前教育事业发展、强化学前教育规范管理、加强学前教育师资队伍建设、优化学前教育资源布局等4个方面13条意见建议；举行“推进我市养老服务业发展”界别对口协商会，提出重视学前教育事业发展、强化学前教育规范管理、加强学前教育师资队伍建设、优化学前教育资源布局等5个方面14条意见建议。组织“分级诊疗制度建设”“侨台资企业发展状况”“城区小区物业管理情况”“瓯江生态旅游景区创AAAAA”“健全政府依法决策机制”等课题调研视察，并召开常委会议或主席会议进行协商议政，提出意见建议被市委市政府和相关部门采纳吸收。开展“十三五”生态工业实施情况、“六边三化三美”、丽水市低收入农户精准扶贫等工作民主监督，提出民主监督意见。开展“五水共治”专项集体民主监督，成立99个监督组，955名委员聚焦农村生活污水处理设施运行维护问题、城镇污水处理基础薄弱问题和河道保洁问题，开展“查河道、访河长、找短板”活动。创新开展市政协领导集体督办“五水共治”提案，主席会议成员专题视察乡镇污水处理设施、参加“五水共治”提案集中办理面商会，推动全市“五水共治”工作抓常抓长。

开展市领导领办督办和民主评议、提案集中办理等工作，办理委员提案356件。向党委、政府报送反映社情民意信息189期，编播《委员视点》电视专栏24期，组织委员送卫生、科技、教育、法律、文化“五下乡”活动。举办港澳台侨委员座谈会、中秋三胞座谈会、民祭轩辕黄帝大典等联谊活动。出版《亲历撤地设市建区》文史资料，开展《丽水干部对外援助工作纪实》文史资料征集工作。举办全市政协系统第十次书画作品联展和第五届乒乓球联谊赛。

2016年，市政协三届五次会议补选3名副主席、5名市政协常委。开展“调查研究能力建设年”活动，以“大家学、大家谈、大家写”为抓手，举办

10月11日，市政协主席陈瑞商到缙云调研生态工业经济　　吴伟松　提供

以提高调查研究能力为主题的全市政协主席读书会，认真学习毛泽东《寻乌调查》《兴国调查》《才溪调查》等农村调查文集，组织县(市、区)政协主席到江西、福建学习毛泽东当年农村调研方法和艺术。举办4次常委会学习会和2期委员培训班。市政协领导做好丽水机场、衢宁铁路等13项重点工程联系工作。建立民情联系点16个，引导委员走进农村基层、走进百姓农家，增进与群众感情。9月28日，遂昌县苏村村发生山体滑坡灾害，造成重大人员伤亡和财产损失，全市政协组织和港澳华侨委员、特邀委员以及相关社团捐款200余万元。

开展市政协机关“两学一做”学习教育，加强干部队伍建设，造就政治坚定、作风优良、业务熟悉、纪律严明的干部队伍。在全市政协组织和广大委员中开展“归零翻篇开新局”大讨论活动，引导政协委员和干部全面、准确地把握“绿水青山就是金山银山”的精神实质，组织开展学习讨论、开展蹲点调研等活动，把界别群众的思想统一到市委的决策部署上来。

【市委领导领办提案】 2016年，市委书记史济锡领办《以农旅融合推进我市生态旅游全域化》提案，市委副书记尹学群领办《关于加强我市农村专业合作经济组织建设的建议》提案，市委常委、宣传部部长陈建波领办《在民宿发展中政府应当助力乡愁建设的建议》提案，市委常委、组织部部长胡侠领办《关于解决我市高层次引进人才住房问题的建议》提案，市委常委、统战部部长廖思红领办《关于加快众创空间建设支持创客发展的建议》提案，市委常委、公安局长卫中强领办《关于丽水市交警部门以归零翻篇的精神倡导“车让行人，从我做起”行动，为市区全国文明城市创建再立新功的建议》提案，市委常委、市纪委书记方向领办《关于深入推进我市干部作风建设的建议》提案，市委常委、莲都区委书记葛学斌领办《关于加强“中国围棋之乡”建设的建议》提案。

【市政府领导领办提案】 2016年，市委副书记、市长朱晨领办《关于加强旅游资源管理的建议——以抢抓国家东部生态文明旅游区发展机遇为背景》提案，市委常委、常务副市长毛子荣领办《关于推进政府购买服务，提高公共服务效率的建议》提案，副市长陈重领办《关于提升丽水制造业发展质量和效益的几点建议》提案，副市长林亮领办《关于借乡土“文化”治青山“白化”的建议》提案、《关于大力发展丽水养老服务业的建议》提案，副市长任淑女领办《抓住机遇强势打造“丽水香茶”品牌的建议》提案，副市长戚永远领办《关于加大基层中医药事业“供给侧”改革助推“升级版”健康丽水建设的建议》提案，副市长陈景飞领办《关于改造提升丽水城市东出入口交通环境的建议》提案、《关于我市建筑业转型升级的几点建议》提案。

【市政协领导督办提案】 2016年，市政协三届五十六次主席会议确定市政协主席、副主席督办三届五次会议重点提案12件。市政协主席陈瑞商督办《鼓励丽水企业挂牌“新三板”的建议》提案，副主席齐育华督办《城市绿化再思考》提案，副主席韦铁民督办《建设海绵城市，让城市回归自然》提案，副主席何赤峰督办《乡村文化要成为乡村旅游之魂》提案、《关于加快推进分级诊疗的建议》提案，副主席沈根花督办《关于我市特色小镇建设的几点建议》提案、《我市特色小镇建设应“保护本色，突出特色”》提案，副主席金爱武督办《关于常态化推进“六边三化三美”的几点建议》提案、《关于高度重视“全面二孩”政策带来高危妊娠新挑战的建议》提案，副主席朱山华督办《关于推进科技成果转化服务的建议》提案，副主席邝平正督办《关于加快推进我市华东绿色能源基地建设的建议》提案，副主席卢彩柳督办《关于大力发展生态医药产业的建议》提案。

【专门委员会工作】 2016年，提案委员会在市政协三届五次会议收到以提案形式提出的意见建议436件，经审查，立为提案356件，占81.65%。其中，委员提案265件，占74.44%，市级各民主党派、工商联、有关人民团体、政协专委会、委员联络组和界别等集体提案91件，占25.56%，分别交由57个部门主办，72个部门会办。9月底，立案356件提案全部办复，被采纳提案172件，占48.31%；部分采纳或列入计划采纳172件，占48.31%；因条件所限未能采纳或留作参考12件，占3.37%。面向社会征集提案线索、面向部门征集提案选题，编写提案选题参考目录221条。严格立案标准，对80件意见建议不予立案，转送有关部门作为工作参考。联合市委办、市政府办开展建议提案办理培训。与市人大常委会代表选任工委组成联合督查组，到市农办、旅委、文广出版局、市场监管局等调研督查2016年市两会建议提案办理工作进展情况，督促承办单位加快提案办理进度。对市经信委、旅委、水利局、金融办、市场监管局、团市委等单位开展提案办理“回头看”和民主评议工作。编印32期《重要提案摘报》送市委、市政府、市政协领导批阅，市领导批示69人次，明确提案办理要求。围绕“落实和完善‘五水共治’长效机制”主题提出9件系列重要提案，由主席会议集体督办，于8月29日召开市政协三届五十九次主席会议开展提案集中办理协商。

经济委员会开展“国资运营市场化改革”专题调研，市委专题听取“国资运营市场化改革”调研情况汇报，市长作出批示，相关意见建议得到有效的转化及落实。围绕生态工业发展问题，开展“十三五生态工业实施情况”主题式民主监督，推进有关问题的解决。举办“抢抓国家东部生态文明旅游区发展机遇，丽水怎么干”界别协商会。开展“工业治污”“五水共治”等明察暗访5次。开展团结联谊工作，加强界别委员的走访与联系，开展经济组委员活动小组及开发区联络组等活动7次，委员参与面达160余人次。

农业农村和人资环委员会开展低收入农户精准扶贫调研，赴乡村走访贫困户，分析低收入的原因。9月18日，市政协三届六十次主席会议专门听取调研情况汇报，并形成《关于低收入农户精准扶贫工作的专项集体民主监督报告》，专报市委市政府供决策参考。组织“六边三化三美”主题式民主监督活动，提出监督意见建议。5月，配合省政协在景宁畲族自治县开展“送科技下乡”活动。省政协主席乔传秀、副主席陈小平、秘书长陈荣高，市委书记史济锡、市政协主席陈瑞商等省、市领导出席启动仪式。组织开展“五水共治”民主监督工作，组织委员活动小组开展“查河道、访河长”活动，组织市政协委员深入实际、深入现场、深入群众、深入河道一线监督检查，以面对面走访镇村两级河长和明察暗访形式监督检查全市21条河道，通过实地视察、座谈调研等形式，收集治水成效和问题的信息图片资料，总结治水方法，宣传治水典型，找出“五水共治”存在短板，共商补短板对策建议。

科教文卫体委员会在市政协三届五次会议期间，召开“推进学前教育普惠优质发展”界别对口协商会，围绕学前教育规划布局、资源均衡化、经费投入、民办教育发展等问题，从不同角度和层面积极建言献策，为市委、市政府提供决策参考。开展“推进我市分级诊疗制度建设”课题调研，在市政协三届二十八次常委会议进行专题协商，向市政府和相关部门提出意见建议，并形成建议案报市委市政府。组织教育界别委员、教育专家到庆元县屏都乡开展送教育下乡活动。组织20余位医卫组政协委员和专家，到松阳县玉岩镇开展送卫生下乡。组织部分市政协委员到龙泉市宝溪乡开展送文化下乡活动。在丽水市美术馆举办以“绿水青山就是金山银山“为主题的全市政协系统第十次书画作品联展，共展出全市政协系统的百余幅书画精品佳作。组织市政协诗书画社的书法家到机关扶贫联系村——缙云县东方镇横塘岸村开展送春联活动，为村民书写对联300余副。举办全市政协系统第五届乒乓球联谊赛，青田县政协代表队、庆元县政协代表队、松阳县政协代表队分别获得团体冠军、亚军、季军。

社会法制和民族宗教委员会开展“城区小区物业管理情况”主席会议专题议政课题调研，市政协三届五十七次主席会议进行专题议政，对进一步促进城区小区物业规范管理、改善市民居住环境、构建和谐社区、创建文明城市等提出意见建议。配合省政协开展“提升美丽乡村公路和建设港湾式停靠站情况”监督调研，广泛汲取各方意见建议，查找问题短板，分析成因所在，提出对策建议，并向省政协报送专题报告。在市政协三届五次会议期间，举行“推进我市养老服务业发展”界别对口协商会，就进一步推进养老服务业发展有关问题进行协商讨论，提出5方面协商意见，专报市委、市政府决策参考。组织社法组、社科组委员联组视察“之江监狱建设情况”工作，有关项目建设视察建议引起市政府领导高度重视，市长朱晨批示。开展对《丽水市城市市容和环境卫生管理条例(草案)》的立法协商工作，委员提出10个方面的修改建议均被吸收采纳。与松阳县政协联合开展“送法律下乡”活动。

港澳台侨委员会开展主席会议视察课题“侨台资企业发展状况”调研，林亮副市长对视察报告给予肯定，5条主要建议被市政府采纳并付诸实施。召开全市政协港澳台侨工作座谈会，对专委会调研课题“丽水民宿发展存在的问题”进行研讨。市政协三届五次会议期间，饶及人代表港澳、侨委的大会发言，《用好“侨智”和“侨资”的建议》建议被评为2016年全会的优秀大会发言。委员视点《华侨资金利用的思考》在丽水新闻综合频道播出，得到港澳华侨委员和港澳台侨特邀委员好评。召开港澳华侨委员和港澳台侨委特邀委员座谈会。“9•28”遂昌县苏村村山体滑坡灾害后，发动华侨委员和港澳台侨委特邀委员以及他们所在的团体进行慈善捐款80万余元。主办“金山银月丽水情”中秋三胞座谈会。

文史资料委员会在市政协三届五次会议期间发行《非遗印记——丽水文史资料第十二辑》。完成《亲历撤地设市建区——丽水文史资料第十三辑》征编出版工作，征集60余篇稿件，100余幅图片。研究制定四届市政协文史资料征编规划，重点征集新中国建立后全市各级政协委员及其所联系各方面人士“三亲”史料，并根据“征集为主、抢救优先、充分利用、服务社会”要求，从全市人文历史发展、经济社会发展等方面找切入点选题，按照每年出版一本专题史料征编计划步骤，制定重点征编项目：丽水对外援建工作纪实、教育发展印记、卫生发展印记、丽水摄影发展史，做好全国、省政协文史委交办的其他史料征编项目。组织各县（市、区）开展省政协协作项目“浙江古村落楹联故事”征编工作，推荐松阳县赤寿乡界首村村委会主任作为嘉宾代表参加2016年省政协关于古村落保护和利用民生论坛并在论坛上发言。会同《丽水日报》办好文史专版和《丽水政协》文史专栏，做好组稿工作。组织委员开展“推进我市国家综合档案馆新馆建设”专题调研，提出亟待党委政府重视、合理规划、统筹推进的若干建议对策。参与市政协重点协商课题“分级诊疗制度建设”调研。“走出去”“迎进来”，加强与省内外兄弟市政协交流学习，拓宽工作思路，提升工作水平，达到对外宣传丽水文史成果和丽水发展成就的目的。

委员工作委员会积极协调市政协委员管理服务系统的有效运行，及时审核更新委员履职信息和个人信息数据库，开展委员人事调整相关工作；开展委员年度述职工作。举办三届市政协第九期委员培训班，培训政协委员和机关干部50人。组织妇联、工商联、教育界、无党派、宗教界的委员联合视察瓯江生态旅游景区建设及AAAAA创建工作，撰写视察报告报市委、市政府，市委副书记尹学群、副市长任淑女分别做出批示，肯定视察成果，要求有关部门对报告建议予以采纳落实。组织“发挥委员主体作用”课题调研，通过走访座谈开展调研，撰写完成调研报告。调整委员小组成员，召开委员活动小组组长会议，开展所联系委员小组服务工作。走访委员及委员所在单位，参加委员小组活动。选派90余名委员担任民主监督员及参加“电视问政”等监督活动。开展换届纪律宣传教育，组织委员进行换届纪律知识测试，通过短信、微信等形式对“九严禁”等纪律进行宣传。参加市委换届风气督察组，赴各县（市、区）对换届风气进行监督检查。开展本届委员履职情况汇总和综合评价，根据履职排名情况形成《留任委员建议名单》，向市政协党组汇报。

政协全体会议及常务委员会会议

【政协第三届丽水市委员会第五次会议】 3月11—14日在丽水举行，应到委员342人，实到326人。会议审议通过政协第三届丽水市委员会常务委员会工作报告和关于提案工作情况的报告，听取并讨论政府工作报告及其他报告。委员围绕全市“十三五”发展规划、与全省同步高水平全面建成小康社会、“归零翻篇开新局”主题大讨论和找短板、补短板等重点问题，开展协商议政、建言献策。会议选举朱山华、邝平正、卢彩柳为政协第三届丽水市委员会副主席，5人为政协第三届丽水市委员会常务委员。

市委书记史济锡在闭幕会上讲话，肯定市政协2015年所取得成绩，并对新一年工作提出期望：谋求新定位、实现新作为，进一步把思想统一到省委、市委决策和要求上来，建言献策、服务大局；进一步打通联系群众“最后一纳米”，履职尽责、为民发声；进一步强化“一线”意识、保持“一线”状态，冲在前、干在先；进一步加强政协自身建设，增强民主协商的能力和水平。市委市政府领导出席大会，分别参加联组和小组讨论，与委员共商全市创新发展、协调发展、绿色发展、开放发展、共享发展大计。

市政协主席陈瑞商代表政协第三届丽水市委员会常务委员会，向大会报告常委会工作。报告从服务第一要务，紧扣中心，调研议政，助力科学发展；围绕决策部署，选准角度，跟进监督，助推工作落实；强化宗旨意识，聚焦热点，呼应需求，真情为民履职；适应形势要求，提升能力，增添活力，加强自身建设等4方面总结三届市政协2015年工作。报告提出，2016年是“十三五”规划开局之年，做好新一年政协工作责任重大。要坚持以“四个全面”战略布局为统领，以“五大发展理念”为引领，以省委“八八战略”为总纲，坚持“绿水青山就是金山银山”战略指导思想，落实“团结、担当、为民、创新、严实”五大工作要求，抓住“十三五”时期发展献计出力这条主线，以“归零”心态、“翻篇”姿态、“奋发”状态、看齐意识，找短板、补短板，履行政治协商、民主监督、参政议政职能，为全市加快推进绿色发展、生态富民、科学赶超，与全省同步高水平全面建成小康社会，建设美丽幸福新丽水做出贡献。

受政协第三届丽水市委员会常务委员会委托，市政协副主席齐育华作提案工作情况报告。市政协三届四次会议以来，政协委员、政协参加单位运用提案履行职能，以提案形式提出意见建议452件，经审查立案417件，其中，集体提案89件、委员个人提案328件。经主席会议审定，被列为重点提案28件。提案分别送交63个部门主办，67个部门会办，现已全部办复。所提建议被采纳203件，占48.68%；部分采纳或列入计划采纳199件，占47.72%；对因条件所限未能采纳或留作参考提案15件，承办单位作说明。提案围绕市委、市政府工作中心，重点突出、针对性和操作性强，办理后产生明显成效，为推进全市深化改革、经济发展、社会和谐、民生改善、法治建设发挥积极作用。

会议期间，政协委员和政协各参加单位履行职责，运用提案建言献策，收到以提案形式提出意见建议436件。

大会举行委员大会发言，10位委员作口头发言，22位委员作书面发言，13位委员作即席发言。加快全市PPP项目推进、实施“华发人才”战略、让汤显祖文化站得更高走得更远、借“乡土文化”治“青山白化”等发言，围绕全市经济、政治、文化、社会和生态文明建设，提出建设性意见建议，为全市坚定不移走“绿水青山就是金山银山”绿色生态发展之路，打造“两山”样板，争当“双区”示范，与全省同步高水平全面建成小康社会提供有益参考。市委书记史济锡批示22条。

会议期间，市领导与参加全会港澳华侨委员和港澳台侨委特邀委员座谈，听取大家对家乡建设意见建议，围绕归零翻篇开新局、精准发力补短板，集思广益共商绿色生态发展和建设美丽幸福新丽水的大计。参加会议的港澳华侨委员和港澳台侨委特邀委员视察全市重点侨资项目建设情况。

会议表彰市政协三届四次会议以来优秀提案24件，2015年度全市政协反映社情民意信息工作先进单位12个和先进个人14人。全市政协系统第四届摄影展于全会期间在市美术馆展出，摄影展以“美丽丽水”为主题，征集摄影作品1000余幅，评出组织奖4个、佳作奖24幅、优秀奖100幅。

【政协第三届丽水市委员会常务委员会第二十三次会议】 1月28日在丽水召开。会议决定政协第三届丽水市委员会第五次会议于3月11日在丽水召开。会议听取市政协三届五次会议筹备情况的说明，审议通过《关于召开政协第三届丽水市委员会第五次会议的决定》《政协第三届丽水市委员会第五次会议议程（草案）》和《政协第三届丽水市委员会第五次会议日程》；审议通过《提案工作条例》（修订稿）；还举行了丽水市政协智库专家聘任仪式。

【政协第三届丽水市委员会常务委员会第二十四次会议】 2月24日在丽水召开。会议听取政协第三届丽水市委员会常务委员会工作报告（审议稿）及提案工作情况报告（审议稿）起草说明；听取《丽水市“十三五”规划纲要（讨论稿）》《政府工作报告（讨论稿）》《中级人民法院工作报告（讨论稿）》《人民检察院工作报告（讨论稿）》起草说明；审议通过市政协常委会工作报告（审议稿）、提案工作情况报告（审议稿）及报告人名单、政协第三届丽水市委员会第五次会议秘书长、副秘书长名单；审议通过有关人事事项。

【政协第三届丽水市委员会常务委员会第二十五次会议】 3月13日在丽水召开。会议审议通过《关于同意吴炳全、庄志清辞去政协第三届丽水市委员会副主席职务的决定》等有关人事事项和《政协第三届丽水市委员会第五次会议总监票人、监票人建议名单》，审议《政协第三届丽水市委员会第五次会议选举办法（草案）》。

【政协第三届丽水市委员会常务委员会第二十六次会议】 3月14日在丽水召开。会议通过《政协第三届丽水市委员会第五次会议选举办法》（草案）和人事事项（草案），政协第三届丽水市委员会第五次会议总监票人、监票人名单（草案）；通过政协第三届丽水市委员会提案委员会关于市政协三届五次会议提案初审情况的报告（草案）；通过政协第三届丽水市委员会第五次会议决议（草案）。

【政协第三届丽水市委员会常务委员会第二十七次会议】 4月1日在丽水召开。会议传达全国政协十二届四次会议精神及总书记习近平在全国政协十二届四次会议民建、工商联界委员联组会上的重要讲话精神；审议通过《市政协三届五次会议提案审查立案情况的报告》；举行常委会议专题学习。

【政协第三届丽水市委员会常务委员会第二十八次会议】 8月1日在丽水召开。市委副书记、市长朱晨应邀到会通报全市上半年经济社会发展情况和下半年政府工作安排。会议听取市政府就市政协“健全政府依法决策机制情况”民主监督建议书办理情况的通报；听取市水利局关于市区内河改造情况通报；专题学习关于“营改增”工作的辅导报告；表彰市政协三届五次会议优秀大会发言；审议通过推进全市分级诊疗制度建设的建议案；审议通过有关人事事项。

【政协第三届丽水市委员会常务委员会第二十九次会议】 10月8日在丽水召开。会议听取市人民检察院关于惩防职务犯罪工作情况的通报；听取市司法局关于“六五”普法开展情况和“七五”普法规划主要内容的通报；对市经信委、市旅委的提案办理工作进行民主评议；审议通过有关人事事项。

【政协第三届丽水市委员会常务委员会第三十次会议】 12月23日在丽水召开。市委书记史济锡应邀出席并通报2016年市委、市政府开展重点工作及2017年工作思路。市政府通报《市政协关于推进我市分级诊疗制度建设建议案》办理情况，市委市政府通报市政协三届五次会议以来提案办理情况，市中级人民法院通报近两年来执行工作的情况。

调研活动和重要会议

【全市政协主席读书会】 9月6—7日在遂昌召开，会议以“加强调研能力建设”为主题，通过开展调研能力建设年活动，以“大家学、大家谈、大家写”形式搭平台、促培训、练本领，提高政协委员和政协干部履职能力和水平。会议组织调研考察赶街电子商务有限公司、遂昌育才中学、浙江凯恩特种材料股份有限公司、遂昌体育中心，实地访谈、听取汇报，了解遂昌社会经济发展和美丽城乡建设情况。市政协主席陈瑞商作加强调查研究提升政协履职能力的讲话。各县（市、区）政协主席交流探讨加强调研能力建设有关情况，部分市政协副主席和市政协专委会主任交流提升调研能力、提高建言水平体会和感悟。

【推进全市分级诊疗制度建设专题协商课题】 2016年，为适应新医改形势，合理配置医疗资源，更好满足群众就医需要，市政协将“推进全市分级诊疗制度建设”列为常委会议重点协商课题。4月，市政协组成调研组，开展全市分级诊疗制度建设试点情况调研，听取市卫生计生委相关情况介绍，赴松阳、龙泉、景宁、云和等试点县（市）的县级医院和8个乡镇（社区）卫生院了解情况，在市中心医院和市人民医院召开座谈会，征求意见；专程赴杭州市下城区、淳安县及厦门市相关部门及社区卫生服务机构考察学习；问卷调查150名群众和医务人员，了解他们对“分级诊疗制度实施情况”感受和意见，并形成报告。8月1日，市政协召开三届二十八次常委会议，举行“推进全市分级诊疗制度建设”协商讨论会，提出加强政府对医疗资源优化配置的主导作用；明确基层首诊概念；因地制宜，试点先行，稳步推进；建立健全“双下沉、两提升”长效机制；加快建设与分级诊疗相适应的信息化平台；及时出台与分级诊疗相配套的政策；建立分级诊疗督导和考核机制等7个方面22条意见建议，并形成建议案，提交市委、市政府决策参考。

【“十三五”生态工业实施情况民主监督】 2016年，市政协组成调研组，开展全市“十三五”生态工业实施情况民主监督。7月，走访市经信委、相关党派，沟通情况、交换意见，制定民主监督方案。9—10月，到丽水经济技术开发区、莲都、龙泉、庆元、缙云等地，走访企业、考察平台建设，召开座谈会7个。10月，召集9个县（市、区）政协分管主席、经济委主任，围绕平台建设、管理体制、产业选择、招商引资等开展专题研讨；11月18日，市政协三届六十一次主席会议进行专题议政协商，提出坚持理性发展、理顺管理体制、科学构建平台、强化招商选资、完善政策体系、推进转型升级等6个方面16条意见建议，并形成“十三五”生态工业实施情况民主监督建议书，提交市政府决策参考。

【侨台资企业服务情况专题协商课题】 2016年，市政协组成调研组，走访丽水经济技术开发区及莲都、青田、缙云、遂昌、松阳等地的40余家重点侨台资企业，到温州、义乌拜访部分在丽水有投资项目的侨领，从了解政府服务企业存在短板问题的角度出发，对我市侨台资企业发展情况进行调研，召开涉台涉侨工作座谈会。9月18日，市政协三届六十次主席会议对此课题进行专项视察，并专题协商侨台资企业发展，提出梳理归纳相关政策、建立侨台资企业指导员制度、深化行政审批电子化服务、组建涉台涉侨政策法律服务团4个方面意见建议，形成《关于进一步强化

主席会议专题议政“十三五”生态工业实施情况　　吴伟松　提供

侨台资企业服务工作的建议》，提交市委市政府决策参考。

【低收入农户精准扶贫专项集体民主监督】 2016年，市政协组织调研组开展全市"低收入农户精准扶贫工作"专项集体民主监督，赴部分县乡村，走访贫困户，分析低收入原因；到市外考察学习，开阔"精准扶贫"思路，经过梳理分析，调研组集中研讨，形成调研报告。9月18日，市政协三届六十次主席会议专门听取民主监督活动情况汇报，并提出加快建立低收入农户帮扶长效机制、探索建立共同富裕的利益联结机制、尝试建立健全精准扶贫的民主监督机制等意见建议，并形成《关于低收入农户精准扶贫工作的专项集体民主监督报告》，提交市委市政府决策参考。

【城区小区物业管理情况专题议政】 2016年，开展城区小区物业管理情况专题调研。城市小区物业管理是现代化城市管理的重要组成部分，是一项牵动千家万户、事关人民群众切身利益的民生工作。4月，市政协组成调研组，分别召开市建设局等5个部门负责人、街道和社区干部、业委会负责人和业主代表、物业服务企业负责人座谈会和市、区政协委员约谈会，广泛听取各方面的利益诉求和意见建议，实地考察城区（莲都区、开发区）3个封闭式和3个开放式住宅小区，赴宁波市及鄞州区学习经验做法。5月30日，市政协三届五十七次主席会议开展"城区小区物业管理情况"专题议政，对小区物业管理存在的部门职能落地不到位、物业企业服务不到位、业主自治管理不到位和前期物业监管不到位等问题，提出强化协调机制、加强主体责任、加强市场监管、加强宣传引导等方面14条意见建议，形成《"城区小区物业管理情况"调研报告》，提交市委、市政府决策参考。

【"五水共治"长效机制建设情况专题议政】 2016年，是全省政协持续开展"五水共治"民主监督的第三年，丽水市县两级政协成立99个监督组，955名委员聚焦农村生活污水处理设施运行维护问题、城镇污水处理基础薄弱问题和河道保洁问题，开展"查河道、访河长、找短板"活动，查访江河看水质、查问题，赴乡村看管网、查运营。8月29日，市政协召开三届五十九次主席会议，市治水办、市农办、市建设局、市水利局、市农业局负责人汇报"五水共治"工作和相关提案的办理答复情况，集体提案代表和提案委员对提案办理提出协商意见，围绕落实和完善"五水共治"长效机制发表意见和建议；开展完善和落实"五水共治"长效机制建设情况专题协商，并结合"治水"提案开展提案集中办理协商。

主席会议专题视察完善和落实"五水共治"长效机制建设情况　　吴伟松　提供

【市本级国资营运公司市场化改革专题议政】 2016年，根据市委要求，7月初，市政协成立调研组，开展丽水市国资营运公司市场化改革工作调研，调研组围绕现有国资营运公司怎么整合、转型之路怎么走、改革后怎么监管等三大问题，先后走访市本级国资委、城投公司、旅投公司、农投公司等单位，实地考察温州国有企业改革工作，召开委员约谈会，征求相关部门意见，并向省国资委、省发展规划研究院、嘉兴市国资委等方面进行专项咨询，形成调研报告，提交市委、市政府决策参考。

【提案办理工作民主评议】 2016年，市政协组织提案办理工作民主评议组，到市经信委、市旅委两个被评议单位，听取工作汇报，座谈了解，查阅提案办理工作相关资料，了解市经信委、市旅委的政协提案办理工作情况，民主评议小组综合分析，提出评议意见。10月8日，市政协召开三届二十九次常委会议，对市经信委、市旅委的提案办理工作进行民主评议。

【瓯江生态旅游景区建设及AAAAA创建工作界别委员联合视察】 8月，市政协组织在丽省政协委员和妇联、工商联、教育界、无党派、宗教界的委员联合视察瓯江生态旅游景区建设及AAAAA创建工作。视察组视察古堰画乡、九龙湿地，并召开座谈会，市瓯江景区管委会通报创建工作情况，与会委员提出意见建议。市政府副秘书长，莲都区政府、市旅委、市发改委、市交通局、市财政局的有关领导参加会议。副主席沈根花牵头组织此课题，课题组多次开展调研，并赴千岛湖学习考察，形成调研报告，提出精准目标定位，理清思路；理顺体制机制，明确责任；注重规划引领，协调推进；升级旅游业态，提高效益；多方筹措资金，强化保障；规范景区管理，提升品质；加强协调督查，形成合力等7个方面16条意见建议，提供市委、市政府决策参考。

【市政协委员视察全国文明城市创建工作】 11月23日，市政协组织部分政协委员视察全国文明城市创建工作。市政协主席陈瑞商等领导参加视察和座谈。委员们先后察看灯塔小区老小区和城中村改造、粮油批发市场管理与市容整治以及府前菜场周边秩序整治情况，并听取市创建办有关创建工作情况介绍。会议认为丽水市通过文明创建工作，在环境卫生、市容市貌、文明程度上有了明显变化和提升，针对城中村治理、消防通道被占用、餐饮油烟扰民、垃圾分类不到位等现象，委员们提出意见建议。

【委员培训】 2016年，举办三届市政协第九期委员培训班，培训政协委员和机关干部50人，培训对象为优秀委员、履职业绩名列前茅的委员以及委员活动小组组长、副组长和联络员，提高委员和机关干部的履职能力。

县(市、区)政协工作

【县(市、区)政协全体会议】 2月17日，政协第八届云和县委员会第五次会议召开。应到委员141人，实到委员136人；提交提案建议108件，立案93件；大会发言8人，书面交流9篇。补选八届县政协副主席1人、常务委员2人。

2月29日，政协第八届龙泉市委员会第五次会议召开。应到委员185人，实到委员171人；提交提案建议101件，立案92件，作并案处理后为84件；大会发言8人。

3月1日，政协第八届遂昌县委员会第五次会议召开。应到委员172人，实到委员166人；提交提案建议144件，立案121件；大会发言15人，其中即席发言6人。补选八届县政协主席1人、常务委员4人。

3月5日，政协第八届庆元县委员会第五次会议召开。应到委员167人，实到委员161人；提交提案建议136件，立案127件；大会发言12人。

3月6日，政协第八届松阳县委员会第五次会议召开。应到委员175人，实到委员169人；提交提案建议189件，立案149件，并案后交办90件；大会发言27篇，其中口头发言12人。

3月21日，政协第十四届丽水市莲都区委员会第五次会议召开。应到委员201人，实到委员191人；提交提案建议217件，立案148件；大会发言32人。

3月22日，政协第九届青田县委员会第五次会议召开。应到委员228人，实到211人；提交提案167件，大会发言21人；补选九届县政协主席1人、常务委员2人。

3月26日，政协第八届景宁畲族自治县委员会第五次会议召开。应到委员165人，实到委员164人；提交提案建议85件，立案83件；大会发言15人。补选八届县政协主席1人、常务委员2人。

4月18日，政协第八届缙云县委员会第五次会议召开。应到委员208人，实到委员198人；提交提案建议214件，立案211件，转来信3件；大会发言14人，其中即席发言5人。补选八届县政协常务委员2人。

【县(市、区)政协常委会工作】 莲都区政协常委会组成人员36人，召开常委会议5次、主席会议7次、专题协商会议1次，组织调研视察和评议活动11次，向区委、区政府报送政协建议8件。

龙泉市政协常委会组成人员30人，召开常委会议5次、主席会议6次、联络组组长会议2次、专题协商会议4次，开展调研视察20余次，向省政协报送专题调研报告1件，向龙泉市委、市政府报送常委会建议案1件、专题报告2件。

青田县政协常委会组成人员42人，召开常委会议9次、主席会议10次、专题协商会议3次，组织视察活动8次、民主评议活动2次，向县委、县政府报送建议案和《政协建议》3件。

云和县政协常委会组成人员26人，召开常委会议5次、主席会议8次、专题协商会议2次，组织各类视察和评议活动10次，向县委县政府报送专题报告12件。

庆元县政协常委会组成人员29人，召开常委会议6次、主席会议13次、专题协商会议12次，组织各类视察和评议活动13次，向县委县政府报送建议1件、专题报告7件。

缙云县政协常委会组成人员36人。召开常委会议7次、主席会议12次、专题协商会议7次，组织视察7次，向县委、县政府报送调研报告6件。

遂昌县政协常委会组成人员32人，召开常委会会议9次、主席会议4次、专题协商会议13次，组织各类视察和评议活动22次，向县委县政府报送建议案1件、专题报告10件。

松阳县政协常委会组成人员26人，召开常委会会议5次、主席会议

11次、专题协商会议5次，组织视察和评议活动8次，向县委、县政府报送建议案2件、专题报告5件。

景宁畲族自治县政协常委会组成人员25人，召开常委会议7次、主席会议9次、专题协商会1次，组织视察9次、评议活动2次，向县委县政府报送建议案1件、专题报告9件。

【各地政协特色工作】 2016年，莲都区政协开展"五水共治"专项集体民主监督，助推全区治水显成效。组织委员专题培训320余人次。以3个大组11个小组和若干小小组，发动委员走村入户，跋山涉水，走访养殖场(户)106家，查看河道120余千米，回访污水处理设施建成村180个，查找反映点位问题59个，跟踪往年点位问题989个，形成民主监督报告3个，为促进"五水共治"长效机制建设献计出力。典型经验在全省政协系统专项集体民主监督工作推进会上作介绍交流。

龙泉市政协开展八届政协建议案办理跟踪问效"回头看"活动。政协主席会议成员分别带队，组织部分政协常委和委员，就八届龙泉市政协常委会提交的涉及公共文化、医疗卫生、农村公路管养等事关群众切身利益的4件建议案落实情况开展跟踪问效"回头看"，对建议案所提意见建议的转化落实情况进行全面了解，并在政协常委会议上向市政府通报"回头看"有关情况，对存在问题进行分析并提出建议对策，实现政协履职成果转化和推动部门工作"双赢"。

青田县政协进一步高度重视反映社情民意信息工作，在制度规范、队伍强化、能力提升上狠下功夫，积极推动相关工作。2016年，青田政协获全市政协系统反映社情民意信息工作先进单位一等奖。全年县政协累计编发上报政协《社情民意》70期共70篇，其中报送县委、县政府领导10期，《关于在侨乡进口商品城尝试举办洋庙会——圣诞市场的建议》等2篇获县长批示；《分类解决赴台人员祖居遗留问题》《中小学校饮料自动售货机成健康"杀手"建议堵疏结合引导学生健康饮水》等35篇信息分别被省、市政协采用。

云和县政协积极拓宽文史研究领域，文史委与档案部门合作完成畲语、云和方言和汀州方言的音像建档工作，编辑出版《箬水乡音》一书，分别将3种语言从声韵调、词汇、短句、短文等4个方面用国际音标进行注释，让方言更具通读性。该书的面世，拓宽政协文史研究领域的探索，是云和本地方言的一种保护和传承。

庆元县政协围绕打造"中国避暑胜地"和建设"寻梦菇乡、养生庆元"发展战略目标，组织开展城市特色营造重点课题调研，形成调研报告和建议案。从特色定位、营造原则、营造策略、营造途径、保障措施等方面，对庆元城市建设如何营造特色、形成"庆元味道"进行研究探讨，提出21条建议，为循序渐进营造个性鲜明的庆元城市形象提供决策依据。

缙云县政协围绕如何推进协商成果落地开展探索。重点围绕五水共治、农家乐民宿产业发展、分级诊疗制度改革等课题开展协商，并将全会期间委员们提出的意见建议进行归纳整理，报送《协商纪要》5期、《民主监督建议书》1期，推动县政府办公室按照缙云县委〔2014〕45号文件要求，对协商意见建议落实情况进行书面回复。县政协在收到回复后组织力量，对回复内容开展民主监督"回头看"活动，确保协商成果落到实处。

遂昌县政协根据县政府主要领导点题和年度重点工作安排，围绕创建"基本无违建县"和国家级卫生县城重点工作，每月开展一次民主监督活动，主席会议成员带领政协委员组成督查组，重点就城区和农村治污、"基本无违建县"创建责任落实情况、市容市貌整治、六小行业规范等重点，随机赴城区、乡镇、街道点位明察暗访，就查找的问题提出意见建议，并集中与有关职能部门协商。通过民主监督常态化，助推有关工作改进和长效机制建设。

松阳县政协完善县委领导领办重点提案制度，追踪重点提案办理显实效。县委书记领办的重点提案《关于把我县打造成"山居民宿胜地"的建议》得到有效办理，县委、县政府成立民宿推进工作领导小组，明确构建"一带一路、一心五区"民宿发展格局，每年整合资金用于民宿发展和公共基础设施配套建设。全年民宿累计接待游客129.42万人次，实现营业总收入7693.04万元。县委副书记、代县长领办重点提案《关于进一步营造氛围 促进工业发展的建议》，经过多次沟通协商，县政府梳理"扶工氛围、产业定位、强工政策、招商引资、转型升级"等5个方面的短板，并召开多部门参加面商会，促成提案的许多建议变成政府的实际行动。

景宁县政协根据外出创业创新人士多、比例较大的特点，开展团结联谊，开展服务景商创业创新重点课题调研，召开论坛，为景宁"三小"(小水电、小超市、小宾馆)经济在品牌推广、人才培训、贷款融资等方面出谋划策，协调解决法律服务和留守人员的就医、就学问题。组织相关单位与上级对口省组单位联系沟通，配合2016年省政协"送科技下乡"活动，活动安排科技专家100多人赴景宁现场指导，确定支持项目50余项，涉及金额3亿余元。 (吴伟松)

中共丽水市纪委(市监察局)

综　　述

【概况】 2016年，全市各级纪检监察机关在全面从严治党中找准职责定位，始终把政治纪律和政治规矩放在首位，共有5名领导干部因违反政治纪律和政治规矩问题、14人违反换届纪律问题被查处。牢牢抓住全面从严治党的主体责任，全市9个县(市、区)、173个乡(镇、街道)党委全面汇报落实主体责任情况，并接受面对面评议，推动形成一级抓一级、层层抓落实工作格局。持续保持高压态势，常态化开展正风肃纪，全市共组织开展正风肃纪活动178次。实践运用“四种形态”，狠抓巡视整改，政治巡察，执纪审查工作不断改进，全年立案1108件，同比增长7.16%。深化纪检体制改革，制定纪检监察干部问题线索处置管理办法，全市共受理纪检监察干部的问题线索35件，办结31件，促进纪检监察干部队伍建设。

【中共丽水市纪委三届五次全会】 1月29日，中国共产党丽水市第三届纪律检查委员会第五次全体会议在丽水举行，市纪委常委会主持会议。会议传达学习中纪委、省纪委全会精神，回顾总结丽水市2015年党风廉政建设和反腐败工作，部署2016年任务。全会审议通过方向代表市纪委常委会所作《全面从严治党 忠诚履行职责 坚定不移推进党风廉政建设和反腐败斗争》工作报告。市委书记王永康出席会议并讲话。市委常委，市人大、市政府、市政协领导班子成员，有关单位负责人在市主会场参加会议；各县(市、区)党委，人大、政府、政协领导班子成员，法院院长、检察院检察长，纪委监察局领导班子成员；所属乡镇(街道)党政主要负责人、纪(工)委书记在各分会场参加视频会议。

【落实“两个责任”】 2016年，市纪委明确责任要求，厘清责任清单，协助市委将主体责任分解到市委、市政府每个班子成员；督促各级党委(党组)主要领导带头履责，以上率下，推动形成层层抓落实工作格局。加强考核检查，市委领导带队开展年度落实主体责任情况专项检查，并在检查中探索专项抽查办法，全市有360人接受史上最严的“廉政大考”。深化党委(党组)履行主体责任报告工作，县、乡两级党委全部向市、县纪委常委会面对面汇报履行主体责任情况，并接受评议。严格责任追究，全面实行“一案双查”(既追究直接责任，又严肃追究领导责任)，全市责任追究44人次，其中因主体责任落实不力受到追究37人、监督责任落实不力受到追究7人。

【落实中央“八项规定”精神】 2016年，市纪委把正风肃纪作为一项基础性工作来抓，综合运用交叉检查、集中督查、专题检查、信访核查等方式，紧盯重要节点开展常态化监督检查，查处违反中央“八项规定”精神问题70起，处理106人，其中党政纪处分77人。加大通报曝光力度，对2016年1月1日以后违反中央“八项规定”精神受到党纪政纪处分人员，不管级别高低，一律点名道姓通报曝光，共通报曝光典型问题61起，涉及党员干部86人。协调抓好电视问政工作，全年围绕“生态工业”“工程质量”“五水共治”等重点任务中存在的不作为、慢作为等问题组织11期电视问政节目。组织观看廉洁动漫片《郑义门》、征集“丽水好家风”档案资料等活动，引导党员干部廉洁修身、廉洁齐家。

【执纪审查】 2016年，市纪委坚持纪严于法、纪在法前、纪法分开，综合运用诫勉谈话、组织处理、纪律处分等方式，抓早抓小，动辄则咎，全市各级纪检监察机关受理接受信访举报3413件，处置反映问题线索1229件；给予纪律轻处分681人、纪律重处分415人，其中县处级16人、乡科级90人，严重违纪涉嫌违法移送司法机关10人。充分发挥各级党委反腐败协调小组作用，进一步健全工作机制，加强协作配合。注重纪法衔接，做好涉嫌违法犯罪党员"先处后移"工作。完善追逃工作机制，中央追逃办挂牌督办涉及丽水外逃党员和国家工作人员7人，追回6人。贯彻落实省委《关于开展市、县(市、区)党委巡察工作的意见》，准确把握巡察政治定位，探索对市直部门开展"交叉巡察"和"对口巡察"，市本级安排3轮共12家单位开展巡察，发现党员干部违纪问题线索67条。

【省委巡视问题整改】 2016年，市纪委坚持把省委巡视反馈意见整改作为一项重要政治纪律来抓，针对省委巡视组向市本级和各县(市、区)巡视反馈的问题，组织开展深化巡视整改任务落实专项行动，确保整改工作不留盲区、不留死角。省委巡视组向市本级和各县(市、区)交办1714件涉纪信访全部办结，全市共处理党员干部891人，其中党政纪处分174人，移送司法机关28人，挽回经济损失6694万元。配合省委巡视组做好对丽水学院巡视和缙云巡视"回头看"工作。

【农村基层作风巡查】 5月，市纪委以"全面覆盖、聚焦问题、形成震慑"为目标，积极推动全面从严治党向农村基层延伸，全面启动农村基层作风巡查工作。市级层面建立巡查重点对象清单、巡查问题清单、重点督办案件清单"三张清单"，加强对各地巡查工作督促指导和动态监管，发现、查纠发生在群众身边不正之风和腐败问题。全年完成巡查行政村210个，收到群众反映问题4984条，梳理发现问题线索2005个，共立案78起，给予党政纪处分57人。

【纪检体制改革】 2016年，市纪委严格执行关于"各级纪委书记、副书记提名考察以上级纪委会同组织部门为主"和"查办腐败案件以上级纪委领导为主，线索处置和案件查办在向同级党委报告的同时必须向上级纪委报告"等"两个为主"规定要求，全面落实《县(市、区)纪委书记、副书记提名考察办法(试行)》《市纪委派驻纪检组组长提名考察办法(试行)》精神。2016年换届共考察新提名县级纪委副书记3人，新提名乡镇纪委书记109人，副书记69人。提名考察41名市纪委派驻纪检组组长和副处级副组长。全市建立健全问题线索排查处置情况上报一级、使用办案措施审批下管一级、县级纪委纪律审查由市纪委集中监管等机制制度，明确线索处置和案件查办在向同级党委主要负责人报告同时，必须向上级纪委报告；下级纪委对本级查办案件在向同级党委报批立案同时向上级纪委报告。

【"双学双争"主题活动】 2016年，市纪委结合"两学一做"主题学习教育和"归零翻篇开新局"大讨论活动，在全市纪检监察系统部署开展"双学双争"(在"学党章、守纪律、讲规矩"和"学思践悟"基础上，组织开展"争做忠诚干净的表率、争做担当干事的表率"活动)主题活动，开展党性锤炼、学习研讨、技能比武、立规严纪、攻坚克难、考评激励等方面活动，全力塑造忠诚干净的政治品格，全面锻造担当干事的亮剑精神。加强教育管理，层层部署收看《打铁还需自身硬》等电视专题片，增强做好党风廉政建设和反腐败工作的责任感和使命感。制定纪检监察干部管理教育有关规定，严格执行工作报告和外出请假报告制度。

【第二届中国(丽水)廉政文化摄影大展】 2016年，由中共丽水市纪委、中共丽水市委宣传部、丽水市文联联合主办第二届中国(丽水)廉政文化摄影大展在丽水举行。共收到来自全国各地589名摄影爱好者和纪检监察干部摄影作品5451幅，评出社会摄影组和纪检干部组两个组别一等奖2幅、二等奖3幅、三等奖12幅、入选作品103幅。制作《2016第二届中国(丽水)廉政文化摄影大展作品集》，并在中新网、《浙江日报》新闻客户端、反腐败导刊、《丽水日报》等媒体和省纪委、中纪委网站推荐优秀作品，创建独具丽水特色廉政文化品牌。 (王进伟)

2月14日，全市纪检监察系统"双学双争"主题活动部署会 王进伟 提供

民主党派与工商联

综　　述

【概况】 2016年，丽水市有民革、民盟、民建、民进、农工党、九三学社等6个民主党派市级委员会，致公党丽水市总支部1个，下属7个县级委员会，3个基层委员会，3个基层总支，115个基层支部。全市有民主党派成员2324人。其中，民革349人、民盟634人、民建297人、民进506人、农工党265人、致公党35人、九三学社238人。成员分布在高等教育、科技卫生、文化艺术、公有制经济、新的社会阶层等领域，其中，女性996人，占42.9%；离退休538人，占23.1%；平均年龄49.1岁。大学本科以上文化程度的1720人，占74.01%。其中，硕士、博士190人，占总数8.18%；中高级以上技术职称1870人，占80.5%。

【协助市级各民主党派做好换届工作】 2016年，全市6个民主党派市委会领导班子和1个致公党丽水支部进行换届。致公党成立丽水市总支部，下辖三个支部。整个换届工作从6月启动到10月结束。8月4日，召开各民主党派、工商联负责人暑期读书会，学习《各民主党派省委会关于做好2016年市级组织换届工作座谈会纪要》通知、《中共浙江省委统战部关于市、县（市、区）工商联（商会）换届工作的意见》等文件精神，各民主党派市委会班子成员，致公党丽水支部负责人，市工商联负责人，9个县（市、区）统战部长、工商联党组书记等100余人参加会议。制定《关于协助各民主党派市级组织做好2016年换届工作的方案》。换届工作期间，市委统战部立足协调沟通，做好人事方案，严格把关开展考察工作，对各民主党派市委会委员候选人，主委、副主委候选人进行全面考察，对其中4名非公经济代表人士开展综合评价工作。通过换届，产生丽水市6个民主党派市委会新一届主委、副主委26名，其中当选副主委8名；致公党丽水市总支部选举产生主委1名、副主委3名。新一届各民主党派市委会领导班子在年龄结构、知识层次、领域代表性等方面有较大改善，整体素质普遍提高，委员中45岁以下30人，比上届增加11人，占总数38.6%，比上一届提高13个百分点；大学以上文化程度80人，占总数98.8%，比上一届提高8个百分点。

【民主党派参政议政和社会服务】 2016年，推进落实中央《关于加强社会主义协商民主建设的意见》和省委《实施办法》，协助市委制定出台《关于加强社会主义协商民主建设的实施意见》，明确和规范协商步骤和程

党外知识分子开展“三送服务下基层”活动　　　　吴云龙　提供

序。首次协助市委制定2016年度丽水市政党协商计划，进一步明确和规范政党协商步骤和程序。围绕实施“十三五”发展规划、推进创新驱动发展、推进政府职能转变、加快创意产业发展等问题建言献策，进一步搭建参政议政有效平台，畅通知情明政渠道，组织召开听取“十三五”规划纲要、《中共丽水市委关于补短板 增后劲推动“绿色发展、科学赶超、生态惠民”的若干意见》《政府工作报告》等意见座谈会，举办市中级人民法院、人民检察院廉政建设和相关重大问题情况通报会、《丽水市城市市容和环境卫生管理条例(草案)》立法协商座谈，累计150余人次参加座谈。进一步拓宽民主党派人士知情明政、民主监督的渠道，组织民主党派成员参加每月一次现场电视问政，参加人数累计200余人。组织市级各民主党派、无党派人士36人到青田县章村乡开展“新春送温暖”活动，受益群众200余人。

【协助做好民主党派自身建设】 2016年，协助指导各民主党派做好新成员发展工作，全年全市发展民主党派新成员126人，发展率5.6%。加强民主党派基层组织建设工作，年内民进景宁县支部、民盟庆元县支部、民建缙云县支部、农工党龙泉市支部先后成立，9个县(市、区)全部建立民主党派组织。5月9—10日，市委统战部在丽水学院举办民主党派新成员培训班，来自市直及9个县(市、区)各民主党派138名新成员参加培训，市委统战部常务副部长周正春和市委组织部副部长、两新工委书记陈立新，九三学社市委会副主委、市中医院院长、全国政协委员雷后兴分别作专题讲座。通过培训，学员们对统一战线基本理论政策和民主党派知识等内容有了更深的认识。

【党外干部队伍建设】 2016年，市委统战部以县、乡领导班子换届为契机，采取多种措施，加强党外干部教育培养和推荐使用工作。4月，由市委统战部常务副部长带队到9个县(市、区)开展党外干部和民主党派建设情况调研，进一步全面掌握全市党外干部基本情况和思想动态；整理汇编包括162名党外干部和62名党外代表人士名册。通过组织部、统战部联席会议形式，通报党外干部成长和思想动态，举荐党外干部，一批党外干部脱颖而出，在县(市、区)换届中，提拔担任副处级领导岗位干部17人。

(陶敏通)

民革丽水市委会

【概况】 2016年，中国国民党革命委员会丽水市委员会(以下简称“民革市委会”)下辖民革莲都区委员会、民革青田县委员会，市直支部7个、县(区)基层支部7个、松阳县支部1个，有党员349人，平均年龄49岁，其中：女性155人，占44%；离退休人员63人，占18%；具有大学以上学历211人，占60%。

民革市委会举办“专委会规范化建设年”活动，开展履职比成效、活动比创意、建设比规范活动。发挥丽水民革特色优势，加强社团党内文化建设，成立丽舸芝麓书社，举办6期书法篆刻名人讲座和2期书法篆刻培训班，450余人参加培训；开展丽舸淑苑、丽舸光影“悦读•摄影”活动；组织《丽舸文苑》作者到上海开展“红色追梦•不忘初心”活动，拜谒宋庆龄陵园、瞻仰上海淞沪抗战纪念馆，接受爱国主义教育。青田县委会获民革全国机关工作先进集体，胡兵获民革全国机关工作先进个人。

民革市委会在市政协三届五次会议上，提交大会发言5篇、团体提案13件、市政协委员提交个人提案17件。《创意农业催生田园美丽经济》《民宿是用心建造的“我的家”》《村级印章管理》3篇大会发言被评为优秀大会发言；《以农旅融合推进我市生态旅游全域化》《在民宿发展中政府应当助力乡愁建设的建议》《加大基层中医药事业“供给侧”改革助推“升级版”健康丽水建设》《关于我市特色小镇建设的几点建议》《乡村文化要成为乡村旅游之魂》提案被确定为重点提案，分别由市委书记史济锡，市委常委、宣传部长陈建波，副市长戚永远，市政协副主席沈根花、何赤峰领办。报送社情民意信息95篇，获各级录用84篇次，获省领导批示1篇，获市领导批示1篇。市委会获2015年度民革全省反映社情民意信息工作先进集体一等奖、市政协反映社情民意信息工作先进单位特等奖。汪智影获全省民革反映社情民意优秀信息员一等奖，胡兵、华俊林获三等奖，叶华伟获优秀信息工作者；阙沛军、叶华伟获2015年度市政协反映社情民意信息工作先进个人。

市委会组织党员教师、医生开展“双百”活动，牵线民革杭州市委会帮扶老竹民族学校，捐赠10万元帮助学校引进“浙江省青少年车辆模型锦标赛普及级车模”竞技项目；走访结对龙泉市竹垟乡良溪村，走访慰问贫困村民，为贫困儿童和生病村民赠送奶粉90罐；组织女党员走访丽水市万地爱心儿童福利院，捐赠奶粉120罐。法律工作站入驻市中院诉讼服务中心，每周三定期为群众无偿提供诉讼咨询和其他法律服务，接受群众咨询200余人次。遂昌县苏村发生山体滑坡灾害，民革党员向灾区捐献善款

3万余元。

市委会和民革青田县委会城中支部、城西支部分别组织党员到南京开展纪念孙中山诞辰150周年活动，拜谒中山陵，开展政治教育。接待台湾两岸姐妹交流互助协会到丽水参观访问。市直文教支部、祖统联谊专委会共同举行"月圆中秋"走进互联网活动，市台办、市台联会、莲都区台办等领导参加活动。副主委胡兵带团赴台湾参访，考察台湾特色产业发展，开展文化交流。市委会获"全国民革祖统联谊先进集体"。阙沛军获全国民革祖统联谊先进个人。

【召开民革丽水市第四次代表大会】 9月29—30日，中国国民党革命委员会丽水市第四次代表大会在丽水召开。中共丽水市委常委、统战部长廖思红，民革浙江省委会副主委俞建民，市政协副主席沈根花等领导出席大会；各民主党派、工商联、有关单位和部门、莲都区、青田县、松阳县委统战部及其他市委会领导应邀参加会议。74名代表参加大会，69名党员列席大会。大会组织学习习近平在庆祝中国共产党成立95周年大会上的讲话，审议《民革丽水市第三届委员会工作报告》，通过《关于授权民革丽水市第四届委员会届中补选委员的决定》和大会决议，选举（以姓氏笔画为序）叶华伟、朱国强、华俊林、刘新青、李欣、吴增元、胡兵、施强、郭明月、戚永远、商振球、傅旭蓉、虞海雄为民革丽水市第四届委员会委员。戚永远当选主任委员，胡兵、刘新青、虞海雄当选为副主任委员，叶华伟为秘书长。

9月29—30日，召开民革丽水市第四次代表大会　　叶华伟　提供

【举行纪念孙中山诞辰150周年演讲比赛】 6月26日，民革市委会举行纪念孙中山诞辰150周年演讲比赛。副市长、市委会主委戚永远，统战部常务副部长周正春，民革中央挂职干部毕磊、张晓及市台办、市民政局、市公安局、市农业局等有关对口联系单位领导参加活动。评委根据演讲内容、语言表达、形象风度、综合印象四个方面进行打分，市直综合一支部徐欢获一等奖，莲都一支部吴飞燕、青田城中支部舒勤芬获二等奖，莲都三支部叶旭瑶、青田城西支部兰胜伟、青田城东支部姚苏苏获三等奖。

【民革十二届中央"三农"委员会第五次全体会议在丽水召开】 12月24—25日，民革十二届中央"三农"委员会第五次全体会议在丽水召开。全国政协副主席、民革中央常务副主席齐续春出席会议并作讲话，全国政协副秘书长、民革中央副主席、四川省委会主委刘家强总结2016年度中央"三农"委员会工作。省政协副主席、民革浙江省委会主委吴晶出席会议并致辞。民革浙江省委会副主委计时华、俞建民，丽水市委常委、统战部长廖思红，副市长、民革市委会主委戚永远等参加会议。期间，参会人员考察缙云县新建镇河阳村、笕川村，莲都区中药材精品园、百兴菇业和古堰画乡，并在缙云县新建镇笕川村召开现场会，与村民和涉农企业代表交流。

【《关于以农旅融合推进我市生态旅游全域化的建议》提案获市委书记史济锡领办】 2016年，在市政协三届五次会议上，市委会提交《关于以农旅融合推进我市生态旅游全域化的建议》提案，被市政协确定为重点提案，获市委史济锡书记领办，市旅委主办，市农办、农业局会办。市委书记史济锡对提案办理工作做出"高标准、高质量"批示，对农业旅游金融等农旅融合工作进行专题研究，提出具体明确要求，开展"一月一报"督查。该提案办理促成市政府和相关部门制定出台《丽水市加快推进农产品转化为旅游地商品三年行动计划》《丽水特色旅游商品购物点营销方案》《关于建立美丽田园整治建设专项组及相关考核机制的函》等文件。

【成立民革丽水市委会监督委员会】 12月13日，民革丽水市委会成立监督委员会，李欣任主任，王奕、陈忠华任副主任。制定《民革丽水市委会内部监督工作办法(试行)》,明确监督委员职责:开展党内监督工作,研究提出党内监督有关意见;对各级组织领导机构及其领导班子成员进行监督;受理涉及领导班子成员和党员违反本党章程等问题来信来访、署本人真实姓名来信,提出处理意见和建议;对党内监督工作的重要事项和重大问题与有关部门进行沟通和协商。 (叶华伟)

民盟丽水市委会

【概况】 2016年,民盟丽水市委员会(以下简称“民盟市委会”)下辖莲都区委员会(下设3个支部)、龙泉市基层委员会(下设5个支部)、云和县基层委员会(下设4个支部)、松阳县基层委员会(下设7个支部)、丽水学院总支委员会(下设3个支部)和市直丽职院支部、丽中支部、职高支部、科技支部、城建支部、经济支部、医卫支部、丽水二中支部、庆元支部等10个支部。全市有盟员634人,平均年龄51岁,其中女盟员259人;在职盟员506人,占79.8%;大学以上文化程度504人,占79.49%;中、高级职称541人,占85.3%。举办第三期坚持和发展中国特色社会主义学习实践宣讲活动,邀请民盟省委会学习实践活动宣讲团成员和党校副校长胡飞讲解习近平的系列重要讲话,全市盟员参加培训。组织盟员参加“全省民盟盟员著作签名本专藏”捐书活动。举办2016年新盟员培训会,市委会领导作盟史讲座;开展“丽水民盟印迹”征文活动,收到征文30余篇。民盟龙泉市基层委员会被民盟中央授予“坚持和发展中国特色社会主义学习实践活动先进集体”。民盟市委会在市政协三届五次会议上,提交团体提案13件、大会发言3篇、即席发言2个,盟员市政协委员提交个人提案44件。6件提案被列为市领导领办重点提案。其中,团体提案《关于我市建筑业转型升级的几点建议》《关于常态化推进“六边三化三美”的几点建议》分别被副市长陈景飞、市政协副主席金爱武领办和督办。郑爱芬提案《关于加强我市农村专业合作经济组织建设的建议》被市委副书记尹学群领办;孙亚提案《关于加强“中国围棋之乡”建设的建议》被市委常委、莲都区委书记葛学斌领办,4件提案被市政协评为优秀提案。团体提案《我市特色小镇建设应‘保护本色,突出特色’》被市政协副主席沈根花领办,郑志龙提案《关于解决我市高层次引进人才住房问题的建议》被市委常委、组织部长胡侠领办。吴积雷作口头发言《补链强链 促进我市九大产业迈向中高端》和孙亚即席发言《做好名人柯洁的文章》被评为优秀大会发言。民盟市委会社情民意信息被全国政协录用2篇、民盟中央录用8篇、省政协录用1篇、省委统战部录用2篇、民盟省委会录用91篇、市政协录用24篇。其中,汤家友撰写《地方制造2025抢跑须警惕新一轮产能过剩》、李青羽撰写《低保中把子女收入计入家庭总收入的方法应更科学》被全国政协综合采用。吴积雷撰写《关于异地搬迁扶贫的几点建议》获民盟中央第七届民生论坛优秀论文。汤家友、李青羽被评为民盟中央参政议政先进个人,汤家友被民盟省委会授予“参政议政工作突出贡献奖”。叶立新被环境保护部等部委授予“全国自然保护区先进个人”;梅红玲被省政府授予“2016年中青年突出贡献专家”称号;陈洪大获第九届全浙书法展金奖;徐咏平被聘为《浙江通志》美术卷篆刻主笔,研究课题获省社科规划课题,书法作品被浙江美术馆收藏;蒋慧珍书法作品在省级大赛获奖;江战云入选浙江省新峰计划学员;张笑俏被省妇联授予“浙江省‘巾帼建功’标兵”;孙小梅在全省第二届女子体育节踢毽子比赛获一等奖。编印《丽水民盟印迹》《议政建言(三)》两本书。先后修改制定《关于基层组织(总支、支部)换届工作的实施意见》《民盟丽水市委会工作职责和领导职责》《民盟丽水市第四届委员会委员工作分工》《民盟丽水市委会有关会议的若干规定》《民盟丽水市委会组织发展程序》等规定,规范各项工作程序。2016年,各基层支部开展文明城市创建、文化下乡等各种活动。

【加强专委会建设】 2016年,民盟市委会重新组建教育、文化、经济、医卫、农业农村、社会与法制等6个专委会。12月,召开2016年参政议政工作会议暨专委会成立大会,民盟市委会委员、专委会全体组成人员90余人参加会议。会上市发改委主任通报丽水市经济社会发展情况,盟员李青羽作参政议政工作经验讲座;会议通过《民盟丽水市第四届参政议政专委会工作通则》《民盟丽水市第四届参政议政专委会年度测评办法》《民盟丽水市委会参政议政成果奖励办法》,确定2017年专委会调研课题和工作计划。

【民盟丽水市第四次代表大会在丽水召开】 9月27—28日,民盟丽水市第四次代表大会在丽水召开,全市民盟基层组织代表和嘉宾180余人参加会议。会议听取民盟市委会第三届的工作报告,选举产生由方建平、叶向东、田则茹、吕驾宇、汤家友、李三波、陈岑、张建伟、何海龙、吴积雷、陆雯霏、范庆伟、周贤华、阙水兰、雷丽亚组成民盟丽水市第四届委员会,汤

中国民主同盟丽水第四次代表大会　　　　吴起伟　提供

家友当选主任委员，吴积雷、张建伟、周贤华为副主任委员，吴积雷兼任秘书长。制定《民盟丽水市委会关于市直支部换届工作的意见》，市直支部、莲都、松阳、云和、龙泉等基层组织先后完成换届工作。

【开展结对帮扶活动】 2016年，民盟市委会对接民盟省委会“民盟博爱专项基金”，捐助庆元县百山祖镇兰泥村25万元，建成锥栗园农民致富道路（民盟博爱路）；资助松阳县大东坝镇天堂坑自然村机耕路面水泥硬化工程10万元；资助龙泉市竹垟乡小学150套畲族服装专项经费5万元。5月，民盟市委会对接民盟宁波市委会，筹集3万余元资金，与松阳大东坝镇中心学校结对帮扶20位困难学生。（吴起伟）

民建丽水市委会

【概况】 2016年，民建丽水市委会（以下简称“市委会”）下辖民建莲都区委会，设市直支部11个、缙云县支部1个、区基层支部3个，有会员297人（莲都区委会71人、缙云县支部11人），平均年龄49岁，其中：女性119人，占40.1%；大专以上学历258人，占86.9%；经济界人士253人，占85.2%；副处以上领导干部8人，副高以上职称42人，机关事业单位副科（国企中层）以上职务61人；省政协委员1人，市政协委员14人，县级人大代表1人、政协委员21人。

5月11日，缙云县支部成立，县域组织由原来1个增加到2个。10月25—26日，全国政协副主席、时任民建中央常务副主席马培华到丽水调研民建地方组织建设。陈晓东被民建中央评为全国社会服务先进个人。市委会被民建省委会评为信息工作先进集体三等奖，综合二支部和宋国华、金贤松、胡士满、张徐益被民建省委会分别评为全省社会服务先进集体和先进个人。市委会被市政协评为反映社情民意信息工作先进单位三等奖，俞国友、邱慧惠被市政协评为2015—2016年度优秀委员，童良军被市政协评为特邀信息员。

在市政协三届五次会议上，市委会提交大会发言3个、即席发言1个、集体提案13件。《推进政府购买服务 提高公共服务效率》《加快我市PPP项目推进的建议》《鼓励丽水企业挂牌“新三板”的建议》获市委书记史济锡、市长朱晨等领导批示；《加快我市PPP项目推进的建议》被评为优秀大会发言；《鼓励丽水企业挂牌“新三板”的建议》《推进政府购买服务 提高公共服务效率》被列为重点提案，被市领导陈瑞商和毛子荣督（领）办，并被评为优秀提案。全年上报社情民意信息109篇，获各级部门录用47篇（次），《我国目前推行“营改增”存在的问题与建议》被全国政协采用，《关于在市第二人民医院新院区设立重度精神残疾人医养结合病区的建议》获副市长任淑女批示。

市委会编发《丽水民建》会刊22期，刊发信息115篇、体会文章诗词散文18篇、简讯93条。市委会被评为《浙江民建》会刊先进集体三等奖，《总有一种温暖让我前行》被评为《浙江民建》会刊优秀作品，杨璐嘉被评为《浙江民建》会刊优秀通讯员，俞豪锋被评为浙江民建网站优秀报道员。

【民建丽水市第四次代表大会召开】 2016年，民建省委会增加第四届委员会委员2人、领导班子职数1人。10月9—10日，民建丽水市第四次代表大会在丽水召开。大会听取并审议第三届委员会工作报告，通过工作报告决议，选举产生由计勇强、蓝叶培、任文红、李浩、俞豪锋、俞伟强、周利光、吴伯乐、麻卫平、蓝雪华、卢永钢、宋国华等组成第四届委员会。计勇强当选为主任委员，蓝叶培、任文红、李浩为副主任委员，俞豪锋为秘书长。制定《主任委员会议规则》。11月，召开支部主委座谈会，撤销原调研委员会、法律服务中心，成立经济发展委员会、社会发展委员会和法制委员会。

【民建学习培训】 2016年，市委会编印《学习资料》。1月，举办会员培训班，邀请全国人大代表、民建上海市委会副主委、时任上海社会科学经济研究所副所长张兆安教授作《“十三五”规划与未来经济发展》报告，180余名会员参加培训。6月25—30日，在重庆、成都举办爱国主义教育暨会史教育培训班，邀请重庆成都教授专家作《习近平总书记关于统一战线的新思想、新观点、新要求》《民主党派产生历史和多党合作理论》《如何加强民建自身建设》等讲座，并到民建成立旧址陈列馆、民主党派历史陈列馆、渣滓洞等爱国主义教育基地开展现场教学。全年全市推荐市委委员、支部主委、骨干会员和新会员等33人（次）参加各级各类培训班、读书会和论坛。

6月25日，丽水民建爱国主义教育暨会史教育培训班在重庆开班　陈秀珍　提供

【开展基层组织活动】　2016年，市直11个支部活动次数均在5次以上，9个支部开展创新创优活动。财会支部开展“品梅峰龙井有机茶　享健康幸福好生活”活动，到云和县参观“e创园”和木玩企业；学院支部到杭州与民建省属八支部联谊；商贸支部到龙泉、云和、庆元等县调研青瓷小镇和古村落保护，开展爱国主义教育，探望“信义男孩”叶石云；缙云县支部专题讨论新支部组织建设、职能履行、社会服务等工作，与民建杭州富阳支部等联谊；企业委员会组织企业家会员专题学习总书记习近平参加全国政协十二届四次会议民建工商联委员联组会时的讲话，走访缙云县会员企业，金融、建设、交通等支部根据职能开展专题调研和考察。

【民建参政议政】　2016年，市委会完成省级立项课题1个、市级立项课题15个，《关于修建章乃器故居和纪念馆的建议》被民建省委会采纳为省政协团体提案，获民建省委会参政议政优秀成果二等奖。报送市委、市政府调研报告6篇，其中2篇得到市委书记史济锡批示。《深化行政审批改革　推进“马上就办”服务》《服务促亲　廉政出清　推行政府“大服务”构建政商“亲清”关系》在《今日丽水》刊登。编发《社情快递》11期，4期得到史济锡等市领导批示；向有关职能部门发出建议函5份。积极开展参政议政工作，促成丽水学院成立农村电子商务学院，市区丽青路大转盘被拆改成十字交叉路口，金丽温高速丽水北互通、大学生创业园建设。参加市政协组织的“五水共治”“三改一拆”“六边三化三美”“全国文明城市创建”民主监督、委员视察、明察暗访和蹲点调研；受聘为党风政风监督员、行风监督员会员履行民主监督职责，参加相关单位组织的民主评议、行风监督等活动；市委会每月安排3名会员参加《电视问政》栏目，参加民主监督活动。

【民建社会服务】　2016年，会员参与“9·28”遂昌苏村山体滑坡救援和慰问工作，会员和企业委员会捐款10万元。12月19—21日，邀请全国各地20余名专家到青田县调研，并为章乃器文化园建设项目建言献策。扶持联系村青田县腊口镇北坑村饮用水工程建设资金10万元，慰问贫困残疾人家庭16户，发放慰问金1.28万元。综合二支部扶持松阳县裕溪乡内陈村文化建设经费2万元。综合一支部联合浙江扶贫共助慈善会出资4.5万元，帮助龙泉市八都镇瀑云管理区安田村孤寡老人修缮房屋、赠送生活用品，为39位贫困老人送去米油等慰问品。7月，市委会倡议为经济困难的会员开展募捐活动，205名会员捐款9万余元。　（俞豪锋）

民进丽水市委会

【概况】　2016年，中国民主促进会丽水市委会（以下简称“民进市委会”）下辖莲都区委员会、缙云县、遂昌县两个总支部委员会和景宁县支部及市直9个支部，基层支部24个，会员506人，平均年龄53岁，其中女性232人，占45.8%。离退休人员154人，占30.4%，中高级职称450人，占88.9%。会员中大学文化程度以上371人，占73.3%；中高级职称450人，占88.9%，其中，高等教育44人，占8.7%，普通教育187人，占37%。文化出版界37人，占7.3%；医卫界99人，占19.6%；科技界25人，占4.9%；新的社会阶层33人，占6.5%，政府机关57人，占11.3%，其他（公有制经济、社会团体、人大政协和司法机关等)24人,占4.7%。会员中省政协委员2人,市人大代表3人,市政协副主席1人,市政协委员22人。县(区)人大常委会副主任1名,人大代表6人,县政协副主席1人,委员44人。担任政府实职副处以上4人。

民进市委会开展坚持和发展中国特色社会主义学习实践活动,举办以会史教育为主题领导班子暑期培训班、新会员培训班和参政党理论研究骨干培训班,组织部分骨干会员和机关干部参加中央和省社院组织的专题培训。举办庆祝丽水民进组织成立30周年暨会员书画作品展,编辑《丽水民进印记》系列会史资料。丽水民进网站全新改版。

民进市委会创新推行基层组织"3+9"考核模式,促进基层组织程序化、规范化、制度化建设。2月,民进景宁县支部成立,县域组织增加到4个。6月,丽水民进企业家联谊会成立。发展会员23人。在县(市、区)换届过程中,新增3名县处级干部、6名科级干部。举办插花艺术、关爱生命健康知识讲座。丽水学院支部被评为省级先进基层组织。周荷香被评为省级先进基层组织负责人。陈万平获全国"五一"劳动奖章。

【民进参政议政】 2016年,民进市委会在市政协三届五次会议上,提交大会发言3件、即席发言4个、集体提案14件,个人提案21件。市委会作《关于在我市实施"华发人才"战略的建议》大会发言和《助力医改,让"家庭医生"落户寻常百姓家》《把畲族文化打造成我市全域性文化的建议》书面发言,4位委员分别进行《让街名更有文化》《改造利用万象山基地》《继光街夜市路在何方》《违规使用"远光灯"要治理》即席发言,得到市委书记史济锡等领导批示5件,被市领导领办、督办提案4件,被评为优秀大会发言4件,被评为优秀提案2件。

组织开展主题沙龙、实地考察、座谈交流、专题研讨等多形式调研活动9次,组队参加各级人大、政协"三见面"评议会、面对面专题协商会、委员视察、"委员视点""电视问政"等民主监督活动27次。完成立项课题30个。市委会被评为全国参政议政先进集体,遂昌县总支和市综合支部被评为全省参政议政先进集体;蓝献华被评为全国参政议政先进个人,李水福、董漫雪被评为全省参政议政先进个人。

开展"我为家乡献一计"金点子征集活动,征集金点子400余条。全年编报社情民意信息54篇,其中陈荣富撰写《关于出台"开设成人预防接种门诊指导意见"的建议》被全国政协采用,江金霞撰写《关于规范建筑工程变形测量的建议》、周连军撰写《带征土地长期"失管"或"半失管"亟待改变》被民进中央采用。被省政协采用信息3篇,省委会采用15篇,市政协采用17篇,反映社情民意信息工作被市政协评为三等奖。

【民进社会服务】 2016年,民进市委会开展"春联万家"活动,组织开明画院到莲都、青田、缙云等地农村社区义务为百姓书写春联1000余副。开展送文化下乡和艺术采风活动,选送优秀作品参加全省统战系统廉政书画作品展和全市书画联展。组织会员上街巡查劝导,开展"微公益"全国文明城市创建活动。会员为遂昌北界苏村灾区捐款6万余元,20多名会员直接参与医疗救治、卫生防疫、物资调运、规划勘察、心理干预、志愿服务等工作。莲都区委会联合处州乱弹研究会在农村文化礼堂开展巡演。缙云县医卫支部、遂昌县文卫支部、市人民医院支部整合会内专家资源,联合组队开展义诊,方便山村百姓就医。继续定点帮扶结对村,为庆元县桥陌村多渠道筹措项目帮扶资金8万元,完成遂昌县宏象村综合楼建设项目。继续做好与莲都区白云街道灯塔社区共建"幸福社区"活动。

【民进丽水市第四次代表大会召开】 9月19—20日,民进丽水市第四次代表大会在丽水召开。民进省委会副主委刘毅,市委副书记尹学群,市委常委、市委统战部部长廖思红等市领导出席会议。市委会对口联系部门,市各民主党派、市工商联,有关县(市、区)委统战部以及在丽高校统战部和相关会员单位领导应邀参加会议。大

9月19—20日,召开民进丽水市第四次代表大会　　蓝武杰　提供

会听取审议《不忘初心 继续前进 为建设美丽幸福新丽水作出新的贡献》工作报告；选举产生14人组成的民进丽水市第四届委员会。卢彩柳当选主任委员，何灵、邱旭平、陈荣富当选副主任委员，何灵任秘书长（兼）。

【民进景宁县支部成立】 2月27日，民进景宁支部成立大会暨浙大丽水两地民进共建仪式在景宁举行。省政协副主席、民进省委会主委蔡秀军为景宁支部授牌，市政协副主席、民进市委会主委庄志清，县领导蓝伶俐、严铁华、蓝跃军等出席成立大会。会上，举行民进浙大委员会与民进市委会结对共建签约仪式，创建民进浙江大学丽水服务站。其间，蔡秀军为景宁卫生系统作“现代医院管理模式”专题报告，民进浙大委员会5位医疗专家到县人民医院开展义诊服务，教授汤谷平到景宁中学作浙大“三位一体”招生宣讲并与高三学生进行座谈交流。

【丽水民进企业家联谊会成立】 6月30日，市委会举行丽水民进企业家联谊会成立大会。民进浙江省委会副主委、杭州市政协副主席赵光育，民进市委会主委庄志清、副主委卢彩柳等领导出席大会，市委统战部和市民政局相关负责人参加会议。会上宣读丽水民进企业家联谊会成立文件并授牌，赵光育、庄志清等领导讲话。会议选举产生丽水民进企业家联谊会第一届理事会，童朝旭当选会长，吕海为常务副会长，叶玉萍、杨杰、陈万平、施利进、钟宾华、徐林章、袁军、黄迎婷为副会长。（蓝武杰）

农工党丽水市委会

【概况】 2016年，中国农工民主党丽水市委会（以下简称“农工党市委会”）下辖莲都区委会、龙泉市支部委员会和9个市直支部委员会，有党员265人，其中，女性129人，退休党员80人，平均年龄50.1岁。大学以上文化程度171人，占66.9%。发展本科及以上学历青年党员12人，平均年龄34.5岁。

2016年，围绕培育和践行社会主义核心价值观主题，开展坚持和发展中国特色社会主义学习实践活动。组织新任市委委员赴农工党中央党史教育基地——邓演达纪念园等地开展政治交接学习教育活动。市委会被省委会评为“2013—2015年开展坚持和发展中国特色社会主义学习实践活动先进集体”和“全省宣传工作先进集体”，被省委会评为“全省宣传工作先进个人”2人。加强支部电子档案和纸质档案管理工作，开展支部规范化建设。完成市直支部换届，成立龙泉市支部，设立市资源环境支部、市医卫支部。

围绕中心工作，发挥医药卫生、资源环境界别特色，向市政协三届五次会议提交大会发言5篇（包括委员个人发言1篇）、团体提案12篇、个人提案11篇。郭巧燕代表市委会作《建设海绵城市 让城市回归自然》大会发言，王文军、王燕芬分别作即席发言；10名政协委员分别参加3场界别对口协商会和专题协商会；大会发言《优化融资环境 解互保链困局》获市委书记史济锡批示；《建设海绵城市 让城市回归自然》《拆迁中假离婚现象要引起重视》被评为优秀大会发言；《建设海绵城市 让城市回归自然》《关于加快推进分级诊疗的建议》被市政协列为重点提案。以“约稿”“组稿”形式发动发挥党员岗位优势，报送社情民意34篇，其中，全国政协采用1篇，农工党中央采用1篇，省委会采用10篇，市政协采用5篇，获国家领导人批示1篇，市领导批示1篇。《基层反映营改增的几点问题》被全国政协综合采用，并得到国家领导人批示。设立由王文军任组长、毛伟华、雷李美任副组长的参政议政工作指导组。市委会被省委会评为2014—2015年度参政议政先进集体二等奖，分别被省委会和市政协评为2015年度反映社情民意信息工作二等奖和三等奖；3位党员被农工党中央授予2014—2015年度全党反映社情民意信息工作先进个人；3位党员和1名工作人员被省委会评为2015年度反映社情民意信息工作先进个人；2位党员被省委会评为优秀特约信息员；1名党员和1名工作人员被市政协评为2015年度反映社情民意信息工作先进个人。

整合各级资源，开展“中国环境与健康宣传周”“国际科学与和平周”活动，依托丽水市健康教育促进会平台，组织省、市、县三级党员专家赴龙泉义诊咨询、雅溪镇雅里村健康宣教活动等进基层、下农村社会服务活动；各支部开展“健康大篷车”“红手环”健康宣教活动、赴松阳县四都村送医送药、连续第12年赴雅溪中学送教助学等社会服务14次，参加党员70人次，受益群众1700余人。开展苏村灾后救援活动并捐款3万余元，先后有9名党员参加现场救援。

【农工党丽水市第四次代表大会召开】 10月8—9日，中国农工民主党丽水市第四次代表大会在丽水召开，农工党浙江省委会副主委方丽槐，市委常委、组织部部长胡侠等市领导出席大会；各民主党派、工商联等有关单位和莲都区、青田县、松阳县委统战部及其他市委会领导应邀参加会议。103名代表参加大会，会议听取并审议通过农工党丽水市第三届委员会副主委丁岳清代表市委会作《凝心聚力 开拓创新 为丽水与全省同步高水平全面建成小康社会贡献力量》工作报告;选举产生由丁岳清、毛伟华、卢汝兰、刘伟淞、张子宏、陈东晓、陈志和、季巧英、徐伟、徐兼明、郭巧燕、蓝丽康、虞作春13人组成的农工党丽水市第四届委员会。丁岳清当选为主任委员,卢汝兰、徐兼明、郭巧燕、毛伟华当选为副主任委员,卢汝兰为秘书长(兼)。

【“走进基层 贴近党员 培育和践行社会主义核心价值观”百场主题宣讲活动】 2016年,农工党市委会开展坚持和发展中国特色社会主义学习实践活动,提升履行职能。6月,“走进基层 贴近党员 培育和践行社会主义核心价值观”主题宣讲活动在丽水举行,130余位党员参加活动。宣讲会由市委会副主委丁岳清主持。农工党浙江省委会副主委、省农场管理局局长方丽槐出席并讲话。农工党中央宣讲团成员、农工党浙江省委会副主委、浙江现代商贸发展研究院院长、浙江省电子商务研究院院长郑勇军作《“十三五”时期宏观经济形势和国家战略选择》主题宣讲。

【农工党组建基层组织】 6月3日,龙泉市支部成立大会召开,省委会副主委郑勇军等领导出席大会。选举产生由李文英、徐伟、戴岸组成新一届支部委员会,徐伟任主委。市委会副主委丁岳清向龙泉市支部授牌,省委会副主委郑勇军对龙泉市支部提出工作要求。6月19日,市资源环境支部成立大会召开。会议选举产生由张子宏、戴晓望、王炜、金荣标和董方组成第一届支部委员会,张子宏任主委。6月21日,市医卫支部成立大会召开。会议选举产生由王艳、丛迎、张新夏、季巧英组成第一届支部委员会,季巧英任主委。

【“公众号+微信群”宣传平台上线】 3月30日,农工党丽水市委会官方微信订阅平台正式上线,全年编发工作动态40余期。市直各支部均建立微信交流群,在微信群中组织支部活动、通报支部工作情况、展示党员风采等内容,与丽水农工党交流群、各工作群共同构建自我宣传、自我教育的常态化平台。编辑“如何规范宣传稿件”实用教材,组织市直各支部宣传委员举办“宣传工作研讨会”。

【市直各支部换届】 2016年,农工党丽水市三届二十次全体(扩大)会议通过《农工党丽水市委会关于市直支部委员会换届工作的意见》,要求市直支部严格按照组织程序,7月完成换届工作。6月16日,市中医院支部召开党员大会,选举产生刘伟淞、周健、周立峰、周文洁、徐晓飞、吴建业6人组成第四届支部委员会;同月19日,市综合一支部召开党员大会,选举产生陈志和、蔡小红、吴东涛、罗峰4人组成第四届支部委员会;同月28日,市人民医院支部召开党员大会,选举产生蓝丽康、雷李美、林剑辉、朱红俊、刘进、程晓燕6人组成第四届支部委员会;同日,市文教支部召开党员大会,选举产生王丽华、潘伟玲、毛然馨、何霞、吴杭轩、雷根生6人组成第四届支部委员会。7月3日,市综合二支部召开党员大会,选举产生程锦锦、吴月莲、马俊玉、叶永美4人组成第二届支部委员会;同月6日,丽水学院支部召开党员大会,选举产生林云峰、张永蕾、李达生、林健4人组成第四届支部委员会;同月20日,市中心医院支部召开党员大会,选举产生虞作春、俞新民、舒建胜、兰秀莲、曹海波、徐锦红、王建平7人组成第四届支部委员会。

(蔡丰蔚)

九三学社丽水市委会

【概况】 2016年,九三学社丽水市委员会(以下简称“市委会”)下辖莲都区委会和10个市直支社,其中莲都区委会下属3个支社。社员238人,比2015年增加14人,平均年龄50.1岁,其中,女社员89人,占37%;离退休社员51人,占21%;高级技术职务121人,占51%;中级技术职务102人、占43%;其他15人,占6%。全年发展社员16人,其中,博士研究生学历1人,硕士研究生学历7人,高级职称5人,平均年龄39.6岁。

【换届大会】 9月20—21日,九三学社丽水市第四次代表大会在丽水召开。全市78名社员代表出席大会。市委副书记尹学群,九三学社浙江省委员会副主委马永信,市委常委、统战部长廖思红到会并作讲话,市人大副主任徐岳明,市政府副市长林亮、市政协副主席朱小华等市领导及有关部门出席大会。会议听取九三学社丽水市第三届委员会工作报告。大会选举产生九三学社丽水市第四届委员会,韦铁民当选为主委,张向东、张颖洁、何登伟、张德勇为副主委,应自力、张宁、李颖、陈昕、赵国华、倪京丽、谢熔辉、褚乐平当选为委员。收集三届市委会以来的图文资料,编印《社情民意信息汇编》《换届资料汇编》书籍。

【组织建设】 2016年,修订出台《九三学社丽水市委会2016年“星级先进示范基层组织”创建考评细则》。通过示范创建考核推动作用,基层组织建设得到长足的进步。经创建评定,2013—2016年,九三学社共有四星级示范基层组织3个、三星级示范基层组织2个、二星级示范基层组织4个、

6月29日，九三学社社员培训班到湖州梁希纪念馆学习　　朱云鸯　提供

一星级示范基层组织2个。加强骨干社员和新社员培训，5月10日，举办新社员培训班，12人参加培训，提高新社员对九三学社的历史和优良传统的认识，增强自豪感和使命感。6月29日—7月1日，在丽水市委党校举办2016年骨干社员培训班，40余人参加，并到湖州梁希纪念馆开展社史教育。选派社员40余人次参加省、市各类参政议政培训班、党派新成员培训班、中青年骨干培训班、民主党派、工商联负责人暑期读书会等。根据九三学社中央《关于做好〈九三学社章程〉修改工作的通知》精神，各基层组织开展学习社章和社章修改征集活动，增强社员对社组织的认识。社机关干部朱云鸯被评为社中央优秀组工干部。

【参政议政】 2016年，向全国政协会议提交个人提案15件，向省政协会议提交个人提案15件，向市人代会提交个人议案11件；向市政协会议提交团体提案15件，个人提案29件，其中大会发言4件。韦铁民《打造千亿健康产业的建议》、张向东《大力发展中医药健康旅游业助推我市旅游产业转型升级》、徐荣华《关于加快推进我市华东绿色能源基地建设的建议》获市委书记史济锡批示，《打造千亿健康产业的建议》《借“乡土文化”治“青山白化”》被评为市政协优秀大会发言。张向东《高度重视“全面二孩”政策带来高危妊娠新挑战》被社省委列为重点提案，并被社省委评为参政议政调研成果一等奖。胡永强《关于解决道路绿化遮挡交通标志牌问题的建议》被市人大列为重点议案。韦铁民、张颖洁被社省委评为参评议政工作先进个人。

2016年，市委会上报社情民意130余篇，其中，被全国政协采用2篇，社中央采用4篇，人民政协报刊登1篇，社省委采用44篇，省政协1篇、省统战部采用12篇，市政协采用18篇。2016年获社省委信息工作先进单位二等奖，在全市政协党派系统社情民意成绩排位第2名。韦铁民、雷后兴、张向东被社省委评为信息工作先进个人。发动社员参与社省委课题招投标，社省委立项中标的15个课题中，丽水九三学社占4个。

【对外宣传交流】 2016年，加强《丽水九三》编印工作，其中“健康与养生”栏目被评为丽水市第四届(2014—2015)内部报刊优秀栏目。全年11人29篇信息在《中国政协》《人民政协网》《团结报》《联谊报》等省级以上媒体刊登，雷后兴被社省委评为2016年新闻宣传先进个人三等奖，张向东《科技特派员：“好制度”遇上“新问题”》被社省委评为优秀新闻作品三等奖。部分九三界别的政协委员参加丽水电视台录制《委员视点》。先后接待社舟山市委会、社广西梧州市委会、社上海市委会、社江苏省委会到丽水开展参政议政、特色小镇建设、社务工作、乡村民宿旅游交流调研活动。

【社会服务活动】 2016年，九三学社拓展科技扶持合作项目。邀请九三学社浙江大学委员会主委谭建荣等三批社省委专家赴青田就休闲椅产业、机器换人、彩色农业等进行技术指导，为企业转型升级提供技改服务；丽水九三科技服务中心联合浙江青风环境股份有限公司、市林业科学研究院等单位开展“油茶精炼新工艺及新设备”项目研发工作；科技支社组织社员赴丽水瑞宗水果专业合作社开展栽培等技术指导。开展“三下乡”服务活动，配合社省委到莲都区老竹民族学校和丽新小学开展捐资助教活动，为贫困生资助生活费2.41万元和部分学习用品；社莲都区委会先后到莲都高溪、峰源乡开展下乡义诊活动；医卫支社先后赴莲都小学、囿山小学开展“52110，健康快乐行”“减糖”宣传活动；市中心医院支社到龙泉宝溪卫生院开展送医下乡活动，市人民医院支社先后举办世界急救日宣传培训、健康血压宣传义诊、世界糖尿病日宣传义诊、世界爱耳日宣传义诊活动；学院支社与丽水市红十字会赴莲都区灵山残疾人托养中心开展重阳节慰问，并赠送1.5万元生活用品。开展“扶贫日”活动，为型坑村赠送6万元村庄绿化苗木帮扶款；引导村民重视树文化建设，并出资种植600余棵纪念树。组织各支社为苏村灾区捐款4.34万元。

【社员岗位业绩】 2016年，何登伟的《基于脊柱稳定性的Kummell病临床分型探讨及其微创治疗策略优化》《老年骨质疏松脊柱骨折多米诺效应的生物力学动力学机制分析》分别获浙江省科技厅公益项目、浙江省自然科学基金立项；吕玲春的《降钙素原与冠状动脉易损斑块的相关性研究》《运用上肢 CTA 成像技术进行臂间血压差异与上肢动脉病变相关性的研究》获省医学会临床科研基金项目立项，《TGF—β1—Smad2/3 通路在慢性肺动脉高压中的表达及西地那非干预研究》获省医药卫生科技计划项目立项；兰菊萍的《大学商科 PBL 混合式课堂教学研究——以“国际物流”课程为例》《残疾人培训效果与政策研究》分别获省教育厅教改项目、省残联招标课题立项；吴剑梅主持的浙江省中小学（中职）教师培训《风景写生与鉴赏》、麻伟亮主持的浙江省中小学（中职）教师培训《出境旅游使用英语和文化礼仪》项目获省教育厅立项；梅雪《翻转综合英语课堂，实现 O2O 的学习模式》被列为省教育技术研究规划课题等。

2016 年，全社共有 85 篇学术论文在二级以上刊物发表，其中一级以上 39 篇，韦铁民、何登伟、张宁、涂朝勇、胡亚红、吴成军、曲春生、兰俊、傅江涛等 15 篇论文发表在国外杂志上并被 SCI 收录。刘建慧《一种提早曼地亚红豆杉种子发芽的方法》获国家发明专利。韦铁民主编《医院精细化管理实践》出版。（朱云骞）

丽水市工商业联合会（总商会）

【概况】 2016 年，丽水市工商业联合会（总商会）贯彻中共十八大全会精神和中央统战工作会议精神及习近平系列重要讲话精神，开展“归零翻篇开新局”主题大讨论，开展非公有制经济人士理想信念教育实践活动及企业服务、参政议政、浙商回归、组织建设等工作。召开丽水市工商业联合会（总商会）第五次会员代表大会，完成换届工作。全年全市工商联开展非公有制经济人士守法诚信教育实践活动 40 场，参加活动人员 3300 人次；举办非公有制经济人士培训班 34 期，参加培训 1583 人次；开展融资、法律、信息、技术等服务 450 余次。至年底，全市工商联有会员 9978 人；商会 188 家，其中异地商会 138 家，行业商会 29 家，基层商会 21 家。开展全国“五好县级工商联”建设工作，云和县工商联、庆元县工商联获全国“县级五好工商联”。莲都区工商联、景宁县工商联获浙江省“县级五优工商联”。丽水市工商联“充分发挥商会作用维护 G20 稳定”工作被评为年度全省工商联系统“十大亮点工作”，缙云县工商联、景宁县工商联获省工商联系统先进单位。

【非公有制经济人士守法诚信理想信念教育实践活动】 2016 年，组织非公经济人士参与学习习近平重要讲话精神和“归零翻篇开新局”主题大讨论活动。3 月，召开全市工商联系统学习活动部署会，50 余名企业家代表参加会议，市工商联、民建市委会和企业家代表分别作交流发言。4 月 12 日，组织市、县两级工商联负责人及 50 名丽水非公有制经济代表人士参加全市非公有制经济人士学习习近平重要讲话精神座谈会，市委书记史济锡出席会议并讲话，有关企业代表作交流发言。6 月 14—18 日，在延安举办丽水新生代企业家“重走长征路，凝聚爱国情”活动，30 人参加活动。12 月 8—12 日，在湖南长沙中南大学举办商会会长和秘书长高级研修班，36 人参加培训。推广新生代企业家政府部门挂职锻炼，2016 年青田、遂昌、缙云、松阳等县工商联开展新生代企业家政府部门挂职工作。9 月，市工商联发出《关于为丽水遂昌县北界苏村山体滑坡灾害捐款的倡议书》，号召非公有制经济人士向灾区筹集捐款 335.4 万元及 5 万余元物资。

【服务非公有制企业】 2016 年，开展走访调研、政策对接、法律援助等服务工作，集中反映企业问题和诉求，解决企业实际困难，全年走访企业 65 家。与市检察院联合召开“诚信发展•检察伴你行”活动，构建“亲”“清”政商关系。制定《关于加强协作保障和促进我市非公有制经济健康发展的意见》，建立市检领导和 6 家商会结对，设立专职联络员，定期情况通报。5月，召开“诚信发展•检察伴你行”服务非公企业健康发展座谈会，落实省检察院“二十一条意见”，听取非公有制经济人士意见建议，13 名企业家参加会议。12 月，举办“服务非公企业 丽检在行动”检察开放日活动，听取全市检察机关服务非公有制企业工作情况。至年底，开展相关活动 13 场，参加非公有制经济人士有关活动 217 人次，并在《丽水商会报》设立“丽水检商”专栏。4 月，与市人劳社保局、残联等单位合作开展“333 就业服务月”，为企业引进人才；12 月，组织会员企业及各直属商会参加全市 2016 冬季人才交流大会，110 家会员企业为各类求职者提供 3600 余个岗位。

【商会建设和管理】 1 月 27 日，丽水市温州总商会第三次会员代表大会在丽水华侨大酒店召开，市委书记王永康出席会议并讲话，会议选举产生新一届商会领导班子，郑金林当选第三届丽水市温州总商会会长。6 月 12 日，金华市丽水商会第三次会员大会在金华雷迪森大酒店召开，市委常委、统战部部长廖思红出席会议并讲话，会议选举陈杰为第三届金华市丽

3 月 10 日，召开丽水市商会会长座谈会　　丁　怡　提供

水商会会长。丽水市物流商会改名为丽水市商贸联合会，10 月 28 日，丽水市商贸联合会在丽水紫荆花大酒店召开选举大会，杨锡龙当选会长。

开展商会规范化建设工作，丽水市台州商会、宁波市丽水商会被评为省工商联规范化建设示范商会。丽水市温州总商会、丽水市合成革商会、丽水市商贸联合会、丽水市台州商会、丽水市金华商会、丽水市新生代企业家联合会获丽水市工商联（总商会）2016 年度丽水市工商联先进直属商会。北京丽水商会、上海丽水商会、义乌市丽水商会、苏州市丽水商会、昆明市丽水商会、石家庄市浙江丽水商会、杭州市丽水商会、宁波市丽水商会、东阳市丽水商会、金华市丽水商会、福州市丽水商会、重庆市丽水商会、新疆丽水商会、成都市丽水商会、兰州市丽水商会、南京市丽水商会获丽水市工商联（总商会）2016 年度先进异地商会。2016 年，4 家商会完成换届工作。

【调查研究和参政议政】 2016 年，针对非公有制经济领域的热点和难点问题，市工商联开展专题调研 3 个，走访企业 40 余家。3 月，陪同省工商业联合会副主席黄正强一行到丽水、莲都、缙云开展制造业成本调研，走访浙江山蒲照明电器有限公司等企业，分发制造业成本调查问卷 10 份，撰写企业境外投资成本报告。以“降成本，去产能，转型升级”为主题，开展“找短板、补短板”到有关县级工商联、商会、13 家会员企业蹲点调研活动。市“两会”期间，市工商联党组书记孙乐明提交《关于制定实施企业减负计划切实降低实体经济企业成本的建议》议案，被列为重点议案，市长朱晨领办。提交政协《关于加快发展现代装备制造业的建议》《进一步深化我市行政审批制度改革的建议》团体提案。市工商联主席张敏作《坚定信心 攻坚克难 发展壮大实体经济》发言被评为优秀大会发言。全年全市各级工商联及会员向市、县（市、区）两级人大、政协会议提交议案、提案 590 件。

【招商引资和浙商回归】 2 月 18—20 日，组织成都丽水商会“家乡行”活动，成都丽水商会一行 20 余名商会企业家到松阳、景宁、莲都等地开展“家乡行”活动。3 月，组织丽水商会会长“家乡行”考察活动，考察团一行来自全国各地丽水商会及市直属商会会长、副会长 20 余人，先后参观青田石雕博物馆与侨乡进口商品城，召开座谈会。6 月 6—7 日，组织北京丽水商会家乡行活动，30 余名北京丽水商会企业家先后到丽水经济技术开发区、丽缙五金科技产业园、绿谷信息产业园等地开展考察活动。6 月 14—16 日，上海市浙江商会名誉会长周成建组织企业家考察团到青田、龙泉进行考察。6 月 12 日，在金华召开的丽水商会第三次会员大会上，举办丽水投资环境和旅游推介会。9 月 23—24 日，宁波丽水商会组织 40 余位丽商企业家代表回乡考察学习，走访丽水经济技术开发区，参加丽水开发区管委会举行“丽商回归考察座谈会”，并与开发区管委会签订“丽商创业创新共建基地”协议。全年全市各级工商联举办各类招商活动 52 场，参加活动浙商（丽商）4500 余人次，投资项目 23 个，合同利用资金 18.2 亿元。

【市、县两级工商联换届工作】 12 月 6—7 日，丽水市工商业联合会（总商会）第五次会员代表大会在丽水召开，350 名代表参加会议。市委书记史济锡、省工商联党组副书记、副主席黄正强出席会议并分别讲话。朱晨、虞红鸣、陈瑞商等市领导出席大会。会议听取审议市工商联主席张敏作《立足新常态 着眼新发展 努力开创工商联工作新局面》工作报告。大会选举产生丽水市工商业联合会（总商会）第五届执委会委员 220 人，其中常委 68 人，秘书长 1 人，兼职副会长 28 人，兼职副主席 34 人，专职副主席（副会长）1 人，常务副主席（副会长）1 人、主席（会长）1 人。张敏当选第五届丽水市工商联（总商会）主席（会长），孙乐明当选常务副主席（副会长），肖荣当选专职副主席（副会长）。至年底，龙泉市、青田县、云和县、庆元县、缙云县、遂昌县、松阳县完成换届工作。　　（丁　怡）

工会 共青团 妇联

丽水市总工会

【概况】 2016年，全市建立基层工会4371家，涵盖单位10444家，工会会员35.23万人。市及各县（市、区）总工会先后出台联系乡镇总工会制度，市、县工会领导联系乡镇工会实现全覆盖。各县（市、区）工会全面开展“六有工会”创建活动，全面排摸丽水市基层工会组织建会、职工入会情况，健全工会组织和会员数据库。不断扩大“新三宝”行业农民工入会规模，组建云和民宿工会、缙云来料加工行业工会。至年底，全市工会在各级组织部、两新工委指导下，共联合创建党工共建市级示范点22家，在各县铺开建设县级示范点。

【召开丽水市工会第四次代表大会】 11月7—9日，丽水市工会第四次代表大会在丽水召开，市委书记史济锡出席会议并讲话，肯定丽水市工会第三届委员会5年来工作，并就新形势下工会工作如何加强和提高、工会组织如何更好发挥作用提出新要求。省总工会党组副书记、巡视员、副主席曹国旗代表省总工会向大会召开表示祝贺。会议正式代表200人，选举产生丽水市工会第四届委员会和经审委员会，武昌当选丽水市总工会主席。

【职工疗休养基地建设】 2016年，全市工会通过制定优惠政策、整合休养资源、宣传推介等方式，推进职工疗休养建设。全市职工在市内疗休养人数21.4万人，占全市职工总数51.6%；外市职工到丽水疗休养663.4万人。市总工会先后举办丽水市民本地乡村休闲养生体验活动、丽水市劳模（职工）休养基地规范化建设推进会。至年底，全市创建省级劳模（职工）休养基地5家；市级休养服务中心10个，基地5家，接待站84个；县级休养接待站600个，成为浙江省省市县三级劳动模范（职工）休养基地最多城市。

【职工技能提升】 2016年，市总工会筛选54家省、市重点建设项目开展立功竞赛活动，其中20家列为重点督导项目，开展“建设美丽幸福新丽水”重点工程立功竞赛主题摄影比赛。会同市人力社保等部门开展40余项市级技能大赛。评选11项市级以职工名字命名的先进职业操作法。新建职工高技能人才（劳模）创新工作室19家，2家单位被命名为省级职工高技能创新工作室。组建职工技术服务队100余支，建立职工职业技能培训基地20家，挂牌市级教育培训基地3家，开展职业技能培训1500余场，培训职工6万余人次。表彰“五一”巾帼标兵岗16家和“五一”巾帼标兵16人。

【保障职工权益】 2016年，市总工会组织开展新一轮工资集体协商规范化建设。企业工资协商续签率和县以上和谐劳动关系企业工资协商规范率均达100%，10%单建工会企业工资集体协商达到规范化要求。重点培育10家市级工资集体协商提质增效示范点。全市工会依法依规处置劳动争议案件39件；受理职工信访案件690件，接听来电1500余起，办结率100%。推进工会普法活动，市总工会获市普法先进集体称号。组织开展劳动保护宣传、“查事故隐患，提合理化建议”活动和夏季高温慰问等活动，评选表彰优秀安全生产合理化建议19条。

【困难帮扶救助】 2016年，全市工会系统安排资金近500万余元，用于困难职工帮扶、爱心透析、金秋助学和劳模慰问。帮扶困难职工3323户次，帮扶金额478万余元，其中困难职工272.05万元，金秋助学158.3万元，“爱心透析”专项救助48.6万元。全市职工医疗互助保障参加人数11.3万人，缴纳保费735.51万元，增长率6%，办理报销手续4218人次，给付总金额226.7万元。在女职工“关爱行动”中

11 月 19—20 日，市总工会主办“牵手金秋 情系职工”相亲活动　董　方　提供

开展女职工妇科病普查和“两癌”检查工作，建立妈咪暖心室 22 家和女职工心理关爱工作室示范点 10 家。联合举办“牵手金秋 情系职工”相亲联谊活动。

【职工文化建设】 2016 年，全市各级工会开展“当好主力军，建功‘十三五’——说说工会事、夸夸娘家人”新媒体演讲大赛，参与人员 4 万余人次，获一等奖 6 人，获二等奖 8 人，获三等奖 17 人。市总工会获全市“‘六小’工作奔跑行”——全市两新党建新媒体演讲比赛优秀组织奖。联合市新闻工作者协会举办第二届“五一”新闻作品大赛，评选一等奖 2 篇，二等奖 5 篇，三等奖 8 篇，优秀奖 10 篇。各县、乡工会开展文体活动，遂昌县总工会开展“职工文体活动年”活动，青田县创新乡镇基层工人文化宫阵地建设，高湖工人文化宫、温溪工人文化宫相继挂牌投入使用。

2016 年，推选全国“五一”劳动奖章 2 人、全国工人先锋号 2 个；省“五一”劳动奖状 3 个、省“五一”劳动奖章 4 人、省工人先锋号 4 个；评选市“五一”劳动奖状 12 个、“五一”劳动奖章 15 人、工人先锋号 40 个。发放全国劳模“四金”29.18 万元，慰问金 12.8 万元。组织参与省劳模协会第三片区“劳模话金改”和“工匠劳模创新论坛”活动，组织开展“劳模先进老区行”活动。（董　方）

共青团丽水市委员会

【概况】 2016 年，全市有团员141178 人，基层团委数 440 个（包括团工委数），团总支数 136 个，团支部数 7222（包含学校）个。全市现有团干部10227 人，其中专职团干部 672 人。莲都区“小荷”志愿服务队被授予 G20 杭州峰会志愿服务先进集体称号，云和县中等职业技术学校叶石云获全国“最美中职生标兵”称号，丽水市实验学校蓝绍航获全国“最美中学生”称号，丽水市中心医院徐民获第十一届中国青年志愿者优秀个人奖，丽水市农村电商服务中心主任王军龙获“浙江省农村电子商务带头人”称号。全年获省级先进集体 44 个，省级先进个人 88 人次。

【共青团基层基础建设】 2016 年，团市委落实“共青团大脚掌走基层”和“1+100”密切联系青年制度，举办团市委机关专题开放日活动。推进青少年综合服务平台与赶街、家家店、村邮站等模式进行有机整合，组建市、县级青少年综合服务中心 10 家、青少年综合服务站 160 家、青少年综合服务点 1249 家。推进学校团建工作，打造固本强基示范学校 20 所、农村学校红领巾科技活动室 10 个。建立非公有制企业、农村合作组织、新社会组织等新兴领域团组织 241 家。出台《丽水市青少年事业发展十三五规划》。遴选乡镇（街道）团委书记培养人选 41 人，青年社会组织 310 家。组织实施共青团对口援疆、援藏工作，开展丽水新疆青少年及专业人才学习交流 100 余人次。开展与港澳侨台青年交流活动 10 余场次。

【农村电子商务服务青年就业创业】 2016 年，全市农村电子商务销售总额达 112.44 亿元，超过 2015 全年销售额 51.83 亿元，农村电子商务企业（网店）12095 家，同比增长 23.52%，从业青年人数 33906 人，同比增长 38.25%。开展青年电商培育工程，开展不同班次、不同类别初级创业班、精英提升班等专项培训班 211 期，培训创业青年 11000 余人次。建立就业创业见习基地 129 家，帮助对接网创青年 1800 余人。全市 9 个青年网商创业园入驻电商 250 余家，园区全年总销售额突破 3 亿元。设计开发“青”字号电商创业金融服务项目，累计为网商贷款近 9000 万余元。推进农村电子商务综合示范区建设，全市建立各类农村电子商务服务站 4052 个，打造电子商务村 18 个，新增农村电子商务示范村创建村 14 个。编辑出版《互联网+青春力量——中国青年电商培育工程的丽水实践》《互联网+精准扶贫——农村青年电商扶贫的丽水探索》。成立丽水市青年企业家协会青年互联网创业分会、丽水市农村电子商务学院，举办中青企协创业创新发展分享会，推出青年民宿创业项目大赛、农村青年电商扶贫优秀案例评选。

【组织青少年开展系列活动】 2016年，团市委以纪念建党95周年为契机，举行纪念"五四"青年座谈会，开展"学党史、知党情、跟党走""弘扬垦荒精神，争做三有三热爱好少年"等主题系列活动1000余场次。开展"做坚定的马克思主义无神论者"主题活动，形成《"四步法"做好学生团员青年宗教信仰引导工作》专报；开展"红领巾相约中国梦，做人立志学创造"主题教育活动；树立创业创新好青年、最美志愿者、青春领袖、美德少年等先进典型。以项目承办制方式举办第五届"奔跑吧，青春"青少年文化节、青春毅行、社团嘉年华、少儿歌手大赛、经典诵读大赛、"十四岁青春宣言"离队入团仪式、"十八岁成人礼"等活动。组建重点团队开展"家燕归巢""双百双进"、青少年职业体验等暑期实践活动。

【志愿服务工作】 2016年，团市委编印、修订完善《丽水市志愿服务工作指南》《丽水市志愿者管理办法》《丽水市志愿服务组织管理办法》等规范性制度11个。出台《关于党、团员开展社区志愿服务工作的实施办法》，组建志愿服务总队765支。推出志愿丽水网和丽水志愿汇APP，成立志愿者之家、志愿服务微笑亭、微笑台、社区志愿服务站点35个和学雷锋志愿服务广场10个。组建58支志愿服务队开展"跟着段长去巡河"专项活动，全年开展荧光夜巡、青春夜行、共护母亲河·小甲鱼领养等系列活动100余场次。举办首届丽水市志愿服务项目大赛，推出《微笑丽水志愿者》形象片、《丽水志愿者之歌》和《丽水志愿服务VI视觉系统》。

【青少年成长关爱行动】 2016年，团市委组建平安志愿者队伍11万人，建设青少年禁毒教育基地10家，开展"青少年禁毒讲解员大赛、城乡少年在行动""三禁三自""青春自护"等青少年"平安护航"活动130余场次。加强第三批重点青少年群体服务管理试点工作，对闲散青少年、不良或严重不良行为青少年、服刑人员未成年子女、农村留守儿童的结对帮扶率分别为99.9%、100%、100%、97.43%。打造"亲青筹""亲青创""亲青帮""亲青恋"四大品牌，组建青年之声法律专家联盟8890人，平台提问量41007个。建立青少年事务社工专业人才队伍和青少年维权专家服务团队，开展贫困帮扶、心理疏导等青少年服务项目31场次，帮扶青少年群体5100余人次。深化"12355"青少年服务台建设，开展"心灵花园"体验、"轻松备考"阳光行动64场次，累计接听热线238人次，受理案件共18件。举办"共青团与人大代表、政协委员面对面"活动，形成调研报告10篇，开展倾听活动53次，提交建议提案15条。

【共青团丽水市第四次代表大会】 6月6—8日，共青团丽水市第四次代表大会召开，全市266名共青团代表参加。市领导史济锡、朱晨、虞红鸣、陈瑞商及共青团浙江省委副书记、党组副书记朱林森到会祝贺。团市委书记王正飞代表共青团丽水市第三届委员会作《奏响青春新乐章 深化改革勇担当 为加快建设美丽幸福新丽水而努力奋斗》工作报告。会议审议通过关于团费收缴使用情况报告决议，选举产生第四届团市委委员、常委、书记、副书记，并召开团市委四届一次全会。王正飞当选为团市委书记，徐菊珍、孔金峰、郭云强当选为团市委副书记。

【中国青年电商群英会暨电商扶贫周活动】 12月3—6日，由共青团中央、中央网信办、农业部、国家工商总局、国务院扶贫办、中华供销合作总社等共同主办的"中国青年电商群英会暨

11月22日，丽水"12355"开展"心灵花园"体验活动　　叶吴玮　提供

电商扶贫活动周”在丽水市拉开帷幕。团中央书记处第一书记秦宜智，农业部党组成员、副部长屈冬玉，中华全国供销合作总社党组成员、经济发展与改革部部长侯顺利，国务院扶贫办党组成员、副主任洪天云，团中央书记处书记汪鸿雁等到现场共同启动系列活动。来自全国31个省(区、市)近200余名青年电商共同参加活动。启动仪式上，团中央分别与京东集团、苏宁集团签订战略合作协议，合力推进青年电商培育工程。团中央决定在丽水市网商创业园建设“全国青年创业示范园区”，并与阿里巴巴集团合作开展“青年就业创业见习基地”建设。3日下午，秦宜智到丽水市缙云县北山村、遂昌赶街总部、遂昌赶街村级站点调研农村电子商务发展情况和青年创新创业情况，并与部分青年电商创业者座谈交流。

【中国青年电商联盟成立仪式暨电商培育工程交流会】 12月3日，由共青团中央主办的中国青年电商联盟成立仪式暨电商培育工程交流会在丽水召开，全国各省市团委负责人共计100人参加了会议。会议发起成立中国青年电商联盟，表决通过《中国青年电商联盟章程》，选举产生中国青年电商联盟理事会组成人员。会上，阿里巴巴、京东、苏宁三家著名电商企业分享各自在促进青年电商发展的典型经验，共青团广东省委、共青团陕西省委、共青团丽水市委介绍各自在扶持青年电商创业，加快青年电商发展的举措和做法。 (叶吴玮)

丽水市妇女联合会

【概况】 2016年，市妇联按照中央及省委关于加强和改进党的群团工作重大部署，为加快建设美丽幸福新丽水发挥了“半边天”作用。全年市、县两级妇联建立执委工作联系点48个，走访结对村(社区)妇联干部数300余人，调研走访村(社区)860余个，带送服务项目数164个，指导建立QQ群、微信群数141个，直接服务妇女群众数1.6万余人。开展“巾帼心向党•我是党员我示范”比学赶超活动，建起一支348人市、县(市、区)、乡镇三级妇联网评网宣队伍，开展各类网上“巾帼心向党活动”200余次，转发有关微信推送800余条次，“网上妇联”影响覆盖面超20万人次。继续开展市级“妇女之家”示范点创建活动，通过考评选定10个村“妇女之家”作为创建示范点。建立“妇女之家”2869个，市级示范妇女之家20家。

开展“六一”儿童节慰问庆祝活动，全市共慰问学校和幼儿园272所，捐赠衣物、学习用品等价值103.5万元，筹资18万余元资助贫困女童626人，发放家庭教育宣传资料9万余份。开展“妇女健康月”活动，开展“送健康下乡”活动，举办健康讲座6场次，为1000余名农村妇女提供免费两癌筛查。全年19家单位申报全国巾帼文明岗，56家单位申报市级巾帼文明岗。全市各级巾帼文明岗开展创建文明城市宣传活动700余场，2000余名志愿者参与服务保障活动。完成《丽水市妇女儿童发展“十二五”规划终期监测评估报告》，发布实施《丽水市妇女儿童“十三五”发展规划》。发挥妇女协会作用，开展“红围巾温暖丽水城”“爱心校服捐助”等关爱活动，为生活困难妇女群众、环卫工人、留守儿童、受灾群众等特殊群体送上温暖和关怀，受益1000人。

【召开来料加工产业与妇女减贫发展研讨会】 6月30日，丽水•来料加工产业与妇女减贫发展研讨洽谈会在丽水召开。全国妇联发展部副部长郃烈鸿、全国妇联发展部农村处副处长邢慧丽、省妇联副主席张丽萍及市委、市人大、市政协等领导出席会议，丽水市副市长任淑女主持。中国县域互联网+扶贫协作联盟，吉林省辽源市妇联，义乌市市场监管局、义乌市妇联、义乌来料加工协会、工艺品协会、玩具协会、围巾协会、饰品协会代表等共200余人参加会议。会上，邀请专家学者开展“来料加工+N”发展模式热点对话，组织开展来料加工精

6月30日，举行丽水•来料加工产业与妇女减贫发展研讨洽谈会 吴 伟 提供

品发布，展示来料加工从业者“工匠精神”，推动“丽人加工”向“丽人制造”“丽人创造”发展。其间，市妇联与中国县域互联网+扶贫协作联盟签约战略合作伙伴协议。

【推进“来料加工+发展”模式】 2016年，市妇联引导来料加工向“三加”(+电商、+旅游、+文创)、“三进”(进网店、进民宿、进旅游景点)发展。全年发放加工费18.26亿元，同比增长10.36%。2016年来料加工新增个转企43家，新增自主品牌28个，全市自主品牌数达到110个。来料加工点覆盖173个乡镇、2297个行政村。聘请省政府咨询委“三农”部长顾益康、浙江大学中国农村发展研究院院长黄祖辉担任丽水市来料加工产业发展顾问，完成《丽水市来料加工产业发展研究报告》。发挥“丽人”来料加工发展总部、义乌展洽服务中心辐射引领和联络作用。开通总部咨询热线和“巧手丽人”公众微信号，开设微商城板块，拓展线上销售渠道。建成全国首个来料加工O2O体验馆，举办全市来料加工互联网+网上接单培训、“电商汇·来料加工+互联网”资源对接沙龙等多维度多角度服务，扩大“巧手丽人”的品牌影响力。总部和展洽服务平台全年接待贵州、山西等省内外参观学习团队、经纪人、客商等3600余人次，发放宣传资料6200余份，承接订单86个，对接成功订单金额6180万元。

【深化“创建美丽庭院”】 2016年，市妇联围绕“六边三化三美”等中心工作，以“家庭”为核心，实施“美丽行动”三年计划，开展“四级妇联齐上阵、万名妇女显身手”活动，引导广大农村妇女参与“美丽庭院创建”。至年底，全市76个村庄农户美丽庭院创建率达50%以上，评选产生市级美丽庭院示范户99户。开展“千户最美庭院”“丽人民宿”评选，引导有潜力妇女开办民宿和农家乐，催生一批“美丽庭院”向庭院经济蝶变。龙泉市张畈娘家、庆元县临溪山庄、松阳县福满堂农家乐等100余家“妇字号”民宿(农家乐)投入运营。围绕服务G20、三美融合、全域旅游、主客共享、文明城市创建等五方面，以“礼乐家庭仪扬丽水 文明创建巾帼同行”为主题，开设“美丽主妇”、“妇字号”农家乐/民宿负责人、“美丽行动”创建示范村负责人、丽人管家和来料加工重点经纪人提升班等5个班次，300余人参加培训。

【开展寻找“最美家庭”活动】 2016年，市妇联抓住“家庭、家教、家风”三个重要内容，立足基层、群众做主、抓住节点、媒体联动，常态化开展寻找“最美家庭”活动。召开“最美家庭 向幸福出发”主题晚会，会上表彰2015年度推选入围浙江“最美家庭”12户、丽水“最美家庭”10户以及“美丽庭院”示范户10户。采取“最美家庭”大众点赞和微信投票互动方式，关注活动并进行有效投票人数超过10万人。全年推选20户家庭入选浙江季度“最美家庭”。联合媒体举办“最美丽人”系列评选，共评选“家庭好主妇”“妇联好干部”“岗位好标兵”“创富好能手”“创新好榜样”5个系列“最美丽人”各10人，“最美丽人”提名奖50人。开展“三家”(重家教、扬家风、传家训)主题活动，启动“礼乐文明惠我行”活动。全市机关干部家庭开展“我的家风家训·廉政家风”活动，累计征集家风家训1000余条并择优推送参加省级评选。

【实施绿谷希望父母成长工程】 4月，成立丽水市家庭教育学会。学会通过开展家庭教育科普宣传、理论研究和学术交流等活动，全面提高家长家庭教育水平，促进家庭、社会、学校协同教育。学会设置“孩子养育”“父母教育”“家校合作”“社会服务”等专业委员会，通过组建专业化专家志愿团队，搭建符合丽水实际家庭教育系列平台。举办“绿谷父母成长工程”——“百场家庭教育”公益巡讲活动。活动覆盖全市9个县(市、区)100余所学校，举办讲座100余场，50000余名家长参加。开设《丽水家教》公众号微信，公众号每周发布家教等信息5次，开展线上咨询活动，提高家庭教育科学知识的普及率。建立“丽水市家庭教育学会家庭教育咨询室”，免费为家长作家庭教育疑难问题咨询。

【构建妇女维权服务保障体系】 2016年，市、县两级全面开通“12338”妇儿维权热线，建立丽水市反家庭暴力委员会、法律援助妇联工作站，婚姻家庭纠纷调解委员会、“110”家庭暴力救助中心、女法律工作者协会等组织。出台《丽水市反家庭暴力联动工作机制》《丽水市反家庭暴力庇护救助工作实施办法》。建立市家暴受害人接收处置相关责任、定期会商、联合作业、协同帮扶等联动协作机制。组织牵头市本级及各县(市、区)建立政策文件性别平等咨询评估机制10个，参与政策文件评估12件。依托“妇女之家”开展“建设法治中国·巾帼在行动”等普法讲座，面对面现场咨询286场次，发放宣传资料244600份，参与群众达263.5万人次。全年接待处理来电来信来访308件，化解率98%。 (吴 伟)

人力资源和社会保障

【概况】 2016年，市人力社保局牢牢把握“服务发展，惠及民生，促进和谐”工作主线，立足“为人才当保姆，促事业进步；为企业当保安，促经济发展；为民工当保镖，促社会和谐；为大众当保障，促民生改善”“四保四促”的工作定位，以“先进要先行、模范要示范”为要求，抓民生、强人才、保和谐、促发展，各项工作取得良好实效。全年领办建议和提案63件，比2015年增加12件，其中主办22件。主要涉及工资待遇、养老保险、医疗保险等热点民生问题。按时办结率100%，满意率100%。全年市审批中心社保窗口受理办件量19892件，其中行政许可91件，所有事项均在承诺时间内办结，实现零投诉。局门户网站发布信息700多条，“丽水人社”微博关注24741人，发布信息1785条。连续6年获市政府综合目标责任制考核优秀。

人　　事

【概况】 2016年，全市各级机关招考公务员669人（其中四级联考招考636人、选调生村官招考30人、专职人民武装干部学员招考3人），完成31名人民警察学员的招录工作和34名浙江警察学院等公安专业毕业生的考试录用工作。市本级组织各类招聘46场次，招（选）聘事业单位工作人员406人，其中引进高层次专业技术人才149人（博士研究生33人、硕士研究生116人），面向社会公开招聘383人，面向事业单位公开选聘23人。获批省级以上引智项目、“百村引智示范项目”21个，培养高技能人才5761人，引进急需紧缺人才和高层次人才2031名。3人入选享受国务院政府特殊津贴人员，2人入选浙江省有突出贡献中青年专家，1人入选浙江省“西湖友谊奖”，5人入选省151人才工程重点资助及第一、二层次培养人员。

【公务员管理】 2016年，市人力社保局加大市直部门面向基层遴选公务员的力度，有8家单位11个职位面向基层遴选公务员。拓展国资营运机构公开招聘方式，采用技能测试、比选等多种竞争选聘方式，开展公开招聘7次，招收合同制工人25人。会同市委组织部出台《关于印发〈丽水市市级机关公务员平时考核工作实施细则（试行）〉的通知》，实现公务员平时考核制度全覆盖。举办2016年公务员初任培训班，48名新录用公务员及转任公务员参加；举办第七次公务员考官培训班，全市419人参加。出台市级机关公车改革司勤人员安置分流办法，车改司勤人员分流安置工作整体平稳、有序。主动破解职务与职级并行中“三类人员”任职年限比照问题，审批职级晋升796人，其中科员晋升副科级162人，副科晋升正科级248人，正科晋升副处级371人，晋升正处级15人。严守底线，稳妥解决参公遗留人员的过渡问题。

【事业单位人事管理】 2016年，市人力社保局联合市委组织部核准莲都区等地采取考核招聘的方式聘用28位优秀大学生村官为乡镇事业单位工作人员。联合市财政、市编办发布《关于进一步规范丽水市本级机关事业单位编外用工使用管理的意见》，对市本级机关事业单位编外人员招聘、管理、使用、待遇进行规范，并首次发布审批管理类单位编外用工工资待遇标准。在全市事业单位全面启动聘期考核工作，把聘期考核作为事业单位人事管理的中心环节，指导丽水市农业科学研究院等事业单位及主管部门积极探索形式多样、便捷有效的聘期考核方法和途径，加强考核结果运用，将聘期考核结果作为下轮竞聘或续聘的主要依据。联合市委组织部启动全市第四批专业技术二级岗位拟聘人选申报和第三批全市专业技术三级岗位拟聘人选申报评审工作，3人被列为全省第四批事业单位专业技术二级岗位聘任人选，28人被列为第三批丽水市事业单位专业技术三级岗位聘任人选。鼓励支持事业单位科研人员离岗创业工作，4人符合离岗创业条件的专业技术人员，经用人单位同意并报人力社保部门备案离岗创业。首次联合浙江农林大学采用“2+2”培养模式，定向培养本科学历林技人员29人。

【工资福利】 2016年，市财政局、市人力社保局出台《关于规范机关单位工作人员夜餐费开支管理的通知》，对确因工作需要在工作时间外连续加班超过4小时开支夜餐费（伙食）进行规范，为规范公务支出提供保障。对教育系统各类奖金津贴、部分事业单位2016年度绩效工资上浮额度进行核定。做好首次正常调整机关事业单位工作人员基本工资标准工作。调整人民警察警衔津贴标准，月人均从210元提高到950元。根据省人力社保厅、省财政厅、省卫计委《关于提高儿科医生、护士人员待遇问题的通知》文件规定，对从事儿科医疗服务累计满30年的儿科医生，发放一次性退休补贴，护士上浮2级薪级工资。调整机关军转干部规范津补贴计发标准。会同财政部门对市本级机关和参公单位2013—2015年各类津贴和收入发放情况进行自查，并形成自查报告上报省相关部门。对部分事业单位上年度的绩效工资发放情况进行抽查，发现部分单位存在绩效工资超额发放、单位主要领导的奖励性绩效工资超过本单位平均奖励性绩效工资三倍的现象，要求相关单位整改到位。继续加强对个人工资发放和变动情况管理。

【军队转业干部安置】 2016年，市人力社保局坚持“公开安置政策、公开安置程序、公开安置计划，公开考核考试成绩，公开安置结果”的“五公开”阳光政策，全年安置军转干部35人，随调家属5人。举办全市军转干部综合素能提升培训班，2012—2015年期间转业的60名军转干部在浙江大学接受为期5天学习。将退休企业军转干部的慰问金标准从每人每年4100元提高到4800元，每人每年新增700元，全年慰问265人，发放慰问金127.2万元；个别走访慰问困难军转干部12人，发放困难慰问金8000元。

人　才

【人才引进与开发】 2016年，市人力社保局参与制定《丽水市人才发展“十三五”规划》《关于加强创业创新人才队伍建设的意见》。组织开展享受国务院政府特殊津贴人员和浙江省有突出贡献中青年专家推荐选拔工作，市林科院应国华、市疾病预防控制中心雷永良，青田县省工艺美术大师周金甫等3人入选2016年度享受国务院政府特殊津贴人员；市中心医院纪建松、龙泉市省工艺美术大师梅红玲入选2016年度浙江省有突出贡献中青年专家。开展丽水市突出贡献专家选拔评审工作，《中共丽水市委、丽水市人民政府关于公布丽水市突出贡献专家的决定》授予丁泽林等10人为“丽水市突出贡献专家”；《关于公布“丽水市突出贡献专家提名奖”的决定》授予方炳木等5人为“丽水市突出贡献专家提名奖”。编制《2016年度丽水市紧缺人才开发导向目录》，编录116种类紧缺岗位，列入《2016年度丽水市紧缺人才开发导向目录》的高级技师和技师等高技能人才可享受政府岗位津贴等人才优惠政策。落实引进高层次人才一次性安家补助审核发放工作，符合条件244人，发放一次性安家补助628.5万元。开展人才公寓租住人员资质审核工作，符合条件72人，审核享受购房和租房补贴符合条件人员46人。

【专业技术和留学人员管理】 2016年，市人力社保局组织开展省151人才重点资助及一、二层次人才选拔推荐工作，入选省重点资助1人、一层次1人、二层次3人。加强省151人才工程和市138人才工程培养人员跟踪考核，培养管理期内的省151人才工程培养人员和市138人才工程培养人员共229人参加跟踪考核和期满考核，其中考核优秀54人、合格174人，不合格1人，19位原入选138人才工程第二层次培养人员列入第一层次重点培养。完成2011年入选省151人才工程第三层次培养人员的综合考核。组织开展省级专业技术人员高级研修班、省级现代服务业高级研修班项目申报，有6个项目列入省厅资助。牵头举办专业技术人才高级研修班14期，其中市138人才工程培养人员高研班2期，全年培训700余人。组织开展2015年度高层次人才享受政府岗位津贴对象申报工作，完成专业技术人才1126人申报审核。实施“双百引领计划”，首批33名挂职人才派驻30家企业，并与挂职企业签订挂职期间“六个一”重点工作任务及项目攻关合作协议。落实省专家联系服务企业工作制度，12名首批联系服务企业的专家分赴相关县开展联系服务企业工作。落实省高层次专家服务企业服务基层丽水行，28名专家分赴丽水6个县市18家单位、企业开展服务基层服务企业活动。上报14家省级博士后工作站设站单位，经省厅核准，新建成省级博士后工作站设站单位13家。组织开展博士后择优资助项目申报，入围省级资助项目3个。

【职称制度改革】 2016年，市人力社保局、市教育局出台《关于印发〈丽水市深化中小学教师职称制度改革工作实施办法〉的通知》，进一步推进中小学教师职称制度改革。深化卫生高级专业技术职务评聘制度改革，开展2015年度卫生高级专业技术职务任职资格复审工作。加强企业工程评审组织，在资格审查上创新审查方式实行交叉互查，全市申报评审1461人，经资格审查交叉互查不通过152人。

【职业能力建设】 2016年，市人力社保局实施高技能人才“金蓝领”开发计划，大力开展职业技能培训，积极推进技工教育创新发展。举办丽水市首届“五养技能大师”系列职业技能竞赛，通过赛评多元化方式共选拔出丽水市第三批“五养”技能大师60人。发动农业、教育、水利、卫生、民政、社区大学、电视台等部门(单位)，联合开展养老护理员、育婴师等30多个工种的职业技能竞赛。开展丽水市“高技能人才培训优秀导师”培养选拔工作，评选出“高技能人才培训优秀导师”10人。实施“重点产业岗位技能提升千人培训计划”，在信息、养老、环保、制药、时尚等重点行业组织安排千名以上数控车工、钳工、焊工、企业培训师、健康管理师、养老护理员等工种在职在岗人员参加政府补贴岗位技能提升培训。组织丽水市非物质文化遗产(龙泉宝剑)高技能人才研修班和丽水非物质文化遗产(青田石雕)高技能人才研修班，全年104名学员参加高研班学习。发动符合条件的高技能人才上报国内外培训申请，组织人员赴香港、德国、意大利进行酒店管理、焊工及服装设计培训。出台《关于印发〈丽水市技工院校年度管理考核指标体系表(试行)〉通知》。引导技工院校实施以“招工即招生、入企即入校、企校双师共同培养”为主要内容的企业新型学徒制试点，鼓励技工院校与企业共同合作开展学徒培训，加快培养企业青年技能人才。新建第三批市级“技能大师工作室”10家，其中林观博技能大师工作室和叶小春技能大师工作室入选省技能大师工作室；俞云祥技能大师工作室被评定为优秀工作室。推进职业技能鉴定工作，全年鉴定42811人次。完成纳爱斯集团技能人才自主评价工作。

【外国专家和智力引进项目管理】 2016年，市人力社保局组织21家企事业单位先后赴深圳、宁波参加第十四届中国国际人才交流大会和第十八届浙江投资贸易洽谈会海外高层次人才智力洽谈活动，8家企业与外国专家组织达成合作意向。获批国家级引智项目2项、省级项目19项、省级百村引智示范基地5项，获资助经费124.5万元。引进外国专家合作项目以农业、电子机械及高端制造业为主，聘请外国专家50人次。浙江斯凯瑞机器人股份有限公司的乌克兰专家涅斯捷连科·谢尔盖·阿纳托利耶维奇，获2016年度浙江省“西湖友谊奖”。浙江和信玩具有限公司美籍专家爱知明，入选省“外专千人计划”。

劳　　动

【概况】 2016年，市人力社保局围绕“六有六要”目标，开展“企业关爱职工、职工热爱企业”活动(简称“双爱”活动)，全市规上企业“双爱”参与率100%，已建工会规下企业“双爱”参与率达到97.8%。在省构建办对各地市的劳动和谐指数调查中，丽水市劳动者满意度有较大提高，位列全省第三位。以国企薪酬改革为重点，探索优化工资分配制度。丽水市政府办公室出台《关于进一步做好为农民工服务工作的实施办法》，进一步提升为农民工服务的能力。规范农民工工资保证金存放管理，积极推行竞争性存款，采用公开招投标的方式确定存放银行。严格落实责任，全力化解稳控，全面完成G20峰会、乌镇峰会维稳安保等平安建设各项工作任务。全市居民人均可支配收入26757元，比上年增长9.7%。按常住地分，城镇居民人均可支配收入35968元，比上年增长9.4%，比全省平均速度高出1.3个百分点，增幅位列全省首位。

【劳动保障监察】 2016年，市政府下发《丽水市市本级欠薪突发群体性事件应急处置预案》，成立由市委常委、常务副市长任组长，市直22个相关部门组成的企业欠薪工作领导小组，统筹协调、指挥保障、受理处置各类欠薪突发群体性事件。深入开展农民工工资支付情况、人力资源市场秩序整顿、用人单位遵守劳动保障法律法规情况、劳务派遣、使用童工等专项行动，对2654家相关用人单位进行重点检查，依法查处违反劳动保障法律法规的行为。定期组织全市9个县(市、区)及经济开发区开展联合执法、交叉执法行动，分组对各地劳动密集型企业、建筑施工企业进行劳动用工抽查，查处一批“老大难”企业。全年作出劳动保障限期整改指令261份；行政处理决定16件；行政处罚决定140件，罚款金额65.2万元；清退童工27人。妥善处理举报投诉案件，全市办理举报投诉案件1099件，其中欠薪案件1053件，清欠金额1.59亿元，涉及职工近万人；处理跳楼爬塔、堵塞交通要道等重大群体性突发事件44件；动用政府应急周转金垫付劳动者工资678.7万元。定期对重点行业、重点企业工资发放、社保登记、休息休假、劳动合同、童工、未成年工等涉及劳动保障法律法规的事项进行排查,主动监察各类用人单位5669户,涉及劳动者14余万人,排查存在重大欠薪隐患企业125家。加强与建设、交通等部门横向联动配合,建立联合巡查检查机制、信息互通机制、工作协作机制,应对工程建设领域欠薪顽症。加强与公安、司法对接和协调配合,采取细排、严查、重办等强硬手段,共同打击拒不支付劳动报酬违法犯罪行为,全年向公安机关移交涉嫌拒不支付劳动报酬案件14起,公安机关立案10起,法院依法判决入罪2件,被告入刑2人。提高书审复查率,夯实信用建设基础,对35848家用人单位进行劳动保障书面审查。出台《丽水市劳动保障诚信红黑名单管理暂行办法》,规范劳动保障信用等级评定及管理,公布全市第一批8家"劳动保障诚信黑名单"和29家"劳动保障诚信红名单"。对28家被处罚企业和13家存在重大欠薪行为的企业,通过报纸、网站、手机客户端等多渠道进行曝光。不定期地向行业主管部门和市招标办抄告重大欠薪违法行为,提高企业失信成本。

【劳动人事争议调解仲裁】 2016年,市人力社保局、市财政局出台《关于实施劳动人事争议特聘(兼职)仲裁员制度的通知》,试点特聘(兼职)仲裁员办案。构建"一站式"仲裁服务模式,实现"咨询、援助、受理、调解、仲裁"等一体化的全程服务,市仲裁院被评为全国人力资源社会保障系统2014—2016年度优质服务窗口。全年立案受理劳动人事争议3405件,涉案金额7768.18万元,结案3340件,结案率98.1%,调解2747件,调解率82.2%。加强庭前调解,建立多元化调解格局。探索并建立劳动争议巡回庭制度,全市仲裁院均开展巡回庭案件处理,共处理疑难案件67件,涉案金额480万余元。进一步开展法律援助工作,法援工作站共接待咨询942人,申请法援215件,受援人数215人,涉案金额840.83万元,法援工作站已成为农民工劳动争议维权的主渠道。

【"12333"电话咨询服务】 2016年,全市受理各类咨询电话205337个,比2015年度增长6.7%;网上查询人次达到37.4万人次,其中,通过网上办事大厅查询信息达21万人次,通过移动端查询信息达16.4万人次,网上查询量超过人工咨询电话总量。

就　业

【概况】 2016年,全市城镇新增就业18467人,指导和帮助7755名城镇失业人员实现再就业,其中就业困难人员就业2736人;完成目标任务的136.8%;期末城镇登记失业率为2.87%,控制在4%以内。全市养老保险参保人数161.97万人,较上年末新增5.09万人,其中企业基本养老保险参保人数62.85万人、机关事业养老保险参保人数10.88万人、城乡居民养老保险参保人数88.24万人;医疗保险参保人数235.67万人,较上年末减少2.25万人(因数据整理剔除了重复参保人员),其中职工基本医疗保险参保人数40.09万人、城乡居民基本医疗保险参保人数达195.57万人;工伤保险参保人数达66.66万人,净增9.87万人;生育保险参保人数达25.41万人,净增1.51万人;失业保险参保人数22.83万人,新增0.80万人。失地农民基本生活保障参保人数达3.91万人,全年办理征地保障转保职工养老22505人。

【出台就业政策】 2016年,市人力社保局出台《丽水市本级支持大众创业促进就业政策实施细则》。转发《浙江省人力资源和社会保障厅、浙江省财政厅关于印发网络创业认定办法的通知》,对丽水市网络创业认定条件、经办机构、优惠政策等进行明确。下发《关于进一步加强创业培训工作的通知》《丽水市人力资源和社会保障局丽水市财政局关于印发〈丽水市本级职业技能(创业)培训示范基地认定管理办法(试行)〉的通知》,加强职业(创业)培训工作。人民银行丽水市中心支行、市人力社保局、市财政局联合下发《关于做好丽水市本级创业担保贷款工作通知》,加大对劳动者创业扶持力度。建立企业联系制度,集中组织开展就业创业政策入园进企进社区服务、举办创业大赛、创业导师结对服务创业者等就业创业工作宣传季活动,进一步贯彻落实国家和省、市有关支持大众创业促进就业的政策文件,宣扬创业创新精神,形成鼓励创业促进就业的良好氛围,助推企业发展。

【公共就业服务】 2016年,市人力社保局以"春风行动"、就业援助月等专项活动为载体,通过举办人力资源招聘活动、组织职业技能培训、发放春风卡、走访就业困难人员家庭等公共就业服务,为城乡劳动者提供公共就业创业服务。全市组织专场招聘活动59场,组织招聘单位3150余家,提供招聘岗位6.6万个,达成就业意向1.8万人次。通过就业援助月等活动发放政策宣传资料2.2万份,走访就业困难人员家庭689户,登记认定未就业困难人员381人,其中残疾困难人员55人、低保家庭成员人数15人,帮助就业困难人员实现就业526人,2907人享受就业困难人员社保补贴。对全市23751户低收入农户进行就业情况调查，涉及总人数62872人，调查劳动力人数38221人，筛查出有劳动能力和就业愿意的需就业帮扶人员1513人，通过帮扶实现就业1327人。利用丽水市电商发展的优势，积极开展农村电商精准服务活动，全市组织农村电商培训12058人、扶持农村电商创业3010人，农村电商创业带动就业19854人。实施2016年职业培训“百千万”计划，全市举办培训班670个，培训3.11万人，投入培训资金2509万元。

【重点群体就业】 2016年，市人力社保局积极组织实施高校毕业生精准帮扶工作，大力开发就业见习岗位，加强离校未就业高校毕业生实名登记就业帮扶，全市共发放高校毕业生住房补贴、就业补贴、社保补贴、见习补贴、求职补贴、生活困难补助、高校毕业生公益岗等各类补贴586.4万元，涉及856人次；推出见习岗位1252个，安排就业见习658人；离校未就业高校毕业生实名登记就业帮扶率达100%。支持鼓励就业困难人员灵活就业，全市新认定就业困难人员1962人次，发放灵活就业社保补贴2033.6万元；开发公益性岗位103个，安排就业困难人员67人。进一步落实援企稳岗政策，帮扶企业稳定就业岗位，全年为199家符合条件的企业发放社保补贴928.33万元，降低企业负担，涉及职工21220人。

【促进创业】 2016年，市人力社保局积极推进创业园建设，完善创业孵化服务，建成县级创业孵化园有15家，市级创业孵化示范基地6家，省级创业孵化示范基地2家。完善创业导师团、创业项目库和创业师资库，在库创业导师219人，创业项目154个，创业培训师资86人。

社会保障

【社会保险政策】 2016年，市人力社保局推进机关事业单位养老保险改革，出台《关于全市机关事业单位退休(职)人员退休(职)待遇统一由社保经办机构发放的通知》，自1月起，全市10个统筹区全部上线机关事业养老保险系统，10.7万名应参保人员全部参保机关事业养老保险，其中全市3.25万名退休人员待遇全部由社保经办机构统一发放。会同市财政局、市地税局出台《关于做好全市机关事业单位养老保险基金清算工作的通知》，全市参加机关事业单位养老保险并建立职业年金的所有参保单位进行全面清算。调整2015年12月31日前已办理退休(退职)手续人员的基本养老金，涉及退休人员22.09万人，企业退休人员月人均养老金为2055元。计划外长期临时工晚年生活补助费标准由870元调整为930元。下发《关于进一步完善职工基本医疗保险个人账户有关政策的通知》，推出个人账户共享政策，将参保人员个人账户历年累计结余资金用于支付配偶、子女、父母的住院、门诊医疗费用，并扩大用于支付参保人本人及近亲属基本医疗保险个人缴费部分费用，进一步满足参保人员需求。落实人力社保部关于医保定点审批改为医保定点协议管理的要求，出台《丽水市基本医疗保险定点医药机构协议管理办理规程(试行)的通知》，明确具体的评估标准。出台《关于实施基本医疗保险付费按病种结算管理的通知》，选择临床多发、诊断明确、诊治方案成熟的6个病种纳入单病种结算管理，并确定各医疗机构的定额标准。出台《关于进一步加强基本医疗保险及工伤保险医疗服务监管工作有关事项的通知》，初步建立医保巡查制度、处方病历点评制度和公立医疗机构药品采购价报备制度。将景宁康宁医院等3家非公立医疗机构纳入特殊病种门诊就医范围，方便特殊病种患者就近就医。

【社会保险经办管理服务】 2016年，市人力社保局推进工伤预防工作，探索建立工伤医疗定点服务管理体系，落实工伤浮动费率相关政策，工伤事故发生率明显下降。对符合产业转型升级发展方向且已按规定参加社会保险并连续缴纳社会保险费的企业，按照单位缴费部分1个月额度的标准下浮城镇职工基本医疗保险费，涉及企业4794家，全年减免1000万元。推进全民参保登记动态管理机制建设，实现与省数据库的实时对接。

【信息化建设】 2016年，市人力社保局全面推进部社会保障卡综合应用示范建设工作，通过省级社保卡管理和服务机构标准化验收评估。全市申领社保卡人数273万人。推进“互联网+人社”便民服务体系建设，建立丽水市人力社保公共服务平台。开通并推广“丽水掌上社保”，创新设计“亲情社保”关系，在全省率先推出医保个人账户家庭共济授权网上服务，推出社保证明网上自助服务及网上验证系统，“丽水掌上医疗”实现社保卡“诊间付费”。丽水市阳光医保监管平台正式上线运行，覆盖至全市所有959家定点医药机构。启动全市统一规范HIS系统建设，进一步规范医保管理，杜绝串换等违规现象发生。积极主动和财政、残联、民政和工会等单位在信息化方面开展跨部门合作，共享信息化成果。 (周　广)

外事 侨务 台务

外事工作

【概况】 2016年，丽水市出访团组18批，全年办理因公出国(境)审核审批218人次，实际成行208人次。做好外国人来华邀请工作，全年办理邀请外国人来华审批手续92批139人次。因公护照、通行证收缴率100%。做好领事保护工作，市外侨办牵头，联合公安、民政、司法等部门，对全市外籍新娘人数、分布和存在主要问题等进行调查，形成调研报告，提出完善工作机制、加大帮扶力度、加强宣传引导等建议，引导外籍新娘合法流入、加强外籍新娘服务管理、重视外籍新娘生产生活发展；接待阿富汗遇难公民家属，及时向缙云县和省外侨办反馈家属相关诉求；报送两办关于丽水市公民罹患黄热病信息；协助处理丽水市在外公民陈某在埃塞俄比亚因心脏病死亡善后事；协助办理驾驶证、外籍新娘婚姻证明真实性核实等工作。做好保障G20杭州峰会，当好"守门员"服务工作，执行峰会期间相关临时措施，落实外国人来华签证邀请函管理系统。当好"协管员"，走访调研重点涉外企业、外籍新娘家庭，协助做好外国人服务管理工作，确保和谐稳定。当好"宣传员"，加强外国记者管理和服务，宣传丽水好风光。当好"服务员"，抽调人员参与G20峰会礼宾接待工作，完成"金融稳定理事会"代表团接待工作，受到峰会组委会通报表彰。

【主要出访】 8月18—25日，市委统战部部长廖思红率团赴柬埔寨、越南就开展友好交流、侨团建设及侨企发展进行访问。8月19日，廖思红代表丽水市政府与柬埔寨暹粒省政府签署《建立友好合作关系意向书》。

11月15—22日，应阿联酋中国商会、希腊雅典市政府邀请，副市长林亮率团赴阿联酋、希腊开展经贸活动。主要落实国家关于"一带一路"建设规划，落实"两山"理论在丽水实践，推动丽水产品出口市场多元化，优化丽水产业和企业"一带一路"沿线布局，扩大与沿线国家经贸合作领域和规模，加快丽水对外开放步伐。11月18日，在雅典举办2016中国丽水(雅典)投资贸易推介会。访问团一行还拜访中国驻雅典大使馆。

【主要活动】 4月18—20日，以阿曼驻华大使阿卜杜拉•萨阿迪为团长的伊拉克、约旦、巴林、阿拉伯国家联盟、叙利亚、沙特等阿拉伯国家驻华使节团到丽水访问交流，并召开"一带一路"商务座谈会，为促进双方建立合作关系搭建良好的平台。

6月16—17日，智利驻沪总领事龚谷泰在智利浙江商会会长邹建兵陪同下到丽水访问考察。副市长林亮接见访问团一行，双方就推动智利和丽水市在文化、政治、经贸等方面合作进行交流。访问团一行参观瓯宝安防科技股份有限公司，参加"中智企业商贸合作座谈会"，并与丽水企业家探讨经贸投资合作。

9月16—20日，法国海外留尼旺省圣•皮埃尔市副市长阿荷•妮燕等一行10人到丽水市开展友好访问，副市长林亮会见代表团一行。代表团与丽水市在文化、体育、林业等方面进行交流和学习。

12月15日，柬埔寨王国暹粒省副省长及暹粒市市长一行到丽水市访问考察，市长朱晨会见代表团一行，双方签署缔结友好交流关系协议书。

【中西两国青少年暑期交流营活动】 7月5—14日，31位西班牙巴塞罗那高中生和62位丽水中学、丽水实验学校学生，参加由市外侨办、市教育局、西班牙国家教师学院和西班牙双丽集团共同组织的2016暑期交流营活动，以"播种友谊，收获快乐"为主题，两国青少年交流互访。活动通过"请进来"与"走出去"方式，为两国青少年搭建国际交流平台，双方结对入住对方家庭，体验异国风土人情，感受

7 月 5—14 日，中西两国青少年暑期交流营活动在丽水举行　何瑞禄　提供

两国历史传统文化和当代文明，促进彼此了解、结下友谊之缘。市外侨办、市教育局、西班牙国家教师学院和西班牙双丽集团共同签署建立友好合作关系备忘录，2017 年暑期，由市外侨办、市教育局共同组织全市青少年代表团赴西班牙巴塞罗那进行回访。（何瑞禄）

华侨事务

【概况】 2016 年，全市侨务学习习近平系列讲话重要精神，贯彻中共十八大会议精神，推进丽水经济社会发展。组织海外丽水侨胞新春大拜年和走访慰问侨资企业、海外侨务工作联络站负责人亲属、困难归侨侨眷活动；组织召开座谈会，市商务局等相关部门负责人及部分侨商代表参加，听取筹建进口商品城事宜意见。

开展"请进来"，引导侨商回归投资活动，协助惠侨工程"丽水华侨经济总部大厦"在丽水经济技术开发区举行开工庆典。编印完成《海外华侨回归创业投资指南》第 2 辑，向市"两会"参会代表、委员发放。推进实施华侨城项目，每月向市政府报送华侨城项目进展情况和存在问题；组织上海凯璞庭资本管理（集团）有限公司一行 4人到松阳、云和及市直相关部门，对接洽谈 PPP 项目，考察市本级华东药用植物园项目和瓯江文苑项目选址；联合市体育局举办旅欧华侨华人乒乓球巡回友谊赛，由奥地利华侨华人联谊会会长陈文恕、意大利青田总商会会长姜文耀、意大利东北四省华人华侨总会会长王伟斌、奥地利华人乒乓球协会会长刘胜国带领华侨华人乒乓球团队 24 人，先后到缙云、云和、龙泉、松阳、遂昌等县（市）参加巡回友谊赛；4 月，组织市招商局、市旅委有关处室负责人和 7 名海外侨胞召开座谈会，听取招商引资意见建议。

5 月，组织侨商参加"海外知名侨商南通行"活动；举办丽水籍海外侨商经济研修班暨第十期华侨企业家培训班；组织侨商赴宁波参加第十八届浙洽会、"中东欧国家侨商宁波峰会"和"丽水市（宁波）投资贸易推介会暨项目签约仪式"，考察宁波保税区进口商品集散中心；8 月，陪同市侨商会顾问郭胜华、会长陈乃科率领丽水市侨商会侨商一行 14 人，考察金华金义综合保税区；组团赴西班牙、斯洛伐克开展侨务访问，先后走访华人商城库区 4 个，与中国驻外使馆官员、当地主要侨团侨领座谈 7 次，调研华侨企业 12 家，看望慰问丽水籍海外侨（社）团代表近 200 人；9 月，接待欧洲浙江华人联谊会代表团詹永平会长一行 26 人到丽水考察，召集市"五侨"部门负责人与代表团座谈交流，陪同考察丽水城市规划展览馆、博物馆、丽水学院华侨学院和浙西南工贸·财富公园项目；举办丽水新生代侨商经济研习班；组织侨胞参加第十九届浙江旅外乡贤聚会，丽水市推荐上报的西班牙华侨华人协会、西班牙青田同乡会、法国青田同乡会、德国青田同乡会、荷兰青田同乡会、匈牙利青田同乡会、柬埔寨浙江总商会、巴西里约华人联谊会、智利浙江商会等 9个侨团获"浙江省海外示范性侨团"称号；10 月，组织市经合办（招商局）、经济开发区招商局和丽缙产业园投资服务中心干部赴温州，参加 2016"相聚长三角"活动暨百名海外博士项目对接洽谈会。12 月，邀请部分侨商召开进口商品电子商务平台商讨会。

开展华文教育，拟写《关于在丽水市莲都外国语学校设立华侨华人子女参加联合考试、自主招生考试试点班的函》，由省外侨办上报国务院侨办。4 月，陪同国务院侨办文化司副巡视员兼院校处处长梁智卫一行，考察莲都外国语学院、青田二中，先后在两地召开座谈会，详细了解海外华侨华人情况、侨生就读情况、侨生回国读书原因及回国接受教育发展趋势、侨生教育遇到的问题等，听取现行侨生升大学政策执行过程中存在的问题和意见。7 月，举办 2016 年华裔青少年"中国寻根之旅"夏令营丽水分营活动。9 月，与哈兔中文网

络学院签订战略合作协议书，免费转赠海外华侨华人子女价值500万元中文学习卡。

开展侨界奉献爱心和开展“十百千”帮扶活动。7月，开展“晚报·华侨学子”爱心助学活动。10月，引导侨胞为遂昌苏村山体滑坡灾区捐款捐物277万元；开展“送剧进侨乡”暨“共建侨善书屋”活动。12月，与市委统战部、市侨联及市侨商会联合发送慰问电，向巴西遭遇火灾的侨胞表示慰问，并委托巴西青田同乡总会将市侨商会慰问款转交巴西丽水籍受灾侨胞。关注和化解部分海外华侨在意大利、西班牙、捷克、波兰、奥地利等国游行事宜，协助做好青田县北山籍华侨信访事件处置工作。维护侨权侨益，及时处理来信来访，全年受理来信来访154件，办结153件。做好华侨捐赠资金统计工作，全年全市接受侨胞捐赠1200万余元。执行侨务法规，做好华侨回国定居审批工作和“三侨生”升学政策加分资格审核工作。全年审批华侨回国定居证3520份；审核高考“三侨生”身份证明232份，全部通过省外侨办验审。开具华侨身份证明6件。开展“全国社区侨务工作示范点”创建活动，青田县鹤城街道月里湾社区被评为2016年度“全国社区侨务工作明星社区”。全年向海外侨团发送贺电36份，唁电7份，慰问电1份，接待联系侨胞3000余人次。妥善办复人大代表、政协委员提（议）案，办理人大议案2件，政协提案9件，其中市人大A006号《关于充分发挥华侨华人领先市场优势，助推丽水融入“一带一路”建设的建议》被列入市领导领办的重点建议。

【市侨商会迎春工作年会】 2月3日，召开2016年市侨商会迎春工作年会，市委常委、统战部部长廖思红，副市长林亮、市“五侨”部门负责人及市侨商会副会长以上人员参加。会议通报换届以来侨商会工作情况，提出本届侨商会工作计划。市侨商会会长陈乃科与丽水学院华侨学院、中国银行丽水分行、市中心医院、丽水华侨开元名都大酒店签订为侨商会企业服务协议，会员企业享受优惠服务。

【海外丽水籍侨胞新春大拜年活动】 2月4日，联合浙江日报报业集团丽水分社发起“海外丽水人新春大拜年活动”。活动收到来自30个国家50个侨团和侨胞拜年小视频。至2月10日，浙江新闻客户端上“海外丽水人给大家拜年啦”专题点击量78000，“浙里丽水”微信公众号投票点赞小视频4万余人。

【丽水华侨经济总部大厦开工】 2月24日，惠侨工程“丽水华侨经济总部大厦”在丽水经济技术开发区举行开工庆典。市领导廖思红、吴炳全，开发区领导丁绍雄，市涉侨部门负责人及世界各地华人华侨代表等300人参加庆典。该项目是由意大利侨商周丽华牵头投资，与丽水经济技术开发区建设服务侨商的华侨经济总部基地，总建筑面积近10万平方米，设有高端观景微豪宅、南城首席AAAAA级写字楼、华侨金融。该项目被列入“浙江省服务业重点项目”“丽水市服务业重点项目”“丽水市重点建设项目”，国家、省、市级开发区“最惠政策基地”。

【“十百千”帮扶活动】 2016年，对接省侨商会“十百千”帮扶活动（帮助10所农村学校改善学生生活条件和设施；帮扶100户困难家庭脱困，设立产业帮扶、就业帮扶、救济帮扶和困难户学生励志奖；帮扶1000个农村劳动力转移就业，省侨商会组织侨商企业参加景宁县2016年春季人力资源招聘会，由浙江长征职业技术学院和景宁县扶贫办、县人社局等部门联合建立定向培训平台，省侨商会组织企业到景宁投资等考察），联系景宁县成立“十百千”帮扶活动专项工作领导小组，制定帮扶计划。4月，省政协副主席吴晶、省侨商会会长廖春荣一行17人，到景宁县开展“十百千”结对帮扶活动捐助仪式，赠送帮扶资金200万元。

2月24日，丽水华侨经济总部大厦开工庆典　　王伟丽　提供

【举办丽水籍海外侨商经济研修班】 6月5—10日，与市委人才办、市商务局、市经合办、市侨联，在云和举办丽水籍海外侨商经济研修班暨第十期华侨企业家培训班，来自15个国家40余名侨商应邀参加。副市长林亮参加开班仪式。培训内容有新常态经济形势分析和基金基础知识、正确投资理念、PPP模式运作等。其间，参加云和县招商引资项目推介会，考察云和木制玩具企业、长汀民宿等项目，分别以“生态旅游”“涉外贸易”“投资融资”为主题，分组研讨丽水市相关涉侨政策、宜侨项目等内容，并赴宁波参加浙洽会等活动。

【裘援平到青田县调研侨务工作】 6月10日，国侨办主任裘援平调研青田侨务工作，青田县汇报创建“侨梦苑”工作。市长朱晨、省外侨办副主任王通林等陪同考察青田进口商品城和鹤城街道月里湾社区服务中心。“侨梦苑”是国务院侨办和地方政府合作、打造“升级版”侨商产业聚集区和华侨华人创新创业聚集区品牌，发挥侨务优势服务国家创新发展举措，实施“万侨创新行动”的服务平台。

【“晚报·华侨学子”爱心助学活动】 7月，与《处州晚报》开展“晚报·华侨学子”爱心助学活动，发挥侨务资源优势和媒体宣传优势，搭建爱心助学平台，开展助学扶贫。9月，召开海外侨胞与5位结对学子座谈会，捷克侨胞宗伟勇、意大利侨胞周龙、俄罗斯侨胞季方荣、瑞典侨胞杜青燕、波兰侨胞周建军，分别资助5位大学生，助学金每人2万元。

【“中国寻根之旅”夏令营活动】 7月18—29日，举办2016年海外华裔青少年“中国寻根之旅”夏令营——浙江营·丽水学院分营活动，来自意大利、西班牙、法国等7个国家55名华裔青少年参加。7月20—31日，举办2016年海外华裔青少年“中国寻根之旅”夏令营——浙江营·丽水职业技术学院分营活动，来自意大利、德国、西班牙等11个国家56名海外华裔青少年参加夏令营活动。举办青田石门中学分营和华侨中学分营活动，各80名海外青少年参加活动。

7月20—31日，“中国寻根之旅”夏令营活动在职技院举行　　王伟丽　提供

【丽水新生代侨商经济研习班】 9月21—23日，与市委统战部、市委人才办、市侨联、遂昌县委统战部在遂昌举办“2016丽水新生代侨商经济研习班”。来自葡萄牙、西班牙、意大利、匈牙利、俄罗斯、奥地利、柬埔寨等14个国家和地区40多位新生代侨商参加研习。市委常委、统战部部长廖思红出席开班仪式，其间，学员们对跨境电子商务行业分析和政策解读、跨境电子商务商业模式和发展理念、相关涉侨政策、侨务工作的新形势和新要求等内容进行学习，开展跨境电子商务实例交流研讨，参加遂昌县招商引资推介会，考察浙江赶街电子商务有限公司、遂昌县企协网络服务有限公司。

【“送剧进侨乡”暨“共建侨善书屋”活动】 10月18—19日，与莲都区侨办承办省外侨办开展“送剧进侨乡”暨“共建侨善书屋”活动。组织1000余名学生在丽水莲都外国语学校观看浙江儿童艺术剧团演出话剧《孔子》。省外侨办副主任陈安代表省侨爱分会向莲都外国语学校捐赠“侨善书屋”2万元。（王伟丽）

侨联工作

【概况】 2016年，丽水市归国华侨联合会（以下简称“市侨联”）履行参政议政职能，全市侨界人大代表、政协委员160人，提交提（议）案近134件，其中，提涉侨议案38件，集体提案6件，优秀大会发言1件，重点提案1件。全年各级侨联回复来信来访人员120余人（次），继续开展海外侨领协助调解涉侨案件审判工作。带头示范鼓励侨界群众参与公益慈善活动，全市侨界捐款捐物折合人民币687万元，侨界群众为遂昌苏村山体滑坡捐款捐物387.9万元，其中丽水籍华侨捐款277.9万元。加强与海外侨团、华侨新生代、海外高层次人才、海外侨商的联系，全市侨联系统接待海外侨团150余批4000余人次，并介绍丽水良好生态优势和产业优势，展示家乡丽水良好的经济发展活力。组织开展"同心暖侨"活动，发挥莲都区侨联为侨服务中心和青田县侨联10支为民服务队服务华侨的作用。2016年，莲都区侨联、青田县侨联举办"侨缘侨心·医侨联心"系列活动被评为全省侨联系统最具影响力工作，市侨联"深入开展侨联智库创建工作"被评为全省侨联系统最具影响力工作入围奖第一名。中国侨联开展向从事侨联工作20年以上工作者颁发荣誉证书活动，尹文廷、叶焕光、朱小丽等39名丽水市侨联工作者获此荣誉。

11月19日，市侨联召开全市基层侨联干部培训班。12月15日，丽水市侨联召开市直机关第一次归侨侨眷、留学人员和家属联谊会代表大会，会议选举产生第一届领导班子成员。修订《丽水市侨联第六届兼职副主席履职守则》《丽水市侨联第六届常务委员、委员履职守则》。成立丽水学院留学人员和家属联谊会，至今已成立7家市留联会团体会员单位。

10月9日，浙江省侨联向遂昌苏村灾区捐款　　张　芳　提供

【"侨商回家——走进丽水"系列活动】 2016年，丽水市侨联发挥优势服务丽水经济社会发展，实施"家乡护侨、侨为家乡、创业创新、合作共赢"侨商"蜂巢"行动，全市侨联系统组织侨商30余批次700余人到丽水开发区和各县(市、区)考察投资环境和项目，直接或间接引进项目12个，签约资金18.06亿余元。牵线意大利华侨周丽华等投资丽水华侨经济总部(万侨国际)5亿元并开工建设，牵线乌克兰华侨周军伟投资丽水市华侨国际幼儿园4000万元并开园招生。

【"侨智聚绿谷·创新引未来"主题活动】 2016年，为进一步助推丽水市委提出的"人才强市"战略，引导留学人员智力返乡、人才回归，7月5—6日，市侨联与丽水市留联会举办以"美丽乡村·难忘乡愁"为主题的第三届"侨智聚绿谷·创新引未来"系列活动，组织15名留学生考察莲都区荷花基地、沙溪民宿，并到嘉兴中国归谷嘉善科技园参观考察，引导留学人员回归创业。12月15日，邀请教育部长江学者、加拿大特聘教授赵月枝和省首批高职高专旅游专业带头人、丽水职业技术学院教授蔡敏华作"美丽乡愁"主题讲座，并召开市留联会一届四次理事(扩大)会，聘请荣誉会长1人，增补理事、常务理事、副会长19人。

【"进万家门、访万家情、结万家亲"调研活动】 2016年，为进一步加强侨联与侨界群众、侨企的联系，市侨联开展"常同群众进行面对面、手拉手、心贴心的零距离接触"调研活动，全市各级侨联在春节、中秋等节日期间、走访困难侨界群众400余户，赠送慰问金和慰问品23万元；走访丽水绿氟科技有限公司、丽水洋洋海购等80余家侨资企业，了解企业发展短板，帮助企业"开药献良方"，使丽水侨资企业"回得来、留得住、兴得起、做得强、干得长"。

【传承中华文化系列活动】 5月24—25日，省侨联、省新四军历史研究会到丽水莲都、青田举办以"不忘老区情怀，凝聚侨心侨力，同圆共享中国梦"为主题的文艺演出，纪念中国共产党成立95周年暨中国工农军长征胜利80周年。7月25日，中国侨联、国家汉办主办的2016"亲情中华·汉语桥"夏令营青田营在青田开营。8月8日，成立全省首个工艺之家侨联——青田县工艺之家侨联，200余名侨界能工巧匠和嘉宾参加成立大会。10月9日，邀请省侨联在缙云举办丙申(2016)年中国·仙都祭祀轩辕黄帝大典，100余名来自世界各地侨商侨领、海外媒体嘉宾代表共祭轩辕黄帝。11月19日，中国华侨华人历史研究所"共建与共享，浙江华侨华人与'一带一路'国际会议"学术研讨会在丽水举行，市侨联与丽水学院华侨学院签订战略合作，授牌丽水学院华侨学院为市侨联国际移民与华人华侨研究智库(全省首个国际移民与华侨华人研究智库)，聘任国家社科基金项目评审专家、丽水学院华侨学院院长李其荣为首席专家。12月2日，市侨联推荐上报遂昌汤显祖纪念馆参加中国侨联组织的第三批中国华侨国际文化交流基地评选活动获成功并挂牌。（张 芳）

台湾事务

【概况】 2016年，市台办组织“归零翻篇开新局”主题大讨论和“两学一做”学习教育活动，开展“制度回头看”活动，修订10项工作制度。举办丽水市台办系统干部培训班。组织对台文化、教育、医卫、民宿等领域交流交往活动31场次。邀请缙云、莲都、云和、青田等同乡会旅台乡亲92人次返乡探亲参访。开展“《魅力东方》走进丽水”系列宣传报道，台湾中天电视台、联合报系等媒体到松阳、龙泉、青田、景宁、遂昌等地拍摄《魅力东方》电视专题片，并在台湾主流媒体播出。

【创建海峡两岸青年就业创业示范点】 8月11日，国台办在义乌市召开会议和授牌仪式，授牌新设20个海峡两岸青年创业基地和11个海峡两岸青年就业创业示范点。其中，丽水江泰国际星城被授予海峡两岸青年就业创业示范点，成为丽水首个、浙江省唯一的获示范企业。

【对台经贸合作】 2016年，加大招商力度，借助“2016浙江·台湾合作周”平台，丽水经济技术开发区管委会与台资企业浙江世博大酒店签订投资意向书，总投资10亿元。全市新批台资企业4家，增资1家，投资总额1265万美元。聚集民宿经济、乡村旅游、文化创意、养生健康等重点领域，推进对台产业合作。加强丽台民宿交流，举办对台民宿培训16场次，参加培训4050人次，签订对台民宿交流协议7项。编撰出版《旅途中的美丽家园——浙江丽水 & 台湾南投精品民宿简编》，提升“丽水山居”在台湾的影响力。推进养老健康产业合作，举办2016丽水·台湾养老服务业发展研讨会，引进台方专业团队运营颐养院，丽水殡仪馆委托台湾企业经营。

【对台交流交往】 2016年，加强对台交流品牌建设，全市举办两岸共祭轩辕黄帝、两岸少数民族文化旅游交流、汤显祖文化节、两岸松阳茶文化交流、两岸共祭香菇始祖吴三公等对台活动31场次，应邀到丽台胞560人次，活动场次和到丽台胞人数分别比上年增长63%、27%。全市因公赴台团组14个139人，非公团组14个20人。

【对台联谊宣传】 2016年，成立市直台联会、市台联青委会。改选补选丽水市海峡两岸经济文化交流协会负责人及理事。中华两岸家庭温馨促进会在台湾成立，并组织参访团到丽水参观访问。推进两岸青少年交流，举办对台青少年交流活动3次236人次。加强赴台陆生教育管理，2016年新增赴台陆生24人。全市入岛发表稿件52篇，电视专题片5个，发送入岛宣传品1380份。

【召开丽水市对台工作会议】 5月6日，召开市委对台工作领导小组扩大会议暨全市对台工作会议。市委书记史济锡出席并讲话，副书记尹学群做工作报告，廖思红、朱继坤、杜光旻等市领导出席。会议强调，要加强丽水台湾合作交流，以生态农业、生态工业、生态旅游业为重点，加强两地之间的产业对接合作。要依托丽水台商投资区、庆元台湾农民创业园的平台优势，吸引更多台资企业到丽水创业。要秉持“两岸一家亲”的理念，创新台湾青年到丽水创业就业工作，推进两岸青年创业创新基地建设。（郑剑巍）

7月17日，中华两岸温馨家庭促进会一行到丽水参访　　郑剑巍 提供

法　　治

综　　述

【概况】 2016年，全市党政法委系统认真贯彻落实中央、省、市关于平安建设、法治建设和政法队伍建设的一系列决策部署，坚持目标导向、问题导向和绩效导向，抓全市政法综治维稳大调解和平安建设工作的谋划部署、组织推动、督促落实，开展“两学一做”学习教育、“归零翻篇开新局”主题大讨论和政法系统正风肃纪活动。连续12年（2005—2016年）被省委、省政府命名为“平安市”，连续7年（2010—2016年）被命名为“综治优秀市”。2016年，全市人民群众安全感、知晓率、参与度分别是98.08%、87.1%、54.9%，同比分别上升0.38、1.3和3.2个百分点，分别列全省第一位、第二位、第一位，其中人民群众安全感连续3年位居全省第一位。

【圆满完成G20峰会维稳安保任务】 2016年，市委政法委把护航G20峰会任务作为重大政治任务，开展“平安护航G20大会战”，落实维稳安保十大专项行动，全力依法推进备战、临战、实战、决战四个阶段工作落实，开展“春雷”“清雷”“净雷”系列行动，加强信访案件预警和督导，建立督导化解机制和领导包案制度。组织开展“十查十防”专项行动，对全市社区服刑人员和刑满释放人员做到滚动式排查。对落实责任不到位的单位强化法律监督，组织开展安全隐患大排查大整治专项行动，履行市大会战指挥中心“研判、指挥、督导”职能，实现绝对安全、万无一失的目标。市委政法委被省委、省政府表彰为服务保障G20杭州峰会省级先进集体。

【平安夺金鼎百日大会战】 2016年，市委政法委按照“归零翻篇再出发，一鼓作气夺金鼎”要求，强势开展“平安夺金鼎百日大会战”，分步实施抓推进、定期研判抓形势、合力攻坚抓整改、联块分线抓督战、宣传造势抓氛围，夺取基础更牢、水平更高、人民群众更满意的“平安金鼎”。市委召开全市“平安夺金鼎百日大会战”动员会。市委办下发《关于开展全市“平安夺金鼎百日大会战”的通知》。市、县两级平安护航G20指挥中心，成建制转化为平安夺金鼎百日大会战指挥中心。健全完善大会战期间平安建设形势“一周一研判”“一月一体检”等机制，加强“平安夺金鼎”形势分析研判。建立市四套班子领导平安建设联块分线督战机制。通过户外宣传、行业发动、媒体宣传、单位宣传、进村入户等形式，掀起“平安夺金鼎”集中宣传热潮。2017年3月31日，省委、省政府对2016年度全省平安建设和综治

2月17日，市委政法工作会议暨平安建设“夺金鼎”誓师大会　　洪大伟　提供

工作先进进行表彰。丽水市以平安考核总分全省第一和群众安全感测评全省第一的好成绩，夺取“平安金鼎”。

【维护公共安全】 2016年，市委政法委围绕“拆治归”转型升级组合拳和供给侧结构性改革，健全落实社会稳定风险评估机制，落实服务保障经济发展举措，依法打击阻挠重点工程和项目建设的违法犯罪，依法处理污染环境、破坏生态、阻碍重点工程建设、妨碍执行公务等行为，对治水拆违等工作中可能引发信访、矛盾纠纷的苗头隐患，早摸排、早发现、早疏导，化解在当地、解决在萌芽状态。以涉众型经济犯罪为焦点，严厉打击证券期货领域、金融信贷领域、地下钱庄、逃废债、非法集资以及假币、银行卡等常见多发经济犯罪，合同诈骗、职务侵占、挪用资金等涉企经济犯罪，开展对电商平台重点人员、侵犯“浙商”“丽商”品牌等知识产权犯罪的集中打击，先后受理各类经济犯罪案件200起，立案143起，破案122起，移送起诉案件101起，挽回经济损失1.3亿元。紧盯“三改一拆”“五水共治”“五气共治”等党委政府关心关注的重点工作，破获涉水刑事案件123起，抓获犯罪嫌疑人153人。以打造文明交通最礼让城市为切入点，开展城市十大不文明交通违法行为专项整治，查处各类交通违法行为21.7万起，同比上升21.9%。

【维护社会公平正义】 2016年，丽水市深入落实宽严相济刑事政策，妥善处理轻微刑事案件，不断加强诉讼监督。在全省率先建立律师派驻法院提供法律服务机制，并促成丽水法律援助中心民革市委会工作站入驻诉讼服务中心；在破解“执行难”问题上，向社会公开承诺案件执行做到“六个一律”“六个不得”，并出台实施细则；青田法院探索构建“涉侨家事纠纷人民观察调解团”制度，得到最高法院院长周强批示肯定。积极推动法律服务资源下沉，全市完成75个乡镇（街道）公共法律服务工作站建设，建立乡镇（街道）公共法律服务工作站90家；发挥村（社区）法律顾问队伍的积极作用，办理法律援助案件4300余件，办理农民工讨薪案件630余件、讨回欠薪3100余万元。

【加强基层矛盾纠纷调解】 2016年，市委政法委加强多元化矛盾纠纷解决机制建设，全市涌现出青田“季宅模式”、缙云“警调联动”、遂昌“求和调解”、庆元“浙闽边界纠纷联排联调联防协作机制”等一批基层调解品牌，全市各类矛盾纠纷调处率和调处成功率达98%以上。全市2725个行政村、99个城市社区全面完成村规民约和社区公约的修订完善工作，不断完善基层监督体系，围绕“村干部违纪违法”“三资管理处置问题”等内容开展巡查，并在全市建立村、居、校、企、院监督委员会等监督体系。

【加强社会治理】 2016年，市委政法委关注雪亮工程建设，加强科技应用，织严织密“电子天网”，全市建成并联网摄像机9535个，接入重点单位、重点领域监控摄像机7000余个，采集登记各类社会视频资源1.4万余个；全市整合治安卡口、交通卡口、电子警察2115个，日均接收抓拍图片600万张，入库数据达60亿条。深入开展“百名市县领导督百案”活动，推进信访积案化解，全市省级挂牌积案化解率83.5%，市级积案化解率90.6%。加强多元化矛盾纠纷解决机制建设，健全完善各类对接机制27个。全市现有各类调解组织3500个，专兼职调解员1.5万余人。加强矛盾纠纷源头预防和初始化解，全市矛盾纠纷调处率和调处成功率分别为96.71%和98.83%。

【夯实综合治理基础】 2016年，市委政法委积极探索社会精细化管理模式，为消除治安管理盲区，全市1561家农家乐民宿安装实名登记手机APP系统，装机总数位列全省第一位；系统累计发送旅客住宿信息9.7万余人次，抓获上网逃犯6人，成效明显。突出县、乡两级综合指挥平台建设，做实基层社会治理“一张网”，促进“网格化管理、组团式服务”与平安建设信息系统“两网融合”，提升群防群治工作信息化水平。全市网格员共配发“平安通”手机3358部，开通信息系统账号4845个，上报处理各类信息6万余条。对全市56万栋房屋实行地图可视化标注和管理，关联人员296万人，实现“四实”登记率、境外人员登记率、流动人口居住信息登记率100%目标。全市2725个行政村、99个城市社区全面完成村规民约、社区公约的修订完善工作，发挥村规民约、社区公约在涉稳信息搜集、社会治安防控、矛盾纠纷化解、村民行为规范等方面作用，筑牢基层维护稳定的“第一道防线”。

【提升党委政法委履职能力】 2016年，市委政法委坚持执法司法为民，加强案件评查，开展民事执行案件专项执法检查。注重个案化解，开展司法救助工作。全年审批司法救助个案12件19人，审批救助金额31.8万元。加强法学研究工作，推进县级法学会建设。按照全省司法体制改革工作部署，稳妥推进司法体制改革，继续完善各级党政机关和领导干部支持法院、检察院依法独立公正行使职权等机制，推动落实司法人员员额制、审批责任制等方面改革。建立专人负责制和情况常态报送机制，对全市贯彻落实情况、记录通报情况进行及时报告。全市尚未发现领导干部干预司法活动、插手具体案件处理及司法机关内部人员过问案件情况。做好干部协管工作，全年完成各县（市、区）及市政法各部门上报的24批98人次的干部考察、任免审核批复。严格落实党风廉洁建设主体责任，全力支持配合派驻纪检组履行监督责任，严格按照党性原则办事，按照政策法律办事，按制度程序办事。（洪大伟）

公　　安

【概况】　2016年，全市公安机关坚持把G20杭州峰会维稳安保作为第一要务，结合“平安夺金”“创建全国文明城市”等中心工作，实现“八个坚决防止、三个确保”任务目标，做到丽水本地“不出事、不惹事、不添乱”。市局被省委、省政府评为服务保障G20杭州峰会先进集体。参与“9•28”遂昌苏村山体滑坡抢险救援，出动警力4300余人次，车辆1000余辆次，巡查和抢险3700余次，劝导疏散群众190余人，成功解救被困群众12人，通过搜寻、采集、检测DNA血样确认26名遇难者身份，完成现场管控、交通管制、舆情监控、善后处置和专业服务。群众安全感、知晓率、参与度分别为98.08%、87.1%、54.9%，分别列全省第一、第二、第一位；社会治安领域安全感97.43%，列全省第二；对公安队伍满意度97.5%，为近年最高。2017年3月31日，该市平安考核总分和群众安全感测评居全省第一位，夺得“平安金鼎”，受省委、省政府表彰。

2016年，全市立刑事案件15992起，侦破5219起，破案率32.64%，同比上升2.72个百分点。其中发、破命案19起、五类恶性案件30起，实现命案、五类恶性案件连续第5年全破。利用DNA技术Y系排查技战法，成功破获缙云“2016年2•13”故意杀人案。共查处各类交通违法行为93.1万起，同比上升27.4%；发生上报交通事故368起，死亡182人，死亡人数实现“零增长”，连续第2年未发生一次死亡3人以上较大事故；8起交通肇事逃逸致人死亡案件全部侦破，各项指标均控制在市政府下达的任务数内。连续第4年获全省交警执法质量考评综合第一名，连续第3年获全省交警执法业务知识测试第一名。市局刑事科学技术研究所为案件侦破提供有力技术支撑。DNA前科人员建库10066份，数据库查破案件438起，串并90串304起；利用DNA数据库直接认定人员232人，连续第3年数据库效益居同类地区前列；指纹协查案件数位列全省第一，连续第10年名列全国前茅，现场统勘质量全省第一；利用视频侦查技术破案1364起，占破案总数35.12%，抓获犯罪嫌疑人1109人，占总数27.70%。在“9•28”遂昌县苏村山体滑坡救援中，视侦技术和“骨骼、指甲DNA快速检验法”的首次创新应用发挥重要作用。因工作表现突出，市局救援处置刑侦工作专班荣立集体二等功。

12月，市公安局成立会计核算中心，对考试中心、看守所、拘留所及下属企业、社会团体、基金会等19个套账集中核算，制定《丽水市公安局纳入集中核算单位财务管理规定》，对下属单位实行“统一领导、集中核算、单位报账”。全市有公安民警（含公务员、行政人员）3585人、事业职工170人、协辅警3903人，警力占常住总人口的1.33‰。年内，4个集体和15人被省委、省政府评为浙江省服务保障G20杭州峰会先进。3个集体和30人被省公安厅评为G20杭州峰会安保先进。6个集体获评2014—2015年度全省优秀公安基层单位，10人获评2014—2015年度全省优秀人民警察。1个集体获评2015年度丽水市红十字会工作先进集体。1人获评2015年度浙江省青年岗位能手。1人获评2015年“最美浙江人•最美警察”。2个集体和3人立一等功，8个集体和22人立二等功，23个集体和226人立三等功。

【惩罚经济犯罪】　2016年，丽水市公安机关按照“压存量、控增量”目标，坚持常态化、专业化、精细化路线，总结出“优化一个环境、争取两大协作、做好三个见面、讲清四本账”的“1234”工作法，深入开展境外追逃追赃工作。全年抓获境外逃犯6人，其中意大利引渡回国1人、越南遣返回国1人、回国投案自首1人；协助检察机关劝返境外逃犯2人，追回赃款近百万元。对涉众型经济案件重点人及重点案（事）件，采取化解、打击、治理、防范等管控措施，确保经济秩序稳定。共立、破非法集资类案件11起，抓获犯罪嫌疑人15人，涉案金额4.01亿元。1—6月，开展金融风险排查和互联网金融整治专项活动，排查投资咨询公司、企业762家，获取高危线索11条，立案侦查3起。9月，与市国税局开展打击涉税犯罪专项行动，探索警税协作机制，破获公安部督办的遂昌县康鑫能源科技有限公司虚开增值税专用发票案、庆元聚力能源科技有限公司虚开增值税专用发票案、天源进出口有限公司骗取出口退税案等一批大要案件，涉案金额达15亿余元，追缴国家税款1.46亿元。11月，公安部、省公安厅指定丽水办理的涉嫌操纵证券市场犯罪案移送起诉。经查，2012—2014年，杭州霈孜投资管理咨询有限公司法定代表人史某采用配资方式融资1.3亿元，控制使用陈某斐等20个证券账户，通过对倒、虚假申报等多种手法操纵证券市场，涉及股票38只，交易金额达210亿余元，非法获利6800万余元。

【惩罚网络违法犯罪】 2016年，全市公安机关共侦破涉网案件154起，抓获犯罪嫌疑人542人，同比分别增长48%、56%。11月3日，成功侦办4起全国“扫黄打非办”督办的网上传播淫秽色情案件。其“四主动四强化”工作经验在“中国扫黄打非网”上刊登。6—12月，开展打击侵犯公民个人信息专项行动，共破获侵犯公民个人信息案件21起，其中省厅督办案件2起；抓获犯罪嫌疑人77人。11月9日，成功破获“7•5”特大网络彩票赌博案。市公安局、莲都区公安分局组织警力300余人，分赴全国7个省26个抓捕点，共抓获犯罪嫌疑人127人，刑事拘留83人，取保候审3人；现场缴获现金4000万余元，冻结资金7000万余元，缴获大量电脑、银行卡、U盾等作案工具，涉案金额高达10亿元。该案件的成功破获受公安部党委委员、副部长李伟批示肯定。年内，围绕G20杭州峰会、世界互联网大会等重大活动和敏感节点，落实属地责任，开展专项网上安保活动。加强网警舆情专干和网络志愿者建设，有效处置苏村山体滑坡、遂昌石练打斗等网上舆情事件。过滤删除违法有害信息500余条，关闭网站论坛8个；查证91人，教育训诫35人，治安拘留3人，刑事拘留1人。

【惩罚涉毒违法犯罪】 2016年，全市公安机关稳步增强缉毒专业化，推动禁毒社会化。以9个县(市、区)禁毒教育基地为支撑的全市禁毒教育基地群基本建成。禁毒志愿者蓝陈启被省禁毒委员会、省委宣传部评为第二届“最美禁毒人”称号。全年立涉毒刑事案件141起，侦破141起，破案率100%；抓获犯罪嫌疑人327人，同比下降20.4%；缴获各类毒品35.92千克，同比下降62.5%；铲除毒品原植物罂粟10708株，同比下降32.1%；查处吸毒人员1593人次，同比下降8.9%；执行强制隔离戒毒277人，同比下降21.9%；社区戒毒436人，同比下降22.8%；社区康复260人，同比上升81.8%。成功破获公安部毒品目标案件6起；确立部级毒品目标案件2起，省级毒品目标案件6起。3月15—17日，重点对宾馆、私人公寓、出租房等场所开展严打整治突击检查行动，共出动警力1817人次，检查场所1303家，立涉毒刑事案件10起，查破涉毒行政案件42起，抓获涉毒犯罪嫌疑人员21人；查获吸毒人员51人；整改处罚场所9家，缴获冰毒100克、K粉0.6克。8月17日，“9•8”特大制贩毒案移送起诉。12月16日，历年上缴的各类毒品15.40千克(其中海洛因7.01克、冰毒11.42千克、K粉15.74千克、麻古1159.8克、神仙水722.24克、其他519.56克)送省公安厅统一销毁。

【护航G20杭州峰会】 2016年，全市公安机关通过重力防暴恐、重典夯基础、重拳强打击、重兵援杭城、重心抓队伍等“五重”举措，实现“五个下降”和“八个没有发生”：1—8月，接报有效警情、刑事案件、治安案件、火灾事故、交通事故死亡人数同比分别下降22.46%、6.34%、9.18%、39%、12.2%；没有发生暴力恐怖事件、没有发生大规模群体性事件、没有发生进京赴杭集体访和严重信访滋扰事件、没有发生个人极端暴力案(事)件、没有发生重特大安全生产事故、没有发生网络安全事件、没有发生重大舆情炒作事件、没有发生失泄密事件。全市建成66个“135”控制圈、130个封控卡点，在市、县两级公安局机关和基层单位普遍组建3人最小反恐作战单元，落实“一键式”报警机制。所有民用枪支于4月15日前一律入库集中管理，民爆危化企业均落实“一人三员”制度，“生产销售备案、刀剑唯一编码、销售购买实名登记”三位

8月5日，丽水增援民警在杭州湖墅南路执勤　　市交警支队　提供

一体的龙泉刀剑追踪溯源平台建成并投入使用，7月1日始施行瓶装液化气销售“实名登记”制度，娱乐场所从业人员信息采集率、刷卡率均为100%，具备销售散装汽油资格的63家加油点销售实名登记系统安装率达100%，寄递公司1057名快递员手机APP系统安装率达100%，寄件实名登记率、开包验视率均达100%，1520家农家乐（民宿）实名登记手机APP系统安装率达100%，二级以上长途客运站旅客身份信息核查比对系统100%全部安装运行到位，城乡公交客车GPS和视频监控安装率均实现100%的要求。查处“三非”外国人139人次并遣送出境16人，查处违规加油站点3家，约谈、罚款或关停、撤销法人资格违规寄递企业18家，行政处罚因存在严重网络安全漏洞4家，限期整改“四防”不到位的反恐重点目标单位64家。峰会安保期间，先后处理调警指令17次，下达调警通知18个，资格审查725人，完成691名警力调配，分增援机场保卫组、增援拱墅交警组、增援上城核心组、增援要人警卫组、增援高速检查站组、增援专业技术组等，按要求分批出征进驻杭州。增援杭州警力成立临时党委，下设临时党支部14个和党小组52个，形成三级管理模式。共检查人员12万余人次，检查车辆6万余辆次，查获各类违法犯罪嫌疑人及在逃人员118人，查获大批毒品、枪弹、管制刀具、易燃易爆物等危险品，现场处罚各类交通违法行为5922起，处理简易交通事故325起，保障警卫任务105次。接受游客询问1.7万人次，救助群众131人次，涌现好人好事560余件，多项事迹被人民公安报、法制网、浙江法制报、平安时报、浙江新闻客户端、今日头条等多家媒体刊发。被省公安厅火线通报表扬51人，被市公安局火线通报表扬241人；1个集体立一等功，3个集体和2人立二等功，18个集体和36人立三等功，嘉奖54人，批准1名战时表现特别优秀民警火线入党。

【警务技能训练基地项目开工建设】 12月21日，市局在丽水南城七百秧警务技能训练基地项目工地举行开工奠基仪式。市委常委、常务副市长毛子荣，市委常委、公安局局长卫中强出席仪式。该项目总用地面积50平方千米，总建筑面积28.91平方千米，项目总投资近2亿元，采取BOT（投资建设、运营、移交）运作模式。

12月21日，丽水公安警务技能训练基地开工奠基仪式　　市公安局　提供

【市反诈中心成立】 2月14日，丽水市反诈中心成立。至12月31日，该中心共接警1002起。其中，咨询举报250次，查询涉案银行账户8620个，管控账户886个，冻结账户430个，冻结资金1.19亿元，追缴5914.21万元；查询电话号码1634个，限呼450个，停话200个，发送提醒短信13300余条。收到反制平台推送信息730条，假“通缉令”诈骗信息287条，挽回直接经济损失1050万余元。

【开展“打四黑除四害”专项行动】 2016年，全市公安机关对黄赌犯罪保持高压打击态势，全年破获涉赌刑事案件283起，采取刑事强制措施489人；破获涉黄刑事案件118起，采取刑事强制措施139人。该项工作在全省同类地区位列第一位，被省公安厅评为年度“打四黑除四害”专项行动（打击黄赌犯罪）工作优胜单位。

【开展“缉枪治爆”专项行动】 2016年，全市公安机关共收缴非法枪支1416支、子弹11.667万发、炸药5.8896万公斤、管制刀具5928把；共立非法制造、买卖、持有、枪支案件82起，侦破82起，破案率100%，其中部督案件2起、省督案件2起；打掉涉枪涉爆团伙2个，捣毁窝点6个；采取刑事强制措施95人，治安处罚102人。该项工作成绩在全省同类地区位列第一位。市局侦破的“6•23”专案获公安部和省厅领导批示肯定，被省公安厅评为集体二等功。莲都“9•10”、青田“5•23”涉枪专案组分别被公安部评为集体一等功。

【消防应急救援】 2016年，全市共发生火灾723起，同比减少299起，下降29.3%；死亡8人、受伤11人、直接经济损失1133万元，同比分别下降46.7%、8.3%、39.6%。全年消防部队接处警2067起，出动消防车3299辆次、人员2.1万余人次，抢救被困人员491人，疏散人员515人，抢救财产价值8081万元。成功处置“9·28”遂昌苏村山体滑坡等灾害事故救援任务，做好G20杭州峰会、第三届世界互联网大会等消防安保工作。

【火灾隐患整治】 2016年，全市消防部门从政府、行业部门、基层、社会单位四个层面建立健全消防安全联合执法长效机制，加强火灾隐患整治工作。推行社区微型消防站建设，开展“护航G20 奋战100天”农村消防安全攻坚专项行动，落实资金1947万元，整治4万户电气线路铺设不规范的民房，农村地区火灾事故大幅下降。全年公安消防部队检查19513家单位，发现隐患30640处、整改30549处，下发责令改正通知书12256份，行政处罚919次，责令“三停”（停止施工、停止使用、停产停业）单位287家，罚款273.66万元，拘留34人。办理消防设计审核项目175个，验收178个，消防设计备案抽查568次，竣工验收备案抽查536次，营业前安全检查后投入使用279家。公安派出所共检查单位2.03万余家，下发责令改正通知书4758份，行政处罚317次，责令“三停”单位6家，罚款30.8万元，拘留5人。

【户籍人口管理】 2016年，全市公安机关陆续开展百岁老人、人像照片、重人重户整治、集体户口等专项清理整治活动，解决无户口人员、蓝印户口、人户分离等历史遗留问题。全年清理无户口人员2047人、重复户口人员3467人、应销未销户口21027个，清理纠正户口登记项目差错3060个，完成16220条人口信息无相片人员数据的核查清理，清理完成率100%。7月1日，新修订的《浙江省流动人口居住登记条例》正式施行，公安机关开展受理申办新的IC卡式居住证。共受理居住证申办3457人次，制证3239张。11月，丽水市政府常务会审议通过《丽水市户口迁移暂行规定》。12月1日，完成户籍人口数据转换工作，全面取消“农业”户口与“非农业”户口性质划分，统一登记为居民户口，实施城乡一体化户籍制度。12月，丽水市被省政府评为2016年户籍制度改革工作先进市。

【交通管理改革】 2016年，全市公安机关以打造文明交通最礼让城市工程为载体，开展礼让斑马线整治。投入708万元建成200套人行横道电子监控抓拍系统，实现全天候自动抓拍，基本涵盖市区所有无灯控人行横道和绝大部分信号灯路口。年内，市区公务用车、公交车斑马线前礼让率达100%，出租车达90%以上，私家车达85%以上。建成互联网交通安全综合服务管理平台，通过该平台完成考试预约22.7万人次、驾驶证体检4.2万次、核发临牌3.1万个。丽水交警微信公众号吸粉17万人，等价活跃粉丝数和微信传播指数全市排名第一。微信服务平台增加13项交管服务功能和公共交通查询功能，通过手机处理违法、自助缴费超过1万起。7月始，市公安局交警支队莲都大队城区中队将辖区一分为四，设万象中队、白云中队、岩泉中队、紫金中队，调整水东中队辖区，实现主城区五个中队网格治理格局，共划分23个中网格和120个小网格，新增100名交通协警编制，提升主城区交通管理见警率和管事率。

【完成公车改革任务】 8月始，丽水市公安局以满足工作需要为原则开展公车改革。9月，参改人员车贴发放到位。10月，完成《丽水市公安局车改司勤人员安置方案》，成立车队妥善安置招聘驾驶员。11月23日，《丽水市公安局公务用车改革制度实施方案》获市车改办通过，原有公车93辆，改革后保留80辆，保留比例86.02%。同月，移交车辆，并配合市车改办完成拍卖车辆相关手续。

【丽水市网络与信息安全信息通报中心成立】 8月4日，丽水市机构编制委员会办公室批复同意成立丽水市网络与信息安全信息通报中心，主要负责网络安全领域事件的风险监测、预警通报、分析评估、处置协调等工作。依托该中心网站云安全监测平台，对全市属地84个政府单位主网站和314个子网站进行统一监测和通报预警，及时发现安全隐患。全年监测各类网络安全漏洞隐患68起，预警各类病毒及攻击事件36起，进一步提升全市网络安全防范水平和网络安全态势感知能力。

【护航“五水共治”】 2016年，全市公安机关破获涉水刑事案件123起，抓获犯罪嫌疑人153人。其中，破获污染环境刑事案件10起，刑事拘留16人；查处治安案件14起，行政拘留15人。查处数、起诉数同比提升411%、545%，有效整治好溪沿岸拆迁钉子户、紧水滩水库“三无”船舶、宣平溪沿线养殖场等群众反映强烈、矛盾问题多发、环境污染严重的区域和问题。

【见义勇为工作】 1月11日，丽水市见义勇为基金会成立大会暨第一届理事会会议召开，选举产生基金会理事41个、常务理事8个，丽水成为全省三类地区中首个成立见义勇为基金会的市。9月21日，丽水市人民政府第59次常务会审议通过《丽水市见义勇为人员奖励和保障办法》，11月9日开始施行，有效维护见义勇为人员合法权益、推动长效保障机制建设。11月22日，丽水市人民政府新闻办召开新闻发布会，通报《丽水市见义勇为人员奖励和保障办法》相关情况。朱晨航、詹三敏两位丽水籍见义勇为人员被省政府(追)记一等功，并授(追)予浙江省见义勇为先进分子称号。

【第三十届闽浙赣皖四省十一市公安协作会议召开】 11月25日，第三十届闽浙赣皖四省十一市公安协作会议在丽水召开，省公安厅党委专职副书记华乃强出席会议并作讲话。会议旨在推进区域间警务协作机制建设，提高执法水平、提升打击能力、实现区域间资源合作共享。协作单位由江西省上饶市、鹰潭市、景德镇市、抚州市、宜春市，安徽省黄山市，福建省南平市，浙江省金华市、台州市、衢州市、丽水市组成，主要涉及刑侦、技侦、网警、指挥中心等警种。每年轮流当值，负责工作部署、检查落实、协调成员单位之间重大案(事)件的协作。 （许立红）

检　　察

【概况】 2016年，全市检察机关围绕丽水改革发展大局，坚持“绿色司法服务绿色发展”为主线，忠实履行检察职责，稳步推进检察改革，全面落实从严治检，各项工作取得新进展。两级检察院分别出台服务侨资侨企、剑瓷产业等11个本土化的实施意见，成立服务生态经济发展专门机构，在检察服务大厅设立特色窗口，提高服务的针对性和精准度。开展“诚信发展·检察伴你行”专项活动，深入企业走访座谈，听取并回应企业司法需求。积极探索“立案监督+生态修复”办案新模式，运用起诉裁量和量刑建议职能，督促犯罪嫌疑人主动采取补植复绿、放流增殖等方式，修复被破坏的生态环境，该做法被《人民日报》《检察日报》等多家媒体报道。景宁、龙泉等基层检察院发挥惩防职务犯罪职能，护航县乡换届选举，被浙江卫视、浙江法制报等媒体集中报道。2016年，获评全国检察系统业务能手1人，获评全省检察系统业务标兵和能手11人。市检察院获“全省检察机关党风廉政建设先进集体”，龙泉、庆元检察院被评为“全省政法系统先进集体”，莲都、龙泉检察院被评为“省级先进基层检察院”。

8月24日，丽水市首届检察官、律师控辩大赛　　樊婧婧　提供

【批捕起诉工作】 2016年，全市检察机关批捕1875人，同比下降4.3%，起诉4681人，同比上升7.7%。健全重大案件提前介入侦查、引导取证工作机制，严厉打击严重刑事犯罪，批捕故意杀人、故意伤害、强奸等严重暴力犯罪48人，起诉59人；批捕“两抢一盗”等多发性侵财犯罪560人，起诉861人；批捕“黄赌毒”犯罪443人，起诉964人，其中，对“908”特大制毒贩毒案依法提起公诉。对无社会危险性、犯罪情节轻微的，依法决定不批捕293人，不起诉394人。对涉罪未成年人，不批捕40人，不起诉46人，对233名未成年人犯罪记录进行封存。创建“爱·相随”关爱未成年人健康成长工作平台，爱心企业新建社会化帮教基地35个，对77名涉罪未成年人开展全方位帮教。深入60余所学校开展法治教育活动80余次，引导青少年遵法学法守法用法。

【护航G20和平安建设工作】 2016年，全市检察机关突出打击危害国家安全、公共安全、涉枪涉爆等严重刑事犯罪，批捕470人，起诉642人。开展涉检信访矛盾大化解专项行动，有效化解信访案件55件。促成轻微刑事案件和解101件。对30余名刑事被害人予以司法救助。开展“判实未执”专项检察，依法监督收监执行69人。针对办案中发现的安防漏洞，向相关部门、行业发送检察建议18份，督促消除风险隐患。

【发挥检察职能服务非公经济】 2016年，全市检察机关重点打击合同诈骗、破坏生产经营、侵犯知识产权等危害企业发展犯罪，批捕79人，起诉49人。对非公企业及其人员涉嫌犯罪的，严格落实“轻拿轻放”要求，依法不批捕28人，不起诉13人。在办理涉企案件时严格实行“一案一报备”“一案一评估”“一案一策略”“一案一回访”“一案一总结”制度，降低办案对企业造成的负面影响。加强法律服务，开展预防涉企行贿犯罪“六个一”活动（“开展一次案件分析、编印一本白皮书、举行一次赠书仪式、启用一条预防邮路、发出一份倡议书、开展一次市县联动），加强贿赂犯罪源头预防，营造诚信企业不行贿的法治环境。向企业和有关部门提出检察建议12份，促进完善企业内部治理。

【惩罚民生领域犯罪】 2016年，全市检察机关开展破坏环境资源犯罪专项立案监督工作，监督立案污染环境、滥伐林木、非法捕捞水产品等犯罪94人，批捕17人，起诉190人，查处环保领域职务犯罪9人，发送加强生态环境监管的检察建议17份。严惩危害食品药品安全犯罪，批捕23人，起诉68人。开展集中整治和加强预防扶贫领域职务犯罪专项工作，立案查处53人。依法从严从快惩处电信网络诈骗犯罪，批捕66人，起诉71人。严厉打击窃取、泄露、买卖公民个人信息等犯罪，批捕5人，斩断电信网络诈骗犯罪“黑色产业链”。

【惩防职务犯罪工作】 2016年，全市检察机关立案查办职务犯罪149人，其中，贪污贿赂犯罪117人，渎职侵权犯罪32人，涉及科级干部29人，处级干部8人，为国家挽回经济损失2000万余元。严肃查处“围猎”干部、主动行贿、情节恶劣的行贿犯罪32人。成功劝返2名职务犯罪在逃人员。全年开展预防警示教育70次，发放预防宣传资料3万余册，受教育人数4万余人。受理行贿犯罪档案查询4019次，深入案发单位开展预防调查和案例剖析54次，发送预防职务犯罪检察建议29份。《丽水市医疗系统职务犯罪预防专项报告》被评为全国检察机关“百优”年度报告。

【诉讼监督工作】 2016年，全市检察机关对应当立案而不立案、不应当立案而立案的，依法监督纠正126人。对应当移送审查逮捕、审查起诉而没有移送的，依法监督纠正52人。对侦查活动中的违法情形发出纠正违法意见76件次。排除非法证据11份。对不构成犯罪或证据不足的，决定不批捕122人，不起诉54人。依法提出抗诉20件，法院采纳抗诉意见、改判或发回重审10件。开展财产刑执行监督559件。对刑事执行领域违法犯罪行为调查，追究刑事责任3人，党政纪处分7人。加强民事行政诉讼监督，提出抗诉3件，发出再审检察建议7件，经法院再审后改变原裁判5件。

【司法规范化建设】 2016年，全市两级检察机关制定12个保障律师执业权利文件，畅通律师会见权的救济渠道，保障律师依法履职。律师会见需经检察机关许可案件同比下降54%。建立“三查一评两深化”案件质量评查长效机制，对2015年以来办理的职务犯罪案件进行逐案排查，针对发现的同步录音录像制度执行不到位等问题，予以公开通报，并责令相关责任人限期整改。出台《职务犯罪侦查部门文明规范办案工作细则》，明确工作标准，强化流程监控。

【检察改革平稳有序】 2016年，全市检察机关配合市纪委做好反贪、反渎、预防等职能、机构、人员转隶和工作衔接，确保思想不乱、队伍不散、工作不断。全市遴选产生员额检察官176人。适应以审判为中心的诉讼制度改革，深入贯彻证据裁判规则，推行书面审查与调查复核相结合的亲历性办案模式，提前介入案件68件，引导侦查取证。

【微信公众号全国30强】 2016年，全市检察机关创新检察信息宣传工作，传播检察好声音，讲好检察故事，让人民群众更多地了解检察、支持检察。全市检察信息工作位居全省第二位，6个检察院被评为全省检察机关信息工作先进单位，丽水检察微信公众号进入全国检察系统微信公众号前30强。

【检察机关自觉接受监督】 2016年，全市检察机关建立院领导联系人大代表的常态化工作机制。邀请代表、委员、人民监督员和社会各界人士1000余人次参加“检察开放日”活动，深入了解和监督检察工作。主动接受政协民主监督，分别向市政协常委会和民主党派、工商联、无党派人士通报检察工作情况。41件拟撤案和不起诉职务犯罪案件进入人民监督员监督程序。两级检察院利用门户网站和两微一端，向社会发布工作动态、生效法律文书等信息8000余条，公开职务犯罪立案、批捕、起诉等重要案件信息138条。 （樊婧婧）

法　　院

【概况】 2016年，全市法院新收各类案件70120件，结案68765件，一线法官人均结案226.91件，同比分别上升26.13%、27.81%和34.22%。市中院受理各类案件2839件，办结2976件，同比分别上升29.75%、43.28%。全市法院息诉服判率为99.03%，二审案件改判发回率为12.02%，各项主要办案质量、效率、效果指标良好。

【审结刑事案件3748件】 2016年，市法院审结一审刑事案3411件，审结二审刑事案件337件，共判处被告人5348人。加强与检察机关的沟通协调，积极稳妥处理好积压未解决的职务犯罪案件。会同市政法委、公安局、检察院、财政局等部门出台《丽水市关于合适成年人参与未成年人刑事诉讼活动及开展社会调查的实施意见》，规范合适成年人参与涉罪未成年人刑事诉讼活动及社会调查工作。加强司法人权保障，严格非法证据排除，为572名没有钱请律师、可能被判处三年以上有期徒刑的被告人通知法律援助律师出庭辩护，可能判3年以上的刑事辩护率95.86%。发布《食品安全犯罪审判白皮书》，并公布十大典型案例，起到较好的警示和教育作用。

【审结民事案件38804件】 2016年，全市法院审结一审民商事案件37125件，审结二审民商事1679件。注重以调解方式化解矛盾，民商事案件调撤率55.73%，对不宜调解、调解不成的案件，及时依法裁判。全面深化"枫桥经验"，全市法院诉前引调成功5132件，诉中委托成功168件，诉前纠纷化解率连续4年位列全省第一位。开展对交通事故案件处理中的机制建设、赔偿标准等问题调研，会商保险公司等单位建立磋商和对接机制，统一裁判尺度。

【审结行政案件594件】 2016年，审结一审行政案件415件，审结二审行政案件179件。完善跨区域集中管辖试点工作，保留莲都、松阳法院，增设青田、云和法院，龙泉法院不再作为管辖法院。加强司法与行政的良性互动，先后召开第九次、第十次府院联席会议暨行政复议与行政审判联席会议，进一步建立行政复议与行政审判的沟通机制、解决实务中的具体衔接，以及预防和化解行政争议、推进依法行政等问题进行探讨，推动出台《市区征收集体所有土地房屋补偿管理办法》。落实《中华人民共和国人口与计划生育法》修改后有关社会抚养费征收案件的司法应对工作，全年未发生一起当事人信访上访。

【办结执行案件24393件】 2016年，全市两级法院新收执行案件26391件，执结24393件。深化信息技术运用，健全网上"点对点"查控被执行人的银行存款、车辆、房地产及户籍、出入境、婚姻登记等执行信息，执行到位资金19.44亿元，清偿率27.19%，成功冻结账户24824个。向社会公开承诺案件执行做到"六个一律""六个不得"，并出台实施细则强化制度刚性，穷尽执行措施、规范执行行为。利用中秋节假期集中开展"秋风行动"执行大会战，传唤被执行人234人，司法拘留63人，执行到位资金6030万元。在最高法院和浙江省联合征信的信息平台上公开曝光失信黑名单13971人，使"老赖"处处受限，寸步难行。加大对抗拒执行、逃避执行的惩治力度，拘留、罚款960人，提高执行威慑力。

【有序推进司法体制改革试点】 2016年，市法院制定出台《司法体制改革实施方案》《首批法官入额工作实施方案》和《首批法官入额业绩考核实施办法》等司改制度，完成首批255名法官统一考试、业绩考核入额工作。针对办案机制、办案责任制、审委会改革、人民陪审员制度改革、审级监督、审判团队建立等工作，开展调研准备和试点工作，逐步推动改革各项举措落地。法院庭长参与办案12314件，其中全市法院班子成员带头办案649件。

8月13日，丽水市中院组织遴选法官入额考试　　明　平　提供

【护航G20和平安夺金鼎工作】 2016年，市法院主动肩负护航G20峰会、第三届世界互联网大会（乌镇峰会）维稳安保和丽水平安夺金鼎的政治责任，市中院院长徐亚农与各基层法院院长、市中院分管院领导与各部门负责人逐一签订责任状，并先后召开动员会、攻坚会。累计排查梳理涉诉信访维稳案件231件，建立领导督导化解机制和领导包案制度，对重大敏感案件和重大隐患案件做到一案一台账，确保矛盾纠纷排查化解零死角、去省进京零非访，重大突发事件零发生。

【优化诉讼便民利民】 2016年，市法院严格落实立案登记制度，敞开大门依法受理案件，当场立案率98.17%，需补齐材料的一次性告知率100%。出具立案调查令239件，协查函11826份，有效解决当事人和律师调取证据面临的实际困难。完善一站式便民诉讼服务中心，形成立案服务大厅、“12368”咨询电话、网上诉讼服务“三位一体”的诉讼服务新格局，接听答复热线来电1878件，接通率100%。在全省率先建立律师派驻法院提供法律服务机制，并促成丽水法律援助中心民革市委会工作站入驻诉讼服务中心。继续推行网点式跨区域异地办理诉讼事务，基本实现全市人民法庭跨区域异地办理诉讼事务网点化。

【为市场经济发展提供司法保障】 2016年，市中院与人行丽水支行联合出台合作框架协议共同推动供给侧结构性改革。年内，受理企业破产案件20件，审结5件，同比分别上升66.7%和25%，通过司法程序化解银行不良资产2.96亿元，盘活企业存量资产2.55亿元，释放土地资源13.67公顷，房屋面积9.9万平方米，为实现兼并重组、转型升级和“腾笼换鸟”创造有利条件。庆元法院高效审结全市首例工业企业浙江昌达实业破产重整案，帮助该龙头企业成功重整，避免资金链、担保链问题向18家规上联保企业蔓延，实现职工债权一次性100%清偿，普通债权五年受偿率从0提高到40%，促成包括312户债权人在内的各方当事人利益最大化，获市委主要领导批示肯定。

【补齐实际执行率低短板】 2016年，市法院认真贯彻落实省委书记夏宝龙在全省政法干部队伍建设座谈会上的重要讲话以及省市各级领导批示精神，以补齐个别基层法院实际执行率低为抓手，加强对口业务指导，通过约谈提醒、蹲点指导、逐案会诊等方式推动均衡发展、提质增效，获市领导批示肯定。至12月底，全市法院案件实际执行率达50.72%，同比大幅上升21个百分点，位列全省各地区排名第4位，其中，莲都法院严格内部管理、规范执行流程、密切多方协作，形成“全员抓执行、全程抓执行、全案抓执行”良好工作格局，实际执行率达65.14%，同比上升43.62个百分点，从上年度的全省基层法院排名末三位跃升至全省第三位。

【建立市县换届审查机制】 2016年，市中院与市委组织部联合出台《关于对市县换届有关人选履行法院生效法律文书情况进行审查的通知》，将履行法院生效法律文书情况纳入市县换届有关人选审查的内容。对市县两级换届推荐提名的“两代表一委员”人选、县（市、区）领导班子换届继续提名人员和拟提任为副县（处）级以上领导干部的初步人选，围绕本人及其担任主要领导或法定代表人的单位是否存在被列入全国法院失信被执行人名单、未列入失信名单但被申请强制执行、有生效法律文书确定应履行义务但尚未被申请强制执行等三种情况进行审查。审查工作人员应如实反馈生效法律文书情况信息，不得隐瞒不报，并严格遵守保密纪律，不得泄露审查对象任何信息。如有违反，严肃追究法纪责任。

【规范合适成年人参与未成年人刑事诉讼】 2016年，市中院会同市政法委、公安局、检察院、财政局等部门出台《关于合适成年人参与未成年人刑事诉讼活动及开展社会调查的实施意见》，保障涉罪未成年人的刑事诉讼权利。在全市共青团、妇联、关工委等未成年人保护组织内推选116名热心未成年人权益保护的爱心人士，组建合适成年人及社会调查员成员库。公安机关刑事立案或拘留涉罪未成年人后，应当在3个工作日内委托开展社会调查。提请逮捕或移送审查起诉时应附社会调查报告及证明材料。办案机关应当给予合适成年人及社会调查员必要的工作补贴，费用从办案经费中列支，财政予以支持。

【设立旅游巡回法庭】 2016年年底前，松阳、龙泉、云和、遂昌等法院先后成立旅游巡回法庭，保障和促进全域旅游持续健康发展。巡回法庭主要职责包括根据旅游纠纷特点，依法快速审理涉及旅游合同、旅游服务、旅游消费等引起的民事纠纷案件；指导旅游景区人民调解工作，对接涉旅游景区纠纷人民调解、行政调解；参与旅游景区社会治安综合治理与普法宣传以及针对审理旅游纠纷中发现的问题，向旅委、消协等有关单位提出改善旅游环境的司法建议等。

【建立家事纠纷人民观察调解团制度】 2016年,青田法院采取法官推荐和当事人抽选相结合方式,按照以人民陪审员为主,辅以与当事人职业相近者、社区干部或侨领等调解经验丰富的专家型人员的标准,选定5名民意型和2名专家型成员组成观调团。观调团成员通过旁听案件庭审了解案情,一并参与法庭组织的调解。调解不成的,由观调团成员对案件基本事实争议,以无记名投票的方式作出评判。审判员当庭公布表决意见,多数意见将作为案件裁判的重要参考。庭后,观调团继续对当事人进行观察、调解、心理疏导,增进败诉方对法院工作的信任和对案件处理结果的信服。年内,适用案件57件,调撤率93%,服判息诉率100%,受到最高法院院长周强批示肯定。 (明 平)

司法行政

【概况】 2016年,丽水市、县司法局围绕市委、市政府和省司法厅的决策部署,紧扣G20杭州峰会维稳安保工作任务,勇于担当、克难攻坚,在维护稳定、服务发展、保障民生等方面有新举措、新作为、新成效。2016年,先后得到市委书记史济锡批示2次;省司法厅厅长马柏伟批示1次,市委副书记尹学群批示3次和省司法厅领导等批示肯定。全市共办理各类公证35180件,办理法律援助案5112件,超额完成市政府十个方面民生实事4000件的任务要求,其中办理讨薪案件632件,涉及农民工2671人,讨回欠薪3147.7万元。全市司法鉴定所共接受鉴定委托4491件(公检法委托1555件,企事业单位委托4件,个人委托2570件,其他主体委托362件)。涉及民事诉讼210件,涉及刑事诉讼989件,业务收费额达到406.6281万元。开通"丽水司法"微信公众号。各级领导对市本级信息批示20人次。8月,市区两级司法局、公安局通过视频指挥系统,联合举行首次社区矫正突发事件应急预案演练活动,进一步检验丽水市社区矫正应急处置能力。

【开展社区矫正"十查十防"专项行动】 2016年,市司法局按照"全方位、无遗漏、不留死角"要求,对全市2580余名社区服刑人员和10927名刑满释放人员做滚动式排查,查台账、查脱管、查定位、查衔接、查教育、查户籍、查劳动、查管控、查站所、查落实十个方面问题,开展"社区矫正监管安全形势大研判"活动,列问题清单,补短板。全市共完善社区矫正(刑释)人员基本信息1.2万余条,列为重点管控的具有爆破、高空作业等特殊技能的人员177人(包括犯罪性质恶劣,主观恶意、再犯罪风险较大)。在实战和决战阶段,采取严格的人防、物防、技防"三防"措施。人防:通过基层设立的社区矫正工作站,加强村居干部、公安民警、司法所干部、街道居民、家庭监护人的监控责任,实现"日见其人、日闻其声、日知其行"管控目标;物防:市县两级社区矫正指挥中心24小时值班值勤,每天下午4时县、市、省三级逐级报告分析研判情况,互通信息、统一指挥。警车、囚车、对讲机等警用设备随时待命;技防:推行GPS手机定位和电子腕带,每天核查手机定位、电子腕带内存的基本轨迹等信息,发现有离境、越界、呼叫转移、人机分离等情况及时处置。G20安保期间全市实施GPS手机定位,被劝离在杭州人员165人(含刑释人员),办理居住地变更执行手续53人,被警告252人,被提请治安拘留6人,被收监执行的在逃罪犯8人。

【开展"疑难复杂纠纷调解攻坚大会战"专项行动】 2016年,市司法局组织各级人民调解组织、全体司法行政干部和法律服务工作者,深入乡镇、村居、企业、工地,开展拉网式集中排查,全市开展排查5523人次,排查纠纷线索3791件,其中属于历史遗留的疑难纠纷线索392件,调解成功143件,成功率36.5%。对排查出的矛盾纠纷实施分级负责制度。一般疑难复杂纠纷由县(市、区)局组织本县范围内人民调解员和业务骨干调解;重大疑难复杂纠纷由市局牵头指派全市范围内的优秀调解员、法律工作者等跨区域联合调解,由市本级指派人民调解专家;跨县域联调成功6件。对调解重大疑难复杂矛盾纠纷作出贡献的调解组织或个人进行奖励。一般疑难复杂纠纷调解成功的奖励2000元/件,重大疑难复杂纠纷调解成功的3000元/件,指派的人民调解专家每人每件500元,G20期间,全市共发放奖励经费8.6万元。

【建立"丽水市人民调解智库名录"】 2016年,丽水市建立"丽水市人民调解智库名录",从全市人民调解员、司法行政工作人员、律师、基层法律服务工作者、法律援助工作者、司法鉴定人员、仲裁员等择优产生60名擅长调解婚姻家庭纠纷、人身损害赔偿纠纷、医疗纠纷、土地权属山林纠纷、劳动争议纠纷调解的各类专家组成人民调解专家库。该专家库年龄结构合理,年龄最大73岁,最小28岁,40岁—50岁占总数88%,有90%的律师和专业领域人员均具有10年以上执业经历,并在当地乃至全省有一定的影响力。

【"七五"普法规划全面启动】 2016年,是"七五"普法规划启动年。8月

15日，市委、市政府出台丽水市“七五”普法规划，9月27日，丽水市召开“六五”法治宣传教育总结暨“七五”法治宣传教育部署会，“七五”普法全面启动，9月30日，人大常委会通过《关于深入开展法治宣传教育的决议》，成立由56名成员组成的市级“七五”普法讲师团，建立讲师团课题发布机制，提供“菜单式”服务。成立734名志愿者组成的“七五”普法志愿者队伍，开展法治专题志愿服务活动。全年组织40余家单位开展23个主题宣传教育活动，承办“流动大舞台走进浙江（丽水）”活动，搭建法治文化作品创作交流平台。

【实施“三名”培育工程】 2016年，市司法局开展律师行业名所名品名律师“三名”培育工程。与有关单位联合出台《丽水市依法保障律师执业权利联席会议制度》和《丽水市公检法机关案件移送告知制度》。联合市委人才办等单位举办精英律师素能提升培训班，组建50名以上律师规模的市直属的浙江博翔律师事务所，引导律师所在专业化、团队化等方面探索。严格新设律所的标准，注销遂昌九龙律师所。举办律所主任（合伙人）、律师继续教育等4个班次培训，与杭州市律协签订战略合作框架协议，联合市检察院、市电视台举办首届检律控辩大赛。完成2016年全国司法考试丽水考区考务工作。全年全市律师办理刑事案件1125件，民商事案件7217件，行政案件235件，法律顾问431家，收费8218.79万元。加强行业党的建设，组织全市律师党员开展“两学一做”“红色教育”等活动，为遂昌苏村灾害捐款7万余元。

【基层站所建设】 2016年，全市深入开展星级规范化司法所创建活动，创建三星级规范化司法所2个，四星级1个，5星级1个。开展司法所工作台账和业务档案规范化建设，提升司法所“软实力”。5月下旬，召开为期3天的全市人民调解工作培训班，市属行业性、专业性人民调解委员会负责人等120人参加。将争取到的政法专项编制全部用于直属所队伍建设，直属司法所专职人员数270人，平均每个司法所有专职人员3.5人，其中司法所专职从事社区矫正工作的协管员153人，协管员与社区矫正人员比例为1:20。全市社区矫正安置帮教志愿者3560人，比例为1:1。稳步推进基层法律服务所改制工作，至年底，完成基层法律服务所改制13家，申报7家。全年全市基层法律服务所担任法律顾问116家（不包括884家村级法律顾问），代理诉讼事务2089件，非诉讼事务102件，全年业务收费391.15万元，办理法律援助339件，调解纠纷44件。（蔡 愣）

仲 裁

【概况】 2016年，丽水仲裁委员会共受理仲裁案件151件，标的12.55亿元；案件费用预计收入422.3万元。在受理的案件151件中，调解结案55件，裁决结案59件，未结案数37件。其中，民间借贷纠纷39件，占案件总数的25.83%；买卖合同纠纷19件，占案件总数的12.58%；银行借款合同14件，占案件总数的9.27%；商品房买卖合同纠纷13件，占案件总数的8.61%；建设工程施工合同纠纷13件，占案件总数的8.61%；信用卡纠纷5件，占案件总数的3.31%；租赁合同纠纷5件，占案件总数的3.31%；通过其他方式和分支机构处理案件5件，占案件总数的3.31%；其他纠纷38件，占案件总数的25.17%。2016年，丽水仲裁案件快速结案率为85.32%，调解率为48.25%，自动履行率为65.79%，裁定撤销案件1件，无不予执行案件。丽水仲裁委被第四次东南、东北片区仲裁工作会议评为“仲裁内部建设”特色奖。

【机构建设】 2016年8月，丽水仲裁委在青田设立第一家分会，标志着丽水仲裁的各类纠纷案件可以在分会就近开庭办理，仲裁宣传推广工作逐步向基层延伸。缙云分会在筹建中，计划于2017年上半年开业。

【仲裁调解】 2016年，丽水仲裁委制定《丽水仲裁委员会调解规则》，设立仲裁调解中心，由经验丰富的工作人员负责调解中心业务。建立无仲裁协议纠纷调解、仲裁委外和解（调解）确认、裁决书执行和解等机制，进一步丰富仲裁调解形式，为当事人提供一种新的解决纠纷的途径。全年通过法律释疑、和解调解等方式解决房地产企业与业主的纠纷679件，较好地维护社会和谐稳定。

【衔接机制】 2016年，丽水仲裁委与市法制办联合发文《关于建立行政调解与仲裁衔接机制的指导意见》，规定衔接的指导思想、范围、衔接方式等。主动联系丽水市中级人民法院探索建立诉讼与仲裁衔接机制，联合印发《关于建立健全诉讼与仲裁工作衔接机制的若干意见》，建立诉讼与仲裁联席会议制度，制定并完善联系联络的有关规定，确定专职联络员。（季其颖）

军　事

思想政治建设

【概况】 2016年，丽水军分区学习贯彻习主席系列重要讲话精神，坚持政治建军、改革强军、依法治军，强化看齐追随意识，融入体制校准定位，聚焦主业扛起担当，改革创新攻坚克难，开创国防动员和后备力量建设新篇章。年内，召开军分区党委七届十三次全体（扩大）会议，传达学习省军区党委扩大会议精神，研究部署2016年度重点工作，表彰2015年度先进单位和个人。召开军分区党委七届十四次全体（扩大）会议，传达学习军委国防动员部、东部战区和省军区党委扩大会议精神，部署年度工作。召开军分区党委七届十五次全体（扩大）会议，传达学习军委国防动员部半年工作总结会议和省军区党委扩大会议精神，研究部署工作任务。召开市委武装工作暨市国动委第十八次全体会议，市委常委、各县（市、区）主要领导和人武部主官参加会议，表彰2015年度国防动员工作先进单位和个人，讲评县（市、区）人武部党委第一书记履行党管武装职责情况，总结部署国防动员和武装工作任务，市委书记史济锡讲话。

【学习习近平系列重要讲话】 2016年，丽水军分区运用省军区“第一时间”、军分区“理论夜学”等平台，采取中心组集中学、个人自学等方式，组织4个专题学习和师团干部理论集训，重点学习讲话的“国动篇”“东部篇”“浙江篇”，跟踪学习纪念建党95周年、长征胜利80周年、十八届六中全会等重要讲话精神，围绕理论上的难点、思想上的疑点、工作上的重点和关注的热点进行辅导解读，引导官兵职工牢固树立政治意识、大局意识、核心意识、看齐意识，不断夯实听党话、跟党走的思想政治根基。团以上领导干部“百题调研”形成18个成果。

【改革强军主题教育】 2016年，开展改革强军主题教育。学习军委主席习近平接见调整组建后的军委机关和战区军种部队讲话和训令训词、省军区领导管理工作电视电话会议精神，召开“五查五看”专题组织生活会。组织授课辅导，理解改革内涵，把握任务要求。开展“新体制、新职能、新使命”和“明职责、敢担当、有作为，做新一代国防动员人”大讨论，融入工作履职尽责，生活遵规守纪，抢险救援奋勇争先，以实际行动彰显绝对拥护支持改革的忠诚与担当。严守“六个纪律”（政治纪律、组织纪律、人事纪律、财经纪律、群众纪律、保密纪律），确保政令军令畅通、不踩纪律红线；对暂停办理干部工作、暂缓转业干部接替等新情况及时教育引导，确保队伍总体整齐、工作接续不断；加强经常性谈心交流和思想互动，举办学习培训、晋升军衔仪式、表彰奖励等活动，组织“强军杯”篮球联赛等文体活动，提振精神状态。每季度召开一次军分区政治工作会议，贯彻上级部署要求，推动政治工作落实。

国防动员和后备力量建设

【常态化战备】 2016年，丽水军分区组织学习军委国防动员部、东部战区和省军区军事斗争准备决策指示，落实党委议战议训制度，加强上下对接，科学计划安排，严密组织落实。修订完善作战方案和遂行非战争军事行动预案，添置战备物资器材，严密组织G20杭州峰会安保、“神舟十一号”飞船发射与回收、抗洪抢险等任务执勤备勤。开展“民兵情报信息月”活动，调整优化民兵情报信息员队伍。履行市防汛工作领导职责，省军区司令员冯文平经实地察看对军地共抓防汛备汛给予肯定。

【实战化训练】 2016年，丽水军分区组织首长机关训练，落实每季度战斗体能训练，开展分区域基地化训练，莲都、遂昌、龙泉、庆元人武部分别担负全市冲锋舟操作、山林灭火、反恐维稳、地质灾害救援等专业民兵集训。

开展“强军路上兴武装”活动，宣传“三老”(老武装、老职工、老山区)先进典型，全区专武部长提升为乡镇正职领导7人、专武干部转岗到重要岗位51人；组织全区新任专武部长集训，提高业务技能和履职能力。各人武部组织训练民兵专业分队42支共2643人。

【信息化建设】 2016年，军分区协调市政府投入800万余元，用于通信光缆补盲、通信及网络设备升级改造、国防动员计算机网、高清视频会议系统以及便携式综合通信系统等建设。贯彻省军区“智慧仓库”建设现场会精神，协调市政府投入300万元建设民兵武器装备仓库。联合市经信委、人防办、无线电管理局和三大通信运营商开展军地联合通信保障演练，探索建立军地联合协作机制。

【抢险救灾行动】 2016年，军分区发动民兵参与山林灭火、防台抗洪等应急救援行动和“五水共治”“创卫”等军民共建行动，组织“9·28”遂昌苏村特大山体滑坡抢险救援行动，全区参加救援行动出动民兵4674人次，搬运油料137300升，物资45吨，为取得救援胜利发挥重要作用，展示了新时期民兵“特别听招呼、特别能吃苦、特别守纪律、特别讲奉献”的时代风采，受到省委书记夏宝龙、代省长车俊、救援部队首长和地方党委政府、灾区人民群众的高度赞扬。

【国防动员】 2016年，军分区调整健全国动委成员和办事机构，保持国动委机构常态运行。与市政府联合部署2016年度国防动员和后备力量建设任务，组织各县综合办、人武办和市本级“八办”人员业务培训并集中办公3次。按照军委国防动员部、省国动委部署，完成国防动员潜力数据调查和上报，受到省国动委的肯定。制定《丽水市警报试鸣实施方案》，试鸣警报137台(其中新增警报10台)、鸣响率100%，组织138所学校、5000余名学生及14个重点镇(街道)、13个社区人口参与应急疏散演练，提升群众的空防意识。完成省人防指挥部跨区支援任务，参与并指导粮食(食用油)、卫生医疗救护、中石化油料保障等应急演练演习，提高遂行保障任务的能力。

【民兵建设】 2016年，军分区落实民兵整组点验，省军区领导带工作组考核部分县(区)民兵队伍并给予好评。贯彻省军区民兵“四队”兼备应急力量建设义乌观摩会精神，组建人员搜救、水上救援、应急通信、洗消防化、封堵决口等6支特色民兵力量，会同市政府出台《丽水市民兵“四队”兼备应急力量建设规范》，并在龙泉市召开推进会。贯彻省军区后备力量基层工作会议精神，持续推进“三种类型”基层武装部规范化建设达标活动。结合地方换届加强专武干部和民兵政策法规宣传解读，调整配强基层干部骨干，组织61名新任民兵党支部书记集训。

【兵员征集】 2016年，军分区及时发布征兵消息，加强丽水籍军人先进事迹宣传，组织“高校征兵工作站”挂牌，首次组织全市征兵体检业务骨干集训，首次点名通报巡检和考核结果并明确整改要求，实行持证上岗。严格规范兵员征集过程，完成新兵和直招士官征集任务，无责任退兵、不廉洁征兵等问题。

【后勤与装备建设】 2016年，军分区严抓预算编制实施，严格报销审批把关，定期组织财务自查互查，完成增资发放，落实人武部主官离任审计。对接地方推进新仓库建设，完善民兵训练基地配套设施、规范常态运行管理，整修营区自来水管网等基础设施，美化亮化营院。落实物资装备器材“三定一签”，规范物资集中采购、油料请领与代储代加。组织健康体检，协调体系医院上门服务。全面停止有偿服务，44个有偿服务项目已关停25个。规范武器装备管理，组织武器装备清查，人武部兵器室全部达标投用。

【党管武装】 2016年，密切沟通丽水市新任领导到军分区走访调研、现场办公等事项。8月3日，召开市委议军会，学习国防和军队改革形势、国防动员系统建设发展的新要求，研究解决制约驻丽部队建设的矛盾问题；同日，在市消防支队组织市四套领导班子和国动委成员单位领导过“军事日”，引导他们增强国防观念和管武强武意识。2016年，丽水市实现“全国双拥模范城”创建“二连冠”。

【军民融合发展】 2016年，军分区参与举办首届钛产业军民两用技术会议，成立钛都科技有限公司。全市建立22家院士工作站和25家博士工作站，资助“绿谷精英”人才项目71个，一批高端人才和重点项目联袂落地。国防交通基础建设进展顺利，51省道遂龙线遂昌段建成通车，遂昌县乌溪江大桥项目完成主跨合龙和桥上建筑施工，龙泉市赵麻淤至下堡段国防战备公路项目全面开工。推进基层人防规范化建设，全市完成人防重点镇8个、社区规范化建设16个；推进综合应急疏散场所建设，龙泉市、云和县“人民防空应急疏散基地”挂牌。牵线缙云县人武部与晨龙集团签订合作协议3个。

【国防教育】 2016年，召开全市国防教育工作会议，开展纪念红军长征胜利 80 周年系列活动，邀请著名军事专家罗援、乔良和航天员刘旺等到丽水进行国防知识讲座。办好“一刊一网一号”(《丽水国防》，丽水国防教育网，“处州 e 勇军”微信公众号)，组织官兵职工、专武干部和民兵预备役人员走红军古道、访战斗遗址、忆战斗故事。召开全市学生军训工作会议，出台《丽水市学生军训实施细则》，在“五四”“六一”等节日期间，到驻地学校走访慰问并开展国防教育。龙泉市住龙镇创成省级国防教育基地。开展助学兴教、走亲孝老、结对助学等扶贫活动。（翟厚涛）

成立民防应急救援队(苏村救援)　　史文静　提供

人民防空

【概况】 2016 年，丽水人防工作“围绕大局、服务中心、创新发展、科学跃升”的理念，人防建设得到全面提升。在第七次全国人民防空会议上丽水市被授予“全国人民防空先进集体”称号；市本级、青田县人防办、庆元县人防办、龙泉市查田镇人防办、青田县温溪镇人防办被省人防办授予省级人民防空建设先进单位、8 个先进个人受表彰；苏村救援工作得到代省长车俊表扬。

【人防工程建设管理】 2016 年，全年市级行政审批项目 83 项，其中易地建设项目 62 项。竣工的人防工程全部按要求编制平战转换方案，并配备人防工程的标识标牌。全市所有在建人防工程均办理质量监督手续，专业质监覆盖率 100%。

【民防应急救援队建设】 2016 年，开展民防应急救援队训管用建设试点工作。以丽水市户外运动协会为依托，成立丽水市民防应急救援队，依照《浙江省民防志愿者服务管理办法》，打造民防应急行动和应急力量运用“志愿者+”运行机制。为提高队员应急救援能力，5 月，组织 5 名队员参加丽水军分区组织的全市冲锋舟操舟手训练；11 月，在景宁组织水上激流救援专项训练，内容包括激流救援装备介绍和标准、救援分组分工、激流救援的顺序、渡河激流横渡、攻击式横渡、确保式漂流、活饵救援、锚点过河、快艇驾驶等科目，训练由多名有国际认证的水上救援教练组织实施。全年购置应急救援器材 70 万元，为民防应急救援队提供必需的物资保障。在遂昌苏村救援中，市人防办组织 25 名救援队员奔赴现场，并在救援中挖出存折和存单等 20 万余元及银圆等物品；救援期间，紧急从温州购买 1 台功率较大的警报器安装在救灾现场指挥部灾情监测点，配合监测预警，及时发出灾情警报，防止次生灾害的危险，派专业人员 24 小时坚守，为灾区预警报知提供服务，得到省人防办领导的肯定。

【防灾减灾演练】 2016 年，全市试鸣警报 137 台，鸣响率 100%。结合警报试鸣，组织学校、社区演练，全市 138 所学校，5000 余名学生参与应急疏散演练；组织 14 个重点镇(街道)、13 个社区人口应急疏散演练；发放人防宣传资料 33400 余份，展板 667 块，10.92 万人受教育。参加“浙江金盾—16”演习任务，按跨区支援协作机制实施对温州市重要经济目标遭空袭后的跨区支援，对温州重要经济目标浙能乐清电厂遭敌空袭后的抢险救援。年内，“龙泉市人民防空应急疏散基地”和“云和县人民防空应急疏散基地”正式挂牌，并建立相应的管理运行机制，是一个能满足 200 人以上居住和生活保障的疏散场所。（史文静）

武　警

【概况】 2016 年，武警丽水市支队(以下简称“支队”)，深入学习习近平系列重要讲话精神，全面贯彻总队党委决策部署，坚持“不提新口号、重在抓落实，不提新要求、重在抓质量”，按照“稳字当头、实字托底、苦字作舟”的思路，“样样落实、天天坚持”的要求，“下沉一层谋、贴到底层抓”的方法，全面建设呈现稳步稳固、向上向好的新气象。全年先后组织工作组下基层考核蹲点 6 批次。抓实两项重大教育，召开阶段讲评推进会 2次，党委成员下部队面对面串讲 5 次、外聘专家辅导授课 4 次，组织支队教育骨干“四会”竞赛，直属、丽水、勤务中队分获前三名。推进先进军事文化建设，基层“一队一品”特色文化建设，在军内微信公众号上转播，官兵反应热烈。青田、庆元、莲都、遂昌、景宁、缙云中队被总队表彰为“基层建设先进中队”，直属大队被总队表彰为“先进大队”，教导队被武警总部表彰为“先进教导队”，支队被总队表彰为“基层建设先进支队”，部队实现连续27年执勤无事故。2月，组织开展“送温暖、献爱心”活动，进一步拓展警民关系。

【召开习近平致支队贺信十周年座谈会】 1月19日上午，习近平致支队贺信十周年座谈会在支队礼堂召开。总队政委张喜文、后勤部部长毛明横(原支队长)、政治部副主任费海平(原支队政委)、温州支队支队长吴锦铎(原支队政委)出席座谈会。张喜文指出，支队是履行强军使命、投身强军实践的一面旗帜，2005年第一次创标，时任浙江省委书记习近平专门给支队发来贺信。十年来，支队官兵牢记贺信嘱托，全面抓建设、接力打基础、创新谋发展，部队建设不断取得新的进步，再次被总部评为标兵支队。张喜文强调，牢记贺信嘱托，要铸牢看齐意识，确保坚定正确的政治方向，从根本上立起铁一般的信仰、铁一般的信念、铁一般的纪律、铁一般的担当；要加强责任担当，履行党和人民赋予的职责使命，抓实战化训练，以G20杭州峰会安保任务为牵引搞好备战，为保护人民生命财产安全、维护驻地社会稳定发挥“压舱石”和主力军作用。要自觉地把依法从严治军要求落到实处，把培育法治信仰、正规部队秩序、守住安全底线的工作抓严抓实，突出研究安全文化。要提升建设标准，推动部队建设全面进步、全面过硬，进一步抬高目标定位，树牢“功成不必在我任”的理念，甘当绿叶、甘为人梯，日积月累、持续用力，不断提升部队建设软实力，为在全总队建设全面进步、全面过硬先进支队发挥示范引领作用。

【执勤训练工作】 2016年，支队累计出动兵力近千余人次，圆满完成景宁“三月三”、缙云祭祀(轩辕黄帝)公祭仪式、庆元香菇节和城市武装巡逻等临时勤务，参与车辆落水抢险、居民房屋灭火抢险救灾2起。持续深化“千人大集训”成果，先后组织十余批次集训，组织两个季度“魔鬼周”极限训练，邀请军警反恐训练专家到队传经送宝，开展特勤排与特警支队联勤对抗和联训竞赛，精心组织2016年度军事比武，有效提高部队遂行任务能力。

【完成G20峰会安保任务】 9月，支队全体官兵按照“三最”(最严部署、最强措施、最高标准)要求，连续奋战20余天，圆满完成浙江大学、中国美术学院和楼外楼活动现场警卫，卡点武装警戒、反恐备勤、丽水城区武装巡逻、处置群体性事件和情报侦察等任务。浙江大学、中国美院、楼外楼3个任务点共检查人员7898人，劝阻无关人员115人。新窑检查站官兵参与公安检查车辆10782辆，人员34464人，成功处置车辆冲卡事件2起；缴获枪支2支(仿95手枪1支、汽猎枪1支)，子弹350余发，土制炸弹1枚；查获毒品6起，共2557.3克；抓获贩毒人员9人，吸毒人员32人，公安部通缉人员2人，网上在逃人员12人，涉稳非访人员6人；查获走私车辆1台(价值100万余元)，走私香烟2起286条(价值20万余元)。支队被总队表彰为安保工作先进单位，庆元中队被武警总部表彰为峰会安保先进集体，新窑检查站被省公安厅荣记集体二等功，司令部作训股、云和中队一班被总队表彰为安保先进集体。武警部队副参谋长苏德利、总队司令员白海滨和丽水市委书记史济锡等领导莅临支队检查指导，并给予充分肯定和高度赞扬。

【完成“9·28”苏村山体滑坡抢险救援任务】 9月28日，受台风“鲇鱼”影响，丽水地区普降大雨，其中遂昌、青田和缙云等地相继发生山体滑坡、泥石流和内涝等次生灾害，20幢居民楼被泥石流冲毁，多名群众被困和失踪失联。支队接到命令后，第一时间集结部队前往现场，连续奋战18个昼夜，有序开展抢险救援行动，帮助群众抢收农作物500余千克，走访慰问受灾群众10余户，中央媒体和主流网站刊播稿件60余篇，圆满完成“9·28”遂昌苏村特大山体滑坡抢险救援、青田内涝和泥石流灾害抢险救援任务，有力维护驻地稳定大局。

【召开“优秀军嫂”表彰大会】 3月6日，“优秀军嫂”表彰大会在机关指挥中心召开，政委贺东平代表支队党委和全体官兵向受表彰的8位“优秀军嫂”表达祝贺和感谢，并介绍支队近年来建设发展形势和取得的成绩，肯定了支队官兵家属为部队建设做出的贡献，希望军嫂们一如既往地支持丈夫干好事业，一如既往地关心和支持部队建设。同时指出，这次当选的“优秀军嫂”，作为广大军嫂的优秀代表，体现中华民族女性的传统美德。号召广大官兵要自觉把军嫂的关心和支持转化为履职尽责的强大动力，为推进部队全面建设，再创佳绩，再立新功。 (王云峰)

农村建设

综　　述

【概况】 2016年，丽水市深入贯彻落实"绿水青山就是金山银山"的战略思想，以"打造美丽环境，发展美丽经济，创造美好生活"为工作目标，推进社会主义新农村建设和美丽乡村建设。全市公共财政预算内"三农"投入153.22亿元，同比增长20.9%，占一般公共预算支出比重44.8%。全市农村常住居民人均可支配收入16459元，增长9.7%，增幅比全省平均水平高1.5个百分点，农民收入增幅连续八年居全省第一位。农民收入增速快于城镇居民收入0.3个百分点，城乡居民收入比由2015年的2.192缩小为2.185，城乡收入差距连续九年呈缩小态势。全市低收入农户人均可支配收入9550元，同比增长19.5%，增幅居全省各市首位。除"低保"户外，家庭人均可支配收入超过8000元的户数比重80.2%。开展农村生活污水治理413个村，新增受益农户76022户，基本实现农村生活污水治理全域覆盖。开展四批省级历史文化村落共35个重点村，150个一般村的项目建设工作，获省级财政项目资金4.05亿元。全市培训农民72047人，其中，培训农村实用人才18766人，转移就业能力培训11481人，普及性培训41800人。创建省级美丽乡村示范乡镇10个、特色精品村28个，丽水市被"2016全面小康暨美丽乡村建设发展论坛"授予"中国美丽乡村建设示范地区"称号。

2016年，全市实现农业增加值96.28亿元，同比增长3.0%，增速居全省第四。全年粮食生产播种面积9.4万公顷，总产50万吨。食用菌接种量5.8亿袋、产量49.3万吨、产值26.1亿元，同比分别下降8.0%、3.2%、3.0%。茶叶面积3.71万公顷，产量3.35万吨、产值18.5亿元，同比分别增长5.0%、5.7%。水果种植面积3.81万公顷、总产28.3万吨、产值15.3亿元，同比分别下降7.4%、21.4%、6.9%。蔬菜播种面积5万公顷、产量134.7万吨，同比基本持平，产值29.6亿元，同比3.9%。中药材种植面积1.73万公顷、新增340公顷，总产量2.51万吨、产值7.6亿元，同比分别增长6.4%、5.4%。畜牧业肉类总产量9.1万吨、同比下降0.5%，产值23.3亿元，同比增长1.5%，实现近年来首次正增长。　　（王艳杰　雷　燕）

【农家乐民宿乡村休闲旅游业】 2016年，丽水市发挥生态优势和乡土文化优势，发展乡村旅游及民宿经济，农家乐民宿新增投资5.4亿元，累计创建农家乐综合体48家，培育省、市级农家乐特色村95个，农家乐民宿3251家，建设乡村特色民宿示范项目64个。全市农家乐民宿从业人员4万

市农业局举办"助农增收送服务"活动　　雷　燕　提供

人，餐位24万个，床位3.86万个。全年农家乐民宿接待游客2220万人次，增长30.5%；实现营业总收入23.3亿元，增长40.6%。在农家乐综合体、特色村创建34个农产品旅游地商品营销购物点，推进农特产品转化为旅游地商品。发布《“丽水山居”建设和运营导则》，初步打响“丽水山居”品牌。

【农村劳动力素质培训】 2016年，全市利用市级农民学院、县级农民学校及各级农村实用人才实训基地培训体系，继续打造以“丽水农师”为龙头的人才品牌。全市培训农民72047人，其中，培训农村实用人才18766人，转移就业能力培训11481人，普及性培训41800人。继续完善以“丽水农师”为首的“1+X”人才品牌体系，新培育龙泉安仁鱼头师傅、缙云爽面师傅、遂昌北界红提师傅、遂昌石练菊米之星、松阳工匠等5个子品牌，全市“丽水农师”子品牌20个。

【精准扶贫】 2016年，丽水市出台《关于建立农村困难家庭帮扶长效机制的通知》，修订完善《丽水市财政专项扶贫资金管理办法》，制定《加强预防和查办扶贫领域职务犯罪专项工作方案》。发展产业扶贫项目促进低收入农户增收，创新开展低收入农户中蜂养殖、特种设备运维培训、光伏小康等项目。加大最低生活保障力度，农村低保实现扩面提标。全市农村低保4.7万户7万余人，支出资金1.6亿元，月平均补差263元。2016年全市低收入农户人均可支配收入9550元，同比增长19.5%，增幅居全省第一。推进金融扶贫，累计建立村级资金互助会408个，入会农户2.8万户，其中低收入农户1.1万户，2016年借款总额7000万余元，其中低收入农户累计借款2000万余元；发放丰收爱心卡扶贫小额信贷5亿余元，助推低收入农户投身“大众创业、万众创新”热潮。丽水市扶贫办公室获“全国扶贫系统先进集体”称号。

【农村工作指导员第一书记】 2016年，全市农村工作指导员3274人，其中，省派丽水第九批农村工作指导员26人，市派第九批农村工作指导员70人，县级农村工作指导员655人，乡镇派农村工作指导员2522人。指导员依托派出单位优势，发挥自身特长，支持派驻地发展，促进低收入农户增收。全市农村工作指导员走访农户90893户，召开座谈会7844次，落实经济发展项目1095个，落实基础设施项目1189个，落实扶贫资金5430.51万元，捐赠物资价值177.35万元，调处矛盾纠纷3066起，主讲党课2583次，撰写调研报告547篇。

【农民异地搬迁工程】 2016年，全市投入资金7.24亿元，新（续）建安置小区（点）36个，实现农民异地搬迁4318户14276人，完成年度计划142.7%。其中，高山远山2876户9776人，地质灾害468户1462人，重点库区981户3038人。实现整村搬迁88村1939户5554人，占总搬迁人数38.9%。农民异地搬迁安置点开展“美丽新家园”创建工作，评出莲都区月山小区等5个市级美丽新家园。

【扶贫改革试验】 2016年，全市各地继续推进扶贫体制机制改革和扶贫方式方法创新，通过搬迁扶贫、产业扶贫和社会扶贫三大体制机制创新，建立扶贫开发与新型工业化、信息化、城镇化和农业现代化良性互动的体制机制。形成“异地搬迁化农民为市民、分权赋权化固产为动产、保权活动化资源为资本、三位一体化分力为合力”的扶贫改革“丽水模式”。12月27日，在全国扶贫改革试验区工作座谈会上，丽水市作经验交流发言。

【农村产权制度改革】 2016年，全市完善“1+X”农村产权制度改革政策体系，有序推进农村土地承包经营权、林权、水利产权、集体土地房屋产权制度改革。全市168个乡镇（街道）、2678个村（社）开展土地确权工作，农村土地确权登记率93.3%，进度居全省首位。新增农村产权评估业务开展数量226宗，农村产权公开交易数

异地搬迁小区（庆元县同心新村） 王艳杰 提供

458宗，累计1605宗。新增土地流转经营权证521本，累计发放1593本，新增土地流转经营权抵押贷款0.18亿元。完成全市2727个村经济合作社股份制改革档案整理，全市79个村开展经营体制机制创新试点。河权改革入选“2015全国基层治水十大经验”。

【农村金融改革】 2016年，全市完善农村产权融资配套机制和平台建设，继续推进林权、农民住房财产权、农村承包土地经营权等“三权”抵押贷款扩面增量，破解“三农”融资难问题。全市林权、农村土地流转承包经营权、农村住房财产权“三权”抵押贷款累计发放量261.25亿元，贷款余额95.76亿元。推广公益林收益权质押融资创新，实施林地经营权流转证制度，全市新发放林权抵押贷款35.1亿元，累计173.9亿元，贷款余额54.7亿元，居全国第一，全市域成功获批全国集体林业综合改革试验示范区。推进以财政出资的政策性涉农担保机构和村级互助担保组织为重点的农村融资担保体系建设。继续扩大政策性农业保险和小额贷款保证保险覆盖面。

【“三位一体”农合联改革】 2016年，在缙云县、遂昌县首批改革推进的基础上，全市其他7个县（市、区）全面开展生产、供销、信用“三位一体”改革，深化供销合作社和农业生产经营管理体制改革，实现县（市、区）和乡镇农合联组建全覆盖。全市成立9个县（市、区）农合联、乡镇农合联135个。缙云县依托优势产业，探索成立黄茶、土面、杨梅、茭白、水蜜桃、粮食特色产业农合联，发展适度规模经营，提高产业服务水平和农民组织化程度，提升农产品的品牌影响力和市场竞争力。

【农村生活污水治理】 2016年，全市继续落实农村生活污水治理三年计划，按照“项目设计科学化、工程建设规范化、档案管理同步化、运行维护常态化”要求，全面推进农村生活污水治理工作。全市投入资金5.23亿元，实施农村生活污水项目413个村、铺设村内管道50千米、建成人工湿地5.6万平方米。受益农户76022户。2014—2015年1890个项目完成验收并移交运维。2014—2016年，全市开展农村生活污水治理2329个村，新增受益农户40万户，基本实现农村生活污水治理行政村全覆盖。2016年，丽水市获全省农村生活污水治理优胜市，遂昌、松阳、缙云、云和、景宁获农村生活污水治理优胜县。

【历史文化村落保护利用】 2016年，全市按照“立足保护、科学规划、合理开发、永续利用”原则，开展四批35个重点村，150个一般村的历史文化村落保护利用项目建设工作。累计完成投资5.98亿元，基本完成第二批8个重点村34个一般村的项目建设，第三批10个重点村48个一般村完成70%以上的形象进度，完成重点村和一般村规划设计编制。全市累计省级历史文化村落重点村43个，占全省总数20.2%；一般村199个，占全省总数的18.7%。

【农村垃圾减量化资源化处理试点】 2016年，丽水市科学规划、加大投入，按照“分类收集、定点投放、分拣清运、回收利用、生物堆肥、制度建设”要求，实行“就近就地、村收村处”的垃圾处理新模式，采取机器发酵、太阳能堆肥、灭菌焚烧多种形式推进垃圾分类减量化资源化试点工作，最大限度地减少“垃圾旅行”。全年完成30个村的垃圾减量化资源化试点和406个村的垃圾分类处理工作，农村环境不断改善。莲都、云和、龙泉、景宁、缙云县（市、区）获评2016年度全省生活垃圾工作优胜县。 （王艳杰）

农业科技服务

【概况】 2016年，全市以创建农业科技示范基地建设为抓手，构建农业科技创新和推广应用平台，各地立足产业发展实际和农民群众技术需求，以加快农业科技自主创新技术集成和

叶平头轩德皇菊等级分类 严晓芸 提供

推广应用为目标，按照“整合提升、分类建设、集聚集成、见形见效”的思路和要求，在全市各类科技示范基地基础上，通过加强服务条件建设、对接科研单位及技术专家、落实技术补助等措施，第一年建成认定34个技术较先进、功能较多元、设施配套较好、带动比较明显、运行较规范的现代农业科技示范基地。市农业局继续开展农技专家联系服务农业“两区”建设活动。全市开展科技入户工作农技人员1129人，建立科技示范场72个，科技示范村955个，联系科技示范企业398个，科技示范户6680户，联系科技示范基地278个；开展农业科技下乡活动756次，参加农技人员3521人次，服务农民57350人次，发布主推品种578个，主推技术243项，发放技术资料6.8万份，开展现场培训会296次，培训科技示范户9912人次。

【生态循环农业建设】 2016年，根据《丽水市创建现代生态循环农业示范市和农产品质量安全示范市 加快推进生态精品现代农业发展三年行动计划》，实施整建制推进现代生态循环农业示范市建设，把年度相关任务与责任分解落实到各单位，并纳入各种考核强化管理。全市整建制推进现代生态循环农业示范县9个，示范区10个，示范主体98个，启动区域性现代生态循环农业项目4个，启动建设市级生态循环农业项目11个，全市创建现代生态循环农业示范市工作及各项指标进展通过省级中期评估，至年底，第二批建成省级生态循环农业示范主体34家，总数65家。

【农业科技推广服务】 2016年，市农业局开展“2016年丽水市农业主导品种与技术推广应用暨春耕生产‘五送十行动’服务月活动”系列活动，筛选推介2016年主要农作物(包括牧草)190个、畜禽46个主导品种和农业综合主推技术2项、主要农作物49项、畜禽10项主推技术。以校地合作“浙江大学——丽水市浙西南现代农业技术合作推广中心”为平台，组织主导产业关键技术的研究与推广工作。组织各农业主导产业首席专家团队围绕主导产业瓶颈问题，实施研究与应用《浙农21(叶籽两用)、紫鹃等茶树品种引进后续利用方式提升技术研究》《茄子连作栽培技术措施设计与试验》《云和雪梨抗风及优质生产技术研究》《香菇无基质菌种繁育与应用》《珍稀中药材品种收集与利用》《规模猪场自动节水设施应用推广》等项目。发挥浙大首席专家优势围绕主导产业发展开展调查研究，组织各层次农技人员与生产主体培训。以院地合作为平台，组织主导主业关键技术研究与推广工作。完成实施2013启动建设的8个院地合作项目，在继续实施2014年、2015年度启动建设18个院地合作项目基础上，启动建设第四批14个院地合作项目，即：《观光采摘型大棚草莓生产模式建立与示范推广》《无基纯菌丝菌种生产装备与工艺研究》《水果(葡萄)优质高效系列技术》《草本中药材种植连作障碍防控技术研究与应用》《饲料对三黄鸡肉质风味改善的研究》《碧湖猪保护和开发》《触摸屏测土配方施肥咨询系统建设》《鲜切旱粮蔬菜物流保鲜与质量控制技术研究》《观赏多浆植物高效繁育及高山设施栽培技术示范应用》《生态精品蔬菜基地病虫无害化治理技术研究与示范》《猕猴桃优新品种引选及野生资源开发利用》《丽水中药材当家品种良种繁育地筛选及繁育技术研究》《丽水茶园生态管理及双减新技术示范应用研究》《基于全产业链的丽水茶产业综合技术集成服务与示范推广》。

【农业科技推广项目实施】 2016年，经市政府常务会议审议通过并出台《丽水市农业丰收奖奖励办法》，全市组织实施省、市农业“丰收计划”项目，其中《丽水红茶生产技术综合集成及示范推广》等3个项目，《景宁白茶品种选育和生产技术集成示范推广》等7个项目，《莲都区香菇节工省本模式推广与应用》等9个项目，分别获2015年度市级农业丰收一、二、三等奖；《山地豆类蔬菜适栽品种选育及配套技术研究与推广》获省农业厅技术进步一等奖，《惠明白茶产业化关键技术研究与示范推广》获省农业厅技术进步二等奖，《山区稻鱼生态种养集成技术推广应用》获省农业丰收二等奖，《丽水市生态肉羊养殖技术示范推广》等4个项目获省农业丰收三等奖。下达2016年度农业“丰收计划”项目53个。组织实施农技推广体系建设示范县项目9个。

【农业教育培训】 2016年，实施2016年度市农业人才示范性培训项目，市本级农村劳动力素质培训专项项目9个，培训资金50万元，培训500人。实施学历教育培训，全市完成招生504人，组织鉴定动物疫病防治员、农艺工、果茶桑园艺工、蔬菜园艺工、果树园艺工等职业技能鉴定培训1028人。新建农广校实训基地6个，农民田间学校10个；全市全面实施职业农民培育工作，其中，云和县、莲都区、遂昌县、缙云县被列入农业部职业农民培训计划，其他县(市)纳入省级培训计划，全年全市培训职业农民3580人。实施农技人员知识更新培训，组织到全省各地农林院校培训农技人员 1230 人次；实施新型农民技能培训 162 个班次，培训 1.33 万人次，农业实用技术培训 385 次，培训 2.15 万人次。

【农业人才培养】 2016 年，市农业局实施农业职称评审，全市新增农业中级职称人员 26 人，新增农业副高级职称人员 23 人。实施定向培养基层农技人员工作，全市选取大学生 22 人与龙泉市、遂昌县、庆元县、青田县、缙云县等地县（市、区）农业和人事部门签订定向培养与就业协议，涉及农学、植物保护、动物医学、园艺、食品质量与安全、农业资源与环境、农林经济管理 7 个专业。

【农业水环境治理】 2016 年，全市继续贯彻落实全省农业水环境治理和市委、市政府“五水共治”决策部署，组织开展农业水环境治理。至年底，全市各地制定出台“一县一策”治理方案，生猪散养户关停 411 家、整治 11175家，完成年度目标任务 100%。全市完成规模养殖场治理验收 13 家、规模水禽场整治 39 家、新增沼液消纳利用量 60.15万吨，分别完成年度任务 100%、100%和 103.7%。全市 9 个县（市、区）出台网格化监管文件，落实县、乡、村监管责任人 1691 人，于 11 月启动运行监管人员签到 APP 系统，增强畜牧业污染治理线下防控力度。全市推广测土配方施肥 263.4万亩次，推广商品有机肥 5.3 万吨，减少化肥不合理使用量 1552 吨，分别完成年度任务 105.4%、106.1%和 103.5%；推广病虫害统防统治 3.29 万公顷，农药减量技术应用面积 6 万公顷，减少农药不合理使用量 66.4 吨，分别完成年度任务 102.8%、102.5%和 154.5%。农药废弃包装物回收 307.5 吨，处置 271吨，均超额完成年度任务。（徐志东）

【推广农民信箱综合应用】 2016 年，全市累计发展农民信箱注册用户 12.73 万个，用户规范率 98%，掌上农民信箱累计注册用户 1.73 万户，全年在农民信箱系统上发布公共政务信息 5639 条，商务信息 4786 条，其中发布买卖信息 2065 条。全市累计撰写每日一助典型事例 121 篇，发送“每日一助”农产品服务信息 1716 条，反馈对接 11228 次，促进农产品成交意向金额 642.83 万元。收录当地农产品地方馆 663 条，采编当地农业主导产业发展、采摘游、农展会、农产品等农产品商务信息 342 条。全市 69 个村级网站获得新农村网站季度之星示范网站荣誉称号，在农民信箱系统平台上建设行政村（社区）网站 2673 个，其中符合农业现代化评价指标的行政村网站 2672 个，规范率 99.96%。市本级、景宁、龙泉、青田、遂昌 5 地农业部门获 2016 年度浙江农民信箱工作考核优秀单位，占全省 30 个优秀单位的 17%，是历年来获优秀个数最多的一年。

【农业网站建设与信息应用】 2016 年，丽水市农业信息网站采集、发布各类农业信息 2556 条，网站累计浏览量 7422.93 万人次。浙江农业信息网公共信息模块维护，全市上传省公用模块信息 10358 条，其中市本级发布 696 条。农技 110 专家咨询、网络直通车受理咨询 101 条，答复率100%，其中按时答复率 95%，树立良好的为农服务网上窗口形象。建设农业地理信息系统，2016 年，现代农业地理信息系统粮食生产功能区上图入库 3986.67 公顷；现代农业园区上图入库 51 个，上图入库率 100%。

【推进信息进村入户工作】 2016 年，市农业局在巩固遂昌信息进村入户试点县的基础上，指导做好缙云、龙泉两个新增县（市）的试点工作，依托益农信息社，推动农业信息服务、农业电子商务、农业物联网、农民手机应用技能培训；提升县级益农信息服务中心标准化建设水平，完善“12316”三农服务热线。探索具有丽水特色的信息服务可持续发展机制，有效整合农业公益服务、农村社会化服务两类资源，提高信息进村入户服务覆盖面和能力水平。信息进村入户为农民和新型农业经营主体提供各类服务 85.65 万人次，代缴各类费用 1032 万元，代购服务为农民节省购物资金 976 万元，农产品电子商务成交额 1237 万元，初步构建“政府+服务商+运营商”三位一体的可持续运行机制。（廖小丽）

【生态农业建设】 2016 年，全市围绕农业水环境治理和现代生态循环农业、农产品质量安全放心示范市创建，实施肥药减量控害增效工程，督促 9 县（市、区）出台促进商品有机肥推广的扶持政策和农药废弃包装物回收处置实施意见。全年推广测土配方施肥 17.6 万公顷，推广商品有机肥 5.3 万吨，实施农作物专业化统防统治 3.3 万公顷，绿色防控技术推广面积 2.3万公顷，农药减量控害面积 6.0 万公顷，减少化肥不合理使用量 1552.1 吨，减少化学农药 66.4 吨；农药废弃包装物回收 307.5 吨、处置 270.95吨；全市建立农田土壤污染常规监测点 71 个和综合监测点 28 个。（李小荣）

【农业机械化】 2016 年，全市农业机械总动力 109.27 万千瓦，其中，耕作机械 23538 台，种植机械 102 台（水稻插秧机 89 台），排灌机械 51575 台，植保机械 24520 台，联合收割机 182 台，茶叶机械 74240 台，食用菌机械 68411 台，挂上道路拖拉机牌照的拖拉机 5016 台，全市农业机械总值 12.13 亿元。

全年全市农民(或农村经营服务组织)购置农业机械补贴机具 7533 台(套)，落实中央资金 1177.7 万元、省级资金 100.8 万元。其中，插秧机 27 台，机械式秧盘播种成套设备 2 套，大中型拖拉机 10 台，收割机 48 台，粮食烘干机 14 台，食用菌机械 25台。

全年全市完成机耕面积 6.53 万公顷；机械植保面积 4.07 万公顷；水稻机插面积 1300 公顷；水稻机收面积 1.13 万公顷，水稻生产综合机械化水平 48.00%。新建水稻育秧中心 2 个。引导农业经营主体发展粮食烘干机械，建成烘干中心 26 个，拥有烘干机械 44 台，批次烘干能力 419 吨。加强农机农艺技术融合，在庆元县、龙泉市、缙云县示范推广油菜机械化收获技术，推广面积 240 公顷。提升农机维修能力，培育农机维修“工匠”，丽水市代表队获 2016 年全省农机修理工职业技能竞赛团体优胜奖，选手朱锦扬获个人第一名，被授予“浙江金蓝领”称号，被推荐申报“浙江省首席技师”称号；缙云县农机修理工田晓村获第十三届全国技术能手。

落实农机安全生产责任，深化“平安农机”建设，创建“平安农机”示范乡镇 2 个、示范合作社 5 个。开展“护航 G20·平安夺金鼎”专项行动和“查隐患·补短板”活动，开展遏制农机较大事故、“打非治违”、隐患排查治理、外省籍拖拉机整治、安全生产大检查等专项活动，推进危及人身财产安全农业机械登记和免费实地检验，推进拖拉机报废补偿工作，报废解体拖拉机 602 台、补偿机手资金 145.34 万元。加强微耕机安全管理，微耕机伤人事故得到有效遏制。2016 年全市发生涉及拖拉机道路交通事故 12 起，死亡 3 人，受伤 17 人，直接经济损失 3.1 万元，未发生一次性死亡 3人及以上的较大拖拉机道路交通事故，未发生道路外农机事故。 (吴志珍)

生态精品农业

【概况】 2016 年，全市各级农业部门贯彻落实中央、省市农业工作部署，践行“绿水青山就是金山银山”战略指导思想，以农产品转化为旅游地商品为总抓手，推进生态精品农业“912”工程、农业“两区一镇”、农业“双创”等重点工程建设，推进农旅深度融合，促进农业转型升级，农业经济保持稳定发展。至年底，全市累计认定生态精品农业示范县 6 个、示范乡镇 60 个、示范企业 124 家、示范合作社 126 家、大学生创业典型 100 个，示范家庭农场 1115 家、生态精品农产品 1143 个。

【生态精品农业宣传】 2016 年，组织搭建以《农民日报》、中新社、新浪、腾讯、《浙江日报》、浙江卫视、浙江在线、《农村信息报》、杭州电视台、丽水电视台、《丽水日报》、丽水发布等媒体为平台宣传团队，全方位、多层次宣传报道丽水市生态精品农业发展亮点和成效，宣传一批可学、可看、可推广的生态精品农业示范典型主体和经营实体，为全市生态农业发展舆论造势，全年发表报道稿件 200 余篇。《农民日报》头版刊发《农旅融合 丽水破题》，时任浙江省省长车俊对该篇报道做出批示，充分肯定丽水农业农村与旅游的深度融合。浙江卫视《新闻联播》前 20 秒为期半年播放“丽水山耕”系列产品宣传广告；在杭州高铁东站到达层出租车通道投放灯箱宣传广告，宣传丽水生态精品农业。 (张　靓)

【举办丽水生态精品农博会】 10 月 21—23 日，在杭州和平国际会展中心举办 2016 丽水生态精品农博会。本次农博会由丽水市人民政府主办，丽水市农业局、浙江省优农中心、丽水市林业局、丽水市水利局、丽水市供销社、丽水市旅委、丽水市老龄办、丽水市农科院、丽水市农发公司承办。全市 120 余家企业参展，展示展销农产品 1000 余个。接待客商、杭州市民等参观人员 6.6 万人次，现场销售额 728 万元，通过场内外互动、农产品进社区、电商促销等活动销售 302 万元，总计 1030 万元，与客商签订订货合同和意向合同 2.36 亿元。

【农产品电子商务】 2016 年初，市农业局、市农发公司及各县(市、区)农业局联合开展主题“绿水青山就是金山银山网行天下”的全市首届生态精品农产品网上展销会，通过搭建“丽水山耕”系列单品网络推广平台，全年分期通过淘宝淘点点手机 APP、淘宝—特色中国丽水馆等网络载体向消费者推荐“丽水山耕”系列生态精品农产品。活动时间为 11 个月，共开展网络展销会单场活动 9 场，特色主推农产品展销会 2 场，推广渠道覆盖全省 2500 万用户，PV(访问量)800 万，UV(独立访客)16 万，销售产品 1.98 万件，累计销售额 180 万元。全年全市农产品网上销售额超 20.26 亿元，新培育农产品电子商务上淘宝农业主体 242 家。 (林国文)

农业产业化经营

【现代农业园区建设】 2016 年，全市加大已建成的 89 个现代农业园区建设力度，打造农业“两区”建设的升级版，推进农业产业集聚区和现代特色农业强镇建设。计划到 2020 年，全市建成9个产业集中布局、资源集约利用、产业相互融合的农业产业集聚区，19个特色鲜明、功能多元、内涵丰富的特色农业强镇，并争取从中申报创建3个以上省级农业产业集聚区、9个以上省级特色农业强镇，做好“一区一镇”农旅融合文章。3月，组织开展全市农旅融合“一区一镇”规划培训班，邀请农业部等部门领导和专家授课，加强规划培训指导。龙泉市食（药）用菌农业产业集聚区、遂昌县新路湾镇种业特色农业强镇和景宁县鹤溪街道惠明茶特色农业强镇被省农业厅列入第一批农业产业集聚区和特色农业强镇创建。

【休闲农业发展】 2016年，丽水市着力提升田园环境，加快推进农旅融合，大力发展休闲农业与乡村旅游业，促进美丽农业与美丽经济有效对接。全年启动10个现代农业综合区景区化提升项目，新创建农业景观带9条、休闲家庭农场66家、休闲农业观光区点48个、休闲农业创意田园79处，畜牧业省著名商标5个，美丽牧场36家。加大农旅融合发展政策扶持。制定印发《丽水市休闲农业与乡村旅游发展三年行动计划（2016—2018年）》，计划至2018年，全市创建28条农业产业景观带、10个现代农业景区（省级现代农业综合区景区化提升），100个休闲家庭农场，300个休闲观光农业区点。创建3个省级以上休闲农业与乡村旅游示范县和部分省级示范乡镇，培育10个省级以上休闲农业与乡村旅游示范点。推进休闲观光农业区点建设，通过专项整治，一批杂乱无章之地变成靓丽风景线，成为农民增收新的增长点。缙云县笕川整治村内养殖棚舍、香菇大棚后，流转土地33.33公顷，打造成以“花海+小火车+灯海”的休闲、观光、写生、民宿、美食组团营销相结合的“多功能”美丽经济样本。建成开园以来，吸引客流量35万人次，创收650余万元，有效带动周边多个公园式家庭农场等地的客流量。打造农业产业景观带，推进现代农业园区景区化。云和县立足“好山、好水、好空气”的生态优势，打造“十里云河”农业产业景观带，景观带内石浦花海、长汀沙滩建成以来接待游客90万余人次，实现旅游收入400万余元；沿线农家乐民宿94家，年接待游客80万余人次，实现营业总收入4000万余元。至年底，松阳县大木山骑行茶园是“中国最大的骑行茶园”，规划总面积3.93平方千米，成为集茶园观光、运动休闲、茶文化体验于一体的综合性景区，景区接待人数53.35万人次，带动景区村民发展休闲观光农业区点8个，从业人员30人，带动农户数840户，实现休闲区茶园产值5680万元。

【休闲农业与乡村旅游示范市创建】 2016年，丽水市以创建“全国休闲农业和乡村旅游示范市”为目标，以农产品转化旅游地商品为抓手，全面推进休闲观光农业与乡村旅游发展，11月15日，丽水市被农业部认定为全国休闲农业和乡村旅游示范市。编印《丽水休闲农业和乡村旅游观光区点》和《丽水市休闲农业和乡村旅游精品线路》，印发《关于加快发展休闲农业与乡村旅游的意见》，制定《丽水市休闲农业和乡村旅游发展规划》。确定全市116个休闲农业和乡村旅游观光区点名录，并在全市域范围内跨县串点成线确定12条精品线路。根据《关于加快发展休闲农业与乡村旅游的意见》，市本级每年安排休闲农业与乡村旅游专项资金500万元，主要用于休闲农业与乡村旅游主体实施激励支持、教育培训、宣传推广等。

【农业企业培育】 2016年，丽水市继续加大龙头企业引进培育力度，引导和鼓励农业龙头企业做强做大，做精做优。开展市级重点农业龙头企业监测评估和第八批市级重点农业龙头企业认定工作，新增市级重点龙头企业32家，同时淘汰一批不符合市级标准的市级重点龙头企业，全市市级重点龙头企业247家。开展省级骨干农业龙头企业的监测评价工作。至年底，全市农业产业化国家重点龙头企业1家、省级骨干农业龙头企业39家。全市新增销售额3000万元以上农业龙头企业13家，实现年销售收入超1000万以上的农业龙头企业286家，3000万—1亿元119家，超亿元的28家。全市新增浙江名牌农产品“芳野”牌香菇木耳、“百山祖”牌香菇，区域名牌农产品“丽水山耕”牌香菇木耳，累计培育浙江名牌农产品26个，区域名牌农产品3个。浙江卧龙湾农业开发有限公司、松阳县早上好鹊山鸡养殖有限公司、浙江田地缘农业生物科技有限公司、松阳县早上好食品有限公司、浙江绿谷牧业有限公司在浙江省股权交易所挂牌，全市累计10家农业上市挂牌企业。组织开展全市农业龙头企业领军人才培训班，培训54人次，重点提升各农业龙头企业管理人才在休闲农业开发、农业品牌打造、农业信息化建设、农产品包装设计、企业文化建设等方面的能力，增强各企业之间的交流联系。

【农产品加工园区建设】 2016年，市农业局继续主抓农产品加工园区实际供地工作，坚持以新增供地100公顷列入市政府新农村建设六大行动计划年度考核指标，整合各县资源力量大力推进该项工作。全年全市9个农产品加工园区完成供地105.69

公顷，累计完成供地533.59公顷，引进入园企业171家。

【美丽田园建设】 8月11日，召开全市推进美丽田园建设视频会议，贯彻全省推进“打造整洁田园、建设美丽农业”电视电话会议精神，结合丽水市“五水共治”“三改一拆”“六边三化三美”等中心工作，通过实施农作物放心工程、农药废弃包装物回收工程、美丽乡村风景线工程等工程，突出沿线简易菇棚改造、畜牧养殖场污水治理、农业面源污染防治等重点，着力解决农田环境“脏、乱、差”等现象，有效提升田园洁化、序化、绿化、美化水平。全市累计落实专项经费7305.4万元，收集废弃物479.6吨，清除田间茶叶枝条等垃圾36261.2吨，改造设施大棚872766.5平方米，改造生产管理用房25162.6平方米，整理杆线571杆，复绿复耕696.87公顷，新增田园景观点100个。

【农业招商引资】 2016年，市农业局重视农业招商引资工作，通过健全完善招商引资工作机制、搭建现代农业园区和农产品加工园区两大招商引资平台、开展全产业链集群招大商等举措，引导工商资本投资现代农业。全市引进农业招商项目113个，合同引资额92.5亿元，实际到位资金14.06亿元。协助各县（市、区）引进农业招商项目5个，年度到位资金1.13亿元，累计到位资金2.29亿元。 （黄 昀）

【举办2016丽水新春农博会】 1月28—30日，2016丽水新春农博会在市体育中心举行，2万余人次参加农博会，现场成交金额346万元，参展企业签订2200万元的签约订单。来自9个县（市、区）农业企业展示各地生态精品农产品。此次新春农博会有“丽水山耕”专区农集活动、“丽水山耕”社区地推、“丽水山耕”线上新春年货节、新春农博会遂昌冬笋挖掘体验游等亮点。温州、台州、舟山等地参展农企也带来了优质海产品，新疆红枣和核桃，台湾小吃，泰国土特产等也纷纷亮相。

【农产品营销配送中心建设】 2016年，全市设立丽水生态精品农产品营销配送中心15个，遍布杭州、上海、北京等各大城市，1—10月，销售额1亿元。为体现丽水市生态优势，展示生态精品农业形象，逐步提高丽水生态精品农产品在杭州和上海市场的影响力，2016年，分别在杭州学院路和上海水电路开设丽水生态精品农产品营销配送中心，配送中心汇聚食用菌、椪柑、茶叶、缙云麻鸭、高山蔬菜等“丽水山耕”生态精品农产品，以生态、绿色、健康为“卖点”，让“舌尖上的丽水”深入人心，带动丽水农业龙头企业、农民专业合作社的发展。 （林国文）

农村经营管理

【概况】 2016年，全市9个县（市、区），1个经济开发区，173个乡镇、2727个村（社），2.43万个村民小组、79.84万农户、227.89万农业人口。村集体所有农用地总面积146.63万公顷，其中耕地8.52万公顷、园地4.24万公顷、林地130.12万公顷、养殖水面0.39万公顷，其他类型农用地3.36万公顷。户均耕地面积0.11公顷，人均耕地面积0.04公顷。全市农村劳动力143.10万人。其中，从事家庭经营劳动力78.50万人，外出务工劳动力59.94万人，常年外出务工劳动力53.81万人（其中，乡外县内24.05万人，县外省内18.41万人，省外11.35万人）。至年底，全市完成经济合作社股份制改革2727个村，确定股东数224.54万人，量化资产17.33亿元，累计分红6111.95万元。

【农业经营主体】 2016年，全市新增家庭农场446家，累计培育3641家，其中，省级示范性家庭农场143家，市级示范性家庭农场1115家；被评为市级“二十佳”示范性家庭农场54家、市级“十佳”休闲性家庭农场12家。新增农民专业合作社282家，累计3876家，其中，累计评定市级示范社228家、省级示范社142家、国家级示范社39家。新增大学生创业典型30个，累计100个。

【土地承包经营权流转】 2016年，继续创新土地流转方式，促进土地规模化流转和经营，至年底，全市新增流转耕地1280公顷，累计流转耕地36173公顷，流转率44.87%。各县（市、区）流转率依次：云和54.95%、莲都51.55%、庆元48.91%、景宁47.55%、缙云46.96%、遂昌44.91%、松阳43.86%、青田43.15%、龙泉36.45%、开发区18.18%。全市签订土地流转合同8.15万份，涉及流出农户9.62万户，流转面积1.64万公顷。至年底，新增土地流转经营权证775本，累计发放1848本。

【农村产权交易市场建设】 2016年，丽水市继续按照“依法公开、自愿有偿、规范操作、有效监管”的要求，规范农村产权流转市场。全市172个乡镇（街道）完成产权交易窗口设立，建成覆盖“市—县—乡”三级农村产权交易平台体系。全市新增农村产权评估业务326宗、农村产权经纪人81人。至年末，全市完成农村产权公开交易数 843 宗，累计交易数 1987 宗、交易金额 3.25 亿元，覆盖所有六类农村集体产权。

【农民负担监管】 2016 年，政府补贴资金 4.44 亿元，比 2015 年增长 55.27%；其中农业四项补贴 6312.46 万元。全年检查中获案(事)线索 67 件。对查到的案(事)件全面核实整改，收回超限订阅报刊费 0.80 万元，退回违规收取押金、违约金 33.3 万元，收回公务零招待等非生产性开支 36.2254 万元。推进“一事一议”筹资筹劳财政奖补工作，减轻农民负担。

【村集体经济组织】 2016 年，丽水市加强农村集体资金、资产、资源管理，村级集体经济不断发展。全市有经营收益村 1486 个，村集体总收入 7.39 亿元，比 2015 年增长 8.83%，其中经营性收入 1.36 亿元，补助收益 2.25 亿元。全市农村集体“三资”管理实现全面覆盖，有 6 个县(区)105 个乡镇实行会计、出纳双代理，配备或聘用代理出纳 90 人。 (叶国军)

农业安全生产管理

【概况】 2016 年，全市未发生重大农产品质量安全事件，农产品质量安全状况总体稳定并保持在较高水平。全年 4 次农产品质量安全省级例行抽检中，种养殖环节抽检农畜产品 432 批次，合格率 100%。全市组织农畜产品定量检测 4183 批次，合格 4134 批次，合格率 98.8%。

【农产品质量安全】 2016 年，市农业局全面推进农产品质量安全放心市(县)创建，莲都区、遂昌县、云和县和景宁县 4 个县(区)成功创建省级首批农产品质量安全放心县；推进农产品质量安全追溯体系建设，全年新增农产品质量安全可追溯主体 285 个，电子主体信息库录入 2563 家，云和县开展食用农产品“合格证”试点，为全省首批；全面开展农产品质量安全综合治理，在全市范围内开展禁限用农药专项整治行动、兽药饲料综合治理行动、生猪屠宰“扫雷”行动、“瘦肉精”专项整治行动、生鲜乳专项整治行动和农资打假专项治理行动，杨梅、草莓、百草枯水剂等突出隐患整治以及农产品质量安全隐患“三大一严”专项行动。大力推广农业标准化生产，全年主要农作物种植面积 18.01 万公顷，标准化实施面积 11.63 万公顷，农作物种植标准化生产程度 64.58%；畜禽养殖总规模 146.94 万个猪单位，标准化实施规模 94.37 万个猪单位，畜牧业标准化生产程度 64.22%。全市综合农业标准化生产程度64.44%。新制定发布农业地方标准规范 6 项，新立项市级农业地方标准规范 4 项目，新实施县级以上农业标准示范创建项目 44 个，新增“三品”认证产品 104 个，“云和雪梨” 获国家农产品地理标志登记保护。全市主要食用农产品“三品”认证率 50.60%。至年底，有效期内“三品”认证产品总计 746 个，认证总面积 6.99 万公顷。两区认证面积 2.64 万公顷，“两区”内标准化生产面积 2.07 万公顷。松阳县成为全省首个全县域无公害农产品产地整体认定县，并成功创建全省首个全国绿色食品原料(茶叶)标准化生产基地。 (林燕 黄庆)

【重大动物疫病防控】 2016 年，市、县、乡联合开展以春、秋季集中免疫和夏、冬集中补免为主的动物疫病强制免疫工作，累计出动防疫人员13320 人次、投入防疫经费 613 万元，免疫家畜 260 万头次、家禽 550 万羽次，免疫密度达 100%。对 1895 个场点开展动物疫病监测，累计检测血清样品 5.79 万份，免疫抗体合格率 80%以上，在省下达年度监测完成率指标(共 5 项)中，全市有 3 项排名全省第一。丽水市动物疫病预防控制中心取得省质量技术监督局颁发的检验检测机构资质认定证书，是丽水市畜牧兽医系统通过资质认定的首家实验室，成为全省 11 个地市中第 5 个获得计量认证证书的机构。8 月，市农业、人事、工会联合组织在庆元县举办动物防疫职业技能竞赛，并对优秀选手授予“丽水市技术能手”称号和核发相应职业(工种)的国家职业资格证书。11 月，市防治动物疫病指挥部在景宁县举办“防控重大动物疫情应急演习(输入性猪 O 型口蹄疫疫情应急演习)”活动。2016 年，全市未发生区域性重大动物疫情。4 月，省防治动物疫病指挥部发文表彰 2015 年度全省重大动物疫病防控和畜产品安全监管目标管理考核优胜单位，丽水市指挥部获全省第一名，至此，丽水市指挥部连续四年获全省第一名，连续八年获全省优胜奖，遂昌县、景宁县、青田县指挥部获省考核优秀奖励。 (张盈盈 汤丽波)

【畜产品安全监管】 2016 年，全市畜产品安全抓养殖和屠宰两环节，运用检测和检疫手段，落实主体和监管责任，全年没有发生畜产品质量安全事件，各畜产品安全监测合格率达100%。2016 年，由新疆兽药饲料监察所代表农业部在丽水抽样 4 次共 128 批次畜产品，省农科院代表省农业厅在丽水抽样 4 次共 360 批次畜产品，市本级专题做全市 92 家规模蛋禽场禽蛋药残专项监测，结果全部合格，表明丽水市本地禽蛋质量安全可靠放心食用。开展活畜养殖环节“瘦肉精”集中监测行动，监测品种覆盖猪、牛、羊三类，全市监测养殖场345家，累计监测尿样1518份，现场检测结果全部合格。全年监督抽查“瘦肉精”定性检测13.32万批次，全部合格。（胡理明）

【重大植物疫情控制】 2016年，丽水市设立省级阻截带监测点43个，重点对柑橘黄龙病(柑橘木虱)、梨树病害、加拿大一枝黄花、柑橘溃疡病菌、葡萄根瘤蚜、红火蚁等有害生物实施监测，全市设立各类监测点260个。柑橘黄龙病疫情得到有效控制，2016年全市柑橘黄龙病发病株面积和发病株树大幅下降。经普查，全市5个县(区)(开发区、莲都区、青田县、庆元县和松阳县)24个乡镇(街道)发生柑橘黄龙病，全市柑橘黄龙病发病面积466.47公顷，比2015年减少402.47公顷，下降46%，发病3330株，比上年减少2748株，下降45%，病区病株率和病果园病株率基本控制在1%以下。病株主要由乡镇街道发动农户或组织专业队挖除，并集中销毁，全市挖除病株数3330株，挖除率100%。梨树疫病发病面积和发病株树相比去年呈“双下降”，发病程度也大幅减轻。全市普查梨2266.67公顷，发病面积75公顷，比上年下降30.4公顷，下降率28.8%，总发病株树476株，比上年(1009珠)下降52%。云和县连续3年未发现病株，各发生县比上年都有所减轻，发病品种仍以翠冠雪梨为主。全市春、秋两季加拿大一枝黄花发生面积分别为9.66公顷和9.24公顷，其中零星轻发生面积占97.4%，总发生面积比上年同期下降26.9%。主要分布在路边和荒地等，路边主要发生在高速公路绿化带内。庆元县首次发生，主要原因是高速公路绿化苗木带入。全市加拿大一枝黄花发生维持在一个较低的水平，尚未对丽水市生态环境和耕地作物造成危害。开展甘薯茎腐病、红火蚁、黄瓜绿斑驳花叶病毒、瓜类果斑病、水稻细条病、稻穗像甲、玉米致死性坏死病、李痘病害等疫情调查工作，全市尚未发生疫情。全市实施调运检疫320批次，签发植物检疫证书285份，调运检疫签证合格数量种子105余万千克，植物产品29余万千克，苗木(食用菌菌棒)1417万株；签发产地检疫证书50份，面积853.33公顷，主要集中在遂昌县水稻制种基地。立案查处植物检疫案件12起，货值金额1.7万元，罚没款3100元。（伍克高）

粮食作物

【概况】 2016年，全年粮食播种面积、总产量减少，单产增加。全年粮食播种面积8.45万公顷，比2015年减少0.43万公顷，减少4.8%；总产量45.86万吨，比2015年减产1.94万吨，减少4.1%；单产361.7千克，比2015年增产2.8千克，增加0.8%。其中晚稻4.04万公顷，比2015年减少0.36万公顷，单产476.4千克，比2015年增加9.1千克。全面实施农业三项补贴改革政策，发放耕地保护补贴资金6733.9万元，享受规模种粮补贴大户309户，发放粮食生产全程社会化服务补贴资金299万元。

【粮食生产功能区建设】 2016年，丽水市完成80个、3810公顷粮食生产功能区建设，累计完成投资9964万元。累计修建排灌渠112千米，修建机耕路199千米，修建泵站7座、下田坡186处；新建粮食生产服务组织13家，新建育秧中心4个，新建烘干中心4个，开展统防统治服务4766公顷，集中育秧服务2126公顷，机插秧服务1233公顷。

【旱粮生产】 2016年，丽水市继续发挥区域优势，发展旱粮生产，其中，玉米1.07万公顷，豆类1.5万公顷，薯类1.6万公顷。结合农旅融合，落实农产品转旅游产品行动计划，促进丽水旱粮产业发展，开展丽水市“十佳”健康旱粮和“双十佳”特色杂粮评比活动。发展水旱轮作、旱地多熟、种养结合等农作制度创新模式1.57万公顷。（范飞军）

经济作物

【蔬菜】 2016年，全年蔬菜播种面积5.02万公顷、产量136万吨、产值30.4亿元。其中，西甜瓜播种面积1666.67公顷、产量4.3万吨、产值0.8亿元；水生蔬菜播种面积6733.33公顷、产量15.8万吨、产值5.6亿元；设施蔬菜播种面积7000公顷，其中，单体大棚1324.67公顷，喷滴灌播种面积1244.93公顷。建成冷藏库13895立方米、产地交易市场75个，新建分级整理场地1600平方米。

全市提升与新建各类基地35个，通过生态精品农产品认证50个。新建育苗中心2个，提升育苗中心2个，全市已形成年育苗2000万株的能力。全市举办各类培训112期，9841人次。引进各类蔬菜新品种79个，展示各类蔬菜品种215个，建立展示示范点12个，举办现场会31场。发挥省、市蔬菜技术专家团队作用，继续开展利用食用菌废渣研制蔬菜育苗基质、茭白秸秆发酵堆肥、茭白鞘叶饲料资源化技术的研究与应用等项目研究与科技攻关。

组团参加2016第七届中国·浙江瓜菜种业博览会，开展丽水市“十佳”特色生态精品蔬菜评选活动，评选出茭白、四季豆、茄子、特色蔬菜等系列丽水市“十佳”特色生态精品蔬菜。龙泉、缙云开展统一品牌推进，加强产品包装设计，统一推广，缙云拍摄“中国茭白之乡”、龙泉拍摄“龙泉茄”宣传片。（周锦连）

【水果】 2016年，全市水果面积3.90万公顷，比2015年减少5.10%。产量29.48万吨，比2015年减少18.00%。产值15.84亿元，比2015年减少3.5%。受2016年1月下旬极端低温以及2—3月气温剧烈变化，加之3月上旬强冷空气影响，导致全市水果大幅减产：柑橘、枇杷等大面积受到冻害，部分容易受冻的地形地势的柑橘树冻死，正值幼果期的枇杷大部分受冻，几近绝收；桃、梨、李、葡萄、猕猴桃等花芽萌发后遭遇强冷空气，受冻严重；杨梅结果不良，甚至高海拔猕猴桃树被冻死。

全市全面改造、更新老果园、调整品种结构、规划品种布局，引进和发展新技术，根据立地环境，因地制宜发展高效特色品种。全市首个水果智能温室大棚在丽水莲都区太平乡枇杷园建成，是全国第一个枇杷智能化大棚。“云和雪梨”获中华人民共和国农产品地理标志登记证书，“云和雪梨”成为云和县第一个、丽水市水果类第一个“地理标志”农产品。传统云和雪梨选育科技团队，成功筛选出云和“细花雪梨”和“真香梨”的两个优良单株，为今后云和雪梨产业化发展奠定基础。青田开展杨梅病虫害绿色防控示范工作、杨梅质量安全“五户联保”责任试点和杨梅采摘期降雨气象指数保险试点工作。推动果园“机器换人”，引进果园实用等猕猴桃授粉器、割草机、微型耕耘机、开沟机等小型机械。从华中农业大学引进枝叶炭化炉和粉碎机，清洁化处理果园修剪枝叶，碳化物回填，经2年试验，有效减少病虫基数，促进生态循环农业发展。

举办全市首届优质桃、优质葡萄评比活动，分别评出十大优质桃和十大优质葡萄。仙渡梅田水果专业合作社的新川中岛桃和缙云县桂村果茶专业合作社的湖景蜜露桃获一等奖，遂昌县绿山沟水果专业合作社的夏黑葡萄和丽水市莲都区凤鸣水果专业合作社的金手指葡萄获一等奖。参加2016年浙江之最杨梅擂台赛，缙云县仁岸杨梅专业合作社选送的“仙仁”牌东魁杨梅以15.3%可溶性固形物成绩，打破纪录获第二名（第一名成绩为15.4%），青田东青杨梅种植专业合作社获东魁杨梅三等奖。丽水市莲都区凤鸣水果专业合作社在“2016年浙江省精品葡萄”评比活动中，选送的“金手指”和“巨峰”获两个银奖。遂昌在2016年北界红提节期间，举办“2016年精品红提评比”和“2016年精品猕猴桃评比”活动，缙云壶镇镇左库举办第7届桃花节和“2016年舒洪镇仁岸杨梅节”。（陈　翔）

【食用菌】 2016年，丽水市食用菌栽培量5.79亿袋（折算），比2015年下降8.53%，产量45.89万吨（鲜品），比2015年下降6.9%，其中，香菇3.66亿袋，比2015年减少7.49%，香菇产量27.81万吨，比2015年减少5.36%；黑木耳1.52亿袋，比2015年减少10.50%，黑木耳产量16.26万吨，比2015年减少8.25%；灰树花1010万袋，杏鲍菇2200万瓶，秀珍菇335万袋，金针菇990万瓶，灵芝5000立方米。全年食用菌总产值24.26亿元，比2015年下降1.34%。

9月9—12日，第二届中国灵芝大会在龙泉市召开，大会邀请李玉、邓秀新等10名中国工程院院士，以及国内外近40名专家学者参加，会议开展嘉宾主旨演讲、野外采集、基地参观、龙泉灵芝文化产品展示展销等活动。国际药用菌学会授予龙泉市“中国原生态灵芝栽培示范区”称号。

11月11日，首届国际食用菌文化大会在庆元县召开，大会由国际蘑菇学会、世界食用菌生物学与产品学会和中国食用菌协会主办，世界食用菌生物学与产品学会主席谭琦主持，国际蘑菇学会主席格雷格致开幕词。国际食用菌文化大会以“弘扬菌菇文化　助力一带一路”为主题，交流食用菌文化研究成果，探讨食用菌发展前景，展示庆元香菇城、香菇人、香菇节的文化风采与产业成果。参加本次大会来自澳大利亚、美国、法国、俄罗斯、乌克兰、日本、韩国等国的食用菌专家30余人，中国台湾地区菇界代表30余人，内地各地食用菌界人士

黑木耳新品种“丽耳”（龙泉试验示范基地）　　吴邦仁　提供

300余人。（吴邦仁）

【茶叶】 2016年，丽水市茶叶生产形势继续表现为量增、价稳、销售平稳。全市茶园面积3.7万公顷，增长1.95%；投产茶园面积3.3万公顷，增长4.19%；无性系良种茶园面积3.08万公顷，无性系良种率83.2%；茶叶产量3.38万吨，增长6.06%；茶叶一产产值34.35亿元，增长10.03%，其中红茶产量0.31万吨，产值3.76亿元。规模茶叶交易市场毛茶交易量8.43万吨，交易额59.21亿元，增长3.30%和6.07%。其中，浙南茶叶市场毛茶交易量7.62万吨、交易额50.45亿元，增长3.66%和3.05%。浙南茶叶市场电子商务专业服务平台入驻网商1家，销售额1.59亿元。

3月，由中国茶叶流通协会、中国国际茶文化研究会、中国茶叶学会、浙江省农业厅、丽水市政府主办，浙江省茶叶产业协会、松阳县政府承办的第九届中国茶商大会暨松阳银猴茶叶节在松阳举办，全国政协文史和学习委员会副主任、中国国际茶文化研究会会长周国富宣布开幕。省人大常委会副主任程渭山、丽水市委书记史济锡致辞。开幕式由"松阳香茶"地理标志证明商标启用仪式、中国茶叶产业示范县授牌、全国绿色食品原料（茶叶）标准化生产基地授牌、浙南茶叶市场全国诚信示范市场授牌、浙南茶叶市场中国商品市场百强授牌、松阳银猴风云茶商颁奖等环节组成。同月，丽水香茶济南专场推介会在济南举行，丽水市设22个特装展位，40家茶企参加，并举行丽水香茶专场推介活动、丽水香茶万人品茶会、丽水香茶产销对接座谈会等茶事活动。

5月，丽水市组织29家企业抱团参展，参加省农业厅主办的第十一届浙江绿茶（西宁）茶博会，并进行整体形象设计装修，打造宣传"丽水香茶"区域品牌。景宁在中心展区举办金奖惠明茶专场推介活动，继续投入200万元财政专项资金用于丽水香茶区域品牌宣传，在丽水在线、丽水市公交站牌、杭州火车东站LED视频，出租车通道广告《茶讯》《中国茶叶》等省内外媒体上投放广告宣传丽水香茶区域品牌。

龙泉市、缙云县、景宁县、遂昌县等组织企业参加在信阳市、武夷山市、济南市等地举办的茶博会活动进行区域品牌宣传等。缙云县举办以"品缙云黄茶•游最美茶园""茶为国饮 品味生活"为主题的2016"缙云黄茶"文化节暨第二届"缙云黄茶"采摘节活动。4月，遂昌县在新路湾镇三井村举办三井问茶节，问茶节由三井毛峰茶炒制、游客体验茶叶休闲游、茶产业发展论坛等活动组成。

遂昌剑光农业生态科技开发有限公司、浙江金福茶业有限公司2家茶厂被评为2016年度浙江省标准化名茶厂。丽水市已有省级标准化名茶厂17个，位居全省前列。

丽水市7只茶叶获第十一届浙江绿茶（西宁）博览会金奖，浙江顶峰生态农业有限公司的凤羽高山原生茶，缙云县轩黄农业发展有限公司的缙云黄茶，遂昌县龙谷名茶开发中心的遂昌龙谷茶，松阳县茶叶产业协会的松阳银猴，景宁畲族自治县香雨有机茶有限公司、景宁六江源茶业有限公司、景宁畲族自治县敕木蓝氏茶叶专业合作社7只茶叶获组委会名茶评比金奖；缙云黄茶获第四届"国饮杯"特等奖（中国茶叶学会）、并入选G20杭州峰会选用产品，缙云红茶获第十一届国际名茶评比金奖。

2016年，中国茶叶区域公用品牌价值评估中松阳银猴品牌价值19.52亿元，居全市茶叶品牌价值第一位，全省茶叶品牌价值第四位，全国茶叶品牌价值第十七位。景宁金奖惠明茶、遂昌县龙谷丽人茶、缙云仙都笋峰茶、缙云黄茶位列2016年中国茶叶区域公用品牌榜前百强。缙云黄茶获2016年中国区域公用品牌最具溢价力三大品牌之一。

松阳县6533.33公顷茶园被农业部批准全国绿色食品原料（茶叶）标准化生产基地。松阳被中国茶叶流通协会评为2016年度中国十大最美茶乡；松阳被中国茶叶流通协会评为2016年度全国重点产茶县。遂昌龙谷名茶开发中心的核心基地在"第四届中国茶叶博览会（济南）"上被评为优质茶园。云和县打造"朱村茶街"，促进茶旅融合，"朱村茶街"是云和县石塘镇"茶香古道"风景线重要节点之一，已建成20余户美丽庭院，300余米茶文化长廊，完成特色茶街改造，拥有330余年历史的文化古村落。

【"全国茶业全产业链科技创新与供给侧结构性改革"学术研讨会在丽水召开】 11月13—15日，丽水市与国家茶产业技术创新战略联盟、国家茶产业工程技术研究中心、国家农产品加工技术研发体系茶叶加工专业委员会、浙江省茶产业科技创新服务平台联合举办的"全国茶业全产业链科技创新与供给侧结构性改革"学术研讨会在丽水举行。农业部农产品加工局副处长王枤，丽水市人民政府副市长任淑女，中国农科院茶叶研究所副所长江用文、鲁成银等领导专家出席会议。来自全国各涉茶高校、科研院所、茶叶管理部门、茶叶企业的170余名代表参加会议。研讨会由国家茶产业技术创新战略联盟理事长鲁成银研究员主持。会议围绕"协同创新，资源共享，推动茶产业转型升级"为主题开展研讨。大会邀请相关专家分别就现代农业发展、茶产业转型升级、茶叶品牌战略、茶叶消费等方面做主题报告，相关特邀企业在会上分享创新发展经验，会场还展示茶叶新技术、新产品、新工艺和新机械等多项科技成果。（马军辉）

中药材

【概况】 2016年，根据农业部门中药材业务数据统计，全市中药材种植面积1.72万公顷，其中新增种植面积193公顷，同比增长1.14%；总产值7.49亿元，总产量2.40万吨，分别比2015年增长3.89%和1.76%。其中，木本药材9400公顷（厚朴7600公顷，红豆杉866公顷），草本药材7576公顷（吊瓜3293公顷、浙贝276.67公顷、元胡387.33公顷、覆盆子350公顷、百合318.73公顷、米仁302.2公顷、菊米451.33公顷等），菌药201.67公顷（灵芝632公顷）。

【开展毛芋/元胡——百合两年三熟模式示范研究】 2016年，市中药材产业发展中心在青田县舒桥乡叶村村实施浙江省农业推广基金会项目《毛芋/元胡——百合两年三熟模式示范》，根据项目预期目标，建成3.33公顷毛芋/元胡——百合两年三熟模式栽培示范基地，严格按照生产技术规程建设优质高产高效示范基地，实施成效良好。综合效益分析：项目平均亩产元胡140千克（干品），鲜芋艿750千克、芋头和芋梢1000千克，鲜百合1000千克，两年三熟综合亩产值24100—27000元，折合每年亩产值12000—13500元，亩效益5000—6000元。该模式提高复种指数，土地资源、温光资源得到充分利用。

【开展珍稀中药材品种收集与利用研究】 2016年，丽水市中药材产业发展中心于2016年实施丽水市首席专家项目《珍稀中药材品种收集与利用》，项目在青田县高市乡东源口村建立珍稀中药材品种资源圃，引进铁皮石斛、五加皮、白芨、七叶一枝花、覆盆子、皇菊、温郁金、薏苡、多花黄精等珍稀药材品种，生产过程跟踪技术研究，包括肥料施用、水分管理、栽培密度、植株长势、病虫草害等，总结出相关药材的规范化栽培技术，为今后推广与利用奠定基础。

唯珍堂铁皮石斛仿野生栽培　　吴剑锋　提供

【丽水覆盆子生态精品基地建设】 丽水覆盆子是丽水道地药材，种植历史悠久，至正八年（1348）“仙都志”就有记载。2014年发布《掌叶覆盆子栽培技术规程》市级地方标准，成为全市覆盆子栽培的主要推广技术，推广应用面积不断扩大，2016年全市种植面积达350公顷，在莲都、青田等地建设多个生态精品覆盆子基地，实施成效显著。综合效益分析：平均亩产覆盆子鲜果300公斤，折合干品100公斤，按当年市价计算，亩产值达22000元，青水绿水培育丽水覆盆子优良品质，酸甜可口、营养丰富风味独特品质，为生态精品中药材基地建设起到示范作用。（吴剑锋）

畜牧业

【概况】 2016年，全市上下凝心聚力、攻坚克难，推动畜牧业转型升级取得明显成效，为“十三五”规划开好局。全市畜牧业产值21.95亿元，同比增长14.62%；肉类总产量8.93万吨，同比增长1.95%。重大动物疫病强制免疫密度100%，省部级畜产品抽检合格率继续保持100%，没有发生区域性重大动物疫情和畜产品安全事件，获得“中国蜜蜂之乡”荣誉称号。

【畜牧业治理】 2016年，市农业局和市治水办、市环保局联合印发《关于组织开展丽水市畜禽养殖污染“大排查、大整治”行动的通知》和《关于进一步加强畜禽养殖污染防控工作的通知》，组织开展“畜禽污染整治回头看”“五查四治两打”等畜禽污染专项行动，发现隐患问题220个，下发整改通知督促整改。完成存栏50头以下散养户、1500只存栏以上39家水禽场扩面整治；建成县、乡、村三级畜禽污染防控监管网络，创新性开发应用监管人员

2016 年丽水市畜牧业生产情况

表4

项　目	单 位	数量	比2015年增减(%)
1. 生猪存栏数	万头	44.2	-9.46
其中:母猪存栏	万头	3.49	-9.35
生猪出栏数	万头	75.84	-0.26
2. 牛存栏数	头	24995	-10.39
其中:奶牛数	头	550	39.24
牛:出栏数	头	18104	7.79
3. 羊存栏数	万头	8.98	-1.10
出栏数	万头	9.72	4.18
4. 家禽存栏数	万羽	398.06	1.65
其中:肉禽数	万羽	270.97	4.53
蛋禽数	万羽	127.09	-4.00
家禽出栏数	万羽	1086.34	18.11
其中:出栏鸡	万羽	846.29	30.81
出栏鸭	万羽	234.63	-11.86
出栏鹅	万羽	5.42	-18.00
5. 兔存栏数	万只	6.48	-30.47
出栏数	万只	13.74	-16.88
6. 蜂年末养蜂	箱	67081	18.49

2016 年丽水市畜产品产量

表5

项　目	单 位	畜产品产量	比2015年增减(%)
1. 肉类总产量	吨	89266	1.95
其中:猪肉	吨	68216	-1.33
牛肉	吨	2471	0.77
羊肉	吨	1474	1.66
兔肉	吨	254	-18.06
禽肉	吨	16811	18.57
2. 禽蛋产量	吨	13059	6.67
3. 奶产量	吨	1569	17.88
4. 天然蜂蜜产量	吨	2600	5.61

手机 APP 签到系统,落实监管责任人1900人,实现污染防控线上线下网格化监管全覆盖。全市查处环境违法案件44 起,处罚金 87.46万元,行政拘留 3 人。11 月,省农业厅治水办组织的治理场运行合格率第三方评估中,30 家养殖场平均得分 98.5。专报信息《丽水以治促转构建绿色畜牧养殖新格局》得到全国政协副主席齐续春批示肯定。

【丽水市获“中国蜜蜂之乡”称号】 3 月,丽水市被中国养蜂学会授予“中国蜜蜂之乡”称号,成为全国首个获此殊荣的辖区市。丽水市农业局扶贫办、财政局联合下发《关于印发 2016 年“十箱万元助低收入农户增收”扶持项目实施方案的通知》,扶持对接低收入农户 220 户,新增饲养中蜂2415 群,增收 265 万元,户均增收 1.2 万元,成为浙江省畜牧产业精准扶贫新模式。9 月 13—14 日,承办全省蜂业推进大会,中国养蜂学会秘书长陈黎红、省农业厅副厅长刘瑸珺同全省 120 余位与会代表,观看蜂业宣传视频,现场参观处州蜂业蜂旅融合产业园。10—11 月,在丽水市生态精品农博会和省农博会上,丽水中蜂馆产品展示展销超预期,实现销售额 20 万元,与上年同比实现翻番,省农业厅厅长林健东、市委书记史济锡等领导到馆参加指导。11 月,丽水市组团参加全国蜂业科技大会,选送的视频获文化类一等奖,中蜂蜜和层叠式蜂箱分别获产品、机具类三等奖。2016 年蜜蜂饲养量10.5 万群(中蜂 7.5 万群),比 2015年增长 23.5%,成为新亿元产业。

【美丽牧场创建】 2016 年,市畜牧局制定《丽水市 2016—2020 年美丽牧场创建实施方案》,按照“场区布局合理、设施制度完善、生产全程清洁、产出安全高效、资源循环利用、整体绿化美化”要求,突出地方文化元素,融入美丽乡村建设,启动并完成 36家美丽牧场创建。丽水市美丽牧场创建规模居全省前三位,超省定任务80%,其中,莲都处州蜂业、松阳田园牧业成为全省首批 20 家美丽牧场之一。处州蜂业蜂旅融合模式成为莲都畜牧业绿色发展的样板,市委书记史济锡为之点赞:把丽水的山清水秀与畜牧业的转型升级完美结合。

【技术培训和科技创新】 2016 年,市农业局研发的非接触式发酵床养猪零排放技术日趋成熟,作为全省治水八大模式在全省推广,丽水市推广应用的养殖场达 30 个。组织开展重点发酵床垫料理化性状的跟踪监测,抽取垫料原料、使用 6—12 个月的垫料样品 20 个送检,测定铜、锌、砷等重金属残留情况,为后续有机肥利用提供数据支撑。全省首次组织养蜂工职业技能鉴定,全市 50 名养蜂从业者参加,邀请中国养蜂学会、浙江大学、福建农林大学专家教授为学员培训,

学员培训后进行理论测试和实践技能考核，提高丽水市养蜂业者的整体素质。（罗叶平　李清泉）

【动物卫生监督管理】 2016年，全市建成并运行基层动物卫生监督分所36个、动物产地检疫申报点37个、屠宰检疫申报点16个、省际动物卫生监督检查站1个，先后完成动物卫生监督分所规范化改造项目29个、生猪定点屠宰场检疫场“四室四化”改造提升项目9个。全市动物卫生监督机构累计确认登记官方兽医232人，动物卫生监督分所批复编制127人，其中，从事一线动物检疫工作102人，完成乡村兽医登记405人，获执业兽医资格证书26人、助理执业兽医资格证书21人。

2016年，全市组织实施养殖环节无害化处理专项监管、基层站所常态化监管机制落实、动物诊疗专项整治等系列行动，规范调入动物及其产品流通监管、严格动物卫生许可、加大执法办案力度、完善无害化处理长效机制和提高信息化监管水平。强化动物卫生监督行政许可监管，至年底，全市持证养殖场272家、持证屠宰场（点）8家、持证动物诊疗机构4家。严格履行法定职责，加强家禽屠宰检疫监管、动物检疫证章标志管理、流通监管、病死动物无害化处理监管、动物诊疗服务等领域方面的案件查处，全年全市动物卫生监督机构立案查处94件，同比上升44.62%，罚没款11.32万元，没有申请行政复议和行政诉讼的情形。完善无害化处理常态监管机制。初步形成以莲都、遂昌县域无害化处理厂与其余县乡镇公共无害化处理池相结合的全覆盖公共无害化处理运行体系。提高信息化监管水平，依托浙江省智慧监管系统，全面实现动物检疫电子出证。2016年，全市省外调运生猪4.37万头、牛羊267只、家禽19.87万只。产地检疫畜禽862.85万头（只），其中，生猪、牛、羊和家禽分别为28.09万头、0.33万头、0.09万只、834.35万只，检出病畜禽0.16万头（只）。屠宰检疫畜禽245.27万头（只），其中，生猪、牛羊和家禽分别为49.79万头、1.07万头和194.41万只，检出病畜禽1.02万头（只），及时监督货主进行无害化处理，有效保障动物产品质量安全，维护公共卫生安全。（程燕芬）

【畜禽屠宰管理】 2016年，全市运行生猪定点屠宰厂（点）14家，其中，屠宰厂9家、屠宰点5家，家禽定点屠宰厂2家，全年定点屠宰生猪50.56万头，屠宰环节病害猪无害化处理663头，无害化处理生猪产品103吨。市区主城区家禽推行“定点屠宰、净膛杀白、规范上市”，全年净膛屠宰家禽151.6万羽，同比增加37.6%。2016年，新增肉品品质检验员15人。（陈杰伟　刘子嘉）

水　利

【概况】 2016年，全市累计完成水利建设投资34.18亿元，占年度计划投资31亿元的110%。在国家级和省级水利风景区申报基础上，建立梯度培育机制，开展市级水利风景区创建工作。水生态文明建设十大课题研究全部结题并通过审查验收。创新河道管理改革，河权改革成功经验被人民日报专版报道。全年全市水利工程标准化管理创建任务283座（处），实际完成311座（处），年度完成率110%。丽水市水利局获省水利厅农村水电站标准化管理创建优秀集体荣誉称号。2016年，丽水市先后遭遇多次强降雨，“尼伯特”“莫兰蒂”“鲇鱼”和“海马”等台风连续袭击，7—8月干旱等灾害。全年全市受灾人口40.89万人，直接经济总损失20.2亿元，其中“鲇鱼”台风受灾人口19.76万人，倒塌房屋277间，直接经济损失13.8亿元。

【水利项目建设】 2016年，丽水市完成水利建设投资34.18亿元，占年度计划投资31亿元的110%，其中市本级完成投资7.38亿元，占年度计划的111%，超额完成年度投资任务。完成独流入海9.5千米，完成年度考核任务158%；完成农村河道综合整治工程252.7千米，完成年度考核任务130%；完成坡耕地节水面积1787.87公顷，

水利项目建设（鸣桥）　吴海燕　提供

占年度计划111%;完成水稻田节水面积732.07公顷,占年度计划147%;完成低丘红壤治理面积298.53公顷,占年度计划104%;完成病险水库除险加固10座,1万立方米以上山塘整治62座,分别完成年度任务125%和413%。

【防汛抗灾】 2016年,丽水市于6月11日入梅,7月1日出梅,梅雨期21天,比常年梅雨期(25天)偏短,梅汛期平均降水量211.9毫米,比常年梅雨量(273.5毫米)偏少22.5%。全市全年受灾人口40.89万人,直接经济总损失20.2亿元,其中"鲇鱼"台风受灾人口19.76万人,倒塌房屋277间,直接经济损失13.8亿元。7月、8月降水偏少,出现旱情。全市受灾农作物6733.33公顷,其中轻旱4600公顷,重旱1600公顷,干枯533.33公顷;因旱造成饮水困难群众2.9万人。

【水利风景区创建】 2016年,为引导水利风景区走向规范化、有序化,丽水市水利局在国家级和省级水利风景区申报的基础上,建立梯度培育机制,在全省水利系统创新性开展市级水利风景区创建工作。8月,制定出台《丽水市市级水利风景区评定办法(暂行)》,全年完成云和浮云溪水利风景区、庆元西溪水利风景区等10个市级水利风景区创建工作,此项工作得到国家水利部和浙江省水利厅的充分肯定,10月28日,丽水市政府领导在全国水利风景区建设视频会议上作典型发言。

【水生态文明城市建设试点】 2016年,22个指标试点已完成21个。水生态文明建设十大课题研究全部结题并通过审查验收。部分课题研究已初显成效,其中"河权到户"的河湖管护机制被评为全国十大基层治水经验。十大示范项目有序推进,6个项目基本完成。河湖湖库水系连通项目进展顺利,探索PPP的方式,通过公开招标选择社会资本模式实施丽水盆地易涝区防洪排涝好溪堰水系整治三阶段工程、丽阳溪水系综合整治工程。

【全面推进水利工程标准化管理】 2016年,按照省政府办公厅《关于全面推行水利工程标准化管理的意见》和省水利厅《全面推进水利工程标准化管理实施方案(2016—2020年)》要求,全市有大中型水库、小型水库、山塘等9类1149项水利工程纳入省级标准化管理工程名录,其中,大中型水库29座,小型水库341座,山塘121座,泵站3座,农村供水工程107座,大中型灌区4座,水文站93座,水电站300座,堤防151条。全年全市水利工程标准化管理创建任务283座(处),实际完成311座(处),年度完成率110%。累计2014年度农村水电站标准化试点数量,丽水市完成371座(处)水利工程标准化管理创建任务,占纳入标准化工程名录数量的32%,其中,水电站281座,中型水库3座,小型水库27座,堤防13处,灌区1座,山塘19座,农村饮用水工程16座,水文测站11座。丽水市水利局获省水利厅农村水电站标准化管理创建优秀集体称号。

【创新河道管理改革】 2016年,丽水市深化河长制工作,推进河权改革试点,11月4日,丽水市河权改革成功经验被人民日报专版报道,全年完成试点河段总数92条;推进"碧水映村"工作,下发《关于印发"碧水映村"考评标准(试行)的通知》明确标准,通过水渠改造、河道整治、生态堰坝建设等措施,因地制宜完成"碧水映村"示范点50个,呈现出"河水淌村""湖水傍村""池水缀村"等模式。

【最严格水资源管理制度成效显著】 丽水市自2015年全面启动节水型城市创建,先后出台《丽水市城市节约用水管理办法》《丽水市区用水节约统计制度》《丽水市区超计划用水累进加价水费征收管理实施办法》等规范性文件,开展工业企业、单位和小区的水平衡测试工作,提高节水效益。至年底,全年全市创建省级节水型企业(单位)35家、节水型小区7个。做到城市节水工作与本市山情、水情相结合,呈现出地方特色的节水亮点。 (吴海燕)

渔　业

【概况】 2016年,全市渔业经济总产出5.51亿元,比2015年同期增长5.99%。其中,渔业产值4.09亿元,比2015年同期增长6.75%;淡水捕捞产值3894万元,比2015年同期增长14.22%;水产苗种产值0.32亿元,比2015年同期增长12.19%;涉渔流通和服务业产值1.39亿元,比2015年同期增长4.66%;水产品总产量21086吨,其中,淡水捕捞产量2127吨,淡水养殖产量18959吨,分别比2015年同期增长11.65%、3.93%;全市淡水鱼苗培育6.65亿尾,比2015年同期增长3.58%;淡水鱼种943.9吨,比2015年同期增长0.27%;全市投放鱼种1619.8吨,比2015年同期增长2.09%;全年全市渔业受灾养殖面积4232公顷,水产品损失1145吨,造成直接经济损失1983万元,休闲渔业经营主体149家,从业人员2530人,休闲渔业总产出5376万元,税后利润2283万元,接待游客22.225万人次。

【打造香鱼公共品牌】 "丽水香鱼",是指区域性"丽水香鱼"品牌及其被"丽水香鱼"品牌所覆盖和认可的特色水产品。"秀山丽水、水净鱼香",凡产于丽水的水产品均属“香鱼”。2016年，丽水市依托政府区域品牌“丽水山耕”平台，创建“丽水香鱼”品牌，开展线上销售，并借助互联网+扩大“丽水香鱼”全国知名度。挖掘“丽水香鱼”文化内涵，开展多种形式营销推介，9月，举办“丽水香鱼”杯首届河鲜养生烹饪大赛，以水产品“食养”文化开发为主题，把丽水特色、生态、精品水产品养生菜谱的研发作为主线，组织9个县(市、区)参赛，通过开放性的竞赛活动，收集优秀的以鱼为主的烹饪作品，搭建“丽水香鱼”养生烹饪食材公共服务平台。10月，参加在杭召开的丽水生态精品农博会，展示丽水香鱼风采，提升品牌知名度。

【创新渔业发展模式】 2016年，丽水市依托“秀山丽水、养生福地、长寿之乡”区域品牌，以创建“丽水香鱼”品牌为抓手，以渔治水、以渔兴水、以渔美水，精心打造“鱼水相亲、香鱼随人、产业共融、养鱼富民”的渔业发展模式。至年底，遂昌县、龙泉市已初具规模。其中，龙泉市得水濒危野生鱼专业合作社承包7个乡镇、15个行政村12条河流统计长度90.3公里，用于创建开放型河流生态渔业基地。

【渔业转型升级】 2016年，市水利局提出“香鱼随人”发展理念：依托丽水生态优势，打造丽水香鱼品牌，促进渔业一、二、三产业融合发展，使丽水渔业成为丽水经济社会发展中必不可少的公共产品。完成“香鱼随人”课题，并通过领导专家评审，得到海洋与渔业局肯定，要求丽水“香鱼随人”模式做成全省可推广、可复制的经验。

【香鱼产业增收】 2016年，全市重点培育棘胸蛙、大鲵、溪鱼三大产业，目前有棘胸蛙养殖基地100余个，面积30公顷，年产值1500万元。溪鱼年产量2500吨，溪鱼餐饮营业额60亿元；同时发展蛇鳄龟、光唇鱼、高山薄壳田螺、甲鱼等高山特色养殖。云和、景宁等县农民通过稻田养鳖做大“共生”文章，每年每亩增收5000—10000元，通过生态养殖让农民实现致富目标。

【以渔治水】 2016年，全市大力发展水库“洁水渔业”为重点，在南明湖、紧水滩、乌溪江、千峡湖等水库，采用人放天养的模式，投放洁水鱼苗10775万尾，全年投入资金625万元，有效地抑制藻类的异常增殖。严控渔业面源污染，开展水域禁养、限养区划定和整治，水产养殖塘生态化改造，禁止在饮用水水源地保护区（湖库）从事渔业养殖，定期清理投饵网箱养鱼。完成禁养限养区划定和整治3853.33公顷，水产养殖塘生态化改造25.67公顷。推广研发生态种养模式，山区稻鱼生态种养集成技术推广应用项目获省农业丰收二等奖，市科技进步二等奖。探索共生减排新路径，累计推广面积2.71万公顷，年产值4.07亿元，带动农户增收1.5亿元。

南明湖放流观赏鱼　　吴燕琴　提供

【以渔兴水】 2016年，市水利局制定下发《丽水市水利局关于加快推进水产品转化为旅游地商品三年行动计划》，按照循序渐进方式，分先行转化两种耐存储的水产干制品、后续转化三种生鲜食品类、加强深加工食品及保健品研发工作三个阶段，推动水产品转化为旅游商品。组织开展香鱼一条街试点项目。选择条件较好的特色小镇(乡、村)，结合农家乐建设，推进吃鱼赏鱼为特色的农家乐餐饮业的集聚发展。创建莲都港口和遂昌焦滩为香鱼一条街，并分别给予奖励资金15万元，扶持其规范化发展。实现渔旅融合，促进农民增收，给农民带来直接收入200万元。发展渔家乐旅游，打造出集38家渔家乐于一体的云和龙门渔村，以“稻鱼共生”非物质农业文化遗产展示为特色的青田县方山乡的“中国田鱼村”等一批渔旅融合产业。至年底，全市渔家乐141家，经济收入4853万元，带动2439名农户增收。

【以渔美水】 2016年，通过人工增殖放流方法向瓯江投放水产苗种。投入增殖放流经费200万余元，在瓯江等重要河道和大中型水库中增殖放流各类水产苗种1亿余尾(只),实现天然捕捞产量2万吨;支撑溪鱼餐饮营业额60亿元。通过实施科学的增殖放流,形成可持续利用的渔业资源保障体系和良性循环的渔业生态系统,促进水生态文明建设。在城市、景点、乡村,发展景观渔业,实现丽水香鱼随处可见、随人而伴。龙泉市宝溪乡溪头村,成群的鱼儿溪涧游弋,吸引无数的游客,被评为首届"浙江最美乡村";以丽阳坑、好溪堰为代表的城市内河投放石斑鱼、瓯江彩鲤等丽水特色的鱼类,形成高低错落,层层有鱼的河道景观,"水清、岸绿、鱼欢、景美"治理效果初步呈现;在乡村,房前屋后投放景观鱼,制订村规民约,禁止毒、炸、电鱼,自发形成"爱水、护鱼"的良好氛围,为河道增添一道亮丽风景线。松阳县板桥乡,建立由50名基层党员组成的9支村级"护鱼先锋队",保障20千米农村河道环境及渔业资源。

【渔业管理】 2016年,全市围绕护航G20目标,结合丽水实际,制定实施方案及工作部署,严格落实属地监管责任,加强源头管理,排查隐患,完成市级15个批次抽检初级水产品任务,检查重点区域和场所101个,排查由人为原因造成的风险隐患17个。全年举办水产品质量安全相关知识的宣传教育等主题宣传13次。开展10个试点建设,加快无公害水产品养殖产地认定和产品认证,提高标准化生产率,扩大"三品一标"覆盖率,确保水产品质量稳中有升。同时严格落实渔业生产者的主体责任,强化主体管理,提升主体守法诚信意识,将规模以上经营主体全部纳入数据库并及时做好系统的正常维护。制定水产品应急演练预案和水产品质量考核制度,组织县级渔业部门联合开展应急演练和组织观摩,提升水产品安全事故应急处置能力和部门协同作战能力,确保G20杭州峰会期间无重大水产品质量安全事件的发生。 (项 鸣)

气 象

【概况】 2016年,全市气候异常,天气复杂,气象要素变幅大,极端天气气候事件多发,灾害性天气重发。年内,全市气温高但起伏大,降水多且强度强,日照少且分布不均,遭受冬季严寒、初春强寒潮、春夏多强对流、夏季高温、秋季多台风和多雨寡照等灾害性天气影响,灾害强度偏重,是气候年景较差的年份。

开展"找短板,做好气象'店小二'"及"归零翻篇开新局"活动,梳理短板180个,梳理气象服务地方发展任务清单28项,收集调研文章18篇。2016年,丽水气象局获丽水市"五一"劳动奖状及里东山体滑坡集体三等功,市委年度工作报告两次肯定气象工作。全省气象部门综合考评,丽水被评为优秀单位。《市政府雨雪冰冻指挥部实质化运行》被评为全省创新工作。

1. 气温。全市年平均气温为18.9℃,较常年偏高1.0℃,比2015年高0.5℃,与历年最高持平。各县(市、区)年平均气温分布在18.3℃—19.6℃之间,遂昌最低,莲都和青田最高,其中,遂昌、缙云、青田、云和均为历年最高,莲都与历年最高持平。与常年相比,偏高0.7℃—1.3℃,庆元偏高最少,缙云和云和偏高最多。1月,全市平均气温7.4℃,较常年偏高0.7℃。其中,上旬全市平均气温为历年同期第二高,缙云旬平均气温为历年同期最高,青田旬平均气温与历年同期最高持平。2月,全市平均气温为8.3℃,较常年偏低0.4℃。3月,全市平均气温为12.5℃,较常年偏高0.3℃。其中,上旬缙云旬平均气温为历年同期最高。4月,全市平均气温为19.1℃,较常年偏高1.4℃,为历年第五高。5月,全市平均气温为23.3℃,较常年偏高1.3℃,为历年同期第二高,6月,全市平均气温为26.0℃,较常年偏高0.9℃。7月,全市平均气温为29.2℃,较常年偏高0.8℃。8月,全市平均气温为28.8℃,较常年偏高1.1℃,与1976年和1998年持平,为历年第四高。其中,中旬全市平均气温为历年同期第二高,遂昌和龙泉旬平均气温为历年同期最高。9月,全市平均气温为24.5℃,较常年偏高0.2℃。10月,全市平均气温为22.3℃,较常年偏高2.9℃,为历年同期最高。其中,遂昌、龙泉、云和、庆元的月平均气温为历年同期最高,缙云和青田的月平均气温与历年最高持平,下旬全市及各地的旬平均气温均为历年同期最高。11月,全市平均气温为14.9℃,较常年偏高1.0℃。其中,中旬全市平均气温为历年同期第二高,缙云和云和的旬平均气温为历年同期最高,其他各地的旬平均气温均为历年同期第二高。12月,全市平均气温为10.8℃,较常年偏高2.5℃,为历年同期第4高。

2. 降水。全市年平均降水量为1956.4毫米,较常年偏多22.4%,比2015年少53.6毫米,为历年第六多。各县(市、区)的年降水量分布在1688.0—2373.7毫米之间,缙云最少,青田最多,其中青田的年降水量为历年最多。与常年相比,偏多9.4%—39.8%,龙泉偏多最少,青田偏多最多。1月,全市平均降水量为140.7毫米,较常年偏多105.8%,为历年同期第二多。其中青田月降水量为历年同期最多,下旬全市平均降水量和各县(市、区)除龙泉外其他各地的旬降水量为历年同期最多。2月,全市平均降水量为65.4毫米,较常年偏少27.3%。3月,全市平均降水量为99.4毫米,较常年偏少40.0%。4月，全市平均降水量为288.3毫米，较常年偏多59.8%，为历年同期第四多。其中庆元的月降水量为历年同期最多。5月，全市平均降水量为273.4毫米，较常年偏多40.3%。其中，上旬全市平均降水量为历年同期第二多，庆元和青田旬降水量为历年同期最多。6月，全市平均降水量为288.8毫米，较常年偏少0.1%。7月，全市平均降水量为77.3毫米，较常年偏少50.4%。8月，全市平均降水量为94.0毫米，较常年偏少43.0%。9月，全市平均降水量为402.8毫米，较常年偏多226.8%，为历年同期最多。其中，遂昌、缙云、青田、云和的月降水量为历年同期最多，中旬全市平均降水量和遂昌、缙云、青田和云和旬降水量为历年同期最多，下旬全市平均降水量和遂昌、云和的旬降水量为历年同期最多。10月，全市平均降水量为104.7毫米，较常年偏多77.8%。11月，全市平均降水量为95.7毫米，较常年偏多51.0%。12月，全市平均降水量为25.9毫米，较常年偏少41.6%。

2016年全市及各县(市、区)年气象要素

表6

站名	气温(℃)			降水量(毫米)			雨日(天)			日照(小时)		
	16年	常年	距平	16年	常年	距平	16年	常年	距平	16年	常年	距平
莲都	19.6	18.4	1.2	1740.8	1405.8	335.0	181.0	157.8	23.2	1291.8	1624.5	-332.7
龙泉	18.8	18.0	0.8	1804.6	1649.1	155.5	170.0	160.4	9.6	1631.1	1621.4	9.7
青田	19.6	18.6	1.0	2373.7	1697.6	676.1	188.0	166.4	21.6	1531.1	1664.0	-132.9
云和	19.1	17.8	1.3	2107.6	1631.5	476.1	202.0	177.1	24.9	1600.3	1612.0	-11.7
庆元	18.7	18.0	0.7	2111.5	1746.8	364.7	181.0	168.6	12.4	1545.3	1729.0	-183.7
缙云	18.5	17.2	1.3	1688.0	1482.2	205.8	181.0	166.3	14.7	1426.7	1619.6	-192.9
遂昌	18.3	17.1	1.2	1784.6	1579.3	205.3	183.0	169.4	13.6	1455.6	1575.1	-119.5
松阳	19.2	—	—	1912.6	—	—	195.0	—	—	1466.2	—	—
景宁	18.6	—	—	2084.3	—	—	201.0	—	—	1538.3	—	—
全市	18.9	17.9	1.0	1956.4	1598.9	357.5	186.9	166.6	20.3	1498.5	1635.1	-136.6

说明：常年资料统计年限为1981—2010年，全市常年平均值和距平值不包含景宁和松阳

3. 日照。全市年平均日照时数为1498.5小时，较常年偏少136.6小时，比2015年多193.7小时，为历年第七少。各县(市、区)年日照时数分布在1291.8—1631.1小时之间，莲都最少，龙泉最多。与常年相比，除龙泉偏多9.7小时外，其他各地偏少11.7—332.7小时，云和偏少最少，莲都偏少最多。1月，全市平均日照时数为55.1小时，较常年偏少41.0小时，为历年同期第四少。2月，全市平均日照时数为138.0小时，较常年偏多54.0小时，为历年第五多。3月，全市平均日照时数为135.6小时，较常年偏多41.0小时。4月，全市平均日照时数为83.2小时，较常年偏少35.6小时，为历年同期第四少。5月，全市平均日照时数为131.6小时，较常年偏少6.7小时。6月，全市平均日照时数为131.6小时，较常年偏多1.3小时。7月，全市平均日照时数为223.8小时，较常年偏多8.2小时。8月，全市平均日照时数为223.1小时，较常年偏多23.3小时。9月，全市平均日照时数为117.8小时，较常年偏少34.2小时，为历年第六少。10月，全市平均日照时数为57.0小时，较常年偏少91.2小时，为历年同期最少，其中遂昌、莲都、缙云、青田和庆元的月日照时数均为历年同期最少。11月，全市平均日照时数为76.5小时，较常年偏少48.7小时，为历年同期第5少。12月，全市平均日照时数为125.1小时，较常年偏少7.0小时。

【重大天气气候事件】 气候偏暖，年平均气温持平历年。2016年，全市气温偏高明显、高温日数偏多较明显、低温日数偏少。全市年平均气温为18.9℃，较常年偏高1.0℃，与历年最高持平。其中，遂昌、缙云、青田和云和的年平均气温为历年最高，莲都年平均气温与历年最高持平。5月，全市平均气温为历年同期第二高；6月，全市和青田的月极端最高气温为历年同期最高，莲都、缙云和遂昌的月极端最高气温为历年同期第二高；10月，全市平均气温和遂昌、龙泉、云和、庆元的月平均气温为历年同期最高，缙云和青田的月平均气温与历年最高持平；12月，庆元的月极端最高气温为历年同期最高。

历史罕见，一月下旬遭遇严寒天气。1月，下旬中前期受强寒潮影响，气温大幅下降，并先后出现大雪、严寒和严重冰冻天气。其中，21日夜里至22日全市普降中到大雪，部分暴雪，城区缙云、松阳、遂昌、云和、丽水积雪深度分别达4厘米、4厘米、3厘米、2厘米和1厘米，全市城郊和低海拔山区积雪5—10厘米，中高山地区积雪达20厘米或以上；24—25日，各地连续两天的日平均气温均在0℃以下，25日，各地城区的最低气温降至-4.7℃(青田)—-9.5℃(缙云)，均为历年1月下旬最低，青田和庆元则为历年1月最低，25日龙泉的日平均气温为历年最低，庆元的日平均气温为历年1月最低。

“鲇鱼”逞威，引发遂昌苏村重大山体滑坡。9月27—30日，受1617号台风“鲇鱼”影响，全市出现明显的降水过程，其中28—29日全市普降暴雨，局部大暴雨到特大暴雨。27日08时—30日20时，全市平均雨量为201.9毫米，有263个站累计雨量超过100

毫米，其中，有155个站超过200毫米、68个站超过300毫米、21个站超过400毫米、6个站超过500毫米，最多的青田双溪达640.0毫米，过程最大小时雨强为90.5毫米(出现在青田阜山)。受“鲇鱼”台风带来的强降水影响，9月28日17时30分，遂昌县北界镇苏村发生大型山体滑坡灾害，致26人死亡2人失踪。

“黄梅”再现，秋季多雨寡照气温高。秋季，全市降水异常偏多、日照异常偏少、气温异常偏高。全市季平均降水量和青田、云和的季降水量均为历年同期最多；全市季平均降水日数为历年同期第二多，缙云和云和的季降水日数为历年同期最多；全市季平均日照时数和遂昌、莲都、缙云、青田、庆元、云和的季日照时数均为历年同期最少；全市季平均气温为历年同期第二高，遂昌的季平均气温为历年同期最高，青田和云和的季平均气温与历年同期最高持平。多雨寡照加上气温高，致使丽水市频繁出现类似春夏之交的“黄梅天”，其中尤以10月最为明显。

乍暖还寒，冬末春初连续遭受寒潮袭击。冬末春初气温总体偏高，起伏大，分别于2月13—15日和3月8—10日出现两次大范围的强寒潮天气。其中2月13—15日全市城区48小时日平均气温平均降幅达13.4℃(缙云最大为16.4℃,庆元最小为10.7℃，丽水市区为13.8℃)，3月8—10日，各地城区的日平均气温48小时降幅达12.9℃—16.5℃(庆元最小，云和最大，丽水市区为15.4℃)，11日，山区和部分平原地区的最低气温降至0℃以下(高山地区出现较严重的冰冻)。受两次强寒潮影响，全市的农林作物受冻严重，其中尤以茶叶最为明显，并造成春茶大幅减产。

梅中有伏，降水集中期最高气温创纪录。2016年梅汛期降水集中期(6月11日—7月1日)丽水市多局地暴雨过程，且梅中有伏。期间较明显的暴雨过程有7次，其中，以15日的过程日雨量最大(有9个站日雨量超过100毫米，最大的龙泉西井达178.2毫米)、16日的过程暴雨范围最大(全市共有232个站日雨量超过50毫米)、27日的过程暴雨强度最强(松阳望松街道日雨量达145.1毫米，最大小时雨量达91.4毫米)；20—25日出现连续4—6天高温天气，22日青田城区39.8℃的最高气温为当地和全市历年6月最高，23日莲都、缙云、遂昌的日最高气温均为当地历年6月第2高。

秋台风数量多、影响集中。2016年西北太平洋和南海台风生成迟，1号台风“尼伯特”于7月3日才生成，为中华人民共和国成立以来第四晚。秋季台风生成多，强度强、影响集中。9—11月有14个台风生成，其中9月中旬到10月下旬就有“莫兰蒂”“鲇鱼”“艾利”和“海马”4个台风对全市造成明显的影响，特别是“莫兰蒂”“鲇鱼”和“艾利”3个台风几乎是连续影响全市，并对东南部的青田、景宁大部和云和、缙云局部地区造成严重影响。“鲇鱼”台风引发遂昌苏村的大型山体滑坡，并创造云和本站的日雨量最大值(206.0毫米，9月28日)。

夏季气温高而且高温出现早强度强。夏季，丽水市气温偏高明显，高温日数偏多较明显，高温出现时间早、强度强。全市平均气温为历年第4高，平均高温日数较常年偏多10.8天。季内有3个明显的高温时段，分别出现在6月20—25日、7月19日—8月1日和8月14—26日。其中，6月22日青田39.8℃的最高气温为当地和全市历年6月最高；6月23日莲都(39.5℃)、缙云(38.3℃)和遂昌(38.1℃)的最高气温均为当地历年6月第2高；7月23—27日丽水市区连续5天的最高气温超过40℃；8月17—20日和8月22—26日，丽水市区的最高气温均超过38℃。

点多面广，春夏强对流天气多发重发。4—7月强雷电、雷雨大风、冰雹等强对流天气多发且强度强。较明显的强对流过程21次，其中6次冰雹过程。强度较强的雷雨大风过程有：4月3日松阳大东坝28.7米/秒、4月4日庆元蔡山头33.0米/秒、5月3日庆元杨朗坑42.1米/秒、6月3日庆元荷地31.8米/秒、7月28日松阳赤寿乡32.6米/秒。6次冰雹天气分别出现在：4月26日庆元黄田、竹口、百山祖等地，5月5日青田船寮、巨浦、北山，5月15日缙云前村，6月8日遂昌云峰街道连头村，7月29日青田万阜乡新庄村，7月30日遂昌湖山乡。

罕见冬雷，冬至日出现冰雹大风天气。冬至日(12月21日)下午，受强盛西南暖湿气流中的局地对流发展影响，景宁东部和青田西南部的局部地区出现罕见冬雷、雷雨大风和冰雹等强对流天气。其中，青田北山、高市、阜山等乡镇局部地区出现冰雹，冰雹最大直径约2厘米；青田北山镇、山口镇和景宁高畔垟村、沈坑村、郑坑乡、梨头岗村、朱山村、渤海镇、温州寮、景宁城区等地出现瞬时极大风速达7—8级的雷雨大风，最大的青田北山镇达18.2米/秒。

【气象防灾减灾工作】 2016年，受超强厄尔尼诺影响，全市遭遇多次灾害性天气过程，1月寒潮，4—6月局地暴雨及强对流，7月持续高温，台风“尼伯特”“鲇鱼”等对全市经济发展造成严重影响。市气象局坚持“严密监视、精心分析、滚动预报、及时预警、广泛服务”理念，保障人民生命财产安全。1月初，寒潮引发冰冻灾害，气象部门首次承担雨雪冰冻应急指挥部办公室职责，应对过程被中国人民大学收录为教学案例；对晴热高温引发的南明湖部分水域水质异常，适时开展人工增雨，“鲇鱼”降水诱发苏村山体滑坡灾害，气象职工始终值守、主动服务，避免二次灾害的发生，得到省委、省政府，丽水市委、市政府表扬，遂昌县政府及武警交通支队分别赠送锦旗感谢气象部门。

【提升气象现代化水平】 3月，市委书记史济锡到气象部门走访调研，并提出提升气象现代化水平要求。2016年，颁布《丽水气象事业“十三五”规划》。突发事件预警信息发布中心建设项目，启动发布中心建设，总投资估算205万元。完成12座风塔建设。丽水新一代天气雷达系统建设项目，一期预竣工验收，二期进行室外绿化工程。建设丽水气象灾害监测预警中心，中心用地面积0.2公顷，约投资2300万元。“气象预报业务市县一体化系统”完成数据库支撑系统、市本级版本及县（市）级公共模块的研发和部署，并完成市本级调试和试用。“五水共治”及全覆盖县建设，全市9个县（市、区）暴雨精细化工程项目全部立项，项目总投资6402万元。

【生态气象服务方式更新】 2016年，市气象局进一步拓展生态气象服务，提出“美丽气象”建设目标，服务生态经济建设。“美丽气象”被列入丽水市“六边三化三美”、全域旅游、农村六大行动计划考核。丽水市确立三年内建成20个气象景观体验营地和10个气候养生示范点的工作目标，其中，2016年每个县（市、区）至少建成1个气象景观体验营地或1个气候养生示范点。全年各地组织开展气象景观体验活动11项，参与900人次，吸引省内外媒体关注。10月，丽水出台地方标准《养生气候适宜度评价规范》，行标《养生气候类型划分》获中国气象服务协会团体标准立项；开展“气象万千 大美丽水”气象景观风光摄影比赛，比赛成果在第十三届长三角气象论坛会场展出，并制作作品集；完成《丽水市“中国长寿之乡”“中国气候养生之乡”品牌推广利用规划（2015—2020）》征求意见工作。

气象景观风光摄影比赛　　李叶萍　提供

【气象事业改革】 2016年，气象行政许可取消1项，调整3项。市财政落实防雷管理经费106万元。调整防雷机构设置和业务布局，成立气象灾害防御技术中心；整合市县防雷技术力量，组建丽水防雷安全检测有限公司，开展全市防雷技术服务人员从属关系调整，启动“丽水市防雷安全检测有限公司”副总经理竞聘工作。丽水市出台《加强公共安全气象保障服务能力建设的实施意见》。建立气象灾害预警为先导的社会应急响应机制，教育、气象联合印发《中小学校（幼儿园）高温天气应急响应工作规范》文件。　（周国华　李叶萍）

水　文

【概况】 2016年，全市年降水量为2114.6毫米（折合降水总量366.4446亿立方米），比多年平均偏多22.0%，为丰水年。2016年，全市降水量年内分配不均，非汛期（按1—3月，11—12月统计）累计降水量455.4毫米，占全年降水量的21.8%，比多年平均同期降水量（434.6毫米）偏多4.8%；汛期（按4—10月统计）累计降水量1637.0毫米，占全年降水量的78.2%，比多年平均同期降水量（1304.2毫米）偏多25.5%。其中，9月为降水量最大月，全市平均降水量为439.1毫米；12月为降水量最小月，全市平均降水量为21.5毫米。

全市水资源总量为250.6611亿立方米（折合径流深1446.5毫米），较多年平均值多66.0698亿立方米，偏多幅度35.8%，比2015年偏少2.6%。全市地表径流的时空分布趋势与降水量一致，南高北低。龙泉西部、景宁北部、青田北部为高值区，年径流深在2200毫米以上；莲都东北部、缙云中部为低值区，年径流深900毫米左右。全市平均产水系数0.68，产水模数144.6万立方米每平方千米。人均年拥有水资源量11577.88立方米。

全市大型水库2座，中型水库32座。紧水滩水库年末蓄水量6.2406亿立方米，比年初减少2.47亿立方米；滩坑水库年末蓄水量32.52亿立方米，比年初减少2.27亿立方米；中型水库32座，年末蓄水总量4.45亿立方米，比年初减少0.73亿立方米。

【水资源利用】 2016年，全市总水资源量250.6611亿立方米，总用水量7.2057亿立方米(不包括水电站发电等河道内用水)，其中，农田灌溉用水量4.2827亿立方米，占59.4%；林牧渔畜用水量0.1958亿立方米，占2.7%；两者合计占总用水量62.1%。工业用水量1.1679亿立方米，占总用水量16.2%；城乡居民生活用水量0.8844亿立方米，占12.3%；城镇公共用水量0.5622亿立方米，占7.8%；生态环境用水量0.1127亿立方米，占1.6%。人均年综合用水量332.83立方米。万元工业增加值用水量25.61立方米；万元GDP用水量69.88立方米，农灌亩均用水量315.31立方米，水资源利用率2.9%。

【梅汛水雨情】 2016年，浙江省6月11日入梅，7月1日出梅，梅雨期20天(常年梅雨期25天)。丽水市6月11日进入降水集中期。6月11—30日，全市平均过程降水量211.7毫米，比常年梅雨量(273.5毫米)偏少22.6%，比上年(398.7毫米)偏少46.9%。梅汛期间全市出现两次明显降雨过程。

6月15日8时开始，全市出现第一轮强降雨过程，持续时间长，强度大。6月15—16日，全市普降大到暴雨，局部大暴雨。根据水雨情遥测系统监测数据显示，6月15日8时—16日20时，全市面雨量83.9毫米，紧水滩流域面雨量98.8毫米，松阴溪靖居口以上流域面雨量114.5毫米，开潭以上流域面雨量94.3毫米。最大的县(市、区)面雨量为松阳县112.1毫米，单站雨量最大为龙泉西坑站229毫米。一小时雨量最大为龙泉岩樟二级站61.5毫米、两小时雨量最大为龙泉西坑站77毫米、三小时雨量最大为龙泉湖住溪站86毫米。

受梅雨带影响，6月29日，全市出现第二轮强降雨过程。6月29日8时—30日8时，全市面雨量31.8毫米，紧水滩流域面雨量43.7毫米，松阴溪靖居口以上流域面雨量28.7毫米，开潭以上流域面雨量35.7毫米。最大的县(市、区)面雨量为龙泉市43.1毫米，单站雨量最大为庆元县马蹄岙水库92.5毫米。一小时雨量最大为青田县孙窟站46毫米、两小时雨量最大为庆元四山站62.5毫米。

【台风水雨情】 2016年，全市主要受到第1号台风"尼伯特"、第14号台风"莫兰蒂"、第17号台风"鲇鱼"、第19号台风"艾利"及第22号台风"海马"影响。

第1号台风"尼伯特"于7月8日5时50分以超强台风级在台湾台东太麻里乡沿海登陆，受其外围影响，丽水市出现局部阵雨过程，短历时暴雨不明显。根据水雨情遥测系统监测数据显示，7月8日8时—11日8时，全市面雨量18.7毫米，紧水滩流域面雨量9毫米，松阴溪靖居口以上流域面雨量14.5毫米，开潭以上流域面雨量10.9毫米。最大的县(市、区)面雨量为景宁县40.2毫米，单站雨量最大为景宁东塘站106毫米。本次降雨时空分布不均，以局部阵雨为主，一小时雨量最大为景宁县程田站43毫米、两小时雨量最大为景宁县程田站54毫米。

第14号台风"莫兰蒂"于9月15日凌晨3时05分前后在福建省厦门市翔安区沿海登陆，受其影响，全市大范围出现暴雨、大暴雨，局部特大暴雨。根据水雨情遥测系统监测数据显示，9月14日8时—17日8时，全市面雨量138.0毫米，紧水滩流域面雨量83.4毫米，松阴溪靖居口以上流域面雨量125.1毫米，开潭以上流域面雨量126.3毫米。面雨量前三名分别为青田县222.0毫米、缙云181.9毫米、景宁县163.0毫米，单站雨量最大前三名分别为缙云县木栗站441毫米、青田县黄垟站429毫米、小舟山站424.5毫米。1、2、3小时雨量最大均为缙云县木栗站，雨量分别80.5毫米、110.5毫米、130.5毫米。受台风强降雨影响，全市主要江河控制站水位上涨迅速，松阴溪流域靖居口水文站9月15日17:55出现最高洪峰水位89.59米，洪峰流量1350立方米/秒；好溪流域黄渡水文站9月16日3:00出现最高洪峰水位66.76米，超警戒1.56米，洪峰流量1350立方米/秒；大溪流域石牛水文站9月15日21:05出现最高洪峰水位53.57米，超警戒0.57米，洪峰流量3195立方米/秒；宣平溪流域上显滩水文站9月15日17:55出现最高洪峰水位72.61米，超警戒1.41米，洪峰流量1690立方米/秒；大溪流域小白岩水文站9月15日20:25出现最高洪峰水位50.99米，超警戒0.99米，洪峰流量4121立方米/秒；大溪流域祯埠水文站9月15日22:30出现最高洪峰水位32.78米，超警戒0.78米，洪峰流量5670立方米/秒。

第17号台风"鲇鱼"于9月27日14时10分左右以强台风级在台湾省花莲附近沿海登陆，于28日凌晨4时40分前后在福建省泉州市惠安县沿海再次登陆。受其外围影响，丽水市大范围出现暴雨、大暴雨，局部出现超历史纪录特大暴雨。根据水雨情遥测系统监测数据显示，9月27日8

时—30日8时，全市面雨量138.0毫米，紧水滩流域面雨量134.9毫米,松阴溪靖居口以上流域面雨量211.5毫米，开潭以上流域面雨量170.2毫米。面雨量前三名分别为景宁县308.7毫米、青田县300毫米、云和县284.9毫米，单站雨量最大前三名分别为青田县小佐站816毫米、西天站712.5毫米、后洋水库站627.5毫米。台风期间，全市有20个站点最大24小时雨量超本站历史极值。景宁县最大三日降雨量308.7毫米，排最大三日降雨量历史第一。云和、景宁、松阳、青田最大三日降雨量分别为超过50年、20年、20年、5年一遇标准；松阳、云和、景宁、青田最大一日降雨量分别为超过50年、20年、10年、2年一遇暴雨标准。

受第19号台风"艾利"外围云系影响，丽水市东部地区出现暴雨、大暴雨过程，其中青田局部地区出现特大暴雨。根据水雨情遥测系统监测数据显示，10月7日8时—8日8时，全市面雨量30.7毫米，紧水滩流域面雨量2.4毫米，松阴溪靖居口以上流域面雨量10.4毫米，开潭以上流域面雨量21.3毫米。最大的县(市、区)面雨量为青田县126.7毫米，单站雨量最大为青田县龙现362毫米。

第22号台风"海马"于10月19日夜间11时40分前后在菲律宾吕宋岛东北部沿海登陆，于21日中午12点40分前后在广东省汕尾市海丰县鲘门镇再次登陆。受其外围影响，丽水市出现局部阵雨过程，短历时暴雨不明显。根据水雨情遥测系统监测数据显示，10月20日8时—23日8时，全市面雨量20.7毫米，紧水滩流域面雨量30毫米，松阴溪靖居口以上流域面雨量12.9毫米，开潭以上流域面雨量19.6毫米。最大的县(市、区)面雨量为庆元县34毫米，单站雨量最大为青田龙现站98.5毫米。一小时雨量最大为龙泉市枫锦站33.5毫米。

【非汛期】 2016年，汛前(1月—3月)，全市平均降雨量331.8毫米，与常年同期相比偏多1.2%。全市9个县(市、区)中莲都、遂昌、松阳、龙泉比常年偏少，偏少幅度为0.3%—10.0%，其他五个县比常年同期偏多，偏多幅度为1.3%—17.5%。汛前(1月—3月)，全市未出现大范围明显暴雨过程，主要江河水势平稳，未出现超警戒洪水。

依据代表站数据统计，11月，丽水市平均降水量100.6毫米，与常年同期相比增加73.5%。各县(市、区)均比常年同期偏多，偏多幅度为45.8%—116.4%。各代表站中，11月降水量最大为缙云县雪峰站164毫米，降水量最小为莲都区雅一电站57.5毫米。12月，丽水市平均降水量21.5毫米，与常年同期相比减少55.1%。各县(市、区)均比常年同期偏少，偏少幅度为37.8%—85.8%。各代表站中，12月降水量最大为云和县杨梅垄站51毫米，降水量最小为庆元县庆元站3毫米。

【水功能区水资源质量监测】 全市河流共划分103个水功能区，区划河长2016.1千米。2016年参与评价的水功能区57个，评价总河长度1077.7千米。全年期，属地表水Ⅰ—Ⅲ类水的河长1077.7千米，占评价总河长的100.0%。

全年全市参与评价重点水功能区57个，52个水功能区达标，达标率为91.2%。其中保护区9个，达标率为100%；保留区10个，达标率为100.0%；缓冲区3个，达标率为100.0%；饮用水源区15个，达标率为86.7%；工业用水区4个，达标率为100.0%；农业用水区10个，达标率为100.0%；渔业用水区2个，达标率为100.0%；景观娱乐用水区4个，达标率为100.0%。全年期达标河长1007.7千米，达标率为93.5%。饮用水源地水库4—9月营养化评价，黄村水库、玉溪水库、岩樟二级水库、龙潭桥水库、成屏二级水库、竹源水库、东坞水库、兰溪桥水库和雾溪水库均为中营养。

【地下水水质监测】 5月，全市参与地下水水质监测断面为12个，有2个Ⅱ类水，1个III类水，5个IV类水，4个V类水。11月全市参与地下水水质监测断面为12个，有2个Ⅱ类水，4个III类水，6个IV类水。主要超标项目为pH、氨氮、亚硝酸盐氮。 (麻敏敏 蓝姝佳)

2016年丽水市降水量、水资源量

表7

行政分区	计算面积(平方千米)	年降水量(毫米)	年总水资源量(亿立方米)	产水系数	产水模数(万立方米/平方千米)
莲都	1502.0	1846.8	17.6639	0.64	117.6
龙泉	3058.9	2112.0	44.2872	0.69	144.8
青田	2493.2	2411.3	42.8792	0.71	172.0
云和	978.3	2063.2	13.5154	0.67	138.2
庆元	1898.0	2354.5	33.2940	0.75	175.4
缙云	1503.5	1741.0	15.7454	0.60	104.7
遂昌	2539.0	2539.0	33.5895	0.66	132.3
松阳	1406.0	1945.0	17.6326	0.64	125.4
景宁	1950.0	2288.8	32.0539	0.72	164.6
全市	17328.9	2114.6	250.6611	0.68	144.6

林　　业

综　　述

【概况】　2016年，全市林业工作坚持"绿水青山就是金山银山"发展战略，围绕"优化生态，改善民生"两大核心任务，加快推进林业改革创新，大力发展现代生态林业、富民林业、人文林业，努力推进现代林业建设。全市新发放林权抵押贷款35.09亿元，累计发放173.88亿元，实现贷款余额54.73亿元，连续保持全国第一位；新增林地流转面积7907公顷，累计流转面积10.28万公顷；丽水市被列入全国集体林业综合改革试验示范区。全市完成造林更新6378公顷，平原绿化787.3公顷，重点防护林建设1069.3公顷，建设美丽林相3.93万公顷，累计建成生态公益林优质林分65万公顷，划定湿地红线面积2.87万公顷。实施森林旅游休闲民宿经济发展工程，推进林旅融合；实施林业产业提质增效工程，加快林业特色产业和林下经济等精品林业提升发展；实现林业行业总产值471.3亿元。全市农村居民人均纯收入14715元，其中林业人均纯收入6021元。建成省级森林城市2个，实现"浙江省森林城市"市域全覆盖；推进华东药用植物园（丽水植物园）、白云森林公园、云和梯田国家湿地公园等林业重点工程。全面加强依法治林，林区社会保持和谐稳定。森林消防"三率"控制指标降至历史低点，林业有害生物检疫防控"4项指标"优于省控制指标。丽水林业再获全省林业工作考核（森林浙江工作考核）和市政府年度综合考核成绩"双冠王"（2012年曾获"双冠王"），连续10年蝉联浙江省林业综合考核优秀奖；森林消防工作连续6年获优秀奖；被评为2011—2015年全省法治宣传教育先进单位。景宁县林业总场被评为"全国十佳林场"。

白云山生态林区（丽阳坑林区）　　吕兴仁　提供

【丽水市制订出台林业发展政策】　5月27日，丽水市委、市政府印发《关于深化林业改革发展全面推进美丽林相建设的意见》（以下简称"意见"），要求全市深化林业改革发展，全面推进美丽林相建设，共同推进"森林浙江"建设，确保丽水与全省同步实现林业现代化。"意见"指出，到2020年，全市完成美丽林相建设21.33万公顷，森林覆盖率保持80%以上，平原林木覆盖率在28%以上，森林保有量133.67万公顷，湿地保有量2.6万公顷，重点生态公益林保有量85.2万公顷，林木蓄积量净增1000万立方米以上，林业行业总产值800亿元，建设成为全国集体林业综合改革试验示范区、全省美丽林相建设示范区。

【发布实施林业发展"十三五"规划】　8月31日，丽水市发改委、市林业局联合发布实施《丽水市林业发展"十三五"规划》（以下简称"规划"）。"规划"提出："十三五"期间，全市林业工作围绕“优化生态、改善民生”核心任务，大力发展现代生态林业、富民林业、人文林业，打造成为全国南方重点林区“绿水青山就是金山银山”实践样板。到2020年，全市森林覆盖率保持在80%以上，平原林木覆盖率稳定在28%以上，林地保有量达到146.13万公顷，森林保有量达到133.67万公顷，自然保护区面积3.47万公顷，湿地保有量2.6万公顷，重点生态公益林保有量达到85.2万公顷，林木蓄积量达到10266万立方米，林业行业总产值达到800亿元，打响“浙南林海”“华东森林氧吧”“华东动植物宝库”品牌。（陈世通）

【丽水市被列为全国集体林业综合改革试验示范区】 3月10日，国家林业局批复同意，确定丽水市为全国集体林业综合改革试验示范区，成为全国33个集体林业综合改革试验示范区之一。据试验示范区创建实施方案，全市用5年时间，通过全市联动，深化完善林权管理、林地流转、银林合作三大机制，探索创新森林经营、产业发展两方面机制等措施，全面开展集体林业综合改革试验示范区建设工作，解决在林业经营体系、公共财政支持林业制度等方面存在的问题，力争到2020年，全市实现林权管理服务一体化、新增林地流转面积3.33万公顷以上、林权抵押贷款余额超过70亿元、建设美丽林相21.33万公顷、建成公益林优质林分66.67万公顷、森林覆盖率保持在80%以上、林木蓄积量净增1000万立方米以上、林业行业总产值达800亿元。

【林权抵押贷款余额继续保持全国领先】 2016年，全市加强银林协作，继续推进林权抵押贷款增量扩面。至年底，全市新发放林权抵押贷款2.33万笔35.09亿元，累计放贷16.80万笔173.88亿元，实现贷款余额3.64万笔54.73亿元，占全省近60%，连续保持全国第一位。其中，新发放林地经营权流转证抵押贷款262笔0.61亿元、贷款余额565笔1.49亿元，新发放公益林收益权质押贷款30笔320万元。不良贷款1022万元，不良率0.19%。

【全面推行公益林收益权质押融资】 12月20日，丽水市政府常务会议审议通过《丽水市推进公益林收益权质押融资工作的指导意见》（以下简称“意见”）。“意见”规定，公益林补偿收益权人向公益林所在地县（市、区）林业局申领公益林补偿收益权证明；公益林补偿收益权证明记载权利人、公益林面积、补偿金额、质押（转让）登记等情况；借款人向贷款银行提交公益林补偿收益权证明，与贷款银行签订贷款合同，书面承诺在贷款无法按期偿还时同意由银行处置公益林补偿收益权。

【继续推行森林保险】 2016年，丽水市继续推行“以县（市、区）为单位，采取打包联保的方式，由地方财政出资统一投保和理赔”制度，推动森林保险。全市森林火灾投保面积136.13万公顷，保费1367.87万元，连续8年实现全市有林地森林火灾保险“全覆盖”；推动以竹林为重点，投保林木综合保险面积4.36万公顷，保费273.68万元。森林保险合计面积140.49万公顷，保费1641.55万元。2007—2016年，全市森林保险累计投保面积1215万公顷，保费12197万元。

【丽水林权制度改革受到肯定和关注】 6月21日，丽水市林业局副局长朱国桥在湖北省襄阳市召开的全国集体林业综合改革试验示范区现场会上，作题为《盘活林业资产，创新林业融资》典型发言，介绍丽水林改创新经验；10月14日，国家林业局与中国银监会联合组织在丽水召开林权抵押贷款工作调研座谈会，国家林业局农村林业改革发展司副司长王俊中、中国银监会法规部副主任张劲松，北京林业大学，农业发展银行、开发银行、农业银行、工商银行、邮储银行，浙江、福建、江西、广东、广西壮族自治区林业厅，浙江、福建、云南省银监局，丽水市林业、银监和有关金融机构等单位代表参加会议，丽水市林业局局长项旭平作题为《银林合作 创新驱动 合力打开林业金融通道》典型发言，介绍林改创新“丽水模式”。11月16日，国务院办公厅下发《关于完善集体林权制度的意见》，一批全国集体林权制度改革的创新经验，丽水创新的三权分置、公益林收益权质押贷款、林权IC卡、林保姆、新型林业经营主体等多项创新经验被写入意见；丽水12个林改案例入选全省《深化集体林权制度改革创新实例》。11月21日，国家林业局局长张建龙批示：“丽水深化集体林权制度改革成效明显，值得总结推广！”《人民日报》、中国新闻网、中国绿色时报、《浙江日报》、浙江卫视、《丽水日报》等媒体对丽水林权制度改革作一系列宣传报道，引起广泛关注。全年接待省内外林改考察团61批623人次（其中，省外考察团33批353人次），累计接待林改考察团712批6960人次。

【全省首例公益林补偿收益权在云和县成功交易】 9月，云和县紧水滩镇田垟村通过村民代表会议决议，将全村32.73公顷公益林未来10年的补偿收益权作价15万元，以协议方式转让给本村村民叶雄伟，叶雄伟取得10年的补偿金收益权，并办理云和县公益林收益权证。近年来，云和县不断深化农村金融改革试点工作，在开展公益林未来补偿收益质押基金贷款业务的基础上，出台《生态公益林收益权证登记管理办法》，为年度公益林补偿金在3000元以上的农户和10000元以上的村级集体组织发放收益权证，收益权人无需提供财产或他人担保，凭该证直接向金融机构质押贷款，可以通过农村产权交易平台或自主进行未来补偿收益权的交易流转，使预期收益转化为资金收入。

【首次聘请常年法律顾问】 3月8日，丽水市林业局与浙江博翔律师事务所签订常年法律顾问合同，聘请浙江博翔律师事务所律师王伟斌、邢启阳、林龙为该局常年法律顾问。常年法律顾问将在重大决策提供法律意见，重要行政规范性文件、行政机关合同的合法性审查，重大行政复议应诉案件、重大行政处罚案件、疑难信访案件的研究讨论，协助处理重大涉法案件、起草有关法律文书或法律意见书，重大项目的谈判、合同和协议的合法性审查签订等工作，对涉及的公共事件提出法律意见和建议。（李秀旺）

【林业建设资金投入11.7亿元】 2016年，全市林业建设资金投入11.7亿元，其中，到位中央、省级林业建设资金11.5亿元（中央资金1.1亿元；省级资金10.4亿元，比上年增长67.7%），国家林业贷款贴息2281.99万元。林业建设资金主要用于生态公益林建设、森林消防、自然保护区建设和野生动植物保护、林业产业化发展、林业技术推广、林业有害生物防治、美丽林相建设工程等。（杨艺薇）

【林业科技成果】 2016年，全市新增省级以上立项项目29个，成果登记数5项，项目验收通过率100%，绩效评价为优秀。获梁希林业科学技术三等奖1项；获省科技进步三等奖2项、星火三等奖2项；获省科技兴林奖9项（其中二等奖4项、三等奖5项），占全省奖项18%；开展丽水市第六届科技兴林奖评审，征集到科技项目成果30个，项目成果获奖21个，占申报项目总数的70%，其中，一等奖3个，二等奖7个，三等奖11个。编发《丽水林业科技》《浙江林业科技丽水增刊》各1期，刊登林业相关论文84篇，印发刊物750本。获取林业专业技术中级职务资格38人，晋升林业高级工程师18人。丽水市林学会获省优秀学会，获省农业技术推广先进个人1人，获省林业科技标兵3人。（朱国华）

【林业科技服务】 2016年，市林业局继续开展林业高层次人才结对帮带活动，笋竹产业、油茶、香榧（果树）、林下食用菌、林下中药材、种苗花卉（珍贵树种）、森林生态（大径材）等7个帮带产业团队开展林业科研与技术推广服务，全市进村入基地600余次、解决技术问题200个、开办专题讲课110次。开展形式多样的送科技下乡，组织专家243人次，送科技下乡活动117次，开专题讲座76场、培训基层技术人员和林农15090人次，印发资料42000余份，科技服务基地192个，对接科技示范户310户，新增效益8337万元。推广“一亩山万元钱”创新模式，开展香榧高效生态栽培、薄壳山核桃高效生态栽培、铁皮石斛仿生栽培、林下竹荪复合经营、林下三叶青复合经营、林下多花黄精复合经营、经济林山稻油粮间作、毛竹笋用林早出覆盖等高效林业示范推广，推动林业增效、林农增收。全市完成示范面积673.33公顷，辐射推广面积826.67公顷，新增产值13318万元。（朱国华）

【国有林场建设】 2016年，丽水市现有国有林场21个（列入公益一类8个、公益二类13个），总经营面积7.6万公顷（其中生态公益林面积5.6万公顷），森林蓄积725万立方米。核定事业编制535人，现有职工1567人、其中在职职工662人。全年共计发展珍贵树种示范基地181.13公顷、林木良种基地92.53公顷；造林更新面积3926公顷，其中场外造林266.67公顷；建设林区道路144.9千米、电力设施3.7千米。开展“浙江省现代国有林场”创建工作，经省林业厅验收，丽水市白云山生态林场和庆元县庆元林场成功创建为浙江省现代国有林场。景宁县林业总场获得“全国十佳林场”称号。（兰冬香）

【景宁林业总场被评为“全国十佳林场”】 11月15日，在广西南宁召开的中国林场协会第四届会员代表大会暨四届一次理事会上，景宁畲族自治县林业总场被中国林场协会授予2015年度“全国十佳林场”称号，这是丽水市继丽水市白云山生态林场之后第二个、浙江省第四个获此殊荣的林场。该林场成立于1965年12月，前身为景宁林场，创建于1956年10月，是浙江省四大国有林场之一。近年来，景宁林业总场按照“增强发展活力，提高队伍素质、提高职工收入，定单位定性、人员定编、职工定岗）的思路，加强林场体制机制改革，确定为公益一类正科级事业单位，下设大仰、大际、草鱼塘、鹤溪、荒田湖5个分场，经营总面积5906.7公顷（其中重点生态公益林5186.7公顷），林木蓄积量65.32万立方米，森林覆盖率92.4%。2013年7月，经省政府批准建立大仰湖湿地群省级自然保护区，保护区面积2133.3公顷。近10年累计投入3.2亿元，实施生态资源保护、基础设施改造和生态展示平台等重点工程，构建成为“现代林场，大仰湖自然保护区、草鱼塘生态文化休闲养生旅游核心区、国家储备林示范区”的发展新格局。（陈世通）

【开展基层林技人员定向培养招生工作】 2016年，丽水市为解决基层林技人员年龄老化、青黄不接、专业失衡问题，根据省委书记夏宝龙“搞好森林建设，急需培养一批能在山上跑的新时期护林人”的指示精神，率先在全省开展“免学费、包分配”基层林技人员定向培养招生工作试点。由市政府委托丽水市职业技术学院，面向全市范围内报考普通高校的学生（理科），招录定向培养基层林技人员（乡镇林技员或国有林场技术人员），被录取的定向培养生与基层林业机构签订事业单位人员聘用合同，基层服务期不少于8年。2015年，招收林业专业专科生40人；2016年，以林业技术专业为龙头组建林业科技学院，与浙江农林大学合作提升为本科教育，招收基层林技人员定向培养本科生29人。（金志勇）

【丽水市首次发现野生稀有树种“政和杏”】 3月25日，庆元县左溪镇发现17棵野生杏梅，经世界自然保护联盟物种保护委员会中国专家组成员、温州大学植物学教授丁炳扬和浙江自然博物馆研究馆员张方钢2位植物分类学专家现场鉴定，确认为世界稀有树种——“政和杏”，其中6棵为大树，最大古杏树径围2.4米，高约35米。“政和杏”于1999年首次在福建省政和县发现，并自《植物分类学报》发表定名以来，至2016年，地球上只发现福建省政和县和庆元县左溪镇2个分布点共存22棵，具有重要的物种保护价值和科学研究价值。

稀有树种（政和杏）　　吕兴仁　提供

【云和雪梨获国家农产品地理标志认证】 3月31日，云和雪梨获国家农产品地理标志登记保护，这是丽水市首个获国家农产品地理标志认证的水果类产品。云和雪梨农产品地理标志认证地域保护范围为云和县所辖浮云街道、元和街道、白龙山街道、凤凰山街道、安溪畲族乡、雾溪畲族乡、石塘镇、紧水滩镇、崇头镇、赤石乡等10个乡镇（街道）162个行政村。地理坐标为东经120°09′02″—120°16′06″，北纬30°25′01″—30°31′02″。（陈世通）

森林生态体系建设

【概况】 2016年，全市林业部门围绕“优化生态”核心任务，持续推进“六边”区域绿化，实施美丽林相、华东药用植物园（丽水植物园）、生态公益林、森林公园、森林系列创建等重点生态林业工程建设。全市完成造林更新面积6378公顷，其中，人工造林2919.8公顷、人工更新3458.2公顷；完成平原绿化面积787.3公顷（其中，新建553.3公顷、提升234公顷），平原绿化累计面积2.07万公顷，平原林木覆盖率26.9%；完成重点防护林建设1069.3公顷，通道沿线林相改造4503.9公顷。全市实际参加义务植树124万人，义务植树420万株，人均3.4株。成功创建省级森林城市2个，全市9个县（市、区）全部建成省级以上森林城市，实现“浙江省森林城市”全覆盖；成功创建省级森林城镇5个，省级森林村庄18个，市级绿化示范村76个。庆元县实验林场获“全国绿化模范单位”称号，丽水市林业局局长项旭平、遂昌县林业局局长季方法、龙泉市林业局局长徐怀坤、缙云县春光果业有限公司董事长邓春光获“全国绿化奖章”称号。

【丽水市发布美丽林相建设总体规划】 1月21日，丽水市政府召开常务会议审议通过《丽水市美丽林相建设总体规划（2016—2035）》（以下简称“总规”）；4月，市政府发布实施《丽水市美丽林相建设总体规划（2016—2035）》。至7月底，全市9个县（市、区）根据“总规”要求，分别编制具体实施方案并通过评审。“总规”针对丽水市森林“绿多彩少、针多阔少、量多质差、远好近差”现状，对全市约140万公顷山林进行林相改造规划，规划总投资163.4亿元，计划用20年时间，分近、中、远三期，通过“点、线、面”相结合，围绕“一江（瓯江）、四路（高铁、高速公路、国省道、通景公路）、十城（中心城区、9个县市区）、百景（国有林场、森林公园、AAA以上景区）、百镇（主要通道沿线乡镇）、千村（主要通道沿线主要村庄）”等重点区域建设美丽林相66.67万公顷，其中，彩色林13.33万公顷、健康林5万公顷、珍贵树种6.67万公顷、大径材8.33万公顷、森林抚育33.33万公顷。“总规”提出全市实施建设两美瓯江、多彩廊道、城市彩屏、休闲养生林、万顷优质森林、百镇千村彩色森林6个重点工程；市本级城区建设富岭连接线山体彩化、金丽温高速公路（莲都段）森林廊道、白云森林公园美丽林相、火车站背后山体美化、环城生态绿屏景观5个主要节点工程，全面提升森林景观质量。4月2日，副省长黄旭明在《浙江政务信息》（昨日要情）第60期《丽水市拟投资163亿元打造1000万亩美丽林相》上批示肯定：“丽水市做得很好，值得向全省推介。”

【启动实施美丽林相建设】 2016年，全市按照建设“多树种、多层次、多色彩、多功能”森林目标，全面启动实施美丽林相建设。建立政府推动、资金撬动、示范带动、部门联动“四轮”驱动长效机制，全市落实资金3.56亿元，实施美丽林相建设面积3.93万公顷，完成年度计划3.67万公顷的107%，其中：彩色林面积6097.8公顷、健康林面积112004.4公顷、珍贵树种面积3449.9公顷（新造1029.5公顷，改培2420.4公顷）、大径材培育面积4715.3公顷、一般森林抚育面积21333.3公顷；建设美丽林相示范林、示范点、示范单位各39片（个）。全市新植珍贵树352万株，完成年度302万株任务的116.6%。

【全民义务植树】 2月14日，丽水市党政军领导、机关干部、驻丽部队官兵及团员青年等300余人，在市区东港路（长林路—东环路）开展义务植树活动，这是丽水市连续第6年开展春节后上班第一天义务植树活动。市委书记史济锡，市委副书记、代市长朱晨，市人大常委会主任虞红鸣、市政协主席陈瑞商等领导及市直有关单位人员参加植树，种植樱花大苗近900株。同日，全市各县（市、区）同步开展义务植树活动，有近6000人参加、植树74.7公顷（28.8万株）。全市参加义务植树124万人，义务植树420万株，人均3.4株。

【森林城市（城镇）系列创建】 2016年，丽水市深入开展森林（城镇）系列创建活动。至年底，全市9个县（市、区）全部建成省级以上森林城市，实现“浙江省森林城市”全覆盖，基本建成省级森林城市群；新建浙江省森林城镇5个（莲都区大港头镇、青田县高市乡、青田县温溪镇、缙云县舒洪镇、云和县崇头镇），累计建成省级森林城镇17个；新建成浙江省森林村庄18个，累计建成浙江省森林村庄118个；新建成丽水市绿化示范村76个，累计建成丽水市绿化示范村809个。

【“六边绿化”工作】 2016年，丽水市结合新植1亿株珍贵树行动、森林系列创建，推进“六边”重点区域绿化。全年全市完成通道沿线林相改造4503.9公顷，建设森林通道353千米（其中，公路绿化280千米、河道绿化73千米），整改绿化缺失点75个，打造美丽乡村风景线25条，获评“浙江省最美绿化通道”8条，其中：高速公路2条（金丽温高速莲都段、龙丽高速松阳段），国省道2条（52省道路云寿线景宁段、53省道路丽浦线云和段），县道路1条（莲都港周线），入城大道3条（富岭连接线迎宾大道、松阳迎宾大道、云和县仙宫大道）。 （潘永柱）

【成立丽水市生态文化协会】 11月14日，丽水市民政局下发准予成立社

12月9日，召开丽水市生态文化协会成立大会 吕兴仁 提供

会团体决定书批准，由何小勇、曾玉亮、吴丽锋、李泽建、潘永柱5人发起的丽水市生态文化协会成立。12月9日，召开丽水市生态文化协会成立大会，全市9个县（市、区）林业局、自然保护区、丽水学院、丽水职技院及市林业局有关单位51名代表参加会议。会议审议通过《丽水市生态文化协会章程》和《丽水市生态文化协会财务管理办法》，选举产生丽水市生态协会第一届理事会成员19人，何小勇担任会长，吴丽锋、朱国华、李泽建任副会长，李泽建兼任秘书长，潘永柱担任副秘书长。

【创建浙江省生态文化基地】 至年底，全市累计10个生态文化基地获"浙江省生态文化基地"称号，分别为遂昌县湖山乡黄泥岭村，庆元县庆元林场，遂昌县云峰街道长濂村，景宁县林业总场景宁大仰湖溪源湿地群自然保护区，松阳县大东坝镇上寮山村，龙泉市西街街道下樟村，青田县祯旺乡小学，缙云县三溪乡厚仁村，青田县章村乡颜宅村，莲都区碧湖镇堰头村。（潘永柱）

【生态公益林建设】 2016年，全市省级以上公益林总面积85.2万公顷，占全省公益林总面积28.2%、占全市国土面积49%、占全市林业用地58%；新增优质林分新增1.88万公顷，累计建成65万公顷。继续深化公益林补偿资金发放阳光工程，市本级、各县（市、区）林业网和实地公示国有单位28个、3648个村246260户公益林补偿户补偿信息，公示率100%；发放损失性补偿资金36514万元。莲都区、青田县、云和县生态公益补偿标准每年每亩从2015年的30元提高到31元，其他县（市）生态公益补偿标准每年每亩从2015年的30元提高到35元，省级以上森林类型自然保护区集体林租赁价格每年每亩从2015年的38.2元提高到43.2元。全市共有护林员3409名，其中，专职护林员2040人、兼职护林员1369人，辞退护林员78人。（毛小荣）

【华东药用植物园（丽水植物园）建设】 2016年，华东药用植物园（丽水植物园）PPP项目，经资格预审、综合评标及确认谈判等一系列程序后，确定上海绿地地铁投资发展有限公司、上海绿地建设（集团）有限公司为中标单位。12月22日，举行华东药用植物园（丽水植物园）PPP项目签约仪式，市林业局分别与上海绿地地铁投资发展有限公司、上海绿地建设（集团）有限公司签订合作协议。项目总投资约8.4亿元，投资期限15年，包括3年建设期和12年运营期。项目由植物展示游览区、森林运动游憩区、智慧功能区和引种繁育区4个核心区块组成，总用地面积500公顷。根据协议，2017年1月3日项目开工，2019年建成并投入使用。华东药用植物园（丽水植物园）项目被列入国家财政部第三批PPP示范项目。（杨　斌）

12月22日，华东药用植物园（丽水植物园）PPP项目签约仪式　　吕兴仁　提供

【白云森林公园建设】 2016年，白云森林公园基础设施建设项目完成，5月，山塘综合整治工程完成结算审核。12月，太山茅铺至太山村道路硬化工程完成竣工验收。白云森林公园美丽林相工程施工完成招标并确定施工单位，开工建设花街管理用房工程。公园招商引资项目建设持续推进，白云寺项目累计投资1000万元，完成15幢居士林主体工程建设和停车场边坡修整；白云山丽人休闲度假区项目累计投资4020万元，完成狮子坛、快活林及十八弯三大区块的房屋主体及绿化工程。（杨　斌）

【开发区绿化工作】 2016年，全区完成迹地更新造林4.7公顷，种植乌桕、木荷、杨梅等0.7万株；组织珍贵树种进村入企活动，向开发区11个村和企业赠送紫楠、枫香等珍贵树种苗木1.6万株；开展义务植树活动，累计300余人次栽植红豆杉、无患子等树种1500余株；富岭连接线山体彩化项目（一期）通过竣工验收，改造山体10.53公顷，节点园林式景观绿化7021平方米，累计种植景观树种30余个品种6000余株、草坪5756平方米，建成园路及铺装159平方米。（刘克飞）

2016 年全市各主要监测点负氧离子监测结果

表8

监测地址	监测点	平均参考值(个/立方厘米)	监测时间段	等级	空气清新程度描述
白云森林公园	入口处	1726	1月8日—12月30日	二级	非常清新
处州公园	观鱼池边	1359	1月8日—12月30日	三级	清新
防洪堤	应星楼	1081	1月8日—12月30日	三级	清新
九龙湿地公园	红圩村口	1218	1月8日—12月30日	三级	清新
莲都区大山峰国家森林公园	大山峰	2165	1月8日—12月30日	二级	非常清新
龙泉市林科院	森博园	2408	1月8日—12月30日	二级	非常清新
云和仙宫湖景区	张源头	2874	1月8日—12月30日	二级	非常清新
青田县石门洞景区	石门潭	4553	1月8日—12月30日	一级	特别清新
景宁县鹤溪镇	石印山	2153	1月8日—12月30日	二级	非常清新
缙云黄龙寺景区	水库边	2182	1月8日—12月30日	二级	非常清新
松阳卯山国家森林公园	入口处	3331	1月8日—12月30日	一级	特别清新
庆元巾子峰国家森林公园	龙源山庄	3773	1月8日—12月30日	一级	特别清新
遂昌神龙谷景区	入口处	3408	1月8日—12月30日	一级	特别清新
全市景区平均值	景区	2807	1月8日—12月30日	二级	非常清新
全市景区最高值	景区	4850	1月8日—12月30日	一级	特别清新
市区平均值	市区	1389	1月8日—12月30日	三级	清新

【森林公园建设】 2016 年，组织开展丽水市级森林公园认定工作，制定出台《丽水市森林公园认定办法(试行)》并组织实施。认定命名丽水经济技术开发区五百秧森林公园、缙云黄龙森林公园为丽水市市级森林公园。全市现有森林公园 13 个，规划总面积 4.94 万公顷，其中国家级森林公园 4 个、省级森林公园 7 个、市级森林公园 2 个。（兰冬香）

【空气负氧离子监测】 2016 年，每周开展 2 次负氧离子监测，上报市养生办，在丽水文化休闲和新闻综合频道公布养生指数，对市本级白云森林公园、处州公园、防洪堤、九龙国家湿地公园空气负氧离子及 9 个县(市、区) 13 个监测点实时监测上报 54 期，累计监测实时数据 702 个。其中，清新以上监测数据 639 个，全市景区最高值负氧离子每立方厘米 4850 个、平均值每立方厘米 2807 个，市区平均值每立方厘米 1389 个。丽水市空气负氧离子浓度每立方厘米 3015 个，达到一级，为特别清新。国家林业局在丽水市按照城区—近郊—远郊—森林公园 4 个不同类型设置监测点试点，对应分别是市林业局大院—白云森林公园马头山—白云森林公园大块地—莲都大山峰国家森林公园，安装 8 台仪器设备 24 小时不间断的监测，经汇总分析：大山峰国家森林公园相对较高，每立方厘米 2630 个，白云森林公园两个监测点每立方厘米均达到 1000 个以上，市林业局大院每立方厘米达到 700 余个。（梅少保）

林业产业体系建设

【概况】 2016 年，全市林业总产值 471.3 亿元，同比增长 12.8%，占全省林业行业总产值的 9.2%，排名第 6 位。林业行业总产值在全市经济总量中，林业第一产业产值 93.3 亿元，占全市农业总产值 63.1%；林业第二产业产值 173.2 亿元，占全市工业总产值 9.5%；林业第三产业产值 204.8 亿元，占全市旅游总收入 38.2%。全年林业行业生产总值(GDP) 228.7 亿元，占全市生产总值(GDP) 19%，同比增长 14.9%。全市 9 个县(市、区)林业行业总产值超过 30 亿元，其中，龙泉市、庆元县超过 70 亿元，云和县、缙云县超过 61 亿元，遂昌县、松阳县、莲都区、青田县、景宁县超过 30 亿元。完成招商(或合作招商)项目 4 个，合同利用市外内资 19.78 亿元，实际到位市外内资 2.3 亿元。年内，丽水市组织 95 家企业参加第八届中国义乌国际森林产品博览会。获第九届中国义乌国际森林产品博览会优质产品评选金奖 20 个，优质奖 31 个；丽水展团连续 9 年获中国义乌国际森林产品博览会最佳组织奖。

11 月 1 日，丽水组团参加第九届中国义乌国际森林产品博览会　吕兴仁　提供

【调整优化林业产业结构】 2016年，全市林业一、二、三产业比重为20:37:43，第一产业比重下降1个百分点，第二产业比重下降3个百分点，第三产业比重上升4个百分点。加大一产资金和技术投入力度，提高林地生产效率，提升林业第一产业，林业第一产业产值93.3亿元，同比增长6%，增幅比2015年上升3.1个百分点；做大做强龙头企业和区块产业，提高森林资源综合利用率，增加产品附加值，调整提升林业第二产业，林业第二产业产值173.2亿元，同比增长5.6%，增幅比2015年上升2.75个百分点；促进森林旅游业和生态精品林业发展，加快发展林业第三产业，林业第三产业产值204.8亿元，同比增长24.9%，增幅比2015年上升4.83个百分点。

【木业产业建设】 2016年，全市继续推进木业产业向规模化、产业化和集群化方向发展。全市生产木材41.3万立方米，实现产值3.7亿元，分别比上年减少9%和5.4%。全市木材加工企业981家，从业人员2.9万人，以"一扇木门、一支铅笔、一副玩具、一把太阳伞、一块纤维板"为代表木材加工业全年实现产值82.9亿元，比上年增长5.3%。

【森林休闲旅游业发展】 2016年，全市自然保护区4处(其中国家级自然保护区2处，省级保护区2处)，自然保护小区52处；国家湿地公园2个；森林公园13个，其中，国家级森林公园4个、省级森林公园7个、市级森林公园2个；全市新增省级森林特色小镇创建镇5个、森林人家12个，累计获省级森林特色小镇创建镇10个、森林人家16个；新建市级森林小镇3个、森林人家特色村18个、林业体验园11个。2016年，全市森林旅游业接待游客3563万人次，实现森林旅游总收入182.7亿元(占第三产业产值的89.2%)，分别比上年同期增长13.8%和28.2%。 (杨艺薇)

【林业经营新型主体培育】 2016年，全市新增新型林业经营主体113家(其中家庭林场57家)，累计培育新型林业经营主体709家；新培育农转旅生产经营主体51个，转化农产品旅游地商品69个，旅游地商品销售收入4.4亿元，新增"三品一标"农产品15个，创建新增示范企业6家、示范合作社6个、示范家庭农(林)场(专业大户)40个、农(林)产品(基地)47个。 (李秀旺　杨艺薇)

【林地流转】 2016年，丽水市继续推行林地经营权流转证制度，引导林地向林业专业合作社、家庭林场、经营大户集聚。全年全市新增林地流转面积7907公顷，累计流转面积10.28万公顷；规模林地流转颁发林地经营权流转证214本、发证面积2253公顷，累计颁发林地经营权流转证674本、发证面积8980公顷。新发放林地经营权流转证抵押贷款262笔0.61亿元，累计发放林地经营权流转证抵押贷款664笔2.21亿元、贷款余额565笔1.49亿元。

【林权登记管理】 2016年，丽水市按照不动产登记职能整合调整，市、县(市、区)林业部门的林权登记职责划转到不动产登记部门。9个县(市、区)林业局"三中心一机构"林改服务平台，继续完善"林权IC卡"制度，为林农提供林权变更、抵押、评估、交易等服务。全市累计完成林权勘界141.47万公顷，47.8万本林权证信息全部录入数据库，建立"统一评估，一户一卡，随用随贷"林权信息系统，林权信息建档40.3万户，评估森林资产302亿元。至林权登记职责移交前，林业部门办理林权登记2501件(其中，初始登记343件、变更登记2158件)，累计办理林权登记2.75万件。 (李秀旺)

【笋竹产业建设】 2016年，全市竹业产值65.5亿元，比2015年增加6%，其中一产12.8亿元，二产52.7亿元。巩固提升已建的高效竹林基地经营水平，推广一竹三笋、竹林早出覆盖和竹林套种竹荪、三叶青、多花黄精等复合经营模式，全市新建"一亩山万元钱"示范竹林34.7公顷、辐射推广72公顷。继续实行竹产业首席专家(顾问)制度，开展各类研究及推广项目的实施，举办各种形式的人才培训，进一步完善市、县(市、区)、乡(镇)三级推广体系和示范体系。 (孙　政)

【种苗花卉产业】 2016年，全市育苗面积1315公顷，产苗量8725.9万株，其中，珍贵树种苗1659万株、油茶苗758.6万株、容器苗1485万株；花卉生产面积1618.13公顷。全市种苗花卉行业实现总产值4.02亿元，比上年增长9%，其中：一产产值2.12亿元，同比增长10.5%；二产产值0.9亿元，同比下降19.5%；三产产值，0.99亿元，同比增长55%。继续开展"珍贵树种进万村"行动，向617个村庄4466户林农赠送种植苗木240.4万株(其中，省厅赠送种植珍贵树种89.1万株、彩色树种61.4万株)，赠送树种有南方红豆杉、红豆树等14个珍贵树种，黄山栾树、枫香、乌柏、无患子、四照花等7个彩色树种。加强林业种苗质量管理，全市造林实际用苗1639.8万株，抽查21个树种57个苗批，种苗质量总体优良苗批合格率100%，Ⅱ级以上平均合格率为98.3%。 (兰蒋慧)

【油茶产业】 2016年，全市新建油茶新品种造林基地1873.7公顷，完成油茶抚育（包括低产林改造）4479.6公顷。举办各类油茶产业技术培训10余次，培训基层林技员和林农800余人次。全年争取上级对木本油料产业扶持资金4459万元，2009年以来连续8年获木本油料产业扶持资金3.62亿元。2016年，实现木本油料产业产值6.9亿元。（倪荣新）

【食用林产品质量安全】 2016年，对全市食用笋（春笋、鞭笋、冬笋）、野生动物（石蛙、野猪肉）、板栗、香榧、油茶籽、木本药材等食用林产品进行例行监测、专项监测和风险监测，重点检测汞、砷、铅、镉、铬等重金属含量和对硫磷、乐果、敌敌畏农药残留等指标进行检测。全年抽检469批次，合格467批次，合格率99.6%。根据丽水市餐桌安全治理行动三年计划（2015—2017年）要求，全面启动食用林产品质量安全整治提升工程。全市主要食用林产品标准化生产程度59.29%。开展“三大一严”专项行动。对全市可食用林产品种植、生产环节存在的隐患和突出问题进行全面的排查，组织联合执法9次，出动人员2070人次，检查重点食用林产品种养殖基地663个、重点品种生产经营企业113家，约谈违规企业42家，排查重点风险隐患75个，风险隐患全部整改到位。（梅少保）

林业安全管理

【概况】 2016年，全市林业系统坚持以保护森林资源为核心，以保护森林、湿地和物种3条生态红线为重点，全面推进依法治林。开展森林消防网格化管理，加强综合治理，森林火灾得到有效控制。全市发生森林火灾15起（遂昌、庆元、缙云3县未发生森林火灾），受害森林面积92.01公顷，森林火灾受害率0.07‰，火灾控制率6.13公顷/起，发生率1.07次/10万公顷，24小时以内森林火灾扑灭率100%。与2015年同期相比，森林火灾发生次数和受害森林面积分别下降25%和13.11%，未发生重特大森林火灾和人员死亡事故。2016年，丽水市取得省森林消防指挥部森林消防责任书考核优秀，连续6年获考核优秀等级。加强森林资源保护管理，严格执行森林采伐限额管理制度和征占用林地定额管理制度，全市森林蓄积量持续增长，森林面积、森林覆盖率保持稳定。继续开展森林增长指标考核评价试点和义务森林资源监督员制度试点；加强森林采伐管理，省政府下达丽水市年森林采伐限额165.865万立方米，全年发放林木采伐许可证11826份，发证采伐蓄积66.03万立方米，为省下达采伐限额40%。全面加强林业有害生物防控工作，以松材线虫病防控为核心，采取预防、防治、监管三项措施，林业有害生物灾害得到有效防控，林业有害生物成灾率、测报准确率、无公害防治率、种苗产地检疫率“4项指标”优于省控制指标。莲都区森林消防大队被国家森林防火指挥部、国家林业局评为“2013—2015年度全国森林防火工作先进单位”，成为丽水市首支获得全国性表彰的森林消防队伍。龙泉、庆元、景宁、遂昌、松阳、云和、缙云7个县（市）获“浙江省平安林区”称号。2016年，丽水市被列为编制自然资源资产负债表省级试点。继续开展义务森林资源监督员制度试点，国家林业局监督办、上海专员办先后到丽水调研义务监督员试点工作，并总结推广丽水市义务森林资源监督员试点工作经验。（朱郑平 梁毅）

【打击破坏森林资源违法犯罪】 2016年，全市森林公安机关组织开展利剑行动、利剑1号清火、禁种铲毒、净网行动、林地保护5个专项行动，严厉打击涉林违法犯罪行为，依法严惩一批破坏森林资源的违法犯罪分子，有效保障森林资源安全和林区社会稳定。全市受理各类森林案件473起，查结466起（其中，刑事案件74起、行政案件392起），综合查处率99%；处理各类违法人员458人，收缴林木蓄积111.08立方米。开展禁种铲毒专项行动，全市查处种植罂粟案件22起（其中，刑事案件2起、治安行政案件20起），铲除非法种植点48处、罂粟11413株。丽水市林业局被评为全省严厉打击非法占用林地等涉林违法犯罪专项行动先进集体；丽水市森林公安局获2016年度全省森林公安工作绩效考核优秀。

【森林消防建设】 2016年，全市投入森林消防资金2016.8万元（其中，国家级资金670.8万元、省级资金529万元），加强通讯系统、阻隔系统、扑火机具、交通工具等建设。购置森林消防扑救装备4374台（套、把），新造生物防火林带15千米。市本级浙南重点火险区二期工程项目通过验收，项目总投资445万元，其中，中央财政补助152万元、自筹228万元，调整增加视屏投资65万元。（朱郑平）

【林地保护管理】 2016年，全市审核审批各类征占用林地项目671个、面积1066.63公顷，其中，长期征占用林地项目130个、面积622.31公顷，临时征占用林地项目46个、面积119.66公顷，林业设施占用林地项目495个、面积324.66公顷，征收森林植被恢复费11564.5万元。

【自然保护区管理】 2016年，全市有自然保护区4处，其中，国家级自然保护区2处、省级自然保护区2处；自然保护小区52处。省级以上自然保护区正常经费补助标准，由原来的每人每年8.4万元提高到11.3万元，不足部分由当地财政部门予以补助；省级以上森林自然保护区集体林租赁价格每年每亩由2015年的38.2元提高到43.2元，由省财政全额承担。凤阳山管理处建成大田坪视频监控指挥中心，百山祖管理处出版发行《百山祖自然保护区志》，建成地理信息系统1个、资源监测“天眼”平台2个。

【湿地保护管理】 2016年，开展划定湿地生态保护红线试点，以高山湿地、湿地自然保护区、湿地公园、农田等湿地为重点，开展湿地生态保护红线划定。全市共划定湿地红线面积2.87万公顷，占省政府下达任务2.6万公顷的110%。省绿化与湿地保护委员会开展浙江十大“最美湿地”和“最具特色湿地”评选活动，云和梯田国家湿地公园被评为浙江十大“最美湿地”，丽水九龙国家湿地公园、景宁望东垟高山湿地和青田龙现村稻鱼共生系统保护区湿地被评为浙江十大“最具特色湿地”。 （梁　毅）

【野生动植物保护】 4月，丽水市及9个县（市、区）林业局组织开展主题为“依法保护鸟类、共建美丽浙江”的野生动植物保护宣传月暨“爱鸟周”活动。全市组织开展野生动植物管理执法检查21次，出动执法人员483人次，检查市场、养殖场违法窝点80个，检查宾馆、饭店334家，收缴或放生野生动物41只（头），没收非法猎捕工具79件。全面启动古树名木保护工程。7月4日，成立丽水市古树名木保护工程领导小组和保护管理专家咨询委员会；8月25日，召开全市古树名木保护工程工作推进会；全市9个县（市、区）林业局均成立古树名木工程领导小组和保护管理专家小组。全面推行“一树一策”保护制度，完成对525株古树名木“一树一策”保护方案制定。全市投入资金787.66万元，完成对450株古树名木保护工程的实施，正在实施15株，建成古树名木主题公园7个。全市开展“古树名木保健”专题活动71次，会诊救治古树536株、古树群23个。 （梁　毅　周　靖）

【山林纠纷案件调处】 2016年，市林业局组织开展山林纠纷积案调查并实行动态管理。至年底，全市各类山林纠纷积案518件，争议面积8982.33公顷。其中，省际纠纷71件、争议面积4162.53公顷，市际纠纷15件、争议面积604.67公顷，县际纠纷64件、争议面积875.46公顷，县内纠纷368件、争议面积3339.67公顷。全市新发生山林纠纷91件，调处109件（新案91件、积案18件），解决面积456.60公顷，其中，调处县际纠纷1件、面积2.67公顷，县内纠纷108件、面积453.93公顷；在调处109件纠纷案件中，调解结案98起、行政裁决10起。全年未发生因山林纠纷引发的重大盗滥伐案件、集体上访或群体性事件。市林业局成功调处县际山林纠纷1起，妥善解决龙泉市道太乡大苏村村民委员会与云和县赤石乡店子村第六村民小组坐落于松阳县境内“洋坑源下坑石直湾（三层楼）”山场的山林纠纷，争议面积2.67公顷。经过多次协调，5月24日签订和解协议，妥善处置并解决争议，10月24日印发生效的协议书。

【山林纠纷案件行政复议及行政应诉】 2016年，市林业局受市政府委托，审理全市山林纠纷行政复议案件。全年受理山林纠纷复议案件9件（庆元6件、龙泉2件、景宁1件），复议终结7件（庆元5件、龙泉2件），复议维持6件、撤销1件（庆元），未结案2件。全年山林纠纷复议案件应诉5件，一审答辩5件、应诉5件，败诉1件；二审答辩3件、应诉1件。 （李秀旺）

【林业有害生物检疫防治】 2016年，全市林业有害生物防控工作，以松材线虫病防控为核心，全面加强林业有害生物防控工作。全市全年林业有害生物成灾面积242.5公顷，成灾率0.17‰；林业有害生物发生面积34611.3公顷，测报准确率99.65%；有效防治作业总面积41799.4公顷，无公害防治作业面积41799.4公顷，无公害防治率100%；应施种苗产地检疫面积1197公顷，实施种苗产地检疫面积1197公顷，种苗产地检疫率100%。“四率”指标均优于省林业厅下达指标。全市全年调运检疫苗木255.94万株、木材18.17万立方米、药材果品50.6吨；复检苗木36万株，木材0.9万立方米。加强松材线虫病防控，全市累计打孔注药6.6万瓶，悬挂松褐天牛诱捕器1330只，噻虫啉地面人工喷粉作业面积7000公顷，飞机防治8800公顷。4—11月，全市开展“绿剑”检疫执法专项行动，检查涉松企业336家，关停非法加工松木企业10家，查处各类违法案件30起，没收、烧毁疫木174.7立方米；全市培训执法人员525人，培训企业人员529人。5—11月，全市开展“百名森林医生进千村”活动，组织经济林、花卉苗木病虫害专题活动81次，日常活动125次，发放宣传资料3465份，发布生产性病虫情预报41次，防治技术指导82次。 （徐锦霞）

工业化信息化建设

综　述

【概况】 2016年，全市围绕“绿色发展、科学赶超、生态惠民”发展主线，坚持“稳中求进”的工作总基调，工业经济形势稳中向好，产业结构持续优化，实现生态工业“十三五”规划良好开局。全年完成规上工业总产值1806.47亿元，同比增长5.5%，增速居全省第4位。完成规模以上工业增加值380.60亿元，同比增长7.0%，增速居全省第5位。全年全市工业用电量57.41亿千瓦时，同比增长12.0%，居全省第1位，全市制造业用电同比增长10.57%，全市30家关注类用电大户累计用电量同比增长16.02%。

重点行业。2016年，规模以上重工业完成产值1192.65亿元，同比增长5.0%，占规模工业产值的比重66%，比2015年下调0.6个百分点；规模以上轻工业产值同比增长6.5%，高于规模以上重工业1.5个百分点。产值超百亿行业共有5个，比2015年增加2个，分别是黑色金属压延业（370亿元）、金属制品业（184亿元）、化工行业（150亿元）、通用设备制造业（109亿元）、鞋革羽绒制品业（101亿元）。

县域经济。景宁、松阳、青田、云和、莲都、龙泉规上工业增加值增速高于全市平均水平，青田、缙云、开发区三个重点区域实现规模以上工业增加值206.16亿元，占全市规上工业增加值比重54.2%，比2015年下调1.6个百分点。

工业投资。全市完成工业投资208.02亿元，同比增长4.4%，其中工业技改完成投资155.41亿元，同比增长12.4%，占工业投资的74.7%，占比较2015年提高5.3个百分点，两项指标均居全省第六位。高新技术产业（制造业）投资28.23亿元，同比增长41.2%，高于工业投资37个百分点；战略性新兴产业投资59.72亿元，占全部工业投资比重的23.6%，同比增长7.7%，高于工业投资增速3.3个百分点；高污染、高耗能产业投资明显下降，造纸、黑色金属、有色金属、化纤等行业投资同比分别下降41.2%、40.7%、32.5%和14.0%。

2016年，全市规模以上工业实现利润总额129.62亿元，同比增长3.3%，全年持续保持正增长，比2015年高出7.7个百分点。全市规模以上工业企业1134家，亏损企业75家，亏损面为6.6%，低于全省6.6个百分点；亏损企业亏损额1.86亿元，同比下降58.6%，下降幅度居全省第1位。全年规上工业主营业务收入1746.21亿元，同比增长7%；负债合计同比下降4.2%，资产负债率48.6%，低于全省6.8个百分点；财务费用同比下降13.2%，其中利息支出下降13.8%。

【编制规划】 2016年，编制出台《丽水市工业发展“十三五”规划暨丽水

11月24日，召开全市经信局长会议暨“冲刺四季度”工作部署会　张一帆　提供

生态制造2025实施方案》，规划和方案提出“十三五”时期丽水市生态工业发展的总体战略、主要目标、产业重点、布局方向、实施路径和保障措施。谋划实施丽水生态制造2025的重大项目、重大工程和重大政策，提出重点培育发展“高端装备、新材料、生态优势”三大千亿级产业。围绕每一个重大产业都要建立“一个产业、一个领导、一个班子、一个政策、一个规划、一个项目表、一个产业发展子基金”的“七个一”配套推进机制，至年底，已建立高端装备、信息经济、时尚产业发展领导小组，制定发布产业规划，启动制定产业发展政策。

【出台新政支持生态工业发展】 2016年，丽水市整合原有市直工业经济发展的若干意见、促进小微企业健康发展的若干意见、大力培育发展战略性新兴产业的实施意见等6个工业扶持政策，重新出台《丽水市人民政府关于加快市区生态工业发展的若干意见》，支持包括鼓励企业做大做强、技术改造、创新发展、“两化”融合、市场拓展、节能减排、小微企业成长、人才队伍建设、争先创优等十个方面、26个条款，相比原有政策扶持资金额度提高了30%以上。根据政策，市财政每年将兑现市区工业企业项目资金1500万余元；鼓励企业做大做强、鼓励企业技术改造等单项补助资金最高可达到300万元，单项奖励额度为近年来最高；鼓励企业发展总部经济，奖励额度可达到相当于企业对地方贡献的70%等。

【降成本减负担优环境】 5月16日，《丽水市人民政府关于进一步降低企业成本减轻企业负担优化发展环境的实施意见》正式发布。意见结合丽水市实际，制定8个方面33条措施，涉及20余个责任部门，内容包括降低制度性交易成本、企业税费负担、企业用工成本、企业用能成本、企业融资成本、企业用地成本、企业办事成本以及保障措施。全年全市实施各项企业减负政策，累计减少企业负担约30.97亿元，其中，全市规模以上工业利息支出同比下降13.8%；办理出口退税23.5亿元；开展电力用户直接交易，减少电费1.05亿元；落实差别化城镇土地使用税减免政策，减免金额0.7亿元；推行“营改增”试点减征税费0.45亿元；小微企业减半征收企业所得税0.46亿元；暂免征收小微企业、个体工商户及个人增值税、营业税3.03亿元；减免城镇职工基本医疗保险费、失业保险费0.48亿元等。

【淘汰落后产能整治“低小散”】 2016年，丽水市大力发展“绿色环保、高效低耗、高端低碳”的生态工业，通过打好“四换三名”组合拳，进一步加快调结构步伐，去产能工作稳步推进。全年全市共淘汰落后产能涉及企业90家，其中，淘汰炼钢50万吨，淘汰印染2800万米，淘汰铸造25.8万吨，淘汰轧钢30万吨，淘汰烧结砖14000万块标砖；全市整治铸造、竹木加工、石材加工等“低小散”企业（作坊）1040家；处置“僵尸企业”35家；全面开展整治中频炉打击地条钢行动，全面拆除涉及中频炉熔炼的10余家企业生产设备，预计将去除产值约120亿元。

【开展企业绩效综合评价工作】 2016年，丽水市深入推进要素配置改革，按照省、市、县三级联动开展企业综合评价，推进全市企业绩效综合评价工作，实现所有县（市、区）和全部规上企业“双覆盖”的目标要求。全市完成数据收集和上报入库企业1095家，共评出A类企业343家，B类企业560家，C类企业144家，D类企业14家；已出台企业绩效评价办法的共有9个县（市、区）。配套跟进差别化城镇土地使用税、差别化工业用地管理等要素配置市场化机制。

【推进技术改造转型升级】 2016年，累计实施市级工业技术改造重点项目“双百工程”177项，总投资137亿元；累计立项备案“零土地”技改项目576个；组织实施68个市级“机器换人”项目，推广应用工业机器人239台（套）；云和木玩行业被成功列入2017年度浙江省“机器换人”分行业试点，成为2017年全省“机器换人”10个试点单位之一，并获省财政厅工业与信息化专项补助资金500万元。至此，全市共有4个行业被列入省级“机器换人”行业试点，分别为云和木玩行业、开发区合成革行业、青田制鞋行业和龙泉汽车空调行业；遂昌被列入2016年度生态工业发展省级试点名单，成为继龙泉市入围首批生态工业发展省级试点单位后丽水市又一个入选的县。

【坚持创新驱动增添发展动力】 2016年，组织实施省级工业新产品开发100余项，新增省级优秀新产品近50项，装备制造业首台（套）产品17项。全年全市规模以上工业科技活动经费支出总额同比增长118.9%，增幅居全省第1位；规上工业新产品产值率达到35.4%，高于全省1个百分点；高新技术产业增加值、战略性新兴产业增加值和装备制造业增加值分别比上年增长10.5%、8.2%和8.1%，增速比规模以上工业高3.5个、1.2个和1.1个百分点；中广电器入围全省第三批省级三名试点企业，累计达到3家；新增高新技术企业35家，累计达到245家。

【实施节能技改项目】 2016年，丽水市围绕炉窑改造、余热余压利用、电机能效提升等工程，以年耗能1000吨标煤以上企业为重点，推进各县（市、区）重点用能企业节能技术改造。全年全市重点用能企业共实施节能技改项目192项，项目总投资额达188965.3万元。项目竣工后预计可实现节电约8700.8万千瓦时，节煤约55459.09吨，节水约1709909.73吨。 （巫灵芳 林 斌）

开发区（工业园区）建设

【概况】 2016年，全市开发区（工业园区）坚持“绿水青山就是金山银山”战略指导思想，围绕“绿色发展、科学赶超、生态惠民”发展主线，大力推进经济开发区（工业园区）建设。全年全市11个省级以上开发区（工业园区）共出让工业用地366.08公顷；入园企业168家，累计入园企业3115家；投产企业70家，累计投产企业达2503家；规模以上企业实现工业产值1263.62亿元，同比增长5.43%，比全市低0.07个百分点，占全市规上工业产值的69.95%，比2015年下降0.62个百分点；园区工业上交税金29.49亿元，同比增长3.36%；投资强度、亩均产出、亩均税收分别为206.6万元、391万元、8.08万元，分别同比增长8.12%、2.27%、0.87%，与2015年大多数指标下降相比，2016年各项指标呈现稳中回升态势。

2016年，经市政府综合考评，综合得分排名为：青田经济开发区、丽水经济技术开发区、龙泉经济开发区、庆元工业园区、松阳工业园区、缙云经济开发区、遂昌工业园区、云和工业园区、丽景民族工业园（景宁经济开发区）、丽水工业园区。其中，青田经济开发区、丽水经济技术开发区、龙泉经济开发区获优秀园区奖；庆元工业园区、遂昌工业园区获进步园区奖。

【园区生态化改造】 2016年，以“消除劣V类水专项整治专项行动”为重点，深入推进“五水共治”、园区循环化、生态化改造。丽水经济技术开发区大力推进国家园区循环化改造示范试点工作，53个国家循环化改造项目开工36个，累计完成投资9.6亿元，其中2016年完成投资6.5亿元；组织开展“消除劣V类水专项整治专项行动”和“合成革行业专项整治行动”，全面完成43家重点企业雨污分流改造，完成龙石溪水质提标改造工程，区域恶臭明显下降，环境空气质量优良率达到86.9%，龙石溪水质达到V类水标准以上；青田经济开发区编制《青田经济开发区园区循环化改造示范试点实施方案》，加大园区环保基础设施建设，推进投资1.5亿元的金三角污水处理厂和投资0.9亿元的东源、高湖配套管网建设，园区防洪堤、道路网、绿化等基础设施得到进一步完善；缙云经济开发区先后累计完成巧溪一期、二期污水管网4.8公里铺设，完成市政给水管网一期铺设510米，“蓝色屋顶”整改2万余平方米，建立“河长”日志电子化管理，全面推进新建溪流域河长信息管理平台，进行实时动态监管；龙泉经济开发区先后开展环境整治行动25次，清运各类垃圾60余吨，新建文化墙2800余米，拆违面积3万余平方米，新增绿化15万平方米，新建各类管网12.7千米，有效构建起环保“天眼”工程，成功入选第四批省循环化改造示范试点园区；庆元县屏都新区生物质热电联产项目主体工程完工并投入运行，临时污水处理厂建成运行，固废及可再生资源综合利用中心项目顺利推进，拆除违章搭建2000余平方米；云和工业园区继续大力推进木制玩具产业“低小散乱”整治，木制教玩具小微企业产业园一期建成并全部投入使用，二期部分厂房主体到顶，三期完成挂牌出让，木玩滚漆中心完成厂房验收，有力地促进木玩产业的转型升级，启动一般固废处理项目建设，当年完成投资300万元，投资1200万元污水处理项目已建设完成；松阳工业园区以省循环化改造示范试点为契机，建设雨水在线监测监控报警系统，建成中小企业孵化基地处理150吨生活污水处理工程，全面推进“煤改气”和酸洗场改造工作，完成10家不锈钢企业酸洗和12台炉窑改造，累计完成循环化改造投资19.36

丽水经济技术开发区 练 赞 提供

亿元，并通过循环化改造工作中期评估；遂昌大力推进石材行业整治，编制遂昌石材行业循环化整治提升方案，对区块内所有石材加工、开采进行停产整治，19家企业完成整治并取得实效，第二污水处理厂采用EPC总承包模式开工建设。

【园区空间“腾笼换鸟”】 2016年，丽水市各工业园区把“腾笼换鸟”工作作为推进供给侧结构性改革，加快经济转型升级的重要战略举措扎实推进，11个园区工业总供地面积共311.09公顷，其中盘活闲置土地二次开发利用面积145公顷，占园区工业总供地面积的46.6%。丽水经济技术开发区出台鼓励厂房租赁管理办法，全年盘活闲置厂房28.31万平方米，其中通过司法拍卖、转让厂房21.91万平方米，处置闲置土地7宗25.6公顷，盘活低效用地34.87公顷。青田经济开发区当年工业供地43.3公顷，其中通过盘活闲置土地供地16.1公顷。丽水工业园区积极开展“腾笼换鸟”工作，当年完成6个闲置土地的招商，转让2宗闲置土地2.95公顷。龙泉经济开发区当年工业供地33.91公顷，其中通过盘活闲置土地供地10.95公顷。遂昌工业园区坚持腾换并举，以换促腾，建立企业用地退出机制，制订“一企一策”和灵活处置的方式，成功引进23个项目，盘活老园区闲置工业用地20.2公顷、标准厂房19.6万平方米，总投资9.2亿元，盘活闲置土地占当年园区工业供地面积35.69公顷的56.6%。松阳工业园区工业供地40.44公顷，其中通过盘活闲置土地供地15.91公顷。云和工业园区工业供地21.47公顷，其中盘活闲置土地7.75公顷。庆元工业园区工业供地13公顷，其中盘活闲置土地4.37公顷。缙云工业园区积极推进关停破产企业处置，工业供地25公顷，其中通过淘宝平台完成司法拍卖企业土地6家，共盘活闲置土地16.84公顷。 （赵丰年）

工业行业

【概况】 2016年，全市工业行业遵循“稳增长，调结构，促转型”的方针，采取关停并转等方式，推进主导行业健康发展。全年规模以上重工业完成产值1192.65亿元，同比增长5%，占规模工业产值的比重66.02%，占比与2015年基本持平。金属冶炼和压延加工业规模企业实现产值397.94亿元，与2015年持平；化学原料及化学制品制造业规模企业实现产值150.19亿元，同比增长10.3%；金属制品业规模企业实现产值184.34亿元，同比增长3.6%；通用设备制造业规模企业实现产值108.98亿元，同比增长5.9%。 （朱　勇）

【浙江千束家居企业】 坐落在浙江省龙泉市八都镇平山岭工业园区，占地面积约4.9公顷，注册资金1000万元，项目总投资6000万元，是一家融生产加工和销售为一体的现代化竹木制品加工企业。主营竹砧板、竹筷坯、竹牙签、烧烤签、卫生筷、拼接木砧板、湿木砧板、擀面杖、木筷坯等九大类产品加工。千束家居用品有限公司分别荣获龙泉八都竹制品协会会长单位、龙泉十强工业企业、龙泉市十佳亩产贡献企业、竹木加工转型升级示范企业、工业企业纳税大户、龙泉市功勋企业单位、省级林业重点龙头企业等荣誉称号。

【富来森集团有限公司】 创建于1998年，是一家集研发、生产、销售为一体的新能源、新材料、高科技外向型现代农业、林业产业化龙头企业。富来森有着强大的研发能力，相继成立生物能源、生物食品、炭材料三大研发中心，专门负责新产品、新技术的开发和攻关。集团共承担与完成国家级、省市级科研项目近20项，拥有国家专利60余项，参与制定3项国家标准，并拥有注册商标256件，在国内各主要城市建立办事处和物流中心，产品进入沃尔玛、家乐福、世纪联华等超市，并建立连锁加盟体系，销售网络遍布全国各地。产品销往美国、日本、韩国、新加坡、欧洲、中东和台湾等国家和地区。 （杨艺薇）

电力工业

【概况】 2016年，全市全社会用电量88.93亿千瓦时，同比增长13.93%。全社会用电最高负荷161.14万千瓦，同比增长2.81%。2016年，丽水电业局累计完成固定资产投资12.21亿元，同比增长19.5%，其中电网投资10.21亿元，同比增长30.7%；110千伏及以上输电线路开工169.5公里，投产108.7公里；变电开工48万千伏安，投产28万千伏安。完成售电量82.08亿千瓦时，同比增长12.59%。截止2016年底，丽水电业局管理员工3043人，实现连续安全日3045天。丽水电网共有1000千伏变电站和500千伏变电站各1座，220千伏变电站12座，110千伏变电站38座，110千伏及以上变电容量1483.25万千伏安。110千伏及以上输电线路151条，总长度3437.66千米。

【G20杭州峰会保电】 9月4—5日，G20峰会在杭州召开。丽水电业局派遣13支队伍600余人驰援杭州参与G20峰会保电，组织上千人参与外围保电，完成“设备零故障、客户零闪动、工作零差错、服务零投诉”目标。

为保障G20峰会的顺利召开，丽水电业局调集一切资源，凝聚全局力量，高标准严要求全力推进峰会保电各项工作。成立保电领导小组，召开誓师大会，建立“市县联动、专业协同、全员保电”工作机制，以补强电网、隐患排查、优质服务为抓手，夯实峰会供电保障基础。内外联动，构建军、警、企、群“四位一体”的综合防控机制，多次开展丽水本地电力保障应急演练，全面升级处理突发事件的能力水平。

【苏村山体滑坡救援保电】 受台风“鲇鱼”影响，9月28日17时35分，遂昌县北界镇苏村发生山体滑坡，40余万立方的巨大塌方体，造成63户电力用户停电。灾情发生后，丽水电业局第一时间启动Ⅰ级应急响应，公司领导连夜部署抢修方案，迅速调集抢修人员和大型照明设备赶赴事发现场。为保障现场的救援照明，丽水电业局第一时间调用全市救援力量，并求助杭州、金华、衢州等兄弟公司支援大型应急照明车和移动照明设备。在生命施救的黄金72小时，丽水电业局、遂昌公司、北界供电所和苏村现场四个指挥场所形成四级指挥体系，各司其职，确保高效运转、信息畅通。现场施救转入攻坚后，调整策略，推出现场电力布局“作战图”，电力抢修人员24小时坚守事故救援现场，开展负荷实时监测和线路特巡，实现应急电源的全方位覆盖，确保军地联合指挥部等重要点位供电万无一失，实现“救援推进到哪里，电力保障就到哪里”承诺。

丽水电业局救援行动得到各级领导和群众的肯定、赞誉。省委副书记、代省长车俊，省委副书记、政法委书记王辉忠，副省长孙景淼，省军区司令员冯文平，市委书记史济锡，市委副书记、市长朱晨，副市长陈重等省、市领导多次看望慰问供电员工。

【电动汽车充电站（桩）建设】 2016年，丽水电业局编制完成全市“十三五”电动汽车充电基础设施发展与布局规划，推进“电动汽车+”格局。通过政企合作优先发展城市电动公交充电站项目，优化项目资源配置，创新公交和民用充电站“1+1”共建模式，节约土地资源和日常运行维护费用。完善供电服务，为充电基础设施接入电网提供便利条件，开辟绿色通道，优化流程，简化手续，提高效率，限时办结。建成全市快充网络，全省首家开展电动汽车分时租赁项目合作，建成网点100个、充电桩704台。首创《电动汽车充电站标准化服务手册》，成为浙江省电动汽车充电站统一标准模版。全年9个县（市、区）累计建成并投入运行12座高速充电站、48个充电桩，实现丽水市高速公路服务区充电桩的全覆盖。

供电员工检查充电桩运行情况　　洪瑜阳　提供

【优质供电服务】 2016年，建设完善“互联网+”营销服务创新体系，加快电子渠道推广应用，加大电子账单推广力度，全面取消纸质账单，全年推广电力微信4819户、掌上电力APP用户1845户，支付宝2915户，通过电子渠道办理各类业务办理总数332个。市直首家开展“精准助企”行动，精心推进直购电交易，精准帮扶减负1.06亿元。推进“阳光服务3·15”活动，启动民宿、农家乐专项表后服务。开展供电服务考核评价专项行动，推广现场移动作业。“阳光服务”品牌通过省级服务名牌复审。全省第一家联合政府部门出台“多表合一”建设文件，将供电、供水、供热、燃气等“多表合一”，充分利用国家电网公司建成的用电信息采集数据平台集中自动采集数据，实现水、电、气、热领域采集信息资源共享。　（洪瑜阳）

【国网浙江省电力公司紧水滩水力发电厂】 2016年，国网浙江省电力公司紧水滩水力发电厂在职员工509人，其中党员225人。全年完成发电量6.69亿千瓦时，水能利用提高率9.84%。全年累计安全行车105万千米，被授予浙江省“119”消防先进集体称号。全厂未发生八级以上人身、设备及信息系统事故（事件），未发生一般及以上火灾和交通事故。至12月31日，电厂实现连续安全生产天数达4364天。承办“敢为人先、奉献光明”2016年浙电青年论坛暨“光明工程”20周年纪念活动。举办“我和长辈过重阳”等文体活动，丰富离退休职工的精神文化生活。开展“幸福紧电”建设，提升员工幸福感和获得感。开展科技创新、管理创新及QC活动，全年完成群创项目3项，申请专利2项，授权2项。《蓄电池应急处理装置的研制》获首届全国质量创新大赛三等奖；《工器具“无人化”管理的探索和实践》荣获国网浙江省电力公司运检业务群众创新实践活动二等奖。深化与丽水市、云和县政府的合作，与云和县就政企加强合作共建并召开专题会谈，共谋发展。

贯彻落实“本质安全”管理理念，以“安全管理提升”为主线，落实各级安全责任。开展应急培训，配合有关单位开展黑启动实战演练、G20保供电应急救援基干队伍联合演练，全力开展G20峰会保电工作。完成紧水滩电站第三轮安全性评价专家组查评整改，整改计划完成率100%。加强雨情、水情和水工建筑物的监测，加强防汛安全检查和防汛应急管理，合理安排机组运行方式，成功抵御台风“尼伯特”“莫兰蒂”和“鲇鱼”，紧水滩水库入库洪水全部拦蓄，实现零弃水。（范海燕）

中小企业（乡镇企业）

【培育中小企业助推“上规升级”】 2016年，市经信委通过落实各级政府扶持中小企业发展政策，加强全市小微企业监测数据库建设，加大全市经信系统及企业人员运行监测系统培训，将重点培育企业列入全市“精准帮扶企业促发展”活动重要服务对象，指导企业做好政策兑现等系列措施，推进中小企业监测、培育和企业“上规升级”（规模以下小微企业升级为规模以上企业）工作，全年全市新增培育监测库企业89家，完成“小升规”企业54家（包括新开工企业为86家）。2015年省下达中小企业发展专项扶持资金100万元，其中市本级20万元，开发区和莲都区各40万元。

【精准帮扶企业促发展活动】 2016年，全市开展“精准帮扶企业促发展”活动，累计走访企业3389家，发放《涉企重点政策问答》5000余册，协调解决问题586个。其中，市经信委联合丽水经济技术开发区成立7个由副处级以上领导带队的企业走访调查组共走访各类企业237家，汇总企业融资、配套、政策、审批等8大方面的共性问题及120个企业反映的个性问题，120个问题办结72个。推进建立政银企对接帮扶常态化机制、金融系统精准帮扶企业机制、企业形势常态化分析机制等制度；创新转贷通、纳税信用贷、循环贷款、年审制等小微企业贷款还款方式，全年企业贷款加权平均利率同比下降0.18个百分点、银票直贴加权平均利率同比下降0.62个百分点、规模以上工业利息支出同比下降10.3%。

【“三名工程”建设】 2016年，市经信委以创建“名企、名品、名家”为载体，加强扶优扶强政策导向，指导培育企业，开展“三名”工程建设工作。全年新增省级“三名”培育试点企业1家，累计3家，分别为：艾莱依集团、浙江丽水众益药业有限公司、浙江中广电器股份有限公司。试点企业享受到各级政府的资金、要素资源保障等支持。

【政策扶持助推中小企业成长】 2016年，市经信委贯彻落实各级政府扶持中小企业发展政策，通过政策引导，推进中小企业增加投入、加快技术改造和创新，促进企业转型升级。2016省切块下达丽水市工业与信息化发展专项资金（中小企业扶持部分）共485万元（其中中小企业公共服务平台网络建设资金70万元），市本级为100万元，其中中小企业公共服务平台网络建设资金20万元，其余由莲都区和开发区各40万元进行分配申报。

【融资性担保行业发展】 2016年，丽水市推进中小企业融资体系建设，加强融资性担保公司监管和培育力度，建立对等的银保合作关系。组织融资性担保企业到杭州、桐乡、江山、哈尔滨等地学习考察先进经验，组织各县（市、区）主管部门分管领导、各融资性担保公司董事长、总经理、业务骨干等到杭州参加丽水市融资性担保行业业务培训班。全年全市获省担保风险补偿资金310万元。全市融资性担保公司20家，注册资本合计为112019万元，其中，注册资本1亿元以上担保公司5家，注册资本5000万元以上4家，注册资本2000万元9家，国有独资或国有控股融资担保机构10家。2016年，全市20家融资性担保公司新增担保贷款109588万元，在保余额121448万元。

【破解企业融资难问题】 2016年，市经信委进一步推进政银企合作，做好中小微企业融资服务工作。配合市金融办制定《金融支持实体经济十条意见》和《政银企常态化对接机制》。配合金融办、市人行、市场监管局等部门开展小微企业金融服务月及银企对接活动，全年开展5个场次，参加银企对接活动企业数量（家）1500家，涉及766项融资需求，涉及融资需求额度30.22亿元，企业成功实现融资金额10.3亿元。做好小微企业贷款风险补偿申报工作，经银行申报、市（县）初审、省里审核，2015年全市共获补偿资金193.89万元；小微企业贷款担保风险补偿金310万元；做好小微企业认定推荐工作，农行小微企业帮扶基金，累计授信110户，发放贷款44.35亿元；履行助保贷管理机构办公室的职责，做好助保贷的日常工作，全市助保贷余额41户1.03亿元，市本级11户2760万元。全市设立3.6亿元转贷资金，解决企业转贷问题。

【中小企业公共服务体系建设】 2016年，丽水市中小企业公共服务平台正式运维，建立全市中小企业社会化服务体系，为中小企业提供企业信息、法律、培训、融资、管理咨询、数据展示、市场开拓等服务。平台全年新注册企业178家，完善企业信息300余家。平台集聚各类服务资源，合作服务机构32家，发布服务产品94个。平台举办服务对接活动11场，其中特色服务2项，服务企业数2175家(次)，受理企业问题(需求)119个，引导企业网上申请服务50次。

【开展示范企业申报】 2016年，市经信委开展各类示范企业申报工作，共推荐与培育“创业之星”企业12家，其中9家被列入省级上规企业“创业之星”，其中，青田、缙云各3家，龙泉、庆元、景宁各1家。分别为青田县福尔特椅业、浙江天顺阀门制造、青田伊曼达休闲椅、缙云县艾康厨具、缙云县建义鞋业、浙江欧迪机械、浙江东龙工贸、浙江有竹人家竹木、丽水畲乡宏泰混凝土；做好创新型中小企业培育工作，认定推荐2016年创新型中小企业10家，其中浙江施克汽车配件有限公司等5家企业被省经信委确定为“2016年浙江省创新型示范中小企业”。缙云县的畅尔智能装备股份有限公司被列为浙江省“隐形冠军”企业；浙江三联环保科技股份公司、浙江庆元欧迪实业有限公司、浙江鸿星文具有限公司、浙江康恩贝中药有限公司等四家企业被列入浙江省“隐形冠军”培育企业名单。

【企业人才素质提升工作】 2016年，市经信委积极推进企业人才培育和企业家经营管理各项培训工作，与清华大学、浙江大学等院校合作，举办丽水创新驱动转型升级工商管理高级研修班，参加企业高级管理人员研修班学习100余人。推选20余名企业董事长(总经理)参加省经信委、省中小企业局组织的国家中小企业银河培训工程等培训班，组织企业外出参加考察学习活动2次。全市各地相继举办经济形势与对策、机器换人、管理创新等短期专业知识培训班58期。经信系统组织举办企业经营管理知识大型讲座、工商管理总裁研修班、各类工商管理知识短期培训班等活动70期，受训人数6137人。 (吴晓晖)

嘉丽车间全自动化机械手操作(机器换人) 傅碧云 提供

信息化推进与管理

【信息产业发展】 2016年，丽水市软件和信息技术服务业实现主营业务收入23.85亿元，同比增长27.68%，其中软件业务(软件和信息技术服务业务)收入8.08亿元，同比增长19.77%；实现利税总额3.65亿元，同比增长28.67%，利润总额2.13亿元，同比增长37.28%；从业人员5908人。电子信息制造业实现工业总产值101.66亿元，同比增长4.11%；完成销售产值94.91亿元，同比增长4.61%；完成出口交货值14.17亿元，同比下降6.95%；实现利税总额10.46亿元，同比增长0.94%；利润总额6.56亿元，同比增长5.29%；从业人员13115人。

7月，制定出台《丽水市人民政府关于加快发展信息经济的实施意见》，12月，成立丽水市首支信息产业投资基金——丽水绿谷信息产业基金，首期募集资金1.2亿元，为信息产业企业培育发展提供政策和资金保障。以绿谷信息产业园为核心的绿谷智慧小镇被列为省信息经济培育类特色小镇；丽水市(本级)成功申报列入2016年浙江省软件和信息服务产业首批六个特色基地之一，并获省财政补助资金600万元；11月，举办第三届世界互联网大会创客中国项目专场对接会、2016年丽水市“互联网+”创业大赛等信息产业发展相关会议活动。 (范佳华)

【“两化”融合发展水平】 4月，省经信委发布2015年全省“两化”融合发展水平评估结果，丽水市“两化”融合发展指数为53.74，比2014年提升1.85，同比增长3.6%，居省内第三梯队。其中工业应用方面达29.34，上升9.13。从县（市、区）看，松阳县2015年增幅35.7%，增幅排名全市第一；龙泉市“两化”发展指数为64.09，综合排名全市第一，在全省99个县（市、区、功能区）中排名64位；青田县“两化”融合指数为51.24，在2015年成功申报“两化”深度融合国家综合性示范区，获专项资金1000万元。

【“两化”融合工作推进】 8月，松阳上上德盛不锈钢有限公司成功入选2016年省“两化”融合试点企业。9月，开展丽水“两化”融合扶持政策建议调研，收集汇总工业企业“两化”融合实施建议40余个，为制定丽水市“两化”融合政策提供依据。10月，组织纳爱斯集团、艾莱依集团、青田意尔康等数10家龙头企业参加中国首届产业互联网大会、杭州云栖大会、第三届世界互联网大会等会议，引导企业“走出去”，加强与知名企业交流合作。11月，“两化”融合扶持政策纳入《丽水市人民政府关于加快市区生态工业发展的若干意见》，设立4类“两化”融合专项引导资金，重点推进“两化”融合示范试点建设，加大“两化”融合服务中介及平台培育扶持力度。12月，缙云县成功申报入选2017年省“两化”深度融合国家示范区试点区域（全省共4个）；全年组织和指导全市180家龙头工业企业完成2016年区域“两化”融合发展水平评估工作。 （傅碧云）

【通信基础设施建设】 2016年，中国铁塔丽水市分公司、中国移动丽水市公司、中国联通丽水市公司、中国电信丽水市公司分别累计完成投资额1.7亿元、3.5亿元、1.0132亿元、1.5亿元。铁塔公司完成移动通信基站建设238座，存量基站改造共享1261座；移动公司建设开通LTE基站776个，GSM基站220个，家庭用户新建8.2万户，扩容端口5.7万，管道198孔千米，光缆4998皮长千米；联通公司建设300座楼宇室内分布、900个4G基站及相关传输配套建设；电信公司全年新建4G基站1980个，新增光缆12万芯千米，新增光覆盖用户8万户以上，新增管道70管孔千米。全市公共场所免费无线网络工程(i-zhejiang)建设累计完成站点5488个，其中电信站点3871个，移动站点1370个，联通站点155个，华数站点92个。

【政府投资信息化项目管理】 2016年，全市共批复立项信息化项目15家单位26个，总投资5696.03万元。全年组织对市信息中心门户网站群迁移等4家单位的8个信息化项目验收工作。11月，市经信委召开市直部门单位信息中心主任联席会议，向与会代表征求《丽水市本级政府投资信息化项目管理办法（讨论稿）》等意见，部署2017年部门信息化项目建设计划申报工作。 （柳丝佩）

【网络与信息安全管理】 8月，完成丽水市网络和信息安全工作会议暨工业领域工控系统信息安全培训会，市本级、各县（市、区）经信（商）局、丽水经济技术开发区经发局负责人、66家相关单位及重点工控企业等90名代表参加会议。9月，制定《丽水市政务云平台网络和信息安全应急处置预案》，开展全市范围的政府部门和重要领域信息系统安全检查工作。10月，开展全市关键信息基础设施网络安全检查，完成市本级重点工控企业关键信息基础设施情况调查统计。 （杨文区）

【绿谷信息产业园建设】 2016年，园区累计完成投资2.92亿元，完成年度计划的194%，南区块已累计完成投资14.44亿元。7月，政府投资部分地上主体工程交付使用，室外工程按期完成，11月全部移交。2016年绿谷信息产业园“一园二基地”（主园区和天宁孵化基地、中东路孵化基地）入驻企业170家，实现主营业务收入11.25亿元，税收3000万余元。以绿谷信息产业园为核心平台的绿谷智慧小镇被列入省级“特色小镇”培育名单。 （李锡涛）

绿谷信息产业园　　王晓云　提供

经济合作交流

招商引资

【概况】 2016年，丽水市引进内资项目331个，其中内资大项目103个，完成年度任务103%；实际利用内资339.8亿元，完成全年任务115%；完成浙商回归到位资金178.8亿元，完成年度任务123%；实际利用外资22.1亿元，完成年度任务110.7%。12月28日，丽水市举行中国特色小镇建设（丽水）峰会暨中国民（私）营企业丽水行活动，签约招商项目12个。开展2016“浙商之春”走访慰问活动，市四套班子领导走访慰问重点浙商及家属45人。

【市区重大非工项目招商稳步推进】 2016年，纳入丽水市区招商工作体系的重大非工项目15个，总投资约148亿元，包括城市综合配套类项目4个，养生养老休闲旅游类项目5个，文化创意产业类项目4个，PPP项目1个，其他综合类项目1个。其中开工建设有处州府城、华东药用植物园（丽水植物园）2个项目，华侨城、南明湖国际休闲养生港、欧陆风情园二期、世界钟表文化中心海德艺术收藏馆等项目得到有序推进。

【制定出台《丽水市招商引资大项目“绿黄红”三色牌跟踪评价实施办法》】 2016年，为进一步加强招商项目后续跟踪管理，推动项目落地见效，制定出台《丽水市招商引资大项目“绿黄红”三色牌跟踪评价实施办法》，对各县（市、区）和丽水经济技术开发区近3年入库的招商大项目，进行重点跟踪督查评价，按项目进度完成情况对“履约率、开工率、到资率、投产率”评出“绿黄红”3个等级，“绿牌”给予表扬，“黄牌”“红牌”予以通报，并纳入年终考核内容。在该项创新举措推动下，采取领导领办、局长代办、现场办公等系列举措快速推进项目进度，取得明显成效。至年底，全市纳入招商引资大项目“绿黄红”三色牌跟踪评价项目373个，履约率93%，开工率88%，到资率81%，投产率80%，“四率”处于正常合理区间。全市评出绿牌13个，黄牌6个。（吴　硕）

浙商回归

【概况】 2016年，丽水市浙商回归到位资金178.7亿元，完成年度任务（145亿元）123%，同比增长28%。其中，丽水市上报省级系统浙商回归产业项目336个（其中2016年新项目183个），累计到位资金156.4亿元，完成年度任务（130亿元）120%。全市上报省级系统浙商资本回归项目24个（其中2016年新项目23个），累计到位资金22.3亿元，完成年度任务（15亿元）148%。在全省支持浙商创业创新工作目标责任制考核中，丽水市获二等奖，获得1500万元工作经费和8.33公顷新培建设用地计划指标奖励。

【参加省2016浙商家乡行活动】 11月22日，丽水3个浙商回归项目在杭州参加主题为“再聚浙商新能量、促进回归新发展”的“2016天下浙商家乡行出征暨浙商回归重大项目签约仪式”。3个浙商回归项目分别为丽水经济技术开发区的年产18万立方米建筑工业化PC构建项目，项目总投资2.9亿元，用地面积6.67公顷；丽水经济技术开发区年产5万套智能家居控制系统项目，总投资1.2亿元，用地面积约3.67公顷；景宁县的山哈凤凰谷项目，总投资3亿元，用地面积约7.47公顷，其中千年山哈宫旅游配套商业及绿化用地约3.58公顷。

【推进浙商信息库建设】 2016年，丽水市加强在外丽商信息库建设，充分利用驻外窗口、工商联、侨台办的联络平台作用，多渠道搜集资源信息，完善浙商信息、知名人士信息库。至年底，全市新增浙商信息库信息667条，信息完整度平均值74.45%，新增信息分517分，超额完成年度任务。

【建立市、县两级领导浙商回归领衔责任制】 2016年，丽水市委、市政府联合下发《丽水市、县(市、区)领导落实浙商回归工作"1+2+3"责任清单工作方案》，将市级四大班子领导和县(市、区)党政一把手全部纳入"1+2+3"责任清单。在市主要领导率先垂范和引领带动之下，全市责任领导亲自出面带队招商，洽谈对接客商，破解制约因素，推动项目落地和推进招商，全市浙商回归工作得到全面开展。青田县委书记、县长先后带队赴北京、上海等地洽谈对接美特斯邦威、东方资产管理、北京申电科技等大企业；丽水经济技术开发区班子成员分头赴台州、杭州开展汽摩配、生物医药、新材料产业招商；缙云县主要领导亲自抓项目推进并召开项目集中开工现场会。 (钟靖宜)

山海协作工程

【概况】 2016年，丽水市以省级山海协作产业园为抓手，深化特色优势产业、劳动力转移、社会事业、群众增收、开放新业五大领域合作。全年全市新签订山海协作产业合作项目270个，到位资金184.68亿元(含续建项目)，完成省下达任务142.06%。新签联系群众增收、新农村和社会事业合作项目82个，争取发达地区援建资金3110万元，分别完成省下达任务410%和518%；通过校企合作等模式，完成劳动力转移就业1.86万人次，完成省下达任务186%。

【推进省级山海协作产业园建设】 2016年，丽水市不断健全省级山海协作产业园建设的体制机制，努力破解要素制约，推进平台基础设施建设和招商引资工作。至年底，莲都—义乌、龙泉—萧山、遂昌—诸暨、松阳—余姚4个园区均编制完成发展规划、总体规划和控制性规划。4个产业园总规划总面积20.53平方千米，累计落实土地指标并启动开发面积16.89平方千米，开发进度完成82%。全年4个产业园完成固定资产投资37.48亿元，其中基础设施建设投入11.54亿元；新引进项目31个，计划总投资27.18亿元；项目到位资金(含结转项目)27.22亿元。2016年度省级山海协作产业园建设发展情况考核：龙泉—萧山2个山海协作产业园获一等奖，遂昌—诸暨、松阳—余姚山海协作产业园获二等奖，莲都—义乌山海协作产业园获三等奖。

【推进群众增收、社会事业和新农村建设合作】 2016年，丽水市协调联系发达地区企事业单位、省外浙商等帮助低收入农户发展特色种养业、来料加工业、农家乐休闲旅游业等群众增收项目；继续推动全市教育、科技、文化、卫生、人才等部门与发达地区对应部门建立对口联系合作关系。全年新签联系群众增收、新农村和社会事业合作项目82个，争取发达地区援建资金3110万元。围绕扶持发展村级经济和提高农民增收目标，立足丽水产业特色，深入开展山海协作百村结对帮扶工作。

【获省山海协作和参与西部大开发专项补助495万元】 2016年，丽水市获提前下发的2017年省山海协作和参与西部大开发专项补助项目15个，补助资金495万元。其中，丽水鱼跃酿造食品有限公司年产9300吨调味和500吨绿谷琼液(白酒)建设项目、浙江龙泉凯利达汽车空调有限公司年产10万套冷藏车汽车空调总成生产线建设项目、浙江万基光学有限公司年产1000万件反光衣安全服项目等11个项目获山海协作特色优势企业项目补助，补助资金350万元；庆元职业高级中学实训基地建设项目获得山海协作职业技能实训基地补助，补助资金80万元。莲都区申报的陕西南水汽车配件制造有限公司汽车关键零部件研发生产项目，青田县申报的河口天元贸易有限公司货物进出口、技术进出口等业务项目，松阳县申报的年产松香20000吨、松节油4000吨项目3个参与西部开发项目获补助，补助资金65万元。 (刘 华 胡灵慧)

区域合作交流

【概况】 2016年，丽水市按照优势互补、互惠互利原则，进一步拓展区域合作交流的内涵和方式，加快融入长三角经济区、海西经济区和闽浙赣皖九方经济区等"三大经济区"。3月24—25日，由副市长陈重率商务、经合等部门人员出席在金华举办的长江三角洲城市经济协调会第十六次市长联席会议，并签署推动"互联网+长三角城市合作与发展"城市合作协议；11月28—29日，市政府副秘书长廖永平率队出席在上饶市召开的闽浙赣皖九方经济区四届三次党政联席会议，围绕"发挥高铁优势、推进旅游合作"作发言，九方旅游部门签署《合作宣言》。参加长三角协调会品牌专业委员会、长三角创意经济专委会等开展的相关工作。向《长三角城市合作》刊物定时报送信息，提高丽水市在长三角的知名度。丽水市依托西洽会、兰洽会、渝洽会、西部博览会等省外重大展会，开拓市场，加强与"一带一路"、京津冀和长江经济带省份合作。 (胡灵慧)

丽水生态产业集聚区（经济技术开发区）

综　述

【概况】 2016年，丽水生态产业集聚区坚持“绿水青山就是金山银山”战略指导思想，全年集聚区实现规上工业产值275.6亿元，同比增长15.3%，增速高于全市增速10.8个百分点；完成固定资产投资99亿元，同比增长17.6%；实现利税总额34.6亿元，同比增长24%；实现产业增加值67.2亿元，增长40.6%。

2016年，丽水经济技术开发区开展“招商引资提质年、项目推进攻坚年、创新驱动突破年、转型升级深化年、环境整治决战年、作风建设提升年”六个年活动，实现地区生产总值59.8亿元，同比增长3.4%，增速比上年增加6.1个百分点；完成规上工业产值217.4亿元，同比增长4.6%，增速比上年提高了17.7个百分点；完成规上工业增加值43.5亿元，同比增长4.0%，增速比上年提高10.6个百分点；实现一般公共预算收入6亿元，同比增长11.1%，增速比年度目标高出4.1个百分点，各项经济指标增速均比上年有明显的提高。

开展“归零翻篇开新局”主题大讨论活动。3—6月，开发区贯彻落实市委市政府工作部署和要求，坚持问题导向、目标导向、绩效导向，切实回答好“四个问题”，形成项目推进作战图、政商关系10项规定等长效机制，落实“招商引资提质年、项目推进攻坚年、创新驱动突破年、转型升级深化年、环境整治决战年、作风建设提升年”六个年活动。出台《关于进一步加强干部作风建设的若干意见》和《干部服务企业、廉洁从政十项规定的通知》，“十个严禁、六个表率”的做法被《人民日报》《中国纪检监察报》等主流媒体报道。

【开发区体制机制改革】 2016年，市委出台《关于丽水经济技术开发区管理体制和运行机制的意见》，开发区根据市委市政府提出的“开发区必须是功能区、是集聚区、是特区”目标定位，继续实施一系列“强工瘦身、减负提效”改革措施。

【招商引资体制机制改革】 2016年，开发区启动招商引资体制机制重大改革，成立开发区招商引资工作委员会，设立3个专业招商局、1个投资创业服务中心和1个行政审批服务中心，出台《关于加强招商引资工作的若干意见》《领导联系推进重点招商项目工作方案》，聘请12位商界知名人士为开发区招商顾问。

【开展环境整治三大行动】 2016年，开发区开展“清水行动”，推进工业企业废水治理，集中整治雨污混流企业，推广重点行业企业雨水口依申请排放，加强农村生活污水集中运维管理，确保全区域河流水质稳定保持在V类水以上。开展“清风行动”，加快建设DMF集中精馏回收、集中供热、煤改气等工程，全面淘汰燃煤锅炉，完成杭丽热电厂超低排放项目，重点整治涂装、家具和酸洗行业，关停治气不达标的企业。开展环境执法“亮剑行动”，实行高强度的环境执法检查常态化。

产业发展

【税收】 2016年，开发区实现一般公共预算收入59808万元，增长11%；完成财政总收入93180万元，同比增加3.5%。共有规上企业148家，33家装备制造业实现产值40.46亿元，3家生物医药企业实现产值16.19亿元，57家合成革企业实现产值106.41亿元，其他行业企业还有55家，实现产值54.29亿元。

【招商引资】 2016年，开发区引进招商项目49个，其中大项目20个；实际到位内资55.7亿元、外资5780万美元；浙商回归到位资金27.5亿元；出让工业用地53.33公顷，盘活闲置用地46.2公顷。储备飞利信大数据中心、汉的科技、中包集团复合材料等一批优质项目。

【项目投资】 2016年,开发区实施基本建设项目167个,累计完成固定资产投资52.9亿元,同比增长5.1%,增速比上年提高24.3个百分点。其中,基础设施投资、工业技改投资分别完成11.5亿元和19.1亿元,同比分别增长8.9%和4.4%。23个省市投资计划重点项目的年度投资率达到130%。实施国家级园区循环化改造试点工程,国补项目开工率达到68%;完成投资9.4亿元,投资完成率40%。全年兑现招商项目扶持资金5098万元,落实重点企业扶持资金1.3亿元。

【产业转型】 2016年,开发区高端装备制造、生物医药大健康产业产值增速分别达20.5%和18.1%;合成革产业产值增长4.0%。引进陕鼓集团总投资3.3亿元的DMF集中精馏项目。处置低效土地34公顷,利用闲置厂房28.3万平方米,超额完成整治僵尸企业、淘汰改造落后产能企业、清理低小散企业等工作任务。全年完成企业技术改造项目25个、自动化改造项目23个。全年新增小微企业26家、"小升规"企业20家,新增新三板挂牌企业4家、签约2家,新增股份制改造企业3家。

【创新驱动】 2016年,开发区出台关于补齐科技创新短板的若干意见,建立科创服务中心、科技特派员等机制。新增国家高新技术企业14家、省级和高成长科技型中小企业23家、省级企业研究院和省高新技术企业研发中心4家,高新技术产业增加值、装备制造业增加值分别实现20亿元和11亿元,同比分别增长9%和5%;战略性新兴产业增加值和新产品产值增速分别达到16%和34%;专利申请量同比增长32%,新产品产值率达23.7%。新认定和延续确认省市著名商标17件。中广电器成为全区首个列入"浙江制造"产品标准名单的企业。

南城建设

【生态环境】 2016年,开发区重点治理企业废水,开展消除劣Ⅴ类水和合成革行业整治提升两大专项行动,96家相关企业落实了394条治污措施,43家重点企业完成污水管网架空敷设、雨水管网明管明渠改造、污水处理池防渗等18类治理工程,39家重点用水企业的污水收集率提高到92%。完成17个村生活污水治理工程和水阁渠沿线4个城中村截污纳管工程,关停养殖场54家、腾空15家。建成截污渠1.6公里,8条内河的水质大幅提高,其中龙石溪彻底消除了劣Ⅴ类水。全年查办环境违法案件54件。全面落实节能减排降碳工作要求,拆除燃煤锅炉60台,集中供汽超过120万吨,环境空气质量优良率达96.9%,比上年提高了5.1个百分点,一批危险固废历史遗留问题得到妥善解决,四项污染物年度减排目标全部完成,开发区水、气的环境质量明显改善。

【"三改一拆"工作】 2016年,开发区"三改一拆"行动累计拆除违法建筑7.3万平方米,城中村改造11.1万平方米,旧厂区改造29万平方米,整治蓝色屋面4.2万平方米,各项拆改工作均超额完成目标。新增城市绿地18.2万平方米,建成电动公交车充电站3座,超额完成排水管网、屋顶集雨系统、地下空间等工作任务。

【产城融合】 2016年,丽水国际车城、江泰国际星城、顺生彩虹城等一批项目基本完工,浙西南工贸城、碧桂苑等一批项目进展顺利,以水阁公园和七百秧森林公园为中心的两个城市商住圈逐渐成形。全年实现商品房销售面积22.6万平方米,完成年度任务的226%;完成房地产投资13.4亿元,新开工城市建设工程42个,建筑面积67.4万平方米。

【民生事业】 2016年,开发区投入教育卫生基础设施建设资金1.2亿元。首次实现历史遗留征收任务清零,完成棚户区改造安置住房251套,建成保障性安居工程住房1325套,其中已交付1043套。实施"六边三化三美"、美丽乡村建设等惠农富民项目,农村居民可支配收入同比增长14%,高于全市平均水平。开展文明城市创建各项工作,顺利通过省测、国测。推进失地农民保险、不动产权登记、计生服务、基层工会、劳动保障、司法帮扶和双拥等工作。

【社会治安】 2016年,开发区调处社会矛盾纠纷627件,实现公共法律服务站点全覆盖;化解省市挂牌信访积案11件,办结各类信访案件208件,办结率95.8%;全年刑事案件立案数同比下降25%,破案数同比上升13%,"七类案件"侦破率达到100%,全年未发生重大恶性刑事案件和较大以上生产安全事故,完成"护航G20"、世界互联网大会的维稳工作和"平安夺金鼎"的年度任务。 (练 赞)

交　　通

8 月 6 日，全省美丽交通走廊环浙骑行(云和站)　　吴锡平　提供

综　　述

【概况】 2016 年，丽水市交通固定资产投资 41.75 亿元，占年度任务(34.1 亿元)122.43%。其中高速公路完成投资 1.99 亿元；国省道及重要县道完成投资 24.76 亿元。站场及物流完成投资 1.32 亿元，完成年度计划 128.16%；水运项目完成投资 4997 万元。其他项目完成投资 13.18 亿元。龙浦高速公路完成投资 1.08 亿元，并于 9 月建成通车，金丽温高速公路丽水北互通完成投资 0.91 亿元；推进龙丽温(泰)高速景宁段项目前期工作，于 9 月 28 日通过审查。全市 9 个在建国省道项目共完成投资 16.16 亿元，其中 330 国道莲都段改建工程完成投资 3.6 亿元，水阁至腊口公路工程完成投资 2.4 亿元；330 国道莲都至缙云段公路改建工程建成通车。永嘉至庆元公路青田湖边至巨浦段改建工程等 13 个县道项目完成投资 8.6亿元。全市完成国省道大中修项目 14 个 106.6 千米，投资 1.1 亿元；危病桥隧改造项目 17 个，投资 3500 万余元，完成农村公路提升改造(改善)工程 459.3 千米，安保工程 582 千米，路面维修工程 576.1 千米，美丽乡村公路提升工程 924.9 千米。瓯江航道整治工程上、下游段项目开工。

【重点交通项目建设】 2016 年，龙浦高速公路建成，打通丽水市进入福建快速新通道。330 国道莲缙段建成通车，形成市区与缙云同城效应。瓯江航道整治工程上、下游段突破项目审批、政策处理难题，实现全面开工。推进金丽温高速公路丽水北互通、42 省道缙云潜陈至壶镇段改建工程、57 省道青田瓯南至油竹段改建工程等项目。景宁至文成高速公路通过预工可审查。330 国道塔下至腊口公路、322 国道景宁段、528 国道遂昌段、235 国道松阳段与云和段等重大项目完成工可审查，完成水东客运综合枢纽制定实施方案。

【美丽交通走廊建设】 2016 年，推进美丽公路建设，全市提升改造农村公路 459.3 千米，S33 龙丽高速松阳段、X303 云和“十里云河”、X104 龙泉山通景公路等 3 条美丽公路入选省 20 条精品公路，其中“十里云河”精品线在全省创建评比中名列第一位，2016 年全省美丽经济交通走廊环浙骑行，其中 2 站分别在丽水云和、龙泉举行。加强高速公路服务区、普通公路服务站、航道渡口建设，在高速公路服务区推广设立特色旅游商品专柜，景宁千峡湖湖边、松阳靖居口等渡口创成美丽渡口，助推美丽经济发展。

【工程质量】 2016 年，市交通运输局品质工程理念和施工标准化在项目建设中得到有效推广，桥梁预应力和隧道施工质量管理制度得到进一步落实。监督全市新建和续建500万元以上高速公路及国省道公路工程受监项目13项，项目监督覆盖率达100%。办理监督手续28项；组织技术考评并核准工地临时试验室12家；对全市在建公路工程常用产品及主要材料进行监督抽检，共抽检1505个点，合格率94.9%；对14个项目16个监理办、17个总监的2015年度交通运输部及浙江省公路水运监理企业信用评价情况，在丽水市从事监理工作的监理工程师198人进行信用评价初审。

【交通治堵工作】　2016年，市交通运输局围绕创建公交优先示范城市，全面落实公共交通长效发展机制，公交分担率不断提升，全市新增公交运营车辆99辆、公交站场3处、公交运营里程157.7千米，新(改)建公交站点82个，年运营里程达4044万千米，年运量达6512万人次；新增公共自行车1120辆、租赁点37处，月平均租量达40.9万人次。在市区机关单位全面推行公交公务卡，发放公交公务卡6500余张，公交刷卡量快速增加。加快公共自行车建设步伐，全市共投放自行车9090辆，办理公共自行车租赁卡10万余张，全年总租用量397.72万人次，日平均租用量1.1万车次左右。编制《丽水市"十三五"治理城市交通拥堵规划》，委托杭州市城市规划设计研究院编制《丽水市区循环交通实施规划(2016—2020年)》。

【文明城市创建】　2016年，市交通运输局深入开展"文明交通最礼让城市"活动，公交车、出租车礼让斑马线率分别达100%和95%。市区运营公交车车身公益广告占比30.1%，车载视频公益广告占比31.4%，拉手环公益广告占比50%，公交车自行车站点公益广告总占比率62%以上，牵头完成汽车东站区域秩序挂牌整治项目。

【农村客运】　2016年，丽水市被省运管局列为全省"村村通"工作试点市，市政府出台《加快推进农村客运发展的通知》，从机制层面有力推动农村客运通达工作，多数县(市)建立农村道路客运安全通行条件联合审核机制和政府补助机制。全年新增通客车建制村102个，通达率提升91.04%；新建港湾式停靠站303个，市本级城乡公交化率提升98.63%，新增城乡道路客运一体化AAAA级县2个。

【交通物流发展】　2016年，市交通运输局新建农村货运站、客货运一体站59个，新建农村物流配送网络站19个，乡镇覆盖率达85%以上；创新城乡物流新模式，研发适合立体仓库管理的物流软件，探索开通农村货运班车。《丽水市冷链运输发展情况及问题建议》专报被国务院办公厅《专报信息》录用，得到国务院领导肯定和批示。

【智慧绿色出行】　2016年，全市实现公交车和公共自行车IC卡互联互通；新增电子公交站牌40个，在微信公众号上推出实时公交、自行车查询，加强客货运车辆动态监管和调度平台建设；新建ETC车道9条，新增ETC用户2.5万个。新增新能源公交车102辆、清洁环保型出租车187辆；运输行业节能2.5万吨标准煤、二氧化碳减排6.6万吨。探索以"公共交通+慢行"为主题绿色交通发展模式，利用丽水旅游资源，通过绿廊、慢行道、服务设施建设，为市民提供通勤、休憩、旅游、停车、交通换乘等服务。至年底，市区重点路段建成"绿道"25千米。

【交通安全生产】　2016年，全年交通运输行业安全生产形势总体平稳，未发生较大及以上安全生产责任事故，完成"护航G20""平安夺金鼎"工作任务，被省厅和市安委会评为优秀单位。开展"道路运输平安年""安全生产月""安全生产大检查遏制重特大事故专项行动"等活动，加强行业安全监管。加强人防、物防、技防三位一体防控体系建设，全市客运车辆和危险品运输车辆分别实现视频监控和GPS卫星定位系统全覆盖。加强对车站、码头等交通公共复杂场所管理力度，驾驶员、安检员等从业人员反恐防范意识和防范处置能力不断提升。完成春运、节假日和重大活动运输保障。组织应急抢险人员和设备，参加遂昌苏村救援、抗击雨雪冰冻天气、防台等应急保通工作，为抢险救援和灾后重建提供有力交通运输保障。

【交通运输综合改革试点】　2016年，农村公路财产综合保险改革在莲都、遂昌、青田、云和、龙泉有效推广，构筑公路风险保障体系，农村公路抗御风险能力不断提高。景宁、云和、遂昌、青田、龙泉成立水上公交公司并相继投入运行，推进渡运公交化改革，交通运输部《交通运输决策参考》、新华社《浙江领导专供》刊发丽水市积极推进渡运公交化改革的经验和做法。

【出租车行业改革】　2016年，市交通运输局制定《丽水市区推进出租汽车行业改革实施意见》和《丽水市网络预约出租汽车经营服务管理实施细则(试行)》，完成市区出租汽车更新324辆。做好"三改一拆"、超限车辆专项治理、运输市场秩序监管、在建公路工程综合执法大检查等工作，规范交通运输执法行为。市港航局、市运管局、市公路路政管理大队、遂昌县公路管理局被评为2016年全省交通运输行政执法评议考核优秀基层站所。

【春运情况】 2016年,全市道路运输日均投放客运车辆2390辆,46054座。其中客运班车1377辆,36475座,日均发送班次8114.4个班次,加班2365班次;完成客运量614.39万人,周转量26830.16万人/千米(含城乡公交与出租车)。与2015年春运同期相比客运量(2015年652万人次)下降6.12%,客运周转量(2015年28871.94万人/千米)下降7.61%。全市水路共投入客船26艘,748客位;渡船104艘,2683客位。水路共发送旅客39.228万人次,与2015年春运同期(2015年25.1万人次)相比,增长56.3%,其中,客运量14.165万人(2015年14.2万人次),渡运量25.063万人(2015年10.9万人次)。春运期间,全市水上交通没有发生交通事故;发生道路客运事故2起,同比2015年减少1起。造成2人死亡,同比2015年减少1人。全市连续7年实现春运旅客“零死亡”。

【公共交通】 2016年,公交总客流量达3395万人次,与2015年同期(3097.7万人次)比,增长9.6%;公交运营班次总量达169.88万车次,完成年度任务107.9%;全市新增公交车86辆(市本级新增70辆,各县(市)新增16辆),完成年度任务的107.5%;公交首末站建成1个;全市新(改)建城市公交站点82个,其中新(改)建港湾式公交停靠站48个(市本级30个、各县(市)18个),新(改)建公交站点34个(市本级33个、各县(市)1个),超额完成年度任务指标;新增电子站牌30个;全市公交运营里程增加157.7千米(市本级新增112.7千米,各县市新增45千米),完成年度任务197%;经自测,公交分担率和6条公交线路提速全部达到要求。 (吴锡平)

铁　路

【丽水高铁站建设】 2015年12月26日,新金温铁路开通,丽水步入高铁时代。丽水火车站属高普合一客货运综合车站,高普旅客运输、接发列车作业由金华车务段负责管理,货物运输、货物列车编组由金温公司负责管理。2017年1月10日,新站房交付使用。站房总建筑面积27656平方米,其中站房建筑面积17712平方米,最高可集聚旅客5000人次,售票处设有人工售票窗口8个,自动售(取)票机10台。商业建筑面积9944平方米,为地上三层局部四层,最高高度36.7米。

丽水火车站有职工110人,党员25人。行车岗位设车站值班员6人、助理值班员6人、信号员4人,行车班组实行四班制。客运值班员7人、客运员37人、售票员9人,安检员26人、实名制验证8人,实行三班制。2016年,车站发送旅客293.3万人,日均发送旅客8036人次,其中单日最高发送旅客达到17135人次;完成运输收入2.29亿元,日均运输收入62.74万元。至年底,车站实现安全生产6426天。车站荣获金华车务段“标准站”“先进集体”称号,站长王方清被评为G20杭州峰会浙江省先进个人。 (王方清)

【浙江金温铁道开发有限货运中心丽水经营部】 2016年,浙江金温铁道开发有限货运中心丽水经营部(简称“铁路丽水经营部”),位于浙江省丽水市城区东部,系金温铁路公司所辖的二等货运站。经营部占地28.93公顷,站场铺设正线1条,到发线3条,货物线3条、专用线7条、段管线1条。经营部货场建筑面积5.1万平方米,有货运仓库2座,雨棚2座,36吨门吊1台,3吨叉车1台,1.5吨叉车3台。2016年在编人员63人,装卸人员55人。2016年1月1日起,原青田管辖的所辖芝溪、船寮、良岸3个中间站归属于丽水经营部管辖,所辖区域有小处、石帆、祯埠、南岸、芝溪、船寮、良岸7个中间站。全年货物到达61.84万吨,货物发送15.29万吨,完成运输收入2526.44万元,货车平均停留时间19.9小时/车。实现行车安全6426天,实现第17个行车人身安全年。全年组织职工安全教育8次,车站管理人员现场检查420次,检查班组872个,谈心人员56个,发现职工两违78起,考核152人/次。开展办理整车、批量快运、零散快运、集装箱等运输业务。 (王丽云)

【缙云火车站】 2016年,缙云火车站有在职员工40人,运输服务公司10人,装卸工26人,管辖缙云站、新碧站和长坑站。全年旅客发送9.5万人次,货物到发59.6万吨。实现行车安全6966天,人身安全6966天,客货运输收入1165.9万元,完成年度经营任务指标125.8%;全年实现六大安全目标(无责任行车一般以上事故、无责任道口责任事故、无责任职工重伤以上事故、无责任旅客死亡事故、无责任货运大事故、无责任火灾爆炸事故),车站实现安全经营双丰收。

车站围绕年度安全经营目标,开展“安康杯”劳动竞赛、安全生产月、安全生产大检查、大反思、调车安全专项整治、接发列车安全专项整治等活动,抓现场安全管理,提高现场安全作业水平，确保年度安全任务的完成。做好节假日安全保卫工作，加强车站通道口管理，落实旅客进站实名制验证制度和安检制度；加强巡视候车厅以及重点列车检查、重点旅客排查，协助信访局劝阻上访群众工作。（应建仙）

公 路

【概况】 2016年，全市公路部门围绕“打造美丽公路网，服务丽水绿富美”目标，以“加密、提标、扩容、联网、补短”为方向，按照“因地制宜、崇尚自然、安全可靠、科学合理、节约集约、生态环保”美丽公路创建理念，推进公路建设管理。全年完成公路工程投资9.2亿元。至年底，丽水市公路总里程达3133条15364.47千米，全市公路密度88.82里/百平方千米；公路桥梁总数3332座237915.48延米，隧道为310道222551.14延米；出动路政执法人员6.7万余人次，处理违法案件3105起，拆除违法建筑6433平方米，清理堆积物7.5万立方米；检测车辆3.3万辆，查处超限违法车辆1157辆，卸载货物吨位2.5万吨，收缴罚没款295万元；收缴赔补偿款347万元，路政案件发现率、查处率、结案率均达100%。

2016年，遂昌公路局养护工陈飞华等10人获省“交通运输行业百名最美”“美丽公路人”称号。330治超站、南山公路站等8家单位跻身全省首批“最美示范窗口”行列，市高速路政二中队被授予“省级青年文明号”称号。

【干线公路抓提质】 2016年，市公路局加强国省道公路养护工程建设和危病桥梁的修复。全年完成国省道大中修项目14个106.6千米，总投资1.1亿元；危病桥隧改造项目17个，总投资3500万余元；完成莲都、青田等3个公路站主体建设，编制完成“十三五”普通公路服务站建设计划；全年新增普通国道3条500千米，其中省道提升为国道345千米，新建5千米（原S228云寿线），县道提升为国道150千米，实现“县县通国道”历史性跨越。

【提升路域环境】 2016年，市公路局将整治重心逐步由高速公路、国省道干线公路向县道及以下公路延伸，全市路域环境明显改善。配合各地政府、六边办完成省级重点交办任务541处和自查自纠点位1822处；对全市343个县道污染源点位进行全面整治；全省率先完成33块高速公路沿线广告牌整治任务；推进非现场执法管建工作，全年查处非现场执法案件212件；云和、龙泉、松阳3条公路入选全省20条精品公路，其中云和排名全省第一。

【应急保障工作】 2016年，遂昌县三际线、景宁县322国道景宁段被列入2016年交通部安全生命防护工程示范工程，通过示范项目实施，形成可复制推广隐患排查、设计、咨询、施工、评估公路安防工程实施经验，为全省乃至全国全面实施公路安防工程提供典型示范；率先在全省推行养护作业佩戴安全帽制度，重点推进“一岗双责”制度及安全隐患排查治理长效机制落实，推广应用“安全生产事故隐患排查与整治管理系统”；全年全市发现和整治完成较大和重大隐患7处，完成省级事故多发点段整治2处。

2016年丽水市公路里程情况

表9 单位：千米

单位	公路总里程	国道			省道			农村公路				
		合计	其中国道高速	其中普通国道	合计	其中省道高速	普通省道	合计	县道	乡道	专用道路	村道
丽水市合计	15364.466	1012.687	382.171	630.516	539.812	36.915	502.897	13811.97	3552.836	1318.527	159.632	8780.972
市辖区	360.901	96.774	68.759	28.015	80.476	—	80.476	183.651	166.474	17.177	0	0
莲都区	990.634	—	—	—	—	—	—	990.634	185.721	52.517	30.247	722.149
龙泉市	2533.207	215.581	65.693	149.888	73.789	23.192	50.597	2243.837	584.609	244.472	36.008	1378.748
青田县	2403.492	140.084	67.301	72.783	70.418	—	70.418	2192.99	415.836	168.735	0	1608.419
云和县	887.811	126.859	43.9	82.959	7.948	—	7.948	753.004	148.695	174.942	16.082	413.285
庆元县	1552.293	69.624	21.214	48.41	103.836	—	103.836	1378.833	422.567	158.119	4.626	793.521
缙云县	1437.07	50.907	21.546	29.361	97.531	13.723	83.808	1288.632	346.544	69.654	0	872.434
遂昌县	1777.954	127.931	28.986	98.945	54.129	—	54.129	1595.894	635.157	127.375	57.609	775.753
松阳县	1507.923	101.199	52.781	48.418	46.093	—	46.093	1360.631	281.051	112.519	15.06	952.001
景宁县	1913.181	83.728	11.991	71.737	5.592	—	5.592	1823.861	366.182	193.017	0	1264.662

【公路行业管理】 2016年，全市星级服务区创建率达100%；全年发展ETC用户30758辆，累计发行车辆79304辆，完成年度目标考核任务300%，全市ETC车辆普及率30.5%，ETC车辆通行使用效率位居全省第一位；新增ETC服务网点35个，新增ETC专用车道9条，全面完成辖区内ETC车道标识改造工作，新增丽水农信系统为ETC合作推广单位。

【水阁至腊口公路工程项目建设】 2016年，市公路局完成投资1.496亿元，超额完成1.3亿元年度计划目标。青田县、开发区、丽景园等区域政策处理取得进展，完成45.38公顷项目用地交付工作；全年完成概算投资4.56亿元，占概算总投资38%，该项目获全市在建公路工程执法检查第一名，连续两年被省、市评为“平安示范工地”。

【开展“四好农村路”建设】 2016年，全市投资5.5亿元，实施农村公路提升等级工程459.3千米，安保工程582千米，路面维修工程576.1千米；完成美丽乡村公路提升工程122条924.9千米，农村联网公路工程87.8千米，均超额完成省考核指标。173个乡镇街道成立农村公路养护管理站173个，其中48个养护管理站创成省级乡镇规范化管理站。6月，交通运输部“四好农村路”督导组到龙泉市调研，并对丽水市农村公路建设、管理、养护、运营等工作给予好评。

【公路旅游示范区建设】 2016年，在国省道等主要干线公路设置完善旅游标志，实现全市19个AAAA及以上景区旅游标志在重要路段、节点全覆盖；全市普通公路创建30个公路服务站(国省道公路26个，农村公路4个)；完成“2016美丽交通走廊 环浙骑行总决赛”龙泉站、云和站等重大活动保障任务；通过微信、公路网络、公路电子可变情报板，及时发布公路施工、公路通阻、公路绕行等路况信息，服务公众出行。

【破解农村公路水毁修复资金问题】 2016年，在莲都区、遂昌县公路财产保险稳步推进基础上，继续推进农村公路财产综合保险改革工作。至年底，全市有莲都、遂昌、龙泉、青田、景宁等县市区启动公路财产保险工作，参保总里程达7441.588千米。全年全市实现理赔案件3634起，落实到位理赔资金2256.7万元，为保障农村公路灾毁路段及时修复和资金来源，提供新的思路和可行的路径。

【科技研究与应用】 2016年，市公路局开展《旧水泥混凝土板粒化再生作为路面水泥稳定碎石层的应用》和《山区通景公路生态环保型设计及大纵坡半山桥加固技术》等2项省级课题研究；推进智慧公路建设，在国省道干线重要结构物路段、交通复杂路段安装80余个视频监控，实现对重要、危险路段24小时实时监视；对S328龙泉段采用SUP-20沥青混凝土技术9千米、采用厂拌冷再生水泥稳定基层技术7.837千米，S333青田段采用基层就地冷再生技术2.2千米，减少碳排放，整体路面废旧材料，回收率100%；使用沥青拌和楼应用“油改气”技术，解决旧式重油控制系统易洒易漏，排放污染物与有害气体的缺点。

【创新公路管理模式】 2016年，全市公路部门多渠道创新管养模式，青田县、云和县向社会公开竞选农村公路养护队和应急抢险队，采取由个人或公司总承包模式开展养护；莲都区公路局将部分公路保洁、绿化养护、隧道机电维护通过招投标的方式委托给专业的管养单位，探索管养市场化的长效机制；云和公路局通过与当地农家乐共建连营模式，创建沈岸公路服务站，实现双方共赢。松阳县公路局在“路段长”网格化全覆盖基础上，纳入公路、交警、高速业主等部门人员，全面推进农村公路沿线治乱治违、绿化建设；景宁县公路局借助手机微信作为平台，建立景宁公路应急抢险微指挥系统，实现信息传送与管理指挥的快速便捷。 （徐　欢）

运　管

【城乡客运】 2016年，丽水市被省运管局列入建制村农村客运村村通试点地区，丽水市人民政府办公室出台《丽水市人民政府办公室关于加快推进丽水市农村客运发展的通知》，从机制上促进丽水农村客运通达工作。丽水新开通建制村通客车102个，通达率提升到91.04%。市本级城乡公交化率提升到98.63%。加强站场设施建设，全年完成等级客运站4个、农村三级客运站2个、港湾式停靠站303个、候车亭9个。完成二级以上客运站接入全省道路客运联网售票系统。

【货运物流】 2016年，市运管局促进货运物流降本增效，新建农村货运站、客货运一体站59个，新建农村物流配送网络站19个，乡镇覆盖率达到85%以上；创新城乡物流新模式，研发适合立体仓库管理物流软件，探索开通农村货运班车；完成5家以上重点企业或重点场所开展物流试点实名登记电子报备，推行货运实名制。完成12吨以上货车GPS

安装任务，安装率98.84%，入网率93.34%。

【道路运输改革】　2016年，市运管局推进出租车市场化改革等多项供给侧结构性改革，取得阶段性成效。出租车改革成效显著，“分步推进”出租车行业改革，规范管理网约车，制定《丽水市区推进出租汽车行业改革实施意见》和《丽水市网络预约出租汽车经营服务管理实施细则（试行）》，报市政府通过并印发实施。完成市区324辆出租汽车更新。春节期间，丽水市首次实施出租车浮动票价，春节期间丽水市区出租车受理投诉18起，比上年同期下降53.8%、出现好人好事12起，展现出租车行业文明运营、礼貌待客、积极向上的行业正能量。深化驾培改革，全面推行“先培后付”模式，推进驾培机构资质达标工作，达标率80%。建立驾培监管平台，驾培数据通过新平台实现与省局数据中心对接运行。推进“先培后付、学员评价”驾驶培训新模式改革工作。全市开通新模式培训驾校37家，完成率100%。建立实施汽车维修技术信息公开制度，逐步破除维修配件渠道垄断。实行动态监控业务行为，全市3家综合性能检测站完成检测机构转企改制。建立电子健康档案。完成全市70家二类以上维修企业维修过程视频监控联网工作，完成率100%。

【公共站（点）建设】　2016年，丽水新增公交首末站1个，开工建设1个，完成3个公交首末站项目；新建和改造城市公交站点63个（其中公交港湾式停靠站30个）；新增80标台公交车；新增600辆公共自行车；新增公交营运里程106.2千米；主城区高峰期公交运营班次进一步加密，班次达129万次；全面实现公交“一卡通”。完成公交示范城市创建任务，新增优化公交线路106.2千米，新建公交站点33个，万人公共交通车辆保有量10.6标台/万人。拥有绿色公交车辆146辆，占比34%。

【道路运输节能减排】　2016年，丽水市完成绿色公交、客运中心低碳综合枢纽、天然气出租汽车等3个项目，完成投资1.3亿元，占年度计划109%。新增新能源公交车102辆、清洁环保型出租车187辆，运输行业完成节能2.5万吨标准煤、二氧化碳减排6.6万吨，为群众提供绿色环保的出行环境。

【道路运输安全生产】　2016年，市运管局完成“安全保障”和“运输服务”两大任务，做到“三个确保”（确保不发生严重影响社会稳定重大事件、确保不发生重大以上道路交通事故、确保不发生严重影响公共安全暴力恐怖事件），完成G20杭州峰会安保任务。全年安全生产事故与2015年相比，下降45.83%，死亡人数下降39.13%，直接经济损失下降70.46%。市运管局被省交通厅和省运管局表彰先进集体15个、先进个人23人。

【行业文明创建】　2016年，市运管局加强人员培训，引进2家网络教育公司并搭建丽水市道路运输从业人员继续教育远程网络教育平台。全市道路运输从业人员实施网上远程教学，培训人数1885人。整治出租车行业，加强出租车营运秩序整治，依法建立诚信“红黑名单”制度。春节期间丽水市区出租车受理投诉18起，比去年同期下降53.8%、出现好人好事12起。落实公交行业文明创建，加大对重点点位卫生保洁力度，加强公交车营运秩序整治。服务窗口推行“微笑服务”，提升窗口文明服务水平。组织各子行业、窗口单位、执法窗口开展“最美”创建活动。2016年获省局最美集体1个和最美个人2人。　（练发友）

城市（乡）公共交通

【概况】　2016年，丽水市公共交通有限公司（以下简称“市公交公司”），按照“安全、优质、舒适、便捷”要求，把社会效益放在首位，完善公交服务体系，加强公交队伍建设，提升公交窗口形象。继续开展“三位一体”创建活动和“安康杯”优质服务竞赛、“微笑礼让斑马线”等活动，发挥榜样示范作用，激励员工创先争优的热情，促进文明优质服务水平提升。至年底，有营运车辆288辆，线路24条，线网总长度244.8千米（含24路、25路、定制公交1号线），客运量达2727万人次，营运公里数1275万千米。

【完善企业内部管理机制】　2016年，市公交公司加强内部管理，完善管理机制。完善劳动纪律、管理人员考核、岗位操作规程、合同管理等制度，把安全生产目标落到实处，对各类安全台账进行完善和补充，完善新增驾驶员上岗前培训内容和路驾指导员培训内容等。全年安全教育培训4495人次，其中，本单位自行组织的安全培训12次，邀请第三方外部专家授课4次。实行车辆百公里油料考核，助推企业节能减排。改进稽查方式，加大动态违规检查力度。市公交公司通过国家安全标准化达标一级企业考核。成立防控应急救援领导小组及救援队伍，开展防恐突发事件应急处置演练，宣传普及公交应急逃生知识，提高驾驶员对易燃易爆物品识别能力及监管意识。健全车辆技术维修、做好一车一档档案和归档工作，以保证车辆技术状况良好和不发生机械事故。全年未发生一般以上道路交通事故。

【提升服务提高公交出行力】 2016年，市公交公司根据各线路运力、客流实际，科学编排运行班次，提高公交密度和正班准点率，对14条公交线路进行班次加密，使市民出行更加方便、快捷；优化调整2路、12路线路；利用GPS监控系统对公交行车进行动态实时监控，合理调配车辆，发挥运营效率，受到广大市民好评。

自公共自行车“1+9”模式启动以来，全市各县（市、区）共用市本级一个后台系统，统一软硬件、统一采购、统一用卡，实现持公交卡在全市各县（市、区）通用，一张卡便可在全市各地租车骑车。全市投放公共自行车10950（含碧湖350）辆，其中市本级累计投放自行车5350辆；县级累计投放自行车5600辆；目前，市本级建成并开通公共自行车租用点164个，县级公共自行车租用点共217个；全市累计办理开通租用公共自行车功能的公交卡103200张（含公务卡），其中市本级办卡量65000张（含公务卡）。全市刷卡总人次2676.56万余人次，其中市本级刷卡人次2300.26万余人次。市本级全年自行车总租用量397.72万人次，调运总量为25.197万辆，平均日租用量1万余车次，最高日租用量1.6万车次。市区（莲都区）公共自行车被“住房城乡建设部办公厅”列为“第三批城市步行和自行车交通系统”示范项目，在6月29日示范项目验收时，丽水市公共自行车的“1+9”模式，受到验收专家组的极大好评。

2016年，为推行绿色驾驶，倡导节油降耗，市公交公司购置新能源公交车46辆。公司在8路、12路、13路、19路投入使用新能源公交车具有“低能耗、低排放、高经济性”特点。

【公交信息化建设】 2016年，市公交公司完成信息化中心机房和调度大厅建设及所有公交车辆视频监控、GPS系统终端的安装改造、更换工作，智能排班、调度功能将更趋完善，实现对公交车辆实时监控和公交车历史运行轨迹回放；大屏幕投入使用，通过对运营环境实时监控，加强对一线驾驶员等监管，提升运营效率。加强网站管理，市民可在网站上查询公交车及公共自行车实时信息，对公交微信公众号进行升级。公众号实现各县（市）公共自行车站点实时信息上传，在绑定公交IC卡后乘客还能接收租还车信息；开通公交车实时信息上传功能，市民出行更加便捷，满意度得到提升。至年底，完成公交IC卡交通运输部一卡通密钥申报工作，此项工作的实现将进一步提升公交出行便捷程度。（卢杜鹃）

【城乡公交一体化发展进程】 2016年，丽水市城乡公共交通有限公司（以下简称“城乡公交”）开通新线路3条。根据市政府提出加快城乡一体化建设和打造乡村农家乐、民宿旅游发展构想，6月4日，城乡公交公司开通K209路厦河门至郎奇公交线路；11月14日，开通K501东站至黄村、K501-1黄村至严鸟公交线路，方便沿线群众往返丽水市区的出行需求。丽水高铁开通后，为推动生态旅游城市建设，1月、2月、9月分别对K207路、K313路、K202路公交线路进行优化，将K207路、K313路由原始发站江滨小区、丽阳门公园优化至高铁站，K202路由原终点站碧湖延伸至堰头，方便游客直通旅游景点；1月、7月、8月分别对K18路、K17路、K205路公交线路进行增密、延伸优化，解决富岭、水阁企业员工、市民出行难问题；10月，对K301-3路公交线路进行优化，将终点站双源延伸至岱后，方便沿线村民和游客往返岱后村出行需求；11月，对K501-1路公交线路进行优化，将终点站严鸟延伸至下陆行政村。11月10日起，K206路、K207路、K208路公交线路实行特定群体免乘政策。2016年，分批购置新能源公交车29辆，积极响应“绿色公交，低碳出行”发展需要。

【城乡公交安全管理】 2016年，城乡公交有营运公交车辆144辆，线路营运里程661.5千米；日发班数1113班，日乘客运输量达3.6万余人次；全

新能源公交车　　章 琳 提供

年车辆总行驶里程 1017.74 万车公里，未发生一般及以上行车责任死亡事故。公司将 G20 杭州峰会安保工作纳入年度安全责任重点，层层签订安全责任书，与各部门、重点安全管理岗位、驾驶员等签订安全责任书 172 份，形成管理有效、责任清晰、措施有力安全责任管理体系。坚持每月驾驶员安全学习教育会议和安全生产例会及每季度一次的安全生产会议制度。全年驾驶员培训 24 次，培训总人数 3840 人次。全年车辆技术状况安全检查 14 次，检查车辆达 1144 辆次；上路安全巡查 24 次，检查车辆达 327 辆次；稽查部门上路针对驾驶员违章违纪检查 344 次，检查车辆 3505 辆次，及时消除安全事故隐患。

【城乡公交文明城市创建工作】 2016 年，城乡公交公司以开展“文明礼让斑马线”活动为抓手，做好宣传动员、人员教育、车辆卫生管理、日常监督检查等工作，其中公交车扶手宣传广告按 50%以上比例制作全国文明城市公益广告；车身公益广告按公司车辆数 30%比例张贴全国文明城市公益广告；“中国梦”“社会主义核心价值观”“未成年人保护”车载电视播出公益广告，每 5 站不少于 3 条；公交车尾宣传标语 123 条(含电子显示屏)；公交车上设置“文明排队，先下后上”提示语，进一步规范驾驶员文明行为。全年涌现好人好事 229 人次、拾金不昧 27 人次、拾到现金 15122 元、手机 201 部、各种有效证件若干件，获锦旗 2 面、各种报刊媒体表扬 4 人次。　（章　琳）

港　航

【内河航道与船舶】 2016 年，丽水市航道里程约 470.78 千米，主要由“一干三支”构成。其中，“一干”代表瓯江干线，“三支”代表瓯江支线、小溪支线、松阴溪支线。瓯江干线（丽水境内）起点丽水，终于青田县温溪镇，全长 93.52 千米；瓯江支线起于丽水终于龙泉，全长 128.25 千米；小溪支线起点景宁沙湾，自西向东流与瓯江交汇，全长 172.86 千米。松阴溪支线起点松阳西屏，往东南方向交汇于瓯江，全长 41.73 千米。另外，乌溪江水库（遂昌境内）有两条支线，分别为遂湖线与苎湖线，航道里程分别为 27.52 千米和 6.9 千米。2016 年，全市登记内河船舶 495艘，其中，货船 287 艘，客渡船 148 艘，其他船舶 60 艘。

丽水市内河航道情况

表10　　单位：千米

航道名称	通航水域起讫点		航道里程(千米)
	起点	终点	
瓯江干线	花岩头	温溪大桥	7
	温溪大桥	鹤城	10.01
	鹤城	石溪	8.62
	石溪	大水门	60.69
	大水门	白岩大桥	7.2
瓯江支线	白岩大桥	石塘	37.36
	石塘	龙泉城关	90.89
小溪支线	石溪	滩坑大坝	28
	滩坑大坝	白马寮	90
	白马寮	沙湾	19.22
	桃园	九龙	15.64
	炉西坑口	林圩	20
松阴溪支线	松阴溪口	西屏	41.73
苎湖线	苎口	湖山	6.9
遂湖线	龙墨头	焦滩	27.52

【规划港口建设】 2016 年，根据交通运输部“一城一港”原则精神，丽水主要规划建设丽水港和青田港。丽水港是丽水市中心港口，是整个浙西南地区综合性地方港口，为瓯江中上游和浙西南部分地区尤其是丽水中心城市的经济建设和社会发展服务。根据《丽水港总体规划》，丽水港分为风化货运港区、水阁及水东客运中心码头；青田港是浙江省重点发展 7 个内河港口之一，根据《青田港总体规划修编》，共包括温溪港区、港头港区、船寮港区、海口港区、腊口港区、鹤城港区、千峡湖港区。青田港有经营性码头 4 座，生产性泊位 7 个，主要分布在温溪大桥以下，分别为青山钢铁有限公司码头、青田宏海燃料有限公司码头、浙江省温溪海运公司码头、青田东泰石料有限公司。

【港航生产】 2016 年，全市有渡口 104 处、码头渡埠近 300 处，有水路运输企业 7 家，水路运输服务企业 6家，港口企业 4 家。辖区内有营运船舶 314 艘，1140 客位，62574 载重吨。全年全市完成水路货物运输量 224.72 万吨，水路货物周转量 13254.64 万吨千米，水路旅客运输量 109.52 万人，水路客运周转量 547.61 万人千米。全年完成港口吞吐量 319.85 万吨，其中，矿建材料吞吐量 197.85 万吨，钢材吞吐量 42.01 万吨，煤碳及制品吞吐量 51.28 万吨，非金属矿石吞吐量 10.23 万吨，木材吞吐量 3.13 万吨，化工原料及制品吞吐量 13.44 万吨，金属矿石吞吐量 1.26 万吨，其他货物吞吐量 0.65 万吨。货物流向以出港为主，进出港比例为 0.45:1。辖区内有渡船 124 艘，渡工 163 人，年渡运量 244.3 万人次。

【瓯江航道整治工程】 2016 年，瓯江航道整治工程是省政府《浙江省内河水运复兴行动计划任务书》中“南畅通”项目，并被列入《浙江省扩大有效投资“411”重大项目建设行动计划》等重大项目计划。项目分上、下游段实施，建成后将打通丽水至温州的出海大通道并推动瓯江黄金水道复兴，对丽水市经济社会发展具有重要现实意义。瓯江航道整治工程丽水上游段（丽水绕城西路白岩大桥—外雄电站坝下），全长 45.8 千米，按照内河Ⅳ级天然河流及渠化河流航道标准整治，概算总投资 63499 万元，建设工期为 26 个月。项目主要建设内容为新建护岸 1.41 千米，疏浚为 95.3 万立方米，改造开潭、五里亭、外雄船闸 3 座，改建桥梁 3 座（含闸桥 2 座）、新建桥梁防撞设施 164 座，新建服务区 1 处、锚地 1 处，新建导流板 135 米，建设导助航安全设施、信息化等配套工程，2016 年 12 月开工建设。

瓯江航道整治工程丽水下游段（船寮镇黄言村—青田温溪镇驮滩上游）全长 30 千米，其通航标准为：船寮镇黄言村—青田温溪大桥长约 27.5 千米为内河Ⅳ级天然河流航道；青田温溪大桥—温溪镇驮滩上游长约 2.5 千米为可乘潮通航 1000 吨级海轮内河Ⅲ级天然河流航道。项目工程核定概算 63045.61 万元。项目建设内容包括航道疏浚约115.7 万立方米，护岸约 1.68 余千米，新建三溪口船闸和青田船闸，桥梁防撞设施 16 座，锚地、服务区、船闸远方调度站各 1 座，配套设施助航安全设施和信息化建设，2016 年 10 月 27 日开工建设。

【港航行政服务】 2016 年，市港航管理局受理办结行政许可事项 338 件，其中，海事船舶国籍证书核发 29 件，船员服务簿核发 218 件，船员适任证书核发 20 件，船舶检验证书核发 5 件，新增运力审批 3 件，国内水路运输经营许可 61 件，涉航建筑物审批 2 件。全年受理办结其他行政权力事项 1323 件，其中船舶名称申请 33件，船舶注销 1 件，船舶换证 41 件，船舶光船租赁 52 件，船舶变更登记 52件，所有权证书核发 26 件，船舶最低安全配员证书 26 件，船员服务簿换（补）发 18 件，船员适任证书换（补）发 380 件，船舶营业运输证发放 208 件，船舶营运检验 486 件；办结行政处罚案件 9 件，运政案件 1 件，海事案件 8 件。全年丽水航区未发生实施行政强制措施和行政强制执行案件。无行政复议。 （朱佳敏）

辖区航道 李建良 提供

航 空

【概况】 2016 年，丽水机场办与军方就新旧机场关系处理、军航设施建设等相关问题达成共识。12 月 30 日，丽水机场项目获国务院、中央军委批准。完成《丽水机场项目工程可行性研究报告（初稿）》《丽水机场项目社会稳定风险分析报告（初稿）》《丽水机场项目水土保持方案（初稿）》《沙溪沟治理方案（初稿）》和《取土区土地一级开发项目建议书》等编制工作。2016 年，丽水机场办和省机场集团经过多轮友好洽谈，形成《丽水机场项目政企合作框架协议》，经市政府同意后上报省政府。

【丽水机场项目列入国家及省级规划】 2016 年，丽水机场项目列入《国民经济和社会发展第十三个五年规划纲要》、《中国民用航空发展第十三个五年规划》、全国及浙江省交通基础设施重大工程建设三年行动计划重点推进项目。 （杜震珍）

网络　电信　邮政

电子政务建设

【概况】 2016年，全市使用公文交换系统单位1994个，比2015年增加184个，其中市本级306个，比上年增加10个；全市推广使用单位内部协同办公系统920个，比上年增加59个，其中市本级87个，比上年增加3个；全市协同办公系统用户数达39251个，比上年增加4251个，其中市本级4775个，比2015年增加120个；办公助手用户52006人，比上年增加2958人，其中市本级用户7873个，比2015年增加62个；首次交付使用全市办公助手移动端用户8812人，其中市本级用户1945人；市政府门户网站发布本地信息28196篇，比上年减少3227篇；网站英文版发布信息253篇，比上年增103篇；政务微博微信影响力进一步扩大。"丽水发布"政务微信平台开设专题50余个，发布信息2085篇，举办微博微信直播20余次，开展网上互动32次。

【政府门户网站群安全管理】 2016年，市信息中心制定政府网站群统一平台管理制度，明确网站群各方安全职责，签订安全责任书，开展政府网站代码安全检测；按季度对政府网站进行常态化抽查和监测，发送整改通知书9份，归并整合乡镇、部门网站，推进集约化建设；搭建统一政府网站群运维监管平台，为全市115家网站提供日常技术监测服务。

【政务服务网建设】 2016年，政务服务网所有事项累计办件30.3万件，其中市本级累计办件24.6万件；完成市人力社保局、市建设局、市民政局、市发改委和市国土局自建系统与政务服务网对接工作，共接入事项140个，切实解决"二次录入"问题；全市各乡镇（街道）均完成网上服务站建设、事项梳理入库和上网公布，基本实现乡镇街道行政权力和服务事项一站式网上运行。各村（社区）站点建设、事项梳理入库和上网公布均全面完成；年底，完成全市行政处罚系统与政务服务网对接和数据同步，所有行政处罚事项测试办件均走完流程；市本级和各县（市、区）政府门户网站市长（县长）信箱、网民留言、网上信访等受理群众政务咨询和投诉举报网络渠道全面完成和政务服务网有效对接；完成"互联网+政务服务"十大民生实事项目建设、市本级政府信息资源目录编制和发布、全市政务地理信息资源采集和共享工作。

【电子政务项目建设】 2016年，市信息中心完成电子公章和电子版式系统升级，系统升级后能支持各种公章和版式应用；完成移动办公项目建设，并在市级四大班子及部分有特殊需求部门推广使用，用户注册数200余人；完成政府网站群云平台迁移，市政府门户网站、6个县级政府网站、市级部门网站纳入集约化平台59家；完成市政府门户网站三期项目建设，网站进行全面升级改版；完成电子政务视联网项目建设，全市建成视频会议终端501个，其中市本级点位43个，已接入并完成终端32个。（刘　宁）

电信传输

【概况】 2016年，中国电信股份有限公司丽水长途电信传输局（以下简称"丽水传输局"）以"充分发挥专业化优势，全力助推规模发展"为目标，持续做好干线保畅、本地网主干光缆维护、运营管理支撑、市场化创收、队伍建设等工作，全力保护丽水境内一、二级国防光缆安全畅通。至年底，丽水传输局负责维护管理国防光缆线路共1393.16千米，协助维护本地网光缆11171.02千米，保持全年无障碍，并取得全省考核良好；迁改和市场化创收成绩创新高，同比增长42%以上。积极参与丽水文明城市建设等工作，连续10次被评为"市级文明单位"。

【完成应急通信保障任务】 2016年，丽水传输局完成省传输局、市委市政府交办各类应急通信保障任务10余次，确保丽水市各项工作顺利开展。9月中下旬，丽水受“鲶鱼”和“莫兰蒂”台风影响，多处光缆中断。传输局迅速出动，前后出动抢修人员80余人，在最短时间内抢通线路，恢复网络畅通；G20杭州峰会召开期间，传输局加大光缆线路巡查力度，加排值班人员日夜坚守，排除一切隐患和障碍，确保会议期间全市光缆畅通无阻。传输局获省公安厅颁发“G20杭州峰会治安保卫先进集体”。

【光缆维护专业化】 2016年，传输局通过专业化、信息化、制度化以及差异化维护管理模式，丽水市干线和重要本地网光缆得到有效管控，及时发现和排除各种威胁光缆安全隐患。至年底，丽水传输局创下国家一、二级国防光缆在丽水范围内连续6年无障碍；推进端到端维护质量管理模式，完善评价体系和流程，推进工作试点向全本地网落；定期开展专业技能大比武，加强队伍整体操作水平和专业技能。利用专业维护技术，参加市政府小城镇整治、“五水共治”等行动。

【开展军警民联合护线宣传活动】 2016年，丽水传输局继续参与军警民联合护线宣传活动，与丽水市护线宣传工作组和各运营商共走访沿线乡镇、人武部、公安、电信及其他相关单位180余个，张贴通告3200张、宣传彩页12000份、送护线宣传品15000份，市电视台新闻报道2次、广播电台宣传40天。拆除违章建筑3处、制止违章施工8处，消除线路隐患7处。各县传输分局会同军警民联合护线宣传各成员单位进行为期一个月的深入宣传，建立与国防光缆沿线公安机关和乡、镇、村干部相互联系模式，依靠各级力量，形成多渠道护线网络，施工危害光缆线路故障明显减少。（吴夏冰）

电　信

【概况】 2016年，中国电信股份有限公司丽水分公司（以下简称“电信丽水分公司”）以“提份额、扩规模、调结构、增效益”为目标任务，加强经营管理，取得较好成效。全年完成主营业务收入5.33亿元，同比增长2.6%；收入市场份额30.31%；有线宽带净增3.57万户；高清电视净增5.14万户；公司有从业人员1046人，人均劳动生产率51.04万元。全年建设总投资1.01亿元，比上年下降48%。其中，投入8000万余元资金建设光纤通信网络，全市光纤纤芯已达58.4万芯；新建OLT局点45个，新建和扩容GPON端口数4208个，建设光小区1073个；为商务楼宇、产业园区、专业市场、校园等政企客户提供宽带端口1.6万个，语言端口3.5万个；总出口带宽由260G扩容至600G；无线网投资1625万元，建设站点1188个，开通站点1412个，新增L网RRU 3500个；丽水城区覆盖率从94.5%提升到98.9%，行政村覆盖率从51%提升到70%，城区平均下载速率从33Mbps提升到37Mbps；ICT和综合信息服务等投入1000万元，约占总投资10%。在遂昌苏村抢险救中，电信应急通信分队第一时间赶到救援现场，快速安装调通视频指挥通信系统、全球眼系统、百兆光宽带、应急手机、天翼对讲、固话等应急通信设备，独家提供抢险救灾现场指挥部全套通信保障服务，并为消防武警官兵、水利水电部队等救灾团队提供全球眼、宽带、天翼手机等通信保障服务。救援期间，累计出动应急通信救援757人次，出动应急车辆425车次，投入应急通信资金达100万余元。

丽水传输局举行操作技能大比武　　吴夏冰 提供

【“十三五”信息化建设战略合作协议签订】 1月21日，中国电信浙江公司与丽水市政府签订《“十三五”信息化建设战略合作协议》。中国电信浙江公司将丽水市作为全省“互联网+”业务布局、资源投入的重点区域，深入推动固定宽带互联网、移动互联网、云计算、大数据、爱WiFi、iTV、物联网等互联网技术和资源在丽水市经济社会各领域全面应用。丽水市政府支持中国电信浙江公司参与“互联网+”行动计划，共同推动以创建新型“智慧城市"标杆市、"宽带中国"示范城市为目标信息化发展工作。

【持续拓展信息化应用】 2016年，中国电信丽水分公司在云计算及物联网等领域取得新突破，ICT业务收入同比增长14%，占有80%业务份额。采用"智能网关+人工智能分析+6层安全防范"综合解决方案，树立视频监控项目标杆，为丽水市各县(市、区)共12000个摄像头提供联网服务，提高安全、快捷、智能等综合性能。完成莲都区等6个县(市、区)民族宗教重要场所视频监控项目，投资额800万余元。各县(市、区)"教育云"平台初步建成，丽水、缙云、青田、遂昌、松阳完成"桌面云"标杆校建设。至年底，全市完成"云平台"业务收入654万元，完成率131%；物联网累计收入81万元，物联网发展量完成20865户，完成率104.3%。

【推进莲都"天网工程"三期建设】 2016年，丽水市莲都区平安城市视频监控系统项目(俗称"天网工程")作为大型综合建设项目经过几年论证和实践，治安防控建设已从单独公安部门应用，逐渐走向多业务、城市级视频监控综合管理及应用，实现城市"大监控、大安防"构建，实现系统互联互通和实战应用。一、二期项目建成摄像点1900个，覆盖全区大部分重点区位和路段。政府及相关职能部门依托天网工程视频系统构建市政监控网，实现城市可视化管理和应急指挥调度；公安机关可依托视频系统及时开展治安防控和打击，实现城市治安从"事后控制"向"事前预防"转变。4月7日，该项目在莲都区港口村举行项目启动仪式。至年底，基本完成项目整体建设(疑难点位及缓建点位除外)并投入试运行。本项目前端实际共建设961个点位，共计摄像机1668套，包括一二类点位909个，全景摄像机1402个，卡口点位52个，抓拍单元155套和全景摄像机111个，后端新建华为云存储一套及以华为9306交换机为核心、以万兆光纤为骨干视频专网，有效提高岩泉、白云、万象、紫金、雅溪、联城、大港头、老竹等八个地区治安管理水平。

【省委书记称赞"田园松阳美丽党建"信息平台】 2月25日，省委书记夏宝龙到松阳县象溪镇象一村考察调研，并对"田园松阳美丽党建"信息化平台给予肯定和称赞。2015年7月，该平台在松阳高亭村率先开通。至年底，松阳县完成乡镇(街道)19个，村(社区)410个信息化平台建设，发展用户2000余户。全年全市乡镇(街道)154个，村(社区)2263个建成信息化平台，发展用户7345户。"田园松阳美丽党建"信息化平台是基于"互联网+党建"，依托天翼高清、浙江电信微旺铺微信公众号平台开发的基层党建综合性平台，用户可以通过电视、电脑、手机微信三屏互动方式了解基层党建、民生服务等各类信息。

2月25日，省委书记夏宝龙到松阳调研"田园松阳美丽党建"平台 王金生 提供

【电信技术支撑省市两级农博会】 10月21日，丽水生态精品农博会暨中国长寿之乡养生名优产品博览会在杭州市和平国际会展中心召开，参展企业共有170余家，参展农产品1500余种。接待杭州市民6.6万人次，总计1030万元，签订订货及意向合同2.36亿元，总销售额和签约额与上年同比分别增长6.1%、11.3%。11月24日，浙江农业博览会在杭州召开。农博会主题是"高效生态、特色精品、绿色安全"，参与展示展销企业1200余家，汇集全国特色农产品1万余种。开幕之前，中国电信丽水分公司利用互联网技术联网丽水9县(市、区)点位12个、监控画面19路及可视化对讲点5个，为参观者操作演示可视化对讲系统，并提供信息化服务智慧农业原理功效讲解，得到主办方一致好评。

【开通"12345"统一政务咨询投诉举报平台】 9月28日，丽水市"12345"统一政务咨询投诉举报平台在中国电信丽水分公司开通运行。至年底，公司整合市发改委、卫生计生、人力社保、环保、水利局等29个单位35条热线。整合后的平台话务受理、咨询和转办工作由电信公司代管运营，实行 365 天 7×24 小时全天候接听受理。丽水市信访局统一政务咨询投诉举报平台管理办公室进驻电信公司负责督办投诉类来电事宜，形成专业化“话务服务受理”和“接办分离”工作模式，节省人力物力，方便广大市民。该平台依托大数据分析，发挥“民情研究室”作用，分析研判舆情、民情，为各级政府及部门提供良好决策参考服务。至年底，该平台受理市民来电 4.1 万次，有效来电 3.9 万余次，其中咨询类 75.9%，投诉求决类 16.6%，意见建议类 1.2%，揭发控告类 0.4%，其他类 5.9%；投诉求决类工单做到 100%回访。（王金生）

移　　动

【概况】 2016 年，中国移动通信集团浙江有限公司丽水分公司（以下简称“丽水移动”）全年收入份额 62%，列全省第 3 位；宽带份额 45.05%，列全省第 1 位，日均通话用户份额 48%，列全省第 2 位，政企通信和信息化收入行业份额 48%，列全省第 2 位，4G 用户近 110 万户，光纤宽带用户超 32 万户。全年丽水移动新增开通 4G 基站 800 个，投资超 7000 万元，累计建成 4G 基站 4400 个，4G 行政村覆盖率 100%，AAA 级以上景区 4G 覆盖率 95%，县市城区 MR（电平测量报告）覆盖率 95%，50 户以上行政村驻地网 100%覆盖。开展防恐防暴应急演练，做好 G20 峰会安全生产工作。积极做好苏村应急通信保障工作，并为遂昌县苏村捐赠价值 33.5 万元的流量及话费。10 月，中国移动浙江公司与丽水市政府签订加快“十三五”信息化建设战略合作协议。组织开展“幸福 1+1”系列活动，提升团队凝聚力。全年开展志愿者活动 52 次（含各县分公司志愿者），参与人次 482 人，服务人群 3200 余人。

2016 年，丽水移动网络部网优中心获“丽水市工人先锋号”称号。庆元移动沈慧敏获“2015 年度丽水市最美志愿者”称号，丽水移动志愿者服务总队获“2015 年丽水市优秀志愿者服务集体”称号。丽水移动工程建设部《中国移动丽水分公司 2013 年覆盖延伸系统建设项目》获 2016 年度全国优质通信工程项目二等奖。

【网络应急保障落实】 1 月 13 日上午 9 点 40 分，浙江省第三地质大队一车辆落入遂昌县垵口乡大山村大公坑水库，致使 5 人失联，丽水移动第一时间紧急启动突发事件应急响应机制，全力配合搜救工作。3 月 27 日，半程国际马拉松赛在丽水举行，丽水移动制定保障方案，通过 2/3/4G 三网弱覆盖整治、扩容、拆闲补忙、热点增开应急通信车等措施提升移动网络保障能力。9 月 28 日 17 时 28 分许，遂昌县北界镇苏村上村发生山体滑坡后，丽水移动立即启动突发事件保障流程，加强对事发周边网络监控力度，调度人员对现场及沿线基站小区进行扩容。为临时安置点村民安装宽带，给灾民提供免费 WiFi 使用，在现场设立应急服务点，为当地村民和救援人员发放充电宝、方便面等应急物资。9 月，汪峰演唱会在丽水市体育中心举行，丽水移动做好通信保障工作，保障演唱会现场 1.5 万人通话上网需求。10 月、11 月，第 17 届亚洲轮滑锦标赛和中华龙舟赛 2016 赛季第六站在丽水开赛，丽水移动保障现场 4 万人通话上网需求。

【“伪基站”打击整治行动】 2 月 22 日，丽水移动配合庆元县公安局破获“伪基站”违法案件 2 起，抓获嫌疑人 3 人，缴获“伪基站”设备 2 套。3 月 24 日，丽水移动配合云和县公安部门打击一起“伪基站”犯罪活动，抓获嫌疑人 2 人，缴获“伪基站”设备 1 套。

【助力城市与农村信息化】 4 月 1 日，丽水移动与丽水市政府公车管理项目签约，该项目将在市级 131 辆公务车上安装 GPS 定位设备，依托移动 4G 网络回传定位数据至云平台，实现对公务用车及驾驶员智能化管理；6 月 16 日，丽水移动推出云安全产品“红网卫士”，产品上线 15 天，为 30 余个政府网站提供安全防护服务；8 月 4 日，丽水移动中标缙云县道路运输车辆动态监控项目，实现营运车辆、物流企业、维修厂、火车站等实时监

6 月 22 日，丽水移动举行护航 G20 安全生产知识竞赛　　胡　欢　提供

控;8月22日,全市已有1400余辆公务车纳入智能化管理;9月20日,丽水移动与缙云县壶镇苍山村签订合作协议,建成全市首家"移动互联网示范村",并挂牌;12月6日,全市互联网示范村建设推进会在景宁召开,会上提出通过互联网示范村建设开展农村统谈营销模式,与政府、行政村深入合作,提升农村市场影响力;12月14日,丽水移动上线畜牧业污染防治网格化巡查系统,系统可实现对全市所有养殖场全面管理。

【"4G客户跨越100万"新闻发布会】 8月10日,丽水移动召开"4G客户跨越100万"新闻发布会。合作单位、重要客户及媒体100余人参加。会上,总经理邵朝良简要回顾公司4G发展历程,并围绕4G网络建设、终端发展、流量资费及4G应用作介绍。邵朝良表示,丽水移动将持续推进全民4G,不断推动4G发展与广大市民生产生活和地方经济发展深度融合,为越来越多市民带来便捷、多彩移动生活。期间,参会嘉宾参观信息化产品智慧办公、红网卫士、客流动态平台、物联网、公车管理等演示并体验极光宽带,大家更深了解移动4G广泛应用。

【签署加快"十三五"信息化建设战略合作协议】 10月24日,丽水市政府与中国移动浙江公司签订加快"十三五"信息化建设战略合作协议。中国移动浙江公司党组书记、总经理郑杰,市委书记史济锡出席签约仪式并致辞。双方将依托丽水市政府鼓励创业创新、发展信息经济的政策举措,充分发挥中国移动在4G+网络、物联网、云计算、大数据、智慧城市以及政府、教育、医疗、旅游、交通、农业等行业信息化方面优势,共同提升丽水信息化水平,推动丽水新技术、新产业、新业态蓬勃发展,加快推进丽水市传统经济向绿色经济、信息经济发展。会上史济锡希望中国移动浙江公司助推丽水构建新一代高速安全移动信息化设施,建设全国领先农村电子政务,推进"互联网+"与生态、旅游、工业、农业、交通多领域融合发展,不断提升丽水信息化水平。此次合作标志中国移动与丽水市政府建立长期战略合作伙伴关系,推进丽水分公司"互联网+"在政府各领域广泛应用,助力丽水市信息产业及信息化服务发展。

【推进QC质量管理工作】 2016年,组建有效QC小组87个,员工参与率超过60%,组织开展全市范围培训4次,培训人数300余人次;小组成果获"省质协杯"发表赛一等奖5个、二等奖4个,市质协发表赛一等奖2个,二等奖1个,三等奖3个。网络部维优QC小组《降低覆盖延伸系统语音投诉比》获第十五届"海洋王"杯全国QC成果发表赛一等奖。 (胡 欢)

联 通

【概况】 2016年,中国联合网络通信有限公司丽水市分公司(以下简称"丽水联通")围绕中国联通"聚焦战略",创新合作发展,各项工作取得一定进展。探索创新创业机制,开展员工承包创业营销体系优化工作,激发一线活力;推进重点业务拓展攻坚,从强化渠道终端合约一体化运营操盘、开展宽带会战、坚持渠道转型扩面、推进创新型业务落地、打造商企"尖兵"团队、精准化细耕存量等工作入手,全面提升4G和宽带等重点业务规模发展;全年成立各类项目组38个,开展集客项目拓展。与丽水市水利局签订"丽水市人民政府防汛防旱指挥部信息化集成项目"被浙江联通授予全省信息化拓展标杆项目。打造匠心网络,全年移网日最高开通量达35站。综合和网络NPS全省前三位。实施匠心服务,全年完成各类应急保障23场。管控客户申投诉工作,全年不明扣费率0件/百万用户,申诉率19件/百万用户。全年用户实名率达98.32%。做好企业党建,开展"两学一做"学习教育,全年集中学习629人次;组织开展"围绕中心抓实践,勇当先锋助发展"党员结对帮扶主题实践、"百日奋战沃争先,党员先锋立潮头"等活动;落实党风廉政建设责任制,加大监督、执纪、问责力度。全年完成市管中层干部35人、新提拔干部6人及新确定关键岗位从业人员5人、合作商3人的约谈工作。5月12日,丽水市委书记史济锡等一行到丽水联通调研,并观看联通关于视频监控、河长制管理系统、移动办公、随E行及手机软件测速的现场演示。7月29日、8月1日,公司总经理上官鹰一行先后到丽水军分区、武警丽水支队、莲都区人武部开展"八一"节日慰问。8—9月,组织开展干线大巡查、参与社区平安夜巡,配合做好G20杭州峰会保障工作。组织骨干人员做好"9·28"苏村山体滑坡应急通信服务保障,累计出动保障及服务人员326人次、车辆162车次辆、油机4台;累计投放充电设备58套、赠送充电宝75个、提供5台话机、17套4G无线路由器、其他设备和物资若干;重点保护省消防总队、公安、军分区、武警、第一集团军46个救援号码。浙江联通向救援部队送上6万元通信费及生活慰问品。10月,史济锡、卫中强等市领导到丽水联通苏村应急通信服务保障点慰问现场服务保障人员,并对通信保障服务工作给予肯定和赞扬。丽水联通相继收到武警交通第八支队、金华军分区、遂昌县分公司等单位送来感谢信及锦旗。

【战略合作协议签订】 2月2日，丽水联通与丽水市水利局在丽水签订战略合作协议，浙江联通副总经理童海波到会并讲话。根据协议，双方利用各自优势建立长期友好战略合作关系，并具体在智慧型水利工作三个方面进行共建、共推和共研、共进。共建丽水防汛防旱指挥信息化中心；共研丽水智慧水利相关技术；共推丽水智慧水利信息化项目落地。

2月2日，丽水联通与丽水市水利局签订战略合作协议　　徐　晓　提供

【防汛防旱指挥中心信息化建设服务协议签订】 5月10日，丽水联通与丽水市水利局签订《防汛防旱指挥中心信息化建设服务协议》。协议明确，丽水市水利局在丽水联通新大楼内投资建设防汛防旱信息化指挥中心，该信息化中心包括会议室、视音频系统、视频会商系统及万兆网络接入。市水利局希望通过与丽水联通合作，借助联通信息化平台及手段，早日实现丽水水利工作的智慧化，造福子孙。丽水联通表示将携手市水利局推动丽水水利工作向智慧化转型。

【共建共享协议签订】 3月3日，丽水联通与丽水电信签订共建共享合作协议。该协议在浙江联通与浙江电信签订基础上结合本地实际情况进行延展，将合作范围从4G基站（室分）共建共享、传输网共建共享、运行维护扩展到固网共建共享、代维合作、业务领域合作及应对政府、小区、业主单位迁改行为等。4月13日，双方同步在丽水联通某基站采用基于IPRAN互通层面下独立载波方式实现设备共享互通；7月20日，双方在“丽水中学基站”进行联合应急演练。8月16日凌晨，在4G独立载波共享和室内分布逐步共享基础上，双方试验成功金丽温高铁首个漏缆共享开通4G双流。

【丽水联通共青团代表大会暨共青团委员会换届选举大会召开】 5月20日，丽水联通共青团第二次代表大会暨丽水联通共青团委员会换届选举大会在丽水市公司会议室召开。各县分公司、市公司各部门共22名团员代表参加会议。会议听取第二届团委会工作报告；选举产生丽水市分公司第二届团委会，杨建欣任团委会书记，陈懋阳任团委会副书记。

【举办“道德讲堂”活动】 9月13日下午，由丽水联通组织承办的“道德讲堂”第27讲在丽水市文明办设定的“道德讲堂”总堂举行。丽水联通领导班子成员、中层干部员工以及兄弟文明单位代表共150人参加。活动主题为“我们的节日——中秋节”，共设有“唱歌曲、学模范、诵经典、做反省、学知识、发善心、送吉祥”七个环节。丽水联通合唱团现场演唱《相亲相爱一家人》并观看微电影，公司领导为邱海燕颁发中国联通优秀共产党员证书。活动使员工感受到传统文化的内涵，品悟道德力量。

【丽水大数据产业研究一期项目签约】 12月9日，丽水联通、丽水市发改委、中兴股份有限公司就“丽水市大数据产业研究一期项目”签约。本期项目签约是将丽水联通与丽水发改委签订“大数据产业发展框架战略合作协议”落到实处。根据协议约定，丽水联通负责向丽水市发改委提供关于丽水市大数据应用发展可行性研究、大数据产业链丽水价值战略的咨询，并以文本、图件形式提交给丽水发改委《丽水市大数据产业发展研究报告》。

【2016年度渠道答谢及沃店表彰大会召开】 12月22日，丽水联通举办2016年度合作伙伴答谢盛典及社区沃店年终争霸赛表彰大会。大会以“共创精彩　共赢未来”为主题，邀请萬達、科捷等终端厂商负责人和70余家代理商沃店承包人参与。丽水联通领导及各县分区域主要负责人及市场销售部相关人员共170余人参会。大会设置多个奖项，对做出突出贡献合作伙伴及沃店承包人进行表彰，共计表彰年度金牌代理商、优秀代理商、同心代理商共36人，沃店承包人销售之星、服务之星、创业之星共35人。　（徐　晓）

邮 政

【概况】 2016年，丽水邮政业以落实《国务院关于促进快递业发展若干意见》为主线，行业发展呈现企稳向好、稳中有进、继续发展态势，全市邮政企业和全市规模以上快递服务企业业务收入（不包括邮政储蓄银行直接营业收入）累计完成8.81亿元，同比增长18.4%；业务总量累计完成18.31亿元，同比增长35.2%。其中，快递业务量完成7487.03万件，同比增长30.57%，业务收入完成6.08亿元，同比增长21.15%。全市邮政普遍服务网点196个，100个空白乡镇局所补建后运营良好，全年未发生任何安全事故。制作《普遍服务温馨提示手册》，加大对违法行为监管力度。2016年，丽水市邮政管理局党组被浙江省邮政管理局评为"全省邮政管理系统优秀领导班子"，被市扫黄打非办评为全市"扫黄打非"工作先进单位，市邮政管理局机关党支部"服务入企业、服务进社区、服务惠民生"三服务体系获市直机关优秀服务创新品牌。市邮政管理局局长获"全国邮政系统优秀地市局长"称号，8名干部获国家邮政局、省邮政管理局、市政府G20杭州峰会维稳安保先进个人。9月，市委书记史济锡到市邮政管理局调研，充分肯定市局邮政监管工作。

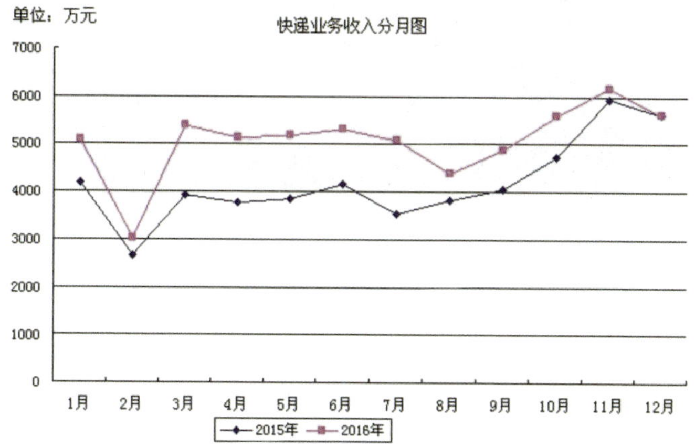

图1 2015和2016年快递业务分月对比

2016年分县（区）快递业务发展情况

表11

地区	全年业务量（万件）	同比增长（%）	全年业务收入（万元）	同比增长（%）
莲都区	2078.7	24.1%	24719.04	22.8%
龙泉市	745.1	49.1%	7199.5	35.8%
青田县	490.2	21.9%	4598.7	2.2%
云和县	1041.2	61.3%	5691.6	41.2%
庆元县	396.9	44.1%	3016.4	29.6%
缙云县	1699.1	31.0%	9191.99	21.6%
遂昌县	385.7	12.5%	2374.6	4.7%
松阳县	467.7	21.3%	2954.7	11.6%
景宁县	182.5	–13.4%	1077.09	–25.2%
合 计	7487.1	30.1%	60823.62	21.2%

说明：同比增长数据为累计业务同比增长

【邮政特邀监督员发挥作用】 2月，丽水市邮政管理局制作《邮政特邀监督员意见书》，针对邮政快递企业社会监督中发现问题予以反馈。全年开展社会监督199人次，查看网点199个，反馈报告199份，走访消费者593人。

【E邮柜建设持续获关注】 3月，丽水市政府公布2016年十大民生实事，"新建135个城市社区智能投递终端（E邮柜）"被列入其中，2016年丽水市电商发展工作要点明确全年新增135个社区智能投递终端（E邮柜），至年底，累计建成并投入使用E邮柜346个，村邮站1406个，实现邮政服务网络全覆盖。

【首个丽水市邮政业发展"十三五"规划发布】 5月24日，首个《丽水市邮政业发展"十三五"规划》发布实施，规划提出未来五年丽水邮政业发展方向和目标，拟通过转型升级和体制机制创新，破解制约丽水邮政业发展关键瓶颈。该规划是丽水邮政业首个规划，是丽水邮政业发展的纲领性、规范性文件。

【丽水市快递产业园纳入市"十三五"重大建设项目规划】 2016年，丽水市邮政管理局经过与市发改委的沟通对接，《丽水市"十三五"扩大有效投资及重大建设项目规划》中明确将丽水市快递产业园纳入市"十三五"重大建设项目规划（实施类），拟在十三五期间投资2亿元建设快递产业园，规划用地6.67公顷，其中邮政普遍服务分拨区（公共服务）建筑面积13500平方米，快递分拨中心建筑面积85000平方米。"规划"指出，要聚焦物联网、互联网和云计算三大重点领域，加快建设高速、移动、安全、泛在的新一代信息基础设施网络，重点推进智慧政务、智慧医疗、智慧交通、智慧物流、智慧商务等方面建设；围绕农业电商、进口商品电商、历史经典产品电商、现代制造业电商等四大领域，积极推进世界农业电商中心、农产品电商综合体验基地等功能平台建设，集合农产品线上线下交易，打造中国生态精品农产品集散中心，协同推进电子商务创业园和快递产业园项目实施。

【邮政业两个考核发布实施】 3—6月，丽水市邮政管理局分别下发《丽水市快递企业目标管理考核办法》和《丽水市邮政普遍服务工作考核办法（试行）》，全面实施对邮政、快递企业考核工作，从基础设施、安全保障、主体责任等方面进行考核，按照考核结果实行分类管理。共考核邮政公司9家（优秀3家，良好3家，合格3家）和快递企业117家（安全等级为A级10家，B级43家，C级64家）。

【实现寄递网点统一挂牌、亮证】 7月，丽水市邮政管理局开展全市217个寄递企业网点及门店挂牌、亮证行动，所有经过许可营业网点一律悬挂市邮政管理局统一制作的网点铭牌，并统一亮证，进一步规范杂、乱门店形象。

【首个校园“派客驿站”落户丽水学院】 9月，丽水学院成立首个校园“派客驿站”，解决校园最后100米寄递难题。该驿站由校外服务公司独立运营，在取得各快递公司配送代理权后，对校园包裹进行统一收集、分拣、暂存、通知、派发。至年底，派客驿站共收派包裹95万件；同时，提升校园快递规范化水平，为学院学生提供“勤工俭学”机会，丽水学院学生共参加“勤工俭学”112人次。

【建立全市寄递渠道视频监控系统】 9月，丽水市邮政管理局建设9个县（市、区）寄递网点监控系统“零死角、全覆盖”217个。该系统实现时间和空间的突破，在电脑和手机上随时可以查看各网点实时动态，弥补邮政业监管执法力量的不足，填补节假日监管空白，减轻偏远地区监管薄弱压力。至年底，实现普服网点视频监控安装196个，确保寄递渠道安全畅通。

丽水市邮政业寄递视频监控系统　　项文蕾　提供

【丽水邮票销售网点和邮筒（箱）分布电子地图上线】 9月，丽水市邮政管理局制作全市9个纪特邮票销售网点电子地图及全市303个邮筒（箱）电子地图，该地图直观展示所有邮票销售网点和邮筒（箱）位置分布，进一步方便群众用邮。

【全面落实寄递渠道安全制度】 2016年，丽水市邮政管理局以推进寄递安全“收寄验视+实名收寄+过机安检”三项安全制度为重点，与市公安局联合印发《关于落实寄递行业三项安全制度操作规程的通知》，在每家寄递企业门店张贴收寄验视提醒标示，并实行民警派驻制度，丽水市寄递企业217家和分支机构均安装信息化实名收寄手机“APP”和手持PDA终端，全市共有32家企业购置X光机，其中25家企业获财政补贴资金共计157.8万元。

【部门联合调研质效明显】 2016年，丽水市邮政管理局与市发改委、商务局、就业局成立联合调研组，开展对丽水市空白乡镇补建邮政局所运营以及农村电商发展情况调研，与市就业局联合印发《关于进一步加强邮政农村电子商务创业就业工作的指导意见》，进一步缓解邮政网点运营压力。7月，参与国家邮政局关于丽水市及浙江省农村电商和村邮站建设、运营情况的调研，并撰写报告供国家局决策部署。11月，与丽水市国家保密局联合印发《关于进一步规范和加强国家机关公文寄递管理工作的通知》，进一步规范国家机关公文寄递工作，切实维护公文安全。

【开展县级信报箱验收工作】 2016年，丽水市邮政管理局共验收信报箱住宅项目16个，涉及住宅7333户，并对原来“信报箱专项验收温馨提示”进行修改，开展“信报箱专项验收”专题宣传，新增庆元、松阳、青田三个县信报箱专项验收。　　（项文蕾）

城建 城管 环保

综 述

【概况】 2016年，市建设部门坚持“绿水青山就是金山银山”战略思想，以打造国际休闲养生旅游名城为目标，发挥规划龙头引领作用，加快美丽丽水、美丽县城、美丽乡村建设步伐，推进“美丽环境、美丽经济、美好生活”融合发展，实现城乡规划建设事业持续快速发展。完善规划体系，经过多轮商讨修改和征求意见，编制完成新一轮丽水市城市总体规划，并上报省政府批复。中心城区围绕“北居、中闲、南工”布局，加强重点区块城市设计，推进城东区块、下水南区块、中岸圩区块和迎宾路、绕城西线城市设计；规划引领推进城市有机更新，相继完成主城区近期可出让地块、行政中心北侧地块功能、滨江商务中心形态、继光街夜市改造提升、天宁区块有机更新等规划研究和岩泉区块控制性详细规划方案编制；结合总规、综合交通规划，开展道路专项规划编制。推进城市建设，全年全市完成城市建设投资83.4亿元(含安居工程)，同比增长12.1%，其中市区完成城市建设投资26.3亿元。争取建设部、建设厅支持丽水城乡建设经费3.25亿元。新增污水处理配套管网183千米，新增城市道路51.86千米(含路基)，建设绿道网163千米，新增城市园林绿地面积78.5公顷，其中市区新增绿地面积37.1公顷。全市新增停车位4530个，新开工地下空间61.2万平方米。全市房地产开发项目完成投资167.61亿，同比增长5.9%，其中市本级完成投资76.22亿元，同比增长2.19%；商品房销售大幅增长，全市商品住房销售面积240.64万平方米，同比增长31.9%，其中市本级商品住房销售面积115万平方米，同比增加44.6%。完成建筑产值317.36亿元，同比增长14.57%，位居全省第二。 (蓝振奇)

丽水全景(中岸) 蓝振奇 提供

城市规划

【概况】 2016年，各县(市、区)深入开展总体规划实施与修编，有效指导城市的建设与发展，为各类规划编制提供法定依据。景宁县、缙云县、青田县、龙泉市、松阳县、遂昌县、云和县域总体规划经省政府批准实施。2017年2月23日，《丽水市城市总体规划(2013—2030)》经省政府第81次常务会议审议通过。2016年，组织召开省专家论证会，对《丽水市历史文化名城保护规划》《丽水市刘祠堂背历史文化街区保护规划》《丽水市酱园弄历史文化街区保护规划》和《丽水市高井弄历史文化街区保护规划》进行论证，并按照法定程序进行报批。

【中心城市控制性详细规划】 2016年，以总体规划为指导，不断完善中心城市各片区控制性详细规划。丽水市本级相继编制联城花街区块、水城区块、富岭区块、白岩区块、四都区块、行政中心区块、教育园区区块、南城区块、丽景园区块等系列控制性详细规划；结合新一轮城市总体规划修编，适时启动岩泉区块、水东区块等等控制性详细规划修编工作，并以“城市修补、生态修复”为理念，完成城西片区、三岩寺区块、凤凰路区块和丽水学院北侧区块等控制性详细规划编制工作，指导区块开发建设。市本级、景宁县、缙云县、青田县、龙泉市、松阳县、云和县、庆元县中心城市控制性详细规划覆盖率均达到90%以上。

【中心城区专项规划】 2016年，围绕总体规划修编工作，有序推进各类专项规划编制。编制完成《丽水市区基础教育专项规划》《丽水市中心城市民办博物馆专项规划》《美丽乡村绿化规划研究》《莲都区苏埠圩坑口安置小区修建性详细规划》《丽水市公共交通专项规划》等规划。对《丽水市中心城市综合交通规划》《丽水市区通信基站布点专项规划》《南明山——东西岩风景名胜区大梁渠景带详细规划》《丽水市中心城市旅游设施专项规划》《丽水市中心城市绿地系统规划》等规划组织部门审查，修改和完善《丽水市中心城市商业网点布局规划》《丽水市中心城市商品交易市场布局规划》《丽水市社会福利设施布局专项规划》《丽水市中心城市地下综合管线规划》《丽水市中心城市道路网专项规划》等。

【规划宣传】 2016年，丽水市规划展览馆以优质的服务宣传城市规划，全年城市规划展览馆接待各类团队150余个，承接各类会议30余次，累计接待参观者11万余人次，参观满意度100%。运用城市规划展览馆平台，严格实施“阳光规划”，推出丽水市图书馆项目建筑设计方案、华东药用植物园项目建筑设计方案等33个项目规划公示；举办不同主题的临展，包括测绘与地理信息基础知识宣传临展、《丽水市城市总体规划(2013—2030)》展、“丽水山居”民宿展等共4期。 （张　越）

【规划管理】 2016年，完成建设项目选址意见书39件，拟选址用地面积243.60万平方米；建设用地规划许可证68件，批准用地面积187.92万平方米；建设工程规划许可证60件，许可建筑面积80.82万平方米；建设工程竣工规划核实确认书43件，核实建筑面积148.87万平方米；建设项目回复办理26件；行政许可监管抄告60件。共计办件296件。按时办结率100%，规划许可准确率100%。群众信访投诉处理回复率100%。 （辜晓丹）

城市建设

【市本级基础设施建设】 2016年，全市新增城市道路51.86千米，完成年度计划的172.87%。市区着眼南北城组团发展，构建道路框架，新增城市道路8千米，完成花园中学南侧支路、纬一路一期、大转盘改造等工程；新开工中山街改造、前村路、广场南路延伸段、东地路北段、长虹路(紫金路—寿尔福路段)、丽阳街东段改造等道路建设；桐岭路PPP项目完成采购人招标、合同谈判；谋划实施绕城西线整体提升改造等项目。

【县(市、区)基础设施建设】 2016年，莲都区完成投资2167万元，对3个雨污混排生活区块进行改造，已完工1个，项目前期2个。对主城区雨污合流、混排生活区块进行摸底，编制完成《丽水市主城区旧住宅区雨污分流改造计划》，计划投资12.09亿元，通过5年(2016—2020年)对84个点位进行雨污分流改造，实现主城区截污纳管全覆盖。缙云县通过国家卫生县城考核评估，对城区公厕24座、垃圾中转站2座、落地垃圾池40余座进行提升改造，改造新建一批市政道路、背街小巷和环卫设施。庆元重点推进地质灾害避险搬迁和下山脱贫农民安置小区(巾子区块)工程、名门•和家园、镜山怡景商住小区等一批城市安居工程建设；推进东环路工程及下滩路工程、江滨路路面改造工程、污水处理二期工程、环卫基地等一批城市基础设施建设。松阳建成汀屋，南直街38号、40号(佰仙面馆)，潘祠

城市道路建设(花园路)　　蓝振奇　提供

上弄2号(原西屏三小校址，茑舍)等传统建筑保护利用示范项目，开展富祥龙总部经济大楼、松阳农村信用合作联社综合大楼、万寿建筑总部大楼、国宇商办大楼和商业娱乐中心b1、b2、b3地块地下室建设。云和复兴路美化工程完成整体方案和复兴路两侧绿化提升方案编制，完成人民医院南门绿化节点改造及复兴路两侧绿化提升，开展新建南路节点景观绿化。城东大道改造工程完成整体方案

编制，打通城东南路断头路。完成城东路与复兴路交通信号灯安装和使用；同心小区D区绿化景观提升工程，鼋龄阁、小徐村村口及医院正对面节点正按照既定计划推进。城市污水治理改造工程完成安溪污水管网（古竹段）铺设，中山西路污水管网（电力公司—梅砻桥段）铺设。推进祥云街（二期）、城乡环卫等项目建设。遂昌古院区块公寓安置小区项目主体工程通过竣工验收，避灾中心项目完成场平，地下部分开始建设；东桥路—太和路段完成通车，雨水管网铺设、挡土墙砌筑、康庄公路改线进行施工。青田县开工建设瓯江四桥项目，推进山口石雕风情小镇开发，加快三组团商住小区建设，完善油竹、瓯南基础设施项目建设。龙泉启动“美丽县城”三年行动计划，谋划旧城改造、龙渊公园、迎宾大道（剑川大道）工程等十大重点项目，子项目32个，龙渊公园开工，迎宾大道建成通车，推进龙福路、林化路等道路建设，健全城市路网。中心城区提质扩容改造一路接着一路，相继投入5000万余元启动剑川大道（周际村—中山路）、剑池路、中山路（剑川大道—新华街）等5个区块6万余平方米外立面改造，解决部分路段建筑老旧问题，提高城市品位和形象。（蓝振奇）

【安居房建设】 2016年，市本级完成投资66824万元，在建项目有天宁公租房、城北保障房、丽华三期、城中二期北区块、接官亭三期、水东公寓、城西公租房、大学生创业园、天宁工业区保障房等9个；计划新开工项目有城西公租及安置房三期、望城岭公寓、青林公寓、东升公寓等4个，前期项目有城南公寓、水南公寓、联城农民新社区、城东公寓一期、古城公寓北区5个。（王 芳）

新建安居房　　蓝振奇 提供

城乡一体化建设

【概况】 2016年，全市建制镇建成区面积5295.95公顷，建成区人口29.43万人，暂住人口7.11万人。建制镇人均道路面积17.11平方米（不含暂住人口），人均公园绿地面积0.86平方米，绿化覆盖率10.74%，生活垃圾处理率95.12%（无害化处理率71.13%），污水处理率98.76%，用水普及率99%。全年建制镇住宅竣工建筑面积45.86万平方米，人均住宅建筑面积52.94平方米；公共建筑竣工建筑面积4.54万平方米，生产性建筑竣工建筑面积29.78万平方米。建制镇完成各类建设项目总投入12.90亿元，完成市政公用设施投入5.44亿元。2016年，全市城市化率为58%，比2015年提高1.6个百分点。

【镇乡村规划】 2016年，以建设美丽乡村和小城镇建设为契机，推进村庄规划编制，开展乡村综合转型试点工作，解决美丽乡村建设与各类示范村创建、历史文化名村创建、传统村落保护等有机融合的问题。组织丽水市美丽乡村规划建设培训班，对各县（市、区）部门主要负责人、乡镇长、乡镇街道负责人、村两委、大学生村官等一线工作人员进行培训，提升规划管理水平。修编全市120个村庄规划、40个中心村的村庄设计规划，并开展县（市）域乡村建设规划编制工作。

【传统村落建设】 2016年，丽水市81个村入选第四批中国传统村落名录，占全省（225个）的36%；全市36个传统村落获中央财政支持，争取资金2.22亿元；前四批中国传统村落名录中，丽水市占158席，占全省总数（401个）的39%。

【乡村建设转型综合试点】 2016年，全面启动乡村建设转型综合试点工作，5月，丽水市与省建设厅签订合作协议，成为全省唯一一个国家级试点，丽水市成立市长担任组长的领导小组，编制试点实施方案、试点申报办法等，并确定莲都区大港头镇、龙泉市住龙镇和龙泉市仙仁村等9个村为试点村、镇，推进乡村规划、建设和管理转型试点，为全省积累经验。

【农村住房救助】 2016年，全市完成农村困难家庭危房改造3000户，中央补助专项资金2850万元全部发到农户。启动23个省级美丽宜居示范村试点村建设争取省专项补助资金3938.2万元，已累计启动129个、完成19个示范村建设，庆元县月山村、龙泉市盖竹村入选国家级美丽宜居示范村试点，龙泉市上垟镇成为全国美丽宜居示范小镇，龙泉市宝溪乡溪头村和莲都区联城街道港口村成为全国美丽宜居示范村。继续执行《丽水市城市规划建设用地范围内农村村民住房改建及危房规划管理暂行办法》，严格执行《中华人民共和国城乡规划法》、执行城乡规划强制性标准，逐步完善以农村建筑工匠协会为载体的建房管理质量监督体系。（周　俊）

市政公用事业管理

【概况】 2016年，全面加强市政公用行业安全监管，完善市政公用行业安全监管系统和应急处理机制，确保城市供水、供气、道路、桥梁、燃气、风景名胜等市政公用行业安全生产和正常运行。加强市容环卫行业指导，市本级垃圾无害化处理率100%、城市道路机械化清扫率86.7%、主干道机械化率100%，城区垃圾分类覆盖面55%，其中机关、事业单位、国企和学校100%；居民小区覆盖面55.8%；城市道路机扫率83.77%；设立可回收设施小区42个；新增分类清运车辆8台、专线6条；清运车辆标志统一率100%；餐厨垃圾处置设施完成项目可行性研究报告编制。结合城市道路改建、老旧小区改造和丽阳坑、好溪堰治理，逐步完善老城区块、城东区块、城西区块、联城区块地下管网，开工建设中山街污水管网改造、丽阳街东段污水管网改造、水阁污水应急池等项目，推进腊口污水处理厂一期工程。推进“811”新三年行动计划。全市1个污水处理厂提标改造完工，6个污水处理厂提标改造工程开工。城镇污水管网建设稳步实施。城镇污水处理年度减排任务全面完成。以深化改革为动力，以提升管理水平为重点，创新工作机制，转变工作作风，集中力量、攻坚破难有效推进农村污水治理工作，农村生态环境得到有效提高。2016年，丽水市在全省农村生活污水治理设施运行维护管理工作考评中获“优秀等次”，缙云县、遂昌县获“优秀县”。加大水源保护力度，确保饮用水水质。组织开展环境整治专项行动，完成迎生态文化旅游季、摄影文化艺术节等系列市容专项整治活动以及城市“无车日”活动。

【城市供排水】 2016年，黄村水库完成原水供应3782.63万吨，完成年度计划3916万吨的96.59%，同比上年增加123.32万吨。完成供水量4861.5万吨，完成年度计划4708万吨的103.26%，同比上年4694万吨增加167.5万吨。完成售水量4273万吨，完成年计划4115万吨的103.85%，同比上年增加158万吨，增加3.84个百分点。完成产销差率12.1%，较年计划13%下降0.9个百分点，同比上年12.33%相比下降0.23个百分点。完成污水处理量2993万吨，完成年计划2860万吨的104.65%，同比上年增1.54%。完成发电量367.28万千瓦时，上网电量358.93万千瓦时，同比上年增加84.76万千瓦时。水质100%合格，符合饮用水水质标准。查处违章用水51起，对1738户用户进行用水性质的调整；全年修复漏损141处，抢修漏损1245次。全年安装管道52534米，其中，一户一表及零星工程5953米，区块工程29361米，农民饮用水工程1200米，城市道路工程16020米。受理工程604份，内部招标79个，完成预算517份，决算492份，移交表卡5428张。全年完成道路配套、农民饮用水等工程33个并送审，完成并结算30个；完成零星工程结算483个。

【市政公用设施】 2016年，市政养管城市道路59条，总长度93.6千米，面积268.3万平方米，雨水管道169.3千米，污水管道110.01千米，合流管网3.29千米。累计修复人行道29066平方米、侧石1678米、砼路面988平方米、沥青零星修补5989平方米，更换各类检查井盖406座，完成全市6396座检查井和6181个雨水收集井的清淤任务，清理排水管道476千米。新增安全防护网2692张，覆盖率100%。设施维护完好率在99%以上，数字城管案卷结案率100%，及时结案率100%。完成括苍路（丽阳街—解放街）段雨、污管网修复工程；完成大转盘改造工程建设；完成公交港湾式停靠站工程；完成括苍路与丽阳街路口积水点改造工程；完成丽阳街、解放街、中东路和解放街以南区域排水管网清淤和CCTV机器人检测工作；完成市区复杂点位交通设施改造完善工程；完成府前菜场东侧三轮车专用停车场改扩建工程；完成灯塔街三角场地建设方案研究；全面加快小水门大桥（老桥）加固改造工程。加强市政设施管理养护，以市场化养管巡查、八小时外巡查、数字城管案卷3条线状反映问题为基础，以5个区域划分，分组配制巡查、施工、监管人员的面型管理为手段，按照“细查、即核、即修”的原则，审核工程量，快速修复损坏设施。完善《市政道路设施养护考评制度》，以经济处罚手段提升道路设施养护质量。采取CCTV机器人等新技术实施桥梁专业检测，确保桥梁结构安全。加强燃气行业安全监管，实行液化气钢瓶自有产权固定充装制度，瓶装燃气实名制销售制度，落实液化气钢瓶封口管理以及护航“G20”专项整治等方面来提升燃气行业安全监督管理水平。督促燃气企业加快天然气利用工程建设，管道燃气得到发展。

【"811"工程建设】 2016年，完成缙云县第二污水处理厂一级A提标改造，开工建设龙泉溪北、松阳、缙云、缙云壶镇、青田温溪江北、莲都碧湖等6个污水处理厂一级A提标改造。全市建成污水管网183千米，完成203%；新建供水管网96.81千米，完成242.05%；改造供水管网102.0千米，完成254.99%；新建排水管网148.64千米，完成247.73%；雨污分流改造管网125.84千米，完成370%；增加抽水设备0.26万立方米/小时，完成260%；牵头丽阳坑"河长制"工作，市级河长共巡查29次，区级河长共巡查24次，全年完成37个问题整改和11个项目建设，丽阳坑主流水质平均达到Ⅲ类水标准，成为全市治水的样板河。配合推进好溪堰综合整治。

【农村生活污水治理设施运维】 至年底，全市完成1874个行政村，4187个农村生活污水治理设施的移交运维，受益农户35.54万户，移交设施的运维行政村、设施数、农户受益占比均达100%。完成8个县(市、区)农村生活污水治理设施运行维护智能化平台建设，为农村生活污水治理设施安全、平稳、高效运行提供保障。创新工作机制，逐步实现"削减污染排放、改善农村水环境"目标。

开展农村生活污水治理设施运行维护管理工作的政策研究，与各地建设部门开展学习交流活动，联合农办、环保、财政等相关部门，逐步完善组织机构，完成《关于加强农村生活污水治理设施验收移交和运行维护管理工作的通知》《关于加快推进农村生活污水治理设施运行维护管理工作的通知》《关于推进农村生活污水治理设施运行维护管理工作的实施方案》《丽水市农村生活污水治理设施运行维护管理工作考核办法》等指导性文件，推进丽水市农村生活污水治理设施运行维护管理工作。 （应　姝）

园林绿化建设管理

【概况】 2016年，全市绿化建设工作屡获殊荣，其中新湖国际1#地块景观工程一标段和丽水盆地易涝区防洪排涝好溪堰水系整治一阶段工程Ⅳ标段两个工程获2016年度浙江省"优秀园林工程"金奖。开展园林发展等相关课题研究，科学规划园林绿化发展建设。编制完成《丽水市乡村绿化景观规划导则》《丽水市中心城市绿地概念性设计景观规划研究》工作，开展《丽水市中心城市绿地系统规划》(修编)的前期工作。加强对各县(市)区创园工作的指导，促进全市园林绿化建设和管养经验交流。

【城市园林绿化】 2016年，全市新增城市绿地面积82.81公顷，其中市区新增29公顷、开发区16.83公顷，建成区绿化覆盖率46.49%、绿地率40.08%。建设绿道网163.02千米。稳步推进绿化项目建设，提升项目品质。推进市区绿地改造提升项目的建设，完成紫金路(北外环路—天宁西路)东侧道路景观工程、丽华三期东侧道路景观工程、囿山路中山街口道路景观工程、北郭桥弄绿地景观工程、高铁站至大转盘沿线立体绿化工程和市区部分道路景观绿化改造工程等，开展丽水市绕城西线提升改造工程和丽水市中山公园的前期工作。逐步完善公园绿地巡查机制和考核机制，推进公园和街头绿地智能化、网络化管理；完成万象山公园石雕文物保护工作，并安装高清摄像头，实时监控，加强文物保护的动态管理。完善各公园场所和道路绿化的日常管养和基础设施维护工作，完成各公园基础设施更换维修，包括座椅、垃圾桶、庭院灯、公益广告牌等更换增设工作，以及公园游路维修、活动区域塑胶地面铺设和街头绿地设施维修等其他零星项目。 （应　姝）

建筑业

【概况】 2016年，全市新增一级建筑施工企业1家，三级及劳务3家。至年底，全市建筑施工企业288家，其中一级企业16家(包括专业承包)、二级及以下企业258家；勘察设计企业60家；工程监理企业17家，招标代理企业9家，造价咨询企业9家，图审一类机构2家，其中，甲级设计企业3家，甲级监理企业3家，甲级招标代理企业4家，甲级造价咨询企业5家，各类资质等级和范围继续提升扩大。完成6家企业安全生产许可证申报，通过省厅批准5家。全年全市建筑业总产值317.36亿元，同比增长14.57%，市本级产值135.44亿元，同比增长10.2%，实现持续稳定发展的良好局面。市建设局监管的全市房屋与市政工程依法须招投标项目招投标率、工程报建率100%，竣工工程合格率100%。全年完成房屋建筑1926项施工图审查，面积640.8万平方米。落实《丽水市政府关于加快丽水市建筑业转型升级健康发展的若干意见》精神，定期开展企业荣誉称号评选活动；经企业申报、市建设局和市财政局联合评审，丽水市中立建筑工程有限公司、浙江山口建筑工程有限公司、浙江万寿建筑工程有限公司被市政府决定授予丽水市建筑业龙头企业；浙江荣景园林建设有限公司、丽水市第二建筑工程有限公司、浙江国光建筑工程有限公司被评为丽水市建筑业优秀企业。全年市本级落实建筑业扶持奖励专项资金 99.6 万元。

【建筑市场】 2016 年，应招标工程 204 个，其中应公开招标工程 147 个，邀请招标工程 39 个，均按照有关规定邀请招标或公开招标，应招标工程招标率 100%，应公开招标公招标率 100%。加大招标投标活动违法行为的查处力度，处理投诉案件 2 起；上报新增丽水市建设市场不良行为 10 次，对 8 家企业或个人所发生的不良行为视性质作严重或一般处理。对在监理专项审计中发生的问题，作专项处理。根据《丽水市建筑业类企业及从业人员违规记分管理办法》对 161 家企业或个人进行扣分处理。

【创优夺杯】 2016 年，全市工程质量全面提升，“创优夺杯”保持良好发展势头。全年 37 个建设工程项目获市“九龙杯”文明标化工地，13 个建设工程项目获“九龙杯”优质工程质量奖，2 个建设工程项目获“钱江杯”优质工程奖工程。

【安全生产】 2016 年，全市建设领域排查治理隐患单位 2127 家；发现隐患 10789 条，整改 10473 条，整改率 97.0%，签发整改通知书 1616 份，签发停工通知单 87 份，对 93 家企业和个人进行罚款金额共 77.47 万元，发现无施工许可证的 6 家，现场人员未经安全培训、无证上岗 171 人次，不认真执行领导带班制度 92 人次，重点工程部位安全管理不到位 204 个，不按强制性标准施工 7 条，其他非法违法建设施工 59 次。37 个项目被评为市“九龙杯”文明标化工地，13 个项目推荐上报省“钱江杯”文明标化工地，11 个项目被评为市级标杆工地。

【宣传教育】 2016 年，开展“安全生产月”“质量月”活动，全市发放各类宣传资料、读本等共 13738 份，出动宣传车 25 台次。全市二级以上建筑施工总承包企业均建立民工学校，借助民工学校平台，开展安全生产教育活动，共悬挂横幅 1264 条，张贴各类宣传画 1725 张，施工现场刊出黑板报 703 期，举办演讲比赛 25 场。开展三类人员培训，3550 人参加，三类人员继续教育 1500 人，建筑施工特种作业人员参加培训 370 人，继续教育参加 746 人。 （李　潇）

房地产业

【概况】 2016 年，全市完成房地产开发投资 167.61 亿元，比上年同期增长 5.9%；房屋施工面积 1074.11 万平方米，比上年同期增长 6.1%；房屋竣工面积 181.4 万平方米，比上年同期增长 24%；商品房销售面积 240.64 万平方米，比上年同期增加 31.9%；实现销售金额 207.71 亿元，比上年同期增加 27.3%。

【资质管理】 2016 年，核发房地产开发企业资质证书 53 本，其中核发新成立的房地产开发企业 13 家，定三级房地产开发企业 3 家。转报省建设厅核准房地产开发二级资质以上的企业 3 家、房地产估价机构三级资质以上的企业 10 家。 （李　平）

【住房保障】 2016 年，完成《丽水市城镇住房保障“十三五”规划》编制、审批工作，并于 6 月 6 日正式公布实施。进一步加快保障性安居工程建设进度，全市新开工棚户区改造安置住房 4133 套（其中货币补偿安置 1134 户），完成 259.6%；基本建成保障性安居工程住房 7384 套，完成128.4%；竣工保障性安居工程住房 5402 套，完成任务的 143%；交付保障性安居工程住房 4825 套，完成 197.2%；新增发放低收入住房保障家庭租赁补贴 205 户，完成 157.7%；其中，市区新开工棚户区改造安置住房 1431 套，基本建成保障性安居工程住房 3277套，竣工 2466 套，交付 2307 套；新增发放低收入住房保障家庭租赁补贴 144 户。完成凤凰城小区公共租赁住房实物配租工作，交付使用 303 套。

2016 年，市本级实现家庭人均收入低于市区人均可支配收入 60%以下的住房困难家庭公共租赁住房“应保尽保”，新增公共租赁住房低收入住房困难家庭保障对象 144 户，累计享受总数 2269 户，期末在保家庭 1042 户。全年市区人才公寓新增保障家庭 69 户，累计保障家庭 699 户，期末在保家庭 501 户。全年发放高层次人才购房、租房补贴资金 320.2 万元。 （王秋芬）

测绘事业

【测绘机构】 2016 年，全市测绘单位 52 家，年产值 1 亿元。市、县 9 个直属政府的测绘地理信息管理机构，从事测绘地理信息管理工作 30 人，测绘地理信息管理机构直属的测绘地理信息单位从业人员 150 人。

【测绘管理】 2016 年，全市基础测绘经费投入约 3000 万余元。市区 2016 年度基础测绘计划由市发展和改革委员会发文下达，并由市财政部门下达 2016 年度基础测绘经费计划 296 万元，基础测绘项目主要有统筹市、县数字城市运维、天地图市级节点数据融合建设、地形图更新补测等。开展全市测量标志巡查，完成测量标志补贴发放 3.6 万元。组织对青田县鹤城镇平演村 93 号一等水准点 I 龙温

071、北岸村GPS—C级点2个测量标志点进行实地巡查。各县(市)组织对测量标志巡查,并更新巡查记录情况、测量标志档案。

【测绘资质与市场管理】 2016年,全市51家乙、丙、丁级测绘资质单位完成年度报告工作;完成丽水市数字空间测绘地理信息有限公司、浙江瓯江建筑工程有限公司、丽水恒隆测绘有限公司等10家丙、丁级测绘资质申办工作;完成4家业务范围变更;市、县全部制订测绘资质巡查工作方案,组织实地测绘资质巡查32家。完成市、县测绘资质持证单位的质量保证体系和涉密测绘成果档案管理检查年度考核工作。完成松阳县土地规划勘测所等18家测绘单位的质量保证体系和测绘成果质量监督检查。配合省局对丽水市金绘测绘有限公司等4家单位的工程房产测绘项目的质量监督检查。对测绘市场准入、项目实施、地图管理、测绘成果和测量标志等开展行政执法专项检查10次,其中,重大专项执法行动2项,发现涉嫌违法行为2起,立案调查和行政处罚案件备案2个,行政执法案卷评查3个。

【测绘重大项目建设】 2016年,向省国情普查办提交分析评价资料;完成“一区两率”调查成果的验收、到省档案馆进行归档备案;完成2个市、县地理国情普查监测工作和成果的推广应用,每半月报送丽水市第一次地理国情普查“一区两率”调查进展情况表。推进共建共享,与政府有关部门开展合作。召开丽水市地理空间信息协调委员会工作会议,对统筹地理信息公共服务平台运维建设,促进地理空间信息资源的共享和应用起到积极的推进作用。市局分别与市城管局处州分局、市水利局、市文物保护管理所等单位签订合作协议,在项目、技术、数据共享等方面开展有效合作。开展浙江政务服务网地理信息资源报送工作。市区制定《浙江政务服务网地理信息资源报送管理规定》,落实分管领导、建立机制、配备专门人员。市测绘中心专业人员对报送信息进行审核,确保报送质量。按照《浙江省深化省市县地理信息资源共享方案》要求,做好地理信息资源共享工作,按规定及时共享和汇交数据。市区统筹县(市)数字城市地理信息公共服务平台运维项目完成方案评审和平台部署,一期经费列入年度财政预算95万元。建立运维服务机制,市级出台运维管理规定;市、县级平台全部达到数据双向共享功能;市、县级平台更新实体数据、高分影像数据和地名地址数据;市、县级完成天地图评估工作,天地图达到“五星级”的市、县有7个。至年底,公共服务平台推广应用市级总量达25个,8个县(市)应用总量达到10个以上。（应文宇）

“三改一拆”工作

【概况】 2016年,丽水市践行总书记习近平“绿水青山就是金山银山,对丽水来说尤为如此”的重要指示精神,坚持“以改带拆、已拆促改、拆改结合、拆用结合”,把“三改一拆”和“无违建”创建作为整治生态环境,倒逼产业转型升级的有效途径,集中力量抓推进,取得明显成效。全年多次召开全市“三改一拆”工作有关会议。4月5日,市政府召开全市工业建筑和附属设施色彩整治与管理工作会议,对全市“蓝色屋面”专项整治工作进行统一部署;5月20日,市委市政府在遂昌召开全市“三改一拆”暨“无违建”创建工作现场会,市委书记史济锡强调,要把“三改一拆”和“无违建”创建作为打造“两山”样板、作为补城乡规划建设管理短板的基本要求来抓;5月27日,全省“三改一拆”行动小组办公室主任会议在丽水召开。出台《丽水市“无违建”创建十三五行动计划》(2016—2020年),有序推进无违建创建工作。2016年,乡镇(街道)全部创成“无违建创建先进乡镇(街道)”,遂昌县创成“基本无违建县”,龙泉市、庆元县、青田县创成“无违建创建先进县(市)”。

【拆违工作】 2016年,丽水市按照“四带头”“十严禁”“十先拆”和“四个零违建”要求,推进拆违工作。2016

违法建筑物拆除　　周淼森　提供

年，完成拆除违法建筑面积 762.40 万平方米，超额完成省下达年度任务的 500 万平方米，2013—2016 年，全市累计拆除违法建筑面积 2782.18 万平方米；2016 年，完成“三改”改造面积 2089.85 万平方米，超额完成省下达年度改造任务的 700 万平方米，2013—2016 年，全市累计完成“三改”面积 4475 万平方米。加大典型宣传力度，电视台抽调力量进行“走近三改一拆”综述片拍摄，并在丽水新闻综合频道《风采》栏目播出；《今日聚焦》《每周聚焦》《电视问政》曝光的案件和在《丽水日报》等媒体上公示的 12 批 191 起“十先拆”典型，全部拆除。按照省委巡视组的要求，开展领导干部违章搭建情况摸排和处置工作，1488 名副处以上领导干部自觉上报违建自查情况，处置违法建筑面积 1566.4 平方米，罚没款金额 127.34 万元。

【“三改一拆”成效】 2016 年，完成“蓝色屋面”省、市、县级问题点位 5244 个，面积 288.80 万平方米的专项整治工作，省级、市级重点问题点位整治完成率 100%，超额完成省里下发的整治任务。完成高速公路沿线广告牌拆除点位 33 个，将大型广告牌整治范围扩大到国道、省道沿线。推进拆改用并举，通过典型引路、示范带动的工作方法，结合综合整治、拆除违建、整治脏乱、引导搬迁等方式，连片推进拆后土地利用。结合省级功能性项目建设要求，选出 11 个拆后利用、13 个“三改”建设重点项目，并择优推荐 5 个重点改造项目和 3 个拆后利用示范项目申报省级优秀项目，其中，景宁县城立面改造、龙泉市迎宾大道工程和莲都区灯塔西区旧住宅区改造项目获评 2016 年省级“三改一拆”重点改造项目；遂昌县城市文化综合体和缙云县笕川花海项目获评 2016 年度省级拆后土地利用示范项目；X303 云和县“十里云河”风景线、X104 龙泉市龙泉山通景公路、S33 龙丽高速松阳段被命名为全省首批“四边三化”行动精品示范道路。 （周森森）

城市管理行政执法

【概况】 2016 年，市城管执法局查处各类案件 85166 起，其中自查案件 62702 起，“96310”举报案件 2713 起，投诉案件得到及时办理；数字城管案件 41359 起，结案率 99.55%，及时结案率为 96.93%；全年受理信访件 569 起，办结率 100%。全年拆除违法建筑面积 762.4 万平方米，超额完成省下达的 500 万平方米年度任务。进一步落实工作责任，加强丽阳坑、好溪堰等水系的巡查监管，先后 20 余次到丽阳坑、好溪堰等水系调研，并现场指导“五水共治”工作，严格依法行政，妥善处置好溪堰内河乡野大院等餐饮排污问题。

【国卫巩固工作】 1 月，市城管执法局细化《2016 年度丽水市巩固国家卫生城市迎接省级复查考核工作方案》，下发 2016 年工作任务和要求，对 100 余家重点单位和共性单位进行国卫工作考核。5 月开始，根据国卫巩固工作任务，围绕国卫巩固工作的重点工作内容、重点区域地段，集中对 19 个重点部门的重点工作任务进行明察暗访，对社区（城中村）“六乱”、市区交通秩序混乱、施工工地管理不到位、背街小巷保洁不到位等方面问题发放交办单 40 余个，交办问题 200 余个；建立巩固国家卫生城市工作联系网络和微信群，确保发现问题第一时间交办、第一时间整改、第一时间验收，及时跟踪督促部门按要求做好整改。8 月 24—26 日，丽水市以全省第一的成绩通过省国卫专家组实地暗访。

【交通治堵】 2016 年，市城管执法局为缓解市区停车难问题，对停车泊位能划尽划，共施划停泊车位 181 个，设置咪表停车位 644 个、咪表 315台；按时完成东方、文昌、高岭、同乐、锦绣等 5 个合同到期停车场的经营权拍租工作，做好高铁站停车场管理交接工作，接收管理并改造纳爱斯地下停车场，规范府前周边停车秩序，确保市

市城管局开展无车日宣传活动 刘莉莉 提供

民正常停车不受影响，有效缓解部分路段的停车难问题。全年累计采集车辆违停数据61059辆，拖离违停1182辆(次)，是2015年总量的2.5倍。

【违法案件查处】 2016年，市城管执法局加强小金属加工点、娱乐场所、商场、工地等噪音扰民案件的查处工作，中、高考绿色护考行动期间，出动执法人员662人次，处置各类噪声污染行为289起。加强大气环境保护，在G20维稳期间处理露天焚烧700处，出动人员705人次，涉及城区41个区域，有力查处餐饮油烟违法行为。

【机构改革】 2016年，根据《浙江省人民政府关于深化行政执法体制改革全面推进综合行政执法的意见》精神，配合省建设厅、市编办等部门做好城市管理和综合执法改革工作，全市除市局、处州分局、莲都分局、开发区分局没有更名，其他8个县(市)都成立综合行政执法局。在职能划转方面丽水市综合行政执法的执法事项共有552项，涉及21个领域16个部门。按照省编办批复确定的“总体设计、一次审批、分步实施”办法，首批划转项目169项，并由市城管执法局行使全部职权，其他职能事项在2017年底前分步实施划转到位。 (毛道衡 刘莉莉)

生态环境保护

【概况】 2016年，丽水市环保局认真贯彻落实党中央、国务院和省委、省政府的决策部署，以改善生态环境质量为核心，打好治水治气治土组合拳，圆满完成环保各项目标任务。丽水市生态省考核连续10年获优秀，总成绩全省第一，全市生态环境状况指数连续13年排名全省第一，生态环境质量公众满意度连续9年排名全省第一，生态文明总指数跃居全省第一，首次夺取全省五水共治“大禹鼎”。县级以上集中式饮用水源地水质达标率100%，跨行政区域河流交接断面水质达标率100%，I—III类水比例98.96%。全市6个县(市、区)达到空气质量二级标准，市区空气质量优良率95.4%，位列全省第一，全国第七。

【生态文明建设持续全省领先】 2016年，丽水市广泛动员全民参与生态文明建设，提高全国对丽水市生态文明建设的关注度。缙云县被命名为国家级生态县，松阳县和景宁县通过国家级生态县的现场验收。编制《丽水市党政领导干部生态环境损害责任追究实施细则(试行)》，丽水市开展编制自然资源资产负债表改革试点工作，推动《丽水市饮用水水源保护条例》等生态立法，制定《“十三五”(第二轮)主要污染物初始排污权指标进行核定和分配工作方案》，全市完成861家重点排污企业初始排污权有偿使用和新建项目排污权交易工作，初始排污权有偿使用率达100%，全市排污权有偿使用和交易金额2100万余元。推进丽水市工业企业“零土地”技术改造项目环评审批“三同时”方式改革，对审批清单内的技改项目实行分类管理。市环保局结合“十三五”规划编制工作，整改环保领域160余项短板问题，并提出“12310”环保基础设施建设思路，得到市委书记史济锡肯定。

市林业局开展“大手牵小手 走进大森林”生态科普活动 郑茹茹 提供

【水、气、土治理】 治水工作有成效。2016年，市环保局围绕“誓夺大禹鼎”为目标，查漏补缺，实干苦干，推动庆元、松阳、龙泉、遂昌4个县创成省级“清三河”达标县，《今日聚焦》曝光的治水问题均已全部整改到位。2016年，南明湖突发蓝藻增殖现象，市环保局紧急开展南明湖水质提升工作，确保主湖区不失守、支流区不暴发、饮用水源不超标、下游交接断面不出事。完成云和县紧水滩水库、遂昌湖山湖、青田涉水行业整治提升等生态环境保护工程项目。

空气质量持续提升。实行“五气共治”(治汽车尾气、治工业废气、治城市浊气、治燃煤烟气、治农村废气)，推进“六大行动”(调整能源结构、机动车污染防治、工业大气污染防治、调整产业布局与结构、城市扬尘和烟尘整治、控制农村废气污染)。全市累计淘汰黄标车648辆，完成年度任务108.72%,淘汰老旧车5141辆,完成年度任务的107.1%;淘汰改造燃煤锅炉427台,完成年度计划的142.33%。整治VOCs污染39家,完成年度任务的100%。开展水泥、工业燃煤锅炉等重点领域的清洁排放改造工作,完成G20峰会环境质量保障任务,在G20百日攻坚期间,市区空气质量位列全省第一,以绿谷蓝助力西湖蓝。

土壤污染防治有新进展。全面推进危险废物和污泥处置全过程监管,建成全过程信息化监控平台,新增视频联网监控危险废物重点企业12家,实现危险废物经营单位联网监控率75%。编制出台《丽水市危险废物和污泥处置设施建设规划(2016—2020)》,由市政府印发《丽水市危险废物处置监管三年行动计划(2016—2018年)》。全面完成化学品生产使用情况调查工作,累计完成调查企业118家。推进危险废物“存量清零”行动,完成8850余吨存量危废处置工作。推进丽水市工业固体废物综合处置场项目前期工作,完成年度投资的110.4%。

【环境监管】 2016年,市环保局出动环保执法人员23733人次,检查企业8476家,行政处罚381起,行政罚款1667.61万元,移送公安41起,其中,行政拘留14人,刑事拘留13人,受理各类环境信访投诉1424件,处理率100%。完成清理上报未批先建项目741个,未验先投项目1124个,完成率100%。全年未发生因环境问题引起的重大群体性或群访事件。组织开展百日环保执法专项行动、“亮剑”系列专项行动、开发区零点执法、畜禽养殖污染专项执法行动等一系列专项执法行动,并联合农业部门出动检查人员4521人次,累计检查畜禽养殖场1828家,发现存在环保问题养殖场300余家,对28家存在环境违法行为的养殖场予以立案,依法移送公安机关行政拘留1人。百日环境执法期间立案310起,同比增长408.2%,增长率居全省第一。

落实环境监管网格化管理。全市一级、二级网格监管制度与机制全部建立并落实到位,逐步建成三级环境监管网格,陆续向四级网络推进。全市共建立一级网格(市级)1个,二级网格(县级)10个,三级网格(乡级)165个,四级网格(村级)1845个。

【环保宣传】 2016年,市环保局以“六五”世界环境日等为契机,在全市推进“践行绿色生活”,与教育部门共同创建绿色学校,与妇联部门创建市级绿色家庭,共建共享美丽人居环境,绿色生态理念在全市得到普及推广。宣传《中华人民共和国环境保护法》,在丽水市各大主要媒体、全市524台楼宇电视公益广告、电影院线等处播放公益广告。在全市高速公路出入口、风景旅游区等建设电子显示屏,实时显示空气质量状况,宣传“秀山丽水、养生福地”的优良生态环境。设立“丽水生态文明日”制度,7月29日,中国生态文明建设研究与促进会、省环保厅与丽水市委、市政府联合举办丽水市首个生态文明日系列活动,《人民日报》等主流媒体集中报道文明日信息260余条。

【环境监测】 2016年,按时完成地表水、饮用水源地、交界断面的水质常规监测,空气质量常规监测,声环境质量常规监测,土壤、生态、农村环境、农产品基地常规监测和污水处理厂、多家重点污染源各类监督性监测任务,完成减排项目监测数据核查工作。

【环境质量状况】 2016年,全市地表水环境、空气环境质量和声环境质量总体良好。地表水环境质量:2016年,丽水市境内河流、湖库共设置96个地表水常规断面开展地表水监测,年均值满足相应水功能要求的有95个断面,达标率98.9%,与上年持平;其中Ⅰ类水质断面13个,占总断面数13.5%,与上年持平;Ⅱ类水质断面75个,占总断面数的78.1%,较上年增加8个断面;Ⅲ类水质断面7个,占总断面数的7.3%,较上年减少8个断面;劣Ⅴ类断面(市区的环城河口)1个,占总断面数1.1%,与上年持平。全市县级以上集中式饮用水水源地共10个,达标率均为100%;丽水市域范围共设有省、市、县三级交接断面17个,各交接断面水质达标率100%。环境空气质量:本年度全市按照环境空气质量指数(AQI)进行评价。AQI指数评价结果:丽水市区全年有效监测天数366天,其中空气质量达到Ⅰ级的天数有168天,Ⅱ级天数181天,Ⅲ级天数16天,Ⅳ级天数1天,Ⅴ级天数0天。Ⅰ、Ⅱ级(优良)天数合计占比为95.4%。丽水各县(市、区)平均有效监测天数357天,其中,空气质量达到Ⅰ级的天数194天,Ⅱ级天数155天,Ⅰ、Ⅱ级天数(优良率)合计占97.8%。Ⅲ级及Ⅲ级以上天数8天。丽水各县(市、区)空气质量优良率在95.4%—99.7%之间,最高为龙泉99.7%,最低为丽水市区95.4%。全市降水pH平均值为5.08,比上年年平均值下降0.05,酸雨频率全市平均为45.3%,较2015年下降9.6个百分点。声环境质量:丽水市区区域昼间等效声级为54.3dB(A),与2015年持平;市区交通噪声平均等效声级为69.8dB(A),较上年上升3.9dB(A),均达到国家控制标准要求。

(郑茹茹)

旅　　游

综　　述

【概况】 2016年，丽水旅游工作紧紧围绕推进“国家全域旅游示范区创建、省级旅游综合改革试验区建设、培育旅游业千亿级第一战略支柱产业”目标，旅游业持续保持高位增长。全市实现旅游总收入535.83亿元，同比增长25.78%；实际完成旅游投资118.15亿元，同比增长65.48%。11月14日，2016浙江·丽水（上海）生态旅游推介会在上海举行，这是丽水市连续第七次在上海举行。推介会上，市旅委向上海旅行社发放送团奖励。

【获批国家全域旅游示范区创建单位】 2月，丽水市被国家旅游局列为国家全域旅游示范区首批创建单位，实现丽水发展战略和国家旅游发展导向的有效对接，是绿色发展中国方案“丽水样板”的重要实践。7月，市委、市政府制定《丽水市创建全域旅游示范区工作实施方案》，市直部门、县（市、区）签订任务书；成立书记、市长为双组长，党委、人大、政府、政协分管领导为副组长的创建工作领导小组，下设全域旅游创建办和17个专项组，实行“周简报、月通报、季点评、年考核”推进机制。7月22日，召开全市旅游大会暨创建国家全域旅游示范区动员会。10月，召开国家全域旅游示范区创建第一次点评会。莲都区、龙泉市、缙云县、遂昌县、云和县陆续召开全域旅游发展大会，部署推进相关工作。莲都、遂昌、松阳率先被列入省全域旅游示范县创建名单。

【旅游综合执法体系建设】 10月底，市编委办出台《关于加强旅游统筹发展职能综合监管的意见》，对强化旅游发展统筹协调、加强旅游市场综合监管，推进旅游市场监管由分散管理向“综合管理+联合执法+公安保障”转变等职能作了明确。遂昌、青田、缙云、景宁、云和、庆元、松阳等县建立旅游警察、旅游巡回法庭、市场监管旅游分局。

【出台旅游政策措施】 根据新时期旅游产业发展的趋势和要求，市政府于3月出台《关于加快推进全市旅游业投融资改革的指导意见》《关于加快推进丽水市“中闲”区域旅游项目开发建设的实施意见》，6月份出台《丽水智慧旅游建设三年行动计划（2016—2018）》等旅游政策文件。12月，市旅委与市财政局联合制定《丽水市本级生态旅游发展专项资金管理办法》并实施。

规范旅游市场行为执法　　　　项　浩　提供

旅游资源开发与产品建设

【旅游规划编制】 2016年，市旅委编制完成《丽水市旅游业发展“十三五”规划》《丽水市避暑旅游专项规划》《丽水中心城市旅游设施专项规划》，启动

《丽水市全域旅游发展规划》《丽水市农旅融合发展规划》和《南明山休闲小镇控制性规划》等系统性规划编制。

【旅游投资】 2016年，全市投资涉旅项目33个，总投资470余亿元。全市实际完成旅游投资118.15亿元，同比增长65.48%。其中，城镇旅游项目38.44亿元，占总投入32.53%；景区旅游45.77亿元，占总投入38.74%；乡村旅游项目20.69亿元，占总投入17.51%；基础设施项目13.25亿元，占总投入11.21%。庆元、龙泉、青田、遂昌、云和、景宁、松阳、莲都等县超额完成年度计划。旅游招商引资成效显著，全市签订旅游项目正式协议12个、框架协议8个、意向协议12个。全年全市完成新建及改扩建旅游厕

丽水市A级旅游景区

表12

市县区	序号	景区名称	等级	景区地址	电话
莲都区	1	丽水市东西岩景区	AAAA	丽水市莲都区老竹镇东西岩	2186819
莲都区	2	丽水市古堰画乡景区	AAAA	丽水市莲都区大港头镇渡南路31号	2577297
龙泉市	3	丽水市龙泉山旅游区	AAAA	龙泉市龙南乡	7112073
龙泉市	4	丽水市中国青瓷小镇•披云青瓷文化园景区	AAAA	龙泉市上垟镇木岱口村	7398253
青田县	5	丽水市青田石门洞景区	AAAA	青田县高市乡石门洞林场	6621186
青田县	6	丽水市青田石雕文化旅游区	AAAA	青田县鹤城街道	6067989
云和县	7	丽水市云和梯田景区	AAAA	云和县崇头镇	—
云和县	8	丽水市云和仙宫湖景区	AAAA	云和县紧水滩镇	—
庆元县	9	丽水市庆元百山祖景区	AAAA	庆元县	6381107
缙云县	10	丽水市缙云仙都景区	AAAA	—	3315471
缙云县	11	丽水市缙云仙都黄龙风景区	AAAA	缙云县五云镇黄龙景区内	3128333
遂昌县	12	丽水市遂昌金矿国家矿山公园	AAAA	遂昌县濂竹乡花园岭	8146488
遂昌县	13	丽水市遂昌南尖岩景区	AAAA	遂昌县王村口镇石笋头村	8126018
遂昌县	14	丽水市遂昌县神龙飞瀑景区	AAAA	遂昌县安口乡桂洋林场	8366005
遂昌县	15	丽水市遂昌千佛山景区	AAAA	遂昌县石练镇飞石岭	—
松阳县	16	丽水市箬寮原始林景区	AAAA	松阳县安民乡李坑村	8095288
松阳县	17	松阳大木山茶园景区	AAAA	松阳县新兴镇横溪村	8013788
景宁县	18	丽水市景宁中国畲乡之窗景区	AAAA	景宁县大均乡大均村	5088567
景宁县	19	丽水市景宁云中大漈景区	AAAA	景宁畲族自治县大漈乡	5066110
莲都区	1	莲都区诗画利山景区	AAA	莲都区大港头镇利山村	2278128
莲都区	2	莲都区西城广场	AAA	莲都区	—
龙泉市	3	龙泉青瓷宝剑苑	AAA	龙泉市剑池西路	7115191
龙泉市	4	龙泉白云岩景区	AAA	龙泉市西街街道下樟村	7769565
龙泉市	5	龙泉宝剑厂	AAA	泉龙市大沙工业区	7218369
青田县	6	青田县阜山清真禅寺旅游区	AAA	青田县阜山清真禅寺	6601169
云和县	7	云和小顺景区	AAA	云和县石塘镇小顺村	5525710
庆元县	8	庆元巾子峰森林公园	AAA	庆元县屏都镇八都大街18号	6137420
庆元县	9	庆元月山村	AAA	庆元县举水乡月山村	6196557
缙云县	10	缙云大龙门景区	AAA	缙云县壶镇镇大龙门景区	—
缙云县	11	缙云河阳古民居景区	AAA	缙云新建镇河阳村	3172808
遂昌县	12	遂昌竹炭博物馆	AAA	遂昌县上江工业园区	8155159
遂昌县	13	遂昌红星坪温泉度假村	AAA	遂昌县湖山乡红星坪村	8175698
遂昌县	14	遂昌汤沐园温泉景区	AAA	遂昌县大柘镇大田村	8151978
遂昌县	15	遂昌长濂村	AAA	遂昌县云峰街道长濂村	8185866
遂昌县	16	遂昌高坪新村	AAA	遂昌县高坪乡高坪新村	8306666
遂昌县	17	遂昌独山村	AAA	遂昌县焦滩乡独山村	—
松阳县	18	松阳象溪一村景区	AAA	松阳县象溪镇象溪一村	—
松阳县	19	松阳李坑村景区	AAA	松阳县安民乡李坑村	8095528
松阳县	20	松阳上梅畲寨旅游区	AAA	松阳县象溪镇上梅村	667318

续表12

市县区	序号	景区名称	等级	景区地址	电话
松阳县	21	松阳古驿界首旅游区	AAA	松阳县赤寿乡界首村	649517
景宁县	22	丽水市景宁中国畲族博物馆	AAA	景宁县鹤溪镇	—
莲都区	1	丽水市大山峰森林公园	AA	丽水市莲都区峰源乡	2265536
莲都区	2	丽水市瓯江漂流乐园	AA	莲都区碧湖镇白口村松树林1号	2981666
龙泉市	3	龙泉市博物馆	AA	龙泉市公园路九姑山	7124654
龙泉市	4	龙泉凤羽山庄景区	AA	龙泉市龙南乡西岙	7124999
青田县	5	丽水市太鹤山公园	AA	青田县鹤城镇公园路	6823094
青田县	6	青田诗化小舟山景区	AA	青田县温溪镇小舟山村	6500933
遂昌县	7	白马山森林公园	AA	遂昌县新路湾镇白马山林场	8200200
遂昌县	8	湖山森林公园	AA	遂昌县湖山乡大溪边	8156002
遂昌县	9	神龙谷漂流景区	AA	遂昌县垵口乡	8347128
景宁县	10	草鱼塘森林公园	AA	景宁县草鱼塘林场	5088567

所152座，被评为“全国旅游厕所革命先进市”。

【旅游景区创建】　10月25日，经过各级专家严格评审，层层筛选，缙云仙都景区通过国家旅游局全国旅游资源规划开发质量评定委员会组织的景区资源价值景观质量评审，成功取得丽水市首张创建国家AAAAA级旅游景区“入场券”，丽水市AAAAA级景区创建工作取得阶段性成果。古堰画乡景区通过景区资源价值景观质量评审省级评审，遂昌金矿报省旅游局待评；龙泉宝溪景区通过AAAA景区资源价值和景观质量评审；全市新增AAA景区6个。至年底，全市有A级景区51家，其中AAAA级景区19家。全市有省级旅游度假区5家。

缙云仙都景区　　市旅委　提供

【旅游“三化改革”】　2016年，市旅委梳理编制《丽水市2016年度旅游投融资体制改革重点推进项目清单》和《丽水市2016年度与资本市场对接的重点旅游项目清单》，全市国有旅游公司“三化”改革初显成效。遂昌旅发公司成功挂牌新三板，成为全国首家股改上市的县级国有旅游类企业；市旅游投资公司实体化改革取得实质进展；九龙国家湿地公园启动资产评估；缙云仙都景区、莲都古堰画乡、云和县瓯上旅投公司、松阳县旅发公司等积极推进“三化”改革工作。

【旅游产业融合】　2016年，以农旅融合为突破口，全市谋划落实10个农旅融合集聚区，并在集聚区内实施“十个一”配套项目计划，全年累计完成“十个一”项目103个。牵头制定《丽水山居建设和运营导则》，并由市农办和市旅委联合启动“丽水山居”民宿评定工作；制定《丽水市乡村特色休闲酒店认定办法》，新建和提升改造乡村休闲酒店27家；遂昌王村口、松阳西屏、龙泉竹垟被列入省级旅游风情小镇。“旅游+”融合基地（示范区）建设取得成效，全年新增省级运动休闲项目（线路）3个，省级果蔬采摘基地4个，省级中医院药养生基地1个，省工业旅游示范点2个，省老年旅游示范基地2个。11月，丽水市被农业部评为“全国休闲农业与乡村旅游示范市”。

【智慧旅游】　2016年，市旅委重点推进全域旅游数据中心及智慧旅游综合服务平台建设。11月5日，全域旅游数据中心实现亮屏，并按计划完善数据中心的各项功能。7月25日，“一机游丽水”智慧旅游综合服务平台上线运行，初步实现丽水旅游资源展示、体验、购买等全域化智慧旅游服务的无缝覆盖。高铁站设立临时旅游咨询中心点。

旅游宣传促销

【旅游促销活动】 2016年，丽水市在上海、南京、苏州、厦门、福州等高铁沿线重点城市开展旅游推介活动18场，开拓高铁沿线地区客源市场。组织参加第八届中国国际旅游商品博览会、浙江旅游交易会、上海旅游博览会等展会活动。继续在中央电视台、浙江电视台、浙报集团、浙江在线等知名媒体开展旅游宣传，在浙江经视《老豆的时光机》栏目推出6期丽水国际版节目，在《中国旅游报》《浙江日报》等省级以上报刊推出11个丽水旅游专版，在《小康》《休闲》杂志上推出2个丽水旅游专刊。

【"中国(长三角)高铁旅游联盟"成立大会】 1月17日上午，由上海铁路局上海铁路国际旅游(集团)有限公司、浙报传媒旅游全媒体中心和《旅游时报》社共同发起组建的"中国(长三角)高铁旅游联盟"在丽水成立。丽水市人民政府、上海铁路局和沪苏浙皖旅游局的领导出席会议。成立大会上，丽水市委常委、常务副市长毛子荣和上海铁路局副局长赵俊分别致辞，浙江省旅游局副局长许澎代表三省一市主管单位讲话。上海铁路局、沪苏浙皖三省一市旅游部门领导参加成立大会。"中国(长三角)高铁旅游联盟"是国内首个由铁路部门发起并主导的高铁旅游联盟组织。该联盟将广泛联合高铁沿线城市、旅游企业、旅游服务商、媒体等各界资源，整合高铁站点、客运专列及相应数据资源，合力打造高铁旅游整合传播平台、建设高铁旅游产品研发和销售平台、搭建高铁旅游服务平台，推动景区与客源地的联结。

丽水市星级、绿色饭店

表13

序号	饭店名称	星级	地址	评星时间	备注
1	丽水华侨开元名都大酒店	5	丽水市丽阳街651号	2013	金叶级绿色
1	缙云县香溢大酒店	4	缙云县仙都路99号	2005.12	绿色
2	遂昌元立国际饭店	4	遂昌县城东街95号	2007.1	绿色
3	青田正达开元大酒店	4	青田县鹤城镇新大街8号	2008.6	绿色
4	云和皇成国际大酒店	4	云和仙宫大道8号	2013	绿色
5	景宁畲乡鸿宾大酒店	4	景宁畲族自治县团结路129号	2012.4	绿色
1	松阳天元国际酒店	3	松阳县长虹东路183号	—	绿色
2	丽水市莲城宾馆	3	丽水市丽阳街254号	2006.9	绿色
3	丽水市香溢紫荆花大酒店	3	丽水市丽阳街438号	2005.11	绿色
4	丽水市飞达国际大酒店	3	丽水市中东路848号	2003.12	—
5	丽水市新世界大酒店	3	丽水市丽青路219号	2004.11	绿色
6	丽水市现代广场大酒店	3	丽水市大洋路598号	2005.11	绿色
7	丽水东方宾馆	3	丽水市中山街433号	2005.12	绿色
8	丽水市绿谷明珠大酒店	3	丽水市大洋路199号	2008.1	—
9	丽水市辉煌大酒店	3	丽水市开发区新南城208号	2012.8	—
10	遂昌凯恩大酒店	3	遂昌县妙高镇北街1号	2011.11	绿色
11	遂昌汤公度假酒店	3	遂昌县妙高镇	2012.6	绿色
12	龙泉大酒店	3	龙泉市新华街83号	2005.12	绿色
13	龙泉山旅游度假区绿野山庄	3	龙泉市凤阳山	2006.3	—
14	龙泉香溢大酒店	3	龙泉市贤良路218号	2006.12	绿色
15	庆元县国际大酒店	3	庆元县松源镇濛州街	2006.9	绿色
16	青田县侨乡国际大酒店	3	青田县江南大道108号	2007.12	绿色
17	龙泉市南国花园酒店	3	龙泉市剑川大道155号	2010.12	绿色

续表13

序号	饭 店 名 称	星级	地址	评星时间	备　注
18	云和大酒店	3	云和县府前路8号,323600	2006.9	—
19	遂昌南尖岩山庄	3	遂昌县王村口石笋头村	2016.12	—
20	丽水市永利大酒店	3	丽水市莲都区上水南1号	2013.2	—
21	松阳县旭日摄影主题饭店	3	松阳县长虹中路2号	2015.12	—
22	遂昌红星坪温泉酒店	3	遂昌县湖山乡	2012.12	—
23	遂昌柏林大酒店	3	遂昌县妙高街道东街153号	2015.12	—
24	遂昌黄金大酒店	3	遂昌县濂竹乡花园岭	2016.12	—

【"G20峰会"丽水旅游宣传推广月】 5月,"两千万旅游优惠券大派送活动"新闻发布会在杭州召开,拉开旅游消费券大派送的序幕,7月1日—9月23日,向杭州市民推出"2000万旅游消费券大派送"活动,为市民提供价值2000万元的景区门票和民宿券。组织各县(市、区)9个营销分队深入杭州各大社区、大专院校和企业工会等开展60余场营销活动,共发放旅游宣传资料10余万份。

【浙江(丽水)互联网+全域旅游高峰论坛】 11月5—6日,浙江(丽水)互联网+全域旅游高峰论坛在丽水市举行。国家旅游局信息中心副主任信宏业、浙江省旅游局副局长许澎、副市长任淑女、市旅委主任王平等出席论坛开幕式并致辞。来自国内旅游界的领导、专家、学者等共同探讨丽水"互联网+全域旅游"相关问题,为丽水"互联网+全域旅游"发展献计献策。省内各地市旅游局(委)分管领导,全域旅游创建示范单位代表,丽水市各县(市、区)分管领导、旅委负责人、企业代表,国家和省级相关媒体记者等300余人参会。

旅游行业管理

【旅游行业管理】 2016年,全市有旅行社90家,其中五星级品质旅行社1家,四星级品质旅行社12家,三星级品质旅行社10家,全年接待游客80.40万人次,同比增长58.77%;全市共有星级旅游饭店51家,其中五星级饭店1家,四星级饭店5家,三星级饭店24家,星级饭店平均床位出租率达58.75%,较去年增加6.57个百分点。全年组织各类旅游培训35班次,累计培训4000余人次。

【黄金周市场】 2016春节黄金周(2月7—13日)全市实现旅游总收入14.13亿元,同比增长37.76%。国庆黄金周,受节前17号台风"鲇鱼"影响,一些景区(点)受损严重,乡村旅游受影响面大,重点旅游县(遂昌县、青田县)受到重创。国庆黄金周(10月1—7日)全市共接待游客483.51万人次,同比下降7.91%;实现旅游总收入26.83亿元,同比增长9.21%。古堰画乡、缙云仙都荣登国家旅游局十一假日旅游"红榜"。全市黄金周期间未发生旅游安全事故,旅游投诉有效处理率100%。

【文明旅游创建】 2016年,市旅委结合全国文明城市创建要求,建立文明旅游网格化管理机制,建立四支队伍:文明创建指导员队伍。市旅委全员"一对二"联系指导市直旅游企业文明创建工作;文明旅游志愿者队伍,多形式开展文明旅游创建活动;行风监督员队伍,从行业专业角度,参与和指导文明旅游志愿活动;市直旅游企业联络员队伍,开展互查互学互评和文明旅游擂台赛等活动,共同提升旅游服务质量。在全省第四季度全省游客满意度调查中,丽水市位列全省第二名。　　(项　浩)

游客体验乡村运动会　　胡雪峰　提供

财政　税务

综　述

【概况】　2016年，全市财政总收入164.87亿元，增长8.3%，其中，一般公共预算收入103.57亿元，增长9.7%。市级（包括开发区、莲都区，下同）财政总收入65.23亿元，增长10.3%，其中一般公共预算收入39.10亿元，增长11.5%。全市和市级一般公共预算收入占财政总收入的比重分别为62.8%和59.9%，税收收入占一般公共预算收入的比重分别为81.2%和85.5%。全市一般公共预算支出341.67亿元，增长22.2%，剔除省专项补助和上年结转后支出220.56亿元，增长21.1%。市级一般公共预算支出74.24亿元，增长3.98%，剔除省专项补助和上年结转后支出60.18亿元，增长7.1%。

开展"两学一做"学习教育，严肃党内政治生活，召开专题党课、专题研讨、组织生活会和民主生活会。开展"归零翻篇开新局"主题大讨论活动，查找财税工作短板104个，至年底，解决100个。培育财税文化，举办全市财税文艺会演，参与全国文明城市创建等中心工作。

【组织财政收入】　2016年，财税部门加强税收征管，在营改增前清理和清算历史遗留问题，做好欠税清理和堵漏增收工作，全市清理欠税3.23亿元。加强税收风险管理，做好堵漏征收，推送风险纳税人户数2.03万户，入库税费款2.55亿元。强化税务稽查，全年检查323户，查补总额1.21亿元，入库总额1.29亿元，查结大要案21件。加强非税收入征管，组织国资收益收缴，完成机关公务用车改革，全市收缴各项政府非税收入112.78亿元。依法组织规费收入，在全省率先统一开征机关事业单位养老保险费和职业年金，规费收入93.51亿元，增长18.5%。

【支持生态经济发展】　2016年，市财税局出台加快市区生态工业发展等政策文件，支持生态工业发展。落实扶持政策，加大奖扶力度，全年兑付企业扶持资金12.71亿元。加速产业基金运作，生态经济产业基金实际到位资金4亿元，撬动社会资本17.61亿元，在全省率先投资特色小镇并项目落地。组建大健康、信息产业等子基金项目，"丽水绿谷信息产业基金"顺利完成签约。

【加大"三农"投入】　2016年，全市一般公共预算"三农"支出56.43亿元，

税务政策宣传　　　　李圣康　提供

增长18.1%，其中省专项转移支付29.15亿元，增长26.5%。整合财政支农资金工作，市级整合超过1亿元资金用于丽水生态精品农业、农家乐（民宿）发展等投入。组织申报农业农村改革试点项目，全市获省财政美丽乡村建设、光伏小康工程、农业生产全程社会化服务、循环有机农业等试点项目17个，获省补资金4.27亿元。推进农业综合开发工作，抓好农业综合开发项目申报和资金争取工作，全年全市农业综合开发立项项目38个，总投入4.88亿元，其中争取省以上财政资金3.03亿元，省以上资金占全省比重19%。全市推进乡镇公共财政服务平台涉农补助社保卡“一卡通”发放，实现“一个门进、一站式办理、一个平台操作、一卡通发放”乡镇公共财政服务平台新模式。

【民生投入265亿元】 2016年，全市民生支出265.16亿元，增长25.5%，占一般公共预算支出比重77.6%。落实社会救助社会优抚等民生政策，完善社会保障待遇确定和正常调整机制。继续提高退休人员基本养老金标准，市本级城乡居民基本医疗保险财政补助标准提高到每人每年540元，基本公共卫生服务项目年人均财政补助标准提高到45元，市区城乡居民最低生活保障标准提高到每人每月680元。继续落实就业政策，统筹安排2390万元促进就业专项资金，支持就业创业政策实施。深化医药卫生体制综合改革，统筹安排2092万元残疾人事业发展专项资金，促进残疾人事业发展。落实教育经费保障各项工作，加快现代职业教育体系建设，确定生均公用经费基本标准为2500元/年，全年下达市本级中职学校公用经费2208万元。做好丽水学院等3所高等院校生均事业费保障工作，全年拨付1.85亿元。落实市本级各教育阶段家庭经济困难学生资助资金和民办学校扶持政策。发展市本级公共卫生事业，安排公共卫生专项资金3500万元，做好道路交通事故社会救助基金管理工作，全年上级补助资金114万元，审核救助垫付22件，实际垫付212.3万元，完成追偿垫付案件11起，追偿金额64.55万元。

【深化财政改革】 2016年，市财政局提高PPP示范市建设，植物园等2个项目入选第三批财政部PPP示范项目，13个项目被列入第三批省财政厅重点推荐项目。丽阳溪水系整治工程项目纳入财政部PPP十大示范案例，为全省唯一入选项目。市本级5个财政部示范项目全部落地并开工建设，10个省级推荐项目9个落地。完善公款竞争性存放操作办法和评标指标体系，市级财政实行财政资金竞争性存放2期7亿元。盘活财政存量资金，市本级盘活存量资金1.15亿元；加大市直存量房产盘活力度，回笼销售资金2.52亿元。扩大政府采购面，全市政府采购实际金额66.47亿元，节约资金7.67亿元。做好管理会计应用试点，筛选3家企业开展管理会计应用试点工作。分类落实基本建设预算改革，推进营运机构转型。基本建设预算改革推进，实现财政性基本建设预算和国企类基本建设预算平稳运行。

【防范债务风险】 2016年，市财政局加强政府债务管理，争取新增债券，推进政府债券置换，降低利息支出，优化期限结构。全市获新增债券资金44.6亿元，比上年增加30.8亿元，增长223.2%；全市累计置换政府债券164亿元，政府债券置换率96.6%，预计每年节约利息支出7亿元。争取符合条件的政府存量或有债务转化为政府债务，全市债务转化为政府债务3.91亿元，其中市本级2.33亿元。开展社保基金保值增值运作，制定市本级社保基金保值增值运作方案，全市社保基金置换政府性债务5.76亿元，其中市本级4.15亿元。

【推进法治建设】 2016年，市财政局创建省级行政规范性文件示范点，成功创成市级依法行政示范单位。开展行政规范性文件清理，涉及清理122个财税规范性文件。落实法治政府建设实施纲要，全面实行税务执法人员持证上岗和资格管理制度。规范机关内部运行，出台“1+8+X”内控基本制度，内控制度体系初步建立。抓好政务公开和政府信息公开工作，政府预决算公开内容不断细化。

【严控公务开支】 2016年，市财政局开展差旅费重点检查工作，重点抽查一级预算单位32家、二级预算单位23家；涉及检查人数5800人、出差总人次20万人次、差旅费总支出4344万元；核实违规585人次，涉及违规资金5.29万元，全部整改到位。开展市本级机关和参公单位2013—2015年津补贴、奖金、福利发放情况自查自纠工作，形成自查报告。开展会议定点信息注册，建立财政、软件公司、定点单位联络人联系机制，党政机关会议定点场所已采购74家，签订采购协议书72家，完成系统注册72家。严控“三公”经费支出，按照只减不增的原则加强管理，全市一般公共预算拨款安排“三公”经费支出2.52亿元，下降14.9%，其中市本级4205万元，下降7.3%。

【强化财政监管】 2016年，市财政局加强预算绩效管理，把部门预算执行率和财政预算绩效纳入市委、市政府综合考核，增强部门提升预算绩效主体责任。出台市级财政专项资金管理信用负面清单管理办法，规范财政专项资金项目申报和资金使用。完善市对县（市、区）区域统筹补助管理，优化政府财力资源配置。创新开展财政专项资金联评联审工作，规范专项资金分配。建立市本级政府性资金信息管理系统，及时掌握各部门各单位各银行账户资金及变动情况。 （季圣康）

国家税务

【概况】 2016年，丽水市国家税务局管辖全市纳税户21.7万户，企业4.8万户、个体16.9万户。全市税收集中在少数重点企业，全市年纳税50万元以上企业1518户，纳税总额65.73亿元，占全市国税总收入82.1%。纳爱斯集团交纳国税收入10.05亿元，同比增长9.83%，增收8993万元，占全市国税总额的12.6%。全市组织国税收入80.06亿元，同比增长19.17%，增收12.88亿元，总量分别比衢州、舟山多3.64亿元和4.87亿元。其中，中央级收入49.92亿元，同比增长1.23%；县（市）级收入27.31亿元，同比增长62.31%。市本级组织国税收入32.91亿元，同比增长23.24%，增收6.21亿元，其中，中央级收入21.45亿元，同比增长8.4%；县（市）级收入10.37亿元，同比增长56.46%。全市9个征收单位全部实现正增长，青田县增长31.21%、龙泉市25.06%、市本级23.24%、庆元县23.02%、松阳县22.53%、遂昌县14.63%、景宁县9.91%、云和县5.63%、缙云县3.46%。

严格重大税收执法权监督，全市审理重大税务案件16件，查补税款2456万元。实施税收“黑名单”公开制度，建立与公安、地税常态化协作机制，严厉打击虚开和打击出口骗税，全市检查涉税案件254件，查补税额1.73亿元，同比增长17.31%，创稽查收入历史新高。实施风险管理目标制，确定年度风险管理重点。加强重点税源风险管理，全年风险应对企业3222户，补缴税款4.25亿元，调减留抵金额4533万元，调整以上年度亏损7949万元。加强“营改增”行业风险管理，制定建筑业“营改增”后税收管理办法。提升利用增值税发票管理新系统的风险防控，开展风险应对企业2085户，补缴税款1.34亿元，调减留抵税额1.01亿元。加强企业所得税汇算清缴和后续审核，调增应纳税所得额8.02亿元，补缴税款9233万元。查处取得虚开企业35户，涉及发票358份，税额1188.3万元。加强出口退税管理，帮助企业建立风险内控机制，提高退税风险防控水平。反避税管理取得突破，查补税款1.02亿元，是丽水史上最大一个间接股权转让反避税案，也是全省2016年最大反避税案件，查补税款占全省反避税总额58%。全市绩效成绩排名全省国税系统第三名，获全省国税系统绩效管理优秀单位。获市委、市政府工作目标考核第一名。全省国税系统第三方纳税人满意度调查，丽水获全省第三名。市局机关党委获省级先进基层党组织和全省“六五”普法先进单位。获全市“2015年度法治政府建设工作优秀市级单位”。被省总工会授予“浙江省工人先锋号”。全市国税系统7名党员被选为市、县党代表。

3月，召开“两学一做”学习教育专题学习暨动员部署会，成立专题领导小组，制定实施方案。制定《专题组织生活会方案》，建立问题清单和整改台账。组织党员干部深入企业，走访企业3601户，其中市、县局领导走访企业207户，及时查找解决工作短板。开展“归零翻篇大讨论”活动，集中蹲点调研和查摆短板期间，组织召开各类学习会21次，局领导蹲点走访9个县（市、区）国税局和19个内设单位，召开座谈会15场，走访企业22家，邀请各类型企业代表和纳税人代表68人参加座谈会，征集意见建议18条，现场解决基层和纳税人实际问题和困难10件次。市局机关党委被省委组织部确定为省委“两学一做”联系示范点，机关二支部被丽水市委组织部确定为丽水市委“两学一做”联系示范点。

【出台支持“双示范区”建设实施意见】 2月，市国税局围绕市委、市政府建设全国生态保护示范区和生态经济发展示范区决策部署，梳理税收政策和纳税服务举措，出台《关于坚持五大发展理念促进丽水“双示范区”建设的实施意见》，制定建设提供税收政策支持和税收发展环境70条实施意见。内容主要包括科技创新税收优惠政策、投资税收优惠政策、生态经济税收优惠政策、外贸企业税收优惠政策和民生经济税收优惠政策。全年全市落实各项减免税17.17亿元，增长42.96%，其中：促进小微企业发展减免3.04亿元，改善民生减免2.61亿元，鼓励节能环保减免0.59亿元，支持“三农”发展减免0.97亿元，鼓励高新技术减免1.16亿元。全市办理出口退（免）税14.74亿元。

【启动营改增试点工作】 3月，市国税局全面启动营业税改征增值税试点工作，涉及全市四大行业4万户纳税人。成立以常务副市长为组长的营改增领导小组，市委宣传部负责宣传工作。全市国税系统以“五加二”“白加黑”模式投入工作，建立每周工作例会制，分行业召开重点企业座谈会，优化办税资源整合，开展无缝对接内外培训，开设集中场所提供“一条龙”服务。组建应急响应机制，解决开票、申报等问题。实行错峰申报机制防止办税服务厅拥堵。全年全市入库新扩围营改增税收11.74亿元，直接减税2.07亿元。非营改增企业拓宽进项税额抵扣范围，间接上降低税收负担。

【落实国地税征管体制改革】　2016年，市国税局落实中央《深化国税、地税征管体制改革方案和税务总局的实施意见》，建立政府主导合作工作机制，地方党委、政府领导作出10次批示。国税、地税出台实施意见，全面承接上级合作事项，增加联合培育重点财源、开展“互联网+税务”建设、税收经济调研三项丽水特色的合作事项。制定任务分工和时间进度表，实施清单化管理，明确责任处室和责任人，《合作规范3.0版》37项基本合作事项在全市范围内所有县局落实开展，实现全覆盖。

【全省首家国地税联合自助办税服务厅】　从2015年10月开始筹建全省首家国地税联合自助办税服务厅，将原自助办税功能区块从现有办税大厅剥离，建设专门的自助办税服务厅，拓展网上办税的时间和空间，打造24小时自助办税服务品牌。2月，自助厅正式投入运行，实现自助申报、自助售票、自助开票、发票认证、社保缴费清单打印等国地税核心业务。国税、地税共管户纳税人到税务机关自助办理次数平均减少20%以上，平均每户月均节约办税时间2小时。全面推开营改增工作以来，市国税局、地税局共同派设人员入驻自助厅，密切沟通合作，推进税制改革工作。

【助力外贸经济发展】　2016年，市国税局优化外贸企业申报程序，向上级争取退税指标，保证出口企业及时足额退税。进一步放宽外贸企业申报限制，外贸企业可在出口退税申报截止之日前的任何一个工作日内办理出口退税申报，每月可多批次申报退税。下放退税审批权限，生产企业的出口退(免)税核准权限已全部下放至县(市、区)局，外贸企业的出口退税核准权限从莲都、青田拓宽到缙云、龙泉。退税审批由市、县“审核审批两极制”，变为县局“一级终审制”，审核审批流程缩短至7个工作日以内，保证当月申报当月退税。实施退税分类管理，将全市出口企业评定为一、二、三、四类，实施差别化管理。对税收遵从度高、信誉好的一类企业实行简化审批，无需提供原始凭证，优先审核、优先退税、优先服务。简化退税审批流程。取消出口退(免)税认定、变更、注销等6项非行政许可审批事项，其中将出口退(免)税认定、变更及研发机构采购国产设备退税资格认定等3项内容变为即办事项。落实“先退税后比对”政策，省去出口企业1个月的稽核信息等待期。全面实行“无纸化”管理。出口企业办理出口退(免)税时，直接通过网上办税平台申报电子数据，不再需要报送相关纸质资料。国税部门通过财税库银横向联网电子缴税系统办理退库，缩短办理退库时间。　(虞丰平)

地方税务

【概况】　2016年，全市地税局组织各项收入170.03亿元，增长16.72%，其中，税收收入72.5亿元，完成年度计划102.72%，增长15.09%；社保费收入91.6亿元，增长19.93%，剔除被征地农民转保一次性收入5.71亿元，同比增长71.49%。市级地税部门组织各项收入59.21亿元，增长32.46%；其中，税收收入29.55亿元，完成年度计划的104.57%，增长17.47%；社保费收入27.37亿元，增长59.25%，剔除被征地农民转保一次性收入1.52亿元，同比增长64.18%(社保费收入大幅增长，开始征收原因是机关事业单位开始征收养老保险)。

【税收征管工作】　2016年，市地税局加强税收分析和预测工作，在金三上线和营改增后税收预测中难度加大的背景下，全市月度平均税收预测准确率97.03%，年度预测准确率99.84%，综合预测准确率98.44%，位列全省第二。加强重点税源和薄弱环节税费征管，开展企业所得税汇算清缴和外出经营建筑企业所得税专项辅导工作，企业所得税汇算清缴率、预缴率分别为100 %和89.4%。完成个人所得税12万元申报目标，证券经纪业务、股权转让等项目全年入库个人所得税2.24亿元。加强个人营业用房税收委托代征管理和房地产交易税收管理，全年入库房地产交易税费2.59亿元。加大欠税清理和堵漏增收工作，全年全市清理欠税3.23亿元，市级清理欠税1.24亿元。加强税收风险管理，做好税收风险事项应对工作，全年全市推送风险纳税人户数2.03万户，发现实际问题户数2万户，入库税款及罚款、滞纳金2.55亿元。日常征管查补入库税款 1963 万元。突出稽查查账“主业”，发挥稽查职能作用，全市检查总户数 323 户，查补总额 1.21 亿元，入库总额 1.29 亿元，查结大要案 21 件，全市查补总额、入库总额、大要案数量创历史新高。

【规费收入征缴】 2016 年，市地税局依法组织规费收入，全市组织规费收入 93.51 亿元，增长 18.54%，其中市级 28.06 亿元，增长 55.24%。在全省率先统一开征机关事业单位养老保险费和职业年金征收工作，全市开展机关事业单位养老保险基金清算工作，全市组织社保费收入 91.6 亿元，增长 19.93%。开展全市社保费结算，保费结算率 97%，通过结算补缴入库社保费 3377 万元。

【支持生态工业发展】 2016 年，市地税局落实房土两税减免等税费减免政策，运用网上办税系统，实现小微企业税收优惠享受面 100%，全市地税部门减免企业税费 17.19 亿元，其中市级减免 7.82 亿元。对接金融机构，优化服务环境，与银行合作搭建“税易贷”“税银贷”等金融平台，提供小微企业发展资金支持。深化优质财源综合性培育工作，牵头落实财政、土地、金融、税费优惠政策和优质服务“4+1”组合拳，把财政资金竞争性存放与金融机构支持优质财源培育企业挂钩，提升培育政策含金量。市级首批 27 家优质财源企业入库税收 3.36 亿元，增长 14.51%。

【“营改增”全面扩围】 2016 年，市地税局开展建筑业、房地产业、金融业、生活服务业等四大行业税制实现顺利转换工作，会同国税部门，提请市政府成立“营改增”全面扩围工作领导小组，建立市政府+国地税+24 个相关政府部门组织领导机构。开展代开代征等各项工作，全市地税部门代开增值税发票 1.35 万份，代征增值税 8972 万元，免征增值税 2.69 亿元。

【“金三优化版”平稳上线运行】 2016 年，市地税局开展按照“三集中、三统一”思路，推进“金三优化版”上线进程，完成 5 批数据清理、“金三”测试、双系统运行、人海压力测试和纳税人培训等工作，全市培训纳税人 1.6 万人。做好“金三”上线应对工作，开辟网税申报辅导现场，主动对接 6 家主要银行入驻办税大厅办理 TIPS 协议，缓解新老系统切换工作对纳税人的冲击。

【优化纳税服务】 2016 年，市地税局结合“便民办税春风行动”，开展“问需求、有服务、促改革”大走访活动，全市地税干部上门走访纳税户 1.1 万户，电话访问 6477 户，发放调查问卷 6744 份，发送短信 7 万余条，发放财税资料 3 万余份，召开座谈会 37 次，收集意见 947 条。推进审批制度改革，落实“五证合一、一照一码”及个体工商户营业执照和税务登记证“两证整合”。推进“互联网+服务”，全面推行“二维码”一次性告知制度，开展“12366”服务热线、微信、QQ 等媒介在线答疑、远程指导，“小季直通车”微信群得到纳税人好评。与国税联合共建 24 小时自助办税厅，弥补国地税窗口 8 小时以外及节假日的服务盲点。“12366”财税咨询热线全年总来电量 1.97 万个，及时率、办结率100%，满意度 100%。在全国纳税人满意度调查中，取得较好成绩，松阳县、青田县分列全国第三和第六名。

【推进征管体制改革】 2016 年，市地税局深化国地税合作，推进合作常态化。开展纳税信用评价，联合采集财务报表、联合开展税收宣传和培训辅导等 37 项合作事项。构建大征管体系，建立健全部门协作信息共享机制，与发改委、国资委和环保局等部门联合制定信息资源共享协作意见，有效加强税收征管保障。 （季圣康）

税收中转直通车为纳税人提供便捷服务　　季圣康　提供

金　　融

综　　述

【概况】 2016年，中国人民银行丽水市中心支行（以下简称“市人行”）指导、协调全市金融系统贯彻落实稳健的货币政策，推进农村金融改革，支持供给侧结构性改革，促进地方经济平稳健康发展，实现金融业自身改革发展的新成绩。至年底，全市银行业金融机构本外币各项存款余额2151.05亿元，新增187.59亿元，余额同比增长9.55%，其中，住户存款余额1268.22亿元，同比增长14.37%；非金融企业存款余额338.36亿元，同比增长16.92%；广义政府存款余额464.72亿元，同比下降2.44%。本外币各项贷款余额1555.26亿元，新增51.51亿元，余额同比增长3.43%，其中，住户贷款余额918.34亿元，同比增长11.43%；非金融企业及机关团体贷款余额634.69亿元，同比下降6.26%。外汇存款余额16.31亿美元，减少2.98亿美元，余额同比下降15.45%；外汇贷款余额1.7亿美元，减少0.79亿美元，余额同比下降7.4%。全市金融机构不良贷款率2.32%，比年初下降0.14个百分点。全年投放发行基金204.97亿元，回笼发行基金177.99亿元，分别同比下降6.61%和6.4%，净投放发行基金26.98亿元。

11月27—28日，国家级媒体记者到丽水采访农村金融改革工作　何　东　提供

【贯彻执行货币政策】 2016年，市人行组织召开全市金融机构负责人会议，传达贯彻全省金融机构负责人会议精神。制定全市地方法人金融机构宏观审慎评估工作管理暂行办法，完善市、县两级宏观审慎评估工作管理流程，提升宏观审慎评估工作效率。推动法人机构参与利率市场化改革，指导符合条件法人机构加入银行间同业拆借市场，为4家农信机构办理同业存单发行备案24亿元，其中3家机构发行同业存单8.5亿元，比2015年增加7.5亿元。推动直接融资业务，全市首单银行间市场债券20亿元获准发行，其中首单8亿元债券于5月发行，实现“零”突破。

【开展“金融支持供给侧结构性改革年”活动】 2016年，市人行围绕供给侧结构性改革任务，推动市政府出台精准帮扶企业、小微企业培育库建设、降低企业成本减轻企业负担等多项政策意见，助推结构性改革和生态经济发展。联合市市场监管局开展“金融服务小微企业对接月”活动，举办全市银企对接专场会。四季度，组织全市金融机构开展“大走访、大对接、大投放”活动，促进银行信贷供给与地方经济发展需求有效对接，推动全市金融总量合理适度增长。至年底，全市金融机构累计走访企业2165家，达成对接意向1418家，完成贷款投放161亿元。全市小型企业贷款加权平均利率5.56%，同比下降0.16个百分点。

【推进外汇管理改革】 2016年，市人行加强与地方政府部门协调，出台多项便利审批手续，鼓励本地户籍异地出口企业回归办理收汇业务。1—12月，全市结售汇顺差39.43亿美元，同比下降4.69%。个人项下购付汇金额分别为2.67亿美元和2.66亿美元，同比分别增长0.46%和下降17.22%。对无法以境外汇回的自有资金还款客户，提供"转贷通"服务，实现个人外汇贷款"无缝续贷"，稳步推进个人外汇贷款扩面增量工作。至年底，累计发放个人外汇贷款7141万美元，余额3258万美元。

【维护金融秩序】 2016年，市人行坚持"法定职责必须为、法无授权不可为"原则，做到依法履职、依法行政，提升金融管理效能，维护辖内金融稳定。开展全市"僵尸企业"调查、第二轮担保圈风险排查等工作，加强风险排查和化解处置。至年底，全市银行不良贷款余额36.1亿元，不良率2.32%，较年初下降0.14个百分点，全年处置不良贷款45亿元，实现不良额和不良率双降。加强与政法银企间的对接协调，推动企业破产重整，形成庆元县昌达实业有限公司典型经验，被人民银行杭州中心支行发文在全省推广。开展"9·28"遂昌苏村山体滑坡重大灾害应急处置和救灾保障工作，及时制定关于做好灾后重建和恢复生产金融服务工作的指导意见，指导金融机构做好救灾重建等服务，获市委、市政府主要领导肯定。开展外汇检查、反洗钱监管，取得良好成效。与市公安刑侦支队、网警支队开展案情分析，全年移送线索18起，与禁毒、经侦支队开展情报会商13次。加强与司法部门沟通联系，成功将2015年10月报送的叶某涉毒案件线索移送市检察院审查起诉。继续开展打击非法外汇买卖活动，破获以台湾人李某为首的非法买卖外汇案，并对涉案人员进行行政处罚。承办国家外汇管理局对浙江公安、外汇局系统破获重大案件集体和个人慰问表扬会，中心支局获先进集体。

【提升金融管理服务水平】 2016年，市人行将电子支付业务嵌入全市农村电子商务创新发展示范区实施方案，推进村级电子商务服务站与银行卡助农取款服务点合作共建，提升农村支付服务效率和质量。至年底，加载电子商务功能的农村金融服务站760家，占比35.95%。扩大"安心购"食品溯源平台试点范围，20家菜场纳入平台试点，入网经营商户累计1243家，累计刷卡交易金额9099万余元。印发农村小面额人民币需求计划管理制度，通过建立需求计划报送制度、主办银行制度、监测统计制度等手段，对全市农村小面额人民币需求计划实行动态管理，打造农村小面额人民币兑换的"丽水模式"。至年底，投放小面额原封新券5.13亿元，回笼残损币4.04亿元。依法、全面履行经理国库职责，夯实国库核算基础。组织开展全市国库会计标准化建设劳动竞赛，提高国库会计核算操作和管理的科学性、规范性，全年确保核算业务无差错。加强内控建设，完善国库内部管理机制；加强核算管理，提升国库核算质量。至年底，全市国库预算收入360.88亿元，同比增长7.43%；国库预算支出642.12亿元，同比增长12.63%。强化食安全金融联合惩戒工程试点，加强与社会信用体系建设相衔接，扩大"一个平台（农村信用信息服务平台）、两项机制（专项工作推进机制、风险预警机制）、三级关联（信用报告关联、法人股东关联、信用等级关联）"的"征

年末银行业金融机构存贷款情况（本外币）

表14　　单位：万元

单位名称	存款		贷款	
	余额	同比增长(%)	余额	同比增长(%)
农发行丽水市分行	109605	35.48	325833	-8.60
工商银行丽水分行	3204170	4.33	2046426	-7.05
农业银行丽水分行	2950055	11.50	1867861	4.40
中国银行丽水市分行	2874914	2.20	2099963	-3.55
建设银行丽水分行	2529658	6.27	2008923	-5.02
交通银行丽水分行	66726	20.92	123829	15.39
中信银行丽水分行	423302	6.24	532786	18.28
浦发银行丽水支行	254092	26.28	332502	5.93
浙商银行丽水分行	71731	2.51	188053	24.26
泰隆商业银行丽水分行	645113	6.18	752366	17.73
稠州商业银行丽水分行	436359	8.26	397490	14.11
温州银行丽水分行	150511	-9.84	130502	21.14
杭州银行丽水分行	31971	203.74	71588	94.18
民泰银行丽水分行	62606	89.39	62063	122.67
邮政储蓄银行丽水市分行	1718449	20.76	646784	10.00
全市农村合作机构	5041133	15.45	3381382	8.77
其中：莲都农商行	902170	17.75	611803	8.71
各县（市、区）村镇银行	488954	21.04	584256	12.73

说明：各项存款合计不含财政数据

信+食品安全”成果，获得浙江省政府朱从玖副省长批示肯定，人民银行杭州中心支行发文在全省推广。

【深化农村金融改革】 2016年，市人行按照《丽水市农村金融改革试点总体方案》精神和要求，重点围绕推进全国“农民住房财产权、土地承包经营权”两权抵押贷款试点，创新“绿色金融、扶贫金融、互联网金融”三项工程，深化“农村信用、农村融资担保、农村基础金融服务、农村保险”四个体系的“二三四”工作重点，协调配套、统筹组织、精心实施、全面推进并取得阶段性成效，得到人民银行总行副行长陈雨露、浙江省政府副省长朱从玖、人民银行杭州中心支行行长殷兴山等领导高度评价和充分肯定；省委全面深化改革领导小组第十次会议专门听取丽水市委书记史济锡就农村金融改革成效的系统汇报并给予充分肯定；同时得到社会各界和众多媒体的广泛宣传报道。至年底，全市涉农贷款余额818.56亿元，占全部贷款52.6%。

2016年，全国“两权”抵押贷款试点实现新开局。成立市级农民住房财产权和农村土地承包经营权抵押贷款试点工作指导小组，龙泉、缙云、青田三个试点地区均制定印发试点实施方案。推动确权登记颁证、农村产权交易、价值评估、风险缓释机制和抵押物处置等配套机制建设。至年底，全市农村土地承包经营权确权率98%，累计发放土地流转经营权证1848本、农村宅基地使用权证46.1万本(占比达到77%)、农村住房所有权证20.5万本(占比达到38%)。市、县、乡三级农村产权交易平台累计完成农村产权线上公开交易1798宗、金额3.08亿元。至年底，全市农房抵押贷款累计发放79.96亿元，余额37.79亿元，总量居浙江省第二，平均单笔贷款金额达30万元；土地经营权抵押贷款累计发放5.22亿元，余额3.24亿元，总量居浙江省第二，平均单笔贷款金额40万元。全市农房抵押贷款不良率0.24%、土地承包经营权抵押贷款不良率为零。

2016年，“四大体系”建设实现新提升。农村信用体系建设有新成效，初步完成农村信用信息服务平台功能框架开发工作。农村金融基础服务体系建设有新进展，建成示范性农村金融服务站204家；建立村级外币兑换点9个，社区兑换便利店4个、货币兑换公司1家，累计办理代兑业务33.18万笔、金额11.93亿美元；加快农村信用联社股份制进程，辖内4家农村信用联社股改工作进入现场验收阶段。引导银行机构设置向小微支行和社区支行倾斜，新设立小微支行3家、社区支行2家。农村融资和担保服务体系建设有新突破，至年底，政策性涉农融资担保公司3家、行业协会担保组织9家，商业性担保公司20家、村级互助担保组织177家；新增股份公司15家；新增“新三板”挂牌公司9家，总数24家；在浙江股权交易中心新增挂牌企业62家，总数255家。成功发放全市首笔“新三板”股权质押贷款业务，企业融资渠道进一步拓宽。农村保险服务体系建设有新推进，创新开展茶叶、杨梅气象指数特色种植农业保险试点。至年底，全市食用菌保险试点投保户数751户，保费收入84.24万元；茶园种植保险试点投保户数991户，保费收入36.06万元；茶叶低温气象指数保险试点投保户数273户，保费收入39.84万元；杨梅采摘期气象指数保险试点投保户数107户，保费收入16.76万元。

2016年，“三大工程”建设呈现新亮点。绿色金融工程：持续深化林权抵押贷款，全面推进生态公益林收益权质押贷款业务，发放全市首笔排污权抵押贷款。至年底，全市林权抵押贷款累计发放176.07亿元，余额54.73亿元，居浙江省第一位。互联网金融工程：制定印发“农村电子商务创新发展示范区实施方案”，明确金融支持农村电子商务发展的具体指导意见；推广网上支付业务和手机支付工具在农村地区的使用。全市创建网上支付示范区38个、“电子支付应用示范镇、村”18个。扶贫金融工程：成功争取将辖内7个县(市)纳入人民银行扶贫再贷款试点名单，为地方法人金融机构支持脱贫攻坚提供成本较低、期限较长的资金来源，引导金融机构加大扶贫贷款发放力度。至年底，全市累计发放扶贫再贷款1.675亿元。辖内农金机构全年累计发放扶贫贷款余额10.16亿元，比年初增长14.54%。 (何　东)

【银行监管】 2016年，丽水银监分局立足区域特色，提升金融服务，引领银行业落实经济供给侧结构性改革政策，提升服务实体经济的精准度。至年底，全市贷款余额1555.26亿元，比年初增长3.43%，扭转上半年负增长的局面。在银监会、林业部联合在丽水召开的林权抵押贷款现场会上作典型发言，以“一揽子”举措持续打造林权抵押贷款全国标杆，全市林权抵押贷款总量占全省50%以上；持续推动银行创新与村级互助担保组织合作模式，解决农民融资难；制定实施《2016年丽水银行业“绿色金融推进年”活动方案》，以“绿色金融”资源资本化、项目股权化、授信批量化，激活绿色资产、撬动绿色投资、培育绿色金融丽水特色，2016年，全市生态经济信贷余额占全市贷款比重近五分之一。2016年,全市银行业处置不良贷款43.18亿元,扭转近5年来风险上升态势。开展“清雷防险”和“两加强、两遏制”回头看专项检查,建立银行从业人员“黑名单”,防控案件风险。完善全面流动性指标监测、协调防控、流动性互助、舆情监测、应急预案演练等机制建设,推动各村镇银行与主发起行签订刚性资金支持协议,防范流动性风险。搭建“政府牵头、银监引导、协会会商、企业自救、银行帮扶”五位一体困难企业帮扶工作框架,组建债权人委员会14家,帮助企业完成贷款展期18家、续期19.24亿元,累计帮扶困难企业388家,帮扶贷款24.14亿元,同比增长4.67亿元。

构建领导责任、协调联动、监测通报、沟通交流、预报预审“五项机制”,完成遂昌、松阳、缙云和龙泉4家农合机构筹建农商银行的初审工作,其中,松阳农商银行获省局批复筹建。通过差异化准入政策,引导辖内中小商业银行下沉服务重心,设立小微企业专营支行、社区支行29家,实现辖内9县(市、区)全覆盖;加强农村金融服务电子网络渠道建设,创新“机具+”、“移动4G终端+”等多种服务模式,全市乡镇金融服务电子替代率76.11%;指导辖内村镇银行做好股权变更工作。加强源头治理,深化“和谐金融”“五型五心”服务建设,推动“专区双录”工作落实;扩大“金融知识进万家”等宣教品牌影响力,全年511个银行网点、4000余人次参与宣传,接受宣传教育群众140万人次;建设金融维权共治体系,组建银行业调解委员会,落地消保三年行动计划(2016—2018年)。（金 垒）

【中国农业发展银行丽水市分行】 2016年,中国农业发展银行丽水市分行(以下简称“农发行”)各项贷款余额325833万元,比2015年减少30646万元,减幅8.6%;各项存款余额124157万元,比2015年增加25498万元。全年清收处置不良贷款2270.6万元,年末不良率和不良余额三年来首次实现“双降”。全年投放贷款19.02亿元,增幅87.12%,创历史新高。其中,粮油贷款2.27亿元,支持地方完成储备粮三年增储计划;中长期项目贷款16.75亿元(含应急贷款),支持当年新审批及续放项目16个。全年批复项目贷款18笔,授信总额65.05亿元,是“十二五”期间五年项目贷款批复总额的1.45倍。开办抵押补充贷款(PSL),批复棚户区改造、水利建设、农村公路等项目贷款7笔、金额37.6亿元,利率执行人行同期同档次基准利率下浮15.41%,当年投放5亿元。开办救灾应急贷款,批复1亿元支持遂昌苏村村山体滑坡灾后重建,当年投放5000万元。首次牵头组织银团贷款9亿元,支持龙泉G322(原53省道)安仁至西街段改建工程,份额占比50%。投贷联动支持缙云县好溪水利潜明水库一期工程和龙泉市城区棚户区改造项目。潜明水库PSL水利建设中长期贷款被丽水银监分局评为丽水银行业“绿色金融”还款方式创新十佳优秀产品。配合地方政府平台贷款转债券,全年置换18笔,置换金额15.51亿元。（占 淼）

【中国工商银行丽水分行】 2016年,中国工商银行丽水分行本外币各项存款余额320.43亿元,比年初增加13.34亿元;本外币各项贷款余额204.64亿元,比年初减少15.53亿元;不良贷款率0.97%,低于全市同业平均水平并在大型银行中处于最优。成功发放全市首笔PPP项目贷款和首笔新能源项目贷款,服务小微企业和“三农”,获2016年度市级金融机构支持地方经济发展先进单位三等奖。信贷文化建设效果显现,不良贷款实现“双降”。开展“两学一做”学习教育,将党建工作与业务经营有机融合。参与丽水市全国文明城市创建活动,查找网点服务短板,提升服务质量和客户满意度。加强操作风险、道德风险和外部风险防范,全年实现安全经营。（雷玲玲）

【中国农业银行丽水分行】 2016年,中国农业银行丽水分行(以下简称“市农行”)全面完成政府增贷目标、“三权抵押”贷款、小微企业贷款“三个高于”等系列考核任务。全年各项存款总量295亿元,增量突破30亿元;连续20年平安经营。

加大投放量,推进政府重大项目建设,全年重点支持城市道路、园区建设等城市基础建设项目4个,支持大溪治理工程等“五水共治”水利项目5个,支持棚户区改造等民生保障项目3个,支持衢宁铁路、金丽温高速公路等交通类项目3个,对7个政府购买服务提供项目融资,主动对接多个PPP项目,全年市农行上报审批项目金额48.1亿元,发放项目贷款12.9亿元。推进企业转型升级,推出小微企业成长“帮扶贷”“简速贷”“入园企业前期贷”等系列产品;加大对新兴产业支持力度,推出供应链融资贷款、经营性固定资产贷款;加大对农旅融合支持力度,推动丽水休闲养生和生态旅游产业发展,推出“秀山丽水养生卡”吸引本地、外地游客在丽水消费,发卡量突破4万张,授信额度超5亿元;加大不良贷款处置力度,通过重组、核销、批转等方式,化解企业风险贷款15.23亿元;不断向实体经济让利,全年贷款加权平均利率降幅近20%，为企业让利1亿余元。

助推农村农民致富。市农行根据各县域不同产业特色，推出“一县一品一贷”惠农系列产品，对松阳茶业、庆元香菇特色产业，推出并发放“惠农茶商贷”“惠农菇商贷”，其中，“惠农茶商贷”获丽水市“绿色金融”十佳优秀产品奖。针对丽水农村电商产业，专门制定支持丽水农村电商十条措施，并与缙云县政府签订战略协议提供意向融资10亿元，在遂昌、缙云、云和等农村网商较为集聚的区域推出“惠农网商贷”产品。创新实践农村金融“互联网+”，通过微信、农行“惠农通”等平台标准化、网络化、自助化发放“惠农网贷”，在全市9个村开展，预授信6377万元；创新推出“政府征信担保机制”“农户信用贷款”等，解决农民贷款难、担保难问题；创新选派10名农行骨干挂职乡镇街道，担任乡镇长助理。为解决财政先支后收难题，市农行先后推出“美丽乡村贷”“五水共治专项贷款”“小城镇综合整治贷”等系列产品，发放贷款11亿元。与丽水市小城镇环境综合整治行动领导小组办公室签订全面战略合作协议，意向提供150亿元信用额度，用于支持全市158个小城镇环境综合整治，持续改善丽水城镇、农村人居环境。 （陶 莎）

【中国银行丽水市分行】 2016年，中国银行丽水市分行（以下简称“市中行”）实现营业收入103152万元（还原增值税，下同），同比下降1.28%，完成省行计划的91.70%，其中非利息净收入32756万元，完成省行计划109.72%，同比增幅16.96%，增幅全省排名第一。实现拨备前利润70514万元，完成省行计划的90.87%，同比增幅0.19%，是全省3家正增长分行之一；实现净利润6625万元，完成省行计划的72.80%，同比增幅231.09%，增幅全省排名第一，净利润近3年首次实现扭亏为盈。本外币时点存款余额287.46亿元，四大行余额占比25%，列第三位；较年初新增6.20亿元，增幅2.58%。本外币存款全口径市场份额13.65%，位列全省第一。本外币贷款时点余额209.39亿元，四大行余额占比26.18%，列第一位，是全省唯一四大行排名第一的二级分行。较年初负增8.70亿元，四大行新增列第二位；本外币贷款全口径市场份额13.50%，位列全省第一。累计实现清收化解不良9.41亿元，年末不良余额6.05亿元，比年初下降0.38亿元，不良率2.89%，比年初下降0.06个百分点，不良率和不良余额实现“双降”。完成国际结算业务量11.8亿美元，市场份额36.06%；完成跨境人民币业务量8.58亿元，市场份额46.56%，两项指标同业市场继续保持第一。市中行坚持“回归本源”，转变发展理念，从现有存量客户供应链、产业链、资金链沿线跟踪，建立目标客户库，以优势产品为切入点，以培养结算习惯为抓手，培育一批有效益、有贡献的基础客户群。至年底，基础客户折前较年初增幅6.58%，全省排名第三位，较年初提升一位。三方客户较年初新增24079户，四大行新增占比达33%，排名第二位，省行目标完成率233%。手机银行交易客户数省行目标完成率排名第四位，交易量完成率排名第三位。

加强与地方政府的合作沟通，巩固财政、社保等存量客户，突破丽水市公积金中心、市烟草公司等重点客户，培育市场监督管理局、民政局等潜在客户，至年底，行政事业单位存款实现53.39亿元，日均较年初新增8.04亿元。利用浙商卡、常青树卡、商贸通卡等借记卡产品的结算优势和步步高、聚财通等存款产品的收益优势，做大客户存款流量。至年底，个人本外币核心存款四大行市场份额占比29.91%，排名第一。成功获批丽缙产业园区、山哈宫、丽水学院、岩樟溪水电站、仙都景区等项目，合计金额8.5亿元，成功投放丽水学院、山哈宫、公积金中心等项目。至年底，本外币公司贷款比年初负增13.38亿元。加大走访力度，开展幸福家庭季等营销活动，加大贷款宣传力度，批量拓展网络快捷贷、银行卡分期、福农分期等业务。至年底，市中行个人贷款余额97.03亿元，较年初新增8.95亿元，四大行余额占比26.75%，位居第一。实现银行卡分期交易额8.9亿元，与上年持平，市场份额34.59%，市场份额和新增额均在四大行排名第一。全年资产质量整体平稳，至年底，市中行不良贷款余额6.05亿元，比年初下降3841万元，不良率2.89%。

注重“对结果负责”，“对过程管控”，“向教训借鉴”。至年底，累计实现表内清收9.41亿元，化解比率（化解额/上年末不良余额）146%。累计实现已核销呆账收回1147万元，完成省行下达全年任务的6倍，表外息（0524+0790）收回1747万元，较上年同期增长18.52%。重点营销省市重点项目、十三五规划项目、特色小镇、PPP等重点项目。深化“银税、银政、银农互动”，精准对接小微企业融资需求，实现小微企业贷款增速高于全部贷款平均增速2.46个百分点，制造业贷款余额实现较年初下降11.10亿元，占比下降0.12%。做大做强房贷业务，至年底，房贷余额占比达63.16%，较年初提升11.35个百分点，一手房和二手房分别较年初新增8.94亿元和6.69亿元，同业新增占比分别为61.35%和51.88%。

开展内控案防专项治理、反洗钱专项治理行动和客户信息治理等检查工作，至年底，市中行对各类内外部检查出现违规、违纪相关责任人进行问责321人次、经济处罚金额80.68万元，其中，党纪处分1人、辞退2人、警告10人（含不良问责3人）、诫勉谈话5人、经济处罚303人次（含不良问责205人次、金额65.23万元），受处分人次、处罚金额与上年同期相比下降63%、39%。开展优秀行长、优秀中层、优秀员工、优秀女职工、模范劳动者、优秀青年、优秀党员、优秀复转军人、优秀兼职老师、核心专业人才十类优秀人员评选表彰活动，树立模范典型，营造争先进位的良好氛围。（周晓燕）

【中国建设银行股份有限公司丽水分行】 2016年，中国建设银行股份有限公司丽水分行（以下简称"市建行"）本外币存款余额252.99亿元，比2015年增长6.3%。各项贷款余额200.9亿元，比2015年下降5.01%。实现中间业务毛收入1.18亿元，比2015年下降16.22%。实现账面利润5.21亿元，比2015年下降1.8%。支持基础设施、PPP项目、基金项目、农村金融、生态经济、特色小镇等建设，全年投放基础设施贷款3.53亿元，新增特色小镇贷款0.4亿元，新增"低丘缓坡"项目贷款5.01亿元，新增民生项目贷款2.88亿元。推广"助保贷""税易贷""网银循环贷""善融贷"等小微企业信贷产品，搭建"助保贷"平台5个，"税易贷"平台20个，"助保贷"贷款余额1.02亿元，"税易贷"余额3631万元，"网银循环贷"余额1.15亿元。创新产品，为客户提供直接融资，理财资产实际入池余额5.5亿元。拓展基础设施建设类产业基金，丽水市城市建设发展基金65亿元完成审批。开办首笔第三方通道类业务，投放其他应收款买断型理财产品业务2.5亿元。对公理财产品余额72亿元，比2015年增长10.77%。个人理财产品余额30.84亿元，比2015年增长106.43%。参加农村金融改革试点，推出个人"三权"抵押业务，小企业林权抵押贷款余额1.01亿元，个人"三权"抵押贷款2932万元。6月，获建行总行同意首家试点开办田园乡村惠农担保贷款（简称"惠农贷"）业务，完成松阳县担保互助社建设2个，发放"惠农贷"21笔，金额202万元。营业网点物理渠道转型，完成综合网点升级改造5个、轻型网点改造4个。推进综合网点智慧转型，全年投放智慧柜员机96台。加快金融生态圈建设，新增全程网络自助"快贷"5.52亿元，位居全省建行系统第一位。公积金G系统上线，住房公积金联名卡总量13.12万张，比2015年增加0.8万张。新增手机银行活跃客户1.16万户，比2015年增长18%。移动金融交易占比60.69%，比2015年提升26.27个百分点。"善融商务"商户240户，其中活跃商户31户，位居全省建行系统第一位。8月30日，丽水市政府和建行浙江省分行在丽水签约《共同推进"十三五"期间经济发展战略合作协议》。8月24日，市住房公积金管理中心与建行丽水分行签订公积金业务开发区受理网点合作协议，并在建行丽水开发区支行设立受理点。

开展内控合规文化等活动，组建合规官、合规团队、合规经理和专兼职合规岗，建立多层次、立体化的合规体系。采取系列风险化解措施，压降不良贷款，全年处置不良贷款5.61亿元。开展基层支行"道德讲堂"巡回活动，全年举办六期。开办金融知识课8期。（王学亮）

8月24日，市住房公积金管理中心与建行丽水分行签订合作协议　王学亮　提供

【交通银行股份有限公司丽水分行】 2016年，交通银行丽水分行（以下简称"市交行"）加强风险管控，推进不良清收；强化宣传，普及金融知识；服务农村金融改革，推动绿色金融发展。持续推进转型发展，坚持绿色经营，提升发展质效。按照监管部门的统一部署，结合地方经济发展战略需求，组织开展"提升信用品质　服务实体经济"等系列主题活动。支持市

旧城改造公司、市公积金中心、丽水学院等优质客户，全行全年贷款增速、增量均有所提升，服务实体经济力度增强，打造农村金融生态链，支持地方经济发展，创新银行卡与助农平台相结合的模式，向遂昌县5万余农户发行“绿色惠农卡”主题联名卡，将政府惠农补贴以专款专用形式打入补贴子账户。分行派员深入农户家，累计激活惠农卡8224户，代发款项44507笔，代发金融达1200万元。加强不良贷款处置与化解工作。至年底，累计处置风险资产1.64亿元，不良贷款余额降幅达57.23%，不良率由年初的10.95%下降至5.7%，实现不良贷款与不良率的双降，资产质量明显改善。全年累计实现诉讼清收1463万元。开展各类普及金融知识活动，履行金融知识普及的社会责任和义务，服务小微企业，切实维护消费者的合法权益，开展“普及金融知识万里行”“小微企业金融服务月”“支农支小金融服务主题宣传活动”等宣传活动23次，发放宣传资料5800余份，接受客户咨询近1000人。利用认证微信、手机短信等便捷的通讯平台，向广大客户宣传相关的金融知识。全年发送微信3000余人次，手机短信9000余人次。（傅晓芳）

农信联社支持“三位一体”改革　　卢　芸　提供

【农村合作金融】　2016年，丽水农信业务发展呈现“稳中有升”的良好态势。各项存款余额504.11亿元，比年初增加67.45亿元，增长15.45%，增速位列全省农信系统第3位；各项贷款余额338.14亿元，比年初增加27.25亿元，增长8.77%，增速位列全省农信系统第4位。存贷款总量和增量均位居全市银行业首位。全市农信下辖2家农商行，7家农信联社，其中，8家行社存贷款总额位居当地首位，莲都农商行存贷款总额位居当地第四位。全市农信全年上缴各类税费4.45亿元，增幅1.83%。2016年，省农信联社丽水办事处获全市金融机构支持地方经济发展二等奖。

推进改制工作：2016年7月，松阳、遂昌、龙泉和缙云农信联社全面启动改制。云和、庆元和景宁3家农信联社初步拟定增资扩股方案。通过改制和资本优化，行社抗风险能力进一步增强，至年底，丽水农信资本充足率12.91%，高于法定值2.41个百分点。

构建“批量化、产业化、特色化”产品体系，持续推进“整村批发”金融服务。评定信用农户49万户，与1769个行政村签订全面战略合作协议，有效合作率88.62%，授信额度266.79亿元；与79家村级担保组织开展合作，发放贷款1.88亿元，惠及农户1479户。推进“农业产业”金融服务。助力“三位一体”改革，在市级农合联、9家县级农合联和135家乡（镇）级农合联，农信均当选为副理事长单位，独家代理金融服务。创新“茶链通、菌贷通、油链通”信贷产品，持续对农民专业合作社、家庭农场、生态农业、乡村旅游业、特色小镇建设信贷支持。至年底，发放产业链贷款5.45亿元，家庭农场、合作社贷款3.46亿元，乡村旅游业、特色小镇建设贷款1.48亿元。推进“地方特色”金融服务。创新金融服务产品，推出银政保、养老贷、光伏贷、民宿贷、“青年创业贷”和“青年电商贷”等特色产品。至年底，发放各类特色化贷款36.24亿元，惠及客户群3万余户。

构建“城乡一体化、便捷化、互联化”渠道体系。围绕中心镇、中心村和人口集聚区，整合渠道资源，累计布放ATM终端512台，承办村级综合金融服务站1256个，布放助农终端36台，助农POS机1238台，建成丰收驿站40家，基本完成城乡一体化渠道建设。优化支付渠道，推进食品安全溯源体系建设，将金融结算功能与食品溯源有机结合，该项目获“2016年度浙江农信创新大赛”二等奖。至年底，推广农贸市场20个，专业市场1个，拓展商户2230户，发放安心卡8.11万张；庆元县中医院试点上线“银医通”自助服务系统，将银行卡、社保卡和就诊卡“三卡合一”；与松阳中专联合发行“丰收•智慧卡”联名卡，实现“一卡在手、走遍校园”，提升金融服务便捷度。加强电子渠道，推进丰收购、丰收家互联平台应用，企业网银、个人网银及手机银行分别较年初增加0.15万户、1.59万户、5.11万户，电子银行替代率76%，丰收购、丰收家入驻商户143家，累计交易44905笔。

加强风控考核，推行大额不良领办制，开展全员"清非攻坚"专项行动，并严格落实不良贷款责任追究制度。加强合规管理，做好信贷风险、信访、员工异常行为排查，对员工严重违规行为，责任上追两级。开展"两学一做"学习教育，全市9家农信联社、农商行参与，同步推进活动开展。组织队伍参加各类文体活动，取得市银行业业务技能比赛团体第一名、"清雷防险"知识竞赛一等奖、市金融系统篮球赛二等奖、乒乓球赛团体二等奖。青田农商行员工周雪华被中国银监会评选为2016年度"银行业最美人物"。（卢　芸）

【中国邮政储蓄银行丽水市分行】 2016年，丽水市分行实现自营业务收入3.42亿元，实现净利润9277万元。自营个人储蓄存款日均余额45.36亿元，年净增4.06亿元、公司存款日均余额19.18亿元，年净增0.78亿元，完成净增目标34.71%。各项贷款余额64.68亿元，年新增5.88亿元，同比增长10.00%，市场占有率4.16%，贷款投放增量和增速在全市大型国有商业银行中位居第2位；完成小微企业贷款"三个不低于"目标。其中，个人贷款余额54.93亿元，年净增4.97亿元。小企业贷款余额8.12亿元，年净增1.62亿元，其中，小水电贷款结余、年净增均在系统内排名全国第1位。不良贷款余额6864.89万元，不良贷款率1.06%。

2016年，丽水市分行获支持地方经济发展三等奖和丽水银行业"绿色金融推进年"活动先进集体。完成护航G20峰会银行安保工作，被浙江省公安厅授予全省G20峰会安保工作成绩突出先进集体。创新"三权"抵押产品，至年底，"三权"抵押贷款结余12.64亿元，其中，林权抵押贷款结余6.36亿元，年净增8229万元；农房抵押贷款结余6.24亿元，年净增1.48亿元；土地流转经营权抵押贷款结余462万元，年净增442万元。开展"整村授信"，至年底，建立"银村合作"村302个，新增128个；累计授信13.3亿元，新增授信2.74亿元；贷款结余2426笔，结余金额3.06亿元。参与丽水市景宁县政府"银政保"项目，至年底，累计发放扶贫资金3819笔，发放金额1.89亿元。优化助农取款点建设，推出农村群众"足不出村"的金融服务，至年底，全市建立"助农取款服务点"916个，其中金融服务站示范点77个。全年为村民办理查询业务1.26万笔；小额取款1.06万笔，金额414.70万元；代理转账1.58万笔，金额6521.66万元；代理电子商务交易5.01万笔，金额23036.10万元。推进村级互助担保组织建设，松阳县支行与大岭里村级互助担保组织建立合作，手续方便，提高贷款申得率，解决抵押物处置难问题，全年发放担保贷款44笔，担保金额580万元。牵头成立"丽水市青年企业家协会互联网创业分会"，丽水市分行与企业家协会签订战略合作协议，为青年创业者提供信贷资金支持等综合金融服务。推进"两学一做"学习教育活动，首次出台丽水市分行基层党建工作考核办法。（留津津）

保　险

【概况】 2016年，丽水市级保险机构23家，其中，财险公司13家，寿险公司10家。全市实现保费收入49.68亿元，同比增长29.09%，剔除万能险后，保费收入43.36亿元，同比增长16.39%，比全省平均增速低7.96个百分点，增幅较上年减少0.6个百分点，增速全省排第九名。其中，财产险保费收入17.25亿元，同比增长6.91%；人身险保费收入32.43亿元，同比增长45.09%，剔除万能险后同比增长26.38%。支付各类赔款(给付)15.98亿元，同比增长29.55%，其中，财产险支付赔款9.66亿元，同比增长18.52%；寿险赔(给)付6.32亿元，同比增长51.04%。

【加强保险行业自律】 2016年，丽水市保险行业开展"价格"以外的自律检查工作，包含寿险网点服务标准窗口检查复查、车险理赔服务(即洪涝灾害车险理赔协作演练)、每月15日总经理接待日情况检查、银行网点代理保险业务情况暗访以及全辖县域机构巡查等工作。全年组织检查、暗访21次、涉及机构网点42个。修订《丽水市保险行业保险销售从业人员"不良记录名单"暂行管理办法》，增加"保险销售从业人员向保险消费者直接推荐销售包括P2P等第三方理财产品在内的非保险金融产品和以介绍客户等方式间接从事非保险金融产品相关销售活动"自律内容。

加强专业委员会工作，撤并或充实原专委会；修订理赔专业委员会、宣传专业委员会等工作规则，并增设"保护保险消费者权益保护专业委员会"。先后召开信息宣传、产寿险理赔、保护消费者权益等专委会会议，对有关行业共性问题进行交流、商讨和相应规范。整治"买商品送保险"问题，2016年，商家"买商品送保险"问题突出，有损保险行业形象。针对这情况，市保协征求各保险公司意见后，起草《丽水市保险公司规范与第三方平台合作自律公约》，并进行签约，尝试业内自律抵制，取得一定成效。

【政保业务扩面增量】 2016年，全市政保业务险种36个，保障额度万亿以上。全年试点茶叶气象指数保险、杨梅气象指数保险、防洪调度保险、农家乐保险等新政保业务，责任险、残疾人意外险、农村小额险、农村公路财产保险等得到扩面。2016年，丽水保险业稳步推进小额贷款保证保险扩面，在吸取外地经验并对本地公司原有业务进行了解分析的基础上，形成推广初步意见。推创“商业保险助推扶贫工作”项目，受中央扶贫政策启示，丽水启动商业保险助推扶贫工作，受咨询委委托，协会起草“运用商业保险助推扶贫工作”方案，并参与研讨论证、数据测算、修改完善等工作。

【优化保险行业环境】 2016年，协会围绕改善保险舆论环境、法律支持环境以及保险需求环境开展相关工作。开展诉调对接和人民调解工作，发挥协会化解保险纠纷矛盾作用。6月8日，在缙云成立丽水首家县级保调委，正式启动缙云保险纠纷诉调对接工作。至年底，丽水、缙云两地保调委调解纠纷案件68件，涉调金额702.25万元，调结金额626.62万元，调减金额占涉调金额10.77%。其中，缙云保调委调解63件，涉调金额643.24万元，调结金额567.61万元，调减金额占涉调金额11.76%，涉及人保财险、太保财险、国寿财险、中华保险、天安财险、大地财险、阳光财险、中国人寿和永诚财产9家保险公司。做好投诉信访和咨询处理工作，至年底，协会受理有效投诉48件、咨询10件。继续发挥反保险欺诈中心作用，至年底，反保险欺诈中心受理案件8件，涉案金额537万余元，全部移送市公安经侦支队处理；立案2起，涉及金额350万余元，为各保险公司挽回或减少经济损失300万余元。搭建涉保司法鉴定工作交流平台，7月，召开丽水全体司法鉴定机构和保险公司座谈会，协会代表行业提出涉保司法鉴定中的主要问题和改进建议。12月，设立丽水市法律援助中心市保险业法律援助站，为消费者提供法律援助服务。

5月12日，丽水首个保险教育基地开课　　李　莉　提供

【保险行业宣传】 2016年，协会编写“十二五”丽水市保险业发展报告，并以专刊形式向市县区党政领导及相关部门、行业报告丽水保险行业发展、经济补偿、服务与公益、典型理赔案例等内容。组织“7·8”全国保险公众宣传日活动，辖内保险机构开展进学校、进农村、进社区、进机关、进企业的“五进入”活动，17家公司安排18场次宣传活动。参与丽水市公安局经侦支队开展的“防范风险·护航发展，守护平安·共创和谐”为主题的宣传活动，将反保险欺诈和介绍保险知识纳入活动内容。在《中国保险报》、浙江保险网等媒体刊登丽水保险业创新发展特点文章，宣传丽水保险业在服务民生和应对突发事件方面的作用。发挥协会网站和《丽水保险通讯》的宣传作用，展现丽水保险动态。开展第二届“最美保险人”评选活动，弘扬保险行业正气。

【保险教育进基地】 5月12日，丽水市首个中小学生保险教育示范基地在龙泉市中小学生素质教育实践活动中心挂牌。龙泉市保险教育示范基地是丽水地区第一家普及保险知识教育场馆，旨在从小培养中小学生的保险意识。教育基地主要以风险管理为主题，以内容生动、形式新颖的教学课件和动漫展示为载体，以课外活动为纽带，提高学生的认知与领悟，使风险管理的理念更加深入人心。2016年度，龙泉市中小学生素质教育实践活动中心开课56节，龙泉学生接受保险与风险管理课程教育2512人。

【保险业应对遂昌苏村山体滑坡事件】 “9·28”遂昌苏村山体滑坡，造成重大人员伤亡和财产损失事件，市协会第一时间启动应急预案，全行业展开现场施救、受灾人员慰问、客户排查及查勘定损工作，并及时向监管部门、政府部门及主要媒体报告保险救灾理赔动态。协会领导先后赴现场勘察慰问，向市县有关领导汇报行业理赔救助行动，并及时统计、报送理赔数据。全行业的“苏村”救援理赔行动，得到省市县政府领导肯定。丽水保险业对遂昌苏村山体滑坡理赔报损总计金额1061.422万元，赔付金额998.9794万元，其中，人保财险赔付765.45万元；中国人寿支付15人死亡客户家属赔款186.812万元并全部结案。太平洋人寿已支付4人死亡客户家属赔款40.3474万元；人民人寿支付赔款1万元；太平洋产险赔付5万元；平安财险赔付0.37万元。

【人保财险丽水市分公司】 2016年，中国人民财产保险股份有限公司丽水市分公司（简称“人保财险丽水市分公司”）在编员工504人，销售人员205人，理赔服务人员106人。市公司设立14个部门，4个业务部，在全市9个县（市、区）均设有支公司。至年底，公司保费收入8.5亿元，保费规模首次突破8亿元。公司多次获省、市

2016年丽水市财产保险业务情况

表15

单位：万元

公司名称	全年保费	其中		全年赔款支出	同比%	赔付率%	其中				销售人员人数
		企财险保费	车辆险保费				企财险赔款	企财险赔付率%	车辆险赔款	车辆险赔付率%	
人保财险	85028.59	3829.46	68513.20	49781.62	23.33	58.55	2067.90	54.00	39001.40	56.93	339
平安产险	13160.32	93.24	12016.05	5550.09	11.94	42.17	3.80	4.08	4919.68	40.94	84
天安财险	4295.60	48.46	3891.45	2079.85	−17.51	48.42	9.25	19.09	2034.83	52.29	30
太保产险	29542.11	970.22	25057.75	17851.52	9.51	60.43	135.80	14.00	15810.29	63.10	71
中华联合	6446.25	119.75	5727.33	4025.17	15.19	62.44	40.00	33.40	3465.32	60.50	92
安邦保险	2036.60	0.00	2026.40	1016.54	−9.94	49.91	0.00	0.00	1015.45	50.11	145
大地保险	3477.46	44.55	2987.77	1799.51	7.48	51.75	0.00	0.00	1675.59	56.08	27
中银保险	1475.31	324.75	405.33	347.02	−21.60	23.52	117.96	36.32	184.87	45.61	2
太平财险	1794.43	91.55	863.20	379.46	−33.98	21.15	11.37	12.42	318.56	36.90	18
国寿财险	14636.52	1352.88	11666.84	9407.99	49.45	64.28	2315.44	171.15	6597.83	56.55	145
都邦保险	92.20	0.46	46.14	51.77	−26.13	56.15	1.03	226.69	49.61	107.51	0
阳光财险	7698.20	181.88	6698.15	3881.43	5.13	50.42	3.00	1.65	3666.61	54.74	65
浙商财险	2786.07	288.90	2251.60	479.90	1514.74	17.22	149.09	51.61	329.24	14.62	35
合计	172469.66	7346.10	142151.20	96651.86	18.52	56.04	4854.65	66.08	79069.27	55.62	1053

说明：产寿险全市合计496810.73万元，同比增29.09%，累计赔款与给付159827.56万元，同比增29.55%

2016年丽水市人身保险业务情况

表16

单位：万元

公司名称	全年保费	其中：新单保费		累计赔款给付	同比%	退保金额	同比%	个险销售从业人员人数
		累计	其中：期缴					
中国人寿	159457.74	103182.36	21932.05	35892.29	48.94	14225.89	−4.24	3666
平安人寿	38825.55	14085.19	12312.23	6245.37	14.34	1625.92	29.31	1412
太平洋寿险	29943.37	12089.07	7834.29	9694.14	72.40	830.66	−60.93	1201
泰康人寿	12182.35	3619.32	2232.06	1526.52	−16.65	494.95	51.51	581
新华保险	36314.35	19030.94	9147.14	2807.14	−2.17	9130.81	191.28	637
农银人寿	7864.43	7315.72	825.46	160.58	−62.67	810.17	−3.22	199
富德生命人寿	16818.69	13912.02	6155.12	510.43	120.40	1211.61	170.67	394
阳光人寿	3209.41	1038.00	1038.00	765.65	60.25	106.89	−22.55	348
人保寿险	18084.69	15522.72	3659.23	3869.96	417.07	11345.71	129.74	507
平安养老	1640.49	1640.49	0.00	1703.62	2949.26	0.00	0.00	0
合计	324341.06	191435.83	65135.58	63175.70	51.04	39782.60	41.77	8945

说明：产寿险全市合计496810.73万元，同比增29.09%，累计赔款与给付159827.56万元，同比增29.55%

（李毅异）

级消费者信得过单位荣誉称号，在2014—2016年连续3年获市政府颁发金融机构支持地方经济发展一等奖。“9•28”遂昌苏村山体滑坡灾害，公司向65名遇难人员家属支付赔款222万元。

2016年，全面开展政保合作，承保全国首单防洪调度责任保险。推进服务创新和产品创新，公司分别在庆元、松阳县率先推行食用菌种植业保险省级试点工作；在遂昌、松阳推出茶叶低温气象指数综合保险、在青田推出杨梅采摘期降雨气象指数保险，进一步提高丽水市农业保险技术含量。丽水市分公司作为省政府指定的政策性农村住房保险独家承保单位，全年承保全市55.8万户的政策性农房保险，为全市农户提供139.5亿元的风险保障，并在5个县创新开展农房附加室内财产保险；积极发展农村小额信用贷款保证保险业务，通过小额贷保证保险扶持“小微”企业的发展，系列政保合作项目取得成效，多次受到市委、市政府主要领导肯定和赞赏。

【中国人寿丽水分公司】 2016年，中国人寿保险股份有限公司丽水分公司（简称“中国人寿丽水分公司”）参与地方多层次社会保障体系建设工作，在全市先后开展多项社会保障体系与商业保险对接项目，发挥金融机构服务民生、支持地方经济发展作用。市场份额位列丽水寿险市场第一名。探索创新保险服务新模式，成立国寿双成公益团队，通过“国寿1+N”增值服务体系、“牵手”及国寿客户节系列、“圆梦微心愿”、“孝行为善”等服务，提升服务品质，提高客户满意度。在苏村事件等志愿和保险专业服务中，受到各级政府及当地群众好评。2016年，省公司客户服务管理中心与青田县人民政府签订浙江国寿青田客户服务基地合作协议，丽水分公司与青田县政府签订政保合作框架协议。分公司被丽水市政府授予2016年度丽水市金融机构支持地方经济发展二等奖。

9月29日，中国人寿丽水分公司双成公益团队成立大会　　李　莉　提供

【太平洋寿险丽水中心支公司】 2016年，中国太平洋人寿保险股份有限公司丽水中心支公司（简称“太平洋寿险丽水中心支公司”）全年实现保费收入32021.9万元，同比增长28.8%，市场份额占比9.23%。新保费收入13434.9万元（包含万能险数据），受理审核并结案1561件，给付赔款9694.14万元。创新产品和服务，不断满足客户的风险保障和财富管理需求，在售险种中，覆盖人寿保险、年金保险、健康保险、意外伤害保险等领域。完善客户服务体系，推进服务标准化、增值服务差异化，提升客户满意度。推进战略转型，加快布局企业级移动应用，形成以“神行太保”“中国太保”两大应用平台为主要构成的企业级移动应用体系，推动销售和服务模式在业内率先转型。

【太保产险丽水中心支公司】 2016年，中国太平洋财产保险股份有限公司丽水中心支公司（简称“太保产险丽水中心支公司”）全年实现保费收入2.95亿元，市场份额17.13%，居全市财险市场第二位。2016年，推出全省首款“民宿保”，即乡村民宿综合保险，在遂昌县试点成功。该项目属于政保合作项目，是“国十条”“省十条”中关于保险立足国家治理体系的具体实践。项目由当地旅委牵头，通过择优分散采购的形式确定保险合作方，通过农家乐民宿经营户自主出资和政府出资购买保险产品的模式，加上政府出台考核机制和配套机制，投保覆盖面80%。该项目具有责任广泛，保障全面，因地制宜，量身定做、覆盖面广等特点，能为农家乐民宿经营户合理转嫁意外责任风险，是当地旅游“金名片”。2016年，接受理赔申请4笔，其中已决赔款3笔，赔款金额1.17万元，未决赔款1笔，赔款金额2.5万元。

【平安产险丽水中心支公司】 2016年，中国平安财产保险股份有限公司丽水中心支公司（简称“丽水平安产险”）全年保费收入13160万元，同比增长21.35%，市场份额7.63%，继续保持超市场增长，增速在分公司系统内排名第二;赔款支出5550万元,同比增长11.94%。2016年丽水平安产险拓展乡镇市场,与中国邮政、顺丰快递等形成战略合作,开展送保险下乡等服务,为农村客户送去更贴心服务。参与丽水市政保合作项目,2016年,开展校方责任险、火灾公众责任险、环境污染责任险、食品安全责任险、残疾人意外伤害保险等。公司尝试开展特种设备责任险、专利保险等保险项目。

【中国人寿财险丽水中心支公司】 2016年,中国人寿财产保险股份有限公司丽水中心支公司(简称"中国人寿财险丽水中心支公司")实现全年保费收入1.46亿元,同比增长5.01%,市场份额8.49%,市场排名第三位。其中,全年实现车险保费1.16亿元,实现非车险2969万元。2016年,推进"管理、渠道、队伍、产品、服务"五大创新工程,实现年度主要经营目标。抓保险业改革释放的政策红利,推进创新驱动发展战略,不断深化政保合作项目开拓,在小额贷款保证保险、食品安全责任险、医疗责任险、监护人责任险、职工疗休养旅游意外险、电梯安全责任险等新产品领域取得较大突破,全面推进保险服务民生建设。 (李 莉)

证 券

【银河证券】 2015年5月,中国银河证券股份有限公司完成H股配售,2017年1月23日,在上海证券交易所A股上市。中国银河证券股份有限公司丽水证券营业部坐落在丽水市区大洋路375号,营业部面积约3400平方米。2016年,设置引导区、客户交易区、客户体验区、客户等候区、客户洽谈区及休闲活动区、培训区、办公区等。

全年银河证券丽水营业部新开账户7903户,客户累计46764户。全年股基债交易量898.67亿元,实现收入4295.26万元,创造利润3082万元,为国家和地方实现税收448.67万元。至年底,开立融资融券信用账户2296户,授信总额度34.60亿元。全年期货IB业务开户数33户,合计开户356户。

2016年,根据客户不同需求适时推出鑫易雨、鑫新雨、港股通,个股期权、股权质押、新三板等特色业务。发展融资融券业务;针对风险测评保守型客户推出金自来、水星、珠联璧合、天天利系列、金山银河系列等固定收益类理财产品。3—4月,组织开展"保护投资者月"活动,配合丽水市人民银行做好反洗钱宣传与检查工作。全年发送反洗钱宣传短信5200条,接待咨询2800人次。通过交易系统、培训活动、柜面指导等方式进行投资者教育活动,提高投资者防范风险,抵御非法证券活动的能力。开展"送温暖"和节日走访慰问活动,提升团队合作能力。 (王潘中 甘雨婷)

【浙商证券】 2016年,浙商证券丽水分公司克服股市"熔断"调整及全年A股量价齐跌的影响,贯彻落实浙商证券"合规风控管理提升年"总体要求,坚持稳中求进,加强内部管理。全年净利润较上年降幅低于行业平均水平;新增开户11852户,市场占有率0.656‰,同比增长5.98%。在经纪结构调整转型时期,分公司回归券商本源,服务丽水地方实体经济发展,全年签约财务顾问项目1单,新增新三板挂牌2家,签约1家,为2家上市公司及大股东实现股权质押融资。分公司累计推荐8家企业挂牌新三板,其中,进入新三板创新层企业2家,也是至2016年全市唯一的2家;入围"中国战略新兴产业综合指数"样本股企业1家。分公司被丽水市政府授予"2016年度丽水市金融机构支持地方经济发展二等奖"。开展"两学一做"系列学习教育,不断发挥基层党组织的示范引领作用;推进家园文化建设,促进分公司和谐健康发展。开展慰问孤寡老人、关爱留守儿童、捡烟头、清理河道等公益活动,履行社会责任,传递浙商正能。 (周 畅)

【中信证券】 2016年,中信证券股份有限公司丽水寿尔福路证券营业部(以下简称"营业部")以"专业创造价值"为经营理念,以优质服务推动业务开展,各项工作规范运作,业务平稳发展。全年营业部股票交易量300亿余元,新增开户数4000余户,实现国家和地方税收700万余元,完成丽水市城投公司发展项目金额7亿余元。注重对投资者的知识宣传和风险教育,通过营业部投资者联络站征集投资者意见和建议、投资者教育园地持续展示、举办56期股民学校、多次开展外部专题宣传活动等教育,引导投资者树立正确的投资理念,增强风险防范意识。 (林菁蔼)

【财通证券】 2016年,财通证券股份有限公司丽水北苑路证券营业部发展综合业务及投行业务,累计销售金融产品3.6亿元,定增系列及固收类系列产品得到市场好评。营业部推荐遂昌旅游、正邦电子、掌霆互动三家企业挂牌新三板,其中遂昌旅游成为全国首家纯国资旅游企业挂牌新三板的公司。在股权质押方面,营业部成功为东华宏泰、三禾科技提供股权质押登记,其中三禾科技的股权质押是丽水首笔新三板企业股权质押融资业务。 (沈 悦)

国内贸易

商　业

【概况】 2016年，丽水市实现社会消费品零售总额571.64亿元，同比增长11%，增速较2015年回升2个百分点。限额以上社会消费品零售额176.58亿元，同比增长9.2%，增速较2015年提高6.5个百分点。限额以上批零贸易商品销售额544.65亿元，同比增长6.1%，比2015年提高7.7个百分点。

按城乡分，城镇消费品市场增长快于乡村。城镇实现社会消费品零售额449.23亿元，同比增长12.1%；乡村实现社会消费品零售额122.40亿元，同比增长7.3%。按消费类型分，餐饮收入增长快于商品零售。商品零售499.60亿元，同比增长10.4%；餐饮收入72.05亿元，同比增长15.9%。餐饮收入增长快于商品零售5.5个百分点。按类值分，日用品类及药品类消费增长较快，汽车、石油类消费持续回暖。限额以上单位商品零售额占比前六位中，日用品类零售额24.80亿元，同比增长39.8%；中西药品类零售额12.82亿元，同比增长22.6%；粮油食品类零售额17.47亿元，同比增长20.1%；服装鞋帽针纺织品类零售额10.73亿元，同比增长10.7%；石油类零售额29.06亿元，同比下降3.8%；汽车类零售额39.44亿元，同比下降4.3%。限上批零业网络销售比重日益提高。2016年，全市284家限上批发零售业法人单位实现商品销售额524.12亿元，同比增长6.3%，其中通过互联网实现的商品销售额170.79亿元，同比增长7.9%；网络销售额占所有销售额的比重较2015年提高0.4个百分点，达到32.6%。限上住餐业网络订单高速增长。2016年，全市91家限上住宿餐饮业法人单位实现营业额10.14亿元，同比增长16.8%，其中客房收入同比增长26.8%，餐费收入同比增长12.7%，通过公共网络实现的客房收入较2015年同期增长80.1%，网络订单的高速增长成为住餐行业新的增长点。

丽水地方特色菜肴技能作品“双菇争艳”获浙江金奖　　周步鑫　提供

2016年，完成《丽水市商贸流通业“十三五”发展规划》编制，开展打击侵犯知识产权和制售假冒伪劣商品活动以及“2016—云剑行动”，举办或参加2016年全国消费促进月丽水活动、2016丽水金秋购物节、浙江名品进名店工程、中华老字号精品博览会、中国食博会等开拓市场、促进消费活动。全年全市在建商贸流通业项目37个，其中，总投资亿元以上项目25个，同比增长38.9%；10亿元以上项目4个，同比增长100%。37个项目总投资152.31亿元，同比增长55.1%；实际完成投资28.95亿元，同比增长14.9%。

【5个县和莲都区中山街商圈列入首批省农产品市场体系和智慧商圈建设试点】 10月，浙江省商务厅和浙江省财政厅联合发文《关于公布2017

2016年社会消费品零售总额分县(市、区)排序

表17

县(市、区)	同比增速(%)	名次	县(市、区)	绝对额(亿元)	名次
全　市	11.0	—	全　市	571.64	—
松阳县	13.3	1	莲都区	184.62	1
缙云县	13.2	2	青田县	87.12	2
龙泉市	13.1	3	缙云县	74.54	3
青田县	13.0	4	龙泉市	52.44	4
遂昌县	13.0	4	遂昌县	48.01	5
云和县	12.8	6	松阳县	39.07	6
庆元县	12.5	7	庆元县	32.05	7
景宁县	12.2	8	景宁县	27.90	8
莲都区	7.2	9	云和县	25.89	9

年度省级市场体系建设试点地区的通知》,缙云县、遂昌县、云和县、庆元县、景宁县列入浙江省10个农产品市场体系建设试点范围,莲都区中山街商圈被列为浙江省6个智慧商圈建设试点之一。省级商务促进专项资金将安排资金,重点支持农批市场和农贸市场新建改建;农产品配送加工企业建设冷链、加工、包装、物流等设施设备;开展农产品电子商务、农产品流通标准化等。要求试点地区建立创建工作机构和机制,落实专门力量,完善实施方案,严格项目管理,用好专项扶持资金,确保试点工作有序开展,并于2018年1月底前完成验收报告,上报省商务厅和省财政厅抽查。对验收不合格和未达到预期试点目标的项目,将取消试点资格,并收回试点资金。

【电商工作成效显著】 2016年,丽水市紧紧抓住"浙江(丽水)农村电子商务创新发展示范区建设"契机,举农村旗、试跨境水、布商圈局、拓服务圈,创新机制、优化环境、深耕服务,较好地促进电子商务工作持续健康发展。据省商务厅数据统计,全年全市实现网络零售额186.33亿元,同比增长53.5%,增速列全省第三位,高于全省平均增速18个百分点;跨境网络零售出口2.29亿元;居民网络消费123.16亿元,同比增长22%,网络零售顺差63.17亿元。分县(市、区)看,全年网络零售额超过20亿元的分别是缙云县41.96亿元、青田县27.65亿元、莲都区27.10亿元、庆元县22.48亿元。3月,经省政府批复同意设立全国唯一地级市层面的农村电子商务创新发展示范区,出台《浙江(丽水)农村电子商务创新发展示范区实施方案》,推进五大中心、十大体系、23项重点工作、37个重点项目建设。4月,丽水市与中国国际电子商务中心签署战略合作框架协议。举办首届中国农村电商主题会议和中国青年电商群英会暨电商扶贫活动周启动仪式以及浙江省电商讲师大赛,成立丽水农村电商学院,推广丽水农村电商经验。市政府出台《丽水市人民政府办公室关于对浙江赶街电子商务有限公司实施一企一策的政策意见》,从11个方面扶持"赶街"公司做大做强,"赶街"已在全国13个省、35个县建成近万个村级服务站点,试点推出社会化众包物流"赶快"平台。累计培育淘宝村20个,建成各类农村电子商务服务站点4305个、社区电子商务服务站346个、电商园区(楼宇)17个、淘宝特色馆7个、阿里巴巴产业带2个。实现农村电子商务销售额112.44亿元,同比增长85.5%。其中,农特产品网上销售额65.88亿元,同比增长181.4%。浙江山山网络科技股份有限公司、浙江遂网电子商务有限公司被评为浙江省电子商务培训10强企业,浙江讯唯电子商务有限公司被评为服务10强企业,浙江赶街电子商务有限公司被评为创新10强企业,云和县凤凰山街道巧云村获评"专业村10强"称号,王军龙(浙江讯唯电子商务有限公司)获评"十大领军人物"称号。

【20个"淘宝村"实现网络销售额16.59亿元】 2016年,丽水市20个"淘宝村"网络销售额16.59亿元,村均销售额8300万元,店均销售额98万元;共有从事电商及相关行业6533人,平均年龄30岁左右,占村人口总数的22.4%,共开设网店1694家。从分布来看,缙云5个,龙泉和松阳3个,青田、云和、庆元和景宁各2个,莲都1个。从产品销售结构看,全市90%以上的"淘宝村"以户外用品、家居、日用百货、竹木制品、木制玩具、青瓷宝剑、服饰箱包等当地特色产业为依托,北山村等少部分实现产品和市场两头在外的格局。从销售规模看,年销售额5000万元以上的"淘宝村"11个,占总数55%;年销售额1亿元以上的村6个,占总数30%;云和县巧云村销售规模最大,达2.5亿元。

【33个村被认定为浙江省电子商务专业村】 2016年,省商务厅通过大数据手段,监测发掘580个电子商务网络零售额超过1000万元的"电子商务专业村"。丽水市共有33个行政村入选浙江省"电子商务专业村",其中:龙泉6个(黄砼村、南秦村、村头村、张村、水南、栏下村),缙云(东渡村、

兰口村、北山村、黄碧街村、笕川村)和松阳(西山村、筏铺村、北山村、一村、上河)各5个,莲都(水东村、城西、大港头、九里)和青田(水南村、小群村、石帆、温溪村)各4个,云和3个(高胥村、巧云村、勤俭村),景宁(城北村、王金洋村)、庆元(北门村、五一村)、遂昌(水阁村、上江村)各2个。

【首届中国农村电子商务主题会议在丽水召开】 10月26日,首届中国农村电子商务主题会议在丽水召开。会议由中国国际电子商务中心、浙江省商务厅、丽水市政府主办,以“互联网+绿水青山”为主题。中国国际电子商务中心党委书记姚广海,农业部经济研究发展中心主任宋洪远,国务院扶贫办国际合作和社会扶贫司巡视员曲天军,浙江省商务厅副厅长徐高春,共青团浙江省委副书记王征,中国国际电子商务公司副总裁陆建栋等出席会议。丽水市委书记史济锡在开幕式上致辞,丽水市委副书记、市长朱晨主持开幕式。会上,史济锡介绍丽水市情特别是农村电商发展情况,并表示丽水将以全面推进“互联网+绿水青山”为主题,以建设“浙江(丽水)农村电子商务创新发展示范区”为载体,充分发挥“市场无形手”和“政府有形手”作用,推动农村电子商务与生态产业发展、美丽城乡建设、农民增收致富等各领域蓬勃发展。争取到2018年底,实现宽带网络、电商服务、物流快递“行政村全覆盖”;到2020年,实现网络交易额1000亿元,其中农村电商交易额500亿元,使丽水真正成为高水平、能示范、可复制的农村电商创新发展示范区。会上,发布《中国农村电子商务发展报告》,阿里集团、京东集团、浙江赶街电子商务有限公司相关负责人分别做主题演讲;丽水市、莲都区、四川仁寿县、宿迁市宿豫区分别作经验发言。期间举办中国(浙江)农村电子商务讲师大赛总决赛、农产品上行和农村电商人才培育两场分论坛。

【丽水市位列2015年中国大众电商创业最活跃城市第30名】 3月,阿里巴巴研究院发布2015年中国大众电商创业最活跃的50个城市排行榜、2015中国大众电商创业最活跃的50个县排行榜,丽水市位列最活跃的50个城市的第30位,云和、龙泉、庆元3个县(市)分别位列最活跃的50个县的第15位、47位、48位,入围的县(市)数量在所有地级市中位列第6位。阿里巴巴电子商务发展指数(aEDI)中的“网商密度”(即平均每万人中的网商数量)是衡量一个地区大众电商创业活跃程度的关键指标。丽水市作为电商基础相对薄弱的山区城市,本次入榜体现丽水市农村电子商务从业主体的不断壮大以及电商发展环境的持续优化,县域农村电子商务的蓬勃发展已成为丽水农村电子商务发展的重要推动力。

【莲都区、云和县被列为第三批省级电子商务示范县(市、区)创建单位】 7月,省商务厅、省财政厅等六部门联合发文《浙江省商务厅等六部门关于公布第三批省级电子商务示范县(市、区)创建单位的通知》,莲都区、云和县名列其中。创建单位将对照申报时提出的方案开展创建工作,经自查达到相关条件要求,省商务厅将组织开展创建验收。通过验收并经省政府命名后,省级有关部门将给予财政、税收、园区规划等方面的支持。第一、第二批成功创建的示范县共有19个,包括遂昌县和缙云县。 (周步鑫)

供销合作商业

【概况】 2016年,全市供销社系统围绕丽水市三农工作,创新谋划改革、服务、发展三篇文章,着重解决供销社新定位、新突破、新作为三个问题,深化供销社综合改革,加快推进“三位一体”农民合作经济组织体系建设,各项工作有序推进。全年全市系统实现总经营收入46.24亿元,同比增长8.8%,其中实现总销售规模达40.93亿元,同比增长17%;全市系统汇总利润4046万元,同比增长147.16%,盈利企业盈利额4969万元,同比增长87.44%;所有者权益5.67亿元,同比增长1.78%;实现社会贡献总额2.30亿元,同比增长13.86%。

【“三位一体”综合改革】 2016年,全市顺利完成9个县级农合联和135个乡镇级农合联组建,并组建产业农合联6家,共吸收会员7987个,全市成立农民资金互助会9家,完成市、县、乡三级农合联组织框架搭建工作。缙云县创新以产业为纽带组建产业农合联,在实践中提出8个“1+1”(一个产业+一个组织机构、一个生产标准、一个战略品牌、一个科研团队、一个示范基地、一个信用体系、一支营销队伍、一个活动节庆)产业农合联组建模式,该模式经验得到省、市领导肯定。

【县级供销社重点项目建设】 2016年,全市供销社系统在建大中型项目5个,项目用地30.93公顷,总投资20.34亿元,累计完成投资16.04亿元,其中当年投资3.62亿元,庆元香菇市场二、三期、莲都区古堰画乡文化产业基地二期、云和农产品展示展销中心等项目成为当地政府的重点项目。结合“美丽乡村”、中心镇建设,各县(市、区)社加快基层供销社基础设施改造提升,庆元安泰竹笋产销专业合作社3000吨笋罐头加工、缙云壶镇供销社、新建供销社的经营门店和综合服务社基础改造、遂昌农资仓储中心、景宁鹤溪供销社整体改造、九龙供销社综合楼、东坑供销社农合联服务中心等一批项目已建成或在建设实施中。

【现代农资经营服务网络】 2016年度,全市供销系统有农资经营企业16家,拥有连锁配送中心15个,经营网点630余个,全年农资销售3.03亿元,其中,销售化肥10.55万吨,销售额1.81亿元,销售农药0.41万吨,销售额0.70亿元。

【农作物放心工程】 2016年,在全市60个生态精品农业示范乡镇全面实施农作物放心工程,先后组织150人次专家深入生产基地调研,形成8篇调研报告,新制定6个系列"作物解决方案",组织开展26期生产技术培训,培训1637人次,发放技术资料3000余份,取得明显成效。通过对示范乡镇23个农业主体495.07公顷基地的抽样跟踪对比,化肥农药投入成本同比下降明显,按产业分类统计,蔬菜产业农资投入成本平均降幅17.24%;水稻产业农资投入成本平均降幅6%;茶叶产业农资投入成本平均降幅8.8%;水果产业农资投入成本平均降幅16.6%。促进农民增收方面,蔬菜产业收益率平均增幅8.71%;水稻产业收益率平均增幅19.6%;茶叶产业收益率平均增幅12.6%;中药材产业收益率平均增幅15%;水果产业收益率平均增幅21.1%。2016年,市供销社与市新农村广播电台合作,围绕八大主导产业,开展为期一年的农作物放心工程农业生产技术专题报道,完成茭白、食用菌、设施栽培等各类专题技术播报21期,发布微信公众号信息20余篇。

【农产品流通体系】 2016年,全市系统农产品市场交易额8.35亿元,同比增长13.7%。组织全市36家茶生产企业、专业合作社参加"浙茶杯"红茶评比和第二届中国茶业博览会参展活动,在"浙茶杯"红茶评比活动中,丽水市选送的茶叶获奖率72.2%,其中获金奖6个,占全省10个金奖的60%,连续3年获金奖总数列全省第一位。市农产品经纪人协会全年举办各类农产品展销交易会8场次。

【基层合作经济组织建设】 2016年,全市新建、重组改造基层社6家;新建各类经营服务综合体1家;新增参办、领办专业合作社16家;新增农村村级综合服务社93家;新增农村综合服务中心124个;新建改造庄稼医院4家。

【信用合作服务】 2016年,全市农信担保公司、资金互助会为农提供农信担保、资金互助、惠农贷款等金融服务534笔(户),8410万元,累计达4.88亿元。

【涉农培训工作】 2016年,全系统举办各类涉农培训班36期,培训人员2094人,其中,供销合作社行业特有工种职业技能鉴定丽水工作站开展职业资格技能鉴定培训3期,培训184人,通过鉴定184人;农业生产技术培训33期,培训1910人,有效促进农民素质提升。

【供销电商】 2016年,全市以农资下行和农产品上行电商服务平台建设为重点,加快网上供销服务平台建设。通过与"浙江赶街"合作,试行农资电子商务,创建农资电商乡镇、村赶街农资实体店21个;与东海云商平台合作,组建市县两级东海云商运营中心;增资扩股丽水绿盒电子商务有限公司,建成农产品线上溯源体系和集培训、运营、加工、物流仓储为一体的电商基地,在打造供销社系统"互联网+"特色综合服务平台方面取得初步成效。2016年,全市系统实现电商销售额8415万元,同比增长712.5%。 (杨小明)

6月7日,召开全市供销电商平台建设推进会　　杨小明　提供

粮食业

【概况】 2016年,全市粮食行政管理机构10个,事业单位3个,国有粮食企业14个,在岗粮食行政管理人员

36 人。市发改委分设粮食管理调控处和粮食监督检查处，实现粮食购销调控与行业监督管理职能分开。庆元县发改局、龙泉市发改局获浙江省粮食收购工作先进单位。遂昌县、松阳县和缙云县获 2016 年度全市粮食安全县长责任制考核前三名。

2016 年，全市粮食总供给量为 102.25 万吨，其中本市生产 45.86 万吨，进口 0.28 万吨，市县外购入 56.11 万吨；全市总消费 98.99 万吨，其中口粮消费 52.3 万吨，种子用粮 0.8 万吨，饲料用粮 20.61 万吨，工业用粮 5.32 万吨；年末社会粮食库存 38.71 万吨。

2016 年，全市储备粮轮换 37011 吨，其中市本级轮换 11928 吨，轮换食用油 500 吨，其中市本级 150 吨。落实新增储备粮规模 30971 吨，分别为小麦 6900 吨、早籼稻 9987 吨、晚籼稻 14084 吨。

【粮食安全市长责任制考核】 2016 年是国家实施粮食安全省长责任制考核的第一年。6 月 2 日，省粮食局局长姚少平一行到丽水调研粮食工作。8 月，市长朱晨与各县（市、区）签订《粮食安全责任书》，将粮食安全责任制考核纳入市委、市政府的综合考核。11 月 1 日，市政府召开全市粮食安全责任制考核工作座谈会，对粮食安全市长责任落实情况再布置、再落实。11 月 22—23 日，以省国土资源厅总规划师朱先高为组长的省政府督查组，就丽水市 2016 年粮食安全市长责任制落实情况进行专项督查。

【完善粮食应急体系】 2016 年，全市落实粮食价格监测点 52 个、粮食应急供应点 204 个、应急粮食加工企业 24 家、1170 吨粮食日加工能力、4606 吨粮食应急运输能力，初步实现城区粮食应急网点社区全覆盖；落实应急成品粮 2010 吨、原粮 15800 吨，其中市本级落实应急成品粮 700 吨、原粮7000 吨，由市区 8 家粮食经营企业（户）负责承储。12 月，市区粮食应急管理和质量管理培训会在丽水召开，会议观看遂昌县粮食应急演练视频，讨论修改《丽水市粮食安全应急预案操作手册》，学习《丽水市粮食质量安全事故（事件）应急处置预案》。

【粮油储备管理】 2016 年，全市地方粮食储备晚稻谷比例高达 40.67%，储备中晚稻成品粮比例达 98 %，均超过省政府下达的 25%和 85%的考核指标；全市储备油全部落实小包装食用油，一旦食用油出现紧急情况，能迅速地投入市场，达到稳定市场的作用。丽水国家粮食储备库连续三年实现全部储粮“零用药”，连续五年在全省仓储工作会议上作经验交流。累计接待省内外考察团 160 余批 1500 余人次到丽水交流学习。莲都区中心粮库和松阳县粮食储备中心绿色储粮完成设备安装调试，全面投入使用。

【粮食购销】 2016 年，全市“订单粮食”签订数量 8282.5 吨，比上年增加 231.9 吨。严格执行粮食收购政策，发放粮食预购定金 20.5 万元，设立收购网点 30 个，未发现压级压价、“打白条”“转圈粮”等违法违规行为，未发生“卖粮难”的问题。收购晚稻 8056.8 吨，订单履约率为 97.2%。收购程序规范，用优质服务赢得农民的信任，做到农民售粮“随叫随收”“应收尽收”，保障粮农的利益。

【粮食种植基地产销合作】 10 月 28 日，浙闽粮食种植基地产销合作签约仪式在丽水举行，标志着福建省松溪县和丽水市两地的粮食种植基地产销合作正式启动。年初，浙江南粮农业发展有限公司与松溪县储备粮管理公司合作，尝试以“公司+基地+专业合作社”经营模式，与松溪县富民水稻专业合作社、丰农农机专业合作社等 5 个合作社，三方签订《稻田转包合作种植合同》，2016 年种植“甬优、中浙优”面积 200公顷，并根据合同，由松溪县储备粮管理有限公司负责收购入库，浙江南粮农业发展有限公司组织调运。同时，浙江南粮农业发展有限公司分别与江西省的鄱阳县林通水稻种植专业合作社、万年县春雷种植农民专业合作社签订《稻田转包合作种植合同》，2016 年种植“黄花粘”面积 658.73 公顷。全年调入省外粮食生产基地自产晚稻谷 5677 吨。

10 月 28 日，浙闽粮食种植基地产销合作签约仪式在丽水举行　　廖福伟　提供

【粮食仓储项目建设】 2016年，5个列入粮食仓储设施项目2015年中央预算内投资计划的项目进展顺利，完成投资3053万元，累计完成投资20217万元。莲都区中心粮库、松阳县粮油储备中心、丽水国家粮食储备库项目全面投入使用，龙泉市粮食储备库扩建项目完成主体工程，景宁县中心粮库迁建项目主体工程建设有序进行。全市完成危仓老库维修改造项目19个，完成投资811.5万元，累计投资1291.5万元，增加有效仓容4.5万吨。

【安全生产体系标准化】 2016年，松阳县粮食储备中心获得浙江省企业安全生产标准化（三级）企业称号，至此，全市共有4家国有粮食企业获浙江省企业安全生产标准化（三级）企业称号、1家国有粮食企业获浙江省企业安全生产标准化（二级）企业称号。

【粮食监督检查】 2016年，丽水市粮食行政执法队开展区域粮食执法，全年全市开展各类粮食流通监督检查125次，出动执法人员300人次，检查企业302个次，涉及粮食收购市场、粮食收购资格、必要库存量、政策性粮食出库、粮食流通统计制度执行情况等内容。抽调96人次，成立15个检查组，对11个国有粮食企业进行全面清查。检查储粮库点56个，其中原粮储存库点35个，成品粮库点21个，检查库存粮食130915吨，其中，市、县地方储备粮113820吨，商品粮（含地方应急调控粮）17095吨。全市实物库存数量与统计库存和保管账库存一致，达到账实相符、账账相符、质量良好、储存安全。

【网上粮食交易市场】 2016年，全市地方储备粮出入库全部在杭州国家粮食交易中心丽水分中心网上竞价交易，丽水分中心年交易量达9.72万吨，交易额2.47亿元，有效防范粮食轮换风险。 （廖福伟）

烟草专卖

【概况】 2016年，丽水市烟草专卖局（公司）（以下简称"市烟草局"）经济运行保持平稳增长态势。全年实现卷烟批发销售额36.76亿元；税利8.98亿元，同比增长4.2%。积极开展各项社会公益活动，全年对外捐赠229万元（市本级90.4万元），其中为43名应届大学贫困新生和青田县温溪中学提供资助，共计23.5万元；资助贫困零售客户和社会弱势群体，共计15.24万元。捐助遂昌苏村山体滑坡灾害10万元。继续做好结对工作，6年累计提供帮扶基金90余万元，并委派农村指导员常驻两村。围绕全国文明城市创建活动，共开展各类志愿服务活动90次，380余人参加。

【烟草专卖监管】 2016年，市烟草局源头打击和终端治理双管齐下，通过"百日会战"、"扫雷"行动、交叉监管、错时检查等手段和方法，对辖区内走私烟进行集中打击，基本实现杜绝公开摆卖的预期目标。全市共查处走私烟案件113起，查获走私烟1115.3条，取缔无证售私摊点3个，移送工商案件1起，移送公安案件4起。成功破获"6•03"互联网销售走私烟国标网络案，实现刑事打击7人，形成有力震慑。

【丽烟"新名片"打造】 2016年，市烟草局为应对宏观经济"新常态"，跟上"互联网+"新趋势，开创丽水烟草"十三五"深化改革、转型提升新局面，丽水烟草以"归零翻篇开新局、打造丽烟新名片"为主题，积极发动市县两级全体干部员工从本职岗位做起，从当下身边做起，开展工作上的小改进、小发明、小创新，切实凝聚基层智慧、转变工作作风、提升企业形象。全年打造丽烟"新名片"650余张，员工参与率超过90%，单位部门"新名片"覆盖率达100%，通过活动的持续推进，单位、部门层面"找短板、亮长板"，员工层面"人人思考工作，事事都有改进"的良好氛围初步形成。 （张恒宇）

党员志愿者向群众讲解真假烟鉴别知识　　张恒宇　提供

对外及港澳台经济贸易

对外贸易

【概况】 2016年，丽水市实现外贸进出口总值225.64亿元，同比增长7.1%，增速列全省第3位，分别高于全省、全国增幅4个和8个百分点。其中，出口值208.73亿元，同比增长6.0%，增速列全省第5位，分别高于全省、全国增幅3个和8个百分点，占全省的出口份额由2015年的1.14%提升到2016年的1.18%。进口16.73亿元，同比增长22.9%，增速列全省第一。进口商品以铬铁、木浆、无烟煤、棕榈油、椰子油为主，进口来源地主要集中在南非、澳大利亚、德国、俄罗斯、印度尼西亚等国家。

出口企业中，流通公司出口119.88亿元，同比增长14.9%，高于全市平均8.9个百分点，占全市比重57.4%。内资生产型企业出口83.60亿元，同比下降3.4%，占全市比重40.1%。三资企业出口5.24亿元，同比下降12.0%，占全市比重2.5%。

出口市场中，亚洲市场79.74亿元，同比增长3.9%。其中，中东市场23.04亿元，同比下降1.6%；东盟市场18.99亿元，同比增长3.3%。欧洲市场52.48亿元，同比增长15.1%。其中，欧盟市场42.71亿元，同比增长22.2%。北美市场35.81亿元，同比增长17.9%；拉丁美洲市场15.76亿元，同比下降7.5%；非洲市场22.37亿元，同比下降8.1%；大洋洲市场2.56亿元，同比下降5.3%。美国、韩国和印度为出口前三位国家，出口额分别为33.71亿元、11.55亿元和10.53亿元。

出口商品中，农副产品出口3.55亿元，同比增长6.2%。其中，香菇出口2.12亿元，干木耳出口0.59亿元。纺织服装出口28.20亿元，同比增长24.3%；轻工工艺品出口65.58亿元，同比增长12.2%。其中，鞋类出口10.71亿元，玩具出口13.60亿元，文体用品出口15.02亿元。机械产品出口102.49亿元，同比下降2.2%；化工产品出口8.91亿元，同比增长18.5%；机电产品出口85.71亿元，同比下降4.6%。

2016年，丽水市办理对外贸易经营者备案登记703件，同比增长64.3%，其中，新备案328件，同比增25.7%；变更备案375件，同比增长134.4%。新备案企业主要集中在莲都区（含市直）、青田县、缙云县，分别为82件、76件和56件，占全市新备案的65.2%。开展自营进出口业务的企业825家，比2015年增加44家；新增实绩出口企业188家，新增企业出口达20亿余元，拉动出口增速10余个百分点，有亿元出口企业46家。2016年一达通外贸供应链管理模式出口2.08亿元，同比增长204.9%。组织270家次企业参加华交会、广交会、消博会、国际汽车商品交易会等展会，展位381个。

【丽水市木制玩具和庆元铅笔对外贸易预警示范点被确认为省级优秀预警点】 2016年，经浙江省商务厅考核，全省105个预警示范点有34个被确认为省级优秀预警点，丽水市木

云和木制玩具　　　　周步鑫　提供

2016年出口总值分县(市、区)排序(含开发区)

表18

县(市、区)	同比增速(%)	名次	县(市、区)	绝对额(亿元)	名次
全　市	6.0	—	全　市	208.73	—
遂昌县	34.6	1	缙云县	44.74	1
景宁县	24.6	2	青田县	35.19	2
庆元县	20.8	3	松阳县	21.68	3
云和县	16.6	4	龙泉市	17.71	4
青田县	11.9	5	遂昌县	14.24	5
松阳县	10.4	6	开发区	13.38	6
缙云县	-10.7	7	云和县	10.52	7
莲都区属	-17.5	8	莲都区属	7.57	8
开发区	-18.7	9	庆元县	6.51	9
龙泉市	-22.5	10	景宁县	5.87	10

制玩具和庆元铅笔对外贸易预警示范点榜上有名。丽水市木制玩具和庆元铅笔产业通过政、检、企三方联动，加强预警工作，积极应对欧盟等地贸易壁垒，连续多年未发生出口质量安全问题。2016年，丽水市木制玩具出口10.38亿元，同比增长15.4%；庆元铅笔总量50亿支，实现产值15亿元，同比增长25%，实现外贸出口2亿元，同比增长20.9%，占全国出口量的20%以上。

【纳爱斯集团入选浙江省首批“品质浙货”出口领军企业】 2016年，浙江省首批80家“品质浙货”出口领军企业名单公布，纳爱斯集团有限公司入选。为推动优质产品与服务在“品质浙货”集成化品牌下更好、更快地进军国际市场，浙江省商务厅于2016年10月启动“品质浙货”出口领军企业评选，按照出口规模大、影响力强、知名度高、同类产品出口全国第一或前列的条件，评选出80家企业、80个产品，横跨纺织服装、机械电子、轻工工艺、五矿化工、医药保健、食品土畜等六大行业，产品出口均为全国同类产品中的佼佼者。纳爱斯集团是中国洗涤用品行业龙头企业，洗衣粉等多种产品进入中东、非洲、南美、大洋洲等60余个国家和地区，自主品牌占比达到80%以上，全年出口1.93亿元，同比增长36.7%。

【举办外经贸企业银企对接活动】 3月，丽水市商务等部门在对优质外贸企业进行融资需求意向调查，收集44个融资需求项目与各银行进行前期对接洽谈的基础上，举办外经贸企业银企对接会。市区16家银行以及出口信保公司丽水业务部和30余家外经贸企业进行具体项目融资对接，浙江华洋赛车股份有限公司等8家企业分别与中行丽水分行、建行丽水分行、浙商银行丽水分行签订合作意向书，并签订4900万元融资协议。

【龙泉市被列为浙江省外贸转型升级试点示范县】 2016年，省商务厅、财政厅联合发文《关于公布浙江省外贸转型升级试点示范县(市、区)名单的通知》，龙泉市以总分第二名的成绩成为浙江省10个试点示范县之一，将连续3年获外贸转型升级试点专项财政资金支持。外贸转型升级试点是浙江省为推动市县建立完善的外贸转型升级机制，鼓励外向型企业开展商业模式创新而开展的一项工作。

【丽水市获评浙江省商务系统目标责任制考核优秀单位】 经浙江省商务考核评比，2015年丽水市商务局综合工作目标和业务工作目标总成绩位列全省第五位，获评全省商务综合绩效测评优秀单位。其中，综合工作目标位列第三位；业务工作目标中，商贸流通工作位列第六位，对外贸易与贸易预警体系建设工作位列第二位，利用外资工作位列第六位，开发区发展工作位列第四位，电子商务工作位列第三位。

利用外资及港澳台资

【概况】 2016年，丽水市新批外商投资项目36个，增资项目4个，外方股东境外贷款项目1个，投资总额5.75

3月24日，举行丽水市外经贸企业银企对接会　　周步鑫　提供

6 月 9 日，丽水市参加浙江省重大项目签约仪式　　周步鑫　提供

亿美元，合同利用外资 3.29 亿美元，同比增长 14.5%；实际利用外资 2.21 亿美元，同比增长 2.3%，总量列全省第八位，增速列全省第六位。引进千万美元以上外商投资项目 16 个，比 2015 年增加 7 个。新增外资项目仍以第二产业为主，投资额 4.34 亿美元，占总额的 75.5%；一产项目 3 个，总投资 8702 万美元，占总数的 15.1%；三产项目 5 个，总投资 5385 万美元，占总数的 9.4%。实到资金来源仍以香港地区为主，达 14520 万美元，占总数的 65.7%。组织举办或参加上海推介会、2016 浙洽会、中国——中东欧国家投资贸易博览会、"2016 丽水市（宁波）投资环境推介会"、第十九届中国国际投资贸易洽谈会、"透过香港走向国际"香港专业服务研讨会活动、2016 中国丽水（雅典）投资贸易推介会等 10 多场次外商投资洽谈活动。

【国际服务贸易发展】 2016 年，丽水市完成国际服务贸易进出口总额 83.39 亿元，同比增长 20.7%，占全市货物和服务贸易总额的 27.0%，占比高于 2015 年 2.2 个百分点。其中，出口完成 67.64 亿元，占全市国际服务贸易进出口总额的 81.1%，同比增长 21.3%；进口完成 15.75 亿元，同比增长 18.3%。服务外包离岸执行金额 462 万美元，同比增长 28%。主要涉及动漫刀剑、动漫木玩等产业出口。

2016年实际利用外资分县（市、区）排序（含开发区）

表19

县（市、区）	年度任务完成比例（%）	名次	县（市、区）	绝对额（万美元）	名次
全　市	110.7	—	全　市	22130	—
开发区	128.4	1	开发区	5780	1
莲都区属	122.5	2	缙云县	4615	2
松阳县	118.5	3	青田县	4050	3
遂昌县	102.1	4	莲都区属	1470	4
青田县	101.3	5	松阳县	1244	5
缙云县	100.3	6	遂昌县	1072	6
龙泉市	100.0	7	龙泉市	1050	7
云和县	100.0	7	云和县	850	8
庆元县	100.0	7	庆元县	850	8
景宁县	100.0	7	景宁县	850	8

【"木玩产业文化生态园出口基地"被认定为省级文化服务和产品出口基地】 2016 年，浙江商务厅发文公布浙江省服务贸易发展基地名单，丽水市"木玩产业文化生态园出口基地"被列为浙江省 2016—2018 年度首批 5 个省级文化服务和产品出口基地之一。至年底，该园区共有 6 家文化企业入驻，其中文化出口企业 2 家，以原创动漫定格动画、二维三维动画等的设计及制作为主，开发儿童动漫剧场、木玩创意设计、儿童动漫实践基地及木玩衍生产品。全年制作出口动画片 50 集以上，动画片《嘟嘟镇》等获 2016 年度法国戛纳影视节创新奖，动漫及衍生产品的出口达 1000万美元以上。此次出口基地认定对丽水市文化服务和产品出口的产业集聚，提升文化服务和产品的质量水平方面将发挥积极作用。　　（周步鑫）

对外经济技术合作

【概况】 2016 年，丽水市新批境外投资项目 5 个，总投资 2036.88 万美元，中方投资额 1623.78 万美元，分别比 2015 年增长 122.0%和 110.7%。新批项目平均投资规模 407.38 万美元，高于 2015 年的 69.2 万美元。至年底，丽水市现存境外投资项目 49 个，投资总额 14890.61 万美元，中方投资额 14341.16 万美元，境外投资项目覆盖 26 个国家和地区。　　（周步鑫）

出入境检验检疫

【概况】 2016 年，丽水检验检疫局围绕全省检验检疫工作会议精神，全面从严，规范提升，圆满完成各项工作任务。全年完成货物检验检疫共计 16487 批、货值 3.97 亿美元，检出不合格 287 批、929.04 万美元，同比分别增长 85.16%，31.85%。辖区内发生出口通报 4 起，其中工业品 4 起，食品 3 起。核查出口退货 34 批、191.56 万美元。签发出入境货物检验检疫证书 2162 份，同比下降 14.44%，签发出入境证单 16765 份，同比下降 28.24%。签发各类原产地证 7349 份、2.84 亿美元，同比增长 16.85%、7.07%。完成出入境健康体检 1531 人次，预防接种 699 人次，检出传染病 33 例，其中，梅毒抗体阳性 11 例，传染性梅毒 7 例，乙肝 15 例。向企业免费发放原产地证“导航图”1300 余份，签发原产地证书 7349 份，同比增长 16.85%。顺利实现 ECIQ 主干上线，省内直通放行提高到 96.38%，沪浙直通放行提高到 95.3%。利用全域覆盖的丽水公共检测平台惠企，免费检测辖区所有目录内产品和大宗目录外产品，监测各县市主要出口产品质量，并报送质量白皮书和进行风险预警。协调市财政将莲都区企业纳入市本级生态原产地产品保护奖励范围。推动庆元香菇成为生态原产地保护产品，在全国率先出台《丽水生态原产地产品保护监管工作规范》并开展后续监管，辖区获批产品 7 个。首次在入境集装箱截获植物种子和在木质包装中截获活体蜘蛛，检出不合格进口商品 534.01 万美元，监督销毁不合格进口红酒 7400 余瓶、进口奶粉 1800 多盒、进口玩具 1600 余套，进口商品不合格检出率排在全省前列。开展“两学一做”学习教育活动，先后获全省系统知识竞赛第一名，演讲比赛市直机关第一名和全市第二名。党总支升级为机关党委。保健中心获浙江省 AAA 级职业健康检查机构和浙江省十佳职业病体检单位，检科分院通过 CNAS 监督扩项评审、检验鉴定资格审核，与 ITS 检测公司签约开展业务合作，新建微生物实验室。

出口备案灵芝基地检测　　季大凯　提供

【推进质量示范区建设】 2016 年，丽水局继续推进铅笔、食用菌、木制玩具 3 个产业的质量安全示范区建设。帮扶庆元铅笔产业搭建技术研发、信息预警等平台，构建地方政府负总责的质量安全工作机制，庆元铅笔产业成为全国首个铅笔国家级质量安全示范区。在龙、庆食用菌示范区探索创新出口监管，食用菌实施“简备案、快核放、重预警”检验监管模式，出口抽检比例大大下降，并试行备案基地区域化，监管“死角”得到解决。开展香菇栽培原料多菌灵和稻耳轮作大田灭生性除草剂课题研究，食用菌通报率同比下降 72.7%，8 家食品企业入驻“同线同标同质”平台（入驻率 100%）。云和木玩示范区率先在全国开展工业消费品外销“同标同质”工作，内外贸产品质量得到提升。

【发挥科技扶产助企作用】 8 月 26 日，全省首个木制玩具技术性贸易措施通报评议基地工作会议在云和县举行，邀请行业和企业专家成立通报评议基地工作组，实现通报评议工作常态化。根据丽水进出口产业特点，成立 8 个专家组，加强对国外技术标准的跟踪研究，对通报、召回、退运等信息进行综合分析并及时预警，编制木玩和食用菌技贸措施专刊 2 期。开通“丽水进出口资讯前沿”和“丽水 TBT 信息服务”微信公众号 2 个，推送技贸预警信息 280 余条，承接质检总局《出口木制玩具技术性贸易措施应对》专项课题研究和中德 GS 认证的比对研究，参与完成修订国家标准 1 个，1 个项目被省重点项目验收通过，向市科技局成功申报项目 2 个，获全省系统“科技兴检”先进集体和个人等荣誉。

【庆元食用菌企业首次通过香港食环署现场检查】 2 月，中国香港食物环境卫生署对庆元县食用菌企业浙江大生源食品有限公司开展现场考核，考核组对该公司供港食用菌基地及其生产车间进行检查，重点对输港食用菌种植备案基地的病虫害防控、农业投入品管理和加工车间的 HACCP 关键控制点监控、卫生防疫管理、产品检验检测等逐项进行详细了解和细致检查。10 月 20 日，该企业顺利通过香港食环署的检查并获得好评，也是中国香港食环署官员首次对丽水辖区供港食用菌备案企业进行检查。

【质检专报首次被国办录用】 2 月，丽水检验检疫局组稿反映的质检专报信息首次被国务院办公厅录用。该专报信息主要反映进口商品城面临产品价差突出、产品品牌单一、质量安全突出等多重困境，针对存在的问题，丽水检验检疫局提出需尽快出台《跨境电子商务法》，完善进口商品城总体规划，搭建进口商品展示交易平台等合理化建议。

【陈钢到丽水视察调研】 10月20日下午，国家质检总局副局长陈钢在丽水调研"浙江制造"品牌建设等工作。期间，陈钢到丽水检验检疫局视察，看望中层以上干部和检务大厅、保健中心等一线干部职工并听取工作汇报，对丽水检验检疫局展现的良好精神风貌，开展"两学一做"教育、出入境卫生检疫等工作以及取得全国文明单位、全国巾帼文明示范岗等荣誉给予充分肯定，对丽水检验检疫局立足山水文化，努力打造"小而精优而特"内陆分支强局表示赞赏。丽水市政府、市政协有关领导陪同视察。

【青田现场办筹建工作启动】 为优化投资环境，青田县政府多次向丽水局和浙江检验检疫局反映设立青田现场办的社会效益及侨乡企业的强烈愿望，9月，浙江检验检疫局批复设立丽水检验检疫局青田现场办。10月25日，丽水检验检疫局与青田县人民政府签订筹建丽水检验检疫局青田现场办协议书，标志着筹建工作迈出实质性一步。签约仪式上，浙江检验检疫局副局长俞一江要求丽水检验检疫局立即行动，尽早成立筹建办公室，尽早考虑人员队伍，抓紧开展业务培训，做好开检准备工作；希望青田县尽快完善检验检疫设施，持续保障现场办运行，确保经费常态化和工作正常化。 （季大凯）

海　关

【概况】 2016年，丽水市外贸进出口总值为225.6亿元，同比增长7.18%（全省同比增长3.1%）。其中，出口208.7亿元，增长6.02%（全省同比增长3.0%）；进口16.9亿元，增长23.92%（全省同比增长3.7%）。全市进出口企业注册数达1896家，其中，当年有进出境业务实绩的企业900家（注：部分企业既有进口也有出口），其中，进口达222家，出口达826家，有进出境实绩的企业数分别增长45.1%、7%。

【海关统计】 2016年，丽水海关全面优化统计服务，加强统计监测预警和政策、理论研究，为丽水市经济社会发展建言献策，累计向地方各级党政负责人编制各类专报、简报49篇次，发送统计快报、短讯800余条，其中，2篇统计报告获省、市主要领导的批示肯定。

【企业管理】 2016年，丽水辖区新增进出境注册企业322家，累计注册进出境企业1896家。推进海关AEO认证体系建设，全年对5家企业开展认证培育，新增高级认证（注：国际通用）企业1家、一般认证企业1家，完成2家高级认证企业重新认证，截至年底累计有认证企业94家。

【通关监管】 丽水海关全面落实全国海关区域通关一体化改革，坚持通关作业无纸化，全年审结报关单2531份，增长18.9%，其中，进出口报关单中狭义一体化报关比例100%，无纸化报关单比例始终保持在95%以上。全年监管进出口货物12.3万吨，下降18.6%；征收两税5461万元，增长10.4%；审批减免税货物金额35万美元，减免税款39.4万元。全部取消海关服务性收费，降低企业经营成本。

【保税监管】 丽水辖区办理备案加工贸易手册34份，增长6.3%；备案金额548万美元，增长48.1%。帮扶指导青田县建设青田侨乡进口商品城有限公司公用型保税仓库，2016年3月正式启用以来，入库货运量2400余吨，货值2500万余元，为青田县进口商品城40余家商户提供开拓业务创造了良好的条件，全年缓税879.7万元。结合云和木制玩具产业特点，提出借助海关特殊监管区助推木玩产业贸易发展设想，协助推进公用型保税仓库和出口监管仓库建设。

【稽查缉私】 积极发挥依法行政、为国把关职能，加强对进出口活动真实性和合法性的监管，做好企业稽查和打击走私工作，全年办结稽查企业9家，移交案件3起，案值1494.5万元，涉税38.59万元。始终保持打私高压态势，重点加强对成品油、农产品走私的打击治理工作，加强与浙江省高速公路交警总队丽水支队的联系配合，深入推进反走私综合治理。

【法规政策宣传】 围绕国务院关于"放管服"改革、社会诚信体系建设等重大改革措施的推进，持续加强海关法规政策宣传。开展"海关干部进县入企结对帮扶"系列活动，对企业开展个性化法规政策辅导；举办政策宣讲会、企业座谈会等，全年普及法规政策覆盖企业120余家；借助媒体平台，宣传新颁布的《海关稽查条例》及实施办法、海关AEO企业认证等海关法规政策共38篇次；与地方政府和职能管理部门建立海关AEO高级认证企业名单共享机制，公开丽水海关"红名单""黑名单"企业，促进进出境企业诚信守法。 （蔡胜男）

经济管理

计划管理

【概况】 2016年，全市地区生产总值1200.22亿元，增长7.1%。实现财政总收入164.87亿元，增长8.3%，其中一般公共预算收入103.57亿元，增长9.7%。完成固定资产投资841.65亿元，增长12.0%。省重点建设项目投资176.4亿元，完成年度计划142.07%。省411重大项目投资311.5亿元，完成年度计划158.2%。各项任务较好完成。

【规划编制】 2016年，是“十三五”规划开局之年，重点做好丽水市“十三五”规划和年度专项规划编制工作。编制完成《丽水市国民经济和社会发展第十三个五年规划纲要》，3月15日，经市三届人大七次会议审查通过，4月12日正式发布实施。下达年度发展类规划编制计划22个，至年底，发布实施10个。

【年度计划编制与经济分析】 编制2016年市本级政府性基本建设项目投资计划、丽水市2016年重点建设项目形象进度计划、丽水市2016年重大建设项目前期工作责任目标计划等“三大投资”计划，并抓好计划实施。编制国民经济和社会发展年度计划，完成《关于丽水市2015年国民经济和社会发展计划执行情况及2016年国民经济和社会发展计划草案的报告》编写，并在丽水市第三届人民代表大会第七次会议上审议通过。完善经济形势分析、重点企业监测、专项调研分析等制度，每季召开全市经济形势分析座谈会，每季开展重点企业和重点服务业网上问卷调查，全年完成经济分析、投资分析和价格分析等月度、季度和年度分析30余个。

【推进重点项目建设】 2016年，全市开展“决战三季度”“冲刺四季度”“百日攻坚”“集中开工”等系列活动，全市形成上下抓投资、抓项目氛围，项目推进和难题破解取得成效。267个重点建设项目投资304.01亿元，完成年度计划投资的126.41%，其中112个省重点建设项目投资176.4亿元，完成年度计划投资的142.07%。全市计划新开工项目80个，实际开工建设74个，开工率92.5%。全市计划完工项目53个，实际完工49个，完工率92.45%。

【产业转型】 2016年，全市坚持生产性服务业和生活性服务业协调发展、总量拓展和结构调整相结合、平台构建与机制创新相结合，推动丽水生态服务业的持续稳步发展。以现代商贸、现代物流、休闲养生旅游和文化创意为重点的服务业集聚区建设继续稳步推进，全市13个服务业集聚区完成投资20亿元，完成年度计划117%。全市服务业实现增加值568.30亿元，增长8.7%，对GDP增长率达56.4%，拉动经济增长4.0个百分点。建成并网大型光伏电站3个、分布式光伏发电项目1028个，年度新增光伏装机8.29万千瓦；庆元双苗尖风电场首台机组并网发电；缙云抽水蓄能电站具备项目核准条件；发布实施全市电动汽车充电设施发展规划，完成农(菇)光互补专项规划初稿，启动编制风电开发专项规划。3个项目列入资源节约与环境保护中央预算内投资计划。41个项目被列入省循环经济“991行动计划”，其中6个项目被列入“991行动计划”2016年度重点支持项目。

【课题研究和管理】 2016年，市发改委围绕经济社会发展的重点、热点和难点问题，围绕党委和政府中心工作，深入开展课题研究，取得明显成效。下达研究课题任务计划34个，至年底，结题31个，结题率达91.2%。在省市级刊物发表文章20篇，占结题课题58.8%。报送课题连续5年获全市党政系统优秀调研成果一等奖，其中《关于促进民间资本进入我市公共设施建设领域的研究报告》《组团式发展——丽水山区新型城镇化之路》分获2014—2015年度全市党政系统优秀调研成果一等奖和三等奖。 （蓝卫宁）

安全生产

【概况】 2016年，全市认真贯彻落实党中央、国务院关于安全生产工作重要指示精神，加强安全生产“红线”意识和“底线”思维，坚持标本兼治，加强依法治安，加快改革创新，不断推进安全生产责任体系、隐患排查体系、安全预防控制体系和治理能力建设，安全生产工作取得明显成效。全年全市发生各类安全生产事故（包括工矿商贸、道路运输、水上运输事故）245起、死亡198人，事故起数和死亡人数同比分别下降34.0%和15.7%，事故死亡人数占省政府下达控制指标的71.79%，连续2年未发生较大及以上安全生产事故。

【安全生产事故种类】 2016年，事故指标控制成效明显，全市工矿商贸、交通运输（含水上运输）事故死亡人数分别占全年控制指标的49.51%、86.47%；无较大及以上安全生产事故。各地、各部门安全生产事故均控制在年度指标范围内，市级14个责任书签订部门中，有7个部门未发生考核范围内安全生产事故。发生非生产经营单位安全事故101起、死亡71人，分别占工矿商贸、道路运输事故死亡人数的21.57%、40.82%。发生高处坠落事故23起、死亡23人，占比工矿商贸事故近一半。

【落实安全生产监管职责】 2016年，市委、市政府出台《丽水市安全生产“党政同责、一岗双责”暂行规定》，细化各级党委、政府及其各部门安全生产工作职责，进一步明确班子成员安全生产职责分工，全市上下各级各部门形成安全生产“党政同责、一岗双责、齐抓共管”格局。制定《丽水市安全生产委员会组织结构设置及工作规则》，市安委会下设立专业安委会8个，形成“1+8”工作模式，开展专委会“六个一”专项行动，有效推动各方监管责任落实。完善考核制度，分级分类签订责任书，分解落实省政府下达考核指标任务。

【平安建设显成效】 2016年，杭州G20峰会期间，市安监局制定各类行动方案，开展烟花爆竹集中整治日、危险化学品集中整治周、矿山集中整治月专项行动，先后开展工贸行业对口检查督查、G20峰会维稳安保专项督查、专委会会议落实督查和G20决胜阶段全线督查。以遏制较大以上事故为主线，开展危险化学品、烟花爆竹、矿山尾矿库、冶金机械、“三场所两企业”等行业领域专项整治，并督促各行业主管部门做好相应行业领域专项整治。率先开展“奋战100天•安全保金鼎”活动，开展重点时段“攻坚战”、全面发动“排雷战”、严格执法“歼灭战”和严防死守“保卫战”，整治一批安全生产事故隐患和风险，查处一批突出非法违法行为，整顿一批严重违法违规企业，关闭取缔一批非法违法生产经营单位，遏制影响平安考核“一票否决”安全生产事故。完成省级挂牌督办工矿企业重大隐患2家、道路交通多发点段3个和市级挂牌督办19家工矿企业重大隐患整改。落实烟花爆竹“禁限放”，市区燃放时间从原来1个月缩短到2天。完成青田、龙泉、遂昌3个矿山重点县安全生产攻坚克难工作的整治验收，完成停用尾矿库清空注销3座。

【监管执法实现突破】 2016年，市安监局加强行政审批源头管理，17个行政许可服务事项进入网上办事大厅，行政许可服务进驻率达100%。规范行政执法过程管理，出台《丽水市安全生产事故隐患自查自报与核查督办管理办法（试行）》《丽水市安全生产监督管理系统安全生产监督检查和隐患治理核查督办操作导则（试行）》，在全省率先统一规范安全生产监督检查和隐患治理核查督办机制，督促企业建立“发现—报告—治理（管控）—验收—销号”闭环管理流程，建立

检查地下矿山 王俊波 提供

事故隐患排查治理自查自纠自报机制。实施科学监管，信息化建设实现突破。抓住“互联网+安全生产”契机，丽水市安全监管信息平台成功立项。实施创新监管，社会化服务全面提升。加强标准化评审质量管理，结合明察暗访和行政执法，重点抽查达标企业，撤销24家不符合标准化条件和事故企业标准化资格。规上企业基本达到应创尽创，500万元以上小微企业创标率约75%。探索社会化服务新模式，开展企业互助和行业协会互助试点工作，促进行业、企业间安全资源共享与互补，全市签订社会化服务合同生产经营单位10787家。

【安全生产基层基础建设】 2016年，市安监局编制《丽水市危险化学品应急处置指导手册》和《丽水市安监局应急处置操作指南》，组建开发区化工企业联合应急处置互助服务队。组织5支矿山应急救援队赴浙能应急中心参加专业应急培训。参与青田“9·15”尾矿库排水涵洞淤堵事故和遂昌苏村“9·28”山体滑坡等应急救援、保障工作。推进职业病危害普查和用人单位职业病危害项目申报工作，全市有接触粉尘和化学毒物工业企业2279家，受害人数29929人，完成申报备案1840家。全市职业卫生立案处罚23起，处罚金额27.5万元。拓宽舆论宣传阵地，在报纸、电视台、网站等媒体开展安全生产宣传报道，开展“安全生产月”和“职业病防治周”等集中宣教活动。举办“安全卫士”演讲比赛，全市安监系统12位选手参赛，决出一等奖1人，二等奖2人，三等奖3人，优胜奖6人。开展安全生产知识公益宣讲活动，成立由21名市、县安监干部组成的安全生产公益讲师团，全市开展各类公益讲座100余场，受益人员2万余人。启动“安全生产月”宣传咨询日活动，市区两级安监、消防、质监、旅游等50余个部门，对安全生产法律法规、防溺水安全教育、消防安全常识、职业病防治、交通安全、安全生产应急科普知识等进行宣传，发放各类宣传资料2万余份，接收群众咨询5000余次。

（王俊波）

土地管理

【概况】 2016年，根据2016年度土地变更调查（一上数据）显示，全市土地面积1727520.23公顷，其中耕地173112.63公顷，园地53412.20公顷，林地1351747.85公顷，草地15545.46公顷，城镇及工矿用地41515.01公顷，交通运输用地15006.56公顷，水域及水利设施用地41872.10公顷，其他土地35308.42公顷。

【连续第21年实现耕地占补平衡】 2016年，市国土局完善耕地保护责任制，市、县、乡镇（街道）政府层层签订目标责任书，落实耕地保护目标责任。全面建立耕地保护补偿机制，累计发放地力保护补贴0.28亿元。开展永久基本农田划定工作，全市划定永久基本农田12.50万公顷。推进“611”耕地保护工程，实施耕作层剥离62.27公顷，完成垦造耕地0.09万公顷、高标准基本农田1.27万公顷、农村土地综合整治68.73公顷，连续21年实现耕地占补动态平衡。

【供应具体建设项目用地面积927公顷】 2016年，实施规划局部调整项目115个，面积0.14万公顷。争取各类用地指标0.10万公顷，完成批次100个和单独选址建设项目用地报批15个，面积0.11万公顷，供应土地0.09万公顷，保障全市经济社会发展对国土资源的合理需求。

【盘活存量建设用地379.5公顷】 2016年，市政府将土地节约集约利用纳入对各县（市、区）综合考核和党政领导班子实绩分析评价指标，引导各地转变发展方式，提高土地节约集约利用水平。实施“亩产倍增计划”，全市完成城镇低效用地再开发面积130.13公顷，盘活存量土地379.53公顷，消化批而未供土地313.07公顷，2012年—2016年，供地率81.42%，高出省下达任务11.4%。

【出让国有建设用地307公顷】 2016年，全市出让国有建设用地261宗，面积346.67公顷，出让金合同金额53.51亿元。其中商住用地面积101宗，面积92.6公顷，出让金合同金额39.22亿元；工业用地97宗，面积150.07公顷，出让金合同金额为3.7亿元，市本级商住用地供地29.4公顷，土地出让金收入20.33亿元。

【市区土地二级市场管理】 2016年，市本级办理房改房、划拨土地、改变土地用途补办出让，二、三产业、超容积率补缴出让金等业务3489宗，累积收缴出让金6641万元、契税199万元。

【不动产统一登记率先全面实施】 2016年，市本级在全省率先通过实施前评估，并于3月10日发放第一本不动产权证书。7月，全市所有县（市、区）全面实施不动产统一登记。在全省率先开展林权不动产权统一登记工作，9月，松阳县颁发全省首批林权不动产权证书。全市发放不动产权利证书3.8万本、不动产登记证明4万本、受理不动产档案查询6.7万次。全面开

3月7日，举行丽水市不动产统一登记首发仪式　　　　黄庆亮　提供

展存量房交易与登记一体化改革，不动产交易、登记实现“一条龙”服务。

【立案查处国土资源违法案件97件】　2016年，市国土局加强年度土地矿产卫片执法检查工作，全市违法占用耕地面积占新增建设占用耕地面积比例为2.59%，连续6年实现零问责。开展违法用地“亮剑”行动，重点对违规临时用地和未依法处置违法用地进行集中处置，全市整治违规临时用地138宗，处置未依法处置违法用地904宗，处置率分别为100%、75%，均完成省下达任务。全市出动执法巡查4.3万人次，立案查处各类国土资源违法案件97件，公开曝光典型案件10起，有力震慑了违法用地行为。

【安排农民建房指标128余公顷】　2016年，全市安排农民建房专项指标128.13公顷，审批农村无房户、危房户15841户。完成松阳县樟溪乡高岸村、古市镇谢树寮村、叶村乡松山村3个行政村的农村土地民主管理试点。

【发放农村不动产权证2万余宗】　2016年，全国农村不动产权籍调查试点工作在丽水市莲都区丽新畲族乡、青田县高市乡开展。全市完成农村宅基地确权登记实际发证1.93万宗、农房所有权发证2.17万宗、农村不动产权证发证2.71万宗。　（黄庆亮）

物价管理

【概况】　2016年，丽水市物价工作以市发改委“2016年价格调控监管行动计划”为目标，加快推进价格改革和加强法治建设，完善价格形成机制和价格监管机制，维护价格总水平基本稳定。全年全市查处各类价格违法案件18件，实施经济制裁总金额382.2347万元。其中，责令退还用户多收价款11.59万元，没收违法所得328.7363万元，罚款41.9084万元。

【价格形势】　2016年，市区居民消费价格指数（以下简称“CPI”）累计同比上涨1.7%，较上年同期回升0.5个百分点，较全省低0.1个百分点；12月同比上涨2.4%，环比下跌0.1%。从走势看：同比涨幅区间波动小幅回升，环比涨幅前高后低。从消费结构看：八大类消费品价格累计同比“六升二降”，其中食品、居住类、娱乐教育文化用品及服务累计同比分别上涨4.4%、1.2%和2.3%，比上年同期涨幅分别扩大1.1个、0.6个和0.2个百分点。

【成本监审】　2016年，市价格主管部门配合省物价局开展公证服务收费、养老服务定价成本监审办法情况等专题调研工作。依据省成本分局工作安排，落实城市供水成本、城市污水成本定期监审，完成成本监审及信息系统数据汇总上报工作。完成市实验幼儿园教育集团所属3个公办幼儿园幼儿保教成本监审；完成市外国语实验学校和丽水文元中学2所民办学校教育培养成本、联城经济适用房二、三期项目开发成本、丽水市残疾人托养中心收费成本、丽水华润燃气有限公司的管道燃气设施预埋成本、莲城公证处公证服务收费情况调查，为政府决策做好参谋。

【完善价格数据库推进智慧价格建设】　2016年，配合省物价局完成收

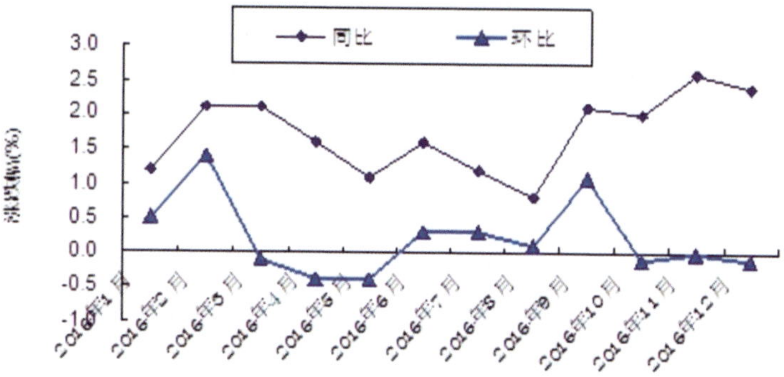

图2　2016年度丽水市区CPI涨跌趋势图

费管理平台和民生价格信息服务平台数据库建设，完善收费项目清单信息平台，做好市区沃尔玛、世纪联华、大润发三家大型连锁超市和府前、仓前、人民路农贸市场的价格信息数据公布工作，促进消费者理性消费。规范价格监测采价点的布局，以点带面，落实日常市场巡查制度，加强节假日及重大灾害天气监测预警。落实春节、国庆等重要节日市场巡查及节假日值班制度，做好护航G20市场价格监测监管工作。台风期间，开展自然灾害灾后应急价格监测预警工作预案及组织实施工作，加强对粮食、蔬菜、生猪、部分工业生产资料等商品价格专题调研、科学分析市场价格趋势。

10月20日，“12358”价格举报管理信息系统并入“12345”丽水市政府统一政务咨询投诉举报平台。全年全市受理各类价格政策咨询和投诉举报825件。其中，来信24件，来电552件，来访5件，全国网上举报平台199件，其他网络渠道45件。办结案件773件，其中政策咨询494件，价格投诉144件，违法举报135件，退还消费者多收价款1.77万元，罚款1.1万元，办结率94%。

【价格改革】 2016年，全市各县(市、区)实现达到国家污水处理费最低标准，进一步完善分类分档及多因子计收工业污水处理费办法。明确市区“十三五”(第二轮)初始排污权有偿使用费征收标准，确保排污权交易工作顺利推进。做好通气市、县(区)实行居民生活用气阶梯价格，完善管道燃气设施预埋和改造收费政策的前期工作。结合丽水道路班车客运市场情况，推进道路班车价格改革。改革完善市内跨县(市、区)道路班车上限运价，受省物价局肯定，《丽水市联系本地实际改革完善道路班车客运价格管理》在省物价局经验交流专栏发表。规范旅游景区门票价格管理，开展景区门票价格专项整治工作。围绕“十三五”规划把旅游业培育成千亿级第一战略性支柱产业的目标，开展旅游价格专题调研，撰写《深化旅游价格改革 助推全域旅游发展》，指导遂昌金矿矿山公园景区门票价格实行市场调节价改革试点，健全和完善旅游景区门票和民宿价格监管，促进旅游业健康发展。推进电力价格市场化改革，减轻工商企业用电负担。贯彻落实电价调整有关事项，2016年1月1日起，一般工商业及其他用电价格每千瓦时降低4.47分；6月1日起，大工业用电和一般工商业及其他用电价格每千瓦时降低1分，全年减轻企业负担1.23亿元。扩大电力直接交易试点，全市参与电力直接交易电力用户从2015年的15家扩大为1319家，推动上网电价和销售电价联动下降，全年减轻用电大户负担1.22亿元。全年累计减轻企业用电负担2.45亿元。审核确认景宁峡桥和华发、庆元蓬桥、龙泉高浦和下田垄等5座水电站上网电价。规范强制垄断性涉企收费。对政府定价的涉企经营性收费实行目录清单管理，取消4项行政事业性收费；对小微企业免征1项行政事业性收费；降低10项涉企行政事业性收费；全年减负涉及金额约243万元。推进医药、教育价格改革，调整市实验集团幼儿园收费标准，贯彻落实民办学校收费优惠政策。完善医疗服务价格改革，调整和完善部分医疗服务价格项目及价格，新增部分医疗服务项目和价格，明确按医疗机构等级(三甲、二甲二乙)确定价格标准。核定市中心医院、市人民医院、市第二人民医院、青田东源卫生院等部分普通病房床位费标准。

【市区污水处理费改革】 2016年，市区从12月31日(用水时间)起居民生活污水处理费由现行0.55元/立方米调整为0.95元/立方米；非工业污水处理费由现行1.35元/立方米调整为1.55元/立方米；工业污水处理费，一般工业企业由现行1.35元/立方米调整为1.55元/立方米，医药、化工、造纸、化纤、印染、制革(合成革)、冶炼等行业中的重污染工业企业由现行2.05元/立方米调整为2.25元/立方米。进一步完善分类分档及多因子计收工业污水处理费办法，对符合污水纳管要求的纳入市区污水公共管网，并由污水处理厂处理的医药、化工、造纸、化纤、印染、制革(合成革)、冶炼等行业中的实行在线监测重污染工业企业(具体名单经企业主动申请由市建设局会同市环保局确定)污水，按化学需氧量(COD)、悬浮物(SS)、总磷(以P计)、总氮(TN)等污染因子浓度，分类分档复合计收污水处理费。即在线监测重污染工业企业污水处理费实收标准=重污染工业企业污水处理费基准标准±COD值升降标准+SS值加收标准+总磷值加收标准+总氮值加收标准。化学需氧量(COD)值分档收取污水处理费计费方法。入网污水COD值以50毫克/升为基准，每100毫克/升为一档。实测COD值低于500毫克/升，每低一档，污水处理费标准相应降低0.30元/立方米；实测COD值高于500毫克/升，每高一档，污水处理费标准相应提高0.50元/立方米。悬浮物(SS)值分档收取污水处理费计费方法。入网污水SS值以400毫克/升为基准，每毫克/升为一档。实测SS值高于400毫克/升，每高一档，污水处理费标准相应提高0.20元/立方米。总磷(以P计)值分档收取污水处理费计费方法。入网污水总磷(以P计)值以8毫克/升为基准,每0.5毫克/升为一档。实测总磷(以P计)值高于8毫克/升时,每高一档,污水处理费标准相应提高0.20元/立方米。总氮(TN)值分档收取污水处理费计费方法。入网污水总氮(TN)值以70毫克/升为基准,每5毫克/升为一档。实测总氮(TN)值高于70毫克/升时,每高一档,污水处理费标准相应提高0.30元/立方米。

【完善收费监管制度】 2016年,丽水市取消收费许可证和年审制度后,市发改委建立完善收费单位事中事后监管制度,实施收费年度公示报告,加强"一内一外,三平台"工作。收费单位通过本单位(或行业主管部门)官方网站向社会公布收费项目清单,实施收费动态调整,公示清单之外的收费一律不得执行,接受社会监督;收费项目公示清单由收费单位上传审核进浙江省智慧价格项目支撑平台实施动态跟踪,对未进入网上公示名单的收费单位,被收费对象可以拒绝向其缴纳费用;建立收费单位信用档案,凡是存在不按规定实行收费公示、不按时上报年度收费单位收费情况报告或被价格检查部门查处等问题的,列入收费单位失信名单并向社会公开。 (王 畅)

审计管理

【概况】 2016年,全市审计机关完成审计项目182个,查出主要问题金额1133853万元,其中违规金额91425万元、损失浪费金额4769万元、管理不规范金额1037663万元;损益(收支)不实1600万元;审计处理处罚金额110950万元,其中应上缴财政82419万元、应归还原渠道资金604万元、应调账处理金额3787万元;审计发现非金额计量问题808个;审计促进整改落实有关问题资金104856万元,其中增收节支81108万元、调账处理金额561万元、审计促进拨付资金到位632万元、审计后挽回(避免)损失112569万元。移送司法机关、纪检监察机关和有关部门处理事项19件,涉及25人,金额49306万元。出具审计报告和专项审计调查报告215篇,被批示、采用95篇;提交审计信息551篇,被批示、采用270篇;提出审计建议935条,被采纳760条;推动完善规章制度110项。向社会公告审计结果39篇。全市获省审计厅优秀项目2项,表彰项目4项。

【国家重大政策措施贯彻落实跟踪审计】 2016年,全市派出27人组成审计组到温州开展支持浙商创业创新政策执行和浙商回归项目落地情况交叉审计调查,取得良好实效,得到省审计厅肯定,移送案件1件,受党纪处理1人。在景宁县县域经济综合改革推进情况审计调查中,发现财政专户7693万元财政资金结转两年以上未清理等,对公职人员家属办企业违规取得财政补助移送丽水市纪委处理。

【财政(预算执行)审计】 2016年,在市本级2015年财政预算执行审计中,发现未将福利彩票公益金的10%以上用于安排残疾人事业支出,彩票公益金用于社会组织建设补助及资助农村公益事业未列入财政专项资金管理等。市本级财政存量资金审计,发现1598万元上级转移支付指标未在规定期限内下达,3.94亿元项目结转资金因项目建设进度原因造成滞留,部分存量资金未实现增值最大化等问题。在丽水经济技术开发区审计中,揭示6个方面的32个问题,其中针对收入管理、专项资金申报、招商引资等8个方面提出建立完善制度的建议,促进边审边改上缴(收回)财政性资金13040.31万元。联合市人大财经工委专题召开整改督查会,会议情况在丽水电视台新闻节目中播出。

【经济责任审计】 2016年,按照党政同责、同责同审的要求,全市审计机关对13名市管领导干部、108名县管领导干部开展经济责任审计,本级完成29位领导干部离任交接工作。市本级及部分县出台新一轮领导干部经济责任市计分类轮审五年计划,市本级召开集中动员会。在2015年乡镇自然资源资产审计试点基础上,出台《丽水市乡镇(街道)党政主要领导干部自然资源资产审计工作指导意见(试行)》。围绕领导干部履行自然资源资产管理和生态环境保护责任情况,在全市9个县(市、区)开展10个乡镇自然资源资产责任审计试点。

【固定资产投资审计】 2016年,市本级完成政府投资项目35个,审计金额21.53亿元、审定造价19.66亿元、核减金额1.88亿元,提出工程管理方面审计建议15条。

【民生资金(项目)审计】 2016年,全市保障性安居房跟踪审计实行全交叉、全覆盖的组织方式,探索集中审理方式,实行问题统一查、方法共同用、处理同尺度。发现保障房闲置1年以上623套,部分县市未减免保障房建设相关税费1005.41万元,209户保障房对象不符合享受条件,农村危房改造资金滞留乡镇757.8万元,887户农村危房改造补助对象不符合申领条件，移送案件线索 2 起；市本级提交《蔚蓝水岸拆迁安置房长期闲置应加大处置力度》等 3 份专报，其中 2 份得到市长朱晨批示，市政府召开相关部门专题研究拆迁安置房建设滞后增加财政负担问题。市人大常委会领导于 12 月开展市区征迁安置房建设管理情况视察。对莲都、龙泉、缙云、青田、云和、庆元、景宁 7 个县(市、区)2013—2015 年学前教育政策落实情况进行专项审计调查，发现政策措施不完善，教育经费保障机制不健全，学前教育布局规划不到位，园舍建设项目进展滞后等问题。

【专项资金审计(调查)】 2016 年，市审计局在医疗废物处置管理情况专项调查中，发现环保部门监管职责履行不到位，“小箱进大箱”收集方式难落实等，移送四家医院相关科室和人员涉嫌私设“小金库”问题。在全国医保基金审计中，移送案件线索 4 件，逮捕 10 人；市委书记史济锡、市长朱晨分别对《加强医疗保险稽核工作迫在眉睫》《审计建议加强基层卫生院内部管理》审计专报作出批示；2 个事例被审计署综合报告采用；促使社保部门对 120 余家定点医药机构执行医保管理要求、落实服务协议情况进行全面稽查。

【内部审计】 2016 年，总结第一轮(2013—2015)内部审计工作经验，实施新一轮“三年轮审”计划。组织部分县市内审骨干参加内审案件查处经验交流会。召开内管干部经责审计推进会，强调新一轮“三年轮审”内管干部经济责任审计面占内审项目 50%。对于首次开展项目审计的单位，内审指导中心派人全程进行指导。全市 5 个内部审计项目获全省优秀项目，3 个获得表彰。 (叶伟平)

统计管理

【概况】 2016 年，市统计局以提升精准服务水平为主要目标，全年统计工作获得新成效、统计改革发展取得新进展。全年向市委、市政府及各部门提供经济信息 142 篇、分析 82 篇，向“两办”提供统计信息专报 306 篇次，编写统计专报 42 期、统计快报 12 期。编撰出版《丽水统计年鉴 2016》。

8 月 21—26 日，市第三次农业普查试点工作动员会在缙云召开　周梅珍　提供

【统计成果】 2016 年，市统计局编写《评价丽水——“十二五”时期丽水经济社会数据解读》《全域旅游统计创新研究——全域旅游产业增加值测算方法探索》等统计成果，出版《统计信息》《数据丽水》《统计年鉴》《文化产业发展概览》等各类统计资料，课题《丽水·宁德产业结构对比分析》获市政府主要领导批示。开展基层“十百千”调研活动(“十”，即市、县(市、区)、丽水经济技术开发区 11 家市县统计局开展工作联动；“百”，即由市县统计局领导率先带头，动员全市百名左右统计干部、业务骨干深入基层工作一线开展调研；“千”，即结合工作实际，全市共确定千家左右规模以上调查单位作为调研对象)，形成《市场需求总体偏弱 仍需政府关怀支持》《登方法制度之高 自企业基层之卑》《丽水企业统计基础现状分析与建议》等统计分析文章。

【国情国力调查】 2016 年，市统计局推进第三次全国农业普查工作。8 月 21—26 日，丽水市第三次农业普查综合试点在缙云县东方镇开展，市、县、乡、村共 160 余人参加试点。10 月 21 日，丽水市人民政府第三次农业普查领导小组办公室发文《关于认真做好全市第三次农业普查指导员、普查员选聘工作的通知》。全市选聘 8500 余名普查指导员和普查员。

【法治统计】 2016 年，市统计局推进法治统计工作，组织人员对青田县及市质量技术监督局、市商务局开展统计工作巡查，形成 2—5 条不等的巡查反馈意见，要求有关单位进一步加强统计基层基础建设，进一步加强统计数据的共享机制建设，加强统计资料的综合运用；9 月，开展为期一个月的全市主要统计数据质量大检查，覆盖工业、固定资产投资、批发和零售业、住宿和餐饮业和服务业等专业，既查漏报也查虚报，利用检查结果资料，形成专业检查报告和综合检查报告，作为对于本专业统计数据质量评估的依据。加强统计普法教育，全年普法人数6262人次。

【统计宣传】 2016年，市统计局继续推进新媒体平台，以丽水统计官方微信公众号和丽水统计官方政务微博，关联“数据丽水”信息化服务平台，扩大统计宣传影响，方便社会公众了解统计工作、便捷查阅使用统计数据成果。全年发送推文79篇，阅读7912人/次，其中10月20日《平安调查需要您的配合》一文，阅读量1417人/次。继续丰富“统计三日”活动内容，分别在“8•7”新中国政府统计机构成立纪念日、“9•20”中国统计开放日和“12•8”统计法制宣传日，组织开展统计专题宣传活动，不断拉近统计与社会、统计与民生的距离。

【推进自然资源资产负债表省级试点】 2016年，丽水作为自然资源资产负债表省级试点市，市统计局承担大部分工作。市编制自然资源资产负债表工作被列入市委市政府重点工作内容。市统计局研究制定《丽水市开展编制自然资源资产负债表改革试点工作方案》，建立健全科学规范的自然资源统计调查制度，为自然资源保护利用、资产评价、领导离任审计等提供信息基础形成可推广、可复制的丽水经验，并形成《自然资源资产负债表编制省级试点—丽水样本》。

【现代农业产业统计探索研究】 8月3日，浙江省统计局印发《关于开展现代农业产业统计试点的通知》，决定在丽水开展现代农业产业统计试点。市统计局探索创建覆盖一、二、三产业的现代农业产业统计方法制度，完成《当前主要发达国家农业统计方法与特点辨析浅议》《现行制度下如何统计现代农业产业》两个子课题。通过加强对相关数据研究分析，探索数字背后趋势，对整个产业进行科学分析，按时完成现代农业产业测算、数据评估、产业发展报告及工作总结任务。完成2013年、2014年、2015年度现代农业产业测算，并向市委市政府报送专报《现代农业增速持续快于传统农业 对经济的带动作用明显增强》，形成《现代农业产业统计探索—丽水方案》。

【全域旅游创新探索研究】 2016年，市统计局主动服务市委市政府创建国家全域旅游示范区决策部署，加大对新产业、新业态、新商业模式统计制度探索和完善，攻克全域旅游产业统计范围划定、行业细分界定等重大问题，创建覆盖一、二、三产业全域旅游产业增加值测算方案，在全国范围内率先开展全域旅游产业统计创新研究，填补全国旅游业统计空白，为各级领导决策提供重要参考依据。

【“最美统计人”评选】 8月，市统计局启动丽水市统计系统“最美统计人”评选活动。本次评选活动旨在大力弘扬统计核心价值观，巩固丽水统计工作品牌建设成果，树立一批近年来在统计工作岗位上取得显著成绩的先进典型，激发全市统计系统干部职工积极性，增强基层统计工作一线战斗力。经过层层选拔推荐及角逐，评出“最美统计党员”“最美乡村统计人”“最美企业统计人”“最美部门统计人”“最美数据管理员”“最美数据审核员”“最美统计分析员”“最美统计新人”“最美统计科长”“最美统计局长”共16人。 （杨奕兰）

统计调查

【概况】 2016年，国家统计局丽水调查队（以下简称“调查队”）发挥“数库”“智库”作用，用活统计调查数据，主动服务丽水经济社会发展，全年编发《丽水调查信息》131期、《丽水调查分析》《丽水调查专报》99期，获省委省政府、丽水市委市政府领导批示28篇次，其中省委副书记袁家军1篇次、副省长熊建平和孙景淼各1篇次。

调查队充分发挥调查队的调查职能，围绕党委政府中心工作，紧扣民生主题开展民意调查，及时反映社会需求和存在问题，充分发挥调查桥梁纽带作用。全年开展包括“丽水全市文明城市模拟测评”“六边三化三美”满意度调查、全市公共交通分担率和满意度调查等专项调查29项。开展“进百村入百企访千户”活动，组织各县（市、区）统计调查工作者和丽水调查队全体机关干部对全市100个村、100家企业、1049户记账户进行走访调研，形成调研报告15篇、调查手记118篇，并择优汇编成《走基层 看民生》一书，通过挖掘致富典型、展示增收案例、提出民生举措，以统计调查特定职能和特有方式，助力丽水打通“绿水青山就是金山银山”通道。

调查队注重干部队伍建设，邀请国家统计局城市司有关领导为丽水调查队全体干部职工开展《经济发展趋势及相关问题》讲座，邀请浙江调查总队办公室、综合处有关领导开展调查信息、分析写作等统计调查实务培训；选派1名干部参加丽水市委组织部举办的处长班学习，组织3名干部参加2016年统计师职称考试。

【统计调查改革】 2016年，调查队以创新补短板，以创新提实效，有效提升丽水统计调查能力。切实抓好“六强六促”(强力量配备,力促调查水平提高;强精心访户,力促源头数据真实;强监督检查,力促数据质量提高;强管理规范,力促基层基础夯实;强队伍建设,力促调查能力提升;强精准解读,力促服务优质)工作,推动住户调查提质增效。住户处专业人员增至4人,通过直接调查掌握市本级8个分省样本点80户记账户一手数据,在市区、青田开展电子试记账工作。提升价格调查创新,加强“五化”建设(网点管理规范化、采价渠道多样化、照片台账创新化、走访指导常态化、监测预警科学化),推动价格调查工作水平和服务绩效在创新中不断提升。推进消费价格调查照片台账建设,在市区定点采价网点实行挂牌采价,授予“居民消费价格(CPI)调查采价点”牌匾;编制和科学评估全市PPI指数,对外公布全市工业生产者价格指数;完善房地产价格统计,编制房价分区块指数。开展企业监测规范,推进“四规范”(业务规范、基础规范、核算规范、队伍规范),促进规下工业调查工作规范推进。出台《丽水市规下工业数据质量控制规范》《丽水规下工业分县市数据评估办法》等;推进地方数据上联网直报平台工作,实现国家和地方数据处理的平台统一、工作规范;推进PMI指数试编工作,做好规下服务业分市出数据工作,积极指导重点县(龙泉)规下服务业出数据试点工作。推进农业调查,把好“四关”(人员培训关、技术保障关、样本点维护关、数据质量关),统筹推进常规农业调查和三农普遥感测量工作。开展农作物播种面积抽样调查、粮食产量抽样调查和主要畜禽调查,运用卫星遥感影像、无人机和手持电子设备,推进全市40个乡镇70个抽中村的遥感测量工作。

【统计调查宣传】 2016年,调查队利用统计调查刊物以及新媒体,及时发布、解读调查数据,促进数据共享。编印《2016丽水调查》《走基层看民生》《丽水农民增收研究》蓝皮书、《丽水调查资料》,与丽水市统计局联合编印《丽水统计年鉴》《丽水统计公报》《数据丽水2016》,为各级党委政府和各部门提供相关统计调查数据。通过“数据丽水”手机APP,推送城乡居民收入、CPI等相关统计调查信息,让社会公众获得内容更多、时效性更强、获取更便捷的统计调查服务。加强与新闻媒体沟通对接,年初丽水电视台专题采访丽水调查队住户处、价格处负责人,宣传解读住户、价格调查工作并在丽水电视台新闻栏目播放。市“两会”期间,对接丽水新闻频道对农民收入数据进行解读,《处州晚报》连续10期报道丽水调查队开展“深访百户,细察民情”活动成果。

【统计调查法治】 2016年,调查队完善法治统计建设制度,加大统计法制教育培训和宣传力度,举办“宪法精神与公民生活”专题学习报告会、2016年统计法制实务培训会等,推荐5名干部参加全省调查队系统统计执法业务培训;面向统计员和调查对象发放《中华人民共和国统计法》1200册,制作统计调查宣传短片,自创《七律·农普遥感测量》,举办以“农业普查福到农家”为主题的统计开放日活动,开展统计法律法规宣传;加强和改进统计执法,执行“双随机抽查”制度,采取“全员执法+集中执法”形式,开展统计执法检查35件,查处统计违法违纪案件6件。 (徐祖波)

市场管理

【概况】 2016年,全市市场监管系统围绕实现工商注册制度便利化目标,加强服务意识和创新意识,继续大力推进工商登记制度改革,进一步营造良好的营商环境。全年丽水市新设企业总数6173户,同比增加14.2%;新设个体户总数为226127户,同比下降6.78%。全市各类市场主体总量189951户,同比增加8%。其中:在册企业33320户,同比增加12.3%;在册个体工商户149177户,同比增加7.4%;在册农民专业合作社7382户,同比增加1.65%;在册企业集团68个,同比增加4.62%;在册常驻代表机构4个,与2016年同期持平。

2016年,丽水市新增注册商标4328件,累计30190件;新增驰名商标1件(梦天),累计14件;新增浙江省著名商标21件,累计185件;新增丽水市著名商标45件,累计287件;累计地理标志证明商标24件,集体商标8件。

【市场建设改造】 至年底,丽水市有各类市场109个。按市场类型分,实体市场99个(其中消费品市场86个、生产资料市场12个、服务市场1个),网上交易市场10个。全市各类市场年成交总额365.2亿元,比2015年同期下降3.0%,其中实体市场成交额354.47亿元,与2015年同期相比下降2.8%;网上交易市场成交额10.52亿元,比2015年同期下降10.84%。全市现有省重点市场2个(浙南茶叶市场、庆元香菇市场),三星级以上市场35家(其中四星级文明规范市场6个)。成功创建省级文明示范农贸市场34家,省放心农贸市场39家。创建国家级诚信示范市场1家(浙南茶叶市场),省级诚信示范市场2家(浙南茶叶市场、青田

2016 年丽水市成交额超亿元市场

表20

市场名称	市场类型	年成交额(万元)	经营户数(个)
丽水市粮油副食品批发市场	粮油市场	172000	257
丽水市府前菜市场	城市农贸市场	248750	710
丽水市仓前菜市场	城市农贸市场	67100	54
丽水市浙西南农贸城	其他农副产品综合市场	302586	286
丽水国际车城(筹)	机动车市场	19083.57	147
浙江丽水鸿汇医药物流网上交易市场	网上消费品市场	21045	1
龙泉市城东农副产品批发市场	城市农贸市场	112970	178
浙闽赣食用菌交易中心	其他农副产品专业市场	89110	176
青田县鹤城中心菜市场	城市农贸市场	63580	81
青田县船寮综合市场	农村农贸市场	34375	45
青田国石文化城	收藏品(工艺美术品、集邮)市场	155000	425
青田恒瑞二手车交易市场	旧机动车市场	15400	2
云和县农贸市场	城市农贸市场	25239	255
云和商贸物流城	装修装饰材料市场	22138	180
庆元县国有资产营运有限公司农贸市场	城市农贸市场	16796	249
庆元香菇市场	其他农副产品专业市场	221096	1107
遂昌县龙谷名茶市场	茶叶市场	34000	41
松阳县西屏镇东菜场	城市农贸市场	36950	103
松阳浙西南绿色农产品物流中心	其他农副产品综合市场	26897	21
松阳县鸿昌二手车交易市场	旧机动车市场	32446.4	2
景宁畲族自治县绿色食品市场	其他农副产品专业市场	88640	150
青田石雕工艺品市场	收藏品(工艺美术品、集邮)市场	14500	66
缙云县壶镇蔬菜市场	农村农贸市场	28900	95
缙云县五云蔬菜交易中心	城市农贸市场	23950	100
遂昌县府前中心市场	城市农贸市场	23378	340
浙江浙南茶叶市场	茶叶市场	497055	3000
松阳浙南茶叶市场网上商城	网上消费品市场	15000	131
景宁中心菜市场	城市农贸市场	20957	275

鹤城中心菜市场)。亿元市场从 25 个增加到 28 个。

【立案查处各类违法案件 1946 起】 2016 年,全市立案查处竞争执法、食品、药品、医疗器械等各类违法案件 1946 件,其中大要案 395 件,移送公安机关 97 件,罚没款 1401.9 万元。《丽水破获特大微整形犯罪团伙销售假药案》获副省长朱从玖批示,该案被列为公安部督办案件。完成药品监督抽验 706 批,药品快速检测车完成快检 1040 批,医疗器械抽样 61 批。

【重点领域市场监管执法有力】 2016 年,市市场监管局护名企、保名牌"红盾网剑"专项执法行动成效显著。共出动检查人员 3044 人次,检查相关网站 1420 家次,开展部门联合执法 52 次,书面行政指导 63 次,立案 177 件,移送公安机关案件 35 件,涉案金额 1 亿余元。开展护航 G20"三大一严"严厉打击食品违法行为活动,全市查处食品案件 302 件,涉刑移送案件 56 件,抓捕涉刑人员 52 人,罚没款 209.35 万元,查获不合格食品 9144 公斤。深入基础执法,重点领域商业贿赂查处持续发力。查处公用企业限制竞争案 4 件(供水 3 件、供气 1 件),案值 75.08 万元,罚没款 90.63 万元。

【消费维权服务】 2016 年,按照省局年初的工作部署和要求,结合丽水实际,建立畅通有序的诉求表达、纠纷调处、权益保障机制,切实保障消费者合法权益。全年全市"12315"消费投诉举报中心接听消费者举报、投诉、咨询电话 14552 件。其中,受理各类消费投诉 2948 件,受理各类举报 1134 件,咨询 10470 件。全年处理投诉 2787 件,调解成功 2436 件,为消费者挽回经济损失 2143.07 万元。做好"12315"消费维权服务站进商场、进超市、进市场、进企业、进景区的扩面提质工作,全市建成消费维权服务站 206 家,提高经营者主体责任和自律意识,规范消费纠纷调处。全面推行消费纠纷快速处理绿色通道,全市建立绿色通道企业 61 家,全年自行受理投诉 5201 件,和解 5191 件,和解率 99.81%,涉及争议金额 1005 万元。针对消费热点和投诉热点,开展消费体验、消费调查、霸王条款点评及约谈企业等活动,通过揭示消费真相,曝光消费领域中不安全、不合理的问题,努力营造和谐的消费环境。全年全市开展各类消费调查 42 次(含联动项目,其中市本级 3 次)、消费体验 20次(市本级 3 次),发布消费提(警)示 74 条(市本级 13 条)。

【企业监督管理】 2016 年,市市场监管系统将"三改一拆""五水共治""六边三化三美"等政府重点工作与无证无照综合治理相结合,探索创新方法,内外并举、疏堵结合、借力发力,有效地遏制无照经营现象,规范市场经济秩序。全市无照整治出动执法人员 8200 余人次,检查经营户数 12600

2016年丽水市获浙江省著名商标

表21

序号		核定使用商品(服务)	商标	企业名称
1	37	房屋建筑工程及市政公用工程施工	山雁	浙江万寿建筑工程有限公司
2		铅笔	鸿星	浙江鸿星文具有限公司
3	5	中药成药	维康清畅	浙江维康药业股份有限公司
4		茶叶	青甜山	丽水金生茶叶有限公司
5	7	缝纫机马达,电动裁剪机,缝纫机	乾麟	浙江乾麟缝制设备有限公司
6		机油滤清器、柴油滤清器、空气滤清器	图形、LEFONG	浙江立丰机械零部件有限公司
7	30	糕点	鑫康顺	丽水鑫康顺食品有限公司
8		黄酒、白酒	剑光	浙江剑光酒业有限公司
9	31	活家禽	畲山凤	景宁岭根源土鸡生态养殖专业合作社
10		活动物	玉丰	浙江畲乡生态农业开发有限公司
11	7	电机	航星	浙江航星电机有限公司
12		竹制厨房用具、筷子、茶具	竹匠人家	浙江金圣竹木有限公司
13	27	地垫	北山狼 BSWOLF	浙江北山狼户外用品有限公司
14		中华鳖	云河	云和县清江生态龟鳖养殖专业合作社
15	30	茶	绿谷春雨	浙江卧龙湾农业开发有限公司
16		鞋;鞋垫;服装	畲乡	景宁百纳鞋业有限公司
17	37	建筑工程施工	正脉	浙江正脉建设有限公司
18		离心机	浙南三联	浙江三联环保科技股份有限公司
19	30	茶叶代用品,米	菇乡缘	庆元县龙湫农产品专业合作社
20	30	非医用营养粉;非医用营养胶囊	五养	浙江五养堂药业有限公司
21	31	活家禽、新鲜蔬菜、鲜食用菌	黄基坪	遂昌县黄基坪农特产品专业合作社

丽水市著名商标

表22

序号	类别	核定使用商品(服务)	商标名称	企业名称
1	7	轴承(机器零件)、转动轴轴承、机器用耐磨轴承	精承	丽水市精锐轴承制造有限公司
2	18	仿皮、仿皮革	繁盛	浙江繁盛超纤制品有限公司
3	7	散热器、中冷器、油箱	图形 GS	浙江广山汽车零部件有限公司
4	21	瓷器,日用瓷器,瓷器装饰品	图形	龙泉玉德青瓷有限公司
5	30	非医用营养粉、米、茶	泥记龙和	龙泉市龙和食用菌专业合作社
6	11	气体冷凝器(非机器部件);蒸发器	基力思	浙江基力思汽车空调有限公司
7	28	民族体育运动器具(刀,剑)	元源	邹建明
8	21	日用瓷碗	龙泉	大唐(龙泉)青瓷有限公司
9	42	建设项目的开发	山水集团	浙江山水控股集团有限公司
10	29	火腿;熏猪肉;腌腊肉	诚天和	松阳县诚天和食品有限公司
11	29	加工过的香榧、笋干、干食用菌	余叶	松阳县绿谷精耕园家庭农场
12	30	茶、糕点、糖果	南州紅	松阳县神农农业发展有限公司
13	30	茶、茶饮料	畲谷碧茗	浙江碧玉瓯茶叶有限公司
14	1	沸石粉	神石	浙江神石矿业有限公司
15	30	茶;	轩辕仙都黄贡	缙云县黄贡茶业有限公司
16	7	缝纫机、缝合机、包缝机	爱可美	浙江恒强针车集团有限公司
17	30	茶	日月盛	缙云县日月盛农产品开发有限公司
18	6	防盗门锁(非电子)、金属锁(非电)、钥匙	忠恒	浙江忠恒锁业有限公司

续表22

序号	类别	核定使用商品(服务)	商标名称	企业名称
19	39	观光旅游;旅游预定;旅行社(不包括预定旅馆)	云中大漈	景宁畲族自治县大漈省级风景名胜区管理委员会
20	31	树木;自然花;植物;	雅景	景宁雅景花木专业合作社
21	44	医疗诊所、理疗、药剂师提供的配药服务	生生堂	丽水市生生堂国药有限公司
22	31	植物、鲜食用菌、鲜水果	绿谷丽水	浙江丽水绿谷生态食品有限公司
23	31	新鲜水果、树木	本润	胡理滨
24	16	钢笔	极峰	浙江省丽水市蓝天制笔有限公司
25	6	金属阀门	汉特姆	浙江汉特姆阀门有限公司
26	29	肉;腌制蔬菜	呈香记	浙江呈香记食品有限公司
27	28	滑梯;玩具	MICH	浙江美奇游乐设备有限公司
28	6	金属合页、金属门、金属窗	柯勒	浙江柯勒节能门窗幕墙有限公司
29	23	线、弹力丝、精纺棉	锦汇	青田锦汇纺织线有限公司
30	24	纺织品毛巾;被子;床垫遮盖物	维佳	浙江百山炭业科技有限公司
31	31	鲜水果;新鲜蔬菜;菌种	鲜润	庆元县森龙菌蔬果业有限公司
32	33	黄酒;烧酒;果酒(含酒精)	廊乡	庆元醉三公酒业有限公司
33	11	消毒设备、干衣机、电暖器	暖迪	浙江庆元赛博电子科技有限公司
34	16	铅笔、笔盒、纸盒	图(海豚)	庆元县金泰文具有限公司
35	29	蘑菇罐头	神农	浙江大山合菇业有限公司
36	30	茶,菊米	龙谷	遂昌县茶叶产业协会
37	7	绞肉机,压面机,磨浆机	严格	浙江鲨鱼食品机械有限公司
38	31	新鲜冬笋,新鲜春笋	十三都	遂昌县绿都竹笋产销专业合作社
39	16	过滤纸板	绿谷	丽水兴昌新材料科技股份有限公司
40	31	活家禽,孵化蛋(已受精),鲜水果	葫芦岗	遂昌县葫芦岗生态养殖合作社
41	30	茶叶	岁昌	徐建旭
42	28	玩具、积木、玩具汽车	童艺	浙江红源玩具有限公司
43	31	干食用菌、木耳、香菇(干的)	飘香	云和县飘香山珍特产有限公司
44	31	干食用菌、干木耳	菇童	云和县兴农食用菌专业合作社
45	28	积木(玩具)、拼图玩具	憨大头	云和县衡大木业有限公司

余户,立案46件,案值99.92万元,罚没89.06万元,推动完善“政府牵头、部门监管、社会参与、综合治理”的无照经营社会化监管格局。

【食品药品安全监管】 2016年,市市场监管局围绕省食安委、市委市政府的决策部署,深入贯彻落实省、市食品安全工作会议精神,全面启动省食品安全市县创建,推进基层规范化建设,推进民生实事项目,全力保障G20峰会食品安全,不断创新监管机制,积极构建社会共治,全市未发生重大食品安全事件,食品安全形势稳中向好。全市累计出动执法人员62671人次,检查食品生产经营单位74232家次,查处各类违法行为1198起,约谈违规食品生产经营单位1126家,查处关停非法违法企业114家,取缔黑窝点、黑作坊数29个;行政立案处罚344起,刑事立案63起,涉刑人员56人,法院生效判决34件,判处被告人46人。 (卢柳允)

1月27日,市市场监管局举行网络订餐第三方约谈会 卢柳允 提供

质量技术监督

【概况】 2016年，省质监局和市政府签署《关于深化“三强一制造”建设促进丽水绿色生态发展合作备忘录》。丽水市政府发布《丽水市质量发展战略“十三五”规划》《丽水市“浙江制造”品牌建设三年行动计划(2016—2018年)》，出台丽水市标准化+行动计划。全市新增省级名牌9个、复评21个，新增丽水名牌30个、复评45个，新增市级质量创新项目10个，新增省级中小学质量教育社会实践基地2个，新增市级中小学质量教育社会实践基地4个。连续十一年发布《丽水市质量状况》白皮书。经市政府批准同意并经编委办发文，丽水市标准化研究院正式成立。丽水市企业主导或参与制修订国家标准和行业标准20项，其中主导制订5项、参与制定15项。批准发布《养老机构绩效评估规范》等市级地方标准规范11项。市县两级完成强制计量器具检定85686台(件)，质监系统检测机构能力建设完成投资5292.3万元，新增质检检测参数648个，新增计量检定项目12个，缙云县“浙江省锯床及特色机械装备质量检验中心”挂牌成立。重要工业品定期监督抽查723批次，批次合格率96.82%，综合合格率98.39%。全年开展市级专项监督抽查6次，抽查76种580批次产品。产品质量执法打假全市出动检查人员6199人次，检查单位2121家，查处案件228起，涉案货值107.93万元，罚没款173.73万元，移送其他部门7起。全市发生特种设备(起重机)一般事故1起，死亡1人，特种设备万台事故率和死亡率均为0.46%，低于市政府和省质监局的事故控制目标。

12月20日，省质监局与丽水市政府合作签订仪式　　洪尚程　提供

【政府质量工作考核】 2016年，市政府印发《2016年全市质量建设行动计划》和《2016年各县(市、区)质量强县工作考核细则》。12月，根据市委市政府年度综合考核工作安排，市质量强市办组织对各县(市、区)政府年度质量强县工作进行考核，考核结果各县(市、区)均为A级。同时市质量强市办组织相关成员单位准备材料迎接省政府的质量强市考核，经强省办考核认定，丽水市质量工作机制完善、质量工作基础扎实、质量安全监管有力、质量工作载体丰富、质量工作成效明显，综合评价为A级。

【质量示范创建】 2016年，丽水市开展市政府质量奖和质量示范创建工作。浙江嘉利(丽水)工业股份有限公司、安特仪表集团有限公司、浙江三禾竹木科技股份有限公司等3家企业获“2016年度丽水市政府质量奖(企业)”，金逸林(龙泉市金宏瓷业有限公司董事长)、周松珍(浙江九川竹木股份有限公司董事长)、何彬(浙江和信玩具有限公司总裁)、王炳林(浙江三辰电器有限公司总经理)获“2016年度丽水市政府质量奖(个人)”。起步中国有限公司(青田县)、庆元县气象局获批2016年省级中小学质量教育社会实践基地。绿水股份有限公司获2015年度苏浙皖赣沪四省一市“质量工作先进单位”称号、浙江中广电器股份有限公司的“中广欧特斯”空气能热水器被评为2015年度“苏浙皖赣沪名牌产品50佳”。

【“浙江制造”品牌培育】 2016年，市质监局加强政策引导，出台《丽水市“浙江制造”品牌建设三年行动计划(2016—2018年)》，并督促各县(市、区)出台“浙江制造”品牌建设三年行动计划及“浙江制造”品牌培育扶持政策，实现市县两级政策全覆盖。青田县获批全省第二批“浙江制造”品牌创建试点县。全年为主制定“浙江制造”标准6项，参与制定1项，同比增长600%，龙泉、云和、缙云、松阳、开发区实现“浙江制造”标准零突破。其中，《龙泉传统艺术青瓷(弟窑)》填补了浙江省传统艺术类“浙江制造”标准空白。新增“浙江制造”认证品牌企业1家。

【标准化示范项目】 2016年，《农村产权流转交易服务标准化试点》和《遂昌原创标准化事务所有限公司标准化服务020平台建设运行试点》2个国家级标准示范项目获批立项。下达市级标准化示范项目11项。全市规上制造业企业主导产品采标率达

表23

2016年丽水市新增(复评)省级名牌

序号	产品名称	企业或组织名称
1	烫平机	浙江松洋电器有限公司
2	制冷设备	浙江青风环境股份有限公司
3	阀门	丽水欧意阀门有限公司
4	针织内衣	浙江不知慢运动服饰有限公司
5	皮鞋	意尔康股份有限公司
6	不锈钢盘条	浙江瑞浦科技集团有限公司
7	热力膨胀阀、控制阀	浙江新劲空调设备有限公司
8	茶叶	浙江梅峰茶业有限公司
9	茶	浙江碧云天农业发展有限公司
10	中密度纤维板(复评)	浙江丽人木业集团有限公司
11	缝纫机电机(复评)	浙江方正电机股份有限公司
12	数据电缆(复评)	商讯集团有限公司
13	宝剑、刀(复评)	浙江郑氏刀剑有限公司
14	刀、剑(复评)	浙江蒋氏刀剑有限公司
15	双端荧光灯系列产品(复评)	浙江山蒲照明电器有限公司
16	炊具(复评)	天喜控股集团有限公司
17	啤酒(复评)	燕京啤酒(浙江仙都)有限公司
18	金属带锯床(复评)	浙江晨雕机械有限公司
19	木门系列(复评)	浙江吉安木业有限公司
20	竹胶合板模板(复评)	浙江可信竹木有限公司
21	木门系列(复评)	浙江梦天木业有限公司
22	汽车离合器面片(复评)	浙江科马摩擦材料股份有限公司
23	中密度纤维板(复评)	浙江绿源木业股份有限公司
24	香菇、黑木耳(复评)	富来森集团有限公司
25	无公害生猪(复评)	浙江欣宏源养殖有限公司
26	食用菌(复评)	景宁畲族自治县中信实业有限公司
27	竹炭制品(复评)	遂昌县竹炭厂
28	竹炭制品(复评)	遂昌县文照竹炭有限公司
29	遂昌竹炭(复评)	遂昌县地理标志产品保护管理委员会
30	缙云灯管(复评)	缙云县灯管行业协会

57.1%,同比提高0.7个百分点。遂昌县美丽乡村标准化试点项目通过国标委组织验收并获优秀等次,试点工作多次获省领导批示肯定。19个国家、省市级项目通过验收,其中“国家花菇种植综合标准化示范区”和“国家黑木耳栽培综合标准化示范区”2个项目获得优秀等次。

【服务企业助力“众创”帮扶活动】 2016年,市质监局按照上级推进“大众创业、万众创新”工作部署,发挥质监技术机构优势,开展质监技术机构“服务企业、助力‘众创’”系列帮扶活动。系统内实验室累计开放服务4981批次,惠民利众收费减负404万元,联系服务对外贸易企业116家次,召开专家专场报告19场,组织技术咨询服务48次,组织高水平专业技术人才161人驻企帮扶,科研成果转化应用项目5个。

【“五水共治”相关产品专项监督抽查】 2016年,市质监局按照市委、市政府“五水共治”的部署要求,市质监局对全市“五水共治”相关产品质量开展市级专项监督抽查,抽查复合硅酸盐水泥、烧结多孔砖、普通混凝土小型空心砌块、花岗石建筑板材、密封圈、冷轧带肋钢筋、无缝钢管、给水用聚乙烯(PE)管、混凝土排水管等10种269批次产品,合格266批次,批次合格率98.88%。

【食品相关产品监管】 2016年,市质监局加强食品相关产品的监督抽查和风险监测,实现对所有取证企业生产的食品相关产品的定期监督抽查。开展20批次的竹筷和竹菜板等食品相关产品安全风险监测,未发现异常情况。做好G20峰会食品相关产品质量监督和服务保障,开展对20个批次的峰会用餐具和礼品—日用青瓷产品进行监测,确保产品质量安全。加强对食品相关产品生产许可监管,对发现问题和风险隐患进行整改,确保食品相关产品安全。

【质量信用联合奖惩机制】 2016年,市质监局与金融部门共同推进产品质量信用建设,与人民银行签定“企业质量信用信息共享的合作备忘录”,明确将产品监督抽查、质监执法、质量良好行为、生产许可证情况4块信息导入人民银行的征信系统,充分发挥信用手段在产品质量监管中的约束作用,助力丽水全国农村金融改革试点。

【G20峰会期间特种设备安全保障】 1—9月,市质监局根据省局《G20峰会特种设备安全保障工作方案》以及市安委会《关于开展安全生产“护航G20·平安夺金鼎”专项行动和“查隐患·补短板”活动的通知》,结合特种设备实际,扎实做好G20峰会特种设备安保工作。全市出动执法人员2673人次,检查使用单位1063家,发现严重安全隐患并整改到位961起,对7

类134台特种设备进行管控；下发安全监察指令书320份，立案处罚34起；对307家重点场所的771台重点设备开展提前检验，对学校、医院、高铁等重要场所604台特种设备开展保障性检验。G20峰会期间，全市特种设备确保零事故，安全保障工作得到国家质检总局发文表彰。

【特种设备智慧监察平台】 2016年，市质监局以“智慧监管”新模式促主体责任落实，推动智慧监管平台上线与常态化应用，全市综合上线率达92.3%，规模以上企业100%上线，有效促进企业定检申报工作，全市特种设备综合定检率达到99.9%，居全省第一。特种设备智慧监管已成为安全监察的主要抓手，国家质检总局副局长陈钢就“智慧监管”到丽水调研，给予批示肯定，并提出在全国逐步推广。

【“12365”热线并入“12345”政务服务热线】 9月，市质监局“12365”热线并入市“12345”政务服务热线，重新构建市质监局“12345”政务服务热线工作平台，受理群众政务咨询和投诉举报。全年市质监局“12365”、“12345”咨询投诉平台接举报案件受理举报案件106件，申诉案件106件，业务咨询1032件，共1244件，案件到期处理率100%。 （洪尚程）

矿产资源管理

【矿产资源开发】 2016年，市国土局编制完成市、县两级新一轮矿产资源规划，并报市人大和省国土资源厅审查。加强矿产规划管理，严格新设经营性采矿权，做好矿业权网上交易，出让采矿权1宗，出让金606万元。全市现有经营性采矿权总量120宗，

2016年丽水市新增（复评）市级名牌

表24

序号	商标及产品名称	企业或组织名称
1	避雷器	浙江丽水恒大科技电气有限公司
2	正翔墨囊钢笔	丽水市正翔笔业有限公司
3	阀门	浙江恒诺阀门制造有限公司
4	汽车空调用制冷压缩机	浙江易之星空调科技有限公司
5	储液干燥器	浙江施克汽车配件有限公司
6	环保智能型木制玩具系列产品	浙江恒祥玩具有限公司
7	汽车空调管路	龙泉市中天制冷设备有限公司
8	汽车空调消音器	浙江欧特立汽车空调有限公司
9	耐磨平行双闸板闸阀	浙江欧斯特泵阀有限公司
10	不锈钢棒	瑞浦科技集团有限公司
11	SCHL系列程控交流恒流电源	浙江三辰电器有限公司
12	木制玩具	浙江大森林工艺品有限公司
13	精密铸件	浙江遂金特种铸造有限公司
14	德式装甲安全门	浙江华威门业有限公司
15	不锈钢无缝管	浙江亿脉不锈钢有限公司
16	纯手工养生布鞋	景宁畲艺坊服饰有限公司
17	光辉铅笔	浙江光辉文教用品有限公司
18	锌锰电池	丽水市劲的电池有限公司
19	轴承	丽水市精锐轴承制造有限公司
20	防盗门锁	浙江鸿利锁业有限公司
21	茶叶	青田峰之润茶业有限公司
22	白酒	云和县百寿泉酒业酿造厂
23	藏香猪	浙江大央泱牧业有限公司
24	茶叶	缙云县日月盛农产品开发有限公司
25	山茶油	缙云县仙都山茶油有限公司
26	肉鸡	遂昌县龙谷神凤养殖场
27	端午茶	丽水仙人源农业发展股份有限公司
28	休闲度假服务	浙江顶峰生态农业有限公司
29	景区服务	浙江遂昌旅游发展股份有限公司
30	景区服务	那然生命文化股份有限公司
31	平行架空绝缘电缆（复评）	浙江远想集束电缆有限公司
32	浮动油封（复评）	浙江广力工程机械有限公司
33	空调截止阀（复评）	浙江金丰机械设备有限公司
34	汽车空调管路（复评）	浙江龙腾空调有限公司
35	滤清器（复评）	浙江立丰机械零部件有限公司
36	通体外墙砖（复评）	浙江欧龙陶瓷有限公司
37	不锈钢焊管（复评）	浙江钢一管业有限公司
38	阀门（复评）	浙江科新阀门有限公司
39	童装（复评）	起步股份有限公司
40	阀门（复评）	浙江汉威阀门制造有限公司
41	木制玩具（复评）	云和县绿林工艺品有限公司
42	竹地板（复评）	浙江九川竹木股份有限公司
43	竹砧板（复评）	浙江万欣印业有限公司
44	竹木工艺筷（复评）	浙江浙南竹木有限公司

续表 24

序号	商标及产品名称	企业或组织名称
45	多轴钻床(复评)	浙江汉达机械有限公司
46	场地越野摩托车(非公路用)(复评)	浙江华洋赛车股份有限公司
47	汽车检测线配套设备(复评)	浙江江兴汽车检测设备有限公司
48	系列数控弯管机(复评)	浙江金马逊机械有限公司
49	带锯床(复评)	浙江仁工机械有限公司
50	缝纫机(复评)	浙江万维机械有限公司
51	焊丝(复评)	浙江元立金属制品集团有限公司
52	电焊条(复评)	浙江元立金属制品集团有限公司
53	镀锌铁丝(复评)	浙江元立金属制品集团有限公司
54	镍氢电池(复评)	浙江凯恩电池有限公司
55	不锈钢无缝管(复评)	浙江隆达不锈钢有限公司
56	不锈钢无缝管(复评)	宝丰集团有限公司
57	不锈钢无缝管(复评)	浙江金信不锈钢制造有限公司
58	竹地板、竹砧板(复评)	景宁畲族自治县宏强竹制品有限公司
59	通用无缝奥氏体不锈钢盘管(复评)	浙江景宁洁净钢管有限公司
60	铝型材(复评)	浙江江南景洁铝业有限公司
61	液压电磁断路器(复评)	浙江百事宝电器股份有限公司
62	阀门(复评)	方圆阀门集团丽水有限公司
63	茶叶(复评)	云和县天清立体农业生态示范园
64	锥栗(复评)	浙江万成食业有限公司
65	甜桔柚(复评)	庆元县齐圣水干果专业合作社
66	秀珍菇(复评)	缙云县珍稀食用菌专业合作社
67	白菊米(复评)	遂昌县华昊特产有限公司
68	枇杷(复评)	遂昌成屏家庭农场
69	鸡蛋(复评)	松阳县早上好鹊山鸡养殖有限公司
70	脐橙(复评)	松阳县湖溪林场
71	验配眼镜服务(复评)	浙江绿洲眼镜有限公司
72	景区服务(复评)	龙泉市龙泉山度假区有限公司
73	餐饮、住宿(复评)	青田飞鹤度假山庄
74	现代物流(复评)	浙江凯宇物流有限公司
75	旅行服务(复评)	松阳南风旅行社有限公司

2016 年丽水市政府质量奖获奖名单

表25

序号	获评企业(个人)
1	浙江嘉利(丽水)工业股份有限公司
2	浙江三禾竹木科技股份有限公司
3	安特仪表集团有限公司
4	金逸林(龙泉市金宏瓷业有限公司)
5	周松珍(浙江九川竹木股份有限公司董事长)
6	何彬(浙江和信玩具有限公司总裁)
7	王炳林(浙江三辰电器有限公司总经理)

控制在省厅下达的 140 宗以内。7 月 1 日起，全面开征矿产资源税，停止征收矿产资源补偿费。

【矿产资源开发监管】 2016 年，市国土局对全市矿山企业进行年检。全市应检矿山数 102 个，实检矿山数 102 个，年检率 100%。实际抽查矿山 45 家，抽查率 44.12%，年检不合格矿山 1 家，采矿许可证过期 1 家。开展龙泉砩矿有限公司八都砩矿、青田丰门蜡石矿等 4 家矿山企业的矿产督查以及青田县贵岙乡孙坑矿区铅锌矿普查、景宁县鹤溪镇王木坑地区钼矿详查项目的探矿权督查，提出并落实督查整改意见 12 条。加强矿山企业信用体系管理建设，9 月，市国土局出台《丽水市矿业权人信用信息公开发布制度(试行)》，严格落实“红黑榜”信用制度。

【治理矿山生态环境】 2016 年，市国土局推进绿色矿山建设，完成绿色矿山创建 11 座，累计建设绿色矿山 56 家，占应建绿色矿山的 84.9%，完成省下达任务的 121%。开展废弃矿山治理，完成省“两路两侧”矿山专项整治行动的 4 座废弃矿山和省深化“四边三化”专项行动的 2 座矿山治理工作；全面完成“六边区域”的 28 座废弃矿山和列入省《矿山生态环境治理行动实施方案(2016—2020 年)》的 8 座废弃矿山治理任务。加快矿山粉尘防治工作，所有矿山实现达标运行，治理达标率达 100%，提前超额完成省下达的年度目标任务。

【地质灾害防治】 2016 年，全年共发生地质灾害灾险情 69 起，死亡 26 人，失联 2 人，伤 2 人。5 月，市政府召开全市地质灾害防治工作视频会议，对 2016 年防治工作进行全面部署。

开展地质灾害汛前、汛中、汛后全覆盖检查、排查工作，特别是苏村山体滑坡发生后，再次组织开展隐患大排查。全市出动3809组次、10995人次对682个地质灾害隐患点进行全方位检查，转移人员941处19039人。至年底，全市有A、B、C类地质灾害隐患点682个，其中A类点13个，B类点62个，C类点607个，威胁人口3.7万人，涉及全市164个乡镇605个行政村。加强地质灾害气象预警预报，全市共发布三级以上地质灾害气象预警202次，发布各类地质灾害预警信息7.7万余条，开展应急演练7次，成功避让2起，避免人员伤亡19人。加大避让搬迁和排险治理力度，全市通过搬迁和治理解危人口6882人，其中实施避让搬迁4570人；实施排险治理项目37个，解危人口2312人。9月28日，遂昌苏村发生山体滑坡，滑坡方量约100万余立方米，造成49幢房屋和37幢附房被埋，17幢房屋进水。10月18日，市委常委会专题听取全市地质灾害防治工作情况汇报，要求对重大隐患点，必须坚持以搬为主，消除直接威胁，科学开展“防、治、避、搬”工作，并将地质灾害避让搬迁和排险治理工作单独纳入市委市政府对县(市、区)党委政府年度综合考核内容。（黄庆亮）

国有资产监督管理

【概况】 2016年度，市国资委按照“稳中求进、改革创新、提质增效、分类监管”的工作总基调代表市政府依法履行国有资产出资人职责，以“管资本”为主监管市属经营性国有资产。至年底，全市国有企业资产总额715.18亿元、负债总额342.84亿元、所有者权益总额372.34亿元，相比2015年分别增长12.54%、17.75%、8.14%；市本级国有企业资产总额、负债总额、所有者权益总额分别为328.95亿元、188.73亿元、140.22亿元，相比2015年分别增长14.87%、25.38%、3.23%。12月，成立丽水市人民政府国有资产监督管理委员会党委。

【推进市本级国资营运机构市场化转型】 2016年，市国资委“推动国有企业分类改革，完善国资监管体制，做强做优国资运营平台”纳入《中共丽水市委全面深化改革领导小组关于印发专项小组2016年工作计划》，把地方融资平台公司的市场化改革列为丽水市经济社会发展的重要短板。9月，建立市国资营运公司改革工作领导小组，办公室设在市国资委。10月，市委、市政府印发《丽水市本级国资营运公司市场化改革方案》，改革方案明确，以现有资产隶属关系为基础，进行成建制整合归并，17家市本级营运公司按城市基建、旅游发展、交通运输、农林业发展、工业产业发展等“五大板块”建制整合为5家公司(市城市建设投资有限责任公司、市旅游投资发展有限公司、市农业投资发展有限公司、市交通投资发展有限公司、丽水经济技术开发区发展集团有限公司)。12月28日，五大国有公司授牌成立。

【完善法人治理结构】 2016年，市国资委推进董事会、监事会建设，建立健全决策执行监督机制。向7家企业委派外部董事，向10家企业委派外部监事，其中9家企业的委派监事担任监事会主席，实现独资、控股企业派驻专职监事全覆盖。

【加强财务监督、经营业绩考核和企业内部审计】 2016年，市国资委通过外派监事每周驻企检查、产权代表及时报告，掌握企业财务收支、内控建设、资产安全等方面情况。按照分类监管原则，优化业绩考核制度与考核指标。重点对丽水市广播电视总台和丽水日报社年薪发放进行规范。推进企业内部审计工作。以国企负责人经济责任审计为重点，由传统财务收支审计转变为财务收支审计与经济责任审计并重，全面评价企业行为。按照三年轮审一遍的要求，开展出资企业内部审计和企业负责人任期经济责任审计。同时，对22名国有委派的企业负责人进行履职述职。

【调整国有企业股权结构】 2016年，市国资委强化产权基础管理。对出资企业国有产权进行全面登记，实行动态管理。监督检查中介机构、出资企业国有产权转让、资产处置业务开展情况，防止国有资产流失。规范开展产权转让，应市政府政策处理需要协议收购市水资源公司15%的股权，完成收购后，从优化股权结构考虑，公开转让该部分股权，已通过决策、清产核资、审计和评估程序，正在挂牌公告期。将丽水市丽汽集团23%的国有股份收益权和丽水市汽车检测中心10%国有股份划转到丽水市旅投公司。

【服务重点项目】 2016年，市国资委推进腊口污水处理厂项目进程，4.5亿元的建设资金拼盘方案取得市政府同意，进入具体实施阶段。指导浙江遂昌旅游发展股份有限公司国有股权管理方案的审查上报工作。因污水处理费用征收和使用管理政策发生重大调整，为市政府代拟《丽水市水务项目投资合作补充协议》，委托中介机构对城市污水处理成本进行审计，为市建设局确定相关费用提供依据。（梅丽芳）

教 育

综 述

【概况】 2016年，全市有各级各类学校(包括幼儿园) 857所，其中小学215所，初中75所，普通高中22所，中等职业学校17所，高等院校3所，幼儿园519所，特殊教育学校6所。各级各类学校在校生41.9764万人，其中，幼儿园7.7850万人，小学16.6534万人，初中7.4876万人，普通高中3.3181万人，中等职业教育2.9964万人，高等院校3.6724万人，特殊教育635人。全市学前三年幼儿入园率97.4%，小学入学率、巩固率分别为100%、100%，初中入学率、巩固率分别为100%、100%，三类残疾儿童少年入学率为98.87%，全市初升高比例97.58%，高中段招生普职比总体保持在1:1左右，少数民族学生初升高比例98.76%，高等教育毛入学率50.54%。

丽水市2016学年各级各类学校情况

表26

类 别	学校数(个)	毕业生数(人)	招生数(人)	在校生数(人)	班 数(个)	教职工总数(人)	专任教师数(人)
总计	857	109963	109496	419764	10667	34005	26586
学前教育	519	25477	24025	77850	2978	9690	4969
义务教育	290	51806	52173	241410	6140	16785	15396
小学	215	26928	25549	166534	4341	9441	8735
小学	215	24266	22316	144610	3805	—	—
九年一贯制学校	—	2447	3114	20771	499	—	—
十二年一贯制学校	—	215	119	1153	37	—	—
初中	75	24878	26624	74876	1799	7344	6661
初级中学	55	21292	22694	64132	1518	5242	4712
九年一贯制学校	20	3171	3628	9834	253	2102	1949
十二年一贯制学校	—	391	302	854	26	—	—
完全中学	—	24	—	56	2	—	—
高中	22	11029	11478	33181	812	3339	2837
完全中学	1	204	229	652	15	54	49
高级中学	19	10405	10980	31622	772	2976	2558
十二年一贯制学校	2	420	269	907	25	309	230
特殊教育	6	87	72	635	59	115	103
中等职业学校	17	9499	10289	29964	678	2294	1995
中等技术学校	2	653	458	1381	31	170	134
成人中等专业学校	2	156	74	180	14	77	69
职业高中学校	13	8690	9757	28403	633	2047	1792
其他机构(不计校数)	1	—	—	—	—	—	—
高等教育	3	12065	11459	36724	—	1782	1286
丽水学院	1	5322	5339	16472	—	1145	752
丽水职技院	1	2594	2837	8221	—	427	375
丽水电大	1	4149	3283	12031	—	210	159

2016市直学校基本情况（表一）

表27

学校名称	毕业生数（人）	招生数（人）	班级数（个）	在校学生（人）	毕业班学生数（人）	教职工数（人）	专任教师（人）小计	研究生	本科	专科	高中	高中以下	学校占地面积（平方米）	校舍建筑面积（平方米）	计算机（台）	图书藏书（册）
丽水中学	837	755	54	2228	740	242	213	43	170	0	—	—	116667	82773	826	95600
丽水第二高级中学	656	662	47	1982	657	203	173	15	156	2	—	—	57850	42563	670	52726
丽水学院附属高级中学	511	557	39	1685	579	152	138	11	127	0	—	—	68670	35516	331	52160
丽水市外国语实验学校(高中部)	269	269	24	854	325	288	63	4	59	—	—	—	59104	59094	645	98012
丽水市外国语实验学校(初中部)	330	225	21	648	243		57	2	54	1	—	—				
丽水市外国语实验学校(小学部)	215	119	35	1133	183		89	—	72	17	—	—				
丽水市文元高级中学	0	304	15	522	0	58	43	3	40	0	—	—	33645	18252	100	5600
吉时雨中学	50	41	4	98	35	24	12	—	11	1	—	—	5907	2547	35	800
丽水市实验学校(初中部)	297	267	18	783	267	148	58	7	51	—	—	—	49049	31014	571	23859
丽水市实验学校(小学部)	172	220	29	1584	226	263	72	1	67	3	1	—	123427	68460	563	69000
丽水市经济开发区一中(中学部)	357	553	25	1307	353		103	1	102	—	—	—				
丽水市经济开发区一中(小学部)	486	332	61	3284	513	23	156	1	145	10	—	—	6753	1815	63	8779
丽水市经济开发区二中	47	47	6	137	47		23	—	16	7	—	—				
丽水市文元中学	121	301	34	1155	417	108	92	—	89	3	—	—	50466	27372	150	18100
丽水市经济开发区二小	55	71	12	383	73	29	28	—	19	8	1	—	2423	1383	120	12771
丽水市秀山小学		287	6	287	—	17	17	1	15	1	—	—	43430	23689	50	6000
丽水市特殊教育学校	50	48	21	210	—	81	74	—	64	9	1	—	36000	15612	—	22848
丽水市实验幼儿园	756	730	70	2377	—	330	165	1	117	47	—	—	29893	15697	—	20630
丽水南城实验幼儿园	80	203	18	613	—	80	40	—	22	18	—	—	17719	10268	—	2605

2016年，市教育局获省教育科学和谐发展业绩考核创建教育现代化县工作单项奖，入选全国地市教育改革创新共同体成员单位。编制《丽水市教育事业发展“十三五”规划》并实施，中等职业教育、教育信息化、教师专业发展等子规划分别发布。完成《丽水市区基础教育布局专项规划》修编，并报省审批。松阳县率先创建省基本教育现代化县，并承办全省教育现代化创建工作推进会。龙泉市、景宁县、云和县申报创建省基本教育现代化县。

推进幼教集团化办园体制，推进小区配套幼儿园建设，秋季市区丽华幼儿园、天宁七彩童话幼儿园等5所幼儿园正式开园。开展农村幼儿园“小学化”倾向督查，从严规范幼儿园办园行为。

加强学校立德树人之本，全市中小学全面实施全科德育、全程德育和全员德育，落实全员德育导师制，成立市直德育工作教研大组。培育和践行社会主义核心价值观，开展“中国梦”主题教育系列活动、“迎接G20，人人讲文明”“中国梦·美丽丽水”主题教育、“逐梦路上”等活动。推进学生素质教育实践基地建设，召开全市乡村学校少年宫建设推进会，建成乡村学校少年宫128所，实现全市乡镇中心学校的乡村学校少年宫建设全覆盖。

5月，丽水市举行中学生健美操比赛　　朱军连　提供

2016年高等院校基本情况（表二）

表28

学校名称	毕业生数（人）	招生数（人）	班级数（个）	在校学生（人）	毕业班学生数（人）	教职工数（人）	专任教师（人）					专任教师中：双师型（人）	学校占地面积（平方米）	校舍建筑面积（平方米）	计算机（台）	图书藏书（册）
							小计	研究生	本科	专科	高中					
丽水学院	5322	5339	—	16472	5227	1145	752	336	413	3	—	—	672105	387370	5526	1529900
其中：普通本科	2666	2692	—	10681	2723	—	—	—	—	—	—	—	—	—	—	—
普通专科	597	1133	—	2632	859	—	—	—	—	—	—	—	—	—	—	—
成人本科	828	819	—	1690	871	—	—	—	—	—	—	—	—	—	—	—
成人专科	1231	695	—	1469	774	—	—	—	—	—	—	—	—	—	—	—
丽水职业技术学院	2594	2837	0	8221	3047	427	375	75	297	3	—	—	313490	183237	3658	633036
其中：普通专科	2418	2720	—	7544	2636	—	—	—	—	—	—	—	—	—	—	—
成人专科	176	117	—	677	411	—	—	—	—	—	—	—	—	—	—	—
丽水电大	4149	3283	0	12031	—	210	159	8	147	4	—	—	64497	29817	1489	66000
其中：成人专科	30	—	—	—	—	—	—	—	—	—	—	—	—	—	—	—
网络本科	2169	1782	—	6629	—	—	—	—	—	—	—	—	—	—	—	—
网络专科	1950	1501	—	5402	—	—	—	—	—	—	—	—	—	—	—	—
丽水市职业高级中学	1133	1026	75	3169	1032	215	192	22	165	5	—	79	134961	73572	1192	34939
丽水中等专业学校	378	248	19	760	292	129	105	55	49	1	—	26	72090	29852	275	67335
丽水护士学校	173	210	12	621	194	41	29	—	29	—	—	18	7117	4868	105	2150
丽水市广播电视中等专业学校	—	74	5	180	—	29	23	3	19	1	—	16	1430	5146	174	27000
丽水旅游学校	473	621	39	1646	512	106	82	1	81	—	—	9	39119	11441	356	23094

建成市级青少年毒品预防教育基地1个。在2016年浙江省中小学生艺术节的合唱、合奏类比赛中获一等奖13个。举办第三届“绿谷之光”科技大赛，全市56个社团1653人参赛，参赛人数比上年增长56%。全市4所学校被评为“浙江省中小学美丽校园”，9所学校入围2016年全国青少年校园足球特色学校。全市2016年高考纯文理第一批上线1776人、第二批上线4539人，第一批上线率15.7%、本科上线率57.18%，分别超过全省平均水平0.5和2.28个百分点。

构建现代职教体系，全市普职比52:48，居全省第一。在全省中职技能竞赛获一等奖1人、二等奖3人、三等奖35人；首届浙江省黄炎培职业教育奖评选全市获“杰出校长奖”1人、“杰出教师奖”2人、“优秀理论研究奖”1人。省职业教育绩效与财政挂钩考核，缙云县、青田县、松阳县分获一、二、三等奖。全年争取“现代职业教育质量提升计划”省级专项资金4410万元，居全省第一。

构筑政府、社会、学校、家庭教育共同体，市委书记史济锡4次到市区基础教育、职业教育、高等学校调研教育工作；市长朱晨担任“特邀督学”并专题调研教育工作。与市妇联联合成立丽水市家庭教育学会，建立丽水市直教育系统团工委，形成教育合力。学校做好教育系统创建全国文明城市及“五水共治”“三改一拆”“六边三化三美”等各项工作。市教育局获2016年度全国文明城市创建工作优秀单位。推进高等教育发展，丽水学院通过教育部本科教学审核评估，在中国大学排行榜排名提升至95位。实施特殊教育三年提升计划，市特殊教育学校举办启智职业高中班，启智教育向高中段延伸。以“民族文化进校园”为主题，挖掘畲族等民族文化资源，继续保留民族生中考降10分录取政策。开展留守儿童、进城务工人员随迁子女等特殊群体调查工作，全市留守儿童3.0497万人，进城务工人员随迁子女2.7133万人。4月，2016年浙江省AYC（美国青年教学使者）项目协调会在丽水中学召开，市教育局获2015年度AYC项目先进示范区。全年引进外籍教师25人，实现各县（市、区）全覆盖。加强校际国际交流，英国波托拉皇家学校、西班牙巴塞罗那市、比利时列日圣雅克公立学校师生到丽水开展校际文化交流，推动丽水教育国际化。年内，出台《丽水市教育局关于外教项目外籍教师管理的指导意见》；制订出台《关于进城务工人员子女平等接受义务教育的指导意见》，保障进城务工人员子女受教育权益。

推进教育改革，适应新高考，做好传统高考与新高考衔接工作，完成传统6月高考和新高考4月、10月学考与选考工作。改革普通高中课程，分别组织全市普高、中职校长提高课程领导力学习活动，开展高中学校新一轮三年发展规划论证。龙泉一中、云和中学、景宁中学、庆元中学被评省一级普通高中特色示范学校，遂昌中学、松阳二中、青田温溪高中被评省二级普通高中特色示范学校。市教育局《全市教育现代化县创建工作调研报告》获2014—2015年度全市党政系统优秀调研成果二等奖。2013—2016年评选省基础教育教学成果奖活动中，全市获成果奖5个，其中一等奖1个、二等奖4个。研究与探索校长职级制改革和“县管校聘”试点工作，确定莲都区和景宁县为省级试点县。推进中小学教师职称制度改革，统一中小学、幼儿园教师职务系列。推进管理体制改革，建立市、县政府领导兼任“特邀督学”制度。开展以教育经费、办学条件、师资队伍、和谐发展、教学改革、教育质量等方面专项督导，形成《丽水市2015年度教育督导公报》。完善督学责任区制度，聘任丽水市第三届兼职督学82人、特邀督学24人。推进中小学校法人治理结构建设试点改革，丽水职高等20所试点学校完成试点工作。

加强教师队伍建设，实施“绿谷名师培养工程”，成立“特级教师工作室”30个，开展2016年丽水市教坛（德育）新秀评选，评选教坛新秀150人、德育新秀30人。加强班主任队伍建设，组织开展全市班主任基本功大赛，6名选手参加省班主任基本功大赛，创建首批市级班主任工作室10个。全市中小学开展“进家入户，携手育人，万师访万家”大家访活动，学生受访率91.06%。全年校长、教师交流410人，交流教师、骨干教师、校长分别占符合交流条件的22.82%、22.83%和60%。保持学校“五个无”：无群死群伤事故发生，无各类安全责任事故发生，无重大传染性疾病发生，无重大治安刑事案件发生，无重大维稳事件发生。全市学生非正常死亡得到有效控制，比2015年下降50%，首次控制在万分之0.26。市教育局被评市级“安全生产月”活动先进单位。

9月10日，丽水市庆祝教师节暨优秀教师表彰大会　　朱军连　提供

【全省扫盲工作总结表彰推进会在丽水召开】 9月，全省扫盲工作总结表彰推进会在丽水召开。省委教育工委书记、省教育厅厅长刘希平参加会议，省教育厅副厅长朱鑫杰主持会议，丽水市副市长戚永远在会上致辞。省教育厅有关处室和单位负责人、部分高校分管学生工作负责人，设区市及义乌市教育局分管局长和职成教处（科）长，部分县（市、区）教育局分管局长，受表彰先进集体和先进个人代表等120人参加会议。省公安厅、省妇联等单位有关人员应邀参加会议。会议指出：要认真分析当前及“十三五”扫盲工作面临的新形势和新要求，争取到2020年，全省15岁以上常住人口识字率超过98%，在全国率先实现教育现代化，建成教育强省。要认真研究制定“十三五”扫盲工作计划，分解落实扫盲工作任务和工作职责。要按照当地中小学、乡镇成校和社区学校布局，制定切实可行的年度工作计划，进一步明确各个时间段的工作任务和措施。要建立分片包干制和校长责任制，将扫盲工作任务完成情况列入有关学校和校长的考核内容。会上，省教育厅与各设区市教育局签订扫盲责任书，部分扫盲工作先进集体和个人受到表彰，9家单位作扫盲工作经验交流。（朱军连）

学前教育

【概况】 2016年，全市幼儿园507所（其中公办幼儿园167所、民办幼儿园340所、教学点101个）。现有省等级幼儿园419所（一级幼儿园23所、二级幼儿园97所、三级幼儿园299

所)，等级园比例占82.64%。全市在园幼儿数8.1812万人，学前三年入园率96.64%。全市幼儿教师5565人，其中，园长540人，专任教师4980人；事业编制内幼儿教师(含园长)1764人，占总数31.70%；持有幼儿教师(包括园长)资格证4729人，占总数84.98%；专任教师大专及以上学历90.48%。

【学前教育达标乡镇、示范乡镇】 2016年，市政府教育督导室和市教育局组织评估考核组评出第七批丽水市学前教育达标乡镇8个、示范乡镇4个。达标乡镇有：龙泉市小梅镇，青田县章旦乡、万阜乡、庆元县屏都街道办事处，缙云县仙都街道，松阳县竹源乡、水南街道，景宁县东坑镇。示范乡镇有：龙泉市锦溪镇，青田县山口镇，缙云县前路乡，遂昌县大柘镇、蔡源乡，松阳县象溪镇。

【等级幼儿园创建】 2016年，根据《浙江省幼儿园等级评定标准》，市教育局认定二级园12所，预评估二级幼儿园1所，复核二级幼儿园27所。新认定二级幼儿园(12所)：丽水南城实验幼儿园、水阁绿都幼儿园，龙泉市八都镇幼儿园、六一幼儿园、锦溪镇中心幼儿园，青田县东源镇中心幼儿园、高湖镇中心幼儿园，庆元县竹口镇中心幼儿园，缙云县双溪口乡中心幼儿园、壶镇镇天乐幼儿园、三溪乡中心幼儿园，遂昌县蔡源乡中心幼儿园。预评二级幼儿园(1所)：莲都区新湖国际幼儿园。复核莲都区东方明珠幼儿园等二级幼儿园27所。

【市本级学前教育家庭经济困难幼儿资助工作实施方案】 9月14日，市教育局、财政局出台《丽水市本级学前教育家庭经济困难幼儿资助工作实施方案》。该方案规定凡是经教育行政部门审批设立的，在市本级幼儿园就读的经济困难幼儿包括五类生(最低生活保障家庭、烈士家庭、由社会福利机构监护和列入农村五保户幼儿以及残疾幼儿)；最低生活保障边缘家庭幼儿；其他因病因灾造成家庭经济困难的幼儿等，每人每学期给予600元保育费资助。 (张丽明)

义务教育

【概况】 2016年，全市小学215所，比上年减少1所，招生2.5549万人，比上年减少2764人，在校生16.6534万人，比上年减少2727人；学校规模有所减少，校均规模774人，比上年减少10人，其中，6班及以下学校73所，100人以下小学32所，其中50人以下小学9所。小学教职工9441人，比上年减少220人(其中一贯制学校的小学教职工数计入中学)。其中专任教师9949人，比上年增加183人。提高教师学历水平，研究生毕业24人，本科学历教师6974人，比上年增加553人；专科学历教师2708人，比上年减少351人；小学教师学历合格率100%。专科及以上学历教师占97.56%，比上年提高0.31个百分点。小学教师专业技术职务，中学高级教师197人，小学高级教师5380人，占专任教师总数56.06%，比上年减少0.81个百分点。

普通初中75所(初级中学55所，九年一贯制学校20所)。全市普通初中毕业生2.4878万人，比上年减少241人；招生数2.6624万人，比上年增加2616人；在校生数7.4876万人，比上年增加1300人；初中规模趋于合理，校均规模从2015年的968人上升998人。普通初中专任教师5617人，初中专任教师学历合格率99.98%，初中专任教师本科及以上学历95.1%。全市2016年小学入学率100%，巩固率100%，小学升初中比例100%。初中入学率、巩固率分别为100%和100%。初中毕业生升入高中段比例97.58%，比2015年上升0.48个百分点。

【小学语文非纸笔测试】 5月4—5日，全市各县(市、区)开展一、二年级语文期末考试推广非纸笔测试形式实践与研究。召开全市一、二年级语文期末考试推广非纸笔测试形式专题研讨会，丽水市实验学校等11所学校开展一、二年级语文期末考试和考查推广非纸笔测试形式经验交流。会上，市教学名师、莲都区教育局教研室教研员翁建明对非纸笔测试推广中出现的问题，提出推广非纸笔测试必须依据课程标准，根据非纸笔测试特点制定非纸笔测试内容和标准观点。

【中学生篮球在省级联赛取得好成绩】 11月21日，ZSBL浙江省第十届中学生篮球联赛丽水赛区比赛在莲都花园中学开幕，比赛分高中、初中段进行，32支队伍、400余名运动员参赛。丽水中学、丽水学院附属高级中学、莲都区花园中学、外国语学校，龙泉市第三中学、青田第二中学、山口镇中学、船寮高级中学，缙云中学参加ZSBL浙江省中学生篮球联赛。其中，莲都区花园中学、缙云中学进入省总决赛。

【校园足球联赛】 12月14日，ZSFL浙江省第八届中小学生校园足球联赛(丽水赛区)暨丽水市第五届校园足球联赛在庆元举行。73支队伍，859人参赛。丽水赛区：丽水学院附属中学获高中男子组冠军、丽水中学获高中女子组冠军；莲都处州中学获初中男子、女子组冠军；缙云紫薇小学获小学男子组冠军，莲都大洋路小学获小学女子组冠军。其中，丽水学院附属高级中学、莲都处州中学、莲都大洋路小学，青田章旦中学、缙云紫薇小学、云和县中等职业技术学校代表丽水参加ZSFL浙江省第八届中小学生校园足球联赛。2016年，全市获国家级校园足球特色学校9所，获省级校园足球特色试点学校14所。

【师生参加省级艺术赛事】 4月11日，全国第五届中小学生艺术展演在青岛举行，缙云实验小学表演唱《卖火柴的小女孩》获小学甲组三等奖，缙云县教育局、莲都区教育局获全国优秀组织奖。

7月24—29日，浙江省中小学生艺术节在绍兴举行，丽水市选送40个声乐类节目，其中获一等奖（含8个现场赛节目）13个；美术类39件作品获奖，其中一等奖6件，市教育局获省优秀组织奖。（徐建春）

【全市小学初中教育管理工作会议】 9月18—20日，全市小学、初中教育管理工作暨深化义务教育课程改革会议在松阳县召开。9个县（市、区）教育局长及有关人员300余人参加会议。省教育厅教研室副主任张丰作《转变育人模式，促进实践学习》培训、市教研院副院长赵胜勇作《树立全面教学质量观，努力提高小学教学质量》分析报告、市教研院初中部主任田用杰作《初中教学质量分析报告》。会上，景宁县教育局、遂昌县教研室、云和县教研室及有关小学学校作小学教育管理经验交流；云和县教育局、松阳县教研室、青田县教研室及有关中学学校作初中教育管理经验交流。市教育局长何卫宁到会并讲话。会议颁发2015学年小学、初中教学质量管理“保优奖”“进步奖”。（黄明新）

普通高中教育

【概况】 2016年，全市有普通高中学校22所（完全中学1所，高级中学19所，十二年一贯制学校2所）。全市普通高中毕业生1.1029万人，比上年减少576人，招生1.1478万人，比上年增加227人，在校生3.3181万人，比上年减少45人。普通高中总体规模与上年基本持平，校均规模从1510人下降到1508人。普通高中学校专任教师2667人，高中专任教师学历合格率99.55%，研究生及以上学历7.61%，具有中高级职称专任教师2035人，占专任教师总数的76.3%。初中毕业生升入高中段比例为97.58%，比上年上升0.48个百分点。

【普通高中特色示范学校】 2016年，龙泉一中、云和中学、景宁中学、庆元中学被确认为浙江省一级普通高中特色示范学校；松阳县第二中学、青田县温溪高级中学、遂昌中学被确认为浙江省二级普通高中特色示范学校。丽水市有7所省一级普通高中示范学校和6所省二级普通高中示范学校。

【调整高中招生体育考试政策】 3月，市教育局印发《丽水市2017年初中毕业生体育考试实施意见》，该意见明确规定参加2017年丽水市初中毕业生学业考试的考生，调整体育考试内容为全市中考体育考试统一标准，统一设必考、抽考、选考三项。其中必考项有耐力跑或游泳；抽考项在立定跳远、1分钟跳绳、掷实心球、引体向上（男）、1分钟仰卧起坐（女）中抽取两项，考生选择一项考试；选考项在篮球运球投篮、排球对墙垫球、足球绕杆、100米游泳中选择一项考试。三项体育考试各10分总分为30分，计入初中毕业生学业水平考试成绩。

【市直教育团工委成立】 5月，共青团丽水市直教育系统工作委员会成立。由丽水市职业高级中学叶项飞、丽水学院附属高级中学刘丽君、丽水经济开发区第一中（小）学江媛、丽水第二高级中学周水菊、丽水市实验学校郑婷、浙江省丽水中学柯文静、丽水市教育局俞伟毅、丽水市文元中学涂伟波、丽水外国语实验学校雷伟林等9人组成市直教育团工委，俞伟毅任书记，柯文静、叶项飞任副书记。丽水市直教育系统团工委协助团市委学少部主抓学校团组织建设，加强共青团对学生会和学生社团的管理指导，统筹市直学校、幼儿园团组织工作。（徐建春）

【中学语文教育论坛】 11月26—27日，2016年长三角中学语文教育论坛“语文教学与思维发展”研讨会暨征文大赛颁奖活动在丽水中学举行。论坛由沪、苏、浙、皖四省（市）教研室和上海教育出版社联合主办，丽水中学（高中分会场）与丽水外国语实验学校（初中分会场）承办。来自三省一市1000余名语文老师和专家学者参加会议。北京师范大学教务长郑国民教授作《核心素养视野中的课程改革》报告。

【教育教学成果奖】 5月23日，在第三届长三角地区教育科研优秀团队、教育科研优秀个人和教育科研优秀论文评比活动中，青田中学被评为教科研优秀团队、丽水市实验学校刘必水和缙云县教研室应干被评为教科研优秀个人；4篇论文获一等奖，占全省一等奖获奖数的20%。10月26日，在浙江省基础教育教学成果奖评奖中，丽水市获一等奖14项，二等奖20项，其中景宁县教育研训中心陈延福主持《农村自然小班化教育模式的探索与实践》获一等奖，青田中学邓加富主持《侨乡普通高中课程建设的探索与研究》等四项成果获二等奖。11月24日，在第四届学校心理健康教育教师（高中组）专业技能大赛中，龙泉一中老师陈秀敏（普高组）和松阳职业中等专业学校老师吴春燕（职高组）获一等奖。12月，遂昌县实验小学老师鲍宗武和庆元县实验小学校长叶小松获省“教改实验先锋校长”称号；丽水市实验学校老师刘雪忠获省实验学校第三届“十佳智慧班主任”称号，景宁县第二实验小学老师刘海勇获“智慧班主任”称号。

【课程改革】 7月，云和中学语文学科、青田温溪高中信息技术学科被确定为浙江省普通高中第二批学科培育基地。12月，全市10门课程入选省义务教育精品课程名录。市教研院杨广斌主持用化学眼光看生活等7门课程入选省第五批普通高中精品课程名录。2015—2016年度“一师一优课，一课一名师”活动国家和省市三级优课评比，全市219节课获市级优课，其中152节入选并获省级优课。38节课获国家部级优课，涉及高中、义教等16个学科。初中数学、小学数学各有6节课被评为教育部优课。 （林忠港）

中等职业教育

【概况】 2016年，全市中等职业教育学校17所（2016年，丽水市卫生学校撤销），其中，普通中专2所，成人中专2所，职业高中13所。全年毕业生数9499人（普通中专653人，成人中专156人，职业高中8690人）；招生数10279人（普通中专456人，成人中专74人，职业高中9749人）；在校学生数29964人（普通中专1381人，成人中专180人，职业高中28403人）。中职学校校均规模1763人，职业高中校均规模2185人。教职工2294人（普通中专170人，成人中专77人，职业高中2047人）；专任教师1995（其中普通中专134人，成人中专69人，职业高中1792人）。中职学校专任教师学历合格率97.14%，中职学校专任教师研究生及以上学历6.87%，“双师型”专任教师占比为77.11%。全市中职毕业生初次就业率98.49%，专业对口率87.57%，双证书取得率99.64%。2016年中职毕业生中升入高一级学校3124人（其中3+2、五年一贯制中高职衔接培养1416人，单考单招1708人），占毕业生总数32.89%。全市单考单招上线率90.92%（全省82.55%）。2016年获省教育发展专项资金补助6721万元，占全省补助15.42%。

【职教品牌建设】 2016年，缙云县入围国家级农村职业教育和成人教育示范县。龙泉市中等职业学校、遂昌县职业中等专业学校、青田县职业技术学校通过省中职示范校验收。丽水市职业高级中学被确定为浙江省中职名校立项单位；胡钰凤、舒伟红、张华燕、谢芝兰、张长友被确定浙江省中职名师及名师工作室立项单位；张晞、周建伟、叶长文、郑国荣被确定浙江省中职名大师及名大师工作室立项单位；缙云县职业中等专业学校机械加工技术专业、遂昌县职业中等专业学校电子商务、松阳县职业中等专业学校电子技术应用、景宁县畲族职业高中旅游服务与管理、龙泉市中等职业学校数控技术应用等专业为省品牌专业立项单位；云和县中等职业技术学校木制玩具设计与制作、庆元县职业高级中学果蔬花卉生产技术（食用菌）、龙泉市中等职业技术学校（龙泉技师学院筹）工艺美术（青瓷）、丽水市职业高级中学旅游服务与管理等专业为省优势特色专业立项单位。缙云县工艺美术学校杜卫建获首届浙江省黄炎培职业教育奖“杰出校长奖”，丽水市职业高级中学胡钰凤、缙云县职业中等专业学校舒伟红获“杰出教师奖”，丽水职业技术学院刘克勤获“优秀理论研究奖”。

【中职师生技能竞赛】 11月21日，市教育局在丽水职业高级中学等学校举行全市中职师生技能大赛。学生组设计算机网络技术、中职英语、机械加工技术、学前教育、中餐烹饪、服装、电子电工、电子商务、汽修、旅游、会计、工艺美术等12个专业38个现场赛项目，1400余名学生参赛；教师组设计算机网络技术、机械加工技术、电子电工、电子商务、汽修、旅游、会计等7个专业9个项目，近300名教师参赛。创新茶艺、青瓷工艺、宝剑工艺、木制玩具、青田石雕、商品油画等7个特色专业进行教学成果展示，竞赛选出104位学生参加省职业技能类26个项目竞赛，39位学生获奖，其中，一等奖1人（刘涛获省中职学生中式铺床），并获国赛二等奖；二等奖3人、三等奖35人。参加省职业素养类（文明风采）大赛，获一等奖7个、二等奖10个、三等奖14个。参加省第八届中职学生创新创业大赛，获二等奖5个、三等奖13个。

【中职选择性课程改革推进】 2016年，全市16所中等职业学校（技工学校除外）参加中职课程改革，参与率100%，开设选修课程门数587门，校本教材开发数（本）201门；中职参与普高课改10所，参与课程144门。丽水市职业高中、缙云县职业中专课改方案，得到省教育厅肯定，云和职技校课程改革经验在全省课程改革会议上作典型经验交流。遂昌县职业中等专业学校邓显洪等编写《钳工工艺与技能训练》等获省一等奖，丽水职高张秋雨等编写《中职趣味数学》等6部教材获省二等奖，云和职技校张丽萍等编写《走进木制玩具》等8部教材获省三等奖。

5月8日，丽水市职业教育活动周启动仪式在云和举行　　朱军连　提供

【现代学徒制试点】 3月，经省教育厅批准，云和县获现代学徒制试点县，丽水职业技术学院获现代学徒制试点高职院校，丽水市职业高级中学等5所学校获省现代学徒制试点中职学校。6月6—9日，省教育厅相关领导到云和、龙泉、缙云、遂昌等中职校和企业开展调研、走访合作企业10余家，并召开校企合作座谈会15次。1月17日，市教育局联合市发改委等六部门联合下发《关于推进现代学徒制试点工作的实施意见》，形成校企共同招生招工（徒）、制订培养方案、共同开发课程与教材、组织教育教学、建设师资队伍、管理与考核评价的一体化育人机制，提高人才培养质量。

【职业教育活动周】 5月8日，丽水市2016年全国职教活动周启动仪式在云和县举行。活动周主题为“弘扬工匠精神，打造技能强国”。对丽水市中职优秀毕业生事迹和市级以上中职名师进行展示，部分中职校开展木玩智力拼图、苔藓盆景、食品雕刻技艺、烧饼制作、茶艺表演、人物速写等为民服务活动。仪式后，举行丽水市首场职业教育新闻发布会，召开主题为“找短板，打造生态+丽水中职教育”专项会议。活动周期间，全市职校开放校园，135家企业参加开放活动，学生、家长、社会群众共1.56万余人次到企业参观学习，家长、企业代表、学生约2.3万人次进校园参观体验。

【丽水职教元素亮相G20峰会】 9月4日，杭州G20峰会期间，《最忆是杭州》文艺晚会惊艳全球。丽水旅游学校60余名在校生，参与《春江花月夜》《采茶舞曲》《欢乐颂》等篇章的舞蹈表演，给全世界留下深刻印象。在G20峰会中亮相的丽水职教元素，还有丽水职高毕业生吴钟春、青田职技校老师赖幼升参与G20峰会晚宴的冷拼雕刻；丽水职业技术学院2013届园艺专业毕业生温从发，培育的苔藓参与晚宴主桌西湖微缩景观布置以及丽水职高学生周亚男参与G20餐厅贵宾包厢服务。

【省政府职业教育督查组到丽水督查】 9月27—29日，省督学、浙江工业大学继续教育学院院长邱飞岳带领省政府职业教育专项督查组，到丽水督查职业教育发展工作，副市长戚永远出席会议并作汇报。督查组通过听取汇报、查阅资料、实地访谈等方式，对丽水职业教育进行较为全面了解。反馈会上，督查组高度评价丽水近年来职业教育所取得的成绩，认为丽水职教有五大亮点：把职业教育发展纳入全市经济社会发展的大盘子中进行谋划，并出台相关文件。在全省财政与绩效考核挂钩考核中，获奖励占总额15.42%；职业教育社会认同度较高，发展氛围较好，全市普职比49.03%；职业教育各项经费落实到位，2012年秋开始，全市中职校全部实行免学费政策，2015年全市中职校生均财政公用经费3162元；注重职业教育内涵建设，出台政策支持中职课程改革，建立中职选择性课改基地；发挥职业教育的社会服务功能。　（樊旭彪）

高等教育

【概况】 2016年，全市高等教育毕业生数1.2065万人，招生数1.1459万人，在校学生数3.6724万人。教职工数1782人，其中专任教师1286人。专任教师中，硕士学历及以上419人，本科学历857人，专科及以下学历10人，分别占专任教师总数32.58%、66.64%和0.78%。高等教育毛入学率50.54%，比上年提高0.97个百分点。

丽水学院设有工学院、生态学院、教师教育学院、商学院、民族学院、医学与健康学院、中国青瓷学院等二级学院，另设思想政治理论课教学部、职业技术学院、继续教育学院、创业学院、华侨学院、丽水市工业技术研究院、丽水市经济发展规划研究院等教学科研机构。在职教职工1146人，其中，正高102人、博士190人、拥有国家“千人计划”和“青年千人计划”特聘专家各1人、教育部“长江学者”讲座教授1人、教育部高等教育教学指导委员会专家1人、省“千人计划”特聘专家2人、享受国务院特殊津贴专家4人、省有突出贡献中青年专家1人、入选省“151人才工程”18人、省高校中青年学科带头人17人、省高校优秀教师2人。学校现有省一流学科5个，省“2011协同创新中心”1个，省重点实验室1个，省科技创新服务平台1个，省级优势专业2个，省级特色专业4个，全国少数民族传统体育示范基地1个，省级大学生校外实践基地1个，省级重点实验教学示范中心建设点1个，省级实验教学示范中心4个，省级教学团队3个，国家级规划教材1部，省级精品课程15门，省级精品在线开放课程1门。学校建有院士工作站1个，省级博士后工作站1个。按照省一流学科建设标准，推进5个省一流学科建设并准备硕士点申报，把与地方产业发展相关的先进制造技术、机械电子工程、工业机器人等优势特色学科作为重点学科进行培育。获科研项目立项178项，其中国家级项目7项(国家社科基金4项，国家自然基金项目3项)、部级6项、省级31项。发表论文557篇，其中被SCI等收录63篇、一级期刊发表论文91篇。5月，学校官方微信在全国485所参与打榜高校官微中排名第30位，全省排名第2位。全年学校微信发布图文543篇，累计阅读200万人次，点赞数5万人次。学校获省“AAAAA”级平安校园。大学生龙舟队在2016年第五届世界大学生龙舟比赛获两个第一名和两个第二名。大学生音乐话剧《牡丹亭•游园惊梦》入选2016年金刺猬大学生戏剧节并获优秀剧目奖。学生王姗姗获2016WCA成都世界魔方公开赛冠军。舞蹈节目《一抹红》等在省2016年大学生艺术节获一等奖3个。学校设有44个本科专业，全日制在校生12607人，其中普通本科生10681人；招收新生3380人，生源涉及26个省(自治区、直辖市)，其中，本科生2690人、专科生688人。2016届毕业生3364人，其中，本科毕业生2749人、高职高专毕业生615人，毕业生总就业率95.18%。

丽水职业技术学院设有林业科技、建筑与设计、机电工程、会计、工商管理、旅游与贸易和继续教育等二级学院，27个在招专业，全日制在校生7544人，成人教育在册学员3173人。在编教职工427人，专任教师375人，其中，正高职称24人、副高职称116人，具有硕士以上学位(学历)教师153人。现有省优秀教学团队2支，省教学名师、教坛新秀、突出贡献中青年专家、“151”人才等18人，丽水市重点科技创新团队1支，市技能大师工作室1个，丽水市专业技术拔尖人才、宣传文化系统“四个一批”人才、科技新秀(绿谷新秀)、首席技师、“138”人才等38人。11月，学校教学成果《对接产业新业态、创建教学新课堂，《培养“财务业务一体化”会计管理型人才》获省高等教育教学成果一等奖。在教育部主办的全国职业院校技能大赛高职组测绘技能项目竞赛中，学校工程测量专业学生作为浙江代表队连续4年获一等奖。学生社团“子佩”汉文化研究会被评为“全国优秀大学生国学社团”。

丽水电大实现异地搬迁，10月26日，经市政府批准，丽水电大迁入市委党校旧址，学校计划于2017年暑假前实现整体搬迁。全年招收本专科学生1473人，其中开放教育学生783人、远程教育学生690人。培养本专科毕业生1658人，其中开放教育毕业生1028人，远程教育毕业生630人，农民大学毕业生45人。教职工数58人，其中教授3人、副教授(含副高职称)22人、硕士学位20人，兼职教师30余人。学校组织教师参加上级电大系统组织的各种教学比赛，3人次在全国电大系统教学比赛获一等奖。市电大本级教师在省级以上公开学刊发表学术论文6篇，其中国家核心期刊发表2篇；获国家、省级科研机构立项课题5项，4项课题通过各类机构结题验收，7项科研成果在市级以上机构评比中获奖。

(金一清 尚徐光 徐秀秀)

【丽水市农村电子商务学院成立】 5月11日，市委、市政府召开浙江(丽水)农村电子商务创新发展示范区推进会暨全市电子商务工作会议。会上，举行丽水市农村电子商务学院授牌仪式。市委副书记尹学群授牌，丽水学院副院长李俊杰代表学校接牌，丽水市农村电子商务学院在丽水学院成立。该学院由学校牵头，按照“政府引导、社会协同、立足公益、市场运作”办学原则，联合相关企业采用混合所有制形式开展办学，旨在为丽水培养更多农村电子商务人才。

【音乐话剧《牡丹亭》入选“金刺猬”大学生戏剧节】 2016年，丽水学院为纪念汤显祖、莎士比亚逝世400周年，以古典戏剧《牡丹亭》为蓝本，通过全新方式演绎音乐话剧《牡丹亭》。《牡丹亭•游园惊梦》剧组先后到浙江理工大学和丽水部分县(市、区)演

《牡丹亭》获“金刺猬”大学生戏剧节优秀剧目奖　　丽水学院　提供

出，并与全国各地81所高校112部剧目，一起参与2016年“金刺猬”大学生戏剧节。经过组委会分组推荐，确定18个剧目入围，浙江大学和丽水学院剧目入选。《牡丹亭》作为全国高校优秀剧目之一，应邀赴北京演出，并获“金刺猬”大学生戏剧节优秀剧目奖。

【国家专业技术人员继续教育基地农村电子商务人才培训中心揭牌】 10月26日，“首届中国农村电子商务主题会议——互联网+绿水青山”在丽水召开。商务部中国国际电子商务中心向丽水市农村电子商务学院授予“国家专业技术人员继续教育基地农村电子商务人才培训中心”(全国唯一)称号。丽水农村电子商务学院现建成国家专业技术人员继续教育基地——中国农村电子商务人才培训中心。该中心培训内容主要包括农村电商人才培养、农特产产品品牌打造、农产品营销策略等。

【丽水学院聘任诺贝尔奖得主弗兰克·维尔切克为荣誉教授】 11月4日，丽水学院院长肖刚为弗兰克·维尔切克颁发丽水学院荣誉教授聘书。弗兰克·维尔切克是2004年诺贝尔物理学奖获得者、麻省理工学院教授，是学校首个聘任的诺贝尔奖获得者。同日，弗兰克·维尔切克为学校师生作《几何幻想》学术报告，并开展以“科学与艺术——关于青瓷的对话”活动。

【中国青瓷学院成立】 2016年，根据省委书记夏宝龙到校调研时强调特色办学，服务地方经济文化发展要求，5月25日，丽水学院成立中国青瓷学院。中国青瓷学院前身为学校艺术学院，拥有陶艺系、美术系、环境设计系等5个学系，下设视觉传达设计、摄影、陶瓷艺术设计等4个本科专业及1个专业方向。学院现有教职工62人，其中教授5人，副教授14人，全日制在校学生779人。学院利用现有龙泉青瓷“2011”协同创新中心等平台，使青瓷学院成为世界青瓷研究新标杆和国家青瓷人才培养新中心。

【项海燕入选全国励志成长成才典型】 1月11日，丽水学院学生项海燕入选第二届“国家资助 助我飞翔”全国励志成长成才优秀学生典型。活动由全国学生资助管理中心举办，全国评选出优秀学生典型100人，其中浙江省2人。项海燕来自云和县一个贫困家庭，父亲残疾母亲患病，整个家庭全靠她支撑。读中学时成立“海燕美德少年先锋队”与“海燕爱心超市”，带领同学定期开展敬老院送温暖、免费家电维修服务、募集善款献爱心等公益活动，被授予首届“最美云和人”称号。2015年就读丽水学院，项海燕参加学校组织的各种志愿者服务，参与为里东地质灾害义卖筹集善款等活动。

【学院附属第一医院成立】 10月31日，丽水学院附属第一医院和附属口腔医院揭牌仪式在丽水市人民医院举行。副市长戚永远，学院党委书记周湘浙、院长肖刚等相关部门负责人出席仪式。该医院的成立，解决医学与健康学院构建医学实践教育、科学研究、社会服务平台，解决临床实践的瓶颈问题，实现医教协同、校院互助、资源共享、优势互补的探索和实践，为市人民医院通过共建附属医院提供长期稳定的学科、科研和人才支撑，提升其医疗服务水平，增强核心竞争力。

【全国首个口琴示范学校落户丽水学院】 4月，浙江省音乐家协会口琴专业委员会落户学校，12月21日，全国首个口琴示范学校落户丽水学院。学校口琴协会是学校团委指导学生社团，现有会员近100人，指导教师是被聘为文化部文化艺术人才中心艺术人才库全国工作委员会口琴专业副主任陈年龙。本着“热爱口琴、拓展素质”宗旨，学校口琴协会开展各类学习、竞赛、专场演出等活动，多次在全国、全省各类比赛获冠亚军，并成立全国第一支口琴交响乐团——绿谷口琴交响乐团，在校园文化建设、学生素质教育、社会服务等方面取得一定成效。

【丽水学院龙舟队获世界大学生龙舟锦标赛两项冠军】 7月30—31日，在美国加州长堤市举行2016年第20

届长堤龙舟节暨第五届世界大学生龙舟锦标赛，丽水学院龙舟队获第五届世界大学生龙舟锦标赛男子500米直道竞速第一名，男子200米直道竞速第一名。与南开大学滨海学院女子龙舟队共同组队，获男女混合500米直道竞速第二名。与斯坦福大学、加州大学洛杉矶分校、圣何塞州立大学三所高校龙舟队6位队员联合组队参加500米直道竞速获第四名。与南开大学滨海学院龙舟队4位女队员参加男女混合200米直道竞速获第二名。

【省林业厅和市人民政府签署省市共建协议】 1月6日，浙江省林业厅和丽水市政府正式签署协议，厅市共建丽水职业技术学院林业技术专业暨浙江林业科技学院。实施全省林业干部培训中心和科技创新平台等项目建设，提高林业职业教育办学质量和水平，更好发挥在服务森林浙江建设中的作用。

【师资培养"3·0"工程】 2016年，丽水职业技术学院重视师资培养工作，年初启动学校师资培养"3·0"工程。"3·0"工程以提高教师教育教学能力为重点，以项目任务为载体，以竞争择优、动态调整为抓手，创新机制、激发活力，建设一支适应现代高职教育要求、支撑学校可持续发展的高水平师资队伍。学院党委书记梁忆南、院长梁伟样任班主任，第一批学员56人；开设新教师助讲培训班，先后开展课程建设方案设计、翻转课堂探究、教学专题考察、教学技能竞赛、微课制作PK等内容，引入竞赛排名机制。（尚徐光　单晓维）

7月31日，丽水学院龙舟队获世界大学生龙舟锦标赛冠军　　丽水学院　提供

【丽水学院举办第八届世界两栖爬行动物学大会】 8月15—21日，由丽水学院和南京师范大学、杭州师范大学主办的第八届世界两栖爬行动物学大会（WCH8）在丽水学院举行，来自美国、俄罗斯、澳大利亚、日本、德国等国家和地区及国内700余名专家学者参加会议。丽水学院院长肖刚出席大会，并介绍丽水学院在两栖爬行动物学研究领域的特色和成果。本次会议以"两栖爬行动物的适应、进化与全球生存危机"为主题，以"加强各国在该领域的学术交流与合作，促进世界两栖爬行动物学的快速发展"为宗旨，提升中国在该领域的学术地位及国际影响力。（金一清）

【电大开展外延内生社区教育】 2016年，丽水电大指导全市社区教育工作，开展社区教育各类培训315121人次（其中市本级1790人次，18个项目），2个社区教育课题在省立项、9篇社区教育论文在省获奖、12幅书画参赛作品在省获奖。学校出台服务社会项目奖励政策，引进余杭国税系统干部到丽水培训，培训190人次。组织开展全民终身教育活动周启动仪式（缙云站）、全民终身教育学习乒乓球测评比赛（丽水站），丽水测评中心被评为省级先进中心。根据《国务院办公厅关于印发老年教育发展规划（2016—2020年）的通知》和省老龄委、省老年开放大学要求，筹办丽水老年开放大学，计划2017年上半年丽水老年开放大学挂牌开学。（徐秀秀）

成人教育与民办教育

【概况】 2016年，全市社区学校165所，规划建设区域中心成技校44所，省级标准化成技校覆盖率100%。全市职成教学校社会培训39万余人次（培训企业职工1.7万余人次、退役士兵2006人次、新型农民7.42万余人次、家政培训3.54万余人次、其他培训26.13万余人次）。其中，中等职业学校利用学校师资、实训基地等优势，面向社会开展各类培训4.61万余人次，取得职业资格证书3万余人次，完成成人"双证制"教育培训2958人，农村预备劳动力培训3597人。全年扫盲任务计划数1.98万余人，已脱盲人数2.61万余人，完成全年扫盲任务132.4%。接受扫盲教育人数1441人，完成户籍信息更新2.4万余人。全市9个县（市、区）文盲率均控制在2%以内。全市有民办学校373所，其中幼儿园351所，小学4所，普通中学17所，中职校1所。民办学校在校生7.5万余人，民办学校教职工7304人。

【成教品牌建设】 2016年，遂昌县被认定为省级示范学习型城市；遂昌县妙高中心成人文化技术学校、大柘中心成人文化技术学校，松阳县古市中心成人文化技术学校，莲都区太平区域中心成人文化技术学校等4所成校被认定为省现代化成人学校；遂昌县妙高中心成人文化技术学校遂昌技工培训、遂昌县大柘中心成人文化技术学校乡村来料加工技能培训、遂昌县北界中心成人文化技术学校北界红提种植培训，缙云县社区学院缙云烧饼培训，莲都区城西区域中心成人文化技术学校国学进社区等5个项目被认定为省级成教品牌。

【新增8所省级标准化成技校】 2016年，全市新增庆元县成人职业技术学校、竹口中心成人文化技术学校，景宁县成人文化技术学校、沙湾区域成人文化技术学校、东坑区域成人文化技术学校，龙泉市城区区域(中心)成人文化技术学校、锦溪区域成人文化技术学校，丽水经济开发区成人文化技术学校等8所成校为省标准化成校。

【社区教育】 2016年，丽水市获"2015年全民终身学习活动周优秀组织奖"，遂昌县获"2015年全民终身学习活动周成功组织奖"。黄尚厚获2016年浙江省"百姓学习之星"并推荐为2016年全国"百姓学习之星"候选人，浙江电大缙云分校缙云烧饼师傅培训获2016年浙江省"终身学习品牌项目"。市社区教育领导小组办公室组织第三届"绿谷学习之星"评选活动。10月25日，2016年全民终身学习活动周启动仪式在缙云举行，全市9个县(市、区)教育局职成教领导、表彰代表、市民代表1000余人参加启动仪式，期间，进行社区教育品牌项目展示、市民才艺展示，发放"丽水市全民终身学习倡议书"，表彰"绿谷学习之星"，举办以"点燃夕阳，圆梦人生"为主题的校长论坛。开展养生养老、健康教育、农民双证制、"月嫂"、老年教育、农民实用技术、再就业技能等50期菜单式培训。

【丽水民办学校实施事业单位登记管理】 1月，市教育局联合有关单位出台《丽水市社会力量举办的非营利性学校开展事业单位登记管理的暂行细则》，细则规定，符合一定条件的民办学校可以到编委办实施法人登记，并发放事业单位法人证书，编制管理部门按同类公办学校编制数的50%左右给予一定比例的编制报备员名额，编制报备员拥有"事业人员身份"，参照《事业单位人事管理条例》执行。编制报备员达到法定退休年龄，按照机关事业单位工作人员养老保险有关规定计发养老保险待遇。至年底，全市6所民办学校实施事业单位登记管理。 (樊旭彪)

教师队伍

【概况】 2016年，全市各级各类学校(幼儿园除外)在职教职工24200人，其中小学教职工9441人，比上年减少220人(其中一贯制学校的小学教职工数计入中学)。普通中学教职工10683人，其中专任教师8284人(初中5617人，高中2667人)。中等职业教育教职工2294人(普通中专170人，成人中专77人，职业高中2047人)；专任教师1995人(其中普通中专134人，成人中专69人，职业高中1792人)。高等教育院校教职工数1782人，其中专任教师1286人。获"央视2016最美教师"1人，省"五一"劳动奖章1人，"省杰出教师"1人，省"教改实验先锋校长"2人，"省农村教师突出贡献奖""省师德楷模""省春蚕奖""省绿叶奖"等省级先进个人47人。入选市突出贡献专家名单2人，市优秀教师51人，优秀教育工作者83人，教育年度人物奖5人(团体)。评出丽水市第二届"最美教师"10人，"最美教师"提名奖10人，丽水市"三育人"先进集体2个，市"三育人"先进个人40人。

【教师职称改革】 11月，出台《丽水市深化中小学教师职称制度改革工作实施办法》《丽水市中小学教师职称评价标准(试行)》，中小学、幼儿园教师专业技术职务名称统一为"正高级教师、高级教师、一级教师、二级教师、三级教师"。彭素飞、刘勇武、陈彤、吴碧漪、张华燕获正高级教师专业技术职务资格，全市评定高级教师专业技术职务资格376人。

【法人治理结构试点】 2016年，全市扩大中小学校法人治理结构建设试点工作，确定丽水市职业高中等20所学校为扩面试点学校。3月，出台《丽水市教育局关于推进中小学校(幼儿园)法人治理结构建设试点工作的实施意见》，按照意见要求，试点学校建立理事会、监事会等机构。全市公办中小学(幼儿园)按要求完成学校章程制定。 (王伟平)

办学条件

【概况】 2016年，全市各级各类教育学校用地总面积1074.86万余平方米(幼儿园98.11万余平方米，特殊教育4.495万余平方米、小学300.14万余平方米、初中279.67万余平方米、普通高中156万余平方米、中等职业教育131.52万余平方米、高等教育105万余平方米)。全市各级各类教育学校校舍总面积576.79万余平方米(幼儿园

72.5万余平方米，特殊教育2.03万余平方米、小学151.49万余平方米、初中143.53万余平方米、普通高中83.62万余平方米、中等职业教育63.58万余平方米、高等教育60.04万余平方米）。全年全市教育经费总投入76.64亿元，比上年的66.87亿元，增加9.77亿元，增长14.62%。其中，公共财政预算教育经费投入63.63亿元，占总投入83.02%，比上年增加9.1亿元，增长16.69%。政府性基金预算投入1.77亿元，占总投入2.31%，比上年增加0.05亿元，增长2.9%。民办学校中举办者投入729万元，占总投入0.1%。社会捐赠经费487万元，占总投入0.06%。事业收入8.61亿元，占总投入11.24%，比上年增加0.44亿元，增长5.27%。其他收入2.51亿元，占总投入3.06%，比上年增加0.2亿元，增长8.72%。

【教育项目建设】　2016年，全市固定资产投资稳定增长，全年完成固定资产投资15.45亿元，比上年增长0.6%。全市教育系统12个教育项目列入丽水市2016年重点建设项目，其中，市本级2个、龙泉市2个、青田县2个，莲都区、遂昌县、松阳县、庆元县、云和县、景宁县各1个，计划投资3.5亿元。各地围绕“加快进度、促进开工、强化保障”目标，全年完成投资3.91亿元，达到计划投资112%。丽水二中学生宿舍工程PPP项目、丽水学院附中运动场项目、丽水实验学校初中部体艺馆（食堂）项目、丽水中学教师宿舍按计划完工。丽水学院附中教学楼工程完成前期工作。丽水二中体艺馆及校大门工程的前期任务完成。8月，秀山路小学、沙溪亭幼儿园交付使用，江南路中学全部主体结顶。

【省政府为民办实事项目】　2016年，全市推进义务教育标准化学校建设，共有21所义务教育学校通过省标准化学校复核评定，创建比例由82.88%提高到89.31%。推进义务教育薄弱学校改造工程建设，根据《丽水市义务教育薄弱学校基本办学条件改善工程建设计划》，全年全市薄改项目13个，建筑面积13.55万余平方米，计划总投资5.71亿元，至年底，13个项目全部开工，其中，完工10个、新增校舍面积8.37万余平方米，累计投资3.84亿余元。推进塑胶跑道运动场地建设，全年全市完成塑胶跑道建设43个，完成投资5143万元，新增塑胶跑道学校30所，中小学塑胶跑道覆盖比例由83.33%提高到92.35%。

【“十三五”规划编制】　10月，丽水市“十三五”教育发展规划由市发改委发布实施。“十三五”教育发展规划提出，“实施学校建设工程”扩大教育资源，规划总投资101.3亿元，计划完成投资86.7亿元，力争完成教育项目117个，努力在2020年与全省同步实现教育现代化。5月，编制《丽水市“十三五”教育发展作战图》。启动《丽水市区基础教育布局专项规划（2013—2030）》修编工作，科学计算万人在校生指标。按照省教育现代化班级人数要求，严格按照空间布局均衡化、建设标准差异化、办学方式多元化思路，合理安排幼儿园、小学、初中、高中学校。并对市直部分学校校园总体规划进行修编，根据市区学校的实际情况，按照学校建设标准，科学规划设计市直一些老校区改造。丽水二中、丽水学院附中完成校园改扩建校园总体规划设计，启动丽水市实验学校校园总体规划编制工作。

【扶困助学】　2016年，实施学生资助“四大工程”：实施“贫困生助学”工程，全年全市资助中小学（幼儿园）家庭经济困难学生14.76万人次，资助资金9558.73万元；实施“爱心营养餐”工程，全市投入资金5345.84万元，为5.11万名学生提供爱心营养餐；实施“民族教育券”工程，全市资助少数民族学生1.28万人，投入补助资金330.97万元；实施“中职免学费”工程，全市中职学生免学费3.09万人，免学费金额8538.12万元。拓宽社会资助渠道，全年社会资助贫困生6547人，资助金额653.51万元。启动寄宿学生生活补助制度，秋季学期开始，对全市义务教育阶段在学校寄宿低保家庭子女、烈士子女、福利机构监护未成年子女、五保供养的未成年子女和残疾学生实施寄宿生生活费补助政策，小学生每生每年给予生活费补助1000元、初中生每生每年给予生活费补助1250元。提升资助育人成效，云和职高叶石云获国家中等职业教育资助育人百名成才典型；庆元职高案例《一访一评一导　助力学生成长》被教育部入选全国精准资助典型案例；庆元职高在教育部举办全国中职精准资助经验现场推介会上做典型经验交流。

【争取省级补助经费8亿余元】　2016年，全市争取省补助经费8.7652亿元。其中教育发展专项8875万元；学前教育奖补资金759万元；中小学扶困助学专项1.5亿余元；义务教育保障机制专项2.16亿余元；农村教师特岗津贴908万元；外来务工人员子女教育专项9623万元；基础教育办学条件改善专项资金7439万元；义务教育薄弱学校改造工程补助资金6298万元；支持市县民族教育发展专项资金1794万元；中等职业教育专项经费5449万元；高等教育专项经费8329万元；其他专项经费1500万元。　（周　玲）

科学技术

自然科学

【概况】 2016年，丽水市研究与试验发展经费投入14.87亿元，占生产总值1.24%。地方财政科技投入6.36亿元(含省专项和上年结转)，比2015年增长16.64%。全年全市争取省级以上项目120个，资金4490.5万元。围绕全市优势资源转换和优势产业发展，审核安排市级科技计划项目167个，市本级安排科技经费3090.24万元。获省级科学技术奖一等奖1项、二等奖1项、三等奖9项。评出2016年度丽水市科学技术进步奖36项，其中，一等奖3项、二等奖13项、三等奖20项；丽水市星火奖3项，其中，二等奖1项、三等奖2项。 (李惠莲)

【农业科技】 2016年，丽水市申报“浙西南山区美丽林相改造关键技术集成研究与示范”等5个项目被列入省级重点研发计划，并获项目补助经费540万元。“新能源汽车锂离子动力电池新型负极材料关键制备技术研发”等9个项目被列入2017年省级公益技术应用研究计划。“杏鲍菇深加工关键技术集成创新与示范”等9个项目被列入国家星火计划项目。开展省级农业科技突出贡献者和先进工作者的组织申报工作。经省科技厅组织评审，丽水市6位科技工作者获浙江省2016年度农业科技先进工作者称号。申报下达省级特派员项目135个，扶持经费675万元。开展第五批次市级科技特派员项目实施情况检查、验收和任期届满轮换工作。收集30名省、市和县三级科技特派员先进事迹材料，制作《丽水市科技特派员风采录》1000册。开展重点研发项目设计，设计发布项目申报指南，经专家评审论证，确定7个项目立项扶持，财政经费补助235万元。开展市本级公益性技术应用研究项目申报工作，受理工业、农业和社会发展领域138个项目申报，确定48个立项，财政经费补助200万元。开展省级农业科技企业创建工作，松阳县浙江田地缘农业生物科技有限公司被认定为省级农业科技企业。开展社会发展科技领域重大战略需求征集工作，共征集到人口健康、环境治理和医药等领域科技技术需求102项。开展国家重大疾病防治科技行动计划，制定《国家卫计委“重大疾病防治科技行动计划”丽水市专项课题管理实施方案》。 (孟月志)

【知识产权】 2016年，丽水市进一步建设“国家知识产权试点城市”，建立丽水市知识产权人才培养基地。全市新增国家专利示范企业1家(首次)，国家知识产权优势企业1家，省级专利示范企业9家，市级知识产权示范企业26家，浙江乾麟缝制设备有限公司获“浙江省专利奖”优秀奖1项，获省知识产权局立项支持的专利战略推进项目1项。全市专利申请量和授权量分别为7945件和4945件，同比增幅29.23%和13.73%，其中，发明专利申请量和授权量分别为1150件和326件，比上年同期分别增长37.89%和16.43%，万人发明拥有量4.72件每万人。全年全市共调处专利侵权纠纷案件835起，其中，电商领域案件794起；全市开展专利专项执法行动10次，查处假冒专利行为74起。 (谢冠鉴)

【科技活动周】 5月14—21日，科技(科普)活动周开幕式暨送科技下乡服务活动在缙云县壶镇举行，市科技局组织市农科院、市林科院、市公安消防支队及缙云县科技局等近20家单位通过现场技术指导、免费义诊、发放各类科普宣传资料等形式，为群众提供防震减灾、低碳环保、农林种植、医疗保健、食品药品安全等内容“科普大餐”。其间，举办“流动科技馆”科普大篷车巡回展览，开展工程施工放样、GNSS接收机使用、数控车床制造、网页设计等技能竞技比赛，救护培训志愿者服务进社区等多项科技(科普)活动。 (林俊蕾)

【高新技术产业】 2016年，全市新认定国家高新技术企业35家，省级科技型中小企业173家。验收省级工业设计项目3项，市级科技项目6项。认定省级高新技术企业研发中心16家，浙江方正新能源汽车驱动系统与节能电机研究院被认定为省级企业研究院，全市省级企业研究院15家(其中省级重点企业研究院4家)。浙江丽缙五金科技产业园获批丽缙智能装备省级高新技术产业园区，实现丽水市省级高新园区零突破。深入实施工业科技特派员工作，首批15名工业特派员入驻企业。实施研发投入后补助政策，市本级研发投入占比前三十名企业获研发奖励。建立"两企"网格化联络制度，深入企业开展精准帮扶。抓好高新技术产业增加值和高新投资工作，全年实现高新技术产业增加值105.33亿元，累计增长10.5%；实现高新技术产业投资44.42亿元，累计增长23.8%。 (项金晶)

【科技合作】 2016年，开展校地合作，市委、市政府主要领导带队到清华大学、浙江大学等高校院所开展校地合作座谈交流活动，并与浙江大学签订新一轮五年协议。全年围绕不锈钢、高端装备、生物医药等行业举办产学研对接会13场，组织召开军民融合钛产业"人才科技"峰会。通过对接活动，全年新增上网企业267家，为企业解决技术难题373个，促成科技合作项目254项，成交金额21084万元。 (吴王毅骏)

【科技服务工作】 2016年，走访企业1574家次，促成技术交易合同218项，金额2574.124万元。组织召开分县分行业技术对接会10场次，直接服务企业和合作社134家次，征集难题80项，成功对接30项，成功率37.50%。组织召开分县分行业专利分析会10场，专利申请量增幅29.85%，完成开发区企业专利清零14家，形成行业专利分析报告10份；接听"12330"热线电话65个；受理43起专利纠纷案件，调解专利纠纷27起，完成907起专利执法及假冒专利案件录入及报送；审核企业专利补助申请443件；组织各类科技业务培训22场次，培训3744人次，发放企业需求调查表2750份，征集企业需求430个。组织全国中药资源动态监测信息和技术服务体系(监测站)建设经验交流会。直接为企业代理申报各类项目及实施《企业知识产权管理规范》11家次，组织科技成果鉴定和各类评审10场。修订丽水市《企业知识产权管理规范》地方标准和开展贯标辅导方法研究及规程制定。 (吴庆燕)

【防震减灾工作】 2016年，市防震减灾工作在全国地市级防震减灾工作综合考核中连续四年获优秀单位称号，在浙江省市县防震减灾工作综合评比第一名。全市台网运行稳定，建立备用仪器设备库，丽水GNSS地震监测台完成征地和土建招标工作，开展台站"三化"工作，美化台站环境。全市测震台站平均运行率98.58%，在省地震局组织台站运行资料质量评比中，松阳测震台连续两年蝉联该学科第一名。青田县地震局建立抗震设防审查制度，推进农村民居抗震设防指导工作。召开全市防震减灾助理员培训，举办防震减灾科普示范基地师资培训班，提高科普工作者的素质和能力。新建景宁县青少年宫和庆元县濛洲地震台科普教育基地。编写《丽水市地震局地震应急预案》，并开展全局演练。投资15万元建成市本级地震应急装备库，配备应急发电机、应急电源、应急指挥帐篷和个人地震应急装备等。松阳县与民间救援队成立松阳蓝天地震应急救援队，开展地震应急救援培训，并参与9月28日遂昌县北界镇苏村山体滑坡应急救援工作。县(市、区)地震系统地震应急演练常态化，景宁县所有乡镇完成地震应急桌面推演。建成丽水市防震减灾公共服务信息平台，进一步提升全市防震减灾公共服务能力。创新宣传方式，普及防震减灾知识。"5•12"防灾减灾周期间在丽水电视台经济生活频道风采栏目播放专题片，丽水电台FM88.3、FM93和FM106.9频道播放为期一周的防震减灾宣传专题片和公益广告；市区老年公园、市中心医院等6个自行车亭开展防震减灾基础知识宣传；丽阳门社区建成百米防震减灾宣传长廊；与市青少年宫联合开展"防震减灾"专题夏令营活动；组织开展"平安中国"防灾宣导千城大行动活动。全年开展防震减灾宣传活动6场，发放宣传资料5000余份，电视台播放公益专题片1次，电台播放公益广告300次，播放防震减灾相关内容电影6场。 (王　燕)

【科技信息化建设】 2016年，丽水市网络图书馆新增标准数据库、产品样本数据库，共拥有学术论文、电子图书、期刊、报纸、视频讲座、模拟考试系统、医学外文服务系统、有声读物等36个数据库，内容涵盖党政、经济、教育等领域，总容量61440千兆，新增网络图书馆网站点击量1400万余次，累计点击量突破一亿次。完成网上技术市场丽水市本级各项任务，发布技术难题、人才需求、成果专利等各类供求信息410余条，其中，技术难题133项、签约项目64项、成交金额3922万元。完善丽水科技信息网和"丽水科技"微信公众号功能建设工作，开展科技创新云服务平台建设，建设丽水市科技专家库、科技项目库，征集科技专家190个，共享专家信息400余条。开展科技档案信息化工作，建立历年立项科技项目数据库，完成2000年以来1300余个项目信息的数字化。承担科技项目立项查重工作，完成重点研发计划、软科学研究计划、高层次人才培养资助等500多个项目的查重。做好护航G20网络与信息安全工作。发布科技简报3期。（吴夏芝）

农业科学研究院

【概况】 2016年，丽水市农业科学研究院（以下简称为“市农科院”）申报国家、省、市各类科技、农业项目30余项，立项20项，经费突破1000万元，其中，国家自然科学基金为首次立项、省育种协作专项6项，基本覆盖市农科院各专业研究方向；结合产业发展和技术需求，自主设计“十三五”重点研究项目14项，实现由项目被动申报到主动设计对接融入的转变；有国家级综合试验站（食用菌、茶叶）2个，科技部国家食用菌工程技术研究中心浙江省安全生产技术示范基地1个，省级农业高科技园区1个，省级博士后科研工作站1个，市级科技创新团队（食用菌、茶叶、中药材、加工）4个，国家自然科学基金依托单位（A）类1个，争取到省茶树种质资源圃项目；获2016年浙江省科技先进工作者称号2人，入选省“151”人才工程第二层次培养人员1人，入选市“138”人才工程第一层次培养人员1人，院博士后科研工作站出站博士后1人，获丽水市优秀博士后称号。市农科院主持或主要完成科技项目单位获省部级科技进步奖3项，市厅级科技进步奖一等奖3项、二等奖4项，三等奖2项。在省级以上学术期刊发表论文56篇，出版专（编）著9部；获授权发明专利6项，审定农作物新品种1个。

【科技专家驻乡入户服务三农】 2016年，市农科院派出科技人员入驻农业生产经营主体24人，其中科技特派员、农村工作指导员9人，与莲都区、龙泉市、松阳县合作共建派出科技干部5人，派驻乡镇、农业部门及龙头企业四季服务“两山”实践人员10人；与地方政府、农业企业等合作共建成果转化、示范基地25个。

科普活动　　尹仁福　提供

制订并实施《丽水市农作物放心工程农业技术服务方案》，深化“农作物放心工程——作物解决方案”专家组工作，建立区域服务小组制度，选派专家27人，其中，确定区域负责人3人，县级负责人9人，形成点对点联系、分类分区服务模式，为农作物放心工程实施提供重要科技支撑；选派1名科技干部到市农产品转化为旅游地商品办公室工作；完成广播电视专题讲座7期，对接乡镇开展农业技术培训61期，实地技术指导20余场，培训1800人次；制定作物“两减一增”标准化种植模式图12份，作物栽培技术手册7份，印发模式图及技术手册5000余份，共建核心示范基地55个。牵头成立丽水市农业科学研究院农民讲师团，首批成员43人，该讲师团面向全市开展农业科技服务、培训。全年开展农民讲师团培训会3期，培训人数300余人次。

【丽水蕈菌馆、丽水蝴蝶馆开馆】 9月28日，丽水蕈菌馆、丽水蝴蝶馆在丽水市农科院建成开馆。丽水蕈菌馆由蕈菌产业发展历程、种质资源收集保藏、栽培蕈菌、野生蕈菌、加工产品、蕈菌与养生等9个展区组成，以标本、实物为主，展出鲜标本200余个，干标本80余个，较全面展示丽水蕈菌产业状况、技术创新成果及蕈菌资源开发利用情况；丽水市蝴蝶馆由昆虫成果展、蝴蝶标本展、蝴蝶标本库、国内外昆虫资料展等展区组成，以标本、实物、书籍资料为主，共展出昆虫（蝴蝶）标本320余种、1500余只。

【基地建设与科技合作】 2016年，市农科院按照“一流农业科研基地”和“茶香特色小镇”建设思路，“丽水农科教旅一体化基地”项目于2016年5月通过评审，11月，可行性研究报告获市发改委批复；2016年10月进场施工，建设面积22.47公顷，一期建设投资6581万元；省茶树种质资源圃、国家食用菌产业技术体系丽水综合试验站、省农作物品种区试站等一批项目相继入园落地，基地各项建设有序进行。

市农科院不断加强与各县（市、区）科技合作，在地方服务中扩大与市供销社、市气象局等农口部门交流与合作；通过“农民讲师团”“四季服务‘两山’实践”等活动紧密联系服务各地农业部门、乡镇、农业龙头企业、家庭农场、专业合作社、大户等；通过引进科研力量和技术资源，建立浙江大学农学院研究生实践基地、嘉兴农科院山海协作基地等，提升院科技创新与技术服务能力。（尹仁福）

林业科学研究院

【市林科院三获中国梁希林业科学技术奖】 2016年，丽水市林业科学研究院（以下简称为“市林科院”）主持完成“两种生态高效林菌共育模式关键技术”成果获国家梁希林业科学技术奖三等奖。“多花黄精种质资源收集评价及林下高效栽培技术研究”成果获省科技进步奖二等奖，“黄甜竹方竹合江方竹3种笋用竹关键栽培技术研究与推广”成果获省科技进步奖三等奖。“多花黄精优良种源初筛及黄精露酒研制”和“浙西南特色乡土观赏植物品种选育与示范”成果获市科技兴林一等奖。“浙南山区大型真菌资源调查与开发利用”和“灵芝高效栽培关键技术生产示范与推广”获市科技进步二等奖。2016年是历年来获省部级奖项最多的一年。“多花黄精种苗繁育技术推广示范”项目得到中央财政林业科技推广示范资金资助，省重点项目“浙西南美丽林相改造关键技术研究与示范” 立项，国家环保部生物多样性蝴蝶观测项目（浙江天目山样区）获批。新增主持成果获各类科技奖励8项，其中梁希林业科技三等奖1项、省科学技术进步二等奖1项与三等奖1项、市科技进步二等奖2项、市科技兴林一等奖2项、市科技进步三等奖1项。新增科技项目19项，合同经费450万元；新增发明专利4项，实用新型专利7项；起草地方标准2个；出版专著4部，发表论文15篇，在一级期刊发表论文4篇，SCI收录1篇。

【市林科院新增市级以上人才荣誉称号4个】 2016年，市林科院新增市级以上人才荣誉称号4个。采用“师傅带徒弟”形式，组建油茶香榧等人才帮带产业团队7个，创新基层林业科技推广和人才培养模式。各团队成员先后进村入到基地520余次、解决技术问题117个、开专题讲课123次、培训人数9015人次、发放资料数15218份、师徒对接次数245次、发表论文78篇、职称晋升18人。（李泽建）

丽水市省级保障性苗圃　　李泽建　提供

科技团体

【概况】 2016年，丽水市科学技术协会（以下简称“市科协”）下辖县（市、区）科协9个；市级学会（协会、研究会）47个，会员17649人，其中高级职称会员3211人；县级学会217个，企业科协、街道（社区）、乡镇科协215个，会员30896人；市科协贯彻群团改革、“全国科技三会”精神，立足为科技工作者服务、为创新驱动发展服务、为提高全民科学素质服务、为党和政府科学决策服务的职责，围绕市委、市政府工作大局，推动科协事业发展。编制丽水市《全民科学素质行动计划纲要实施方案（2016—2020）》，由市政府发文成立丽水市全民科学素质工作领导小组。开展“归零翻篇开新局”主题大讨论活动，市委书记史济锡在《市科协赴绍兴、湖州市科协学习考察报告》做批示，为全市科协工作指明方向。

【建设助力工程】 2016年，浙江省第七地质大队、松阳县人民医院、市第二人民医院、云和县供排水公司等单位新建“院士专家工作站”。市人民医院院士专家工作站被认定为第七批“浙江省院士专家工作站”。全市建院士专家工作站26家，其中省级院士工作站6家，引进院士27人。浙江省茶叶学会与景宁县政府签订茶产业产学研战略合作协议，建立学会服务站。

【举办丽水科学讲坛】 2016年，市科协举办“心理健康与健康管理”“护理安全管理学术论坛”“公民健康知识和健康素养提升活动”“丽水医学学术系列”“药品质量控制与安全使用讲坛”“中医适宜技术在基层医院结核病中的应用”6期50个分期“丽水科学讲坛”活动。各期讲坛内容刊登在丽水市科协网站科学讲坛专栏供查阅、学习、交流。

【实施重点学术科普活动项目】 2016年，市科协资助各学会，完成“食品安全、营养与健康学术交流会”“丽水古村落保护与乡村旅游发展的地理因素”“创新设计与机械装备产业发展”等7个重点学术活动项目和“糖尿病患者足病自我管理行为干预”“常见突发意外现场急救知识科普巡讲”等10项重点科普活动项目。

【软课题项目研究】 2016年，市科协开展“‘五水共治’与公众环保意识培育机制研究”“丽水休闲农业现状分析与发展策略研究”“丽水市糖尿病患者血糖达标现状调查及对策”“多学科协作模式在心脑血管病急救中的对策研究”等9个软课题项目研究。利用软课题研究成果，编印《科技工作者建议》4期。

【开展主题科普活动】 5月，以“创新引领·共享发展”为主题的丽水市2016年科技（科普）活动周暨送科技下乡活动在缙云县壶镇安居公园启幕，市科协安排“丽水市科普网络书屋”推送、科普大篷车进校园、科普资料发放、科普微信公众号推广等活动。成立丽水市科普宣讲团，首场科普宣讲活动在丽水举行，邀请全国政协外事委员会主任，中国工程院原常务副院长、院士潘云鹤到场讲学，市委书记史济锡主持报告会。全年开展科普宣讲27场。9月，全国科普日活动在市区纳爱斯广场举行，市老科技工作者协会专家和莲都区15家区直单位科技人员，通过现场答疑和宣讲、有奖竞答、赠送科普资料等形式，向市民宣传农业、健康义诊、心理咨询等科普知识。科普日期间，各级科协开展科普活动86项。9月11—15日，邀请中科院老科学家科普演讲团到丽水作科普报告，各县（市、区）有关学校及单位作系列科普报告31场。

【举办青少年科技活动】 1月，举办第30届丽水市青少年科技创新大赛终评活动，全市219个项目参加比赛，评出一等奖37项，二等奖69项，三等奖103项。推荐64个项目参加第30届浙江省青少年科技创新大赛，获一等奖3个、二等奖13个、三等奖30个。5个项目获全国青少年科技创新大赛奖。5月14—15日，参加全省青少年科学嘉年华活动头脑奥林匹克竞赛，丽水市获一等奖3个（全省共5个），三等奖2个。“中国流动科技馆”展品、科学实验在遂昌、庆元、景宁、松阳县展示，受益观众3万余人。

1月，举行丽水市青少年科技创新大赛　　钟碧红　提供

【评选优秀科技论文】 2016年，市科协开展丽水市第十三届自然科学优秀论文评选。参评条件：从2014年1月1日—2015年12月31日期间全文发表在国内外正式出版的学术性刊物或书籍上的自然科学论文；或在市级学会以上团体编印的科技工作者建议文章；作者为市、县（市、区）科协所属的学会（协会、研究会，下同）会员，科研院所、大中专院校、市级医院、重点中学、高级职业学校、企事业单位的科技人员。收到申报论文729篇，最终评选出优秀论文275篇，其中，一等奖15篇、二等奖60篇、三等奖200篇，并由市政府发文表彰。

【科技人才培养】 2016年，市科协推荐的朱菊红、张兆良获“浙江省优秀科技工作者”，推荐梅国玉和蓝春明为全国科协系统先进工作者候选人。推荐一线科技人员陈荣昌为全国科协第九次代表大会代表。推荐25位科技工作者代表参加浙江省科协第十次代表大会，4人当选为省科协十届委员，2人当选常委。评定张浩等21人为2016年丽水市“绿谷新秀(丽水三宝)”。10月17—21日，组织丽水市第九批“拔尖人才”、丽水市第二届“绿谷新秀”、“绿谷新秀(丽水三宝)”参加省委党校举办的丽水市创新2020拔尖人才(绿谷新秀)培训班。举办2016年科研业务培训班和石雕类人才培训班，提高科研工作人员业务水平和丽水市石雕类行业非物质文化遗产保护水平。全市入选更高人才层次5人；各有1人分别被评为“全国青年岗位能手”、省“医坛新秀”、省第三届“之江青年社科学者”；被评为“浙江省工艺美术大师”3人、浙江省玉石雕刻大师2人、浙江省工艺美术人才2人、高级工艺美术师1人。

【科协宣传信息工作】 2016年，市科协联合市摄影家协会举办“丽水市首届科普摄影作品征集活动”，摄影镜头记录全市第四批农村科技示范户生产、经营过程，出版《“两山”理论践行者——农村科技示范户》，市委书记史济锡作序。丽水党建快讯平台向全市8000余人每周发送2条科普短信。分别在市科协网，市委组织部、宣传部官网、丽水市文明网链接“丽水市科普网络书屋”内容，供全市群众免费阅读、浏览。丽水日报以《科普一键直达市科普网络书屋成助农好帮手》为题对“网络书屋”专门报道。丽水日报每周三农村财经版面、市广播电视总台文化休闲频道开设“丽水科普”专栏，每日在“丽水科普”微信公众号每日发送5条科普知识。 (钟碧红)

社会科学

【概况】 2016年，丽水市社科联按照“项目品牌化、阵地规范化、活动经常化”目标要求，开展社科研究、社科普及、社科管理，努力发挥“桥梁纽带、组织协调、咨询服务、宣传普及”作用，为进一步繁荣发展丽水社会科学事业取得新突破、做出新贡献。4月28—29日，2016年全市社科联工作会议在松阳县举行，会议总结交流2015年工作，研究部署2016年工作。9个县(市、区)社科联主席及有关人员共30余人参会。江山、吴永德获全国科普工作先进个人。

【市社科联六届二次常务理事会】 4月14日，市社科联在丽水召开六届二次常务理事会，14名常务理事参加，市委组织部常务副部长郑力平出席。会议同意杨贤高辞去市社科联六届理事会副主席职务，同意阙忠东、陈志雄辞去市社科联六届理事会副主席、常务理事、理事职务。根据市委提名，会议选举余群勇、陆亚东、刘志伟为市社科联六届理事会理事、常务理事、副主席。

【举办2016年市社科普及周活动开幕式暨大型广场咨询服务活动】 10月29日，2016年市社科普及周活动开幕式暨大型广场咨询服务活动在丽水纳爱斯广场举行，主题为“同心共筑中国梦，携手共建文明城”。科普周活动以加强人文关怀和文明城市创建宣传为重点，9个县(市、区)社科联、各院校社科联(科研处)、各学会(协会、研究会)、市社科普及基地等70多家单位(学会)200余名专家学者参与活动，现场举行科普周文艺会演、社科知识有奖竞答、发放科普书籍“丽水市社科知识普及丛书”和《丽水人文大讲堂》(第三辑)等，开展遵德守礼、养生保健、安全防范、旅游推介、环境保护等咨询服务，为市民群众送上一道“社科大餐”。组织全市1000多名社科工作者走进社区、走进农村，开展内容丰富、形式多样的群众性科普活动，传播时代声音、普及人文知识。

【召开市理论社科界“归零翻篇开新局”专题研讨会】 3月28日，市社科联在丽水召开市理论社科界“归零翻篇开新局”专题研讨会。市委常委、宣传部长、市“归零翻篇开新局”主题大讨论活动领导小组副组长兼

3月28日，丽水市理论社科界“归零翻篇开新局”专题研讨会 杨金花 提供

2016年立项的国家、省级系列课题目录

表29

编号	题目	姓名	单位	预期成果形式	课题类别
16AMZ008	人类学视阈下来华国际移民的融入适应研究	方　明	丽水学院	著作	2016年国家社科基金重点项目
16BMZ051	浙江畲族聚居区菇民文化研究	田中娟	丽水学院	著作	2016年国家社科基金一般项目
16BYY147	唐宋禅录方俗语词江户时代日人释义研究	王闰吉	丽水学院	著作	2016年国家社科基金一般项目
BHA160088	基于混合学习的城市中心学校与乡村学校协同实施机制研究	王淑莲	丽水学院	著作	2016年国家社科基金教育学专项(全国教育规划课题)
12	县域传统文化资源国际交流合作研究——以汤显祖文化为例		遂昌县社科联	论文	2016年度省社科规划课题
16HQZZ30	浙西南望族:梁村地方古籍文献整理与研究——基于370篇存世诗文及18份奏章面世	王泽玖	丽水学院		
16NDJC012Z	浙江陈十四夫人信仰及其艺术演绎形式研究	田中娟	丽水学院	论文	
16NDFC289YB	瓯江"水上蛟龙"生存逻辑与发展之道	祁　跃	丽水学院	论文2篇	
16NDFC290YB	农村青年电商生态创富现状与发展模式研究——以"网购丽水"为例	曾　骊	丽水职业技术学院	论文2篇、研究报告	
2016N07M	安•兰德作品的伦理认知研究	何青芒	丽水学院	论文	2016年度省社科联研究课题
2016N08M	畲族青少年积极心理品质与家庭环境的关系研究	谭钧文	丽水学院	论文	
16ZD11	钢琴普及与品牌策略	周　荟	丽水职业技术学院	读本	2016年度省社科联科普课题
16ND24	大众健身腰鼓	王　军	丽水职业技术学院	著作	
16BF05	龙泉民俗文化	舒喜春	龙泉市社科联	著作	2016年度省社科联社科普及出版资助项目

办公室主任陈建波出席并讲话，10位社科专家围绕"归零翻篇开新局"主题，聚焦重点、热点、难点问题和丽水经济社会发展中存在的"短板"问题作交流发言。专家学者、各县(市、区)委宣传部分管副部长、社科联专职副主席50余人参加研讨。会后，《丽水日报》理论版刊登研讨会专家发言摘要。《丽水研究》开设"归零翻篇开新局"专栏，分期刊登优秀研讨文章。

【召开全市社科理论界学习贯彻中共十八届六中全会精神研讨会】 12月15日，市社科联在丽水召开全市社科理论界学习贯彻中共十八届六中全会精神研讨会。市委宣传部常务副部长任韩高讲话，11位社科专家重点发言。各县(市、区)社科联专职副主席，各县(市、区)委宣传部理论科长，各院校社科联(科研处)负责人约40人参会。会后，《丽水日报》理论版刊登研讨会专家发言摘要。《丽水研究》开设"学习贯彻中共十八届六中全会精神"专栏，分期刊登优秀研讨文章。

【开展市第二十二次社科优秀成果评奖】 2016年，市社科联根据《丽水市社科优秀成果评奖办法》精神和市第二十二次(2014—2015年度)社科优秀成果评奖要求，6月29日开始申报，限评2014—2015年度在国内出版(包括内部出版，有临时书号)或发表(包括市级连续性内部资料出版物，有内部资料准印证)研究成果，形式包括专著、编著、译著、科普读物、学术资料整理、工具书、教材、史志、论文集、论文、研究报告等。截至9月30日，收到申报成果300余项，经市社科优秀成果评选委员会组织评定，朱土兴《生态文明与欠发达地区工业化战略研究》等100项科研成果，分别被评为市2014—2015年度社科优秀成果一、二、三等奖。

【出版第七辑"丽水•瓯江文化丛书"】 7月，以"历史名人"为主题的第七辑"丽水•瓯江文化丛书"，由中国文史出版社公开出版发行。处州十大历史名人研究系丽水文化研究工程之名人研究部分，列入"丽水•瓯江文化丛书"第七辑，分为《刘基》《汤显祖》《卢镗》《张玉娘》《叶绍翁》《杜光庭》《何澹》《范成大》《吴三公》《陈言》等10本，丛书按照历史性、传承性、学术性、可读性、审美性的要求，分别对2010年由处州晚报和市方志办联合评选出的处州十大历史名人进行挖掘、整理和解读。

【申报国家、省、市级系列课题】 2016年，市社科研究系列课题重点围绕治国理政新理念新思想新战略、"绿水青山就是金山银山"、"十三五"规划与全省同步高水平全面建成小康社会、农旅融合、推进丽水中心城市特色化建设、打造瓯江文化品牌、践行社会主义核心价值观、“法治丽水”与党建工作、未成年人思想道德建设等选题展开研究。4月，将《丽水·瓯江文化丛书》第六辑“处州农耕”系列，公布为市社科重点委托课题6项，并确定由金爱武、吴积雷、蔡敏华、邱询旻、任迎春、谢炳麟、黄巧玲等人撰写。公布市“归零翻篇开新局”专项课题30项、市宣传思想文化工作专项课题9项、市学习贯彻中共十八届六中全会精神专项课题30项。市社科研究课题100项，并对课题完成、结题、经费资助等要求做出明确规定。对2016年完成结题的77项历年立项的市级各类课题，做好验收建档工作。组织全市社科界尤其是各院校专家学者申报国家、省级系列课题，14项获立项。

【市社科界学习贯彻习近平哲学社会科学重要讲话专题会议】 5月27日，召开市社科界学习贯彻总书记习近平哲学社会科学重要讲话专题会议，传达学习总书记习近平在哲学社会科学工作座谈会上的重要讲话精神，部署全市社科界学习贯彻工作。各县(市、区)社科联主席、专职副主席或秘书长，在丽院校社科联(科研处)负责人或骨干30人参加会议。

【编辑出版《丽水研究》】 2016年，市社科联编辑出版《丽水研究》普刊6期，财政税务版5期，发表论文、研究报告300余篇。围绕市委、市政府中心工作，设置“学习中共十八届六中全会精神”“学习贯彻市党代会精神”“绿水青山就是金山银山”等专栏，刊登系列重要文章。2月，《丽水研究》被市文广新闻出版局、市内部报刊学会评为优秀报刊。

【承办召开丽水市绿色发展研讨会】 11月25日，丽水市与省社科院在杭州联合召开“丽水市绿色发展研讨会”，会议对绿色发展“丽水样本”进行梳理总结和理论探究。省社科院院长迟全华，丽水市委副书记尹学群，原省农办副主任、省政府咨询委员会委员、教授顾益康，丽水学院原院长、市政府咨询委员会委员、教授朱土兴及《绿色发展的“丽水样本”》课题组专家钟其、刘健等有关责任人和专家学者出席研讨会。市委常委、宣传部长陈建波主持，市委副书记尹学群致辞，迟全华发表讲话，专家组介绍课题情况，朱土兴阐述丽水“绿水青山就是金山银山”发展实践之路，与会专家共同解读丽水绿色发展的经验和做法。浙江日报、浙江卫视、中央驻浙部分新闻单位、丽水日报、丽水市广播电视总台等省、市媒体对研讨会进行现场报道。会后，把主报告、研讨会发言及各地各部门的典型经验集结成册，出版《绿色发展的丽水样本》专著。

【举办丽水人文大讲堂】 2016年，丽水人文大讲堂完成11期，从第85期至95期，先后邀请金旸、曹勃亚、余泽彬、高醇芳、钟凤文、赵国秋、吴国平、顾波、Frank Wilczek(弗兰克·维尔切克)、陈永灿等国际、国内、省内专家学者担任主讲嘉宾，主讲《让孩子爱上阅读》《当中国来到世界舞台中央》《如何让你的孩子变得更优秀》《优生优育优教，争做“三优”家长》《中西绘画漫谈及中国巴黎画派》《博物馆与收藏》《心理压力管理与幸福指数提升》《教育——追求自觉的境界》《静心运动——瑜伽与太极》《几何幻想》《中医养生治未病》等内容。继续扶持万象书院和市快乐家庭指导中心两个小讲堂固定授课点，全年完成授课100余场。

【推进省级社科普及基地建设】 8月，省社科联公布第六批19家省级社科普及基地，景宁县畲族博物馆榜上有名。至年底，全市有省级社科普及基地9家。12月，省社科联公布一批省社科普及示范项目，景宁县畲族博物馆申报的《古老的畲族技艺主题实践》，云和县图书馆申报的《民宿书吧——漫享书屋》，庆元县廊桥博物馆申报的《“小小护桥志愿者”教育培训》被通报推广。

(杨金花)

丽水人文大讲堂　　杨金花　提供

文 化

综 述

【概况】 2016年，丽水市文化广电新闻出版局(以下简称“市文广出版局”)，全年全市文化广电新闻出版系统送戏下乡1532场、送书下乡156509册、送电影下乡26586场。丽水大剧院引进国内外精品剧目52场，组织“百姓大舞台”公益演出10场。歌曲《蚂蚁部落》获2016年度浙江省群星奖；云和包山花鼓戏《福妈嫁囡》、缙云小戏《老鼠娶亲》获全国小戏小品大展金奖；在省举办群文音乐论坛上，丽水市获金牌2枚、银牌2枚、铜牌1枚；歌曲《心儿丢在这地方》获省第十五届音乐新作大赛金奖第一名；丽水市民族、美声、流行、中老年组分获省第二届群众声乐大赛金奖。

做好第四次全国文化馆评估定级迎评工作，全市10家文化馆全部上等级，获国家一级馆7家；全市入选第四批中国传统村落名录81个，数量居全省第一位；遂昌“班春劝农”作为“二十四节气”之一申报人类非遗成功；云和八步洪拳等9个项目入选第五批省级非遗项目；“杜光庭传说”等41个项目被市政府入选第六批市级非遗项目名录；龙泉市上垟镇等4个乡镇入选为首批市级非遗主题小镇，缙云县金竹村等7个村入选为首批市级民俗文化村；莲都古堰画乡小镇、龙泉青瓷小镇、景宁畲乡小镇入选全省首批20个特色小镇文化建设示范点。市文广出版局被全国“扫黄打非”办公室评为2015年度全国扫黄打非先进单位；被浙江省“扫黄打非”办公室评为2016年度全省扫黄打非先进单位；被国家版权局评为2015年度全国打击侵权盗版有功单位；被省文化厅评为2016年度全省文化市场综合行政执法考评优秀单位、全省服务保障G20杭州峰会工作先进集体、全省文化(文物)系统“六五”普法工作先进单位；被省新闻出版广电局评为浙江省新闻出版广播影视系统G20峰会维稳安保工作先进集体、农村应急广播体系建设工作先进集体；获2016年中国文化馆年会“论坛组织奖”。完成74家民营剧团戏曲普查，第一次全国可移动文物普查验收工作，以及9个县级中央无线数字电视覆盖工程。完成国有收藏单位名录及普查总结报告编制工作，全市申报藏品总数35909件/套。

推进简政放权和行政审批制度改革工作，简化优化41项行政审批流程，实现网上申请、申报和查询，取消行政审批事项5项和承接下放审批事项4项。“扫黄打非”和文化市场执法监管工作首次被列入《市委常委会工作要点》《市政府工作报告》工作内容，并列入《党委(党组)落实意识形态工作责任制实施办法》。制定出台《2016年全市“扫黄打非”工作考评办法》，9个县(市、区)“扫黄打非”工作纳入考评项目，与其他重要工作同部署、同落实、同检查、同考核。

创建全国文明城市，重点做好文化馆、图书馆、博物馆、影剧院等公共文化场所文明创建工作，建立月点评、集中办公、督查考核、定期学习等制度。成立丽水市公益艺术团，推动全市艺术精品创作，为全市储备艺术人才。编制完成《丽水市文化广电新闻出版事业发展“十三五”规划》并正式发布。制定出台《丽水市文广出版局重大项目和大额资金使用管理制度》。开展“平安夺金鼎”行动，全市文广出版系统实现平安建设零扣分。

公共文化服务

【文化机制建设】 2016年，市文广出版局推进“1+9+X”模式公共文化服务机制建设，市本级制定完成《丽水市公共文化服务提升计划》(2017—2020年)初稿，龙泉、景宁、青田、松阳、云和、青田县形成本地特色服务谱系，推进莲都、庆元、遂昌县的全省公共文化服务重点县建设。

【乡村春晚】 2016年，市文广出版局推进“乡村春晚”创建国家公共文化服务体系示范项目建设。春节期间，全市举办772台“乡村春晚”，其中4台“非遗村晚”晚会在“一带一路”的21个国家1700万余个收视点网络直播，开启“乡村春晚”国际融合发展模式。9月，中国文化馆年会——乡村春晚·乡村文化品牌与乡村公共文化服务供给侧设计论坛在宁夏银川召开，启动“乡村春晚百县联盟”组织建设，吸收全国联盟单位，发放有关数据库。11月3—6日，举办全国11省100个县参与的全国乡村春晚百县联盟单位骨干培训班。

【丽水市第九届乡村文化艺术节】 10月28日，市委宣传部、市文广出版局联合印发《丽水市第九届乡村文化艺术节实施方案》，成立领导小组，11月—2017年1月，开展丽水市第九届乡村文化艺术节系列活动。11月5日，全国乡村春晚百县联盟区域联动暨丽水市第九届乡村文化艺术节开幕式在松阳县象溪一村举行，9个县（市、区）和开发区同步启动乡村春晚百县闹春活动。开幕式上，组织春晚基地民俗展示、手工艺展示、乡村美食汇、乡村优秀春晚节目展演等活动。11月，举办100名全国乡村春晚百县联盟区域骨干、100名乡村春晚音响灯光师、100名乡村春晚导演（经纪人）、100名乡村春晚基地等“四个100”人才培训班，提升乡村文化艺术人才才智。

【“书香丽水”建设】 1月26日，市委宣传部、市文广出版局、市教育局联合印发《丽水市“书香丽水 全民阅读”系列活动实施方案》，成立“书香丽水全民阅读”工作领导小组，在全市开展“书香丽水 全民阅读”系列活动，活动以“倡导全民阅读，共建书香丽水”为主题，以提高全市人民思想道德和科学文化素质为目标，开展“全民阅读 书香丽水”征文、2016读书创意大赛、“书香家庭”经典诵读、“我爱阅读”大闯关、“我喜爱的一本书”读书演讲比赛等系列活动，40万余人参与各类阅读活动，带动全市人民养成“爱读书、勤读书、读好书、善读书”习惯，营造全国文明城市创建氛围。并开启图书馆“社会力量参与，合作共建”模式，建立“悦读吧”，由市图书馆提供图书、技术、业务指导，社会热心人士加入志愿服务，个人、社区、企业等单位共同参与活动。

2月1日，丽水市“乡村春晚”暨乡村文化旅游精品线路开通启动仪式　林岳豹 提供

【乡镇文化站“三化”建设】 2016年，市文广出版局突出乡镇一级基层公共文化服务中心建设，以乡镇文化站“建、管、用、育”四方面为重点，加强乡镇文化站规范化、标准化、长效化“三化”建设，3月，乡镇文化站纳入“美丽文化”建设考核；完成文化部乡镇综合文化效能建设专题调研；开展丽水市第三批“文化强镇”评选工作；12月，召开丽水市文化强镇申报评审工作会议，评出缙云县新建镇等9个乡镇（街道）第三批“丽水市文化强镇（乡、街道）”，2017年1月6日，市府办发文命名表彰第三批“丽水市文化强镇（乡、街道）”，至此，丽水市共命名表彰文化强镇（乡、街道）28个。

文艺精品创作

【大型主题文艺精品】 4月7日，景宁县创作的大型音乐剧《畲娘》在杭州大剧院首演，并作为浙江省唯一剧目赴京参加2016年第五届全国少数民族文艺会演。4月9日，遂昌县创作的婺剧情景剧《平昌遗爱》，在2016遂昌汤显祖文化节“汤显祖戏曲之夜”上首演。9月12日，景宁县创作的畲族魔幻服饰秀《传奇凤凰装》在杭州首演，该剧是全国首部以少数民族服饰为主题的演艺剧目，以展示畲族服饰文化为核心，以凤冠、彩带、纹饰为表现主体，以一个奇幻的情感故事为主线，艺术化地展示畲族服饰之美。10月13日，松阳县创作的首个文化精品项目越剧《张玉娘》在杭州举办的浙江省第十三届戏剧节上首演，并获新剧目大奖。

【精品赛事】 11月5日，在松阳县举办丽水市第九届乡村文化艺术节优秀村晚节目展演，评选出《百鸟朝凤》《小村印象》等十大优秀节目。12月3日，在松阳县举办全市第二届小戏小品大赛，全市11件优秀小品作品参与比赛，比赛设创作奖和表演奖，分别角逐出金奖2个、银奖3个、铜奖和若干优秀奖，评选出最佳男演员颜罡，最佳女演员卢意，最佳导演方建英、李国英，优秀组织奖为松阳县文化广电新闻出版局、莲都区文化广电新闻出版局。12月15日，由市委宣传部、市文广出版局主办的丽水市第十一届原创歌曲大赛在龙泉大剧院举行。全市各县(市、区)的10支代表队参加比赛。比赛设创作奖、演唱奖，分别角逐出金奖4个、银奖6个、铜奖10个和若干优秀奖。

文物保护

【传统村落保护】 2016年，市文广出版局开展立法调研助推传统村落保护，以"传统村落保护工作"被列入地方人大立法项目库为契机，推动市人大、市咨询委开展5次传统村落保护工作调研；组织召开全市分管文物局长暨传统村落保护经验交流会，开展立法可行性调研。指导松阳加强全国传统村落保护利用试验区建设和"拯救老屋行动"项目实施，探索社会组织与地方政府合作推动私人产权文物建筑保护利用的新路子，4月14日，由中国文物保护基金会发起的松阳"拯救老屋行动"项目在松阳县古市镇山下阳村启动，224处符合项目名录的文物建筑被列入拯救范围。

【博物馆体系建设】 2016年，市文广出版局加强馆藏文物管理工作，开展对庆元、龙泉、景宁博物馆检查。发挥博物馆社会教育功能，全年全市国有博物馆送展览26次、送讲座35次，引进举办临时展览21次。帮扶非国有博物馆发展，推进非国有博物馆项目建设，景宁畲族民族博物馆；"瓯江文苑"PPP项目开工建设；《世界钟表文化中心项目招商方案》通过市政府常务会议审议，滨江线路电力改迁工程完成设计、施工及监理招标；海德(国际)音乐艺术收藏馆完成项目导入、藏品进境、藏品评审等工作，概念性方案提交市规划局初审。丽水市博物馆被国家民委命名第五批全国民族团结进步教育基地。

【文物保护工程】 2016年，市文广出版局加大文物保护力度，推进大窑龙泉窑保护工作，市政府发文公布《大窑龙泉窑遗址专项保护管理办法》，《大窑龙泉窑遗址保护整治方案》通过国家文物局评审；处州府城行春门城墙修复保护工程建设完成80%工程进度；开展第七批省级文物保护单位申报工作，崇德小学旧址、处州中学三好楼完成申报文本编制；应星楼遗址、万象山南宋墓仪石刻、清真寺门楼和五宅底丽水地委机关专员公署旧址等4处不可移动文物被市政府公布为第六批市级文物保护单位。

【文博宣传工作】 5月18日，市文广出版局第40个"国际博物馆日"活动，围绕"博物馆与文化景观"开展，以丽水历史文化为重点，策划戏曲演出、展板宣传、文创产品展示、人文讲堂等公益活动，采取市本级主场+县(市、区)分场的形式，展示博物馆的社会宣传教育功能，搭建博物馆与公众沟通互动的平台。6月11—15日，举办"2016文化遗产日非遗图片展""丽水市考古技能培训暨郑嘉励《考古的另一面》读书会"等文化遗产日系列活动。10月20日，举行"红色印记——纪念中国工农红军长征胜利80周年丽水红军遗址影像(文物档案)展览"开幕式，市委书记史济锡在开幕式上讲话并宣布开幕，此次共展出红军北上抗日先遣队、红军挺进师、红十三军和其他红军在丽水活动相关的革命遗址图片90余幅。

新闻出版广电事业

【农家书屋建设】 2016年，创新"农家书屋"建设模式，把特色书屋建设重心转向阅读人群集聚地域，向图书阅读有需求的人群延伸，为真正实现"文化均等化"目标开辟出新途径。按照"建强一批、提升一批、维持一批、整合一批"的原则，对农家书屋的使用、管理进行分类指导与整合，农家书屋纳入全省城乡一体化公共图书馆服务体系建设，图书馆服务体系逐步延伸至村级农家书屋。组织开展全民阅读巡讲活动，各县(市、区)文广出版局、丽水市新华书店、丽水市邮政分公司开展国学、文学、农林技艺、养生保健等主题讲座56场，12000余人参加讲座；举办"我心目中的农家书屋少儿绘画"优秀作品展览，展出100件获奖作品，9个县(市、区)10000余人观看画展；以"农家书屋•引领致富的好平台"为主题，全市开展农民主题阅读征文比赛，评出一等奖5篇，二等奖10篇，三等奖20篇，优秀奖40篇；举办"阅读伴我成长"系列读书活动，评出一等奖11篇，二等奖22篇，三等奖33篇，优胜奖43篇。

【内部报刊管理】 2016年，全市有企业报24种，内部期刊44种，公开发行报刊5种。每月编发《报刊审读与管理》简报，点评内部期刊企业报优缺点，保障正确宣传导向。组织开展2016年度企业报好新闻和企业报优秀新闻工作者评选活动，评出企业报优秀新闻工作者 10 人、企业报好新闻 20 篇。

【广电安全播出】 2016 年，市文广出版局把广播电视安全播出工作列为重要工作，加强广电系统工作人员安全播出意识。组织全市广电安全播出培训。执行“党组议广播电视安全播出专题会议”制度，局党组 2 次召开议广播电视安全播出专题会议，及时了解和掌握各阶段的安全播出情况，提高广播影视安全工作管理水平，消除事故隐患，确保安全播出。做好“G20 杭州峰会”广电安全播出工作，组织“G20 杭州峰会”广电安全播出业务培训班，70 人参加培训；先后 3 次对各播出机构、华数广电网络公司进行安全播出检查，确保“G20 杭州峰会”期间丽水市广电影视播出平稳。

【农村应急广播体系建设】 2016 年，市文广出版局在完成农村应急广播体系建设基础上，重点抓好农村应急广播体系管理和利用，做好《广播电视管理条例》等法律法规宣传工作，减少人为损坏行为；加强对县（市、区）农村应急广播体系使用管理工作监督检查。至年底，各县（市、区）均建立长效管理保障措施。2 月，市府办印发《丽水市农村应急广播体系使用管理办法》，为使用和维护农村应急广播体系经费纳入当地公共财政预算提供依据。推动农村应急广播使用管理“五纳入”工作，部分县（市、区）已进行探索。

【农村电影放映体制改革】 2016 年，全市推进农村电影发行放映体制改革，以培育和壮大农村电影发行放映市场主体为重点，繁荣农村电影市场；以改革为手段，确保农村电影放映实现最大社会效益。加强电影放映工作，安排电影放映场次，加强放映点管理，全市建成 9 个农村电影放映示范点；推进 7 个县（市、区）农村电影放映向社会购买服务，确保市场化。其中，庆元县被列为全省政府购买服务项目示范典型，建立政府购买服务的质量标准、评估监督等机制，向社会购买2000 场放映服务。

文化市场

【文化市场监管】 2016 年，市文广出版局保持“扫黄打非”高压态势，开展“五大专项行动”和“平安丽水”文化市场行动，开展网络云盘传播淫秽信息、高校及其周边复印店、G20 专项督查等专项整治行动，4 起案件被列为全国挂牌督办，其中，2 件成功办结，2 件刑拘犯罪嫌疑人 5 人。首次对“扫黄打非”基层单位、基层民警和基层工作人员给予记功表彰，制定出台《丽水市“扫黄打非”和网络文化市场违法违规行为举报奖励试行办法》，进一步调动社会各方面主动参与“扫黄打非”的积极性。加强“扫黄打非”基层组织网络建设，全市 9 个县（市、区）181 个乡镇（街道）、2850 个村（社区）“扫黄打非”实现全覆盖。出台印刷业和文化市场“黑名单”制度，对列入“黑名单”的经营单位，通过全市公共信用平台公布，文化执法部门重点巡查，印刷企业限制从事政府采购性质的印刷业务来保证制度的落实。

【丽水市侵权盗版非法出版物集中销毁暨“拒绝盗版、保护正版、健康上网”活动】 4 月 21 日，2016 年丽水市侵权盗版非法出版物集中销毁暨“拒绝盗版、保护正版、健康上网”活动启动仪式在丽水职业技术学院举行。市“扫黄打非”领导小组副组长、市政府副市长戚永远出席并讲话，学生代表 500 余人、社区代表 200 余人、印刷企业 50 余家代表参加启动仪式，开展“拒绝盗版、维护正版、绿色上网”宣传活动，现场开展“拒绝盗版、保护正版、健康上网”倡议书签名活动，销毁非法及盗版出版物 3.5 万件。同步开展“拒绝盗版、维护正版、绿色上网”宣传活动。

4 月 21 日，丽水市侵权盗版非法出版物在纳爱斯广场集中销毁　汤迪文　提供

【文化产业推介】 4 月 27—30 日，市文广出版局组团参展“第十一届义乌文交会”，丽水展位总面积 1116 平方米，组织企业 78 家，超出计划数56%，落实展位 124 个，超出计划数37.8%，现场交易额 160 万余元，超出计划数 60%。市文广出版局连续两届获展会优秀组织奖一等奖，10 件文化精品获国家级工艺美术奖金、银、铜和优秀

奖。郑氏刀剑有限公司、浙江木玩动漫文化有限公司入选省文化出口重点企业。组织推荐文化产业企业申报国家、省文化产业示范地基、产业发展专项资金，浙江郑氏刀剑有限公司被列为浙江省文化产业示范基地；8月，丽水市浙西南畲族歌舞团、缙云县双佳婺剧团、缙云县横婺婺剧团、缙云县李军亮婺剧团、缙云县麻锦火黄梅戏剧团获中央文化产业发展专项资金—优秀基层戏曲院团奖励补助30万元。

【文化执法对口交流活动】 4月，“丽水铜川2016年第一批文化市场综合执法对口交流活动”在丽水启动，陕西省铜川市文广局杨金选一行到丽水开展文化执法对口交流活动，并召开座谈会，到龙泉、庆元开展执法对口交流活动。5月，铜川市委常委、宣传部部长闫旭带队到丽水市举行“铜川文化走进浙江丽水文化活动”，带来全国“五个一工程奖”获奖作品、新编大型秦腔现代戏《照金这片天》、耀州陶瓷精品、宜君剪纸、非物质文化遗产展品、民间手工艺精品展示等作品在丽水展示，800余名观众观看作品。

【文化市场专项整治】 1—10月，全市文化市场执法巡查检查10587人次，检查12569家次、行政处罚立案调查152件、警告117家次、罚款31.09万元、停业整顿13家次、吊销许可证3家次。

非物质文化遗产保护

【非遗基础设施建设】 10月21日，市发改委批复市非遗馆项目立项，2016年完成市非遗馆布展文本大纲和布展设计方案编制。青田县非遗展示馆进入布展方案设计阶段；莲都区、缙云县非遗馆基本确定选址。各县(市、区)根据当地非遗资源，在乡村文化旅游点或文化产品基地，结合节庆活动和旅游线路，打造“非遗展示体验点”，全市共建成首批市级“非遗展示体验点”15个。

【非遗展演展示活动】 2016年，加强非遗保护和传承宣传工作，举办各类非遗展示活动13次。元宵节举行“元宵节灯谜竞猜”活动，制作3000余条谜语，10000余市民参加猜谜；举行欢乐元宵婺剧大家唱活动，40余名业余婺剧爱好者演唱婺剧经典选段。6月5—7日，在市区举行“美丽非遗·处州婺韵”丽水市第四届婺剧戏迷节婺剧折子戏展演活动，节目有缙云县婺剧表演《花头台》《拾玉镯》等折子戏，600多位观众观看演出。举办“2016文化遗产日非遗图片展”，并到县(市、区)巡回展出，13000多人观看展出。9月19—22日，2016丽水市提线木偶戏表演培训班在丽水职业技术学院举办，全市21个木偶戏表演团队60余人参加培训，平阳兴艺木偶剧团和青田同顺木偶剧团进行交流演出。10月，组织2016“木偶情缘”提线木偶戏“进校园、进社区、进农村文化礼堂”展演活动，1万余人观看演出。11月7—8日，浙江省“美丽非遗”走进青田山口文化礼堂活动在青田县山口文化礼堂举行，9个县(市、区)及桐庐、金华、衢州等地33个展示项目，70余名传承人参加活动。11月6—14日，举办首届丽水市传统戏剧展演活动，组织本土戏种《珍娘泪》《姐妹异嫁》等10场戏剧演出，5000余人观看演出。 (吴　海)

文艺团体

【概况】 2016年，丽水市文学艺术界联合会(以下简称“市文联”)，现有团体会员单位21个，其中，县(市、区)文联9个，市直属文艺家协(学)会12个，其中挂靠性质团体会员1个(市诗词楹联学会)，省文联委托联合管理的专委会三个，分别为浙江省青瓷艺术专委会、浙江省石雕艺术专委会、浙江省口琴学会。至年底，全市有国家级文艺家协会会员356人，省级会员1259人，市级文艺家协会会员3436人。入选“新荷计划”(作协)、“新松计划”(戏曲、音乐、舞蹈)、“新峰计划”(摄影、书法、美术、民间工艺)三大省级青年文艺人才培养计划37人，与各艺术门类名文家结对帮教30人。

【启用丽水处州艺苑】 7月，丽水处州艺苑(丽水市文艺家之家)完成天妃宫项目建设和修缮工程，10月正式投入使用。根据文保单位要求，保留古建筑风格和格局，从功能性、景观性、安保性等需求进行整修。内设《丽水文学》编辑部、组联处、各协会办公室，配备中小型会议、展陈、书画创作、茶聊沙龙等服务设施。用于各协会开展文艺沙龙、对外交流、文艺创作、会议培训、作品展览、主题聚会等活动，每周平均集体性活动二次以上，全年接待艺术家和文艺工作者2000余人次，成为丽水市文化艺术家活动中心。

【文艺品牌活动】 2016年，开展艺术家送欢乐下基层系列活动，元旦、春节期间组织100余名文艺家开展主题创作，走进农村文化礼堂、社区、部队文艺巡演18场，赠送书画、剪纸等文艺作品200余幅，文艺书籍800册，写送春联3000余副，拍摄村貌、全家福等200余幅，免费放映电影100场。3月，2016丽水文学创作大赛(散文诗歌专题)，征集作品608篇(首)，其中，散文215篇、诗歌393首、特邀5位著名作家、编辑成立评委组，评出诗歌、散文金奖各1名、银奖各3名、铜奖各5名、诗歌优秀奖16名、散文优秀奖15名；第六届丽水油画作品双年展，围绕“以人民为中心”主题创作，征集作品282件，特邀5位书画家成立评委组，经初评、复评，报大赛监审组审核，评出130件入选作品，并在市美术馆展出。开展全市优秀美术、书法、摄影三大艺术门类创作骨干主题创作，90幅优秀作品入选，并在市美术馆展出。

【文化志愿者服务】 2016年，市文联出台《关于进一步推进文化志愿者服务工作的意见(试行)》，开展“丽水市文化志愿之星”年度评选活动。5月，丽水市文艺志愿者服务日展演暨“文艺助力全面小康建设”启动仪式在丽水举行，5—12月，全市11支文艺志愿服务分队，配合市委宣传部为全市37个农村文化礼堂开展志愿服务133项，巡回演出20场，免费为农民写送春联12000副、为农民拍全家福和肖像照200余幅、为社区居民放映电影100场，下乡文艺辅导2761人次，培训辅导业余文艺骨干2000余人次，受益群众10000人次。配合省文联开展“浙江书法村”共建，完成“摄影创作基地”“诗楹创作基层”等基地创建工作，形成浓厚的文化志愿服务氛围。

【创作采风交流活动】 2016年，市文联围绕“绿水青山就是金山银山”“六边三化三美”“中国共产党成立95周年”“全国文明城市创建”“G20峰会”等重点工作、重要时间节点，举办主题文艺展赛，先后举办丽水诗歌、散文创作笔会，全市表演艺术创作笔会，全市书法创作笔会，全市摄影创作采风活动，全市民间艺术创作研讨会等，开展“中华诗词名家丽水行”活动和浙江省新峰计划青年画家丽水采风创作活动，配合省委宣传部完成“流淌的故事——来自五水共治的报告”主题采风创作活动，汇编出版纪实文学作品集《流淌的故事——来自五水共治的报告》(上下两集)，联合开展丽水•温州两地油画家走进古堰画乡采风创作活动，举办丽水•温州两地油画联展温州站展览，举办丽水•嘉兴“山海文艺协作”五周年视觉艺术成果展，5月12日，在市美术馆展出两地美术、书法、摄影优秀作品200件，举办“诗画梁村”写生作品展，展出12位知名书画家历时1年多创作106件写生作品，于2016年12月22日—2017年2月14日，在市美术馆展出。

春节期间，市文联开展下基层写送春联活动　　季晶晶　提供

【编辑出版文艺刊物】 2016年，编辑《丽水文学》季刊4期，发表小说12篇，散文27篇，诗歌112首，名家特约栏目诗歌8篇，本土撷英栏目文章25篇(首)，处州人文文章4篇、理论文章2篇、书法4幅，国画1幅、油画3幅、水彩1幅、篆刻3幅、纪念主题古诗词征文120首、处州新荷1篇，全年发表本地文学作品40万余字，视觉作品12幅。编撰出版《诗画梁邨》一书，收录全市12位书画家创作的入选“诗画梁村”写生作品展106件国画、书法作品。该书由中国文联出版社出版发行，16开本，印刷1000册，定价：88元，全国各地新华书店同步上架销售。

【举办中国新诗百年论坛】 7月23—24日，丽水市文联、中国作协诗歌委员会、江苏省作协联合举办“中国新诗百年论坛”暨丽水诗歌研讨会走进丽水活动。著名诗人、评论家、翻译家叶延滨、王家新等共约60人参加活动。丽水诗歌研讨会上专家与诗人进行结对研讨，对参加活动的诗人所提交的作品进行研读、发掘。专家们认为丽水诗歌群的作品具有南方诗歌的特征，人文地理在诗歌中有自然的折射，是优美风格下的个性写作。全国10位著名诗人受聘为丽水“诗歌导师”，与18位丽水本地诗人结“文学对子”。

（季晶晶）

体　　育

综　　述

【概况】 2016年，丽水市实现省级体育强县（市、区）全覆盖。全年举办市级以上群体赛事活动57次，完善体育社团建设，全市有三级以上社会体育指导员8000余人，人均体育场地面积1.83平方米；培养青少年体育人才，完善市级青少年锦标赛竞赛机制，全市运动健儿取得国际比赛冠军6个，全国冠军36个，全省冠军65个；制定丽水体育产业发展"十三五"规划，深化体育旅游融合，发展赛事经济，全年体育彩票销售总量4亿元；承办首届丽水半程马拉松、"清韵杯"全国业余围棋公开赛、中国足球甲级联赛浙江赛区丽水站、全国大学生皮划艇锦标赛、第17届亚洲轮滑锦标赛、中华龙舟大赛浙江丽水站、第四届"星球杯"中国国际跳棋公开赛暨第七届"星球杯"全国国际跳棋公开赛等多项国际、国内赛事，提升"秀山丽水、养生福地、长寿之乡"城市影响力，推动丽水体育事业发展。

群众体育

【体育创强工作】 2016年，完成松阳、缙云、景宁、庆元省级体育强县创建工作；提升省级小康体育工程指标100个。落实创建省级全民健身中心2个、体育强乡镇（街道）11个、特色乡镇4个、现代化乡镇2个、拆装式游泳池1个、笼式足球2个、健身步道5条、中心村全民健身广场2个、中心村体育休闲公园2个、幼儿示范园5个、职工体育俱乐部、老年体育俱乐部等各类体育俱乐部83个。

11月4—5日，中华龙舟大赛（浙江丽水站）　　李冠霖　提供

【群众体育赛事】 2016年，丽水市承办全省青少年体育舞蹈锦标赛、全国国际象棋锦标赛及浙江省足球超级联赛等省级以上大型群体赛事活动20次。举办"中国体育彩票"全国新年登高健身大会丽水分会活动、丽水市气排球联赛、丽水市健身气功站点联赛等全市性群体赛事活动37次。组队参加浙江省第二届女子体育节、浙江省第二届社团运动会以及全省青少年户外营地展示活动。

【体育社团建设】 2016年，市本级成立气排球、瑜伽、篮球、排舞4个单项体育协会，市级单项体育协会26个，全市体育社团100余个，各级各类城乡体育健身指导站（点）460个，形成市、县、镇（乡）、村四级群众体育组织网络；推进协会新媒体建设，市级各单项体育协会与杭州呼啦网公司签订协议入驻省级媒体平台，免费提供丽水社团互联网体育服务，推广“互联网+体育”模式。

【体育人才培养】 2016年，市体育局组织健身气功、武术、社会体育指导员等协会人员进社区免费辅导，推广体育健身活动项目。举办全市一、二级社会体育指导员培训班各2期，邀请北京体育大学教授到丽水授课指导，受训320余人次。举办全市健身气功教练员培训班，受训70余人次。全市有三级以上社会体育指导员8000余人。

竞技体育

【完善青少年竞赛机制】 2016年，市体育局根据十六届省运会规程总则，重新制定市级青少年锦标赛规程。扩大部分项目参赛对象和参与面，鼓励体育俱乐部、训练基地、特色学校单独组队参加市级锦标赛。完善《丽水市青少年业余训练工作考核办法》。制定下发第四届市运会规程总则和单项规程，改革第四届市运会竞赛办法，规定必报项目和参赛人数，增加市运会的金牌数设置，首次单设市运会竞技体育贡献奖。

【竞技体育赛事】 2016年，全市举办田径、跆拳道、轮滑等13个市级青少年锦标赛。组队参加省青少年游泳、跆拳道等20个项目31个省级锦标赛，足球男子乙组、网球男子甲组和篮球男子甲组均获团体第一。全年达国家一级运动员技术等级标准19人，达国家二级运动员技术等级标准166人，达国家三级运动员技术等级标准45人。

【业务培训工作】 2016年，丽水市选派裁判员、教练员参加业务培训。全年新增国家级裁判员170人，达一级裁判员标准10人、达二级裁判员标准75人、达三级裁判员标准85人。

体育产业

【体育“十三五”规划制定】 2016年，市体育局结合丽水市体育产业基础数据调查工作，制定并发布丽水体育事业发展“十三五”规划，涉及规划背景、总体战略、主要任务和保障措施。完成丽水体育产业发展“十三五”发展规划初稿编制，涉及目标思路、发展重点、空间布局、任务举措及保障措施。

【体育场地设施建设】 2016年，市体育馆项目竣工验收并投入使用，总建筑面积2.13万平方米，5600座观众席位，投资1.7亿元，内设比赛主馆和训练馆各一个。完成市游泳馆和网球场迁建工程项目概念规划方案。市水上运动中心项目列入市本级PPP项目，完成可行性调研和土地审批工作。推动龙泉、青田、缙云、庆元、松阳、景宁等一批县（市）体育场馆项目建设，全市人均体育场地面积1.83平方米。

【体育产业项目扶持和创评】 2016年，全市申报7家企事业单位7个体育产业发展资金扶持项目。开展省级运动休闲旅游示范基地、精品线路、优秀项目创评工作，缙云仙都黄龙景区彩弹射击、云和梯田景区徒步探索旅行项目获省运动休闲旅游优秀项目（2017—2019），松阳县大木山骑行茶园通过省运动休闲旅游优秀项目复评（2017—2019）。

【体育彩票销量突破4亿元】 2016年，全年体育彩票销售总量突破4亿元。同比上年同期实体店销量增长超1.4亿元，增幅为54.7%，市场份额为43%，同比上年增长6%，筹集公益金约3200万元，同比上年公益金增加近1000万元。

品牌赛事

【丽水半程马拉松赛】 3月27日，由浙江省体育局和丽水市人民政府主办、丽水市体育局承办的首届丽水半程马拉松赛在丽水举行。该赛事以“跑进秀山丽水、畅享养生福地”为主题，来自埃塞俄比亚、肯尼亚、美国等

新建的丽水市体育馆　　李冠霖　提供

4月11日，丽水市获“全国围棋之乡”称号　　李冠霖　提供

13个国家46名国际跑友及8000余名选手参加比赛，有裁判、医疗、志愿者等3000余人参加赛事服务。比赛路线途经花园路、南明门、南明湖、南明山、应星楼、紫金大桥等丽水市标志性景观建筑。男子组坦桑尼亚选手马尔瓦以1小时4分28秒获冠军;女子组肯尼亚选手吉木塔选手以1小时11分12秒获冠军。

【中甲联赛浙江赛区(丽水站)】 7月，由中国足球协会和浙江省体育局主办，丽水市体育局承办2016中国足球甲联赛浙江赛区(丽水站)三场比赛在市体育中心举行。这是丽水第一次承办全国性大型职业足球比赛，市体育中心作为浙江毅腾主场。首场比赛浙江毅腾2:3惜败大连一方，第二场比赛浙江毅腾1:4不敌贵州恒丰智诚，第三场比赛浙江毅腾2:0战胜青岛黄海。

【全国业余围棋公开赛】 4月11—15日，由中国围棋协会、丽水市人民政府主办，丽水市体育局、丽水市围棋协会承办的2016全国业余围棋公开赛在丽水举行。来自全国各地108名选手参赛。李岱春8段以10战9胜成绩获冠军奖杯，团体前三名分别:为杭州围棋学校队、宁波包家恩俱乐部、上海徐家汇队。开幕式上，国家体育总局棋牌运动管理中心党委书记杨俊安给丽水市颁发“全国围棋之乡”牌匾。

【全国大学生皮划艇锦标赛】 10月15—16日，由中国皮划艇协会、中国大学生体育协会、浙江省体育局和丽水市人民政府主办的2016全国大学生皮划艇锦标赛在丽水举行。来自北京大学、浙江大学、澳门大学等高校32支代表队349名大学生运动员、领队及教练参赛。丽水市代表队丽水学院获公开组4人混合划艇直道200米第二名，公开组12人小龙舟获第二、三名，并获团体总分第二名及优秀参赛组织奖。

【第十七届亚洲轮滑锦标赛】 10月23日—11月1日，由亚洲轮滑联合会主办，国家体育总局社会体育指导中心、浙江省体育局、丽水市人民政府、中国轮滑协会承办第十七届亚洲轮滑锦标赛在丽水举行。来自13个亚洲国家和地区的600余名运动员参加速度轮滑、花样轮滑、自由式轮滑、轮滑球、轮滑马拉松等项目比赛。中国台北，韩国和中国代表团获奖牌榜总成绩前三名，中国队在自由式轮滑、花样轮滑和速度轮滑项目，获金牌16枚、银牌22枚、铜牌22枚和奖牌60枚。

【中华龙舟大赛(浙江·丽水站)】 11月4—5日，中华龙舟大赛(浙江·丽水站)比赛在市区南明湖应星楼附近水域举行，丽水市首次承办国内级别最高龙舟赛事。赛事由国家体育总局社会体育指导中心、中央电视台体育频道、中国龙舟协会、浙江省体育局和丽水市人民政府主办，丽水市体育局、丽水市旅委承办，中视体育娱乐有限公司协办。来自全国40支龙舟队伍参加青少年组男子(女子)和职业组男子(女子)4个组别12个项目比赛。央视五套对中华龙舟大赛(浙江·丽水站)比赛进行全程直播。丽水学院女子龙舟队获青少年女子100米、200米、500米直道赛决赛第六名及青少年女子总成绩第六名。

【第四届“星球杯”中国国际跳棋公开赛】 11月19—24日，第四届“星球杯”中国国际跳棋公开赛暨第七届“星球杯”全国国际跳棋公开赛在丽水举行，赛事由中国国际跳棋协会、浙江省体育局、丽水市人民政府主办，浙江省非奥项目运动管理中心、丽水市体育局、丽水市教育局、景宁县和丽水市星球棋院承办。来自俄罗斯、蒙古、中国的90名国际跳棋选手参加。经过9轮拼杀，世界冠军、国际特级大师阿列克谢·奇诺夫和世界智力精英赛获成年男子组冠军、女子国际特级大师塔玛拉·坦茜库齐纳获女子组冠军。（李冠霖）

报刊　广播　电视

综　　述

【策划重大主题宣传】 2016年，市级媒体重点开设《绿水青山就是金山银山》《全民共创全国文明城市》《坚决打好“五水共治”攻坚战》《最美丽水好人》等栏目，策划开展“生态文明日”、全域旅游、绿色产业发展联盟成立大会、半程马拉松等大型赛事以及市“两会”、市委三届各次全会等主题报道。及时落实中央、省委宣传工作部署，组织开展十八届六中全会、“治国理政新思想新实践”、省“两会”、省委十三届九次全会、杭州G20峰会、纪念建党95周年、拆违治水成就宣传、换届选举等宣传报道，确保在重要时间节点、重大问题上做到及时发声、有效发声。

【开展典型宣传】 2016年，市委宣传部推出乡村医生张华林，“信义少年”叶石云，最美教师王伟平等一批最美人物；推出景宁县鸬鹚乡副乡长梅振盈，北界镇党员干部周根富、周瑞禄，民兵副连长华玉军，党员苏林，村党支部书记华素萍、村委会主任苏樟洪等一批先进典型。

【加强舆论引导】 2016年，针对雨雪冰冻灾害、营改增试点、二手车市场整治、中山街改造、“9·28”苏村山体滑坡灾害等事件，开展舆论引导。特别是在苏村山体滑坡灾害发生后，市委宣传部组织市级媒体记者第一时间深入现场，24小时驻地采访救援进展情况，开展立体式宣传报道。各媒体共刊播原创报道657篇，专版63个，丽水网、指尖丽水APP、各媒体官方微博微信等新媒体推出报道1549篇。

8月2日，丽水市“百名记者巡百河”新闻采访活动(启动仪式)　　程昌福　提供

【推动媒体融合发展】 2016年，市委宣传部推动媒体融合发展。开展媒体融合发展专题调研，形成全市媒体融合发展调研报告。制定完善《2016年度媒体目标责任制考核办法》，要求市级媒体制订融合发展三年实施方案，明确各年度媒体融合重点建设项目。加强新媒体导向管理，对市级媒体开设新媒体的负责人、分管领导等信息进行确认、排摸，形成全市各级新闻媒体开设新媒体情况一览表。

【深入开展“走转改”】 2016年，市委宣传部策划“百名记者巡百河”大型新闻采访活动，组织100名记者联系各县(市、区)100条河，采取记者巡河的方式，以记者亲身经历和参与体验，感受联系河流变化，所采写的报道立体、鲜活、生动。活动自8月中旬开始，历时3个月，《丽水日报》、丽水电视台、各县(市、区)新闻媒体制作播出专题报道190余篇。

【学习贯彻习近平重要讲话精神】 2月19日，总书记习近平主持召开党的新闻舆论工作座谈会并发表重要讲话。丽水市委、市政府高度重视，通过常委会会议、中心组学习、全市宣传文化工作会议等，传达重要讲话精神。制定下发《关于认真学习宣传贯彻总书记习近平党的新闻舆论工作座谈会重要讲话精神的通知》，各地制定年度学习计划，多形式、全方面开展学习。丽水日报社、市广电总台组织召开全体职工大会，600余人进行专题学习。全市新闻战线结合“归零翻篇开新局”主题大讨论活动，围绕“新闻宣传应该有什么样的新定位，新作为，新突破，新担当”，开展学习讨论、集中蹲点调研、查找发展短板、提出针对性措施，进一步完善审稿制度和审稿流程，规范化操作，把握主导权和主动权。（朱 云）

万朵鲜花送文明　　傅海亚　提供

丽水日报社

【概况】 2016年，丽水日报社“两报一网”和新媒体做好省、市“两会”，生态经济转型升级，“苏村”山体滑坡大救援，“G20杭州峰会”等宣传报道。开展“绿水青山就是金山银山”“五水共治”“六边三化三美”“美丽城乡幸福丽水”“归零翻篇开新局”主题大讨论活动等主题报道，开设《两学一做见行动》专栏，宣传“两学一做”学习教育重大意义、重要精神、重大部署和重要活动等，及时报道“两学一做”学习教育的经验做法、先进典型以及“两学一做”学习教育进展情况和实际成效。在全国文明城市创建宣传报道中，“两报一网”分别开设“最美丽水好人”“践行社会主义核心价值观”“德耀中华”等19个栏目，利用新媒体矩阵宣传，发动网民互动，引导群众广泛参与全国文明城市创建工作。继续做好“最美丽水好人”栏目，开展最美人物、时代楷模、凡人善举等学习宣传活动。对照顾重病丈夫不离不弃好妻子张莲女、学雷锋做好事松阳水南街道人武部干事谢新华、当代“愚公”徐仲林等“丽水好人”进行宣传。推出《新闻调查》栏目，策划报道《市区道路隔离桩：是进还是退？》《丽水汽车客运东站内外有哪些短板？》等社会热点问题。做好新闻帮扶，《处州晚报》（以下简称《晚报》）通过帮办版面，为市民急难事筹集爱心款项。“丽水帮帮团”公益联盟定期开展社会公益活动，为广大市民提供多种多样免费服务。开展“健康大篷车”大型义诊活动，为群众送上免费健康套餐。同时，“两报一网”做好新闻策划和品牌，如《丽水日报》紧扣“热点”，策划推出《迎接“全面两孩”你们准备好了吗？》《“多元引智”绽放“民宿之花”——我市民宿发展现状调查》等报道，《处州晚报》开展“民工服务月”“帮助千名留守儿童圆微心愿”“万朵鲜花送文明”等活动，丽水网策划首届网络文学大赛、关爱留守寒门学子、“红围巾温暖丽水城”等系列活动。获浙江省新闻奖15个，其中，一等奖2个、二等奖7个、三等奖6个。获中国城市党报新闻奖7个，其中，一等奖3个、二等奖1个、三等奖3个。丽水市新闻奖78个，其中，一等奖15个、二等奖21个、三等奖23个、社会活动奖1个，好版面12个、好栏目1个、好内参1件、好副刊2件、好论文2篇。新闻宣传获市委宣传部嘉奖1次。

全年经营总收入7109万元，上缴税收600万元。两报广告全年发稿3400万元，平均广告信用指数99.56分。《丽水日报》（以下简称《日报》）发行超6万份，《晚报》发行达到预定目标，全部到款。继续拓展物流快递配送业务，加快物流快递配送时效，全年物流配送营业额200万元。印刷厂保质、保量完成两报印刷任务。版外经济方面，完善新闻发展公司、传媒公司的业绩考核，充实网络传媒公司人员配备，推出电商平台“购朋友”，成立文化旅游公司等，成为报社经营收入新增长亮点。《丽水日报》在全国报纸印刷质量检测中获精品级报纸，印刷厂获2015—2016年度“大道杯”全国报业物资供应工作先进集体。开展业务培训，邀请专家授课，参加培训180余人，派业务骨干55人到外地学习，提升队伍整体实力。

【“苏村”山体滑坡大救援报道】 9月28日17时28分，遂昌县北界镇苏村发生山体滑坡，造成重大人员伤亡和财产损失，“两报一网” 迅速行动、统筹安排宣传报道工作。全社430名干部职工24小时无缝隙轮班，“两报一网”和微信公众号、新闻客户端等新媒体齐上阵，第一时间在新媒体上运用文字、图片、视频等，不间断、全方位发布权威消息，报纸跟进深入报道。《日报》刊发专版20个，稿件199篇；《晚报》刊发专版56个，采写报道175篇 。丽水网发布稿件628条，点击量103.5万人次；“指尖丽水”APP发布稿件506篇；《丽水日报》官方微博发布稿件300余条，阅读量4.33万人次。丽水网官方微博发布苏村大救援稿件174篇，丽水网微信公众号发布苏村救灾稿件21篇。

记者现场救援报道　　傅海亚　提供

【“G20杭州峰会” 系列宣传】 2016年，迎接“G20”峰会召开，《丽水日报》开设“迎接G20 人人讲文明”专栏，《处州晚报》刊发《全力护航G20，我们在行动》等报道，对丽水市开展“迎G20做文明丽水人 创全国文明城”等进行报道。丽水网首页推出“迎接G20人人讲文明——点赞有礼浙江人”网络专题，围绕“当好东道主 办好G20”开展网络讨论，在网上营造人人关注、人人响应、人人参与的浓厚氛围。《丽水日报》刊发稿件66篇，《处州晚报》刊发报道255篇(幅)。“两报一网”官方微博、微信积极转发相关稿件，阅读量达10万余人次。

【构建现代化立体传播平台】 2016年，丽水日报社推进媒体融合发展，打造“两微一端”的“品牌群”。客户端“指尖丽水”完善“权威新闻来啦”60秒速览板块，并以每日一条形式置顶首页，用户数突破6.8万人。《丽水日报》官微、《处州晚报》“6+1”微信矩阵和丽水网官微通过策划活动，开展网民互动，阅读量突破纪录。全年《丽水日报》官微发布359天，累计阅读量413万余人次。《处州晚报》官微共发布364天，累计阅读量1258万余人次。丽水网官微共发布358天，累计阅读量626万余人次。其中《处州晚报》官微年度总阅读量和每周总阅读量，在丽水市新媒体公众号中排名第一位，在全省纸媒中列第八位。11月，“中国报业新媒体影响排行榜”公布，在194家副省级地市级党报中，《丽水日报》新媒体影响力入围全国前100名，排第35位。

【成立丽水日报报业传媒集团有限公司】 2016年，市委将报社体制改革列入2016年全市深化体制改革工作的重要工作。5月，报社成立丽水日报社文化体制改革领导小组，开展资产核查评估。起草《丽水日报社文化体制改革方案》《丽水日报报业传媒集团有限公司(总公司)组建方案》《丽水日报报业传媒集团机构编制设置方案》等。11月，经市委常委会研究，原则同意报社体制改革方案。12月，经市政府研究决定同意组建丽水日报报业传媒集团有限公司。该公司注册资金3亿元(含非货币资产)。12月底，丽水日报报业传媒集团有限公司正式注册。　　(傅海亚)

广播电视

【概况】 丽水市广播电视总台(以下简称“总台”)在2015年度浙江省新闻奖和浙江省广播电视政府奖评选中，获奖作品18件，其中，获一等奖1件、二等奖9件、三等奖8件。广播公益广告《拨通的“未接”电话》获省广播公益广告一等奖，电视新闻专题《里东大救援——“11•13”莲都区里东村山体滑坡救援纪实》、广播消息《两代将军33年接力 贯通浙西南革命老区的“胜利之路”今天正式通车》、广播社教专题《“信义孤儿”替父还债感动一座城》分别获浙江新闻奖二等奖和省广播电视新闻奖二等奖，《今生丽水》获2015年度浙江省广播电视文艺奖文学节目二等奖，2名主持人获省广播电视播音主持奖二等奖。

2016年，招事业编制工作人员10人，对2015年度评上正高、副高、中级职称人员进行岗位聘用，对部分中层干部进行调整，提任副科4人、副科提正科1人。全年实现广告经营创收5380万元，广电业全年广告信用指数99.97分，全省地级市综合排名第2。三个电视频道无线市场份额为20.8%、有线市场份额为22.0%。

【主题宣传报道】 2016年，总台新闻宣传围绕市委市政府中心工作，开展贯彻落实十八届五中、六中全会、省"两会"、市"两会"、"归零翻篇开新局"主题大讨论活动、"两学一做""全民共创全国文明城市""五水共治""绿水青山就是金山银山""六边三化三美""三改一拆""最美丽水好人"、护航G20峰会等重大主题宣传。新闻内容丰富、角度新颖、形式多样，收到良好宣传效果。特别是策划推出《农旅融合 实现"三美"》《百名记者巡百河》《全民总动员 护航G20》《迎接G20人人讲文明》《长寿之乡看丽水》《丽水工匠》《五水共治看内河》《治水这些事》《不文明大家拍》等重点报道，亮点纷呈。

【突发事件报道】 9月28日，遂昌苏村发生重大山体滑坡灾害，总台立即启动重大事件应急报道预案，统一调度，频道、频率、网站及时跟进，打破常规进行播报。《丽水新闻》《瓯江报道》《老白谈天》《丽广早新闻》第一时间发出"苏村"声音，电视全天候不间断播出滚动字幕消息，向民众传递中央、省、市领导对此事高度重视，以及各项救援工作开展情况。频道、频率记者坚持24小时战斗在救援现场。截至10月7日，广播电视共播出新闻报道337条，微信推送254条，滚动字幕40条，向上级媒体报送稿件40余条，获市委、市政府肯定和市委宣传部嘉奖。年初，强寒潮来袭以及"莫兰蒂""鲇鱼"台风过境丽水等突发事件发生，总台采用频道、频率多种形式，全方位进行报道。

【提升传播质量】 2016年，总台不断深化品牌建设，品牌影响力进一步提升。电视新闻综合频道提升栏目质量，突出"问题导向"，推动市委、市政府中心工作开展，扩大品牌效应，联合农办、旅委、农业局推出大型新闻行动《农旅融合•实现"三美"》系列报道，聚焦探索丽水农旅融合发展之路，形成农旅融合发展宣传声势。3月1日起，电视公共频道推出新版节目，《瓯江报道》分四个版块，重大新闻、动态新闻、社会新闻等各有侧重又有机融合。新开方言栏目《丽水万事通》和新闻资讯栏目《社会大搜索》，影响力扩大。电视文化休闲频道加强节目和活动策划，《老白谈天》节目品牌深入人心。广播新闻综合频率《百姓热线》不断进行微创新，栏目可听性、影响力得到提升。广播交通音乐频率和广播新农村频率3月1日起全新改版，播出时间从15小时延长至18小时，节目内容更加丰富，形式更加多样。交通广播启用市公安局交通指挥中心直播室，派驻主持人对着丽水交通监控大屏做节目，早晚高峰进行实时路况广播，服务丽水交通出行。

【新闻舆论监督】 2016年，总台各新闻频道、频率继续加大舆论监督力度。《电视问政》节目围绕市委、市政府中心工作，分别以"问政回头看""生态旅游：找短板谋发展""生态工业：找短板谋发展""归零翻篇开新局：找短板谋新篇"等为主题，聚焦中心工作，推动重点、难点问题的解决。全年播出《电视问政》11场，曝光问题85个，解决问题73个。《电视问政》舆论监督作用得到市委书记肯定。《每周聚焦》围绕"五水共治""六边三化三美"和"三改一拆"三大重要工作进行选题，共播出节目42期，每个报道所涉及问题都有落实整改和后续反馈。至年底，栏目推出"聚焦回头看"系列报道，对曝光的问题进行跟踪，整改好的给予表扬，整改不到位的继续开展监督，直到推动问题解决，曝光问

"电视问政"节目现场　　沈丽菲　提供

题整改率达99%。进一步加强《丽水新闻》《瓯江报道》《老白谈天》《百线热线》等栏目的监督力度。

【加强对外宣传】 2016年，总台进一步加大对外新闻协作力度，完善外宣奖惩考核机制。电视新闻综合频道积极策划，从总监到新闻中心主任、专职通联、记者、编辑每人都制定具体任务。全年被浙江卫视录用电视新闻339条，央视《新闻联播》4条，总分4433分，位列全省第三名，获浙江卫视"2016年度全省新闻协作电视一等奖"。广播新闻综合频率加强策划、主动报题，至11月，在《浙江之声》累计用稿124条，4535分。总台选送《亲历龙国》《迷人的畲族音乐》《淞沪抗战中的青田华侨》《瓯江畔的铁工厂》《救护盟军飞行员》等28部作品分别被中国黄河电视台和浙江电视台国际频道录用。

【加强媒体融合】 2016年，总台微信矩阵和"无限丽水"APP建成并投入使用。通过微信矩阵可以整合台里各公众号数据，掌握公众号实时动态，实现公众号之间数据共享。通过APP，用户可在手机上点播新闻和专题节目，可以实时收看电视、收听广播。《瓯江报道》微信公众号，用户增7万人次，每周阅读数超过1万人次。《老白谈天》微信公众号通过认证，4月，《老白谈天》注册微信小号。《百姓热线》微信公众号通过认证，成为媒体融合新平台。

【全国文明城市创建活动】 2016年，总台根据创建全国文明城市有关要求，保质保量播出公益广告，做好创建资料收集整理和网上申报，完成路段包干、迎省测、迎国测、践行文明交通、开展志愿活动、开展社区共建等"硬任务"。各新闻频道、频率做好全国文明城市创建工作宣传。全年《每周聚焦》栏目推出10期关于"创建全国文明城市"报道。其中《斑马线上见文明》《占道经营影响市容环境》《市民点赞创建成果》等节目得到市委、市政府主要领导批示，被曝光问题得到有效整改。《丽广新闻》中开设"全民共创全国文明城市""精神文明创建专题专栏""培育和践行社会主义核心价值观""学雷锋志愿服务活动""我们的节日"等专栏。同时，开设"不文明行为曝光"专栏，曝光一批不符合文明城市创建现象。《老白谈天》先后开设"不文明大家拍""老白讲文明""身边好邻居""老白帮忙""老白教你一招""爱上丽水"等专栏，推出各类相关报道200余篇。成立主播文明劝导团，走入街头、高铁站，走进社区、景区、高校等进行宣传创建，营造全市文明创建工作的良好氛围。

【技术保障能力】 2016年，总台播出自办电视节目35136小时、播出自办广播节目19760小时。在市区及全市9个县(市、区)，无线发射转播中央、省、市4个电视频道，共24888小时，调频广播频率29个，共32940小时。完成"杭州G20"等7个广播电视安全播出保障任务，实现全年安全播出无事故。开展"中央广播电视节目无线数字化覆盖工程"第一阶段(dtmb电视部分)工作，6月底，试播无线数字电视两个数字频道，中央台及省市台广播电视节目15套。总台首次在松阳县尝试县(市)转播台3个广播频率多工合成共塔发射技术模式，取得较好的成效，提升了广播转播频率工作可靠性和稳定性。完成《中央广播节目无线覆盖工程设备设施更新改造项目》工作。投入200万元对电视节目制作系统进行部分设备更新和局部高清化改造。

【丽水华数数字电视】 2016年，丽水华数基本视听收入1405万元，视频增值业务收入614万元，数据专线收入104万元，投资总额843万元，利润477万元。至年底，华数数字电视大众用户数58857户，宽带大众用户数9668户。完成7个新建小区管道建设7.47千米，8个老小区旧城改造项目管道建设6.7千米，道路管道建设8.07千米。完成城域网光缆144芯，机房到西站5千米，机房至紫金路囿山路路口2.5千米。开展水发公司监控、公管局长桥长隧项目等11个集客项目勘察设计、设备安装调试、项目落实跟踪等工作。完成EPON扩容项目的设备采购和安装调试，IPQAM扩容项目设备采购和安装调试；光平台扩容项目设备采购和安装调试等。完成丽水电视台三套节目光纤传输通道设备电源模块损坏更换，打通丽水导视频道备用通道，完成丽水电视台三套节目第二备用信源多画面监视工作。　　(沈丽菲)

【丽水广播电视报】 2016年，《丽水广播电视报》围绕丽水生态之美、人文之美、发展之美、环境之美，深耕旅游、农业、民宿、美食、养生、乡土、文明城市创建等，宣传丽水优良生态资源。全年推出旅游专版40余版，在版面增加攻略内容，按"玩、吃、住"进行分类和推荐；按照农旅融合思路，先后推出"收割众筹生态稻米，体验传统农耕乐趣"等10余期内容；推出《国庆，这般"寻"庆元》等文章，重点宣传丽水民宿。

历时9个月，与教育部门联合举办首届广电小记者(小童星)故事大王比赛，全市1万余人次参加比赛，经过初赛、复赛和决赛，幼儿组、儿童组和少儿组共决出金奖18个、银奖37个和铜奖50个；举办暑期亲子夏令营，参加家庭200余组；10月，联合市老龄委到9个县（市、区）及丽水经济技术开发区举办“健康惠基层”活动10场，全年举办社区私房菜大赛5场，1万余人次参与活动。

新媒体建设取得长足发展，“新壹周”微信公众号结合版面和各主流媒体热点内容，公众号客户达7万余人。全年广告收入300万元，征订报纸3万份。（叶永平）

新闻团体

【概况】 2016年，丽水市新闻工作者协会（以下简称“市记协”）团体会员单位33家。全市新闻媒体31个，其中报纸12家（含县级内刊及丽水学院报、丽水广播电视报）；广播电视台9家，新闻网站10家。组织新闻媒体深化“三项学习”教育活动和“走转改”活动，组织全市媒体学习总书记习近平系列重要讲话，推动丽水市新闻界深化马克思主义新闻观教育，坚守新闻职业精神，恪守新闻职业道德，增强职业荣誉感和责任感，提高新闻舆论工作水平。各新闻单位开展多种形式学习教育活动，并结合“两学一做”“归零翻篇开新局”活动和“社会主义核心价值观”学习，召开专题研讨会。围绕市委、市政府中心工作，继续做好全国文明城市创建、“五水共治”“绿水青山就是金山银山”、护航G20、“两学一做”等重大主题报道工作。10月，市记协派出两名一线记者编辑参加浙江新闻界在杭州举行“好记者讲好故事”演讲比赛，获优胜奖。

积极组织开展业务培训，全年市记协组织媒体领导、采编骨干和新进采编人员参加省记协各类培训活动，共16人次参加“坚持正确导向 提高评论水平”高级研修班等3个批次各类培训班。

11月16日，新闻界“亲水行”畲乡绿道骑行采风活动　张茵茵　提供

【开展年度新闻奖评选】 年初，开始评选2015年度丽水市新闻奖，与浙江新闻奖、中国新闻奖同期进行。2015年度丽水市获浙江新闻奖的作品共21件。其中，丽水网作品《决战里东》获浙江新闻奖网络作品一等奖，《丽水日报》作品《孤儿与父债》获副刊类作品一等奖。2015年度丽水市新闻奖评奖项目和标准与浙江新闻奖基本一致，报纸、广播、电视、网络和区域报分类进行评选。产生2015年度市新闻奖的获奖作品报纸、广播电视共158件，网络38件，区域报33件。

【组织学习报告会】 2016年，为深入学习贯彻总书记习近平重要讲话精神，省记协在全省新闻界开展“坚持新闻理想 肩负职责使命——学习习总书记重要讲话精神”巡回宣讲活动。6月16日，宣讲团走进丽水。浙江新闻界中国新闻奖、浙江新闻奖和浙江飘萍奖获得者上台作主题宣讲。市记协组织全市新闻单位采编人员120余人参加报告会。

【举办记者节庆祝活动】 11月16—17日，为庆祝第十七个中国记者节，市新闻工作者协会举办全市新闻界“亲水行”畲乡绿道骑行暨摄影采风活动。来自市本级和各县（市、区）50余名新闻工作者参加活动。本次活动共收到摄影作品89件。经评委认真审核评选，共评出一等奖3篇，二等奖5篇，三等奖10篇。

【召开常务理事会议】 3月，市记协常务理事会在丽水召开，对部分常务理事进行调整，选举李志伟为市记协主席，增选聂陈杰为市记协副主席。（张茵茵）

卫生　红十字会

综　　述

【概况】　2016年，全市医疗卫生机构1701家，其中：医院54家，社区卫生服务中心（站）43家，卫生院189家，村卫生室853家，门诊部、诊所、卫生所、医务室515家，疾病预防控制中心9家，妇幼保健院（所、站）9家，采供血机构1家，卫生监督所（中心）10家，计划生育技术服务机构4家，其他卫生机构14家。全市病床位12754张。全市卫生系统在岗职工22072人、卫生技术人员18401人。其中：执业（助理）医师7291人、注册护士7379人。全市常住人口数216.50万人，每千人床位数、执业（助理）医师、注册护士数分别为5.89张、3.37人、3.41人。全市三级甲等综合性医院2家，三级甲等中医医院1家，三级甲等专科医院1家；二级甲等综合性医院8家，二级甲等中医院5家，二级甲等妇幼保健院1家；二级乙等综合性医院2家，二级乙等中医院2家。

【卫生事业投入13.46亿元】　2016年，全市卫生事业投入13.46亿元（其中：基本建设资金1.33亿元），下降3.26%，同期财政支出增长20.53%，卫生事业投入占财政支出比例4.00%，中医事业费占卫生事业费比例4.05%。全年市本级卫生事业投入增长12.08%，同期财政支出下降4.55%，卫生事业投入占同级财政支出比例6.49%，市本级中医事业费占卫生事业费比例6.89%。　（杨　静）

丽水市第二人民医院新院区　　应丽芬　提供

医教科研

【医学人才培养】　2016年，全市招录定向培养生232人。其中，面向农村社区岗位136人、县级医疗卫生机构96人。开展定向培养工作调研，2009—2016年共招录定向生1168人，到岗469人；调查流失15人、辞退2人，流失率1.46%。市直医疗卫生单位公开招聘入编109人；引进硕士研究生48人，“211工程”大学本科毕业生1人，紧缺人才12人。落实住院医师规范化培训制度，与市发改委、市财政局、市人力社保局、市教育局制定《丽水市住院医师规范化培训实施办法（试行）》；加强基地联合体建设，开展基地年度考核，部署国家基地迎接检查评估工作和省综合基地评估，规范补助经费管理与使用。全市招录住院医师213人、中医住院医师40人。全年住院医师规范化培训结业考核合格249人，合格率95.76%。中医住院医师结业考核合格26人，合格率92.86%。完成省卫生计生委基层卫技人员培养培训1460人次。其中，公共卫生人才培训109人，社区护士培训63人，基层复合型公卫人才培训7人。市卫生计生委开展基层医疗卫生机构中医药健康管理服务、基层医疗机构临床合理用药、全市责任医生签约服务业务管理等培训班21期，累计培训2190人。全市卫生计生系统入选省“151”人才工程第二层次1人；入选省卫生创新人才1人；入选市“138”人才工作第一层次5人；入选市突出贡献专家2人。

【职称评审】 2016年，全市3009人参加初中级卫生专业技术资格考试2186人和护士执业资格考试，初、中级各专业达国家合格标准人员950人（其中初级：士级为56人、师级为334人；中级为560人），合格率43.46%，护士执业资格合格人员638人，合格率77.52%。全市781人参加2016年度卫生高级专业实践能力考试合格452人，合格率57.87%。经市卫生中评委评审推荐157人参加省卫生高级职称评审（其中申报正高44人，申报副高113人），评审通过135人（其中，正高37人，评审通过率84.09%；副高98人，评审通过率86.73%）。市卫生计生委与市人力社保局组织实施县及以下医疗卫生单位人员申报评审卫生高级专业技术职务任职资格工作，全市县级推荐委员会推荐238人（其中，申报正高76人，申报副高162人），评审通过171人（其中，正高65人，评审通过率85.53%；副高106人，评审通过率65.43%）。

【医教科研】 2016年，全市获省自然科学基金一般项目、浙江省公益技术应用研究社会发展项目立项14项；省医药卫生一般研究计划8项；省卫生适宜技术成果转化计划1项。市本级重点研发计划专项2项，市级医卫类自筹公益性技术应用研究项目15项，丽水市软科学研究计划、高层次人才培养资助计划及本级公益性技术应用研究等项目立项43项。全年获浙江省医药卫生科技进步二等奖3项、三等奖2项，丽水市科学技术进步一等奖1项、二等奖2项、三等奖4项。通过省第三批基层卫生适宜技术示范基地验收3家，其中优秀、良好、合格各1家。实施《丽水市专业技术人才知识更新工程(2014—2020年)实施方案》，与市财政局、市人力社保局、市教育局联合下发《关于调整丽水市继续医学教育委员会成员的通知》。加强继续教育项目和学分管理，举办“新版浙江省继续医学教育网和信息管理系统使用培训班”，195名继教管理人员参加培训。2016年继续医学教育国家级项目立项27项、省级9项、市级187项、培训2.6万人次。全年补助继续医学教育项目经费215万元，项目执行率100%，项目抽查率20.6%。中级及以上卫技人员继续医学教育达标率96.5%以上，初级卫技人员岗位培训合格率95%以上。继续医学教育质量与职称评审挂钩，加强学分审验，规范卫生专业技术人员继续医学教育活动。 （何丽俊）

医政管理

【市级公立医院综合改革】 2016年，市卫生计生委开展2014—2015年市级五家公立医院综合改革评估工作，对市级公立医院政策落实、制度制定、运行情况等进行评估，组织编印《丽水市2014—2015年市级公立医院综合改革工作评估报告》。推进医改政策制定，市政府出台《丽水市深化医药卫生体制改革综合试点方案》《丽水市深化城市公立医院综合改革试点实施方案》，推进医药卫生体制综合改革，启动城市公立医院改革试点工作。与市人力社保局、市财政局联合印发《市级公立医院2015年度绩效考核情况通报》，根据考核结果下发绩效考核补助资金。制定《2016年丽水市市级公立医院运营管理成效考核办法及指标》，组织对市级5家医院全面进行考核。市直5家公立医院试行编制备案制管理，新增备案编制2695人。

【“双下沉，两提升”工作】 2016年，市卫生计生委按照省委、省政府部署，以“人才下沉、资源下沉”为手段，引导优质医疗卫生资源流向基层，全市17家县级公立医院与省市医疗机构建立合作关系，176家基层医疗卫生机构与县级医疗机构建立合作关系，实现服务能力与效率“两提升”。调整医改领导小组成员，由市政府主要领导任组长、分管卫生副市长任副组长，推进全市深化医药卫生体制改革。联合省卫生计生委委托浙江天平会计师事务所有限责任公司对全市“双下沉、两提升”工作进行考核评估，并根据考核评估结果指导相关医疗机构完善合作机制。依托县级公立医院，各县(市、区)均建成区域影像中心。

【分级诊疗】 2016年，市卫生计生委制定《关于推进医疗联合体建设工作的实施方案(试行)》和《丽水市常见疾病双向转诊指南(试行)》。莲都、青田、庆元、缙云、遂昌分别制定并印发分级诊疗实施方案，实现9县(市、区)全覆盖，全市全面启动分级诊疗制度，各地县域就诊率达80%以上。建立丽水市域范围内公众服务平台，“健康丽水”微信公众号预约诊疗服务平台上线，实现全市区域内全覆盖。

【医疗质量安全】 2016年，市卫生计生委把进一步改善医疗服务行动计划作为提升医疗质量和服务水平工作的手段,将对各县(市、区)卫生计生局及市直医院综合目标列入考核内容。与市质监局下发《关于进一步加强医疗机构计量监督管理工作的通知》。修订"丽水市医疗质量控制中心年度目标管理考核评分细则",制定质控中心准入、退出机制,开展1个质控中心、3个指导中心新设置评审工作,组织对29家民营医院进行医疗质控检查,下发民营医院四个质控标准。开展全市县级医院和基层医疗机构医院感染管理工作检查,改进县级医院医疗质量。各县(市、区)各医疗单位分别建立健全警医联动和医疗纠纷化解机制,未发生较大伤医事件。全市发生医疗纠纷247起,纠纷赔付246万余元,比2015年下降2.8%,其中,市医调会受理医疗纠纷30起,调处成功率88%,涉及金额84.56万元。

【行政审批】 2016年,全市审批医疗广告57件,其中中医广告10件、西医广告47件。市本级受理医疗机构设置申请11家,发放医疗机构设置批准书11件,办理医疗机构执业许可证36件,其中新设置发证11家、变更25家,办理护士执业注册1838件、医师537件。加强对医疗广告审查、监管工作,加强互联网广告监管工作。

【血液供应和安全】 2016年,全市无偿献血31821人次,同比上升0.8%,无偿献血量9730.32升,同比上升1.9%,临床用血9249.6升,同比上升3.95%,机采血小板献血量29412单位,同比上升8.4%。无偿献血量占临床用血量的105.2%,成分输血99.7%。举办"科学合理用血"继教班,提高临床用血单位业务技术水平。制定《丽水市采供血工作应急预案》,将应急献血队伍建设纳入卫计系统综合目标考核。举办全市"护航G20熊猫侠在行动"稀有血型献血者联谊活动,开展传统佳节和主题节日献血宣传、与媒体合作大型联谊宣传、"我为七一献热血"、"护卫生命 天使血缘"等活动。

【医师资格考试】 2016年,丽水考点1359人网报参加全国医师资格考试,实际参加实践技能考试1164人,考试合格862人,实践技能考试合格率74.0%。综合笔试合格人数562人,合格率65.1%。全市医师资格考试总体合格率48.2%,比2015年提高3.8%。

【"120"急救工作】 2016年,成立丽水市院前医疗质量控制中心并开展工作。改造市"120"急救调度系统升级,急救分站系统招投标。举办全市急救管理工作和业务知识培训,提高院前急救从业人员技术水平。完成2016年马拉松比赛、公务员招录考试等工作医疗应急保障工作。加强应急联动机制,参与市应急联动指挥中心组织演练11次,提升急救人员快速反应能力。 (林 超)

中医药工作

【基层中医药服务】 2016年,全市县级综合医院中医门诊54.44万人次,同比增长6.53%,中医药业务收入12625.73万元,同比增长21.90%。举办全市中医馆服务能力建设现场培训会,全市68家中医馆建设单位负责人参加培训,莲都区万象街道社区卫生服务中心等9家单位参加培训,并确定为丽水市基层医疗卫生机构"示范中医馆"。举办"丽水市中医药适宜技术推广培训班",省基层中医药适宜技术丽水基地通过中期考核。

【中医医疗质量】 4月,市卫生计生委组织专家对全市7家县级中医院的医疗质量持续改进进行检查。6月24日开展全市中医住院病历书写比赛,全市共8支代表队,16名选手参赛。制订印发《丽水市中药饮片处方点评管理规范》,12月8日,市卫计委组织开展了全市中药饮片处方集中点评工作,共点评21家县级以上公立医院(市妇保院除外)的2100张中药饮片处方,并将点评结果予以通报,进一步提高处方质量,保障患者用药安全。

【中医药特色服务】 2016年,全年全市开展中医护理操作168项,收入2642万元,同比增长33.57%。市中医医院及6家县级中医医院开展临床路径管理,开展80个病种,总入径1595例,比2016年增加77例,同比增长4.83%。推出穴位敷贴、中医体质辨识、冬季膏方节、中药香囊等中医特色服务。举办全市膏方培训班及全市小儿推拿培训班,培训250人。

【中医药人才培养】 2016年,全市新引进中医类别医师52人,其中市中医院17人,各县市35人。组织全市各中医医院院长参加省中医药管理局举办的为期一个月中医医院院长培训班,提高中医医院院长职业化管理素养和能力水平。完成市级师带徒结业(出师)考核,48名徒弟通过考核,其中,考核优秀12人、良好17人、合格19人。组织丽水市首期中药炮制传承人才培训班,75名中药师参加培训,通过考核取得培训合格证书。举办"西学中"培训班,全市187名学员参加两年的学习。完成市人民医院叶一萍名老中医专家传承工作室验收,6名省第二批基层名中医培养对象通过第二年年度考核,2 名传统医学师承和确有专长人员通过考试并取得合格证。开展丽水市中医护理综合技能竞赛活动,选拔前 2 名选手代表丽水市参加浙江省中医护理综合技能竞赛,获团体二等奖,个人三等奖和个人优胜奖。

【中医药文化宣传】 2016 年,全市举办中医药宣讲活动 335 场,开展中医药服务社会开放日活动 223 次,受益群众 5 万余人次。市中医院录制电视台"养生谈"节目 47 期,举办"绿谷养生大讲堂"20 期,受益群众 2000 余人。市人民医院接受"老白谈天""瓯江报道"等电视栏目采访,进行中医药文化宣讲 3 次、适宜技术推广 1 次。松阳县举办"弘扬中医文化、倡导中医养生"为主题的第四届中医药文化节。庆元县开展"濛洲大讲堂"讲座 10 余场,邀请省市中医专家作普及科学中医药养生知识,受益人群 2000 余人。

【畲医药工作】 2016 年,市人民医院获中国民族医药学会授予的"民族医药标准研究推广基地",成为全国首批"中国民族医药学会民族医药标准研究推广基地"和"全国畲族医药标准研究推广唯一基地"单位。由中国民族医药学会主办,中国民族医药学会畲医药分会承办,丽水市畲族医药研究会、丽水市中医院、丽水市畲族医药研究所、丽水市科学技术协会协办的"2016 全国畲族医药学术研讨会暨中国民族医药学会畲医药分会学组成立大会"在丽水召开,来自浙江、福建等畲医、畲族医药研究专家 100 余人参加会议。全年新增立项课题 3项,发表论文 5 篇,获丽水市科技进步二等奖 1 项。 (林 超)

基层卫生

【推进基本公共卫生服务项目】 2016 年,丽水市人均基本公共卫生服务经费标准达 45 元。发挥市、县两级项目办和专业公共卫生机构作用,开展项目督导考核、监测评价、培训指导等工作。开展基本公共卫生服务项目宣传,实现电视、网络全覆盖,莲都区与视频传媒合作,宣传工作覆盖 310 辆公交车。完成 2016 年度丽水市基本公共卫生服务项目绩效现场考核工作,通报考核结果情况和考核发现问题反馈。做好迎接国考和省考工作,市本级和青田县、遂昌县代表丽水市接受全省基本公共卫生服务项目绩效考核,获 929.7 分。至年底,丽水市建立规范化电子健康档案 182.33 万人,建档率 87.96%,健康档案动态使用率 52.47%;加强重点人群管理,65 岁以上老年人管理数 18.36 万人,管理率 70.55%,高血压患者发现率达全人群 8.79%,高血压患者管理率与规范管理率分别达 35.77%和 62.58%,高血压管理人群血压控制率 54.86%;糖尿病患者发现率达全人群 2.04%,糖尿病管理率与规范管理率达到 29.42%和 62.43%,糖尿病患者血糖控制率 51.99%;重性精神疾病患者管理率和规范管理率分别达 51.01%和67.13%。儿童系统管理率、产后访视率、孕产妇系统管理率等指标达目标要求。

【责任医生签约服务】 2016 年,市政府印发《关于推进责任医生签约服务工作的实施意见》,9 个县(市、区)相继出台实施意见并落实责任医生签约服务费每人每年 60 元。加强业务学习培训,组织全市基层医疗卫生机构负责人等赴杭州、宁波参观学习责任医生签约服务和管理工作经验,举办全市责任医生签约服务业务管理培训班、责任医生签约服务学习总结交流会等。丽水市水阁卫生院被确定为浙江省责任医生签约服务培训基地;申报培育莲都区太平乡卫生院等 12 家基层医疗机构为浙江省责任医生签约服务示范点建设单位。莲都区在 6 个封闭式小区启动探索基本公共卫生服务项目与责任医生签约服务相结合的管理模式。全年全市开展签约服务基层医疗机构 867 个(其中,社区卫生服务中心 29 个、社区卫生服务站 65 个、乡镇卫生院 180 个、村卫生室 593 个),实现乡镇(街道)责任医生签约服务工作全覆盖;规范签约 572305 人,规范签约率21.59%;规范签约重点人群占规范签约总数 65.73%。

【城乡居民健康体检】 2016 年,全市参保城乡居民免费健康体检 801231 人。其中,60 岁以上老年人体检 235980 人,老年人体检率 68.98%;0—6 岁儿童体检 130417 人,体检率 89.58%;中小学生体检 253178,体检率 94.85%。体检结果异常人次 288372 人次,其中,高血压 91127 人次、糖尿病 23397 人次、高脂血症 67229 人次、肝功能异常 20186 人次、肾功能异常 25034 人次、恶性肿瘤 134 人次。

【完善乡镇中心卫生院服务功能】 2016 年,全市推进基层医疗卫生机构标准化建设,卫生院新建、扩建项目 7 个,修缮项目 12 个,在建项目 11 个。根据《浙江省乡镇卫生院基本设备配置标准》,庆元县安排经费 465 万元为基层医疗机构配备 DR、全自动生化分析仪、公共卫生随访包、彩超、除颤仪等设备。全市乡镇卫生院业务用房建设达标率 91.8%、设备配置率 95%以上。推荐省级中心镇卫生院医疗服务能力提升项目25家。制定《丽水市基层区域医疗卫生中心建设实施方案(2017—2019年)》,全市启动30个基层区域医疗卫生服务中心培育和建设。启动省级社区卫生服务提升工程23家,莲都区岩泉街道、白云街道社区卫生服务中心建设项目基本完工。推进云和、松阳、景宁三个省级卫生重点县建设。9个县(市、区)建成使用影像会诊中心9个,心电图诊断中心2个,消毒供应中心3个。丽水市水阁卫生院等17家单位被国家卫计委命名为"群众满意的乡镇卫生院"。提高全市基层卫生服务能力,全年基层住院人次比2015年增长9.15%,乡镇卫生院床位使用率33.46%,同比增长10.79个百分点。

【基层医疗技术能力培养】 2016年,市级完成100名骨干责任医生业务培训、选派62名院长参加省级基层卫生院长管理培训班。委托市中心医院、市中医院分别巡回开展基层医疗机构临床合理用药培训和基层医疗机构中医药健康管理服务培训,覆盖各县(市、区),培训对象分别为基层医疗卫生机构医生、护士、药士专业技术人员和基层医疗机构负责中医药健康服务管理的人员、相关责任医生,参加培训1800余人。

【完善县乡医院对口协作平台】 2016年,巩固和完善县级医院与乡镇卫生院对口支援协作机制,形成市、县、乡三级之间传、帮、带。缙云县推行县乡医联体,县人民医院、县中医院分别与新建镇中心卫生院、舒洪镇中心卫生院结为医联体,每月选派专家到2家卫生院进行业务指导、培训、门诊诊疗和查房等工作。遂昌县2家县级医院通过全面托管、业务托管、协作帮扶等方式对21家乡镇卫生院建立对口支援关系,委派卫生技术人员,从事医疗质量管理、业务服务和医技带教工作。松阳县开展县乡对口支援活动,县属两家医院各结对6家乡镇卫生院,古市医院结对4家乡镇卫生院。 (姚安军)

疾病控制

【概况】 2016年,全市网络直报系统甲、乙类法定传染病报告病例数5463例,发病率255.40/10万,比2015年(227.06/10万)上升12.48%,报告死亡病例22例,死亡率1.03/10万,病死率0.40%;丙类法定传染病报告病例数12724例,发病率594.86/10万,比2015年(440.80/10万)上升34.95%,无死亡病例报告。全年全市甲乙类传染病报告发病数居前10位病种:梅毒(1714例)、乙肝(1480例)、肺结核(1315例)、淋病(581例)、艾滋病(82例)、猩红热(67例)、戊型肝炎(39例)、肝炎未分型(39例)、出血热(32例)、丙型肝炎(32例)。

【鼠疫防制监测】 2016年,全市开展鼠疫疫情三报工作,未发现可疑疫情。庆元县被列为国家级监测区,龙泉市被列为省级一类监测区,莲都区、云和县被列为省级二类监测区,青田县、景宁县、松阳县、缙云县被列为省级三类监测区,并设立固定流动监测点开展鼠疫监测工作。全市对4947份鼠肝、脾和6匹蚤进行病原学培养,对5041份鼠血清进行F1抗体检测,均未发现阳性样本。鼠种构成监测表明,全市家栖鼠和野栖鼠仍然分别为褐家鼠和黑线姬鼠为主。鼠密度调查,室内平均鼠密度2.20%,略高于2015年水平(2.14%);室外平均鼠密度4.27%,低于2015年水平(5.01%)。鼠疫媒介监测:全市8个监测点布房间数1830间,放粘蚤纸9150张,未检获跳蚤,室内蚤类仍维持较低水平。春冬季节监测到鼠蚤有染带关系,对3807只鼠进行检蚤,染蚤鼠97只,检获蚤144匹,染蚤率2.55%,蚤指数0.038。检获蚤主要为缓慢细蚤、不等单蚤,分别占总数40.28%和31.94%,检蚤鼠未检获的印鼠客蚤。

【肠道传染病监测】 2016年,肠道传染病疫情相对平稳,全市未报告大规模甲乙类传染病暴发疫情。细菌性痢疾报告发病11例,发病率0.5172/10万;阿米巴痢疾1例,发病率0.047/10万;伤寒和副伤寒各6例,发病率均为0.2805/10万。9个县(市、区)按照监测方案要求开展各项监测工作,全市肠道门诊腹泻病人采样率97.25%。霍乱流行季节,全市监测水体样本403份、海水产品384份、食品样本179份、苍蝇样本19份,未检出阳性标本。肠道门诊重点人群检索中检出伤寒沙门菌1份、乙型副伤寒沙门菌5份、甲型副伤寒沙门菌1份、福氏志贺氏菌1份。

【艾滋病防治】 2016年,保持艾滋病低流行态势,全市报告艾滋病感染者及病人150例、死亡15例,报告发病率和死亡率分别7.08/10万、0.71/10万,分别比2015年下降10.71%和25.00%。开展艾滋病防治"三扩大"工作,即"扩大检测、扩大干预、扩大治疗",以实现早发现、早诊断、早治疗;推进艾滋病防治模式转变工作,实行艾滋病防治医防合作模式;动员社会组织参与艾滋病防治工作。

【结核病防治】 2016年,加强新涂阳病人发现力度,保障新涂阳病人及时发现、治疗,发现涂阳肺结核病人449例。实施浙江省耐多药结核病防治项目，全市开展198人次疑似耐多药肺结核病人痰培养，发现12例耐多药病人，纳入项目治疗9例。

【免疫规划】 2016年，全年全市各县（市、区）国家免疫规划疫苗单苗接种率均达要求，无预防接种事故发生。报告疑似预防接种异常反应339例，及时报告率98.53%，及时调查率100%，个案调查表完整率100%，AEFI分类率100%。全市报告麻疹监测病例70例，麻疹排除病例报告发病率2.90/10万；报告麻疹病例4例（莲都区2例、松阳县例、庆元县1例），风疹病例4例，排除麻疹风疹病例62例。无暴发疫情、无死亡病例报告。开展脊灰、麻疹疫苗集中式查漏补种、初三学生麻风疫苗接种、推进春秋季入托入学查验接种证工作。完成五星级规范化预防接种门诊创建1家，三星级规范化预防接种门诊创建7家，全市省级规范化预防接种门诊建设率99.31%。

【防治慢性非传染性疾病工作】 2016年，开展慢病监测、死因监测，全市报告新发恶性肿瘤病例8167例、糖尿病病例7091例、脑卒中病例6942例、冠心病急性事件病例1212例，上报死亡个案16306例，前五位主要死因顺位依次为恶性肿瘤、脑血管病、心脏病、呼吸系统疾病、损伤和中毒外部原因。全市平均期望寿命79.79岁，其中，男性为77.85岁、女性为82.15岁。2016年丽水市青田县、松阳县、遂昌县、庆元县、龙泉市被命名为"浙江省慢性非传染性疾病综合防控示范区"，实现9个县（市、区）全覆盖。

【地方病和寄生虫病防治】 2016年，开展碘缺乏病监测工作，全市监测儿童家中盐样1960份，其中合格碘盐1794份，合格碘盐食用率91.53%；对1935名8—10岁儿童进行甲状腺触诊，甲状腺肿大率0.83%；对全市1935名8—10岁儿童开展尿碘监测，儿童尿碘中位数在153.50—249.00微克/升之间；全市监测孕妇家中盐样878份，合格碘盐793份，合格碘盐食用率90.31%；对906名孕妇开展尿碘监测，尿碘中位数146.99微克/升。开展布病监测，全市监测280人，发现3例布病病毒携带者。开展三热病人疟疾监测，发现输入性疟疾病例25例（与2015年同期相比下降92.31%），均得到及时处置和规范治疗。推进消除疟疾行动，通过省级消除疟疾评审。

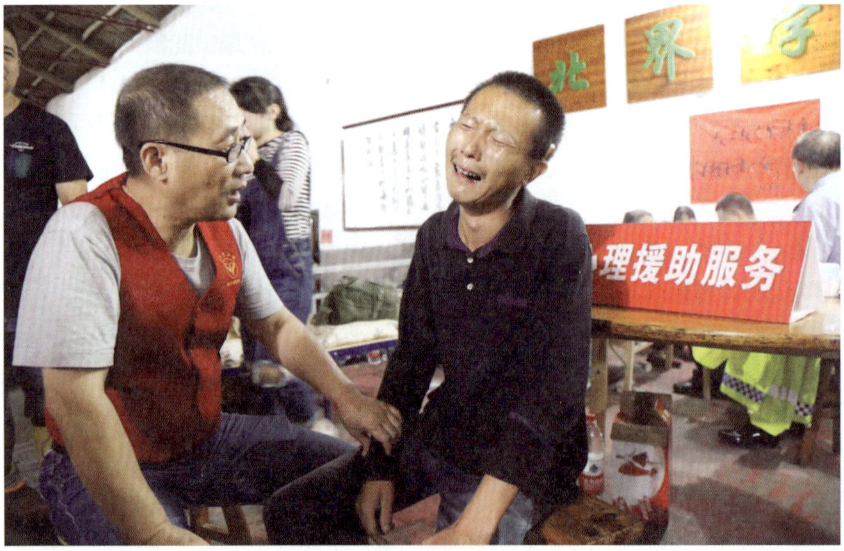

心理援助服务 应丽芬 提供

【开展职业病和学生健康监测工作】 2016年，开展丽水市铸造行业风险评估，监测企业2家，开监测评估高温、噪声、振动、石蜡气溶胶及粉尘5项职业危害因素。全年诊断职业病22例，其中尘肺20例，其他职业病2例，市疾控中心受理职业病鉴定申请4例。全市21家医疗卫生单位及企业开展个人放射剂量监测330人，监测率100%，检测结果均在国家标准范围内。全市体检361所学校，体检学生283882人，其中，小学生165438人、初中生68932人、高中生31805人、职高17707人。全年丽水市中小学生常见病发生率顺序依次为：视力不良率39.31%、龋患率19.60%、营养不良率10.71%、肥胖率8.90%、沙眼0.94%、贫血4.05%（2337/57761）、蛔虫感染率0.30%（25/8260）。

卫生应急

【"9·28"遂昌县苏村山体滑坡医疗救援和灾后防疫工作】 9月28日17时28分，遂昌县北界镇苏村发生山体滑坡。全市卫生计生部门第一时间启动应急预案，做好灾害现场卫生应急处置工作，统一指挥调度市直各医疗、疾控、卫生监督、心理援助机构有序开展医疗救治、消杀防疫、健康教育、心理干预等各项工作。省、市、县各医疗卫生单位派出医疗、防疫、卫生监督及心理干预人员3411人次，其中，省直派出106人次，市直医疗卫生单位派出911人次。市县出动救护车220辆次，市直医疗卫生单位出动救援车辆195辆次，其中出动救护车94辆次，卫生防疫、卫生监督车辆101辆次。完成卫生应急卫生保障任务。

【创建省级卫生应急工作示范县（市、区）】 2016年，市卫生计生委按照《浙江省卫生应急工作示范县（市、区）评估实施办法》，推进全市省级卫生应急示范县（市、区）创建，龙泉市、缙云县、松阳县、云和县创建成功。至年底，全市6个县（市）创成浙江省卫生应急工作示范县（市）。根据莲都区申报“丽水市卫生应急工作示范乡镇（街道）”请示，市卫生计生委组织专家以现场考评方式对各乡镇（街道）进行抽查考评，完成卫生应急示范乡镇（街道）市级考评验收。

【提高突发事件处置能力】 2016年，市本级、各县（市）开展灾后卫生防疫、食物中毒应急处置等卫生应急演练工作，体现演练与工作实践相结合，提高全体应急队员的卫生应急处置能力。履行联防联控办公室职责，畅通工作渠道，推进措施落实，实现人感染H7N9禽流感、中东呼吸综合征、埃博拉出血热等疫情“零输入”。全年全市报告3起突发公共卫生事件相关信息，均得到有效控制，原因查明率均100%。全年全市未发现突发公共卫生较大事件、重大事件、特别重大事件。 （柳丽海）

卫生监督

【概况】 2016年，全市卫生监督监管对象8321家。其中，公共场所6009家、医疗机构1687家、放射诊疗单位80家、学校367所、餐饮具集中消毒监督企业9家、消毒产品生产企业10家、职业健康检查机构13家、职业病诊断机构2家、集中式供水单位31家、二次供水单位109家、涉水产品生产企业4家、病媒生物备案单位19家。全市办理各类许可事项6779件，办结卫生行政处罚案件894件，罚没款123.03万元，全市卫生监督员人均办案7.4件，未发生卫生行政复议和行政诉讼。丽水市卫生监督所、云和县卫生监督所承办的2件案件入选“2016年浙江省卫生计生监督执法十大优秀案例”。丽水市获全省卫生计生监督工作绩效综合评价“优秀市”称号。

【打击非法行医】 2016年，市卫生计生委回访排查历年打击非法行医可疑点111人处。开展打击非法行医“双随机”暗访，制订既往非法行医点和重点抽查对象、打击非法行医执法人员等两份双随机名录库，暗查暗访点位54处，发现涉嫌非法行医点13处，立案办结5件，移送公安1件，全市未发生非法行医致死致残事件。市卫生监督所制作打击非法行医微课获国家卫生监督中心、浙江省卫生监督所发文表彰。

【“依法执业，守护健康”行动】 2016年，市卫生计生委开展全市医疗机构“依法执业 守护健康”检查。完成口腔诊疗机构项整治，制订《丽水市口腔诊疗机构整治专项行动工作方案》，加强各级各类口腔诊疗机构人员资质、消毒隔离、放射防护和院感控制监督管理，对市区口腔诊疗机构医疗器械、环境物表进行全覆盖监督监测。完成母婴保健专项行动，全市从事母婴保健技术服务医疗机构76家、妇幼保健机构9家，母婴保健技术服务执业许可证、母婴保健从业人员技术考核合格证书持证率100%。完成美容场所“护美保健康”专项整治，出动执法218人，检查生活美容场所456家，检查医疗美容机构12家、立案查处11件、罚款7.42万元、没收违法所得17.84万元。开展草药（摊）店专项治理，出动执法380人，排查场所500家，发放资料1252份，整改、整治草药摊点78家，立案处罚5件。

【传染病防控监督管理】 2016年，市卫生计生委针对“山东济南非法经营疫苗事件”，开展预防接种单位监督检查，未发现从不具有疫苗经营资格单位或者个人购进二类疫苗情况。进行人感染H7N9流感、儿童手足口病、登革热等常见疫情防控和预检分诊、登记报告、健康教育等防控措施落实情况监督检查。开展传染病防治抽检，对全市22家二级以上医院、9家民营医院、80家妇科及口腔医疗机构院感管理进行专项督导检查，下达卫生监督意见书80份。进行市区医疗废物专项检查和医疗机构消毒隔离监测，配合市审计局开展医疗废物专项审计，全市二级、三级医院医疗废物电子监控设备安装完成率100%。2016年，全市监测抽检消毒后餐饮具样品710份，合格700份，合格率98.59%，对抽检不合格单位立案3起，罚款金额2.4万元。查处无证生产一次性湿巾企业2家，查处经营“禁止经营消毒产品”单位9家，抽检消毒产品269个，并公示检测结果。

【饮用水卫生监督管理】 2016年，市卫生计生委对供水单位量化分级管理，对全市21家持证集中式供水单位监督抽检，完善信息公示。云和举办水厂开放日活动，让党代表、人大代表、政协委员、群众代表“零距离”见证放心水。全市14台水质在线监测设备与省卫计委联网运行。推进社区生活饮用水示范项目，对全市51个社区255个监测点每月进行水质监测和公示，云和县实现县城9社区水质检测公示全覆盖。完成全市农村小型供水调查，全市农村设计日供水百吨以上千吨以下供水设施396家，涉及乡镇150个，覆盖61.8015万人，调查380家，调查覆盖率95.96%，根据调查结果向市治水办提出"加强农药化肥管理、做好农村饮用水水源保护"建议被采纳，并列入全市"五水共治"目标考核。

【食品安全企业标准备案】 2016年，全市准予食品安全企业标准备案85件，其中文本备案69件，修改单备案16件，完成备案文本上传公示工作。开展企业标准备案质量评估，聘请省级专家开展质量审核，提高备案工作质量。

【公共场所卫生监督管理】 2016年，市卫生计生委全面推进公共场所卫生重点监督检查和抽检工作，全市检查公共场所5095家，合格率66.26%，抽检1341户次，合格率94.07%。全市住宿、游泳、沐浴、美容美发场所量化分级率、管理员配备率100%，其他公共场所量化分级率80%。落实"二维码"信息公示制度，开发卫生管理员培训考试系统，参加培训考试1019人。开展3D影院卫生监督集中行动，检查、监测影院18家，10家违法影院给予行政处罚，通过整治，部分影院3D眼镜从"出租"发展为"一次性出售"，将3D影院独立消毒间设置为许可必备条件，提升行业卫生水平。开展游泳场所"夏季保健康"专项行动。推行游泳者健康承诺制度，录制"游泳者健康承诺制"公益宣传片，并在市电视台播放。对游泳场所经营者集体约谈，督促、指导办证。

【学校卫生监督管理】 2016年，全市2015年承办 "丽水市莲都区某小学学校教室照明不符合国家要求案"被评为2015年度国家卫生计生监督执法优秀典型案例。组织"校园卫生安全健康行动"，检查学校260所，开展教学与生活环境监督检测24所，对4所不达标学校出具卫生监督意见书，责令限期整改。

【放射和职业卫生监督管理】 2016年，市卫生计生委开展对市区5家公立医疗机构核素使用及制度、放射防护设施落实情况监督检查。迎接省卫生监督所对市中心医院、市人民医院职业健康体检和职业病诊断，开展对丽水市疾病预防控制中心的职业病鉴定工作"双随机"监督检查。完成《职业病防治法》落实情况监督检查，抽查职业健康检查机构3家、职业病诊断机构2家，检查职业健康检查报告书31份。

水体周边蚊虫消杀　　应丽芬　提供

【卫生监督信息化建设】 2016年，市卫生计生委推广卫生监督智能移动执法系统，推进现场执法，全市配备移动执法手持终端154台，便携式打印机52台，便携式复印机6台，省卫生监督管理系统中全市录入监管对象8321户，监督7799户，监督覆盖率93.73%，居全省首位，被监管单位基本信息完善率99.85%，行政处罚信息录入率100%，移动端监督12040户次，移动端录入率94.49%。推广卫生监督协管信息化平台系统，录入协管机构信息218家，协管人员信息349人，协管宣传活动114场次，协管巡查信息2207条。 （郑凯鹏）

妇幼保健

【孕产妇保健】 2016年，本市户籍产妇数21472人，活产21689人，孕产妇死亡3例，孕产妇死亡率13.83/10万。孕产妇系统管理率96.01%，筛出重度高危孕产妇496人，抢救危重孕产妇100例，抢救成功率97.09%。市产前诊断（筛查）中心完成产前筛查20652人，筛出高风险孕妇710例。产前诊断947人，经产前诊断确诊异常胎儿75例，其中：21—三体综合征17例，18—三体综合征10例，胎儿神经管缺陷7例，其他异常41例。产前诊断与产前筛查有机结合，提高出生缺陷胎儿孕期检出率，促进出生人口素质提高。

【儿童保健】 2016年，全市婴儿死亡率2.44‰，五岁以下儿童死亡率4.01‰。0—2岁儿童系统管理率95.94%，0—6岁儿童保健覆盖率96.83%。婴儿母乳喂养率92.47%。新生儿疾病筛查 21946 人，筛查率 97.89%，确诊遗传代谢病患 101 例，其中，G6PD 63 例，CH 21 例，亚 CH 13 例，其他遗传代谢性疾病 4 例。新生儿听力筛查 22208 人，筛查率 99.05%，确诊听力异常 38 人，异常检出率 1.71‰。为检出异常患儿及时落实干预措施。全市托幼机构 615 所，托幼机构卫生保健合格率 97.72%。丽水市区、莲都区和开发区托幼机构卫生保健实行一体化管理，完成 120 家托幼机构卫生保健年检，合格率 94.17%。

【妇女病普查普治】 2016 年，开展以预防妇女宫颈癌、乳腺癌为重点的妇女病普查，全市检查 228061 人，查出妇科疾病 82019 人，疾病检出率 35.96%，其中，检出宫颈癌 49 人、乳腺癌 28 人，卵巢癌 4 人，检出患病妇女及时治疗，提高妇女生命质量和健康状况。

【重大公共卫生项目】 2016 年，全市免费婚前检查 27486 人，婚检率 96.94%，检出疾病 3848 人，疾病检出率 14.0%。1—12 月全市新增叶酸服用 26595人，叶酸服用率 97.49%，住院分娩补助发放 15476 人，发放补助金额 773.8 万元。全市 26 家助产单位平均剖宫产率 43.45%。如期完成国家宫颈癌 19988 人和乳腺癌 3600 人项目任务。全市孕产妇艾滋病梅毒和乙肝检测率 99.99%，艾滋病、梅毒感染孕产妇检出率分别为 0.22‱、6.10‱，对检出艾滋病、梅毒感染孕产妇落实母婴阻断干预，全市实现艾滋病、梅毒母婴零传播；为乙肝表面抗原阳性产妇所生婴儿接种乙肝免疫球蛋白 1635 人，接种率 100.0%。

【机构内涵建设】 2016 年，全市完成市、县级妇幼保健院（所）与同级计划生育技术指导站的机构整合，妇幼保健与计划生育技术服务工作逐步融合。云和县妇幼保健计划生育服务中心完成对原县人民医院门诊大楼的改造升级，8 月，工作用房整体迁入新址。12 月，丽水市妇幼保健院、景宁县、青田县和云和县妇幼保健计划生育服务中心通过省“三优”示范点创建验收评估。

【母婴法律证件】 2016 年，全市 11 家签发单位签发出生医学证明 23079 份，其中：首次，签发 22105 份，换发 494 份，补发 480 份。出生医学证明当年签发率 91.31%。 （姚安军）

爱国卫生

【卫生创建】 2016 年，丽水市在全省 11 个地市的国家卫生城市综合评估中取得综合排名第三；推进国家卫生城市（县城）创建工作，组织专家对全市 7 个非国卫城市（县城）进行调研、暗访和技术评估，提升创建能力、巩固创建质量。至年底，龙泉市创建国家卫生城市工作通过国家爱卫办暗访，青田县、缙云县、庆元县、松阳县、遂昌县和景宁县创建国家卫生县城工作通过省爱卫办考核。各县（市、区）全面推进基层卫生创建，庆元县隆宫乡等 14 个乡镇被命名“丽水市卫生镇（乡）”，市级以上卫生乡镇创建率 98.6%；莲都区畲族老竹镇周坦村等 194 个村被命名为“丽水市卫生村”。举办创建国家卫生城市（县城）创建县（市）台账资料收集培训，涉及 15 部门，150 余人参加培训。

【农村改厕改水】 2016 年，丽水市卫生厕所累计 65.96 万户，卫生厕所普及率 97.149%，无害化卫生厕所普及率 90.3%；农村改水累计受益人口 200.2 万人，受益率 98.7%。

【健康教育】 2016 年，组织“世界卫生日”“世界无烟日”等卫生宣传日活动，推进健康中国行——公民健康素养促进行动，开展市级专家巡讲 20 余场；丽水市医疗卫生机构在浙江省无烟卫生计生系统暗访综合排名全省第一。积极开展健康促进单位创建活动，创成省级健康促进医院 2 家，市级健康促进医院 7 家、浙江省健康促进（银牌）学校12 家。 （王　艳）

计生工作

【概况】 2016 年，全市报表上报出生 32354 人，计划生育率 96.32%，高于省考核 95%要求。卫生国统报表出生婴儿性别比 105.51，继续控制在正常范围。国家免费孕前优生健康检查目标人群覆盖率 83.08%，流入已婚育龄妇女服务登记管理率 96%，流出已婚育龄妇女服务登记管理率 93%，流动育龄妇女生孕信息反馈率 92%、孕产妇孕早期建卡率 97.8%、婴儿死亡率 2.44‰、适龄儿童免疫规划疫苗接种率 96%等工作指标高于省考核要求。未发现因违法行政而引发计划生育重大案件，未发生不稳定事件及统计上存在严重弄虚作假行为。

【平稳实施“全面两孩”政策】 1 月 1 日，全面两孩政策落地以来，重点加强正面宣传报道，做好政策贯彻落实，引导群众依法、负责、有计划生育。根据“老人老办法，新人新办法”原则，做好前后政策衔接，推进生育服务制度改革。并根据往年丽水市已婚育龄人群的生育特点及趋势，分析预测、监测出生人口变化。推进妇幼保健、产科等公共服务建设，特别是建立孕产妇分级管理制度，加强县级孕产妇和新生儿抢救中心建设，完善危重孕产妇和新生儿会诊、转诊救治机制，加强妇幼健

医院举行新生儿复苏比武　　应丽芬　提供

康服务体系建设。全面两孩政策实施以来，全市出生人口基本符合预测之内，未出现集中抢生现象，未发生不稳定事件，是全省较为平稳的区域之一。

【开展新一轮国家级计划生育优质服务先进单位创建活动】 2016年，根据浙江省卫生计生委《关于印发浙江省开展新一轮全国计划生育优质服务先进单位创建活动实施方案的通知》精神，发动各县（市、区）从党政领导、部门协作、宣传倡导、依法管理、生育服务、扶助保障、信息支撑、基层网络等8个方面落实新一轮"国优"工作任务，并通过自荐、走访、评估等形式，确定景宁县申报新一轮国家级计划生育优质服务先进单位，并成功创建。

【落实计划生育工作责任】 2016年，市卫生计生委坚持计生工作"一把手"负责制，层层落实计生目标责任制考核。市、县两级人口与计划生育领导小组成员单位履行职责，发挥优势，做到齐抓共管。各级卫生计生部门经常开展督查指导和明察暗访，抓好计生过程管理。严格执行计生"一票否决"，全年全市审查209个单位、个人3291人，否决各类先进集体和先进个人评选资格77个。

【开展"标创工程"创建】 2016年，市卫生计生委继续实施"乡村计划生育标准化创建工程"，推进计生工作重心下移，强化村级责任，进一步强化"村两长"的计生工作第一责任人意识。落实政治、经济、责任"三捆绑"机制，对未完成年度目标任务的扣发"村两长"基本报酬，除重点民生工程外的新建项目不进村、已进村的暂缓项目资金发放，取消年度评优评先资格。进一步完善计生"村规民约"，推进形成村自管理格局。　（叶伟标）

【流动人口计生管理服务】 2016年，市卫生计生委健全"以外管外"、重点联系户制度管理模式，利用短信、微信、在外商会及流出人口相对集中地区建立党支部、计生协会等组织，为外出流动人口提供计生法律法规、优生优育、避孕节育、生殖保健等知识，加强外出对象计生服务管理，流出已婚育龄妇女登记管理率93%。建立"全覆盖、同待遇、共享受、促融合"基本公共卫生计生服务均等化体系，全市先后建成龙泉市剑池街道、云和县浮云街道、遂昌县云峰街道等流动人口规范化服务中心，为流动人口提供便捷优质服务。与公安、市场监管等部门协作配合，动态掌握流动人口底数，流入已婚育龄妇女登记管理率96%。启动流动人口婚育证明电子化管理改革，景宁县为省级试点县。做好省全员人口综合平台流动人口模块管理，接收反馈流出已婚育龄妇女信息，重点协查信息反馈率96.88%，通报信息接收率100%。

【性别比治理】 2016年，市、县两级均成立打击"两非"专项行动工作领导小组，（"两非"指非法进行非医学需要的胎儿性别鉴定和非医学需要的选择性别人工终止妊娠），把再生育对象全程跟踪管理服务列入目标责任制考核内容，保持对"两非"行为严打严管，全市再生育全程管理率96%以上。开展形式多样内容丰富的性别比综合治理宣传活动，落实孕情消失倒查制度，严把B超购买使用登记、出生实名登记等关口，努力防范"两非"行为发生。对照年度计划生育目标责任和"平安单位"等有关出生人口性别比考核要求，联合公安、市场监管局、妇联等部门召开治理工作会议，加强执法监管，开展专项整治活动，全年全市未发现"两非"案件。　（凌如娟）

计生协会

【概况】 丽水市计划生育协会（以下简称"市计生协"）自1988年4月成立以来，已建立市、县、乡、村四级组织网络。至2016年底，全市有各级计生协组织2552个（其中机关企事业计生协212个、流动人口计生协11个），会员22.27万人；组建志愿者队伍60

支，拥有志愿者人数1315人；开展致富发展项目89个（其中省级17个、市级5个、县级67个），落实项目资金133.2万元（其中省级62.8万元、市级9万元、县级61.4万元）；开展计生特殊家庭各类帮扶和服务活动253场次，服务对象2175人次，志愿者结对帮扶874对；开展慰问救助计生困难家庭3463户，发放慰问物品和救助资金192.57万元。举办生殖健康和优生优育讲座300场，受益人数37274人次；分别举办面向青少年、家长的青春健康教育讲座（培训）199场、128场，受益学生51279人次，受益家长27766人次。

【协会组织建设】 1月27日，召开市计生协三届二次理事会议，调整选举市计生协第三届理事会理事21人、市计生协第三届理事会常务理事11人，选举王峰为市计生协专职副会长。4月26日，召开市计生协三届四次常务理事会议，选举市卫生计生委党组书记、主任邱务土为市计生协常务副会长（兼），市计生协常务理事叶增日为市计生协秘书长。

【成立丽水市首个马寅初人口福利基金会执行部】 5月25日，市计生协与遂昌县计生协联合举行“5•29”会员活动日暨浙江省马寅初人口福利基金会遂昌县执行部成立仪式，这是丽水市成立的首个马寅初人口福利基金会执行部。开展马寅初人口福利基金会“春苗计划”助学行动，继续对庆元县38人、遂昌县30人、松阳县31人、景宁县40人的计划生育家庭贫困学生进行资助。2016年将助学金标准提高到初中生1200元、小学生1000元。

【计生协会员活动日活动】 2016年，全市开展以“实施全面两孩政策，促进人口均衡发展”活动为主题的、为期一个月的“5•29”计划生育协会会员活动日宣传服务活动。其间，全市举办学习教育活动383场次、27418人次；开展宣传倡导活动472场次、69388人次，组织开展培训咨询活动368场次、32044人次，发放宣传资料（品）累计237种、262566份（张）。

计生协开展“5•29”会员活动　　应丽芬　提供

【实施计生家庭发展促进项目】 2016年，全市有省、市级计生协的生育关怀和致富发展项目22个，其中，省级生育关怀项目17个、争取到省计生协项目补助资金62.8万元；市级计划生育致富发展项目5个、市计生协安排项目补助资金9万元。抓好2016年省、市级计生协22个生育关怀和致富发展项目，做好项目实施的协调、落地、指导、督查。

【开展计生家庭系列保险工作】 2016年，与中国人寿丽水分公司在全市开展“关爱女性健康，护航家庭幸福”活动。全市计生系列保险实现全覆盖，计生系列保险业务达1280.5万元，同比增长601.14%，承保人数42.57万人次，同比增长187.25%。其中女性安康保险977.98万元，同比增长60倍，承保人数20.84万人次，同比增长9倍。龙泉市、松阳县、云和县、遂昌县、丽水经济技术开发区（南明山街道）等5个县（市、区）均超额完成任务，实现县域适龄妇女承保面60%以上的活动目标。

【开展群众性宣传教育工作】 4—6月，全市巡回开展45场“我为二孩生育解疑惑”女性健康知识讲座活动，乡镇、街道、村（居、社区）和企事业单位、厂矿的育龄群众共3600余人参加。推进青春健康教育工作，中小学校及大专院校开展青春期生理、心理特点的青春期相关知识教育；丽水职业技术学院开展高校青春健康社团建设与服务项目。培育并建成遂昌中学为第二批“浙江省计生协青春健康教育基地”。巩固提升龙泉市小梅青春期教育基地的示范作用。龙泉市中小学素质教育实践活动中心的郑赟老师继续被聘为浙江省青春健康教育师资。由龙泉市卫生计生局、计生协出资13.5万余元，与龙泉市教育局合办，在龙泉市八都镇民族中学共同创建青春期教育体验馆。　（叶增日）

红十字会

【概况】 2016年，丽水市红十字会围绕中心、服务大局，贯彻中央和省委关于加强和改进群团工作决策部署，落实《国务院关于促进红十字事业发展的意见》《中共浙江省委浙江省人民政府关于加快发展红十字事业的意见》《中共丽水市委丽水市人民政府关于进一步加快发展红十字事业的实施意见》精神，推进“归零翻篇开新局”主题大讨论、“两学一做”学习教育等活动，推动全市红十字事业发展。4月22日，召开市红十字会三届四次理事（扩大）会议，聘请市委书记史济锡、市委副书记、市长朱晨担任丽水市红十字会名誉会长，选举市红十字会党组书记蔡承俊、市教育局局长何卫宁任副会长。会上授旗成立丽水市红十字应急救援队、丽水市红十字心理救援队。10月，市发改委、市红十字会联合印发《丽水市红十字事业发展“十三五”规划》。11月，省红十字会开展第二轮省级“红十字工作示范县（市、区）”实地评估，青田县红十字会在全省15个申报县考评获第二名，也是丽水市首个获省级“红十字工作示范县”。浙江省人民政府发文表彰丽水市莲都区“11·13”山体滑坡抢险救援先进典型，其中，丽水市红十字志愿者应急救援队记“集体二等功”1次，丽水市心理救援队记“集体三等功”1次，蓝忠伟和朝云记“个人一等功”1次，叶新敏和张岩记“个人二等功”1次，蓝雷军、吴庆红等18名救援队员记“个人三等功”1次。

【备灾救灾工作】 9月28日17时30分，受第17号台风“鲇鱼”影响，遂昌县北界镇苏村村发生山体滑坡灾害，造成重大人员伤亡和财产损失。灾害发生后，市红十字会组织工作人员、市红十字应急救援队和心理救援队，第一时间赶赴灾害现场开展救灾救援。29日凌晨，省市县红十字会联合成立救灾工作组，连夜部署救灾工作。10月，赴北京接受由丽水籍围棋国手柯洁九段发起，中国围棋协会、中国国家围棋队主办“情系丽水灾区，世界冠军公益指导棋募捐活动”，募集善款41万余元。全市红十字会系统接收灾区捐款268.3万元，物资18万元。

【人道救助工作】 2016年，实施“母婴平安”项目，救助外来务工贫困孕产妇386人次，发放救助金60万余元。“亲情帮扶基金”增资5.7万元，累计筹资110万元，发放救助金39万余元。开展“红十字博爱送万家”活动，市本级自筹资金50万余元，走访慰问特困家庭1218户。11月16日，浙江省红十字会2016年“康恩贝健康之旅——心脑血管疾病防治博爱行动”启动仪式在庆元县举行。庆元县红十字会获康恩贝集团有限公司捐赠价值50万元爱心药品，救助符合条件500位困难家庭心脑血管疾病患者，每位患者获1000元药品。

【应急救护工作】 2016年，全市培训救护员14508人，取证率达户籍人口比例0.55%；完成普及培训58012人，普及人数达到户籍人口比例2.18%。6—7月，分别在景宁县和青田县各举办一期浙江省红十字会人道救助专项资金应急救护师资培训班，培训二级师资82人。成功举办全市2016年救护师资技能大赛。8月，中国红十字基金会正式批复同意在浙江省援建15所“幸福天使红十字救护站”，其中，丽水市7所，占全省46.7%，分别是：莲都古堰画乡，青田石门洞，遂昌国家矿山公园、南尖岩、千佛山，松阳箬寮原始森林，景宁云中大漈，其中莲都古堰画乡、遂昌国家矿山公园、青田石门洞3个救护站参照AAAAA级景区标准援建；争取援建、救助资金和物资711万元，占全省1276万元55.7%。

【生命关爱工作】 2016年，全市采集造血干细胞血样入库229人份，成功实现捐献2例，庆元的蒋烨芳、松阳的潘晓云捐献出自己造血干细胞，两名白血病患者重获新生。实现人体器官捐献1例，累计实现器官捐献22例。 （叶青华）

5月8日，在市区纳爱斯广场开展“世界红十字日”纪念活动　　叶青华　提供

社会生活

民政工作

【概况】 2016年，丽水市城乡低保对象86750人，同比增长15.41%，其中，城镇低保对象7508人，同比增加6.36%；农村低保对象79242人，同比增加16.35%。年度支出低保补助资金2.55亿元，其中，农村低保补助资金2.24亿元，城镇低保补助资金2101.18万元。全市最低生活保障标准年度增长率14.49%，其中，农村低保平均标准同比增长18.44%，城镇低保平均标准同比增长10.55%。本市安排医疗救助资金1.38亿元，医疗救助人筹资标准51.85元，支出医疗救助资金1.23亿元，惠及56692人次；安排临时救助预算资金1231万元，支出救助资金3027.59万元，惠及41019人次。市救助管理站救助陷入困境的生活无着落人员1861人，收治精神病人和残疾人员458人，帮助34名精神障碍患者找到家人，帮助2名危重病人挽回生命，护送返乡56次。

丽水市养老服务机构136家，养老床位17625张，每千名老人养老床位数35.8张；建成居家养老服务照料中心357个。对全市1.35万名老人进行养老服务需求评估，享受养老服务补贴1.29万人，发放补贴资金1848.44万元。本市有特困人员3306人，其中，五保对象3091人，三无对象215人，集中供养率分别为86.87%和94.88%；全市五保对象平均供养标准为每人每月705元，三无对象平均供养标准为每人每月690元；全年支出供养资金2701.74万元，其中五保对象支出2520.74万元，三无对象支出181万元。

2016年，完成市级界线金丽线、县级界线松云线、松龙线、云景线和县级交会点龙庆景三交点的联检工作，全市边界和谐稳定，平安边界创建协议签订率100%。加强地名文化保护和清理整治不规范地名，完成第二次全国地名普查工作。开展千年古地名等地名文化遗产申报认定评审，缙云河阳村、庆元大济村2个古村入选全省首批十个千年古村名录。制定出台《丽水市地名文化遗产保护工作实施方案》《丽水市地名文化遗产保护名录》。全市各县市区均建立地名文化遗产保护名录并正式出台文件。全市2016年共办理地名命名94件、门牌38791块、门牌证（门牌清单）35059本。2016年，市委办出台《关于进一步深化殡葬改革的实施意见》，市民政局出台《丽水市节地生态安葬奖励补贴办法》《丽水市民政局骨灰安放跟踪管理规定（试行）》《关于规范异地死亡人员遗体外运工作的通知》，颁布实施《丽水市区殡葬设施布局专项规划（2015—2030年）》，全市全年火化区内火化遗体16720具，火化率100%。开展婚姻收养工作规范化建设，落实全市十大实事全面推行结婚登记预约服务。开展新中国成立以来婚姻登记历史数据补录和核对工作，补录数据451882条，全面实现婚姻档案信息化管理。全市全年办理结婚登记16870对、离婚登记5616对、收养登记238件、解除收养登记3件，其中涉外结婚登记640对、离婚登记97对、收养登记10件。

全市完成174个避灾点的规范化建设，乡镇级避灾安置场所覆盖率100%，村级覆盖率49%，乡镇级避灾安置场所标示牌100%，村（居）避灾安置场所标示牌100%。2016年，创建全国减灾示范社区7个，全省减灾示范社区5个。在丽水中学、丽水市职业高级中学、丽水学院附中3所直属学校内建立应急物资储备库。

全市社会组织3102家，其中，社会团体1849家，民办非企业单位1248家，基金会5家，本年度新增社会组织520家，其中，增长率19.5%。6月8日，市委办、市府办联合出台《关于加快推进现代社会组织建设的实施意见》；12月30日，市府办出台《丽水市人民政府办公室关于加快推进"三社联动"完善基层社会治理的意见》，为社会组织培育和规范管理提供政策支持。根据民政部要求，自1月1日起实行社会组织统一社会信用代码制度，实现社会组织登记证书、组织机构代码证、税务登记证“三证合一”。完成全市2270家社会组织年度检查，参检率100%；12月22日，丽水市社会组织综合党委正式获批成立。

2016年，丽水市“96345”平台接入话务量170130个，其中服务类92869个，咨询类74176个，居家养老类2245个，事务服务类709个。为群众提供生活类、事务类、咨询类130余项服务。丽水市现有村级社区服务中心1740个，其中2016年新投入使用13个。

全市接收2015年冬季退役士兵926人，符合政府安排工作退役士兵103人；完成2015年冬季退役士兵职业技能教育培训648人，知晓率100%，报名率69.98%，参训率100%；完成全市烈士证明书换证、补证工作，换发烈士证件5个。（吴杭轩）

【全市首个福利彩票亿元大奖】 1月26日，丽水市莲都区大洋路33109132投注站中出双色球第2016011期头奖，奖金1.5亿元。这是浙江福彩28年来中出的第二个亿元巨奖，也是丽水市首个福彩亿元巨奖。11月29日，景宁县红星街道惠民路157号33105903福彩投注站中出双色球第2016140期头奖，奖金2923万元。

2016年，丽水福彩年度销量5.24亿元，其中，电脑票销售2.61亿元，中福在线销售2.38亿元，刮刮乐销售0.25亿元，年度总销量同比增幅7.68%，完成率104.8%。开展“福彩暖万家”系列公益活动，资助困难人群1001人，资助群体包括困难大学生、残疾儿童、贫困少年、环卫工人、高龄老人、老红军，投入福彩公益金151.8万元。（季琛琦）

【市殡仪馆（圆满堂）开馆运营】 6月27日，市殡仪馆（圆满堂）揭牌，并正式投入运营。该项目位于莲都区联城镇苏埠村，总用地面积56970平方米，总建筑面积10358平方米，总投资0.95亿元，内设综合楼1栋，守灵房11栋，大中小告别厅11间，骨灰房1栋，油库1座，车库11间，火化炉4台，设计年火化量8000具。市殡仪馆（圆满堂）实行“事业运行管理与政府购买服务相结合”的运行模式，提供遗体接运、冷藏、火化与骨灰寄存四项基本殡仪服务，引进台湾莲华往生事业股份有限公司，提供守灵、遗体整容、遗体告别等选择性殡仪服务。（丁洁婷）

【将“支出型”贫困家庭纳入低保】 8月，市民政局出台《社会救助家庭经济状况认定办法补充意见》，将因刚性支出导致生活困难的“支出型”贫困家庭纳入最低生活保障。该文件是全省首个对《社会救助家庭经济状况认定办法》的补充政策，在申请救助家庭收入的核定计算中，将支出型贫困家庭的刚性支出进行核减，突破社会救助原有的框架，扩大救助范围。（王丽华）

2016年丽水市农村低保

表30

地区	低保人数（人）	提标前低保标准（元）	提标后低保标准（元）	累计支出低保补助资金（万元）
市本级	622	459	680	260.8445
莲都	10124	459	680	2708.412
龙泉	8523	396	436	2013.580
青田	15882	459	506	6441.42
云和	0	552	608	0
庆元	7029	396	436	2037.298
缙云	14471	451	506	3038.644
遂昌	6862	396	440	1670.1667
松阳	8122	396	436	2231.777
景宁	7607	396	436	1983.2655
合计	79242	—	—	22385.4057

2016年丽水市城镇低保

表31

地区	低保人数（人）	提标前低保标准（元）	提标后低保标准（元）	累计支出低保补助资金（万元）
市本级	11	612	680	6.9758
莲都	1247	612	680	499.0633
龙泉	320	528	582	126.2137
青田	752	612	674	408.0394
云和	3635	552	608	1466.2403
庆元	348	528	581	134.6176
缙云	155	601	674	40.1426
遂昌	212	528	582	86.143
松阳	213	528	581	90.4971
景宁	615	528	581	243.2456
合计	7508	—	—	3101.1784

（杨　慧）

7 月 29 日，丽水市获“全国双拥模范城”称号（中）　　吴杭轩　提供

【全国双拥模范城两届连冠】　丽水市于 2012 年首次获得全国双拥模范城称号。2012 年以来，丽水市立足军民融合发展，完成浙西南革命根据地纪念馆爱国主义教育基地建设；开展“寻访浙江最后一批红军失散人员”活动，弘扬老区“红色”文化；累计投入 2 亿元支持驻丽部队建设，为军分区民兵训练中心、信息化基础设施建设及市武警支队建设等提供经费保障。2016 年 7 月 29 日，丽水市经全国双拥工作领导小组审查，再次获全国双拥模范城称号，实现全国双拥模范城两届连冠。（何建东）

【举办 2016 丽水·台湾养老服务业发展研讨会】　5 月，丽水市组织举办 2016 丽水·台湾养老服务业发展研讨会，台湾长期护照专业协会理事长周丽华、常务理事林丽婵、监事蔡芳文以及部分市人大代表、市政协委员，市区部分高校、医院代表，市社会养老服务体系建设领导小组成员单位代表，全市民政系统养老工作人员及部分养老服务机构代表等 190 人参加。研讨会以共同推进山区特色养老服务业发展为主题，围绕丽水市高龄化、空巢化、失能化老龄现状，借鉴台湾先进经验和做法，交流、探索创建丽水山区特色养老服务模式。（陈豪杰）

【发布丽水市养老机构绩效评估地方标准】　2016 年，丽水市发布实施全省首部针对养老机构绩效评估地方标准——《丽水市养老机构绩效评估规范》，从养老机构的环境设施、经营管理、服务业务、创新示范等设置具体评估指标，并规定每三年对全市所有符合条件的养老机构开展绩效评估，市级民政部门统一发布年度全市养老机构绩效评估计划，根据属地管理原则，由县级民政部门委托第三方评估机构，实施本辖区内养老机构绩效评估工作。针对养老机构的评估结果，制定对应的奖惩措施。（杨婷婷）

【革命老区】　1988 年 5 月 13 日，丽水地区：丽水市（现莲都区）、龙泉、青田、缙云、云和、庆元、遂昌、松阳、景宁 9 个县（市）被省政府批准为革命老根据地县（市），丽水地区成为全省首个所有辖区均为革命老根据地的地区。中央红军所属的红军挺进师以丽水为中心的区域创建浙西南革命根据地，为丽水带来丰富资源、历史地位，在全国党史上具有典型意义，丽水被誉为浙江的“井冈山”。2016 年，中央财政向丽水市下拨专项扶贫革命老区发展资金295 万元。（田鸿滨）

移民工作

【概况】　2016 年，丽水市境内有大中型水库 33 座，小型水库 394 座，移民人口 155348 人，其中大中型水库直补移民 105966 人，项目扶持移民 35974 人，小型水库移民 13408 人。市移民办妥善解决遂昌县石练镇“11·11”事件、解决青田外雄水电站涉及 1250 人移民资格确定问题，组织完成滩坑移民竣工验收建设征地移民安置独立评估报告。配合省移民办开展移民资金使用管理绩效检查，委托杭州中介机构开展移民资金管理内部审计，移民资金检查或内审面 50%以上，并对检查中发现问题进行全面整改。2 月、5 月，省民政厅、省移民办领导到青田、景宁、松阳、莲都等地考察和指导移民工作。

【移民后期扶持工作】　2016 年，市移民办全年完成项目 996 个，投入移民项目资金 1.25 亿元。出台《进一步推进移民地区生态经济发展的意见》。按照鼓励创业创新、符合产业规划、促进转型升级、突出扶持重点的原则，完善移民后期扶持工作机制，推进库区和移民安置区生态经济发展。完成大中型水库移民后期扶持“十三五”规划编制工作。全面启动以移民民情地图、项目管理平台升级、移民系统办公平台为载体的“数字移民”工作。

【新建水库移民工作】　6 月，缙云县潜明水库正式公布《好溪水利枢纽工程潜明水库一期工程移民安置办法》，6 个村完成 5 个村土地征收工作，移民动迁安置工作启动，涉及人员 2964 人。松阳县制定《黄南水库移

民安置办法》；庆元兰溪桥水库扩建工程实物调查阶段工作完成并进行公示，选择移民安置地；遂昌清水源水库、缙云抽水蓄能电站通过省移民办组织工程实物调查大纲评审，完成工程建设实物调查，9—10月，通过省移民组织的移民安置规划大纲评审，11月，缙云抽水蓄能电站通过移民安置规划大纲评审。全市建立"新建水库移民政策协调工作小组"，做好为各地水库建设和移民动迁安置政策衔接和工作平衡，实现移民安置工作有序推进。（吴建国）

残疾人事业

【概况】 2016年，全市现持证残疾人6.95万人。全市财政投入残疾人事业（含残疾人就业保障金）2.31亿元，比上年增长20.31%。5月13日，召开全市残疾人工作会议，市政府与各县（市、区）政府签订残疾人工作重点任务责任书。联合市发改委出台《丽水市残疾人事业发展"十三五"规划》。10月，9个县（市、区）均完成残疾人事业发展"十三五"规划编制、发布工作。市残联在全省市级残联2016年度残疾人工作目标考评中被评为优秀单位，市财政局、市残联和龙泉市残疾人康复中心及吴善印、李冠武、谢根雨、徐丽翠、蓝伟群等人分别被省残工委授予全省"十二五"期间残疾人工作先进集体和个人。

全面落实《关于推进残疾人全面小康进程的实施意见》，全市近5.2万残疾人享受到各类惠残政策，占持证残疾人75.36%。实施残疾人单独施保扩面政策，全市共有22400名残疾人享受低保或单独施保，人数比2015年增加28.83%。为849名残疾儿童实施康复治疗和训练及残疾儿童辅助器具，补助金额807.5万元；49794名残疾人享受城乡居民基本医疗保险补贴，参保率居全省第一；10324名残疾人享受城乡居民基本养老保险补贴，参保率居全省第三；残疾人家庭人均可支配收入占社会平均比例75.99%，位居全省第二。52914名残疾人享受意外伤害险，投入资金163万元。推进托养服务机构责任保险，为1374名统一购买人身意外保险。

【扶残政策体系】 2016年，市残联完成《丽水市残疾人事业发展"十三五"规划》编制、发布工作。市政府、9个县（市、区）均先后出台《关于推进残疾人全面小康进程的实施意见》《关于全面建立困难残疾人生活补贴和重度残疾人护理补贴制度的实施意见》及两项补贴制度实施细则。市卫计委、市人力社保局、市财政局、市民政局、市残联联合出台贫困精神残疾人服用基本抗精神病药物费用全额保障的政策，在全省率先实施精神病人免费服药全市一卡通。与市商务局、市人力社保局联合下发《关于实施电商助残计划 支持残疾人创业促进就业的意见》，成功将市残疾人电子商务孵化中心列入省级创业孵化基地建设试点。12月，市残联出台《丽水市残疾人托养中心托养服务办法》。

【残疾人"两项补贴"制度】 2016年，省、市政府出台困难残疾人生活补贴和重度残疾人护理补贴制度（简称"两项补贴"制度），2月，市残联组织编制2016年残疾人"两项补贴"资金测算报告并汇总报省残联，争取省级资金支持。3月10日，与市民政局召开全市两项补贴工作会议。4月，县（市、区）启动两项补贴申报办理。9月，市本级及9个县（市、区）通过政府发文或转发文形式相继出台两项补贴实施意见，与民政、财政等联合出台实施细则。庆元、缙云、青田等县建立残疾人生活自理能力评估小组和出台评估办法。11月，9个县（市、区）全面开展"两项补贴"发放工作。至年底，全市发放两项补贴资金9619万元，发放困难残疾人生活补贴31223人，占持证残疾人42.9%；发放重度残疾人护理补贴19786人，占持证残疾人27.19%。

【召开全市残疾人事业发展大会】 11月28日，全市残疾人事业发展大会在丽水召开。市委副书记、市长朱晨出席会议并讲话，副市长任淑女主持会议，市政协副主席、市残联理事长齐育华做工作报告。会议表彰"十二五"期间全市残疾人工作先进集体、先进个人和"最美残疾人""最美助残人"等，市卫计委、龙泉市政府、莲都区残联分别作工作交流。市残工委各成员单位主要领导，各县（市、区）政府和丽水开发区管委会分管领导，各县（市、区）残联理事长，"十二五"时期市残疾人工作先进代表，市残疾人专门协会主席、秘书长，市、区残联全体干部职工150余人参加会议。

【精准康复服务项目】 2016年，市残联在全省率先出台并实施残疾人精准康复服务行动，全市残疾人基本康复服务率86.22%，2850名残疾人享受助听、助明、助行服务，残疾儿童基本康复实现目标人群全覆盖。对168户贫困残疾人家庭实施无障碍改造。用好用足残疾人司法救助基金，发放救助金95万元，惠及残疾人60户。

【托养康复服务设施建设】 2016年，市残联投资7600万元市残疾人托养中心项目全面完工，完成机构设置、人员招聘等工作。龙泉市残疾人康复托养中心投入使用，庆元残疾人托养中心、遂昌县托养康复中心新建项目立项，其他未建县全部列入“十三五”规划。市残联康复中心转建康复医院工作全面完成，开放床位60张，新增二类事业编制40名；完成与台湾自闭症基金会“儿童康复早期干预机构评鉴技术”合作项目；建立华东师大自闭症研究中心丽水市残联实训基地、浙江特殊教育职业学院丽水教学基地。丽水市、龙泉市康复中心被确定为省儿童康复定点机构。景宁县康复中心投入使用。县级康复中心项目全部建成并开设一个以上的儿童康复项目。

【扶残助残活动】 2016年，全国助残日期间，市本级开展走访慰问活动、“自闭症儿童康复”公益讲座、无障碍宣传服务等11项主题活动，举办扬帆集团轮椅赠送仪式。继2014年后，再次争取省残疾人福利基金会和上海拉夏贝尔服饰股份有限公司捐赠1.3万件服饰。全年开展助学1134人，其中市本级助学支出34万元，学前教育助学(彩票公益金支付)30人。开展全市“福彩牵手·关爱残疾孩子”专项资助，惠及残疾儿童200人。建立市残工委成员单位党员志愿者服务队，由19个单位63人组成志愿者服务队开展多形式助残服务活动。组织狮子会服务队、丽人志愿者、市中医院党员开展100余人残疾儿童微心愿圆梦活动。

【残疾人事业主题宣传】 2016年，市残联拍摄残疾人事业五年成就和扶残政策专题访谈电视专题片。开展文化艺术进农村(社区)、“美就在你身边”残疾人摄影书画采风活动。举办“与爱同行　共享小康”《自强之歌》9个代表队合唱比赛。丽水市特殊教育学校获全国残疾人体育先进单位。全年编辑《丽水自强报》12期、《丽水残联》43期，网站、微信公众号、微博、短信平台等及时发布残联工作信息，在丽水电视台、丽水日报、处州晚报和全市所有县际公交大巴和市内闹市区公交站台播出残疾人事业公益广告。及时更新残疾人事业成就展厅和摄影长廊。一楼大厅电子屏幕每天滚动播放励志短语和创建全国文明城市宣传标语。（刘任和）

民族工作

【概况】 2016年，市民宗局认真贯彻执行党和国家民族政策，持续推进中央、省、市民族工作会议精神落实，突出增收重点，精准施策促发展，促进民族团结、社会和谐。全市少数民族农村居民人均可支配收入15697元，比上年增长11.6%；增幅连续11年高于全市农村居民平均水平。深化民族团结进步事业，开展民族团结进步创建，举办民族团结进步模范典型宣传展，指导景宁畲族自治县等11家单位创建民族团结进步“六进”示范单位。丽水市博物馆被命名为第四批全国民族团结进步教育基地，丽水学院民族学院首次承办全省城市民族工作专题培训班。加强少数民族干部人才队伍建设，建立健全科级及以上少数民族干部数据库，针对少数民族干部、民族村干部、创业致富带头人等，分层次、分类别开展培训，全年举办培训班3期，150余人次参加培训。贯彻执行新修订《中国公民民族成分登记管理办法》，全年办理民族成分变更审核21人。做好少数民族学生中高考加分政策审核，补助少数民族学生“民族教育券”709.8万元，补助少数民族群众参加城乡居民合作医疗费907.9万元。

培育民族地区内生发展动力，争取到中央发展资金978万元、省发展资金1330万元，协调落实“五水共治、五教同行”结对项目资金240万元。市本级民族扶持资金从305万元增加到565万元，每个民族乡镇每年可获省市县三级财政固定扶持资金350万元。制定出台《丽水市少数民族项目及资金管理操作细则》，在全市开展少数民族发展资金使用情况和项目实施情况专项督查，确保帮扶资金使用安全。引导支持民族地区发展畲家乐、畲家民宿、农村电子商务等特色产业，做好农旅融合文章。景宁县龙凤民族服饰有限公司被列为全国“百家壮大”民族贸易企业名单。

促进民族文化繁荣发展，加强畲

5月13日，丽水市举行第二十六次全国助残日活动　刘任和　提供

族传统文化挖掘传承弘扬，指导景宁畲族自治县举办2016年“中国畲乡三月三”活动、中国（浙江）第三届畲族服饰设计大赛、畲族服饰发展论坛。莲都区丽新畲族乡举办第二十三届“新桥竹柳”三月三畲族歌会、松阳县内陈民族村举办“中国梦畲乡情”全省畲歌联谊会活动，成为宣传民族风情、吸引游客的有效载体。完成丽水市畲族文化研究会换届，成立丽水市民族文化产业促进会，加强两个社团的合作沟通，推动畲族文化产业的创新发展。

【编制出台少数民族事业发展“十三五”规划】 2016年，丽水市在全省率先编制发布《丽水市少数民族事业发展“十三五”规划》。该规划作为丽水“十三五”时期发展少数民族事业的指导性文件，明确民族工作的指导思想、重点工作、主要任务和保障措施。并制定规划主要指标任务分解清单，切实推动规划落细落实。

【开展民族团结进步模范表彰】 10月17日，市政府印发《关于表彰丽水市民族团结进步模范集体和模范个人的决定》，决定授予莲都区农办（扶贫办）等20个集体为“丽水市民族团结进步模范集体”称号，授予雷勇军等40人为“丽水市民族团结进步模范个人”称号。

【推进少数民族特色村寨建设】 2016年，市民宗局通过重点打造、以点带面的形式，在全市49个民族村开展创建工作，35个村已基本建成，12个村被列入全省少数民族十佳特色村寨培育名录。莲都区沙溪村，龙泉市署网村，松阳县内陈村，景宁县马坑村、周湖村等民族村被列入“第二批中国少数民族特色村寨命名挂牌名录”，全市8个畲族村被评为国字号少数民族特色村寨。

【音乐剧《畲娘》参加少数民族文艺会演】 由丽水市创编畲族题材音乐剧《畲娘》代表浙江省参加第五届全国少数民族文艺会演，8月23—24日，在北京梅兰芳大剧院演出并取得圆满成功。剧目并被评为“最佳音乐创作奖”。新华社、中央电视台、中国民族报、浙江日报、浙江卫视、丽水日报、丽水电视台等20多家国家、省、市媒体对剧目参演情况进行专题报道。

【2016第三届中国（浙江）畲族服饰设计大赛】 4月9日，由浙江省民族宗教事务委员会、浙江省经济和信息化委员会、浙江省服装行业协会主办；丽水市民族宗教事务局、景宁畲族自治县人民政府承办的第三届中国（浙江）畲族服饰设计大赛总决赛在景宁举行。本届大赛以“山哈霓裳、畲华绽放”为主题，旨在弘扬畲族民族文化，发现民族服饰设计人才。经过激烈角逐最终评出金奖1个，银奖2个，铜奖3个和优秀奖6个。大赛现场授予景宁县“浙江省少数民族服饰发布基地”牌匾。 （钟卫锋）

宗教工作

【概况】 2016年，丽水市有基督教、天主教、佛教、道教、伊斯兰教等五大宗教。全市经认定备案的教职人员232人，统计在册宗教信徒9万人，经批准合法登记宗教活动场所554个，建立市级宗教团体3个。纳入登记编号管理民间信仰场所有858处。

【贯彻落实全国、全省宗教工作会议精神】 6月，组织召开全市宗教界人士座谈会，学习贯彻全国、全省宗教工作会议精神。7月，召开市宗教工作协调小组成员单位会议，调整充实市宗教工作协调小组，推动各级各部门履行职能，形成齐抓共管格局。8月，召开全市宗教工作会议，市委书记史济锡出席会议并部署全市宗教工作，市长朱晨主持会议。

【平安护航G20系列行动】 2016年，市民宗局组织实施“平安护航G20”全市宗教活动场所安全整治专项行动，开展地毯式排摸，解决宗教方面短板问题88个。G20期间，全市2.3万人次到宗教场所巡查，1.2万人次参加24小时值班值守，确保全市宗教领域稳定平安。开展宗教场所视频监控建设工作，将宗教活动场所纳入全市公共安全视频监控建设联网应用工作“十三五”规划，联合公安部门两次发文，全市完成重点场所视频安装联网167处，安排资金1117万元。依法打击非法活动，协调公安、教育、消防等部门，在全市开展暑期非法宗教活动专项清查行动，依法制止暑期宗教培训班等各类非法宗教活动15起。

【民间信仰场所管理】 2016年，市民宗局继续开展民间信仰活动场所登记编号工作。在龙泉市开展民间信仰管理试点工作，成功打造民间信仰管理“龙南模式”，在农村社会治理中发挥示范效应。省民宗委以《传统文化、凝聚人心——“龙南民俗”值得关注》为题编发工作简报，上报国家宗教局和省委省政府。11月，丽水市民间信仰管理工作现场会在龙泉召开，推广龙泉“龙南模式”经验。

【宗教界队伍建设】 2016年，市民宗局加强思想教育建设，分别举办全市佛教、道教、伊斯兰教人士培训班和全市天主教、基督教人士培训班，赴井冈山、延安等革命老区现场教学，该项工作得到省委肯定，省委办公厅发文推广丽水经验。指导宗教团体加强自身建设，举行全市佛教教职人员证书颁发仪式，引导树立法治观念。指导帮助市佛协完成换届工作，青田县完成基督教“两会”换届工作，龙泉市成立道教协会。引导宗教界发挥正能量，指导市佛教协会和宗教活动场所为遂昌苏村地质灾害募捐、开展“腊八”宗教慈善等活动。部署以“规范”为主题的和谐寺观教堂创建活动，编撰《丽水和谐寺观教堂概览》。指导市佛协在龙泉崇仁寺举办全市讲经交流法会，推荐获胜选手参加全省讲经交流比赛，并获第二名。（吴　燕）

老龄工作

【概况】 按户籍人口统计，至2016年底，全市60岁及以上老年人口49.72万人，其中，城镇60岁及以上老年人口30.71万人，农村60岁及以上老年人口19万人，老年人口占总人口18.55%，老年人口与去年同期相比增长5.03%。老龄化程度最高的为遂昌县，老年人口占总人口比重为20.73%；其次是云和县，老年人口占总人口比重为19.58%；再次是缙云县，老年人口占总人口比重为19.48%。老龄化程度最低的为青田县，老年人口占总人口的比重为16.54%。全市65岁及以上老年人口33.19万人，70岁及以上老年人口21.68万人，80岁及以上老年人口8.8万人，90岁及以上老年人口9973人，100岁及以上老年人口169人。编制《丽水市老龄事业“十三五”发展规划》《丽水市“中国长寿之乡”“中国气候养生之乡”品牌推广利用规划》，并通过论证。市老龄办被省老龄办、省人力社保厅推荐申报全国老龄系统先进集体，并被省老龄办评为2016年度全省老龄工作目标考核优秀单位、老龄信息工作先进单位。莲都区、缙云县、景宁县老龄办被评为全省先进县（市、区）老龄办。

【中国长寿之乡绿色产业发展联盟成立】 4月11—13日，中国长寿之乡第三次联席会议、绿色产业发展联盟成立大会暨“长寿之乡与金山银山”（丽水）高峰论坛在丽水举行。来自全国15个省（市、自治区）51个长寿之乡政府及部门代表、国内知名专家、企业家、媒体记者等300余人参加。中国老年学和老年医学学会常务副会长赵宝华、副会长王五一、秘书长翟静娴，副省长黄旭明，省老年学会会长徐鸿道、广西老年学会副会长钟成林，省老龄办主任苏长聪，市委书记史济锡、市长朱晨等领导参加大会。会议表决通过联盟章程、会员代表大会决议、联盟理事会组成方案；讨论审议联盟及专家咨询委员会、企业家委员会2016年工作计划。期间，召开中国长寿之乡绿色产业发展联盟第一次会员代表大会，成立中国长寿之乡绿色产业发展联盟。举办“长寿之乡与金山银山”（丽水）高峰论坛，丽水和其他长寿之乡江苏溧阳、山东文登、贵州赤水、山东青州、广西东兰等地代表及张义丰、杨燕绥、李明德等知名专家围绕“长寿之乡与金山银山”主题，开展发展经验和理念的交流。举办长寿之乡名特优产品展示、企业家委员会品牌•电商恳谈会。开通联盟官方网站和微信公众号，组织有关各长寿之乡绿色生态发展成果展览，制作长寿之乡宣传短片。

【中国长寿之乡绿色产业发展联盟启动运行】 2016年，中国长寿之乡绿色产业发展联盟成立后，秘书处设在丽水。市老龄办履行联盟秘书处职责，建立联盟秘书处与分支机构、联盟会员的日常联络联系、沟通协调协作机制，解决联盟行文、财务、印信等问题，保证联盟正常有效运行。开展首次中国长寿之乡特色服务业示范城市、养生（老）名优产品认定工作：经初审、实地考察和评估、联评、向各理事长征求意见、公示等程序，有7个城市（基地），4位乡贤，31种名优产品，被确定为首批中国长寿之乡特色服务业示范城市（乡情体验基地）、乡贤人物和养生（老）名优产品。其中，丽水市缙云县、遂昌县分别获评“中国长寿之乡健康养生服务示范城市”“中国长寿之乡旅游文化服务示范城市”；云和县李光亮获“中国长寿之乡乡贤人物”；莲都区东西岩景区等12种产品被认定为“中国长寿之乡养生（老）名优产品”。

【开展中国长寿之乡养生名优产品宣传推介活动】 10月21—23日，2016丽水生态精品农博会暨中国长寿之乡养生名优产品博览会在杭州和平国际会展中心举办，来自全国12个省25家长寿之乡参加，52家企业（其中4家以长寿之乡为单位）参展，200余名来自长寿之乡代表参加博览会。其间，召开联盟理事长扩大会议，举行联盟工作推进会暨中国长寿之乡特色服务业示范城市、养生（老）名优产品颁发证书、授牌仪式，联盟与北京二商集团战略合作协议签约仪式，举办首届寿乡农旅结合电商培训等活动。10月22日，联盟与北京二商集团、中农服公司签订战略合作协议。11月14日，在上海举行丽水市旅游宣传推介会上设置寿乡联盟展位，宣传推介各寿乡旅游产品。11月19—21日，在山东文登举办首批中国长寿之乡养生名优产品宣传推介活动。11月20日，在杭州中华农业电商博览园设立寿乡联盟展览馆。12月9—10日，联盟派员参加2016连州菜心节暨三阳一连新农产品展示展销会。推进联盟和北京二商集团合作，丽水寿乡养生产品进入二商集团供应系统，就二商集团在中国长寿之乡建立养生产品生产供应基地等达成协议。建立联盟网站和微信公众号，网站和微信累计发布图文信息1600条。完成《长寿之乡与金山银山》论文征集和编选；编印《中国长寿之乡百岁老人传奇故事》，征集38个长寿之乡报送269篇百岁老人传奇故事。联盟企业家委员会和青田县政府、市供销合作社等单位联合开发中国长寿之乡养生（老）名优产品出口集散中心，面向各长寿之乡招商。

【省老年友好城市创建工作】 2016年，加强与各创建责任单位沟通对接和督促检查指导，推进省老年友好城市创建。要求各创建相关单位，测算创建工作经费，做好与财政部门对接，确保创建经费落实。做好对莲都区、开发区创建经费测算和争取预算安排的工作指导。争取老年友好城市创建工作列入对县（市、区）及市直单位年度综合考核目标，明确创建责任。加强宣传，通过制作发放创建宣传册、宣传品，在户外广告牌、公交和自行车站点广告牌、电子显示屏、文化墙、车体广告等平台宣传创建工作。突出重点，突破公共场所、公共建设无障碍设施建设、已建居住区改造、老年人家庭适老化改造等难点工作，确保重点任务落实。加强督促推动，建立创建进度汇总及通报制度等措施，及时了解创建工作进展，协调解决工作困难问题，指导督促创建工作推进。至年底，基本完成省老年友好城市各项任务指标。

【第二届“敬老文明号”创建考核验收】 2016年，由市公安局、市民政局、市交通局等单位组成考核小组，分组对创建单位考核验收。经各创建单位申报，各县（市、区）和市级行业主管部门审核推荐，市老龄办（创建活动领导小组办公室）组织分组实地考评、联评，并公示，全市参与第二届“敬老文明号”创建单位122家，评定市级“敬老文明号”单位63家，择优推荐全国级“敬老文明号”4家，省级“敬老文明号”10家。

【“敬老月”和“第十五届老年文化艺术周”】 2016年，市老龄办与市文明办、市文广出版局联合发文，部署全市2016“敬老月”暨重阳节系列活动，各地结合实际在“敬老月”，开展老年维权优待、走访慰问送温暖、关爱老人志愿服务、老年文化体育活动等为老年人服务活动，其中，市本级开展走访慰问，四套班子有关领导带队走访慰问高龄、困难老人；举办第十五届老年文化艺术周文艺演出，先后到南城福利院、莲都区大港头镇及太平乡开展“敬老爱老，全民行动”送文化下乡巡回演出，举办健步走、象棋比赛等活动；丽水市俏百花越剧社在丽水大剧院专场演出“红楼新韵”；省老龄办送文化到松阳巡回演出，省老年活动中心开展“人间重晚情，欢乐两院行”送文化到庆元、遂昌等活动。开展敬老志愿活动，组织“四叶草”志愿者慰问困难老人，并协调指导全市各级各类志愿者组织开展敬老助老，参与创国卫、文明城市创建等活动。老龄办、市广播电视台联合主办“健康送基层”活动走进市老年活动中心，开展健康讲座，为老年人提供免费中医义诊和健康讲座。

【开展为老年人解难题办实事工作】 2016年，征集2016—2017年为老年人办实事项目，提出10方面为老年人办实事措施。6月，市府办出台《2016—2017年为老年人办实事意见》，联系对接各县（市、区）及中国人寿保险公司，对老年人意外伤害保险工作的推进和落实进行指导、督促。11月，9个县（市、区）均开展老年人意外伤害保险工

丽水市第十五届老年文化艺术周文艺演出　　黄碧霞　提供

作，全市共参保人数81408人，投保金额153万余元。春节期间，市委常委、组织部长胡侠，副市长任淑女等带队到有关县（市、区）走访慰问困难老人、百岁老人；市老龄办主任带队赴庆元县和南明山街道慰问困难老人40人，发放慰问金3.2万元。重阳节期间，市人大、市政府、市政协领导分别带队，走访慰问市区部分百岁老人。各县（市、区）在春节、重阳节组织开展高龄、困难老人的走访慰问。省老龄办、中国人寿浙江省分公司组织“孝行为善——关怀特殊困难老人”到景宁县慰问困难老人30人，发放慰问金3万元。联合市养生促进会完成2016年新增百岁老人赠送订制新衣活动。发放高龄老人一次性奖励金19.4万元，共186人。

【基层老年人协会工作】 2016年，市老龄委加强基层老年人协会建设，全市基层老年人协会2608家，符合规范化标准2508家，规范化率96.17%。市老龄办多次赴基层老年人协会进行调研，指导老年人协会做好备案管理，备案2310家，备案率88.57%；推动实施“乐龄工程”，开展“银龄互助”活动的老年人协会2051家，占老年人协会总数78.64%。

【老年活动中心】 2016年，市老年活动中心创建市巾帼文明岗；针对参加活动的老年人体弱、易发生意外等问题，活动中心在阳光保险投保；3月，活动中心阅览室改建3个“城墙书吧”之一阅览室，揭牌对外开放。全年组织各类老年活动60余次，参加人数10万余人（次）。市老年活动中心引导老年社团发挥作用，“金秋文艺队”自编自排自演节目，多次在丽水大剧院《百姓大舞台》、老白谈天、创国卫、老年文化艺术节等活动中演出，并承担“敬老月”送文化下乡慰问活动；“四叶草”志愿团队参与巩固国卫创建成果及文明城市创建工作，开展慰问空巢老人等为老服务工作。督促指导庆元县、景宁县和云和县老年活动中心项目建设。庆元县出台《庆元县省农村综合改革村级公共设施运行管护机制建设管理办法》，给予每个老年活动中心管护运转经费2000元/年。缙云县在全县开展老年活动中心综合保险试点工作，要求与照料中心整合的村老年活动中心100%参保，鼓励其他老年活动中心主动积极参保。

【老年电大】 2016年，全市老年电大招生96488人次，较上年增长2.67%，入学率10.25%，其中市本级招生5068人次。全市基层教学点（班）726个。市老年电大直属教学点除电视课程，全年开设二胡、合唱、舞蹈、手工制作、戏曲等19个特色培训班，培训人数1500人次。6月，举办“情暖桑榆、绚舞夕阳”文艺会演，展示“老有所学”成果。与市爱学培训机构洽谈，争取到该机构免费提供培训场地700余平方米，成立市老年电大万象培训点。市老年电视大学开展为期2个月的到全市老年电视大学30余个教学点调研，形成调研报告，出台《丽水市基层老年电大规范化建设指导性建议》，指导基层教学点建设。通过将开设特色班培训列入对各县（市、区）老龄办考核内容的方式，引导各（市、区）老年电大加强实体化办学工作。8月，在景宁举办全市老年电大辅导员培训，提升老年电大骨干办学水平；全年市老年电大讲师团送课15次，承接全国、省、市专家到市本级送课10余场。12月，全省老年电视大学工作会议在丽水召开。缙云、莲都老年电视大学分校获浙江老年电视大学“十二五”办学先进单位，缙云分校祝伟华获办学突出贡献奖，景宁分校吴文伟、遂昌分校许绿萍获办学先进工作者。

【老龄干部业务培训】 7月，委托浙江大学光华法学院，举办全市老龄干部培训班，培训内容有新形势下老龄工作、老龄问题与老年人权益保障法、基层老龄工作实务、老龄产业分享、寿乡建设与老龄工作及干部压力管理与心理调适等方面。其间，安排参观考察杭州市社区居家养老日间照料中心等，9个县（市、区）、乡镇（街道）老龄干部50余名参加培训；11月，与市农办联合，委托市职业技术学院，举办全市长寿养生村建设能力培训班，全市“十大养生长寿村”“十大长寿村”村双委主要负责人、相关人员共70余人参加培训。 （刘光烁）

关心下一代工作

【概况】 2016年，丽水市关心下一代工作委员会（以下简称“市关工委”）成员进行调整，吴炳全任市关工委主任，陈士达、徐松林为顾问，市关工委领导班子实现新老交替。莲都区教育局、云和县凤凰山街道新华社区及龙泉、缙云、遂昌、松阳、景宁5个县（市）关工委被评为“全省关心下一代工作先进集体”，柯鉴清等15人获“全省关心下一代工作先进个人”。

【开展市关工委成立25周年系列活动】 8月15日，市委、市政府召开全市关心下一代工作会议，市关工委主任吴炳全作《不忘初心 点亮明灯 努力推动丽水关心下一代事业更好发展》工作报告，省关工委主任徐宏俊，市委书记史济锡出席会议并讲话，对市关工委25年来所做工作给予肯定，对关工委“五老”精神做出高度评价。各县（市、区）分别召开纪念关工委成立25周年会议，并就关心下一代工作做出部署。市委、市政府下发《关于丽水市关心下一代工作突出贡献单位和个人的通报》，授予陈士达等21人为“丽水市关心下一代工作突出贡献个人”称号，钱江晚报社等5家单位被评为“丽水市关心下一代突出贡献单位”称号。市关工委发文授予市教育局关工委等22家单位为“丽水市关心下一代工作先进集体”、张丽明等100人被评为“丽水市关心下一代工作先进个人”称号。市关工委编印《二十五载关爱路》1000册面向社会宣传，以图文形式，展示25年来丽水关心下一代工作取得成果，市委书记史济锡为该书作寄语，市委常委、组织部长胡侠作序。8月15日，《丽水日报》刊发丽水市关心下一代工作25周年专题报道，《今日丽水》和“丽水网”等党刊和网络新媒体宣传关工委“五老”精神，进一步营造全社会关心下一代工作氛围。

【青少年社会主义核心价值观教育】 2016年，全市各级关工委组织宣讲团成员结合本地青少年关注的思想理论热点问题，全年深入学校、社区、乡村、企业开展社会主义核心价值观宣讲教育活动336场，受教育青少年10万人次。4月，在市委党校举办“全市关工委宣讲团骨干培训班”，提升全市关工委宣讲团队伍素质和宣讲水平。联合市妇联、市教育局在全市范围开展“百场家庭教育知识公益巡讲”活动，4万余名家长参加学习。

【帮困助学品牌工作】 2016年，全市关工委系统助学工作影响力进一步扩大，市本级发动社会爱心人士（企业）结对资助家庭贫困大学新生467

8月20日，利群阳光助学行动学习报告暨助学金发放仪式　　何朝健　提供

人、资金408.9万元。成立“丽水市关心下一代助学基金会”，市财政局安排200万元资金作为该基金会的原始基金。联合省关工委和浙江中烟、都市快报共同举办“2016利群阳光助学行动（浙江省）学习报告会暨助学金发放仪式”，向全省100名阳光学子发放助学金50万元，2名丽水籍学子现场讲述励志经历。联合杭州《都市快报》开展“快报助力高考”活动，帮助205名品学兼优且家庭贫困高三学子，每人给予一次性助学金2000元，以更好心态迎接高考。联合《处州晚报》开展“关爱苏村　风雨同行”专项助学活动，并募集1万元爱心款和部分爱心书籍、学习用品赠送给遂昌北界小学受灾学生。

【开展“百名老科技专家联百村”活动】 2016年，全市参与“百名老科技专家联百村”活动（以下简称“双百”活动）老科技专家127人，确定联系村（龙头企业，示范户）151个，帮扶项目155个。老科技专家在“双百”活动中开展调研指导、送科技服务、主动参与当地特色品牌创造等工作。11月，全市关工委“双百”活动经验交流会在遂昌县召开，会上，各县交流“双百”活动情况和经验，部署全市“双百”活动工作，组织参会人员参观“双百”活动基地。

【关注青少年中的特殊群体】 2016年，各级关工委联合政法、公安、司法等部门组成帮教团，到丽水看守所看望在押未成年人，对他们进行帮教工作，鼓励在押人员接受改造。全市各级关工委联合相关部门，开展“五老结对关爱农村未成年人”活动，举办“少儿之家”，长期对农村留守儿童、困境儿童开展各类关爱保护工作。全年全市参与结对的“五老”人员有1900余人，结对关爱农村未成年人1.4万人。市、县两级关工委精心挑选责任心强、身体较好、有一定威望“五老”常年担任网吧义务监督员，劝导未成年人远离不良网站，预防网络成瘾。至年底，全市有“五老”网吧义务监督员146人，监督网吧89家。9月，市关工委组织“五老”深入社区开展“法制进社区　助力全国文明城市创建”活动，增强青少年法治意识。市关工委依托省基金会开展“爱心圆梦、视力健康”公益行动，为丽水经济开发区第一中小学、莲都区天宁中学共600名近视学生，每人配赠价值500元眼镜。　（何朝健）

县（市、区）

莲 都 区

【概况】 2016年，莲都区辖4个镇、5个乡、6个街道、243个村、28个社区、4个镇属居民区，面积1502平方千米，人口40.56万人。

全年实现地区生产总值303.80亿元，增长5.6%；一般公共预算收入13.58亿元，增长10.6%；社会消费品零售总额184.62亿元，增长7.2%；城镇居民人均可支配收入38507元，增长9.9%；农村居民人均可支配收入21260元，增长10.0%。全面完成节能减排等约束性指标。

实现农业总产值27.21亿元，增长4.1%。开展国家级农业综合开发现代农业园区试点项目，完成省级现代农业综合区建设，累计建成省级粮食功能区0.33万公顷。蔬菜、水果、畜禽养殖等传统农业主导产业稳步发展，特色小水果、高山蔬菜、养生中草药等生态特色产业加速发展，观光农业、休闲农业、创意农业等新业态不断呈现。莲都区被列入浙江省首批畜牧业绿色发展示范县创建单位，非接触式发酵床养猪零排放模式在全省推广。推动农旅融合发展，培育农产品旅游地商品58个。成功创建省级农产品质量安全放心示范县。举办第八届中国社会生态农业大会。“处州蜂业”被评为全省首批美丽生态牧场。

实现区属规上工业总产值62.81亿元，增长5.9%；规上工业增加值12.63亿元，增长7.6%，规上工业产值增幅和规上工业增加值增幅连续4年高于全市平均增幅。推进莲都—义乌山海协作产业园建设，园区生态化改造取得阶段性成效。开展精准帮扶企业补短板活动，新增国家高新技术企业3家、省科技型企业20家、浙江名牌产品2家。全年实现规上工业企业亩均产值305.16万元/亩，同比增长6.7%；实现亩均税收9.96万元/亩，同比增长6.7%；单位生产总值综合能耗在2015年基础上累计下降0.5%，企业生产能耗日益降低。区电子商务产业园开园，实现电子商务销售额27.09亿元，入选全省第三批电子商务示范县。

实现旅游总收入59.42亿元，增长38.6%。推进全域旅游发展，括苍古道被评为“浙江省最美森林古道”，港周线入选“浙江十大最美绿化县道”。加快特色小镇建设，推进古堰画乡“景镇融合”发展，古堰画乡小镇完成投资10.52亿元，举办“古堰新韵”小镇音乐节、中国美术写生大会。理顺东西岩景区管理体制。加大扶持民宿经济，致力于“农耕复兴、乡村再造”，持续推进建设全区民宿特色村样板房21个，其中利山、沙溪、畲坑、港口民宿特色村整体开业。利山、堰头、港口3个村被评为全省美丽乡村特色精品村。莲都区获“2016浙江旅游总评榜之年度旅游发展十佳县（市、

处州蜂业园　　莲都区史志办　提供

区)”,古堰画乡景区获2016浙江旅游总评榜之年度旅游景区人气奖,隐居画乡民宿综合体获浙江旅游总评榜之年度精品民宿奖。

完成固定资产投资161.92亿元,增长10.5%。开展市区重点项目政策处理大会战和攻坚战行动,全年完成重点项目政策处理104个,清场交地348.87公顷,拆除房屋22.8万平方米,完成市行政中心北侧地块、长虹路等一批尾留多年的征迁项目。加强土地综合整治,完成土地垦造170.07公顷。完善项目推进机制,先后开展5次项目集中开工活动。南山互通至丽新公路建设工程、联城城郊农民新社区三期等一批项目先后开工,白云小学、天网工程三期等项目投入使用,推进古堰画乡游客接待中心、文化产业基地、瓯江大溪治理莲都段等项目。全年实际利用内资35亿元,外资1470万美元,浙商回归到位资金18.10亿元。

市区合力、全民参与,奋力推进全国文明城市创建,环卫保洁与城管执法同时发力,推进拆违治乱与绿化美化,硬件设施与文明素养同步提升。拓宽服务领域,提高服务质量,推进志愿服务制度化、规范化、常态化。以提高知晓率、扩大参与面为重点,形成“共住一座城、共建一个家”良好氛围。2016年,全国文明城市创建“省测”成绩排名全省第一位。推进“三改一拆”“五水共治”“六边三化三美”工作,启动小城镇环境综合整治。全年拆除各类违法建筑159.3万平方米,完成老小区、城中村改造491万平方米,解决郎奇村历史违建问题。洁净村居“流动红黄旗”工作机制成为全市典型。建立网格化环境监管体系,市区空气环境质量优良天数达到349天。

启动基础教育“三年攻坚”行动,梅山中学二期、碧湖中学扩建项目开工建设。被评为全省病媒生物综合防治试点工作先进区。城乡居民社会养老保险和基本医疗保险参保率分别达到96.9%和99.4%。完成机关事业单位养老保险制度改革。开展社区规模调整,新增星湖、佳和、娄丰堰3个社区。新增机构养老床位数502张,新建城乡社区居家养老服务照料中心33个。区数字文化馆开工建设,碧湖镇古建筑群等6处重要文物被列为省文保单位。

建成区应急指挥中心,完成“护航G20”维稳安保工作,小荷志愿服务队被评为G20杭州峰会志愿服务全国先进集体。化解省、市信访积案36件,全省行政调解工作试点项目通过验收。全面启动省级食品安全区创建,府前、东银苑等6个农贸市场创成省级放心农贸市场。全面推行“双随机”抽查监管工作,建成较为完善统一的政务咨询投诉举报平台。深入开展隐患排查和重点行业领域整治,生产经营性安全事故起数、死亡人数均同比下降75%,连续11年获省“平安区”称号。

【古堰画乡小镇获批全国深化城镇基础设施投融资模式创新试点镇】 2月,国家发改委下发《关于申报投融资模式创新小城镇的通知》,省发改委从全省加快创建和培育的79个特色小镇中优选古堰画乡小镇、之江艺创小镇等5个特色小镇进行申报。对上报的5个特色小镇进行择优筛选,古堰画乡小镇工作起步早、基础条件好、示范意义大,作为浙江省唯一代表,申报国家深化城镇基础设施投融资模式创新试点。6月,国家发改委下达深化城镇基础设施投融资模式创新中央预算内投资计划,古堰画乡小镇作为浙江省唯一入选的全国深化城镇基础设施投融资模式创新试点镇,获中央预算内资金3000万元。

【莲都区被认定全国农村集体“三资”管理示范县】 12月,莲都区被农业部授予“第三批全国农村集体‘三资’管理示范县”称号。近年来,莲都区重视农村集体“三资”管理工作,把加强农村集体“三资”管理作为发展农村集体经济、增加农民收入和推进农村党风廉政建设。从完善制度、理顺体制、创新模式、构筑监管体系入手,抓村级财会队伍建设,全面推行和实施财务公开民主程序,加强村级财务审计监督,形成一套行之有效的村级农村集体资产和财务管理长效监管机制。

【莲都区入选国家第二批结合新型城镇化开展支持农民工等人员返乡创业试点】 莲都区以生态资源为条件,以产业基础为依托,以政策激励为导向,以平台项目为支撑,以机制创新为保障,重点发展养生农业、民宿、电商“三大业态”确保试点工作取得实效。2016年,农村常住居民人均可支配收入连续29年居全市第一位。12月,莲都区入选国家第二批结合新型城镇化开展支持农民工等人员返乡创业试点。

【全省首个交通PPP项目南山互通至丽新公路项目开工】 1月4日,该项目开工。项目分为二期实施,一期为南山至高溪段,建设里程5.29千米,采用一级公路标准建设,设计速度为80千米/小时,总投资3.5亿元,一期建设工期30个月,于2018年6月底建设完成。该项目是省政府扩大有效投资“411”建设工程,是省重点建设项目,也是莲都区最大的交通工程项目。

【莲都区入选全省首批异地搬迁扶贫改革试点】 4月,莲都区被省财政厅和省扶贫办列入全省首批6个异地搬迁扶贫改革试点县(市、区)。近年来，莲都区先后建成联城城郊农民新社区、大港头镇金港小区等11个安置小区和丽新畲族乡白岸口、黄村乡磨石坑等13个安置点，累计完成农民异地搬迁7706户19021人，其中整村搬迁177个自然村3846户9050人。

【莲都“打造一个捡不到烟头的城市”获2016年全国创新社会治理十佳典型案例】 11月11日，以“互联网下的社会治理”为主题“2016全国创新社会治理典型案例颁奖典礼暨经验交流会”和“全国创新社会治理滨海新区论坛”在天津举行。会上，揭晓2016全国创新社会治理最佳案例、优秀案例获奖名单，其中，莲都区选送的“小烟头 大文明——浙江丽水打造一个捡不到烟头的城市”入选全国十大最佳案例。2015年5月，莲都区启动“烟头垃圾不落地，家园环境更美丽”主题实践活动以来，组织志愿服务队，先后开展1000人以上的捡烟头活动47次，日常志愿服务活动4000余次，全城30余万人次上街捡拾烟头，并通过互联网平台，引导市民参与全国文明城市创建。 （黄　芳）

龙泉市

【概况】 龙泉市下辖8个镇、7个乡、4个街道，12个社区、444个行政村，总面积3059平方千米，人口29万人。2016年，实现地区生产总值117.39亿元，同比增长7.5%；社会固定资产投资101.77亿元，同比增长14.0%；社会消费品零售总额52.44亿元，同比增长13.1%；一般公共预算收入7.86亿元，同比增长11.1%；城镇常住居民人均可支配收入、农村常住居民人均可支配收入分别为37406元、17497元，分别同比增长9.6%、10.0%。推进全省首批生态工业发展试点县(市)建设，提升“一优三特一新”产业体系，实现规模以上工业增加值36.7亿元，增长7.4%。深入实施“四换三名”，抓好汽配产业省级分行业“机器换人”试点，实现工业技改投资21.39亿元，同比增长15.1%。加大“腾笼换鸟”力度，盘活工业用地27.33公顷，新建标准厂房2.1万平方米，关停、淘汰、改造提升“低小散”企业152家。“电商换市”实现网络零售额19.77亿元，增长54.45%。开展“精准发力补短板 齐心协力强工业”专项行动，落实推进企业健康发展联席制度，破解企业“两链”风险、“两证”办理等难题，协调办理企业土地证67宗、房产证47宗，869家企业办理转贷业务939笔，转贷金额达27.34亿元。

打好促农增收“组合拳”，“竹茶菌蔬”主导产业提质增效，水果、中药材、石蛙等特色产业扩面增量，农业标准化生产覆盖率提升至62.9%，实现农业增加值13.9亿元，增长3.1%。被评为省第二届“河姆渡杯”粮食生产先进单位，食用菌产业集聚区被列入第一批产业集聚区创建计划，推进食用菌研究所、浙西南容器苗繁育中心等重点项目。农产品质量安全主体追溯县建设、区域性现代生态循环农业项目通过省级评审，兰巨生态养殖小区获全省首批美丽牧场。龙泉冬菇、金针菇成为G20峰会菌菇类唯一指定产品。举办“第二届中国灵芝大会”，被授予中国原生态灵芝栽培示范区等5项称号。启动兰巨农业综合区景区化建设，新建休闲观光示范点5个，培育农产品旅游地商品55个、生产经营主体29个。

推动旅游全域化发展，实现旅游总收入50.49亿元，增长70.3%，增幅位居丽水各县(市、区)第一位。中国青瓷小镇成为省“十大示范特色小镇”和第一批中国特色小镇，国际陶艺村项目、披云文化园中心广场整修提升等工程建成投用。宝剑博物馆主体工程完工，推进龙泉山二期、披云山一期、青瓷文化创意基地二期、宝溪景区创AAAA等项目。举办“牵手世遗 完美之旅”万人游龙泉、“护航G20畅享好山水”万人疗休养进龙泉等营销活动，开通龙泉至武夷山机场大巴，建成运营携程网·龙泉站。推进服务业集聚区平台建设，实现服务业增加值54.61亿元，同比增长10.4%。

成功纳入国家重点生态功能区，争取并实施全省首批低碳县等17个省级以上改革试点。浙江龙泉经济开发区被列入第四批省级循环化改造试点示范园区。全面启动供销社“三位一体”农合联改革工作。推进县域经济体制综合改革。实施公车改革。

开展“比项目、考前期、晒投资”大比拼、“重点项目政策处理大会战”等活动，完成土地征收181.53公顷，固定资产投资突破100亿元，投资增速位列丽水第一。龙浦高速龙泉段竣工通车，推进G322国道龙泉安仁至西街段、衢宁铁路龙泉段、赵麻淤至下堡公路工程等项目。引进道铭集团等知名企业投资项目42个，实际利用市外内资34.9亿元、外资1050万美元，浙商回归到位资金18亿元。新增江南大学等合作科研院校(所)6家、合作专家教授32位、市校合作项目117个，争取省级以上项目47个。

全面实施“美丽县城”三年行动计划，推进“十大工程”和第二批“六个一”项目建设，迎宾大道建成通车，龙渊公园开工建设，完成剑川大道、剑池路、中山路等城市道路主要节点外立面改造，新建改建城市道路4.29千米，新开发利用地下空间3.7万平方米，新增城市绿地6.4万平方米，新设停车泊位4119个。完成国家历史文化名城申报，国家卫生城市创建工作顺利通过国家技术评估。推进“六边三化三美”行动，市区—龙泉山沿线被评为省级精品示范线路，“茶乡养生度假游”线路被评“全国茶乡之旅特色线路”。宝溪乡和炉岙村、木岱口村、溪头村分别被评为第一批浙江省美丽乡村示范乡镇和特色精品村。建成农村垃圾减量化资源化处理试点村7个，农村生活垃圾有效集中处理建制村比率达96%。建设美丽林相0.83万公顷，兰巨乡创成省级森林特色小镇。

坚持城乡统筹、水岸同治，推进“河长制”，巩固提升“清三河”，水环境质量达标率保持“三个百分之百”，“五水共治”工作再次夺取治水“大禹鼎”荣誉。深入推进“三改一拆”，累计拆违81.03万平方米，“三改”265.99万平方米，拆后土地利用率达81%。持续抓好“无违建”创建工作，创成无违建乡镇4个、基本无违建乡镇3个。协同开展大气污染防治六大专项行动和土壤防治专项行动，PM2.5、空气质量优良率等环境质量指标列全省第一。

推进全国农民工等人员返乡创业试点和创业就业百千万三年行动计划，新增城镇就业2480人，城镇失业人员再就业952人，城镇登记失业率2.92%。扩大社会保障覆盖面，新增“五大保险”2.6万人次。230个扶贫重点村结对帮扶工作实现全覆盖，巩固提升“全面消除4600”工作成果。抓好地质灾害综合治理，累计减少受威胁人口480人。完成高远山区、紧水滩库区、岩樟溪水源保护区、凤阳山自然保护区等区域异地搬迁1063户4250人。实行低保动态管理，发放金额2770万元。在丽水率先实行普惠制救助制度，发放救助金额1685万元。推进阳光老年福利中心二期工程建设，建成居家养老服务照料中心39个、村级（社区）避灾安置点23个。

教育基本现代化县创建工作，新增上规模幼儿园3所，省等级幼儿园覆盖率84%。南大洋小学、城东小学等项目开工建设，标准化学校创建率95%。龙泉浙大中学建成并招生，龙泉一中、龙泉中职校分别创成省级示范学校。完成分级诊疗省级试点，人民医院创成“浙江省健康促进医院”，肿瘤治疗中心获“省级癌痛规范化治疗示范病房”。成功创建慢性病综合防控示范区和浙江省卫生应急示范县，无偿献血工作连续10年列丽水第一。“两孩”政策实施顺利。完成G20峰会等重大维稳安保任务，连续11年被省委、省政府命名为“平安县(市)”，率先在全省夺得“平安金鼎”。

【龙泉市被纳入国家重点生态功能区】 9月，国务院公布新增国家重点生态功能区的县（市、区、旗）名单，龙泉市被纳入。此次浙江省共11个县市入选，其中丽水有龙泉、遂昌、云和、庆元、景宁县5个县（市、区）。纳入国家重点生态功能区后，各县（市、区、旗）在获得相关财政、投资等政策支持的同时，必须严格执行产业准入负面清单制度。按照相关规定，纳入国家重点生态功能区的各县（市、区、旗）要强化生态保护和修复，合理调控工业化城镇化开发内容和边界，保持并提高生态产品供给能力。

【龙泉至浦城（浙闽界）高速公路竣工通车】 9月28日，龙泉至浦城（浙闽界）高速公路通车仪式举行。该条高速公路是省高速公路网规划“两纵两横十八连三绕三通道”丽龙庆高速公路的武夷山支线，也是长、深圳高速京台高速在浙闽间的重要连络线。该高速公路起于龙庆高速公路白马畈枢纽，经八都镇、上垟镇进入福建省，与海西高速公路网浦城至建宁联络线浦城段高速公路相连接，全长23千米，双向四车道，设计时速100公里/小时，设互通2处（八都互通、上垟互通）枢纽1处（白马畈枢纽），收费站2处（八都站、浙闽主线站）。建设期为3年4个月。

龙浦高速建成通车　　项建飞　提供

【龙泉市迎宾大道竣工通车】 11月5日，龙泉市迎宾大道正式通车。该大道是连接丽龙高速公路、衢宁铁路（龙泉站)与龙泉主城区的大通道。该工程于2015年5月28日开工，起点龙泉高速出入口向东至剑川大道至53省道，道路宽度36米，道路两侧预留35米绿化带，局部宽度65米；总宽度控制范围约110米，其中绿化面积约15万平方米，是龙泉打造世界历史经典文化小城的地标之一。（项建飞）

青田县

【概况】 青田县辖9镇20乡3个街道，414个行政村，总面积2493平方千米。年底户籍总人口55.33万人。2016年，全县实现生产总值210.2亿元，按可比价格计算，比上年增长7.8%，第一产业增加值8.2亿元，增长2.6%；第二产业增加值118.0亿元，增长7.0%；第三产业实现增加值84.1亿元，增长9.6%。三次产业结构3.9:56.1:40.0。实现一般公共预算收入16亿元，增长7.2%；城镇居民人均可支配收入36996元、农村居民人均可支配收入18830元，分别增长9.5%和10.1%，其中农村居民人均可支配收入增速居全市第一位。

全年完成规上工业产值392.2亿元，总量居全市第一位，实现规上工业增加值90.2亿元，增长8.1%，继续保持全市工业领跑地位。编制生态工业发展“十三五”规划，出台加快生态工业发展的若干意见，建立生态工业经济联席会议制度，初步形成较为完善合力扶工机制，县级层面帮助企业解决各类问题224个，兑现企业奖励资金465万元，减免企业各类税费近1亿余元。引导企业对接多层次资本市场，绿水股份登陆“新三板”，起步股份主板IPO获受理。推进省“两化”深度融合国家示范区建设，不锈钢及深加工产业平稳发展，意尔康、起步等重点鞋服企业“机器换人”加快步伐，石雕产品微拍营销持续发力，支柱产业转型提质。大力整治提升木折椅、石材加工、砖瓦窑等行业，全面完成阀门整治企业兼并重组，全年整治“低小散”企业154家，淘汰落后产能8万吨。完成高新技术增加值20.1亿元，装备制造业增加值16.8亿元，分别增长15.1%和14.9%。基本建成海口南岸、东源项山宫区块，加快东源五星、高湖黄本垟等区块开发，开工建设祯埠小河坑工业园区，全年完成工业用地开发38公顷、出让43.33公顷，盘活闲置工业用地25.53公顷、厂房9.8万平方米。

全年实现农业总产值12.5亿元，增长6.3%。在全省率先开展穹顶杨梅栽培试点，发展“稻鱼共生”示范基地333.33公顷，抚育油茶良种基地0.12万公顷，建设良种茶园33.33公顷、笋竹两用林500公顷。培育农产品转化为旅游地商品生产经营主体17个，转化农产品旅游地商品19个，新增“丽水山耕”品牌使用产品9个，实现旅游地商品年销售收入6750万元，农产品旅游地商品占一产产值比重10%。新增市级农家乐特色村2个、民宿示范村2个、民宿床位817张，农家乐民宿直接营业收入8058万元，增长40%。基本实现行政村农村电子商务全覆盖，全年网络零售额27.6亿元，增长51%，总量居全市第二位。来料加工人数3.9万人，年发放加工费3.5亿元。深化农村产权制度改革，农村土地确权登记率达82.1%，新增农村产权交易82宗，农村“三权”抵押贷款余额12.2亿元。推进供销合作社和农业生产经营管理体制改革，组建县级农合联1个、乡镇级农合联14个。

全年实现服务业增加值84.1亿元，增长9.9%。进口商品城一期第三市场开业，海关、商检等配套服务取得实质性进展，全年进口商品总销售额突破3.6亿元。实现社会消费品零售总额87.1亿元，增长13%；实现外贸进出口总额42.7亿元，增长13.2%。编制完善旅游发展总体规划，推进千峡湖生态旅游度假区建设，引进仙峡谷、考坑曼山居等一批旅游项目，生态乐园室内滑雪场、小舟山梯田咖啡屋等一批重点旅游项目相继完工投入营业，成功申报浙江省教师疗休养基地，入选全国人文生态旅游基地，签约中国人寿浙江省分公司客户服务基地，全年实现旅游总收入138.6亿元，同比增长20.6%。金融创新不断深化。设立生态产业基金，推进创业创新和产业转型升级。全市率先推出“转贷通”业务，累计为企业转贷超11亿元。发挥行业信贷帮扶基金作用，为33家企业解决周转资金1.5亿元。开展小额贷款保证保险，全面推

青田生态乐园室内滑雪场　　姚润青　提供

广农村小额保险，成为全国首批农民住房财产权抵押贷款试点县。年末本外币存贷款余额分别为556.2亿元和234.3亿元。

全年完成固定资产投资124.77亿元，增长13.2%，其中民间投资78.15亿元，占比达62.63%。开展项目建设大攻坚，市级以上重点项目完成率125.2%，千峡湖水上搜救中心一期、妇儿活动中心等项目建成，天然气长输管线、高湖至黄放口公路改建等项目加快建设，瓯江步行桥、腊口镇区给排水等项目实现开工。深入实施青商回归、华侨要素回流工程，引进大项目14个，实际到位资金42亿元，获全市招商引资特等奖。

推进城市新“六个一”示范项目建设，完成太鹤公园、塔山公园改造提升，新建城市道路3千米。深入开展城市交通治堵，启用高湾城市公交枢纽站，新增公共自行车300辆、停车位1698个。加强乡村环境整治，建立健全城乡卫生长效管理机制，创建省级卫生乡镇2个、市级卫生乡镇7个。推进“五水共治”“三改一拆”工作，开展“环境整治百日攻坚”专项行动，深化重点行业、重点企业整治，改造提升污水处理设施130处，新建城镇污水管网24.6千米，完成河湖库塘清淤36.3万立方米；全年拆除违法建筑面积136.2万平方米，“三改”面积219万平方米，新创成“无违建乡镇”6个。落实大气污染防治行动计划，环境空气质量优良天数占比达98%。

实施农民异地搬迁，完成小规模自然村搬迁54个村1556人，腊口安置小区房屋分配到户。应对台风等自然灾害，启动灾后恢复建设，完成A类地质灾害隐患点避让搬迁149人。建成高湾绿园保障性住房450套，城乡居民基本医疗保险报销比例提高10.5%，大病保险最高支付限额从10万元提高至20万元。开工建设伯温学校、职高二期实训楼，推进油竹小学、机关幼儿园迁建，完成校建投资1.6亿元。开工建设档案馆、图书馆、规划展览馆“三馆合一”项目，举办第六届青田石雕文化节，公共文化服务供给能力不断提升。深入推进“两做两放”试点建设，实施责任医生有效签约服务，设立瓯南街道卫生院，启动县疾控中心迁建，通过省级慢性病防控示范区验收。社会大局保持和谐稳定，完成“护航G20”任务。全面完成政府十件实事。

全面开展“找短板、补短板”专项行动，查找思想理念、经济发展、民生保障、社会治理、体制机制等五方面短板问题59个。围绕短板问题，精确分析，对症施策，组织开展绿色发展大跨越、项目建设大攻坚、服务环境大优化等“六大行动”。建立县级领导带头领办、乡镇部门分级办理机制，明确时间表、作战图，加强重大发展短板协调解决和绩效考评，一批事关经济社会发展短板问题得到有效解决。

【青田县医疗卫生事业发展获省政府通报表扬】 1月，省政府办公厅发文表彰医疗卫生事业发展取得较大进步市、县(市、区)，青田成为全市唯一获通报表扬县。“十二五”期间，该县累计投入卫生事业资金9.25亿元；乡镇卫生院省级规范化达标率实现100%，建成市级以上重点学科7家，其中国家级康复学科1家；公共场所、学校卫生，医疗机构、重点职业病危害企业的卫生、集中式供水单位监督覆盖率均达100%。顺利通过省级卫生强县考核验收。

【青田县获全省水库移民工作目标考核优秀县称号】 2011—2015年，该县连续五年获“全省水库移民工作目标考核优秀县”称号。“十二五”期间，累计投入移民项目资金近0.75亿元，完成建设项目591个，新发展移民示范基地9个、示范户120户、创建“和美”移民村(移民美丽家园)4个，完成移民培训近0.78万人。

【青田县填补中国石雕领域职业标准空白】 2012年12月开始，青田县进行石雕工国家职业标准开发工作。2016年3月下旬，完成标准编写工作并通过审定，填补中国石雕领域职业标准空白。该标准符合国家职业标准的整体性、等级性、规范性、实用性、可操作性等五大原则，是从业人员从事职业活动，接受职业教育培训和职业技能鉴定的主要依据，也是衡量劳动者从业资格和能力的重要尺度。

【青田县实现省级生态乡镇全覆盖】 3月，省环保厅公布“第十三批省级生态乡镇”名单，该县海口镇榜上有名。至此，全县32个乡镇(街道)均获“省级生态乡镇(街道)”命名，实现省级生态乡镇(街道)、市级生态村414个全覆盖。

【青田实现上市企业零突破】 4月，绿水股份有限公司股份在新三板挂牌上市，成为青田县首家上市公司。该公司是一家集环保机械装备制造研发、设计、制造、销售为一体的国家级高新技术企业，年产值2.8亿元，资产总值近1.8亿元。

【青田县成为全省第二批“浙江制造”品牌培育试点】 4月，浙江省质量强省工作领导小组发文公布全省第二批“浙江制造”品牌培育试点县(市、区)名单，青田县榜上有名，成为全市唯一入选的试点县。至年底，该县有“浙江制造”标准3项，“浙江制造”认证品牌1家。

【青田县出让首家工程性采矿权】 2016年7月，青田县通过浙江省矿业权交易中心成功出让“丽水市腊口公路养护中心项目浙江省青田县腊口镇武垟村油菜山普通建筑用石料（凝灰岩）矿”，该工程性采矿权出让资源量85.39万立方米(约226.28万吨)，出让价格为426.6万元，为全市首家工程性采矿权。

【青田县入选全国农民住房财产权抵押贷款试点】 3月，全国人大常委会发布决定，授权国务院在北京市大兴区等232个试点县(市、区)、天津市蓟县等59个试点县(市、区)行政区域分别暂时调整实施《中华人民共和国物权法》《担保法》等有关法律规定，批准开展农村承包土地经营权、农民住房财产权抵押贷款试点，青田县名列其中，成为丽水市唯一获批开展农民住房财产权抵押贷款试点县。

【青田县获26县发展实绩考核一类县第三】 2016年10月，省委办公厅、省政府办公厅下发《关于2015年度淳安等26县发展实绩考核结果的通报》，青田县在13个一类县考核排名中位列第三。2015年，青田县在增加居民收入、提升民生水平、加强生态保护等方面取得明显成效，其中规上工业总产值、一般公共预算收入等11项总量指标居全市首位。实现城镇、农村居民人均可支配收入33787元、17103元，分别增长8.1%和10%。

【浙江省保加利亚签证办理点落户青田】 9月24日，由保加利亚驻上海总领事馆授权，保加利亚浙江签证申请中心正式在青田挂牌成立，成为全省唯一的保加利亚签证办理点。青田县是全国著名侨乡，青田华侨旅居海外已有300余年历史，有近33万华侨遍及世界120余个国家和地区，其中在保加利亚的侨民近3000余人，申请签证的D类签证约占保总领馆受理总数40%。

【青田县被确定为全国农村不动产权籍调查示范点】 根据国土资源部地籍司《关于开展2016年农村不动产权籍调查示范点工作的函》，省国土资源厅确定丽水市本级和青田县作为2016年农村不动产权籍调查示范点，青田县为全省唯一县级示范点。青田县于2016年9月—2017年5月，在高市乡全面开展房地一体的不动产权籍调查工作，建设农村不动产权籍调查数据库，逐步构建城乡一体权籍调查成果管理体系和更新维护机制，探索形成适合青田县实际的农村不动产权籍调查技术方法和实现路径，支撑和保障宅基地和集体建设用地使用权确权登记发证工作。

【青田县设立生态经济产业基金】 10月，青田县出台《青田县生态经济产业基金管理办法》，由县财政专项拨款设立青田县生态经济产业基金，初期规模5亿元。基金投资项目必须符合县产业政策以及相关产业发展规划，重点投向信息经济、环保、健康、旅游、时尚、金融、高端装备制造等七大产业。

【《青田华侨档案汇编(民国)》系列丛书发行】 12月，青田县与浙江大学合作历时四年编研完成《民国华侨档案汇编》并正式发行，共四辑，58卷，1163条，5000余页，填补了全国县级民国华侨档案空白。《青田华侨档案汇编(民国)》展示民国时期青田华侨在海外艰苦拼搏、自强不息的生存和发展历程，对研究民国华侨史具有重要意义。 (姚润青)

云和县

【概况】 云和县辖3个镇、3个乡、4个街道，8个社区、168个行政村，总面积978平方千米。年底总人口11.37万人。2016年，全县实现地区生产总值59.55亿元，增长8.5%；固定资产投资46.57亿元，年均增长16.6%；工业总产值111亿元，年均增长6%；社会消费品零售总额25.89亿元，年均增长13.8%；外贸出口总额1.59亿美元，年均增长18.8%；一般公共预算收入4.66亿元，年均增长13.8%；城镇居民人均可支配收入33785元、农村居民人均可支配收入15420元，年均分别增长9.5%和11.6%。

力促转型升级，发展绿色生态经济。全年实现服务业增加值25.44亿元，增长9.7%。全县实现旅游综合收入25.26亿元，年均增长42%。加快发展农家乐民宿经济，新增农家乐经营户85家、床位1379张。大力发展电子商务经济，开通“中国•云和E创园”，创成省级电子商务示范县，入选省产业集群跨境电商发展试点县和国家级电子商务产品(木制玩具)质量提升示范区。推进“四换三名”，实施企业技改项目33个，入选2017年度浙江省“机器换人”分行业试点；开展木制玩具“同质同标”行动，7家企业被评为首批国家级出口工业产品质量安全示范企业，2家企业被评为中国质量诚信企业，云和县被授予出口玩具技贸措施通报评议基地。大力淘汰落后产能，完成205家“低小散”企业(作坊)整治。提升科技创新能力，新增国家高新技术企业1家、省专利示范企业1家，实现专利申请量831件、专利授权量722件，通过省知

云和长汀沙滩　　袁　琦　提供

识产权示范县创建验收。推进企业股改上市，完成“新三板”挂牌。全年实现农业总产值7.64亿元，同比增长7.9%。培育特色精品农产品，新增和改造优质雪梨基地45.6公顷、良种茶叶60.13公顷、良种蜜蜂2044箱、中药材146.67公顷。新增绿色、有机、无公害农产品10个，“云和雪梨”成为国家“地理标志”农产品；省级农产品质量安全例行监测合格率达100%，创成省级农产品质量安全放心县，被农业部列入食用农产品质量安全合格证管理试点县。推进食用菌产业转型升级，拆除旧菇棚5.42万平方米、改造2400平方米，新建标准化菇棚1.09万平方米，被列入省农村一、二、三产业融合发展项目试点县。加快农旅融合步伐，石浦花海“十一”期间游客达8万人次，实现门票收入55万元；开展农产品转化为旅游地商品工作，新培育农产品旅游地商品37个、生产经营主体20个。

统筹城乡发展，打造“美丽云和”升级版。推进美丽县城建设“135”行动，开工老云和“采真里”、复兴路美化等项目，全年开展城市建设项目36个，完成投资8.57亿元。启动“幸福小区”项目建设，实施同心花园、金丰佳苑两个小区改造提升工程。重点开展房屋屋顶违法建筑、“蓝色屋面”等专项整治行动，完成屋顶违建处置1664户，面积6.4万平方米。全年完成“三改”106.18万平方米、拆违45.24万平方米，获评全省首批“基本无违建县”。被评为“丽水最美县城”，并通过省级园林城市复评。推进“六边三化三美”行动，完成省市交办整改点任务。提升3条美丽乡村风景线品质，其中“十里云河”风景线创成省级精品示范道路。打造小顺、长汀、规溪等3个特色精品村，完成投资1015万元；加快石浦重点村以及横山头等5个村历史文化村落保护利用工作，完成投资2715万元。推进“五水共治”，新增城市污水管网14.3千米，清淤管网59.2千米，整治畜禽养殖散养户603户，城市污水处理率93.28%，地表水、出境水、城乡饮用水源达标率全部实现100%；加快实施独流入海、中小河流治理等工程，完成投资1.52亿元。推进林相改造，完成珍贵树种造林219.13公顷、平原绿化168.4公顷，实施生态景观林抚育564.13公顷。云和县入选新一批国家重点生态功能区。

扩大有效投资，夯实发展基础支撑。至年底，全县引进项目55个，其中引进大项目4个。全年实现合同利用市外内资29亿元，完成年度任务数100%；实际利用市外内资18.63亿元，完成任务数143%；合同利用外资850万美元，完成任务数110%；实际利用外资1133万美元，完成任务数133%；浙商回归到位资金6.1亿元，完成任务数101%。进一步健全县领导联系重点项目、重大项目工作例会等机制，实行“挂帅领战、挂图作战、挂牌督战”三挂模式，加快项目建设进度。破解各类重点难点问题，其中破解政策处理难题36个，消防队迁建工程、云和生态养生文化村等一批“卡脖子”难题得到有效解决。全年完成土地和林地征收104.27公顷、房屋征收3130平方米、垦造耕地210.93公顷。加大存量资金盘活力度，收回部门结余资金3898万元，整合财政专户结余资金3519万元。与上级有关部门、金融机构进行沟通对接，争取更多项目进入中央、省级项目建设预算盘子。至年底，共筹集到基本建设预算资金13.4亿元。

推进改革创新，增强发展活力动力。加快省级清洁能源示范县建设，推进中电云和黄源15兆瓦林农光互补光伏发电项目，开工华能云和紧水滩8兆瓦林农光互补光伏发电项目；完成燃煤锅炉淘汰改造135台，完成率达90%，位列全省第一位。加快省级园区循环化改造示范试点工作，12个在建项目共完成投资1.65亿元；崇头镇获批省级低碳城镇试点。实施国资国企改革，出台深化国资国企改革实施意见，改组县国资办；推进“营改增”税制改革，完成纳税人税制转换3402户。深入实施扶贫改革试验，新增土地流转133.33公顷、林地流转656.67公顷，完成农村宅基地确权发证1020本；加快实施农民异地搬迁工程，建成大坪安置小区二期，砻铺地质灾害隐患点避让搬迁工程完成主体工程建设，全年实现异地搬迁149户、511人。云和县扶贫改革工作通过省级评估。深化农村金融改革，推进公益林未来补偿收益质押贷款扩面，新增金水坑、平里2个试点村。全县累计发放贷款56笔、697万元；实施“放管服”改革，建立“四张清单一张网”动态调整机制，现有25个部门、379项行政许可事项纳入浙江政务服务网建设；承接省市下放事项55项；启动工业企业“零土地”技术改造项目审批方式改革，通过备案承诺、并联审查等方式，促进企业技改项目建设加快进度；加快推进综合执法体制改革，全面完成划转事项和职责边界梳理，确定首批139项划转事项。推进基层治理体系建设，推动行政执法力量下沉，完成白龙山街道“四个平台”建设。完成行政机关公务用车改革。

致力改善民生，促进社会和谐稳定。推进课程改革工作，云和中学创成为省一级特色示范高中，县职技校成为全省首批中等职业教育改革发展示范学校。深入实施文化惠民工程，建成24小时市民书房自助图书馆，推进县体育馆、体育场等场所提升改造，县图书馆成为全省首家完成古籍图目出版的古籍普查单位。全面完成全国“救急难”试点工作，累计救助困难群众1587人次，落实救助资金495.53万元。完成县养老综合福利中心和县老年大学(一期)主体工程，实现城乡社区居家养老照料服务中心全覆盖。开展就业工作，新增就业1095人，城镇失业人员实现再就业552人，城镇登记失业率控制在4%以内。加快群众增收步伐，完成农民培训1.2万人次，巩固发展来料加工队伍1.53万人，实现来料加工费1.83亿元。打好“平安护航G20大会战”，进一步完善“县领导督百案”和重点时段坐班接访制度，全县实现重点时段“零”重大涉稳事件、“零”赴杭州、北京闹访滋事。健全安全生产“党政同责、一岗双责、失职追责”压力传导机制，充实安委会成员单位力量，全面开展安全生产大排查、大整治行动，安全生产形势总体稳定。做好食品药品安全工作，食品安全溯源体系实现全覆盖，县农贸市场、菜市场创成“省级放心农贸市场”。统筹抓好反恐防暴、防汛抗台防火等工作，社会继续保持和谐稳定，实现平安建设“十二连冠”“平安夺金”。

【云和县发出全国首张“限制被执行人汽车驾驶令”】 2016年，为进一步限制“老赖”高消费，加大对“老赖”的执行力度，云和县创新发出全国首张“限制被执行人汽车驾驶令”，在限制原有高消费行为基础上新增限制被执行人驾驶小型轿车，被执行人不论开的是自己的车还是别人的车，都违反了该条限制高消费令。被执行人若违反规定驾驶小型轿车，将被处以拘留、罚款等处罚，情节严重构成犯罪的，承担相应的刑事责任。

【云和县创建全省首批“基本无违建县”】 4月15日，在全省“三改一拆”工作现场推进会上，云和县被授予全省首批基本无违建县称号。云和县以争创全省首批“无违建县”为目标，全力做好违法建筑治旧、控新、疏导三方面工作，减少存量、遏制增量，实现疏堵结合、标本兼治。至年底，完成“三改”144.12万平方米、拆违113.13万平方米，被省政府命名为“基本无违建县”，是全省首批、全市唯一的县选及考核合格对象。

【云和木制玩具获批创建国家级电子商务质量提升示范项目】 10月，国家质检总局发文，云和县木制玩具获批创建国家级电子商务质量提升示范项目。云和县木制玩具电子商务销售总额达14.3亿元，培育25家电子商务示范主体，开展电子商务的企业(网商)数年均增长30%以上，电子商务产品质量监督抽查合格率提高20%，基本形成电子商务应用广泛，保障体系健全，配套服务完善，产业发展集聚的电子商务新格局。

【云和县创成省级农产品质量安全放心示范县】 7月，云和县通过省级农产品质量安全放心示范县验收。全县190余家农业生产经营主体纳入监管系统主体信息库，开通追溯账户82家，建立农药废弃包装物回收点28个，建成快检室17个，通过有机食品、绿色食品、无公害农产品认证的产品、基地共计53个，“三品一标”认证面积达6026.7公顷，农产品合格率达100%，基本建成县、乡、生产经营(农资经营)为主体的三级检测监测网络。

【云和县流转公益林未来补偿金收益权系全省首例】 9月，云和县紧水滩镇田垟村32.73公顷公益林未来10年的补偿收益权实现成功流转，使该村筹得资金15万元，是全省首例公益林未来补偿金收益权流转交易。云和县创造性地为公益林补偿金在一定数额以上的农户、村委会及村民小组等经济组织发放云和县公益林收益权证，赋予收益权证两项功能，收益权人可以凭证直接向金融机构质押贷款，无需提供财产或他人担保，起到类似于信用卡的功能；通过农村产权交易平台或自主进行未来补偿收益权的交易流转，使未来的预期收益转化为眼前的资金收入，同时不影响公益林的经营管理，流转期限届满后收益权归原使用权人。至年底，给公益林补偿金3000元以上的农户发放公益林收益权证312本，累计发放公益林未来补偿收益质押贷款63笔772万元，有效拓宽农民的融资渠道。

【“云和雪梨”获国家农产品地理标志认证系全市首个】 4月，国家农业部颁布公告，“云和雪梨”经初审、专家评审和公示，符合农产品地理标志登记程序和条件，准予登记，获中华人民共和国农产品地理标志登记证书。“云和雪梨”成为丽水市水果类第一个“地理标志”农产品。至年底，“云和雪梨”种植面积达860公顷，年产量3100余吨，产值近2410万元。

【云和县获批设立省级知识产权维权援助中心】 10月，云和县被省知识产权局批准设立“浙江省省级知识产权维权援助中心”，此次全省共批准设立3家省级知识产权维权援助中心。云和县将进一步建立和完善知识产权维权援助与举报投诉网络，逐步完善知识产权执法与维权援助工作体系，积极开展工作人员业务培训，优化知识产权政策、纠纷处理和诉讼等咨询服务，提升举报投诉案件办理效率，保护企业的合法权益，促进企业创新的热情，通过加强知识产权维权援助工作，来保证创新驱动发展战略更好地实施。 （袁　琦）

庆　元　县

【概况】 庆元县下辖3个街道、6个镇、10个乡，总面积1898平方千米。2016年底总人口20.59万人。全年实现地区生产总值62.1亿元，增长7.6%；人均生产总值4.5万元，增长7.8%；规模以上工业总产值69.4亿元，增长7.4%；财政总收入突破6亿元，增长12.5%；城镇居民人均可支配收入31243元，增长9.8%；农民人均纯收入14244元，增长9.8%；三产结构优化为12.8:41.1:46.1；高新技术产业、战略性新兴产业增加值占规模工业增加值比重分别达42.1%和4.8%。打造“中国竹制品产业基地”“中国食用菌产业基地”“中国铅笔生产基地”；创成生态精品农业示范县、省集体林权制度改革模范县、全国义务教育发展基本均衡县；注册“寻梦菇乡、养生庆元”全国首个县域品牌商标；获“中国避暑胜地”“全国最美生态旅游示范县”“全省美丽乡村先进县”及全国地质灾害防治高标准“十有县”称号；成为全省首批、全市首个“清三河”达标县，勇夺省“五水共治”优秀县“大禹鼎”；成为首批“全国创新社会治理示范县”；连续2年获评“全省农村生活污水治理优胜县”；连续4年入围全国电商百佳县；生态环境质量公众满意度连续5年全省第一；实现省级双拥模范县“七连冠”。

产业经济稳中有升。绿色农业加快发展，实现农业总产值12亿元，增长2.7%。新建粮食生产功能区406.07公顷，建成生态循环农业示范区1个、示范主体4个，新增“三品”农产品认证7个。培育省级农业龙头企业9家，数量居全市第一。生态工业平稳发展，出让工业用地12.99公顷，完成工业投资14.9亿元，规上工业总产值、规上工业增加值分别增长7.4%和6.1%。双苗尖风电场项目13台风机并网发电，双枪改扩建等重点项目加快推进。整治提升“低小散”企业80家，成功处置全市首例工业企业破产重组案。创成国家级出口铅笔质量安全示范区。实施旅游项目32个，完成投资7亿元，创成月山AAA级旅游景区，开展乡村旅游季活动54场。电子商务创业园竣工验收，举办首届“互联网+竹制品设计大赛”。搭建“助保贷”融资平台，成立农民经济合作组织联合会，引进杭州亿联公司成立担保转贷基金。新增省股权交易中心挂牌企业4家，全市首笔新三板企业股权质押贷款落户庆元县。

基础建设取得突破。高速连接线黄坛至县城段半幅试通车，县城过境段完成年度目标任务，衢宁铁路完成投资4.5亿元。庆寿高等级公路列入省重大预备类项目库，庆景公路、兰溪桥段公路改建工程被列入省交通“十三五”实施类。黄坑至铁岭、箬坑至仙岩等农村联网公路建成通车，完成农村公路路面大中修54.5千米、生命防护工程59千米、安保工程30千米。松源溪、竹口溪等综合治理工程开工建设，河湖库塘清淤19万立方米，河道疏浚7.8千米。建成110千伏双苗尖风电送出项目，推进110千伏屏都输变电工程、生物质发电项目电网送

10月10日，庆元县高速黄坛至县城段半幅试通车　　周丽丽　提供

出工程。首期政府免费 WiFi 建成投运，宽带接入速率提至 100 兆。

城乡建设统筹推进。完成江滨路、松源街等道路提升改造和背街小巷整治 25 条，推进东环路、下滩路等城市道路建设，屏都综合新区二期主要道路网基本形成。银河湾广场、濛洲花园商住小区交付使用，和家园项目完成主体工程，菇香公寓、镜山里商住小区等项目开工建设。推进后田绿地公园、石龙山•龙山公园一期、庆元中学地下空间开发、污水处理二期、环卫基地等项目。实施特扶项目 21 个，完成投资 4.4 亿元。建设美丽乡村精品村 7 个，县城至曹岭、县城至百山祖美丽乡村风景线成效进一步提升。完成生态搬迁 677 户 2032 人，加快同心新村安置小区建设进度。217 个农村生活污水治理项目通过验收。推进“三改一拆”，拆后土地利用率达 86%。“蓝色屋面”专项整治完成年度任务 306%，完成率居全市第一，通过省级“无违建先进县”创建。

发展环境持续优化。庆元县纳入国家重点生态功能区，成为全国首批支持农民工等人员返乡创业试点县。成立不动产登记服务中心，实现不动产登记一站式办理。出台支持大众创业促进就业政策。推进“四张清单一张网”建设，深化“五证合一”“一照一码”等商事登记制度改革。公共服务中心投入使用，行政审批部门进驻率、审批事项进驻率、窗口直接办理率均达 90%以上。基本建立“三统一”征收工作体系，项目政策处理更加规范。处理破解尾留项目政策 26 个。建立居民阶梯水价机制，调整污水处理价格，促进水资源可持续利用。创新招商模式，派驻“招商小分队”，全年引进项目 11 个，实际利用内资 16.1 亿元，浙商回归到位资金 9.4 亿元。

社会事业健康发展。建立低收入农户长效帮扶机制，农民异地搬迁安置扶持 306 个行政村。实现医保就医“一卡通”。建成全市首家通过省级评估验收的食品检验检测中心。推进五都小学、安南小学、菊隆中学等迁建工程，庆元中学成功创建省一级特色示范普通高中。高考纯文纯理第一批上线人数 107 人，增幅全市第一。创成省级慢性非传染性疾病综合防控示范区，生育政策调整平稳实施。举办华东地区游泳邀请赛等一批国家级、省级体育赛事，竞技体育荣获国家级冠军 5 人次，成功创建省级体育强县。获全省文化礼堂建设先进县。完成 G20 护航任务。

【庆元县获全省“五水共治”工作优秀县“大禹鼎”】 3 月 22 日，在全省“剿灭劣 V 类水”誓师大会上，庆元县获 2016 年度浙江省“五水共治”工作优秀县“大禹鼎”，实现生态环境质量公众满意度调查连续五年居全省首位，“五水共治”工作公众满意度调查连续三年居全省首位。

【庆元县实现平安县创建“十二连冠”】 3 月底，省委、省政府发文表彰 2016 年度平安市、平安县(市、区)及平安创建工作先进单位，庆元县实现平安县创建“十二连冠”，勇夺平安建设最高荣誉——“平安金鼎”，圆满完成 G20 峰会护航等重大会议及香菇节等大型活动安保任务。 (周丽丽)

缙 云 县

【概况】 缙云县辖 7 个镇、8 个乡、3 个街道，253 个行政村，总面积 1503平方千米，年底户籍总人口 46.64 万人。

2016 年，全县实现地区生产总值 206.1 亿元，按可比价格计算比上年 2015 年增长 7.1%，其中：第一产业增加值 10.7 亿元，第二产业增加值 110.7 亿元，第三产业增加值 84.7 亿元，分别增长 3.2%、5.1%和 10.3%。人均生产总值 56637 元(按年平均汇率折算为 8527 美元)，比上年 2015 年增长 6.6%。三次产业结构从 2015 年的 5.3:55.4:39.3 调整为 5.2:53.7:41.1。

农林牧渔业总产值 16.37 亿元，比 2015 年增长 6.7%，其中：农、林、牧、渔业产值分别为 10.11 亿元、1.92 亿元、4.01 亿元、0.20 亿元，分别增长 6.4%、增长 2.7%、增长 9.0%、下降 38.3%。建设高标准农田 0.13 万公顷，新建粮食生产功能区 0.37 万公顷。在全省率先建立科技特派员创新工作室。全市唯一国家级农业星创天地启动建设。缙云黄茶入选 G20 杭州峰会官方赞助用茶。县级农产品质量检测中心项目完成建设并投入使用。农作物总播种面积 20177 公顷，比 2015 年下降 1.6%。粮食总产量 55818 吨，比 2015 年下降 3.5%；肉类总产量 13409 吨，增长 0.9%。农村生活污水治理工程累计完成 200 个村，项目运维率 100%。完成好溪五云段工程综合治理河长 3 千米，建设护岸 3.79 千米、新建翻板坝 1 座；完成水电站 16 座、水库 2 座、山塘 3 座、农村供水工程 4 座及雨量站 1 座创建工作；完成山塘整治 54 座，新建管道灌溉 52 公顷，改造渠道长度 39.52 千米，排水沟 9.56 千米；千万农民饮用水工程，解决 10 个村饮水不安全人口 1.95 万人。全年农业化肥施用量 32498 吨，比 2015 年下降 0.7%；农村用电量15000 万千瓦小时，比上年增长 14.7%。完成造林更新 570.73 公顷，森林抚育 0.35 万公顷，实施平原绿化 99.47 公顷；完成珍贵树种基地造林 50.8 公顷，补植培育 165.93 公顷。建成省级森林城镇 1 个，森林村庄 2 个，市县级绿化示范村 20 个。

全部工业增加值 99.84 亿元，比 2015 年增长 5.2%。规模以上工业增加值 72.33 亿元，增长 6.1%。其中：高新技术企业增加值 27.10 亿元，增长 10.6%；战略性新兴产业增加值 2.12 亿元，下降 2.1%；装备制造业增加值 52.90 亿元，增长 5.9%；占规模以上工业增加值比重分别为 37.5%、2.9% 和 73.1%。在全市建立首个创客学院，新增国家高新技术企业 5 家、省级科技型企业 17 家，畅尔公司获全市首个省科技进步一等奖。新增新三板挂牌企业 1 家、省股交中心挂牌企业 10 家。

固定资产投资 120.8 亿元，比 2015 年增长 12.4%。第一、第二、第三产业投资分别为 7.3 亿元、29.1 亿元、84.3 亿元，比 2015 年增长 47.2%、14.4%、9.5%。全年投资项目 438 个，增长 20.7%，其中新开工项目 327个，增长 32.9%。省市重点项目分别完成年度投资计划的 139%和 125.8%。抽水蓄能电站项目建设征地移民安置规划报告获批，金谷至方溪道路工程开工建设。潜明水库一期工程正式开工，一期围堰、坝基土石方开挖工程全面完工，大坝主体工程开始浇筑。330 国道莲都至缙云段改建、42 省道与 330 国道连接线等项目建成使用，金丽温输气管道缙云段全线贯通。成功引进大项目 19 个，实际利用内资 49.5 亿元、外资 4615 万美元，浙商回归到位资金 27.3 亿元。

社会消费品零售总额 74.5 亿元，比 2015 年增长 13.2%。创建省级放心农贸市场 2 家、省级餐饮食品安全示范街 1 条，市级餐饮服务食品安全示范食堂 5 家、餐饮食品安全示范点 5 家。进出口总额 45.54 亿元，比 2015 年下降 10.4%。网络销售额 42 亿元，增长 50.5%，淘宝特色中国缙云馆正式上线，新创建中国淘宝村 2 个，县电商产业园入选省级电子商务创业创新园区。

旅游总收入 109.58 亿元，比上年增长 33.2%；其中旅游外汇收入 1620 万美元，增长 4.4%。仙都景区接待游客 367.8 万人次，增长 34.3%；门票收入 4349.3 万元，增长 40.3%。全域旅游创建全面启动，民宿经济蓬勃发展，以笕川花海为代表乡村旅游方兴未艾，被认定全市唯一省休闲观光农业和乡村旅游示范县。仙都景区通过国家级景区资源价值和景观质量评审，获全市首张创 AAAAA 入场券。新入选中国传统村落保护名录 7 个，累计 9 个。仙都街道入选第一批省美丽乡村示范乡镇，全年创建省美丽乡村特色精品村 3 个，缙云县入选全市唯一“两美浙江特色体验地”。

财政总收入 18.36 亿元，比 2015 年增长 1.7%；一般公共预算收入12.15 亿元，增长 7.5%。全部金融机构人民币存款余额 234.2 亿元，比 2015 年增长 5.5%，新增各项存款 12.1 亿元，比 2015 年多增 8.6 亿元。年底金融机构人民币贷款余额 192.1 亿元，比年初减少 3.1 亿元，下降了 1.6%。保险业实现保费收入 7.45 亿元，比 2015 年增长 30.7%。

常住居民人均可支配收入 25368 元，比 2015 年增长 9.3%；实施低收入农户产业扶贫项目 90 个，鼓励低收入农户发展短、平、快特色种养业，促进自主增收脱贫，低收入农户人均收入达 9536 元，比 2015 年增长 19.5%。新增城镇就业 2370 人，帮助城镇失业人员实现再就业 920 人。大病保险报销比例、最高支付限额进一步提高。城乡居民最低生活保障标准分别从每月 601 元、451 元提高到 674 元和 506 元。新建居家养老照料中心 36家。新创建省义务教育标准化学校 5 所，创建率从 83.3%提高到 92.5%；新创建等级幼儿园 11 所，等级园比例从 70.9%提高到 86.8%；义务教育学校加热保温饮水设施、农村寄宿制学校热水淋浴设施实现全覆盖。县人民医院迁建工程主体结顶，浙大一院浙中肿瘤诊疗中心建成运行，国医馆创新驿站挂牌成立，“双下沉、两提升”工作考核全省第一。文化下乡活动深入开展，第一次全国可移动文物普查工作全面完成，缙云烧饼制作技艺、缙云木雕列入省非物质文化遗产代表性项目名录。

【民革中央“三农”委员会全体会议在缙云县召开】 12 月 25 日，民革中央“三农”委员会全体会议在缙云县召开。会议学习和贯彻中共十八届六中全会精神和民革十二届五中全会精神，总结一年来“三农”工作，交流参政议政成果，并对 2017 年工作方向、思路及调研课题进行研究探讨。全国政协副主席、民革中央常务副主席齐续春，全国政协副秘书长、民革中央副主席刘家强，全国政协常委、浙江省政协副主席、民革浙江省委会主委吴晶等领导出席会议。会上，吴晶介绍浙江省情和民革浙江省委会有关工作情况。会前，参会人员先后考察缙云县新建镇河阳、笕川村，了解旅游产业发展、农民增收等情况。丽水市副市长、民革丽水市委会主委戚永远，缙云县委副书记、县长李一波分别作经验交流。丽水市委书记史济锡，市委副书记、市长朱晨等领导陪同参加相关活动。

【丽缙产业园获批创建省级智能装备高新技术产业园】 11 月，浙江省科学技术厅、浙江省发展和改革委员会联合发文批复，同意丽水市在浙江丽缙五金科技产业园创建“丽缙智能装备高新技术产业园区”，实行现有的省级高新技术产业园区政策，成为丽水市首个省级高新技术产业园区。丽缙智能装备高新技术产业园区规划创建总面积 10.40 平方千米，重点发展智能装备制造业，配套发展金属材料、合金材料产业。至年底，高新区已汇聚带锯床、拉床、缝纫机、工模具、特种金属材料等企业 116 家，拥有省级以上高新企业 6 家、科技型中小企业 10 家，高新技术产业产值比重达 60%以上，建有科技型中小企业孵化器 4 万平方米。高新区力争通过 3—5 年的努力，打造成集聚高端产业、人才、科技的主阵地，将丽缙智能装备高新技术产业园建成丽水地区智能制造业的重点集聚区。

【仙都景区获全市首张创 AAAAA 入场券】 8 月 1 日，《浙江省重大建设项目“十三五规划”》发布，仙都景区创 AAAAA 工程列入实施项目。10 月 25 日，全国旅游资源规划开发质量评定委员会发布通报，缙云仙都景区通过创建 AAAAA 级旅游景区资源质量专家评审会评审，被列入创建国家 AAAAA 级旅游景区预备名单，获丽水市首张创 AAAAA 入场券。仙都景区 AAAAA 面积为 5.23 平千米，计划投资 2.95 亿元。景区强化“中国黄帝文化名山”主题定位，以“黄帝缙云 人间仙都”为口号，创新营销手段，全面拓展旅游市场，辐射力强，美誉度高，游客满意度达 99.20%，曾获多项荣誉，2016 年国庆长假被国家旅游局评为“旅游服务最佳景区”。

【好溪水利枢纽潜明水库一期工程开工】 6 月 8 日，县委、县政府召开动员大会，全面开启潜明水库一期工程及其移民动迁安置工作。至年底，累计完成投资 5.8 亿元，占项目总投资的 36.1%。库区 1197 户移民房屋完成入户评估并签字确认；对项目工程涉及的 8000 余平方米的文保建筑实施“分类保护”，为全省大中型水库工程大体量文保建筑迁移保护贡献出“缙云方案”。潜明水库是一座以防洪、供水（灌溉）为主，结合发电，兼顾改善水环境等综合利用的中型水库。一期工程正常蓄水位 239 米，正常库容 1476 万立方米，总库容 3413 万立方米，防洪库容 2220 万立方米，电站装机 3200 千瓦。项目总投资 16.06 亿元，动态投资 22 亿元，施工期 36 个月。

【金台铁路缙云段开工建设】 6 月 30 日，缙云县委、县政府在牛和岭隧道出口举行金台铁路缙云段项目开工仪式。项目计划年度投资额 1.3 亿元，至 12 月底，项目累计完成年度投资额 13100 万元，占全年投资计划的 100.77%。其中：土地征收完成 28.8 公顷，占年底任务的 130%；实物工程建设涉及缙云段 3 个工区共 5 处大临设施建设完成并投入使用。金台铁路是省铁路网“两纵、五横、两放射”格局中的五横之一，从金温铁路扩能改造项目永康南站引出，自西向东共经 9 个区县，客货线分别接入甬台温铁路台州站与台州南站，是连接浙江省东西方向的交通大动脉。金台铁路经过缙云县并在壶镇北山村规划建设壶镇站，站场具备客货两运功能。缙云段全线长 12.03 千米，总投资约 9 亿元，其中缙云投入资本金 1.28 亿元。

【全市首个创客学院建立】 6 月，缙云创客学院成立，通过整合浙江省缙云带锯床和特色机械装备技术创新服务平台、缙云优生活平台、电商培训中心、壶镇书院等政府与社会资源，聘请涉及装备制造、家用电器、电子商务、运动器材、民宿旅游等特色产业的 19 位优秀企业家为创业导师，以广大有创新创业梦想的有志之士为服务对象，开展有针对性的创业教育和培训辅导，为创客与投资者搭建交流创新思想，激发创新灵感，培养创新思维，实现创新创业梦想的平台。自成立以来，学院举办创客论坛 7期，电子商务培训班 37 班次，缙云烧饼师傅培训 65 期，6700 余人次参与活动与培训。

【畅尔公司获全市首个省科学技术进步一等奖】 浙江畅尔智能装备股份有限公司是一家致力于高端拉床、专用机床、机器人集成智能化成套装备研制的“国家高新技术企业”，公司

6 月 8 日，缙云县举行潜明水库开工动员大会　　赵　敏　提供

《大型高精度数控拉削装备关键技术与产业化》获2016年度省科学技术进步一等奖，是全市首个省科学技术进步一等奖。该项目主要针对国内拉削装备的关键性能指标与国际水平存在较大差距，以及智能制造技术发展带来的未来巨大市场需求空间，通过产学研合作方式，对拉削方式、拉削集成工艺、数控拉削装备、拉床专用数控系统软硬件等关键技术进行研究，获4项发明专利、2项实用新型专利，发表论文10篇。通过项目实施，产品开发周期缩短30%以上、新产品开发成本降低20%以上，有3项关键技术指标等于或超过以德国霍夫曼公司产品为代表的国际先进水平，远高于国内同类产品的水平。

【缙云黄茶成为G20杭州峰会官方选定用茶】 7月，与G20杭州峰会组委会签订协议，缙云县轩黄农业发展有限公司成为G20杭州峰会官方用茶赞助商，9月，赞助轩黄牌缙云黄茶成为G20杭州峰会官方选定用茶。全县从事缙云黄茶经营的龙头企业4家，农民专业合作组织2家，家庭农场若干。通过QS认证企业4家，通过绿色农产品认证面积240公顷。缙云黄茶成功注册地理标志证明商标，中黄2号(缙云黄)通过省品种审定委员会审定，成为缙云县自主选育的黄茶品种。全年全县黄茶面积593.33公顷，产缙云黄茶4000公斤，产值2400万元。

(赵　敏)

遂昌县

【概况】 遂昌县辖2个街道、7个镇、11个乡，203个行政村、8个城市社区，总面积2539平方千米，总人口23.19万。全县实现生产总值96.88亿元，增长7.4%；一般公共预算收入7.80亿元，增长10%；固定资产投资63.03亿元，增长13.5%；社会消费品零售总额48.01亿元，增长13%；外贸自营出口总额14.24亿元，增长34.6%；城镇居民人均可支配收入36955元，农村居民人均纯收入15545元，分别增长8.7%和9.5%；城镇登记失业率2.91%；人口自然增长率1.68‰。

培育生态产业环境。出台《遂昌县振兴生态工业三十九条》，实施企业项目零审批制度改革试点，永上型材、恒大直线导轨、博源竹科技等23个新引进项目集中投产，盘活闲置工业用地28.93公顷、标准厂房20.8万平方米，总投资10.5亿元，投产企业数、闲置资产处置数、招引企业数均居全市首位。新增标准厂房2.1万平方米，新出让工业用地34.47公顷，新增规上企业5家、国家高新技术企业4家，列入2016年度生态工业发展省级试点。实施《遂昌县发展健康农业三十六条》，新增青钱柳、三叶青等中药材种植面积45.33公顷，新增中蜂养殖1万群，首创“绿色惠农卡”补贴平台，发放惠农资金1100万元，争取到5000万元创新强省农业科技(循环有机农业)示范试点项目，创成省级农产品质量安全放心县，成为第三批全国农村集体“三资”管理示范县。实现旅游综合收入95.67亿元、门票收入1.9亿元，分别增长30%和30.8%；新增国家AAA级旅游景区1个、省五星级农家乐经营点1个、省级农家乐集聚村3个，王村口入选浙江首批旅游风情小镇创建名单，焦滩闲思居、车前云闲斋等民宿风生水起，职工疗休养接待量突破11万人，获中国最美特色旅游小城。

扩大有效投资项目。完成固定资产投资63.03亿元，增长13.5%。推进汤显祖戏曲小镇建设，启动开工文化博览园、关雎文化园一期东方爱情商业区和农村电商创业小镇智慧园项目建设。引进大项目8个，实际利用内资32.8亿元、外资1072万美元、浙商回归到位资金19.03亿元，完成年度任务121.0%、102.1%和136.0%，招商引资考核获全市一等奖。房地产业和建筑业稳步发展，完成房地产投资13.19亿元、建筑业产值12.46亿元。完成乌溪江大桥主体工程和农村公路改造提升9条，建成金溪货车停车场，遂昌新客运中心开工建设，衢宁铁路遂昌段建设加快推进，开通龙游至遂昌旅游商务快线。开工南尖岩至王村口公路建设，规划省道温岭至常山公路遂昌段通过省发改委立项批复，G528新路湾至石练段公路改建工程通过可行性审查。

推进重点工作。推进“三改一拆”，完成“三改”256万平方米、拆违65.29万平方米，整改拆除“蓝色屋面”62.74万平方米，建成全市首个建房治理网络指挥中心。深化“五水共治”，实现“河长制”信息系统县域全覆盖，第二污水处理厂开工建设，新建改造涉水管网136千米，完成河塘清淤43万立方米，石坑坪水库下闸蓄水，桐川水库大坝完成主体工程，推进清水源水库项目，完成生活污水治理46个村和项目验收及运维移交134个村，农村生活污水治理设施“到位率”全市第一。推进“六边三化三美”，打造北界至高坪休闲桃溪美丽乡村风景线，整改省、市交办点位202个。

建设美丽城乡。加快建设美丽县城，完成城市基础设施投资15.62亿元，完成东城供水工程、后江路网工程，东桥路(溪边路—太和路段)建成通车，环城南路一期工程开工建设，推进荷花滩、吴乐畈区块开发建设。实施汤显祖历史文化街区改造，完成平昌广场改造和汤公园入口47幢房屋立面改造，建成汤公文化戏曲元素城市雕塑小品。推进县城立体绿化及景观提升工程,完成绿道建设25.74千米,新增城市绿地5.21万平方米。开展"交通治堵",新增城市道路9.76千米、港湾式公交停靠站16个、停车场6个。遂昌县被列入第三批省级重点生态功能区小城市培育试点。加快美丽乡村建设,出台美丽乡村建设资金竞争性分配办法,实行分类分级梯度建设美丽乡村机制。长濂村等6个村落被列入第四批中国传统村落名录名单,争取到省级历史文化村落保护利用重点村2个、省级美丽乡村8个和省级集体经济扶持项目12个,共计资金8700万元。腾龙小区二期、特扶等项目有序推进。高坪乡获"中国美丽乡村建设示范乡镇"称号,应村乡跻身"省级美丽乡村示范乡镇"。

完善争取资金和省级以上重点项目考核办法,争取到25个省级以上改革创新试点项目,争取补助资金27亿元,同比增长68.8%。完善土地利用总体规划,新增建设用地指标89.33公顷,盘活存量建设用地32.37公顷。与兴业银行、金诚集团、省担保集团签订战略合作协议,正达担保公司注册资金增资2亿元,全市率先成立金控公司,建立中小微企业帮扶基金,筹建各注资2亿元"金谷""银都"产业发展基金。遂昌旅游在"新三板"挂牌,开创县域国有旅游类企业股改上市先河。

改善民生事业。遂昌第二中学投入使用,职业中专实训楼A幢主体工程和遂昌中学扩建项目完工,等级幼儿园覆盖率提升至84.1%。国家级卫生县城通过省级考评,丽水市第二人民医院遂昌分院投入运营,遂昌县人民医院加入中国空中急救医院联盟,石练镇、王村口镇两家卫生院获全国"群众满意的乡镇卫生院"称号。投入767万元全面实施残疾人"两项补贴"制度,完成遂昌县养老中心项目一期建设,启动康复托养中心项目建设。城乡低保标准分别提升10.2%和11.1%,低收入农户人均可支配收入9940元,增长19.5%,新增城镇就业2177人、参保对象3898人。举办2016浙江遂昌汤显祖文化节暨汤显祖——莎士比亚逝世400周年纪念活动,遂昌"班春劝农"入选人类非物质文化遗产代表作名录,"打造县域文化品牌,推进县域经济发展"获"2016中国十大社会治理创新奖"。

【遂昌获"2016中国十大社会治理创新奖"】 12月17日,在北京召开以"五大发展理念与全面小康"为主题"2016第十一届中国全面小康论坛"颁奖盛典中,遂昌县"打造县域文化品牌,推进县域经济发展"获"2016中国十大社会治理创新"奖。近年来,遂昌县深入挖掘汤显祖文化内涵,打造旅游品牌,推动文化产业融合发展、集聚发展,实现文化与城市建设深度融合,走出一条"汤显祖文化+"模式,助推县域发展之路。

【遂昌"班春劝农"入选人类非物质文化遗产代表作名录】 11月30日,联合国教科文组织将中国申报包含遂昌"班春劝农"等在内"二十四节气——中国人通过观察太阳周年运动而形成时间知识体系及其实践"列入联合国教科文组织人类非物质文化遗产代表作名录。"班春劝农"是遂昌的传统迎春文化形式。"班春"即颁布春令,"劝农"以劝农事,策励春耕。自古以来在遂昌任职的县级长官都要在春耕来临之际,举行鞭春礼仪,颁布春令、劝农耕作,名曰"班春劝农"。2011年,"班春劝农"被列入国家级非物质文化遗产项目,成为遂昌独特民俗文化活动和展示原生态农耕文化金名片。

【遂昌旅游在"新三板"挂牌】 12月9日,遂昌县旅游发展股份有限公司在北京挂牌"新三板",成为全国首家股改上市县级国有旅游类企业。该公司主要从事遂昌县旅游项目开发前期工作及国家AAAA级旅游景区南尖岩、丽水乐途旅游有限公司、浙西南(遂昌)红色教育干部培训中心有限公司、遂昌仙霞湖水游开发有限公司和遂昌旅游集散中心经营和运作。公司股改上市后,在推动景区转型、构建产业体系、开发核心资源、打造文化产业、加强公共投资等领域发挥作用。 (范誉宏)

"班春劝农"活动现场 范誉宏 提供

松阳县

客家民俗风情文化节　　宋昭君　提供

【概况】 松阳县辖3个街道、5个镇、11个乡，401个行政村，县域面积1406平方千米，总人口24.07万人。实现地区生产总值94.4亿元，增长7.9%；一般公共预算收入5.9亿元，增长12%；城镇居民人均可支配收入31250元，增长9%；农村居民人均可支配收入14501元，增长9.3%；固定资产投资63.4亿元，增长13%；货物出口总额21.7亿元，增长10.4%；社会消费品零售总额39.1亿元，增长13.3%。

健全重点项目县领导联系制度，建立重点项目微信群日报制、未开工和进度滞后重点项目跟踪督查机制，及时解决项目推进中难点问题，江南东路、环城西路延伸段、西叶公路等一批重点难点项目得到有效推进。开展"扩大有效投资开门红""扩大有效投资百日攻坚"等系列行动，新开工重点项目实现全开工11个，电力调度综合楼、第五中学及教育培训中心、南城商务区一期等7个重点续建项目建成投用，汽车综合服务中心、田园文化创意园等重点项目有序推进，全年实施茶香小镇项目19个，完成投资6.6亿元。全年实际利用内资32.5亿元、外资1244万美元、浙商回归到位资金19.4亿元、引进大项目10个。全年争取中央及省补资金18.5亿元，完成低效利用土地再开发面积10.4公顷，垦造水田120公顷。

开展建设全县域绿色食品标准化生产基地，通过全县域无公害农产品产地整体认证，完成松古盆地省级现代农业综合区茶叶全产业链提升项目，茶产业国家科技富民强县项目以及省重大科技成果转化项目通过验收，举办全省茶产业传承发展工作推进现场会，全年茶叶总产值突破8亿元，浙南茶叶市场交易额突破50亿元，分别增长8.8%、6.1%，获"2016年度中国十大最美茶乡"称号，成为中国十大最美茶乡。修订《关于加快生态工业发展的若干意见》，建立工业经济"六个一"工作法，落实工业经济点评等制度。推进赤寿生态工业区块一阶段道路、电商物流城基础设施等平台项目建设，全年新开发工业用地43.33公顷。开展"四换三名"工作，实施"低小散"企业整治提升三年行动，持续推进酸雾整治、酸洗场地一体化改造、"煤改气"等工作，全年盘活工业用地25.8公顷，改造提升"低小散"企业72家，上上德盛不锈钢公司成为省"两化"融合试点企业，浙能松阳地面光伏电站建成投产。全年实现规上工业增加值28.2亿元，增长9.5%。加快推进全域旅游示范县建设，完成大木山茶园综合服务中心、洞阳观旅游度假村土建工程，天元快捷酒店建成投用，新打造"茑舍""近水楼台""酉田花开"等一批精品民宿，全年新增民宿农家乐176家、床位1470张，"爷爷家青年旅社"获国际民宿大奖，大木山茶园景区获评省生态旅游示范区、省运动休闲旅游优秀项目，"上梅畲寨""古驿界首"成功创建国家AAA级旅游景区，中野生物科技有限公司成为省工业旅游示范基地。全年接待游客308.3万人次，实现旅游收入18.5亿元，分别增长24.6%和61.7%。举办第二届"互联网+美丽乡村"发展论坛，全年电子商务销售额14.3亿元，增长5.7%。服务业增加值38.1亿元，占生产总值比重40.4%。

推进供给侧结构性改革，推进"营改增"，减免纳税人各项税金3625万元；失业保险费率从1.5%降至1%，落实两轮省电价调整政策，为企业降低电费支出510万元。深化农村产权制度改革，成立不动产登记中心，建立和实施不动产统一登记制度，农村土地承包经营权确权登记调查完成率98.1%。深化公共财政体制改革，全民健身中心列入省首批政府与社会资本合作推荐、试点项目。深化金融改革发展，加强金融服务实体经济导向，年底，金融机构本外币贷款余额97.4亿元，增长12.3%。

统筹推进"水气共治"，制定农村生活污水治理项目监理考核办法，完成农村生活污水治理工程89个，松阴溪出境断面水质全年均保持Ⅱ类水以上标准。开展农作物秸秆市场化清运利用试点，县城空气PM2.5平均浓度为33微克/立方米，获省考核优秀等次。协调推进"治土治山"，实施土壤污染防治行动,推广应用农药减量技术面积0.63万公顷,推广有机肥0.7万吨,农药、化肥分别减量35吨、362吨,不锈钢污泥综合处置利用项目建成投用,全年新增垦造耕地152.27公顷、高标准基本农田0.13万公顷,完成造林更新636.53公顷、平原绿化185.33公顷。联动推进"治城治乡",完善批后监管、拆改结合、依法治违长效机制,出台县城一类区"两违"处置办法等政策,有序实施"蓝色屋面"整治和"平改坡"工程,启动项弄、瓦窑头等区块城中村改造。高速公路沿线"房美工程"实现全覆盖,其中松阳高速公路被评为全省精品示范线路。

十件民生实事完成年度计划。新增城镇就业1530人、基本养老保险3070人、基本医疗保险3525人,城乡居民基本医疗保险参保率99%。完成范山头地质灾害点整村搬迁,松阳县成为省异地搬迁扶贫改革试点县。深化省教育现代化县创建工作,南城幼儿园政府与社会资本合作项目完成招投标,松阳县被列入省智慧教育试点县。持续深化公立医院改革,完成省卫生应急示范县、省慢性非传染性疾病综合防控示范区创建任务。红糖工坊等一批乡村博物馆建成投用,新编历史越剧《张玉娘》在杭州、丽水首演,并获省戏剧节新剧目大奖,仙人源端午茶生产基地入选省非物质文化遗产生产性保护基地,枫坪乡被评为省民间文化艺术之乡。承办亚洲山地竞速挑战赛、长三角运动休闲体验季松阳站等赛事活动,三都健身步道被评为"最美古韵赛道",松阳县通过省体育强县验收。实施支出型贫困家庭救助,农村低保占比3.5%,全年新增养老机构床位200张。建立健全立体化社会治安防控体系,推进"警调衔接"机制,开展矛盾纠纷逐级引导全域化解,实现"零"重大涉稳事件、"零"重大安全生产事故,连续19年实现命案全破。民族宗教、侨台外事、慈善、史志、档案、移民、气象、国防动员、人民防空、统计、工会、红十字等工作取得新进展。

开展"两学一做"学习教育,严格履行党风廉政建设"一岗双责",严格执行中央"八项规定"、省委"28条办法""六项禁令","三公"经费同比下降21.9%。严格执行县人大及其常委会各项决议、决定,主动接受人大依法监督、政协民主监督、司法监督和社会监督,交由政府系统办理人大代表建议153件和政协提案90件全部办结。全力推进"放管服"改革,启动投资项目在线审批监管平台,实现跨部门网上并联审批。全面完成党政机关及参公事业单位公务用车制度改革。组建综合执法局。建立各类事业单位统一登记制度,"12345"统一政务咨询投诉举报平台建成投用。加强财政预算收支管理,完善全口径预算编制,做到收入一个"笼子"、预算一个"盘子"、支出一个"口子"。加强政府投资项目审计,全年核减投资额1.3亿元。加强政风建设,健全长效机制,开展正风肃纪行动776次,发现问题295个,处理人员453人次。

【松阳县成功创建省第二批教育现代化基本达标县】 2015年11月10日,松阳县向上级有关部门提交关于要求对松阳县开展浙江省基本实现教育现代化县进行督导评估请示,2016年1月27日,被浙江省教育厅、浙江省政府教育督导委员会办公室批准认定为浙江省第二批基本实现教育现代化县,11月4日,通过浙江省基本实现教育现代化县复评工作。松阳县开始创建以来,出台一系列相关政策,以提升教师队伍素质、育人质量和促进教育公平为载体,积极筹措教育经费,加大教育经费保障力度,加快基础设施建设,大力改善办学条件,扬长补短,扎实推进各类教育均衡协调发展,使教育管理水平和办学水平都得到进一步提升。

【松阳县获"2016年度中国十大最美茶乡"称号】 10月25日,第十二届中国茶叶经济年会在黄山召开,松阳县获"2016年度中国十大最美茶乡"称号,这是该县继"中国绿色生态茶叶之乡"和"中国茶叶产业示范县"等称号之后又一国字号金名片。本次推选活动先由中国茶叶流通协会组织专家组对材料进行初评推选,再在中国茶叶流通协会官方网络平台上开展投票,结合专家组和网络投票,最终在全国主要产茶县市中评出前十名。近年来,松阳围绕建设"长三角田园休闲旅游胜地"目标,立足茶叶特色产品培育,推动茶产业一、二、三产融合发展,成功创成大木山骑行茶园为AAAA级景区,已打造可观光茶园面积0.53万公顷,茶旅游每年接待人数247万人次,拥有成熟茶旅路线5条。

【松阳县成为全国唯一一个"拯救老屋行动"项目整县推进试点县】 1月初,松阳县被中国文物保护基金会确定为"拯救老屋行动"项目整县推进试点县。项目资助范围为中国传统村落内各级文物保护单位和尚未核定公布为文物保护单位一般不可移动文物中私人产权民居。基金会对松阳县符合上述范围资助经费4000万元,在两个年度内完成。松阳建县于东汉建安四年,有着逾1800年建县历史,集中分布着中国传统村落50个和不可移动文物1600余处。项目落户以来,松阳县开展调查摸底、建立组织、制定政策、宣传发动等工作,并于6月11日实施建设。 (宋昭君)

景宁畲族自治县

【概况】 景宁畲族自治县辖2个街道、4个镇、15个乡、254个行政村、1031个自然村，县域总面积1950平方千米，总人口17.31万人，其中畲族等少数民族人口1.91万人，约占11%。2016年，全县实现生产总值49亿元，增长10.1%；实现财政总收入11.54亿元，其中地方财政收入6.23亿元，分别增长7.9%和13.3%；实现城镇常住居民人均可支配收入30899元，实现农村常住居民人均可支配收入14989元，分别增长9.2%和9.7%；三次产业结构为14.2:28.4:57.4。

加快生态产业与观光旅游融合，全年新建粮食功能区5个278.87公顷，完成粮食播种面积0.81万公顷；新建茶叶基地200公顷、高效竹林基地204.2公顷、香榧基地77公顷。推进农林产业庄园化，金奖惠明茶产业园、白鹤香榧产业园等农业产业园有序推进，落实环敕木山茶旅慢游观光线核心区约266.67公顷生态观光茶园建设项目，休闲观光农业示范带逐步形成。加快平台建设与绿色发展融合，按照“园区外基本无工业、园区内无非生态工业”的要求，加快推进产业集聚发展；丽景园工业园区全年实现工业产值2.17亿元，完成税收6052万元；王金垟产业复合区入驻企业4家，城北110竹木功能区12家入驻企业进行技改转型，至年底，8家企业完成异地技改并投产；澄照农民创业园规划工业用地45.33公顷，实现供地5.47公顷，有入园企业2家；电子商务产业园成为省级创业创新园，完成农村电子商务服务点建设20个，王金垟和城北村被评为“淘宝村”，电子示范村实现“零突破”。加快美丽经济与有效供给融合，推进全域旅游，力促农旅融合，农旅产品展销中心投入运营；围绕“生态环线”打造环敕木山畲族风情文化体验、大东景高山休闲养生、千峡湖运动休闲等特色产业；积极推进畲乡绿道创AAAA景区，马坑、金丘创AAA景区工作；完成大均泉坑、大漈彭村、澄照金丘、渤海梅坑等6个民宿集聚区建设；加强互联网+旅游营销，完成畲乡景宁微信及一机游丽水(景宁)微信旗舰店等虚拟智慧旅游平台建设，实现AAAA级景区免费WiFi全覆盖。

推进生态建设常态化。全年安排治水项目17个，进一步完善“河长制”，全县Ⅰ、Ⅱ类水质占95%以上，地表水水质达标率达100%，交接断面水质状况为良好。深化“三改一拆”行动，完成“三改”面积171万平方米，“一拆”面积53万平方米，腾退土地41万平方米，“蓝色屋面”实现省市级督查点位全部销号，成功创建“无违建创建先进县”。抓好“六边三化三美”工作，全面推进重点路线乡容村貌整治，主干53个项目全部开工，省市级问题点位整改完成率100%。深化大气污染防治，县城空气质量优良率达95%以上；推进土壤污染防治，县城垃圾渗滤液整治提升工程加快推进，探索推进农村垃圾分类处理试点推广工作。推进城乡绿化一体化和森林彩化美化建设，实施美丽林相改造290公顷，林业总场获评全国十佳林场；实施农村民居“穿衣戴帽”工程，创建省级历史文化村落重点村1个、市级最美乡村1个、市级美丽乡村示范村2个，打造“花样村庄”50个、“美丽庭院”1000户。生态环境质量公众满意度排名全省第二，成功创建国家生态县。

推进城乡建设景区化建设。鹤溪老城城市立面改造基本完成，“成片美化效应”显现；开展城区环境综合整治，洁化、亮化、美化、有序化深入推进；推进客运中心、人民路道路改造等项目。外舍新城凤凰古镇等项目基本落成，外舍桥系工程、外舍路、金垟路、江滨路等路网工程进展有序。澄照副城道路网基本成型，安置房建设全面铺开，佃源自来水厂、第三(佃源)污水处理厂等工程启动建设。

推动改革创新不断深入。主动对接供给侧改革，全面启动县域经济体制综合改革；完成全省服务业强县试点实施方案编制，发布《景宁畲族自治县“十三五”服务业发展规划》；推进民族地区可持续发展改革试点，成功入列国家重点生态功能区，探索建立重点生态功能区生态补偿机制，争取生态补偿补助资金2.7亿元；深入推进农村产权制度改革和金融改革，土地承包经营权确权登记颁证调查工作完成率95.77%；行政领域改革稳步实施，深入综合行政执法改革，县综合行政执法局挂牌运行；推进完成公务用车制度改革，完成公务用车封车拍卖；推进“四张清单一张网”建设，推行模拟审批和代办制度，政府部门权力事项精简50%以上；开展部门预算管理改革试点和乡镇公共财政服务平台试点工作，加快推动政务阳光化。

注重民生共享。城乡教育资源配置进一步优化，各阶段教育质量实现新突破，创成省级教育基本现代化县；高考重点上线人数实现“五连增”，一本上线万人比首次达到全省平均水平，本科率83.3%。民族医院全面完成结顶，“双下沉两提升”工作深入推进，鼓励社会资本办医，进一步放宽民营医疗机构准入条件，卫生服务能力不断增强；深化计划生育服务改革，全面实施“两孩”政策，促进人口长期均衡发展。县乡联动，完善办节模式，鸬鹚马仙文化节、英川菇民文化节等“一乡一品”乡村文化节庆活动遍地

音乐剧《畲娘》剧照　　廖跃平　提供

开花;《印象山哈》实现市场化运作,畲族音乐剧《畲娘》参加第五届全国少数民族文艺会演荣获音乐创作金奖。提升社会保障服务水平,全面实施机关事业养老保险制度改革,提高参保人员各项保险待遇水平。健全社会救助体系,城乡低保标准由每人每月528元和396元提高至581元和436元,完善“应保尽保”,社会基本保障水平进一步提升。城镇失业率控制在4%以内,劳动关系得到进一步和谐。完成护航G20杭州峰会、第三届世界互联网大会等工作。

【举办中国畲乡“三月三”活动】 2016中国畲乡“三月三”活动以“探寻神奇畲乡 畅享幸福之旅”为主题,坚持“节俭性、独特性、惠民性、互动性”原则,举办一系列活动。主要活动包括2016中国畲乡“三月三”活动开幕式暨音乐剧《畲娘》首演、第三届中国(浙江)畲族服饰设计大赛、海峡两岸少数民族文化与旅游发展论坛、第八届中国畲族民歌节暨“凤鸣古镇 情满千峡”原生态畲族风情秀、全民畲族体育大闯关暨畲族体育项目综合展示、旅游商品展销一条街、“三月三”全民欢乐周暨经典旅游路线推荐、“网罗三月三,牵手‘玩’畲乡”活动、“中国畲乡 寻梦之旅”主题活动等多个项目,内容涉及民俗展示、文化交流、旅游观光和文化产业等,涵盖经济社会发展的各个方面内容。

【景宁夺取“平安金鼎”】 2016年,景宁县继续推进“平安景宁”建设,自2004年以来,景宁县始终坚持“平安景宁”“法治景宁”建设,多管齐下、抓好落实,全力营造人人参与平安建设的良好氛围,深入推进“两网融合”,不断加强“大调解”体系建设。全县组建劳动基层调解组织97个,21个乡镇(街道)和260个村(社区)实现人民调解委员会全覆盖。年度平安创建工作群众知晓率、参与率、安全感满意率(综合)分别为90.5%、64.2%和98.83%,均列全市第一名,12年来全县无重特大刑事案件,无群体性事件发生,社会治安持续良好,连续第12年被省委、省政府命名“平安县”,成功夺取“平安金鼎”。

【景宁县通过国家生态县考核验收】 10月11日,景宁通过国家生态县考核验收,畲乡再添一张“金名片”。近年来,景宁县立足生态优势,固本强源,优化提升,生态县创建工作取得明显成效。环境质量稳步改善,森林覆盖率达80.85%,县城空气质量优良率达96%以上,地表水水质达标率100%。城乡面貌更加宜人,成功创建国家级生态示范区、省级生态县、省级森林城市和省级美丽乡村先进县,畲乡滨水休闲长廊获国家水利风景区称号。累计建成国家级生态乡镇10个、市级以上生态村254个、中国少数民族特色村寨命名2个、省级绿色学校6座,2016年景宁生态环境质量公众满意度位列全省第2位。

【景宁县被评为浙江省投资价值潜力20强县】 2016年,在省支持浙商企业创新服务中心、浙江在线新闻网站联合举办的“2016浙江省最具投资价值潜力县(市、区)20强”评选活动中,景宁县入围20强,名列第17名。近年来,景宁以特有的民族优势,获省委、省政府特设“丽景民族工业园”,景宁企业所得税优惠政策等系列帮扶,同时拥有先天的生态环境优势、日益突显的后发优势、良好的政府服务环境和不断完善的基础配套,多层面提升该县的投资价值潜力。

【景宁县获评“2016中国年度最佳休闲小城”】 2016年,景宁县大力推进全域化景区建设,将旅游产业作为战略支柱性产业来培育。在原有基础上,对森林资源等潜在资源进行开发利用,在促进森林休闲旅游产业可持续发展的同时,融入健康理念、休闲项目打造、游客探奇需求等元素,开发多条特色线路。景宁县的休闲旅游业也体现了其独特的畲族味道,凭借“民族”和“生态”优势,打造全国唯一的畲族特色生态休闲养生养老福地,以生态休闲养生养老经济推动实现绿色发展和跨越发展。本次与景宁一同入选最佳休闲小城的还有江苏宜兴市、黑龙江黑河爱辉区、贵州省荔波县。(吴海敏　柳佳佳)

人物　名录

新任市领导

【史济锡】 男，汉族，1961年12月生，籍贯上海，出生地浙江杭州。1983年8月参加工作，1983年9月加入中国共产党，省委党校经济学专业毕业，研究生学历，高级工商管理硕士。历任杭州师范学院团委干事、团委副书记，团省委学校部部长、省学联秘书长，团省委常委、团省委副书记、党组成员，台州市委常委、路桥区委书记、组织部长，绍兴市委副书记、纪委书记、政法委书记，省环保厅（环保局）副厅长、党组副书记，省供销合作社联合社党委书记，省农业厅厅长、党组书记。2016年1月，任丽水市委书记、丽水军分区党委第一书记。十三届浙江省省委委员。

【朱　晨】 男，汉族，1963年6月生，籍贯浙江永康，出生地浙江上虞。1979年9月参加工作，1983年5月加入中国共产党，中央党校经济管理专业毕业，研究生学历，公共管理硕士。历任海军工程学院五系505教研室教师，杭州市化工系统职工大学（化工职工培训中心）教师，浙江省监察厅副主任科员、主任科员，浙江省纪委办公厅主任科员、纪检监察二室副处级纪检监察员、纪检监察二室副主任（正处级）、纪检监察三室主任，丽水市委常委、纪委书记，丽水市委副书记、政法委书记，丽水市政府副市长、代市长、党组书记。2016年3月，在丽水市第三届人民代表大会第七次会议上当选为丽水市政府市长。浙江省十二届、十三届纪委委员。

【尹学群】 男，汉族，1965年5月生，籍贯浙江台州，出生地浙江台州。1984年8月参加工作，1987年5月加入中国共产党，南京大学工程管理学院管理科学与工程专业毕业，博士研究生学历，管理学博士。历任椒江市第一中学教师、校团委副书记、书记，椒江市海门街道党委副书记（正科级），台州市团委副书记、党组成员，市青联主席，台州市团委书记，三门县委副书记（正处级），台州市发展计划委员会主任、党组书记，三门县委书记、兼任三门县人大常委会主任，台州市委常委、临海市委书记，台州市副市长。2016年4月，任丽水市委副书记、政法委书记。

【林　康】 男，汉族，1962年10月生，籍贯浙江青田，出生地浙江青田。1980年12月参加工作，1984年7月加入中国共产党，中央党校经济管理专业毕业，大学学历。历任丽水师范专科学校团总支副书记，丽水地区文化局办公室秘书、秘书科副科长、办公室主任，丽水地区行署办公室秘书科科长、综合二科科长，丽水地区协作办副主任、党组成员，丽水地区招商局副局长，协作办副主任、党组成员，松阳县委常委、副县长、县委副书记、政法委书记、代县长、县长，景宁畲族自治县委书记。2016年3月，在丽水市第三届人民代表大会第七次会议上当选为丽水市人大常委会副主任。二届、三届、四届市委委员。

【朱山华】 男，汉族，1960年11月生，籍贯浙江青田，出生地浙江青田。1976年9月参加工作，1984年3月加入中国共产党，省委党校政治经济学专业毕业，研究生学历。历任青田县芝溪公社民办教师，青田县万山区农技站技术干部，青田县章村区农技站副站长，青田县农牧特产局秘书股股长，青田县纪委干部、办公室主任，青田县纪委常委、办公室主任、纪委副书记、青田县委常委、纪委书记，松阳县委常委、纪委书记，丽水地区纪委委员、地区监察局副局长，丽水市纪委委员、市监察局负责人，丽水市纪委常委、市监察局负责人，市政府副秘书长、办公室党组成员，市移民办主任（正处级）、党组书记，丽水市国土资源局局长、党委书记、市人大常委会党组成员、市人大常委会秘书长、办公室党组书记。2016年3月，在政协第三届丽水市委员会第五次会议上当选为丽水市政协副主席。

【邝平正】　男，汉族，1961年7月生，籍贯浙江庆元，出生地浙江庆元。1979年6月参加工作，1981年6月加入中国共产党，中央党校经济管理专业毕业，大学学历。历任庆元县三济公社文书、管委会副主任，共青团庆元县委常委、组织部部长，庆元县纪委纪检科科长，庆元县村级整党、城郊区联络组副组长，庆元县四山乡党委副书记(主持工作)、党委书记，庆元县工商局副局长、局长，庆元县政府副县长，松阳县委常委、县政府副县长，云和县委常委、县政府副县长、县委副书记、政法委书记，青田县委副书记、县政府副县长、代县长、县长，丽水市林业局局长、党组书记，浙江凤阳山—百山祖国家级自然保护区管理局局长，丽水市发展和改革委员会主任、党组书记。2016年3月，在政协第三届丽水市委员会第五次会议上当选为丽水市政协副主席。二届、三届市委委员。

【卢彩柳】　女，汉族，1971年3月生，籍贯浙江平阳，出生地浙江泰顺。1991年8月参加工作，民进，省委党校区域经济专业毕业，研究生学历。历任泰顺县第三中学教师，丽水市(县级)碧湖中学教师，共青团丽水市(县级)委副书记，共青团丽水市莲都区委副书记、书记，丽水市莲都区政府区长助理、区政府副区长，民进莲都区委会主委、民进丽水市委会副主委，丽水市人口和计划生育委员会副主任、主任，丽水市质量技术监督局局长，民进丽水市委会主委。2016年3月，在政协第三届丽水市委员会第五次会议上当选为丽水市政协副主席。二届、三届市政协常委。

【过孟超】　男，汉族，1969年1月生，籍贯浙江嵊州，出生地浙江嵊州。1989年8月参加工作，1991年6月加入中国共产党，浙江大学法律专业毕业，大学学历。历任嵊县法院甘霖法庭书记员、助理审判员，嵊县法院刑事审判庭助理审判员，嵊县县政府驻深圳办事处干部，嵊州市纪委干部、纪检监察室副主任、主任，嵊州市纪委常委、纪检监察一室主任、监察局副局长、纪委副书记，上虞市人民检察院代检察长、党组书记、检察长，绍兴市人民检察院副检察长(正处长级)、党组成员。2016年3月，在丽水市第三届人民代表大会第七次会议上当选为丽水市人民检察院检察长。四届市委委员。　　(潘　剑)

全国“五一”劳动奖章获得者 浙江省劳动模范

【张立岩】　男，1962年3月出生，汉族，河北宁晋人，中共党员，大学本科学历，1983年9月参加工作，现任浙江省丽水市人民医院骨科主任，主任医师。张立岩是丽水市骨外科的学科带头人，浙江省康复医学会脊柱脊髓委员会常委，省医学会骨科专业委员会委员，海峡两岸医学会海西骨科分会常委。张立岩擅长胸腰椎骨折、颈椎病腰腿痛等方面研究，主持开展导航下微创胸腰椎内固定术，腰椎管滑脱、椎管狭窄微创减压内固定术，激光刀、椎间孔镜治疗椎间盘突出手术等项目，填补丽水市空白。近几年，多次参加国际学术交流，每年举办浙江省脊柱外科继续教育学习班，到各地义诊、授课和技术指导。所管理科室多次获医院先进科室。1996年，被评为丽水市劳动模范；2010年，选入浙江省新世纪151人才；2012年，被评为丽水市绿谷名医；2012年，获感动医院人物；2016年4月，获全国“五一”劳动奖章，同时被授予“浙江省劳动模范”称号。

【陈万平】　男，1960年10月出生，汉族，山东蓬莱人，中国民主促进会会员，大学学历，1982年8月参加工作，现任浙江凯恩特种材料股份有限公司总工程师。大学毕业分配至遂昌造纸厂，先后担任技术员、车间副主任、研究所所长、副总工程师、总工程师。带领团队创新造纸技术理论和生产工艺，研发成功多个国家级新产品，填补国内空白并产生社会效益和经济效益。近年来，主持完成4项省部级科技项目，负责起草制定《电解电容器纸》等11项次国家或行业标准。1997年入选浙江省“151人才工程”；2000年获浙江省科技进步二等奖；2001年，获国务院“政府特殊津贴”；2005年，被评为浙江省优秀科技工作者；2010年，获丽水市科学技术突出贡献奖；1998—2012年，当选第八、第九、第十届浙江省政协委员；2016年4月，获全国“五一”劳动奖章，同时被授予“浙江省劳动模范”称号。

浙江省“五一”劳动奖章(奖状)获得者 丽水市劳动模范

【洪健萍】　男，1961年12月出生，汉族，浙江青田人，中共党员，大专学历，1978年4月参加工作，现任丽水吉华实业有限公司办公室主任。1978年4—10月青田石盖公社知青，1978年10月—1983年在上海警备区参军，1983年2月—1987年在丽水市酿造厂工作，1987—1993年在地区化纤厂工作，2006年为吉华公司办事员。在吉华公司工作10年，制定、完善企业管理制度，拟定节约降耗工作方案，提出系统技改措施，为公司累计节约用煤2880吨，每年节约用水20万吨。成立劳动争议调解委员会，为企业调解劳资纠纷近200起，调解成功率100%，涉及金额数百万元。2010年，获浙江省节能先进个人；2010年，获丽水市十大优秀职工；2011—2012年，获市工会先进工作者；2015年，获丽水市五一劳动奖章；2016年4月，获浙江省“五一”劳动奖章，同时被授予“丽水市劳动模范”称号。

【戴和英】 女，1966年8月出生，汉族，浙江云和人，中共党员，大学学历，1984年8月参加工作，现任浙江省丽水市实验幼儿园教育集团园长。任园长期间，创建三所省一级幼儿园、两所省二级幼儿园；幼儿园扩大办学规模，实现多元化办学，获学生家长好评。启动“教职工成长行动计划”，创办“丽水市幼儿园园长创新研修班”，成立特级教师工作室，每年为各县市区送教或讲座10余场，聆听人数万人。指导10多名教师获市教学名师、市学科带头人，20余人评上教坛新秀。撰写幼教工作专辑，40余篇课题、论文获国家、省、市级奖项并发表。2002年，获浙江省优秀教育工作者；2011年，获中共丽水市优秀共产党员；2014年，获浙江省特级教师；2014年，获全国五一巾帼标兵；2015年，获丽水市“五一”劳动奖章；2016年4月，获浙江省“五一”劳动奖章，同时被授予“丽水市劳动模范”称号。

【高厚建】 男，1974年10月出生，汉族，浙江丽水人，中共党员，大学本科学历，1994年8月参加工作，现任浙江元立集团新宏公司优带厂厂长、党支部书记。1994年8月，分配到元立集团，先后在8个厂任职，参加9个新项目筹建。先后提出大小技改10余项，多次获集团“五小”科技成果奖。11年来，他参加棒材厂、衢州带钢厂等设备安装。2011年，投资3亿元建立的新宏优带厂投产。2012—2015年，优带厂进行设备技改，并推进环保、安全工作。其中，煤气炉汽包技改，年创造效益240余万元；轧机工艺技改，使带钢宽度从350毫米提高到415毫米；煤气炉设备技改，年减少80%跳电故障。2012年，获市“敬业奉献模范”；2012年，获遂昌县“创先争优”优秀共产党员；2013年，获遂昌县“优秀职工”；2015年，获丽水市“五一”劳动奖章；2016年4月，获浙江省“五一”劳动奖章，同时被授予“丽水市劳动模范”称号。

【吴莉梅】 女，1973年12月出生，汉族，浙江松阳人，中共党员，大专学历，1993年9月参加工作，现任松阳县西屏街道城西社区主任。吴莉梅擅长用社会工作专业技巧做好社区工作，成立“晨曦社会工作室”，为社区居民解决困难。组织多形式活动，吸引居民走出家门参与居务建设和管理，运用多平台，实现辖区单位与居民共驻共建，资源整合。组织志愿者开展社会服务活动。团建工作出色，先后接待团中央、团省、市委领导并得到肯定。普查质量高，普查能力赢得各普查业务单位认可。作为政协委员和党代表，先后撰写大会发言、提案、社情民意20余篇。2011年，获省人口普查先进工作者称号；2012年，获丽水市档案先进工作者；2013年，被评为第二届松阳县十大杰出青年；2015年，获丽水市“五一”劳动奖章；2016年4月，获浙江省“五一”劳动奖章，同时被授予“丽水市劳动模范”称号。

【莲都区环境卫生管理局】 莲都区环境卫生管理局是一家事业单位，现有职工69人。在“双创”工作中，全体干部职工每天做到巡查考核区域、内容和时段的全覆盖，为“双创”工作做出贡献。在“8·20”抗灾工作中，组织1300余名环卫工人、150余名临时突击人员，清理各类灾后垃圾996车次、9996吨、清洗路面150余万平方米，最短时间内恢复城市整洁。在雅溪镇里东村发生重大泥石流灾害时，迅速组织保洁人员进行环卫保障，出动卫生保障860人次，安置移动厕所8台，配备发放卫生纸巾4箱640盒，清运垃圾27车次。受理市民来电投诉，数字城管平台结案率100%。全面排查公厕设施，更换和维修大便冲水阀、延时阀、镇流器等大小设施1251件，更换维修421次。更换和安置移动垃圾桶2200余只，在花园路、丽阳街等增设280余个果壳箱。2015年，被浙江省住房和城乡建设厅评为浙江省城市市容环境卫生工作先进集体；2016年，获丽水市创建国家卫生城市集体三等功；2016年4月，获浙江省“五一”劳动奖状。

【缙云县缙云烧饼协会】 缙云烧饼协会成立于2014年10月，现有会员500余人，协会以农民增收致富为核心，以品牌建设为突破口。2015年底，培训缙云烧饼师傅6000余人，在全国20多个省、市、区开设300余家示范店，并走出国门，2015年营业额7亿元。“缙云烧饼”先后被评为“中华名小吃”“浙江名小吃”“浙江省精品农博会金奖”“浙江厨师节金奖”；缙云烧饼节被浙江省金秋购物节组委会评为“最受欢迎的活动”。“缙云小烧饼”成为缙云“金名片”。品牌建设获省委书记夏宝龙等领导肯定，并被《人民日报》《农民日报》《浙江日报》及中央电视台、浙江卫视、新华网、中新网等媒体专题报道。2015年，缙云

缙云烧饼文化展厅　　　　赵　敏　提供

县缙云烧饼协会被缙云县委、县政府通报嘉奖。缙云烧饼协会《缙云县“六统一、两集中”推进缙云烧饼品牌建设》获2014年丽水市新农村建设创新一等奖。2016年4月，获浙江省“五一”劳动奖状。

【起步股份有限公司】 起步股份有限公司坐落在丽水市青田县油竹侨乡工业园区，自主研发、生产、销售ABC品牌儿童鞋服企业，现有职工1176人，年产值31亿元。连续6年蝉联全国儿童鞋服市场综合占有率第一名。近年来，公司先后与5家大专院校、4家国家级科研院所建产、学、研合作关系，获国家级专利389项；建立博士工作站、劳模工作室、专家创新工作室，发挥人才作用。公司投资600万元为职工建成2000平方米职工活动中心，每年投入300万元进行职工技能培训和其他方面的培训，建立困难职工帮扶工作室，连续五年未发生劳资纠纷、违法违纪事件、安全责任事故。2010—2015年，公司公益捐款5000万余元，资助贫困山区孩子。公司先后获全国“工人先锋号”，全国、省、市“模范职工之家”，丽水“十强企业”等称号。2016年4月，获浙江省“五一”劳动奖状。（梁梦茜）

逝世人物

【徐振东】（1925—2016）男，汉族，山东省莱州人，1946年10月加入中国共产党投身革命工作，曾任丽水县人民医院副院长、院长，丽水县卫生科科长，丽水文教部、宣传部副部长，丽水防疫站站长，丽水丽云公社主任，丽水县丽云区委副书记、区长，丽水县医院院长、书记，丽水地区医院（现丽水市中心医院）党委书记、院长，丽水地区卫生局副局长等职。1985年4月，经组织批准离职休养，享受副厅级政治、生活待遇。于2016年6月29日在丽水逝世，享年92岁。（蓝巧玲）

烈　士

【周根富】 男，1960年10月15日出生，遂昌县妙高街道君子路13弄8号人。1977年8月参加工作，1984年11月加入中国共产党，遂昌县北界镇人民政府主任科员。2016年9月28日，在遂昌县北界镇苏村村地质灾害隐患点劝导村民撤离，遭遇突发山体滑坡时牺牲。2016年10月11日，被浙江省人民政府评定为烈士，烈士证号：2016浙烈字第000008号。

【徐师兢】 男，1905年2月28日出生，青田县鹤城十五保（现鹤城街道金巷底）人，毕业于黄埔军校第五期，任国民党第88师通讯营少校营长。1937年11月26日在上海抗日前线淞沪战役中阵亡，晋为中校。2016年12月26日，被浙江省人民政府追认为烈士，烈士证号：2016浙烈字第000016号。

【梅　忱】 男，1911年9月24日出生，景宁县大漈乡西一村人，任国民党中央军校少校军医。1937年12月13日在南京与日本军队战斗阵亡，晋为中校。2016年12月26日，被浙江省人民政府追认为烈士，烈士证号：2016浙烈字第000018号。

【梅震华】 男，1911年11月17日出生，景宁县大漈乡西二村人，任国民党中央军校一等兵。1937年12月13日在南京与日本军队战斗阵亡，晋为上等兵。2016年12月26日，被浙江省人民政府追认为烈士，烈士证号：2016浙烈字第000019号。

【潘德胜】 男，1919年1月17日出生，景宁县大漈乡潘宅村人，任国民党中央军校二等兵。1937年12月13日在南京与日本军队战斗阵亡，晋为上等兵。2016年12月26日，被浙江省人民政府追认为烈士，烈士证号：2016浙烈字第000020号。（应文琛）

丽水市突出贡献专家名单

（按姓氏笔画排序）

表 32

姓 名	单 位	姓 名	单 位
丁泽林	浙江晨龙锯床集团有限公司	郑荣宗	丽水市中心医院
叶晓平	丽水学院	金 松	丽水第二高级中学
刘跃钧	丽水市林业科学研究院	徐伟军	青田县石雕厂集团有限公司
朱金星	遂昌县农业局	徐国跃	丽水市政协农资环委
周康有	龙泉市千字号剑铺	雷永良	丽水市疾病预防控制中心

2016 年享受政府特殊津贴人员名单

表 33

姓 名	性别	审批时间	单 位	技术职务
应国华	男	2017年4月12日	丽水市林科院	教授级高工，三级
雷永良	男	2017年4月12日	浙江省丽水市疾病预防控制中心	主任技师
周金甫	男	2017年4月12日	青田县石馨苑艺雕厂	高级工艺美术师/一级/高级技师

2016 年度取得正高级专业技术资格人员名单

表 34

姓名	性别	出生年月	工作单位	取得资格时间	正高级专业技术资格名称
廖翊尧	男	1964年11月	丽水市汽车运输集团股份有限公司	2016年11月13日	教授级高级会计师
雷振东	男	1976年09月	丽水市人民医院	2016年12月29日	主任医师
张玲晓	女	1972年03月	青田县人民医院	2016年12月29日	主任医师
黄海萍	男	1970年03月	青田县人民医院	2016年12月29日	主任医师
林俊杰	男	1974年08月	青田县人民医院	2016年12月29日	主任医师
金晓青	女	1972年05月	青田县人民医院	2016年12月29日	主任医师
田晓利	女	1969年11月	青田县人民医院	2016年12月29日	主任医师
朱海蛟	男	1974年02月	青田县人民医院	2016年12月29日	主任医师
吴 欣	男	1974年02月	青田县人民医院	2016年12月29日	主任医师
季革委	男	1966年11月	青田县人民医院	2016年12月29日	主任医师
潘晓燕	女	1972年11月	青田县人民医院	2016年12月29日	主任药师
章华丽	女	1971年09月	青田县人民医院	2016年12月29日	主任护师
华凤莲	女	1972年03月	青田县人民医院	2016年12月29日	主任护师
江松平	男	1970年07月	青田县中医院	2016年12月29日	主任中医师
李晓峰	男	1977年01月	青田县中医院	2016年12月29日	主任中药师
曾 永	男	1974年10月	青田县疾病预防控制中心	2016年12月29日	主任技师
褚卫韬	男	1972年02月	缙云县人民医院	2016年12月29日	主任医师
林设英	女	1969年01月	缙云县人民医院	2016年12月29日	主任护师
赵土亮	男	1964年10月	缙云县中医医院	2016年12月29日	主任中医师
丁卫福	男	1958年02月	缙云县五云街道社区卫生服务中心	2016年12月29日	主任中医师
林谋明	男	1975年09月	缙云县田氏伤科医院	2016年12月29日	主任医师
林 浩	男	1974年02月	云和县人民医院	2016年12月29日	主任医师
王祖金	男	1974年05月	云和县人民医院	2016年12月29日	主任医师
张祖平	男	1970年03月	云和县人民医院	2016年12月29日	主任技师
章 瑛	女	1971年10月	云和县疾病预防控制中心	2016年12月29日	主任技师
王启斌	男	1973年12月	遂昌县人民医院	2016年12月29日	主任医师
雷利华	男	1966年07月	遂昌县人民医院	2016年12月29日	主任医师

续表 34

姓　名	性别	出生年月	工 作 单 位	取得资格时间	正高级专业技术资格名称
蓝伟峰	男	1970年05月	遂昌县人民医院	2016年12月29日	主任医师
王　俊	男	1973年03月	遂昌县人民医院	2016年12月29日	主任医师
李香红	女	1973年03月	遂昌县人民医院	2016年12月29日	主任医师
周兴爱	女	1974年01月	遂昌县人民医院	2016年12月29日	主任医师
詹义星	男	1975年11月	遂昌县人民医院	2016年12月29日	主任医师
柳伟英	女	1973年06月	遂昌县中医院	2016年12月29日	主任医师
张伟华	女	1967年09月	松阳县人民医院	2016年12月29日	主任医师
周仙花	女	1973年09月	松阳县人民医院	2016年12月29日	主任医师
叶素芬	女	1965年06月	松阳县人民医院	2016年12月29日	主任医师
黄素玲	女	1965年11月	松阳县人民医院	2016年12月29日	主任护师
蔡　晖	女	1968年10月	松阳县中医院	2016年12月29日	主任中医师
王绍春	男	1966年04月	松阳县中医院	2016年12月29日	主任医师
陈菊花	女	1966年03月	松阳县妇幼保健计划生育服务中心	2016年12月29日	主任医师
魏静芬	女	1971年03月	松阳县妇幼保健计划生育服务中心	2016年12月29日	主任技师
张天奇	男	1974年09月	庆元县人民医院	2016年12月29日	主任医师
林　军	男	1977年05月	庆元县人民医院	2016年12月29日	主任医师
舒宇峰	男	1972年09月	庆元县人民医院	2016年12月29日	主任医师
吴丽明	男	1975年05月	庆元县人民医院	2016年12月29日	主任医师
沈上荣	男	1970年06月	庆元县人民医院	2016年12月29日	主任医师
吴炳莲	女	1975年06月	庆元县人民医院	2016年12月29日	主任护师
姚春杨	女	1976年12月	庆元县人民医院	2016年12月29日	主任医师
廖瑞龙	男	1969年01月	庆元县中医院	2016年12月29日	主任医师
彭振秋	男	1970年08月	庆元县中医院	2016年12月29日	主任医师
叶卓敏	男	1974年04月	庆元县中医院	2016年12月29日	主任医师
吴志英	女	1974年11月	庆元县中医院	2016年12月29日	主任护师
蔡建伟	男	1959年09月	龙泉市人民医院	2016年12月29日	主任医师
周晓明	男	1968年01月	龙泉市人民医院	2016年12月29日	主任医师
周　翔	男	1977年09月	龙泉市人民医院	2016年12月29日	主任医师
陈世松	男	1969年01月	龙泉市人民医院	2016年12月29日	主任医师
吕再玉	女	1965年04月	龙泉市人民医院	2016年12月29日	主任技师
杨　英	女	1967年09月	龙泉市中医院	2016年12月29日	主任医师
李孔英	女	1971年11月	龙泉市妇幼保健所	2016年12月29日	主任医师
雷镇海	男	1967年12月	景宁畲族自治县人民医院	2016年12月29日	主任医师
季必池	男	1974年10月	景宁畲族自治县人民医院	2016年12月29日	主任医师
孙晓清	女	1968年09月	景宁畲族自治县人民医院	2016年12月29日	主任医师
潘昌远	男	1965年10月	景宁畲族自治县人民医院	2016年12月29日	主任医师
叶超英	女	1972年11月	景宁畲族自治县人民医院	2016年12月29日	主任护师
汤丽芬	女	1974年07月	景宁畲族自治县妇幼保健计划生育服务中心	2016年12月29日	主任医师
季彤曦	女	1978年09月	丽水市文化馆	2016年12月31日	群文研究馆员
徐阡寒	女	1972年01月	丽水市文化馆	2016年12月31日	群文研究馆员
潘丽敏	女	1972年06月	云和县图书馆	2016年12月31日	图资研究馆员
梅丽红	女	1970年06月	景宁畲族自治县博物馆	2016年12月20日	文博研究馆员
潘建义	男	1968年10月	丽水市农作物站	2016年12月11日	农业技术推广研究员
李小荣	男	1969年07月	丽水市土肥植保站	2016年12月11日	农业技术推广研究员
吴敏芳	男	1965年03月	青田县农作物管理站	2016年12月11日	农业技术推广研究员
周　杨	男	1963年07月	缙云县耕地质量管理站	2016年12月11日	农业技术推广研究员
叶火香	女	1970年10月	松阳县茶叶产业办公室	2016年12月11日	农业技术推广研究员
陈银方	男	1965年03月	松阳县农业局植物保护站	2016年12月11日	农业技术推广研究员
丁潮洪	男	1974年01月	丽水市农业科学研究院	2016年12月11日	农业技术推广研究员

续表34

姓　名	性别	出生年月	工作单位	取得资格时间	正高级专业技术资格名称
陆　君	女	1967年08月	丽水市水产技术推广站	2016年12月11日	农业技术推广研究员
叶泰荣	男	1957年08月	松阳县农业技术推广中心	2016年12月11日	农业技术推广研究员
叶伟东	男	1975年04月	丽水市中心医院	2016年12月10日	主任中医师
朱建央	女	1969年07月	丽水市中心医院	2016年12月10日	主任医师
朱晚林	男	1976年08月	丽水市中心医院	2016年12月10日	主任医师
陈建军	男	1974年12月	丽水市中心医院	2016年12月10日	主任医师
朱潮涌	男	1976年05月	丽水市中心医院	2016年12月10日	主任医师
叶　斌	男	1977年03月	丽水市中心医院	2016年12月10日	主任医师
叶　玲	女	1975年12月	丽水市中心医院	2016年12月10日	主任医师
邬至平	男	1975年06月	丽水市中心医院	2016年12月10日	主任医师
阎云芸	女	1978年01月	丽水市中心医院	2016年12月10日	主任医师
孙德彬	男	1975年06月	丽水市中心医院	2016年12月10日	主任医师
傅军霞	女	1976年10月	丽水市中心医院	2016年12月10日	主任药师
阮筱珠	女	1970年06月	丽水市中心医院	2016年12月10日	主任护师
周晓霞	女	1972年04月	丽水市中心医院	2016年12月10日	主任护师
吴凌慧	女	1977年03月	丽水市人民医院	2016年12月10日	主任医师
姚红响	男	1971年06月	丽水市人民医院	2016年12月10日	主任医师
李　朋	男	1974年04月	丽水市人民医院	2016年12月10日	主任医师
彭健韫	女	1975年06月	丽水市人民医院	2016年12月10日	主任医师
曲志刚	男	1969年12月	丽水市人民医院	2016年12月10日	主任医师
田江宣	女	1976年11月	丽水市人民医院	2016年12月10日	主任医师
江锦红	女	1976年01月	丽水市人民医院	2016年12月10日	主任医师
戴仁锋	男	1974年10月	丽水市人民医院	2016年12月10日	主任医师
汪望月	男	1972年09月	丽水市人民医院	2016年12月10日	主任医师
兰　俊	男	1976年07月	丽水市人民医院	2016年12月10日	主任医师
邱伟文	男	1966年01月	丽水市人民医院	2016年12月10日	主任医师
吴春美	女	1974年12月	丽水市人民医院	2016年12月10日	主任药师
陈健苗	女	1976年09月	丽水市人民医院	2016年12月10日	主任药师
李晓芬	女	1975年01月	丽水市人民医院	2016年12月10日	主任护师
刘良红	女	1975年08月	丽水市人民医院	2016年12月10日	主任护师
郑秋霞	女	1976年09月	丽水市人民医院	2016年12月10日	主任护师
聂　燕	女	1973年04月	丽水市人民医院	2016年12月10日	主任护师
陈进庆	男	1973年06月	丽水市妇幼保健院	2016年12月10日	主任医师
陈国微	男	1968年02月	丽水市妇幼保健院	2016年12月10日	主任医师
张一平	男	1968年05月	丽水市第二人民医院	2016年12月10日	主任医师
朱满连	女	1970年02月	丽水市第二人民医院	2016年12月10日	主任医师
陈　娟	女	1970年08月	丽水市第二人民医院	2016年12月10日	主任护师
吕海燕	女	1974年08月	丽水市干部保健服务中心	2016年12月10日	主任技师
刘巧珍	女	1972年05月	景宁畲族自治县人民医院	2016年12月29日	主任护师
柯乐芹	女	1969年12月	丽水学院	2016年12月14日	教授
潘巧明	男	1970年11月	丽水学院	2016年12月14日	教授
应碧荷	女	1968年11月	丽水学院	2016年12月14日	教授
张蕊华	女	1970年04月	丽水学院	2016年12月14日	教授
朱银法	男	1965年08月	丽水学院	2016年12月14日	教授
陈　彤	男	1972年09月	缙云县紫薇小学	省厅已公示尚未发文	正高级教师
刘勇武	男	1976年12月	缙云县长坑小学	省厅已公示尚未发文	正高级教师
胡碧漪	女	1964年12月	浙江省丽水中学	省厅已公示尚未发文	正高级教师
张华燕	女	1967年08月	云和县中等职业技术学校	省厅已公示尚未发文	正高级教师
彭素飞	女	1969年10月	遂昌中学	省厅已公示尚未发文	正高级教师

（周　广）

文　选

中共丽水市委办公室　丽水市人民政府办公室印发《关于大力发展农家乐民宿经济促进乡村旅游转型升级发展三年行动计划（2016—2018年）》的通知

为加快建设美丽乡村，发展美丽经济，创造美好生活，全面提升我市农家乐民宿经济发展水平，根据全省农家乐休闲旅游现场会、全市民宿经济推进会以及《中共丽水市委关于推进美丽城乡建设打造生态旅游名城的若干意见》（丽委发〔2014〕69号）精神，特制定如下行动计划：

一、指导思想

坚持"绿水青山就是金山银山"战略指导思想，把党的十八届五中全会提出的创新、协调、绿色、开放、共享五大发展理念贯彻到美丽乡村建设全过程，打造乡村旅游升级版。深入推进"六边三化三美"行动，一手抓美丽环境，一手抓美丽经济，大力培育农家乐民宿经济，成为省级旅游综合改革试验区亮点之一。加强农旅融合，丰富提升多元化美丽经济业态，争创"国家全域旅游示范区"。培育休闲养生"丽水乡村生活"模式，打响有主人、有山水、有业态、有乡愁、有创意、有体验、有故事、有主题、有智慧、有口碑的"丽水山居"民宿品牌，力争成为我国山村民宿第一品牌。大力发展具有"丽水山居"民宿特色的品质化的乡村酒店模式、个性化的文化民宿模式、高端化的度假乡居模式，趣味化的休闲聚落模式、产业化的主题庄园模式，实现舒心、贴心、放心、开心、养心的"五心"民宿标准，打造全国知名养生养老目的地、长三角知名休养目的地和山村暑期体验和避暑目的地。

二、目标任务

加强"中国长寿之乡""中国气候养生之乡"等品牌推广利用，加快"六边三化三美"行动成果和处州民居特色元素研究成果运用，以建设乡村特色民宿示范乡镇、村、点为主要抓手，发展美丽经济。到2018年，全市农家乐民宿达到5000家以上，床位达到5万个以上，集中培育30个以上民宿产业带、集聚区，120个以上乡村特色民宿示范乡镇、村、点。全市实现农家乐民宿年接待游客2500万人次，同比增长20%，营业总收入40亿元，同比增长36%。乡村旅游年接待游客2800万人次，乡村旅游总收入100亿元。

加强农旅融合，丰富提升美丽业态。到2018年，创建50个乡村度假休闲酒店、50个乡村旅游示范村（景区村），10个现代农业景区（省级现代农业综合区景区化提升）、100个休闲农场、300个休闲观光农业区点，10个森林小镇、20个森林公园、30个林业体验园、50个森林人家特色村，50个渔家乐、30个市级以上水利风景区（其中省级水利风景区10个）、100个碧水映村，20个以观星、观云、观冰雪等活动为主的气象景观体验营地、10个气候养生示范点，开发自行车越野线路4条、徒步穿越线10条、登山线路10条、乡村趣味比赛10个，打造10条年味体验线路、建设9个"非遗展示体验点"、提升打造一批非遗主题小镇，并加快将2015年评选的"十佳"生态休闲旅游项目转化为旅游产品。

三、工作举措

（一）统一思想认识。市委三届九次全会指出：民宿经济是我市五大经济新增长点产业。民宿经济是农家乐、乡村旅游的升级版，发展以农家乐民宿经济为主的美丽经济是“六边三化三美”工作的出发点、根本点和归宿点。发展农家乐民宿经济，促进乡村旅游可以从五方面带动乡村经济的发展：一是直接参与农家乐民宿经营；二是在乡村旅游经营户中参与接待服务工作；三是通过发展乡村旅游出售自家的农副土特产获得收入；四是通过参加乡村旅游合作社和土地、房屋出租流转获取租金；五是通过资金、人力、土地参与乡村旅游经营获得入股分红。

（二）建立“5+2”和县（市、区）领导全覆盖联系制度。各县（市、区）和丽水开发区“5+2”领导要联系一个乡村特色民宿示范村或一个农家乐综合体，其他领导要联系一个乡村特色民宿示范点，同时，建立部门联系农家乐民宿制度，并开展“比、学、赶、超”等活动。请各县（市、区）和丽水开发区于2016年1月15日前将领导和部门联系名单报市农办（市六边办）。

（三）建立“双考评、季会议、月点评、月报表”工作机制。将农家乐民宿经济发展列入农村发展六大行动和“六边三化三美”年度“双考评”，列入“六边三化三美”月考评，实行“一季一现场会，一月一报表，一月一检查，一月一点评，一月一排名”的工作推进机制。其中，市区重点农家乐民宿和县（市、区）党政主要领导联系农家乐民宿示范点发展工作实行“周报表”制度。

（四）理清关系，形成合力。在原“六边三化三美”工作体系基础上，建立农办主抓、六边办主推、部门联动的有效工作机制。各地要加强农办、旅委的工作力量，理顺领导关系和工作关系。在市直相关部门增设“六边三化三美”农家乐民宿规划设计组（市旅委）、营销运营组（市旅委）、土地保障组（市国土局）、项目审批组（市审管办）、职工休养组（市总工会）、对台交流组（市台办）、美丽农业组（市农业局）、美丽林业组（市林业局）、美丽水利组（市水利局）、美丽气象组（市气象局）、户外运动组（市体育局）、文化创意组（市文广出版局）等12个专项组。各专项组要在2016年1月15日前制定下发三年目标任务、旅游产品开发、工作举措和专项考评细则，并报市六边办备案。美丽经济12个专项组工作2016年起列入“六边三化三美”考核。

（五）规划引领，合理布局，标准导入。按照“依托城市，依托景区，依托产业，依托文化，依托避暑，依托村落，依托节庆，依托环境”的要求，各地在全面调查摸底的基础上，科学编制农家乐民宿发展规划，引导农家乐民宿集聚发展。完善民宿经营管理办法。到2020年，全市农家乐民宿床位达到10万张。

（六）培育市场，培育客源，培育品牌。一是要抓住高铁新时代，旅游部门要细分培育高山避暑、农业观光、文化体验、古村民俗、健康养生、摄影休闲、温泉亲水、科普教育、运动休闲、生态美食等市场，切实加大对外宣传、推介、营销力度，重点培育长三角、海西经济区的市场，吸引市外客源。以2016年G20峰会召开为契机，制定优惠政策，吸引游客；交通部门要抓紧建设、完善、提升市域范围内旅游交通体系；工会、财政、人力社保等部门要于2016年1月15日前制定下发更加灵活、方便的职工休养政策，结合职工带薪年休假制度，每年鼓励、倡导更多的干部职工参与“美丽幸福丽水游”。二是鼓励和引导机关事业单位，把50%以上的会议和公务接待优先安排在被确定为年度公务住宿、会议及培训协议供应商的市内农家乐民宿。三是大力深化推进“六边三化三美”美丽环境行动，纵深推进高铁沿线、高速沿线、通景公路、景区边、农家乐民宿特色示范村点线面环境综合整治，打造600个花样村庄，实现全域景区化的目标，做到“有风景、有盆景、有风情、有乡愁”。四是在市级主要媒体开设“民宿经

丽水乡村民宿　　胡雪峰　提供

济”专栏，加大宣传报道。开展民宿创意设计大赛、摄影大赛，培育百名民宿好主人，并聘请“民宿大使”帮助指导民宿建设经营，营造良好的舆论氛围。

（七）建立审批绿色通道。农办、财政、公安、消防、国土、审批、环保、卫生、市场监督、旅游、建设、金融、税务等部门要强化分类指导，分类监管，用足、用好现有政策，整合项目和资源，挖掘政策潜力，促进农家乐民宿、乡村旅游转型升级发展。各地各有关部门要结合实际，在2016年1月15日前制定下发适合农家乐民宿经济发展实际的用地政策、服务标准、治安管理、审批流程、住宿发票和资金扶持政策，并建立农家乐民宿审批绿色通道。同时，各有关部门在充分发挥各自监管职能的基础上，为农家乐民宿经济创造更加开放、更加公平、更加便捷、更加安全的发展环境。

（八）整合资源，拓展空间。一是优先保障农家乐民宿经济发展用地需求；二是积极盘活各类资产（如闲置林场、学校、粮站、卫生所等），通过挂牌出让、租赁流转等多种形式用于发展农家乐民宿经济；三是结合下山搬迁工作，对有乡愁、乡土、原乡村味道保留价值的村庄以村集体收回等方式予以保留，通过村集体经营、资产入股、租赁流转、引进工商资本等方式发展农家乐民宿经济；四是加强规划引领，整体包装农家乐民宿特色村项目，以村为单位统一报批建设项目，做到拆、改、建相统一；五是鼓励农户将多余闲置房屋通过自主经营、出租经营等方式，发展农家乐民宿经济；六是加强农旅融合，大力发展农村电子商务、来料加工，实现产业融合。

（九）加强要素保障。市财政继续安排不少于1000万元的农家乐民宿发展专项资金，重点用于示范项目的建设和补助上。各县（市、区）和丽水开发区要在2016年1月15日前制定出台含金量高的专项扶持政策，并逐年提高扶持资金额度。历史文化村落保护与利用项目、财政一事一议项目、历史文化名村项目、农房改造项目等重点项目资金要优先确保乡村特色民宿村发展。

（十）推进智慧营销和服务。建立大数据库，利用在线旅游平台和微平台，开展电子商务营销。通过政策扶持，实现“三个全覆盖”，即实现乡村特色民宿示范村、点和农家乐综合体免费无线WiFi的全覆盖，消费终端pos机的全覆盖，扫码支付的全覆盖，并逐步在面上推开，做到“外土内洋，

附件1

2016—2018年丽水市民宿示范项目累计创建指标

年度	乡村特色民宿示范乡镇	乡村特色民宿示范村	乡村特色民宿示范点	乡村民宿型农家乐综合体
2016	3	6	40	3
2017	7	13	60	5
2018	12	20	80	8

附件2

2016—2020年各县（市、区）、市开发区农家乐民宿累计床位数考核指标

县（市、区）	年度	累计床位数（个）	县（市、区）	年度	累计床位数（个）
莲都区	2016	4600	缙云县	2016	5300
	2017	6600		2017	6100
	2018	8900		2018	7000
	2019	13400		2019	8300
	2020	19500		2020	10000
龙泉市	2016	2600	遂昌县	2016	7300
	2017	3500		2017	7900
	2018	4500		2018	8600
	2019	6800		2019	9300
	2020	10000		2020	10000
青田县	2016	1400	松阳县	2016	2000
	2017	2300		2017	2900
	2018	3300		2018	3900
	2019	6100		2019	6400
	2020	10000		2020	10000
云和县	2016	3400	景宁县	2016	2800
	2017	4300		2017	3700
	2018	5300		2018	4700
	2019	7200		2019	6900
	2020	10000		2020	10000
庆元县	2016	1600	丽水开发区	2016	100
	2017	2500		2017	200
	2018	3500		2018	300
	2019	6200		2019	400
	2020	10000		2020	500

乡野与现代”的有机结合。

（十一）注重特色，精准营销，规范经营。注重特色、主题、差异化，做到客源定位精准，定制独特的价格和产品（如侨家乐、畲家乐、洋家乐、特色小镇等）。有重点、有计划、有步骤地开展营销推广活动，通过与游客交朋友、与新闻媒体联谊、与旅行社联合，特别是与互联网结合，进行线上线下全方位传播推广，打造乡村旅游在地产品品牌。接轨大旅游营销模式，努力实现农家乐民宿与景区抱团经营模式，打造特色主题精致旅游线路和让利优惠线路，吸引更多游客。依托市农民学院、县农民学校等平台，实施区块轮训，加强精准培训，做到亲情、诚信服务，给游客带来“慢生活、家服务、趣体验”。充分发挥养生经济促进会、旅游协会、农家乐民宿协会等社会组织自律服务功能，实现规范经营。做到放心旅游，通过政策扶持，优先在三星级以上农家乐、乡村特色民宿示范点推广购买业主和游客人身意外险，并逐步在面上推开。提供放心食材，确保食品安全。提供放心环境，确保治安消防安全和交通环境安全。

（十二）民宿带动，精准扶贫。全市每个农家乐综合体、有一定规模的农家乐都要帮助带动3~5家低收入农户发展种养殖业，实行农产品回购。各级民政、残联等部门通过政策扶持，帮助低收入农户积极发展种养殖业，实行产业带动，产业扶贫，做到精准扶持、增强低收入农户自身增收能力。

附件3

丽水农家乐民宿标准和“八个一”工作推进机制

一、丽水农家乐民宿标准：有主人、有山水、有业态、有乡愁、有创意、有体验、有故事、有主题、有智慧、有口碑，实现舒心、贴心、放心、开心、养心的“五心”民宿标准。

二、丽水农家乐民宿经济发展抓好“八个一”：

（一）抢抓一个机遇：即抓住高铁新时代这个机遇，大力发展农家乐民宿经济，力争到2020年全市农家乐民宿床位达到10万个，其中2018年达到5万个以上，乡村旅游对农民增收贡献率保持在20%以上。

（二）出台一套政策：市级出台发展农家乐民宿经济的三年行动计划，市财政继续安排不少于1000万元的农家乐民宿发展专项资金。县（市、区）及丽水开发区要在2016年1月15日前制定出台含金量高的专项扶持政策。

（三）打造一个品牌：创新建设一批“你无我有”的个性、标杆性产品，打响“丽水山居”民宿品牌，打造全国知名养生养老目的地、长三角知名休养目的地和山村暑期体验和避暑目的地。

（四）建立一个通道：即民宿审批绿色通道。

（五）建立一项制度：即“5+2”和县（市、区）领导全覆盖联系制度。各县（市、区）和丽水开发区“5+2”领导要联系一个乡村特色民宿示范村或一个农家乐综合体，其他领导要联系一个乡村特色民宿示范点，并要建立部门联系农家乐民宿制度。

（六）建立一项（考评）体系：即“双考评、季会议、月点评、月报表”工作体系。将农家乐民宿经济发展列入农村发展六大行动和“六边三化三美”年度“双考评”，实行“一季一现场会，一月一报表，一月一检查，一月一点评，一月一排名”的工作推进机制。

（七）建立一套专项组：在原“六边三化三美”工作体系基础上，在市直相关部门增设六边三化三美农家乐民宿规划设计组（市旅委）、营销运营组（市旅委）、土地保障组（市国土局）、项目审批组（市审管办）、职工休养组（市总工会）、对台交流组（市台办）、美丽农业组（市农业局）、美丽林业组（市林业局）、美丽水利组（市水利局）、美丽气象组（市气象局）、户外运动组（市体育局）、文化创意组（市文广出版局）等12个专项组，并制定下发三年目标任务、旅游产品开发、工作举措和专项考评细则，从2016年开始列入“六边三化三美”考核范围。

（八）完善一套（营销）策略：引导一批民宿入驻在线旅游平台。制定下发更加灵活、方便的职工休养政策，结合职工带薪年休假制度，每年鼓励、倡导更多的干部职工参与“美丽幸福丽水游”。鼓励和引导机关事业单位，把50%以上的会议和公务接待优先安排在被确定为年度公务住宿、会议及培训协议供应商的市内农家乐民宿。

丽水市人民政府
关于加快供给侧结构性改革的实施意见

（2016 年 7 月 25 日）

各县(市、区)人民政府，市政府直属各单位：

推进供给侧结构性改革，是适应和引领经济发展新常态的重大举措，是破解当前我市经济素质性、结构性、体制性矛盾，加快经济转型升级的关键之举。为加快我市供给侧结构性改革，有力、有度、有效落实好“三去一降一补”重点任务，扩大有效供给，增强经济发展的质量和效益，促进经济社会持续健康发展，提出如下意见。

一、总体要求

(一)指导思想。

全面贯彻落实党的十八大和十八届三中、四中、五中全会，中央经济工作会议和习近平总书记系列重要讲话精神，以及省委十三届九次全会精神、省政府《关于加快供给侧结构性改革的意见》和市委三届十一次全会精神，坚持创新、协调、绿色、开放、共享五大发展理念，以“八八战略”为总纲，坚持“绿水青山就是金山银山”战略指导思想，遵循“全域统筹、生态引领、城乡一体”发展路径，打好转型升级组合拳，切实做好“三去一降一补”等各项工作，积极培育新的发展动能，改造提升传统动力，全面推进供给侧结构性改革，着力提高供给体系质量和效率，增强持续增长动力，推动我市生产力水平整体提升，为确保与全省同步高水平全面建成小康社会，加快建设“生态美、产业优、机制活、百姓富、社会文明程度高”的美丽幸福新丽水奠定坚实基础。

(二)基本原则。

——坚持重点突破。认真贯彻落实中央、省关于推进供给侧结构性改革的总体部署，加强系统谋划和总体设计，积极推进去产能、去库存、去杠杆、降成本、补短板，加快培育新的增长点，加大全面深化改革力度，积极争创改革试点，确保各项工作稳妥有序推进。

——坚持问题导向。针对当前我市经济存在产业层次低、总量规模小、结构不合理、创新能力弱等突出问题，坚持正向激励与反向倒逼相结合，持之以恒打好“五水共治”“三改一拆”“浙商回归”“四换三名”“特色小镇”等转型升级组合拳，提高供给结构对需求变化的适应性和灵活性。

——坚持创新驱动。把优化存量、引导增量、主动减量结合起来，大力实施创新驱动发展战略，大力推进企业创新、人才创业，大力加强企业技术改造，加大科技创新投入，加速科技成果转化，加快培育发展新产业、新技术、新业态，不断增强持续发展动力。

——坚持改革统领。充分发挥市场在资源配置中的决定性作用，积极运用市场机制，着力解决产业层面的结构性问题、企业层面的效益问题。同时，更好发挥政府作用，加强政策引导，着力解决政府层面的政策问题、体制层面的要素配置问题。

(三)目标要求。

经过 5 年努力，供给侧结构性改革取得重要进展，“三去一降一补”取得明显成效，新的增长点加快形成，供给结构对需求变化的适应性和灵活性明显提高。

市场出清机制加快形成。按照主动关停一批、破产清算一批、兼并重组一批的方式，积极处置“两链”特困企业、落后产能和严重过剩产能、小作坊《负面清单》内及“脏乱差”的小作坊，基本实现市场出清。

房地产市场平稳健康发展。保持房地产市场供需平衡，防范房地产市场风险。优化房地产产业结构，加快房地产转型发展，扩大住房有效需求，打通供需通道，全面建立商品房供地与库存价格挂钩办法。化解房地产库存，力争2017年起基本实现全市商品住宅库存消化周期控制在16个月内。

“两链”风险有效化解。积极发展直接融资，进一步提高企业股权、债券等直接融资比重。各行业主管部门要引导企业进一步规范财务管理，为信用贷款发放打好基础。鼓励商业银行发放信用贷款、创新担保方式，大力推广“无还本续贷”、年审制、循环制贷款产品。加强信用体系建设，推进部门信息共享，鼓励金融机构运用企业信用信息和信用评价结果，发展信用贷款业务，逐步解决“两链”风险。积极构建政策性融资担保体系，支持担保机构和再担保机构建设和发展，完善中小企业信用担保体系。规范企业间互保联保行为，逐步降低保证贷款在全部企业贷款中的比重。力争5年内企业信用贷款占比提高到15%以上，保证贷款占比下降到30%左右。

企业成本稳步下降。落实上级各项清费减负政策及《丽水市人民政府关于进一步降低企业成本减轻企业负担优化发展环境的实施意见》，切实降低企业制度性交易成本以及税费、用工、用能、融资、用地负担，切实优化政府服务。推进能源、交通、金融、财政、社会保险体制等领域的改革，完善电价、通行费、利率、费率、社保费率等形成机制，全面减轻企业负担。

发展短板基本补齐。重点推进生态环境、公共服务、基础设施、农业农村、科技创新等领域的补短板工作，力争5年内基本补齐发展短板。

二、积极推进市场出清

（一）积极稳妥处置“两链”特困企业。坚持属地管理与行业主管部门联动协同工作机制，进一步提高各部门的协同应对能力。对“两链”特困企业进行细化分类，区分重点帮扶企业、资不抵债类企业和逃废债类企业，采取不同方式进行精准处置。进一步健全完善银行贷款转贷体系，完善困难企业金融帮扶机制。各县（市、区）政府、丽水开发区管委会要落实属地责任原则，发挥综合协调作用，科学评估涉险企业的类别，实行风险企业分类处置“名单制”管理，采取“一企一策”予以帮扶解困，制定处置方案，形成联动协调处置机制。

（二）继续淘汰落后产能和严重过剩产能。通过“腾笼换鸟”，2016年，整治和淘汰各类低小散企业（作坊）1000家以上；确保完成省下达的淘汰印染、铸造、电镀、水泥、砖瓦窑等落后产能任务，覆盖全市100家以上企业。重点推进国家级和省级园区循环化改造试点、燃煤锅炉淘汰等工作；加快小微企业创业园、孵化基地建设，每年力争建成标准厂房16万平方米。

（三）加快整治“脏乱差”小作坊。对污染物排放、安全生产问题突出的小作坊，要发现一家关停一家，问题突出的地方要成片整治，基本实现市场出清。

三、积极推进房地产去库存

（一）落实“因城施策”的房地产新政。贯彻房地产“分类调控”的科学决策，取消过时的限制性政策。积极采取切合我市实际的房地产政策措施，因地施策、因时施策，支持自住型和改善型购房需求，鼓励新市民购房和农民进城购房。用好用足住房公积金政策以及国家关于放宽首套房和支持改善性需求的二套房信贷政策，全面落实财政部、税务总局、住房城乡建设部关于调整房地产交易环节契税、增值税的优惠政策。大力推进住房租赁市场发展，稳步促进我市房地产市场平稳健康发展。

（二）积极推进宅基地分配货币化。各地要结合实际制定宅基地多途径分配政策，有条件的地方，可实行宅基地分配货币化安置，对需要安排宅基地建房的农民，鼓励其拿钱不拿地。

（三）加大货币化安置推行力度。2016年起棚改货币化安置率要稳步提高，原则上达到50%以上，并逐步将有条件的重点镇纳入棚改政策支持范围。打通普通商品住房与安置住房通道，逐步减少新开工实物安置项目，2020年起原则上不再安排各类安置房项目。城镇危险住宅房屋优先纳入城镇棚改范围。城镇其他房屋征收补偿、“城中村”改造等也要加大推行货币化安置力度，要求达到50%以上。

四、积极推进企业去杠杆

（一）积极推进“一企一策”处置资不抵债企业。支持各地采取增资扩股、资产重组、破产清算等方式处置资不抵债企业。支持上市企业、本地优质民营企业以及产业链上下游企业开展涉危涉困企业的兼并重组，实行“一企一策”制。依法依规给予兼并重组企业在产权过户、联合授信、税收减免等政策上的优惠，切实加快企业闲置资产的有效盘活，形成新的增量。力争3年内基本解决资不抵债企业问题和高杠杆企业问题。

（二）积极处置不良资产。鼓励各银行业金融机构用足用好现有的不良资产核销政策，积极运用清收、核销、市场化转让、贷款重组等方式加大不良贷款处置力度，做到应核尽核。支持地方法人金融机构积极争取不良贷款证券化试点，拓宽市场化处置渠道，加快不良贷款核销进度。继续开展银行不良资产集中处置交办行动，着力妥善化解一批不良资产，切实降低不良贷款率。依法严厉打击逃废债行为，切实维护社会信用环境。

（三）积极推进融资结构优化。出台扶持政策，积极推动优质企业等通过多层次资本市场、银行间债券市场进行直接融资。积极推进信贷资产证券化，盘活信贷存量，优化金融资源配置。积极搭建平台，探索建立多元化、多层次的银企对接机制。大力引导银行将信贷资源投放到“1+9+5”产业体系。大力发展信用贷款，积极发展抵质押贷款，严格控制和规范保证贷款。支持各地创新工业企业土地使用权证抵押质押办法，支持引导各银行业金融机构开展专利权、商标权、排污权、应收账款质押贷款等业务。积极探索利用政府增信和风险补偿等政策引导贷款质押方式创新。

（四）大力推动企业股改上市。积极对接多层次资本市场，支持企业推进股份制改造，鼓励企业在境内外上市，鼓励企业在新三板和省股权交易中心挂牌。按规定落实企业股改上市过程中各项税收优惠政策。

五、切实降低企业成本

（一）降低企业制度性交易成本。严格落实国家、省清理规范涉企收费措施，减少审批中介服务项目，做好中介服务项目、服务收费、服务机构“三张清单”管理，降低行政审批中介服务收费标准，力争审批中介服务收费平均下降15%。

（二）降低企业电价、气价。加快电力市场化改革，积极配合省里开展电价管理体制改革试点，扩大电力直接交易试点，推动上网电价和销售电价联动下降。开展电力“精准助企”行动，围绕可靠供电、便捷办电、经济用电等有效措施，帮助企业切实降低用电成本。完善天然气价格形成机制，有效降低企业用气价格。

（三）降低企业物流成本。贯彻落实高速公路收费标准的调整完善，实施国际标准集装箱运输车辆通行费优惠办法。积极引导国家物流信息平台在我市的运用，着力解决车货信息不对称问题，加快瓯江航道建设，促进企业物流成本下降。

（四）降低企业财务成本。积极发挥市场利率定价自律机制作用，指导金融机构完善定价机制，合理确定贷款利率水平，支持企业降本增效。鼓励商业银行按国家基准利率发放贷款，支持商业银行自觉控制贷款利率上浮幅度，引导商业银行维护常态利率定价秩序，降低企业贷款利率。鼓励金融机构采取“一次授信、循环使用、随借随还”方式发放企业流动资金贷款，降低企业资金周转成本。严格监管和从严控制银行对企业融资过程中的担保、评估、登记、审计、保险等中介收费。进一步优化政府性存款招投标规则及银行业金融机构考核办法，落实银监会“七不准、四公开”的要求，严厉查处各类违规收费行为。

（五）降低企业人工成本。贯彻落实最低工资标准制度，根据全省部署，合理把握调整节奏与力度。进一步加大“机器换人”力度，实施“机器换人”重点示范项目计划，继续开展“机器换人”典型示范项目评选，着力推进“机器换人”分行业试点示范，推进“机器换人”由点向面扩展。积极落实工业机器人购置财政奖励、“装备制造业重点领域首台套”应用保险制度等政策，加大先进装备的推广应用力度。力争“十三五”期间在役机器人达到1000台。

（六）降低社会保险费。加快养老保险和医疗保险制度改革，鼓励实行“多缴多得”“长缴多得”“多缴多报”政策，增强社保缴费激励。按规定精简归并“五险一金”，全面实施生育医疗费用纳入医保基金支付；全面落实有关工伤保险基准费率调整政策，按新划分的行业工伤风险类别确定工伤保险基准费率，每年对符合费率下浮条件的单位及时予以调整。根据省政府部署，执行临时性下浮社会保险缴费比例政策，落实“个转企”“小升规”等社保扶持政策，减轻小微企业社保负担，对符合条件的困难企业经申请可按规定暂缓缴纳一定期限的社会保险费。

（七）降低企业税费负担。全面推开营业税改征增值税试点，落实国家降低制造业增值税税率政策，落实企业自行开发生产销售的软件产品即征即退政策，落实连锁企业汇总纳税政策。落实小微企业、高新技术企业、固定资产加速折旧、企业研发费用税前加计扣除等税收优惠政策，进一步支持企业科技创新和产业转型升级。落实出口退税政策。试点纳税人提供的离岸服务外包业务适用增值税零税率政策。推动旅游采购、跨境电商、外贸综合平台等贸易模式创新，做足供给侧创新要素，发挥创新优势。规范进出口环节收费，实施收费正面清单制度，继续以最低标准收费，提高收费透明度。落实地方水利建设基金优惠政策。

六、努力提升发展标杆

（一）优化生态环境。根据“811”美丽浙江建设行动，统筹推进治水治气、治城治乡、治土治山，加快建设美丽乡村、美丽城市。力争到2020年，Ⅰ—Ⅱ类优质水断面比例提升到80%以上；城市内河消除Ⅴ类水，实现县县“清三河”达标总目标；县城以上集中式饮用水水源地水质达标率保持在95%以上。2017年底前，全面完成城镇污水处理厂提标改造，所有城镇污水处理厂出厂水水质执行一级A标准。污水处理厂污泥全面实行无害化处置。到2020年，非化石能源占一次能源消费总量比重达到20%左右，市区PM2.5年均浓度值比2015年下降10.5%（34ug/m^3），达到优良水平，空气优良率达到90%以上，实现县县全年空气环境质量达到优良标准。工业危险废物全面实现无害化处置，医疗废物无害化处理率达到100%。严控土壤污染源头。所有燃煤热电企业完成超低排放技术改造。2018年6月底前，完成10蒸吨以上锅炉和水泥行业清洁排放技术改造。所有县（市、区）实现基本无违建。加快推进丽水美丽林相建设，森林覆盖率保持80%以上，湿地保有量39万亩，实现省级生态文明建设示范区全覆盖。

（二）增强“三农”活力。深化农村产权制度改革，全面提升农村集体林权、集体土地房屋产权、农村宅基地使用权、农村土地承包经营权、农村水利产权等五权的活权用权水平。加快生态精品农业规模化、标准化、品牌化发展，提升农产品转化为旅游地商品水平。加大强农惠农力度，积极开展“六边三化三美”行动，加快“美丽乡村”建设，大力发展以民宿农家乐为重点的休闲农业与乡村旅游业。力争到2020年，基本完成17.44万亩标准农田质量提升工程，形成一批农业产业集聚区和特色农业强镇，创建和提升140个美丽乡村精品村，建成28条美丽乡村风景线，农村居民人均可支配收入达到2.4万元。

（三）完善基础设施。全力建设美丽经济大交通走廊。围绕融入上海2小时交通圈、省域1小时交通圈目标，构建铁路、公路、机场、内河水运“四位一体”全方位、立体化的综合交通运输体系。加快推进丽水机场建设，谋划建设通用机场，打造区域性空港门户。加快衢宁、金台（缙云段）、衢丽（松阳至丽水段）等铁路项目，加快推进温武铁路项目前期，研究谋划丽水与杭温高铁连接线、丽水与温武铁路连接线项目，力争早日实现全市“县县通铁路”目标。打造出省、出市高等级公路大通道，加快完成龙浦高速，开工建设溧阳至宁德高速景宁段，继续开展武松龙、庆寿、遂江上等高等级公路前期研究，力争纳入上级规划；积极完善区域干线公路网络，有序推进普通国省道改造提升，提高公路等级；大力推进通景交通建设，着力完善农村公路网络。加快建成丽水至青田高等级航道，推进青田县和丽水市区两个区域性枢纽港建设。加快推进信息、能源、水利、市政等基础设施建设。

（四）强化公共服务。强化政府公共服务供给能力，大力发展民办社会事业，推进基本公共服务均等化、标准化。围绕“与全省同步实现教育现代化”的目标，继续推进基础教育重点县工作，实施中小学校（幼儿园）标准化建设工程，着力消除“大班额”现象，巩固和提升学前教育发展水平。深化“医疗、医保、医药”三医联动改革，稳步推进“双下沉、两提升”、分级诊疗制度建设，加快建成人口健康信息化项目。切实加强爱国卫生工作，到2020年实现国家卫生县城全覆盖。加快实施文体设施“补缺工程”，不断完善公共文体服务体系。大力发展文体产业，推动“乡村村晚”、围棋、龙舟、马拉松等精品赛事（活动）品牌化，促进文化体育与休闲旅游、健康养生等产业相融合。加快公办示范性养老机构和城乡社区居家养老服务照料中心建设，探索多元主体参与、多种模式运行的居家养老服务长效机制。

（五）加快科技创新。切实增加科技投入，力争到2020年研发经费支出占GDP比重达到2.0%以上。加强产业应用技术研究，推进与知名高校、科研院所和特色企业进行广泛合作，实施一批重点研发项目，努力突破一批制约产业发展的共性技术和具有社会公益性的关键技术，提升科技创新供给质量。创建国家知识产权试点城市，推进实施优势培育、人才培养、导航评议、服务托管、融资服务等知识产权“五大工程”，引导并鼓励企业通过知识产权切实保护自身创

美丽乡村风景线　　王艳杰　提供

新研发成果。

七、加快培育发展新动能

(一)全面推进大众创业、万众创新。坚持企业主体、人才根本,认真实施高新技术企业和科技型中小微企业倍增计划,力争到2020年全市高新技术企业累计达到350家,科技型中小微企业累计达到800家。提升发展丽水经济技术开发区,高水平建设绿谷信息产业园、物联网创业园等,系统整合各类创新资源,打造创新大平台。力争2016年将丽缙五金产业园创建成为省级高新区,实现丽水省级高新区零的突破。鼓励企业、社会资本参与投资建设孵化器、创客空间。加快以企业为主体的各类研发机构建设,鼓励建立重点实验室、工程(技术)研究中心。着力提升科技服务业对我市科技创新和产业发展的加速助推能力。力争"十三五"期间我市高新技术产业投资年均增长15%以上,高新技术产业增加值年均增幅高于规模以上工业1.5个百分点以上。

(二)大力实施"走出去"战略。积极对接义甬舟开放大通道,推动贸关检税汇为一体的大通关建设,加快跨境电子商务产业园建设,努力打造"网上丝绸之路"电商示范区。加快融入宁波舟山港功能体系,在进出口贸易和转口贸易、国际物流配送、国际保税仓储等环节搭建平台,依托青田侨乡特色和人文资源优势,推进跨境电子贸易试点,打造"丝路之源——侨乡进口商品城"。挖掘青瓷、宝剑、茶叶、食用菌、木玩等传统特色商品贸易价值,建设"丝路之源——世界青瓷城"(龙泉)、"中国茶乡"(松阳)、"中国菇城"(庆元)、"世界童话小镇"(云和)等。

(三)加快规划建设特色小镇。着眼供给侧小镇经济的培养,因地制宜,突出特色,充分发挥市场主体作用,坚持高起点规划、高质量推进特色小镇建设,力争到2020年,全市特色小镇达到30个左右,其中省级特色小镇10个以上,特色小镇总投资超过500亿元。

(四)加快形成"195"生态产业体系。结合全省七大万亿产业和历史经典产业,做大做强生态休闲旅游这一千亿级的第一战略性支柱产业,重点培育九大百亿产业,努力突破五个产业细分领域,加快形成"195"生态产业新体系。力争到2020年,旅游总收入达到1000亿元,九大百亿级产业产值达到3000亿元,信息经济核心产业实现销售收入250亿元以上,年均增速达15%以上,高端装备制造业规模以上企业实现工业总产值310亿元,年均增长18%。

(五)联动推进"互联网+""机器人+""标准化+"。积极对接中国制造2025和"互联网+"行动计划,加快建设绿谷信息产业园,2016年确保绿谷信息产业园南区块如期运行,争取"绿谷智慧小镇"列入省级第三批特色小镇创建名单。实施信息技术应用提升专项,加快企业管理创新、制造方式创新、商业模式创新。未来五年,力争全市信息化发展指数达到0.88。积极推进实施工业机器人行动计划,力争2016年在役工业机器人数量增加超过200台。积极培育"两化融合"示范龙头企业,组织分区域、分行业智能制造示范试点项目建设的交流和推广。加快智慧政务应用体系构建,推进社保在线、智慧旅游、数字城管、地理空间信息、医疗信息化、教育信息化等各类公共信息服务平台建设。全面推进"标准化+",积极参与"浙江制造"标准制修订,鼓励企业按照"浙江制造"标准组织生产,引领产业转型升级。进一步完善具有丽水特色的生态农业和生态服务业标准体系。力争到2020年,推动制定"浙江制造"标准20项以上。

八、加大全面深化改革力度

(一)全面正确履行政府职能。深入推进"四张清单一张网"改革,进一步厘清政府权责边界,加强发展战略、规划、政策、标准等制定和实施,依法全面履行公共服务、市场监管、社会管理、环境保护等职责,推动政府治理能力现代化。

(二)深化审批制度改革。除涉及跨县(市、区)行政区域和省里有特别规定的投资项目由设区市核准外,一律实行市县同权。健全丽水经济技术开发区行政服务中心窗口职能,完善企业注册登记职能,增加社保业务办理窗口,为开发区企业提供更为便捷高效的服务。积极推进行政审批中介服务市场化改革,建立网上中介市场,完善和推广中介网上竞价服务。加快相对集中许可权改革试点,提高行政审批效率。加快推进企业投资项目高效审批,深化工业企业"零土地"技术改造项目审批方式改革,实行技改项目备案权限市级"零保留","零土地"技改项目备案办理"零前置",一般行业"零土地"技改项目能评"零审批"。丽水经济技术开发区的负面清单外工业企业投资项目试行零审批备案制度。在丽水经济技术开发区探索"区域能评、环评+区块能耗、环境标准"的能评、环评工作机制。坚持一手抓管理、一手抓服务,抓好排污指标的调控,对重污染项目坚决管住,对符合环保要求的项目优化服务措施。

(三)优化资源要素配置。全面实行土地差别化管理,探索工业用地分年期出让、"先租后让"等灵活土地出让方式,尝试建立与企业生命周期相匹配的土地出让制度。鼓励推进"坡地村镇"建设，以"点状供地"模式，降低生态旅游产业发展投入成本。同时，深入实施亩产倍增计划，切实提高土地产出效益。实施规划水资源论证和水域蓝线管理制度。强化生态资源资产化的制度体系建设，探索建立市级综合性环境权益交易中心，探索研究公益林分类补偿和分级管理机制，扩大排污权有偿使用和交易范围，完善排污总量控制制度、主要污染物排放财政收费制度，以及各类要素的阶梯价格制度，在企业分类指导的基础上，完善电价、水价、排污价格等差别化价格机制。

（四）创新公共产品和服务供给。推进事业单位分类改革，积极开展事业单位法人治理结构建设试点工作，实现政事分开、管办分离，充分激发公办事业单位活力。积极开展各类事业单位统一登记管理试点工作，助推民办公益事业健康发展，更好地满足人民群众多层次多样化的公益服务需求。深化国有企业改革，强化国有企业政策工具功能，推进国资营运机构转型升级，真正实现企业自主经营、自负盈亏，不断增强国有企业活力和竞争力。创新公共服务提供方式，凡能由政府购买公共服务提供的，政府不再直接承办；凡能由政府和社会资本合作提供的，广泛吸引社会资本参与；凡属事务性管理服务，原则上都要引入竞争机制。坚持以标准化推动基本公共服务均等化，制定和落实教育、就业、社保、卫生、文化、基础设施、环保等基本公共服务标准，促进基本公共服务均等化。

九、加强组织保障

（一）加强组织领导。各地、各部门要切实把思想和行动统一到上级党委政府关于推进供给侧结构性改革的决策部署上来，加强组织协调，完善工作机制，形成齐抓共管的工作格局。各县（市、区）政府、丽水开发区管委会要结合本地区实际，研究制定方案和配套政策，发挥政策协同作用。

（二）明确责任分工。市政府办公室要加大统筹协调，加强部署落实。市发改委、市经信委、市财政局、市建设局、市金融办等部门要抓紧做好对接，制定专项行动方案，切实抓好落实。各地各部门要结合工作实际，进一步明确目标、细化任务、压实责任，制订工作计划，确保供给侧结构性改革"去"得稳妥、"降"得到位、"补"得精准。

（三）严格督查考核。建立督查考核制度，加强对各地和市级有关部门供给侧结构性改革任务落实情况的督促检查，并适时予以通报，通报情况作为绩效考核的重要依据。对工作不力的县（市、区）和市级有关部门，将采取通报批评、行政问责及组织处理等措施。

5月27日，开发区召开重大短板任务交班会　　应巧奖　提供

附　　录

文件目录选编

2016年中共丽水市委文件目录

表35

丽委发文号	发文日期	标　　题
2	2016-01-29	关于制定丽水市国民经济和社会发展第十三个五年规划的建议
3	2016-03-01	关于命名丽水市文明单位、生态文明村的决定
4	2016-03-08	关于2015年度丽水市“五水共治”工作考核结果的通报
5	2016-03-09	关于建立丽水市第三届人民代表大会第七次会议、中国人民政治协商会议第三届丽水市委员会第五次会议临时党委的通知
8	2016-03-31	关于同意召开中国共产主义青年团丽水市第四次代表大会的批复
11	2016-04-01	关于印发《中共丽水市委常委会2016年工作要点》的通知
6	2016-04-08	关于2015年度六边三化三美工作考核结果的通报
7	2016-04-08	关于2015年度全市社会主义新农村建设工作考核结果的通报
13	2016-04-25	关于2015年度综合考核和专项考核结果的通报
14	2016-05-03	关于2015年度平安综治工作考核结果的通报
15	2016-05-03	关于2015年度全市“最美县城、公园、乡镇、学校”创建工作考核结果的通报
1	2016-05-19	关于落实发展新理念、加快建设美丽乡村培育美丽经济的若干意见
12	2016-05-23	关于调整市委常委分工的通知
18	2016-06-08	关于深化林业改革发展全面推进美丽林相建设的意见
20	2016-06-13	关于追授梅振盈同志“扎根基层一心为民好公仆”荣誉称号并开展向梅振盈同志学习的决定
21	2016-06-17	关于补短板增后劲推动“绿色发展、科学赶超、生态惠民”的决定
22	2016-06-29	关于命名优秀共产党员、优秀党务工作者、先进基层党组织的决定
23	2016-07-21	关于2016年度综合考核工作的实施意见
24	2016-07-25	关于丽水市关心下一代工作突出贡献单位和个人的通报
26	2016-07-29	关于进一步加强乡镇（街道）人大工作和建设的若干意见
27	2016-08-19	转发《丽水市普法教育依法治理领导小组关于在全市公民中开展法治宣传教育的第七个五年规划（2016—2020年）》的通知
29	2016-10-21	关于开展向周根富同志学习并追授“忠诚履职情系群众乡镇好干部”荣誉称号的决定
30	2016-10-27	关于命名第五届丽水市道德模范的决定
31	2016-11-10	关于认真组织学习《胡锦涛文选》的通知
32	2016-12-16	转发《中共丽水市人大常委会党组关于做好市人大换届选举工作的意见》的通知
33	2016-12-21	关于公布丽水市突出贡献专家的决定
34	2016-12-21	批转《市委组织部市委统战部市政协党组关于做好第四届丽水市政协换届人事安排工作的意见》的通知
36	2016-12-23	关于中国共产党丽水市第四次代表大会代表选举工作的通知
35	2016-12-30	中国共产党丽水市委员会工作规则
37	2016-12-30	关于从严加强干部队伍建设打造勇立绿色发展潮头丽水铁军的决定

2016年丽水市人大常委会文件目录

表36

丽人大常文号	发文日期	标　　题
1	2016-01-21	关于政府重大投资项目监督暂行办法
2	2016-01-21	关于召开丽水市第三届人民代表大会第七次会议的决定
3	2016-01-21	丽水市人民代表大会常务委员会关于批准2015年度丽水市本级政府债务限额的决议
4	2016-02-17	关于表彰2015年度市人大代表优秀建议的通报
5	2016-02-26	关于要求补选丽水中心组省人大代表的请示
6	2016-03-06	丽水市人民代表大会常务委员会关于设立丽水生态文明日的决定
7	2016-03-16	丽水市人民代表大会常务委员会关于2016年度市政府工作部门及开发区预算编制情况的审议意见
9	2016-03-16	丽水市人民代表大会常务委员会2016年工作要点
10	2016-03-16	丽水市人民代表大会常务委员会2016年监督工作计划
11	2016-03-29	丽水市人大常委会关于接受何卫宁辞去浙江省第十二届人民代表大会代表职务请求的报告
12	2016-03-29	丽水市人大常委会关于补选史济锡为浙江省第十二届人民代表大会代表的报告
13	2016-04-25	丽水市人大常委会关于接受卢子跃辞去浙江省第十二届人民代表大会代表职务请求的决议
15	2016-04-28	丽水市人民代表大会常务委员会关于丽水市2016年市本级政府重大投资项目计划草案报告的审议意见
16	2016-06-24	丽水市人民代表大会常务委员会关于丽水市第四届人民代表大会常务委员会组成人员名额的请示
17	2016-06-27	丽水市人民代表大会常务委员会关于丽水开发区合成革企业转型升级情况报告的审议意见
19	2016-07-29	丽水市人民代表大会常务委员会关于批准2016年丽水市级地方政府债务限额的决议
20	2016-07-29	丽水市人民代表大会常务委员会关于许可对丽水市第三届人民代表大会代表高伙根依法采取司法拘留措施的决定
21	2016-08-15	丽水市人民代表大会常务委员会关于《丽水市土地利用总体规划(2006—2020年)》(调整完善版)的审议意见
22	2016-08-15	丽水市人民代表大会常务委员会关于丽水市2016年上半年预算执行情况报告的审议意见
23	2015-08-16	丽水市人民代表大会常务委员会关于丽水市2016年上半年经济社会发展和下半年政府工作报告的审议意见
24	2016-09-30	丽水市人民代表大会常务委员会关于批准丽水市2015年度市本级财政决算的决议
26	2016-10-08	丽水市人民代表大会常务委员会关于开展第七个五年法治宣传教育的决议
27	2016-10-26	丽水市人民代表大会常务委员会关于全市旅游发展情况报告的审议意见
28	2016-10-26	丽水市人大常委会关于丽水市本级2015年度财政预算执行和其他财政收支情况审计工作报告的审议意见

2016年丽水市人民政府令文件目录

表37

丽政发文号	发文日期	标　　题
81	2016-06-08	丽水市市区征收集体所有土地房屋补偿管理办法
82	2016-12-14	大窑龙泉窑遗址保护管理办法

2016年丽水市人民政府文件目录

表38

丽政发文号	发文日期	标　　题
2	2016-01-13	丽水市人民政府关于表彰2015年政府质量奖获奖者的通报
3	2016-01-13	丽水市人民政府 丽水军分区关于表彰先进基层武装部和优秀专武干部的通报
5	2016-01-19	丽水市人民政府关于进一步加强政风建设的意见
8	2016-02-04	丽水市人民政府关于2015年度生态工业绩效评价考核结果的通报
11	2016-02-04	丽水市人民政府关于2015年度丽水市招商引资工作先进单位的通报

续表38

丽政发文号	发文日期	标　　题
12	2016-02-05	丽水市人民政府关于表彰2015年度扩大有效投资工作先进单位的通报
16	2016-03-25	丽水市人民政府关于加快发展现代职业教育的实施意见
18	2016-04-13	丽水市人民政府关于印发丽水市国民经济和社会发展第十三个五年规划纲要的通知
19	2016-04-13	丽水市人民政府关于加快推进全市旅游业投融资改革的若干意见
21	2016-05-03	丽水市人民政府关于印发丽水市美丽林相建设总体规划(2016-2035年)的通知
23	2016-05-09	丽水市人民政府关于调整工商登记前置审批事项目录的通知
25	2016-05-16	丽水市人民政府关于授予洪健萍等四人丽水市劳动模范称号的决定
26	2016-05-19	丽水市人民政府关于给予创建国家卫生城市工作行政奖励的决定
27	2016-05-16	丽水市人民政府关于进一步降低企业成本减轻企业负担优化发展环境的实施意见
32	2016-06-02	丽水市人民政府关于印发浙江(丽水)农村电子商务创新发展示范区实施方案的通知
33	2016-06-06	丽水市人民政府 浙江省林业厅关于成立共建丽水职业技术学院林业技术专业暨浙江林业科技学院委员会的通知
35	2016-06-20	丽水市人民政府关于授予柯洁体育特殊贡献奖的决定
37	2016-06-23	丽水市人民政府关于公布第六批丽水市非物质文化遗产代表性项目名录的通知
40	2016-07-05	丽水市人民政府关于核定并公布第六批市级文物保护单位的通知
41	2016-07-05	丽水市人民政府关于公布第六批市级文物保护单位保护范围和建设控制地带的通知
44	2016-07-11	丽水市人民政府关于印发丽水市2016年主要污染物总量减排计划的通知
46	2016-07-18	丽水市人民政府关于加快推进残疾人全面小康进程的实施意见
47	2016-07-18	丽水市人民政府关于全面建立困难残疾人生活补贴和重度残疾人护理补贴制度的实施意见
51	2016-07-22	丽水市人民政府关于公布2016年度丽水市科学技术进步奖星火奖授奖项目的通知
53	2016-07-26	丽水市人民政府关于加快供给侧结构性改革的实施意见
55	2016-07-27	丽水市人民政府关于加快发展信息经济的实施意见
56	2016-08-04	丽水市人民政府关于公布丽水市市区房屋征收临时安置补助费、搬迁费、停产停业损失补助费以及房屋改变用途补贴标准的通知
57	2016-08-05	丽水市人民政府关于组建丽水市储备土地经营管理有限公司的通知
60	2016-09-03	丽水市人民政府关于印发丽水市水污染防治行动计划的通知
61	2016-09-01	丽水市人民政府关于印发丽水市危险废物处置监管三年行动计划(2016~2018年)的通知
63	2016-09-01	丽水市人民政府关于表彰2016年丽水市教育年度人物的决定
64	2016-09-02	丽水市人民政府关于印发鼓励股权投资业发展的若干意见的通知
68	2016-09-26	丽水市人民政府关于给予毛胜法等23人行政奖励的决定
71	2016-10-12	丽水市人民政府关于给予丽水市公安消防支队经济开发区大队和陈景海等行政奖励的决定
72	2016-10-18	丽水市人民政府关于表彰丽水市民族团结进步模范集体和模范个人的决定
74	2016-11-08	丽水市人民政府关于印发《丽水市深化城市公立医院综合改革试点实施方案》的通知
75	2016-11-03	丽水市人民政府关于聘请计勇强等为丽水市人民政府行政执法社会监督员的通知
78	2016-11-22	丽水市人民政府关于印发丽水市妇女发展规划(2016-2020年)和丽水市儿童发展规划(2016-2020年)的通知
79	2016-11-24	丽水市人民政府关于加快市区生态工业发展的若干意见
83	2016-11-28	丽水市人民政府关于命名丽水市依法行政示范单位的通知
89	2016-11-29	丽水市人民政府关于印发丽水市标准化+行动计划的通知
90	2016-12-13	丽水市人民政府关于印发丽水市中心城区交通拥堵治理十三五规划的通知
93	2016-12-08	丽水市人民政府关于印发丽水市政府行政规范性文件管理办法的通知
96	2016-12-15	丽水市人民政府关于印发《丽水市深化医药卫生体制改革综合试点方案》的通知
97	2016-12-13	丽水市人民政府关于公布丽水市第十三届自然科学优秀论文评选结果的通知

2016年政协丽水市委员会文件目录

表39

丽政协文号	发文日期	标　　题
1	2016-1-13	丽水市政协关于2015年工作情况的报告
2	2016-02-01	关于召开中国人民政治协商会议第三届丽水市委员会第五次会议的决定
3	2016-02-01	关于"健全政府依法决策机制情况"的民主监督建议书
4	2016-02-24	关于同意叶朝丐等同志辞去政协第三届丽水市委员会委员职务的决定
5	2016-02-24	关于撤销徐向东政协第三届丽水市委员会委员资格的决定
6	2016-02-24	关于同意留丽萍等同志辞去政协第三届丽水市委员会常务委员、委员职务的决定
7	2016-02-24	关于增补朱山华等同志为政协第三届丽水市委员会委员的决定
8	2016-02-24	政协第三届丽水市委员会关于丁岳清等同志职务任免的决定
9	2016-02-24	政协第三届丽水市委员会关于徐国跃等同志职务任免的决定
10	2016-02-24	关于调整虞海雄等政协第三届丽水市委员会委员所在界别的决定
11	2016-02-24	关于表彰2015年度全市政协反映社情民意信息工作先进单位和个人的决定
12	2016-02-26	政协丽水市委员会关于表彰三届四次会议以来优秀提案的决定
13	2016-03-08	关于省市县政协联动开展"五水共治"长效机制民主监督有关情况汇报
14	2016-03-16	政协第三届丽水市委员会关于朱玉康等同志职务任免的决定
15	2016-03-16	关于同意蓝献华同志辞去政协第三届丽水市委员会常务委员、委员职务的决定
16	2016-03-16	关于同意吴炳全、庄志清同志辞去政协第三届丽水市委员会副主席职务的决定
17	2016-03-16	中国人民政治协商会议第三届丽水市委员会第五次会议公告
18	2016-05-25	中国人民政治协商会议丽水市委员会提案工作条例(修订稿)
19	2016-07-20	关于表彰政协第三届丽水市委员会第五次会议优秀大会发言的决定
20	2016-08-02	关于撤销封兵林政协第三届丽水市委员会常务委员、委员资格的决定
21	2016-08-02	关于免去李林政协第三届丽水市委员会经济委员会主任职务，撤销其政协第三届丽水市委员会常务委员、委员资格的决定
22	2016-08-02	关于同意陈建忠同志辞去政协第三届丽水市委员会相关职务的决定
23	2016-08-04	关于"推进我市分级诊疗制度建设"的建议案
24	2016-10-09	政协第三届丽水市委员会关于周晓同志任职的决定
25	2016-10-13	关于市经信委提案办理工作的评议意见
26	2016-10-13	关于市旅委提案办理工作的评议意见
27	2016-11-21	关于"十三五"生态工业实施情况的民主监督建议书
28	2016-12-09	关于杨伟业同志免职的通知

统计资料

丽水市社会经济主要指标

表40

	单位	2010年	2011年	2012年	2013年	2014年	2015年	2016年
一、年末总人口	万人	259.65	261.33	262.59	263.92	265.65	266.38	268.03
# 城镇人口	万人	45.23	45.07	45.1	45.21	45.49	84.37	85.2
# 乡村人口	万人	178.33	182.61	185.52	187.63	186.67	182.00	182.83

续表40

	单位	2010年	2011年	2012年	2013年	2014年	2015年	2016年
二、年末全部从业人员	万人	137.62	137.9	139.20	140.07	140.63	141.15	142.69
# 职工	万人	16.81	18.36	18.71	18.01	17.78	18.48	18.44
国有经济单位职工	万人	9.8	10.1	10.34	10.38	10.55	10.69	10.73
城镇集体单位职工	万人	0.76	0.62	0.51	0.52	0.24	0.23	0.18
三、生产总值(当年价格)	万元	6647571	7988250	8922640	9880317	10517517	11032922	12102414
生产总值指数(1978年=100)	%	2659.45	2964.78	3277.37	3580.35	3829.38	4073.48	4363.62
第一产业	万元	629332	726175	793661	841764	885587	913582	956264
第二产业	万元	3269876	3981439	4397342	4836888	5055675	5039119	5434231
第三产业	万元	2748364	3280637	3731636	4201664	4576255	5080221	5711919
人均生产总值	元	31365	37735	42158	46616	49459	51676	56238
四、工农业总产值(当年价格)	万元	14250505	17632588	20434125	23251978	24242240	21201689	22081920
指数(1978年=100)	%	9920.87	11661.36	13825.10	15980.31	16820.53	15223.80	15582.70
工业总产值(当年价格)	万元	13280818	16520964	19219077	21955141	22878354	19799010	20603439
指数(1978年=100)	%	30737.29	36422.54	43560.06	50693.99	53451.22	47994.15	49100.02
农业总产值(当年价格)	万元	969687	1111624	1215048	1296572	1363886	1402679	1478481
指数(1978年=100)	%	545.39	572.66	596.71	618.79	633.08	645.74	665.80
五、农业								
耕地面积	千公顷	165.33	166.15	168.05	168.98	170.42	172.51	172.68
主要农产品产量	吨							
粮食	吨	531398	528989	523670	522764	493688	477957	458585
油料	吨	17171	18157	18175	17800	18326	18674	18414
# 油菜籽	吨	13309	14142	14154	14157	14496	14693	13849
茶叶	万吨	22627	24932	27151	27586	29913	30553	31619
蔬菜	吨	111.86	112.87	115.72	117.99	121.76	123.39	124.80
水果	吨	394245	393646	396237	403199	422318	415677	331971
# 柑橘	吨	186364	179016	175645	180027	185901	178162	103313
畜禽肉	吨	87333	91556	97899	101453	92664	87558	89266
禽蛋	吨	8824	10105	10430	12165	12934	12329	13059
牛奶	吨	361	326	1367	1233	1303	1331	1569
蚕茧	吨	1554	1649	1490	1364	1237	1116	930
水产品	万头	19703	19370	18249	18414	18639	20146	21086
生猪年末存栏数	万元	57.33	59.11	58.65	60.13	52.57	48.82	44.20
六、旅客运输量	万人	5863	5875	5874	5778	4536	4083	3354
旅客周转量	万人公里	242371	250239	251339	251092	222432	210319	149826
货物运输量	万吨	7363	4702	4660	4742	5248	5205	5057
货物周转量	万吨公里	861365	700050	714793	718554	722225	726575	744559
邮电业务收入	万元	200519	206064	196823	208958	202500	197116	213204
七、固定资产投资额	万元	3203769	3584661	4719756	5704170	6650781	7515212	8416456
# 制造业投资	万元	816245	1006898	1332707	1442290	1396367	1471176	1510990

续表40

	单位	2010年	2011年	2012年	2013年	2014年	2015年	2016年
# 房地产开发	万元	477296	546439	849937	1188806	1576262	1582693	1676083
八、内外贸易								
社会消费品零售总额	万元	2661269	3200049	3710850	4208041	4763502	5192792	5716390
出口总额	万美元、万元	134881	181423	197587	237302	263696	314419	2087281
实际利用外资额	万美元	3751	4430	10386	12784	17838	21886	22130
九、财政总收入	万元	768353	1000875	1126576	1242211	1350208	1515985	1648721
# 一般公共预算收入	万元	449423	573620	646121	736997	809573	945064	1035667
一般公共预算支出	万元	1352045	1542833	1679410	1953767	2172733	2793261	3416717
十、职工工资总额	万元	694428	824879	914813	1056542	1140242	1356848	1450169
国有单位	万元	492843	540115	595944	692278	755592	940117	1023641
城镇集体所有制单位	万元	27115	27550	21771	22717	9808	10169	9473
职工平均工资	元	44979	49072	55988	60416	66113	77238	85058
# 国有单位	元	53566	58379	63414	68075	73138	89249	98261
# 城镇集体所有制单位	元	42487	48470	47235	44034	44542	49410	60296
十一、商品零售价格总指数(市区)	%	104.1	105.6	102.5	102.9	100.8	99.4	100.9
居民消费价格总指数	%	104	105.3	102.5	102.9	102.6	101.2	101.7
十二、城乡居民收入								
城镇居民人均可支配收入	元	21093	23391	26309	29045	30413	32875	35968
农村居民人均可支配收入	元	6537	7809	8855	10024	13635	15000	16459
城乡居民储蓄存款年末余额	万元	5337505	6211699	7265383	8463767	9377059	10283903	11847588
城乡居民基尼系数		0.432	0.430	0.429	—	—	—	—
十三、在校学生数								
高等学校	人	35584	36599	38114	39750	39738	37614	36724
普通中学	万人	120652	116505	113703	111940	109958	106802	108057
职业中学	人	33417	33377	33553	31975	29885	29898	29964
小学	万人	156308	160080	161174	163528	166329	169261	166534
小学适龄儿童入学率	%	99.99	99.99	99.99	100.00	99.99	99.99	100.00
十四、卫生机构数(不含诊所)	个	345	352	343	332	342	344	333
# 医院、卫生院	个	295	261	231	234	238	239	243
床位数	张	7288	8566	8881	10197	10999	11957	12754
# 医院、卫生院	张	7198	8424	8636	9863	10724	11635	12383
卫生技术人员	人	11060	12915	13717	15163	16086	17237	18401
# 医生	人	4590	5551	5490	5840	6200	6815	7271

注:1. 2016年起研发支出计入地区生产总值,人均地区生产总值按常住人口计算
2. 2008年起,耕地面积来源于丽水市国土资源局
3. 旅客周转量、货物运输量、货物周转量2008年为交通部专项调查数据
4. 2011年起,规模以上工业企业统计口径为年主营业务收入2000万元及以上工业企业;固定资产投资统计口径为计划总投资500万元及以上项目投资和全部房地产投资
5. 2013年及以前,农村居民人均可支配收入为人均纯收入
6. 2014年及以前,口径为非农业人口和农业人口;2015年开始口径调整为城镇人口和乡村人口
7. 出口总数指标2016年统计单位变更为人民币万元

服务指南

丽水市政府驻外联络(办事)处

表41

名　称	地　址	电　话	邮编
驻北京联络处	北京市北太平庄马甸月季园14幢一门701室	(010)64439649　传真64439649	100088
驻上海联络处	上海市虹口区中山北一路1250号沪办大厦3号楼1806室	(021)65447821　传真55510430	200437
驻杭州办事处	杭州市下城区皇亲苑小区9幢101室	(0571)88326772　传真85154060	310003
驻福州办事处	福州市五四路138号天福大酒店10层1010室	(0591)87886555　传真87887555	350003
驻新疆办事处	乌鲁木齐市高新区昆明路157号野马大厦B座102室	(0991)3817729　传真3817729	830000

丽水市司法鉴定所名录

表42

名　称	地　址	电　话
丽水大众司法鉴定所	丽水市大众街15号丽水市人民医院内	0578-2780189
丽水市第二人民医院司法鉴定所	丽水市北环路69号	0578-2115493
丽水天平司法鉴定所	丽水市括苍路288号6幢2楼	0578-2631068
丽水天平司法鉴定所缙云分所	缙云县五云镇紫薇北路花园巷65-67号	0578-3018399

丽水市律师事务所名录

表43

名　称	地　址	电　话
浙江晟耀律师事务所	丽水市莲都区括苍路163号4楼	0578-2622720
浙江万申佳律师事务所	丽水市人民路401号4楼—5楼	0578-2153038
浙江万申佳(景宁)律师事务所	景宁县鹤溪镇建设路7号1楼	0578-5082270
浙江万申佳(龙泉)律师事务所	龙泉市翔宇楼403室	0578-7260038
浙江博翔律师事务所	丽水市莲都区北苑路198号财富国际大厦A座6层	0578-2128500
浙江博翔(青田)律师事务所	青田县鹤城东路338号3楼	0578-6805002
浙江南明律师事务所	丽水市中东路557号3楼	0578-2111863
浙江丽阳律师事务所	丽水市城北街368号绿谷信息产业园南区5幢5楼	0578-2275004
浙江法和律师事务所	丽水市括苍路129号1楼	0578-2183628
浙江丽大律师事务所	丽水市括苍路163号3楼	0578-2554461
浙江天干律师事务所	丽水市莲都区灯塔三村150号二楼	0578-2183017
浙江泽厚(丽水)律师事务所	丽水市莲都区城北街368号瓯微大厦12楼1203-1206室	0578-2277159
浙江汇时律师事务所	丽水市莲都区人民路体育馆场东大门	0578-2626301
浙江三见律师事务所	丽水市人民街345号	0578-2161016
浙江五洲律师事务所	青田县鹤城镇龙东路92号上1号	0578-6822075

续表43

名　　称	地　　址	电　　话
浙江捷频律师事务所	青田县鹤城镇临江东路155号	0578-6805851
浙江民晖律师事务所	缙云县五云镇黄龙路647号301室	0578-3122481
浙江君豪律师事务所	遂昌县平昌路16弄一支弄8号2楼	0578-8180712
浙江开弘律师事务所	遂昌县妙高镇君子路7弄1号202室	0578-8129799
浙江松州律师事务所	松阳县人民大街16号松州律师楼二楼	0578-8067775
浙江绿谷律师事务所	松阳县西屏镇环城西路江南豪园1幢9号	0578-8060800
浙江君问律师事务所	松阳县长虹东路151号二楼	0578-8062031
浙江金言律师事务所	龙泉市环城路233号	0578-7121258
浙江金铿律师事务所	龙泉市龙翔路翔宇楼四楼401	0578-7121494
浙江百山祖律师事务所	庆元县濛洲街道银泰丽晶城40号	0578-6113567
浙江天贝律师事务所	庆元县松源镇横城南路29号	0578-6211148
浙江五楼律师事务所	云和县城东路70号2楼	0578-5121681
浙江翰志俊律师事务所	丽水市人民街546号	0578-2124898
浙江潘源律师事务所	青田县鹤城街道临江东路法院西侧和风苑1-202室	0578-6512285
浙江五豪律师事务所	景宁畲族自治县鹤溪北路168号	0578-5091234
浙江多顺律师事务所	丽水市莲都区丽阳街544号	0578-2128585
浙江新之亚律师事务所	缙云县五云街道翠竹园巷5号	0578-3133789
浙江浩平律师事务所	遂昌县妙高街道平昌路16弄1支弄6号3楼	0578-8180658
浙江庭俊律师事务所	遂昌县平昌路144号	0578-8133016
浙江指路人律师事务所	云和县浮云街道中山路23号二楼	0578-5133058
浙江统业律师事务所	遂昌县 妙高街道青云小区12#楼D2-02、D2-03	0578-8128346
浙江菇乡律师事务所	庆元县濛州街191号2楼	15990476512
浙江丽阳律师事务所	缙云县五云街道黄龙路120号	0578-2618507

丽水市公证处名录

表44

名　　称	地　　址	电　　话
丽水市莲城公证处	丽水市北苑路198号财富国际大厦3楼	0578-2106079
龙泉市公证处	龙泉市龙翔路司法行政法律财务中心	0578-7113715
青田县公证处	青田鹤城街道临江东路93号	0578-6821061
云和县公证处	云和县浮云街道城北路4号	0578-5122606
庆元县公证处	庆元县濛洲街道222号审批中心一楼	0578-6380230
缙云县公证处	缙云县五云街道寺后路10号	0578-3123331
遂昌县公证处	遂昌县平昌路95号	0578-8129114
松阳县公证处	松阳县西屏街道府前街5号	0578-8062973
景宁畲族自治县公证处	景宁畲族自治县鹤溪镇府前西路2号一楼	0578-5082274

索　　引

说　明：

一、本索引分条目索引、图片索引、图表索引三部分。采用主题分析的方法，按标引词首字汉语拼音（同音字按声调）顺序排列；同声同调按笔划顺序排列；首字相同，按第二音序排列，依次类推。

二、类目、分目用黑体字标示。标引词后的阿拉伯数字表示内容所在的页码。数字后的拉丁字母 a、b、c 分别表示页从左至右第一、二、三栏。

三、标引词后有多个号码，表示参见内容所在位置。

四、本年鉴的“特载”“大事记”“附录”未作索引。

条目索引

0—9

A

B

C

D

E

F

G

H

I

J

M

N

O

P

Q

R

S

T

V

W

X

Y

Z

图片索引

B

C

D

图表索引